잡종사회와 그 친구들

잡종사회와 그 친구들

아나키스트 자유주의 문명전환론

지은이 / 김성국
펴낸이 / 강동권
펴낸곳 / (주)이학사

1판 1쇄 발행 / 2015년 12월 23일
1판 2쇄 발행 / 2016년 10월 25일

등록 / 1996년 2월 2일 (등록번호 제 03-948호)
주소 / 서울시 종로구 윤보선길 65(안국동 17-1) 우 03061
전화 / 02-720-4572 · 팩스 / 02-720-4573
이메일 / ehaksa@korea.com
페이스북 / facebook.com/ehaksa · 트위터 / twitter.com/ehaksa

ⓒ 김성국, 2015, Printed in Seoul, Korea.
ISBN 978-89-6147-223-4 93330

이 책의 저작권은 저자가 가지고 있습니다.
저작권법에 의해 보호를 받는 저작물이므로 이 책 내용의 일부 또는 전부를 재사용하려면
저작권자와 (주)이학사 양측의 동의를 얻어야 합니다.

* 책값은 뒤표지에 표시되어 있습니다.

이 도서의 국립중앙도서관 출판예정도서목록(CIP)은 서지정보유통지원시스템 홈페이지
(http://seoji.nl.go.kr)와 국가자료공동목록시스템(http://www.nl.go.kr/kolisnet)에서 이용하
실 수 있습니다.(CIP제어번호: CIP2015032580)

잡종사회와 그 친구들

아나키스트 자유주의 문명전환론

김성국 지음

이학사

"우리들은 사상의 연구를 통해서 모순을 해소할 수 있다는 신앙을 버려야 한다. 오히려 모순의 운동 법칙이 역사에 뜻을 부여한다는 사실을 알기 위해서 사상의 연구가 필요한 것이다. 따라서 우리는 모든 구제 사상을 독단으로서 배격한다. … 역사 발전의 모든 단계에 있어서의 인간은 역사의 법칙에 종속되지 않는 존재이며, 또 종속되지 않으려고 하는 것이다."

― 황성모,『현대사회사상사: 사회학적 고찰과 평가』(1964) 서언에서

머리말

8년 전 2007년 나는 『한국의 아나키스트: 자유와 해방의 전사』를 출간하면서 아나키즘 관련 3부작을 완성하겠다는 계획을 밝혔다. "두 번째 책은 아나키즘의 이론 혹은 실행에 입각하여 한국 현대사의 주요 사건이나 변화를 설명하는 『아나키스트 한국사회론』이 될 것이다. 세 번째 책은 아나키즘을 21세기 세계화-정보화-생태화의 시대에 걸맞도록 포스트모더니즘과 노장사상의 관점에서 이론적으로 재구성하고, 새로운 실행 전략을 모색하는 『해방적 자유: 탈근대 아나키스트 사회 이론』이 될 것이다."

이 책은, 제목이 바뀌고 내용도 대폭 보완되었지만 세 번째에 해당된다. 두 번째 책은 1년 후 완성하여 3부작을 곧 완성할 것이다. 지난 8년 동안 아나키즘의 이론 세계에서는 포스트구조주의를 활용하는 포스트아나키즘이 맹위를 떨친다. 탈근대 노장 아나키즘과 조선 아나키즘의 전통을 존중하는 나로서는 이 책을 동아시아 아나키즘의 한 형태로 세상에 소개하고 싶다. 우리 세대가 고심해왔던 "서구 이론에 대한 종속성 탈피와 한국적 혹은 토착적 이론의 수립"이라는 숙제를 나는 동서 아나키즘 이론의 잡종화 및 개인주의적 아나키즘과 포퍼-하이에크 자유주의의 잡종화를 통해 풀어보고자 한다. 한국 아나키스트 하기락의 자주인 사상과 영국 아나키스트 워드Colin Ward의 실용주의는 동서 문명을 넘어 공명한다. 남아 있는 문제와 미비한 풀이는 후학들에게 부탁한다.

이 책은 시류에 역행한다.

포퍼Karl Popper는 문제 해결 과정에서 시류에 편승하지 말라고 충고하였다.

출판에서도 이미 중후장대가 아니라 경박단소가 대세인데 어쩌자고 나는 900쪽이 넘는 분량을 겁도 염치도 없이 내놓는 것인지? 그 대가를 마땅히 감수해야 할 것이다. 아나키스트 자유주의, 잡종사회와 탈근대 문명전환 그리고 개인의 사회학을 동시에 한 권의 책 속에 엮어보겠다는 욕심의 소치이다. 그러나 한마디 변을 붙이자면, 세상이 참으로 복잡 미묘하거늘, 미진한 구도자로서 어찌 그것을 쉽고도 짧게 설명할 수 있겠는가?

나아가 자칭 아나키스트가 무슨 용기로 자유주의를 끌어들여 아나키스트 자유주의를 내세우는가? 양측으로부터 격렬한 반대나 냉랭한 무관심을 받을 법하다. 자본주의에 대한 비판적 이해를 시도하니 좌파 아나키스트들로부터는 배신자의 낙인도 받을 것 같다. 이에 나는 반문한다. 창조적 파괴의 아나키스트 정신에 어떤 한계와 성역이 있는가?

더욱이 모든 잘못은 구조와 체계의 탓으로 돌리면서 복지국가와 공동체에 무한 희망을 걸고 있는 세태를 거슬러 개인과 자유 그리고 개인들의 자유 연합이 지닌 근원적 가치를 재발견하고 찬미하려는 나는 시대착오적인가? 개인이 곧 국가요, 공동체며, 그 자체가 사회요, 체계라고 주장하면서 평등이나 연대를 자유의 한 차원으로 간주하는 나는 과장된 수사와 정중지와井中之蛙의 논리에 빠진 자가당착의 탈근대론자인가? 과학철학자 파이어아벤트Paul Feyerabend(1975)가 멋진 응답을 제공한다. "모든 것이 허용된다anything goes."

일찍이 아나키스트 슈티르너Max Stirner와 프루동Pierre Joseph Proudhon 그리고 바쿠닌Mikhail Bakunin은 맑스주의자로부터 온갖 모욕적 비난을 받았다. 물론 이들도 "사회주의의 해충"과 같은 격렬한 표현을 사용하며 되받아쳤다. 그러나 적지 않은 세월이 흐른 오늘날 슈티르너의 '유일자와 그의 소유'는 해체와 반역의 정신 속에서 되살아나고, '빈곤의 철학'(프루동)에 대한 비판으로서 '철학의 빈곤'(맑스)은 상상력의 부족을 드러낼 뿐이며, 바쿠닌의 경고처럼 자유 없는 사회주의는 실제로 지옥이었음이 입증되었다. 아나키스트는 꿈꾸는 현실주의자들이었다. 이제 아나키스트는 21세기에 아나키스트 전환anarchist turn을 위해 무엇을 어떻게 해야 할 것인지 고민해야 한다.

서구에서는 포스트모더니즘과 포스트구조주의의 영향을 받으면서 포스트아나키즘이 대두하여 고전적 근대 아나키즘의 재활성화를 시도한다. 나는 한편으로 이러한 추세를 수용하고 지켜보면서도, 다른 한편으로 도가와 불가 (나아가 유가까지?) 그리고 우리의 단군 사상에 면면한 동아시아 아나키즘에 바탕을 두는 탈근대 아나키즘을 모색해왔다. 탈근대와 동아시아의 대두는 문명전환의 예고이다. 나는 이 문명전환의 과정에서 잡종화와 잡종사회의 등장을 목격하고, 개인주의와 자유주의의 급진성을 재인식하면서, 아나키스트 자유주의라는 이념적 지평을 열고자 한다.

아나키즘의 세계에서는 이미 자유주의적 아나키즘liberal anarchism,

급진자유주의적 아나키즘libertarain anarchism과 같은 용어법이 존재한다. 나의 아나키스트 자유주의anarchist liberalism는 물론 이들과 많은 공유점을 가지지만 몇 가지 핵심적 차이도 지닌다. 나에게는 아나르코 캐피탈리즘anarcho-capitalism조차 외면의 대상이 아니라 도움의 손길이 된다.

나의 아나키스트 자유주의는 반근원주의, 반본질주의, 반보편주의를 견지하면서 이에 상응하는 지향성으로서 불확실성, 유동과 변형, 파편화와 잡종화 같은 탈근대적 관점을 확보한다. 자유와 개인을 최고의 가치로 간주하지만 그것은 평등과 연대를 자연스럽게 포용하는 것이지 결코 대립적으로 기피하는 것이 아니다. 아나키스트 자유주의는 반혁명주의와 반국가주의라는 기본 입장을 추구하기 때문에 체제 내적 직접행동의 급진성과 실용성을 더욱 강조한다.

소위 자본주의의 진보적 역할은 권력 독점 국가와 시장 독점 자본에 의해서 역사적으로 왜곡되거나 제한되고 있다. 그러므로 국가의 강제와 개입을 최소화하고, 자유 시장에서 독점자본의 횡포를 제거해야 한다. 국가와 독점자본의 결합 양식인 국가독점자본주의의 모순과 폐해를 치유하자면 자본주의는 경쟁과 협동이라는 상극상생의 이기심에 바탕을 둔 그 원초적 생명력을 강화하면서 하이에크Friedrich Hayek가 말한 자생적 질서를 회복해야 한다. 국가의 점증하는 규제는 자본주의를 선도하는 것이 아니라, 자신의 패거리로 만들어 자본주의에 고유한 자기 수정의 잠재력을 망쳐놓을 수 있다.

자본주의를 전면적으로 부정하거나 옹호하는 것이 아니라, 자본주의에 필요한 여러 대안적이고 비판적인 관점을 과감히 잡종화하여 자본주의를 개선하려는 것이 아나키스트 자유주의의 과제이다. 지금 자본주의는 무자비한 비판과 열광적 지지라는 모순 속에서 이러한 역사적 변신을 수행하는 것이 아닐까? 진정한 아나키스트라면 자본주의에 대한 저주의 굿판을 벌이는 대신에 적과 동행하는 길을 거부하지 않을 것이다. 아나키스트 반국가주의에 입각하여 국가권력 체계를 변형시켜 올바르게 길들이면 그때 자본주의는 무소불위의 착취자가 아니라 개인의 잠재력과 욕구를 개발하는 봉사의 이념으로 되살아날 수 있다.

나는 개인 각각에게 최고의 의미와 최대의 관심을 집중하는 개인주의를 아나키즘의 토대로 삼는다. 아나키스트 자유주의는 동서양 최고의 개인주의자인 석가모니, 장자, 슈티르너의 심원한 논리가 이룩한 몰아/진아 사상, 위아 사상, 유아 사상을 그 바탕에 깔 것이다. 나아가 아나키스트 자유주의는 21세기 문명전환의 길을 함께할 다섯 친구, 타협적 탈국가주의자, 절제적 탈물질주의자, 협동적 개인주의자, 상대적 허무주의자, 그리고 현세적 신비주의자를 발견할 것이다.

아나키스트 자유주의는 이념적 좌우로 갈라지고 찢어져서 서로 증오하며, 빈부가 상하로 아득히 멀어져서 서로를 원망하는 이 근대 문명의 질곡에서 벗어나고자 전방위全方位로 전선을 구축하는 동시에 탈근대 문명전환의 전위前衛를 담당하는 전방위적 전위파이다. 상하좌우의 합일을 지금 여기에서 이루어나가고자 한다. 요컨대 아나키스트 자유주의는 잡종파 혹은 잡파이다. 때로 우도 좋고 좌도 좋지만, 때로는 좌우 모두 마음에 들어 하지 않는다. 좌우라는 구분 자체를 경계한다. 그래서 타협과 절충, 조화와 균형을 최고의 미덕으로 간주한다.

문명전환의 꿈은 개인마다 다를 것이다. 아나키스트 자유주의는 동방의 득도자들이 펼친 유불도선의 지혜를 모아 화쟁을 이루고자 했던 잡종화의 선구자 원효 그리고 서방의 빛이자 소금이었던 사람의 아들 예수를 따라서 "하나와 사랑"이라는 합류점을 찾을 것이다. 나의 잡종화는 거기서 끝나지만, 그것은 역시 끝이 없는 끝이 될 것이다.

내가 이 책에서 제시하는 관점이나 설명은 결코 새로운 것이 아니다. 동서고금의 지혜들을 모아 엮은 것이다. "구슬이 서 말이라도 꿰어야 보배"이듯 나는 이질적인 다양한 지식을 잡종화하여 아나키스트 자유주의라는 하나로 통일通一시켜보고자 할 뿐이다.

이 책은 가끔 일탈과 파격으로 흐를 것이다. 자유롭게 쓰고 싶었다. 비약과 단절, 파편과 지류, 중첩과 내파가 뒤섞이겠지만 결국에는 합류하여 잡종화의 바다로 흐를 것이다. 추상적 지식과 논리의 벽을 사랑이나 하나와 같은 더 심원한 구체적 추상으로 허물고, 때로 시적 메타포로써 다시 세우고도 싶었다. 부족과 한계에 대한 나의 변으로 받아주기 바란다.

그리고 아나키스트 자유주의는, 물론, 아나키즘의 한 형태이다.
여전히 검은 깃발이다.
더 세분하자면 자유의 푸른 기운이 담긴 흑청색이다.

일찍이 1930년 4월 조선의 아나키스트들은 반제국주의 항일 무장 투쟁 전선을 재정비하고자 상해에서 남화한인청년연맹南華韓人靑年聯盟을 결성하였다. 그 선언문에서 "자유는 우리의 손으로 탈환해야 한다. 빵을 만드는 이가 아니고서는 먹을 수 없다. 용감한 우리 청년 남녀 제군! 우리 무정부 자유주의자는 이러한 천지를 창조하자고 전 민중에게 제의하여, 함께 싸워 그 길을 개척하기 위해 노력하는 자이다. … 무정부 자유의 신사회를 건설하기 위해 모이자"라고 결연하게 외쳤다. 그로부터 85년이 지난 오늘 나는 선배 아나키스트들의 투혼을 이어받아 아나키스트 자유주의자의 길을 새롭게 개척하고자 한다. 만감이 교차한다.

　감사의 말을 전한다.
　먼저 나의 사랑하는 부산대학교와 이 연구를 지원한 사회과학연구소에게,
　오랜 동지이자 후원자인 이학사 강동권 사장과 뛰어난 편집자들, 특히 김지연 과장에게,
　사회학과 인류학의 스승님들에게,
　운동의 인도자이신 이종석, 이문창 선생님에게,
　추천의 글을 주신 차인석, 최장집, 임현진 선생님에게,
　자료 인용을 허락해주신 배영대, 이상화 기자와 최장집, 민경국, 박세일, 주대환 선생님에게,
　경애하는 동지들과 친구들, 학문적 선후배들과 제자들에게,
　특히 몇몇 K와 L에게,
　그리고
　K와 J들에게도,
　K에게.

차례

머리말 7

제1부 길에서 길 찾기 19

1장 아나키스트의 길에서: 포스트아나키즘과 온고이지신 24
1. 자주인의 길: 하기락 29
2. 실용주의 노선: 콜린 워드 35
3. 자유해방의 길로부터 44
4. 길 떠날 채비: 이 책의 얼개 64
5. 돌아오지 않을 길: 루바이야트와 원효 81

2장 잡종사회의 도래와 아나키스트 자유주의 88
1. 잡종사회의 도래: 잡종화와 문명전환 92
2. 잡종사회론: 이론적 논의 102
3. 잡종화로서 아나키 111
4. 왜 아나키스트 자유주의인가?: 아나키즘과 자유주의의 잡종화 배경 113
5. 왜 잡종사회는 친구를 필요로 하는가? 친구와 동무의 거리 120

제2부 아나키스트 자유주의의 길로: 아나키즘과 자유주의의 잡종화 129

3장 개인주의적 아나키즘의 재인식 141
1. 사회적 아나키즘으로부터 141
2. 개인주의적 아나키즘의 부활 144
3. 다시 슈티르너로부터 154
4. 동아시아의 개인주의적 아나키즘 171
5. 개인과 개인주의의 확장 194
6. 개인주의적 아나키즘과 아나키스트 정체성 209

4장 자유주의의 재인식: 미제스, 포퍼, 하이에크를 중심으로 213

1. 미제스의 자유주의 216
2. 포퍼의 자유주의 228
3. 하이에크의 자유주의 248

5장 아나키스트 자유주의: 자유주의의 급진화와 아나키즘의 실용화 278

1. 개인주의에 기초하여 연합주의로 확장 279
2. 선과 악의 공존 282
3. 시행착오의 비판적 학습 과정 지향 283
4. 허구적 공동체 비판 및 최소국가 추구 284
5. 자유의 한 형태로서 평등 인식 290
6. 점진적 사회 개혁과 일상적 반란을 통한 사회혁명 추구 295
7. 결정론적 진보 법칙 거부 297
8. 개인의 자유를 우선적으로 보장하는 자유민주주의 추구 298
9. 자본주의에 대한 비판적 지지: 독점과 권력화 비판 299
10. 세계 연합 추구 301
11. 탈국가주의, 탈물질주의, 개인주의, 허무주의, 신비주의에 입각한 문명전환 추구 302
12. 사랑과 하나(되기)로서의 문명전환 과정 302
13. 소결 303

6장 자유주의 비판의 재조명 308

1. 월러스틴의 반자유주의 309
2. 김동춘의 자유주의 비판 326

7장 한국의 자유주의 논쟁 360

1. 최장집의 진보적 자유주의 364
2. 민경국의 하이에크형 자유주의 375
3. 박세일의 공동체 자유주의 382
4. 주대환의 자유주의 비판을 통한 탈자유주의 혹은 사회민주주의 391
5. 논쟁에 대한 아나키스트 자유주의자의 평가 401
6. 윤평중의 급진자유주의 검토 421
7. 차인석의 혁신자유주의 재인식 429

제3부 문명전환의 길 435

8장 탈근대 문명전환 437

1. 문명전환론 437
2. 잡종적-현실적 유토피아로서 문명전환 459

9장 탈근대 잡종 혁명 473

1. 과학기술 혁명: 포스트휴머니즘과 인간의 존재론적 조건 변화 475
2. 가치 혁명: 서양적 가치의 자기반성과 동양적 가치의 재발견으로서 동서양 가치의 잡종화 490
3. 사회혁명: 신사회운동과 세계시민사회의 형성 502

10장 동아시아의 잡종화와 문명전환 522

1. 동아시아 시대: 문명전환의 시작 523
2. 잡종화로서 동아시아 527
3. 문명전환의 동아시아적 비전 570

제4부 잡종사회의 친구들 585

11장 타협적 탈국가주의자 595
    1. 최소국가론으로서 탈국가주의 595
    2. 탈권력화로서 탈국가주의: 폭력적 권력인 부정부패와의 영구 전쟁 607
    3. 세계주의로서 탈국가주의 611
    4. 중용 중도의 타협 혹은 균형 616

12장 절제적 탈물질주의자 628
    1. 탈물질주의 논쟁 631
    2. 물질주의의 문제 638
    3. 사적 소유와 불평등 640
    4. 안빈낙도의 길: 절제와 지족 646

13장 협동적 개인주의자 656
    1. 개인주의의 재조명 656
    2. 잡종사회의 개인주의자 660
    3. 개인의 재발견: 개인의 사회 663
    4. 사회의 개인화 667
    5. 부동이화의 길: 협동과 연합 688

14장 상대적 허무주의자 708
    1. 허무주의자 712
    2. 상대주의 혹은 상호 대응의 길: 하나를 지향하는 겸손과 존중 738

15장 현세적 신비주의자 761
    1. 신비주의의 귀환 769
    2. 지금과 여기의 길: 세속의 신성화 791

제5부 항해: 건너야 할 길, 바다 앞에서 803

16장 잡종사회의 구상: 어떤 배를 탈 것인가? 808
   1. 국가적 차원: 사회국가 810
   2. 지역적 차원: 동아시아 연합 821
   3. 탈권력 사회국가를 위한 현실적 과제들 829

17장 출항: 문명전환의 길을 찾아 861
   1. 잡종화의 즐거움 864
   2. 슬픈 잡종화 873
   3. 잡종화의 끝에서: 사랑의 하나 사상 881

에필로그 891
참고 문헌 895
찾아보기 917

제1부

길에서 길 찾기

나는 오래전부터 아나키스트의 길을 나름대로 걷고 있다. 눈앞에 여러 갈래의 낯선 길들이 다시 나타났다. 이제 새로운 길을 개척해보고자 한다.

세상은 그야말로 경천동지驚天動地의 연속이다. 아나키즘도, 아무리 그것이 인간 사회의 영원한 꿈이요 변함없는 창조적 파괴의 열정이라 하지만 어떤 새로운 전환점을 모색해야 하지 않을까 고민하였다. 1968년 혁명으로부터 시작하여 신사회운동을 거쳐 인터넷 시대에 이르면서 아나키즘은 다시 활기를 띠고 관심을 모으고 있다. 아나키즘이 줄기차게 비판하고 투쟁한 서구 근대 문명의 두 가지 축, 국가주의와 자본주의가 흔들리면서 문명전환의 요구와 징후가 도처에서 드러나고 있기 때문이다. 서구의 포스트 담론들, 예컨대 포스트아나키즘, 포스트맑스주의, 포스트휴머니즘 등은 이와 같은 탈근대적 문명전환을 모색하는 이념적 노력들이다.

나는 동아시아 시대를 맞아 동아시아 아나키즘의 전통과 자원을 적극 활용하면서 문명전환의 대열에 참여하고 싶다. 아쉽고 두렵지만 나는 혁명적, 계급투쟁적, 집단주의적, 무국가적, 반자본주의적, 인간중심주의적 혹은 성선론적 아나키즘과 이제 결별하고자 한다. 만사 해결의 혁명, 적대적 계급투쟁, 환상의 집단 숭배, 부정의 절대화 그리고 거룩한 인간성이라는 신화와는 이별이다. 국가(정부)와 자본주의에 대한 신중하고도 철저한 비판은 좋다. 그러나 그것들의 존재 가치를 전면적으로 부정하는 것은 나의 관심사가 아니다. 부정의 변증법보다는 타협과 절충의 상생상극적 조화를 추구할 것이다. 어떤 확신에 찬 결정론적 논리로 대상을 파괴하고 부정하는 것은 절대 권위를 절대적으로 부정하는 아나키스트의 자세가 아니다.

무지와 미지, 부지와 불가지의 세계에 머무르는 것이 개인의 인식 능력이라면 겸손과 존중심이 모든 관계에서 필수적으로 전제되어야 하지 않겠는가? 나아가 우리 인간의 모든 한계와 약점 그리고 모순과 욕망을 넘어 보다 나은 삶을 가능하게 만드는 유일하고도 확실한 길이 동서양의 성인들이 한목소리로 말한 "사랑"이라면, 원수를 사랑하지는 못해도 이웃을 사랑하는 마음으로써 원수를 죽여서는 안 될 것이다. 어쩌면 역사를 피로 물들이고, 여전히 세상을 살벌하게 만들고 있는 이념 대립이나 종교 갈등은 기득권을 고수하려는 지배자들의 논리요 이해타산일 뿐이다.

이제 아나키즘은 고통을 줄이고 즐거움을 늘리려는 이 세상 모든 사람의 욕구에 더욱 귀 기울이고, 그 방안을 지금 여기에서 제시해야 한다. 이 과제를 위해서 나는 아나키스트 자유주의의 길을 찾아서 아나키즘의 근원적 활력을 되찾고 현실적 기반을 구축해나가고자 한다. 21세기 문명전환의 길잡이로서 등장하고 있는 잡종사회의 전 지구적인 도래는 아나키즘과 자유주의의 잡종화, 즉 아나키스트 자유주의를 요구하기 때문이다.

아나키즘에서 벗어난 아나키스트 자유주의! 나를 두고 당장 이런 비난이 쏟아질 수도 있을 것이다. 그러나 내가 이 책에서 제시할 개인주의와 자유주의의 급진성을 새롭게 재인식한다면 아나키스트 자유주의가 아나키즘의 전통을 공유하면서도 새로운 시대가 요구하는 문명전환의 잠재력을 강화하는 것이라는 사실을 인정할 것이다. 불가와 도가 그리고 슈티르너의 개인주의는 기존의 고정관념과 집단 우상화를 깨뜨리는 인식론적-방법론적 출발이요, 목표요, 귀결이다. 그리고 미제스Ludwig von Mises에서 출발해 하이에크와 포퍼가 구축한 자유주의는 아나키스트가 경청하고 학습해야 할 창조적 개혁과 혁신의 길이다. 그대가 새로운 아나키스트로 변신하고 싶다면 같이 떠나자. 잡종사회의 친구들과 함께 저 산을 넘고 문명전환의 대해로 나가자.

1장 아나키스트의 길에서:
포스트아나키즘과 온고이지신

    15년 전 윤건차(2000)는 1980년대에서 1990년대에 걸친 한국 지식인들의 사상적 분류를 시도하였다. 그는 나를 한완상, 최장집, 임현진, 임혁백 등과 함께 진보적 자유주의 그룹에 포함시켰다. 개량적 자유주의, 보수적 자유주의에 속하지는 않아 다행이라고 생각했다. 그러나 왜 동료 아나키스트인 박홍규, 구승회, 방영준 등은 아나키즘이라는 분류하에 급진적 민주주의 그룹에 포함시키면서 나는 제외시켰는가 하는 아쉬움과 의아심도 가졌다.

    이제 아나키즘과 자유주의의 접합을 시도하려는 나의 입장을 스스로 평가해보니, 내게 어떤 거부할 수 없는 자유주의의 피가 흐르고 있다는 사실을 인정해야 할 것 같다. 사실이 그렇다. 착각인지, 환상인지, 허위의식인지, 자기 충족적 예언인지는 몰라도, 아마도 이 모든 것의 잡탕이겠지만, 철들면서부터 자유는 유연하고 유혹적인 고정관념으로 항상 나를 끌고 왔고, 끌어가고 있다.

    고정관념으로서의 자유, 그것도 언젠가는 파괴가 필요한 우상이 되겠지만, 지금은 아니다. 여전히 순진해서 취약하고, 유순하나 강렬하고, 한결같이 변덕스럽고 … 그리고 무엇보다도 자연스럽기 때문이다.

이처럼 자유에 끌리고 혹은 밀리면서 그리고 자유가 무엇인지 더 알고 싶어 아나키즘에 입문하여 아나키스트의 길을 가고 있는 나는 그 길을 발로 딛고 손으로 헤치기보다는 머리로만 뚫는 반풍수다. 공부를 시작한 지 25년이 흘렀지만 여전히 아나키즘이 무엇인지 헷갈린다. 실천적으로는 매우 부족하나, 이론적으로는 열심히 노력한다. 배울수록 더 배워야 할 것 같으니 아직도 갈 길이 멀다. 겸손을 떠는 것이 아니라 사실이다. 그러나 이제 소년이로학난성少年易老學難成의 석양이 길게 드리우고 있으니 나그네 길을 잠시 멈추고 온 길과 갈 길을 살펴보고자 한다.

초장부터 부담스럽게 무겁지만, 어쩔 수 없이, 잠시 난삽한 이론의 세계를 거쳐 가자.

현재 서구 아나키즘의 세계에서는 포스트아나키즘postanarchism이라는 새로운 지적-실천적 모색이 활발하게 전개되고 있다. 그 갈래도 다양하고 주장도 다채롭다.[1] 영국에서는 뉴먼(Newman, 2001b; 2005; 2007; 2010)과 루셀(Rousselle, 2012)이, 미국에서는 메이(May, 1997a; 1997b)와 콜(Call, 2002)이, 캐나다에서는 데이(Day, 2005)가, 터키에서는 에브렌(Evren, 2013)이 포스트아나키즘을 전개하고 있다. 그 주창자이자 대표자인 뉴먼(Newman, 2008: 101)에 의하면 기존의 근대 아나키즘이 "계몽주의적 인본주의 인식 틀enlightment humanist epistemological

---

[1] 포스트아나키스트 내부에는 한 가지 주목할 만한 차별성이 있다. 포스트휴머니즘을 뉴먼(Newman, 2007)은 비판하지만, 콜(Call, 2002)은 나와 마찬가지로 지지한다.

framework"에 근거한 것이라면, 포스트아나키즘은 특히 "탈근대성과 포스트구조주의postmodernity and poststructuralism"적 관점을 적극적으로 고려한다. 그리하여 포스트구조주의 계열의 이론가들, 푸코Michel Foucault, 들뢰즈Gilles Deleuze와 가타리Félix Guattari, 바디우Alain Badiou, 랑시에르Jacques Rancière 등이 빈번하게 거론되고, 고전 아나키스트로서는 슈티르너가 새로운 관심의 대상으로 부각된다.[2]

뉴먼(Newman, 2013)의 입장을 루셀(Roussele, 2013)과의 인터뷰 자료를 중심으로 간략히 소개 겸 검토해보자. 그에 의하면 포스트아나키즘은 기존 아나키즘을 부정하는 것이라기보다는 그것의 한계를 극복하고 새로운 가능성의 영역을 개척하고 확대한다(Newman, 2013: 101). 따라서 포스트아나키즘은 포스트모더니즘 계열의 이론에 흔히 가해지는 비판처럼 도덕적 허무주의나 윤리적 주체주의에 경도되는 것이 아니다.

뉴먼(Newman, 2013: 80-81)은 포스트아나키즘의 탈본체론적 관점을 슈티르너의 창조적 무creative nothing 혹은 공void으로서의 에고ego에서 발견하고, 이를 라캉Jacques Lacan의 실체적인 것the real과 등치시키면서, 우주의 중심에 있는 어떤 견고한 혹은 초월적 주체가 아니라, "가능성들의 개방적 영역open field of possibilities" 혹은 "리좀rhizome"으로서 이해한다. 따라서 포스트아나키즘이 주체의 우위를 강조하는 상대주의라는 비판을 거부한다. 본체론적 영역은 "불안정하고, 빈틈이 많으며, 개방적이고, 상황 구속적contingent"이다. 슈티르너의 유일

---

2 마오쩌둥주의자였으며 여전히 맑스주의에 애착을 가진 바디우는 아나키즘을 직접적으로 비판하지만, 그의 맑스주의 비판은 아나키즘을 활용한다(Noys, 2008). 이와 마찬가지로 푸코도 자신은 아나키스트가 아니라고 강변하지만 그의 아나키즘적 지향성은 도처에서 발견할 수 있다(May, 1997a).

자로서 에고 또한 차이의 중요성을 암시하나 그것을 포스트구조주의적 용어로 규정하자면 동일한 것도 차이도 아니며, 보편적인 것도 특수한 것도 아닌 유동과 변전으로서의 "특이점singularity"이다.

포스트아나키즘의 반근원주의는 근대 아나키즘이 가정했던 아나키스트 윤리의 생물학적, 합리주의적, 과학적 증명 가능성을 비판한다.[3] 그럼에도 불구하고 근대 아나키즘이 추구하였던 자유, 평등, 연대와 같은 가치를 포스트아나키즘은 오늘날의 해방 정치를 위한 좌표로서 공유한다(Newman, 2013: 82).

뉴먼(Newman, 2001b; 2013: 84-85)의 포스트아나키즘은 슈티르너의 반란insurrection을 적극적으로 수용한다. 그는 포스트아나키즘은 "탈혁명post-revolution"이라는 세간의 비판을 부정하지 않으면서, 그것이 왜 문제가 되는지 반문한다. 자발적 비복종으로서 반란은 일거에 모든 것을 해결한다는 전통적 혹은 환상적 혁명주의와 분명한 거리를 두지만, 혁명과 반란의 연결성을 강조한다. 그는 일상에서의 끊임없는 반란은 영원히 좌절하거나 패배할 것이라는 기존의 비관주의와는 달리, 일상의 부분적 혹은 특수한 해방을 실현하는 반란으로부터 혁명이 발생할 수도 있다고 믿는다. 더욱 중요한 것은 이처럼 혁명 이전에 반란이 지속적으로 축적되지 않고 혁명이 이루어질 경우, 그것은 또 다른 권력과 지배의 출현을 의미할 뿐이라는 것이다. 혁명이란 자율적 공간의 다원화를 확장하고 자주 관리나 자기 조직화의 실행을 확대하는 개인들의 힘의 확산을 의미하는 것이다.

물론 포스트아나키즘은 권력의 단원성unitary이나 단선성unidirec-

---

[3] 파이어아벤트(Feyerabend, 2010: 5)도 유사한 맥락에서 과학주의를 신봉한 아나키스트 크로포트킨(Kropotkin, 1970)이나 울프(Wolff, 1968)를 비판하였다.

tional 대신에 푸코처럼 그 다차원적 생산성도 인정한다. 이 점에서 사회의 권력관계는 어떤 혁명으로도 완전히 파괴하거나 제거할 수 없는 구조적 조건이자 한계일 수 있다. 그러나 권력의 불가피성inevitability of power에 대한 체념이나 비관은 새로운 권력의 등장이나 강화를 초래할 수 있다. 그러므로 반란을 통해서 국가권력 체제에 끊임없이 대항하는 과정에서 우리는 국가의 내외부에서 개인의 자율적 능력을 집결하고, 실험하며, 강화하는 노력을 병행해야 한다. 각종 반란적 투쟁과 실험은 아나키스트의 영원한 그러나 쉽지 않은 과제이지만 즐거운 투쟁이 될 수도 있다.

현재 서구에서 주목받고 있는 포스트아나키즘은 분명 아나키즘에 새로운 활력을 제공할 것이다. 탈근대론자인 나는 포스트아나키즘과 매우 유익한 지향점(예컨대 비본질주의, 비인간중심주의, 인간의 성선론에 대한 비판 등)을 공유하고 있다. 그러나 탈근대의 핵심적 의미를 탈서구중심주의 혹은 (동서양의 균형을 모색하는) 동아시아주의의 탐구에 두는 나는 21세기 아나키즘 혹은 새로운 아나키즘으로서 아나키스트 자유주의의 길을 동아시아 아나키즘의 뿌리, 예컨대 노장 계열의 도가, 불가, 단군 사상 혹은 선가仙家로부터 발견하고자 한다. 그 이유는?

좁게는 서구 사회(과)학 이론의 토착화/한국화 혹은 한국발 사회이론의 생성이라는 오랜 숙제와 과제(김성국·임현진, 1972)를 나름대로 성취하려는 의도가 있다.[4] 넓게는 이 책이 시도하는 문명전환의 이론

---

[4] 이 과제는 여전히 지지부진 미해결의 상태로 현재진행형이다(이성용, 2015). 더욱 심각한 문제는 서구에서는 이미 오래전부터 동양적 관점을 수용하여 나름대로 재구성하고 각색하여 우리에게 되팔고 있다는 것이다. 서구의 동양 연구는 그 뿌리가 깊고, 결실도 엄청나다. 동아시아화한 서구 이론은 이미 상륙하였다. 더 늦기 전에 영어

적-이념적 토대를 확보하자면, 포스트아나키즘보다는 (탈근대적 함의를 지닌) 동아시아의 위대한 고전 사상에 뿌리를 두는 아나키스트 자유주의가 더욱 적실할 뿐 아니라, 강력하다고 생각하기 때문이다. 서구의 초기 포스트 계열 담론들(데리다Jacques Derrida에서 들뢰즈나 가타리까지)이 충격적으로 신선하고, 과감하게 해체적이며, 날카롭게 자기비판적이던 시기를 지나면서, 그것은 (바디우나 랑시에르 등에서 나타나듯) 이론적으로는 더욱 세련되고 미묘해지기는 하나, 점차 난해하고 애매한 수사학에 의지하는 지적 과장과 서서히 드러나는 이념적 편향성(예컨대 보편주의, 맑스주의, 평등주의 등)에 기반한 실천적 경직성을 보여주는 것 같다. 물론 나는 포스트아나키즘과 더불어 아나키즘의 서구적 전통을 결코 과소평가하지 않을 것이지만, 그간 미개척의 상태에서 외면되거나 발전되지 못한 동아시아의 아나키즘적 이론과 감각 그리고 깨달음을 적극 활용할 것이다.

먼저 온고이지신溫故而知新에 필요한 동서양의 아나키스트 전통을 가까이에서 찾아보자. 아나키스트의 길에서 만난 아래 두 사람의 가르침을 좌표로 삼고자 한다.

1. 자주인의 길: 하기락

나의 경애하는 정신의 스승, 의지의 동지, 마음의 친구였던 위대한

책, 독어 책, 불어 책보다는 한국과 동아시아의 고전으로 서둘러 돌아가야 하지 않겠는가? 일본은 벌써 일본화를 시작했고, 중국은 무서운 기세로 중국화를 시작하는 것으로 알고 있다. 잽싼 추격자fast follower에서 날쌘 선구자first mover로 변신하자.

아나키스트이자[5] 한국 철학의 선구자였던[6] 허유 하기락盧有 河岐洛 (1912-1997)(1985: 299-300)은 1985년 민주화의 열기가 한국을 휘감았던 시절 비감하고 답답한 심정이었지만 희망과 열정을 간직한 채 우리에게 호소했다.

> 우당 이회영은 대전에서 옥사하고, 단재 신채호는 여순에서 옥사하고, 구파 백정기는 일본 땅 나가사키에서 옥사하고, 매관 이을규, 단주 유림, 화암 정현섭, 우관 이정규 등은 해방된 조국으로 돌아와 이 나라 자유의 보루를 지키다가 차례로 돌아가시고 박열은 북한으로 납치되어 작고하고 우근 유자명은 중공 땅에서 생사의 소식조차 없으니,[7] 님들과 더불어 행동을 같이하던 노병들은 이제 이 막중한 부담을 어떻게 감당하라는 말인가? 묵은 신들은 다 가시고, 새로운 신들은 아직 나타나지 않았으니 장차 이 조국은 어디로 가려는가? 삭막하고 요요하기 그지없구나. 민족의 출혈을 강요하는 어리석고 무의미한 남북 군사력의 대결! 그 위에 세워진 두 개의 중앙집권적 권력! 이것들은 동서 냉전과 열전의 핏줄에서 태어난 쌍생아이기에 제3차 세계대전의 불씨를

---

[5] 양우석(1998: 166)의 회고처럼 하기락은 당대 한국의 학계에서 프루동을 본받아 "나는 아나키스트다"라고 떳떳하게 말할 수 있는 거의 유일한 인물이었다.

[6] 이에 관한 구체적이고 상세한 내용은 대한철학회(1998)를 참고할 것. 하기락은 철학자 가운데서 (하이데거와 대비되는) 하르트만을 전공하였다. 하기락은 하르트만의 존재학이 동서양을 막론하고 철학의 기초요 고전이며, 존재의 보편성을 지향하는 하르트만의 범주론은 곧 아나키즘과 일맥상통한다고 생각한 것 같다(양우석, 1998: 180). 하르트만 존재학의 아나키즘적 차원에 관한 보다 치밀한 논구는 앞으로 하기락 연구의 과제로 남아 있다.

[7] 유자명은 저명한 농학자로서 중국에서 활동하다가 1985년 타계한 것이 이후 확인되었다.

안고 있는 것이다. 여명을 알리는 계명처럼, 또는 성난 파도의 울부짖음처럼 울려 퍼지는 저 함성을 들어보시오. 자율과 민주화와 평화를 요구하는 젊은이들의 함성을! 그것은 정녕 민족의 생존권을 지키려는 백성들의 자기해방의 의지요, 탈환의 의지일 것이다. 우리는 그 가운데서 새 시대를 이끌어줄 새로운 신의 출현을 대망하리라.

이 절절한 호소로부터 13년이 지난 1998년 나(김성국, 1998: 110)는 "노병은 사라지지 않았다"고 하기락을 추모하면서 다음과 같이 화답하였다.

하기락이 기대하던 새로운 신은 과연 어디에 있는 것인가? 이미 우리 곁에 다가왔는가? 아니면 벌써 떠나버린 것은 아닌가? 그는 인중천人中天이고 인내천人乃天이라고 우리를 가르쳤다. 그렇다면 그 신은 바로 자주인 그대의 영육 속에 갇혀 있는 것이 아닐까? 이제 그대의 껍질을 깨고 그것을 해방시켜라. 그대가 아나키스트요, 자주인이라면 그대 자신부터 창조적으로 파괴하라.

그로부터 또다시 17년이 흘러 벌써 2015년이다. 이제는 나도 여기저기서 기지개를 켜는 새로운 아나키즘의 젊은 신들에게 무언가를 호소할 차례가 되었다.

21세기 문명전환을 위한 이념적 잡종화. 그것이 아나키스트가 추구해야 할 길이라고 감히 말한다. 그리고 덧붙이고 싶다. 이 시대적 과제를 수행하기 위해서 아나키즘은 더 늦기 전에 자유주의라는 이념의 고향을 찾아보라.

아나키즘은 먼저 자유주의와 화해하고 화합할 필요가 있다. 한때는 이념의 친구였으나 불구대천의 원수가 되어 이제는 거리가 멀어진 맑스주의와도 언젠가는 소통해야 할 것이다. 이 일은 서두르지 말고 때를 기다리자. 이미 자유사회주의자liberal/libertarian socialist나 좌파 급진자유주의자left libertarians는 대부분 아나키즘의 흑색 깃발에 친밀감을 느끼고 있다. 그러나 스탈린 동지나 레닌 동무 혹은 주석 마오나 위대한 김일성 장군을 숭앙하는 골수 공산주의자들과의 대화는 시기상조이다. 외로운 트로츠키파도 마찬가지다.

하나의 이념으로서 아나키스트는 무엇보다도 최우선적으로 자유에 전념해야 한다. 자유 없는 아나키즘은 아무것도 아니다. 아나키스트가 자유를 잊는다면, 그것은 정신착란이요, 중증의 치매이다. 아나키즘에서 평등도 주요한 가치이지만 그것은 이미 맑스주의자들이 선점한 영역이다. 아나키스트는 자유를 기반으로 평등을 포용할 것이다. 평등주의자들이 주창하는 연대 혹은 공동체의 가치는 아나키스트 자유 연합과 상호부조의 원리를 통해서 충분히 그리고 정확하게 인식할 수 있다. 아나키즘의 주류를 이루고 있는 아나르코 코뮤니즘anarcho-communism이 바로 자유의 공동체를 추구한다. 나는 분명하고도 단호하게 선언한다. '아나키즘은 자유의 이념이다.'

하기락의 일생은 "자유의 추구와 실현을 위한 구도의 길"(김주완, 1998: 22)이었다. 하기락(1987: 6) 자신도 "인간의 해방 또는 실존의 자유, 이것이 나의 철학적 테마요 목표"라고 토로하였다. 그래서 나(김성국, 2007: 222-224)도 흔쾌히 하기락을 따라서 자유의 길을 찾아 나선 것이다. 하기락(1993a)은 『월간조선』 1993년 6월호 인터뷰에서 아나키스트를 자주인自主人이라고 부른다.

자주인이 무엇을 하자는 거냐. 바로 자기 자신이 자기의 주인이 되는 거야. 개인이 스스로 자신의 주인이 된다는 것은 인간 생활을 자유롭게 하고 정치권력이나 재벌의 압박을 배제할 수 있게 되는 길이지. … 인간은 각각 고립된 존재가 아니라 다른 인간들과 더불어 공동으로 생활하는 사회 속에서 살 수밖에 없다. 그러나 사회는 어디까지나 인간의 생존을 가능케 하는 필요조건이지, 그런 조건 아래서 살다가 죽는 생존자 자신은 아니다. … 민족 또는 국가라는 개념과 같이 신체와 의식에 부담되어 있지 않은 전체 인격이란 것은 하나의 추상물에 지나지 않는다. … 인간은 각각 최고의 가치를 지니고 있으므로 인간에게 있어서 빈부, 귀천, 남녀 등 일체의 봉건적 신분 차별이 폐지되어야 하는 것은 당연한 것이다. … 내가 최고 가치라면 너 또한 최고 가치이다. … 조선 시대 동학의 교주 수운 최제우水雲 崔濟愚(1824-1864)는 인내천 사인천여人乃天事人天如라고 가르쳤다. 사람이 곧 하늘이라 함은 인간이 최고의 가치라는 것을 의미한다. 그렇기 때문에 수운은 인간 차별을 용납할 수 없었던 것이다. … 여기에 있어서 비로소 각인이 만인의 자유를 존중하고, 만인이 각인의 자유를 보장하는 아나키사회가 성립될 수 있는 것이다. … 만인의 자유를 현실화할 것. 이는 곧 인류의 구원한 숙제이자 또한 아나키즘의 과제이다.

나는, 논쟁의 여지는 있겠지만 독일의 하르트만 철학과 니체 연구자였던 하기락의 자주인 개념으로부터 슈티르너-니체로 흐르는 아나키스트 개인주의의 어떤 고양 혹은 성숙을 발견하고 싶다.[8] 하기락의 자유는 실존주의적 개인의 자유를 의미한다. 자유가 개인과 결합해야만 그것은 구체적이고, 역동적이며, 다양하고, 고유한 속성, 즉 생명을 갖는다. 우리의 모든 추상적 가치나 관념이 구체적 생명력과 직접적 실천성을 가지려면 나와 너라는 개인과 개인의 소유가 되어야만 한다. 이 점에서 하기락은 아나키즘과 개인적 자유주의가 접합하여 화해할 수 있는 교차로를 이미 분명하게 제시하였다.

나아가 하기락(1993b)은 내가 이 책의 핵심적 논리로 활용하는 잡종화의 심원한 철학적 의의와 방안을 오래전에 설파한 원효元曉의 "화쟁和諍" 정신과 논리에 주목하고 이를 자신의 『조선철학사』와 한국 철학 연구의 기반으로 삼았다.[9] 원효의 화쟁 사상은 비록 불교적 관점에서 이루어졌지만 모든 이질 대립적 관계를 포용 포괄하면서도 종합 초월하려는 그야말로 이론적 혹은 이념적 잡종화의 최고 경지를 보여준다. 하기락이 화쟁의 정신과 논리를 선구자적으로 강조한 사실에 나는 고마움과 더불어 자부심을 느낀다. 하기락의 자주인

---

[8] 하기락(1982)은 니체에 관한 적지 않은 연구 성과를 남겨놓았다. 슈티르너와 니체의 관계는 매우 논쟁적이다. 슈티르너의 유일자, 소유, 에고이스트 연합은 니체의 초인, 권력의지, 지배 도덕과 대비적으로 검토될 수 있다. 개인주의라는 전체적인 틀에서 양자는 수렴할 수 있지만, 각자는 독자적인 방향으로 나아간다. 이와 관련된 논의로서 웰시(Welsh, 2012)를 참고할 것.

[9] 장윤수(1998: 79, 80)에 의하면 하기락의 한국 철학 연구는 한편으로는 "주체의식의 확립"이라는 차원에서 이루어져 "주기론적 흐름을 중시했으며 … 우리 민족의 상고시대 역사와 사상을 강조했다." 다른 한편으로는 "한국 철학사에서 모든 이질적 대립을 뛰어넘는 화쟁의 정신을 찾고자 하였다." 나아가 하기락의 학문적 업적이 당대의 어느 누구에 비해서도 뒤지지 않는데 학계의 평가가 미흡한 세태를 지적하고 그 이유를 밝히면서, "하기락에 대한 평가 작업은 이제부터라고 할 수 있으며, 당연히 하기락의 한국 철학 연구와 그 의의에 대해서도 총체적인 측면에서 기획되고 조망된 평가들이 이루어져야 할 것"이라고 강조한다.

은 슈티르너-니체를 거쳐 원효의 일심-진아에 이르는 유일무이 혹은 하나의 세계를 사는 자유인이다.

하기락을 추모하는 시, 「허유 선생의 토르소」에서 김춘수 시인은 스페인 혁명과 아나키즘을 그린다. 시인은 아나키즘의 영원히 실패하는 아름다움을 "봄이 가고 여름이 와도 그러나 죽도화는 피지 않는다. 피지 않는다"고 노래하였다. 아나키스트들은 1968년 혁명에서 "불가능을 요구하되, 현실을 직시하라 Demand the impossible, be realistic"고 외치면서 깨닫기 시작했다. 그간 죽도화는 계속 자라고 있었다. 세월이 한참 흘러 언젠가는 꽃을 피울 것이지만, 개화의 완결적 슬픔이 두렵다. 하기락이 남긴 과제를 한국의 아나키스트들은 준비하고 있다.[10]

2. 실용주의 노선: 콜린 워드

니의 또 다른 경애하는 스승이자, 정다웠던 친구이며, 20세기 후반 촘스키 Noam Chomsky, 북친 Murray Boochin과 더불어 세계 아나키스트운동의 삼대 지주 중 하나였던 영국의 아나키스트 워드(1924-2010) (2004: 10)의 명언을 재음미해보자.

아나키즘이라는 정치적·사회적 이념은 두 가지 서로 다른 기원

---

[10] 세계 아나키즘운동사에 남을 만한 선구자적인 창조적 파괴의 신념으로 시작한 독립노농당과 민주통일당의 전통을 계승하는 아나키스트 정치를 실천하려는 노력이 꾸준히 집결되고 있다.

을 갖고 있다. 즉 아나키즘은 자유주의의 최종 산물인 동시에 사회주의의 최종 목표이다. 이 두 가지의 경우에, 아나키스트 활동가는 똑같은 문제에 직면한다.[11] 즉 아나키스트가 개진하는 개념들은 일반적인 정치적 가설과는 너무나 다르고, 아나키스트가 제시하는 해결책은 현실과 너무나 동떨어져 있으며, 실제 현실과 아나키스트가 말하는 가능성 사이에는 너무나 큰 간극이 존재하기 때문에, 사람들은 아나키스트의 말을 진지하게 받아들일 수가 없다. … 수년 동안 아나키스트 활동가로 일하면서 나는 한 가지 확신이 생겼다. 나와 함께 살아가는 시민들에게 아나키즘 사상을 심어줄 방법은, 지금과는 좀 다른 인류가 완벽한 조화를 이루며 살아가는 미래 사회를 꿈꾸면서 기존의 사회를 통째로 거부하는 것이 아니라, 인간 공동체를 이끌어가는 비공식적, 일시적 자주 조직의 관계망에서 공통된 경험을 끌어내는 것이라는 확신 말이다.

여기서 워드는 아나키즘의 "실용적 전환pragmatic or practical turn"[12]

---

[11] 워드는, "propaganda by deed(행동에 의한 선전)"라는 아나키스트 고유 과제를 따라서, 자신을 즐겨 'anarchist propagandist'라고 표현한다. 이를 '아나키스트 활동가'라고 번역하겠다.

[12] 최근 하홍규(2013: 49, 66-67, 69)는 사회 이론에서의 "프래그머티즘적 전환"이라는 경향을 소개하였다. 하홍규의 개념과 내가 여기서 워드의 아나키즘을 지칭할 때 사용하는 개념과의 차이를 지적해두겠다. 양자는 모두 미국의 프래그머티즘에서 연원하는 삶의 과정에서의 실천적 행위들과 이 행위의 비판적 능력과 창조성을 중시한다는 점에서는 유사하다. 그러나 워드의 실용적 전환은 비유토피아적non-utopian, 점진주의적gradualist 관점에서 아나키스트 급진주의를 추구하기 때문에, 하홍규가 소개하는 뤼크 볼탕스키Luc Boltanski 등의 "비판의 사회학sociology of critique"과는 궤를 달리하며, 지향점도 상이한 것 같다. 목표와 수단의 상호 일치라는 아나

을 이룩한다.[13] 워드(2004: 5)는 "아나키스트사회, 곧 권위에 기대지 않고 자율적으로 조직되는 사회가 항상 존재하고 있었다"고 믿는다. 왜냐하면 "아나키즘은 미래 사회에 대한 사변적인 전망이 아니라 일상의 경험에 뿌리박은 인간 조직의 한 가지 양식"이기 때문이다. 아나키스트는 "역사의 낭만적 샛길"로 빠져들기보다는 "지배적 권력 구조의 틈새로 대안"을 발견하고, "자유로운 사회를 건설하는 재료"를 우리 주변의 가까이에서 모아야 한다.

워드의 실용적 아나키즘을 쉽게 설명하자면 비록 현실이 척박하더라도 아나키스트 유토피아의 싹은 여기저기서 자라고 있으므로 아나키스트는 이를 잘 가꾸고 키워서 작지만 수확을 계속해나가는 과정에서 자유의 대지 위에 아나키사회를 확장할 수 있다는 것이다. 실용적 아나키즘의 유토피아는 어디에도 없는 곳nowhere이 아니라, 지금 여기now and here에서도 발견할 수 있는 현실 변화를 위한 실천의 장이다.

근본적 전환이나 총체적 변혁을 통해 일거에 세상의 모든 것을 바꾸겠다는 혁명주의적 오만과 착각을 실용주의자는 멀리한다. 천 리 길도 한 걸음부터다. 걷다 보면 가속도 생긴다. 자동차로 달리고,

---

키스트 고유의 행동 논리를 따르는 워드는 공동선을 위한 "타협"이나 행위를 위한 "정당화의 레짐regimes of justification" 같은 것을 필요로 하지 않는다.

[13] 연구자에 따라서 워드의 입장을 "practical"(Marshall, 2011: 17, 19; Morris, 2011: 56, 66) 혹은 "pragmatic"(Honeywell, 2011: 69; White, 2011: 92)이라고 규정한다. 나는 이를 통칭하여 "실용적"이라고 번역한다. 이는 물론 조선 말 당대의 공리공담적 주자학 이론을 비판하며 대두하였던 실학의 핵심 정신의 하나인 실용의 역사적 의미를 강조하고, 계승하기 위한 것이다. 나아가 나(2003: 2)는 내가 추구하는 아나키즘의 한국 사회학사적 맥락을 신용하(1994)가 주창한 "학문적 자주성의 확립을 위한 실사구시의 정신"과 접맥시키고자 하였다.

비행기로 날 수도 있다. 시작이 반이라는 신념으로 실용적 아나키스트는 가까운 곳의 작은 일에서부터 시작한다. 서두르지 않는다. 아나키스트 프로젝트는 서두른다고 마칠 수 있는 일이 결코 아니기 때문이다. 나는 여기에 한 가지 더 추가하고 싶다. 과거 아나키스트들의 헌신적 순교자 정신은 시대의 영웅적 의거로 존경해야 하지만, 오늘날에는 일상의 삶에서 즐기며 노력하는 유유자적悠悠自適의 행보 혹은 소요유逍遙遊를 배울 필요가 있다.

워드는 서구 아나키즘 이론의 창시자인 고드윈William Godwin으로부터 리드Herbert Read까지 전승되어온 아나키스트 개혁주의의 영국적 전통을 따르고 있다.[14] 이처럼 워드 이전에도 혁명주의와 결별하고 개혁주의에 관심을 가진 아나키스트들이 적지 않았다. 그래도 사람들은 여전히 개혁주의적 아나키스트조차 사회질서의 파괴자, 테러리스트 등의 위험인물로 간주하거나 아니면 실현 불가능한 꿈을 꾸는 몽상가로 취급하였다. 처음부터 맑스주의자는 이념적 경쟁자였던 아나키스트를 프티부르주아(소자산가) 계급의 이익을 대변하는 반동주의자로 매도하였다.

아나키스트들이 추구하는 개혁은, 고르(Gorz, 1967; 1975)가 제시한 개혁의 구분을 따르면, 임금 인상 투쟁처럼 기존 체제의 유지와 강화에 봉사하는 "개혁적 개혁reformist reform"이 아니라, 노동과정에 대한 노동자들의 통제권 요구와 같이 체제의 근본적 변화를 겨냥하는 "비개혁적 개혁non-reformist reform"이다. 이 비개혁적 개혁은 단기적 목

---

14 청년 헤겔파의 일원이었던 슈티르너도 혁명주의를 지지하지 않았다. 그는 단순한 권력자 교체로 끝나는 혁명보다는 권력 자체에 대한 반란을 요구하였다. 고드윈이나 슈티르너 모두 개인주의적 아나키즘의 진영에 속하지만, 워드는 사회주의적 좌파 진영에 더 가까운 것 같다(Goodway, 2006; 2011).

표보다는 장기적 계획과 실천에 입각하여 추진되므로 현실적 실천 행동과 급진적 대안 목표 간에 불필요한 긴장이나 갈등을 초래하지 않는다(Martin, 2012). 구성원 개인 모두가 의사 결정과 직접행동에 참여하는 개혁운동은 자주 관리라는 아나키스트 목표 자체를 현실에서 구현하는 것이므로 지금 여기에서 아나키사회를 실험하고 구축하는 행위이다.

따라서 나(김성국, 2007: 249-252)는 강력히 주창한다. 아나키즘적 파괴는 창조를 위한 건설적 파괴를 의미하는 것이지, 현실에 대한 절대적 부정의 깃발 아래 언제나 맹목적인 테러를 자행하거나 과격한 혁명주의에만 탐닉하는 것이 결코 아니다. 많은 아나키스트는 급진적 개혁주의자로서의 가능성을 모색하였다(Marshall, 1993: 657-660; Adan, 1992). 고드윈은 휘그Whig파로 활동하면서, 교육과 계몽을 통한 사회의 점진적이고도 평화적인 변화를 모색하였고, 프루동도 1848년의 혁명에 직접 참가하기도 하였으나, 국민의회에서 의원으로 활약하면서, 인민은행의 설립과 같은 대안적인 제도 개혁에도 심혈을 기울였다. 파괴의 미학을 예찬하였던 바쿠닌조차도 자의적 폭력과 모험주의적 테러에는 철저히 반대하였으며, 크로포트킨은 언제나 무력보다는 이성을 선호하면서 혁명보다는 진화에 의한 사회 변화를 기대하였다. 스페인의 아나키스트들은 선거는 물론이고 각료로서 내각에까지 참여하였다. 특히 톨스토이나 간디와 같은 평화주의자들은 수단과 목적을 분리하는 것이 불가능하다는 점을 역설하면서 폭력과 강제가 없는 무강권의 사회를 비폭력적 방법으로 실현한다는 아나키즘의 목표에 충실하고자 하였다. 한국의 경우도 예외가 아니었다. 신채호와 이회영 등은 무장투쟁과 병행하여 만주에 농촌공동체의 설립을 추진하였으며, 해방 후에는 유림을 비롯한 일단의 아나키스트들이 독립노농당을 창당하여 자주사회의 건설을 위한 정치적 참여의 길을 적극적으로 모색하였고, 일부는 후일 국회로 진출하기도 하였다.[15] 아단(Adan, 1992: 121)의 지적처럼 국가와 정부에 대한 개혁주의적 아나키스트의 비판은 "사회의 보호defence of society"라는 방향으로 실천적 에너지를 결집시키는 것이었다. 각종 지역공동체운동, 협동조합 혹은 상호부조운동, 작업장의 자주관리운동은 자유 연합에 의하여 자율적 삶을 추구하고자 시도하던 아나키즘운동의 전형적인 사례들이다. 이제 21세기를 맞이하면서 현대의 아나키스트들은 새로운 시민사회의 구축과 새로운 시민운동의 활성화라는 역사적 조건을 수용하면서 아나키즘의 고전적 이상, 즉 개인적 자유와 사회적 해방을 현실화하는 전략을 개발하지 않으면 안 된다.

일찍부터 톨스토이나 간디와 같은 평화주의적 아나키스트들은 반폭력과 강제를 목표로 하는 아나키사회는 평화적인 방법으로 건설되어야 한다는 사실을 강조하였다. 목적과 수단의 일치라는 아나키스트 실천 규범은 오늘날과 같이 최소한의 민주적 제도화가 보장된 사회에서는 반드시 존중되어야 한다. 아나키사회가 폭력이 없는 평화, 강제가 없는 자율과 자치를 의미하는 것이라면 그것을 이룩하기 위한 수단도 반드시 그 목표에 일치하는 것이어야 한다. 평화를 사랑하고, 평화를 위한다는 사람이 폭력을 휘두른다는 것은 본말이 전도된 궤변일 뿐이다. 그야말로 폭력 이외의 어떤 수단도 존재하지 않는 급박하고도 절실한 상황에서는 그 대상 범위를 최소화하여 폭력을 사용하는 것(예컨대 수괴나 요인의 암살)이 최후의 수단으로 정당화될

---

[15] 이에 관한 보다 상세한 내용은 무정부주의운동사편찬위원회(1978)와 하기락(1985)을 참고할 것.

수 있다. 일제하 조선의 아나키스트들이 신채호의 『조선혁명선언』에 따라서 일제의 앞잡이들을 처단한 의열 투쟁(김영범, 2013)이 이에 해당한다.[16] 그러나 오늘날 특정 종교 집단이 폭력 집단화하여 정의의 이름으로 무차별적으로 자행하는 대규모 테러와 학살은 인간의 공포심을 조장하는 비열한 야만 행위에 불과하다.

아나키스트는 미래의 아나키사회가 지금 여기의 현실에서도 완벽하지는 않더라도 충분히 가능하다는 사실을 직접행동으로 보여주어야 한다. 지배자들은 예나 지금이나 모든 조건이 무르익기까지 참고 기다리라고 말한다. 말로만 입으로만 가난한 자와 약한 자를 위해서 유토피아를 약속하는 어떤 지배자도 믿지 말라. 아나키스트는 스스로가 그러한 약속에 근접하는 삶을 살도록 노력해야 한다.

나는 아나키즘의 적실성을 확인하고 확장시키기 위해서 아나키스트로서의 급진적 정신은 마음속에 굳건히 간직하되, 행동의 차원에서는 점진적, 개량적, 부분적 실천을 지향하는 워드의 실용주의 노선을 따르고자 한다. 이 노선이 조선의 위대한 아나키스트 이회영, 신

---

[16] 김영범(2013: 195-196)은 의열 투쟁의 역사적 의의와 위상을 다음과 같이 설명한다. "폭력과 비폭력을 그저 대칭시키기만 하는 손쉬운 이분법적 도식은 닫힌 고정관념의 덫에 의해 숙명론과 패배주의의 함정으로 빠져들기 쉽게 한다. … 권력을 얻고 지배하는 것이 아니라 부당한 지배 관계를 부인하는 힘, 폭력의 구조화를 떠받치는 제도 자체를 해체하는 성질의 힘 ― 그런 힘은 '비폭력'도 '대항 폭력'도 아닌 '반폭력anti-violence'이다. 그것은 증오가 아닌 분노, 의로운 분노로부터 솟아나오는 힘이다. 반폭력은 방어적 폭력이면서 직접행동의 회복이고, 본질적으로 비폭력을 지향하는 것이다. 폭력 투쟁과 동일한 것이 아니다. 지배자가 휘두르는 폭력에 소솔한 육체가 대항하는 것은 스스로를 재구성해나가는 과정이기도 하고, 이로부터 '새로운 인간'이 탄생한다. 일제의 침략주의·식민주의와 강권 폭력에 맞서 피 흘리며 싸운, 그러다 스러져간 수다한 의·열사들이야말로 그런 '새로운 인간'들이지 않았을까? 홍벽초洪碧初[홍명희]가 신채호를 일컬어 한 말을 빌려보면, '살아서도 사람이고 죽어서도 사람'인 존재들이 아니었겠는가?"

채호, 유자명, 박열의 뜻이며 유림, 이정규, 하기락을 거쳐 지금도 계승되고 있는 조선 아나키즘의 고유한 전통과도 일맥상통하는 것이라 믿는다. 더 나아가 이는 하기락이 밝히고자 했던 조선 철학사의 아나키스트 맥락에 위치한다. 상고 단군 시대의 홍익인간과 『천부경天符經』의 천지인합일로부터 최치원의 화랑도와 풍류 정신, 원효의 화쟁과 일심, 서경덕의 기철학, 정약용의 실사구시, 수운의 인내천으로 면면히 연결되어온 자유와 해방의 세계를 오늘의 현실 속에 구축하려는 실행 실천의 직접행동 논리이다.

끝으로 워드의 실용주의는 아나키즘 내부의 대립·갈등하는 이론적 입장들도 직접행동의 장에서는 상호 보완적으로 추구될 수 있다는 점을 강조한다(White, 2011). 워드(Ward, 1961: 3)는 한편으로 아나키 사회가 가까운 시일 내에 전면적으로 실현될 가능성은 매우 희박하기 때문에, 아나키스트는 일상생활에서 몰나르(Molnar, 1961)가 제안했던 끊임없는 투쟁 혹은 "영구 저항Permanent Protest"을 개인적 차원에서라도 수행해야 한다는 점을 인정한다. 이와 같은 워드의 입장은 슈티르너의 반란을 수용하여 일상생활에서의 미시적 저항을 추구하는 포스트아나키스트 뉴먼의 입장과 맥락을 같이한다. 현실에서도 실현 가능한 유토피아를 직접행동을 통해서 성취하고 즐기는 것이다. 워드(Ward, 2004)의 "조용한 혁명silent revolutions"에 대한 기대는 포스트아나키스트(Newman, 2013: 80)의 보이지 않는 "탈정체성의 정치politics of dis-identification"와도 연결된다.

다른 한편으로 워드에 의하면 이와 같은 일상적이고도 개별 분산적인 저항 행위들이 아나키즘의 전부가 아니다. 아나키스트는 사회 전체를 근본적으로 변화시켜 현재보다도 더 자유로운 사회를 만들겠다는 거시적 목표도 동시에 추구해야 한다. 워드는 아나키즘 내부의 개인주의적 전통과 사회주의적 전통 간에 존재하는 긴장을 존중하되, 그것을 이것이냐 저것이냐의 양자택일의 문제로 보지 않고 이것도 저것도 모두 필요하다는 포용적 입장을 견지한다(White, 2011). 그러므로 워드(Ward, 1997)는 생활양식 아나키즘과 사회적 아나키즘 간의 논쟁에서 북친이 취한 권위주의적 입장에 비판적이다.[17]

요컨대 워드의 아나키즘은 지금 여기의 일상생활에서 개인들의 실제적 관심사인 교육, 교통, 도시계획, 주거, 식품 등을 개인들이 어떻게 자율적으로 그리고 자기 조직화self-organization를 통해서 풀어나가는지에 관심을 두는 실용적인 아나키즘이다. 그러므로 그의 아나키즘은 정치적 변혁의 프로그램이라기보다는 개인들의 사회적 자기 결정socail self-determination이다.

따라서 워드의 아나키즘은 결코 개인주의적 지향성이나 자유주의적 전망을 부정하지 않는다. 이 점에서 그는 근대의 혁명주의 사회적 아나키즘으로부터 탈근대의 급진적 개인주의적 아나키즘으로 전환하는 아나키즘운동의 가교 역할을 한다. 그는, 레비(Levy, 2011: 10-11)의 지적처럼 한편으로는 "타고난 반맑스주의자"로서 비분파적non-sectarian 사회주의를 지향하며, 다른 한편으로는 개인적 자율성을 강조하는 "벌린Isaiah Berlin이나 헤르첸Aleksandr Herzen류의 다원적 자유주의의 전망" 또한 수용하는 양면성 혹은 잡종성을 보여준다.[18] 그

---

17 구체적으로 워드는, 북친과는 정반대로, 생활양식 아나키스트라 할 수 있는 베이Hakim Bey의 일시적 자율 지대(TAZ: Temporary Autonomous Zone)야말로 우리가 현실적으로 구축하고 즐길 수 있는 아나키스트사회의 모습 혹은 현실태를 지칭하는 유용한 개념이자 실천 전략이라고 평가한다.

18 워드는 반맑스주의자이지만 신좌파와는 다양한 친소 관계를 유지하였다(Goodway, 2011).

래서 워드의 실용적 아나키즘은 아나키즘 내부의 대립적 경향들, 예컨대 혁명 대 개혁, 유토피아 대 지금 여기, 사회적 평등 대 개인적 자유를 중첩, 접합, 매개, 조화시키려는 시도이다(Goodway, 2011; Honeywell, 2011; White, 2011; Nightingale, 2014). 아나키즘에 있어서 사회주의와 개인주의의 연결성을 추구한 워드(Levy, 2011: 7에서 재인용)의 입장은 다음의 선언에서 극명하게 표출되고 있다.

> 나는 협력적 행동을 기다리지 않는다. 왜냐하면 나 자신이 협력적 행동이기 때문이다. 이와 마찬가지로 나는 혁명을 기다리지 않는다. 왜냐하면 나 자신이 바로 혁명이기 때문이다. 혁명이 도래하기 전에, 우리는 각자 혁명가가 되어야 한다. 대중을 결집시키기 전에 우리는 개인성을 보장해야만 한다.

워드(Ward, 2004: 98)는 아나키즘이 21세기에 "더욱더 적실성을 가진다"고 예고하였다. 이와 마찬가지로 워드가 평생을 걸쳐 구축한 실용주의적 아나키즘도 "과거 어느 때보다 더욱 적실하다."(Nightingale, 2014: 104)

3. 자유해방의 길로부터

이제 내가 생각하는 아나키즘은 어떤 것인지 그 내용을 제시해보자. 나는 아나키즘을 소개할 때, 김용옥(2000: 72-73, 85)의 정곡을 찌르는 다음 구절을 즐겨 인용한다.

아나키즘은 인人의 간間에 있어서 존재하는 모든 권력 지향의 제도를 최소화시키려는 경향을 지닌 사유를 집총集叢하는 술어이다. … 국가 없이도 사회는 성립할 수 있다. 2·3백년만 거슬러 올라가도 인류 역사의 삶의 양식의 대부분은 아나키스틱한 것이었다. … 서구의 아나키즘이 별 볼 일 없었던 것은 그들(프루동, 바쿠닌, 크로포트킨)의 아나키즘 논쟁이 어디까지나 소셜리즘socialism의 한 제도적 측면으로서 시작되었기 때문에 인간세의 제도적 장치에 대한 현실적·국부적 소론에 그치고 있기 때문이다. 다시 말해, 아나키즘의 본질에 걸맞은 우주론이나, 세계관, 인간관, 특히 인성론에 대한 깊은 통찰을 결여하고 있기 때문이다. 동양의 모든 아나키즘은 인성론으로부터 출발한다. 그리고 인성론으로부터 출발한 심미적 구조까지를 포함한다. 바쿠닌은 그런 심미적 통찰에까지 이르지 못한 평등주의에만 열광해 있었다. … 인류에게 순純하고 전全한 유일무이의 아나키즘the only pure and holistic anarchism은 타오이즘Daoism이다. 타오이즘만이 참된 아나키즘이다. … 노자 철학의 해석의 총체성은 항상 아나키즘의 본질로 환원된다. … 소국과민小國寡民의 사상을 철저히 밀고 들어가면 우리는 두 가지 래디컬리즘radicalism을 만나게 된다. 그 하나는 아나키즘이요, 다른 하나는 패시피즘pacifism이다. 아나키즘의 본질은 항상 패시피즘으로 귀착되게 마련이다. … 아나키즘은 무정부주의가 아니다. 아나키즘을 마치 무질서를 지향하는 혼란주의와 동어의인 것처럼 곡해하는 것은 역사적으로 모든 진보주의(=사회주의, 공산주의)나 보수주의(=우파 반동주의, 국가주의)가 한결같이 국가라는 제도에 대한 불가치의적 不可置意的 신뢰를 가지고 있었기 때문이다. 맑시즘 특히 레닌이즘은 아나키즘을 증오하였고, 모든 스테이티즘statism 그리고 우파 반동 철학도 아나키즘을 혐오하였다. 아나키즘은 현실 불가능한 로맨티시즘romanticism의 타락 내지는 리버럴리즘liberalism의 환상으로 치지도외하였다. 왜냐? 아나키즘은 권력에 대한 근원적 부정을 내포하고 있었기 때문에, 권력을 지향하는 모두에게 공포스러운 것이었다. 허나 인류의 예지는 좌우가 동시에 증오하는 데 숨어 있었다. 21세기는 바로 이 좌우가 모두 혐오하던 의식 형태로부터 출발하지 않을 수 없다.

아나키즘에 대한 김용옥의 평가는, 아나키즘에 대한 이해가 태부족이었던 당시의 한국 상황에 비추어보면 놀랍게도, 매우 정확할 뿐 아니라 또한 지극히 호의적이다. 더욱이 그는 서구 아나키즘의 철학적 한계를 예리하게 지적하면서, 노장주의로 대표되는 동양 아나키즘에 내장된 보다 근원적인 우주론적 인식이 필요함을 역설하였다. 나는 김용옥의 지적에 자극을 받아 나름대로 탈근대 아나키즘을 문명전환의 차원에서 서구 아나키즘과 노장 아나키즘의 결합/잡종화를 통해 재구축해보려고 시도해왔다.

이와 같은 이념적 잡종화의 중간 성과로서 나(김성국, 2003)는 탈근대 노장 아나키즘에 최소주의와 실용주의 그리고 비폭력주의/평화주의라는 특성을 부여하고자 하였다. 국가에 대한 절대적 부정이나 순수 무정부 대신에 최소국가론과 탈국가주의로서 사해동포주의cosmopolitanism, 기존 체제의 부정 대신에 체제 내적 비판과 개혁을 추구하는 급진적 실용주의, 그리고 한때 예외적인 억압 상태에서 '행동에 의한 선전propaganda by deed'을 노리며 시도되었던 각종 테러 행위와 폭력적 파괴주의 및 불법행위에 반대하는 평화주의 혹은 비폭력 노선을 탈근대 아나키즘이 추구해야 할 방향으로 제시하였다.

현실적으로 국가 체제는 숱한 문제점과 역기능에도 불구하고 사회를 위해 필요 불가결한 존재로 기능하고 있다. 그래서 탈근대 아나키스트는 국가란 작으면 작을수록 좋은 필요악이라고 규정한다. 왜냐하면 국가보다는 개인들의 자유 연합이 훨씬 더 바람직한 방식으로 사회문제에 대처하고 이를 처리할 수 있다고 믿기 때문이다.[19] 아나키스트는 시민 위에 군림하면서 지배하고 결정하는 기구로서의 국가 체제를 시민이 요구하고 결정하는 각종 서비스의 지원 및 관리를 담당하는 탈권력화된 기구로 서서히 탈바꿈시키고자 한다.[20] 국가와 국가권력 소유자/대행자가 명실상부하게 시민을 모시는 공복公僕이 되도록 만들어야 한다. 문자 그대로 정치인이나 공무원이 전문적 서비스맨 혹은 도우미의 자세를 갖도록 요구하고 훈련시켜야 한다. 가능한 한 모든 것을 시민들이 직접 결정할 수 있도록 사회 시스템(예컨대 전자식 의사 결정 투표나 전문가/일반인 대상 여론조사 체제)을 구축해야 한다. 시민이 주인이고 결정권자이며, 그들 국가기관의 종사자는 대리인 혹은 집행인이라는 사실을 우리 모두가 철저히 깨우쳐야 한다. 중우衆愚정치를 두려워할 필요가 없다. 지식정보사회의 도래와 함께 개인들도 알 만큼 다 안다. 정치판의 권력 게임이나 권력 기구에 물들지 않은 일반 개인이 더욱 현명한 결정을 내릴 수 있다. 이 점에서 정직하면서도 전문가적 소양을 지닌 개별 시민이 참여

---

19 자유 연합에 의한 자유롭고 자발적인 의사 결정은 국가 결정보다 비효율적일 수 있겠지만 장기적으로는 시행착오를 통해서 보다 확실하고 철저하게 오류를 시정할 수 있다. 국가 개입은 그 자체가 공공 선택론이 제시하듯 독점적 특수 이익 추구로 이어져 자생적 질서 형성 과정을 방해하거나 교란시키는 부작용을 초래한다.
20 이와 같은 국가형태를 나(김성국, 2011)는 "탈권력 사회국가"로 개념화한다.

하는 심사와 재판, 정책 결정, 감시와 평가를 제도적으로 대폭 확장해야 한다.

그러나 불행히도 그리고 안타깝게도 아직도 많은 사람은 국가, 특히 국가권력에 대한 환상과 미련을 버리지 못하고 있다. 국가가 우리의 모든 문제를 공정하게 혹은 내 입맛대로 해결해줄 것이라는 환상. 국가가 없으면 사회가 엉망진창의 난장판이 될 것이므로 미워도 다시 한번 국가에 연연하는 미련. 국가권력은 이 오도된 국민 정서를 너무나 잘 알기에 계속 우리를 위기 속으로 몰고, 미래의 청사진을 남발하고, 자신들이 해결사라고 장담하는 것이다.

국가에 대한 잘못된 세 가지 믿음을 소개해보자.

첫째, 국가가 우리의 생명과 재산을 보호하는 사회질서의 수호자라고 믿는 국가 질서에 대한 환상이다. 각종 법률과 명령 그리고 경찰과 군대를 통해서 국가는 이 기능을 수행한다. 그렇지만 무전유죄-유전무죄의 법 집행, 범법자로부터 우리를 제대로 지켜주지 못하는 경찰과 전쟁에 동원되어 대량 살육을 초래할 군대의 존재는, 뒤집어 생각해본다면, 사회질서를 불안정하게 만드는 근본적 요인으로 작용할 수도 있는 것이다. 지난 수천 년 동안 국가가 이런저런 형태로 존재했지만 언제 사회가 제대로 평안했던 적이 있었던가? 그렇다면 누가 사회질서를 파괴하고 혼란시키는가? 소수의 범법자 아니면 소수의 기득권층? 홉스의 야만 상태보다도 국가가 초래하는 야만 상태가 더욱 대규모이며, 보다 억압적이고, 파괴적이다.

둘째, 국가가 사회문제를 적절히 통제 혹은 해결할 수 있다고 믿는 국가의 문제 해결 능력에 대한 환상이다. 여기서 우리가 분명하게 인식해야 할 점은 오늘날 소위 민주국가가 발휘하는 능력의 유일한 원천은 오직 국민의 세금이라는 단순하고도 냉정한 사실이다. 예나 지금이나 좋은 일을 하자면 항상 많은 돈이 필요하다. 특히 민주주의는 돈 없이는 혹은 가난한 나라에서는 유지되기 힘든 정치 시스템이다. 그렇지만 대부분 국가의 재정 능력은 극히 제한되어 있다. 세금을 거둘 여지가 적은 나라가 빈곤 국가이다. 많은 나라가 능력 이상으로 돈을 사용해 심각한 재정 위기로 치닫는 중이다.

국가의 빚은 해마다 전 세계적으로 늘어나는 추세이다. 세금은 계획대로 걷히지 않으나, 돈 쓸 일은 계속 늘어나기만 한다. 각종의 선심성 복지와 개발 사업 정책을 정치인들은 뿌리칠 수 없다. 좋은 약이 입에 쓴 것처럼 당장 국가 부도가 날 판이라도 긴축재정 정책은 정치적으로 별로 인기가 없다. 배 째라며 나자빠지는 뻔뻔함도 정책이 되고 있다. 요컨대 돈 없이 국가는 아무것도 하지 못한다. 더욱 개탄스러운 사실은 국가는 그나마 거두어들인 세금도 부정부패로 갉아먹고, 낭비와 부실로 거덜 내고, 잘못된 정책 사업으로 탕진하는 뿌리 깊은 고질병의 온상이다. 점차 방만해지는 재정 운영을 누가 어떻게 정상화시킬 것인가. 공공 정책론이 입증하고 있듯이 국가란 신뢰하기 힘든 경제 주체이다.

셋째, 국가 자체의 구조적 문제점이나 한계를 법 개정이나 정권 교체를 통해서 해소해나갈 수 있다는 국가 체제 개선에 대한 환상이다. 이론적으로는 틀린 말이 아니다. 그렇지만 현실적으로는 거의 불가능에 가깝고 효과도 미지수다. 권력 기구로서의 국가 체제는 정권 교체를 하건 법 개정을 하건 권력 그 자체의 속성에 따라 부패하고 무능하게 된다. 정권 교체는 새로운 권력자와 그 하수인들의 등장을 의미할 뿐이요, 법 개정은 이해관계의 이전에 따른 새로운 권력 분배(권력 나누기)의 시작에 그칠 뿐이다. 재차 반복하지만 권력 기구로서의 국가 체제를 근본적으로 해체하고 새로운 탈권력화된 국가 —

내가 제시하는 사회국가 — 를 구상하지 않으면 안 된다.

남한에서는 북한 김정은 체제의 성립을 전근대적인 세습 왕조 구축이라고 조롱하지만, 그 정도에서는 현저한 차이가 있을지라도 선후진국을 막론하고 소위 자유세계에서도 부부 세습, 부자 세습, 부녀 세습의 정치인, 연예인, 학자, 법조인, 기업인, 그리고 직장인들이 비일비재하고 그 수도 점점 증가하지 않는가? 직업 상속 혹은 세습고용이 점차 자유민주사회의 역동성과 유연성을 좀먹고 있다. 아무리 민주적 절차의 선거를 치렀다고 하지만 한 지역구에서 몇 십 년을 선량으로서 행세하는 사람들 — 아무리 그가 유능하고 인기가 있더라도 — 이 있다는 사실은 권력의 독점적 혹은 세습적 속성을 확연히 보여준다. 개방사회가 점차 폐쇄사회로 고착될 위험성이 여기저기서 보인다.

봉건시대의 양반-상민이나 귀족-평민과 같은 신분제를 닮아가는 지위/계급 고착화 현상이 기회의 나라 미국을 비롯하여 전 세계로 확대되고 있다.[21] 내가 겪는 이 불평등을 내 자식들도 물려받게 될 것이라는 예감이 현실화되면서 사람들은 좌절하여 자살하고, 분노하여 총기를 난사하고, 체념하여 알코올/약물중독자가 되고, 일탈하여 범죄자가 된다. 국가와 사회의 책임이 참으로 막중하다.

기득권의 부정부패성을 말끔히 제거하지 않는 한 어떠한 권력 이동이나 권력 교체도 사상누각이 될 뿐이다.

이상에서 지적된 국가에 대한 세 가지 근거 없는 우호적 환상으로

---

[21] 소위 지위 고착화 status crystallization는 계층 간 상승 이동의 통로가 협소해지면서 사회가 일종의 신분적 세습형으로 변화한다는 사실을 비판적으로 지적하는 것이다. 이미 사회의 상류층은 결혼을 통한 혼맥을 기반으로 일종의 신귀족주의를 재생산하고 있다.

부터 많은 사람이 빠져나오지 못한다. 사실 골치 아픈 세상사를 선거를 통해 국가에 맡겨두면 당분간은 마음 편하다. 권력자들은 정치적 지지자들의 이런 속성을 꿰뚫고 있다. 어쩌면 국가권력 체제가 권력자들의 무능과 부패에도 불구하고 지금까지 굳건하게 존속하는 가장 큰 이유 중 하나는 일반 사람들이 국가권력에 대해 변함없는 신뢰를 보내고 있기 때문일 것이다.

아나키즘은 최근의 부흥에도 불구하고 그간의 오랜 실패와 좌절의 역사 때문에 여전히 오해와 편견의 대상이 되고 있으며 그 현실적 지지 기반도 취약하다. 기회는 여기저기서 밀려오고 있지만, 제대로 준비를 갖추지 못한 상태이다. 아나키즘 자체의 현실적 취약성, 국가권력의 강고함, 일반 시민들의 완고함이라는 세 가지 악조건을 아나키스트들은 직시해야 한다. 더 늦기 전에.

나는 지금까지 내가 추구하는 아나키즘을 자유해방주의라고 규정해왔다. 아나키즘의 통상적인 번역인 무정부주의는 적합하지 않고, 일각에서 사용하는 반강권주의나 자유사회주의도 그렇고, 아나키즘의 별칭인 리버테리어니즘libertarianism의 번역인 자유지상주의도 마땅치 않아서 고민하였다.[22] 그러다가 개인주의적 아나키즘과 사회적

---

[22] "자유지상주의"라는 표현은 자유의 절대성을 강조하는 장점도 갖지만, 자유절대주의라는 경직된 독단이나 기계론을 연상시키는 단점도 갖는다. 이 책에서는 이를 "급진자유주의"로 번역해 사용할 것이다. 급진이라는 말에 포함된 근본적 변화의 의미가 더욱 적실한 것 같다. 일상적으로 혼용되는 아나키즘과 리버테리어니즘의 차이는 "모든 아나키스트는 리버테리언이지만, 모든 리버테리언이 아나키스트는 아니다"라는 말과 같이 아나키즘이 보다 극단적인 형태의 무정부 내지 반정부를 표방하는 것으로 설명되기도 한다. 아나키스트는 국가 폐지와 자본주의 부정을 전면적으로 요구하나, 급진자유주의자는 최소국가론과 자본주의의 비판적 지지를 주장하는 것으로 나는 이해한다.

아나키즘의 대립을 해소한다는 생각으로 개인적 자유의 바탕 위에서 사회적 해방의 결합을 의미하는 자유해방주의라는 표현을 사용하였다. 나에게 개인적 자유는 항상 선차적인 것이었다.

여기서 자유와 해방의 관계에 대해서 나에게 지적 토대와 자극을 제공한 한 가지 사회학적 논의를 소개하고 싶다. 한국 사회학에서 사회 해방의 문제에 선구적으로 깊은 관심을 보인 연구자로 배동인(1997, 2003: 521-538)이 있다. 그는 기본적으로 인간 해방의 문제를 자유와 관련시켜 접근한다. 나아가 자유의 출발점을 인간의 욕구에서 찾는다. 해방, 즉 해방된 인간의 삶이란 욕구에 대한 "합리적 통제" 혹은 "비판적 성찰"에 의해서 가능하다는 것이 배동인(1997: 269)의 핵심적 주장이다. 배동인(1997: 45-46)에 의하면 자유는 "정의, 평등, 평화, 안전, 행복 등 다른 모든 가치들의 실현을 위한 전제가 되는 가장 기본적 가치"로서 "인간의 기본적 욕구 가운데서도 삶의 초석을 이루는 원초적 욕구"이다. 다시 말해 "삶의 해방 지향성의 귀착점이 곧 자유의 실현 상태"인 것이다.

배동인(1997: 256)은 이 지점에서 에밀 뒤르케임Émile Durkheim의 사회학주의가 비판한 심리학적 환원주의를 간접적으로 변호하지만 이를 개인주의적 관점으로 강력하게 밀고 나가지는 않는다. 다만, 매우 흥미롭게도 학문 분야의 "배타적 보편주의를 근시안적 오류"라고 비판하며, "제도화된 학문 영역을 넘나드는 일이 불가피하다"는 잡종적 시각 혹은 학문의 잡종화를 역설한다. 그는 자유주의자 혹은 해방주의자답게 "전통적인 방법론적 계율의 파계"를 주장하고, "미시적 수준과 거시적 수준은 언어적 구별일 뿐 실제로는 서로 단절 없이 연결되어 있다는 사실"을 예리하게 지적한다.

특히 그는, 나도 존경하는, 러셀Bertrand Russell을[23] 따라서 여러 가지 자유주의적 원칙을 소개하며 특히 포퍼나 하이에크와 같은 자유주의자들의 출발점인 "방법론적 회의주의"를 다음과 같이 강조한다. "어떤 것에 대해서도 절대로 확실하다는 느낌을 갖지 말라Do not feel absolutely certain of anything."(Russell, 1969: 60; 배동인, 1997: 262에서 재인용) 이에 입각하면 "맑스주의에 있어서 가장 근본적인 오류는 자기 절대화에 있고, 자기 절대화는 다시금 상호성이라는 사회 구성의 원리를 철저히 인식하지 못한 데 있다." 끝으로, 자유주의자 배동인(1997: 266)은, 러셀보다도 더욱 철저하게 "종교적 해방의 상품화가 조직적으로 행해지는" 현실을 개탄하며, "조직화된 종교는 조속히 없어져야 할 유일한 사회제도"라면서 "인간 해방의 마지막 국면은 종교로부터의 해방이라는 가설"을 제시한다. 만약 누군가가 이 책에서 내가 개진할 아나키스트 자유주의의 한국 사회학적 맥락이 무엇이냐고 묻는다면, 배동인의 "인간 해방의 사회 이론"이, 비록 부분적이기는 해도 이론적 족보의 시작이라고 대답할 것이다.

나는 아나키스트가 되기 전에는 일종의 낭만적 자유주의자였다. 4.19혁명을 전후하여 자유주의는 대다수 한국 사회 지식인들의 이념적 표상으로 존재하였다. 일반 사람들 또한 이승만 반공 독재의 억압 속에서 자유를 향한 시민적 각성과 저항 의식을 키워가고 있었다. 이 점에서 4.19혁명은 자유민주사회를 지향하는 시민혁명이었다. 당시는 도시건 농촌이건 모두가 평등하게 가난한 시절이었으므로 경제적 평등의 요구는 부차적인 것이었다. "못 살겠다 갈아보자"라는 반이승

---

23 흥미롭게도 러셀은 내가 자유주의의 이론적 근거로 삼는 포퍼와 이념적으로 그리고 사적으로 매우 친밀하였다. 러셀은 한때 자신과 함께 영국 자유학교를 설립했던 두 번째 부인 도라 러셀Dora Russell과 더불어 아나키즘과 아나키스트운동에도 깊이 관여했다(Marshall, 1993: 566-570).

만 독재의 구호는 기아선상의 빈곤을 벗어나려는 외침이기도 하였지만, 무엇보다도 삶의 자유를 갈구하는 절규였다.

당대의 지식인 사회를 풍미하였던 실존주의 또한 개인의 실존적 자유를 추구하는 이념으로 수용되었다. 그리고 낭만주의는 어떤 사상적 신념에 따른 것이기보다는 그저 젊음 혹은 청춘의 특권으로서, 군부독재에 대한 도피이자 반발로서 당위적으로 향유하던 것이었다.

4.19혁명 이후의 혼란기를 틈타 발생한 5.16군사쿠데타로 들어선 군부 정권은 개발독재를 내세우며 민심을 얻고자 하였다. 정치적 결함을 경제적 미끼로 보충하려는 정치적 전략이었고 빵이 절실했던 많은 국민은 이를 묵인하고 동조하였다. 이 와중에 군사독재 정권은 무자비하게 국가 폭력을 휘두르면서 언론, 집회, 결사의 자유를 철저하게 억압하였다. 이후 광주민주항쟁이 터지고 전두환 독재가 구축되면서 많은 한국의 젊은이들처럼 나도 폭력적 국가 체제에 대한 비판과 저항의 논리로서 당대의 자유주의는 무언가 그리고 왠지 다소 부족하다는 느낌을 갖게 되었다. 그 결과 민족주의, 구조주의, 사회주의 등에 이리 기웃 저리 기웃 하는 일종의 이념적 방랑기를 거쳤다. 그러다가 1980년대 후반 나는 아나키즘을 발견하고, 아나키스트의 길을 걷게 되었다.

나(김성국, 2003: 3-4)의 아나키스트 입문 과정을 좀 더 구체적으로 실감나게 소개하여보자.

> 일찍이 1960년대 초반 카뮈Albert Camus에 끌려 저항적이면서도 약간의 허무적인 실존적 자유주의자로서 출발한 나는 한일회담 반대운동의 여파로 민족주의에도 눈을 돌리나, 역시 당대의 비틀린 '낭만적 자유주의'를 '몸(!)'으로 체득하며 살았다. 그래서

나는 아직도 이문열의 『젊은 날의 초상』을 읽으면, "정치에 똥물을 뒤집어씌우고, 역사에 난장을 치며, 문학과 철학의 귀를 잡아 박치기로 날려버리기도 하던 … 한때는 아픔이요 시련이었으되, 지금은 다만 그리움일 뿐인, 아, 그 기쁜 우리 젊은 날"로 되돌아가고 싶다.[24] 뒷날 아나키즘의 유토피아성이 내게 사회학적 감수성을 해방시키는 강한 전류처럼 흘러왔던 까닭도 한 낭만주의자의 잃어버린 시간 되찾기가 아니었을까?

1970년대 초, 석사 논문을 준비하면서 레비스트로스Claude Lévi-Strauss의 구조주의에 매달려 저주받은 실존적 자유의 부조리와 불확실성을 회피하는 대신 어떤 본질적인 것 혹은 필연적인 법칙이 제공하는 자신감을 회복하고 싶었다. 그러나 『슬픈 열대』를 번역하면서 구조주의적 분석의 정교함에 매력을 느낀 만큼이나 근대적-합리적 서구 문명의 모순과 야만성을 인식하였다. 불교와 맑시즘 간의 어떤 해방적-원형적 (혹은 원시적) 결합을 통하여 상이한 문명/문화의 공생적 연결 고리를 찾던 것을 보고는 동양적인 것 혹은 우리 것에 대한 비록 막연하나마 어떤 단단한 자부심을 갖게 되었다.

레비스트로스(1998: 739-740)는 이 지점을 이렇게 서술한다.

---

[24] 이 무렵 다른 많은 젊은이처럼 나도 황석영의 『장길산』을 보며 미륵의 꿈을 꾸고 있었다. 그런데 이제는 어떤 작가를 좋아하거나, 어떤 신문을 구독하면 이런저런 색깔로 편 가름하는 살벌한 풍토이다. 나의 색깔 취향은 이렇다. 아나키스트의 상징인 검은색을 좋아하지만, 흰색(민족주의)도 좋아하고, 두 색의 결합인 회색(민족주의적 아나키스트)도 좋아한다. 한때는 붉은색(맑스주의)도 좋아하였다. 그러나 검붉은색(아나르코 코뮤니즘)이 더 좋다. 다양한 색깔을 안심하고 선택할 수 있는 자유를 달라.

무지에 관한 이 위대한 종교[불교]는 이해에 대한 우리의 무능력에 근거를 두고 있지는 않다. 오히려 이 종교는 우리의 선천적 재능들을 인정하며, 존재와 지를 상호 배제함으로써 진실을 발견하게 되는 지점까지 우리를 고양시켜준다. 그리고 더욱 대담스럽게도, 이 종교는 다른 곳에서는 오직 맑스주의만이 실천하였던 어떤 것을 성취했다. 이 종교는 형이상학의 문제와 인간 행위의 문제를 조화시켰다. 따라서 불교의 분파는 우리가 대승과 소승 간의 근본적인 차이점이 어떤 한 개인의 구원을 하나의 전체로서의 인간성의 구원에 의존하는 것이라고 믿느냐 혹은 믿지 않느냐 하는 사회학적 수준에서 나타났다. … 아마도 불교는 이 세계의 여러 부분에서 연쇄의 고리가 빠져 있는 것을 발견했을 것이다. 왜냐하면 만약 계몽에 이르는 변증법적 과정에서 최종 순간이 가치 있는 것이라면, 이 순간에 선행하거나 또는 가까운 모든 순간들 또한 가치 있는 것이기 때문이다. 의미에 대한 그 절대적 부정은 하나의 보다 적은 의미로부터 보다 큰 의미로 나아가는 일련의 단계들 가운데서 맨 마지막 것이다. 이 마지막 단계는 그 앞에 있었던 모든 단계들을 필요로 하며, 이와 동시에 그 단계들을 정당화시켜준다. 그 각각의 단계는 그 자체의 방법이나 수준에 있어서 하나의 진실에 상응하고 있다. 인간을 그의 첫 번째 사슬로부터 해방시키는 맑스주의의 비판과 그 해방을 완결시키는 불교도의 비판 사이에는 아무런 대립이나 모순이 존재하지 않는다. … 맑스주의와 불교는 동일한 과업을 상이한 수준에서 각각 수행하고 있다. 이 두 극단 간의 상호 관계는 동양으로부터 서양으로 흐르는 사고의 확고한 운동에 의해서 지난 2천년에 걸쳐 우리 인류가 이룩하여온 모든 지식상의 진전들에

의해서 보증되고 있다.[25]

그러나 나는 박사과정을 시작할 때는 일종의 구조주의 이론인 종속이론/세계 체제론에 흥미를 가졌지만, 끝낼 무렵(1980년대 초)에는 탈맑스주의자가 된다.

왜냐하면 운명의 장난인지, 1970년대 말 박사 논문 준비로 국제 공산주의운동(특히 코민테른)과 소련 및 동구권을 공부하면서 공산주의 이론의 마력에 휘말릴 틈도 없이 공산주의의 적나라한 현실에 깊이 상처받기 때문이다.

귀국 후 월러스틴Immanuel Wallerstein의 세계 체제론을 한동안 애용하지만, 1980년대 중반 무렵부터 이념적으로 급격히 공허해지는 자신을 발견한다. 그리하여 계급, 평등, 혁명, 민중 등의 화려한 수사가 난무하던 한국에서 나는 '시대와의 불화'를 기회주의적으로(?) 견뎌낼 수밖에 없었다. 이 와중에서 그람시Antonio Gramsci를 만나 새로운 사회주의 혹은 급진적 자유주의의 길을 어렴풋이 시사받고, 시민사회에 대한 역사적 전망을 갖게 된 것은 행운이었다. 소련 및 동구권의 비극적 해체를 그 누구보다도 민감하게 느끼면서 계급사회 대신에 시민사회를 선택하게 된 과정에는 역시 첫 키스의 추억처럼 날카롭고도 끈질긴 자유주의적 배경이 작용했던 것 같다. 시민사회론자로서 나의 입지는 이렇

---

25 당시 레비스트로스에 매료된 나는 맑스주의로부터 지적 도덕성을 발견하려고 했기에 그의 비교론적 해석을 무비판적으로 받아들였다. 그러나 양자 모두에 대해서 비판적인 오늘의 나는 친맑스주의자인 레비스트로스의 불교 해석은 축소 지향적인 반면 맑스주의 해석은 과대 확장적이라고 간주한다.

게 시작되었다.

1980년대 말, 여전히 맑스주의의 망령과 자유주의의 유혹에 오락가락하던 입장을 정리하겠다는 목표를 세우고, 1988년 영국에 가지만 1년 뒤 빈손으로 돌아온다. 그러다 아주 우연히, 등잔 밑 어두운 곳에 숨겨진 진리의 불씨를 발견하듯이 한국 사회사 강의를 위해 신채호를 다시 읽던 중(1989년 가을), 예전에는 그저 약간의 호기심과 함께 지나쳤던 아나키즘이 섬광처럼 다가와 먼저 가슴을 치고 다음 뇌리에 들어왔다. 이후 3년을 어렵사리 독학한 후, 대구의 하기락 선생을 찾아뵌 뒤 아나키즘에 입문하고, 아나키스트 시민사회론자의 길을 찾아 나서게 되었다.

1980년대 후반 나는 시대의 유행이자 대세였던 민중주의 혹은 맑스-레닌주의류의 사회주의로 가지 않고 시대와의 불화를 감내하면서 아나키즘을 택하였다. 돌이켜 생각해보니 그것은 자연스런 선택이었다. 운이 좋았던지 나는 문화대혁명의 광기를 치른 중국은 물론이고, 소련-동구권 공산주의 체제의 현실적 모순을 체계적으로 공부할 수 있는 기회를 미국에서 가졌기 때문이다. 박사 학위 논문도 이와 관련된 주제(「소련-동구 관계의 정치경제학적 분석 The Political Economy of East European Relations with the USSR」)였다.[26]

1980년대 초반 소련과 동구권의 사회주의 체제는 이미 경제적-문

---

[26] 이 논문은 소련과 동구권의 관계를 경제적 착취보다는 정치적 지배를 목적으로 하는 사회적 제국주의social imperialism의 관점에서 역사적으로 이해하고, 통계학적으로는 시계열분석time-series analysis을 사용하였다. 이론적으로는 월러스틴의 자본주의 세계 체제론을 비판적으로 원용하면서 권력-종속power-dependence의 개념에 기반을 두는 일반적 제국주의론general theory of imperialism을 모색하였다.

화적으로 재기 불능의 상태였다. 사람들이 빵을 사기 위해 추위 속에서 긴 줄을 서야 하고 암시장이 번창하며, 젊은이들은 로큰롤과 청바지에 열광하는 상황을 보면서 사회주의 체제에 균열이 나는 소리를 분명히 들을 수 있었다. 이와 함께 나는 맑스-레닌주의의 마력으로부터 서서히 멀어져갔다. 결국 이념의 세계에 남아 있던 내가 가보지 않은 남은 길은 아나키즘밖에 없었다.

내가 모색했던 자유해방주의로서의 아나키즘은 당대의 시민사회론을 나름대로 정립하는 과정에서 형성되었다. 하버마스Jürgen Habermas로부터 코헨Jean Cohen과 아라토Andrew Arato로 연결되는 국가-경제-시민사회의 삼분 모델이 제시하는 자기 제한적 급진주의self-limiting radicalism와 대비되는 이분 모델(국가에 저항하는 시민사회)에 입각한 자기 확대적 급진주의self-expanding radicalism가 나의 아나키스트 시민사회론의 핵심이었다. 전자는 국가의 기능적 필요성을 강조하고, 생활세계의 탈식민지화를 통한 국가, 경제, 시민사회 간의 균형을 중시하는 비판 이론이었다. 나의 입장은 (시민)사회에 의한 국가의 지배라는 권력 전복을 요구하는 아나키즘적 급진 이론이었다. 나는 이와 같은 국가-시민사회의 권력관계 변화는 개인적 차원의 자유를 확대하면서 동시에 사회적 차원의 해방을 확산시킬 것으로 간주하였다. 이와 같은 급진적 시민사회론의 토대 위에서 나(김성국, 1998; 2003)는 시민사회의 방어기제로서 등장한 신사회운동의 제도화를 비판하고 신사회운동의 공세적 급진화를 역설하였다. 오늘날 여성운동, 환경운동, 지역운동 등이 국가 지배 권력의 논리에 포섭되어 운동 권력화하는 현실을 볼 때 시민사회론의 급진화는 여전히 주요한 과제인 것 같다.[27]

그런데 2015년 왜 나는 자유해방주의라는 아나키스트의 길에서 갑

자기 자유주의를 끌어들이고자 하는가? 아나키스트들에게 자유주의란 자본주의를 지지하는 보수주의로 간주된다. 자유주의를 외면하거나 비난하는 것이 상식이다. 그러나 그간 나는 노직Robert Nozick을 중심으로 한 아나르코 캐피탈리스트anarcho-capitalist를 독해하고 미제스-하이에크-포퍼의 자유주의를 재독하면서 최소국가론을 수용하고, 자본주의의 자체 수정 가능성을 수용하게 되었다. 아나키스트로서 나의 이러한 지적 모험은 과연 의미 있는 일일까? 성공 가능성은 있을까? 어쩔 수 없다. 잡종사회의 도래가 그 길로 가도록 나를 설득하였다.

어쩌면 청년기에 간직하였던 실존적 자유주의에 대한 향수와 낭만적 열정이 아직도 식지 않았기 때문이리라. 이와 더불어 아나키스트로서의 새로운 변신 혹은 새로운 도전을 요구하는 시대적 과제를 외면할 수 없기 때문이다. 아나키스트로서 항상 느껴왔던 내적 갈등 혹은 긴장감을 해소해야 한다는 강박관념도 있다. 왜 사람들은 아나키즘을 경원시하는가? 어떻게 하면 더 많은 사람이 아나키즘을 친숙하게 느낄 수 있을까? 욕심을 내자면, 아나키즘이 소수파에서 다수파로 비상할 수는 없을까?

주지하듯 현대사에서 자유주의는 아나키스트를 비롯한 좌파 진영

---

27 정태석(2015: 73)은 한국 사회의 개혁적, 진보적 변혁의 주체로서 "급진적 시민"의 개념을 제시하면서 "공동체적 책무와 덕성이라는 시민 자격의 원리에 기초하여 자기 이익을 넘어서 … 보편적 권리 확산을 위해 평등, 정의, 공공선이라는 보편적, 공적 가치"의 실현을 주장한다. 공동체나 보편성을 강조하는 정태석의 가치 지향은 개인성과 상대성을 강조하는 나의 입장과는 맥락을 달리한다. 나의 급진적 시민은 기존 국가권력 체제에 대한 비판과 저항의 전선을 펼치면서 개인적 자유와 사회적 해방 혹은 모든 기존의 권위적 가치, 즉 공동체, 공공선, 정의 등으로부터의 해방을 추구한다.

으로부터 오랫동안 보수 반동으로 취급되고 비판의 대상이 되어왔다. 거의 대부분의 아나키스트는 (신)자유주의와 거리를 멀리 둔다. 주류 아나키스트들은 오래전부터 자유주의자liberalist라는 표현 대신에 급진자유주의자libertarian라는 표현을 사용했다. 일반 자유주의자보다도 더욱 급진적으로 자유를 추구한다는 사실을 강조하기 위해서이다. 이들은 아나키스트 가운데서 자유주의적 지향성을 가진 사람들, 예컨대 노직, 울프Robert Wolff, 로스바드Murray Rothbard 등과의 차별성을 강조하기 위하여 이들을 우파 급진자유주의자right libertarians 혹은 아나르코 캐피탈리스트라고 비판한다.

말하자면 주류 아나키스트들은 자유주의 그리고 특히 자유주의의 경제적 표현인 자본주의에 대해서 반대하거나 혐오하며, 21세기 자본주의의 지도 이념으로서 신자유주의를 세상을 망치는 주범이자 원흉으로 인식하는 것이다. 이 와중에 자유주의도 도매금으로 비도덕적이고, 무책임한 부르주아 이데올로기쯤으로 전락한다. 대다수가 맑스주의자로 구성된 반자유주의자의 수사학적 성공이 아닐 수 없다. 그러나 내가 길동무로 삼고자 하는 체제 혁신적–문명전환적 아나키스트 자유주의는 현재 반자유주의자들에 의해서 무차별 공격의 대상이 되고 있는 (가상의?) 신자유주의와는 많은 점에서 차별성이 있다.

맑스의 공산주의가 전체주의화하여 인민을 노예상태로 전락시키던 시절에는 "자유 없는 사회주의는 지옥이다"라는 말이 금과옥조로 여겨졌다. 그런데 사회주의 몰락 이후부터는 "평등 없는 자본주의는 부정의하다"라는 슬로건이 천지사방에서 복지국가의 행진가가 되어 들려온다. 복지국가의 등장이 평등 이념의 확장이라는 긍정적 차원을 넘어서 개인적 자유를 심각하게 위협하는 국가주의의 강화를 초래할 수 있다는 사실을 아나키스트들은 예의 주시해야 한다. 복지는 좌파들이 주창하는 것처럼 반드시 국가 체제 혹은 국가주의에 의해서만 실현되는 것이 아니다. 나아가 그것이 물질적-경제적 평등의 실현을 요구하는 사회주의적 이념의 전유물이 아니라는 점도 깨달아야 한다. 아나키스트는 기본적 복지란 개인적 자유의 구체적 목표로서 비물질적 차원까지 포함하는 광범위한 자유를 추구하는 개인의 권리라고 간주한다.

자유를 사랑하는 아나키스트로서 나는 현금의 시대적 분위기에 위기의식을 느낀다. 인간의 자유를 억압하는 온갖 형태의 질곡이 여전히 존재하며, 주어진 자유조차 제대로 향유하지 못하는 인간들이 부지기수인데도 벌써 자유의 과잉, 자유의 무책임성, 자유의 허구성을 외치는 반자유주의자들이 기승을 부리며 득세하고 있다. 보수주의자, 국가주의자, 민족주의자, 근본주의자 등이 자유와 자유주의 그리고 이들의 바탕인 개인주의가 현금의 혼란과 갈등을 조장하는 원천이라고 비난한다. 개인적 자유 때문에 사회 불평등이 없어지지 않는다는 익숙한 선동의 목소리가 더욱 커지고 있다. 사회주의 평등 이념의 허구성이 밝혀지자마자, 반동의 물결로서, 즉 자유주의에 대한 반격으로서 복지평등주의자들의 반격이 시작된 셈이다.

자유주의가, 정확한 이유에서건 혹은 부정확한 선동에 의해서건, 신자유주의로 악마화되는 이 위태로운 상황에서, 자유와 자유주의를 구해야 한다는 소명감을 느낀다. 자유 없는 아나키즘은 바다 없는 배다. 해도海圖 없이 떠나는 항해다. 아나키즘이나 자유주의는 모두 삶의 목표이자 수단으로서 자유를 최고의 가치로 간주한다. 아나키스트 자유주의는 자유의 품에 평등을 안을 것이다.

역사적으로 아나키즘은 실패를 통해서 성숙해왔다. 탈근대의 등장과 함께 아나키즘이 새로운 동력을 얻고 있다. 사이버 스페이스의 등장은 아나키즘의 무강권-무지배의 원리가 작동되는 새로운 신천지를 열어주었다. 탈근대는 기존 서구 문명의 틀을 벗어나는 새로운 문명의 시작을 예고한다. 나는 서구적 근대의 해체를 통하여 문명전환의 필요성을 선언할 것이다. 근대의 쌍두마차인 국가주의와 자본주의를 동시에 비판해왔던 아나키즘에게 마침내 기회가 온 것이 아닐까? 서구 근대의 산물인 빗나간 맑스주의의 망령도 이 기회에 영원한 안식처로 모시고 싶다. 이것은 사회민주주의가 오래전부터 준비한 과업이다.

다시 한번 강조하지만 탈근대 문명전환의 여명을 헤쳐나가는 새로운 길잡이로서 아나키즘은 자유주의라는 옛 고향 친구와 협력을 모색할 필요가 있다. 급진적 자유주의는 고삐 풀린 자본주의를 길들일 수 있고, 급진적 아나키즘은 무한정 확대되는 국가주의를 제어할 수 있다. 아나키즘 속에 자유주의적 요소가 있고, 자유주의 속에 아나키즘적 지향성이 있다. 이미 아나르코 캐피탈리스트 혹은 자유주의적 아나키스트들은 급진적 자유주의자들과 맥이 닿아 있다. 그래서 나는 자유해방주의라는 이름으로 지금까지 걸어온 아나키스트의 길을 (개인주의와 자유주의를 적극 수용하면서) 새롭게 확장하여 아나키즘과 자유주의의 잡종화로서 아나키스트 자유주의의 길을 본격적으로 탐구해볼 것이다. 아나키스트 자유주의는 기존에 내가 주창하였던 자유해방주의의 21세기적 심기일전이자 환골탈태이다. 개인적 자유와 사회적 해방의 동시 추구와 동시 실현은 개인과 사회가 개인 속에 그리고 개인에 의해서 합일合一되고 통일通一된다는 나의 개인(주)의 사회학의 주장과 합치한다.

4. 길 떠날 채비: 이 책의 얼개

1) 이 책의 목적

이 책의 목적을 세 가지 차원에서 설명하고 싶다.

첫째, 이론적-이념적 차원에서, 문명전환에 필요한 잡종사회의 새로운 이념으로서 아나키스트 자유주의를 정립할 것이다. 아나키스트 자유주의는 개인주의적 아나키즘과 포퍼-하이에크의 자유주의를 잡종화시켜서 도출한다. 아나키즘의 실용화와 자유주의의 급진화라는 두 가지 목표를 갖는 아나키스트 자유주의는 동아시아적 아나키즘의 특성을 적극 수용함으로써 탈서구적 문명전환에 적합한 이념적 좌표로 작용할 것이다. 아나키즘 일반 및 나의 아나키스트 자유주의에 대한 이해와 수용의 범위를 확대하는 것이 이 책의 가장 큰 목표이다.

둘째, 역사적 차원에서, 서구 중심적 근대 문명으로부터 21세기 탈근대적 문명전환으로의 단초를 잡종사회의 도래에서 발견하고, 잡종사회의 확산과 성숙에 필요한 이념적 지향(아나키스트 자유주의)과 제도적 조건을 제시한다. 문명전환을 추진하는 역사적 동력으로서 세 가지 잡종 혁명(과학기술 혁명, 가치 혁명, 사회혁명)을 논의하고, 잡종사회를 선도할 수 있는 이념으로서 아나키스트 자유주의와 그것의 다섯 가지 하위 구성 이념(타협적 탈국가주의, 절제적 탈물질주의, 협동적 개인주의, 상대적 허무주의, 현세적 신비주의)을 제시할 것이다. 그리고 문명전환에 필요한 잡종사회의 조직적-제도적 토대로서 자유 연합, 탈권력 사회국가, 동아시아 연합을 검토할 것이다. 탈근대 잡종사회의 도래와 그와 결부된 문명전환의 시작과 가능성을 알리는 것이 이 책의 주요 목표이다.

셋째, 지성사적 차원에서, 아나키즘의 개인주의적-실용주의적 전환을 이룩하기 위해서 칼 포퍼의 『열린사회와 그 적들』과 하이에크의 『노예의 길』에서 추구된 자유주의 정신을 적극 수용할 것이다. 아나키즘은 탈근대와 함께 대안 이념으로 다시 주목받기 시작했으므로 새로운 시대 이념으로 재구성될 필요가 있다. 자유주의도 자본주의의 파행적 위기 그리고 사회 불평등과 무질서에 대한 동반 책임론으로 난국에 빠진 상황이라 어떤 급진적 쇄신의 돌파구가 필요하다. 잡종사회에 걸맞도록 그리고 현실적 모순과 갈등을 해소하는 방안으로서 이론적 잡종화를 비롯한 모든 분야에서의 잡종화가 필요하다는 사실을 강조하는 것이 이 책의 또 다른 주요 목표이다.

2) 내용과 구성 그리고 방법

이상의 목적을 달성하기 위해서 앞에서 살펴보았듯이 먼저 아나키즘의 변신에 필요한 배경으로 하기락의 자주인 사상으로부터 개인주의와 자유주의의 아나키즘적 연관성을 도출하고, 워드로부터는 실용적 아나키즘의 전통을 끌어내어 아나키즘과 자유주의의 연관성을 제시한다. 아울러 탈근대 잡종사회의 도래를 논의하면서 잡종화의 의의를 제시하고 아나키즘의 이념적 잡종화의 기반이 되는 배경을 검토한다(제1부). 다음에는 문명전환에 필요한 새로운 이념을 도출하기 위해서 개인주의적 아나키즘과 포퍼-미제스-하이에크 자유주의의 잡종화를 검토하고, 자유주의에 대한 최근의 반자유주의적 비판, 국내에서 전개된 자유주의 논쟁들을 개관한 후 나의 아나키스트 자유주의를 정립한다(제2부). 이어서 잡종사회와 문명전환의 연관성을 설명하기 위해서 잡종사회의 문명전환적 잠재력을 분석하고, 문명전환에 필요한 세 가지 역사적 토대 혹은 동력을 과학기술 혁명, 가치 혁명, 사회혁명의 차원에서 설명하며, 지정학적으로 문명전환의 선도적 역할을 수행할 동아시아 시대의 중국, 일본, 한국의 문명전환적 과제와 동아시아적 문명전환의 비전을 논의한다(제3부). 그리고 문명전환의 보다 구체적인 모습을 보여주기 위해서 잡종사회의 정치, 경제, 사회, 문화, 종교 분야의 다섯 친구들, 혹은 아나키스트 자유주의의 다섯 가지 구성 이념인 타협적 탈국가주의자, 절제적 탈물질주의자, 협동적 개인주의자, 상대적 허무주의자, 현세적 신비주의자를 소개한다(제4부). 끝으로 아나키스트 자유주의 잡종사회를 조직화하거나 제도화할 수 있는 구상으로서 자유 연합/최소 공동체, 탈권력 사회국가, 동아시아 연합의 방안과 함께, 강제와 폭력을 제거하고 자유를 확대할 수 있는 직접행동의 구체적 과제들을 제시한다. 결론에서는 잡종화와 아나키스트 자유주의가 최종적으로 점검해야 할 자기 성찰의 두 측면으로서 문명적 삶의 쾌락과 슬픔 그리고 이론적 실천으로서 하나와 사랑을 언급한다(제5부).

이상에서 제시된, 그리고 앞으로 논의될 이 책의 주요 개념들의 관계를 〈표 1〉, 〈표 2〉, 〈표 3〉과 같이 도식화시켜볼 수 있다.

나는 연구 방법으로서 고대 중국의 잡가적 전통(특히 회남자)에 입각한 일종의 짜깁기 혹은 그럴듯한 표현을 쓰자면 잡다한 종합, 즉 잡종적 접근을 활용한다. 나의 입론을 세우고, 선명하게 부각시키고, 새로운 해석을 시도하고, 쟁점을 발견하기 위해서 여기저기서 다양한 관련 이론과 주장을 동원하여 이를 수용하거나 재해석하고, 아니면 비판을 통해서 차별의 대립각을 세우거나 거부하는 등의 방식을 사용할 것이다. 물론 비판적 평가라도 그것은 전면적 부정이라기보다는 새로운 해석이나 시각의 가능성을 발견하기 위한 방편이다.

〈표 1〉 탈근대 문명전환의 다차원적 전개

문명전환 구조	문명전환 내용	
지정학적 변화 ↑	서구 중심주의 → 동아시아 시대	
시대 변화 ↑	근대 → 탈근대 → 문명전환 　　　　　　↑　　／	
혁명적 변화	잡종 혁명 (과학기술 혁명 → 가치 혁명 → 사회혁명)	
변화의 차원	변화의 내용	새로운 세계
가치 변화 ↓	개방화–다원화–관용화 → 잡종화–연합 → 　　　　　　　　　　　　　↓　　　／	하나의 세계
사회 변화 ↓	개방사회 → 잡종사회 → 문명전환 → 　　　　　　　　　↓　　　↑↑↑↑↑ 아나키즘　　　　　　　타협적 탈국가주의 　＼(동아시아 아나키즘)／ 절제적 탈물질주의	↓↑
이념 변화 ↓	개인주의 → 아나키스트 자유주의 → 협동적 개인주의 　／(동아시아 개인주의)＼ 상대적 허무주의 자유주의　　　　　　　현세적 신비주의 　　　　　　　　　　　↓↓↓↓↓	↓↑
논리 전환 ↓ 새로운 세계	적대와 비판의 논리 → 협력과 존중의 논리 　　　　　　　　　　　　　＼	↓↑ 사랑의 세계

〈표 2〉 개인의 지적–존재론적 확장

개인의 확장 형태	확장의 전개
지적 확장	부지, 무지, 미지 → 비판적 토론과 협동 → 관용과 존중 → 사랑 → 하나
존재론적 확장	즉자적–물아적 무아/맹아 → 대자적–실존적 유심/유아 → 무위적–합일적 탈아/몰아 卽自的 物我的 無我/萌我 → 對自的 實存的 唯心/唯我 → 無爲的 合一的 脫我/沒我 　　(존재의 생성)　　　　　　(존재의 진행)　　　　　　(존재의 숙성)

〈표 3〉 개인의 사회학

차원	지향성
존재론	즉자적 물아적 무아/맹아로서 하나
인식론	대자적 실존적 유심/유아로서 세계
실천론	무위적 합일적 탈아/몰아로서 사랑

특히 아나키스트 자유주의의 차별화된 정체성을 부각시키기 위하여 논쟁적 방식을 적극 활용할 것이다. 예를 들면 김홍중(2015)의 근대 속물주의로서 생존주의 비판, 김영민(2008)의 동무론(2장), 뒤르케임(2012)의 도덕적 개인주의, 강수택(2012a)의 연대주의, 이철(2013)이 해석한 루만Niklas Luhmann의 사회 체계론(3장), 월러스틴(1996)과 김동춘(1999)의 자유주의 비판(6장), 정철희의 탈물질주의 재구성(12장), 바디우(2008)의 보편주의 지향과 특수주의 비판(14장), 벡Ulrich Beck(2013)의 탈근대적 종교관 비판(15장)에 대한 적극적인 혹은 보완적인 비판을 시도할 것이다. 물론 나의 비판은 상대에 대한 기본적 존중심을 바탕으로 하며 관점의 차이를 제시하는 것이 주된 목적이다.

또한 저자의 원문을 가능한 한 직접 인용하도록 노력할 것이다. 원저자의 뜻이 생생하게 직접적으로 전달될 수 있기를 기대하기 때문이다. 번역문도 널리 인용할 것이다.

자료의 수집에서도 전문 연구물을 비롯해 대중적 교양서, 소설과 시, 신문 기사, 인터넷 자료 등을 다양하게 활용할 것이다.

3) 이론적 자원과 가치 전제

(특히 개인주의) 아나키즘과 미제스, 포퍼, 하이에크의 자유주의가 이 책의 이론적 축을 형성할 것이다. 이와 더불어 다음의 세 가지 인식론적, 존재론적 가치를 수용한다.

(1) 무지론, 불가지론, 미지론 그리고 상대주의

무지론은 인간의 지식이 보잘것없고, 항상 오류의 가능성이 있으며, 완전하지 못하다는 주장이고, 불가지론은 알 수 없는 사실들이 존재하여 오직 상상이나 추론의 차원에서만 이를 논의할 수 있다는 것이다. 미지론은 현재는 알지 못하는 것도 언젠가는 알 수 있을 것이라고 지식의 발전적 진화를 믿는 것이다. 상대주의는 절대적인 진리가 없다고 주장하거나, 혹은 절대적인 진리가 존재하더라도 모든 사람이 그것에 동의하지 않는다고 주장한다. 즉 상대주의는 모든 주장은 특정 시간과 공간 그리고 가치에 따라서 상이하게 이해되며 어떤 주장에도 반드시 그것에 대립하는 주장이 존재할 수 있다는 입장이다. 무지론, 불가지론, 미지론 그리고 상대주의는 서로가 상호 규정적인 선순환을 이룬다. 타협주의(11장), 탈물질주의(12장), 협동주의(13장), 허무주의(14장), 신비주의(15장)는 이러한 인식론적 한계나 자각으로부터 발생하거나, 그것에 기반을 두는 세계관이나 가치관이라고 할 수 있다. 여전히 우리가 아는 것이 별로 없고, 우주의 삼라만상과 인간 세상은 무한 신비하고 유한 복잡하다는 사실은 이 책에서 제기하고 주창하는 나의 아나키스트 자유주의 또한 매우 겸손하지 않으면 안 된다는 자기 규제성을 요구한다.

어쨌든 나는 논리적으로 무지론, 불가지론, 미지론과 상대주의를 전제하고, 이 바탕 위에서 양시론과 양비론을 모두 수용하되 (비판보다는) 상호 존중의 사회학을 지향한다. 포퍼의 비판적 합리주의는 (통상적 의미에서의) 상대주의는 거부하나, 위에서 규정한 것처럼 내가 전제하는 상대주의는 어떤 객관적 진리나 절대적 진실이 존재할 수도 있다는 사실 자체를 절대적으로 믿지도 않고, 절대적으로 부정하지도 않는다는 점에서 포퍼의 입장과 양립할 수 있다.

나아가 나(김성국, 2012)는 기존의 방법론, 특히 합리주의를 철저하게 비판한 파이어아벤트의 인식론적 아나키즘epistemological anarchism에 동의한다. 파이어아벤트(Feyerabend, 2010: 283-287)도 상대주의를 비판적으로 고찰하나, 그것은 그가 객관적 절대주의의 관점을 견지하기 때문이 아니라, 근대 과학의 세계를 문화와 자연의 경계가 무너지면서 발생한 예술가/과학자의 "예술품artwork"으로 간주하기 때문이다. 그가 지지하는 "본체론적 상대주의ontological relativism"는 보어Niels Bohr가 말한 불확실성이라는 의미에 가깝고, 자연/존재와 문화의 "복잡한 착종complex entanglements"으로서 "특정화할 수 없는 지속적인 개방적 교환unspecifiable open exchange"이다. 이와 같은 관점은 상대주의 자체도 상대화시키는 나의 잡종적 상대주의와 일맥상통한다. 파이어아벤트는 유연하고, 개방적이며, 생산적인 나름대로의 독특한 상대주의를 모색한다.

(2) 음양오행의 상생상극과 기능주의

주지하듯 20세기 중반 세계 최고의 사회(과)학 이론가로서 인정받았던 파슨스Talcott Parsons는 모든 사회(체계)는 그 존속을 위해서 4가지 기능적 요건(경제적 적응, 정치적 목표 달성, 사회적 통합, 문화적 동기화)을 충족시켜야 한다는 주장을 한다. 이와 함께 소위 기능주의가 사회학의 이론 세계를 지배하였다. 이후 많은 논쟁이 따랐고, 차츰 기능주의는 인기를 잃었다. 그의 제자 알렉산더Jeffrey Alexander는 파슨스의 이론을 다차원적으로 확대하고, 유물론과 같은 맑스주의적 시각도 포용하는 신기능주의론을 제시하기도 하였다. 독일의 루만은 기능주의를 체계 이론으로 완성하여 현재 세계 최고의 이론가로 주목받고 있다. 기능주의는 학문 세계에서의 인기와 상관없이 사회 분석에 있어 필수적인 접근 방식 중 하나이다.

파슨스는 당시 많은 사람이 제기한 왜 종교를 핵심 기능에 포함시키지 않았는가라는 비판적 지적에 대하여 종교는 문화적 기능으로 이해할 수 있다는 논지로 그의 이론 체계를 변호하였다. 종교와 문화? 나는 항상 이 점이 석연치 않았다. 언젠가 음양오행론을 읽다가 오행은 다섯 가지 기능이며 다섯째 기능이 바로 (문화로부터 분리된) 종교라는 생각이 들었다. 오행에 관한 중국 동중서의 정통적 해석과는 달리 나는 나름대로 목화토금수를 유가의 인의예지신과 상응시키고 그것을 다시 현대적으로 정치, 경제, 사회, 문화, 종교와 연관시켰다. 나의 이와 같은 시도에 대하여 당연히 상당한 논란이 제기될 것이다. 간단히 미리 답해두면, 나의 입장은 이렇다. 동중서의 해석(만)이 왜 옳은지, 왜 정통인지 먼저 대답해야 한다. 당대의 다른 경쟁적 해석들과 비교해볼 필요가 있다. 그로부터 수많은 시간이 흘렀다. 그렇다면 내 입장과 같은 새로운 해석이 필요하지 않겠는가?

나는 음양오행론에 기초하여 잡종사회의 이념적 축을 5가지 기능적 차원, 즉 정치, 경제, 사회, 문화, 종교로 나누어 분석할 것이다. 나는 개념적으로 "기능"은 "구조/체계"의 동태적 표현이자 "힘" 혹은 "기"라고 간주한다. 음양의 대대적 관계나 오행의 상생상극을 항상 전제하면서 (비록 현실적으로 완벽하게 성취하기는 어렵지만) 사회의 제 세력들(예컨대 가치와 규범, 이념과 이론, 지배와 저항) 간의 "상호 균형과 조화"를 세상과 개인적 삶의 최고 가치로 상정한다.

(3) 『천부경』의 하나 사상과 천지인합일

『천부경』에 명확히 제시된 천지인합일의 하나 사상은 적대적-비판적 논리보다는 관용적-상호 존중의 논리를 지향한다. 궁극적으로 하나는 합리와 합정을 포괄하는 "사랑", 동아시아적 표현으로는 유가의 측은지심, 불가의 대자대비大慈大悲, 도가의 무위자연無爲自然과 (한국 고유의 단군 사상 혹은 풍류도의 맥으로서) 선가의[28] 홍익인간에 의해서 구현되는 세계로 나타난다. 사람의 아들로서 예수가 설파한 사랑 또한 하나의 세계를 위한 것이다. 이 책에서는 이와 같은 인식을 토대로 사회학의 오랜 전통이던 개인 대 사회라는 구분법 대신에 천지인합일에 의거하여, 개인을 매개로/중심으로 국가와 사회를 연결·조화시키는 국가-개인-사회의 연합적 하나, 즉 합일(체)을 개념화하여 국가와 사회가 개인 속에서 재구성되는 "사회국가"를 제안한다.

(4) 권력의 폭력성: 자유에 대한 안티테제로서 폭력

아나키즘은 무정부 혹은 무국가를 지향하는 반국가주의 혹은 탈국가주의이다. 왜 국가를 거부하는가? 역사적으로 국가가 권력을 독점하여 그것을 폭력적으로 사용하면서 자유를 침해하고 억압했기 때문

---

[28] 유동식(1996: 17-34, 35: 1997)에 의하면 한국인의 민족적 영성의 원천이라고 할 수 있는 (최치원이 언급한) 우리 고유의 종교인 풍류도는 "하나" 혹은 "한"을 존재론적 기본으로 삼으면서, 실천적으로는 "멋"을 추구하는 특성을 가진다. 아울러 그는 『천부경』을 이 "풍류도의 경전"으로 간주한다.

이다. 소위 공권력으로서 국가권력은 사사로운 폭력을 제어하기 위해 도입된 것이나, 현실적으로는 그 자체가 폭력화하는 심각한 문제를 드러내었다. 베버Max Weber에서부터 아렌트Hannah Arendt에 이르기까지 권력과 권위를 구분하거나, 권력에서 폭력을 분리하는 시도를 했던 것도 권력 체제로서 국가의 올바른(?) 기능성을 확보하기 위해서였다. 그것이 가능할까? 국가의 근원이 폭력인데 더 큰 폭력으로 작은 폭력을 규제한다는 것은 모순이다. 어쩔 도리가 없다. 이것이 현실이다. 비극적 현실.

참으로 흥미로운 사실은 개인의 자유 또한 폭력의 차원이 있다는 점이다. 자유는 욕망이요 욕망은 힘(권력의지?)이다. 이 힘은 니체가 이상화한 권력의지로 승화할 수도 있고 혹은 세속적인 지배와 강제의 논리인 폭력으로 군림할 수도 있다. 미시적 차원에서 설명해보자. 인간의 본성적 욕구로서 자유는 사회적으로 타인의 자유 욕구 혹은 (사물을 포함하는) 타자의 존재성과 대면할 수밖에 없다. 이 지점에서 개인은 타자의 자유를 강제하는 폭력을 본능적으로 혹은 의식적으로 사용할 수 있다. 아니면 다행스럽게 개인은 타인과 협력하여 폭력을 피할 수도 있다. 전자가 약육강식의 정글의 법칙을 대변한다면, 후자는 공생 공존의 상호부조 원리를 추구한다. 그래서 자유는 항상 타인의 자유를 침해하지 않는 자유를 의미한다는 점에서 폭력을 원초적으로 거부한다. 자유는 폭력에 대항하여 폭력을 근절하고자 한다. 이것이 바로 자유의 책임성이다. 자유를 수호하고 유지하며 확장하기 위해서 자유는 역설적이지만 자신을 제한한다. 무한 무책임의 자유는 폭력을 초래하나, 유한 절제의 자유는 조화로운 협력의 길을 연다. 이 자유에 내재하는 모순적 진실 혹은 모순 속에서 얻어지는 진실이 우리가 축적한 지혜이다.

인류는 그동안 폭력적 야만 상태로부터 평화로운 자유의 대지로 나아가기 위해서 국가라는 권력 체제도 만들고, 민주주의라는 정치 이념도 고안하고, 가장 주요하게 법치주의라는 제도도 창안하였다. 불행히도, 서구 근대 문명은 이 과업을 수행하는 데 실패하였다. 킨(Keane, 1996)이 지적하듯 20세기는 전대미문의 폭력의 시대가 아니었던가? 21세기는 시작부터 IS와 같은 광신과 광분으로 날뛰는 폭력 집단이 조성한 공포로 가득하다. 모든 거대 폭력, 예컨대 전쟁이나 대량 학살에는 종교라는 명분이 겉으로 내걸리지만 그 배후에는 국가 건설을 둘러싼 권력투쟁이 도사리고 있다.

아나키즘은 국가가 자유를 보장하는 것이 아니라 반대로 자유의 적인 폭력을 배양하고 행사하는 존재라는 역사적 사실을 인식하고 반국가나 탈국가의 기치를 세웠다. 내가 주장할 아나키스트 자유주의는 국가 체제의 현실적 견고성과 기능성을 인정하여 국가를 잠정적으로 필요악으로 간주하면서 폭력적 국가권력의 최소화 혹은 국가 체제의 탈권력화를 모색한다. 구조적으로 국가권력은 폭력적 관성, 폭력의 유혹을 극복하기 어렵다. 사회에 만연한 부정부패나 범죄 행위를 포함하는 각종 폭력적 사태는 국가권력의 폭력화가 초래하는 대표적인 결과이다. 개인은 국가권력 체제의 구성원으로서 이 폭력 행사에 직간접적으로 연루된다. 사회의 발전과 함께 폭력도 증가하니 국가권력의 폭력화 및 폭력 방지 기능 상실은 더욱 명백해지고 있다. 박상섭(2015: 11)이 명쾌하게 갈파하듯이 폭력 조직으로서 국가는 "만일 원래의 의도처럼 나쁜 폭력을 막거나 물리치지 못한다면 그것은 쓸데없는 조직이거나 훨씬 나쁜 폭력의 조직이 된다."

현재 한국 사회에서 폭력의 범위와 수위는 도를 넘고, 또 넘었다. 그만큼 자유는 위축되고 위협받고 위기에 빠져드는 셈이다. 언제 어디서 나의 자유가 침해되어 훼손되거나 박살 날지 모르는 예측 불허의 상황이다. 권력과 폭력의 구별은 현실에서 거의 무용지물이다. 권력이 폭력을 조장하거나 방치할 뿐이다. 아나키스트 자유주의는 모든 권력을 약화시키고 제거하는 탈권력화만이 폭력을 감소시키고 자유를 확장하는 확실한 방법이라고 간주한다. 합법적이고 정당한 권력?[29] 한국 현실에서 그런 권력이 어떤 것인지 찾아보기 바란다. 있다면 그것은 존중심이나 사랑일 것이다.

4) 사회(과)학적 의의

나는 이 책이 인문 사회과학 전반에 걸쳐 의미 있게 읽히기를 바라지만, 특히 사회학과 관련하여 그 함의를 다음과 같이 정리해보고 싶다.

---

[29] 이에 관한 매우 유익한 이론적 논의를 제공하는 김선욱(2015)과 엄순영(2015)을 참고할 것. 이론적으로 폭력과 권력을 구분하고, 또 폭력도 정당성과 합법성의 차원에서 그 형식(예컨대 정당 합법적 폭력, 부당 합법적 폭력, 정당 불법적 폭력, 부당 불법적 폭력 등)을 구분할 수는 있다(엄순영, 2015). 그러나 정의의 문제로서 정당성은 규범적 당위성을 가정해야 하기 때문에 적합하지 않다. 구체적 현실에서도 이 기준은 적용하기 쉽지 않다. 모든 폭력은 해석의 관점에 따라서 여러 가지 형식을 복합적으로 지니기 때문이다. 정치학자나 법학자는 권력과 폭력의 구분을 필요로 할 것이나, 아나키스트는, 단순하지만 명료하게, 양자가 상호 규정적이고 호혜적인 관계에서 "강제를 사용하는 지배"를 추구하는 일심동체라고 판단한다. 그리고 "자유의 존재만큼이나 폭력은 인간의 삶 속에서 없어질 수 없는 것이며, 없애려고 해서도 안 되는 것이다"라는 엄순영(2015: 61)의 주장은 오해의 여지가 있으나 푸코가 언급한 권력의 사회적 편재성과 비파괴성의 맥락에서 이해하고 싶다. 존재의 폭력성은 실존적 자유의 한계이자 전선이다. 아나키스트 자유주의는 그 전선을 넓히면서 자유의 대지도 확충하고자 한다.

(1) 비판 사회학에서 존중의 사회학으로 넓어지자.

맑스주의가 주도한 비판의 논리는 이제 무지와 상대주의의 조건을 재인식하면서 상호 적극적인 측면을 더욱 인정하는 존중의 논리를 개발해야 한다.

(2) 국가와 사회의 개인화 혹은 사회학의 개인적 전환을 통해서 개인(중심)의 (잡종)사회학으로 나아가자.

학문의 융합이 불가피한 상황이다. 사회학의 잡종화는 사회과학적 융합을 지향해야 한다. 그리고 고정관념으로서 국가나 사회의 근원적 문제점을 깨닫고, 개인을 기초로 하는 개인의 사회학을 정립할 필요가 있다. 비록 이 책에서 체계적이며 집중적으로 논의하지는 못하나 나는 사회(과)학이 이제는 사회중심주의로부터 개인중심주의로 전환할 것을 제안한다. 고정관념으로서 사회의 허구적이며 억압적인 차원을 인식하여 개인의 자유와 사회의 해방을 추구해야 한다. 이를 위해서 개인의 사회학은, 동서양의 종교적 사유가 공통적으로 강조하였던 길을 따라서, 존재론적으로는 만물만사의 하나(됨)를 연구하고, 인식론적으로는 고유한 개인(유아)의 고유한 마음(유심)이, 루만식으로 표현하자면, 작동하고 관찰하는 과정(으로서 사회)을 연구하고, 실천적으로는 세상의 구원 혹은 개선을 위해서 사랑을 연구하는 것이다.

개인은 존재론적으로 생성된 하나라는 의미에서 생존과 무아의 상태에서 시작하나, 인식론적으로 자신을 고유한 존재로 규정하여 실존과 유아를 발견하고, 실행 실천의 과정에서 하나 됨과 하나임을 추구함으로써 탈존과 탈아에 이른다. 결국 무아에서 출발한 개인에게는 유아와 탈아를 거치면서 다시 무아로 돌아가는 순환적 성숙의 길이 열려 있다. 무아지경을 득도하지 못하고 죽어도 무아의 길에 든다.

하나의 의미는 의상대사의 「법성게法性偈」에서 다음과 같이 명증하게 나타난다.

> 하나에 모든 것이 있고, 모든 것에 하나가 있으니[一中一切多中一]
> 하나가 곧 모든 것이요, 모든 것이 곧 하나이다[一卽一切多卽一].

유아 유심은 물론 "천상천하유아독존이요 일체유심조一切唯心造"라는 석가의 대오각성에서 출발한다. 끝으로 내가 관심을 가지는 사랑은 최근 사랑의 상품화나 자본화와 같은 감정자본주의적 관점에서 전개되는 일루즈(2013; 2014a)식 사랑의 사회학을 결코 무시하지는 않지만, 그것을 포함하면서도 그 차원을 넘어서는, 예를 들자면 공감(크르즈나릭, 2013: 19-58, 99-135; 황태연, 2014; 2015)이나 동감(윤원근, 2014), 관용이나 존중, 협력이나 연대의 차원에서 실천되는 것이다. 사랑의 감정적인 기쁨이나 슬픔, 황홀과 불안은 마치 음양의 내재적 논리처럼 상호 규정이요 상즉상입相卽相入이다.

(3) 문명전환의 사회학이라는 전통을 지속하자.
초기 서구 사회학이 종합 사회학이었던 것은 나름대로 당대의 문명전환을 구명하고 규정하려는 의지를 가졌기 때문이다. 한국 사회학에서도 지속되는 이 전통을 더욱 확대 심화해야 한다.

(4) 아나키즘을 사회학에 필수적인 사회학적 상상력의 원천으로 재인식하자.
파슨스(Parsons, 1968: 3)는, 브린턴(Brinton, 1933: 226)이『19세기 영

국 정치사상사』에서 언급한 내용을 1937년에 출간한 『사회 행위의 구조』 제1권의 첫 문장으로 인용하면서 "오늘날 누가 스펜서를 읽느냐Who now reads Spencer?"라는 사회학 이론의 세계에서 회자되는 고전의 소멸과 망각을 지칭하는 유명한 말을 유행시켰다. 사실 브린턴의 계속되는 언급처럼 "스펜서는 당대를 뒤흔든 위대한 사상가였다." 그러나 오늘날에는 스펜서는 물론이고, 20세기 중반에 황제처럼 군림했던 파슨스 또한 사회학사에 기념비처럼 모셔져 있을 뿐 누구도 관심을 갖지 않는 것 같다.[30]

파슨스는 30년 후 스펜서의 『사회학 연구』의 재판에서 스펜서를 찬양하는 서문을 작성하였다(코저, 1982: 196). 특히 사회적 다위니즘의 주창자로 알려진 스펜서의 업적은 "다윈의 진화에 대한 어떤 글도 발표되기 이전에 이미 발전되었던 것"으로서 선구적이며, 그의 사상은 "사회과학이 남긴 영구한 유산 중의 중요한 부분을 이루고 있다." (코저, 1982: 173) 흥미롭게도 개인주의자 스펜서와의 지속적인 비판적 대립 속에서 반개인주의적 사회학을 설립한 뒤르케임에 의해서 오랫동안 스펜서의 입장들이 무시되거나 매장되었다(코저, 1982: 197).

민문홍(2012: 676, n. 57)에 의하면 스펜서와 뒤르케임의 방법론적 대립의 배경에는 "뒤르케임의 온건한 사회민주주의적 입장과 스펜서의 고전적 의미에서의 자유주의 사상"이 존재한다.

그러나 비록 세계적으로 희귀하겠지만 아나키즘에 관심을 가진 사회학자라면 스펜서를 다시 읽어야 한다. 그는 사회학에서 일반적으

---

[30] 사회학 이론을 그로부터 그리고 그와 함께 시작한 나는 아직도 파슨스의 이론에 매력을 느끼며 그의 AGIL 도식을 보완하여 이 책에서 사용한다. 그래서 파슨스 이론의 생산적 연장이자 정교한 확장인 루만의 이론에도 관심이 많다.

로 이해하는 사회적 진화론자 혹은 유기체론자를 넘어서 훨씬 야심만만한 세계관과 아나키즘적 지향성을 가졌던 급진자유주의자libertarian이다. 놀랍게도 스펜서는 아나키즘의 대부인 크로포트킨이나 대모인 골드만Emma Goldman으로부터 높이 평가받았을 뿐 아니라, 미국의 개인주의적 아나키스트들과 최근의 아나르코 캐피탈리스트들에게 직접적인 영향을 미쳤다. "적자생존survival of the fittest"이라는 말을 만든 스펜서는, 진화론자에 대한 사회학자들의 통상적 이해와는 달리, 산업사회에서 경쟁과 협동이 조화를 이룩하기를 기대하였다.

스펜서는 개인적 자유를 강력하게 옹호했고 국가에 대한 일관된 비판과 (후일에는 다소 완화된) 경계심을 견지하였다. 아울러 그는 사회주의뿐 아니라 자유주의 정치 관행에 대해서도 비판적 입장을 취하였다. 스펜서처럼 초기 사회학의 창시자들 가운데는 공상적 사회주의자(특히 푸리에Charles Fourier나 오언Robert Owen)를 비롯하여 아나키즘적 성향을 가진 사람들이 드물지 않았다. 과학적 사회주의로서 맑스주의와 자본주의의 지주로서 자유주의가 각각 유럽과 미국에서 이념적으로 득세하면서 아나키즘은 사회학자의 관심으로부터 멀어져갔다.

그런데 참으로 흥미로운 사실은 좌파와 우파를 가리지 않고 많은 사회학자에게 지적 영감을 제공한 『사회학적 상상』의 저자 밀스C. Wright Mills가 아나키즘에 관심을 가졌으나, 불행히도 그의 돌연한 사망으로 연구물을 남기지 못했다는 점이다. 이 사실은 『아나키스트』를 편집한 밀스의 제자 호로위츠(Horowitz, 1964)가 책의 서문에서 밝힌 내용이다. 밀스는 아나키즘을 일종의 일탈 행위로 파악하는 사회학적 형식주의에서 벗어나 아나키즘을 정치적 원천으로서 이해하였다. 그러나 밀스가 왜 아나키즘을 사회민주주의 및 트로츠키파 볼셰비키주의와 더불어 맑스주의의 3대 축의 하나로 간주하게 되었는지를 당연히 호로위츠(Horowitz, 1964: 12)는 의아해한다. 물론 나도 아나키즘을 "정통 맑스주의에 대한 급진적 대안a radical alternative to the Marxist tradition in its orthodox forms"으로 간주하는 호로위츠의 견해에 동의한다. 밀스는 오늘날 아나르코 생디칼리스트anarcho-syndicalist 계열의 촘스키가 수행하는 미국 비판의 역할을 1950년대에 맡았다고 할 수 있다. 밀스는 분명히 새로운 맑스주의 혹은 진정한 맑스주의를 구상하고 있었던 것 같다.

사회학자 스펜서와 밀스는 분명 당대에 나름대로의 획기적 시각을 제공하고, 세상을 주목시켰다. 이 점이 아나키즘적 관심 혹은 관점이 이 혼돈의 시대에 사회학과 사회 개선에 유용한 자원이 될 수 있다는 전거가 되었으면 한다. 아나키스트(적) 사회학자가 구미에서는 가뭄에 콩 나듯 해도 늘고 있다. 동아시아에서는 국가주의가 워낙 강해서인가? 최근 국민/민족국가라는 권력 체제는 세계화의 조류를 역이용하면서 재차 왕의 귀환을 서두르고 있다.

여기서 사회학자가 놓치지 말아야 할 역설이 있다. 사회학자의 보루인 시민사회 혹은 강제와 지배의 표상인 국가와 대각을 이루는 통칭 자발성과 연대의 거점인 사회가 어느 사이에, 아렌트가 말하는 사회신학의 물신이 되기도 한다는 사실이다(김홍중, 2013b). 허상의 사회적인 것은 죽지 않는다. 새로운 사회신학이 등장하여 새로운 사회를 신격화-신성화할 것이다. (내가 이 책에서 제안하는 것과는 상이한) 사회국가 혹은 복지국가는 정치신학과 사회신학의 합작품으로서 이제 우리 개인이 그것으로부터 도망갈 수도 없고, 대들기도 힘든 무적 불패의 리바이어던처럼 그러나 부드러운 미소를 지니며 등장하여, 군림하고 위세를 떨치기 시작하였다.

우리 사회학자가 사회를 어떤 고정관념으로, ('사회적인 것'이라는) 본질이나 본성을 가진 실체로 믿기 시작하면 사회학적 상상력은 외길로 빠져든다. 사회는 사회학자의 친구이자 적이다. 내가 이 책에서 소개하고 의지할 개인주의적 아나키스트 슈티르너, 바로 맑스를 격노하게 만든 우상파괴의 아나키스트는, 다른 아나키스트 선구자들과 더불어 21세기가 필요로 하는 사회학적 상상력의 원천이 될 것으로 믿는다. 슈티르너는 사회를 국가와 마찬가지로 고정관념이요 사회(중심)주의자들이 만든 새로운 신이라고 비판하였다. 사회를 죽이고 개인을 살리는 아나키스트 자유주의 사회학은 너무 살벌한가?

사회학은 너무 오랫동안 사회학주의, 사회중심주의, 사회실재론 등 여러 가지 형태로 사회를 물신화하거나 신성화한 뒤르케임류의 인식론과 방법론의 주술에 걸렸던 것 같다. 마치 개인과 사회는 별유천지에서 따로 노는 것처럼 인식되고, 전자는 후자에 의해서만 제대로 설명되는 뿌리 없는 리좀으로 과소평가되었다. 이제 그 리좀적 정체성을 적극적으로 재인식해야 한다. 개인 대 사회의 관계를 새롭게 바라보자. 개인의 사회화보다는 사회의 개인화가 더욱 절실한 시대이다.

5. 돌아오지 않을 길: 루바이야트와 원효

나는 왜 이렇게 소란을 피우며 길을 떠나려 하는가? 문명전환의 도래를 알리고 싶기 때문이다. 구미가 지배하였던 근대가 서서히 약화되는 가운데, 동아시아가 주도하는 새로운 탈근대 문명이 많은 사람이 희구하는 방향으로 전개되기를 소망하기 때문이다. 이 문명전환은 극즉반極卽反이라는 역의 원리에 의한 것이므로 필연必然이요, 많은 사람이 갈구하며 노력하는 것이기 때문에 자연自然이 되기도 한다. 인간의 개인적 자유는 자연과 필연을 동시에 포함하며 존재한다. 이 점에서 나의 자유는 맑스가 의지하였던 필연 속의 자유보다도 더 광활하다. 자유는 자연적 필연이요, 필연적 자연이다. 노자의 "무위자연과 무위이무불위無爲而無不爲"를 이에 맞추어 해석해보면, 자유는 무위이고, 무위는 자연이니, 이 자연은 또한 무불위(못하는 것이 없음)의 필연이 된다.

  길을 가다 보면 원하는 곳에 도달할 수 있으리라는 막연한 희망 속에 우리는 오늘도 길을 걷는다. 물론 지금 여기서 더 이상 길을 찾지 말고, 길 찾기를 멈추어도 된다. 어쩌면 바로 이 자리 이 길이 내가 찾던 진정한 자유의 길인지도 모른다. 그런데 세상의 지혜가 전하기를 제대로 된 진정한 자유의 길을 찾기가 결코 쉽지 않으며, 어쩌면 평생에 걸쳐 길을 헤매다가 죽는 사람도 적지 않다고 한다. 다행히도 최근의 정보혁명에 의해서 인터넷을 이용한 길 찾기가 매우 쉬워졌고, 또 길 안내서도 엄청나게 많아져서 우리는 시행착오를 많이 줄일 수 있다. 내가 특별히 선호하는 안내 지침은 자유의 길은 문자 그대로 우리가 다소 힘이 들더라도 자유롭게 선택하면 되는 길이지, 소위 대가나 권위자로 지칭되는 사람들에게 문의해서 그들이 가리키는 대로 따라가서는 별로 재미도 없고 소득 없이 고생만 하기 십상이라는 점이다. 진정한 득도자는 아마 그 길을 모른다고 혹은 노자처럼 말로 표현할 수 없다고 할 것이다.

  동아시아에서 길은 곧 도道이다. 왜 길을 그 심오한 지혜의 원천인 도라고 하였을까? 천하에 도 아닌 것이 없는 것처럼 사방팔방에 나 있는 것이 길이라서? 도나 길이나 모두 시작도 끝도 없는 것이라서?

도를 찾거나 길을 걷거나 마음과 어깨에 무거운 짐(욕망과 집착, 소유)을 가지고서는 십 리도 못 가서 발병 나기 때문이라서?

내가 굳이 도와 길의 비유를 활용하는 데는 또 한 가지 주요한 이유가 있다. 구도의 길은 머리로만 찾을 수 없다. 깨우침, 득도가 필요하다. 그리고 이 득도를 위해서는 외적 지식의 축적도 중요하겠지만 마음공부라 일컬어지는 수신이나 수련 혹은 수양이 더욱 필수적이다. 21세기가 당면한 물질화, 물량화 그리고 물신화의 모순을 제어할 수 있는 유일한 길은 아마도 세상의 모든 개인이 자기 수련을 통해서 득도하는 길 외에는 없을 것 같다. 매우 다행스럽게, 이 길은 모든 개인이 지니고 있는 사랑이라는 능력을 발견하고, 개발하고, 활용하는 가운데서 어렵지 않게 찾을 것이다. 이 사랑의 길을 걷다 보면 모두가 하나의 큰길에서 만나 동행할 수도 있다.[31]

말이 많아지다 보니, 가야 할 길이 멀고 무겁게 느껴진다.

그러나 이제 어차피 나서야 할 길, 좋아하는 노래로 마음을 다지며 길동무를 찾아야겠다. 피츠제럴드(2011)가 영어로 번역한 하이얌Omar Khayyám의 『루바이야트』의 한 구절을 음미하면서 자유를 찾아 아나키스트의 길을 나서겠다.

그대 잠을 깨라. 어느새 태양은
밤의 들판에서 별들을 패주시키고
하늘에서 밤마저 몰아낸 후

---

[31] 사랑과 하나라는 주제는 종교적 차원에서 주로 거론되나 존재와 인식 그리고 실행이라는 보다 근원적인 의미에서 접근할 수 있다. 이 책의 후반부와 결론 부분에서 이 주제를 논의할 것이다.

술탄의 성탑에 햇빛을 내리쬔다.

아침의 허망한 빛이 사라지기 전
주막에서 들려오는 저 목소리
사원에 예배 준비가 끝났거늘
어찌하여 기도자는 밖에서 졸고만 있나

꼬끼오, 닭이 울자 주막 앞에서
사람들이 외치는 소리. 문을 열어라.
우리들이 머물 시간 짧디 짧고
한번 떠나면 돌아오지 못하는 길

"철저한 숙명론과 허무주의에 뿌리를 내리고 있으면서도 값싼 감상주의나 비관론에 빠지지 않는"(이상옥, 2011: 154) 이 시의 비감한 쾌락주의와 현세주의적 가락은 내가 기대하는 이 책의 정조情調와 공명한다. 지난 시절, 날선 제복과 번쩍이던 군홧발로 군림하던 군부 체제에 눌려 낭만적 자유주의자로 낮게 포복하며 청춘을 자학하였던 나에게『루바이야트』는 위로와 회한의 노래다.

그래서 내가 여기서 모색하는 자유의 길은 사르트르Jean Paul Sartre가 한때 저주받은 실존적 부조리에 대한 항거로서 제시한 무(상의 행)위와도 연결된다. 맥락이 다소 상이하지만 이 서구적 무상無償의 행위를 (이념적) 좌우에서 압축하여 짜내면, 노장의 (탈이념적) 무위가 될 수도 있을 것 같다. 무위-인위가 없는 행위란 남에게 상처를 주지 않는 행위로서의 무상無傷의 행위이기도 하다. 무상無償은 무상無傷이다. 어떤 사람에 대한 보상은 다른 사람에게는 상처가 된다. 아나키스트 자유의 길은 이처럼 온갖 상상과 공상, 망상과 환상이 때때로 뒤엉키는 복잡하나 즐거운 길이다. 자유는 저주이자 위안이고, 실존이자 실망이며, 환상이자 실상이다. 이 쾌락과 슬픔의 잡종화 안갯속으로 들어가보자.

그러나 잡종화는 결코 무절제나 뒤죽박죽이 아니다. 곡학아세와는 더더욱 멀다. 그래서 나는 조선의 위대한 아나키스트들이 남긴 서늘한 기개와 고결한 정신을 결코 잊지 않으리라 다짐한다. 시인 구상(1991: 226-227)의 추모사에 담긴 단주 유림의 편린이나마 기억해두고 싶다.

… 민족 절개의 사표로 추앙받는 고 심산 김창숙心汕金昌淑 선생 같으신 분도 선생의 서거를 애도하여, "단주 옹이야말로 티끌 하나도 섞이지 않은 애국지사였습니다. 일찍이 권력이나 금력에 흔들리지 않고 철석같은 절조가 높으신 개결한 분이었습니다. … 그렇지 않으면 겨울 하늘에 서릿발 같은 고고한 절조가 나올 수 있었겠습니까? 나는 현대에 있어서 그러한 분으로는 오직 한 분이신 단주 옹을 중심으로 경모해왔던 터입니다"라고 추모사를 쓰시고 덧붙여,

그대 있어 이 나라가 무겁더니[君在大韓重]
그대 가버려 이 나라가 비었구나[君去大韓空]
그대가 바로 천하의 선비로다[君是天下士]
영원토록 홀로 맑은 바람이어라[百歲獨淸風]

라고 읊으셨다. … 선생 같은 인간으로나, 사상적으로나 그렇듯

거창하고 고고한 인품을 도대체 찾을래야 찾을 수 없다

나는 한국의 선배 아나키스트들이 보여준 치열하고 진지한 헌신성을 잊지 않을 것이다.

한 가락 더 울리고 싶다. 나의 욕심과 집착이 염려되나, 이 길을 마칠 때쯤이면 단연코 비워지리라 기대해본다. 그것은 서구적 합리주의와 동양적 아니 한국적 합정合情주의의 잡종화인 정리합일情理合一의 경지를 스친 것 같은 『삼국유사』에 기록된 원효의 노래이다.

나지 말지어다 그 죽음이 괴롭거늘. 죽지 말지어다 그 태어남이 괴롭거늘. 조사弔詞가 너무 번거롭다고 사복蛇福이 말하므로, 원효元曉는 다시, 죽음도 삶도 괴롭다라고 고쳤다[莫生兮 其死也苦, 莫死兮 其生也苦. 蛇曰詞煩 更之曰 死生苦也](하기락, 1993b: 422에서 재인용).

원효의 화쟁은 나의 화두인 잡종화를 오래전에 가장 간명하고도 심원하게 표현한 만세지표萬世指標이다. 원효는 비단 불교의 모든 종파를 초월한 귀일歸一에만 머무르지 않고, 유교와 도교까지 총섭總攝하고, 이에 더하여 국유현묘지도國有玄妙誌道라 일컬어지던 화랑도花郎道, 국선도國仙道 또는 풍월도風月道까지도 그 바탕에 까는 대종합의 화쟁을 추구하였다(하기락, 1993b: 423).

"하나"의 방법론으로서 잡종화는, 원효의 화쟁처럼 각양각색과 천차만별을 무궁무진의 "하나"로 해석해보려는 『천부경』의 "하나" 사상과도 맥을 같이한다.

하나는 시작이 없는 하나에서 시작한다, 삼극으로 나뉘어져도 무궁무진한 근본이다. … 사람[= 소우주] 속에서 천지[= 우주]가 합일한다, 하나는 끝이 없는 하나에서 끝난다[一始無始一, 析三極無盡本. … 人中天地一, 一終無終一](하기락, 1993b: 179에서 재인용).

하나는 (시작 없이 시작하는) 자유를 통해 천 갈래 만 갈래로 퍼져 나가고, 이 천태만상은 (끝이 없는 끝맺음인) 잡종화를 통해 하나로 끊임없이 돌아가려고 하는 것 같다. 그리고 이 하나는, 동서양의 성인들이 말하기를, 사랑 속에서 가장 선명하게 감지되고 체득된다고 한다.

2장   잡종사회의 도래와
      아나키스트 자유주의

　나는 아나키스트의 길을 추구하면서 하기락과 콜린 워드의 교훈을 따라서 실존적-개인적 자유의 길과 실용주의적 노선의 필요성을 배웠다. 이를 나름대로 포괄하는 자유해방주의의 길도 모색하였다. 그런데 이제 나는 새천년 21세기를 맞이하면서 잡종사회의 도래라는 매우 색다른 현실에 주목한다. 잡종화, 잡종, 잡종사회는 나에게 새로운 지적 지평과 함께 더 광활하고 매력적인 세계관과 역사관을 펼쳐주었다. 나는 하기락이 강조한 원효의 화쟁 사상을 잡종화를 위한 이념적 토대로 삼는다. 따라서 나의 잡종화 개념은 세계화의 문화적 차원을 설명하거나, 기술상의 융합적 측면을 강조하는 서구의 접근법을 포괄하면서도 이를 넘어 보다 심원한 수준의 존재론적, 역사적-문명사적, 기능론적 영역으로 확장된다.
　간단한 개념 규정과 함께 시작하자.
　① 잡종화는 차이를 가진 이질적인 것들의 상호작용이다.
　② 잡종은 잡종화의 산물이다.

③ 잡종사회란 잡종화가 활발하게 전개되는 사회이며, 잡종이 순종에 비해 열등적인 것이라고 간주되는 대신 생물학적 잡종강세나 오늘날의 하이브리드 열풍이나 융합에 대한 관심에서 나타나듯이 잡종의 존재론적 의의와 가치가 적극적으로 인식되는 사회이다.

세상만사는 잡종화를 통해서 생성되고, 변화한다. 이 세상 자체가 무 혹은 암흑과 혼돈에서 하나의 힘 혹은 일기一氣가 태동하고 그로부터 만물이 창생하거나, 신의 뜻과 말씀이 섞이거나, 업과 연의 무한 운동이 교차하면서 존재와 존재성을 갖게 되었다. 또 존재의 집이라는 우리가 사용하는 언어가 바로 (나도 아니고 너도 아닌) 잡종이요 (그럼에도 불구하고 나와 너를 연결시키는) 잡종화이지 않은가? 하늘 아래 동일한 것이 없으니, 다른 것들이 부단히 서로 관계를 맺으면서 기존의 차이를 확인하거나 새로운 차이를 만들어낸다.

21세기 탈근대는 차이와 다양성, 변화와 재구성, 유동과 합류, 절충과 타협, 혼성과 혼합을 추구하는 잡종화사회이다. 잡종화란 상호 이질적인 것들이 다양한 방식으로 상호작용과 교환, 혼합과 결합 혹은 융합을 통해서 새로운 변화를 만들어내는 과정이다. 역사상의 모든 주요한 변화는 이 잡종화 과정의 산물이라고 해도 과언이 아니다. 문명의 충돌이건, 공존이건, 접합이건, 융합이건 새로운 문명의 탄생은 기존 문명의 토대 위에 새로운 문명이 침투하고, 정착하여, 확산되는 잡종화를 통해서 이루어진다.

나는 오늘의 탈근대 잡종사회야말로 아나키스트가 희구하는 아나키사회에 가장 근접하는 그리고 지속적으로 근접해갈 수 있는 새로운 문명사회라고 판단한다. 왜냐? 잡종화는 한편으로는 개인적 자유가 끊임없이 확장될 수 있는 자유 선택의 대지를 넓혀나가기 때문이다. 다른 한편으로 잡종사회는 국가권력의 절대성과 강제성을 비판하고, 조롱하고, 부정하고, 파괴하고, 잠식하는 각종 저항적 세력들의 거점을 마련해주기 때문이다. 역사적으로 잡종화는 국가가 요구하는 순종화順從化＝純種化에 역행하는 탈권력 작용이었다. 성역과 금기, 경계와 장벽, 기득권과 독점, 정통과 순수 등을 표상하는 국가의 권위를 잡종화는 변방에서, 사각지대에서, 틈새에서 잠식하고 해체하였으며 때로는 거대한 밀물처럼 당당히 월경하여 그 씨앗을 뿌려놓곤 하였다.

잡종사회는 그 자체가 근대를 해체하고 변형시키는 탈근대적 힘이다. 탈근대를 새로운 문명전환의 시작으로 인식한다면, 잡종사회는 문명전환을 촉진시키는 힘이다. 그렇다면 아나키스트도 문명전환을 위한 새로운 변신을 시도해야 할 것이다. 단순한 근대 비판으로서의 탈근대가 아니라 문명전환을 위한 탈근대라는 적극적인 비전을 강화할 필요가 있다. 아나키즘의 근대적 한계를 털어버리고, 초심으로 돌아가서 (혹은 아나키즘의 동양적 원형으로 돌아가서?) 새 출발하는 변신이 필요하다. 탈바꿈 혹은 보다 강하게 표현하자면 환골탈태의 자기 재창조를 아나키즘은 필요로 한다. 어떻게?

잡종사회에 걸맞게 아나키즘도 잡종화시키는 것이다. 무엇과?

아나키즘과 자유주의의 잡종화, 그것이 내가 도달한 다소 위험스런 길이다. 보다 구체적으로 말하자면 아나키즘과 자유주의의 선택적 잡종화, 즉 개인주의적 아나키즘과 포퍼-하이에크 자유주의의 잡종화를 통해서 아나키스트 자유주의의 길을 개척하는 것이 나의 기획이다.

나는 아나키즘과 자유주의의 잡종화를 통해서 자유의 길을 더욱 풍요롭게 만들고자 한다. 아나키스트 자유주의의 길은, 한편으로는, 아나키즘의 유토피아적 상상력을 실용적 차원에서 개척하는 반혁명적 혹은 반역적·반란적·반항적 노선road of insurrection, rebellion and resistance이며, 다른 한편으로는 국가주의와 자본주의라는 기득권과 유착하면서 보수주의로 안착하려는 자유주의를 비판하고 재구성하는 자기 확대적 급진화 노선road of self-expanding radicalization이다. 아나키스트 자유주의는 권력 집단의 교체에 그치는 정치혁명 대신에 권력 체제 자체를 해체하는 탈권력-반권력적 힘의 결집으로서 반항적 개인을 우선시하고, 하버마스식의 체계와 생활세계의 균형 회복에 집중하는 코헨과 아라토의 자기 제한적 급진주의와 구별되는 시민사회가 체제를 규제하는 자기 확대적 급진주의를 선택한다. 하버마스가 추구하는 균형은 중요하다. 그러나 체제가 압도하는 지금의 이 과도한 불균형을 바로잡으려면 반대 방향으로 약간 기울어진 불균형을 목표점으로 삼아야 한다.

아나키즘과 자유주의는 아나키스트 자유주의라는 호혜적 잡종화를 통해서 개인적 자유와 사회적 해방을 동시에 추구할 수 있다. 아나키스트 자유주의는 이미 내가 탐구해온 자유해방주의의 더욱 강화된 형태로 간주할 수 있다. 아나키스트 자유주의는 개인 대 사회, 사회 대 국가, 자유 대 평등이라는 기존의 잘못 설정된 대립 구도를 천지인합일이라는 하나주의의 관점에서 해소하고자 한다. "개인 = 자유 = 평등 = 공동체 = 사회 = 국가"라는 하나의 연결 고리를 찾을 것이다. 이 연결 고리를 바탕으로 개인은 자유 연합으로 공동체적 평등을 이룩하고, 이 토대 위에서 자신의 사회와 국가를 만들 것이다. 개인 자신의 속성인 자유의 세계 안에서 평등의 차원을 분명하고도 적극적으로 인식함으로써 자유 대 평등이라는 오랜 적대 대신에 공존 상생의 길을 발견할 것이다.

현실적으로 아나키스트 자유주의는 국가 체제의 부정 대신에 최소국가를 인정할 것이며, 사적 소유와 시장 경쟁에 기반을 두는 자본주의를 부정하는 대신에 사적 소유와 공적 소유를 혼합하고, 시장 경쟁과 협동경제를 결합하는 탈물질적 자본주의를 대안으로 추구할 것이다.

이와 같은 시도는 분명 이념적 절충이자 타협이다. 사실이 그렇다. 아나키스트 자유주의는 절충적 이념이자, 타협적 이론이다. 이것이 무슨 문제인가? 왜 문제가 되는가? 정통 이론 혹은 순수 이념이란 도대체 어떤 것인가? 애당초 그런 것이 있기는 한 것인가? 시대의 변화와 함께 변화하지 않은 이념이나 이론이 있었던가? 절대를 숭상하는 종교조차 시간의 흐름 속에서 신의 말씀을 다르게 해석한다. 한때 이단으로 저주의 대상이 되었던 것들도 이제는 하느님의 은총으로 수용되고 있지 않은가!

나는 아나키스트 자유주의가 잡종 이념이라는 사실에 특별한 자부심을 갖는다. 잡종 이념은 권력투쟁을 위한 선동과 기만에 흔히 동원되는 이념적 대립을 넘어 이념들 간의 화해와 화합을 이룩해야 한다는 시대적 요구에 적극적으로 부응하기 때문이다.

1. 잡종사회의 도래: 잡종화와 문명전환

시대가 바뀌고 있다. 서구가 지배하던 근대 세계가 그 동력을 상실하면서 탈근대라는 새로운 문명전환의 전기를 맞이하고 있다. 탈근대는 처음에는 포스트모더니즘이라는 서구의 자기반성 혹은 자기비판에서 출발했으나, 태평양 시대를 거쳐 이제 동아시아로의 지정학적 권력 이동이 가시화되면서 새로운 문명의 모색이라는 과제를 던져주고 있다. 서구적 근대 문명은 국가의 실패와 자본의 실패를 초래하면서 이 세상을 위험사회로 몰아가고 있기 때문이다.

이와 같은 역사적 맥락에서 탈근대는 문명전환기 특유의 혼란과 무질서 그리고 실험과 상상력을 드러낸다. 나는 탈근대의 가장 핵심적 특성으로서 잡종성에 주목한다(김성기, 2004). 나는 잡종성을 (그 특성이 가장 잘 드러나는) 문화적 차원에만 국한시키지 않고 사회의 전 영역에 확대하여 적용시키고자 한다.

문명사적으로 우리는 근대가 전근대 및 탈근대와 잡종적으로 공존하는 세계에 살고 있다. 인터넷 혁명에 의하여 시공간이 압축 교차되며, 사이버 세계와 현실 세계가 중첩 연결된다. 그리하여 세상의 모든 생소하고 이질적인 것들이 긴장과 적대 속에서 갈등 경쟁하면서도, 사랑과 우애를 바탕으로 협력 화합하기도 한다. 바야흐로 잡종사회가 도래하고 있다.

탈근대의 중핵 개념으로서 잡종성hybridity은 현대사회의 유별난 특징들, 말하자면 복잡성, 혼잡성, 혼합성, 잡탕성, 잡다성, 융합성 등을 대변하는 포괄 개념umbrella concept이다. 우리는 이질적인 것들이 상호작용하는 잡종화가 사회 전반에 걸쳐 확산되고 지속적으로 재생산되는 잡종사회에서 살아가게 되었다. 잡종화와 잡종은 점차 시대의 유행으로 혹은 새로운 삶의 방식으로서 그 가치를 적극 인정받고 있다.

사실 인간 사회의 역사는 처음부터 잡종화의 역사였다. 유목과 이주, 교역, 전쟁 등에 의한 인구의 지역적 이동은 그 자체가 사람들의 삶을 잡종화시키는 것이었다. 그러나 인류는 21세기에 진입하면서, 개방화, 세계화, 정보화, 네트워크화라는 가치 변화와 과학기술 혁명을 기반으로 사상 유례가 없는 잡종화의 물결을 맞이한다. 인터넷 혁명이 지구상의 모든 이질적인 것을 서로 연결시키고 있기 때문이다. 공상과학소설이나 영화를 비롯하여 우주탐사 프로젝트의 성과로 인해 질적인 것이 서로 연결되고 있으므로 잡종화는 조만간 우주로까지 그 영역을 확장할 것이다.

 우리의 주위를 한번 찬찬히 살펴보자. 우리가 살고 있는 이 21세기는 천차만별의 이질성, 각양각색의 복잡성, 오리무중의 불확실성, 모순과 부조리 속의 진실과 합리, 야만적 전쟁과 문명적 평화의 공존 등으로 그야말로 난장판이요, 아수라장이요, 야단법석이요, 몬도가네이다. 피골이 상접한 채 굶주려 죽어가는 사람들이 있는가 하면, 배 터지게 포식하여 사멸하는 공룡처럼 뒤뚱거리는 사람들도 있다. 뼈 빠지게 일해도 먹고살기 힘든 사람들이 있는가 하면, 호의호식도 지겨워 엽기 행각을 일삼는 사람들도 있다. 전쟁과 평화가 거리를 가로질러 뒤섞이고, 폭력과 예의가 한 지붕 아래서 공존하며, 수사와 진실이 구별되지 않고, 위험과 안전이 정답게 짝을 짓는 참으로 천태만상의 사회에서 우리는 살고 있다. 하느님의 심판이 있기 전에 먼저 지구가 핵전쟁으로 폭발하거나, 기후변화로 숨이 막히는 일이, 복제 인간이나 기계 인간 homo mechanicus이 등장하는 일이, 혹은 외계로 우주로 피난을 가야 하는 일이 일어날지도 모른다. 우리의 미래 또한 요지경인 것이다.

 우리는 수많은 이질적 현재가 존재하는 여러 종류의 사회 속에서 살고 있으며(세넷, 2004), 미래 또한 하나의 미래가 아니라 수많은 미래를 구상하고, 그리고 기다리면서 살고 있다. 그래서 그런지 최근 사회과학자들이 현대사회의 특성을 규정한 개념들을 훑어보면 현기증이 날 지경이다. 퐁스(2003a; 2003b)가 소개한 그 이름들을 한번 열거해보자.

마틴 앨브로Martin Albrow: 세계사회

울리히 벡Ulrich beck: 위험사회

다니엘 벨Daniel Bell: 후기산업사회

랄프 다렌도르프Ralf Dahrendorf: 시민사회

피터 그로스Peter Gross: 다중선택사회

빌헬름 하이트마이어Wilhelm Heitmeyer: 해체사회

클라우스 레게비Claus Leggewie: 다문화사회

아르민 나세히Armin Nassehi: 기능분화사회

클라우스 오페Claus Offe: 노동사회

게르하르트 슐체Gerhard Schulze: 체험사회

볼프강 벨슈Wolfgang Welsch: 가변문화사회

헬무트 빌케Helmut Willke: 지식사회

아미타이 에치오니Amitai Etzioni: 책임사회

앤서니 기든스Anthony Giddens: 근대사회

악셀 호네트Axel Honneth: 균열사회

슈테판 라딜Stefan Hradil: 독신자사회

로널드 잉글하트Ronald Inglehart: 포스트모던사회[1]

카린 크노르-세티나Karin Knorr-Cetina: 지식사회

스콧 래시Scott Lash: 정보사회[2]

칼 울리히 마이어Karl Ulrich Meyer: 교육사회

레나테 마인츠Renate Mayntz: 다이내믹사회

---

1 탈물질사회가 더 정확하다.
2 정보사회는 카스텔Manuel Castells의 브랜드이고 래시는 "성찰적 사회" 정도가 더 어울린다. 그리고 이 목록에는 바우만Zygmunt Bauman의 액체사회Liquid Society가 빠져 있다.

닐 포스트맨Neil Postman: 미디어사회

리처드 세넷Richard Sennett: 유연한 사회

잔니 바티모Gianni Vattimo: 투명사회

    이상의 목록이 제시된 이후에도 온갖 사회가 등장하였다. 피로사회라는 작명도 등장하였다. 상기의 목록들만 보아도 피로해지니, 이 작명 또한 타당하다. 그런데 문제는 이 멋지고 훌륭한 온갖 '사회' 개념들의 산더미 혹은 쓰레기 더미에 나까지 합세하여 '잡종사회' 하나를 더 보태려고 한다! 내일이면 또 다른 이름의 사회(탈잡종사회?)가 등장할지 모른다. 그런데 내가 제시하는 잡종사회는 이 모든 중구난방의 잡다한 사회 개념들을 압축적으로 개괄·요약하고 전체적으로 표상한다는 장점(?)을 가진다. 이 점에서 잡종사회가 다른 경쟁적 사회 개념들 가운데서 나름대로 비교 우위에 설 것으로 기대한다.

    나는 다양성, 복잡성, 다차원성, 불확정성, 가변성 등으로 얽히고설킨 현대사회를 잡종사회라는 관점에서 이해할 것이다. 영어의 hybrid, hybridity, hybridization을 잡종, 잡종성, 잡종화라고 해석하여 사용한다. 영어의 hybrid는 hybrid car에서처럼 기술적 융합이라는 첨단성의 의미를 갖기도 하지만, 생물학적으로는 이종교배로 탄생한 (순종에 대비되는) 잡종이라는 비속성卑俗性의 뜻도 갖는다. 그래서 한국어에서 잡종이라는 말은 우선 통상적으로 어감이 좋지 않다. 무언가 혼잡스럽고, 불결하며, 저질이라는 느낌의 연쇄를 끌어낸다.

    그럼에도 불구하고 나는 중립적이고 큰 거부감이 없는 혼성, 혼종, 혼합 대신에 잡종이라는 표현을 사용하기로 한다. 세상은 여러 차원과 속성을 가지지만, 역시 그 밑바닥, 토대, 기층은 저속하고, 혼잡하며, 잡탕이라는 사실을 강조하고 싶다. 이 혼탁한 세상에서 순종을 찾기란 참으로 힘들다. 아니 거의 불가능하다. 어쩌면 모든 것이 다 잡종일지 모른다.[3] 나아가 잡종이 표상하는 '잡'에는, 알고 보면, 좋은 점도 많이 있다. 잡초의 강인한 생명력이나 잡지나 잡화점의 편의성처럼. 그래서 생물학에서는 잡종강세라고 한다.

여기서 나는 잡종성을 간접적으로 비판하는 김홍중(2015)의 진정성에 대한 향수와 생존주의에 대한 부정적 판단을 논의할 필요를 느낀다. 직설적으로 말해, 나는 진정성이 필요하다고 보기는 해도 김홍중만큼 그 중요성을 느끼지 않고, 생존주의는 김홍중과는 반대로 가장 자연스럽고, 즉 꾸밈없고 그래서 적나라한, 기초적인 존재 에너지로서 간주한다. 왜냐? 잡종화나 잡종성의 잡은 바로 이 원초적 에너지로서의 욕망, 경쟁, 성취, 소유, 살고 보기와 살아남기 등을 추구하는 개인의 정화되지 않은 순수한/본능적 속성을 전제로 삼기 때문이다. 나는 이 개인의 존재 에너지를 세 가지 형태로 구분한다. 생존주의에서는 즉자적/물적 자아 혹은 물아物我가 주축이 되고, 실존주의에서는 대자적 자아 혹은 유아唯我가 중심이 되며, 탈존주의에서는 합일적 자아 혹은 탈아脫我가 주도한다. 김홍중은 근대에 고유한 생존주의의 병폐로서 만인의 만인에 대한 투쟁, 이기심, 사적 소유, 아노미, 계급 적대를 들고, 이에 대한 제어적 공존 장치로서 연대, 인륜성, 사회주의, 도덕 등과 함께 20세기적 복지국가를 열거한다. 한국의 경우

---

[3] 순종이 무엇이라고 합의하여 규정짓기가 결코 쉽지 않지만, 잡종의 대칭 파트너로서 순종이라는 것을 상정할 수는 있을 법하다. 그런데 그것이 무슨 특별한 의미나 각별한 소용이 있는지 나는 잘 모르겠다. 순종이 만약 존재한다면, 이 잡종사회에서 '순종'이라 불리기를 고집하는 잡종 중 하나에 불과한 것이 아닐까? 신분제도가 철폐된 근대 평등사회에서 몰락한 자칭 양반이 나는 '양반입네' 하며 자신의 정체성을 확인하고 싶어 하는 것처럼 말이다. 잡종이건 순종이건 그 뿌리는 하나로 귀일할 것이다.

에는 일본의 제국주의 논리인 만국공법, 분단의 논리인 냉전, 자본주의 논리인 신자유주의가 역사적으로 생존주의를 지속해왔다. 생존주의 세계에서는 최고의 승리가 "살아남는 것"이고 "정의로운 삶"이나 "진정한 삶"이 아니다. 그 자체로는 타당한 해석이요 바른말이다.

그러나 나는 반문한다. 피투성이의 살벌한 생존주의만이 온 세상을 뒤덮었던가? 생존주의는 경쟁 속에서 협동을 찾고, 아노미 속에서 질서를 발견하고, 전쟁 속에서 평화를 갈구하고, 계급투쟁 가운데서 시민적 합의를 구하고, 사적 소유와 함께 공유재산을 확대하였다. 오히려 더 심각한 재앙은 인륜이니 정의니 도덕이니 공동체를 떠들던 자들이 초래하였다. 이 추상적이며 애매하기 그지없는 소위 보편적 가치들은 독재자들이나 광신도들이 마음껏 살육과 공포의 세계를 연출하는 명분으로 사용되었다. 대동아공영권, 반유대주의, 부르주아 계급 제거, 종교근본주의 등의 이름으로 자행된 20세기의 만행은 대다수 사람이 추구한 생존주의 때문이 아니라 거꾸로 소수 지배자들이 선동한 반생존주의에 의한 것이 아니었던가? 개인들이 일상에서 드러내는 생존을 위한 적나라한 모습은 애처로워 슬프기도 하지만 너무나 인간적이어서 아름답기도 하다. 그것은 분투하면서 얻는 초라하게 작지만 빛나는 기쁨들이 아닌가?

나아가 생존주의는 개인의 다른 존재 욕구들인 실존주의나 탈존주의와 결합하면서 때론 침잠하거나 억제되고, 때론 확산되거나 폭발하면서 개인의 삶을 다양하게 조형한다. 내가 개인과 사회의 잡종성 그리고 잡적 속성에 주목하고, 그것을 강조하는 이유는 이 자연적이고 필수적인 생존주의를 속물주의로 경멸하고 진정성이 결핍된 천박한 적응성으로 외면하는 순수인간주의에서 도덕적 허구성을 감지하기 때문이다. 개인은 인간이라는 생물학적 종으로서 정글에서 살아

남은 존재이다. 그러나 이 정글은 약육강식이라는 동물의 세계가 연출하는 드라마의 한 단면일 뿐이다. 인간의 동물성을 잊지 말자. 우리는 호모사피엔스라는 고상한 인간이기에 앞서 동물의 세계에 속하는 살인 원숭이killer ape의 격세유전적 본능을 여전히 보유한 하나의 엄연한 그래서 당당한 동물이다. 동물의 야수성을 여전히 강고하게 지니고 있다. 각종 스포츠에 열광하고, 승리에 환호하며, 공포/괴기/잔인/처참/피투성이 이미지들을 대리 만족으로 즐기는 오늘의 세상이 무엇을 말하는가? 인간이여 너 자신을 알자. 동시에 정글에는 평화와 협력도 있고, 우애와 공감도 존재함을 명심하자. 많은 인간은 고통스런 순수한 진정성보다는 저잡한 속물성에서 (남몰래?) 더 짜릿하고 편안한 즐거움을 느낀다. 이런 인간 속물들을 비난하지 않고, 천천히 다른 방향으로도 진정한 관심을 기울이고 균형을 잡아가도록 하는 것이 잡종화의 논리이고 생존주의의 다른 모습(생존주의에서 고유한 개인적 유아와 유심을 인식하는 실존주의와 개인적 실존을 넘어 세계와의 하나 됨이라는 존재적 확장을 추구하는 탈존주의)이다.

나는 잡종사회론을 통해서 잡종에 대한 고정관념이나 근거 없는 편견을 바꾸고 싶다. 진화의 단계가 매우 높은 인간은 생물학적으로 고도의 잡종적 구성물이다. 인간의 물리적 구조 또한 복잡하면서도 상호 유기적 관련성을 유지한다. 인간은 잡식성 동물이요, 육체적으로는 정교한 부품들의 치밀한 결합이요, 정신적으로는 온갖 잡다한 생각으로 가득하다. 쌍둥이라도 생김새나 성격이 다르다. 사람들마다 인종, 언어, 말투가 다르고, 체력, 지력 등 능력도 다르다. 엇비슷해 보여도 자세히 들여다보면 모두 다르다.

이처럼 인간이라는 이름하에 두루뭉술하게 지칭되는 개별 구체적 개인은 추상적 분류 기준인 인간이라는 차원을 벗어나면 그야말로 천차만별이요 각인각색이다. 이와 같은 개인들이 서로 어울려 사는 소위 인간 사회란 애당초 잡종사회가 아닐 수 없다. 남녀노소, 강약우열, 빈부귀천을 함께 모아놓았으니 잡종사회가 아닐 수 없다.

그러므로 잡종사회론은 이 독특한 잡종으로서의 각 개인들이 지니는 차이에 주목하고, 이 차이를 존재론적 특성으로서 존중한다. 다시 말해 모든 개인은 독특한 특성을 지닌 유일무이의 존재라는 사실을 바탕으로 한다. 개인의 존엄성은, 신의 자식이라는 신성으로부터도 유추할 수 있겠지만 각각의 개인이 그 어떤 다른 개인으로 대체할 수 없는 독자적 존재라는 차원에서 인식해야 한다.

그런데 정착적 삶과 함께 인구가 늘어나면서 세상살이가 점차 복잡해지자, 이를 관리하고 통제할 필요가 있다는 주장을 하는 사람들, 즉 지배계급이 나타나서 사회관계를 지배-복종의 권력관계로 변화시킨다. 오랜 시행착오와 피비린내 나는 살육전 끝에 완성된 발명품이 종교요, 상비군과 조세제도를 독점한 국가 체제요, 국가 기능을 대행하는 관료제이다. 문제는 이들 권력 체제는 이 잡다한 세상의 잡종성, 혹은 사람들의 개인적 자율성과 자치성은 자신들의 지배나 통치에 거추장스럽고 방해가 되는, 억제해야 할 것으로 여긴다는 것이다. 지배 집단은 정통성, 통일성, 통합성, 보편성, 순수성 등의 이름으로 잡다한 개인의 잡종성을 무시하거나 비난하면서 자신들이 필요로 하는 인간상을 강요하기 시작하였다. 그 결과 개인들의 잡종성을 유지시키는 자유는 위축되고 억압되었다. 권력의 획일적 적용을 순조롭게 하기 위하여 인간 사회의 자연스러운 생명력인 개인의 고유한 잡종성 혹은 자유를 서서히 제거하였던 것이다.

이처럼 잡종성의 약화는 개인적 자유와 사회적 다양성의 축소를 의미하는 것이다. 이 사실을 역으로 해석하면, 잡종성의 강화는 권력적 지배 작용의 약화나 파괴를 초래한다. 우리가 인간의 역사를 잡종화의 역사라고 규정할 수 있는 이유는 인간 사회의 발전이 개인적 자유와 사회적 해방을 위하여 억압적-착취적 권력에 끊임없이 반대하고, 투쟁하면서, 그것을 축소시켜나간 과정이기 때문이다. 잡종화는 지배 권력에 저항하고, 이를 견제하려는 인간과 인간 사회의 특성인 것이다. 그래서 나는 잡종사회의 도래와 강화 그리고 성숙을 기존 권력 체제를 획기적으로 변화시킬 엄청난 잠재력을 가진 문명전환의 촉진제로 기대하는 것이다.

역사적으로 시민혁명을 통해 자율적 시민사회가 지배적 국가 체제로부터 분리되는 과정이 바로 정치적 민주주의의 확산이었고 이로써 사회적-문화적 잡종화의 물꼬가 터진 것이다. 그 이전 중세의 종교적 신정 시대나 절대왕정 시대의 사회는 극히 제한된 인구 및 사회 이동 속에서 소규모 촌락공동체를 중심으로 동질적 종교와 가치, 동질적 산업(농업)과 생활양식 등이 지배하여 잡종화의 여지가 별로 없었다. 종교가 지배하는 신성 공동체 속에서 모든 사람은 교리가 요구하고 지시하는 인간형이 될 수밖에 없었다. 물론 이 성스러운 일체화의 시대에도 잡종화를 요구한 이단자들, 반란자들, 떠돌이들이 있었다. 이들이 바로 중세 암흑기에 자유를 위해 투쟁한 자율적 반란의 역사를 만든 사람들이었다(프레미옹, 2003).

오늘날 21세기의 탈근대적 해체와 창조적 파괴의 조류는 더욱 광범위하고도 강력한 잡종화의 물결을 일으키지만, 잡종화를 반대하는 다양한 근본주의 세력들은 예나 지금이나 적개심을 가지고 잡종사회에 대한 비난과 공격의 전선을 펼치고 있다.

잡종화에 대한 비판자들은 대체로 기존 사회의 주류를 이루는 정치적-종교적 지배 집단이었으며, 오늘날에도 도처에 포진해 있다.

질서주의자, 도덕주의자, 전체주의자, 보편주의자, 근본주의자, 정통주의자, 보수주의자 등은 잡종사회를 두고 말세의 징후, 아노미의 과잉, 도덕 윤리의 타락, 의식의 저질화라고 개탄하며 분노한다. 이에 나는 반문한다. 세상이 언제 혼탁하지 않을 때가 있었던가? 비판론자들은 인간 욕망의 자유로운 분출과 실험을 걸핏하면 무절제요 무분별이라고 매도하며, 이것이 전체와 질서의 파괴를 초래한다고 위협한다. 그러나 기존 질서의 파괴 없이 어찌 새로운 질서가 탄생할 수 있는가? 역사의 고비마다 잡종화의 물결이 넘쳐흘러 기존 질서의 묵은 때가 씻겨나가면서 개인들의 새로운 꿈과 희망이 구체화되었다.

이처럼 인간 사회란 처음부터 잡종사회로 시작하였고, 잡종성은 모든 사회의 자연스런 속성이다. 다만 우리는 소수 특권 기득권층의 왜곡과 은폐로 인해 그 사실을 알지 못하고 사회의 동질성, 공통성, 순수성, 통일성 등에만 관심과 노력을 기울였다. 탈근대와 함께 잡종은 이제 광명 천지로 나와 "날 좀 보소" 하면서 자신의 정체성 투쟁을 시작한다. 사회적으로 무엇이 순종인지 규정하기가 참으로 애매하지만, 순종이 잡종의 한 특수 형태인 것만은 분명하다. 다문화 시대의 구호인 "우리 모두 이민자이다"처럼 잡종사회의 표어는 "우리 모두 잡종이다"가 된다.

2. 잡종사회론: 이론적 논의

나(김성국, 2011: 20-22)는 잡종사회론을 세 가지 차원, 즉 존재론적 차원, 역사적 차원 그리고 기능론적 차원에서 규정한다.

존재론적으로 인간과 인간 사회는 이질적 개인들 혹은 고유한 개인들의 추상화된 집합표상이라는 점에서 잡종화의 산물이다. 생물학적으로 인간은 피, 물, 근육, 뼈, 장기 등등으로 복잡하게 구성된 유기체이며, 물리학적으로는 미시 세계의 입자들이 잡종적 운동(입자 운동과 파동 운동 등)을 하는 물질이다. 인간의 영혼, 정신, 사고, 심성, 감정 등등 또한 복잡한 뇌세포의 네트워킹으로 발생하는 것이거나, 언어의 다채로운 의미 작용이거나, 아니면 우리의 무지와 미지가 혼합된 신비로운 생명현상이다. 기실 인간의 생명이란 것도 육신과 정신이 혼합된 심신이 아닌가? 이와 같은 맥락에서 잡종화란 인간 신체와 의식의 구성 원리이며, 인간(의 사회)관계의 구조적 특성이다. 미래에는 인간과 기계가 잡종화, 혹은 융합하여 탈인간주의post-humanism 시대의 표상으로 기계 인간이 탄생할 것이다. (아니 이미 등장하고 있다!) 인간은 한편으로는 동일한 생물학적 종으로 분류할 수 있지만, 개인적 혹은 개체적 수준에서 관찰하자면 그야말로 다종 다기한 이질적 존재이다. 천차만별 특성을 가진 개인들의 집합체인 인간 사회는 교육과 법 그리고 종교 등으로 인간들을 동질화시킨다. 그렇지만 인구의 증가와 분업의 발전으로 사회 전반에 걸쳐 구조적 분화가 누적적으로 발생하여 인간 사회에는 점차 이질적 특성이 증가하고, 이것들은 전 세계적 네트워킹에 의해서 신속하고도 광범위하게 확산되어 사람들이 쉽게 접촉하고 수용하도록 만든다. 재차 질문하지만, 잡종이 아닌 순종은 어디에서 온 무엇이며, 지금 어디에 있는가?

역사적으로, 잡종화는 문화 전파와 발명, 가치와 규범의 변화, 기술혁신과 경제 발전, 정치혁명과 이념의 흥망성쇠 그리고 문명의 전환 등을 초래한 사회변동의 가장 핵심적인 요인이었다. 인간의 역사는 잡종화의 역사이고, 주요 사회 변화는 잡종화 과정의 집약적-폭발적 표출이라는 측면에서 이해할 수 있다. 역사 발전의 한 단계로서 최근 등장한 다문화사회도 그 핵심적 성격을 파악하면 인종적ethnic 잡종사회의 다른 표현일 뿐이다. 잡종화에 의한 사회 변화의 결과가 반드시 긍정적이라고 규정할 수 없지만, 잡종화가 새로운, 다시 말해 현실과는 다른 어떤 이질적 상태를 향해 인간 사회를 나아가게 한다는 점에서 그것은 생성의 동력이자 창조의 원천으로 작용한다. 역사상의 모든 위대한 혹은 기념비적 업적이나 사건들은 기존의 친숙하며 일상적인 그래서 동질적인 사회적 상태에서 새로운 그래서 이질적인 그러나 더 바람직한 상태로의 변화가 아니었던가?

끝으로, 기능적으로 잡종화는 기존 권력관계의 재구성을 요구하고, 실현한다는 점에서 변혁적인 잠재력을 지닌다. 모든 인간 사회에는 강약의 차이가 있지만 우열적 위계를 구조화한 권력관계가 존재한다. 우리가 일상적이라고 간주하는 것은 이 권력관계의 틀 내에서 허용되고 실천되는 사회생활이다. 잡종화는 우리가 일상적 삶에서 크고 작은 새로운 변화를 유발할 수 있는 비일상적 혹은 반일상적 상호작용 관계를 의미한다. 따라서 잡종화는 기존 사회에서 엄격하게 금기시되는 것으로부터 사소한 일탈 혹은 파격으로 간주되는 것까지 그 강도나 파급효과가 상이하다.[4]

---

4 예컨대 1960년대 흑백 차별이 존재하던 미국의 남부 지방에서 흑백 간 결혼이 실현되었는데, 그것은 기존 인종차별적 권력관계를 거부하는 전형적인 잡종화의 사례가 될 것이다. 특히 그것은 단발성 사건으로 끝나지 않고 인권운동을 통해서 인종차별 철폐와 인종 간 결혼의 일상화로 발전하였기 때문에 잡종화의 권력 재구성이라는

나아가 잡종화는 일반 시민의 권리인 선택의 자유를 무한히 확대할 수 있고, 소수자, 약자, 주변인, 이방인, 선구자 등의 권리를 보장한다는 점에서 인간 사회를 해방시키는 잠재력을 보유한다. 만약 잡종화가 허락되지 않는다면, 우리는 영원히 유사한 가치와 이념을 신봉하고, 비슷한 생활양식을 영위하면서, 매우 안정적이지만 동시에 매우 단조로운 사회에서 살아가게 될 것이다. 물론 이러한 보수주의적 삶도 반드시 나쁜 것만은 아니다. 그렇지만 변화와 도전을 추구하는 사람들은 자유의 세계가 제공하는 잡종화의 창조적 파괴를 통해서 새로운 대안적 해방사회를 추구할 수 있다. 요컨대 잡종화는 기존 권력관계를 잠식 혹은 파괴하여 그것을 재구성 혹은 재편성함으로써 권력의 경계나 구분을 무력화시키거나 모호하게 만드는 탈권력화 기능을 수행한다. 잡종화는 이질적인 것들 간의 의사소통과 연대, 협력과 공존을 촉진하므로 개인적 자유와 사회적 해방의 촉진제가 될 수 있다. 어쩌면 잡종사회는 아탈리(Attali, 2003: 37)의 예언처럼 "전 세계가 온통 혼합될 듯한 거대한 무질서 그 너머에, 모든 인생 여행자를 환영하는 땅"으로 성숙해나가야 할 것이다.

기능적 차원에서 잡종화는 그 발전 혹은 운동의 단계에 따라서 세 가지로 구분해볼 수 있다. 첫째는 잡종화의 초기 단계로서 개방화이다. 생존의 욕구, 호기심이나 관심, 실험 정신과 모험 정신 혹은 개

기능을 뚜렷하게 드러낸다. 신식민주의 계열의 문화 연구자들이 섬세하게 분석한 식민지 원주민과 식민지 지배자들 간에 발생하였던 교묘하고도 효율적인 타협과 저항의 복합적 과정 또한 잡종화의 흥미로운 사례로서 미시적-일상적 권력관계의 재구성이라는 관점에서 이해된다.

척 정신과 도전 정신을 가진 개인들이 자신의 외부의 이질적 요소들과 처음 만나고 접촉하고 상호작용하는 경우이다. 아직까지 상호 인정 및 관용의 가치가 충분하게 사회에 확산되지 못한 상태이다. 따라서 외부의 이질적 요소에 대한 개방화가 이루어지면, 이질적인 것들이 상호 대립하여 마찰과 충돌을 야기하거나, 적대적인 상태를 심화시켜 때로 상호 간에 폭력적 투쟁이나 전쟁이 발생할 수 있다. 물론 이 갈등 상황은 조기에 인위적으로 혹은 자연스럽게 수습될 수도 있다. 그 결과 기존 권력관계의 공고화 혹은 새로운 권력관계의 등장이라는 권력관계 변화가 발생한다. 이 권력관계 변화는 민주주의사회에서는 비폭력적으로 전개된다. 새로운 종교나 종파가 확산하여 종교계의 판도에 변화를 주거나(중국의 파룬궁 혹은 중국의 기독교 세력), 새로운 문화예술양식이 문화 헤게모니에 영향을 미치거나(한류의 세계화), 새로운 교육 양식(인터넷 강의)이 교육혁명을 초래할 수도 있다.

이처럼 잡종화는 기능적 차원에서 한편으로는 수렴convergence과 융합fusion으로 나아가고, 다른 한편으로는 분산diversion과 파편화fragmentation를 초래한다. 그러나 전자가 사회 발전에 반드시 바람직하고, 후자가 장애물이 된다고 간주해서는 안 된다. 비록 오늘날 융합이 과학기술 발전의 흐름이요 놀라운 성과라고 너도나도 찬미하고 추종하지만, 핵융합 기술이 인간의 절멸을 초래할 수 있는 가공의 무기를 탄생시켰듯이 융합 기술이 무한정 유용하고 만인에게 도움이 될 것이라고 판단하는 것은 시기상조이다. 하물며 사회적 혹은 정신적 차원에서의 총체적 융합이나 일방적 수렴은 오도될 경우 전체주의적 단원성單元性이나 통일성으로 귀결될 수 있다.

그러나 잡종화의 두 번째 단계는 유럽에서 종교전쟁의 끔찍한 피해를 겪은 후 각 종파들이 서로를 인정하고 차이를 수용했던 것과 같이 관용의 가치가 적극적으로 확산되어 제도화되면서 전개되는 다원화이다. 이때는 사회적으로 종교의 자유를 비롯한 각종 자유주의적 가치관을 발전시키는 공존공생의 다원성이 정착된다. 서구 민주주의와 시민사회의 발전은 모두 다원주의적 관용에 기초하는 잡종화의 산물이다.

마지막으로는 개방화와 다원화에서 한 차원 더 발전하여 적극적으로 이질적인 상대방을 포용, 활용, 내면화하는 가장 성숙한 의미의 잡종화 단계가 있다. 이 단계에서는 상대방에 대한 존중과 사랑이 최고의 가치로서 기능한다. 상대방을 적극적으로 인정하고 존중하여, 나와 상대방을 일치 혹은 결합시키고자 하는 잡종화이다. 나는 이를 "만물은 하나"요 "하나는 사랑을 통해서"라는 근본을 인식하는 "향일적向一的 사랑"의 잡종화로 표현하고 싶다. 비유컨대 아나키즘과 자유주의가 서로를 인정하고 사랑하고 결합하여 하나의 아나키스트 자유주의로 재탄생하는 것이다.

나아가 이 세 번째 잡종화 단계가 확산·지속되는 가운데 기술적 혁신과 정신적 혁명이 가속화되면 사회 전체가 새로운 변화들의 집적을 기반으로 거대한 문명사적 전환을 이룩할 수 있다. 오늘날 과학기술 분야에서 전개되는 융합이 인문 사회 분야로까지 확장되고 마침내 인간의 마음과 정신이 상대에 대한 사랑을 통해서 "하나"를 대각大覺하면 정신개벽의 문명전환이 이루어질 것으로 나는 기대한다.

이상의 논의로부터 우리는 잡종화의 세 가지 대표적인 기능성, 즉 다원적 자유를 촉진하는 관용적 개방성, 권력관계의 변화를 초래하는 탈권력성 그리고 기존 체계 혹은 기존 문명을 전환시키는 탈경계성이라는 적극적이고 긍정적인 측면을 부각시킬 수 있다.

그러나 잡종화는 역기능을 구조적으로 수반한다. 잡종화에 대한 반대 세력인 정통순수주의, 절대보편주의, 근본원리주의는 잡종화의 부정적 측면들, 예컨대 혼란과 무질서, 불안정과 위기감, 방종과 전통문화 파괴 등의 위험성을 지적한다. 잡종화는 이러한 오류와 결코 무관할 수 없다. 단기적으로는 이와 같은 역기능들이 발생한다. 나아가 잡종화라는 역사적 흐름도 개선과 희망의 대해로 합류하지 못하고 끊임없는 외부의 위협과 유혹 속에서 언제나 꼼수의 샛강으로 빠질 수 있다. 아나키스트 자유주의도 샛길로 빠져 자유의 대지가 아니라 자승자박의 자(기만의)유(별난 세계)에 갇힐 수 있으니 잡종화의 위험성은 항상 진지하게 고려해야 한다.

예를 들어보자. 오늘날 잡종화의 장점으로 흔히 융합적 창조성을 거론한다. 하이브리드 카, 애플의 설립자 스티브 잡스가 강조한 예술과 기술의 융합 등으로 만인의 관심을 끌고 있는 융합은 그 자체가 창조적이다. 결합하기 힘들다고 간주되었던 것을 과감한 실험 정신으로, 즉 잡종화시켜, 성공시키는 과정은 높이 찬양되어야 한다. 그러나 자본주의적 상품화 논리가 온 세상을 관통하는 오늘날 과연 진정한 창조성이 무엇인지 깊이 반성해볼 필요가 있다.

모두가 칭송하며 탐구하는 여러 유형의 기술적 융합은 어쩌면 돈벌이에 혈안이 된 기업가와 과학자들이 자화자찬하는 작은 혁신에 불과한 것일지 모른다. 돈벌이가 되지 않는, 상품화되기 어려운 융합은 누구도 관심을 두지 않는다. 융합을 조종하는 시장의 논리를 예의주시하고 맹목적으로 현혹되어서는 안 된다.

역사적으로 창조는 유명세와 함께, 최근에는 부를 안겨준다. 창조는 미디어의 총아로서, 정책 과제로서, 상품으로서 권력이 된다. 너도나도 그것을 유행으로 따른다. 그러나 유행이 식으면 그만이다. 창조

경제도 정권이 끝나면 그냥 경제가 될 뿐이다. 창조와 권력의 결합 그것은 지식과 권력의 결합인 지식 권력의 한 형식일 뿐이다. 그러므로 아나키스트는 잡종적 창조가 권위로서건 권력으로서건 지배하고 억압하지 않도록 각별히 유의해야 한다. 나 홀로 창조, 나만 돋보이는 창조보다는 함께 만든 창조, 그것이 잡종적 창조의 기본 지향이다. 그래서 아나키스트는 지적재산권을 없애고자 한다. 모든 지식의 거의 대부분의 구성 요소는 만인의 합작품이다.

최근 잡종성에 대한 관심과 함께 이용주(2014a)는 "잡雜"이라는 개념의 적극적 차원을 발굴하고자 시도한다. 잡종화의 구성적 개념으로서 잡은 현실 세계에서는 심리적, 물리적 경계를 무시하며 넘나드는 월경의 도전적 일탈성 혹은 창조적 실험성을 보여준다. 경계란 것이 내외부로부터의 출입을 감시하고 통제하기 위해 지배 권력이 설정한 것이라는 점에서 잡은 분명히 권력관계의 틈새, 주변의 취약한 부분을 중심으로 발생한다. 잡의 세력이 확대·강화될 경우 기존의 권력관계는 어떤 형태로든 변화의 계기를 맞게 될 것이다.

현실의 경계는 모든 학문에서 그 출발점으로 사용하는 분류에 상응한다. 그리고 사회에 통용되는 분류가 권위에 의해 규정되는 권력작용이란 사실 또한 흥미롭다. 예를 들어보자. 예전에는 사회적 기능을 대별하여 분류할 때, 정치, 경제, 사회, 문화/종교로 압축하였다. 그러나 사회가 점차 기능적으로 분화되는 과정에서 교육, 과학기술, 정보 통신 등의 분류가 등장하면서 제도적으로도 이를 담당하는 부서가 신설되기도 하였다. 그런데 여기서 주목할 점은 이와 같은 존재론적 혹은 기능론적 분화에 따른 분류 체계상에서 잡이란 것의 위상과 역할이 흥미롭다는 것이다.

흔히 분류 체계에서 잡은 그 내용과 형식적 특성이 명확하지 않거나, 잘 알려지지 않았거나, 이것저것 뒤섞여 있거나, 다소 예외적이거나 해서 분류가 곤란할 때 사용되는 범주이다. 잡 범주를 대표하는 사례는 춘추전국시대 잡가의 저술인 『여씨춘추』와 『회남자』이다. 잡가는 여러 유파의 견해들, 특히 유불도를 절충·혼합시켜 이룩한 잡종적 유파였다.

그런데 잡가는 그 학문적 성취도가 높이 평가되기보다는 대체로 뒤죽박죽의 잡동사니 학파 정도로 폄하되어왔다. 일반적으로 이론 형성이나 이념 정립에 있어서 타협과 절충은 기피의 대상을 넘어 비난의 표적이 된다. 야비한 타협, 무원칙의 타협, 얼렁뚱땅 절충, 이것저것 짜깁기식 절충 등의 표현이 시사하는 것처럼 타협과 절충은 (특히 한국에서는) 부정적 함의를 지닌다. 참으로 역설적인 현상이다.

왜냐하면 인간의 삶은 매일매일 끊임없는 타협과 절충의 연속이기 때문이다. 세상만사에 자기 뜻대로 되는 것은 별로 없다. 마음에 들지 않고, 귀찮고, 불편하고, 짜증 나고, 지루하기 짝이 없어도 참아가며 그럭저럭 시간을 때우며 지내는 것이 슬프지만 그것이 우리 삶의 어떤 한 단면이다. 단지 우리는 이러한 타협과 절충을 습관화 내지 일상화하여 마치 어떤 원칙을 가지고 자기 나름대로 혹은 주체적으로 살아간다고 믿을 뿐이다. 타협과 절충의 묘는 세상살이에 필수 불가결한 원리이다. 하물며 개성과 정체성, 주체성과 개개인의 인격이 강조되는 민주주의사회에서, 각자가 천부의 개인적 자유를 무시로 내세우는 권리 주장의 시대에 타협과 절충은 필수적인 삶의 지혜가 아닐 수 없다. 절충과 타협으로서의 잡 혹은 잡종화는 충돌을 피하는 지혜다.

3. 잡종화로서 아나키

잡종사회의 개념적 이미지를 확실하게 드러내기 위해서 재차 강조한다. 여러분과 내가 살아가는 이 세상은 뒤범벅 요지경이다. 여기서는 천국과 지옥이 동시에 존재하고, 선과 악이 다투고, 희비가 쌍곡선을 그리며, 애증이 교차하고, 생과 사가 찰나에 결판나며, 영고성쇠가 무상하며, 십 년 뒤 백 년 뒤는 예언을 해도 한 치 앞은 가리기가 힘들다. 어떻게 보면 무질서 속에서도 질서가 잡힌 것 같으나, 달리 보면 질서 정연한 모습의 상하좌우에는 온갖 무질서가 떠돌아다닌다. 법의 권위는 황금의 무게에 짓눌려버렸고, 권력의 힘은 부정부패의 유혹에 흐느적거릴 뿐이다. 이것은 한국 사회만의 얘기가 아니다. 정도의 차이는 있겠지만, 세계 도처에서 어쩌면 예전부터 지금 이 순간까지 줄기차게 이어지는 세상의 모습이다. 그런데도 이 잡종화 세상은 그럭저럭 굴러간다.

요컨대 이 세상은 엉망진창, 뒤죽박죽이다. 그렇지만 참으로 다행스럽게도, 이와 동시에 이 세상은 이러한 개인적 자유분방과 천방지축을 조절하는 개인의 책임 의식과 연합을 바탕으로 삼삼오오 모여서 오순도순 살아가는 부동이화不同而和의 세계이기도 하다.

최근에야 나(김성국, 2012)는 잡종사회의 핵심적 성격을 "잡종화로서의 아나키"라는 관점에서 새롭게 이해할 수 있게 되었다. 지배와 강제가 없는 유토피아로서의 아나키가 만약 이 세상에 실현된다면 그 구체적 모습은 어떠한 것일까? 오늘의 현실과는 판이한 세상일까? 물론 많은 아나키스트는 유토피아가 저 멀리 아득한 곳에서 존재하는 것이 아니라, 비록 불완전한 형태이지만 지금 여기의 일상적 세속에서, 혹은 디스토피아나 다름없는 현실의 질곡 속에서도 이곳저

곳, 여기저기, 순간순간, 시시각각 존재한다는 사실을 깨닫고 있다. 그렇다. 바로 이 형형색색의 잡종적 현실 혹은 잡종사회야말로 강제와 지배가 없는 아나키사회가 자라나기에는 최적의 토양이다. 실제로 잡종사회에서는 이미 아나키의 싹들이 도처에서 무럭무럭 자라고 있다. 어떤 것들은 열매까지 맺고 있다.

아나키를 소극적 관점에서 강제와 폭력의 부재라고 규정한다면 적극적 차원에서는 자유와 해방의 확대 심화이다. 이 풍진세상에서 인간의 자유해방은 잡종화가 활발하게 전개되는 잡종사회에서 최고의 실현 가능성을 맞이할 것이다. 순종사회가 거룩한 삶을 추구하며 높이높이 멀리멀리 날아가고자 하는 힘든 길이라면, 잡종사회는 낮고 가까운 곳에서 안락한 삶을 얻고자 하는 크게 힘들지 않은 길이라고 생각한다. 아나키스트의 목표인 아나키사회는, 파이어아벤트의 표현을 빌리자면, 모든 것이 허용되는 anything goes 잡종사회이다. 물론 잡종사회의 미덕인 겸손과 존중의 정신에 위배되는 타인의 자유를 훼손하는 반자유는 허용되지 않는다.

인간 사회는 왜 끊임없이 잡종화를 추구하는가? 인간의 욕구는 다양하고, 끝을 모르기 때문이다. 오늘의 즐거움은 내일의 지루함이 되고, 오늘의 새로움은 내일의 진부함이 되기 때문이다. 그래서 인간 역사를 통해서 욕구로서의 자유를 억제하던 모든 금기는 하나둘 무너져왔다. 한국 사회에서 때늦은 간통죄 위헌 판결은 개인의 성적 자유에 대한 금기를 허문 것이다. 그것을 아나키스트는 문명이요 진보라고 하나, 또 다른 사람들은 말세요 타락이라고 한다. 잡종화는 (욕구의) 새로움을 추구하는 자유의 실현이다. 이 자유를 위험스럽게 혹은 사악한 것으로만 바라보는 일단의 사람들이 있다는 사실도 지적해두자.

잡식동물로서의 인간은 음식만 잡식하는 것이 아니다. 정신의 양식, 마음의 안식, 영혼의 휴식을 위해서도 여러 가지를 잡식한다. 수많은 이데올로기, 각양각색의 가치관, 도덕관, 윤리관 그리고 다양한 종교가 왜 존재하겠는가?

잡식성의 인간과 인간 사회는 단일 고정 메뉴를 좋아하지 않는다. 그렇다면 잡종사회의 도래와 지속은 인간의 본성이나 본능적 욕구에 적합한 거부할 수 없는 역사적 물결이다. 어떤 과대망상의 절대 권력자가 세상을 지배하게 되어, 자신의 가치와 논리를 가장 신성하고 바른 것이라고 강요하지 않는 한 잡종화는 인간 사회를 자유와 해방의 길로 나아가게 할 것이다. 아나키는 이미 시작되었다. 그 범위는 작지만 서서히 확장될 것이다. 그렇다면 나는 별로 아름답지도 고상하지도 않은 것 같은 잡종사회를 내세워 무엇을 말하고자 하는가? "그런 게 세상이야" 혹은 "세상만사 그저 그런 것이다"라는 세속의 명철한 진리를 재확인하는 것이 기본 과제이다. 다만 여기에 더 보태어 혹은 반걸음 더 나아가, 이 삭막 살벌한 위험사회에서, 돈과 힘과 이름의 온갖 때가 낀 세상에서, 욕망과 죽음 그리고 희망과 절망이 뒤섞인 생 속에서도 동반자가 될 수 있는 다정한 사람들, 바른 길동무들, 혹은 믿음직한 동지들이 누구인지 소개하고 싶기 때문이다. 그들이 바로 아나키스트 자유주의자이다. 그들은 잡종사회의 친구로서 잡종사회를 안락하고, 흥미로우며, 신명 나게 만들려는 사람들이다.

4. 왜 아나키스트 자유주의인가?: 아나키즘과 자유주의의 잡종화 배경

아나키즘과 자유주의의 잡종화를 이론적으로 논의하기(제2부) 전에 아나키즘과 자유주의가 당면한 시대적 맥락을 진단해보고자 한다.

내가 "하이에크는 아나키스트다"라고 외친다면,[5] 한국의 자유주의자들은 대경실색, 혼비백산할 것 같다. 그러나 어조를 다소 누그려 "국가 개입을 철저히 불신하는 하이에크는 아나키즘적이다"라고 조용히 말한다면, 이를 확실하게 부정할 수 있는 자유주의자들이 얼마나 될까? 반면 많은 아나키스트는 벌 떼처럼 달려들어 자본주의의 이념적 기둥인 하이에크는 아나키스트가 될 수 없다고 반박할 것이다. 포퍼는 어떨까? 하이에크보다도 국가 개입을 더 인정한 포퍼는 그렇다면 덜 아나키즘적이 아닐까? 그의 비판적 합리주의는 절대적 권위를 부정한다는 점에서 하이에크와 마찬가지로 "아나키즘적"이라고 나는 생각한다. 물론 포퍼를 넘어 극단까지 간 방법론적-인식론적 아나키스트 파이어아벤트가 훨씬 아나키스트의 면모를 지닌다.

동양으로 시선을 돌려보자. 포퍼나 하이에크보다도 훨씬 이전에, 그리고 프루동, 바쿠닌, 크로포트킨, 슈티르너, 고드윈 등의 서구 아나키스트들보다도 더 이전에 동양에서는 노장과 일단의 도가들이 아나키즘을 설파하였다. (서구에서도 희랍 시대의 디오니소스나 견유학파 등의 전통이 있기는 하다.) 그런데 노장, 특히 노자의 사상이 치국을 논한 통치술이라는 해석도 있고, 실제로 도가나 도교가 중국의 통치 이념이나 국교로 숭앙된 적도 있었다. 아나키즘이 제도 정치와 결합하거나 제도권으로 진입하였던 역사적 사례이다. 그러나 장자는, 당대에 현존하던 전제군주 체제에 아랑곳하지 않고, 나 홀로 절대 권위를 절대 부정하며 절대 자유를 유유히 추구한다. 이 점에서 동양 아나키즘은 반국가나 무정부를 투쟁적으로 추구하지도 않고, 정치의

---

[5] 이와 관련된 논의로서 스트링햄과 지위키(Stringham and Zywicki, 2011)를 참고할 것.

기능을 부정하지도 않는 무위자연과 소요지락의 아나키즘이다.[6]

 조선의 아나키스트들도, 대다수 크로포트킨의 영향을 받았지만 바로 이 현실 참여적 전통을 개척한 선구자들이다. 해방 전에는 상해임시정부라는 준국가 체제에 참여하였고, 군대도 조직하여 항일 전선에서 싸웠다. 해방 후에는 세계에 유례없는 독립노농당이라는 아나키스트 정당을 설립하여 아나키스트 정치를 추구하였다. 그래서 서구적 아나키즘의 정통에서 일탈했다고 비난받는다(Crump, 1996). 왜 서구가 정통인가? 정통이면 항상 바른 것인가? 박열과 같은 조선의 허무주의적 아나키스트들은 슈티르너의 파격적 개인주의도 거침없이 수용하였다.

 나는 아나키즘과 자유주의는 둘 다 자유의 틀 내에서 상호 소통이 충분히 가능한 매우 유연한 이념이라고 생각한다. 절대적 권위나 기준을 거부하는 이념이 경직된 도그마가 되거나 폐쇄성을 보여서는 안 되기 때문이다. 그렇다면 "얽매이기 싫어하는" 아나키즘과 "자유롭게 선택하는" 자유주의의 잡종화란 결코 무리한 이념적 결합이 아닐 것이다.

 나는 포퍼와 하이에크(와 미제스)의 자유주의를, 비록 부분적으로 제한된 것이겠지만 아나키즘적 관점에서 적극적으로 이해하고 수용하는 아나키스트 자유주의를 잡종사회와 21세기 문명전환의 이념적 지주로 삼고자 한다.

 탈근대는 탈서구 문명이라는 해체의 차원과 동시에 신문명의 시작

---

6 물론 서구 아나키즘의 영향을 받지 않고 독자적으로 일찍부터 무군이나 무국가, 무정부를 주창한 중국의 아나키스트들, 완적阮籍, 도연명陶淵明, 포경언鮑敬言이 있다. 소공권(2004: 641-652)을 참고할 것.

이라는 건설적 지평을 갖는다. 잡종사회의 도래와 동아시아 시대의 대두라는 시대적 조류의 전환이 나의 문명사적 기획을 격려하고 지원한다.

68혁명과 함께 촉발되고 신사회운동과 인터넷 혁명에 의해 촉진되고 있는 아나키즘의 역사적 재기는 아나키스트에게는 좋은 기회이다. 그간 나는 이를 탈근대 노장 아나키즘의 차원에서 검토해왔다. 동아시아의 고전적 지혜인 유불도선儒佛道仙으로부터[7] 새로운 문명의 형성에 필요한 영감을 얻을 수 있었다. 여기에 안주해서는 안 된다. 서양 문명 혹은 서양적 근대로부터도 배워야 한다. 그래서 탈근대적 관점에서 자유주의와 아나키즘의 잡종화를 시도한다.

아나키스트 자유주의는 아나키스트 이념들 가운데서 개인주의적 전통에 주목한다. 최근의 일부 아나르코 캐피탈리즘의 견해도 적극적으로 평가한다. 자유주의는 정치적으로 자유민주주의 체제의 이념적 토대가 되어 정치적 진보의 역할을 수행하였다. 경제적으로는 자유경쟁 시장에 입각한 자본주의를 통하여 물질적 번영과 빈곤의 감소를 이룩해가는 경제적 진보의 동력이 되었다. 문화적으로는 다원주의를 촉진하여 관용의 미덕을 제고시켰으며, 대중문화의 확산을 통해 문화민주주의를 구축하였다.

물론 때로 보수주의화한 자유주의의 시대적 한계도 인식할 필요가 있다. 세상에 완벽한 이념이나 가치는 없다. 나의 아나키스트 자유주의도 마찬가지다. 부단히 자신의 한계를 허물어가는 자기 수정 내지 자기 성숙의 노력이 필요하다. 스스로 절대화하는 이념 — 그것은 매

---

[7] 일반적으로 운위되는 세 가지 중국 사상인 유가, 불가, 도가에 더하여 단군 사상 혹은 풍류도로 대표되는 우리의 선가도 포함시킨 것이다.

우 위험하다.

아나키스트 자유주의는 모든 폭력적, 억압적 지배 권력, 특히 국가 권력에 대해서 일관된 불신과 비판의 태도를 견지한다. 그러나 개인의 자유에 대한 존중과 보호, 그리고 자유에 따르는 책임을 강조한다. 이 자유의 책임에는 평등의 확장이라는 고전적 과제뿐만 아니라 새로이 등장하는 이념적 위험들에 대응하는 정치적-문화적 투쟁을 위한 조직 운동(예컨대 정치 세력화 운동)도 포함된다.

개인과 자유 그리고 자유와 개인은 상호 규정적이고 상호 보완적인 일심동체요 동전의 양면이다. 개인의 속성 혹은 본성이 자유이고, 자유는 개인을 통해서 구체적으로 실행된다. 즉 개인은 자유이다. 이를 존재론적으로 표현하자면 존재자로서 개인은 존재론적 욕구를 가지고, 이 존재론적 욕구가 바로 자유이며, 자유의 실현, 곧 존재론적 욕구의 실현은 개인의 존재자로서의 실현이다. 그러므로 개인은 자유이다. 자유주의는 개인주의에서 출발하고, 개인주의는 자유주의를 통해 완성된다. 나아가 자유주의는 아나키즘에 도달하여 최고의 성숙을 맞이한다.

한편 자유의 적은 폭력이다. 폭력은 강제와 억압을 의미하고, 그것의 역사적 산물이 바로 국가권력 체제이다. 민주국가도 국가이므로 폭력의 속성을 지니고 있기는 마찬가지다. 국가는 집단주의와 전체주의의 산물로서 개별적-개체적 주체로서의 구체적 개인과 대립되는 추상적 실체이다. 그러므로 자유 대 폭력, 개인 대 국가의 적대적 혹은 (어떤 최종적 순간에서의) 대대적 관계는 곧 개인적 자유 대 폭력적 국가의 관계로 단순 압축할 수 있다.

인간 사회의 역사에서는 지금까지도 폭력적 국가가 개인적 자유를 압도하며 우위를 유지한다. 전체주의적 공산 독재 체제는 몰락했지만, 집단주의적 국가 지배 체제는 여전히 건재하다. 아니, 최근에 더 강화되고 있다. 선거 독재, 민주 독재가 늘어나는 추세다. 특히 반자유주의적 민주주의illiberal democracy가 세계 도처에서 창궐하고 있다. 공산독재주의를 비판하면서 이 시대 한국의 자유주의를 지키려는 하나의 푸른 깃발, 그래서 좌파로부터는 상투적으로 보수주의자로 간주되는 류근일(2015)은 자유주의적 민주주의 문명에 대한 반자유주의적 민주주의의 도전을 이렇게 우려한다. "우리가 당연하게 여겨왔던 근대 자유 민주 문명권이란 실제로는 갈수록 위험에 노출되는 취약한 문명이었다는 이야기다." 서구에서도 일찍부터 미제스를 포함한 많은 자유주의자는 자유주의를 무시하는 대중 영합적 국가 개입 민주주의에 의한 개인적 자유의 침해와 약화를 항상 걱정하였다.

폭력 또한 더욱 조직화, 대규모화, 야만화되고 있다. 근대 문명의 마지막 세기였던 20세기를 "폭력의 시대The long century of violence"라고 킨(Keane, 1996)이 개탄했지만, 21세기에도 폭력의 검투장은 전 세계 도처에서 더욱 확대되는 형편이다. 테러의 공포는 비폭력 평화주의자를 주눅 들게 만드나, 군국주의자에게는 절호의 기회이다. 경제 침체와 경제 위기를 틈타 국민국가주의자는 유럽 연합을 해체 위기로 몰고 갈 수 있다. 춘추전국시대를 연상시키는 국가 간 군사동맹의 합종연횡이 더 큰 결정적 폭력(예컨대 제3차 세계대전)의 불가능성을 가능성의 영역으로 초대하는 징표일지 모른다.

"정치적인 것의 복원"이라는 이름하에 국가 폭력이 귀환하면서 개인과 자유는 점차 위험한 상태로 밀려나고 있다. 국가 자신이 원초적으로 초래한 폭력 사태를 다시 국가 폭력만이 제압할 수 있다는 정치신학적 논리(Schmit, 1985)는 법적 자유도 억압할 수 있는 예외 국가exceptional state를 등장시킨다. 이에 더하여 무적의 자본을 견제하기 위해 무적의 국가를 만들어야 한다는 복지 만능론도 팽창하고 있다. 그러나 아나키스트 자유주의자는 외친다. "국가와 (독점적 대)자본은 둘 다 폭력의 자식이요, 폭력을 구사하는 동맹이다."

전쟁에서만 권력이 폭력으로 변하는 것은 아니다. 권력은 일상생활에서는 금력金力을 추구하는 부정부패로 변신한다. 정경유착이라는 전통적 고리에 더하여 이제는 교육·과학·문화·언론·스포츠 권력의 부정부패도 심각한 상황이다. 쥐꼬리만 한 권력이라도, 그것이 존재하는 곳이면 여지없이 부정부패의 싹이 자란다. 작은 부정부패 권력을 더 큰 부정부패 권력이 청산하겠다고 하는 식이다. 이러한 부정부패는 폭력이다. 개인의 자유를 부정하는 폭력이다. 내가 자식을 위해 스승의 날에 선생에게 바치는 성의 표시의 작은 선물은 그럴 수 없는 처지의 부모와 아이들에게는 비통한 폭력이 될 수 있다. 부정부패는 권력의 특권이요, 생명 줄인 만큼 이것을 끊어야 한다.

도처에서 위기에 처한 자유, 어찌해야 할 것인가? 대답은 한 가지. 자유는 쟁취하는 것이지 공짜로 주어지는 법이 거의 없다. 자유는 공짜가 아니다The free is not free! 자유를 위해 싸우든지, 아니면 자유를 헌납하라. 개인성을 부정당하고 자유를 잃게 되면 노예가 따로 없다. 자주인의 길이냐 아니면 노예의 길이냐? 문제는 많은 사람이 부지불식간에 기만과 선동에 끌려 노예의 길을 스스로 택한다는 점이다.

이처럼 아나키스트 자유주의자는 참으로 역설적이지만 자유민주주의의 승리가 확인된 시대에 자유를 걱정한다. 잘못된 자유가 자유의 이름 아래 넘쳐난다. 자유를 위협하는 자유가 세력을 키운다. 민주주의의 이름으로 자유가 빈번하게 제한된다. 예나 지금이나 반자유주의 세력은 자유를 자유롭게 공격한다. 복지국가에 대한 유토피아적 과장과 맹목적 신앙은 국가주의와 평등주의를 교묘하게 결합하여 새로운 전체주의사회를 탄생시킬 수 있다. 모든 것은 지나치면 독이 된다. 특히 물질적 복지에만 집착하는 오늘날의 복지관은 서구적 유물론의 변형된 교언영색처럼 느껴진다. 그래서 나는 동양의 탈물질주의적 가치 지향을 강조한다(12장). 물질의 시대를 보내고 정신의 시대를 맞이하자. 슘페터(Schumpeter, 1950)는 자본주의의 성공이 바로 쇠퇴의 시작으로 이로써 사회주의의 문이 열릴 수 있다고 경고하였다. 자유주의가 진정한 승리로 나아가기 위해서는 아나키즘적 지향성을 가져야 한다. 자유주의의 적은 잠깐 잠적하였지만 다시 전열을 갖추고 신병기를 들고 복귀하는 중이다. 아나키스트는 자유주의자의 전우가 되어야 하지 않을까? 아나키스트 자유주의는 자유라는 비옥한 토대 위에서 평등을 다양하게 개화시킬 수 있을 것이다.

5. 왜 잡종사회는 친구를 필요로 하는가? 친구와 동무의 거리

1940년대 포퍼가 『열린사회와 그 적들』을 집필할 때는 전체주의적 혹은 군국주의적 세력이 맹위를 떨치던 위협적 분위기의 전시 상황이었다. 목전의 선명한 적에 대한 확고한 전선이 필요한 시대였다. 그러나 열전은 끝나고, 냉전 체제마저 해소된 (그러나 신냉전의 불길한 예감이 확산되는) 오늘의 잡종사회는 상대적으로 보다 안정된 시대이고, 포퍼가 기대한 개방사회의 성과인 관용의 미덕에 따라 적에 대한 적개심과 경계심도 대폭 완화되었다. 그래서 나는 전략적으로 드러난 적이나 잠복한 적 혹은 예견되는 적을 지목하여 확인한 후에 그들과 이념적으로 대결하는 정공법을 피하기로 했다. 그 대신 잡종사회를 함께 지지하고 확장할 수 있는 친구들을 모으는 것이 더 나은 길이라고 판단하였다.

　아나키스트 자유주의자는 물론 잡종사회의 친구들을 통칭하는 이름이다. 친구 개개인의 이름은 타협적 탈국가주의자, 절제적 탈물질주의자, 협동적 개인주의자, 상대적 허무주의자, 현세적 신비주의자이다. 이 친구들의 명칭으로부터 문명전환을 향한 어떤 동아시아적 감각이나 의미 함축을 느낄 수 있기를 나는 기대한다.

　물론 벡(2000)이 지적한 것처럼 적이 사라진 민주주의의 시대에도 그들은 잠복해 있거나 변신해 있지만, 언제 다시 재집결·재등장할지 모른다는 점도 충분히 감안해야 한다. 그리고 근본주의적 종교 세력들이 과거의 전체주의적 광기를 대체하여 세상을 폭력이나 선 대 악의 대결이라는 공포로 휘몰아갈 수도 있다는 점을 명심해야 한다. 그러므로 아나키스트 자유주의의 친구들도 동지이자 전우로서 그 의지와 결속성 그리고 행동력을 다짐해두는 것이 좋겠다.

　그런데 우연히 친구 대신에 동무라는 말을 사용하는 김영민(2008)의 글, 『동무론: 인문연대의 미래형식』을 접하게 되었다. 동무라는 말은 참으로 정다운 느낌의 어깨동무하던 어린 시절을 연상시키지만, 다른 한편 이념적으로 끔찍한 트라우마를 또한 상기시키는 야누스다. 그리고 여러 화려하고 복잡한 이유에서 그가 "친구"를 비난하고 "동무"를 찬양하기에, 그의 선한 의도는 미루어 이해하지만, 그의 "현명함" 혹은 "똑똑함"에 대한 선호에서 나오는 권위주의에 비판적으로 대응하지 않을 수 없다.

　아래에 제시할 몇몇 이유 때문에 잡종사회의 친구는 김영민의 동무와 당분간 어깨동무를 할 수 없을 것 같다. 물론 그의 동무도 나의 친구를 따라 강남 가지는 않을 것이다. 그는 그의 길로, 나는 나의 길로 가면 된다. 언젠가는 같은 길로 함께 갈 수 있기를 바란다.

① 김영민(2008: 서문)의 목표는 심원하다. 분명 문명전환의 한 길을 개척하고 있다. 실천적 의지도 강하다.

> 인문人紋으로 존재를 증명할 수 없는 시대에, 체제와의 창의적·부사적 불화를 촉매로 연대한 동무들의 인문 좌파적 실천이 이 글들의 바탕이었고, 그 결실이었다. '동무'라는 새로운 관계를 생활양식의 슬기와 근기, 그리고 온기로써 살아내지 못하면 이론도 제도도 상상도 공허하다는 실감이 그 바탕이었다. 무능과 부재의 인문적 급진성만으로 가능한 '지는 싸움'은 걷다가 죽는 것인데, 기꺼이 걷다가 죽으려는 동무들에게 이 책이 작은 위안과 지침이 되기를 바란다.

멋있는 동무 선언이자 인문 연대 공포이다. 그의 글에는 비록 좌파나 우파를 넘어서야 한다는 주장이 적지 않지만 그래도 자기 규정에서 그는 좌파에 서 있다. 소련에서 많이 사용한 콤라드comrade의 한국어판이 북한에서 사용하는 동무다. 이념 전선에서 용어법을 둘러싼 수사 논쟁은 결정적 함의를 가진다. 노자勞資와 노사勞使의 차이, 노동자와 근로자의 차이 등을 생각하면 쉽게 수긍할 것이다. 그가 동무라는 말을 사용했을 때는 적어도 이런 이념사적 맥락을 전혀 무시하지는 않았을 것이다.

확실한 징표는 다른 곳에서 확인할 수 있다. 그는 도처에서 자본주의 혹은 자본제적 논리는 그가 극복해야 할 현 세계에서 만악과 왜곡의 원천이라고 규정하고 있다. 전형적인 좌파의 논리에 기울고 있다. 나는 자본주의가 초래하는 장단점에 대해 균형 잡힌 평가를 하자는 입장이지, 그것에 대해 일방적이고 결정론적인 단죄는 하고 싶지 않다. 자본주의가 자유주의의 경제체제라는 사실 때문이 아니라 모든 자유주의자는 무지의 대지에서 토론하고 학습하지, 완지完知의 독단을 피하기 때문이다. 나는 이 세상의 모든 문제가 자본주의로부터 파생된 것이라는 자본주의 만능론萬能論 혹은 만악론萬惡論을 수용할 수 없다. 그것은 안이한 결정론이다. 국가, 민주주의나 독재주의, 종교, 과학, 도덕, 인간의 심성이나 욕망 자체, 자연 등이 세상 여러 문제의 주된 원인일 수도 있다. 자본주의가 세계를 형식적으로 지배하고 있는지는 모르나, 자본주의 체제와 함께 전자본주의, 봉건주의, 반자본주의, 후기자본주의, 사회주의, 공산주의 등 온갖 주의가 뒤섞여 있다.

어쩌면 정치학자들이 신주처럼 모시는 민주주의처럼 자본주의도 별다른 좋은 대안이 없으므로 싫건 좋건 개선하고, 가꾸고, 질책하고, 타이르면서 굴러가도록 우리가 만들어야 하는 것이 아닌가. 막스 베버의 이념형적 자본주의를 적용하면, 오늘의 세계 자본주의는 진짜 자본주의일까? 자본주의는, 초기의 경쟁적, 자유방임적 시절에도, 처음부터 국가자본주의였다. 오늘은 국가의 개입과 간섭이 훨씬 증가하고 있다. 그렇다면 국가주의의 문제인가? 자본주의의 문제인가?

적과 동지라는 양단론, 선과 악이라는 이분법은 잡종화가 타협하기 힘든 대상이다.

② 나아가 카리스마적 지배의 현자적 변형으로서 김영민은 현명한 지배와 현명한 복종을 얘기한다. 권력과 권위 관계의 구조적 필수성 혹은 일상적 자연성을 제시한다. 물론 탈권력화되고, 탈권위화된 권력이나 권위를 의미한다고 반박할 수 있겠지만, 지배나 복종이라는 개념 자체, 인식 자체가 없어져야 한다는 것이 아나키스트 자유주

의의 입장이다. 도대체 그 현자는 누구인가. 플라톤이 기대한 "철인왕philosopher king"쯤인 것 같다. 나는, 포퍼를 따라서, 플라톤을 국가주의자, 전체주의자의 맥락에서 이해한다. 철인왕은 아무리 지혜롭고 현명해도 신하를 거느리고, 지배하고, 복종시킨다.

아나키스트 자유주의자는 즐거운 지배나 즐거운 복종마저 거부한다. 진실로 현명한 동양의 성군이라면 지배하지도 복종시키지도 않고(무위), 그가(왕이나 지배자) 없어도 세상이 그저 굴러가도록 할 것이다. 이것이 동아시아적 도가의 근본적인 통치 철학이 아니었을까? 김영민은 국가나 권력에 대해 다소 낙관적인 이해로 기울어져 있는 것 같다.

③ 김영민(2008: 302-303)은 에고이즘과 에고이즘의 자아 증폭적 변형으로서 나르시시즘을 (일면 긍정하지만 기본적으로) 비판한다. 그것은 합리적 에고이즘이나 표준화된 개인주의로 위축된 자본제적 삶의 양식과 연결되기 때문이다. 혹은 그것은 허무주의에 빠지는 것이기 때문이다. 그가 도처에서 허무주의를 비판하는 것도 짚어볼 필요가 있다. 물론 허무주의에 어떤 부정적 단서를 달아가면서 하는 비판이지만 기본적으로 그가 허무주의에 대해 적극적 인식을 하지 않는다는 징표로 읽힌다. 이 책의 14장에서 상론하겠지만 이 세상 자체 혹은 존재 자체에 대한 허무주의적 인식은 참으로 필요하고 중요하다. 모순과 부조리, 부지와 미지, 그리고 천지불인天地不仁에 대한 비통하고도 암담한 인식의 바탕 위에서만 낙관이건, 비관이건, 희망이건, 연대건 제대로 된 인간의 결단과 행동이 가능하다. 죽음의 허무를 느껴보지 않고 어찌 삶의 의미와 즐거움을 얘기할 수 있을까.

물론 내가 트집을 잡은 동무의 노래는 연대의 공동체를 추구하는 좌파로서는 당연한 행진곡이다. 여기에는 인문적이라는 요란하고 난삽하며 섬세하고 단호한 종횡무진의 이론과 이념이 동원되고 있지만, 역시 연대는 좌파적 혹은 집단적 평등주의나 공동체주의자들의 단골 메뉴다.

④ 김영민(2008: 244-245)은 어떤 연대를 원하는가?

> 자유와 평등은 인문적 연대의 필요조건이다. 이것이 심각하게 결핍 혹은 억압되었을 경우 동무들은 동지가 되어 결집된 힘으로 이 상황을 타개해야 한다. 그러나 자유와 평등은 하나의 '형식'일 뿐 우리의 요구나 몸과 무의식의 흐름을 넉넉하게 담아내지 못한다. 간단히 말해, 자유나 평등이 "어느 정도 완결"되더라도 연대나 공동체의 프락시스가 지속적이고도 섬세하게 요구하는 협력과 화해의 지점은 끊임없이 어긋난다.

결국 김영민(2008: 241, 246)에 의하면 "개인의 인식만으로는 결코 유아론적 울타리에서 자유로울 수 없고 우리들 사이의 의사소통적 합리성만으로는 실천의 현명함에 이르지 못한다. 연대와 공동체적 실천은 인식도 합의도 닿지 않는 섬세한 몸의 운신, '몸이 좋은 사람이' 보여주는 그 버릇의 근기와 슬기와 온기를 요청한다. 동무들 사이의 공동체적 실천이 개시하는 그 영혼은 자유와 평등이라는 형식에 온전히 담기지 않는다. … 차라리 영혼은 손에서 생긴다. … 협력의 현명함 속에서 연대의 빛 그 영혼을 얻는다. … 그것은 평등이나 자유라는 관념의 몫이 아니다. … 그 누군가는 앞서야 하며 그 누군가는 뒤서야 하는 것이고, 그 누군가는 현명하게 지배해야 하며 그 누군가는 현명하게 복종해야 한다." 그리하여 손을 빌리고 빌려줌으로써 인문적 연대가 가능해진다.

 인문적 연대란 결국 개인주의와 유아주의를 넘는 협력의 공동체를 말한다. 그러나 아나키스트 자유주의는 거대하고 복합적이며 다차원적인 현대사회에서 공동체 개념이 갖는 허구와 환상을 비판한다. 이미 회사/직장 공동체는 깨어졌고, 가족 공동체에서도 금 가는 소리가 요란하다. 친구 공동체? 학연이나 지연의 연줄 공동체가 아니면 인맥 쌓기용 이해 공동체가 되었다. 그래서 나는 최소 공동체론을 제시할 것이다. 공동체는 오직 개인 각각의 의식과 감각 속에서 개인에 의해서만 실체적으로 존재한다. 우리라는, 공동체라는 참으로 그립고, 친숙하고, 아늑한 집단적 보금자리라는 개념 대신에 아나키스트 자유주의자는 때로 외롭고 쓸쓸하지만, 신뢰와 책임 그리고 자유의 영원한 친구인 개인을 더욱 신뢰한다. 개인의 구체적, 실천적, 현실적 확장이 추상적 우리일 뿐이다. 개인의 고유성 없는 동일성의 우리는 없다.

 ⑤ 김영민(2008: 304)은 "나르시시즘에 대한 안이한 비판은 관념으로 흐른다. 혹은 심하게는 신비주의적 수행도에 빠져 또 다른 형식의 나르시시즘을 반복할 뿐이다"라고 우려한다. 나는 그의 우려를 우려한다. 나는 나르시시즘을 세간의 통상적인 비난의 대상으로 여기는 것이 아니라, 그가 제시하는 의미의 자아의 증폭과 자아의 고양과 집중이라는 측면에서 적극적으로 포용한다. 인간은 태생적으로 나르시시스트적 존재이다. 나르시시즘은 이기심과 비슷한 생존의 욕구요 논리이다. 자아의 고양과 성숙을 나르시시즘 없이 어떻게 확인하고, 수정하고, 실현할 수 있는가. 아나키스트 자유주의의 친구인 협동적 개인주의자는 당연히 나르시시즘을 적극적으로 평가한다.

나아가 아나키스트 자유주의는 신비주의도 권장한다. 김영민은 "나르시시즘에 젖은 채로 새우처럼 퐁당거릴 게 아니라"고 조롱한다. 우주의 티끌로서 다시 티끌로 돌아갈 개인보고 어쩌란 말인가? 연작이 어찌 대붕의 뜻을 알랴는 말은 연작을 우습게 보라는 말이 아니다. 연작은 연작대로 대붕은 대붕대로의 길이 있다. 새우처럼 퐁당거려도 재미있고, 고래처럼 대양에 물기둥을 휘날리며 질주해도 마찬가지다. 새우보고 고래가 되라는 것은 잘난 자의 오만이요, 독단이요, 강제요, 횡포다. 새우의 삶, 고래의 삶은 다를 뿐이다. 그 모두가 부처님 손바닥에서 미물로 노니는 것 아닌가? 이제 우물 안에서 퐁당거리며 안락지족하는 우물 안 개구리를 비웃지 말자.

　아나키스트 자유주의자는 경쟁보다는 협력을 중시한다. 다만 현재 너무 경쟁 우위, 과도 경쟁의 세상이 되었기 때문에 그렇다. 서로 손잡고 어깨동무만 하면서 살 수 있는 세상은 영원히 없다. 나는 인간이란 선악 양면의 속성을 가진 존재라고 믿는다. 이 점에서 인간의 성선만을 믿고자 하는 동서양의 모든 아나키스트와 의견을 달리한다. 그래서 이기심을 나쁘게 보지 않고, 오히려 그것을 창조적으로 고양시키려는 슈티르너를 적극 이해하고자 한다. 이 이기심은 존재로부터 존재자를 확립시키는 것으로 서양식으로는 에너지요, 동양식으로는 '기氣'다. 욕망의 찌꺼기를 수신과 수양이라는 채로 받쳐 걸러낸 깨끗한 욕망이라면 어떨까? 비록 그것이 자본주의라는 세파에 부딪치며 경쟁적이고 탐욕적인 이기심으로 변질되더라도, 그 본성은 존재자의 정체성을 지향한다.

　경쟁 또한 아름답고 신나는 삶의 양식이다. 선의의 경쟁이란 말도 있다. 어느 한쪽(공동체, 연대, 협력 등)을 너무 미화하고, 다른 한쪽(자본주의, 에고이즘, 경쟁 등)을 너무 악마시하지 말자. 사랑으로 원수를 품자. 사랑이 어려우면 증오라도 하지 말자. 동무가 아니면 반동이라고 처단하던 그때 그 시절의 악몽이 무섭다. '동무는 반동분자 아인기요!'

그럼에도 불구하고 김영민의 손을 빌리고 빌려주는 화해와 협력은 구체적 개인을 상정하는 것 같아 눈길이 간다. 그리고 몸을 얘기하고 기를 얘기하는 것도 구체적 개인을 염두에 두는 것 같다. 그렇지만 김영민의 길은 "개인에서 공동체로"의 진화요 진보이다. 그러나 나는 "개인에서 개인으로"의 순환 회귀를 택한다. 공동체를 싫어해서가 결코 아니다. 공동체는 저 바깥에, 나와 떨어져 존재하는 것이 아니라, 내 속에 있고, 내가 공동체이기 때문이다. 나의 구제 불능인 유아 유심론! 산 너머 행복이 있다고 믿든, 우리 속에서 공동체를 구축하겠다고 하든, 그 모두가 좋은 일 하자는 것이다. 나는 김영민의 길을 존중하고, 입장의 차이만을 밝혀둔다. 언젠가 친구와 동무도 잡종화해야겠다.

제2부

아나키스트 자유주의의 길로:

아나키즘과 자유주의의 잡종화

아나키스트들은 흔히 제3의 사상으로서 아나키즘은 평등 없는 자유/자본주의와 자유 없는 사회주의의 한계를 각각 극복하여 양자를 적극적이고 긍정적으로 조화·결합시키는 사상이라고 자찬한다. 자유주의가 자유를, 사회주의가 평등을 각각 최고의 가치로 간주하는 것은 사실이다. 아나키즘의 최고 가치는? 자유? 혹은 평등? 아니면 자유와 평등 모두? 적어도 나의 견해로는, 아나키즘은 자유와 평등을 동시에 추구하더라도 역시 자유가 기본이요 최고 목표다. 그러나 평등은 자유의 대립물이나 방해물이 아니라, 자유의 한 차원이자 핵심적 구성 요소이다. 기본적으로 평등은 "빈곤 혹은 물질적 결핍이나 기본권의 박탈로부터의 자유"라는 소극적 자유에서 출발한다. 평등 없는 자유는 불안정하고, 자유 없는 평등은 삭막한 천국이다.

자유주의나 사회주의와 마찬가지로 아나키즘에도 각양각색의 유파가 존재한다. 심지어 서로를 비판하고 반목하는 경우도 적지 않다. 아나키즘은 크게 개인주의individualism 계열의 개인주의적 아나키즘과 집산주의collectivism 혹은 사회주의 계열의 사회적 아나키즘으로 구분된다. 역사적으로 그리고 현실적으로 좌파적 지향성을 갖는 사회적 아나키즘이 상대적으로 우위를 점하면서 아나키즘의 주류를 형성한다.

개인주의적 아나키즘과 사회적 아나키즘의 가장 핵심적인 차이는 무엇인가? 전자가 최소국가론의 틀 내에서 사적 소유를 인정하고 시장 경쟁을 지지하는 자유주의적-친자본주의적 성향을 갖는 데 비해서, 후자는 사유재산과 시장 지배를 거부하며 평등이 보장되는 공동체사회를 지향하는 국가부정주의와 반자본주의의 입장을 취한다. 물론 이 단순 비교용 구별은 한계가 있다. 아나키즘 내부에는 이처럼 두 가지 상반되는 조류가 존재하지만, 이 둘을 상호 연결시키면서 아나키즘이라는 대의 안에 포함시킬 수 있는 것은 양자가 모두 자유의 가치에 기반하여 어떤 형태의 외적 강제와 지배도 반대하면서 국가권력 체제에 대한 기본적 불신과 거부 그리고 국가 해체라는 궁극적 목적을 공유하기 때문이다. 바로 이 점이 (궁극적으로는 국가 소멸을 추구한다고 주장하지만) 현실적으로는 강력한 국가주의(국가의 개인에 대한 간섭과 개입, 통제와 관리를 당연시하며, 개인의 국가에 대한 헌신과 의무, 충성과 복종을 강조하는 이념)를 지향하는 맑스주의와 아나키즘 간의 좁히기 힘든 간극이다. 개인주의적 아나키즘의 전통은 현실적으로 존재하는 국가와 자본주의를 전면적이고 혁명적으로 혹은 절대적으로 부정하지는 않지만 이들에 대한 비판적 태도를 강력하게 견지하지 결코 찬양하지 않는다. 단지 개인주의적 아나키즘은 개인적 자유를 간섭하고 억제하는 국가권력 체제를 혁명과 같은 총체적이고 폭력적인 방식으로 전복시키는 것이 아니라, 점진적 개혁주의나 일상적 반란이나 저항의 영구 투쟁을 통해서 서서히 변형시키고자 한다. 개인주의적 아나키즘도 체제 비판적 급진성을 항상 내장한다.

　아나키즘의 반국가주의는 세월의 흐름과 함께 일정한 변화 혹은 타협의 과정을 거쳤다. 즉 민주주의의 발전과 함께 많은 사회에서 소위 자유민주주의 국가 체제가 성립되고 또 빈곤을 해소하고 평등 혹은 분배적 정의를 확산한다는 복지국가의 이념이 뿌리를 내리면서 일부 아나키스트들은 전면적이고 즉각적인 국가 거부보다는 필요악으로서 국가를 인정하면서 국가 기능을 최소화하자는 최소국가론을 수용한다.

　그런데 최소국가론은 이미 자유방임형 야경국가를 선호하던 고전적 자유주의자들에 의해서 주창되었고, 최근에는 오스트리아학파에 속하는 미제스, 하이에크, 포퍼 등과 미국의 프리드먼Milton Friedman에 의해서 일관되게 계승되고 있다. 개인적 자유를 최선의 수단이자 최고의 목적으로 간주하는 개인주의에 기반을 두는 자유주의도 중앙집중적 관리에 의존하면서 전체주의를 조장하는 국가주의를 비효율적일 뿐 아니라 위험한 것으로 보고 반대한다.

　다만 자유주의는 대체로 국가 주도형 복지국가의 비효율성과 그것이 반시장자유주의로 변질될 위험성을 우려하여 최소복지주의로 나아가는 경향이 있었다. 이와는 대조적으로 사회주의적 복지국가론자는 (자본주의 체제를 전복해야 한다는 혁명적 교리의 전통으로 인하여) 현존하는 불평등 자본주의사회를 평등사회 = 복지사회로 전환시키기 위해서 자본의 독점과 횡포를 제어한다는 구실로 (복지)국가적 역할의 확대를 주장한다.

　오늘날 많은 사람은 서구 및 일부 지역에서의 자유민주주의 체제의 성립과 지속에 고무되어 자유의 가치는 전 세계적으로 충분히 확산되었고, 이제 자유의 권리는 침범할 수 없는 신성불가침의 영역이 되었다고 잘못 판단하고 있다. 글쎄다. 우리가 당연시하고 있는 자유는 제대로 된 자유인가? 자유가 진정 세상에 충만한가? 자유주의는 승승장구하고 있는가? 아니다.

후쿠야마(Hukuyama, 1992; 2011; 2012)가 사회주의 독재 체제의 몰락에 도취하여 역사의 종언을 외쳤다가 엄청난 반격에 혼비백산하여 그 주장을 철회하고 요즈음에는 중산층의 소멸에 따른 자유민주주의의 후퇴를 우려하고 있는 까닭이 무엇일까? 자본주의의 불평등 때문에? 왜 자유로운 세상이 불평등과 차별, 부정부패와 범죄, 폭력과 전쟁으로 엉망진창이 되고 있는 것일까? 무절제한 자유 때문에?

성공의 순간에도 끊임없이 반성과 변화를 추구하지 않는다면 쇠락의 길을 걷게 되는 것이 세상사의 이치이다. 소련과 동구권의 사회주의 체제가 와해되었을 때, 후쿠야마처럼 이념의 역사적 완성을 외치며 자유민주주의와 자본주의의 만수무강을 축원할 것이 아니라, 더욱 조심스럽게 그것의 약점과 문제점을 개선하려는 신중함과 겸손함을 보여야 했다. 일찍이 슘페터(Schumpeter, 1950)는 자본주의가 자신의 실패 때문이라기보다는 그 화려한 성공으로 인해 지지 세력의 안일과 무관심 속에서 쇠락한다고 지적하였다. 참으로 역설적이지만 정확한 예언이 아닐 수 없다.

적이 사라진 순간, 다시 말해 성공이나 승리의 순간에는 비록 환호작약해도 좋을지 모르나, 축배의 순간은 항상 짧은 법이다. 무대에 홀로 서게 되는 순간부터 승자는 비교 우위라는 상대적 이점을 얻는 대신에 세상의 모든 행복과 불행 그리고 영광과 고난에 대한 책임을 혼자서 떠맡아야 한다.

세상만사에는 즐거움보다는 고통이 더 많고, 만족보다는 불만족이 더 많은 법이다. 인간들은 항상 더 좋은 것, 더 나은 것, 더 화끈한 것을 바라고, 기대한다. 20세기 후반부터 자유민주주의 정치체제에 기반을 둔 자본주의는 세계경제의 유일한 희망으로서 구세주 역할을 떠안게 되었다. 그러나 몇 차례의 세계 금융 위기와 함께 ― 그 와중에 한국도 피눈물을 흘리며 쓰라린 경험을 했다 ― 세계경제는 불황의 늪에 빠져 허우적거린다. 사람들의 경제생활은 실업과 빈곤으로 찌들게 되었고, 사회계층 간, 국가 간 경제 불평등은 더욱 심각해졌다. 경기순환이라는 주기적 발병 증상을 가진 자본주의는 최근 불안하게 휘청거리고 있다. 이번에는 상당 기간이 지나도 회복의 기미가 보이지 않는다. 특효약도 별로 없는 것 같다. 그렇다고 죽을 것 같지도 않다.

이 기회를 놓칠세라, 애초부터 자유 시장과 시장 경쟁에 대해 뿌리 깊은 반감을 지닌 좌우의 반자유주의 세력들은 이 모든 경제적 침체와 위기를 "신자유주의"의 탓으로 돌린다. 그들은 자본주의 그 자체를 직접적으로 문제 삼지 않고, 신자유주의를 공격함으로써 그들의 최종적 공격 목표인 자유주의에 대한 부정적 이미지와 탐욕적 의미를 확산시킨다. (사회주의 경제체제가 실패로 판명 난) 오늘날 많은 기존 사회주의자와 (서유럽에서 사회당을 지지하는) 전통적인 사회민주주의자들은 자본주의를 전면 부정하는 대신 국가 개입형 복지자본주의 혹은 국가자본주의를 자유경쟁에 기초한 시장 자본주의의 대안으로서 선호한다.

복지사회는, 매우 위험스럽게도, 이제 많은 사람에게 오직 자본주의에 대한 통제를 통해서만 이루어지는 것으로 이해된다. 범죄, 부정부패, 퇴폐 등의 만연도 모두 자유의 범람과 자본주의적 이윤 추구 때문에 발생하는 것이라고 믿는다. 최소한 절반의 진실은 확보한 판단이지만, 그 이상으로 이 판단을 과잉 신뢰하면 자본주의나 자유주의의 뒤에서 이를 왜곡시키는 더 근원적이고 위험한 세력인 국가권력 체제라는 철옹성을 보지 못한다.

전 세계적으로 복지국가의 이상이 확고부동하게 자리 잡게 된 오늘날 국가의 경제 개입과 경제 관리는 필요 불가결한 것으로 당연시되는 추세이다. 복지국가의 위기와 실패를 경험한 서구에서조차 복지의 이름으로 국가 역할은 다시 증가하며, 상대적으로 개인적 자유는 그만큼 위축되거나 유보되는 경향이 있다. 이럴 경우 항상 피해의 첫 대상은 소수 약소민족 집단인 이민자 그룹이다. 유럽에서 공공연히 외치는 '이제 다문화주의는 끝났다'는 정치적 구호가 이 사실을 증명한다.

개인적 자유보다는 전체의 복지 혹은 사회적 평등이 더욱 중요하다고 믿는 사람들의 숫자가 계속 증가할 경우, 그 끝은 복지 독재국가의 등장이 아닐까? 과거 사회주의국가들도 독재 체제를 통해서 인민의 평등을 실현하려다 실패하였다. 그 교훈을 철저히 명심하지 않으면 민주주의를 이용한 민주 독재적 복지국가가 등장할 수 있다. 민주주의의 비판적 지지자인 토크빌Alexis Tocqueville이 우려하였고, 실제로 독일에서 나치즘의 지배가 입증한 민주 독재의 망령을 우리는 너무 느긋하게 방관하는 것이 아닐까?

하이에크와 같은 자유주의자들은 그래서 끝까지 국가 간섭과 개입에 대한 불신과 비판의 끈을 놓지 않으려고 했다. 나(김성국, 1998; 2001b)의 아나키즘은 반자본보다도 반국가가 더 핵심적이고 시급하다고 주장한다. 국가는 자본에 선행하고, 궁극적으로 혹은 법적으로 자본을 지배한다. 맑스가 (자본주의)국가란 부르주아들의 집행위원회에 불과하다고 과소평가한 것은 잘못이다. 자본가와 정치 지배자를 비롯한 각종 종교, 문화/언론, 사회의 지배 집단으로 구성된 국가 권력 체제는 그 총체화하는totalizing 속성으로 자본의 이익뿐 아니라 모든 권력 체제의 유지와 강화를 위해 작동한다.

나는 일종의 위기의식을 가지고 자유의 가치를 재확인하고, 재강조하면서, 자유의 새로운 차원을 탐색해보고자 한다. 아나키즘과 자유주의의 잡종화가 필요한 이유가 바로 여기에 있다.

왜 나는 아나키스트 내부에 논란과 분열을 초래할 위험을 무릅쓰고 자유주의와의 이념적 연합을 시도하는가? 재차 강조하지만 무엇보다도 아나키즘과 자유주의 간에는 상당한 이론적 친화력이 존재한다고 나는 확신한다. 개인적 자유의 가치에 대한 신념, 국가권력에 대한 불신과 비판을 두 이념은 의심의 여지 없이 공유한다. 이는 공통의 이론적-실천적 전선을 형성할 수 있게 만드는 가장 확실하고도 견고한 이념적 기반이다.

나아가 아나키즘의 실용적 전환은 자유주의의 점진적 개혁주의와 접점을 찾을 수 있다. 그리고 이미 선구적으로 그러나 비난 속에서 아나키즘과 자유주의를 결합한 아나르코 캐피탈리스트들이 있다. 이들은 사적 소유와 시장 경쟁을 수용하되 국가 개입을 최소로 축소시키는 아나키즘적 자본주의론을 개발하였다. 반자본주의와 자본주의 철폐를 당연시하는 대다수 정통 아나키스트들이 이를 두고 이단이라며 부정하였다.

흥미롭게도 미국의 개인주의적 아나키즘의 전통을 잇는 아나르코 캐피탈리스트의 견해는 경제학적으로는 오스트리아학파(특히 하이에크)와 긴밀하게 연결되어 있다. 내가 이 책에서 자유주의와 아나키즘의 상호 접합/결합/잡종화를 시도할 수 있게 해주는 이념적-이론적 선례도 바로 여기에 있다. 개인적 자유 그리고 최소국가론을 매개로 하여 아나키즘과 자유주의는 소통을 시작하지만, 나는 그 의사소통을 더욱 확장시키면서 자본주의와 관련된 상호 이해의 지평도 넓히고자 한다. 자유주의자들은 자신에게 다소 위험할지는 몰라도 아나키즘의 문을 열면서 새로운 정치경제학적 상상력과 문화적 해방감을 느낄 수 있을 것이고, 아나키스트들은 자유주의자의 대지에 뿌리를 내리면서 (특히 경제와 관련된) 보다 정교한 이념적-이론적-실천적 자양분을 흡수하고, 자신의 유토피아적 정열을 포퍼의 비판적 합리주의로 무장하여 지금 여기에서 자유의 대지를 보다 풍요롭게 개척할 수 있을 것이다.

나는 아나키즘과 자본주의가 적나라한 소모적 전투를 멈추고 화해할 수 있는 전선이 적지 않다고 판단한다. 현실 자본주의의 문제는 시장 자유와 경쟁 그리고 사적 소유를 과도하게 신성시하여 그 파행적 결과에 둔감한 데 있다. 이와 마찬가지로 현실 아나키즘의 문제는 개인들의 이기심과 사악한 측면을 무시하고 선한 심성, 협동과 참여와 같은 자발적 미덕에 의존하여 제도적 강제와 지배만 없애면 모든 것이 잘 풀릴 것이라는 과잉 기대에 있다.

어쩌면 둘 다 공자의 중용지도를 벗어난 셈이다.

아나키즘과 자유주의, 공통의 뿌리를 공유한 두 이념은 21세기의 새로운 문명전환을 촉진하기 위해서, 기존의 고정관념이나 자기 안주, 자기 정당화와 자기우월주의에서 벗어나 새로운 지적 도전과 실험을 주저하지 말아야 한다. 위험을 감수하고 비난에 직면하더라도 자유의 새로운 길을 발견하는 선구자적 개척 정신을 가져야 한다. 모든 이질적인 것을 서로 결합시키고 상호작용하게 만드는 이 잡종화의 시대에 아나키즘과 자유주의의 잡종화는 어쩌면 너무도 당연한 역사적 과제가 아닐까?

나는 아나키즘과 자유주의의 잡종화를 위한 보다 확실하고도 구체적인 배경이자 자원인 포퍼(2006a)의 『열린사회와 그 적들』과 하이에크(2006)의 『노예의 길』로부터 출발한다. 주지하듯 포퍼와 하이에크는 맑스주의를 포함한 전체주의를 개인적 자유에 대한 적이라고 비판하면서 자유주의의 가치를 확고하게 정립하였다. 포퍼의 비판적 합리주의는 21세기 아나키스트들이 그들의 낭만적 유토피아주의를 실천적으로 더욱 구체화시킬 수 있는 철학적 근거의 하나로 활용할 수 있다.[1] 반면 자유주의는 아나키즘과의 합류를 통해서 오늘날 신자유주의를 악마시하면서 의도적이고 계획적으로 반자유주의적 분위기를 조성하려는 세력들의 이념적 과장과 왜곡에 대응할 수 있다. 반자유주의자들이 묘사하는 신자유주의는 자유주의의 한 변형일 뿐 자유주의를 대표하는 것도 아니고, 자유주의의 기본 정신과는 동떨어진 자유주의일 뿐이다. 어쩌면 그것은 가공되거나 조작된 자유주의의 허상이다.

아나키즘과 자유주의의 연합 전선은 모순과 합리, 부도덕과 풍요가 혼합된 자본주의를 서서히 그리고 조금씩 보다 안전하게, 보다 안정적인 복지를 추구하는 방향으로, 보다 평등 지향적으로 개조시킬 수 있다. 경제적으로 국가가 계획, 명령, 간섭, 감시하는 국가사회주의나 국가자본주의보다는 개인들이 자유롭게 경쟁하고 협동하는 시장 자본주의를 나는 더욱 신뢰한다. 나아가 탈국가적인 동시에 탈물질적인 자본주의도 가능하다. 아니. 그것을 반드시 실현해야 한다. 그

---

[1] 파이어아벤트의 방법론적 아나키즘이 아나키스트에게는 더욱 긴밀한 연결 고리이다. 포퍼와 파이어아벤트는 인식론적 차이에도 불구하고 서로 연결된다. 포퍼가 온건하다면 파이어아벤트는 극단적이다.

것이 오늘의 물질 위주와 물질 과잉에 빠진 자본주의가 찾아야 할 진정한 대안이다.

자본가와 노동자 간의 계급적 모순과 대립도 영구불변이라고 생각하지 않는다. 초기의 유토피아적 사회주의자들이 기대하였던 것처럼 자본과 노동은 타협 속에서 조화를 발견할 수 있다. 고질적이고 참기 힘든 문제가 있더라도 투쟁과 폭력으로 해결하는 방식은 잘못되었다. 타협으로 풀어낼 수 있다.

노자 간 계급투쟁은 사라지는 근대의 상처이자 영광의 유물이다. 이제 노사 협조와 협력의 시대를 열어야 한다. 나아가 소비자의 주권이 강조되는 시민사회의 새로운 세력 구도를 반영하는 노사정민勞使政民의 확대된 사자 협력四者協力이 필요하다(김성국, 1991). 인간이 (천부의 인권으로서) 노동할 권리를 상실당하는, 다시 말해 인간으로서의 의미 상실을 강요당하는 실업의 고통이 세상에 만연하다. 자본 왕족과 노동귀족은 돈을 풀고, 일자리를 나누어 실업자를 취업자로 만들어야 한다. 노사 협조가 있어야만 가능한 일이다. 아나키스트 자유주의의 자본 정책과 노동정책을 포함한 사회정책은 모든 사회 영역에서 경쟁을 인정하되, 경쟁보다는 협력을 강조하는 것이다.

3장 개인주의적 아나키즘의 재인식

아나키즘의 개인주의적 재발견은 자연스럽게 아나키즘을 자유주의로 근접시킨다. 자유를 최고 최대의 가치로 간주하는 아나키즘과 자유주의가 상호 불신과 적대의 관계를 형성하게 된 것은 참으로 역설이 아닐 수 없다. 아나키즘은 반국가주의, 반자본주의, 반사유재산제도를 완화하고, 자유주의는 시장 경쟁 만능주의와 불평등 방임주의를 완화하면 양자는 공존 공생의 협력 지대를 만들 수 있다. 그곳은 최소국가주의, 탈물질적 자본주의, 협동적 개인주의가 일상적 자유와 기본적 평등의 토대 위에서 서로 타협하고 절충하는 잡종화의 대지가 될 것이다.

1. 사회적 아나키즘으로부터

탈근대 아나키즘은 혁명의 시대에 태어난 근대 아나키즘이 가질 수밖에 없던 한계를 자각하고 이를 수정해야 한다. 특히 국가 체제의 전면적 부정과 혁명적 전복 그리고 무정부 수립, 모든 제도적 권력기구의 철폐, 법적 권위의 부정 등과 같은 구호는 한때의 유토피아적 비전은 될 수 있지만, 오늘의 현실에서는 시대착오적 망상에 불과하다. 많은 맑스주의자도 이미 프롤레타리아독재론이나 계급투쟁/혁명론을 포기하고, 의회주의의 길을 걷고 있다. 맑스주의에는 베른슈타인Eduard Bernstein과 같은 위대한 수정주의자가 있어 그 현대적 생명력이 사회민주주의의 형태로 유지되고 있다.

아나키즘에는 누가 있는가? 콜린 워드의 실용주의 노선이야말로 개혁주의적 아나키즘을 개척하고 있다. 아나키즘의 실용화란 아나키즘이 이 척박한 현실 속에서도 아나키스트사회의 실현에 기여할 수 있는 실천적 가능성과 적합성을 사람들에게 보여주는 것을 의미한다. 아나키즘의 씨앗은 이미 뿌려졌고, 이제 아나키스트들은 그 싹을 찾아 열심히 가꾸어나가야 하는 것이다. 우리의 주변에 아나키스트의 과제는 산적하다.

서구 아나키즘의 주류는 사회적 아나키즘이다. 개인주의적 아나키즘은 상대적으로 과소평가되어왔다. 그러나 탈근대적 환경에서는 개인의 존재론적 의미와 역할이 새롭게 부각되어야 한다. 왜냐하면 근대의 탄생은 한편으로는 개인과 개인주의의 확산을 촉진하였지만, 다른 한편으로는 근대 국가 체제의 성립과 팽창을 통해 개인보다는 집단이나 전체를 강조하는 분위기를 조성시켰기 때문이다. 그뿐 아니라 근대사회의 전개 과정에서 전통적 공동체가 파괴되자 사람들은 인간의 소외가 개인주의의 범람 때문이라며 개인주의를 비난하기 시작하였다.[1] 특히 전체주의적 관점을 강조하는 맑스주의를 포함한 각종 사회주의나 국가주의가 득세하는 경우에는 개인주의를 사악한 이기주의나 살벌한 경쟁주의로 단순화시키고 비난의 대상으로 삼는다.

아나키즘은 한편으로는 집합주의적 혹은 공동체적 지향성을 갖는 사회주의 및 공산주의와 이념적으로 깊은 연관을 맺는다. 이와는 대조적으로, 다른 한편으로는 개인주의적 지향성도 강하게 가진다. 이 두 가지 입장은 대체로 충돌하는 경향을 보여주었다. 최근에는 "사회적 아나키즘social anarchism이냐? 생활양식 아나키즘lifestyle anarchism이냐?"와 같이 치열한 논쟁이 전개되면서 심각한 갈등이 초래되기도 했다.[2] 나의 견해로는 양자 사이에는 연결 불가능한 간극이 존재하기보다는 여러 가지 통로로 소통하고, 화합할 수 있는 여지가 많다.

나는 두 가지 입장을 모두 존중하였지만, 최근 들어 개인주의적 아나키즘의 필요성을 더욱 절감하게 되었다. 그 이유는 혁명의 신화가 퇴색하는 가운데 계급투쟁의 논리는 설득력을 상실해가고, 국가 소멸과 유토피아적 공동체의 꿈도 멀어지고 있기 때문이다. 혁명은 불가능할 뿐 아니라 바람직하지도 않다. 더욱이 혁명을 추동할 계급의식으로 무장된 투철한 프롤레타리아도 없다. 재벌 기업의 노동자는 이미 부르주아화하였다. 그들은 혁명운동이 아니라 임금 투쟁과 같은 이익 추구 운동이나 정치적 권력투쟁에 더 관심이 많은 것 같다.

---

1 공동체의 파괴를 바라보는 입장은 크게 두 가지이다. 하나는 공동체를 목가적으로 인식하여 평화로운 전원에서 사람들이 오순도순 살아가던 삶의 터전이 해체된 것을 슬퍼하는 것이고, 다른 하나는 공동체의 붕괴를 봉건적 질곡과 종교적 강제 속에서 빈곤에 허덕이던 삶으로부터의 해방이라고 간주하면서 환영하는 것이다. 나는 후자의 입장이다. 왜 "도시의 공기는 자유롭다"고 했을까? 1960년대 이전 한국의 시골 풍경을 떠올려보라. 평등과 연대의 공동체인가? 아니면 가난과 구습에 찌든 촌구석인가?
2 이와 관련하여 나(김성국, 1999b)는 두 가지 상충되는 입장을 화해 혹은 연결시킬 수 있는 이론적 종합화를 시도하였다.

네그리와 하트(2001; 2014)가 발견한 혁명적 혹은 변혁적 주체나 목표로서 다중이나 공통체commonwealth는 아직은 그들의 정교한 지적 사변 속에서나 가능한 아리송한 신기루처럼 보인다.

집합행동으로서 집합적 투쟁은 필요하다. 그러나 "공동체를 위해, 계급을 위해, 국가와 민족을 위해"라고 외치는 집단주의적 구호는 공허하게 들린다. 구체적이고 직접적인 나 자신, 즉 개인이 빠진 모든 행동과 가치는 불확실하고 열정을 솟구치게 하지 않는다. 어느 사이 우리는 개인 중심의 시대, 개인 우선의 시대에 살고 있다. 개인이 모든 것의 출발이요, 최고 가치다. 개인을 위한 공동체, 개인을 위한 국가와 사회가 사고와 행위의 출발점이 되어야만 개인은 (비록 추상적 허구이지만 당분간 함께해야 하는) 공동체나 사회의 고유하고 자율적이며 좋은 성원이 될 것이다.

2. 개인주의적 아나키즘의 부활

나는 일찍부터 아나키즘의 개인주의적 차원에 주목하고 그 중요성을 강조하였다. 서구 아나키즘 내에서 앙숙이 되어 갈등하는 개인주의적 아나키즘과 사회적 아나키즘 간의 연합 혹은 결합의 가능성을 모색하였고(김성국, 1999b), 아나키스트 박열의 허무주의에 내재된 개인주의를 적극 평가하였다(김성국, 2004a).

개인주의에 대한 적극적 이해를 돕기 위하여 과거로 돌아가 박열을 만나보자. 맑스와 견원지간이었던 개인주의적 아나키스트 슈티르너와 마찬가지로 박열도 당대의 맑스주의자와 대립하는 가운데 개인주의의 길을 개척하였다. 이러한 맥락에서 일제하 위대한 아나키스트였던 박열의 허무주의적 개인주의를 새로운 시각에서 적극적으로 재해석할 필요가 있다. (박열의 허무주의는 14장에서도 논의될 것이다.) 박열의 개인주의는 비록 일제 치하의 이국땅 동경에서 고학으로 사투하던 최악의 조건에서 배태된 것이지만, 그럼에도 불구하고 개인주의가 지녀야 할 급진적 자유에 대한 갈구와 명쾌한 논리를 지니고 있다. 오늘날에도 매우 유용한 길잡이가 될 수 있는 박열의 개인주의를 고찰해보자(이하 153쪽까지는 김성국, 2004a: 452-454의 내용을 수정·보완한 것이다).

박열은 도일하기 전 이미 아나키즘과 접촉할 수 있는 계기를 가졌다. 경성고등보통학교 시절 일본 고등사범학교를 졸업한 젊은 일본인 교사로부터 일본 아나키즘의 대부 고토쿠 슈스이幸德秋水의 대역사건 및 그것과 연관된 천황제의 문제점과 아나키즘에 관해 듣게 되었던 것이다.

1919년 10월 도일 후 박열은 당시 일본 사상계를 풍미하던 아나키즘을 자연스럽게 접촉하였으며, 일본인 아나키스트 오스기 사카에大杉榮, 이와사 사쿠타로石川三四郎, 가토 가즈오加藤一夫 및 재일 조선인 아나키스트 원종린, 정태성 등과 교유하면서 나름대로 아나키즘을 수용하고 발전시켜나간다. 조선을 떠날 무렵 박열은 반일 민족주의와 범사회주의사상을 지니고 있었으나 러시아혁명 후 일당독재가 부활한 것을 알고는 사회주의 및 공산주의로부터 멀어진다. 그 대신 무권력과 무지배를 근본 이념으로 하면서 상호부조의 정신과 직접행동의 논리를 기반으로 개인적 자유와 사회적 해방을 추구하는 아나키즘에 경도된다.

당시 일본에서는 아나키즘의 다양한 사상적 조류가 만개하여 허무주의적 아나키즘, 개인주의적 아나키즘, 아나르코 코뮤니즘, 아나르코 생디칼리즘anarcho-syndicalism 등이 유포되고 있었다. 그러나 박열은 아나키즘의 조류 가운데서 특히 허무주의와 개인주의를 적극적으로 수용한다.

3.1운동 이후 일본의 조선인 아나키스트들 사이에 파괴주의적이고 허무주의적인 경향이 널리 퍼져 있던 가운데 개인주의적 아나키즘도 등장하기 시작하였다. 일본인 아나키스트들의 자유인연맹에 참가하였던 이용기를 비롯한 일부 재일본 조선인 아나키스트들은 슈티르너 계열의 개인주의적 아나키즘을 수용하였다(이호룡, 2001: 136).

개인주의적 아나키즘이 적극적으로 수용될 수 있었던 사회적 조건이나 사상적 배경으로 1920년대 초를 전후하여 조선인들이 강력하게 추구하던 자유주의에 주목할 필요가 있다. 역사적으로 조선왕조의 봉건적 질곡에 의한 신분적 억압을 받아왔던 조선인들은 일제에 의하여 민족적 억압까지 받게 되었기 때문에 이를 탈피하고 자유를 쟁취하고자 하는 강렬한 욕구를 지니고 있었다.

독립선언의 이념적 배경으로도 자유에 대한 열망이 작용하였다. 즉 민족 대표 33인 중의 한 사람이 증언한 바에 의하면 "인생 생활의 목적은 진정한 자유에 있는바, 자유를 얻기 위해서는 생명까지도 걸 수 있다는 것이며, 일본이 조선을 병합한 이후 억압과 압박만이 존재할 뿐 자유라고는 조금도 없기 때문에 혈성血性이 없는 타력물楕力物이 아닌 민족으로서 이를 참을 수 없어 독립을 선언하게 되었다"는 것이다(이호룡, 2001: 165에서 재인용). 이와 같은 정황을 통해서 당대에는 이념적으로 자유주의와 개인주의가 불가분리의 관계를 맺고 있었음을 알 수 있다. 그러므로 자유주의적 배경은 개인주의적 아나키즘의 발현에 유리한 환경을 조성하였다. 이미 자유에 대한 열망은 당대의 억누를 수 없던 시대정신이요 역사의식이었다. 지식인들은 자유주의라는 이론과 사상의 도움을 받으면서 자유에 빠져들었겠지만, 오랜 압제를 체험한 일반 민중은 개인으로서의 본능적 욕구 혹은 본성적 발로로서 자유를 원하였을 것이다.

박열의 개인주의적 아나키즘은 흑도회黑濤會의 결성과 함께 구체화된다. 1922년 7월에 발간된 흑도회의 공식 기관지인 『흑도』의 창간호에 실린 가토 마와요시可滕末吉의 축시처럼 "조용히 다가오는 암흑 속 분노의 파도"였던 흑도회는 박열의 개인주의, 직접행동주의 그리고 허무주의적 파괴주의를 실천하는 선전 투쟁의 장으로 활용되었다. 『흑도』는 흑도회의 선언문과 창간사 등을 실었는데, 이를 통하여 흑도회의 이념적 성격을 파악할 수 있다. 먼저 「창간에 즈음하여」라는 창간사를 고찰해보자.

> 우리들은 인간으로서, 약자의 절규인 소위 불령선인의 동정, 조선의 내정을 일본의 아직 피가 굳지 않은 인간미 많은 일본인에게 소개하려고 흑도회의 기관지로서 『흑도』를 창간한다. 우리들 앞길에는 무수히 많은 장애물이 있다는 것을 알고 있다. 그러나 이들 장애물을 정복할 때, 그래서 세상의 많은 사람들이 우리들을 돌아볼 때, 그때 우리들의 날은 오는 것이다. 그때야말로 진정한 일선 융합日鮮融合! 아니 만인이 갈망해 마지않는 세계 융합世界融合이 실현될 것이다. 우리들은 그때를 위하여 미력을 다하려고 한다. 부디 우리들의 뜻을 양해하는 여러분들은 정신적으로 혹은 물질적으로 크게 후원해주시길 기대하는 바이다.

이 창간사에서 나타나는 가장 흥미로운 두 가지 점은 창간의 목적이 (조선인 동지들의 규합과 참여를 촉구하는 것이 아니라) 일본인의 지지를 구하는 것과 최고의 목표로서 일선, 즉 일본과 조선의 융합 및 세계 융합의 지향이라는 것이다. 이 사실을 아나키즘적 관점에서 해석하자면 반제국주의 투쟁 및 권력 체제 부정에 있어서 일본인의 참여와 공동 투쟁을 통한 일선 융합을 강조하는 것은 상호부조의 정신과 가능성을 추구하는 것이고, 세계 융합을 강조하는 것은 국가 간 경쟁이나 민족을 초월한 무지배·무강권의 사회를 상정하는 사해동포주의 혹은 평화주의를 추구하는 것이다. 아직까지는 박열의 허무주의적 저주와 부정에 가득 찬 목소리는 들리지 않는다.

그러나 흑도회의 선언문인 「선언」에는 흑도회의 이념적 성격, 즉 자아 중심의 개인주의가 분명하게 제시되고 있다.

① 우리는 어디까지나 철저하게 자아에 산다. 일상의 일거일동이라도 그 출발을 모두 자아에서 구하지 않으면 안 된다. 우리는 철저한 자아주의자로서 인간은 서로 헐뜯는 것이 아니라 상부상조하지 않으면 안 된다는 것과, 미워하지 않고 친하게 지내며 도울 수 있다는 것을 발견하였다.
② 우리는 사람마다의 자아를, 자유를 무시하고 개성의 완전한 발전을 방해하는 그 어떤 불합리한 인위적 통일에도 끝까지 반대하며 전력을 다해 그를 파괴하는 데 노력한다.
③ 우리에게는 아무런 고정된 주의는 없다. 인간은 일정한 틀에 박혀 있게 될 때 타락하고 사멸하는 것이다. 맑스와 레닌이 뭐라고 지껄였던, 크로포트킨이 뭐라고 말했던 우리에게는 필요 없다. 우리 길에는 우리의 귀중한 경험이 있고 방침이 있고, 또 뜨거운 피가 있다.
④ 우리들은 우리들 자신을 위하여 우리들 자신이 해야 할 일과

하지 않아야 할 일을 우리 자신 스스로 규율한다. 외부에서 오는 어떤 강한 권력도 우리의 행동을 규율하는 일은 불가능하다.

⑤ 우리들은 자기를 희생하는 어떠한 일도 할 수 없다. 사회 인류를 위해 자기를 희생하라고 말하는 자들은 모두 예외 없이 위정가爲政家들이다. 그중에는 이른바 인도주의 등을 가장하는 사람도 있으나, 우리들에게 만일 자기희생이 있다면 그것은 자아에서 출발한 것일 뿐이다.

⑥ 우리들은 모두 자유롭다. 배고플 때는 먹고, 하고 싶을 때 하고, 울고 싶을 때 울고, 화날 때 화를 낸다. … 어떤 한 가지도 다른 데서 지휘를 받는 일은 없다. 마음 다한 곳에 감격이 있다. 자아의 강한 요구에서 생긴 것이라면, 그것이 우리들에게는 진이고, 선이며, 미이다. 우리에게는 소위 절대 보편絶對普遍의 진리 대법칙眞理大法則이란 것은 없다. 그런 것들은 모두 자신의 내면적 요구의 진화 발전과 함께 변화해간다.

⑦ 우리들은 이 인성과 자연의 변화 중에 참된 질서가 있고, 참된 통일이 있는 것을 발견하였다. 이곳에 인간의 진화가 있고, 새로운 창조가 있다.

⑧ 이곳에서 우리들은 우리들 자신에 의한, 우리 자신의 입장을 분명히 선언하는 바이다.

이상의 선언문을 통하여 우리는 흑도회가 당시 일본의 아나키스트들에게 강력한 호소력을 가졌던 슈티르너류의 개인주의적 아나키즘을 전면적으로 수용하고 있었음을 알 수 있다. 흑도회의 선언문을 관통하는 개인주의적 아나키즘의 주요 내용을 항목별로 정리하면 다음과 같다.

① 자아주의에서 출발하는 상부상조
② 자아의 발전과 자유를 부정하는 인위적 통일 거부
③ 반권위주의
④ 자율주의 혹은 자치주의
⑤ 자아가 아닌 다른 존재를 위한 희생 거부
⑥ 보편적 진리의 거부와 내면적 요구에 따른 행동

더불어 재일본 아나키스트 이필현은 1923년 『현사회現社會』에 기고한 글에서 "하늘을 나는 새조차도 자유롭게 날지 않는가? 우리들 인간은 무슨 이유로 자유롭게 살아가지 않는 것인가. 각양각색의 법규를 만들어 스스로를 속박하는 것이 인간인가?"라고 반문하면서 자유로운 삶을 강조하였고, 한현상도 1923년 같은 잡지에 기고한 글에서 "나는 나이고 따라서 나 자신은 자신의 문제이고 결코 제3자는 참견할 수 있는 권리가 없으며, 자유란 다른 사람으로부터 가르쳐지고 주어져서 획득할 수 있는 것이 결코 아니다"라며 개인적 자아의 해방과 자율성을 주창하였다(이호룡, 2001: 253에서 재인용).

개인주의적 아나키즘은 흑도회의 선언에 이어서 국내에도 파급되어 1923년 1월 서울에서 김중한, 이윤희 등이 결성한 흑로회黑勞會의 선언에서도 분명하게 제시되고 있다.

① 우리들은 철저하게 자아를 생각하는 동시에 자아에 살고자 한다.
② 우리들은 어디까지나 자유롭고, 우리들은 평생의 일거일동을 우리들의 이성과 감정하에 움직이고자 한다.
③ 우리들은 각자의 자유를 무시하고 개성의 자유 발전을 저해

하는 인공적 조직에는 어디까지라도 반항하고 전력을 다하여 파괴하고자 노력한다.
④ 우리들은 기아의 자유밖에 없는 자본주의 본위의 경제조직하에서 경제 봉건 노예를 면하고자 한다.
⑤ 우리들에게는 일정불변의 보통의 대법칙은 없고 자유 합의와 자유 발의가 있을 뿐이다.
⑥ 우리들은 인간 파괴의 악성인 생존경쟁에 반하여 상호부조의 인간 사회를 향하여 돌진할 뿐이다.

박열의 아나키즘에 개인주의와 허무주의가 강력하게 각인될 수 있었던 구체적인 시대적 특수성으로 다음과 같은 세 가지 요인을 지적할 수 있다.

① 상해임시정부를 비롯한 민족주의 진영의 분열
② 상해임시정부의 개량적·타협적 민족운동 노선에 대한 회의
③ 권위주의적이고 집합주의적인 관점에서 개인적 자유를 경시하거나 비판하는 공산주의 이념의 거부

흑도회는 제3의 사상으로서의 아나키즘의 입장에서 민족주의와 공산주의, 즉 우파와 좌파를 모두 비판하였다. 한편으로는 우파가 신봉하는 민족지상주의적 집단주의를 거부하고 다른 한편으로는 좌파가 경배하는 국가나 공산당이란 결국 개인의 자유와 자율성에 대한 위협이라고 부정하는 것이었다. 1922년 8월 20일자 『흑도』 제2호에 실린 공산주의의 사적유물론에 대한 비판에 의하면 "인류 사회는 생산력과 생산관계의 모순에 의한 생산양식의 변화로부터 발전하는 것

이 아니라 개인이 사회적 구속과 억압으로부터 해방되고자 하는 본능적 욕구에 의해서 발전한다."(이호룡, 2001: 135에서 재인용) 중앙집권적 국가의 계획에 의거하여 이상 사회를 건설하려는 공산주의 방법론은 개인의 자유 연합과 상호부조에 의거하면서 밑으로부터의 자발적인 민중 주도의 직접적 사회혁명을 통하여 무지배·무강권사회를 실현하려는 아나키즘과는 원초적으로 양립하기가 힘든 것이다.

아나키스트들이 공산주의의 프롤레타리아독재론과 중앙집권주의를 비판한 이유는 거기에 내재된 강권적이고 권력 추구적인 속성 때문이었다. 박열은 1923년 6월 30일자『현사회』제4호에 실은 글에서 공산주의를 신랄하게 비판한다. "작년 5월 일본에서 볼셰비키의 원로로 말해지고 있는 야마카와山川 대선생이 무산계급의 방향 전환이라는 것을 주장한 이래, 일본의 사기꾼적 권력광들은 빨리 이 방향 전환론의 호령에 맞추어 왕성하게 프롤레타리아의 정치운동을 설명하고, 또 무산계급 정당의 필요성, 정치적 권력의 수탈을 강하게 주장하였다. 그러자 최근에 이르러서는 도쿄에 체류하는 일부 조선의 사회운동자, 노동운동자 가운데에까지 이러한 지배적 권력광이 나타나고 있는 모양이다. 정치와 권력은 그 사물의 본질에서 소수의 사람들이 자신들의 지배적 지위를 옹호하고 다수의 정직한 사람들을 착취하고 압박하기 위한 무기이다. … 이것은 요약하면 그들 볼셰비키의 권력광적인 야심가들의 … 속임수, 그것도 민중을 기만하여 현재의 자본주의국가의 권력에 아첨하고자 하는 사이비 혁명가적 비굴한卑屈漢의 소행에 불과한 것이다."(이호룡, 2001: 220-221에서 재인용)

흑도회는 왜 개인주의적 아나키즘에 경도되었을까? 오장환(1998: 161)의 지적처럼 흑도회 회원들이 "학생 신분이고 고학생으로서 자본주의적 현실과 모순"에 의해 고통을 받았기 때문에? 여기서 우리는 흑도회 선언문의 내용에서 나타나는 한 가지 "특이성"에 주목할 필요가 있다. 매우 놀랍게도 조선 민족과 민족 독립 혹은 일본 제국주의에 대한 구체적 언급이 전혀 없다는 점이다. 이러한 사실은 잠재적인 일본인 지지자들을 확보하고, 일제의 감시망을 교란하기 위한 전략이라는 차원에서 이해할 수 있다. 일본 제국주의의 본토인 일본 땅에서 활동하던 초창기 재일본 조선인 아나키스트들이 처한 특수한 입지 때문에 주위의 일본인들을 불필요하게 자극하여 오해와 갈등을 초래할 수 있는 민족 문제를 제기하기보다는 민족에 선행하는 일반적인 개인 혹은 자아 문제를 제기함으로써 (억압과 착취에 저항하는) 일본인들과의 연대 및 협조를 더욱 용이하게 실현하고자 했던 것은 아닐까? 사실 조선인들뿐만 아니라 대다수 일본인도 일본 제국주의 및 강권적 군국주의 체제가 강요하는 굴욕적이며 희생적인 삶을 영위하고 있었던 것이다.

흑도회의 개인주의는 당시 일본 아나키스트들에게 강력한 호소력을 가졌던 슈티르너의 사상을 전면적으로 수용하고 있다. 여기서 흥미로운 점은 흑도회가 현실 변혁을 위한 수단으로서 크로포트킨의 상호부조론도 강조하고 있다는 사실이다. 상호부조는 그들에게 부르주아의 아성을 무너뜨리는 강력한 무기였다. 개인주의가 협동주의로 나아가고 서로 결합할 수 있다는 사실은 이처럼 자명하다. 개인주의를 자기만의 세계를 나 홀로 고집하는 자기 편애적 이기주의로 규정하는 것은 고정관념에 사로잡힌 상투적 비난일 뿐이다. 더욱 흥미로운 사실은, 박열이 당시로는 세계 역사상 전무하였던 최장기수로 지내다 석방된 후 국제주의자로 성숙했다는 것이다. 이 점은 개인주의의 무한한 자기 확대 가능성을 확인시켜준다.

개인주의적 아나키즘의 시대적 적실성은 여러 차원에서 입증할 수 있다. 나는 아나키즘의 근본적 토대와 최종적 지향점은 개인과 개인주의에 있다는 것을 깨닫게 되었다. 왜냐하면 아나키즘의 최고 가치인 자유는 개인과 결부될 때만이 가장 확실하고도 풍요로운 의미를 가질 수 있기 때문이다. 그래서 아나키즘의 개인주의적 차원을 힘주어 강조하고 새롭게 개척하고자 한다.

요컨대 개인 없는 자유, 개인과 자유 없는 아나키즘은 공허한 껍데기일 뿐이다.

3. 다시 슈티르너로부터[3]

아나키스트 외부에서 개인주의적 아나키즘을 비난하는 것은 어느 정도 이해할 수 있다. 그렇지만 일부 사회(주의)적 아나키스트들이 개인주의자들을 사갈시하여 거의 적으로 간주하거나, 심각한 일탈자 혹은 유사 아나키스트로 치부하여 외면하는 것은 매우 유감스럽다. 아나키즘이야말로 그 기본적 가치(반폭력, 반지배, 반권위와 개인적 자유 그리고 사회적 해방)만 공유한다면 백화만발이요 백화제방이 되어야만 한다. 상대에 대한 절대부정은 있을 수 없다. 이단이 존재하더라도 친구로 대화해야 한다. 이 점에서 열렬한 혁명 투사요 사회적 아나키즘의 구현자이기도 하였던 골드만(Goldman, 1969)이 슈티르너의 가치를 인정한 것은 참으로 탁월한 선견지명이 아닐 수 없다.

---

3 개인주의적 아나키즘 전반과 특히 슈티르너에 관해서는 김은석(2004)의 연구로부터 많은 도움을 받았다. 슈티르너의 문장은 가능한 한 독일어판을 사용한 김은석의 책에서 재인용하였고, 영어판(Stirner, 1993)에서 인용한 부분도 있다.

슈티르너(1806-1856)의 개인주의는 많은 아나키스트에게 영감의 원천이 되었다. 특히 개인주의적 아나키즘은 유럽에서보다는 미국에서 워런Josiah Warren[4]과 터커(Tucker, 1903; 1926)[5] 등을 중심으로 꽃을 피웠으며 그것은 다시 경제적 차원에서 아나르코 캐피탈리스트들에 의해서 활용되고, 문화적 차원에서는 원시주의primitivism, 즉각주의immediatism 등을 포함하는 생활양식 아나키즘으로 발전하고 있다.

같은 개인주의자라도 슈티르너는 고드윈과는 여러모로 대조를 이룬다. 고드윈이 이성, 역사적 진보 그리고 정의에 입각한 개인의 자유를 주창하였다면, 슈티르너는 본능, 의지, 정열에 호소하였다. 그러나 참으로 흥미롭고도 놀라운 사실은 두 사람은 방법론에 있어서는 매우 상반되지만, 그들이 추구하고 도달한 개인주의적 아나키즘의 지평은 매우 유사했다는 점이다. 그들은 동일하게 국가의 부정과 절대적 개인의 절대적 자유를 원하였다. 지식사회학의 관점에서 이들의 차이는 그들이 직면했던 개인적 삶과 사회적 조건의 차이를 반영하는 것이다. 상대적으로 안정과 명성을 누린 고드윈과는 달리, 악운의 연속으로 고독과 가난과 좌절 속에서 삶을 보낸 슈티르너가 기존 세

---

[4] 워런은 오언이 창립한 뉴 하모니New Harmony의 회원이었을 뿐 아니라, 미국의 프루동이라고 일컬어지기도 하였으며, 영국의 존 스튜어트 밀John Stuart Mill로부터 "뛰어난 미국인"이라고 칭송을 받았다(Marshall, 1993: 384-387).

[5] 터커는 프루동, 바쿠닌, 슈티르너의 영향을 받은 아나키스트로서 미국에 개인주의적 아나키즘을 확산시키는 데 핵심적 역할을 하였다. 1907년 슈티르너의 『유일자와 그의 소유』 영어판 번역서의 서문을 썼다. 영국에서도 개인주의적 아나키즘은 배드콕John Badcock, 탄Albert Tarn, 시모어Henry Seymour 등에 의해서 19세기 후반 발전하였으며 자유 시장과 재산권을 지지했으나, 독점자본주의와 국가의 화폐 독점을 비판하였다. 이들은 미국의 개인주의적 아나키즘으로부터, 특히 터커를 통하여 영향을 받았으나, 슈티르너로부터 직접 영향을 받은 흔적은 없고, 프루동의 영향은 곳곳에서 발견된다. 이와 관련된 논의는 라일리(Ryley, 2012)를 참고할 것.

상의 모든 가치와 관행을 조롱하고 부정하는 대반역을 시도한 것은 어떻게 보면, 그 주장의 이론적 타당성이나 적실성을 떠나, 공감적으로 이해할 수 있다. 삶의 고통과 시대의 무심한 흐름이 위대한 반역의 정신을 만든 것이다.

슈티르너는 최근에야 포스트아나키스트들, 특히 뉴먼(Newman, 2011)에 의해서 다시 주목받기 시작한, 참으로 과소평가되고 (맑스에 의해서 부당하게) 곡해된 아나키스트요, 혁명적 사상가이다. 어떤 평자(Crownover, 2012: 113)는 니체나 맑스에 버금가는 철학적 상상력을 지닌, 진정으로 고유한 사상가인 슈티르너의 진가가 지금까지 외면된 사실에 의아해한다. 나는 슈티르너를 서양 최고의 개인주의자로 간주하고 싶다. (동양은 장자!)

슈티르너가 『유일자와 그의 소유』에서 제시한 이론의 영향력과 파괴력이 당대에 얼마나 가공할 만했는지는, 맑스와 엥겔스가 1846년 『독일 이데올로기』에서 집중적으로 그리고 격렬하게 슈티르너를 공격한 것을 보면 충분히 짐작할 수 있다. 흥미롭게도 엥겔스는 처음에는, 즉 맑스의 질책을 받기 전에는 슈티르너의 저서를 읽고 동감하는 편지를 맑스에게 보낸다. "이 책은 헤스가 생각하는 것보다 훨씬 더 중요한 주요 저작입니다. 우리가 진실이라고 발견하는 첫 포인트는 우리가 어떤 관념에 의거하여 무엇이든 행하려고 하면, 우리는 먼저 우리의 근거를 사적이고, 이기적으로 만들어야만 한다는 것입니다. … 슈티르너가 포이어바흐의 '인간'을 거부하는 것은 옳습니다. 왜냐하면 포이어바흐의 인간은 신으로부터 도출되었기 때문입니다. 슈티르너는 자유파 집단 가운데서 가장 재능 있고, 개성이 뚜렷하며, 역동적입니다." 이에 대한 맑스의 회신은 발견할 수 없지만, 아마도 혹독한 비난이었을 것으로 추정되는 이유는 엥겔스가 다음 편지에서 슈티르너에 대한 찬사를 중지하면서 "맑스가 발견한 사실"에 동의하고 있기 때문이다(Parker, 1993: ix-x).

좀 더 설명하자. 슈티르너에 대해서 맑스와 엥겔스가 퍼부은 무자비한 비판의 초점은 무엇인가? 슈티르너의 지지자 파커(Parker, 1993: ix-x)는 분노하여 다음과 같이 반박한다. "맑스와 엥겔스는 슈티르너의 주장에 대해서 분명하게 그리고 체계적으로 차분하게 분석·비판하지 않는다. 그 대신 온갖 욕설을 퍼붓고, 공허하고, 천박하며, 무지하고, 독단적이며, 정신적 공백을 보이거나 잔꾀를 부리고 있을 뿐이다." 과도한 반론인가?

왜 맑스와 엥겔스는 그토록 광분하며 슈티르너를 공격했을까? 슈티르너(Stirner, 1993: x)는 단호하게 선언했다. "사적 소유를 철폐하겠다는 공산주의는 나를 더욱더 (나와) 다른 것들, 예컨대 일반성 혹은 집단성, 그리고 (공산주의가 공격하는 체하는) 국가에 종속시킨다. 공산주의가 바라는 것 역시 국가이다. 국가라는 하나의 지위는 나의 자유로운 활동을 방해하는 조건이며, 내 위에 군림하는 주권이다. 공산주의는 사유재산가로서 내가 경험하는 지배에 대하여 정당하게 반항한다. 그러나 더욱 가공할 사실은 공산주의가 그 지배를 집단의 손아귀에 쥐어준다는 점이다." 이것만이 아니다. 슈티르너는 맑스주의가 사회를 "새로운 지배자, 새로운 유령, 새로운 초월자a new master, a new spook, a new supreme being"로 신성화하여 우리를 복종과 봉사의 대상으로 삼을 뿐이라고 경고한다.

나는 사회를 경애해왔던 사회학도로서 처음에는 국가뿐 아니라 사회에 대해서도 가차 없는 비판을 가하는 슈티르너의 입장을 언뜻 수용하기 어려웠다. 그러나 마침내, 아직도 약간의 미련과 동요는 있지만 슈티르너의 사회 허구론 내지 사회(신성화) 비판론을 받아들이기로 하였다. 사회여 잘 가거라Farewell to society! 추상적 허구인 천의 얼굴을 가졌던 사회여. 그러나 너는 내 마음속에서 나의 사회로 다시 태어나 우리는 재결합할 것이다.

  맑스와 엥겔스에게 개인은 사적유물론의 전개 과정에서 계급이라는 전체 혹은 집단 속에 통합되어야 하는 존재이다. 나라는 존재의 의미는 부차적일 뿐이다. 사정이 이러하니 맑스와 엥겔스에게 슈티르너의 주장은 당면한 가장 치명적인 적이요 급선무로 제거해야 할 반대 논리인 것이다.

  아주 단순화시키자면, 슈티르너와 맑스의 양자 대결은 관념론과 유물론, 개인과 전체의 정면충돌이라 하겠다. 그런데 내가 슈티르너의 편에 가담하는 또 하나의 핵심적 이유는 그가 통상적인 관념론자나 개인주의자가 아니라 혁명적 관념론자요, 연합적 개인주의자이기 때문이다.

  이미 언급했듯이 그는 모든 고정관념을 거부했다. 자유도 비판하였다. 진보니 평등이니, 사적유물론이니, 계급이니, 혁명이니 하는 거대 담론의 허구성과 사기성을 포스트모더니즘의 선구자로서 진작 깨달았다. 개인도 인간human kind이라는 어떤 거룩하거나 고상한 속성을 지닌 존재로 미화하지 않았다. 요컨대 개인을 신의 자식이나 이성의 담지자로 신성화하지 않았다. 슈티르너는 에고이즘을 찬양한다. 자신을 생각하고, 자신의 입장에서 판단하고, 자신을 위해 행동하는 개인주의가 무엇이 잘못이고 무엇이 문제냐고 반박하는 철저한 개인주의자이다. 아생연후我生然後에 생타生他가 순리가 아닌가? 이 개인 중심의 시대에 누가 함부로 이기심을 비난하고, 도덕군자처럼 이타심을 요구할 수 있는가? 우리 모두 이 지점에서 인간의, 개인의 에고이즘에 대하여 겸손과 존중의 태도를 가져야 한다. 도를 넘지만 않는다면, 그것은 최상이요, 최선이다. 다른 모든 것처럼.

슈티르너에게는 당장 허무주의자라는 비난이 쏟아졌다. 누군가가 사회의 기존 가치와 질서를 부정하거나 거부하면 우리는 그를 곧장 반사회적 허무주의자로 낙인찍는다. 합리적으로, 정당하게, 비폭력적으로 부정해도 거의 폭력적인 비난이 쏟아진다. 하지만 허무는 위대한 거부로서 새로운 질서의 시작이라는 것을 동서고금의 성현들이 몸소 보여주었다. 그래서 나는 허무주의가 필요하다고 생각한다. 특히 가치 과잉과 특수 가치를 보편화하는 가치보편주의가 횡행하는 이 성취주의와 업적주의의 시대에 허무적 가치 지향은 필수적인 자기 성숙의 전기를 마련한다.

슈티르너는 소위 청년 헤겔파 혹은 좌파 헤겔주의자 그룹에 속하여 활동했지만, 나는 그가 전체 속으로 개인을 흡수하려는 논리에 반기를 들었다는 점에서 기본적으로 반헤겔주의 노선을 걸었다고 생각한다. 물론 맑스와는 근본적인 차이가 있다. 포이어바흐의 인간 본질에 대한 슈티르너의 반격은 바로 맑스가 주장하는 유적 본질에 대한 비판이며, 개인의 유일성과 독자성에 대한 강조는 맑스가 주창하는 계급의 논리와 상반되는 것이다. 슈티르너가 보기에는 계급과 같은 "보편적 나"는 추상적이지만, "개별적 나"만이 추상이 아니다. 보편적인 관념이나 가치는 개인을 속박할 뿐이므로 거기에서 해방되어야 한다. 당대를 뒤흔든 슈티르너의 비판에 직면하여 맑스가 서둘러 『독일 이데올로기』를 통해서 그에 대한 반박과 함께 사적유물론의 정초를 확립한 것은 슈티르너의 의도하지 않은 공헌이 아닐 수 없다.

다시 반복하여 강조하지만 슈티르너는 언어가 개인을 억압하는 독재자라는 사실을 깨닫고, 고정관념의 폐해를 전면적으로 폭로한다. 예컨대 국가, 민족, 조국, 공동체, 도덕, 정의 등과 같은 고정관념은 그것에 인간을 복종시키고 인간을 소외시키는 기만일 뿐이다. 그래서 개인은 고정관념을 물리치고 나의 관심이 아닌 다른 모든 가치를 전도시키고, 오직 자신의 이해에 따라서 행동하는 에고이스트가 되어야 한다. 추상과 관념, 보편과 본질 혹은 그것을 빙자하여 만들어진 세상의 모든 기존 가치와 제도를 부정한 슈티르너는 개인의 완전한 해방과 자유를 선언한다.[6]

슈티르너(김은석, 2004: 111에서 재인용)는 다음과 같이 주장한다. "자이제 나의 관심사가 아닌 모든 것을 철저히 없애버리자! 당신은 최소한 선한 것이 나의 관심사가 되어야 한다고 생각할 것이다. 그러나

---

[6] 나는 개인과 자유의 논의에서 일종의 외적 장애물 혹은 간섭으로서 작용하는 개념인 정의justice에 관해 비판적 언급을 하고자 한다. 자유주의적 정의론 혹은 사회민주주의적 평등과 자유민주주의의 자유를 결합한 새로운 정의론을 개척한 것으로 평가받는 롤즈(Rawls, 1971)는 '무지의 베일veil of ignorance'로부터 두 가지 정의 원칙을 도출하고 '공정으로서의 정의justice as fairness'라는 개념을 제안한다. 그러나 무지의 베일은 하버마스의 이상적 담화 상황처럼 어떤 섬유로도 만들 수 없는 가상의 베일이며, 공정이라는 것도 누가 어떤 상황에서 어떤 기준으로 판단하고 얼마만큼 수용하느냐에 따라서 각양각색으로 달라지는 것일 뿐이다. 왜 롤즈는 이와 같은 시도를 하는가? 그는 정의, 자유, 평등을 추상적이고 바람직한 고정관념으로 받아들인 후 이들을 모두 마찰 없이 수용하는 보편적 정의 개념을 수립하고자 하기 때문이다. 언제 어디서나 누구에게도 적용될 수 있는 자유, 평등, 그리고 정의의 개념은 듣기에는 매우 그럴듯해도 현실에서 구체화하자면 지난할 것이다. 누가 한 사회에서 가장 불우한 사람들인가? 무엇이 그들에게 그들의 불평등을 보상할 만한 이득을 가져올까? 그들이 그것을 속임수나 사탕발림으로 간주하여 혁명을 요구한다면? 물론 롤즈의 이론적 성과를 부정할 생각은 전혀 없다. 하지만 롤즈의 정의론이 현대 자유주의 복지국가론의 철학적 기초를 이루었다는 사실은 어쩌면 국가가 관리하고 판단하는 국가의 정의 혹은 정의로운 국가가 항상 전제된다는 사실을 보여주는 것 같아서 난감하다. 아나키스트 자유주의의 관점에서는 노직(Nozick, 1974)이 더욱 매력적이다. 정의란 개념은 특수한 정의를 독점한 권력자 혹은 권위자들이 활용하는 고정관념으로 작용하면서 자발적 책임 의식을 지닌 개인을 자유롭게 하기보다는 흔히 도덕적으로 구속하고, 지시하는 권위로 군림한다.

도대체 선악이라는 것이 무엇인가? 나 자신이 나의 관심사이며, 나는 선도 악도 아니다. 어떠한 것도 나에게는 의미가 없다. 신적인 것은 신의 관심사요, 인간적인 것은 인간의 관심사이다. 나의 관심사는 신적인 것도, 인간적인 것도 아니며, 진리, 선, 정당성, 자유 등도 아니다. 나의 관심사는 오직 나의 것이며, 결코 일반적인 것이 아니다. 나는 유일무이하기 때문에 '유일한' 것이다. '나에게 있어서 모든 것은 무이다.'"

이처럼 (당대의 기준으로는) 황당하고 불경스런 주장을 슈티르너가 펼치자, 세상은 둘로 나뉘어 한편에서는 "허무주의자의 외침"이라고 맹렬히 비난하였고 다른 한편에서는 인간의 "노예성을 해방시키는 획기적 사상"이라고 극찬한다. 슈티르너에 의하면 추상적이고 일반적인 개념은 오직 인간의 마음속에만 존재하는 것이고, 현실은 구체적인 것 — 개인들로만 이루어진다. 고정관념은 오직 나의 관념으로서만 존재하는 것일 뿐이니, 내가 나에게 도움이 되지 않는 그것의 요구나 명령에 순종할 아무런 이유가 없다.

슈티르너는 자아ego란 창조적 무로서 하나의 자아가 아니라 일련의 자아들selves로써 구성되는 과정이라고 본다. 마치 불가나 도가의 설법처럼 무란 텅 비었다는 의미에서의 무가 아니라 창조자로서의 자아가 모든 것을 창조할 수 있게 만드는 무이다. 여기서 슈티르너의 자아는 불가의 유아와 매우 긴밀한 의미의 존재론적 지위를 가진다. 개인과 만물이 일체라는 만물일체론과 만물에 도가 각각 내재한다는 불가나 노장의 논리를 따르면 개인은 그 자체가 하나의 부처요, 하나의 도이다. 무궁무진하면서creative 허허적적한nothing 유일의 혹은 하나의 자아!

그렇다면 유일자로서 슈티르너의 나는 도대체 어떤 존재인가? 슈

티르너(김은석, 2004: 116에서 재인용)는 말한다. "피히테Johann G. Fichte
는 '나는 모든 것이다Das Ich ist Alles'라고 말한다. 이런 점에서 그것은
나의 '나'와 완전히 조화를 이루는 것처럼 보인다. 그러나 나는 모든
것이 아니다. 나는 모든 것을 파괴하며, 오로지 '드러난 나', '영원히
존재하지 않는 나', '유한한 나'가 실제 나이다. 피히테는 '절대적 나'
를 말했지만 나는 '일시적인 나'를 말하는 것이다." 이 주장을 풀이하
자면 슈티르너의 유일자는 매 순간마다 새롭게 혹은 구체적으로 현
존하는 "실존적 나"이다. 슈티르너의 유일자는 불가식 표현으로는 천
상천하 유아독존하는 고유한 개인이요, 실존주의적으로 표현하자면
신과 작별하고 허무와 부조리 앞에 던져진 고독한 그러나 해방된 구
체적이고 주체적인 개인이다. 그러나 사르트르는 타인을 지옥으로
간주했지만, 슈티르너에게 타인들은 자아실현을 위해서 연합해야 할
동지적 개인들이라는 의미를 갖는다.

슈티르너(김은석, 2004: 130-131에서 재인용)의 참신한 자유론을 경청
해보자.

> 그대는 자유를 진정 갈망한다고 외치는가? 그렇다면 그대가 '…
> 로부터의 자유'를 통해 얻고자 하는 것이 과연 무엇인가? 그대의
> 비스킷이나 푹신한 침대란 말인가? 그러한 것들을 다 집어던져
> 버려라! 나는 자유에 대하여 전혀 반대하지 않는다. 그러나 나는
> 그대를 위해 자유 이상의 것을 원한다. … 정치적 자유는 폴리
> 스(그리스의 도시국가) 또는 국가가 자유롭다는 것을 의미한다.
> 양심의 자유가 양심이 자유롭다는 것을 지적하는 것처럼 종교적
> 자유는 종교가 자유롭다는 것이다. 따라서 그것은 국가, 종교, 양
> 심으로부터 자유로운 것이 아니라 그것들에게 구속되어 있는 것

이다. 이는 나의 자유를 의미하는 것이 아니라 나를 지배하고 정복하는 권력의 자유를 의미하는 것이다. 그것은 국가, 종교, 양심과 같은 나를 지배하는 전제자들이 자유롭다는 것을 의미하는 것이다. 이 같은 국가, 종교, 양심의 전제자들은 나를 노예로 만들고 그들의 자유는 나를 속박하는 족쇄인 것이다.

슈티르너의 (극단적 표현과 극한적 논리 전개로 가득한) 수사가 때로는 지나치리만큼 의도적으로 보일지 모르나, 그 주장은 참으로 통렬하게 우리가 지니고 있는 왜곡된 자유 혹은 자유의 환상을 비판한다. 어쩌면 많은 자유주의자가 슈티르너의 지적처럼 무엇무엇의 자유라는 고정관념에 빠져, 나 자신의 고유한 자유 대신에 그 무엇무엇을 미화하고 신성화하는 것이 아닐까? 이 점을 우리 모두 깊이 반성해야 한다.

그러면 무엇이 진짜 자유인가? "자유는 꿈속에서나 존재하는 것이 아닌가! 이와는 반대로 소유는 나의 모든 것이고 실제이다. 그것은 나 자신이다. 나는 내가 벗어난 상태로부터 자유롭다. 다시 말해서 나의 힘으로 장악한 것 또는 내가 지배한 것을 갖고 있는 소유자이다. 만일 내가 나를 소유하는 방법을 안다면 그리고 나를 타인에게 맡기지 않는다면 때와 장소를 가리지 않고 나는 나의 소유이다."(김은석, 2004: 132에서 재인용) 내가 나의 주인이 되어 나를 소유할 때 자유는 비로소 의미를 갖는다. 하기락이 말하는 자주인, 자기의 소유주인 개인이 바로 진정한 자유인이다.

슈티르너의 자유 = 소유 = 개인의 관념은 사적 소유야말로 인간의 존재론적 의미를 규정하는 가장 핵심적인 조건이라는 자유주의 이론과 직접 연결된다. 사실 모든 존재의 특성은 그것이 소유한 어떤 특성이다. 소유가 없으면 내가, 당신이 혹은 그것이 무엇인지 모르거나 아니면 그것은 아무것도 아니다. 내가 사적 소유를 지지하는 근본적인 이유도 바로 이 존재론적 필요성 때문이다. 인간의 소유 욕구라는 욕망은 인간이 자신의 존재성을 확인하고 타인에게 표현하는 인간의 생물학적 본능 혹은 심리학적 메커니즘이다. 소유를 통해서 자신과 타자 간의 경계 혹은 차별성을 확인하고, 자신의 존재론적 지위를 변화시킬 수 있다. 소유는 결국 존재성이다. 개인의 존재론적 자기 확인이다.

사적 소유는 개인적 자유의 기초요, 동력이요, 목표다. 따라서 사적 소유 혹은 사유재산제도를 사회 불평등의 차원에서 비판하고 철폐를 요구하는 것은 개인을 무적 존재 혹은 획일적-보편적-총체적 존재로 만들어버리는 오도된 평등주의의 소산이다. 사적 소유가 사회적 문제로 간주되어야 하는 경우란 개인들이 물질적 소유에 대한 과도한 집착으로 자신과 주위를 파괴하거나, 다른 개인들이 마땅히 누려야 할 기본적 수준의 사적 소유를 심각하게 제한하여 부도덕하고 심각한 불평등을 초래하는 상황이다.

여기서 평등이 소유의 개념과 직접적으로 연결된다는 점을 인식하자. 평등 혹은 불평등은 비교의 결과이다. 비교하지 않으면 혹은 비교 대상이 없으면 평등과 불평등의 구별 자체가 없다. 그러면 무엇을 비교한다는 것인가? 비교 대상자들이 소유한 공통의 어떤 (가치 있다고 간주되는) 것을 비교하는 것이다. 즉 소유물의 차이를 비교하는 것이다. 소득, 재산, 지능지수, 학력, 집, 자동차 등 사회적으로 가치 있다고 간주되는 자원의 소유 여부와 소유 정도를 비교하는 것이다. 이처럼 평등은 개인의 사적 소유와 직결된 문제이다. 자유도 평등도 모두 개인의 사적 소유와 불가분의 관계를 맺는다. 그러나 자유는 소유 그 자체인 반면, 평등은 소유 이후의 비교에 관한 문제이다. 나는 이 점에 착안하여 평등을 자유의 한 차원으로 간주한다면 양자 간의 개념적 양립 불가능이나 원초적 모순성이라는 주장을 극복할 수 있을 것이라는 발상을 하게 되었다.

고정관념으로서 사회나 국가를 슈티르너(김은석, 2004: 145-146에서 재인용)는 당연히 비판의 대상으로 삼는다.

> 우리는 결코 사회적 의무를 갖지 않는다. … 우리는 사회를 위해 희생하지 않는다. 만일 우리가 무엇인가를 희생시켜야 한다면 그것은 우리 자신을 위해 희생하는 것이다. … 국가는 자신을 위해서만 행동하기 때문에 나의 욕구에는 전혀 관심을 두지 않고 오직 나를 말살하는 방법, 즉 나를 훌륭한 시민으로 만드는 데만 관심을 쏟을 뿐이다.

국가가 요구하는 훌륭한 시민이 되는 일은 나 자신보다는 먼저 국가를 위한 것이다. 국가는 비록 그것이 나 자신에게도 좋은 일이라고 설득하겠지만. 사회도 공동체와 연대를 요구하면서 개인을 압박하고 회유한다. 아무리 공동체나 연대가, 최소한 개념적으로는 좋은 것이라 해도 개인은 외적 요구로서 그것을 관찰하고, 검토하고, 평가하여, 개인 자신에게 적합하도록 혹은 유리하도록 선택할 수 있다. 그리하여 외부에서 요구된 연대나 공동체를 나의 연대, 나의 공동체로 바꾸어 내가 소유하고, 관리하고, 지배한다.

슈티르너는 혁명과 반란insurrection을 구분하여 전자를 비판하고 후자를 지지한다. 맑스주의자가 지지하는 혁명은 국가나 사회와 같은 기존 조건을 전복하는 정치적-사회적 행위로서 "새로운 배치new arrangements"를 목표로 한다. 그러나 반란은 자신에 대한 불만족으로부터 발생하는 개인들의 봉기이지 무장투쟁은 아니며, 사람들이 스스로 자신의 자리를 잡아가는 것이지 어떤 제도에 희망을 거는 것이 아니다. 다시 말해 나 자신이 제도를 무시하고, 그것과 무관하게 나만의 이기적인egoistic 목적과 행동을 갖고 행동하면 기성 제도란 무용지물이 되어 스스로 소멸하는 것이다. 이와 같은 슈티르너의 반역주의는 총체적 부정을 추구하는 혁명주의자의 관점에서 본다면 기존 체제에 아무런 충격도 주지 못하며, 오히려 그것을 더욱 강화시킬 수 있다. 그러나 과거에 발생했던 혁명주의 자체의 반동적 물결과 함께 볼셰비키혁명이나 중국 농민혁명의 광기를 생각한다면 슈티르너의 판단을 존중해야 한다. 반란의 개념은 혁명의 신화가 퇴색한 현대사회에서 효과적인 저항 방식으로서 활용될 수 있다. 그래서 저항적 실존주의자 카뮈나 포스트구조주의자 푸코 그리고 포스트아나키스트들이 미시 혁명으로서 반란의 중요성을 역설하는 것이다.[7]

이처럼 슈티르너는 새로운 사회나 새로운 국가를 추구하는 대신에 (자기) 반란을 통한 자기 고양의 장으로서 "에고이스트 연합"을 제시한다. 일종의 의식 혁명이라 할 수 있는 반란은 (구질서의 전복과 새 질서의 대체에 머무르는) 기존의 혁명과는 달리 질서 그 자체를 초월하는, 즉 하나의 구속적 고정관념인 질서로부터 해방되는 과정인 것

---

[7] 뉴먼(Newman, 2013: 85)에 의하면 그렇다고 슈티르너가 사회적 변형으로서 혁명을 부정하거나 반란이 그것을 대체할 수 있다고 강변하지는 않았다. 총체적 해결로서의 유일무이한 혁명이라는 관념을 거부했을 뿐이다. 그리고 슈티르너의 반란은 이미 사회적 해방이 실현된 것처럼 지금 여기에서 일상적 관계를 변형시킴으로써 개인들이 추구하는 목표로서의 해방을 실현해나가는 행위로서 아나키스트 고유의 수단-목적의 일치prefiguration라는 원리와 부합한다.

이다. 이 점에서 나는 슈티르너의 자기 반란은 불가에서 얘기하는 유아로부터 무아, 몰아, 망아를 거쳐 진아에 도달하는 과정의 서구적 변형이라는 생각도 해본다. 불가에 비해서 슈티르너의 자아는 훨씬 현세적이고, 자기중심적이며, 물질성 혹은 육체성을 함유한다.

슈티르너의 이기심 혹은 이기주의는 심리학적 차원을 넘어 철학적 기반을 갖고 전개된다. 그것은 유일자 개인이 유일자 자신을 주인으로서 인식하는 실천으로서 소유와 이 실천의 구체적 발전으로서 에고이스트 연합을 동적으로 연결하는 "변증법적 이기주의dialectical egoism"(Welsh, 2012)이다. 슈티르너에게 이기심은 개인이 어떠한 외적 구속이나 장애물로부터 벗어나 자기 자신의 삶을 철저하게 확보하고 통제하려는 존재 에너지이다. 특히 그것은 국가, 사회, 공동체 등의 집단주의적 구성물이 행사하는 외적 압력과 강제에 저항하고 반역하는 자유의지이다. 이기심이라는 자유의지를 통해서 개인은 그 자체로 유일하고도 독립된 하나 혹은 전체로서 존재하게 되며, 국가나 사회는 개인의 생각과 행위가 만들어내고, 수정하고, 체험하는 경우에만 존립하는 파생적 실체에 불과할 뿐이다. 에고이즘은 에고, 즉 자기 자신으로서 개인을 존재, 인식, 실천의 핵심으로 이해하는 이념이다. 슈티르너의 에고이즘은 자신만의 자본주의적 혹은 물질적 이익을 추구하는 이기주의가 아니라 자유로운 자아를 확립하고 완성시키려는 자아중심주의이다. 이 점에서 슈티르너의 개인주의는 (니체가 지적한) 서구 특유의 니힐리즘을 극복하고자 등장한 또 다른 고정관념이자 억압 기제인 인간주의, 국가주의, 사회주의, 혁명주의 등으로 구성된 근대 문명에 대한 직접적 비판critic of modernity이 된다(Welsh, 2012: 5).

여기서 일상적으로 제기되는 인간의 이기심에 대한 통상적 비판을 재비판해두자. 개인의 이기심이나 자기중심성은 결코 나쁜 것이 아니다. 자연스럽고 당연한 것이다. 생물학적 생존을 위해서도, 심리학적 자존을 위해서도, 철학적 실존을 위해서도 이기심과 자기중심성은 절대적 요건이다. 그런데 공동체적 공존을 위해서 이기심은 억제하고 자기중심성은 버려야 한다고 주장하는 사람들이 있다. 그러나 이기심이나 자기중심성은 버릴 수 없는 것이다. 단지 그것은 확대·확충 혹은 멋진 표현으로 성숙·고양될 뿐이다. 이기심에 기반을 두는 이타심, 자기중심성에서 출발하는 공동성이 있을 뿐이다. 이기심과 단절된 이타심은 없다. 항상 개인의 근저에는 이기심이 있다.[8]

위선적 도덕군자가 순정한 이타심을 내세우고, 공동체와 전체의 순수한 이익을 운위하지만, 그 실체를 꼼꼼히 따져보면 허황되기 그지없다. 우선 자기를 사랑하지 않는 사람은 남을 사랑할 줄 모른다. 자기중심적 생각을 하는 사람만이 남의 입장에서 바라볼 수 있는 능력을 가질 수 있다. 개인주의의 기본 속성인 이기심이나 자기중심성이 문제가 아니라, 도덕과 윤리의 이름으로 애타주의와 공동체주의의 관점에서 일방적으로 그리고 하향적으로 이기심을 비난하는 사회적 관행이 크게 잘못되었다. 도덕군자는 자신의 이기심에서 이타심을 내세우고, 나는 나의 이기심에서 그의 이타심 뒤에 있는 이기심을 본다.

중요한 것은 개인적 이기심을 틈틈이 그리고 쉽게 비난하는 이 불행한 사회적 관행이 기본적으로 개인을 지배하고 관리하려는 국가주의의 산물이라는 점이다. 그뿐이 아니다. 국가주의적 집단 논리는 개

---

[8] 뉴먼(Newman, 2013: 81)의 해설처럼 슈티르너의 이기주의 철학은 세상에서 운위되는 모든 이상화idealization를 허물고, 모든 것을 에고(자아) 혹은 유일자unique one에게로 되돌려놓으려는 시도이다.

인주의가 자유롭게 전개되면서 자발적이고 조화롭게 이타적-공동체적 집합주의로 확대될 수 있는 기회를 제한한다. 우리네 삶의 도처에서 국가는 '경쟁하라, 경쟁하라, 그 길만이 너의 이기심을 최대한 충족시킨다'고 끊임없이 우리를 세뇌하고, 강요한다. 개인주의가 우리를 이기적으로 만들기보다는 국가주의가 우리를 폐쇄적이고 배타적인 이기주의자가 되도록 충동한다.

그러나 우리가 세금을 낼 때, 군대에 갈 때, 혹은 투표를 할 때, 그들은 우리가 이기심을 버리고, 국민의 의무를 다하도록 설득한다. 불행히도 국가는 모든 개인이 자유롭게 공유하는 집이 아니다. 소수의 지배 권력자들이 가장 좋은 자리와 몫을 차지하여 자기들끼리의 이기심을 최대한 충족시키려는 곳이다. 그들의 이기심에 비하면 평범한 개인들의 이기심은 미미할 뿐이다. 온갖 부정부패와 파렴치하고 비도덕적인 행위를 그들은 저지른다(최근 한국의 관피아, 법피아, 교피아 등을 보라). 평범한 개인의 이기심이 생존을 위한 최소한의 필요에서 나온다면, 그들의 이기심은 자손만대에 걸쳐 부귀영화를 누리겠다는 탐욕의 본능이다.

이기심은 본능이요, 본성이요, 근본이다. 이를 부정할 것이 아니라 잘 살펴서 제대로 키우는 것이 중요하다.

혁명을 외친 맑스는 명성과 권위를 얻었다. 반란을 외친 슈티르너는 짧은 명성과 긴 망각의 신세에 놓였다. 우드콕(Woodcock, 1986: 89)의 평가처럼 이론가였지 활동가는 아니었던 슈티르너는 아나키즘운동사에서 주류 아나키스트로 간주되지는 않는다. 그러나 나는 우드콕과는 달리 아나키스트들에게 슈티르너가 끼친 영향력은 제한적인 것이 아니라 매우 충격적이며 심대한 것이었다고 판단한다. 슈티르너의 영향 속에 미국에서는 개인주의적 아나키즘이 활발하게 지속되고 있으며, 동아시아에서는 일제하 박열을 비롯한 일부 아나키스트들이 슈티르너의 개인주의에 기대어 자연스럽게 허무와 테러를 당연지사로 받아들였다. 그리고 21세기와 함께 슈티르너는 포스트아나키즘의 담론과 함께 재인식되고 있다. 슈티르너로부터 고유하고도 적극적인 의미의 개인주의를 재발견하자. 그것은 맑스와 그 후예들에 의해 일방적으로 매도당한 아나키스트들(프루동, 슈티르너, 바쿠닌 등)의 시대를 초월하는 비전을 되살리는 일이기도 하다.

    슈티르너만큼 철저하고도 일관되게 개인의 고유성과 자율성 그리고 존재론적 주권을 확실하게 정립한 사람이 있을까? 나는 슈티르너의 급진적 개인주의론을 유아론적 관점에서 지지한다. 위험한 일일 수도 있다. 무수한 비난과 공격이 있을 것이다. 지금까지 유아론, 유심론, 관념론 그리고 개인주의에 대해 쏟아진 비난들은 모두 일리가 있다. 나도 그 비판의 일단을 인정한다. 그리고 슈티르너식 개인주의에 문제와 한계가 있다는 점도 일부 인정한다. 그러나 모든 지배적 보편과 허구적 추상 그리고 독단적 본질 따위가 그 정체를 드러내고 맥없이 자빠지는 탈근대의 시대인 지금부터 슈티르너의 진가는 인식되기 시작할 것이다. 아나키스트 개인주의는 슈티르너로부터 출발할 필요가 있다. 시대와 조건에 맞게 그의 생각을 잡종화시켜나가면 된다. 다행히도 동아시아의 노장과 그 후예들 가운데서 슈티르너에 필적하는 그리고 그의 생각을 보완하면서 성숙시키는 또 다른 멋진 개인주의자들을 발견할 수 있다.

4. 동아시아의 개인주의적 아나키즘

개인주의적 아나키즘의 전통은 서양에만 있는 것이 아니다. 집단주의가 지배적인 가치로 군림해왔다고 간주되는 동아시아에서도 일찍부터 개인의 가치 혹은 인간의 존엄성을 인식하고 있었다. 동아시아의 개인주의는 인간을 창조한 유일신 하느님이 없는 우주와의 관계 속에서 발생했다는 점에서 서구와는 색다른 변별성을 갖는다.

동아시아적 개인주의는 동아시아 사상과 삶의 근간을 이루는 깨우침 혹은 득도를 향한 개인적 차원의 수신과 수양, 수련과 수행에서 발생한다.[9] 개인에서 시작하여 개인으로 나아가되, 그 과정에서 타인들과의 만남을 중시하나(연緣, 예禮 등), 언제나 그리고 마침내는 다시 개인으로 돌아오는 개인주의이다. 위아爲我와 이기利己는 항상 홍익弘益과 이타利他를 전제하고, 그것과 연결된다. 개인은 국가나 사회보다도 존재론적으로 훨씬 심원한 우주적 하나이며, 천태만상의 세상에서 고유하고도 유일한 유심적 존재이며, 만물만사를 사랑할 수 있는 능력을 가진 합일적 존재이다.

1) 노장의 위아 사상과 개인주의적 아나키즘

노장사상이 동양적 아나키즘의 원천이라는 사실은 잘 알려져 있다. 무위자연 혹은 무위이무불위로 대변되는 노장사상은 자연, 즉 스

---

[9] 나는 득도의 차원과 경지를 엄격하게 규정하고 싶지 않다. 종교적 차원의 심오한 경지부터 일상적 차원의 안빈낙도安貧樂道, 식도락食道樂, 주도酒道, 다도茶道, 서도書道, 사도師道, 태권도跆拳道, 유도柔道 등에 이르기까지 삶의 다양한 국면에서 나름대로의 성취와 숙련 그리고 즐거움과 보람을 갖는 경지를 포함한다.

스로 그러함을 추구하며 어떤 형태의 외부적 개입이나 간섭 혹은 인위적인 꾸밈이나 도덕규범의 강요를 거부한다. 여기에는 인간의 본성을 선하게 파악하는 인간관이 전제되어 있다. 현실적으로는 사악한 인간도 많고, 인간이 선악의 양면성을 가진 이중적 존재라는 견해를 노장이 모를 리 없었을 것인데 왜 인간의 성선설에 의존했을까? 어쩌면 노장은 인간의 성선과 성악이 하나의 자연이 되어 그 구별 자체가 없어지는 상태를 전제하고 가정하였기에 성선을 주장하는 것처럼 보이는 것이 아닐까? 인간의 희노애락과 분별심이 모두 잠종화된 어떤 태산 같은 혹은 대해 같은 초월적 경지라면 굳이 성선과 성악을 따질 필요가 없어지지 않을까?

만약 우리가 어떤 유토피아 혹은 대안 사회를 꿈꾼다면 인간의 성선을 기본으로 하여 출발하지 않으면 안 된다. 왜냐하면 인간을 성악적 존재라고 가정한다면 인간 사회는 영원히 유토피아에 근접할 수 없기 때문이다. 노장사상은 인간성과 유토피아의 구현이라는 문제에 내재된 이와 같은 딜레마를 절묘하게 풀어낸다. 바로 반현실주의(혹은 탈현세주의)와 (줄이고, 버리고, 없애자는) 최소주의의 지혜로부터 현실적 유토피아의 가능성을 구한다.

인간은 대체로 강하고, 부유하고, 고귀한 것을 좋아한다. 그러나 노장은 약하고, 가난하고, 낮은 것을 택하라고 권유한다. 세상 사람들이 다투어서 얻고자 하는 것으로부터 멀어지면 아무도 나에게 시비를 걸지 않을 것이고, 나 자신도 힘들게 삶을 살 필요가 없는 법이다. 사회에서 가치 있는 것으로 간주되는 권력, 재산, 명예, 학문, 도덕 등에 연연하거나 집착하는 대신에 이것들을 최대한 버리고, 잊고, 털어내는 최소화의 삶이야말로 가장 자유롭고도 풍요로운 생활 방식이라고 말한다.

이와 마찬가지로 국가도 부국강병을 한답시고 백성들의 노역과 병역 그리고 세금을 가중시키고, 문화와 예술을 진흥시키고, 도덕과 윤리를 강조하고, 국가 위엄을 보여주고자 전쟁을 자주 일으킨다면 백성들은 모두 다른 나라로 도망가고자 할 것이다. 국가를 작게 하여 있는 듯 없는 듯 만들고, 백성들의 의식주나 해결해주고, 전쟁과 같은 분쟁을 일으키지 말아야 백성들은 태평성대라고 한다. 백성들 각자가 개인 개인으로 알아서 자신의 삶을 살아가도록 내버려두면 그것이 바로 좋은 사회, 좋은 삶이라고 생각한다.

물론 오늘과 같이 거대 복잡 사회에서 이 논리가 적용될 수 있을지 의문을 품는 사람이 많겠지만, 세상을 편하고 안전하게 살아가는 이치는 크게 다를 바 없다. 세상이 아무리 복잡해도 개인들은 각자 자기 수준에서 삶을 꾸려나간다. 큰 욕심을 부리지 않고, 욕심을 줄여나가면 큰 문제는 생기지 않는다. 안심입명安心立命의 길이 따로 없다.

(1) 노자의 개인주의

노장은 중국 아나키즘의 효시이다. 내가 중요한 전거로 참고하는 소공권(2004: 32)의 『중국정치사상사』에 의하면 "유가와 묵가는 사라져가는 옛 제도에 대한 그리움을 표시하고 그것의 유지 내지 회복을 도모하는 적극적 입장이며, 법가는 현상을 승인하고, 혹은 의도적이거나 아니거나 간에 장래의 새로운 추세에 영합하여 그것을 정당화하는 적극주의를 표방하나, 노자와 장자의 도가 및 모든 위아(개인주의적) 사상가는 신구의 모든 제도를 혐오하고 개인의 자족과 자적에 편중하는 소극적 태도"라고 분류한다. 나아가 "노장사상은 선진 시대 위아 사상 가운데 가장 순수하고 가장 내용이 풍부하고, 또 가장 조리가 우수한 사상"이라고 평가한다.

우선 개인주의를 위아(주의)라고 표현한 것이 매우 흥미롭다. 위아가 개인주의보다 훨씬 거부감이 적게 느껴진다. 한국의 일상적 용어법에서 개인주의나 에고이즘에 따라붙는 부정적 의미 연관이 별로 없다. 나를 위하는 주의를 두고 누가 시비를 걸고, 핏대를 올리며 반대할 것인가?

노장사상이 위아 사상으로 발전한 까닭은 무엇인가? 유가와 달리, 노장은 정치의 효능 혹은 국가의 기능성을 믿지 않았다. 그 대신 개인의 가치를 긍정적으로 인식하였다. 당대는 국가나 정치가 개인을 보전할 수 없는 난세였으니, 자연히 개인은 그 스스로 자신의 안위를 책임질 수밖에 없었다. 노자는 반자지도返者之道의 원리에 따라서 유약柔弱, 유순柔順, 검약儉約, 검하謙下, 관용寬容, 지족知足 등으로 개인이 생명 보존과 처세에 임할 것을 설파했다.

노자의 제안은 분명히 적극적인 처세를 추구하는 것은 아니나, 소극적이지만 안전한 세상살이를 유지하는 방법이다. 세간의 오해와는 달리 세상만사에 대한 완전한 허무주의적 체념이나 단절을 의미하지도 않는다. 그러나 도 혹은 무를 향한 노자의 무위 사상은 현실적 제도나 가치로서 표현된 유위有爲를 끊임없이 반성하고 최소화시키자 하므로 허무주의적 지향성을 갖는다.

대도大道가 사라지니 유위로서 인의仁義가 생기고, 지혜가 생기고 큰 거짓이 생긴 것이다. 개인이 세속의 가르침을 잊고, 그것이 추동하는 욕망도 억제하면 스스로 만족할 수 있는 기쁨을 얻을 수 있다. 인위적으로 억지로 하지 않는 무위이지만 그것은 자연의 도리처럼 못하는 것이 없는 행함이기도 하다[無爲而無不爲]. 노자가 이 대목에서 어떤 보이지 않는 손의 섭리를 가정한 것은 결코 아니다. 현세의 모든 문제가 인간들의 억지가 만든 제도나 가치에 기인하는 것이므로 억지를 부리지 않는다면 매사는 자연스럽게 흘러갈 것이라고 기대할 뿐이다.

노자의 무위자연에 따른 개인의 양생안락養生安樂이 도달하는 지점은 매우 소박하다. 그것은 당대의 중국 현실에 비추어 보더라도 반문명적이다. 노자는 『도덕경』(80장)에서 이상적 과거로 되돌아가는 문명전환을 다음과 같이 꿈꾸었다.

> 나라는 작고 백성도 적다.
> 아주 큰 기량을 가진 사람이라도 쓰지 않는다.
> 백성들로 하여금 죽음을 두렵게 여기게 하고,
> 먼 곳으로 옮겨 다니지 않게 한다.
> 비록 배와 수레가 있더라도 타는 일을 없게 하고,
> 백성들은 노끈을 매어서 글자 대신 쓰던 소박한 상태로 다시 돌아간다.
> [그리하여 사람들은]
> 음식은 달게 먹고, 아름다운 의복을 입고, 편히 거처하며, 풍습을 즐긴다.
> 이웃 나라가 서로 바라보이고, 닭과 개의 소리가 서로 들리나
> 사람들은 늙어 죽을 때까지 왕래하지 않는다.

노자의 이상향을 문자 그대로 받아들인다면 아득한 원시공동체적 사회로의 회귀를 의미한다. 루소 Jean Jacques Rousseau가 자연으로 돌아가라고 외쳤을 때의 그 황금시대와 유사한 메타포이다. 현대의 원시주의적 아나키스트들 primitive anarchists이 노자의 이상향을 꿈꾸고 있다. 그러나 이제는 돌아가기를 원하는 사람도 돌아갈 곳도 없다. 귀

농 귀촌도 하고, 전원생활도 하고, 자연인으로 살려는 사람도 있지만 소수에 불과하고 흉내로 그치기 쉽다. 아마존이나 인도네시아의 밀림 지대에도 이미 문명의 기계 소리와 자본주의의 돈 냄새가 스며들었다.

  현대의 아나키스트는 노자의 이상 사회를 21세기에 부합되도록 새롭게 해석하고, 새롭게 구체화해야 한다. 어떻게? 노자의 이상 사회를 현대적 감각으로 한번 풀어보자.

    인구 감소는 절대 필수이고,
    국가 체제는 해체하여
    지방분권과 자치 조직의 최소 기본단위로서 코뮌 혹은 마을을 형성한다.
    말만 번지르르한 선동꾼이나,
    화려한 경력과 업적을 자랑하는 욕심 많고 제 잘난 사람은
    지도자로 뽑지 않는다,
    개인들은 건강에 유념하여 (도교의 양생 비법을 터득하여) 무병장수하지,
    부와 명예를 좇아 이리저리 정신없이 돌아다니지 않는다.
    개인들은 단순함과 소박함을 유지하면서도
    현재의 삶에 만족하는 지혜를 배우게 될 것이다.
    그리하여
    굶지 않고 배를 채우며, 헐벗지 않고 걸칠 옷이 있으며,
    풍찬노숙하는 신세가 아니라 쉬고 잠잘 수 있는 오두막집이라도 있고,
    세시 풍속을 즐길 수 있는 여유만 있다면 그것으로 족하다.

이웃이 나보다 더 잘살고, 다른 지역이 더 살기 좋은 곳이라 해도, 욕심내지 않고, 부러워하지 않으며
내가 사는 여기가 부족하더라도 분수를 지키며 지금을 즐기며 산다.

현대의 과도한 물질문명, 경쟁 욕구, 성취동기 등을 반성하는 탈물질주의적인 소박하나 안락한 삶의 모습이 아니겠는가? 여기서 중요한 점은 이 모든 생활양식이 국가에 의해 제공되거나 만들어지는 것이 아니라, 개인 각자의 자연스러운 노력, 즉 무위에 의해서 성취된다는 점이다. 국가는 그 자체가 유위의 산물이요, 유위를 조장하는 것이지만, 개인은 국가에 의해서 강요된 유위를 걷어치우고 무위의 세계를 발견하여 그곳에서 안락할 수 있다. 소로Henry David Thoreau가 개척한 미국의 아나르코 원시주의에 그 현대적 맥이 닿아 있다.

노자는 혁명주의를 요구하지 않는다. 한편으로는 유위의 현실에 순응하면서, 다른 한편으로는 무위의 신세계를 발굴함으로써 안분낙도安分樂道를 도모하고자 한다. 당시의 실정으로는 개인들이 혁명 운운할 상황도 아니었고, 조건도 구비되지 않았기에 이는 매우 적실한 가치관이자 행동 양식이었다. 혁명이 곧 전쟁이었고, 백성들은 전쟁의 폐해에 너무나 시달려 전쟁 후 평화란 것도 믿을 수 없는 잠깐의 휴지임을 알고 있었다. 특히 대부분의 사람이 문맹이었고, 공부할 여유도 없었으니, 노자의 (옛 성현들의 지혜를 배우려 하지 말고, 학습을 통해 지식을 늘리려고도 하지 말라는) 절성무학絶聖無學은 그야말로 민초를 위한, 민초가 실천할 수 있는 이념이라 아니할 수 없다.

노자의 개인주의는 난세의 개인이 어떻게 삶을 소박하게나마 보전할 수 있는가를 알려주는 일종의 실용적 처세주의로도 이해할 수 있

다. 동시에 이 안심입명 처세의 도는 군왕으로 하여금 어떻게 하면 난세를 무난히 다스릴 수 있는지를 알려주는 치국의 도가 될 수 있다. 백성들을 강제하고 착취하지 말라는 것이다. 노자는 무위를 개인의 길과 국가(= 왕 개인)의 치술로 제안하여 개인적 생生의 안락과 국가적 치治의 태평을 동시에 얻고자 하였다. 바람 불면 바람 부는 대로, 물결치면 물결치는 대로 흘러가는 삶이요 치국治國이라고 할 수 있다.

(2) 장자의 개인주의

노자의 아나키즘은 장자를 통하여 체계적이고 확실하게 발전한다. 장자는 노자의 위아 사상을 적극적으로 전개하여 천락天樂과 소요逍遙라는 경지로 개인의 삶을 유도한다.

장자의 개인주의를 이해하기 위해서 먼저 간략하게 그의 우주론, 존재론 등을 정리해보자. 장자(소공권, 2004: 314에서 재인용)에 의하면 만물은 모두 무형의 도에서 생성되었고, 도는 만물에 스며들어 만물에 두루 존재한다. 장자에게 도는 "어디나 없는 곳이 없다."(『장자』「지북유」) 모두가 도에서 함께 나온 것이므로 물物과 아我 사이에는 경계가 없다. "천지가 나와 함께 공존하니 만물과 나는 하나가 된다."(『장자』「제물론」) 다시 말해 "서로 같은 점에서 본다면, 만물은 모두 하나인 것이다."(『장자』「덕충부」)[10] 이와 같은 장자의 물아일체관은 오늘날의 존재론적-인식론적 지평, 예컨대 생태주의나 포스트휴머니즘 등에 매우 유용한 좌표를 제공한다. 인간 생명에 관한 과도한 신성화나 일방적인 신비화를 제어할 수 있는 지침이 되기도 한다. 물질성과 비

---

10 이 주장은 피히테의 "나는 모든 것이다"라는 주장과 맥락을 같이한다.

물질성 혹은 생명성과 비생명성의 잡종화로서 인간존재의 고유한 잡종성을 이해해야 한다.[11]

"무릇 천하의 모든 것은 하나로 귀일되는 것이요, 한 가지로 만물이 돌아간다는 것을 알고 이를 깨우치면 육신이란 흩날리는 먼지에 불과하며, 생사란 주야가 바뀌는 것에 불과하다"(『장자』 「전자방」; 소공

---

[11] 라투르(2010)는 ANT(Actor-Network Theory)를 통하여 기존 인간중심주의를 비판하면서 인간과 동등한 행위자로서 비인간적 생명체(동식물 등)나 생명 없는 것으로 간주되는 물질의 행위성에 주목한다. 이것은 일종의 포스트휴머니즘적 시각으로 간주할 수 있다. 일찍이 1950년에 던컨Otis Dudley Duncan도 『인간생태학』을 통해서 유명한 POET(Population, Organization, Environment, Technology) 모델을 제시하여 오늘날 환경 연구에 선구적인 영향을 끼쳤다. 김환석(2014)이 소개하듯이 라투르는 특정 사물이나 비인간 생명체가 특정 과학자들을 통하여 그들의 뜻 혹은 의지를 대변한다는 점에서 인간과 행위론적 대등성을 가진다고 주장하나 이것은 특별하게 새로운 관점이나 발견이 아니다. 예로부터 천지만물과 소통하면서 그들의 뜻을 전하는 사람들(예언자, 도사, 점성술사 등)이 무수히 존재하였다. 동양적 물아일체관을 추구하는 나는 만물만사의 (개별적이면서도 하나인) 하나성을 강조한다. 실제로 인간도 물질이요, 비인간적 생명체이기도 하다. 도대체 "인간적"이라는 게 무엇인가? 그리고 인간의 사물 혹은 생태계에 대한 의존성이 계속 증대하는 오늘날 비인간적 존재자의 권리(?)를 인정해야 한다는 주장은 당연하다. 인간의 비인간적 속성 혹은 비생명성 내지 물질성에 대한 존재론적-인식론적 각성이 요청된다. 이미 루만은, 다른 맥락이기는 하지만 인간이 사라진 혹은 숨어버린 체계들의 세상을 제시하고 있지 않은가? 내가 개인을 국가요, 사회요, 공동체라고 주장하는 이유가 바로 개인을 인간이라는 "위대한 허상" 속에 감금하려는 종교(인간은 신의 창조물이다)-도덕(인간은 인류성을 지닌 존재다)-국가(국가는 인간 사회를 보호하고 발전시킨다)권력을 불신하기 때문이다. 인간을 포함한 천지만물의 (개인적 혹은 개체적) 하나성을 인식하는 것이 바로 라투르가 말하는 "사물의 정치"를 한 단계 높은 수준에서 실현하는 인식론적 전환이 될 것이다. 과학자나 누구의 입을 빌려 자신을 대변하는 것이 아니라, 사물이 사물로서의 인간을 선택하여 자신의 뜻을 전하는 것이다. 여기서 핵심적인 사항은 사물도 인간처럼 각양각색이라 어떤 사물은 생태 파괴나 위험에 아랑곳하지 않을 수도 있기 때문에 성장 제일주의자나 안전 불감증 정치인도 생기는 것이다. 놀랍지 않은가? 사물에도 권력의 세계가 있어 목소리가 커야 잘 들릴지 모른다. 동양 사상의 생태철학적 함의가 바로 이 물아일체라는 존재론적-인식론적 통찰에 있다.

권, 2004: 315에서 재인용)는 물아균일物我均一의 사생관을 지닐 수 있다. 나아가 "사물은 원래 그 나름의 존재 이유가 있고, 그 나름의 가능성을 가진다. 존재 이유가 없는 사물도 없고, 가능성이 없는 사물도 없다."(『장자』「제물론」; 소공권, 2004: 316에서 재인용) "그러므로 만물에는 귀천이 없고 … 공용성功用性의 견지에서 보면, 만물의 공용성은 상대적인 것이다. 즉 유용하다고 해서 유용하게 보면 유용하지 않은 것이 없고, 또 무용하다고 보면 무용하지 않은 것이 없다. 동과 서는 서로 상반된 것이지만 상대가 없으면 성립될 수 없으니 공용성은 이와 같이 상대적 작용으로 결정되는 것이다. 사람의 취향의 입장에서 나름대로 옳다고 하는 것을 옳다고 하면, 만물에는 옳지 않은 것이 없고, 또 나름대로 그르다고 하는 것을 그르다고 하면, 만물에는 그르지 않은 것이 없는 것이다."(『장자』「추수」; 소공권, 2004: 315에서 재인용)

이처럼 장자에게는 절대적으로 바른 것은 없다. 나와 너 사이의 변론에 시비의 표준을 세울 수 없으므로 시비를 가리기가 어렵다.

장자의 상대주의는 독특하다. 그는 만물의 하나성과 고유성을 동시에 주장한다. 즉 균일주의/귀일주의와 개별주의/개인주의라는 구심성과 원심성을 동시에 파악한다. 개별적 혹은 개인적 수준에서 강조되는 개개의 고유성이라는 기능적 차원은 상대적이지만, 이 상대성은 존재론적으로는 도라는 일원의 경지에서 소멸되는 것이다. 이 지점에서 개인주의는 허무주의라는 한 극단으로 움직일 수도 있고, 처세치세處世治世의 유위주의라는 또 다른 극단으로 갈 수도 있다. 전자가 향하는 허무주의적 무위의 길은 퇴은침잠退隱沈潛이라는 탈세脫世의 길과 향락파괴享樂破壞라는 별세別世의 길로 나뉜다. 후자가 향하는 처세주의적 유위의 길에서는 한당 시대처럼 정치 참여의 치술을 구할 수 있다.

장자가 보기에 도는 일상의 자연스런 생활 속에서 존재하므로 인위적인 것이 자연적인 것을 소멸시키지 않으면, 개인은 도와 합치될 수 있다. 이 제물외생의 경지로 나아가면, 개인은 변화가 없는 가운데서도 영원히 존재할 수 있게 된다. 여기에는 과거도 현재도 없으며, 삶과 죽음이 상통하게 된다(카스텔이 네트워크사회의 특성으로 발견한 Timeless time!). 시간의 흐름에 일신을 맡기고 운명의 부름에 순응한다면 슬픔이나 기쁨도 나를 건드리지 못한다. 개인은 외생으로써 지안지락至安至樂의 삶을 누릴 수 있다.

장자의 외생은 자연에 완전히 순응하는 것으로서 "(노자나 불가처럼) 청정과 적멸의 상태도 아니고, 자아를 소제掃除하는 것도 아니다."(소공권, 2004: 316) 그것은, 슈티르너가 말하는 것과 달리, 개인이 반드시 자기 자신이 되는 것도 아니고, 또 다른 개인을 따르기 위하여 자신을 버리는 것도 아니다. 각각의 개인들은 그 자적自適하는 바에 따라 만족하며, 소요逍遙한다.

그렇지만 물아가 함께 존재하는 세상만사가 온전하게 작동하려면 물아가 서로 간섭하지 말아야 한다. 개인은 세상에서 자기를 위한 자적을 추구하면 된다. 모든 정치적 체제와 사회적 예속은 개인에게 아무런 소용도 없고 오직 구속이 될 뿐이다. 나는 타인을 간섭하지 않고, 또 타인도 나를 간섭하지 않는 것이 무위의 절대 자유를 보장한다. 그러므로 개인을 자유롭게 방임하고 관용할 수는 있어도 인간을 교화하여 다스리는 것은 유위의 화를 낳는다. 여기서 공자와 장자의 상이한 물아관이 드러난다. 공자의 물아가 공감하는 인仁 혹은 측은지심과 연결되어 공동의 기쁨과 근심을 나누는 것이라면, 장자의 물아는 무위를 지향하므로 양자 사이의 모든 연계를 단절시키고자 한다. 어느 길을 택해야 할까?

장자(와 노자)는 대부분의 아나키스트처럼 인간의 본성에 대하여 매우 낙관적인 견해를 가졌다. 인성이란 자연적으로 완선完善하므로 군자의 교화가 필요 없고 사회는 자유롭기만 하면 된다. 개인의 무위이무불위가 사회적 조화를 이룰 수 있고 또 개인이 절대적 자유를 누릴 수 있는 근거가 바로 이와 같은 인간의 본성적 선에 있다. 유위의 현세에 대항하여 투쟁할 필요도 없고, 개인들이 어렵게 도통하여 초인적 도인이 될 필요도 없다(소공권, 2004: 109, 329-330). 범인으로서는 귀가 솔깃해지는 대목이 아닐 수 없다. 그러나 세속의 명리를 좇느라 사라지거나 묵은 때가 잔뜩 낀 우리의 본성을 맑게 하기가 결코 쉽지 않으리라.

　장자는 이처럼 매우 철저한 개인주의와 자유사상을 내세웠다. 개인을 무한히 그리고 낙관적으로 신뢰하였으나, 정치나 제도와 같은 외적 장치는 개인과 자유에 소용없는 것으로 보았다. 슈티르너처럼 그러나 노자와는 달리, 장자는 아무런 구체적인 사회적 약속이나 유토피아로서의 대안 사회를 제시하지 않았다. 만물과 하나가 된 개인은 그 자체가 모든 것이요 모든 가능성이다. 그러나 슈티르너와는 다르게, 장자에게는 에고이스트 연합도 필요 없다. 그래서 장자를 두고 동서고금에 걸쳐 최고의 극단적 개인주의자라고 부르는지 모르겠다. 세상에 나 홀로 선 나. 어쩌면 우리 모두가 이런 존재가 아닌가? 사람들과 더불어 희희낙락하거나 노심초사해도 결국은 나 혼자이고, 무리 지어 일을 하고 떼를 만나 성사시키더라도 종국에는 공수래공수거空手來空手去하는 나 홀로의 삶을 살고 있지 않는가?

　소공권(2004: 333)의 멋진 평가처럼 장자에 따르면 "타인에 대한 간섭이라는 한 가지 일을 제외하고는 개인은 각기 그 옳은 것을 행할 수 있다. 그 결과로 개인은 유일한 가치가 되고, 자유는 지능의 발전을 보장하는 수단이 아니라, 그 자체가 최종적인 목적이 된다. 장자의 재유는 가장 철저한 자유사상이며, 또 가장 순수한 자유사상이다." 개인과 자유는 그 자체가 목적이다! 소공권(2004: 333)에 의하면 유럽의 아나키즘은 정치적 제재의 폐지와 사회적 약속의 존속을 주장하는 경향을 보여, 장자의 「재유」에 드러나는 철저한 경지에 이론적으로 미치지 못한다. 다만 소공권은 장자에 필적할 만한 서구 아나키스트로서 슈티르너를 지목하였다.

노장의 도가 전통을 이어받아서 매우 심오하고 격렬한 개인주의를 발전시킨 후세들이 있다. 자연주의 숙명론에 입각하여 당대 전제정치의 공허함을 지적했던 왕충王充 같은 이도 있었고, 노자의 천지불인을 나름대로 해석한 결과 인간 사회에 대하여 근본적인 실망을 지니게 된 열자列子처럼 "성정性情이 방종放縱하고, 자휴自休에 안주하며, 짐승처럼 행동하는" 퇴폐적 흐름도 있었으며, 일신의 안락과 오관의 충족만이 인생의 의미라고 하면서 낙생樂生과 일신逸身을 도모하는 무리도 있었다. 허무주의적 위아 사상이 흐를 수 있는 한 경지가 개척된 셈이다.

이들, 완적, 포경언, 도연명 그리고 무능자無能子 등은 "군신의 제도 및 군자의 예법은 잔인하게 해치고, 위태롭게 하고 죽이는 술수일 따름"으로 군주가 없던 과거에는 개인이 훨씬 즐겁고 편하고 자유로웠으므로 임금이나 국가 제도가 없는 무군無君이나 반군反君을 요구하는 극단적 논리로까지 나아갔다(소공권, 2004: 645). 무위나 위아의 논리적 극한이 아닐 수 없다. 진나라에서 비롯된 전제정치가 한당 시대를 거치면서 더욱 강화되자 개인주의적 위아 사상가들은 무위의 논리를 더욱 밀고 나가 군주와 국가를 부정하는 용맹 정진을 보여주었다.

끝으로 왕양명王陽明의 영향을 받은 이지李贄는 유가적 예속과 명교를 철저히 부정하여(소공권, 2004: 945), 추상적 현담이나 위공멸사를 반박하고 남녀평등을 주창하면서, 적극적 개인주의와 철저한 자유사상을 탐구하였다. 특히 개인적인 사심에 관한 그의 입론은 매우 강경·강렬하다. "사私라는 것은 곧 사람의 마음이다. 반드시 사가 있은 다음에 그 마음이 나타난다. 사가 없으면 마음도 없다. 예를 들어 전답을 가진 자는 가을의 수확을 사적으로 가질 수 있어야 전답을 가꾸는 데 힘을 다한다. … 학문을 하는 자는 수확에 사적으로 진취할 수 있어야 과거 공부를 하는 데 힘을 다한다. 관리가 되려고 하는 것은 봉록과 작위를 사유할 수 있기 때문이다. 공자도 사구의 임무나 직권을 받지 않았다면 결코 노에서 몸을 풀지 않았을 것이다. 이것은 자연스럽고 필연적인 이치로서 가공의 억설이 아니다. 무사無私라는 것은 모두가 그림의 떡과 같은 이야기이고 구경거리에 불과한 것이다."(소공권, 2004: 946에서 재인용) 개인의 사적 소유나 이기심에 관한 통쾌한 변론이다.

이처럼 개인의 자유를 존중한 이지는 공맹을 비판하고, 6경을 회의하고, 도통을 무너뜨림으로써 전제정치 시대의 모든 사람의 미움을 받아 스스로 순절한다. 이지는 개인은 (다른 사람에게 향하는) 위인爲人이 아니라 자기를 위하는 위기爲己를 하고, 수신을 통해 자적하는 삶을 살아야 한다고 하였다. 그런데 이지는 참으로 현명하게도 비록 무위의 도를 주창했지만, 자연과 필요의 이치에 따라서 유위와 무위의 쓰임이 다를 수밖에 없다는 점을 인식했다. 무위세상에서는 불용의 치술을 지키고, 유위성세에서는 유용의 묘를 구해야 한다는 것이다. 위기爲己와 자적自適은 동아시아적 개인주의인 위아의 핵심이다.

노장과 도가의 개인주의는 하나에서 만물, 무위에서 유위, 자유에서 자연, 환락에서 천락에 이르기까지 광활한 도의 세계를 우리에게 알려준다. 공자의 수신도 기본적으로는 이지가 말한 것처럼 개인 자신의 삶을 위한 필수적 원리가 아니었을까? 수신제가치국평천하는 개인적 삶의 확장 가능성을 지적한 것이지, 모든 사람이 그 길로 갈 수 있다는 것이 아니다. 또 수신은 군자 소인의 구별 없이 모두가 추구해야 할 일상의 생활양식이 아닌가?

2) 유가의 개인주의

유가의 개인주의도 재인식할 필요가 있다.[12] 공자가 천하위공과 대동을 내세웠고, 후대가 이理에만 집착하였기에 유가의 개인주의적 차원이 무시되었을 뿐이다. 멸사봉공滅私奉公! 사를 죽이고 공을 받들라! 개인을 죽이고 전체를 살려라! 이런 흐름 때문에 유가는 천하에 통용되는 보편주의, 개인적 사에 대립되는 전체적 공의 개념을 핵심적인 것으로 간주하는 이념으로만 여겨졌다.

---

[12] 최근 황태연(2014; 2015)은 공자의 학문 방법론을 "공감적 해석학"으로 발전시키고, 이를 기반으로 "도덕과 국가의 일반 이론", 즉 "대동 패러다임의 인애·행복 국가 이론"을 새롭게 구축하고자 한다. 도덕 이론과 국가 이론의 정립은 아나키스트 자유주의자로서 나의 유교에 관한 개인주의적 해석과는 반대 방향인 것처럼 보일지 모른다. 그러나 사랑의 한 차원으로서 공감의 문제는 반드시 개인에서부터 출발하여 개인으로 되돌아와야 한다고 나는 주장한다. 인애든 행복이든, 공감이든 감정이입이든 그것들은 모든 의미가 생멸하는 나 개인의 마음 심心의 문제일 뿐이다. 물론 황태연이 정치학적으로 생각하는 도덕과 국가는 나의 개인이 여러 가지 형식으로(즉 불가식 표현을 사용하자면 색色으로, 공空으로, 혹은 색공여일色空如一로) 소유하는 도덕과 국가와는 다소 상이할 것이다. 국가가 나를 위해서 인애와 행복을 제공하거나 보장·유지하는 것이 아니라, 내가 사랑의 하나 혹은 하나의 사랑을 통해서 다른 개인들과 연합하여 나의 국가를 내 마음속에서 만드는 것이다.

그러나 나는 유가의 개인주의를 발전시키고 확장해야 유가의 현대적 부활이 순조로울 것으로 믿는다. 오늘의 중국이 보편적이고 공적이며 체제 유지적인 유가에만 집중하여 유교 부활 혹은 유교의 세계화를 추구한다면 그것은 반쪽짜리 유교만 추구하는 것이다. 중국 사회가 앞으로 더욱 복잡다단하게 발전해나가면 그런 유교는 실패하고 말 것이다. 현재 중국의 (서구적 의미의) 비민주적 공산당 정권은 집단과 질서를 강조하는 유가에 면죄부를 주고 이를 복권시키고 있는 것이 아닐까? 유가와 유교의 혁신은 유교 개인주의의 재발견에서 시작한다.

유가 개인주의의 출발은 수신제가치국평천하이다. 개인의 수신이 없으면 가족이든, 국가든, 천하든 공을 향한 그리고 공을 위한 모든 유가적 기획은 공염불이 되고 만다. 함께 공을 만드는 공공共公이 아니라 텅 빈 허망한 공공空公이 될 뿐이다. 유가에서 제시되는 모든 덕과 가치는 사적 개인의 성숙과 실천을 전제로 한다. 인의예지신과 같은 도덕규범은 그 자체로서는 그야말로 공공空空이다. 그것은 일상생활에서 개인들이 행동 규범으로서 실행하고 준수할 때 비로소 가치를 지닌다. 공자 자신의 창작물이 아니라 공자가 옛 성현들의 가르침을 그저 기술한 것이라는[述而不作] 도덕과 규범도 모두 당대의 개인들이 수용하고 실행했던 것들이다.

공자는, 매우 흥미롭게도, 군자가 추구해야 할 학이란 위인지학爲人之學이 아니라 위기지학位己之學이라고 하였다. 남을 위한 학문이 아니라 자기를 위한 학문을 하라는 말이다. 이를 두고 남이 인정하는 속세의 거짓 자아가 아니라 내면의 참된 자기를 찾는 공부를 하라는 말로 확대 해석하나 그 근본적 의미는 동일하다. 개인적 수신, 수양, 수련, 수행을 철저히 하라는 것이다. 개인은 신독愼獨의 상황에서 택

선고집擇善固執하고 계신공구戒愼恐懼해야 한다. 나아가 격물치지格物致知와 성의정심誠意正心이라는 개인의 완성 혹은 득도의 추구 과정이 있어야 수신, 제가, 치국, 평천하가 순조롭게 추구된다. 세상을 잘 다스려 백성을 잘 살게 한다는 경세제민經世濟民이라는 유교 통치의 근본 취지도 결국은 관리 개인 개인 그리고 백성 개인 개인의 문제가 아니겠는가?

유가 또는 유교의 최대 관심사는 개인을 완성시켜 사회를 안정시키는 것이다. "수신제가치국평천하"를 개인주의적 관점에서 이해하자면 결국 세상 천하의 근본은 개인이며 개인을 완성시켜야 사회도 완성될 수 있다는 주장이 된다. 공자는 『논어』「이인편」에서 자기만의 이익에 몰두하는 인간을 "소인小人"으로 규정하고, 타인에 대한 사랑으로, 인仁을 통해서 소인을 극복할 수 있다고 했다. 공자의 인은 선천적인 것이라기보다는 자기 수양을 통하여 습득하는 것이다. 그렇다면 공자의 인은 소아적 개인주의를 넘어 군자지도로서 타인을 배려하는 대동적 개인주의가 아닌가.

나아가 공자는 말년에 자신의 생을 되돌아보며 인격과 인간성의 발전 단계를 다음과 같이 설명하였다. "나이 열다섯에 학문에 뜻을 두었고[吾十有五而志于學], 서른에 뜻을 세웠고[三十而立], 마흔에 유혹을 벗어났고[四十而不惑], 쉰에는 하늘의 명을 알게 되었고[五十而知天命],[13] 예순에는 말의 순리를 이해하게 되었고[六十而耳順], 일흔이 되

---

13 조광수(2014: 2015)는 『나는 서른에 비로소 홀로 섰다』와 『나는 이제 지천명이다』라는 책에서 『논어』를 중심으로 전환기에 처한 한국의 30대 청년과 50대 중년에게 개인 각자가 깨닫고 개척해야 할 삶의 방식을 제시한다. 이처럼 유교는 공적 규범 못지않게, 아니 그 이상으로 사적 혹은 개인적 차원에서 지켜야 할 도리와 처신을 강조한다. 나는 최근 조광수와의 몇 차례 토론을 통하여 유교의 개인주의적 차원

자 하고 싶은 대로 하여도 법도에 어긋나지 않았다[七十而從心所欲不踰矩]." 이 말은 개인의 수신이라는 것도 오랜 세월을 거치면서 서서히 완숙의 경지에 이른다는 것을 의미한다. 그렇다면 제가치국평천하는 부모로서, 치자로서, 혹은 천자로서 각각의 개인들이 수신을 끊임없이 지속하는 가운데 이루어지는 것이다. 유가의 모든 도덕과 가치는 개인들이 각각의 위치와 역할에 따라서, 즉 도리와 분수에 맞게 지켜야 하는 개인을 위한 그리고 개인에 의한 가치라고 할 수 있다. 즉 개인주의는 유교의 출발이자 최종 목표이다. 천하위공天下爲公은 김태창의 지적대로 활사개공活私開公이지 멸사봉공이 아니다. 위인극기복례爲仁克己復禮를 위인유기爲仁由己라는 관점에서 해석하자면, 이때의 극기는 자신을 부정하라는 의미가 아니라 끊임없는 수신을 통해서 자신을 인격적으로 완성하라는 의미이다.

왜 예수가 네 이웃을 사랑하라고 했는가? 마찬가지다. 개인이 사랑이나 측은지심으로써 인이나 대자대비의 마음을 갖게 되면, 그 순간부터 다른 개인과 세상으로 확대 연결되어 함께[共] 공公도 이루고, 함께 하나를 지향하는 혹은 하나로 돌아가는 공동체도 만들고, 서로 만나는 모임으로서 사회도 생기는 것이 아닌가? 그래서 나는 인과 대자대비를 포함한 모든 사랑을 개인이 타 개인과 연합association하려는 욕구가 바탕이 된 너그러움, 보살핌, 따뜻함, 하나가 되고 싶은 일체감으로 규정하고 싶다. 개인의 자유에도 이 사랑은 표출 혹은 현재화manifestation의 기회를 기다리며 내재되어 있다.

공자의 인과 그 구체적 특성으로서 측은지심은 자기중심의 일방적인 동정sympathy을 넘어서는 상호 소통적인 감정이입 혹은 공감empa-

에 대한 확신을 가졌다.

thy을 추구한다. 이것은 매우 적극적인 타자 지향성을 갖는다. 타인을 배려하여 혹은 타인의 입장에서 자신을 생각하는 것이다. 이를 바탕으로 "측은해하는 마음이 없으면 사람이 아니고, 부끄러워하는 마음이 없으면 사람이 아니고, 사양하는 마음이 없으면 사람이 아니고, 옳고 그름을 분별하는 마음이 없으면 사람이 아니다"라는 유가 특유의 확대적 개인주의, 즉 대동적 개인주의가 발전한다.

그러나 유가의 개인주의적 출발은 동시에 그리고 대체로 집단주의적 목표로 나아가는 일향성을 갖는다. 그래서 유교는 집단주의의 온상이라는 비난을 받는다. 유가의 궁극적 목표는 개인이 체득한 인의 확산을 통하여 사회를 조화롭게 만드는 데 있다. 유가의 이상은 인의에 기반하는 도덕 공동체 혹은 도덕 국가를 세우는 것이다. 그러나 유가가 법가처럼 존군尊君의 관점을 바탕으로 한 치자를 위한 학이라는 평가는 잘못된 것이다. 유가, 특히 맹자의 민본 사상은 유교 민주주의의 초석을 제공한다. 그러나 최근 아시아적 가치 논쟁과 함께 촉발된 유교 민주주의론은 집단적이고 권위주의적인 질서를 옹호하는 공동체주의론의 경향을 갖는다. 그리하여 서구적 개인주의에 바탕을 둔 자유민주주의와 대립되는 것으로 간주되기도 한다. 그러나 유교의 개인주의적 차원을 강조하는 나의 견해로는 유교를 공동체주의로 환원시키거나 개인과 공동체의 조화를 추구하는 것으로 파악하려는 전략은 가능한 시도이기는 하지만 핵심을 놓치는 것이 아닌가 싶다. 왜냐하면 유가 또한 근본적으로는 "하나"라는 도를 개인이 깨우치고 따르는 이론이요, 공자의 인생 성숙론을 보더라도 그것은 개인의 자아 발전 단계를 강조하는 것이며, 끝으로 중용지도 또한 개인과 어떤 외적 실체로서의 공이나 공동체 간의 산술평균적 중용이라기보다는 개인이 항상 간직해야 할 평상심 혹은 마음의 균형을 잡아주는 저울이기 때문이다.

공자의 "수신제가치국평천하"를 개인주의적 아나키즘의 관점에서 거꾸로 해석해보자.

> 천하가 평화로워 전쟁이 없으니, 국가를 세워 다스릴 필요가 없고, 집안에서도 가부장이 소용없도다. 개인들에게는 오직 도 닦으며 즐길 일만 남았다.
> 평천하 무치국 무제가 수신지락 平天下無治國無齊家修身之樂!

유교 사상의 핵심으로서 수기치인 修己治人은 개인의 자기 수양을 통한 세상의 구원과 완성을 목표로 한다. 수기, 즉 자기[己]를 닦는다[修]는 것은 개인이 지닌 선천적 도덕성을 가정하고, 이를 개발(학습)하는 것이 가능하다는 전제에서 출발한다. 그러나 공자가 개인에게 배우라고 한 것은 옛 성현들의 정신과 가르침을 바탕으로 새것을 얻는 것[溫故而知新]이다. 유가의 도가 기본적으로 현상 유지적, 보수주의적, 전통 회귀적 성향을 가졌던 이유이다. 유교의 현대적 중흥을 위해서는 과거와 전통보다는 변화와 변혁이라는 새로움에 더욱 큰 가치를 부여하는 시도들(예컨대 한국의 실학)에 집중해야 할 것이다. 개인의 발견과 개인의 복원이 없다면, 유교의 현대적 함의는 매우 축소될 것이다.

역사적으로 유가는 적극적인 이념적 잡종화를 통하여 그 사상적 맥을 풍요롭게 발전시켜왔다. 순자는 법가와 도가의 이론을 적절하게 유가의 맥락 속에 수용하였고, 한漢의 동중서는 음양오행설陰陽五行說과 천인상관설天人相關說을 과감하게 흡수하였으며, 당송을 거치면서는 위진 시대에 흥기한 불교나 노장사상의 도통道統을 중심으로 각각의 장점을 취사선택하는 신유학인 성리학이 성립되었다. 청 말 중국이 위기에 처하자 캉유웨이康有爲는 대동 세계를 새롭게 정립한다. 이 과정에서 유가의 개인주의는 부침을 거듭하지만, 도가와 불가와의 연관성 속에서 그 영향력을 결코 상실하지 않았다.

3) 불가의 개인주의

불가는 중생 구제의 대승적 차원을 가지지만, 근본적으로 개인주의적이다. 불가의 유아론 혹은 유아 유심론은 서구적 개인 혹은 개인주의와는 맥락적 차이에도 불구하고 개념적 상동성을 공유하는 부분이 많다. 불가의 개인은 특히 존재론적 지평을 광대무변의 경지로 확장하고 있다는 점에서 가히 개인의 존재론적 완성을 보여주지 않았나 싶다. 단 그것은 보통 인간으로서는 쉽게 범접할 수 없는 (그러나 결코 불가능하지 않은) 개인의 자기 발견이요, 자기해방이며, 종국에는 자기 회귀와 자기 초월이 동시에 일어나는 열반극락의 경지이다.

불가에서는 존재자로서 개인의 다양한 존재 양식이 두루 언급되고 있다. 유아로서의 독존, 색으로서의 생존과 실존, 공으로서의 탈존脫存, 소승으로서의 자존, 대승으로서의 공존, 그리고 중도로서의 무상존이 있다. 나는 유아독존에서 출발하고 싶다. 돈오의 깨우침이 없는 나로서는 아직 그 몰아적 경지를 말할 수 있는 처지가 아니다. 불립문자라 말로 표현할 수도 없겠지만.

불가는 처음에는 유아唯我를 거론하지만, 곧 몰아沒我를 논하고 다시 진아眞我를 구한다. 이와 마찬가지로 색즉시공色卽是空인가 했더니 곧 공즉시색空卽是色이고 끝에 가면 색공여일色空如一로 돌아간다. 이것도 아니고 저것도 아니지만 이것이기도 하고 저것이기도 하다는 중관中觀 혹은 중도론中道論은 참으로 깨우치기 쉽지 않다.

불가의 개인주의는 유아의 이념에서 출발한다. 그러나 이 개인은 자아 내부로 침잠하거나 자아 주위만 맴도는 자기중심적 혹은 자기제한적 개인이 아니다. 유가의 소인론과 마찬가지로 흔히 말하는 이기적-자기중심적 개인주의는 개인주의의 발달 혹은 성숙 이전의 원형질, 질료, 잠재성일 뿐이다.

불가는 탈집착을 해탈과 열반의 세계로 나아가는 가장 핵심적인 걸음의 하나로 삼는다. 왜 출가하는가? 세속(사회)에 대한 집착을 끊기 위해서이다. 말하자면 현실의 집단적 질서로부터 벗어나 불성이라는 새로운 가치를 깨닫는 개인적 득도를 이루기 위해서이다. 왜 주색잡기와 육식과 결혼을 하지 않는가? 육욕과 인연이라는 기존 가치를 거부하고, 개인의 본능적 욕구에 대한 집착을 끊기 위해서이다. 왜 무(물질적)소유를 주장하는가? 탈물질주의가 현실의 질곡과 유혹 속에서도 개인들이 유유히 안빈낙도할 수 있는 깨우침의 토대를 제공하기 때문이다.

불가도 유가와 마찬가지로 개인주의에서 출발하지만(상구보리上求菩提) 공동체나 사회를 궁극적 실천의 장이나 되돌아가야 할 곳으로 삼는다는 점에서(하화중생下化衆生) 개인주의와 집단주의/공동체주의를 동시에 포용한다. 모든 개인은 불성을 지닌 존엄한 존재이며, 이를 발견하고 깨우치는 해탈을 통해서 자기완성을 이룩할 수 있기 때문에 불가는 강력한 개인주의적 출발점을 가진다. 하느님의 아들로서 신과 직접 대면하는 개인을 주장한 예수와 마찬가지로 석가도 당대의 주류였던 바라문교의 차별주의에 반대하여 불성을 담지한 모든 개인의 권리와 평등을 주창하였다.

물론 불교의 개인주의가 전제하는 개인은 실체적 존재인 고유한 개인을 대상으로 하는 슈티르너의 개인주의와는 상이한 측면을 갖는다. 불교의 개인은 비실체적 존재로서 무아의 경지에서 불성을 터득하는 "하나의 존재"로 재탄생해야 한다. 불성의 주체로서 불가의 개인은 이미 모든 집착에서 벗어났기 때문에 자아, 나, 개인, 이기심 등으로부터도 해방된 초월적 개인, 완전한 인간 혹은 신의 속성을 갖는다. 이 점에서 불가의 개인주의는 개인 없는 개인주의가 되는 셈이다. 궁극적으로 개인은 존재(라는 집착이나 환상) 자체를 망각한 혹은 탈각한 존재자로서 남는다. 그러나 이 최종적 순간의 득도열반의 존재자가 되기까지 개인은 여전히 개인으로 남아서 불도를 닦고, 중생을 구제해야 한다. 나는 중생 구제가 불가의 최종 목표가 아니고 개인적 수행의 한 형식이라고 간주하기 때문에 역시 불교는 개인주의적이라고 판단한다.

그러나 불가가 자비를 얘기하고, 대승을 추구하고, 현실에 뿌리박고 제도화되면서 불성적 주체로서의 개인은 성속이라는 경계를 넘나드는 잡종적 개인이 된다. 특히 불가의 연기 사상에 의하면 개인을 포함한 삼라만상은 상호 의존하는 관계적 존재이다. 개별적 개인은 그 자체가 관계라는 점에서 전체가 될 수밖에 없는 전일적 존재이다. 현실의 실체적 존재로서의 개인은 해탈을 통해서 실체가 없는 불성이 되므로 이것도 아니고 저것도 아닌, 혹은 이것이면서 동시에 저것이기도 한 중도적 존재 혹은 나의 표현을 사용하면 잡종적 존재이다.

요컨대 불교는 공동체를 떠나는(출가) 개인 수행의 개인주의와 다시 공동체로 돌아오는 사회 구제의 공동체주의를 동시에 지니는 잡종적 이념이다. 그래서 "상구보리 하화중생", 위로는 진리를 깨닫기 위해 노력하고 아래로는 중생을 교화하는 보살행을 강조하는 것이다. 그러나 불교의 개인주의적 차원과 공동체적 차원은 서로 대립 갈등하는 관계가 아니라 하나의 마음(일심)이 작용하는 양면이요, 이 양면은 다시 큰 하나[大一] 혹은 한마음으로 수렴되는 불일불이不一 不二이다. 그러므로 공동체나 중생의 속세는 결국 개인 속에서 융해되어야 하는 하나의 집착으로서 고정관념이 된다.

5. 개인과 개인주의의 확장

지금까지의 논의에서 분명해졌듯이 개인과 개인주의는 존재론적 차원이나 인식론적 차원에서 개인으로서의 타인들과의 연관 속에서만 그 고유성과 구체성을 확보한다. 그러므로 일반적으로 개인주의에 가해지는 원자주의, 고립주의, 파편주의 등의 비난은 개인을 협소하게 이해하고, 개인주의를 자기중심주의와 등치시키는 선입관의 결과일 뿐이다. 다음의 두 가지 주제를 통해서 개인과 개인주의의 의미를 확장해보자.

1) 모나디즘으로서 개인주의?: 강수택의 연대주의 재해석

나의 아나키스트 개인주의는 슈티르너로부터 그 이론적 토대와 실천적 지향점을 발견한다. 나아가 슈티르너를 계승한 터커를 중심으로 한 미국의 개인주의적 아나키스트들로부터 보다 구체적인 현실적 대응 방식을 수용한다. 그러나 슈티르너의 개인주의는 아나르코 코뮤니즘이 강조하는 공동체적 협력이나 연대로 확장될 수 있고, 또 동양의 (존재론적 시작으로서) 물아적 무아-(존재론적 과정으로서) 유아-(존재론적 성숙이나 완성으로서) 탈아적 무아의 순환, 물아일체나 천지인합일 등의 하나 개념과 접맥되어 세상 만물과 연관성을 맺는다. 개인은 생물학적으로 그리고 현실적으로 존재하기 위하여, 즉 생존과 실존을 위하여 타인과 협력·연대하는 공동체적 존재(=공존)가 될 수밖에 없다. 개인의 생존, 실존, 공존은 하나의 존재가 셋(아, 자아, 타아)으로 분화한 차원이다. 그리고 이러한 개인의 삼차원성은 자유가 자신과 타인에 대한 사랑이라는 고유한 힘을 갖기 때문에 순환·지속한다. 욕망으로서 자유는 기본적으로 대상에 대한 사랑이다. 그 사랑(애호지락)은 이기적 본능에서부터 이타적 희생과 봉사에 이르기까지 개인이 즐기고 좋아하는 것이다. 연대감이란 자신과 타인을 운명으로 연결하는 하나의 끈을 잡을 수밖에 없는 개인의 타인에 대한 사랑에서 나온다. 그러나 공동체적 자아로서 (물아일체가 되어) 타아와 공존하는 나는 이미 유아적 단계를 넘는 탈아적 무아로서의 진아를 체득하게 된다.

그런데 최근 강수택(2012a)은 개인주의를 모나디즘의 한 유형으로서 반연대주의라고 규정하고 있기 때문에 이와 관련된 이론적 쟁점과 오해를 밝힐 필요가 있다.

강수택은 오늘날 한국을 비롯한 전 세계가 당면한 문제를 해결하기 위해서 그리고 구체적으로는 시민사회의 발전을 위해서 모나디즘을 넘어서는 연대주의가 필요하다고 매우 체계적으로 강력하게 주장한다. 사회학적으로, 연대의 개념은 뒤르케임이 그 사용에 실패하였음에도 불구하고 이후 사회학자들의 문제 해결용 단골 메뉴나 요술 방망이로서 활용되고 있다. 때로 연대는 공동체나 평등과 트라이앵글을 이루며 무적의 개념 틀로 작동하는 것 같다. (물론 여기서 개인과 자유는 부차적이다.) 뒤르케임은 근대 세계의 전개와 함께 사회 성원의 동질성에 기반을 두는 기계적 연대로부터 이질성에 근거하는 유기적 연대가 창출될 것으로 전망하였다. 그러나 그가 당면한 근대 세계는 아노미라는 비정상 상태와 다르지 않았다. 이 지점에서 우리가 세심하고도 사려 깊게 주의를 기울여야 할 이론적 쟁점이 있다. 그것은 바로 뒤르케임이 사회적 분업의 발전에 따른 개인주의의 순조로운 혹은 순기능적 확장과 함께 유기적 연대도 확산될 것으로 가정하였다는 점이다. 그러나 뒤르케임이 기대했던 개인주의는 제대로 작동하지 않았다. 이와 같은 이론적 딜레마에 처하여 뒤르케임은 개인주의를 바로잡는 도덕적 개인주의를 창안하여 개인의식과 구별되는 집합 의식이나 개인적-심리적 사실과 구별되는 사회적 사실을 강조하는 사회학주의로 전향(?)한 것이 아닌가 하고 나는 추론한다. 그리하여 이후 연대 혹은 유기적 연대는 사회 통합을 강조하는 구조기능론의 핵심적 가치 혹은 목표로서 자리를 잡는다. 여기서 뒤르케임이 그의 비판적 대상이었던 개인주의자이자 경험주의자인 스펜서와는 다른 도덕주의자의 길을 택하였다는 점을 기억해두자. 개인과 연대 간의 고리에 왜 도덕 혹은 종교가 필요한가?

여기서 다시 강수택으로 돌아가자. 강수택(2012a: 333)은 다음과 같이 개인주의, 집합주의, 국가주의, 시장주의를 뭉뚱그려 모나디즘이라는 울타리 안에 가둔다. "개인주의와 이에 기초한 자유주의, 그리고 계급 중심의 집합주의는 모두 국가주의와 마찬가지로 모나디즘에 속한다. 그래서 이들은 개인이든 계급이든 국가든 간에 어느 하나를 일차적인 실체로 간주하며, 사회의 다른 요소들을 모두 주변화시키고 종속화시키는 일종의 환원주의 내지는 결정론적 시각을 공유한다. 또한 이들은 타자와의 관계를 열린 관계와 소통 관계로 인식하는 대신에 닫힌 관계와 도구적 관계로 혹은 단순히 경쟁 관계나 투쟁 관계로만 인식하는 경향이 뚜렷하다."

개인주의와 관련하여 보다 구체적으로 강수택은 로랑(2001: 80)을 인용하면서, 개인주의 가운데는 "연대 사상가인 뒤르케임처럼 개인주의의 원동력을 이기주의가 아닌 인간을 향한 우호감에서 찾으면서 개인주의에 개인들을 결속시키는 역할을 부여하는 민주주의적 개인주의도 있다"고 하면서 반연대주의는 절대적 개인성을 지향하는 키르케고르, 슈티르너, 니체 등의 절대적 개인주의에서 분명히 드러난다고 규정한다. 아울러 20세기 중반 이후에는 절대적 개인주의가 약화되었지만, 개인주의에는 반국가주의적 정신뿐 아니라 반연대주의 정신도 내재되어 있기 때문에, 개인주의는, 그것이 비록 열린 개인주의(강수택, 2010; 타르드, 2012: 2015)라 할지라도 모나디즘일 뿐이라고 간주한다. 주지하듯 타르드Gabriel Tarde는 뒤르케임과 대조적으로 개인주의적 지향성을 가진 동시대의 사회학자이다.

나아가 강수택(2012a: 346-348)은 열린 개인주의로서 기든스, 벡, 래시(1998: 161, 258-259)로 대표되는 21세기의 새로운 개인주의를 다음과 같이 적극적으로 평가한다. "벡의 주장처럼 이러한 개인주의화 경향이 필연적으로 이기주의를 뜻하는 것이 아니다. … 현대사회에서 비록 나르시시즘이나 개인주의 현상이 문제가 되긴 해도 핵심적인 현상으로 자리 잡고 있는 것이 아니다. … 오히려 개인의 자율성과 개방성이 증대되고 능동적 신뢰가 중요해짐에 따라 개인들의 이러한 특성에 기반을 둔 새로운 형태의 연대가 출현하여 옛 연대를 대체하는 경향이 있음을 주목하면서, 이에 대한 희망을 피력하기도 했다. … 새로운 개인주의의 탈전통, 탈집합 경향은 집합주의 모나디즘을 경계하는 연대주의 정신과 일맥상통한다. 이런 점에서 본다면 새로운 개인주의는 새로운 연대주의의 더없이 좋은 토양이 될 수 있다."

새로운 개인주의 = 새로운 연대주의?

그러나 강수택은 새로운 개인주의도 모나디즘의 진수인 시장주의의 유혹에 약하기 때문에 시민사회를 온전하게 보전하기 쉽지 않다고 전망한다.

강수택(2012a: 311)은 연대주의에 대립되는 이념으로서 모나디즘을 다음과 같이 규정한다. "모나디즘이란 외부와의 연결성보다는 단절성을, 공통성보다는 개별성을, 그리고 외부의 영향보다는 내부의 힘과 논리를 강조하는 실체론적 사고의 경향이라고 … 정의할 수 있다." 나는 실체론적 개인을 전제하고, 삶의 터전으로서 자유와 협동의 시장 없이는 개인도 연대도 설 자리를 잃는다고 생각한다.

그렇다면 무엇이 연대주의인가?

연대주의는 구체적으로 시민사회의 시민성을 강조한다. 그래서 강수택은 연대주의의 10원칙(개인 존엄성, 삶의 상호 의존성, 사회적 부채와 도덕적 책임, 자기 결정과 자기 책임, 지원의 보조성, 경쟁의 도구성, 결사체의 민주성, 투쟁의 도구성, 국가 역할, 지구적 연대)을 제시하고 공공성, 참여, 소통, 신뢰, 다원성, 합법성, 성찰성 등을 여기에 연관시킨다.

강수택의 연대주의에는 이 세상의 모든 아름답고, 훌륭하고, 고귀하고, 도덕적인 가치들이 거의 빠짐없이 망라되어 있다. 연대주의는 세상의 모든 필수 불가결한 가치를 담고 있는 것 같다. 신도 포기한 것 같은 이 지구에서 연대주의가 새로운 구원의 신이 될 수 있기를 기대한다.

강수택의 연대주의에 대해서 몇 가지 쟁점을 제기하고 싶다.

첫째, 사회학의 소중한 상식에 의하면 통합이나 연대만큼 갈등과 분열, 모순과 대립도 모든 인간 사회에서 자연스럽게 발생하는 것이고, 그것들은 사회에 부정적 해악을 초래하기만 하는 것이 아니라, 사회의 발전에 큰 도움이 되기도 한다. 이 사실은 사회 갈등론자들이 이미 충분히 설명하였다. 특히 내가 전제하는 잡종사회는 모든 이질적인 것이 뒤섞이는 가운데, 싸우며 화해하고, 시기하며 인정하고, 증오하며 사랑하는 사회이다. 잡종사회에서 연대는 반연대 혹은 비연대와 조화를 이루어야 한다. 연대가 반드시 좋은 것이 아닌 것처럼 반연대도 반드시 나쁜 것이 결코 아니다. 왜 개인주의의 한 형태인 나르시시즘을 그토록 비난하는가? 나 홀로 침잠하여 나만의 세계를 가져보겠다는데 웬 성화인가? 각종 참여와 연대를 외치며 뒤로는 부정부패를 저지르고 사기를 일삼는 무리들이 가득하지 않은가? 비연대 혹은 반연대의 생활양식으로서 나르시시즘은 이 잡종사회를 헤쳐나가는 삶의 한 당당한 양식일 뿐이다.

둘째, 개인주의와 연대주의는 이론적으로 (통계학에서 사용하는 의미에서) 독립적independent이다. 아나키스트 개인주의는 연대나 공동체를 지향할 수도 있고, 지향하지 않을 수도 있다. 무엇을 위한, 누구에 의한, 구체적으로 어떻게 만드는 연대인지 그것을 나 개인이 확인한 뒤에 나를 위해서 그것이 필요하면 연대를 한번 시도해볼 수 있다. 나에게 도움이 되지 않는 연대에는 관심 둘 필요가 없다. 시민사회를 위해서? 내가 시민사회다. 누가 시민사회의 이름으로 나에게 연대를 요구하는가? 주도 언론이? 주류 지식인이? 대중의 여론이? 임자 없는 도덕과 양심이? 연대주의자들은 나의 반문을 진지하게 검토해야 한다. 연대주의자들은 자신들이 가정한 선입관을 가지고 개인주의에 대해서 불필요한 비판이나 간섭을 하는 대신에, 공동체적 연대를 주장하는 것으로 알려진 국가주의자나 집합주의자를 상대로 어느 편이 진짜 연대주의를 대표하는지 설명해야 한다. 그런데 강수택의 연대주의는 개인주의, 집합주의, 국가주의가 모두 한통속으로 모나디즘이라고 비판하니 매우 헷갈린다. 아무래도 모나디즘 대 연대주의라는 구분법을 무리하게 적용하여 기존의 이념들을 억지로 비/반연대주의라는 프로크루스테스의 침대에 눕히는 것 같다. 누구를 위한, 무엇을 위한 연대인가? 모나드 없는 연대는 사상누각이요 신기루다. 연대 없이도 모나드는 작동한다.

 셋째, 재차 강조하지만 이기심이 왜 문제인가? 뒤르케임이 실패한 이유도 개인주의의 기반을 이기심에서 찾지 못하고 쓸데없는 도덕적 요구와 연결시킨 나머지 허망하게 개인주의를 떠났기 때문이 아닌가? 나를 사랑하지 않는 사람이 어떻게 남을 사랑할 수 있는가? 슈티르너가 이기심을 강조한 것은 먼저 나 자신의 원초적 속성을 제대로 알고 난 다음, 어떤 외적 강제나 고정관념에 휘둘리지 말고, 나를 위해 나 자신의 길을 가라는 것이다. 그야말로 상식적이고 지당한 말이다. 국가, 조국, 민족, 겨레, 사회, 공동체, 약자, 세계 평화, 정의, 신, 하느님 등 온갖 외적 추상개념들에 관성적으로 매달리기보다는 개인 자신의 마음속에서 혹은 정신 속에서 그것들의 의미와 가치를 냉정하게 따져보고 대응하라는 것이다. 아나키스트들은 그것들이 허구요, 외적 강제요, 추상적 고정관념이요, 그래서 새롭게 재구성할 필요가 있는 것들이라고 외친다. 도대체 누가 연대를 만드는가? 개인이라는 개미들이 모여야 연대가 될 것이 아닌가? 모든 것은 개인으로부터 출발하여 다시 개인으로 돌아온다. 그 이상도 그 이하도 아니다. 반복하지만 개인은 연대 없이도 잘 살 수 있으나 연대는 개인 없이는 아무것도 아니다. 아나키스트의 좌우명은 '천 마디 그럴듯한 말보다는 하나라도 작은 행동을!'이다. 개인은 행동한다. 그런데 연대는? 개인은 행동하는 가운데 연대가 필요하면 연대적 행동을 할 것이다.

 시장주의를 개인주의적 이기심이 경쟁적으로 작동하는 것을 전제로 하기 때문에 반연대주의라고 간주하는 것은 매우 일면적인 진단이다. 시장에서 이기심이 작동하는 것은 사실이지만, 그것은 언제나 각종 분업과 협업이라는 네트워크 속에서 형성되는 질서의 한 차원일 뿐이다. 하나의 질서로서 연대는 개인 간의 경쟁과 협동, 개인의 이기심과 이타심을 모두 필요로 한다.

  개인주의라는 개념은 통상적으로 악명 높은 이기주의와 연결되어 부정적으로 평가된다. 이미 수사학적으로 잘못 굳어진 관행이다. 국가주의자, 공동체주의자, 집단주의자가 확산시킨 선입관이나 고정관념의 영향인 것 같다. 이기적 개인주의자도 국가의 모범 시민으로서 각종 공동체와 집단에 참여하면서 잘 산다. 무엇이 문제인가? 단지 국가의 무비판적 충복이나 예속적 신민이 되기를 거부하고, 공동체나 집단에 맹종하는 꼭두각시가 되기를 거부할 뿐이다. 사회 통합이나 연대는 개인적 자율성을 바탕으로 형성되고, 개인적 자율성을 위해서 구축되는 사회적 과정의 한 차원일 뿐이다. 나는 사회 통합이 개인적 자유의 목표라고 생각하지 않는다. 잡종사회는 다음에서 볼 수 있는 모든 유형의 연대-자율성 조합(A, B, C, D)을 수용하고 존중한다.

| | | 개인적 자율성 혹은 개인주의 | |
		강	약
연대	강	A	B
	약	C	D

  "사회적인 것 = 공동체적인 것 = 연대적인 것 = 비개인적인 것 = 반

이기적인 것 = 도덕적인 것"이라는 뒤르케임식 연대론을 아나키스트 자유주의 사회학은 수용하지 않는다.

다행히 나는 강수택으로부터 나의 비판적 견해에 대해서 상세하고도 매우 유익한 답변을 들을 수 있는 기회를 가졌고, 이에 대해 그의 입장을 충분히 이해하고 인정한다는 전제를 바탕으로 다시 나의 견해를 밝혔다. 강수택의 핵심적 주장에 대한 나의 견해를 쟁점별로 간략히 소개해보겠다.

① 강수택(2012a: 273)의 연대 사상은 콩트 → 뒤르케임 → 파슨스로 이어지는 통합론의 전통과 맑스주의적 갈등론의 전통을 모두 포괄하는데 특히 "갈등 포섭적이며 갈등 관리적인 유연한 연대"를 시민적 연대의 가장 중요한 성격으로 이해한다.

나는 갈등과 통합을 포괄하는 연대의 잡종적 성격을 적극적으로 환영한다.[14] 그렇다면 왜 강수택의 연대는 사회적 갈등의 원천인 이기적 개인주의나 사회적 해체의 동력인 절대적 개인주의가 지니는 새로운 역동적 사회 통합성은 외면하는가?

② 강수택(2012a: 18)은 닫힌 혹은 극단적인 개인주의는 거부하지만 개인적 주체성이나 주도성을 적극적으로 간주한다. 그의 연대는 자유(자율) 및 정의와 함께 가치의 트라이앵글을 이룬다. 이와 같은 맥락에서 뒤르케임의 도덕적 개인주의, 사회적 개인주의, 민주적 개인주의, 기든스나 벡의 새로운 개인주의 등처럼 다른 개인에 대한 관심, 존중, 책임 등을 지향한다면 그것은 연대주의와 크게 다르지 않

---

14 예를 들어보자. (해방 정국과 분단 상황의) 좋은 갈등이 (이승만 반공 독재) 사회를 유지할 수 있다면, (박정희의) 나쁜 통합은 (개발독재) 사회를 해체시킬 수 있다. 마찬가지로 나쁜 연대에도 불구하고 (식민지) 사회는 지속될 수 있으나, 좋은 연대(파리코뮌)에도 불구하고 (프랑스) 사회는 혼란에 빠질 수 있다.

다. 그러나 다른 개인에 대하여 무관심, 무책임하거나 다른 개인을 배척, 지배하려는 개인주의는 연대주의와 대립하는 이념이 된다. 요컨대 이기심에 매몰되거나 절대적 개인성을 지향하는 급진적 이념인 절대적 개인주의는 반연대주의이다(강수택, 2012a: 317-319). 아울러 연대주의에서도 바람직한 연대와 그렇지 못한 연대, 진정한 연대의 정신을 추구하는 연대와 거짓 연대를 구분할 필요가 있다.

첫 번째 주장에 대한 나의 의문이 여기서 풀린다. 강수택은 소위 말하는 이론적 딜레마를 해소하기 위해서 극단적 예외 상황이라는 잔여 범주를 도입한다. 즉 개인주의 가운데서 극단적인 개인주의만 거부하고, 연대주의 가운데서 진정하고 참된 연대만 그의 연대주의에 포함시킨다. 이렇게 되면 그의 개인주의 비판과 연대주의 주창은 만방불패의 철옹성에서 군림할 수 있다. 극단적인 것은 항상 부정과 비판의 대상이 된다! 그럼에도 불구하고 일상적 현실의 차원으로 내려오면 바람직한 이념형으로 변신한 그의 연대주의는 어디에서도 찾아볼 수 없는 몽상이 되어버리거나 아니면 굳이 연대를 따지거나 요구할 필요가 없는 일상적 현실 그 자체일 뿐이다. 연대 없이 사회가 유지될 수 없다면, 우리가 사는 사회는 모두 연대사회이다. 그렇다면 좀 더 좋은 연대사회와 그렇지 못한 연대사회를 구분해야 할 것이다. 어떤 기준으로 누가?

③ 현대의 연대주의자들은 자율적인 개인을 가장 우선시하며, 다음으로 자발적인 결사체를, 그리고 그 뒤를 이어 국가의 역할을 중요시한다. 강수택은 개인 없는 연대는 사상누각이요 신기루라고 강조하지만 다른 한편으로는 개인들의 사회는 연대 없이는 유지될 수 없다고 단언한다. 연대는 개인을 위해서나 (자아의 연합체로서) 사회를 위해서 반드시 필요하다는 것이 강수택의 기본명제이다.

강수택이 선호하는 도덕적 혹은 사회적 개인주의는 전형적 혹은 원형적 개인주의가 아니다. 그것들은 개인을 불신한다. 개인은 반드시 도덕화나 사회화를 필요로 하는 불안정한 존재이기 때문이다. 그런데 그 도덕이나 사회가 이미 개인적 이기심에 의해서 구조적으로 타락하고 부정의하다면 어찌할 것인가? 강수택이 사회는 연대 없이 유지될 수 없다고 주장할 때, 나는 불행히도 사회는 사회 없이 유지될 수 없다는 동어반복의 주장을 듣게 된다. 왜냐하면 강수택의 논리를 따르면 연대는 사회 그 자체이기 때문이다.

나의 개인주의는 강수택(2012a: 316-321)이 반연대주의의 원형처럼 간주하는 급진적 이념인 절대적 개인주의(키르케고르, 슈티르너, 니체, 보들레르, 랭보 등) 혹은 라이프니츠의 닫힌 개인주의 모나디즘 그리고 이기적 개인주의에 매우 가깝다.[15] 지금까지 개인주의는 그 고유하고도 특별한 실체성인 자유의 욕망 내지 욕망의 자유로서 이기심을 철저하게 그리고 적극적으로 인식하는 대신에 국가나 사회가 요구하는 집합주의적 차원을 확대하고 유지하는 데 관심을 쏟았다. 이기심이나 자기중심주의에 대한 찬양은 반사회적인 극단적 개인주의로 매도되고, 공동체적 연대에 대한 비판은 자기도취적 나르시시즘이나 반국가적 분열주의로 매도되기 십상이었다.

나의 기본 입장은 이렇다. 나의 유아 유심적 개인주의는 결사체/공동체, 사회, 국가 등을 집합적 추상이나 개념적 구성물 혹은 고정관념으로 간주하고, 개인들 각각의 마음속에 존재하는 것으로 이해한

---

[15] 모나드가 폐쇄적이면서도(라이프니츠) 개방적일(타르드) 수 있는 것처럼 나의 개인주의도 열리기도 하고 닫히기도 하는 양면적 유연성을 갖는다. 이와 같은 쌍방향성이야말로 존재의 잡종성에 내재된 변화의 동력이다.

다. 그것들의 실체성을 전면 부정하지는 않으나, 그 실체성이란 대부분의 경우 인위적으로 규정, 조작, 강요된 것으로 파악한다. 유아 유심적 존재로서 개인을 파악하는 나의 개인주의는 강수택이 우려하는 극단적 개인주의 혹은 절대적 개인주의에 적어도 존재론적 차원에서는 경도되어 있다. 모든 개인주의는 그래야만 한다. 그렇지 않으면 그것은 개인주의가 아니다. 뒤르케임처럼 도덕이나 사회가 더 핵심적이고, 선차적인 개인주의는 개인주의가 아니다. 강수택의 연대주의는 개인주의란 반드시 사회나 도덕을 전제하는 연대주의를 지향해야 참된 개인주의라는 전제를 깔고 있다. 개인주의는 이기심, 폐쇄성, 분열성이라는 바람직하지 못한 부정적 속성을 원천적으로 지닌 불안정한 이념이라는 선입견을 가지고 있는 것 같다. 그래서 연대는 반드시 필요하고, 연대를 개인의 삶에 필수적인 것으로 간주하는 것 같다. 나는 21세기 잡종사회에서는 지속적 연대 못지않게 반연대, 비연대, 약한 연대, 일시적 연대, 무연대 등도 매우 필요하다고 생각한다. 각종 연대는 개인적 자유의 한 가지, 오직 한 가지 차원일 뿐이다. 연대란 협력뿐 아니라 경쟁과 갈등 속에서도 생겨나고, 생겼다가 없어지기도 하고, 문제의 해결인 동시에 원천이 되기도 하는 결과적-파생적-부수적 산물이다. 차라리 연대의 개인 심리적 기반인 겸손과 존경심, 협력을 지향하는 협심, 사랑이나 공감이 더욱 구체적이고, 지속적이다. 개인에게 연대는 선택 사항이다. 그럼에도 불구하고 연대란 결국 개인적 사랑의 한 차원이나 형식이기 때문에 사랑의 사회학을 추구하는 나는 강수택의 연대주의와 동행하지 않을 수 없다.

2) 주객체로서 혹은 체계로서의 개인: 루만과의 연관성

나의 개인주의가 상정하는 개인은 매우 독특하다. 유심론 + 유아론 + 유물론 + 천지인합일의 하나론 + 등으로 설명되는 매우 잡종적인 개인이다. 나는 왜 이런 개인을 내세우고자 하는가? 인간의 특수화된 혹은 개별화된 구체적 존재로서 '나'인 개인은 참으로 복잡 미묘하고 방대 심원하기 때문이다. 왜냐? 흔한 말로, 개인은 우주를, 만물을, 무와 유를 그리고 가능성과 불가능성을 포함한 모든 것이기 때문이다. 유일자로서 내가 없으면, 세상만사와 만물의 의미도 없다. 내가 없어도 세상은 돌아가겠지만, 그것은 나에게는 의미 없는 세상이다. 루만이 의거하는 스펜서브라운(Spencer-Brown, 1979)의 표현을 빌리자면, 개인은 상상하고, 실현하고, 실존화하는 "체계적" 존재이기 때문이다. 루만의 체계론은 스펜서브라운의 간단명료한 이론을 참으로 어렵고, 복잡하게 엮어놓은 것 같다. 스펜서브라운이 제시한 실재-현상-인식 혹은 상상-실현-현실의 삼중 일치나 삼중 동일성triple identity or triunion을 따라서 루만이 제시한 체계의 삼원적 자기 생산과 자기 기술(소통-진화-분화와 사회-시간-사건의 연결)의 한 차원으로서 '인간 = 심리 체계', 즉 '인간 → 심리 체계'로의 재개념화(이철, 2013: 38-48)는 『천부경』의 인중천지일이나 동아시아 고유의 삼수분화三數分化 논리와 유사하다. 여기서 스펜서브라운이 자신의 논리와 존재론을 불가의 사유와 일치시킨다는 사실을 명심할 필요가 있다.

개인은 생명 유기체이다. 동시에 개인은 생각하고, 느끼고, 학습하는 사유체이기도 하다. 나아가 개인은 오늘날 컴퓨터와 인터넷을 통하여 언제 어디서나 심지어 사물과도 접속할 수 있는 네트워크 체계의 참여자요 동시에 작동자이다. 그러므로 개인은 당연히 엄청나게 많은 복합 기능을 동시적으로 수행하는 하나의 자동 생산형 거대 복합체계이다. 개인은 행위 혹은 작동하면서, 자신의 행위를 관찰 혹은 성찰할 수 있다. 루만의 모든 — 세 가지 핵심 — 체계 개념은 (루만이라는, 나라는, 그리고 당신이라는) 개인 속에서 발견되고 확인될 수 있다. 루만이 제외한 비생명체(인공관절이나 인공심장)인 사물까지도 개인은 소유/포함한다. 지구상의 인간 사회뿐 아니라, 우주의 외계인부터 비물질 혹은 반물질까지도 개인은 포함/포괄할 수 있다. 개인/인간/주체가 숨어버린 루만의 체계 개념보다도 내가 상정하는 체계로서의 개인은 더욱 구체적이고, 생동감이 있으며, 친근하다. 나의 개인은 주체이자 객체이다.

루만은 세 개의 체계(생물 유기체, 심리 체계, 사회 체계) 간의 독자적 작동성과 경계 구분 혹은 경계 유지를 강조한다. 물론 구별에 따른 차이를 완화 혹은 변용하기 위한 상호작용적 소통이나 (의미) 인지를 강조한다. 루만의 독창성은 인간의 심리 체계보다는 사회 체계 혹은 사회의 사회라는 관찰과 작동의 동시적 기능성을 발견한 것이다.

여기서 내가 개념화하는 (천지인이 합일된 "하나"의) 체계로서의 개인은, 존재론적으로 혹은 역사 진화적으로, 사회 체계와 생물 유기체를 자기 속성으로 자동 생산autopoiesis하는 실재 혹은 존재의 존재자이다. 그 실재를 스펜서브라운은 석가가 깨우친 실재하는 무, 모든 구획, 모든 창조, 모든 결과의 원천인 무로서 이해하였다. 나는 여기에 더하여 슈티르너가 에고를 "창조적 무"라고 규정했을 때도 개인이나 인간의 존재론적 지위를 유사한 관점에서 파악했던 것이라고 추론한다.

탈근대적으로 나는 인간 혹은 주체적 인간을 해체하여 주체이자 객체로서의 그리고 실재이자 무로서의 개인을 발견한다. 그러나 탈개인화를 거친 인간이란 개념화는 보편성의 지평에서 개인들을 단순화 혹은 규정화한다. 그러나 아나키스트 자유주의가 전제하는 탈인간화된 개인은 보편성의 추상 차원에서 얼렁뚱땅 두루뭉술 두드려맞춘 (근대적) 인간으로서의 개인을 구체성과 특수성의 영역에서 해체함으로써 지구상에 존재하는 사람의 수만큼의 독특하고 유일무이한 개인이 된다. 수십억의 인간이 지구에 살고, 이들 각각이 지닌 수십억의 개인화된 세계(국가, 사회, 공동체 … 대통령, 신, 종교)가 존재한다. 세계가 나 개인 속에서 존재한다. 나는 세계이다. 그런 나는 혹은 그런 세계는, 구별의 존재론적 속성 때문에, 있고도, 없다. 나는 있다고 믿으며, 그러나 무의 차원을 잊지 않으면서, 그래서 잡종적으로 나아간다.

  태초의 신이 인간을 창조하고, 근대적 인간이 신을 죽였다. 신을 죽인 인간이 개인을 창조하고, 탈근대적 개인이 근대적 인간을 죽였다. 장차 누가 인간을 죽인 개인을 죽일 것인가? 여기서 "살해"를 문자 그대로 흉악한 범죄로 간주하지 말라. 프로이트적 친부 살해라는 억압된 문명의 해방 욕구로 이해하면 좋을 것 같다. 그렇다면 인간이 신을 해방하고, 개인이 인간을 해방하고, 다음에 누가 개인을 해방할 것인가? 돌고 도는 것이 인생이라면 ― 주역周易이, 음양오행이 그런 것 아닌가? ― 개인을 해방할 존재는 다시 되돌아가서 신일 것 같다. 과학이라는 새로운 과신過信? 신비주의라는 새로운 비신秘信? 혹은 아나키즘이라는 기존불신旣存不信? 나에게 묻는다면, 포스트휴머니즘을 선도할 기계 인간이라는 새로운 반인반신半人半神이 유력한 후보라고 대답하겠다. 1장에서 허유 하기락이 찾으려고 했던 새로운 아나키즘의 신神을 나는 당분간 개인에게서 발견한다. 나의 개인은 언젠가 자신을 해방시킬 새로운 신을 이 책에서 소개할 잡종사회의 친구들로부터 발견할 것이다. 동시에 개인의 해방은 아나키즘의 종언이 시작됨을 알릴 것이다.[16]

6. 개인주의적 아나키즘과 아나키스트 정체성

서구에서 개인주의적 아나키즘은 특히 미국을 중심으로 개화하여 오늘날에는 하이에크로 대표되는 오스트리아경제학파의 영향을 받은 아나르코 캐피탈리즘으로까지 전개되고 있다. 기존 아나키즘에서 개인주의적 아나키즘에 대해 가장 못마땅해하는 부분이 바로 자본주의와 선택적 친화력을 갖는다는 사실이다. 개인주의적 아나키즘은 확실하게 반국가주의적 입장을 견지하기 때문에 그래도 여전히 아나키즘의 한 형태로 인정된다.

이미 언급했지만 나는 아나키즘의 핵심적 가치는 개인적 자유이고, 실천적 가치는 (반자본주의보다는) 반국가주의라고 간주한다. 경제 권력으로서 자본(가)도 — 우리가 자본의 핵심적 구성인 국가권력 체계를 우선적으로 탈권력화시키고 자본주의를 순치시키면 — 경

---

[16] 이미 언급하였듯이 루만에 대한 나의 고찰은 이철이 해석하는 루만을 대상으로 한 것이다. 이번에도 매우 다행스럽게 이상의 글을 완료한 후에 이철과 메일 토론을 전개할 수 있는 기회를 가졌다. 루만에 대한 불가의 교리에 바탕을 두는 나의 유아유심의 개인주의적 이해는 여전히 미진하지만 생산적인 가능성을 충분히 지니고 있다는 점을 확인할 수 있었다. 개인이 사라진 사회 체계가 바로 개인의 작동하고 관찰하는 마음과 다르지 않을 것이라는 나의 이해는, 스펜서브라운식의 표현을 내 나름으로 확대 해석하자면 (하나의) 존재론, (유아 유심의) 인식론, (사랑의) 실천론이라는 세 차원의 삼중 동일성과 맥이 닿는다.

쟁과 협동이 조화를 이루는 자유 시장의 동력이 될 수 있다고 믿기 때문이다.

개인주의적 아나키즘은 자본주의라는 경제체제가 갖는 기능적 효율성과 자유 시장의 역할을 인정하지만, 자본주의하에서 독점과 담합, 정경유착, 과대이윤 추구, 사회적 책임의 회피 등의 심각한 부작용이 초래되고 있다는 사실을 결코 간과하지 않는다. 그렇다고 이 문제를 손쉽게 국가 개입을 통해서 해결하려고도 하지 않는다. 개인주의적 아나키즘은 자본주의의 획기적 개선을 위한 가장 확실한 출발은 자본주의의 작동을 왜곡시키는 사회의 모든 권력(관계), 정치권력, 경제 권력, 사회 권력, 문화 권력, 종교 권력, 과학기술 권력, 교육 권력, 스포츠 권력, 미디어 권력 등을 탈권력화시켜나가는 것이라고 판단한다.

자본이라는 권력이 지배하는 자본주의가 아니라, 인적 자본(노동력)과 물적 자본(화폐) 그리고 사회 자본(시민사회의 지원과 감시)이 협력하여 경제를 움직이는 자본주의를 개인주의적 아나키즘은 궁극적으로 기대한다. 노사의 대립과 투쟁이라는 지난 시대의 유습에서 하루빨리 벗어나 노사 협력과 화합의 길을 개척해야 한다. 자본가나 기업가부터 먼저 대오각성해야 할 것이다. 어쩌면 새로운 노동조합이나 노사 협력 조합이 필요할 것 같다. 기존 노동조합은 이미 기득권 세력이 되었다.

여기서 나는 개인의 자유를 최고의 가치로 간주했던 미국의 개인주의적 아나키스트 터커의 자본주의에 대한 급진적 비판을 소개하고 싶다.[17] 터커는 사유재산과 자유로운 시장 경쟁을 지지하였지만 독점

---

17 터커에 관한 체계적인 논의는 김은석(2004)을 참고할 것. 미국의 개인주의적 아나

적 대자본이 수시로 국가와 결탁하여 시장을 교란하거나 왜곡시키는 것을 격렬하게 비판하였다. 그는 노동이 부의 원천이자, 모든 가격의 기초라는 노동가치설을 주장하며 노동자가 빈곤과 불평등에 허덕이는 것은 노동자의 몫이 착취되고 있기 때문이라고 지적한다. 그러나 그는 이 문제의 해결에 있어서는 맑스주의와는 반대의 길, 즉 아나키스트의 길을 따른다.

터커(김은석, 2004: 203-204에서 재인용)의 명언을 인용해보자.

> 프루동과 맑스의 뚜렷한 차이점은 그들이 제시하는 각자의 처방에 나타나고 있다. 맑스는 생산과 분배의 원동력을 국유화하려고 한다. 프루동은 그것을 개별화하고 연합화하려고 한다. 맑스는 노동자를 정치적 지배자로 만들려고 한다. 프루동은 정치적 지배를 완전히 폐지시키고자 한다. 맑스는 국가로 하여금 모든 산업과 사업을 장악하도록 함으로써 고리대금을 폐지시키고, 그것을 생산가격 원리에 입각하여 이루어지도록 했다. 프루동은 국가를 산업과 사업으로부터 일체 단절시키고 근면하고 가치가 있는 모두에게 생산가로 신용을 제공하고 따라서 생산수단을 모두에게 미치는 범위 내에 두는 자유 은행 제도를 설립함으로써 고리대금을 폐지하고자 한다. 맑스는 강제적인 다수의 지배를 믿었다. 프루동은 자발적인 원리를 믿었다. 요컨대 맑스는 권위주의자이며 프루동은 자유의 수호자이다.

터커가 제시한, 모든 사람이 동등하게 누리는 자유라는 의미에서

키즘 전통에 관한 전반적인 논의는 마셜(Marshall, 1993)이 제공한다.

의 "평등한 자유equal liberty"라는 개념은 자본주의적 모순에 대응하는 개념이다. 물론 터커는 결과의 평등을 의미하는 완전한 경제적 평등은 국가의 간섭과 통제를 강화하여 개인적 자유를 억압할 것이 명백하므로 부작용이 심대할 뿐만 아니라 비효율적이리는 이유로 부정하고 기회의 평등을 확장해야 한다고 주장했다.

터커는 자본주의사회의 해악으로서 4대 독점, 즉 국가와 특정 소수자들에 의한 화폐, 토지, 관세, 특허 및 저작권의 독점을 지적하였다. 21세기 오늘의 관점에서 보더라도 탁월한 지적이 아닐 수 없다. 특히 특허와 저작권의 독점은 선진국이 후진국을 영원히 불평등하고 열등한 처지에 묶어놓는 지식 독점이요 문화 독점이다. 아나키스트들이 저작권 포기를 주장하는 것은 참으로 타당하다. 자본주의를 비판하는 특히 좌파 지식인들은 먼저 자신의 저작권부터 포기하는 것이 정도일 것 같다. 터커의 길을 따르면 새로운 평등한 자유 자본주의capitalism of equal liberty의 가능성을 발견할 수 있을 것이다.

이와 같이 개인주의적 아나키즘의 자본주의 비판은 오늘날의 국가와 독점자본의 결합으로서 국가독점자본주의가 공고해지는 현실을 감안하면 더욱 적실한 것 같다. 개인주의적 아나키즘은 어쩌면 아나키즘의 샛길이 아니라 대도를 열고 있는지 모른다.

4장   자유주의의 재인식:
미제스, 포퍼, 하이에크를 중심으로

    오늘날 많은 사람은 서구 및 일부 지역의 자유민주주의 체제의 성립과 지속에 고무되어 자유의 가치는 이제 침범할 수 없는 신성불가침의 영역이 된 것으로 잘못 판단하고 있다. 우리는 과연 필요한 자유를 제대로 누리고 있는가? 자유가 진정 세상에 충만한가? 자유주의는 승승장구하고 있는가? "아니올시다"가 나의 답이다. 우리는 가장 기본적인 자유, 즉 출생과 죽음에 관한 자유(예컨대 낙태나 존엄사/안락사)도 보장받지 못하고 있다. 개인적 자유는 "떼, 무리, 패거리, 집단" 민주주의에 의해 왜곡되고 있다. 더욱이 자유주의는 사실과 달리 여러 가지 형태로 잘못 인식되고 있다.

    "자유주의는 보수주의가 아니다"라고 아무리 외쳐보았자, 한국에서는 잘 통하지 않는다. 좌파 진영에서는 반(맑스주의적)사회주의, 반공(산당 전체)주의 그리고 개인주의를 통틀어 보수 반동의 부르주아 이데올로기로 매도한다. 진보는 좌파적 정체성을 확인시켜주는 좌파 독점의 영역이다. 아직도 보수-진보라는 양분법적 구분에 매달리는 사람들이 있다. 이들이야말로 구시대적 가치에 연연하는 고루한 보수 반동이다. 그냥 단순하게, 친미냐 반미냐, 친일이냐 반일이냐, 북한 김정은 체제 지지냐 반대냐, 무조건 통일 지지냐 자유민주주의 통일 지지냐 등으로 진보나 보수의 이념 뒤에 숨은 그대로의 모습을 드러내는 것이 솔직하고 설득력이 높을 것이다. 이런 쟁점들이라면 도대체 진보나 보수의 잣대가 개입할 여지가 없다. 단순한 개인 차원의 정치적 선택이요 가치 선호일 뿐이다. 보수도 진보화하고, 진보도 보수화하는 오늘날 진보가 참신하며 좋고, 보수가 고루하며 나쁘다는 식의 양단 논리란 과거 좌파 측에서 만들고 조장해낸 고정관념을 답습하는 짓일 뿐이다.

　나는 역사의 일방적 혹은 일방향一方向one-way 진보를 믿지 않는다. 이것은 내가 지닌 어떤 이념적 가치에서 도출된 판단이 아니다. 역사가 진보한다고 믿을 아무런 근거가 없다. 그저 세상이 좀 더 나아지기를 바랄 뿐이다. 설령 내가 바라는 방향으로 세상이 개선된다 하더라도 그것이 진보인지 아닌지는 두고 봐야 할 뿐이다. 선과 악이 동시에 발전하고, 진보와 퇴보가 함께 공생한다. 그리고 도대체 무엇이 진보인지 사람마다 다르다. 진보를 내세우는 사람들은 자신들이 진리를 독점한 것처럼 상대를 비난하는 경우가 적지 않다. 진보는 좋은 것, 보수는 나쁜 것이라는 고정관념도 이 기회에 깨뜨려버려야 한다. 좋은 것은 지키고, 나쁜 것은 고치면서 살면 된다.

　자유주의의 가치를 다시 한번 강조하고 싶다. 자유주의자들도 모든 사람의 번영을 원하고, 개인들 간의 협력을 중시한다. 평등에도 관심이 많다. 그들이 비판하는 것은 완전한 평등이라는 환상이다. 민주주의에 대해서도 비판하고, 특히 잘못되기 십상인 국가의 경제 간섭에 대하여 심각하게 우려한다. 그들은 시장을 만능이라고 결코 주장하지 않는다. 자유주의자는 그런 절대적 확실성을 절대로 가정하지 않는다. 국가의 비효율적 개입보다는 자유 시장과 시장 경쟁이 더 공정하고 효율적이라고 믿을 뿐이다. 현대의 대표적 자유주의자들, 미제스, 포퍼, 하이에크의 자유주의론을 고찰하면서 자유주의의 진면목을 음미해보자.

내가 이들의 자유주의와 함께 동행한다는 것은 오늘날 거의 모든 비판적 지식인에게 비난의 초점이 되고 있는 신자유주의를 생각할 때, 매우 위험하다. 21세기 자본주의의 모든 죄악을 짊어진 듯 온갖 비난의 뭇매를 맞고 있는 것이 신자유주의이다. 민주주의의 문제점이 제기될 때마다 불려 나와 자아비판을 해야 하는 자유민주주의를 기억한다면 나의 우려가 허풍이 아님을 인정할 것이다.

나는 자유주의와 그것의 정치적-경제적 제도화로서 자유민주주의나 자본주의를 완벽에 가까운 것으로 결코 미화하거나 정당화하지 않는다. 이것들은 문제가 적지 않지만, 그보다는 장점이 더 많은 제도이다. 다른 어떤 정치적 혹은 경제적 제도보다도 비교 우위를 가진다는 것이 역사적으로 입증되고 있다. 그래서 이것들을 폐기 처분하기보다는 수정과 개선을 통하여 더 나은 것으로 만드는 것이 훨씬 효과적이다. 한때 대안이라고 간주되었던 사회주의는 끔찍한 실패요 명백한 오류임이 증명되었다. 결정적으로 중요한 사실은 이것들을 대신할 수 있는 어떤 뚜렷한 대안도 현재 존재하지 않는다는 점이다. 설령 만인이 합의하는 대안이 생긴다 하더라도 전면적이고 급진적인 체제 전환은 그 소요 비용(예컨대 독재 감수, 생활양식 변조, 가치관 개조 등)이 기대 효과(?)보다도 훨씬 클 수 있다. 따라서 이것들을 근본적인 관점에서 재구성한다는 장기적이고 급진적인 기획을 준비하되, 그 구체적인 실천 방식은 평화적인 점진주의에 입각하여 구상하는 것이 무리가 없고 후유증이 적을 것 같다.

자유주의는 참으로 현실적이면서도 풍부한 상상력을 지닌 이념이다. 위대한 자유주의자들의 목소리를 통해 자유주의의 진면목을 파악해보자.

1. 미제스의 자유주의

1988년 한국에서 87민주항쟁의 후속으로 소위 '노동자 대투쟁'이 격렬하던 시점, 미제스(1881-1973)가 1927년에 출판한 『자유주의』를 번역한 이지순(1988: 1)은 "오늘날 자유주의 또는 자유주의자라는 말처럼 그 본래의 의미가 왜곡된 채 쓰이는 용어도 드물다"고 실토했다. 재미있는 점은 미제스(1988b: 12-13) 자신도 바로 1962년 그 책의 영어판 서문에서 다음과 같이 한탄하였다는 것이다. "오늘날 19세기 자유주의 철학의 … 가르침은 거의 다 잊혔다. … 영국에서는 자유주의적이라는 말이 사회주의자들이 내세우는 전체주의와 미세한 부분에서만 차이가 나는 일련의 계획들을 나타내는 것으로" 쓰이며, "미국의 제멋대로 된 자유주의자는 전능한 정부의 수립을 목표로 하며 자유기업을 강력하게 반대하고 당국에 의한 전면적인 계획, 즉 사회주의를 표방하고 있다."

1927년에 미제스(1988b: 14)가 그 책을 집필한 이유는 당대의 자유주의에 대한 오해와 편견에 대응하여 "고전적 자유주의가 지녔던 목표와 그것이 이룩한 성과들에 대하여 배울 수 있는 기회를 제공함으로써 다가오는 파국 이후에 자유의 정신이 부활될 수 있는 길을 준비"하기 위한 것이었다. 미제스(1988b: 18)는 사회주의, 민족주의, 보호주의, 제국주의, 국가주의 그리고 군국주의가 자유주의를 위협하며 득세하던 시대적 분위기와 추세에 직면하여, "반자유주의는 분명히 우리를 파멸로 이끌어가고 있다"는 흔들림 없는 신념을 지니고 있었다.

그러나 미제스(1988b: 18)는 자유주의가 결코 "완성된 주의나 고정된 독단이 아니며, 그것이 현실적으로도 철저하게 적용된 적도 없다"는 사실을 상기시킨다. 모든 자유주의자는 이처럼 자유주의의 한계를 분명히 인식하는데도, 반자유주의자들은 마치 자유주의자가 현실적으로 작동하는 시장경제, 자본주의, 자유경쟁 등을 만능이라고 믿으며, 그것을 절대 불변의 신앙으로 모시는 것처럼 비난한다. 이러한 억지는 오늘날의 반자유주의론에서도 확인할 수 있다. 반자유주의자들, 반자본주의자들은 외친다. '신자유주의는 21세기를 망치고 있는 근원이다!' 신자유주의가 무슨 전지전능의 힘을 가진 것처럼 왜곡한다. 개인적 자유주의는 한계에 도달했고, 자본주의는 곧 망할 것이라고 그들은 쉬지 않고 단언하나, 이 둘은 때로 비틀거리면서도 잘 걸어간다.

미제스(1988b: 19)의 자유주의는 매우 제한적이며 그래서 구체적이다. "자유주의는 인류의 외부적이며 물질적인 복지를 증진시키는 것 이외에는 관심이 없으며, 인간의 내면적이며 정신적이고 또 형이상학적인 욕구들에 대해 직접적인 연관성을 갖고 있지 않다. 자유주의는 인류에게 행복과 안심입명을 약속하는 것이 아니며 단지 외적 사물들로 충족될 수 있는 인간의 모든 욕구를 가능한 풍부하게 채워줄 것을 약속할 뿐이다."

미제스의 이 매우 겸손한 태도는 그러나 극심한 공격의 대상이 될 수밖에 없다. 인간의 내면세계를 무시한 행복이라니! 미제스가 이 사실을 모를 리가 없다. 다만 미제스(1988b: 20)는 하나의 구체적인 사회

정책으로서 자유주의의 역할을 규정할 뿐이다. 즉 인간의 행복이나 안분자족은 의식주의 풍요함에서 얻어지는 것이 아니며, 어떠한 외형적인 규제 조치로도 인간의 가장 내밀하고 고상한 것에 도달할 수 없으며, 오직 개인 각자가 내면적으로 가꾸어나가야만 한다는 것이다. (경제적) 자유주의는 인간의 내면생활을 발전시키는 데 필요한 외형적 전제 조건을 제공하는 것만을 목표로 한다. 미제스의 자유주의는 인간의 외형적인 물질적 복지를 경제적으로 증진시키는 데 전력할 뿐이다.

모든 사람이 원하는 물질적 번영과 풍요라는 목표를, 비록 이것이 인간이 바라는 전부는 아니겠지만 보다 빨리 그리고 적은 희생으로 달성할 수 있는 이념이 가장 적실하고도 좋은 이념이다. 미제스(1988b: 232)의 자유주의는 인간의 내면적 정신세계를 관장하는 종교가 아니다. 자유주의의 목표는 "고통을 줄이고 행복을 증진시키는 것이다." 가진 자들만을 위해서가 아니라 모든 사람을 위해서! 이 목표를 달성하는 방안으로 자유주의는 자유 시장경제, 제한 정부, 개인적 자유의 증진과 고양을 주장한다.

이와 같은 미제스(1988b: 24)의 물질적 자유주의는 유산계급과 같은 사회의 특정 기득권 계급만을 위한 것이라는 일반적인 오해나 비난(예컨대 자유는 유산계급의 특권이라는 레닌의 규정)과는 달리 사회 전체를 위해 좋은 것을 추구한다. 사회주의와 자유주의는 둘 다 사회 전체의 복리를 추구한다. 그러나 양자가 구별되는 지점은 그 목표의 범위와 목표를 달성하는 방법이다. 방법의 차원에서 자유주의는 자유 시장을 기반으로 하는 자본주의에 의존하고, 사회주의는 국가 계획과 관리에 의존한다. 목표의 범위에 있어서도 사회주의는 실현 불가능한 사회 전체의 균일한 평등을 약속하였지만, 자유주의는 불평등 속에서도 서서히 평등을 확대하는 점진주의를 선택하였다.

미제스는 자본주의사회에 빈곤과 불평등이 존재한다고 해서 자유주의를 비판하는 것은 오도된 선동이라고 반박한다. 자본주의가 아닌 다른 사회정책이나 사회체제가 도입되었을 경우, 현재보다도 더욱 고통스런 빈곤과 불행이 발생할 수 있다. 역사적인 사실과 현실의 상황에 비추어 볼 때도 자유주의와 자본주의의 상대적 우위는 분명하다. 다시 말해 이 불완전한 세상을 어떤 가상의 완벽한 기준을 가지고 비난하는 것은 인간의 한계와 현실적 조건을 무시한 선동적 행위에 불과한 것이다.

재차 강조하지만 반자유주의적 선동과는 달리 자유주의는 "어느 특정 집단만의 이익을 위한 것이 아니고 모든 인류의 이익을 증진시키려는 정책이다."(미제스, 1988b: 29) 물론 자유주의의 경제적 수단으로서 자본주의가 반드시 자유주의의 원리를 충실하게 대변하거나 준수하는 것은 아니다. 역사적으로 자주 발생하는 것처럼 자본주의 체제에서 사회주의적 정책들이 실시되는 것은 예외적인 상황이 아니다. 미제스를 비롯해 이후 많은 자유주의자는 자본주의경제의 간헐적인 실패 혹은 부작용은 자본주의가 자유주의의 원칙을 위반하여 반자유주의적 혹은 사회주의적 국가 개입에 지속적으로 의존하기 때문에 발생한다고 항변한다. 오늘날 우리는 이 엄청나게 중요한 사실을 간과하거나 외면하고 있다. 시장을 자기 조직화하는 자생적 질서라는 보이지 않는 손은 어느 사이에 국가라는 인위적인 지배자의 보이는 손으로 바뀌었다. 그래서 자본주의가 제대로 작동하지 않을 수 있다는 주장은 매우 합리적이고 경험적으로 입증된다. 국가권력을 유지하는 온갖 어둠의 세력들이 초래하는 천문학적 수준의 부정부패, 예산 낭비, 정책 실패를 생각해보라.

국가와 자본의 관계는 매우 미묘하다. 자본주의국가라 해서 국가가 자본의 논리를 전적으로 그리고 항상 지지하는 것은 아니다. 사회 불평등을 초래하는 핵심적인 원인에는 자본주의뿐 아니라 자본주의 이전부터 지속되어온 사적 소유와 상속, 국가주의, 가족주의, 연고주의, 업적주의, 천재지변, 전쟁, 입지 조건 등 다른 많은 요인이 포함될 수 있다. 이런 요인들은 도외시한 채, 모든 불평등의 원인을 자본주의 탓으로만 돌리는 것은 손쉽고 간명한 해석이 될지는 몰라도 과장과 단순화의 오류를 벗어나기 어렵다.

그뿐 아니다. 세상의 모든 문제를 구조의 탓으로만 설명하고, 해결 방식도 구조적 혁명이나 변혁밖에 없다는 논리가 예나 지금이나 인기를 모으고 있다. 내 탓은 없다. 개인의 잘못은 없다. 있더라도 그것은 아주 미미할 뿐이고, 모든 것은 구조가 잘못되어 생기는 것이다. 개인주의적 아나키스트로서 나는 개인의 책임도 크다고 주장한다. 잘못된 제도나 법규만큼이나 개인의 불운, 실수, 능력 부족, 태만 등도 자신의 인생에 중요한 결과를 미친다. 개인의 자유에는 항상 책임이 따라야 한다. 구조나 체제를 만사의 원인으로 강조하는 체제 결정론자는 그들이 원하는 체제가 지상에 수립되어도 계속 문제가 생길 경우 무어라 변명할 것인지 궁금하다.

여기서 우리가 명확히 인식해야 할 사실은 자유주의와 자본주의는 동일한 것이 아니라는 점이다. 자본주의는 특정한 시기, 즉 근대에 발생한 자유주의에 입각한 경제체제이며, 그것은 때로 자유주의와 독립적으로 혹은 자유주의에 반하여 작동하기도 하는 정치-경제-사회문화적 복합체다. 서구에서 자본주의가 형성된 16세기 이래 자본주의는 자유주의보다 훨씬 강력하고 광범위하게 확산된 사회경제체제로서 오늘날에는 초국가적으로, 전 지구적으로 작동한다. 그러므로 자유주의의 문제 때문에 자본주의에 문제가 발생한다는 단순한 기계적 논리는 반자유주의자의 선동일 뿐이다. 뒤에 논의하겠지만 자유주의와 민주주의 혹은 자유민주주의의 문제도 마찬가지이다.

미제스의 반사회주의는 사회주의적 경제 논리 자체를 불신할 뿐 아니라 맑스가 약속한 공산주의사회를 허구라고 비판한다. 모든 사람이 평등하게 풍요/부를 누릴 수 있고, 정신적-신체적-인격적 발달과 잠재적 재능을 실현할 수 있다고 약속하는 것은 지상천국을 약속하는 메시아주의나 다름없기 때문이다. 21세기 오늘날에도 일부 사회주의자들은 여전히 이 꿀과 젖을 무한히 공짜로 즐길 수 있는 천국으로의 여행을 속삭인다. 하느님만이 할 수 있는 일을 인간도 할 수 있다고 외치는 것은 도전도 용기도 아니고 그저 선동이요 사기일 뿐이다.

미제스(1988b: 37-39)에 의하면 생산수단의 사적 소유제와 분업을 기초로 하는 인간 협동 조직만이 물질적 복지와 평화를 증진시킨다. 나아가 인류를 진보시키고, 야만과 구별시키는 것은 인류가 이룩한 "사회적 협동 관계"(미제스, 1988b: 44)이다. 아나키스트의 금과옥조인 (경쟁 속의) 상호부조에 대한 관심이 미제스에게서도 명확히 나타난다. 자유주의가 사유재산제도를 지지하는 것은 그것이 재산 소유자들만이 아니라, 사회의 모든 계층에게 이익이 된다고 믿기 때문이다. 적지 않은 아나키스트가 평등주의적 가치에 고무되어 사유재산제도의 철폐를 주창하였다. 그러나 슈티르너의 지적처럼 자아 = 자유 = 소유이므로 개인의 자유는 사적 소유의 토대 없이는 무의미하고 내용이 없다. 나는 사적 소유를 당연히 인정한다. 단 사적 소유와 병행하여 자원의 효율적 이용과 평등의 확장을 위하여 다양한 공유共有〉公有 제도를 도입해야 한다고 주장한다. 오늘의 그리고 앞으로 더욱 심각해질 수 있는 실업 문제만 하더라도 일자리 공유job sharing만이 확실한 대안이 될 수 있다(김성국, 2007).

아나키즘은 비록 인간 사회에서 경쟁의 필요성과 유용성을 인정하기는 해도 협동 또는 상호부조를 최고의 실천적 가치로 삼는다. 놀랍게도 무한 살벌 경쟁의 이미지를 갖는 냉정한 자유주의자와는 달리 미제스(1988b: 133)도 자유주의의 출발점을 "인간 협동"의 가치와 중요성을 인식하는 것으로 간주한다. 자유주의의 모든 정책과 실천 계획의 목적은 인류 사회의 "상호 협력 관계를 유지시키고 확대시키려는" 데 있다. 자유주의의 궁극적 이상은 "모든 인류 사이의 완전한 협동 관계를 달성"하는 것이다. 이처럼 자유주의는 "전 세계적이며 초교파적인 것으로서 모든 인류와 전 세계를 포괄"하기 때문에 "인본주의"이며 자유주의자는 (한 국가 안에서와 똑같이 나라와 나라 사이에서도 평화로운 협력 관계를 추구하는) "세계시민이며 세계주의자"이다. 적어도 협동에 관한 한 아나키스트들과 마찬가지로 미제스도 "평화로운 협동을 사회적 진보의 목표"라고 생각한다.

거의 100여 년 전에 미제스는 세계주의의 실현을 위해서 매우 선구자적인 발언을 한다.

첫째, 미제스(1988b: 167)는 "이동의 자유"를 요구한다. 세계의 장래를 위해서 이 문제의 해결이 인류 문명의 운명을 결정할 만큼 중요하다고 강조한다. 대표적으로 미국의 역사는 이민의 역사이며, 현대자본주의는 (농촌에서 도시로 그리고 후진국에서 선진국으로 이동한) 이주노동자의 피와 땀으로 건설되었다. 이동의 자유를 강조한 것은 참으로 혜안이요 탁견이 아닐 수 없다. 최근 다문화주의의 확산과 함께 노동이동이 활발해졌으나, 선진국 경제의 불황으로 인하여 극우민족주의자나 인종주의자의 반대를 등에 업고 국제간 노동이동을 제한하려는 정책들이 여기저기서 고개를 내밀고 있다. 만약 국제적 노동이동의 자유가 전면적으로 허용된다면 선후진국 간의 빈부 격차는 급속히 완화될 수 있을 것이다. 선진국 노동자의 임금이 억제되거나 떨어지겠지만, 국제적 노동이동의 자유만이 후진국의 삶을 빈곤과 고통으로부터 해방시키는 확실한 대안이다. 한국 경제 발전의 밑거름도 바로 독일로, 미국으로, 사우디로 파견된 해외 이주 노동자들이 아닌가? 서독에서 광부나 간호사로 일하고, 베트남에 파병되고, 중동의 건설 현장에서 피땀 흘린 어버이 세대들이 바로 이 국제 노동자다. 영화 〈국제시장〉에서도 볼 수 있는 우리의 애환이 아닌가. 그렇다면 고향과 고국을 떠나 낯선 곳에 와서 고생하는 우리 주변의 이주 노동자들, 이민 가족들을 우리는 어떻게 대하고 어떻게 대접해야 할 것인가? 그 답은 자명하다.

둘째, 미제스(1988b: 174-176)는 참으로 선구적으로 유럽 합중국의 가능성을 거론한다. 그는 국가 간의 경계라는 영토적 주권 개념이 과연 그처럼 중요한 것인지 반문하면서 "어떤 민족이나 개인이 그의 국적이나 민족적 특이성으로 인하여 핍박받지 않는 국가 간의 결사체, 즉 국제적 초국가 건설"을 제안한다. 날로 심각해지는 세계적 차원의 경제 불평등이나, 국가 간, 종족 간, 종교 간 전쟁 상태를 해소할 수 있는 유일한 방안은 국가 단위의 지역 연합 그리고 세계적 차원의 연합을 이룩하는 것이 아닌가? 아나키스트 탈국가 국제주의자로서 나도 오래전부터 동아시아 연합의 구상을 적극적으로 모색하고 있다.

셋째, 불평등에 관해 미제스는 매우 현실적인 진단을 내놓는다. 부와 소득의 불평등한 분배는 자유주의와 자본주의에 대한 가장 치명적이고 지속적인 비판의 근거가 되고 있다. 미제스(1988b: 52)는 인간 사회가 지속적인 부의 축적 과정을 통해서 자연스럽게 사유재산제도를 발전시켰고, 그 결과 불평등이 발생하게 되었다는 사실을 인정한다. 그렇지만 그는 만약 사유재산제도의 부재나 철폐로 인해 생산성이 급격하게 감소하고 그에 따라서 사람들이 평등한 재산과 부를 갖게 된다면 그 분배 수준은 오늘날의 가장 빈곤한 사람들의 생활상태보다도 더 낮을 것이라고 주장한다. 분배의 하향 평준화에 의한 평등보다는 사유재산제하의 분배적 불평등이 가난한 계층에게 더욱 나은 물질적 생활수준을 제공할 수 있다는 것이다. 롤즈의 정의론도 바로 이 점에 착안하여 불평등이 사회의 가장 빈곤한 계층에게 도움을 줄 수 있다면 그것은 공정fairness의 이름으로 인정될 수 있다고 주장한다.

만약 사람들이 물질적 빈곤과 그 빈곤의 지속 내지 악화에도 불구하고 빈곤화의 평등을 요구한다면 미제스의 가정은 성립하지 않을 것이다. 그러나 소련식 사회주의의 실패를 보더라도 대부분의 인간들은 아직은 무소유주의자나 금욕주의자가 아니라는 사실이 분명하다.

평등에 관한 미제스(1988b: 48)의 생각은 매우 현실적이다. 그는 법 앞의 평등을 지지하나 그것은 모든 사람이 평등하므로 평등하게 대접받아야 한다는 의미에서가 아니다. 계급에 따른 특권을 제거하여, 계급 갈등과 계급투쟁을 해소함으로써 "사회 평화를 유지"하는 것이 그 목적이다. 인간의 어떤 노력으로도 사람들을 모두 다 평등하게 만들 수 없고, "인간이란 불평등하며, 앞으로도 불평등할 것"이라는 것이 미제스(1988b: 49)의 판단이다. 매우 아쉽지만 나도 기본적으로 이 명제에 동의한다. 다만 불평등 상태의 사람들이 용인할 수 있는 수준의 기본 평등과 최소 불평등을 구현하고 이를 더욱 개선하려는 목표를 가진 사회를 미제스와 나는 추구한다. 안타깝게도, 사람들은 우리의 이 미지근하나 바른길 대신에, 화끈하나 틀린 선동의 길에 더 매력을 느끼는 것 같다.

넷째, 국가의 기본적 성격에 대해서도 미제스(1988b: 48, 82, 180)는 아나키스트처럼 매우 부정적인 진단을 한다. 국가란 기껏해야 국민의 이름을 빌려 정부라는 통치 기구로서 작동하는 "하나의 추상적 개념에 불과"하며, 국가의 행동이란 모든 것이 "인간이 하는 행동"으로서 "사람이 사람에게 입히는 해악"이다. 국가란 헤겔이 미화한 것과는 달리, "보편적 의지의 합리성"이나, "자의식을 지닌 도덕적 실체" 혹은 인간 정신의 최고 구현이라는 이상적 존재가 결코 아니며, 사회 유지에 필요한 최선의 강제 수단도 아니다. 어쩌면 국가는 과거로부터 전승된 우리의 노예 정신에 의해서 우상화되고 있는 것인지 모른다. 미제스(1988b: 78)는 "어떤 일이 마음에 들지 않게 되면 금방 그런 일을 권력으로 금지할 것을 요구하는 성향이나 또 금지되어 있는 것이 전혀 마음에 들지 않더라도 그러한 금지 조치에 자발적으로 순종하려는 태도"를 우리 안의 노예근성이라고 한다. 국가라는 우상에 대한 사람들의 거의 맹목적인 추종과 신뢰를 보노라면, 사나운 짐승들을 피하고자 인간이 무리를 이루며 살던 아득한 원시 시절에 주술사나 예언자에게 맹종하던 습성이 유전된 것인지, 아니면 국가가 휘두르는 무자비한 폭력에 오랫동안 길들여진 노예근성의 발로인지 의아해지곤 한다는 것이다.

그러나 미제스(1988b: 57)는 사회질서의 유지를 위해 강제력을 행사하는 기구로서 국가의 필요성을 인정하면서 아나키즘을 강력하게 비난한다. 국가나 정부 그리고 법의 필요성을 부정하는 아나키스트는 만약 사유재산제도를 폐지할 수만 있다면 모든 사람이 예외 없이 사회적 협동을 위해 요구되는 규칙들을 자발적으로 준수할 것이라고 잘못 생각한다는 것이다. 아나키즘은 인간이 본성적으로 천사나 성인과 같다고 잘못 이해하여 강제력, 즉 국가 없이도 인간 협동과 사회질서는 가능하다는 오류를 범한다는 것이다. 또한 미제스는 이런 생각이 천진난만하다고 본다. 아나키스트 자유주의자로서 나는 미제스의 아나키즘 비판에 동의한다. 고전적-혁명적 아나키스트들의 기존 (법과 사유재산제를 포함한) 국가 제도의 전면 부정은 인간의 원초적 성선을 믿는 근거 없는 인간 낙관주의의 소치이다. 인간은 성선과 성악의 양면성을 가진 잡종적 존재이다.

따라서 미제스(1988b: 58)는 단호하게 선언한다. "자유주의는 무정부주의가 아니며 그것과는 아무런 관계가 없다. 자유주의자는 강제력의 사용 없이는 사회의 존립이 위태로워진다는 것을 명확히 이해하고 있으며 … 타인의 생명이나 건강, 개인적인 자유나 사유재산을 존중하지 않는 사람들이 사회생활의 제반 규칙에 순순히 따르도록 강제력을 사용할 수 있어야 한다. … 이것이 바로 자유주의국가의 기능이다."

미제스(1988b: 58)의 자유주의는 국가가 "재산과 자유와 평화의 보호라는 기능"을 수행할 것을 요구한다. 그런데 자유주의의 국가관은 그 자체가 국가에 대한 절묘한 견제 작용의 효과를 발휘한다. 자유주의국가가 그 책임과 기능으로서 보호해야 할 사적 소유와 사유재산제도 그리고 광범위한 개인적 자유는 바로 개인이 국가에 대항할 수 있는 가장 강력한 수단이 된다. 국가는 개인의 사유재산을 함부로 침범할 수 없기 때문에 강제력의 행사에 있어서 심각한 제한을 받지 않을 수 없다.

모든 국가는 (국민의 지갑을 강제로 열고 돈을 받아가기 위해서) 납세의 의무를 국민의 거역할 수 없는 의무로서 부과하는 것이 아닌가! 국가가 하는 모든 고귀하고, 선하며, 유익한 일들(해외 원조, 빈민 구제와 재난 구호, 도로 건설과 무상교육 등)은 국민의 사적 소유로부터 강제로 거둔 세금의 힘이다. 현대 민주국가의 힘은 세금에 있고, 세금은 사적 소유로부터 나온다. 국가는 사적 소유를 보장하고 보호해야 한다. 국가가 함부로 사유재산을 침범하지 못하게 함으로써 개인은 국가를 통제할 수 있다.

결국 미제스(1988b: 83, 92)는 필요악으로서의 최소국가론에 접근한다. 인간 사회의 존속에 있어 국가가 없어서는 안 되지만, 역사적으로 이룩된 인류의 진보는 국가의 강제력에 대한 저항과 반대, 즉 자유 투쟁과 자유 추구를 통하여 달성된 것이다. 그러므로 "국가권력에 대한 폭력적 저항은 다수의 횡포에서 벗어나려는 노력에서 소수가 사용할 수 있는 최후의 방안"이다. 아울러 "사유재산은 국가의 폭력적인 간섭으로부터 자유로울 수 있는 모든 행동의 기반"이 된다.

미제스는 기존의 정통 주류 아나키스트들인 사회적 아나키스트들이 주창하였던 국가 체제의 완전한 폐지와 사유재산제도의 폐지를 분명하게 거부한다. 이 점은 포퍼나 하이에크를 포함한 거의 모든 자유주의자가 지지하는 내용이다. 국가의 부분적이고 한시적인 개입을 인정하는 최소국가론 그리고 사유재산제도에 대한 일관된 신념과 수호가 자유주의의 양대 축이다.

이제 내가 정립하고 추구하려는 아나키스트 자유주의의 입장을 분명히 밝히자. 최소국가론과 사적 소유를 지지한다. 여기에 한 가지 단서를 붙인다. 국가의 권력을 계속 제한해나가면서 그것을 거의 필요 없게 만들어 서비스 혹은 봉사 기구로 만들어야 하고, 사적 소유를 보장하되 국가나 그 하부의 공공 기관이 소유하는 공적公的 소유, 즉 공유公有가 아닌 개인들이 자발적으로 연합하여 함께 소유하는 공유共有의 영역을 계속 확대해야 한다. 사유와 공유가 공존하는 잡종사회, 국가 개입을 인정하되 그것을 지속적으로 최소화시키고, 탈권력화시키는 잡종화가 아나키스트 자유주의의 핵심이다.

2. 포퍼의 자유주의

포퍼(1902-1994)의 자유주의 사상은 여러 차원의 철학적, 이념적 가치와 독특한 방법론적 관점들로 구성된 하나의 잡종적 융합이라고 할 수 있다. 포퍼의 자유주의를 다차원적으로 그리고 체계적으로 이해하기 위해서 몇 가지 주제로 나누어 접근하면서 아나키즘적 함의를 논의해보겠다.

1) 무지론 그리고 겸손과 존중

포퍼(2006b: 25, 52, 201)는 우리가 무지하다고 한다. 우리는 아무것도 모르거나 아는 것이 거의 없다. 자연과학이 발견한 지식도 진리라고 절대시해서는 안 된다. 자연과학적 지식조차도 추측과 가설에 의해서 일시적으로 통용되고 있을 뿐이다. 우리는 좀 더 개량된 이론을 만들어나가고자 희망할 뿐이다. 따라서 항상 오류 가능성에 직면하고 있는 과학기술에 대한 비판은 필수적이다. 다만 이를 빌미로 "과학 자체를 공격하는 것은 무책임하고 저급한 선동"에 불과하고, "과학과 과학기술에 의한 오류 수정"을 지속해야만 한다. 시행착오를 계속하면서 문제 해결을 시도해나가는 것이다.

결국 과학자건, 지식인이건, 일반 사람이건 우리는 "아무것도 아니 거의 아무것도 모른다." 인간은 이러한 무지의 상태에서 오직 추측만

할 뿐이다. 초등수학을 제외한 모든 분야에서 우리의 주장은 결코 절대적일 수 없고 논리적 결함으로부터 자유로울 수 없다는 것이 포퍼의 기본적 입장이다.

포퍼에 의하면 정신적 영역에서 새로운 이론을 혁명적으로 발견하거나 진부한 이론을 혁명적으로 전복시키는 정신적 급진주의는 실천의 영역에서 모든 불필요한 폭력성을 회피하게 만든다. 이와 같은 태도는 포퍼로 하여금 실증주의적 독단론에 맞서게 한다. 실증주의는 "자기가 할 수 있는 것에 머물러라"라고 가르치지만, 포퍼는 "사변적 이론을 대담하게 내세워라, 그러나 그 이론을 냉혹하게 비판하고 시험하라"고 주장한다.

인간 세상은 무지와 부지 그리고 미지로 가득하지만 우리는 결코 체념하거나 좌절해서는 안 되고 부단히 지적 탐구를 계속해야 한다. 이와 동시에 우리는 우리의 지식에 대해서 겸손해져야 한다(포퍼, 2006b: 213). 무지를 깨우친 자의 겸손이 필요하다. 독단적인 태도는 배격해야 한다.[1] 자신의 이념에 대한 오만하고도 주제넘은 태도야말로 인간 사회의 평화에 최대 장애가 된다. 장자의 아나키즘도 어떤 절대적 권위나 독단을 지배와 강제의 형식으로 간주하고 거부한다.

포퍼는 이 인간 무지론의 토대 위에서 그의 비판적 합리주의를 구축한다.

---

[1] 포퍼(2006b: 9)는 비독단적 과학자로서의 전형을 천문학자일 뿐 아니라 점성술사였던 케플러에게서 발견한다. 그 이유는 케플러가 별자리가 말해주는 운명은 고정불변이 아니라 인간의 의지로 바꿀 수 있다고 주장함으로써 (점성술이라는) 미신에 대해 비독단적인 태도를 보인 겸손하고 자기비판적인 사람이었기 때문이다.

2) 비판적 합리주의

포퍼(2006b: 20-22)는 "지식을 통한 인간의 자기해방"을 신뢰한다는 의미에서 자신이 "합리주의와 계몽주의의 마지막 추종자"라고 한다. 그의 합리주의는 데카르트식의 철저한 이성적 존재로서 인간을 전제하는 것이 아니라 인간이 "자신의 실수와 오류에 대한 타인의 비판을 통해, 그리고 자기비판을 통해 학습을 할 수 있다는 믿음"을 말하는 것이다.

"지식을 통한 자기해방"으로서 포퍼(2006b: 35)의 계몽주의는 자신뿐 아니라 다른 사람들의 정신도 해방시킨다. 이것은 모든 지식인의 의무이기도 하다. 그러나 진정한 계몽주의 사상가, 진정한 합리주의자는 상대방을 설득하거나, 상대의 확신을 이끌어내려 하지 않는다. 설득하기보다는 상대방을 자극하여 그가 "자주적 의견을 형성할 것을 요구"한다. 자주적 의견의 형성은 우리를 진리에 더 근접하게 해 줄 뿐 아니라 그 자체로 존중할 가치가 있기 때문이다. 이를 위해서는 상대방의 의견이 비록 근본적으로 잘못됐다고 생각하더라도 나름대로 존중하는 자세를 가져야 한다. 개인적 의사 표현의 자유가 존중되어야 한다.[2] 아나키스트 자주인이 되기 위해서도 개인은 개인 자신의 독립된 자주적 의견을 지녀야 한다.

개인의 자주적 결정은 당사자로 하여금 인간적으로 자존감 혹은 성취감을 느끼게 한다. 자신의 자유의지로 도달한 신념은 종교적 영

---

2 이견이나 반대 의견에 대한 존중을 역설한 포퍼와 같이, 나(김성국, 2010)도 부정의 변증법에만 입각하는 한국의 비판적 사회학이 존중의 사회학으로 무게중심을 옮길 것을 제안하였다.

역에서뿐 아니라 일상적 삶에서도 의미 있는 결과를 초래한다. 이것은 자유의지를 갖는 모든 개인과 개인의 의견에 대한 존중으로 이어져서, 칸트가 말한 인간적 인격체의 가치에 대한 자각으로 연결될 수 있기 때문이다. 그러나 비판적 논의와 자주적 의견 형성을 위해서는 자유로운 의견의 교환을 보장하는 사상의 자유라는 정치적 자유가 요구된다. 정치적 자유가 전제되어야만 비판적 합리주의는 제대로 작동할 수 있다(포퍼, 2006b: 26-27).

포퍼의 합리주의는 자신의 옳음을 증명하는 것보다 다른 이에게서 배우는 것을 더 중요하게 여긴다. 남의 비판을 수용하고, 남의 생각을 신중히 비판함으로써 타인에게서 기꺼이 배우겠다는 의향을 가져야 한다. 누가 옳고 그르냐를 따지는 것보다는 학습을 통해서 진리에 가까이 가는 것이 더 중요하다.

비판 혹은 비판적 논의가 합리주의의 핵심이다. 진정한 합리주의자는 자신을 포함한 어느 누구도 진실을 알지 못한다고 생각한다. 오직 비판적 논의를 통해서만 한 가지 관념을 다각도에서 검토하고 타당한 판단을 내리는 데 필요한 성숙함을 얻을 수 있다.

놀랍게도 포퍼(2006b: 161)의 "비판을 통한 학습"에는 최종적 해답이라는 것이 없다. 하나의 해결은 반드시 또 다른 문제 해결을 요구한다. 그래서 과학이나 인간의 삶은 끊임없는 문제 해결의 연속이다. 여기서 포퍼는 자신의 원칙이 상대주의로 오인되는 것을 거부하면서, 상대주의와 거리를 둔다. 포퍼에게 진리 추구의 대상인 진리는 절대적이고 객관적이다. 다만 이 절대적 진리를 우리는 발견하지 못하고 있을 뿐 아니라, 발견하지 못할 수도 있다. 그래서 우리는 끊임없이 지식 탐구의 여정에 참여하는 것이다. 나는 상대주의를 견지하지만 절대적 진리가 존재할 수 있을 것이라는 믿음 자체를 거부하지 않는다.[3] 절대가 절대적으로 구현되고 확인되는 — 영원히 오지 않을 — 세상이 오면 상대는 절대 속으로 융합될 것이다.

포퍼(2006b: 30)에 의하면 그가 추구하는 합리주의는 유럽에서조차 매우 드물며, 또 유럽의 특징적 신조로 간주되는 것도 아니다. 합리주의의 직접적 산물인 자연과학이 꽃을 피운 합리주의의 온상 유럽에서 합리주의적 견해가 제대로 인정되고 있지 않다는 것은 놀라운 일이다. 사실 포퍼의 합리주의는 포스트모더니스트들이 비판하는 합리만능주의가 아니다. 차라리 그 반대로 합리의 한계를 강조한다.

오늘날 탈근대적 관점에서 유럽의 합리주의는 많은 해악의 원천으로 비판받는다. 합리주의에 대한 비판도 이제 옥석을 가려가며 신중히 해야 한다. 사실 도구적 합리성에 대한 비판은 프랑크푸르트학파의 비판 이래 모든 신중한 합리주의자의 준거가 되었다. 그리하여 하버마스의 의사소통적 합리성, 성찰적 합리성, 최근에는 생태학적 합리성의 개념이 제시되는 등 기존의 서구적 합리주의와 합리성을 새롭게 재구성하려는 노력이 이어지고 있다. 이러한 근대 합리주의에 대한 자기비판적 노력은 포퍼의 비판적 합리주의의 전통과 맥락을 같이하는 것으로서 탈근대적 문명전환의 동력으로서 기여할 수 있다.

---

[3] 나는 포퍼가 절대적 진리의 가능성을 믿는 것을 반대하지 않는다. 나의 상대주의는 포퍼의 절대적 진리조차 영구불변이 아니며, 어느 경지에서 노장적 의미에서 진리 = 도가 되더라도 그것은 과학적 진리 탐구의 대상으로서의 진리가 아니라, 진리와 오류가 구분되지 않는 초진리나 무진리일 뿐이라고 간주한다. 상대가 없는 절대는 없다는 의미에서의 상대주의이다.

3) 맑스주의 비판

포퍼(2006b: 21-23)는 자신이 맑스주의로부터 떠나게 된 과정을 다음과 같이 설명한다.

> 13세가 되던 1915년경에 나는 맑스주의자가 되었습니다. 그리고 열일곱 살 생일날이 다가오기 조금 전인 1919년에 반맑스주의자로 전향했습니다. 하지만 나는 자유와 사회주의가 공존할 수 있는 가능성에 대해 더욱 의혹을 품게 되었음에도 불구하고 30세까지는 여전히 사회주의에 대한 미련을 버리지 않았습니다. … 내 생각으로 사회주의란 일종의 윤리적 요청으로서 바로 정의의 이념이었습니다. 극도의 빈곤과 극도의 풍요함이 공존하고 있는 사회질서는 내 눈에 불공평하고 참을 수 없는 것으로 비쳤습니다. 하지만 날이 갈수록 국가사회주의로 인해 국가가 중앙집권화되어 비대해지고 관료들이 국민에 대해 지나치게 강대한 권력을 행사한다는 점을 인식하게 되었을 때 나는 사회주의에 대해 내가 품고 있던 확신을 포기했습니다. 그때부터 나는 사회주의와 자유가 공존할 수 있다는 사실을 더 이상 믿지 않았습니다.

포퍼(2006b: 71)는 공산주의의 힘이 도덕적 원칙의 호소에서 나온다는 사실을 예리하게 지적한다. "우리는 도덕적 기준에 직접 혹은 간접적으로 호소하는 이념들을 충분히 비판적으로 검토하기보다는 거기에 너무 쉽게 휩쓸린다. 아직도 우리는 그러한 도덕주의로 무장한 이념들을 걸러낼 수 있을 만큼 지적으로 성숙하지 못하기 때문에, 그 이념을 위해서 우리 자신을 기꺼이 희생한다." 그러나 포퍼(2006b: 67)

의 주장처럼 모든 인간은 "오직 이기심에 의해서만 움직인다." 슈티르너에 대한 논의에서도 강조한 것처럼 우리는 이기심을 자연스럽고 매우 강력한 인간 심성/욕구/자유의 한 특성으로 인정해야 한다. 나아가 이 이기심이 지닌 복합적 특성이 개인의 자유와 타인의 자유가 서로 공존 협력할 수 있는 방향으로 움직이도록 노력 혹은 수신修身해야 한다.

현실 사회주의의 실패 이후 맑스주의 역사관이 더 이상 신뢰받지 못하자 동서의 맑스주의자들은 우리가 희망 없고 타락한 자본주의 세계에 살고 있다는 사실을 강조한다.[4] 그러나 우리가 악으로만 가득한 세상에 살고 있다는 주장은 일시적 분풀이는 될지 몰라도 사실이 아니다. 물론 맑스주의자의 비난에는 경청할 요소도 적지 않으므로 겸손과 존중의 자세로 비판적으로 학습해야 한다.

포퍼(2006b: 114)는 맑스의 자본주의 비판의 허구성을 지적하지만, 현대사회를 결코 미화하지 않는다. 오히려 "현대사회에 매우 비판적인 시각"을 가진다. 자본주의도 여전히 많은 부분에서 개선의 여지가 있다는 것이다. 그럼에도 불구하고 포퍼는 현대의 "열린사회가 역사상 가장 좋은 사회, 가장 공정한 사회"라는 점을 분명히 하고, 맑스와 그 21세기 후예들이 악마적으로 묘사하는 그런 자본주의사회는 이제 더 이상 존재하지 않는다고 단언한다.

---

4 포퍼(2006b: 105)는 세상의 수많은 맑스주의자가 실제 세상에서 무슨 일이 일어나건, 역사적, 실재적 사실들을 무시하거나 합리화하면서, 예전과 같이 자본주의에 대한 비난을 계속해나가리라고 우려한다. 한번 사랑에 빠진 이념을 버리기란 결코 쉬운 일이 아니다.

4) 자유와 민주주의를 위한 책임

1920년대와 1930년대에 일어난 좌파와 우파 세력의 전체주의화 그리고 히틀러의 독일 장악은 포퍼로 하여금 민주주의를 심각하게 고찰하도록 만들었다. 물론 포퍼(2006b: 6, 40)는 민주주의를 기본적으로는 지지하지만, 현재 대부분의 민주주의국가들이 취하는 방식에 찬성하지 않는다고 단언한다.

> 국민에 의한 통치라는 의미에서의 민주주의는 실질적으로 존재한 적이 없으며 혹은 있었다 해도 실상은 변덕스럽고 무책임한 독재 정권에 불과했다. … 사실 국민이 통치하는 곳은 없다. 정부가 통치할 뿐이다. 그리고 불행하게도 책임을 아예 면피하거나 요리조리 피해 가는 관료 및 공무원들이 통치할 뿐이다.

포퍼(2006b: 33, 35)의 질책은 민주주의의 허상에 대한 통렬한 비판이 아닐 수 없다. 서구의 민주주의국가 체제란 역사적으로 등장한 정치체제 중에는 가장 나은 것일지 모르나, 우리가 상상할 수 있으며 논리적으로 실현 가능한 정치체제 중에서는 최고가 아니다. 따라서 민주주의에 대한 비판적 시각이 필요하다. 포퍼는 민주주의 체제하에서 "수많은 것들이 잘못되어가고 있다"고 진단한다. 민주주의의 지속 가능성은 언제든지 대내외적 불안 요소로 인해 위협받을 수 있다.

그렇지만 포퍼(2006b: 41)의 민주주의 비판은 이 지점에 머무르면서 "피를 흘리지 않고 정권을 교체할 수 있다면 누가 통치하느냐는 중요하지 않다"는 타협주의로 안착하는 것 같다. 무혈의 통치자 교체를 정치적 자유주의의 지표로 삼는 포퍼의 입장은 민주주의의 정곡을 찌르고, 비민주적 독재 정권이 여전히 활개 치는 오늘의 현실을 고려할 때 매우 적실한 주장이기는 하나, 다소 소극적인 것 같다. 과장과 선동, 공약 남발의 인기 영합주의populism, 공짜 복지와 무한 복지를 공허하게 외치는 투표민주주의의 폐해가 극에 달한 현대사회에서 합법적 정권 교체만이 능사가 아니다. 그렇다면 별다른 대안이 없는 것일까?

대의민주주의를 전자 투표나 여론조사 등을 활용한 직접민주주의로 대체해나가는 방안을 적극 강구할 수 있다. 선거에 의해 선출된 정치인들이 민의를 대의代議하지 않고 대리代理만 하는 제도적 장치를, 비록 완전하게 만들지 못하고 초기에는 다소의 부작용과 비효율이 따르겠지만 얼마든지 고안할 수 있다. 시민들의 교육 수준이 획기적으로 향상되고 지적 능력이나 사회적 의식도 지속적으로 상승하는 이 지식정보사회에서 일반 시민들도 전문가들의 견해를 들으면서 충분히 현명한 정치적 판단과 결정을 내릴 수 있다. 정치인들이 온갖 핑계를 대면서 반대하겠지만 더 이상 정치인들에게 정책의 발안이나 결정을 맡길 필요가 없다.

아나키스트 정치는 가능한 한 직접민주주의와 타협적 합의제를 원칙으로 추구한다. 특히 여론조사를, 참고용으로 전문가 조사와 병행하여, 다양하게 과학적으로 설계하고, 철저하게 실시한다면 전체 민의를 직접적으로 그리고 즉각적으로 반영할 수 있다. 오늘날처럼 정치 불신, 특히 입법부인 국회에 대한 불신이 팽배한 현실을 고려할 때 대의정치는 반드시 재고할 필요가 있다. 그것은 낡은 정치적 관행에 불과하다. 점차 유권자를 우롱하는 정치적 쇼로 타락하는 측면도 갖는다. 현재의 국회는 자나 깨나 으르렁거리며 죽자 살자 싸우다가도 자신들의 이해관계가 걸린 문제나 권력 강화의 문제에 관해서는 찰떡같이 단합하는 특수 이익집단으로 변해버린 것 같다. 헌법 개정 논의 시 국회의 전면적 재구성은 반드시 진지하게 검토해야 할 사항이다.

포퍼가 기대한 평화적 정권 교체의 제도적 확립은 어쩌면 민주주의라는 인위적 제도에서 우리가 바랄 수 있는 최선일지 모른다. 소위 말하는 민주주의의 공고화 consolidation of democracy이다. 포퍼도 이 점을 고민했을 것이다. 민주주의는 목표가 아니라 수단이다. 민주주의 제도를 이용하여 우리가 무엇을 할 수 있느냐 하는 것은 개인들이 자유롭게 판단하여 실천할 문제이다. 그렇다면 민주주의 자체에 지나친 기대를 갖지 말아야 한다. 민주주의는 소위 집단 지성을 배양하고 창출하는 훈련장이 될 수도 있고, 광기와 맹신을 조장하는 우중탑愚衆塔이 될 수도 있다. 민주주의는 개인적 자유를 보장하는 강력한 수단이지만, 동시에 그것을 파괴하고 억압할 수 있는 유효한 방법이기도 하다. 민주주의의 이름으로 모든 것이 허용되는 것을 아나키스트 자유주의자는 반대한다.

5) 자유를 위한 투쟁

포퍼(2006b: 42, 37)는 부와 가난 혹은 불평등, 그리고 자유와 부자유의 관계에 대하여 다음과 같이 말한다. "빈곤은 커다란 악이다. 더구나 그것이 커다란 부와 병존한다면 더욱 나쁜 악"이다. 따라서 "경제적인 약자를 강자로부터 보호하는 사회제도", 즉 "착취로부터 시민을 보호할 수 있는 기구"가 필요하다. 그러나 포퍼는 빈부의 대립보다 더욱 나쁜 악은 부자유와 자유의 대립, 즉 독재적인 지배 대 시민적 자유의 대립이라는 점을 강조한다. 통상적인 표현을 사용하자면 불평등의 문제보다는 자유의 문제가 더욱 중요하다는 주장이다. 불평등을 전면적이고 극단적으로 해소하는 과정에서 필연적으로 발생할 자유의 부정과 억압, 즉 부자유의 문제가 더욱 위험하고 치명적이라는 것이다. 구소련에서 등장한 전체주의적 공산 독재화의 위험을 강조하는 것이다.

우리가 알고 있는 역사상의 모든 사회에는 항상 부정의와 억압, 빈곤과 무력감이 존재했다. 현재의 민주주의사회 혹은 자본주의사회도 예외가 아니다. 다만 우리는 민주주의와 자본주의 사회질서 내에서 이러한 죄악들과 투쟁하고 있다. 또 포퍼는 현대사회에 존재하는 부정의와 억압 및 빈곤과 무력감은 어떤 다른 사회질서, 독재 체제, 신정 체제, 폐쇄 체제 등에서 나타나는 것보다도 훨씬 적다고 믿는다. 현재의 서구 민주주의와 자본주의사회는 지금까지 존재한 사회 중에서는 가장 나은 사회지만, 여전히 불완전하므로 더 많은 것을 개선할 필요가 있다. 인간을 완전히 행복하게 만들어주겠다는 정치적 이념은 참으로 위험하다. 천국을 현세에 실현하려는 시도는 언제나 지옥을 만들어낸다. 폭력과 강제, 처벌과 감금, 복종과 침묵 그리고 선동과 기만이 최대한 동원되어야 하기 때문이다.

현재의 자유사회는 심각한 난관에 봉착해 있고, 가장 바람직한 사회도 아니다. 자유사회에서도 권력은 여전히 부패한 상태에 있고, 관료주의적 독재가 기승을 부린다. 가난, 실업, 사회적 불안, 질병과 고통, 가혹한 형벌, 노예제도와 같은 예속 상태, 종교적·인종적 차별, 교육 기회의 결여, 경직된 계급 대립, 전쟁 등과 같은 해악들이 존재한다. 그렇지만 포퍼(2006b: 180)는 이 해악들을 "사회적 협력 관계를 통해서 치료하거나 완화시킬 수 있다"고 믿는다. 피를 흘리지 않고 정권을 교체하여 문제점을 개선할 수 있는 가능성이 항상 열려 있기 때문에 자유민주주의사회가 더 좋고 더 나은 것이다.

   그래서 포퍼(2006b: 76)는 정치적 자유에 대한 우리의 단호한 신념과 결연한 의지를 강조한다.

> 우리는 언제라도 정치적 자유를 위해 싸울 준비가 되어 있어야 한다. 그것은 언제든 잃을 수 있기 때문이다. 절대로 가만히 앉아 우리의 자유가 보장되리라 믿어서는 안 된다. … 정치적 자유는 우리 개개인의 책임, 우리의 인간성에 필수 불가결한 조건이다. 더 나은 세상, 더 나은 미래를 만들기 위해 내딛는 한 걸음은 반드시 자유라는 기본적 가치관을 지표로 삼아야 한다. 개인의 자유라는 것은 유토피아적 망상이 아니다.

   자유는 공짜로 주어지는 당연한 것이 아니다. 역사적으로 모든 자유는 반드시 쟁취해서 얻은 것이므로 자유의 수호와 확장을 위해서는 끝까지 투쟁해야 한다. 그래서 비록 자유와 민주주의에 대한 믿음이 위험과 패배를 초래할지라도 자유와 함께 죽을 각오도 해야 한다. 아울러 자유를 향한 투쟁이 프랑스혁명이나 러시아혁명처럼 폭력주의나 극단적 속박으로 변질될 수 있는 위험성도 철저히 경계해야 한다.

   그러나 오늘날의 상황처럼 일단 자유가 정착되면 사람들은 그것을 당연한 것으로 여기기 시작할 것이고, 그러면 자유는 곧 위험에 처한다. 자유를 잃는 게 어떤 것인지, 폭력적 억압이나 전쟁이라는 것이 얼마나 끔찍하고 야만적인 것인지 직접 체험해본 적이 없는 사람들은 제대로 인식하지 못한다. 테러도, 전쟁도, 폭력도 이미지로 아름답게 묘사되는 이 가상의 현실 세계에서는 점차 자유를 귀중하게 여기지 못하게 된다. 자유를 뺏겨보아야만 그 진가를 안다. 그때가 되어 장탄과 회한의 눈물을 흘리기 전에 자유의 고귀함과 즐거움을 생명처럼 여길 줄 알아야 한다.

  그렇다고 자유가 모든 것을 제공하고 보장하리라 기대하는 것은 어리석을 뿐 아니라 극히 위험하다. 자유는 가능성의 조건일 뿐이다. 물론 그 조건이 없으면 모든 것이 불가능하다. 여기서 포퍼(2006b: 35, 360)는 비판적 합리주의자로서 매우 파격적인 주장을 한다.

> 한 사람의 인생이 얼마나 잘 풀리느냐 하는 것은 대체로 운이나 복의 문제며,[5] 비교적 작은 부분이 그 사람의 능력이나 성실성 같은 여러 가지 미덕에 좌우된다. 민주주의나 자유에 대해 단정할 수 있는 한 가지는 인간의 능력이 인류의 복지를 조금 더 좌우할 수 있게 해준다는 것이다. … 그러므로 우리가 정치적 자유를 갈구하는 이유는 더 쉬운 삶을 소망하기 때문이 아니라, 자유 자체가 물질적 가치로 환원될 수 없는 궁극적 가치를 갖기 때문이다. 자유가 유일하게 고귀한 형태의 인류 공존, 우리가 우리 자신에 대해 100% 책임질 수 있는 유일한 형태의 공존을 가능하게 하기에 우리는 자유를 선택한다.

---

5 성공 혹은 불평등에는 운이 따를 수도 있다. 미국의 저명한 사회학자인 젠크스(Jencks, 1972)가 수많은 자료를 활용하여 불평등의 원인 분석을 위한 통계 처리를 하였는데, 그 결론은 참으로 허망하고 절묘하다. 그 최대 원인은 부모, 교육, 친구, 능력 등이 아니고 운luck이다. 통계적으로 모든 유력 변수를 도입하였음에도 불구하고 설명되지 않는 변이unexplained variance가 압도적이었기 때문이다. 불평등에 관한 모든 책임을 자본주의적 경쟁의 탓으로 돌리는 것은 잘못된 것이다.

포퍼의 자유주의에는 인류 공존이라는 협동과 책임 의식이 포함되어 있다. 그러므로 자유의 가치가 숭고하지만, 인류가 공존하기 위해서는 당연히 모든 개인의 "무제한적 자유가 불가능하다"(포퍼, 2006b: 35). 나의 자유가 다른 사람의 자유를 자유롭게 빼앗아서는 안 된다. 칸트가 제시한 해답, 즉 인간의 공존에 필요한 정도까지만 개인의 자유를 제한하며, 그 제한은 모든 시민에게 동등하게 적용되어야 한다는 원칙을 포퍼는 지지한다.

이와 같은 맥락에서 포퍼(2006b: 54)는 국가에 의한 자유 제한의 필요성을 분명하게 주장한다.[6] 왜냐하면 국가가 무장 집단의 조직 금지나 무기 교환의 금지와 같은 법적 질서를 세우고 보장하는 상태에서만 자유 시장이 존재할 수 있기 때문이다. 국가에 의한 이러한 강제가 국가 제한의 부재 시 등장할 폭력 조직의 강제에 의한 자유의 제한보다는 분명히 더 나을 것이기 때문이다. 이러한 맥락에서 포퍼는 자유 시장을 절대적 가치로 수호하려는 하이에크와는 달리 필요할 경우 자유가 제한되어야 한다는 원칙을 주장한다.

포퍼의 이와 같은 진단은 현시점에서도 적용된다. 개인적 자유를 감시하고, 관리하고, 규제하고, 통제하고, 유보하고, 억압하고, 거부하는 온갖 형태의 합법적-비합법적 폭력이 우리 주변에 산재해 있다. 어쩌면 많은 사람은 서서히 혹은 부지불식간에 자유의 축소에 둔감해지거나, 익숙해지고 있는지 모른다.

왜냐? 자유는 결과에 따르는 책임을 개인에게 요구하기 때문이다. 나아가 자유는 수시로 번거로운 선택과 어려운 결정을 요구하므로 부담스럽기도 하다. 자유를 버리고 순응과 동조, 복종과 숭배의 길을

---

[6] 하이에크와 포퍼의 의견 차이가 발생하는 것도 이 지점이다.

찾는 편이 더 나아 보이기 시작한다. 그리하여 자유로부터의 도피와 노예의 길이 다시 열리는 것이다.

자유민주주의사회와 그것의 경제적 제도화인 자본주의 체제에 대해 포퍼가 내린 역사 비교적 관점에서의 긍정적 평가를 나는 21세기 이 시점에서도 수용한다. 따라서 현시점에서 거론되는 어떤 형태의 폭력혁명적 담론도 거부하며, 하향식 국가 독점형 사회변혁도 부정한다. 국가의 존재와 역할에 대한 포퍼(2006b: 45)의 비판적 견해는 나의 아나키즘적 관점과 매우 유사하다.

> 나는 개인의 자유를 찬성하며, 국가의 폭력과 관리의 횡포를 증오합니다. 그러나 유감스럽게도 국가는 필요악입니다. 국가가 없으면 아무 일도 되지 않습니다. 슬픈 일이지만 사람이 많아질수록 국가도 많아진다는 것은 타당합니다. … 필요한 것은 갈등을 합리적으로 해결할 수 있게 만드는 보다 이성적인 사회를 위해 노력하는 것입니다. 나는 '보다 이성적'이라고 말했습니다. 이성적인 사회는 결코 존재하지 않기 때문입니다. 그러나 현존하는 사회보다 더욱 이성적이고 따라서 우리가 노력해서 만들어야 할 사회는 얼마든지 있습니다. 그것은 현실적인 요구이지, 결코 유토피아가 아닙니다.

우리는 2015년에 광복 70주년을 맞이했다. 지난 2005년 광복 60주년을 맞이하여 한국 사회에서 불거진 역사적 평가 논란을 기억할 필요가 있다. 한쪽에서는 해방 이후 남한 사회의 행보를 독재 권력, 사이비 민주 세력, 매판자본 등이 결탁하여 민중을 수탈하고 억압하는 실패의 역사라고 심판하였다. 다른 한쪽에서는 부정적 요소들이 존재하기도 했지만 결과적으로 성공적인 경제 발전과 안정적인 민주주의 체제를 구축한 자랑스러운 대한민국이라고 긍정적으로 평가하였다. 포퍼의 정신을 따라서, 나(김성국, 2006: 133)도 다음과 같이 적극적인 역사 인식을 표명하였다.

> 1945년 광복 이후 한국 사회는 엄청나게 변화하였다. 광복 60년의 변화를 두고 긍정적 평가와 부정적 해석이 엇갈린다. 긍정과 부정을 교차시키려는 시도도 있다. 도식적인 논쟁의 구도에 휘말릴 위험성도 있지만, '한국 사회는 세계에 자랑할 만한 현대사를 이룩하였다'는 것이 필자의 판단이다. 그 자명한, 그렇지만 여전히 논란의 여지를 갖는, 이유를 밝혀보자.
> 첫째, 남한 사회는 개발독재를 감수한 대다수의 국민들이 기아선상을 벗어나 안정적인 의식주를 누린다.
> 둘째, 남한 사회는 피나는 투쟁을 통하여 자유민주주의를 정착시키고 있다.
> 셋째, 남한 사회는 선조들의 뛰어난 문화적 전통을 창조적으로 전승하여 매력적인 한국 문화와 최첨단 기술, 특히 정보 관련 기술을 세계에 전파시키고 있다.

벌써 10년이 흘렀다. 해방 70주년을 맞은 2015년에, 자유민주사회 그리고 자본주의사회로서 대한민국을 어떻게 평가해야 할까? 나는 포퍼의 역사 판단을 아직도 따른다. 우리 사회는 여전히 산적한 문제로 골치 아픈 곳이지만 위기를 극복한 찬연한 과거와 굳건한 희망의 미래를 가진 사회라고 생각한다. 그렇지만 한국의 자유민주주의는 정치판의 파행과 무책임으로 매우 불안정해 보인다. 자유민주주의 자체가 나쁜 것이 아니라 그것을 책임지고 발전시켜야 할 정치인들이 문제다. 우리 시민들은 여기서 면책특권을 갖는 것일까? 역으로 하탁상부정下濁上不淨이 성립될 수도 있다.

6) 낙관주의: 미래와 평화

포퍼(2006b: 98, 131)에게 낙관주의는 일종의 지적 의무이다. 미래는 열려 있고, 아무도 예측할 수 없다. 우연히 들어맞는 경우뿐이다. 미래에 담긴 가능성들은 좋건 나쁘건 무한하다. 낙관주의를 의무라고 할 때 그것은 미래가 열려 있으며 우리 모두가 자신의 행동으로 미래를 결정할 수 있다는 의미이다. 우리는 나쁜 미래를 예측하는 대신 좋은 미래를 목표로 삼아 더 나은 미래를 만들어갈 의무가 있다.

낙관주의는 자유의 책임 의식과도 결부된다. 우리의 후대가 보다 더 나은 삶을 살 수 있도록 책임을 져야 한다. 더 나은 세상을 위해서 우리가 할 수 있는 일은 무엇인가? 비판적 합리주의자로서 포퍼(2006b: 70)는 진보의 법칙을 믿지 않는다. 미래에는 누구도 예측할 수 없는 수십억 개의 좋고 나쁜 가능성이 존재한다.[7] 그 어떤 일도 일어날 수 있고, 인류는 당장 내일이라도 지구에서 절멸할 수 있다.

미제스와 마찬가지로 포퍼(2006b: 10-11)도 역사적 발전으로서 혹은 칸트식의 도덕적 의무로서의 세계 평화와 세계 연합을 추구한다. 윤리적, 도덕적 성숙 혹은 문명화된 인류 사회를 위한 시도로서 평화

---

[7] 신비주의를 옹호하는 잡종론자로서 나는, 점성술사 케플러를 존중하는 파이어아벤트와 마찬가지로 과학적 합리주의가 외면하는 신비의 세계 혹은 예언의 세계도 부정하지 않는다. 동양적 신비론, 역, 사주, 풍수, 천문 등은 나름의 고유한 논리 체계와 우주관을 가지고 있다.

유지를 목표로 하는 법치주의 그리고 그 법치주의를 근간으로 하는 국가들의 세계 연합을 구축해야 한다는 것이다. 자유주의의 최종적 귀결점으로서 평화주의에 도달한 포퍼(2006b: 88)의 신념은 매우 적극적이다. "우리는 평화를 위한 전쟁을 벌여야 합니다." 자유의 반대는 폭력이다. 폭력의 최고 최대 표현은 전쟁이다. 전쟁의 반대는 평화이다. 그러므로 자유 = 폭력과 억압, 착취의 반대 = 평화이다. 김용옥이 아나키즘을 평화주의라고 규정한 이유가 바로 여기에 있다.

포퍼(2006b: 82, 120)는 세상의 불필요한 고통과 폭력이 줄어든 미래를 위한 우리의 책임을 말하며 다음과 같은 구체적 방안을 제시한다. 그리고 현재와 미래의 자유를 위해 우리가 할 수 있는 최선은 "시류를 거부하고 날마다 조금씩 더 책임을 지는 것"이라고 충고한다.

① 자유 강화, 책임 의식으로 자유 통제
② 세계 평화
③ 빈곤과의 싸움
④ 인구 폭발 대책 — 원해서 낳는 아이만 세상에 태어나도록.
⑤ 비폭력 교육

7) 포퍼의 아나키스트 자유주의적 차원

나는 폭력적 속성을 내재한 국가에 대해 비판하면서도 폭력 방지를 위한 억제 기구의 역할을 하는 필요악적 존재로서의 국가를 수용하는 포퍼의 이중적 국가관에 동의한다. 과거 및 현재의 일부 순수 정통파 아나키스트들은 여전히 모든 형태의 폭력적-억압적 국가 체제를 전면적으로 부정하고 그 철폐를 주장한다. 현대의 민주국가는,

비록 여전히 폭력적이고 억압적이지만 시민들의 비판과 저항에 직면하여 서서히 변화하고 있으며, 개선의 길을 찾고 있다. 프루동으로 대표되는 연방주의적 아나키스트 및 포퍼를 포함한 많은 자유주의자가 추구하는 세계 연합 정부가 실현되면 현재와 같은 민족국가 체제는 급격히 약화될 수 있다.

포퍼는 진정한 아나키스트와 현명한 자유주의자라면 불가피하게 인정할 수밖에 없는 일종의 무지론 내지 불가지론과 관용적 진리 공유 및 비판적-협력적 진리 탐구를 자신의 비판적 합리주의의 원칙으로 삼고 있다. 객관적 진리의 탐구에서 너와 나의 차이를 상호 존중의 자세로 비판적으로 수용해야 한다는 포퍼의 입장은 나의 이념적 잡종화와 맥락을 같이한다. 나아가 무지와 미지로 가득한 세계에서 끊임없이 문제 해결을 위한 비판적 학습을 해야 한다고 강조하는 포퍼의 비판적 합리주의는 탈보편주의와 적극적 상대주의를 지향하는 나의 아나키스트 자유주의와도 맥락을 같이한다.

이처럼 나는 포퍼가 (내가 이 책에서 주장하려는) 잡종화의 논리를 이미 적극적으로 시도했다는 사실에 지적 안도감과 더불어 강력한 연대 의식을 느낀다. 포퍼(2006b: 190)는 비판적 형식을 갖춘 합리주의와 객관적 진리의 권위에 대한 믿음이야말로 상호 존중에 기초를 두는 자유사회의 필수 불가결한 가치라고 믿는다. 동시에 이런 비판적 접근을 통해서 합리주의와 전통주의의 화해 혹은 잡종화가 가능해진다. 비판적 합리주의자는 전통을 높이 평가할 수 있다. 비록 그가 진리를 믿는다 하더라도 그 자신이 그것을 독점한다는 망상에 빠지지 않는다. 그는 진리를 향한 모든 접근 방식이 가치를 지닌다고 평가한다. 그는 그런 지적 전통이 존재하지 않을 경우 한 개인이 진리를 향해 한 발자국도 내디딜 수 없다는 사실을 알고 있다.

포퍼(2006a)는 당대의 반자유주의적 지적 전통 및 정치적 세력들과 투쟁하는 가운데 자유주의의 요람인 개방사회를 확장하고 수호하려고 했다. 포퍼와 마찬가지로 나도 사회주의와 자유의 양립 가능성에 대한 미련을 버리지 못하였으나 결국은 그 상호 화해의 가능성에 대해 점차 확신을 잃게 되었다. 특히 단순화의 위험이 있겠지만 현실적으로 모든 사회주의적 기획은 국가 중심주의로 귀결될 수밖에 없기 때문에 반권력국가주의, 탈권력 국가 체계를 지향하는 아나키스트로서 나는 자본주의에 대한 비판 정신만큼이나 사회주의에 대한 불신감도 명확하게 유지한다.

결국 나의 아나키즘은 자유주의의 급진화를 지향하는 것이다. 왜 급진화가 필요한 것일까? 전 세계적으로 여전히 개방사회는 충분히 만개되지 못하였지만 역설적으로 이와 동시에 그간 개방사회의 성장 확대에 따른 잡종화의 물결이 세계 도처에서 개방화의 물결을 타고 밀려오고 있기 때문이다. 개방사회의 확대 심화로서 잡종사회의 도래는 자유주의의 급진화로서 (내가 이 책에서 제안하는) 아나키스트 자유주의를 요구한다.

사실 미제스나 포퍼의 자유주의는 그 자체가 일반적 통념과는 달리 급진적 성격을 내장하고 있다. 단지 사람들이 그들의 자유주의를 좁은 의미의 현실 자본주의나 현실 자유민주주의와 일치시켜서 이해하고 평가하기 때문에 그들의 급진주의적 사회 비판을 제대로 인식하지 못했을 뿐이다. 그래서 나는 그들의 자유주의에서 아나키즘적 급진성을 발견하여 이를 부각시키고 강조하고자 하였다.

포퍼는 당대의 불안정한 정치 현실에서 불안정하게 성장하는 개방사회를 방어하기 위하여 (여전히 막강한 세력 기반을 유지하던) 개방사회의 적들에 대한 명확한 이해에 더 주력할 수밖에 없었다. 이제 개방사회의 실현은, 소수의 폐쇄적-독재적 지배 체제가 성립된 지역이나 조직(예컨대 북한 사회나 맹신적 종교 집단 등)을 제외하고는 모든 민주주의적 가치를 공유하는 국가의 의무이자 당연한 시민권이 되고 있다.

따라서 개방사회의 성숙으로서 등장하는 잡종사회는 그 초창기적 취약성을 극복하고, 그 기획적 정체성을 구축하기 위해서, 방어적 차원에서 적에 대응하기보다는 적극적 차원에서 친구를 발견하여 반대 세력에 대한 연합 전선을 형성할 필요가 있다. 잡종화를 반대하고 방해하는 세력들이란 순수와 정통 그리고 신성과 절대의 이름으로 군림하는 세력들을 말한다. 이들은 자신들의 왕국을 거부하는 이교도, 이방인, 타자는 이단으로 심판하고 단죄한다. 이들이 설정한 각종 장벽과 경계를 해체하기 위해서는 여전히 소수자로서의, 약자로서의 지위에 머물고 있는 잡종화의 지지 세력들이 친구가 되어 힘을 결집해야 한다. 항상 뭉치면 살고 헤어지면 죽는다는 것이 사회적 약자들의 생존을 위한 신조가 아니었던가?

포퍼처럼 나도 결코 자유주의, 자유민주주의, 자본주의를 일방적으로 미화하거나 무리하게 정당화하지 않는다. 다만 전체주의나 독재주의 그리고 사회주의보다는 더 나은 이념이자 제도라고 판단한다. 왜냐하면 자유는 불안정하기는 해도 인간 사회를 역동적으로 개선시킬 수 있는 인간의 유일한 자원이자 에너지라고 믿기 때문이다.

3. 하이에크의 자유주의

먼저 하이에크(1899-1992)와 관련된 최근 좌파 진영의 적극적 접근을 하나 소개하자.

아나키스트에게 흥미로운 경각심을 제공할 책『하이에크 이후의 사회주의』가 사회주의 경제학자 버크작(Burczak, 2006)에 의해 출간되고 이후 열띤 찬반 토론(*Review of Social Economy*, 2009, Vol. LXVII, No. 3, September)이 뒤따랐다.[8] 저자는 사회주의에 대한 하이에크의 비판을 적극 수용하면서 중앙 계획을 도입하지 않고, 사유재산을 철폐하지 않고도 사회주의의 경제 목표, 예컨대 분배 정의와 자주 관리를 실현할 수 있는 시장 사회주의market socialism 혹은 급진자유주의적 사회주의libertarian socialism의 가능성을 모색한다. 미제스와 하이에크가 지적한 중앙 계획경제에 고유한 분산된 지식의 문제dispersed knowledge problem나 가격 계산 문제를 인정하는 유연성을 보여준다. 물론 이 시도는 당연히 사회주의자와 자유주의자 양쪽으로부터 많은 비판을 받았다. 나는 여러 이질적 이론을 잡종화하면서 종합을 추구하는 버크작의 시도는, 성공 여부와는 별도로, 그 자체가 참으로 의미 있는 지적 용기요 도전이라고 평가하고 싶다.

아나키스트 맥케이(Mckay, 2012)는 버크작의 맑스와 하이에크를 종합하려는 시도는 흥미롭지만 이는 급진자유주의적 사회주의자들이 이미 언급한 내용(자주 관리, 착취 종식, 탈집중화, 자유 계약, 노동자 연합 등)을 새삼스럽게 강조한 것일 뿐이라고 평가절하한다. 나는 이와 같은 "우리 아나키스트들은 너희가 주장하는 것을 오래전에 선구적으로 지적하였다. 우리는 그것을 잘 알고 있다"는 식의 때론 자화자찬적이고 때론 아전인수 격인 확인에만 머무르면서 제기된 문제들의 새로운 아나키즘적 함의나 심층적인 아나키스트 분석은 회피하는 아

---

[8] 이미 엡스타인(Epstein, 1999)도 하이에크적 사회주의Hayekin Socialism를 제시하였다.

나키즘 내부의 자기방어적인 경향이 매우 실망스럽다.

프루동이나 크로포트킨이 살던 시대와 오늘은 엄청나게 다르다. 특히 자본주의경제는 경천동지의 변화를 겪었다. 도덕적 구호나 주장을 제외하고는 그 위풍당당하고 치밀하던 맑스주의 경제 이론이나 개념도 대부분 파기되거나 수정되었다. 그렇다면 아나키스트들은, 더 늦기 전에, 우선 아나르코 캐피탈리스트들의 주장부터 비판적으로 경청하면서, 21세기 아나키스트 경제학의 토대를 구축하는 한 가지 접근으로서 하이에크 경제학의 적극적 수용과 창조적 비판의 잡종화를 다양하게 모색할 필요가 있다. 맑스주의자들은 최소한 하이에크를 통해서 사회주의경제학의 재건을 시도하고 있지 않은가? 하이에크는 맑스주의보다는 아나키즘에 훨씬 가깝다. 아나키스트들이 계속 자본주의나 사유재산 얘기만 나와도 혼비백산 질겁한다면, 멀지 않아 아나키즘은 전면 수정된 최신의totally renewed 맑스주의에 포섭되고 말 것이다. 맑스 없는 맑스주의도 과감하게 논의하는 맑스주의자들의 심기일전이 목도되는 현 상황에서 아나키스트로서 나는 아나키스트들이 가지고 있을지 모를 어떤 고정관념의 타파와 그 무엇에 대한 탈권위주의를 요구하지 않을 수 없다.

나는 현대 아나키스트 이론 가운데서 가장 취약한 영역이 경제학 분야라고 생각한다. 고전적 아나키스트 가운데는 프루동이 그나마 아나키스트 경제론을 수립하였지만, 이후 치밀하고도 체계적인 아나키스트 경제론이 발전하지 않았다. 아나르코 캐피탈리스트들의 경제론은 아예 무시되는 상황이다. 계획 관리자의 경제 지식을 불신하면서 수많은 개인이 현장 실천으로 획득하는 경제적 지식을 존중하고, 국가의 시장 개입을 반대하는 하이에크의 경제적 자유주의는 아나키스트들이 추구하는 자유주의와 긴밀하고도 핵심적인 관련성을 갖지 않을 수 없다.

개인적 자유를 추구한다는 아나키스트가 왜 사적 소유를 거부해야 하는가? 어떤 근거로 맑스주의자처럼 생산수단의 사회화(= 국가화 = 집단 소유화)에 의존하는가? 왜 경쟁적 자유 시장을 기피하는가? 시장에는 경쟁과 협동이 공존하고, 크로포트킨은 사회적 삶에서 협동뿐 아니라 경쟁 또한 필수적이라고 강조하지 않았는가? 나는 많은 정통-좌파-사회적 아나키스트들이 여전히 낡은 맑스주의 경제이론을 맹신하는 것이 아닌가 우려한다.

이제 하이에크에게 집중하자.

하이에크는 국가 개입이 없는 자유 시장과 사유재산제도에 대한 일관되고도 철저한 신념을 견지하는 경제적 자유주의의 대부이다.[9] 1930년대 이래 국가 개입을 주장하는 케인스학파의 대두로 국가개입주의와 사회주의적 복지 정책이 구미를 지배하자 하이에크는 오랫동안 주목을 받지 못했다.[10] 하이에크는 한때 학계에서 "거대한 공룡"으

---

[9] 현대의 경제적 자유주의의 학맥을 형성한 오스트리아학파는 오스트리아의 멩거Carl Menger로부터 시작해서 뵘바베르크Eugen von Böhm-Bawerk, 미제스, 슘페터, 하이에크로 이어지고 이후 미국의 뷰캐넌James M. Buchanan, 로스바드 등으로 연결된다. 오스트리아학파는 경제적 자유주의의 철저한 대변자로서 영국의 대처Margaret Thatcher 총리와 미국의 레이건Ronald Reagan 대통령의 경제정책을 성공적으로 이끌었고, 이후 각국 경제개혁의 이념적 좌표를 제공하였다. 그러나 반대 진영에서는 오늘의 세계경제를 파탄으로 이끌고 있는 신자유주의의 선구자요 주창자로 이들을 비난한다.

[10] 대공황이 발생한 후 1930년 케인스John Maynard Keynes는 『화폐론』을, 1931년 하이에크는 『가격과 생산』을 각각 출간하고 또 상대에 대한 비판적 서평을 발표한다. 대공황의 원인 분석과 대응책 제시에 있어 각자는 상이한 견해를 지녔다. 여기서 하이에크와 케인스 간의 논쟁의 시작되었고, 당대의 저명한 경제학자들이 참여하는 하나의 지적 토론이 전개되었다. 케인스는 공황의 원인과 대책으로 '과소투자와 과소소비' 그리고 '단기적 관점에서의 정부의 적극적 재정 정책'을 제시하고, 하

로 묘사되거나, 좌파들로부터 "황야의 예언자"라고 조소를 받기도 했다. 그러나 1974년 '경기순환론과 화폐 정책 및 신용 정책의 효과에 대한 공로'를 인정받아 노벨 경제학상을 수상하면서 그는 진정한 경제적 통찰자로 부활하여 전 세계적으로 경제학과 경제정책을 주도하는 사상가가 되었다.

경제적 자유주의에 대한 투철한 집념과 소신을 가졌던 하이에크는 제2차 세계대전 후 서유럽에서 나타난 자유주의에 대한 적대감을 우려하였다. 당시에는 영국의 노동당 정부가 채택한 사회주의적 복지 정책을 유럽 각국에서 너도나도 경쟁적으로 추구하였다. 이에 하이에크는 "자유사회의 존속을 보장할 수 있는 원칙들을 만들어나가기 위해" 1947년 10여 개국 36명의 자유주의자들을 집결하여 몽펠르랭협회Mont Pelerin Society를 창설한다. 이 모임에는 하이에크를 포함하여 미제스, 오이켄Walter Eucken, 프리드먼, 포퍼, 스티글러George Stigler 등 당대의 자유주의자들이 대거 참여했다.

경제학자로서 하이에크는 케인스의 국가간섭주의가 대세를 이루면서부터 고독한 길을 걸었다. 그러나 이후 케인스 이론의 후퇴와 함께 자유주의 경제학자들이 노벨상을 휩쓸고 몽펠르랭협회 회원 중에서 8명이나 노벨 경제학상을 수상하게 되고, 마침내 베를린장벽이 붕괴하고 사회주의권이 해체됨으로써 자유주의 경제 이론의 선구자로

이에크는 '과잉투자와 과잉소비' 그리고 '장기적 관점에서의 시장의 조정 능력'을 제안한다. 그러나 선거를 의식해서 단기적 성과에 더 큰 관심을 기울일 수밖에 없는 여러 정부는 케인스의 이론을 선택하였고, 그 결과 경제가 안정되자, 이때부터 케인스의 이론은 각광을 받는다. 그러나 1970년대부터 인플레이션 및 실업과 같은 경기 침체가 시작되면서 하이에크의 이론이 주목받기 시작하였고, 그 직접적 영향을 받은 영국의 대처리즘과 미국의 레이거노믹스가 경제적 위기를 극복하는 처방책이 되면서 하이에크의 자유주의 경제 이론은 세계적으로 인정받게 된다.

서 하이에크의 이론적-이념적 통찰이 역사적으로 입증되었다.[11] 『이코노미스트』지가 "금세기 경제적 자유주의의 가장 위대한 대변자"라고 칭송한 하이에크는 일찍부터 사회철학자로서도 확고한 지반을 구축하였다.[12] 그 성과가 1944년에 출간된 『노예의 길』이라는 불후의 명작이다.

특히 하이에크는 젊은 시절부터 포퍼와 깊은 우정을 나누면서 이념적으로 동지 관계를 형성해왔다. 서로가 서로를 인정하고, 보완하고, 격려하는 그야말로 상승적 시너지를 발휘하였다. 포퍼의 『열린사회와 그 적들』은 하이에크의 『노예의 길』과 함께 전체주의적 사회주의 비판에 있어서 쌍벽을 이루고, 자유주의의 가치를 고양시키는 양대 축으로 자리 잡고 있다.

포퍼와 하이에크 사이에 차이가 있다면 하이에크는 전문적인 경제학자로서 경제적 자유주의에 대해 보다 엄격한 기준을 가진 반면, 포퍼는 역사/과학철학자로서 자유의 개념을 더욱 폭넓게 이해하려고 했던 것이다. 그러므로 나는 양자의 차이가 매우 근본적이라고 해석하는 민경국(2001; 2002)의 입장과는 달리 (이 절의 후반부에서 논의할 것처럼) 그것은 상호 보완적으로 해소할 수 있는 유동적-발전적 차이라고 평가한다. 하이에크나 포퍼 모두 인간의 무지로부터 출발하고, 비판적 학습과 학습을 통한 발견에서 인간 사회의 개선 가능성을 발견하기 때문에 자기주장의 독단적 우월성을 내세우지 않았다. (과학)철학자 포퍼와 경제학자/사회철학자 하이에크의 차이는

---

11 최근 좌파 경제학자 피케티의 『21세기 자본』에 대한 철저한 검증과 비판도 이 몽펠르랭협회에서 이루어졌다. 2017년 대회는 서울에서 개최될 예정이다.
12 하이에크는 경제학을 바탕으로 법철학, 역사학, 과학철학, 윤리학, 정치철학 등을 융합하여 자유주의 이론을 구성했다는 점에서 잡종 이론가라고 부를 수 있겠다.

자유주의의 다양성과 유연성을 보여주는 유익한 차이로 간주할 수 있다.

하이에크 자유주의의 주요한 차원을 검토해보자.

1) 『노예의 길』을 깨닫고

하이에크(민경국, 2002에서 재인용)도 청년기에는 사회주의에 관심을 가졌으나, 빈대학에서 미제스의 영향을 받으면서 자유주의자로 탄생한다.

> 나는 사회주의가 해결책이라는 믿음으로부터 금방 벗어났는데, 그것은 내가 루트비히 폰 미제스의 직접적인 영향하에 있었기 때문이다. 미제스는 사회주의적 해결책이 기술적으로 불가능함을 보여준 위대한 저작, 『사회주의』(1922)를 출판한 바 있다. … 『사회주의』는 우리 세대에게 큰 충격을 주었으며 매우 느리게 그리고 또 고통스럽게 우리들은 그 책의 중심적 주장에 설득되어갔다.

하이에크는 제2차 세계대전을 겪으며 개인주의자, 자유주의자로서 어떤 피할 수 없는 의무감을 느끼면서 『노예의 길』을 집필하고 대성공을 거둔다. 하이에크는 이 책에서 서구 문명의 토대로서 개인주의의 중요성을 강조한다. 자유주의는 개인이 사회생활에서 가능한 한 외적 강제나 지배를 받지 말아야 한다는 개인주의에 바탕을 둔다. 개인이 기존의 인습적인 가치와 제도로부터 벗어나 사적 소유를 위해서 자유롭게 경제활동을 추구하는 과정에서 발생한 것이 자유 시장경제이다. 그래서 자유주의 경제사상은 사유재산제도, 자유 시장경제 그리고 그것의 체제적 제도화로서 자본주의를 지지한다.

개인은 자유주의라는 자유로운 질서 속에서만 자신의 재능을 충분하게 발휘할 수 있고, 각자의 욕구를 적절히 충족시킬 수 있다. 자유주의가 기반이 되어야 사회 전체로도 경제성장과 함께 생활수준이 향상된다. 그러나 자유주의경제 혹은 자본주의는 불평등이라는 고질적 문제에 직면한다. 이에 맑스주의를 중심으로 한 사회주의자는 국가가 구체적인 정책을 통해서 경제를 활성화하고 불평등을 감소시키는 국가 개입 경제 혹은 계획경제가 시장 경쟁에 기반을 두는 자본주의의 대안이라고 주장한다.

하이에크는 사회주의자들이 주장하는 경제계획은 현실 경제의 복잡다단하고 변화무쌍한 특성을 고려할 때, 불가능할 뿐만 아니라, 이를 시행하자면 필연적으로 개인의 자유를 제한하는 전체주의적 성향을 갖게 된다고 지적한다. 특히 중앙집권적 계획이 대규모로 그리고 전면적으로 실시되려면 정치적 독재가 필요하고, 사유재산권의 침해와 함께 개인의 자유는 점차 약화·소멸되어 마침내 우리는 '노예의 길'을 걷게 된다는 것이다.

『노예의 길』에서 하이에크(2004; 2006)는 맑스주의적 사회주의와 히틀러 나치의 국가사회주의는 상호 밀접한 이념적 연관성을 지닌다고 주장한다. 양자는 사회가 혹은 국가가 나약한 개인과 타락한 세상을 구원할 수 있다는 집단주의 신념을 공유한다는 것이다. 독일에서 나치즘의 성공은 사회주의 이념에 대한 열광 속에서 이루어졌다는 것이 하이에크의 판단이다. 역사적으로도 이 사실은 입증된다. 나치 국가사회주의의 선구자라 할 수 있는 라살레Ferdinand Lassalle, 좀바르트Werner Sombart 등은 독일 사회주의의 핵심적인 이론-정치적 지도자였다. 포퍼와 마찬가지로 하이에크도 사회주의나 국가사회주의는 동일하게 자유주의의 개인주의적 전통을 말살하고 전체주의를 구축한다고 보았다.

노예의 길에 이르는 구체적 설명은 오늘날에도 매우 시사적이다. 선동과 기만 그리고 위협과 공포를 구사하는 포퓰리즘이 자유인을 점차 노예로 만들어간다. 왜 히틀러나 스탈린 체제와 같은 전체주의 체제가 탄생하며, 왜 사회주의는 필연적으로 전체주의로 갈 수밖에 없는가? 혹은 왜 가장 사악한 자들이 최고의 권력을 잡게 되는가? 하이에크의 입론을 요약해보자.

교육 수준이 높은 지적으로 무장된 사람들은 어떤 특정한 가치관에 경도되지 않는다. 그래서 독재자들은 이들보다는 원시적이고 서민적인 본능을 가진 대중을 겨냥한다. 대중이 반드시 무식한 것은 아니지만, 유사한 풍습과 의견 그리고 가치관을 공유하는 것이 대중이다. 이들은 상대적으로 독립성과 창조성 그리고 관용이 부족하다. 이들을 정치적 지지자로 확보하기 위해서는 모두를 쉽게 이해시키고 끌어들일 수 있는 최대공약수적 정책을 남발해야 한다. 최근의 무상복지 정책이 바로 그런 것이 아닐까? 공짜로 잘살게 해주겠다니 너도 나도 동조할 수밖에 없다.

독재자들은 정치적 기반을 확대하고 주변의 부동층을 흡수하기 위해서 선동과 선전을 반복한다. 자신들의 세계관과 가치관을 반복적으로 그리고 확고하게 지속적으로 강조하고 주입시키면 마침내 주변 부동층의 열정과 감정을 고조시켜 자신들이 주창하는 전체주의의 정치 세력으로 흡수할 수 있다. 특히 이 선동의 과정에서는 외부의 적에 대한 증오심을 촉발시키고, 내부적으로는 소수의 성공한 사람들(유태인이나 부르주아계급 등)에 대한 질투심을 조장한다. 대내외적으로 희생양을 만들어내는 것이다. 동시에 무조건적인 충성심을 요구한다. 처음에는 호소하지만, 일단 정권을 잡으면 위협과 처벌로 명령한다. 이 과정에는 밑으로부터의 자발적 동조라는 측면도 있다. 사람들의 격세유전적인 본능적 공격성을 자극하면 대중의 지지를 동원할 수 있다고 이들은 분석한다. 인간이 가진 열등감이나 파괴적 본능이 전체주의자들의 사악하고 저질스런 책략과 어울리는 가운데 전체주의가 확립된다. 그러나 일단 성립되면, 전체주의는 사회생활의 공적 부문만 통제하는 독재가 아니라 사적 부분까지도 그야말로 총체적totally으로 통제하고 관리하는 전제주의 체제로 더욱 사악화, 저질화된다.

21세기 초 세계경제의 침체에 직면하여 다시 한번 케인스와 하이에크는 대결의 무대에 섰다. 예전보다도 문제와 변수는 더욱 복잡해졌지만 핵심 논점은 그대로다. '단기적 국가 개입의 양적 완화정책'이냐 아니면 '장기적 시장 자율의 긴축정책'이냐이다. 그러나 경제정책을 최종 결정하는 정부는 선거를 앞두고 항상 신속한 조치를 요구하는 성급한 유권자 대중의 입맛을 고려해야 한다. 특히 경제 침체로 인한 정치적 파국을 우려하는 정부는 경기회복을 위한 파격적일 만큼의 적극적인 개입 대책을 제시해야 대중의 지지를 얻을 수 있다. 이와 같은 정치적 비즈니스를 고려하면 오늘날에도 하이에크보다는 케인스가 유리하다. 긴축정책을 통해서 허리띠를 졸라매라고 요구하면 좋아할 사람이 많지 않다. 그러나 완화정책으로 돈을 풀면 빚 잔치나마 너도나도 좋아한다. 아니면 최근의 그리스 좌파 정부처럼 아예 배 째라 — 우리도 먹고살아야겠다 — 빚 갚지 못하겠다고 위협하며 협상력을 높여 대중의 인기를 유지하려 할 것이다. 요즈음은 모든 경기 침체의 원인이 신자유주의라고 몰아붙이는 분위기인 만큼 그

대부로 간주되는 하이에크의 방안을 따르려는 정부는 많지 않을 것 같다.

2) 개인과 자유사회

하이에크가 추구하는 자유사회란 어떤 것일까? 포퍼와 매우 유사하게 하이에크도 인간의 무지 혹은 제한된 지식에 주목한다. 지식의 문제knowledge-problem를 규명하기 위해서 하이에크(Hayek, 1973)는 구성적 합리주의constructivistic rationalism를 비판하면서 이에 대비되는 진화적 합리주의evolutionary rationalism를 제시한다.

구성적 합리주의에 의하면 인간 이성은 완전한 형태로 존재하며, 이성을 통해서 우리는 완전한 사회를 만들 수 있다. 사회주의 계열의 이념가들이 의존하는 합리주의이다. 반면 진화적 합리주의는 인간 이성의 한계와 개인들의 극도로 제한된 지식 혹은 아주 미미한 지식을 강조한다. 요컨대 인간은 무지하다. 그러므로 하이에크는 포퍼처럼 지식인, 정책 수립자들은 물론이고 개인들도 자신의 지식에 관해 참으로 겸손해질 것을 요구한다.[13]

그러나 개인들은 자유로운 사회에서 자유롭게 활동하고 이성의 한계를 조금씩 극복하면서 사회에 필요한 지식을 쌓을 수 있다. 그러므로 개인들에게 자유를 허용하는 것이야말로 개인과 사회 모두의 번영에 도움이 된다. 개인은 자유를 통해서 지식을 축적하고 이성을 개발시킬 수 있다.

---

13 자유주의자 롤즈(Rawls, 1971)도 이 사실을 잘 알고 무지의 베일을 통해 정의의 탐구를 시작한다.

그러면 자유사회를 움직이는 자생적 질서spontaneous order는 어떻게 형성되고 확산되는가? 하이에크(2004)에 의하면 인간은 무지하므로 혼자 살 수 없고, 타인들과 협력하며 분업을 해야 한다. 이 협력을 위한 의사소통의 수단으로 언어가 등장한다. 그러나 사회가 점차 복잡화, 거대화되면서 대면적 관계가 제한되자 개인들은 화폐를 매개로 하는 가격을 통해서 의사소통을 한다. 이러한 의사소통의 확산은 오랜 세월을 거치면서 축적된 지식을 기반으로 각종 행동 규칙(종교, 도덕, 상업적 관행, 전통, 법 등)을 만들어내고 사람들은 이를 공유한다. 이것이 바로 자생적 질서가 형성되고 확산되는 과정이다. 개인들이 협력을 통해서 무지에서 깨어나는 발견discovery의 과정이 바로 포퍼가 논의한 비판적 학습의 과정이요, 이 과정에서 개인들이 자연스럽게 터득해서 일상화한 지식이 모여서 하이에크가 말하는 자생적 질서가 형성되는 것이다. 인간이 소유한 지식은 불완전하고 오류의 가능성을 항상 내포한다. 그러나 개인들은 각종 행동 규칙을 준수함으로써 사회생활을 자유롭고 순조롭게 영위할 수 있다. 이 행동 규칙은 특정 사항에 대한 (…을 하지 말라는) 금지와 다른 모든 사항에 대한 (…은 해도 좋다는) 자유 허용이라는 양면성을 갖는다. 이 행동 규칙을 개인들이 자발적으로 준수함으로써 자생적 질서가 형성된다. 누가 만든 질서도 아니고, 누가 강요하지도 않는 질서이다. 하이에크는 시장경제 질서를 대표적인 자생적 질서로 간주한다. 애덤 스미스의 보이지 않는 손 이후 자유주의 경제론의 핵심인 자율적 시장 메커니즘에 대한 이론적 기초를 하이에크는 자생적 질서 개념을 통해 확립한다.

물론 특정 지배 집단이 만든 (…을 하라는) 명령에 의지하는 "인위적 질서artificial order"도 있다. 그러나 인위적 질서는 소규모의 조직이나 집단에는 적용할 수 있지만, 국가 경제와 같은 대규모 조직에는 적용할 수 없다. 왜냐? 거대하고 복잡한 사회를 빈틈없이 제대로 계획하고, 지시할 수 있는 사람도, 기구도 존재할 수 없기 때문이다. 오직 인간의 이성적 능력을 과신하고 전체주의적 통제를 시도하는 독재 정권만이 그런 계획과 실행이 가능하다고 장담할 수 있을 뿐이다.

시장경제에 대한 정부 개입은 자생적 질서의 형성과 시행을 방해하는 "치명적 오류"를 야기한다. 문제의 해결은 고사하고 문제를 더욱더 심각하게 만드는 것이 자생적 질서에 대한 정부 개입이다.

하이에크가 구성적 합리주의라고 규정한 이념과 철학은 인간의 정감과 본능에 호소하는 것으로서, 전 문명적인 소규모의 원시사회에서나 통용되고 거기에나 적용 가능한 공동체적 연대나 자기희생적 이타주의와 같은 사회적 가치를 찬양한다. 인간 이성에 대한 과신은 문명을 파괴하고 야만을 지향한다는 점에서 "역사적 진보"가 아니라 "치명적 자만"이 된다. 국가나 정부가 무엇이든 할 수 있는 지적 능력과 도덕적 능력을 가진다고 믿는 이 치명적인 자만을 아나키스트 또한 거짓이요 선동이라고 규정한다. 하이에크와 마찬가지로 아나키스트도 국가나 정부는 그 자체가 문제투성이요 문제를 계속 만들어내는 문제의 원천이지 문제의 해결책이 결코 아니므로 개인들의 자유롭고 자발적인 상호작용과 결정 방식을 촉구한다.

3) 문화적 진화로서 자유 시장경제 문명

하이에크에 의하면 오늘의 거대 문명은 자생적 질서에 의해 발전한 것이다. 그러나 한편으로 사람들은 이 자생적 질서를 또한 싫어한다. 인간은 자신이 구체적으로 그리고 직접적으로 알지 못하는 것에 대해서는 두려움을 느끼고 그것을 회피하거나 거부하려는 성향을 갖는다. 특히 자생적 질서의 토대인 행위규범(예컨대 권리 존중과 자유에 대한 책임 등)은 인간의 욕망을 직접적으로 충족시키기보다는 오히려 그것을 억제하기 때문에 개인들은 별로 좋아하지 않는다. 인간들의 이와 같은 회피 욕구에도 불구하고 자생적 질서는 그것이 역사 발전 과정에서 상대적으로 더 우월하다는 것을 혁신적으로 입증(물질적 번영과 인구 증가)함으로써 세계적으로 확산되었다. 그 결실이 바로 문화적 진화로서 자유 시장경제 제도이다.

나는 문화적 진화의 개념을 존중하지만 진화 = 진보라는 관행적인 의미 부여에는 거부감을 가지고 있다. 환경에 대한 적응으로서, 그리고 인간의 무지를 극복하려는 협력과 발견 과정으로서 문화적 진화는 바람직하고 또 자유롭고 평화로운 삶의 유지에 필수적이다. 그렇지만 선과 함께 악의 세력도 반드시 함께 진화한다는 것이 역사의 증거요 교훈이다. 그렇다면 새로운 문명을 구축하는 문명전환의 논리와 가치는 이 숙명적 선악 공생의 잡종성이라는 악순환의 고리를 끊어버릴 수 있는, 혹은 보다 현실적으로 선은 강해지고 악은 약화되는 선강 악약善强惡弱의 역학 관계로 변형시킬 수 있는 보다 근본적인 급진성을 추구해야 한다. 문화적 진화뿐 아니라 정치적, 경제적, 사회적, 종교적 영역에서의 진화 혹은 (내가 보다 선호하는 표현으로서) 급진화도 추구해야 한다. 제4부에서 내가 소개할 잡종사회의 다섯 친구들은 문명전환의 급'진'적 '화'신으로서 역할을 수행할 것이다.

4) 헌법주의

마지막으로 하이에크는 개인과 자유를 확실하게 보장할 수 있는 방법으로 헌법주의를 제창한다. 매우 현실적인 방안이다. 이는 다수결이라는 이름으로 포퓰리즘이나 국가개입주의에 휩싸이는 현대 민주주의의 구조적인 문제점을 극복하겠다는 신념의 결실이다. 과거 나치의 정권 장악도 합법적인 민주적 절차를 통해서 이루어졌던 악몽을 하이에크는 분명히 기억하고 있다.

현실적으로 민주 정부는 다수의 합의에 의해서 작동하는 것이 아니라, 정치적 지지를 확보하기 위해 수많은 소수집단의 요구에 끌려다닌다. 나아가 서구 사회에서 민주주의의 기본 조건인 권력분립이 퇴색하여, 의회와 행정부 사이의 역할 경계가 모호해져 권력의 일극적 무한 집중이 심화되고 있다.[14] 이런 권력 집중 추세를 막기 위해서 하이에크는 권력 분산과 권력 제한을 확고하게 하는 새로운 헌법을 모색한다.

하이에크는 헌법을 통해서 국가권력을 제한하고자 한다. 다시 말해 개인의 자유와 사유재산을 침해하는 입법을 원초적으로 제한하여 자유주의를 안전하게 유지하는, 자유를 위한 정치 질서를 확보하는 것이다. 다시 말해 민주주의가 함부로 개인과 자유를 침범할 수 없도록 헌법을 고치자는 것이다. 사실 민주주의 앞에는 온갖 수식어나 규정적 제한어가 붙을 수 있다. 박정희가 제창한 민족적 민주주의, 공산당의 인민민주주의, 좌파들의 평등민주주의, 사회민주주의자들의 복지민주주의 등 권력자들은 입맛대로 민주주의를 변형시킬 수 있다.

---

14 오늘의 박근혜 정권에서도 국회의원이 다수 행정부와 청와대에 포진해 있는데 이는 삼권분립이라는 민주적 통치 질서를 훼손한다는 지적이 있다. 더욱 흥미로운 사실은 최근에 논란이 되었던 국회법 개정이 행정부의 권력을 침해하여 국회 독재를 조장할 것이라고 청와대가 비판했다는 점이다. 어떻게 권력을 독점적으로 강화하느냐가 권력자의 자나 깨나 관심사이다.

실제로 자유민주주의를 꺼리는 사람들이 적지 않다.

그러나 헌법은 미완의 기획이요, 권력투쟁의 대상이다. 개인적 자유주의가 최고로 성숙한 미국에서조차 헌법의 해석에 관한 민주당과 공화당의 입장이 충돌하는 경우가 빈번하다. 자유와 개인에 대한 의미 부여도 서로 다르다. 하이에크의 헌법주의는 자유주의의 토대를 공고히 하겠다는 자유주의 정신, 즉 헌법의 자유주의적 형성과 자유주의적 헌법의 규정력에 대한 신뢰에서 그 가치가 빛난다. 이 점에서 포퍼가 도달한 정치적 자유의 최고 효과로서 무혈의 합법적 정권/국가권력 교체는 다소 소극적이고 보수적인 함의를 갖는 것 같다. 그렇지만 포퍼도 자유를 위해서는 죽음도 불사하는 투쟁과 책임을 강조했으므로 하이에크와는 상호 보완적이다.

5) 포퍼와 하이에크: 근본적 차이 혹은 상보적 차이?

한국의 대표적 하이에크주의자 민경국(2001; 2002)은 포퍼와 하이에크는 많은 유사점에도 불구하고 근본적인 차이가 있음을 강조한다. 민경국의 주장을 살펴보자.

두 사람 모두 인간의 지적 능력을 신뢰하는 사상에 대하여 비판적 입장을 견지하나 그 비판적 내용은 서로 다르다. 나아가 정치철학적 관점에서도 차이를 보여준다. 여기까지는 좋다. 나도 동의한다. 그러나 민경국은 과감하게 한국 사회가 필요로 하는 것은 포퍼의 사상이라기보다는 하이에크의 사상이라는 견해를 밝힌다. 이렇게까지 양자의 차이를 극대화하고 우열 적실을 따질 필요가 있을까? 그 차이는 자유주의에 필요한 다양성이 아닐까? 이것이 나의 기본 입장이다.

민경국(2002)이 제시하는 포퍼와 하이에크의 차이에 관한 구체적 논의를 먼저 정리해보자.

첫째, 민경국은 '하이에크와 달리 포퍼는 국가 간섭을 허용한다'고 본다.

> 포퍼는 자유로운 시장 경쟁과 경제적 자유를 말할 때에는 이 자유의 부정적인 측면만을 강조한다. 자유경제에 대하여는 매우 비관적이라는 말이다. 자유경제는 포퍼에게 있어서 열린사회가 아니다. 이것이 열린사회가 되기 위해서는 적극적으로 정부가 개입해야 한다는 것이다. 왜 그럴까?
> 경제적 자유를 통한 시장경제의 불평등을 몹시 부정적으로 보고 있다. 재화의 불평등은 경제적 권력의 불평등을 초래하고 이 불평등은 경제적으로 약한 상태에 있는 사람들의 자유를 유린한다는 것이다. 그러니까 국가는 그들을 보호해야 한다고 주장하고 있다. 경제적 자유를 억제하여 약자를 보호하는 정책을 실현할 경우에 비로소 시장경제는 열린사회에 합당하다는 것이다. 무제한적 경제적 자유를 위한 정책을 포기하고 그 대신 국가의 계획된 간섭이 필요하다는 것이다. …
> 포퍼는 경제적 강자로부터 약자를 보호하기 위한 정책으로서 매우 구체적인 정책을 제안하고 있다. 노동시간(노동 일수)의 제한, 모든 노동자들의 강제적인 실업보험, 노동 무능력을 대비하기 위한 강제적인 산업재해보험, 모든 시민들의 강제적인 연금보험 등과 그리고 가축이나 지주의 권력을 제한하기 위한 법을 제정할 것을 제안하고 있다.
> 포퍼의 열린사회 사상은 "강력한 사회민주주의"가 아닐 수 없다. … 이런 점에서 볼 때 포퍼는 시장경제 경시 풍조를 조장한 인물

이라고 말해도 무방하다. …

포퍼는 기회균등 원칙의 실현은 물론 결과적 평등을 위해 경제에 대한 간섭을 강조하고 있다. 그에 의하면 기회균등 원칙은 필요하기는 하지만 그러나 이 원칙만으로는 충분하지 않다는 것이다. 왜냐하면 그 원칙만으로는 경제적 약자가 착취당할 가능성을 막지 못하기 때문이라는 것이다. 결과까지도 간섭해야 한다는 것이다. …

하이에크는 민주주의의 평등 원칙으로서 결과 평등이나 기회균등을 요구하지 않는다. 그에게 있어서 평등이란 누구나 스스로 목적을 정하고, 이를 추구할 때 차별하지 않고 똑같이 대우를 받아야 한다는 것만을 의미한다. 법 앞에서의 평등을 의미할 뿐이다. 그 결과는 큰 불평등을 초래할 것은 물론이다. 왜냐하면 개개인들의 노력과 재주가 서로 다를 뿐만 아니라 개개인들이 만나는 우연한 기회도 상이하기 때문이다. 이러한 불평등은 발전의 원동력이고 생활수준의 향상에 대한 대가이다.

포퍼는 경제적 권력 그 자체를 중시하고 있다. 이런 입장에 따른다면, 모든 권력의 생성을 막아야 하고 권력 그 자체를 억제해야 할 것이다. 기업 규모나 혹은 기업 집중은 경제력의 불평등을 의미하기 때문에 이를 규제해야 할 것이다. 이런 입장은 그가 시장경제의 경쟁 원리를 이해하지 못하고 있다는 증거이다.

권력 그 자체는 중요한 것이 아니다. 권력은 두 가지 의미를 내포하고 있기 때문이다. 경쟁을 위한 건설적인 권력이 그 하나이고, 경쟁을 제한하는 권력이 그 다른 하나이다. 전자는 사물을 지배할 수 있는 보다 큰 능력에서 생겨난다. 어느 한 기업이 혁신을 통해 다른 기업을 앞지를 수 있는 힘은 매우 바람직하다. 이런 권력은 경쟁 과정을 통해 생성되고 또한 동시에 소멸된다. 그러기에 하이에크는 경쟁을 이런 권력의 생성과 소멸 과정이라고 부르고 있다.

어느 한 기업의 규모가 크다고 해서 그것이 반드시 경쟁을 제한하는 권력을 가지고 있다고 볼 수가 없다. 오히려 그 기업이 다른 어떤 기업보다도 예를 들면, 소비자의 욕구를 충족시킬 수 있는 보다 큰 능력을 가지고 있기 때문에 그 기업의 규모가 클 수 있다. 경제적 권력은 시장에 참여하는 수많은 사람들의 판단의 결과이다. 중요한 것은 자유경쟁을 가로막고 이를 제한하는 힘이다. 이것이 바로 강제이다. 하이에크는 자유를 자의적인 강제가 없는 상태로 규정하고 있다. 이것은 의도를 가지고 인간들에게 특정 행동을 강요하는 행위이다. …

둘째, 민경국은 '포퍼는 민주주의를 정치적 경쟁을 통한 오류의 제거 과정으로 파악하고 있다'고 본다.

오류를 범한 정부를 선거를 통해 교체하고, 이런 교체 압력 때문에 정부는 될 수 있으면 오류를 범하지 않으려고 노력한다는 것이다. 이것은 정치적 반증주의라고 말할 수 있다. 포퍼는 이렇게 민주주의에 대하여 조심스럽기는 하지만 낙관적이다. 민주정치를 정치적 권력의 남용을 막기 위해 이용할 수 있는 유일한 수단으로 보고 있다. 피지배자에 의해서 정치가를 통제하자는 것이다. 그리고 그는 피지배자에 의해 통제된 정치적 권력은 경제적 권력을 통제할 수 있다고 믿고 있다. 정치적 민주주의를 경제적 권력을 통제할 수 있는 유일한 수단으로 보고 있다.

그러나 민주주의에 대하여 비관적인 입장을 취하는 것이 하이에크의 사회철학이다. 그는 민주주의를 19세기 말 이래 고전적 자유주의를 몰락시킨 장본인 중 하나로 이해하고 있다. 이런 점에서 민주주의를 사회주의 및 파쇼와 같은 서열에 놓고 있다. 하이에크에 따르면 민주주의의 원래의 의미는 다수가 통제하여 폭군이나 소수의 자의적인 권력 행사를 막는 데 있다. 본래 민주주의의 이상은 모든 자의적인 권력을 억제하는 것으로 이해되었는데 이것이 오늘날에는 변화되어 새로운 자의적 권력을 정당화하기 위한 장치로 변화되었다.

이렇게 변화된 민주주의는 민주주의 그 자체를 목적으로 만들려는 이념이다. 민주주의를 최고의 가치로 여기는 이념이다. 민주주의에게 국가 활동이 정당하다는 것을 입증하는 최종 판단 권한을 부여해야 한다는 이념이다. 이것은 법의 원천과 국가권력의 원천을 주권자의 다수의 의지에 둔다. 국민의 참여와 표결 절차를 통하여 다수가 결정한 법과 정부의 활동이 정당성을 갖는다. 유권자 다수가 원하는 것이면 무엇이든 실현할 수 있다는 것이다.

하이에크는 이런 민주주의를 '무제한적 민주주의'라고 말하고 있다. 이런 민주주의는 자유주의와 부합할 수가 없다. 그것은 다수의 독재이고 이런 점에서 전체주의와 유사하다. 폭군의 권력이든 다수의 권력이든 군주의 권력이든 하이에크에 있어서 위험한 것은 권력 행사의 무제한성이다. 중요한 것은 모든 권력을 제한하는 일이다. …

그러나 시민들의 자유와 시장경제를 위해 헌신하여 군주가 자신의 권력을 이들을 보호하고 확립하는 데 행사한다면 권위주의는 자유주의와 양립한다. 홍콩처럼 비민주적 시스템과 자유경제는 서로 부합한다. 하이에크에 있어서 열린사회는 비민주적 시스템에서도 가능하다. 그러나 포퍼에게 열린사회는 민주주의 정치체제, 말하자면 정치적 자유가 대폭 허용된 사회에서만 가능하다.

하이에크에 있어서 자유주의는 전체주의와 대립된다. 민주주의 그 자체를 수단이 아니라 목적으로 여기고 다수의 의지를 중시한다면, 그것은 다수의 독재를 초래하고, 그것은 전체주의만큼이나 위험하다는 것이다. 민주주의가 다른 정부 형태(계몽된 군주제도와 같은 권위주의 정부)보다도 개인의 자유를 더 잘 보장해준다고 하더라도 민주주의 존재 그 자체가 언제나 개인의 자유의 전망을 밝게 해준다는 보장이 없다. 개인의 자유와 권리를 보장하지 못하는 민주주의는 본래의 민주주의가 아니다.

하이에크는 현대 민주주의를 무제한적 민주주의로 규정한다. 그에 의하면 민주주의가 고삐 풀린 망아지가 되어버렸다는 것이다. 이런 현대 민주정치는 열린사회를 보장할 수 없다는 것이다. 오히려 열린사회를 닫힌 사회로 만든다는 것이다. …

하이에크는 민주주의의 실패 원인을 헌법의 결함에서 찾고 있다. 오늘날 민주주의사회가 가지고 있는 모든 헌법은 민주 정부의 권력을 효과적으로 제한할 수 있는 장치를 가지고 있지 못하다는 것이다. 따라서 그는 삼권분립은 실패했다고 주장한다. 개인의 자유와 재산을 보호하는 데 취지가 있는 법의 지배 원칙을 현대 헌법은 갖고 있지 못하다는 것이다. 민주 정부를 제한해야 하고, 이를 제한하기 위해서는 법의 지배 원칙을 구현하는 헌법이 중요하다는 의미에서 헌법주의라고 부른다. 이런 헌법 아래에서는 입법은 언제나 법의 지배 원칙에 타당한 법만을 찾거나 제정해야 한다.

포퍼는 민주주의의 중요성만을 강조하고 이것이 무제한적 민주주의로 변질되는 것을 막는 데 취지가 있는 헌법주의가 그에게는 결여되어 있다. 헌법주의 시각에서 볼 때, 포퍼의 민주주의 사상은 비대칭적이다. 경제는 정치적 통제가 필요하다고 강조하는 반면에 민주정치에 대한 통제의 필요성을 간과하고 있기 때문이다.

하이에크형 자유주의를 추구하는 민경국의 상기 지적과 비교는 타당하다. 한 가지만 토를 달면 포퍼는 민주주의를 신뢰하였지만 내가 이미 지적한 바와 같이 많은 문제점이 있다는 사실을 정확히 인식하고 있었으며, 낙관주의적 관점에서 다른 어떤 제도보다도 향후 개선의 가능성이 크다는 점에서 신뢰하였다. 민경국이 제시한 두 사람의 차이점은 두 가지, 국가 개입과 민주주의의 문제로 압축할 수 있다. 나의 잡종적 입장을 제시해보자.

첫째는 경제에 대한 국가의 간섭 그리고 자유경제에 대한 신뢰의 정도, 사회적 불평등에 대한 대처와 경제 권력의 견제 그리고 이를 위한 국가 간섭의 허용과 관련된 차이이다.

나는 민경국이 포퍼의 입장을 다소 과장하고 있는 것이 아닌가 하는 느낌을 갖는다. 예컨대 포퍼가 사회주의적 경제사상을 가졌다거나 자유경제를 부정적으로 파악한다거나, 지나치게 낙관주의적인 견해로 민주주의의 문제점을 과소평가한다고 주장함으로써 포퍼를 마치 자유주의에 대한 위험인물로 묘사하는 것 같다. 이것은 지나친 해석이요 과도한 가치판단이다. 포퍼에 대해서 초기의 저작을 중심으로 제한적으로 평가하다 보니 그의 원숙한 후기 입장들이 제대로 반영되지 못한 탓인 것 같다. 물론 나는 포퍼에게 중대한 코페르니쿠스적 입장 전환이 있었다고는 생각하지 않는다.

고전적 자유주의자들이 사회주의적이라고 비난하는 존 스튜어트 밀은 개인적 자유주의자에 대비되어 사회적 자유주의자로 분류되지만, 그럼에도 불구하고 그는 자유주의자이지 사회주의자가 아니다. 포퍼는 그 사회주의적 수용의 정도가 훨씬 약하다. 모든 국가 개입이 사회주의적인 것이 아니다. 아나르코 캐피탈리즘에 가까운 노직의 최소국가론을 사회주의적이라고 부를 수 없는 이치와 마찬가지라고 생각한다.

나는 다음과 같이 인식론의 차원에서 폭넓게 이해하며 해석하고 싶다.

무지의 문제에서 양자의 출발점은 동일하다. 지적 자만에 빠지지 않는 겸손, 비판적 학습 혹은 시행착오를 통한 오류 수정과 끊임없는 문제 해결의 과정(포퍼), 지식의 자유로운 습득을 통한 탐구 과정에서 얻어진 자생적 질서와 문화적 진화에 의한 삶의 개선(하이에크)은 구조적으로 상동성을 갖는다.

문제는 이 자유의 과정에서 돌출하는 문제가 경제적 불평등이요, 독점적 경제 권력의 대두라는 것이다. 포퍼는 이를 최소한의 선에서 국가 개입을 통해서 해소하고자 하나, 하이에크는 가능하면 내버려 두고 자생적으로 혹은 개인들의 자발적인 조정에 의해서 해결의 실마리를 얻고자 한다. 자유주의라는 문제의 틀 내에서 접근할 경우, 나는 여기서 어느 입장이 더 타당하냐 혹은 더 효율적이냐 하는 것은 부차적이라고 생각한다. 최대의 쟁점은 누가 더 자유주의적 관점을 철저하게 견지하느냐 하는 것이다. 하이에크의 방임형 혹은 자기 조절적 자유와 포퍼의 오류에 따른 수정의 책임을 지는 자유는 모두 충실한 자유주의에 입각한다고 판단한다. 그리고 양자는 단기적으로 상충할 수 있지만, 장기적으로는 상호 보완의 협력 관계 내지 상승 작용을 이룰 수 있다.

민경국은 권력 자체를 문제 삼는 것이 아니라 그것을 경쟁을 촉진하는 건설적 권력과 경쟁 제한적 권력으로 구분하여 전자를 인정하고 따라서 경제 권력의 기능성을 인정한다. 한국의 재벌 옹호론이 바로 이런 논리에 근거한다. 분명히 일리가 있는 주장이다. 이것은 세간의 단순한 재벌 비판론이 떠드는 것처럼 결코 잘못되었거나 도덕적으로 불량한 이론이 아니다. 모든 권력이 부정적인 것이 아니라는 푸코의 생산적 권력 개념도 유사한 맥락에서 해석될 수 있다.

그러나 아나키스트가 동서고금의 역사를 통해서 깨우친 바로는 권력은 권력일 뿐 특히 모든 독점 권력은 대상을 지배하고 강제할 뿐이다. 경쟁을 점차 제한할 뿐이다. 그리고 그것은 절대 권력으로 부패하여 와해될 때까지 온갖 수단으로 영구 존속과 무한 번영을 꾀한다. 물론 착한 재벌, 좋은 재벌이 있을 수 있다. 시장 지배와 독점을 통해서 경제적 약자를 희생시킨 대가로 축적한 자본력을 사용하여 선한 재벌이 될 수 있다. 오늘날 IT 업계의 신화가 된 빌 게이츠의 선행을 다른 시각에서 보자. 아나키즘적 정신을 가진 리눅스나 GNU는 소스 공개와 소스 공유를 통해서 인터넷을 자유롭고, 거의 공짜로 사용하고 활용하고 개발할 수 있는 세계로 만들고자 했다. 그러나 빌 게이츠의 마이크로소프트가 걸은 길은 무엇인가? 나는 그를 비난할 생각이 전혀 없다. 오히려 그를 존경한다. 다만 독점적 경제 권력의 존재는 국가 정치권력과 마찬가지로 수많은 다른 경쟁자의 자유를 제한하고, 그들의 존재 방식을 강제하는 속성을 선의든 악의든 갖지 않을 수 없다는 것이다. 나에게는 돈을 인정사정 보지 않고 개처럼 모아나중에 가난한 사람을 위해서 쓰겠다는 기업가의 주장이나 사악하고 불량한 인종을 청소하여 인류 평화를 이룩하겠다는 민족 개조론자의 주장이나 오십보백보처럼 들린다. 사용하는 폭력의 강도가 다르겠지만 구조적으로는 상동이다.

그러므로 건설적 권력의 이름으로 경제 권력의 존재를 인정하거나, 기회의 자유만으로 충분하니 결과의 자유인 사회 불평등을 방기해도 좋다는 것은 타인의 자유를 침해한다는 의미에서 그리고 기회의 자유의 결과에 따른 책임을 회피한다는 의미에서 자유주의의 기본 정신에 위배된다. 경쟁만을 촉진하는 건설적 자유는 협동을 추구하는 자유를 제한하는 구조적 부작용에 직면하지 않을 수 없다. 하이에크가 무제한적 민주주의를 불신한 것처럼 무제한적 경제 자유에도 선의의, 혹은 가능하다면 자발적인 제동장치가 필요하지 않을까?

그렇다면 포퍼의 국가권력을 통한 경제 권력의 부작용 견제와 그 부작용의 결과인 사회 불평등 대처를 위한 국가 개입은 무조건 정당화될 수 있는가? 만약 국가권력의 부정부패나 인기 영합성과 같은 정략적 당파성을 사전에 차단한 후, (다른 좋은 대안이 없기 때문에) 국가 개입만이 사태를 완화시키는 데 도움이 된다면, 그것을 허용해도 괜찮지 않을까? 가만히 앉아 있는 것보다는 시행착오를 통한 학습 과정을 선호하는 낙관주의자 포퍼로서는 국가 개입이라는 위험스런 칼을 아마도 조심스럽게 들지 않았을까?

현실적으로 민주국가에서 다수가 국가 개입을 원하면 자유주의자는 어쩔 도리가 없다. 만약 그 정부나 국가의 지도 집단이 자유주의자들이라면 자유주의적 국가 개입도 일시적으로는 가능하지 않을까? 국가도 시장경제의 막강한 참가자인데 반드시 사회주의적 집단 논리나 사적 지대만을 추구하지 않을 수도 있다. 국가 개입이 경제적으로 반드시 비효율적이라고 간주하기도 어렵다. 그렇다면 경제적 자유주의를 최소한 침해하는 선에서 효율적인 국가 개입이 이루어지도록 경제적 자유주의자들은, 포퍼의 표현을 빌리자면, 죽을 각오로 투쟁해야 할 것이다. 국가 개입을 최소화하고, 국가가 개입하는 경우라도 자유 시장의 논리를 최소한 침해하도록 자유주의자는 저항하고, 반역하고, 투쟁해야 한다. 가장 바람직한 길은 이런 사태가 발생하지 않도록 시민들의 자유주의 경제 의식을 제고하고, 자본가와 노동자가 상호 협력하는 자유주의 문화를 조직화하는 것이다.

모순적 논리 같지만 국가는 경쟁 촉진적, 건설적 권력을 사용하여 경쟁 촉진적 권력 자체를 자발적으로 그리고 건설적으로 제한할 수는 없을까? 하이에크의 자생적 질서나 문화적 진화는, 기존의 국가 개입에 대한 반대나 부정에만 집착한다면, 이 잡종화의 시대, 혼성 혼합의 시대에는 수구적 보수주의로 전락하지는 않을까 걱정된다. 국가 개입과 시장 자율 간의 절충적 조화 혹은 타협적 균형을 추구하는 것이 잡종적 자유주의자의 자유로운 결단이 아닐까?

나는 아주 제한적으로, 그리고 한시적으로 국가의 최소 개입을 주장한다는 의미에서 포퍼의 입장도 자유주의의 원칙에 충실하다고 판단한다. 그렇다고 하이에크가 틀린 것이 아니다. 포퍼를 변호하기 위하여 하이에크의 건설적 권력의 개념이 지닌 취약성을 강조했을 뿐이다. 국가 개입의 철저한 반대와 국가권력의 철저한 제한을 주장하는 하이에크를 두고 "아나키스트 하이에크"라고도 하지 않는가. 우리 자유주의자들은 무지의 바다에서 쥐꼬리만 한 지식으로 거친 파도를 넘어 항해해야 한다. 어느 길이 확실한지 모른다. 그렇다면 최소한 자유주의라는 같은 배를 탔으니 어느 사람을 선장으로 모셔도 큰 차이는 별로 없을 것이다.

두 번째는 민주주의의 문제이다. 이미 소개하였듯이 포퍼도 현대 민주주의의 한계와 모순을 정확히 파악하고 있다. 오늘날 민주주의 사회의 많은 사람이 민주주의의 문제점을 인식하고 있다. 그래서 한국에서도 헌법 개정을 해보자고 일각에서 주장하지 않는가? 하지만 그러한 헌법 개정 논의는 권력을 가급적 제한하자는 논의라기보다는 어떻게 효율적으로 권력을 나눠 먹느냐 아니면 어떻게 하면 권력자들이 더욱 안전하게 권력을 유지하고 행사할 수 있는지에만 관심을 집중하는 것 같아 씁쓸할 뿐이다. 권력의 지방적 분산, 즉 지방자치도 필요한 것이기는 하나, 잘못하면 또 다른 권력 집단의 발생만을 초래하기 쉽다. 모든 개인적 자유를 억제하는 강제적 권력 자체를 제한하고, 축소시켜야 한다. 시민 차원의 헌법 개정 논의가 시작되었으니 아나키스트 자유주의자도 적극적인 역할을 해야 한다.

민주주의에 관한 민경국의 지적은 맞다. 하이에크는 자유민주주의의 확립을 위해 적극적으로 헌법 개정과 같은 방안을 모색하지만 포퍼는 피를 흘리지 않고 선거를 통해 지도자를 교체할 수 있는 것으로 만족한다. 그러나 무장 폭력 조직을 금지하는 강제 권한을 민주주의 국가에 부여하자는 포퍼의 제안은 당연한 것 같지만 매우 핵심적인 제안이다.[15] 권력의 속성이 무엇인가? 폭력이다. 그리고 현실적으로 개인의 자유를 가장 광범위하게 그리고 무참하게 짓밟는 것은 전쟁, 학살, 테러와 같은 조직화된 폭력이다. 국내의 폭력 조직 또한 직접적인 폭력의 행사는 자제하는 편이지만 여전히 공갈, 협박, 물리력의 행

---

[15] 미국의 총기 소유는 미국 사회의 폭력화에 한몫을 한다. 그러나 개인적 자유권으로 총기 소유를 지지하는 미국인이 더 많다. 외적 폭력에 대하여 자신을 스스로 방어한다는 미국적 개인주의의 산물이다. 자유의 문제는 이처럼 나라마다 복잡하고 위험하다.

사로 사람들을 괴롭히고 수탈한다.

  나는 현재 개인적 자유에 대한 최대의 위협은 폭력이라고 판단한다. 온갖 형태의 폭력 — 비물리적 폭력인 경제적 불평등이나, 권력형 부정부패, 각종 언어폭력에서부터 크고 작은 (민족, 종교, 이념, 영토) 전쟁, 아동 학대, 학내 폭력, 직장 내 권위주의, 성폭력 등에 이르기까지 — 이 난무하고 증가한다. 이러한 폭력을 해소하는 것이 경제적 자유나 시장 경쟁이라는 적극적 자유를 확보하는 것보다 어쩌면 더 시급하고 절실한 문제일 수 있다. 이 점에서 포퍼의 평화주의는 돋보인다.

  특히 포퍼가 불평등에 관심을 가진 것은 현실의 불평등이 경제적으로는 혹은 자유주의 경제 이론으로는 합리화될 수 있는 현상인지 모르나, 정치적-사회적으로는 폭발성을 간직한 사회적 혼란과 불안정의 원천으로, 특히 반자유주의 경제학자나 정치가들에 의해서, 손쉽게 전이될 수 있다는 사실을 알고 있었기 때문이다. 상호 비교의 관점에서 관찰할 때, 포퍼가 불평등의 경제적 차원을 과소평가했다면, 하이에크는 정치적 차원을 과소평가했다고 볼 수 있다. 양자를 잡종화 혹은 조화시킬 수 있는 방안이 반드시 있을 것이다.

  포퍼가 민주주의의 개선을 위해 책을 쓰지 않은 것은 관심이 없어서가 아니다. 혼자서 모든 것을 다 할 수 없고, 그럴 필요도 없다. 포퍼가 헌법 문제를 거론하지 않았다고 그를 비난하는 것은 과하다. 포퍼의 반폭력주의는 그것 자체만으로도 자기 역할을 한다. 자유주의자의 협력 방식인 분업에 충실하여 포퍼와 하이에크는 각자의 길로 갔을 뿐이다.

  여기서 헌법주의에 관해 한마디 덧붙이자. 헌법주의는 모두가 겸허히 수용해야 하는 법치주의의 최고점이다. 그러나 헌법을 절대시 혹은 신성시해서는 안 된다. 그것은 그야말로 영원히 미완의 기획이다. 자유주의자는 인간의 이성이나 합리성을 절대 과신하면 안 된다. 헌법은 시대의 타협적 산물일 뿐이다. 당대의 세력 집단들이 주도하여 만들어내는 타협과 절충의 산물일 뿐이다. 아무리 잘 만들어도 추상성에 따른 관념의 자의성이나 해석자의 횡포나 변덕을 제어하기 힘들다. 헌법재판관의 만장일치를 얻기가 얼마나 어려운가. 개인과 자유를 철저히 보장하지 않는 어떤 헌법도 아나키스트 자유주의자에게는 시류를 타고 흘러가는 국가주의자들의 권력 유지용 유람선으로 보일 뿐이다.

 나는 아나키스트 자유주의를 전개하면서 포퍼의 상대적으로 폭넓은 자유주의에 기반을 두되, 하이에크의 국가 개입과 민주주의의 취약성에 대한 비판적 시각을 끝까지 존중하고 싶다. 나는 하이에크가 경제적으로는 불평등의 기능성과 자연 발생성을 인정했을지 모르나, 사회적으로나 정치적으로도 당연시했을 것이라고는 생각하지 않는다. 이 지점에서 아나키스트 자유주의와 경제적 자유주의가 의견을 달리할 수도 있을 것이다. 경제적 불평등의 문제를 경제적 자유주의의 관점에서 명쾌하게 풀어낼 수도 있겠지만, 오늘의 이 잡종사회에 순수하게 경제적인 것은 찾기 어렵고, 비경제적 차원의 관점도 수용하는 겸손이 필요하다.

 결론적으로 잡종 이론가인 내가 보기에 하이에크와 포퍼는 그 차이에도 불구하고 상보적으로 접합되고 연결된다. 민경국이 하이에크를 경애하여 포퍼와의 변별성에 관심을 두었다면, 나는 양자를 모두 경애하여 그들의 공통성에 초점을 맞추었다. 논리적으로 민경국이 경제학적 정확성을 추구하였다면, 나는 사회학적 연합성sociological association을 중시한다고 할까? 아나키스트 자유주의는 미제스, 포퍼,

하이에크를 모두 필요로 한다. 이들의 생각은 대동소이할 뿐이다. 미제스, 포퍼, 하이에크 간의 창조적 잡종화를 통한 시너지의 확대를 추구해야 한다. 민경국도 이 과제를, 아나키즘적 관점도 참고하면서, 모색해주기를 기대한다. 하이에크는 세 사람 중에서 가장 아나키즘적이다.

5장   아나키스트 자유주의:
자유주의의 급진화와 아나키즘의 실용화

　나는 지금까지 아나키즘과 자유주의의 잡종화에 필요한 주장과 관점 그리고 쟁점들을 개인주의적 아나키즘과 미제스-포퍼-하이에크의 자유주의를 대상으로 논의하였다. 아나키즘의 고찰에서는 슈티르너의 개인주의와 노장의 위아 사상 및 불가의 유아-몰아-진아에 주목하였으며, 특히 도가와 불가에 나타난 동아시아적 개인주의를 적극 수용하고자 하였다. 반면 미제스, 포퍼, 하이에크의 자유주의 고찰에서는 아나키즘과 접합이 가능한 지점을 부각시키면서 자유주의자들이 지닌 급진성을 강조하였다.

　내가 시도할 아나키즘과 자유주의의 잡종화는 절충주의에 입각할 것이다. 서로 유사한 내용과 지향성을 갖거나, 공통의 관심을 공유하는 지점들과 영역들을 연결시키면서 각각의 이념들을 강화 혹은 약화시키면서 결합하는 절충주의에 입각한다.[1] 단 나의 이념적 토대인

---

1 이러한 절충주의에 대하여 흔히 일관성을 결여하여 비체계적이라고 비판하지만, 나

아나키즘의 입장에서 자유주의를 잡종화함으로써 아나키즘적 일관성을 유지하려 한다. 그것은 물론 편향성으로 비칠 수 있지만 아나키즘적 정체성을 확실하게 유지하기 위한 방법이다. 이와 같은 자유주의와 아나키즘의 잡종화를 통해서 아나키스트 자유주의의 틀을 짜보려고 한다. 한편으로 아나키즘은 실용화-현실화시키고, 다른 한편으로 자유주의는 급진화-탈보수주의화시키는 잡종적 효과가 발생할 것으로 기대한다.

1. 개인주의에 기초하여 연합주의로 확장

아나키스트 자유주의는 개인주의에서 출발하여 연합주의[2]로 나아간다. 그러나 연합주의는 집단이나 공동체적 지향성을 가질 수 있지만, 그 구체적인 근본적 기반은 언제나 개인이고, 핵심적 가치는 자유이다.

이미 언급하였듯이 아나키즘에는 사회주의와 개인주의의 전통이 동시에 존재한다. 사회주의적 전통이 주류로서 인식되고 있으나 나는 개인주의 전통의 주도적 회복을 강조한다. 자유주의에도 사회주의적 전통이 있으나 개인주의가 기본을 이룬다. 아나키스트 자유주

는 탈근대적 가치라고 할 수 있는 절충적 혼합도 유익한 이론 구성 방식이라고 판단한다.

2 프루동은 자유 연합과 자유 연합의 확대로서 연합주의associationism 혹은 연방주의federalism를 제시한다. 연방주의라는 표현이 주로 사용되나, 현실 정치에서 영연방이나 미연방 그리고 한국에서의 연방제 논의처럼 그 의미 연관이 다소 변질되고 있어서, 프루동의 뜻과 정신에 입각하되 연합주의라는 표현을 사용하고 싶다.

의는 개인주의를 기본적 토대로 하면서도 사회주의적 혹은 연합주의적 확대 지향성을 적극적으로 탐구한다.[3] 즉 개인의 고유성, 유일성, 존엄성을 먼저 인정하고, 그다음에, 자연스런 결과로서 동등하게 타인의 개인적 가치를 존중한다. 그러므로 나의 이기심과 타인의 이기심은 상호 존중과 협력을 통해서 공존할 수 있다.

개인주의적 사상의 고전적 대변자였던 존 스튜어트 밀은 『자유론』에서 "만약 한 사람을 제외한 모든 사람이 한 가지 의견으로 통일되고 오직 한 사람만이 반대의 의견을 제시한다면 그 한 사람이 권력을 쥐고 있다고 해도 모든 사람을 침묵하게 할 수 없는 것과 같이, 모든 사람이 한 사람의 의견을 침묵시킬 수 없다"라고 역설한다. 개인주의는 개인의 존엄성과 고유성의 표현인 자유를 존중하는 이념이다. 이와 같은 서구의 개인주의적 자유주의는 기독교 특히 개신교의 주장에 의하여 역사적으로 강화되었다. 신의 피조물로서 인간은 신만이 소유할 수 있는 존재이다. 따라서 인간은 다른 인간에 의해서 소유되거나 침범될 수 없다. 또한 인간은 신이 가진 이성의 일부를 가지고 태어났기 때문에 인격적으로 존중되어야 한다. 그리고 개인은 신과의 직접적 대면을 통해서, 즉 다른 외적 개입과 간섭 없이, 신성 혹은 개인의 존엄성을 발견하고, 유지하고, 확장할 수 있다.

이처럼 개인의 자유에 대한 존중심은 개인이 신으로부터 부여받은 은총으로서 이성과 합리성을 가진 존재라는 믿음에 기초한다. 그

---

3 사회는 개인들의 단순하고 맹목적인 집합collection이 아닌, 자유의지의 결합으로서 연합association이다. 그러므로 사회는 동아시아의 천지인합일의 개념에서 파악되듯 개인의 확대이며, 개인과 사회는 대립하는 것(서구형 분석적 이원 대립)이 아니다 (13장에서 상세 논의). 그러므로 사회주의와 개인주의를 적대적으로 구도화하는 이념적 각축은 서구 역사의 오류가 아닐 수 없다.

러나 이성과 합리성에 대한 과도한 신뢰 때문에 역사적 진보에 대한 결정론이나 환상이 발생하였다. 예컨대 기독교적 보편주의에 입각한 서구 중심주의가 제국주의로 변질되기도 하였고, 인격신의 거부와 함께 과학이라는 새로운 신, 즉 과학적 사회주의에 대한 맹종이 발생하기도 하였다. 그러나 아나키스트 자유주의는 포퍼나 하이에크의 인간 무지론을 따라서 비판적 합리주의를 지지한다.

자유는 개인의 속성이다. 자유가 없으면 개인을 개인답게 만드는 개인의 고유성도 없다. 이와 같은 자유성과 고유성(유아독존성)을 가지는 개인은 모든 집합적, 추상적 실체와 가치를 개인의 소유로 내면화할 수 있다. 다시 말해 개인은 곧 신이며, 국가며, 공동체며, 민족이며, 계급이며, 혁명이며, 반역이며, 사랑이고 투쟁이며, 선이고 악이며, 있음이고 없음이며 … 모든 것이고 아무것도 아니다. 사람으로서 너와 나, 그리고 그들과 우리는 모두 개인으로 시작하여 개인으로 살다가 개인으로 끝난다. 그 이상도 이하도 아니다. 아나키스트 자유주의는 개인을 기본으로 하는 유아론과 유심론을 동시에 수용하는 유아 유심론이다. 여기에 따르는 이론적이고 실천적인 문제점은 충분히 인식하고 유의해야 할 것이다. 세상에 완벽한 관점이 어디 있나? 상대주의는 자신의 한계와 취약점을 항상 의식하고, 경계하도록 요구한다는 점에서 매우 기능적이다.

그러나 이 개인의 절대적 고유성과 무한한 확장성은 타인과의 연관 속에서만 의미를 지니는 것이므로 개인은 필연적으로, 구조적으로, 불가항력적으로 혹은 필수적으로 타인과 관계를 맺는다. 상관적 연의 존재로서 개인의 존재성은 주어진 것, 자연적인 것, 우주적인 것 그래서 비작위적인 무위이다. 따라서 개인을 국가나 공동체 등의 허구적 집단에 수직 상향적으로 귀속시키거나 종속시킬 수 없다.

모든 대상과 사물은 수평적으로 개인(혹은 그 집합표상으로서 인간) 속에 하나로 연결 합치될 수 있다(천지인합일!). 아나키스트 자유주의는 물아일체와 천지인합일이라는 "하나" 사상을 존재론적으로 수용한다. 개인은 유일무이의 하나이면서 동시에 만물일체로서 모든 것이다.

2. 선과 악의 공존

아나키스트 자유주의자는 개인의 심성에는 선과 악이 잡종적으로 공존한다고 간주한다. 개인은 모든 존재론적 속성을 갖는 잡종적 구성물이다.

개인의 심성에 관해서 대체로 아나키스트들은 성선적 관점을 취하나, 자유주의자들은 성선과 성악 혹은 합리와 비합리가 혼합된 특성에 주목한다. 아나키스트 자유주의는 성선과 성악의 양면성 혹은 잡종화에 주목한다. 그러나 아나키스트이건 아나키스트 자유주의자이건 모두 자유와 평등 그리고 협동의 확대를 통해서 개인은 점차 성선적 혹은 합리적 특성을 증대시키거나 우세한 것으로 만들 수 있을 것이라고 낙관한다. 그러나 현실적으로는 국가 폭력과 물질적 결핍과 불평등으로 인간의 사악하고, 탐욕적이고, 야수적인 특성이 증가하고 있다(20세기는 폭력의 시대!). 선과 악은 동시에 진화한다. 문명화될수록 범죄는 조직화, 대형화, 지능화된다. 그렇다면 유토피아는 디스토피아의 온상이 될 것인가? 그럴 것 같기도 하다. 이와 같은 부정과 비관의 역사 전개를 제어하자는 것이 바로 아나키스트 자유주의에 입각한 잡종사회의 문명전환론이다.

3. 시행착오의 비판적 학습 과정 지향

아나키스트 자유주의는 개인의 무지를 강조하고 비판적 토론을 통한 시행착오의 학습 및 발견 과정을 지향한다. 그래서 우리는 타인에 대해서 겸손하고, 그의 의견을 존중하고, 가능하면 그를 사랑하여 서로가 "하나"라는 확대 고양된 자아의 경지로 나아가야 한다. 잡종화란 존재론적으로 바로 너와 나의 차이를 새로운 하나로 만들어가는 과정이다.

우리가 도달한 지식은 일시적일 뿐이며 영구불변한 것이 아니다. 그러므로 항상 나와 의견이 상이한 상대방에 대해서 겸손과 존중의 자세를 지녀야 한다. 오류 가능성이라는 불확실성, 미지의 가능성을 추구하는 (과학적) 신비주의 그리고 존재의 상대론적 존재성이라는 상대주의를 아나키스트 자유주의는 신뢰한다. 아나키스트의 반권위주의, 박독단주의는 권력 체제로서의 국가가 지닌 절대주의, 보편주의, 오류 부정성에 대한 인식론적 비판이기도 하다.

개인의 지적 능력 혹은 지식에 관한 자유주의자의 입장은 놀라우리만큼 명쾌하다. 인간은 거의 무지 상태의 지식수준에 있으며, 개인을 둘러싼 세상도 미지의 상태에 있을 뿐이라고 한다. 나아가 개인이 비판적 토론과 학습에 의해서 시행착오를 겪으면서 어떤 진리에 도달하더라도 그것은 일시적인 추측이나 가설에 불과한 것이며 또 다른 것들에 의해서 언제든지 대체될 수 있다. 이 점에서 개인의 삶은, 포퍼의 현명한 지적처럼 끊임없는 문제 해결의 과정이요, 하이에크의 문화적 진화 과정이다. 그렇다면 아나키스트 자유주의는 현실의 불완전한 유토피아를 끊임없이 개선하려는 영구 개혁의 수레바퀴를 돌려야 하는 운명인가? 어쩔 수 없다.

동아시아의 아나키즘에서는 이와 같은 사실을 상대주의적 관점에서 이해하여 시비의 절대적 기준이 존재하지 않음을 역설한다. 그렇지만 이와 같은 차이와 상대의 문제가 존재론적으로 물아일체라는 자연에 의해서 만물이 하나로 화해하는 차이와 대립의 소멸로 회귀할 수 있다는 사실과 그 경지를 체득할 때 영구 투쟁이나 반역의 노고는 일상의 즐거운 일 혹은 소요유逍遙遊가 될 것이다.

아나키스트 자유주의는 어떤 고정불변의 보편이나 근본을 전제하는 권위주의적 입장을 멀리하고, 대립적인 것도 인정하고 수용하는 잡종화를 통해서 세상만사의 이질성과 다양성을 적극적으로 포용하는 새로운 인식의 지평을 열고자 한다. 상대방을 존중하면 자연스럽게 협력의 길을 열 수 있다.

4. 허구적 공동체 비판 및 최소국가 추구

아나키스트 자유주의는 집단주의와 전체주의를 거부한다. 모든 추상적인 집합적 개념과 가치, 예컨대 국가, 민족, 계급 그리고 공동체 등을 일종의 강요된 고정관념으로 비판한다.

인간은 사회적 동물이라는 규정에는 긍정적 측면과 부정적 측면이 동시에 존재한다. 긍정적인 측면으로는, 인간은 고립 분산의 상태로 자기 자신만을 중심으로 살아가지 않고 서로 연합하여 협동적 삶을 이룩함으로써 보다 풍요롭고 안전한 일상생활을 영위할 수 있게 되었다는 사실이다. 반면 부정적으로는, 인간은 이와 같은 연합 과정에서 특정 지도자의 지배/통치/지도를 받으면서, 이에 순종하는 무리나 떼거리가 되어 개인적 독자성이나 고유성을 유지하고 확장하기보다는 집단이나 전체에 의존하거나 순종하려는 타성을 버리지 못하게 되었다는 사실이다. 역사적으로 근대 세계의 시작과 함께 개인의 존엄성과 인격성이 인정되고 개인주의가 확산되기 전까지 개인은 씨족이나 부족, 왕이나 임금, 하느님이나 교회에 복속되어 그 집단을 위해서 존재하는 구성 요소에 불과하였다. 개인 자체가 아니라 개인이 소속된 전체 집단이 더 가치 있고, 우월하며, 헌신해야 할 대상이었다.

개인주의는 사회나 국가라는 집단표상은 나라는 개인이 전제되지 않으면 아무런 의미를 갖지 못하는 추상적 실체, 고정관념, 상상의 공동체라는 점을 강조한다. 특히 개인을 전체에 통합화, 동일화, 총체화, 복속화시키려는 모든 형태의 전체주의를 아나키스트 자유주의는 단호히 거부한다. 전체주의는 개인적 특성을 불필요하거나 위험한 것으로 간주하여 동일화-획일화를 추구하는 개인 말살적 속성을 갖는다. 국가와 같은 개인의 집합체도 집단을 관리한다는 명분으로 강제나 폭력으로서의 권력 체제로 발전하여 개인을 억압하고 무시한다. 따라서 아나키스트 자유주의는 자유로운 개인의 삶에 대한 국가의 부당한 간섭과 개입을 거부한다.

국가의 개입은 대체로 사회문제를 해결한다는 명분으로 정당화되지만 대부분의 경우 국가 개입은 문제를 해결하기보다는 문제를 제공한다. 국가는 끊임없이 문제를 만들고 악화시키는 문제의 원천이다. 국가는 전체의 이익을 위한다고 하지만 인간의 무지와 국가의 정략적인 속성을 감안할 때 그것은 거의 불가능하다. 따라서 개인들 간의 시행착오를 통한 자생적 질서 형성을 존중하는 것이 훨씬 낫다. 국가는 기득권자로서 소수의 정책 수립자나 집행자의 사적 이익을 도모하는 경향이 있기 때문에 기득권을 강화하고 비효율적 정책 입안과 정책 실패를 초래함으로써 현존하는 문제(예컨대 불평등)를 개선하기보다는 지연시키거나 악화시키기도 한다.

아나키스트 자유주의는 국가의 이러한 부정적 속성을 제거하기 위해서 기본적으로 탈국가주의적 입장을 취하면서 국가권력과 국가 개입을 최소화하는 최소국가론을 지향한다. 물론 궁극적으로는 지배와 강제의 권력 체제로서 국가를 해체하고 재구성하여 탈권력 사회국가로 변형시키고자 한다. 지금부터라도 국가의 기능을 주로 폭력 근절이나 (자연적 폭력인) 대규모 재난의 예방과 대응에 주력하는 것으로 집중시킬 필요가 있다. 날로 증가할 뿐 아니라 지능화, 조직화, 대규모화하는 폭력의 위험성을 고려할 때, 현대 국가는 야경국가에만 머물러서는 안 된다. 폭력을 상시적으로 감시하는 주야간 반폭력 국가가 되어야 한다.

다시 한번 명심하자. 국가의 기본적 속성은 폭력이다. 권력은 폭력의 순화 내지 제도화로서 작동하지만 언제든지 폭력화할 수 있는 잠재력을 갖는다. 사회의 수많은 탈법적 조직 폭력이나 일상적-관행적 폭력은 모두가 국가 폭력의 아류나 지류로서 존재하는 것이다. 최근 유치원 교사의 아동 학대는 교사가 행사하는 체벌이라는 폭력의 연장이고, 교사의 체벌권은 군사부일체君師父一體의 봉건적 전통 사회에서 국가와 가부장이 교사에게 위임한 폭력권일 뿐이다. 언어폭력과 함께 사랑의 매는 부모가 휘두르든 교사가 휘두르든 개인에 대한 일방적 폭력이니 하루빨리 금지하여 없애야 한다.

예전부터 국가를 대신하는 이상적 혹은 바람직한 집단 조직으로 공동체가 선망의 대상으로 거론되어왔다. 특히 근대사회의 전개와 함께 삶이 팍박해지자 많은 학자가 지난 시절(?)의 목가적이고 평화로운 공동체의 꿈을 얘기하고 부풀렸다. 공동사회에서 이익사회로의 전개는 마치 천국에서 지옥으로 떨어진 것처럼 이해되고, 문명사회는 약육강식의 정글이고 전통 사회는 우애와 협력으로 가득한 낙원으로 묘사되곤 하였다. 이런 바람직한 공동체는 역사적으로 자치적 코뮌의 자유도시가 형성되던 무렵의 짧은 시기에만 그것도 매우 불완전하게 아주 부분적으로만 나타났을 뿐이다. 그래서 더욱 그리워하는지 모른다.

불행한 진실이지만 인간의 역사에서 공동체는 그야말로 절대절명의 생존 차원에서 저 아득한 원시시대의 소규모 (그러나 약육강식의) 사회에서나 가능했을지 모르나, 대부분의 인간 사회는 기아와 천재지변, 지배자의 압제와 착취, 개인들 간의 불신과 갈등, 끊임없는 전쟁, 철저한 신분제도, 그리고 (특히 중세 시대의) 가혹한 종교재판, 마녀사냥, 종교전쟁 등으로 점철된 끔찍한 사회였을 뿐이다. 심심산골처럼 세상에서 격리된 아주 작은 마을에서나 공동체 비슷한 것이 존재했을지 모르나, 거기에도 필시 권위와 위계질서가 자리 잡아 그 은밀한 폭력을 무지와 체념 속의 개인들에게 무리 없이 행사하였을 것이다.

공동체는 참으로 유지하기 힘들다. 특히 자유 공동체는 더욱 어렵다. 그나마 성공적으로 운영된 공동체가 대부분 하느님의 뜻에 따르는 종교 공동체이거나 카리스마적 지도자가 이끄는 신념 공동체이다. 공동체는 평등을 중심으로 조직된 집단이므로 그 평등을 유지하기 위한 강제력 혹은 권력의 집중이 요구된다. 규모가 적을 경우에는 심각한 문제가 발생하지 않지만, 커질수록 점점 더 통제와 관리의 필요성이 증가하고 그 결과는 권력의 발생과 집중이다. 공동체는 성공하면 할수록, 그 소규모적 공동체성을 유지하기 위하여 배타적으로 되거나, 아니면 규모를 확장하고 비공동체성도 확대할 수밖에 없다. 세속적으로 그리고 경제적으로 성공한 (개방적인) 대형 교회와 (폐쇄적인) 작은 개척 교회를 생각해보라.

민족 공동체, 국가 공동체, 계급 공동체, 기업 공동체, 아파트 공동체 등의 아름다운 말이 자주 등장하지만 그것은 한마디로 빈껍데기다. 그 내부를 자세히 살펴보라. 온갖 사악하고 추악한 탐욕과 싸움질이 그득할 뿐이다. 현실에서 바람직한 공동체는 오직 최소 기준의 최소 목표를 가질 때만이 겨우 실현될 수 있다. 전쟁이나 테러가 없고, 굶어 죽거나 얼어 죽거나 매 맞아 죽는 사람이 없는 사회, 최저 기본 인권이라도 확실하게 보장되는 사회, 그것이야말로 전 세계가 가장 시급하게 필요로 하는 공동체적 이상이다. 그것은 공동체라는 거창한 명분을 세우지 않더라도 모든 인간 사회가 추구해야 하는 기본적 가치이자 목표이다. 그러나 이것도 제대로 성취하기가 얼마나 힘든가? 진정한 친구 몇 사람만 얻어도 그 인생은 성공이라 하는데, 어찌 공동체라는 수많은 친구를 개인이 욕심낼 수 있겠는가?

내용 없는 허황된 공동체란 말에 현혹되어서는 안 된다. 최소 공동체도 실현하기 어렵다. 언제 전쟁이 터질지 모르고, 테러의 대상이 되거나, 폭력배에게 봉변을 당할 수 있는 세상이 아닌가? 공동체를 이룩하고 수호한다는 대의를 위해서 얼마나 많은 사람이 동원되어, 자유와 재산을 반납하고, 개인 의견을 억제하고, 피땀을 흘리며, 허망하게 죽어갔는가! 아나키스트 자유주의는 기존 공동체주의를 직접적으로 비판한다는 의미에서 최소 공동체론을 탐구한다. 공동체는 국가보다도 더 교묘하게 만들어진 환상이요, 정의와 도덕의 이름을 빌린 그럴싸한 고정관념이라는 혐의가 짙다.

여기서 최근 공동체에 관한 매우 참신하고도 전면적인 재구성을 모색하는 재일 철학자 김태창의 관점에 주목할 필요가 있다.[4] 그는 새로운 문명을 이론적으로는 "공공철학" 혹은 실천적으로는 (천하

만인과 함께하는) "공공하기운동"을 통해 구축하고자 한다. 김태창의 연구가인 야마모토 쿄시(2013: 6)에 의하면 김태창은 멸사봉공滅私奉公이라는 집단주의적 관점을 비판하고 활사개공活私開公이라는 개인(주의)적 출발점을 강조한다. 그의 공공은 공(=관)의 공공이 아니라 사(=민)의 공공이다. 그리고 함께 같아진다는 의미의 공동共同이나 함께 동일한 집합체가 된다는 의미의 공동일체화共同一體化로서의 공동체共同體도 비판한다. 그 대신에 그는 개인적 차이성을 간직한 많은 사람이 함께 일한다는 의미의 다이공동화多異共働化의 필요성을 제시한다.

야마모토 쿄시(2013: 4, 15-16)에 의하면 김태창은 "사의 긍정적인 측면을 점차 부각"시켜나가면서 "사를 살아 있는 개개인의 원초적 행복 의지로 재해석하고 그것이야말로 제도적 지배 가치에 우선하는 참된 자연적 기반"이라고 간주한다. 그의 공동共働은 이론적으로 공창共創, 공유共有, 공복共福 등의 개념과 연결되어 새로운 문명의 밑그림을 제공한다. 이처럼 김태창은 "공公을 열어서 공공을 새롭게 한다는" 개신開新의 동아시아적 문명론을 개척한다.

나는 여기서 김태창이 구상하는 세계의 한 부분만을 살펴보았을 뿐이다. 굳이 그의 입론을, 적극적 차원에서, 비판적으로 접근해보자면, 모든 다양한 이론과 가치를 함께 뒤섞어 융합하려는 그의 잡종적 시도는 참으로 존경스럽지만, 모든 것이 조화롭게만 엮이고 제자리를 찾아가는 듯 보이는 그의 이론 세계는 다소 비현실적으로 느껴진

---

4 김태창의 공공철학에 관한 독창적이면서도 방대한 이론 체계는 아직 한국에서 제대로 논의되지는 않았지만 향후 본격적인 연구가 이루어질 것으로 기대한다. 여기에서는 그의 사상의 한 단면에 집중한다. 김태창의 공공철학에 관한 소개는 http://cafe.daum.net/gonggongworld를 참고할 것.

다. 이론적 잡종화는 백화만발의 화려함을 갖추기 쉽지만 그 사이사이의 연결과 연결에서 일종의 애매모호함이나 두루뭉술함이, 어쩌면 자연스럽고 당연하지만, 흐를 수밖에 없다. 그럼에도 불구하고 그를 존경하는 오구라 키조(2013: 12) 교토대 교수의 지적처럼 "김태창의 강의를 들은 일본인은 전율과 함께 까칠까칠한 위화감, 그리고 소리치고 싶은 듯한 고양을 느낀다. 김태창의 이야기는 한국의 본질에서 분출된 소리라기보다는 … 동아시아의 온갖 사이들에서 나온 집합적 소리이다. 김태창이라는 개인의 입에서 나왔다기보다는 동아시아 공통의 경험과 기억의 총체에서 용출하는 외침과 이야기와 통곡과 속삭임과 중얼거림의 혼합태로 차고 넘쳐서, 미래를 향해 흘러 나가는 생명의 운동이다." 김태창은 분명 동아시아의 위대한 잡종 사상가 혹은 융합 사상가이다. 그에 대한 진지한 배움의 장이 있어야겠다.

5. 자유의 한 형태로서 평등 인식

아나키스트 자유주의는 평등을 자유의 한 형태라고 적극적으로 인식한다.

앞에서도 살펴보았듯이 개인주의적 아나키스트 터커(Tucker, 1926)가 발전시킨 평등한 자유라는 개념에 따르면 모든 자유는 평등하게 개인에게 보장되어야 한다. 이는 신분적 특권의 소멸과, 모든 사람이 합의되고 인정된 규범으로서 자유를 추구함에 있어서 동등하게 법의 보호와 규제를 받는다는 사실을 의미한다. 모든 개인의 기회 평등을 법적으로 보장하고 국가권력을 제한하려는 하이에크의 헌법주의도 이러한 역사적 맥락을 반영한다. 한국에서는 유전무죄 무전유죄라는 법의 불평등이 문제 되고, 국회의원의 각종 특권이 남용되고 있다는 비판이 폭발 직전이다. 평등한 자유라는 개념은 개인의 절대 자유를 보장하는 전제가 된다.

사실 근대 민주사회는 1인 1표의 투표권이라는 절대 평등에 기초한 민주주의와 함께 법치주의를 근간으로 하는 (권력 제한이라기보다는) 권력 분산 혹은 분립/나누어주기를 목표로 하였다는 점에서 자유와 평등을 동시적으로 실현하고자 하는 위대한 문명의 출발이었다. 그러나 오늘날 많은 사람은 자유는 과잉이나 평등은 위축되어 불평등이 심각하게 만연되어 있다고 한다.

자유주의에 대한 가장 일관된 비판이 경제적 불평등의 심화에 대한 지적이다. 경제적 자유주의자들이 세상은 예전보다도 물질적으로 훨씬 살기 좋아졌다고 아무리 설득해도 받아들여지지 않는다. 시간이 지나면 불평등이 서서히 완화될 것이라고 해도 마이동풍이다. 당연한 반응이다. 내가 조금 더 살기 좋아졌는지 모르나 건너편 부자들은 엄청나게 더 풍요를 누리니 상대적 박탈감이 오죽하겠는가? 이것을 비이성적 혹은 비합리적 군중심리나 부자들에 대한 질투심으로만 치부할 수 없다. 평등론자들이 흔히 활용하는 포퓰리즘의 탓으로만 돌릴 수도 없다. 왜냐?

유사 이래 일반 백성들, 농민들, 노동자들, 민중들, 실업자들로 가득한 빈곤 계층 혹은 하위 소득 계층은 객관적 통계 수치나 경제지표 이전에 거의 본능적으로 불평등을 인식하고 그 격차와 확대에 민감해져서 자연스럽게 비난과 불만을 표출한다. 자유주의 경제학자들은 빈자와 약자의 이 비합리적 합리성을 더욱 공감적으로 수용해야 한다. 그렇지 않고 비합리적 속성도 지닌 사람들에게 합리성의 원칙만 강조하다 보니 반발과 분노만 초래하는 것이다. 그 결과 이를 교묘히 그러나 현명하게 활용하는 반자유주의자에게 기회를 주는 것이다.

자유주의자들은 이제 경제적 불평등에 대한 기능론적 관점에서의 불평등 기능성이라는 고정관념을 재고할 때가 되었다. 불평등의 존재를 경제성장의 원동력이요, 자유경쟁 시장의 불가피하고도 필요한 결과라고 납득시키려는 관성에서 벗어나야 할 시점이다. 사회학에서도 불평등 기능론이라고 하여 불평등의 사회적 유용성 혹은 기능성을 설명하는 이론이 있다. 나도 이것이 인간의 이기심과 경쟁적 성취 욕구를 감안한다면 더 현실적이라고 긍정적으로 평가해왔다. 사회주의경제의 몰락도 이 이론으로 설명 가능하다. 능력에 따라 분배하지 않고 필요에 따라 분배한다니 누가 기를 쓰고 일하려 하겠는가? 불평등 기능론은 이 점에서 물론 타당한 설명력을 갖는다.

그런데 사태가 심각한 것은 오늘날 불평등 문제가 단순한 사적 소유의 격차 문제가 아니라 그 자체로 자본주의사회와 시장 경쟁 그리고 자유주의의 모순과 한계를 표상하는 것으로 인식된다는 점이다. 불평등에 대한 불만과 반감이, 여러 가지 요인에 의해서 폭발적 상황으로 유도되는 가운데 자본주의 체제 자체를 위협한다. 그렇다면 자유주의와 자본주의의 기본 틀 내에서 불평등을 적극적으로 개선할 수 있는 길을 발견할 수는 없는 것일까?

누군가가 이미 시도했을지 모르겠으나, 나는 아나키스트 자유주의자로서 자유와 평등의 관계를 대립적으로 보지 않고, 잡종적으로 규정(평등의 자유화)하고 싶다. 현재 가장 예민하게 대두되는 평등의 문제는 경제적 불평등의 문제다. 경제적 불평등을 해소하기 위한 기본적 출발점은 절대적 빈곤이다. 단순한 재산이나 소득의 격차 문제보다도 인간으로서 삶을 유지하기 어려운 상태인 빈곤이 문제의 핵심이다. 그리고 빈곤은, 많은 자유주의자가 주장하였듯이[5] 평등의 문제라기보다는 흔히 말하는 무엇(즉 빈곤)으로부터의 자유를 의미하는 소극적 자유의 문제가 아닌가? 나는 소극적이라는 개념보다는 기본적이라는 표현이 더 적합하다고 생각한다. 금강산도 식후경이듯 인간의 의식주에 대한 기본적 욕구가 해결된 후에 다음 단계로 적극적인 욕구 충족을 추구하는 것이 순리가 아니겠는가?

의식주가 해결되지 않은 상태에서 자유를 추구한다는 것은 개인의 존엄성에 대한 모독이요, 권리로서의 자유가 제대로 실행될 수 없게 만드는 것이다. 경제적 평등의 일차적 대상인 빈곤의 문제는 일차적으로 빈곤으로부터의 자유 혹은 빈곤 탈출의 자유라는 문제와 연관되기 때문에 모든 자유주의자는 그것을 당연히 그리고 최우선적으로 수용해야 한다. 절대 빈곤은 자유를 절대적으로 억제하므로 기회의 자유라는 차원에서 개선 혹은 제거되어야 한다. 나아가 이 절대 빈곤의 수준을 넘어 상대적 빈곤의 수준에서 거론되는 경제 불평등은 대부분 일상적 의미에서의 소득 격차나 재산의 다소를 말한다. 이 문제를 나는 더 많은 풍요를 추구하려는 개인의 자유, 풍요 추구의 자유 문제라고 규정한다. 구체적으로 상위 몇 퍼센트의 소득이 전체의 몇 퍼센트를 점유한다는 등의 논의가 이와 관련된다.

탈물질주의를 강조하는 나로서는 이 수준의 격차는 참으로 절박하거나 최우선적으로 시급히 개선해야 할 불평등의 문제는 아니라고 생각한다. 절대적 빈곤의 제거, 여기에 최우선적 관심과 노력이 집

---

[5] 대표적인 예로서, 1941년 1월 6일 루스벨트Franklin Roosevelt 미국 대통령은 의회에 보내는 신년 메시지에서 인류의 4대 자유를 천명하였다. 즉 미국만이 아니라 세계 도처의 모든 사람은 '언론과 표현의 자유, 각자가 자기 자신의 방식대로 신앙을 가질 자유, 빈곤으로부터의 자유, 그리고 공포로부터의 자유'를 누려야 한다.

중되어야 한다. 그러나 상대적 빈곤 문제로서 소득/재산 격차의 문제도 가능하다면 사회 성원 간의 합의에 기초하여 자발적으로, 서서히 완화해야 한다. 좀 더 풍요로운 삶을 살겠다는 빈곤층의 기대 욕구는 부유층과의 격차가 납득할 수 있을 정도로 완화, 축소되어야만 충족될 것이다.

요컨대 평등의 문제는 자유의 한 차원으로 이해할 수 있고, 그렇게 파악해야 한다는 것이 나의 주장이다. 어쩌면 평등한 자유와 평등의 자유적 차원이라는 관점을 더욱 적극적으로 잡종화하면 자유와 평등은 상호 보완적 협력 관계 내지 상승 작용을 하는 이념적 친구가 될 것이다. 자유의 결과로서 불평등이라는 문제도 자유의 책임성, 타인의 자유를 침해해서는 안 된다는 자유의 자기 규제성의 원칙에서 접근한다면 해결의 실마리를 어렵지 않게 찾을 수 있다. 나아가 자유건 평등이건 지나치게 물질적 소유로만 경도되고 있는 현재의 물질(만능)주의 추세는 참으로 위험하다. 물질의 희소성과 한계 그리고 물질의 생명적-존재론적 가치와 보전을 생각할 때 우리는 시급히 탈물질주의적 자유와 평등의 영역을 개척해야 한다. 결과의 평등 가운데서 가장 기본적인 의식주 해결이라는 문제는 자유의 차원으로 인정해야 한다.

다만 아나키스트 자유주의는 불평등의 해소에서 그것이 기회의 문제건 결과의 문제건, 국가의 강제성에 의존하기보다는 가능하다면 민간 차원에서, 우선 부를 직접적으로 창출하는 노사가 협력하고, 빈부가 동참하고, 실업자나 예비 취업자가 목소리를 내면서 자발적으로 해결할 수 있는 방안을 찾아야 한다. 세금을 내고 그 세금을 필요로 하는 당사자들이 직접 해결할 수 있는 길을 확대해야 한다. 그렇지 않으니 국가는 세금을 당연하게 거둬들이고, 국가를 통해 그 세금의 혜택을 받는 사람들은 그 혜택이 당연하다고 생각하기 쉽다.

　국가가 세금 징수-복지 부문 투자와 같은 방식으로 거대한 복지 관료제를 형성하여 평등을 복지의 차원에서 독점적으로 관장하는 것은 위험할 뿐 아니라 비효율적이다. 국가는 복지의 이름으로 중앙집권적 권력을 강화할 것이고, 사유재산제도를 침해할 것이고, 정치적 이해타산에 입각한 방만하고도 인기 영합적인 관심으로 복지 재원을 징수하고 남용할 것이다. 더욱 심각한 점은 국가가 복지를 독점함으로써 일반 사람들은 세금만 제대로 내면 복지 의무를 다했다고 여기는 것이다. 그리하여 사람들은 개인 간의 협력과 협동으로서의 복지의 가치 대신에 점차 세금으로서의 복지만 생각하게 될 것이다.

　기본적으로 복지는 개인들의 상호부조 혹은 협력의 과정으로 파악되어야 한다. 일상생활에서 개인들이 상부상조하는 협동의 가치와 관행을 습득하여 복지주의가 부자의 선심이나 국가의 자애로운 정책에 의한 것이 아니라 인간의 상호 의존성과 자발적인 협력 욕구에 의한 것(Ward, 2004)이라는 사실을 깨달아야 한다. 개인이 자신을 포함한 타 개인들의 행복을 함께 고려하는 복지 의식은 타인과의 연합이라는 협력과 사랑의 가치로부터 형성되는 것이다. 국가가 생색을 낼 일도 아니고, 그럴 자격도 없다.

6. 점진적 사회 개혁과 일상적 반란을 통한 사회혁명 추구

　아나키스트 자유주의는 기존의 정치혁명을 통한 사회 변화를 추구하지 않고 일상적으로 반란과 반역의 저항 행위를 실천하며, 점진주의적 사회 개혁을 통해 사회혁명을 확장한다. 이와 더불어 아나키스트 정치를 활성화시켜 제도 정치의 개선에도 주력한다.

이제 정치적 명분이 얼마나 뚜렷하든, 종교적 가치와 목표가 얼마나 위대하든 그것들을 폭력이라는 혁명적 수단으로 성취하려 해서는 안 된다. 특히 21세기 아나키즘은 혁명주의의 잔재를 씻고 아나키스트 정치를 포함한 모든 영역에서 실용적 노선을 평화적으로, 비폭력적으로 추구해야 한다. 그러나 실용주의가 현실 추수주의나 기존 체제에 안주하는 보수적 전환을 의미하는 것은 결코 아니다. 현실의 모순, 특히 국가주의와 자본주의의 구조적 문제에 대해서는 명확한 비판 의식과 철저한 반역 정신을 견지해야만이 제대로 된 현실 개혁을 추구할 수 있다.

아울러 아나키스트의 실천적 금과옥조라고 할 수 있는 직접행동은 목적과 수단의 일치라는 행동 원리prefiguration를 항시 관철해야 한다. 아나키즘이나 자유주의는 모두 국가 폭력을 거부한다. 그렇다면 목표로서의 자유를 얻기 위해서도 폭력적 수단을 사용해서는 안 된다.

극단적 반역 행동으로서 테러리즘의 구사는 위험하지만 아나키스트 자유주의는 이것을 어떤 최종적 위기의 순간을 대비해서 전면적으로 포기하지는 말아야 한다. 비록 그런 날이 오지 않기를 진심으로 기원하지만, 최후의 결정적 순간의 무기로서 간직해야 한다. 합리주의자요 평화주의자인 포퍼도 자유를 위해 죽을 각오로 맹렬히 투쟁해야 한다고 하지 않았던가? 만약 그 테러가 베이가 원했던 시적 테러poetic terrorism라면 더욱 아름다울 것이다. 물론 아나키스트 자유주의자는 일상적으로 반폭력주의자요 평화주의자이다.

그러나 아나키스트 자유주의는 전면적이고 즉각적인 총체적 혁명이라는 신화는 더 이상 신뢰하지 않으나, 현실적 유토피아를 지향하는 혁명 정신을 고수한다는 점에서 구조화되고 일상화된 국가 폭력 체제에 대한 일상적 반란 혹은 반역 행위를 지지한다. 개혁의 요구가 계속 거부되고 반란이 꾸준하게 확산, 축적되면 혁명의 열기가 폭발할 것이다.

전 지구의 지속 가능성을 확보하기 위해서는 폭력의 최고 최대 표출인 전쟁, 특히 대규모 핵전쟁을 억제하도록 최선을 다해야 한다. 반전·반핵·군축·평화운동은 아나키스트 자유주의가 선도적으로 추진해야 할 세상의 폭력 제거 작업이다.

나아가 아나키스트 자유주의는 제도 정치의 참여를 신중하게 그러나 적극적으로 고려해야 한다. 순수 아나키스트들은 이를 비판할 것이다. 그러나 나는 정치화, 권력화, 부정부패화하지 않는 반정치적 정치를 아나키스트 정치가 구현할 수 있다고 믿는다. 무위의 정치는 가능하다. 군림하거나 지배하지 않고, 억압하거나 착취하지 않고, 반부정부패와 반폭력을 추구하는 아나키스트 정치를 실험하는 도전 정신이 필요하고, 이를 준비해야 한다.

7. 결정론적 진보 법칙 거부

아나키스트 자유주의는 결정론적 진보의 법칙을 믿지 않는다.

무지의 인간과 미지의 세상을 전제하는 자유주의는 특정한 역사적 진보나 역사적 법칙을 신뢰하지 않는다. 지금보다도 조금 더 개선된 사회를 바랄 뿐이다. 아나키즘도 마찬가지다. 지배가 없는 세상인 '아나키'로 근접하기를 바랄 뿐이지 그것이 물질적 번영과 인간의 행복을 보장할 것인지 장담하지 않는다. 포퍼의 말대로 미래란 좋거나 나쁠 가능성이 모두 열려 있는 개방사회다. 나는 아나키사회가 현재 잡종사회의 도래와 함께 가시화되고 구체화되고 있다고 파악한다. 그래서 지금 여기에 집중한다. 역사는 진보와 퇴보의 두 측면을 잡종적으로 표출하며 흐른다.

8. 개인의 자유를 우선적으로 보장하는 자유민주주의 추구

아나키스트 자유주의는 개인의 자유를 보장하는 자유민주주의를 원한다. 자유를 위한 민주주의로서 자유민주주의를 지지하며 자유를 제한하고 부정하는 민주주의(예컨대 평등 우선 민주주의)는 비판한다. 현재의 민주주의는 자유의 보호와 억압이라는 양면성을 지녔기 때문에 신뢰할 수 없는 측면을 지닌다. 민주주의는 개인적 자유를 최고 목표로 삼는 자유민주주의가 되어야 한다. 민주주의는 현재로서는 정치적 수단 내지 방법일 뿐, 목표 그 자체가 아니다.

대의제 민주주의는 가능한 한 직접민주주의로 대체되어야 한다. 전자 투표와 각종 과학적 여론조사를 통해서 직접적으로 개인의 의사를 파악할 수 있다. 광범위한 전문가 조사로 정치적 엘리트주의를 극복할 수 있다. 정치인의 역할은 (개인 의사의 집합인) 민의의 대표자가 아니라 대리인으로 축소·격하시켜야 한다. 정치인은 부정부패에 연루되거나 직무 태만일 경우 소환제를 통해 언제든지 바뀔 수 있어야 한다. 여기에 따르는 혼란과 피해는 일시적인 것이므로 감수할 가치가 있다. 모든 선거에 따르는 비용을 최소화하는 방안을 적극적으로 강구하면 된다. 선거에 출마할 의사가 있는 정치 지망생은 언제든지 사이버 정치를 통해서 선거운동을 할 수 있도록 허용해야 한다.

새로운 정당 결성과 정치 신인의 정치 참여가 쉽게 이루어질 수 있도록 문호를 대폭 개방해야 한다. 잡종사회의 특성에 부합하도록 민주주의도 전폭적인 정치적 개방화와 잡종화를 지향해야 한다.

아나키스트 자유주의는 하이에크의 헌법주의 정신을 따라서 개인적 자유의 확고부동한 제도화를 추구해야 한다. 법 제도를 전면적으로 부정하는 것이 아니라 법치주의를 부단히 개선하고자 한다. 개인의 자유를 위한 지속적인 법적 개선 투쟁이 필요하다.

9. 자본주의에 대한 비판적 지지: 독점과 권력화 비판

아나키스트 자유주의는 사유재산제도와 자유 시장 혹은 시장 경쟁에 기반하는 자본주의를 비판적으로 지지한다.

현실 자본주의의 모순과 문제에 대한 대안으로서 사적 소유와 공동적 소유의 혼합, 경쟁과 협동의 혼합, 자본-노동-국가-시민의 사대(노사정민) 세력의 타협과 절충을 제시한다. 특히 시장 만능주의, 사유재산의 신성화, 독점자본의 경제 권력화는 반대한다. 현실적으로 거대 독점자본은 경제 권력으로서, 국가권력 체제의 필수적 구성요소로서 작동한다. 시장의 국가 개입에는 어떤 경우든 독점자본이라는 경제 권력의 이해관계가 작용한다. 그러므로 경제적 자유주의와 재벌 옹호론의 결합은 이론적으로 결함이 있다.

국가권력은 정치권력, 사법 권력, 경제 권력, 사회 권력(시민운동, 노동운동, 각종 결사체), 문화 권력, 미디어 권력, 종교 권력 등으로 구성된, 때로는 느슨한 그러나 대부분 정치권력을 핵으로 긴밀하게 엮인 유유상종의 네트워크이다. 그러므로 자본주의경제가 지닌 각종 문제점을 해결하거나 완화하기 위해서 국가권력이 개입하는 것은 더 큰 부작용을 초래할 수 있다. 개입의 경우에는 최소 개입과 최대 신중이 요구된다. 국가 개입을 감시하고 올바르게 이끌기 위해서는 자본과 노동이라는 생산 주체 간의 타협을 토대로 소비자로서 시민이 참여하는 사회적 대타협이 전제되어야 한다.

아나키스트 자유주의는 자본주의가 즉각 폐기 처분되어야 할 사악하고 낡은 제도가 아니라 개선을 통해서 인류의 복지를 증진시킬 수 있는, 민주주의처럼 다른 대안이 부재하는, 여전히 유용한 제도라고 판단한다. 사적 소유의 가치를 인정하고, 경쟁과 협력(분업)의 필요성을 보장하며, 개인적 자유의 터전으로서 시장을 중시하는 자본주의는 가장 자연스럽고, 개인의 욕구에 적합한 제도이다. 시장의 자생적 질서는 국가에 의한 강제적 질서보다도 자유를 더욱 신장시키며, 빈곤을 완화하고 풍요를 증진시키는 데 훨씬 효과적이다. 선거를 의식한 국가의 인기 영합적이고 근시안적인 정책과 전쟁 그리고 각종 부정부패가 자본주의의 원활한 작동을 방해하고 왜곡시키는 핵심적 원인이다. 경제력을 장악한 독점자본도 자본주의의 정상적 작동을 교란시키는 탐욕에 빠져든다.

나아가 자본가를 비롯한 자본주의 체제의 모든 참가자는 경쟁의 자유 못지않게, 어쩌면 더욱 중요하게 협동의 가치가 균형적 힘을 회복할 때만이 자본주의가 가장 안정적인 최선의 결과를 초래한다는 사실을 명심해야 한다. 오늘날 횡행하는 무한 경쟁과 무한 성공은 진정한 자본주의 정신이나 자본주의 가치가 아니다. 이 점에서 탈물질주의적 가치의 세계적 확산이 필요하다. 아나키스트 자유주의는 탈물질적 자원이 풍요로운 세계를 개척하고자 한다.

잡종사회의 자본주의는 반자본주의적 혹은 사회주의적 요소(계획

경제)도 필요할 경우 수용하고, 비자본주의적 혹은 탈자본주의적 요소(공유 협동경제와 탈물질주의 경제)도 도입하는 유연성과 개방성의 혼합적 토대 위에서 새로운 자기 발전과 자기 확장의 전기를 맞이할 수 있다. 다시 말해 자본주의는 잡종화를 필요로 한다. 때로 경제적 효율성을 도덕적 정당성에 양보할 수도 있는 급진성을 보여주어야 한다. 경제적 효율성만큼이나 정치 사회적 안정성도 중요하다. 금강산도 식후경이라지만, 보기 위해서 먹는 것 또한 사실이 아닌가?

10. 세계 연합 추구

아나키스트 자유주의는 세계 평화를 실현하기 위해서 개인적 자유 연합의 확장으로서 국가 연합의 기반 위에서 지역 연합(유럽 연합이나 동아시아 연합 등)을 이룩하고자 하고 최종적으로 세계 연합 혹은 세계연방을 추구한다.

아나키스트 자유주의는 이를 위한 준비 작업으로서 국가권력의 철저한 분산과 탈권력화를 요구하는 탈국가주의 및 국민국가에 집착하지 않는 탈민족주의를 지향한다. 이와 동시에 다문화주의, 사해동포주의와 세계시민주의, 전 지구적 인권주의를 강화·확대하는 운동에 동참한다. 개인주의는 세계주의로 확대될 수밖에 없다. 이 세계는 만물일체의 한 형태인 개인들의 세계가 아닌가? 아니라면 누구의 세계인가?

11. 탈국가주의, 탈물질주의, 개인주의, 허무주의, 신비주의에 입각한 문명전환 추구

아나키스트 자유주의는 탈근대 문명전환에 필요한 잡종사회의 급진적 가치로서 타협적 탈국가주의, 절제적 탈물질주의, 협동적 개인주의, 상대적 허무주의, 현세적 신비주의를 발견한다.

문명전환은 한편으로는 기존 서구적 가치의 과도화 혹은 과잉화를 제어하고, 다른 한편으로는 동양적 가치의 확대와 확산을 촉진하는 동서양 문명의 조화와 균형 속에서 이루어진다. 문명전환은 인간의 자유의지가 요구하는 필연성인 동시에 음양의 순환에 따르는 자연성으로 이해할 수 있다.

12. 사랑과 하나(되기)로서의 문명전환 과정

아나키스트 자유주의는 이 문명전환의 과정은 동서의 위대한 (아나키스트) 성인들이 깨닫고 제시한 사랑의 과정이요, 하나에 이르는 길이라고 이해한다. 겸손-존중-협력은 사랑의 속성이요, 이 사랑 속에서 모든 차이는 끊임없이 잡종화되어 최종적으로 혹은 어느 순간에는 차이가 차이로서 유의미해지지 않거나 사라지는 하나의 경지에 도달할 수 있다. 그것은 길 찾기(구도)의 끝이 없는 끝이자, 시작 없는 새로운 시작으로서의 길(도)을 얻는 것이다.

아나키스트 자유주의는 순수와 타협, 탈권력과 권력, 탈물질과 물질, 경쟁과 협동, 허무와 보편, 절대와 상대, 신비와 현세의 간격을 새롭게 이해하고 설정하려는 잡종화의 정신이자 논리이다. 아나키스트 자유주의는 문명전환을 반영하는 논리라기보다는, 문명전환을 선도하는 논리이다. 이 사실을 한국적 맥락으로 환언하자면 이제 우리는 혁명을 요구하던 "전환 시대의 논리"와 작별하고, 혁명의 열정을 창조적으로 파괴하는 "논리의 전환 시대"와 대면하고 있다.

13. 소결

지금까지 제2부의 전반부에서 논의하고, 특히 이 장에서 강조한 아나키스트 자유주의의 내용을 아나키즘과 자유주의에 대비하여 (일정한 비약과 단순화의 위험을 감내하면서) 표로 정리하면 〈표 4〉와 같다.

다시 말하면 아나키스트 자유주의는 미제스, 포퍼, 하이에크의 자유주의로부터 사회 개혁에 필요한 급진성을 발견하고 동시에 아나키즘에 필요한 점진주의적 가치를 수용한다. 반면 개인주의적 아나키즘은 자유주의와 접합할 수 있는 공유 영역을 확대하였다. 그러나 포퍼의 비판적 합리주의와 낙관주의는 현실에 대한 아나키스트의 보다 급진적인 비판 인식으로 연결될 필요가 있다. 아나키스트 자유주의는 점진주의가 개량적 보수주의에 머물지 않고 철저한 사회 개혁, 즉 문명전환으로 나아갈 수 있다고 판단한다. 아나키스트 자유주의는 장자의 가치 상대주의와 포퍼-하이에크의 무지론에 입각하여 아나키즘과 자유주의 간에 존재하는 차이와 대립을 시행착오를 통해서 그리고 상호 협력과 존중을 바탕으로 해소해나갈 수 있다고 생각한다. 동아시아의 개인주의는 천지인합일이라는 광대무변의 경지를 아나키스트 자유주의에 제공한다.

⟨표 4⟩ 아나키즘, 자유주의, 아나키스트 자유주의 비교

구분	개인주의적 아나키즘: 슈티르너, 터커, 노직	자유주의: 포퍼, 미제스, 하이에크	아나키스트 자유주의
개인	아나키즘의 개인적 차원 강조	사회적 자유주의 비판 개인적 자유주의 추구	개인주의와 자유주의의 기반 위에서 사회적 자유주의의 포용
자유	절대 자유	자유의 책임	유아 유심의 유한 자유와 무아 탈아의 무한 자유
개인 심성	성선설	선악의 혼재	선악의 동시 진화
개인 능력	창조적 잠재력	무지와 부지 비판적 합리주의	천차만별
집단주의 전체주의	고정관념	자유의 억압	폭력적 반개인주의
국가	국가 부정	국가 개입 반대	최소국가
공동체	아나키스트 자유 연합 아나르코 코뮤니즘	분업 체계	최소 공동체
불평등	평등 지향성	불평등 기능론 기회의 평등	선 고통 감소−후 행복 증진 기본적 평등 보장 탈물질주의 추구
복지	자발적 상호부조	복지국가 비판	국가의 복지 독점 반대 복지국가 권력 집중 비판
혁명주의	혁명주의 비판 행동에 의한 선전	보수주의 법치주의 자유를 위한 투쟁	지속적 반란과 저항 정신 점진주의 법치주의, 헌법(개정)주의 반폭력 평화주의
역사적 진보	진보 개념 비판	시행착오 학습 과정 자생적 질서 문화적 진화	지금 여기의 현세주의 현실적 유토피아
민주주의	직접민주주의 선호	민주주의의 위험성 필요악으로서 민주주의	민주 독재의 위험성 개인적 자유를 보장하는 자유민주주의 구축 국가의 탈권력화

사유재산 시장 경쟁 자본주의	지지, 수정, 비판, 반대, 철폐 등 다양한 관점	적극적 옹호	비판적 지지 사유와 공유의 혼합 경쟁과 협동의 혼합 노사정민의 타협 자본주의의 자체 수정력 시행착오를 통한 개선 독점과 불공정 제거
세계 연합	연방주의	지역 연합과 세계 연합	지역 연합과 세계 연합 세계시민사회

이런 의미에서 아나키스트 자유주의는 자유주의자 포퍼와 사회주의자 마르쿠제Herbert Marcuse가 (아래에서) 전개하는 논쟁적 쟁점들의 상대적 독립성을 존중하고, 동시에 아나키스트 워드의 포용적 정신을 승계한다는 점에서 이들 세 사람의 주장이 각각 지닌 역사적 지혜들을 잡종화시키는 이념적 조화를 긴장 속에서 조심스럽게 추구해야만 한다.[6]

포퍼(홍윤기, 1982: 17에서 재인용): "우리가 알고 있는 모든 사회질서를 살펴보면 거기에는 언제나 부정의와 억압, 빈곤과 무력감이 존재했다. 우리가 살고 있는 서구 민주주의사회도 그 예외는 아니다. 그러나 우리는 우리의 사회질서 내에서 이러한 죄악들과 투쟁하고 있다. 그리고 나는 우리 사회 내에서 나타나는 부정의와 억압 및 빈곤과 무력감이 우리가 알고 있는 다른 어떤 사회질서보다도 더 적다는 것을

---

[6] 상기 세 사람을 선택한 데는 이유가 있다. 포퍼와 마르쿠제 간의 논쟁을 엮은 책의 제목이 『혁명이냐 개혁이냐: 마르쿠제·포퍼 논쟁』이다. 그리고 워드는 현대 아나키즘에 있어서는, 덩샤오핑의 흑묘백묘론처럼 혁명이냐 개혁이냐를 따지는 것보다 더 중요한 문제는 국가권력을 축소하고 자유를 확장하는 것이라고 한다.

믿고 있다.

우리가 살고 있는 서구 민주주의사회도 불완전한 상태에 있으며 더 많은 개선의 필요가 있지만 지금까지 존재했던 사회 중 가장 훌륭한 사회이다. 그러나 모든 정치적 이념 중 가장 위험한 것은 아마도 인간을 완전히 행복하게 만들려는 소망일 것이다. 천국을 땅 위에다 실현하려는 시도는 언제나 지옥을 만들어내는 데 그치고 말았다."

마르쿠제(홍윤기, 1982: 16에서 재인용): "후기자본주의사회는 역사상 가장 풍요롭고 기술적으로 가장 진실된 사회이다. 이 사회는 평화롭고 자유로운 인간의 실존에 대해 가장 커다란 가능성을 현실적으로 제시하고 있다(또 제시해야 할 의무를 지니고 있다). 동시에 그 사회는 이렇게 나타나는 평화와 자유의 가능성을 가장 효과적인 방식으로 억압하는 사회이다. 오늘날 이러한 억압 상태가 사회를 전반적으로 철저하게 지배하고 있으므로 이 사회구조를 근본적으로 변화시킬 때 비로소 이 억압 상태를 지양할 수 있다."

워드(2004: 230-231): "우리가 원하는 미래를 위해서 국가와 정부가 자진해서 급격하게 방향을 전환해줄 확률은 거의 없을 것 같다. 그것은 부자 나라나 가난한 나라나 마찬가지다. 자원 부족이라는 필연적인 상황이 자원의 소비를 줄일 수도 있겠지만, 권력자나 특권층이 자기 몫을 양보하지는 않을 것이다. 한 나라 안에서도 그렇고, 여러 나라 사이에서도 그렇다. 사람들이 자발적으로 권력과 특권을 포기한 적은 역사상 한 번도 없었다. 이것이 바로 아나키즘이 혁명을 요구해야 하는 이유이다. 그런데 어떤 종류의 혁명인가? 아나키즘을 둘러싼 논의 중에 두 가지는 대단히 부적절하다. 폭력이냐 비폭력이냐, 혁명이냐 개혁이냐라는 잘못된 이분법이 그것이다. … 한편에는 혁명이 있고 다른 한편에는 개혁이 있는 것이 아니다. 다만, 한편에는 권력자 집단을 바꿔치기하는 혁명, 억압을 그런대로 견딜 만한 것으로 만들 거나 억압의 효율성을 높이는 개혁이 있고, 다른 한편에는 사람들의 자치 영역을 확장하고 외적 권위에 예속된 정도를 줄이는 사회 변화 (혁명적 변화든 개혁적 변화든)가 있을 뿐이다. 아나키즘은 인간의 존엄성과 책임을 내세우는 주장이다. 아나키즘은 정치 변혁 프로그램이 아니라 사회적 자기 결정 행동이다."

바쿠닌의 영향을 받은 것으로 알려진 마르쿠제는 역사 변화에서 의식과 자유의지의 중요성을 인식하고, 반문화와 아나키즘을 결합한 아나키스트 맑스주의자anarcho-marxist 혹은 급진자유주의적 맑스주의자libertarian marxist로 알려져 있다(Marshall, 1993: 307, 541, 548, 586). 워드는 이 시대의 가장 유연하지만 가장 철저한 아나키스트이다. 포퍼는 개혁을 추구했지만 현 체제의 한계와 모순을 철저히 인식하는 위대한 자유주의자이다. 상기의 세 가지 주장 모두 나름대로의 진실성과 타당성을 지니고 있으므로 아나키스트 자유주의는 언젠가는 사회주의와도 잡종화할 수 있도록 삼두마차를 준비해야 할 것 같다.

6장 자유주의 비판의 재조명

자유주의도 이론적으로나 실천적으로 결코 완전한 이념이 아닌 만큼 당연히 비판의 대상이 된다. 특히 다양한 형태의 자유주의가 역사적으로 존재하였기 때문에 비판의 내용 또한 다양하다. 보수주의, 엘리트주의, 불평등 초래, 유산계급의 논리 등이 흔히 제기되는 주요 비판이다.

맑스주의 계열의 좌파 진영에서는 전통적으로 반자유주의 노선을 일관되게 견지해왔다. 이러한 비판은 주로 자유주의의 네 가지 차원에 초점을 맞춘다. 사회주의적 평등에 대립되는 자본주의적 불평등, 국가 계획(혹은 전체적 관리)에 대립되는 시장 경쟁(혹은 개인의 이윤 추구), 생산수단의 국유화나 사회화에 대립되는 사유재산제도, 급진 혁명주의에 대립되는 점진 개혁 개량주의가 비판의 논점이 된다. 이념적으로는 가치판단이 다르기 때문에 불필요하게 상대방의 논점을 부정할 필요는 없다.

그러나 일부 논자들은 매우 독단적인 반자유주의를 펼치며 당대의 현실적 여건을 무시하고 당위론적인 논리를 전개한다. 아래의 두 가지 국내외 사례를 보면 월러스틴(1996)은 독단적 비판의 논리를, 김동춘(1999)은 당위론적 비판의 특성을 보여주는 것 같다.

각각이 제시하는 자유주의 비판의 내용과 이에 대한 나의 재비판을 소개하겠다.

1. 월러스틴의 반자유주의

자유주의는 이념사적으로 사회적 평등을 강조하는 맑스주의 계열의 학자들에 의해서 기득권을 유지하려는 보수주의, 불평등을 조장하는 자본주의, 사적 소유와 이기심에 의존하는 개인주의를 지지하는 반혁명적 부르주아 이데올로기라고 공격을 받아왔다. 사회주의 체제가 몰락한 이후 최근에는 자본주의를 비판하면서 신자유주의라는 이름으로 자유주의를 간접적으로 공격하는 추세이다. 신자유주의가 자유주의의 이념사에서 20세기 초반부터 시작된 명칭인 점을 감안하면, 오늘날 구태여 혼란을 무릅쓰고 신자유주의라는 말을 사용하는 것은 무슨 이유일까? 투기자본주의, 카지노자본주의 등 멋진 표현도 많은데 말이다.

먼저 자유주의에 대한 아주 강력한 비판 하나를 검토해보자. 비록 맑스주의의 정통 주류는 아니지만, 월러스틴(1996)은 『자유주의 이후』라는 책을 통해서 자유주의의 역사적 과오를 열거하고, 자유주의에는 미래가 없다는 선고를 내린다. 한때 월러스틴의 세계 체제론에 매력을 느끼고, 그의 틀을 제국주의 일반론의 관점에서 재구성하여 연구(Kim, 1982)를 진행하기도 했지만, 1980년대 후반부터 그와 작별한 나로서는 착잡하고 씁쓸한 심정이다.

 지적 상대주의론자로서 나는 쾌도난마식의 단정적 논리를 경계하고 쉽게 신뢰하지 않는다. 거침없이 명쾌한 논리란 대체로 '보고 싶은 자료만 뽑아서 보고, 자기식으로 해석하고 싶은 대로만 해석하는' 글쓰기에 의존한다. 세상은 그처럼 분명하고 단순할 수 없다. 하지만 상대방의 장점과 기여는 무시하고, 단점과 과오만 편집증적으로 집중하는 강경 흑백 논리가 난무하고 있다.

 월러스틴은 『자유주의 이후』에서 자유주의의 총체적 자기모순과 그로 인한 붕괴를 단호하고도 강한 어조로 외친다. 매우 실망스럽게도 그의 반자유주의론과 자유주의 붕괴론은 설득력이 없다. 그가 아전인수로 인용하고, 일방적으로 해석하는 자유주의는 그가 고안한 그야말로 그 자신의 분노로 가득한 사유 속에서만 존재하는 희귀종 혹은 자가 생산의 자유주의인 것 같다. 그는 자유주의에 대한 최소한의 지적 존경심도 가지고 있지 않은 것 같다.

 나는 월러스틴의 자유주의 비판을 읽고 그의 지적 편견과 독단, 자유주의에 대한 저주 그리고 진리를 독점한 것 같은 권위주의적 자세에 대해 실망을 넘어 비애를 느낀다. 사회학에서 대가의 반열에 올라 칭송받는 연구자이기에 더욱 그렇다. 이처럼 폐쇄적이고 자기 완결적인 논리의 틀로부터는 얻을 것이 별로 없다. 맹신이 있거나 아니면 이단이 있을 뿐이다. 내가 추구하는 이론적 잡종화를 위한 어떤 생산적인 쟁점이나 풍성한 토론을 끌어내기도 어렵다.

 상대의 존재 이유와 존재 가치를 송두리째 부정하는 극단과 독단의 논리, 강경 논리가 아직도 횡행하는 사회과학의 현실이 답답하다. 그런 것이 새로운 사회과학의 정신적 가치가 되어서는 결코 안 된다. 진리를 독점한 (문화) 권력은 항상 잡종화의 회피할 수 없는 적이다.

장자는 조용히 이렇게 말한다. '모든 사물은 나름의 특성과 존재 이유를 가지고 있다.'

통상적으로 맑스주의 계열의 좌파 사회주의자들은 자유주의를 자본주의의 버팀목으로 간주하여 비난의 표적으로 삼는다. 비록 그들은 자유주의를 비판하지만, 자유 그 자체의 가치는 결코 부정하지 않는다. 다만 평등 없는 자유는 공허하고 맹목적이라고 판단한다. 자본주의사회의 자유가 허구적이라고 비판하는 논리이다. 평등에 의한, 평등을 위한 자유만이 의미 있는 자유라고 간주한다. 평등의 실현이라는 역사적 필연 속에서만 자유는 의미를 가질 뿐이다. 과연 그럴까? 그렇게 생각할 수도 있을 것이다. 그러나 자유주의자들은 그 역으로 생각한다. 어느 것이 더 적실한 것인지는 역사가 이미 (미래까지) 포함해서 말해주고 있지 않는가?

우선 월러스틴이 자유주의의 핵심적인 역사적 과오에 대해 저승사자처럼 내린 준엄한 심판을 들어보고, 이에 대해 자유주의의 변호인으로서 조목조목 반론을 제기하겠다. 먼저 월러스틴의 비판 요지를 제목으로 제시한 다음, 그의 구체적 발언 내용을 직접 인용하고, 이에 대한 나의 반론을 전개하겠다.

1) 19세기의 사상으로서 자유주의는 정치 프로그램으로서 독자적 역할을 수행하지 못하였다?

월러스틴(1996: 207, 210. 이하 쪽수만 명기)의 비판: "19세기에 발전한 이데올로기의 삼위일체 — 보수주의, 자유주의, 사회주의 — 가 사실상 단순한 문제(어떤 정치 프로그램이 좋은 사회를 가장 잘 보장할 수 있는가?)에 대한 대응이었다고 믿는다. … 자유주의 정치 프로그램을 수행하는 데 사실상 광범위한 책임을 진 것은 … 자유주의자들이기보다는 서로 독립적이지만 보완적 방식으로 행동한 보수주의자들과 사회주의자들이었다."

반론: 역사적 사실로서 정치적-경제적 자유주의에 의해서 19세기에 자유주의 정치체제, 즉 자유민주주의 국가와 시민사회, 문화적 다원주의 그리고 자유주의경제, 즉 자본주의가 발전하지 않았던가? 역사 교과서를 새로 쓰지 않는 한 월러스틴은 사실을 왜곡한다는 혐의를 벗기 힘들다. 자유주의와 보수주의를 분리하여 해석하는 월러스틴은 자유주의와 보수주의의 관계가 협력과 비판이라는 양면성을 가졌다는 점을 무시한다. 자유주의와 보수주의가 맑스주의와의 관계에서는 대체로 동반자적 협력을 유지했다는 사실은 자유주의의 독자성을 부인하는 것이 아니라, 반대로 그것을 증명하는 것이다. 그러나 정치적 진보주의로서 자유주의는 항상 보수주의의 적이었다. 언제부터인가 맑스주의자가 진보를 독점해버렸지만, 원래 역사적 진보는 시민적 자유주의 혹은 (신흥계급으로서) 부르주아 자유주의의 표상이 아니었던가?

그리고 이 기회에 맑스주의가 사회주의를 대표하는 것처럼 통용되는 지식 사회의 문제점을 분명히 지적해두자. 아나키즘은 사회주의이기도 하지만 맑스주의와는 결별한 지 오래이다. 적지 않은 자유주의자가 비맑스주의적 사회주의를 수용하였다. 고전적 자유주의자들은 이들을 사회주의자라고 비난한다. 사회민주주의가 맑스주의로부터 이탈한 이후 일반적으로 사회주의는 전자를 지칭한다. 맑스주의는 공산주의로 불러야 한다. 정통 맑스-레닌주의가 사회민주주의를 얼마나 지독하게 비난하고 공격하였던가? 그런데 어느 틈엔가 맑스주의자는 혁명론도 포기하고, 프롤레타리아독재론도 폐기하면서, 사회주의자라는 두루뭉술한 우산을 쓰기 시작했다. 정통 맑스주의자인지 사회민주주의자인지 정체성을 분명히 할 필요가 있다. 포스트구조주의 계열의 자칭 포스트맑스주의자 가운데 양자 사이를 오가는 경우가 많다.

2) 자유주의는 그 이념적 지향성과는 달리 국가주의적 지향성을 보여주었다?

월러스틴(210)의 비판: "비록 이 세 이데올로기가 공식적으로는 모두 반국가적이었음에도 불구하고 실천적으로는 모두 국가 구조를 강화하는 활동을 했다."

반론: 국가주의적 활동이 있었다고 하더라도, 삼자를 상대적으로 비교해본다면, 자유방임형 야경국가를 선호했던 자유주의가 가장 소극적인 최소한의 국가 개입만을 인정하였다. 자유주의에는 고전적인 개인적 자유주의 그리고 밀에 의해서 시작된 사회적 자유주의가 있고, 독일에서 시작된 질서자유주의도 있다. 맑스주의자는 궁극적으로는 (알튀세르Louis Althusser의 표현을 빌리자면, 영원히 오지 않을 최종적 심급에서는) 국가 소멸을 주장하지만, 현실적으로는 프롤레타리아독재론에 입각하여 항상 강력한 국가 개입, 즉 국가 계획과 국가 관리를 주장하는 최강의 국가주의자이다. 아나키스트와 맑스주의자는 바로 이 국가의 문제를 두고 타협하기 힘든 분기점을 맞이한다. 다시 강조하지만 이런 이유로 나는 이 책에서 먼저 아나키즘과 자유주의의 잡종화를 시도하는 것이다. 자유주의와 아나키즘이 당면한

최우선적 과제가 국가주의에 대항하는 것이다.

3) 자유주의가 점진적 개혁주의로 나간 것은 19세기를 역사적 진보의 정점으로 보았기 때문이다?

월러스틴(208-209)의 비판: "한편으로는 보수주의에, 다른 한편으로는 사회주의에 반대한다고 주장한 당시의 자유주의란 … 너무 느리지도 너무 빠르지도 않게, 그러나 딱 알맞은 속도로 변화시켜라. … 왜냐하면 자유주의자들은 정의상 전혀 급진적이지 않기 때문이다. 그들은 19세기의 세계가 이미 인류 진보의 정점이며 … 역사의 종말이라고 생각했기 때문에 체제를 완벽하게 하려고는 했지만 그것을 변형시키려고는 하지 않았다."

반론: 19세기의 진화론적 낙관주의 혹은 이성에 입각한 역사적 진보에 대한 믿음은 자유주의자, 보수주의자, 사회주의자가 모두 공유했다. 맑스가 부정의 변증법을 통해서 자본주의 이후 사회주의-공산주의로 연결되는 역사 발전을 추론한 것도 모두 서구의 합리주의적 진보 사상(혹은 기독교적 천년왕국의 도래)의 맥락에서 이해할 수 있다. 그런데 19세기를 지상천국이며 역사의 종말이라고 단정한 대표적인 자유주의자가 도대체 누구인지 의아하다. 콩트인가, 스펜서인가? 누구인가? 자유주의자 행세를 하면서 역사의 종언이나 완성을 얘기한 사람이 있다면 그는 제대로 된 자유주의자가 아니다.

자유주의는 기본적으로 인간 사회의 불완전성과 불확실성에서 출발하는 이념이기 때문이다. 다만 자유를 통해 그 결함을 메꾸어나가고자 노력할 뿐이다. 그리고 체제를 바꾸어 완벽하게 하는 것과 그것을 변형하여 개선하는 것의 차이는 혁명론과 개혁론의 차이일 뿐이다. 자유주의자가 당대를 완성품이라고 보았다면 왜 개혁과 개선을 요구했을까? 왜 밀, 그린Thomas Green, 홉하우스Leonard Hobhouse 등은 고전적 자유주의를 비판하고 사회적 자유주의를 추구했을까? 19세기 맑스주의자는 자본주의사회를 붕괴시켜 새로운 평등사회를 설립하고자 당연히 급진적 폭력혁명을 주장했고, 자유주의자는 자본주의 모순의 점진적 완화와 자유와 평등의 공생 공존을 추구했기 때문에 점진적 개선을 선택했을 뿐이다.

21세기 오늘날 혁명을 주장하지 않는 사람들은 현 사회와 현 체제가 최고 정점에 도달한 완성품이라고 믿기 때문에 그러는 것이 아니다. 자유주의자가 선호한 점진주의(영국의 명예혁명)가 혁명적 파괴주의(프랑스혁명이나 볼셰비키혁명)보다도 훨씬 나은 길이었다는 것은 역사가 증명한다. 맑스-레닌주의자는 뒤늦게 20세기 초에 와서 혁명에 성공했지만 그 결과는 암울하지 않은가? 사회주의의 과거를 합리화하는 것은 월러스틴의 자유이지만, 자유주의를 근거 없이 깎아내리면서 자신의 장점을 부각시키려는 시도는 옹졸하다. 모든 혁명주의자가 열광해 마지않는 프랑스혁명도 피의 살육, 광기의 학살, 계속되는 반동 혁명을 반복하다가 마침내 비극적 파리코뮌을 통해서 당시 세계 최고의 문명 도시였던 파리를 살육과 야만의 아수라장으로 만들었다는 부정적 차원을 직시해야 한다.

월러스틴과는 다른 아나키즘적 맥락에서 나도 68혁명을 위대한 혁명으로 높이 평가하지만, 그것을 신성시하고 영원불변의 금자탑으로 숭배하는 것은 결단코 반대한다. 흔히 하는 얘기지만 프랑스가 수백만의 인간을 죽이면서 이룬 민주주의를 영국은 소수의 처형만으로도 세우지 않았는가? 자유주의자는 당대의 민주주의적이며 자본주의적인 성취가 그 한계 속에서도 과거와 비교할 때 놀랄 만한 압도적 성공이었다고 평가하였고, 점진적 개선을 통해 더 나은 완성의 단계로 나아갈 수 있다고 믿었을 뿐이다.

한마디 더 보태자. 19세기를 자유주의의 완성이라고 보았다면 아마 그것은 맑스주의적 반자유주의 혁명론자들의 시각이었을 것이다. 왜냐? 사회주의혁명은 자본주의의 완성 단계, 즉 자유주의의 최고 성숙 단계에서 발생해야 한다는 것이 맑스의 주장이었기 때문이다. 소위 혁명의 시대 19세기는 그들이 보기에는 지배 체제로서 자유주의와 자본주의의 완성 단계가 아니었을까? 최대의 자본주의적 모순은 최대의 자본주의적 성공을 의미하며 자본주의의 정점을 표상한다.

4) 자유주의자들은 전문가와 기술자 중심의 사회를 지향하였다?

월러스틴(209)의 비판: "사회적 결정이 … 기술자와 전문가들에 의해서 구상되고 수행되어야 한다는 것이 (자유주의의) 핵심이다. 그들이 살고 있는 체제를 완벽하게 할 수 있고, 그렇게 해나가고 있는 필수적 개혁을 가장 잘 정교화할 수 있는 사람들이 바로 그들이다."

반론: 자유주의와 전문가주의의 결합이란 불가능한 얘기는 아니지만 참으로 생소한 얘기이다. 자유주의 공부를 한 지 오래되었으나 이런 주장은 금시초문이다. 상식적 차원에서 보더라도 자유주의의 다원주의적 정치적 의사결정론과는 거리가 멀다. 또 전문가(중심)주의professionalism란 과학기술의 진전과 사회적 분화 혹은 사회적 전문화에 따라서 고급 기술자들이나 전문가들의 사회적 역할이 증가하므로 이들이 사회적 의사 결정에서 중요한 영향력을 미쳐야 한다

는 것이지 그들이 모든 의사 결정을 독점해야 한다고 주장하는 것이 아니다. 전문가주의는 또 다른 의미에서는 업무 처리에서 일반적 지식general knowledge보다는 전문 지식professional knowledge이 더 유용하다는 관점을 지칭하는 것인데, 오늘날 융합의 시대에서는 다시 일반적 = 통합적 지식이 더 선호되는 추세이다. 월러스틴의 주장대로라면 오늘의 자유주의자들은 일반적 지식을 반대해야 한다. 그런 자유주의자들이 어디에 있나? 실제로 전문가주의를 표방한 집단은 맑스-레닌주의자들로서 혁명을 위한 전문가 집단인 공산당의 혁명 주도를 역설하지 않았는가?

5) 19세기 자유주의는 겉으로만 자유의 원리를 내세웠지, 실질적인 실천에는 전혀 관심이 없었다?

월러스틴(214)의 비판: "자본주의 세계경제의 중심부 나라들에서 19세기 자유주의의 정치 프로젝트는 합리적 개혁주의의 삼각 프로그램, 즉 선거권, 복지국가, 국가 정체성을 제공함으로써 위험한 계급을 길들이는 것이었다. … 자유주의자들이 가장 원하지 않았던 것은 이러한 자유주의 원리들이 말 그대로 시행되는 것, 즉 진정하게 보편적으로 적용되는 것이었다."

반론: 19세기의 자유주의자들은 입으로만 자유를 외치고 현실적으로는 아무런 행동도 하지 않는 위선자라는 주장처럼 들리는 매우 과격한 발언이다. 편견 없이 상식을 갖춘 독자라면 이것이 과도한 주장이라는 것을 직관적으로 간파할 것이다. 맑스주의자가 흔히 사용하는 수사에 "위험한 계급 길들이기"라는 표현이 있다. 강아지나 동물

에게 사용하는 표현인 "길들이기"는 자존심을 가진 사람이라면 누구나 싫어하고 거부한다. "위험한"이라는 표현도 마찬가지다. 나는 정당하고 당연한 일을 하는데 나보고 "위험한" 인물이라고 한다면 기분 나쁘고 반발심을 가질 것이다. 이 정도의 설명이면 이 표현이 매우 뛰어난 선동적 효과를 함축하고 있음을 알 수 있을 것이다. 위험한 계급은 바로 혁명적 계급투쟁의 참가자 혹은 프롤레타리아계급을 지칭하는 것이고, 길들이기는 반혁명적-점진적 사회 개량 내지 사회 개혁을 가리키는 것이다.

재차 강조할 수밖에 없는 사실이지만 자유주의자라면 당연히 자유를 억압하고 만인의 빈곤을 초래할 사회주의적 반체제 폭력혁명을 방지하기 위해서, 정치 경제적 평등의 토대인 '1인 1표의 투표권'(이 전무후무한 위대한 평등의 가치가 망각되고 남용된다는 것은 참으로 비극이 아닐 수 없다), '물질적 최소 생활 보장에서 출발하는 복지국가'(이 또한 시장 자본주의의 물질적 풍요와 잉여의 바탕 위에서만 가능한 평등 실현이다)를 '울며 겨자 먹기' 식으로라도 추진하였다.

자유주의자는 평등과 복지를 반대하는 것이 결코 아니다. 사회주의자가 외치는 만인의 무한 평등과 무한 복지 혹은 재정적 기반도 없는 공짜 복지 그리고 복지를 독점하는 복지 독점 국가와 복지 독재국가를 우려하고 비판할 뿐이다. 물질적으로 최소한의 기본적인 평등의 보장은 만인의 자유를 보장하는 핵심적 토대이기 때문이다. 평등은 자유의 한 차원이고, 자유 또한 평등하게 보장되어야 하는 것이다(equal liberty).

자유주의 원리의 "보편적" 적용은 맑스주의자들이 그 실현 불가능성을 알면서도 요구하고 주장했던 것이지, 자유주의는 처음부터 그리고 항상 점진적으로 사용 가능한 복지적 재정의 토대 위에서 자신의 원리를 추구해나갔을 뿐이다. 자유주의자는 보편주의의 선동성과 위험성을 경계한다.

6) 1968년 혁명에서 자유주의는 철저한 불신의 대상이 되었다?

월러스틴(221)의 비판: "1968년에 학생들과 그들의 동맹자들이 모든 곳에서 … 주장한 바는 자유주의 이데올로기가 일련의 기만적 약속들로 구성되어 있으며, 그 약속이 만든 현실은 사실상 세계 인구의 대다수에게 아주 부정적이었다는 것이다. … 1968년의 세계혁명은 … 자유주의가 차지하고 있던 세계 체제의 규정적 이데올로기의 위치를 박탈했다."

반론: 68의 참여자 중에서 누가 어디서 그런 소리를 했는지? 아마도 반자유주의를 선동한 일부 정통 맑스주의자, 트로츠키파 혹은 마오쩌둥주의자들이 아닐는지? 카스텔(2003a)의 회고에 의하면 그는 68혁명에서 급진자유주의libertarianism를 감지했다. 급진자유주의는 급진화된 형태이지만 역시 자유주의 계열이다. 자유주의를 포함한 모든 기존 가치와 기득권 세력이 비판의 대상이 되었다. 특히 가장 치명적으로, 기존 맑스주의와 공산당에 대한 환멸이 가장 극적이고도 확실하게 표출된 것이 68혁명이다. 그 이전까지 프랑스에서 지식인들 사이에 인기를 누려왔던 것은 맑스주의였다. 그런데 왜 68혁명 이후 신좌파new left가 나왔을까? 아나키즘이 68혁명과 함께 부활했다는 것은 중요한 사실이다. 자유주의를 더욱 급진화시켜달라는 요구가 일었고, 사회주의를 더욱 자유화시켜달라는 요구가 있었다. 나는 자유주의의 급진화가 아나키즘이라고 믿기에 이 책에서 아나키스

트 자유주의를 탐구하는 것이다.

물론 여기서 자유주의자들도 자기반성의 시간을 가질 필요가 있다. 68혁명은 잡다한 이념과 가치를 표현했지만 거기에서 공통적으로 추출할 수 있는 어떤 지향성은 당대의 모든 기성적인 것, 기득권적인 것에 대한 비판과 반대, 즉 반기득권anti-establishment 혹은 반체제anti-system이다. 쉽게 말해 당대에 존재하던 자본주의도 사회주의도, 자유주의도 국가주의도 모두 비판의 대상이 되었다. 왜 급진자유주의적 지향성이 강력하게 표출되었을까? 나는 그것이 자유주의의 변신을 요구하는 시대적 경고라고 생각한다. 진정한 자유, 더 많은 자유, 그것이 가장 경청해야 할 68혁명의 외침이라고 판단한다. 즉 금지를 금지하라To forbid is to be forbidden! 불가능을 요구하라, 그러나 현실적이 되라Demand the impossible, be realistic. 68의 이 외침은 스탈린식 맑스-레닌주의에게는 이념적 조종弔鐘이 되어 사회주의권 해체라는 역사의 심판을 불러왔다. 반면 나와 같은 아나키스트들에게는 경종警鐘이 되어 아나키스트 자유주의를 모색하라는 과제를 던져주었다.

7) 자유주의자는 인권을 오직 형식적으로만 주장하는 보수주의자이다?

월러스틴(224)의 비판: "자유주의는 그 자신의 논리 때문에 자승자박의 궁지에 몰렸다. 자유주의는 인권의 정당성, 그리고 다소 약하기는 하지만 민족의 권리를 지속적으로 주장한다. 여전히 자유주의의 주장은 완전한 권리를 의미하지 않는다. 그들은 이 권리들이 완전히 실행되지 않게 하기 위하여 이 권리들을 주장한다. 그러나 이것이 점점 더 어려워지고 있다. … 진퇴양난에 빠져 있는 자유주의자들은 대부분 보수주의자로 변신함으로써 그들의 진정한 색깔을 보여주고 있다."

반론: 처음에는 보수주의와 자유주의를 갈라놓더니, 이제는 둘을 합쳐 무더기로 매도한다. 한국을 예로 들자. 한국의 경제적 자유주의자들은 문화적으로 보수주의자인 경우가 많다. 과연 반공(반전체주의적 공산주의)이 보수인지 모르겠으나, 자유주의자의 대부분은 반공주의자이다. 한국에서 잘못 사용되는 진보-보수의 가짜 도식에 따르면 자유주의자는 보수주의자이다. 진보에도 종북 좌파-친북 좌파-반북 좌파가 있듯이 보수에도 극우 반공에서 연방주의까지 스펙트럼이 다양하다. 이 복잡다기한 세상에서 대상을 일률적으로 구획 구분하면 편리할지는 몰라도 결코 정확한 접근이 아니다. 자유주의자는 보수주의자가 될 수도 있고, 반보수주의자가 될 수도 있다. 그런데 왜 맑스주의자들 가운데서 자유주의자를 발견하기가 힘들까?

완전성에 대한 사회주의자의 결정론적 환상은 맑스가 조롱했던 의미에서 공상적일 뿐이다. 나는 이것을 공상적 사회주의가 아니라 유토피아적 사회주의로 인식해야 한다고 주장한다. 그들의 이념은 결코 공상적인 것이 아니며 참으로 인간적이고 낙관적이었다는 사실을 긍정적으로 평가하고 싶다. 맑스의 철저한 현실 비관주의는 과학적 사회주의라는 이름으로 발전했지만 결국은 공산주의라는 일종의 연기된 유토피아를 지상천국으로 상정하는 것이 아니었던가? 맑스는 어쩌면 가장 먼저 과학의 권위를 활용한 선구자이다. 그러나 과학을 맹신하면 맹목의 종교가 될 뿐이다. 월러스틴이 말하는 완전한 권리가 어떤 것인지 그리고 그것이 어떻게 이 불완전하고 상충하는 세상에서 구현될 수 있는지 참으로 의심스럽다.

 자유주의자는 결코 완전성을 얘기하지 않는다. 월러스틴처럼 아직도 완전한 사회, 완전한 자유와 평등을 얘기하는 완전주의자는 맑스주의자 내에서도 찾기 힘들 것이다. 완전한 인권 그리고 완전한 민족의 자주권이라는 듣기 좋은 소리는 누구나 입에 담을 수 있다. 그러고는 이 세상이 완전하지 않으므로 이 세상을 지배하는 이념인 자유주의는 나쁜 것이라고 월러스틴은 공격한다. 여기에 음모론까지 동원하여, 자유주의는 세상이 완전하게 되는 것을 고의로 방해하는 위선까지 지녔다고 덧붙인다. 월러스틴은 여기서 권리의 완전성이 실현되는 지상천국을 제시하려는 것 같다.

8) 자본주의의 심각한 불평등 때문에 자유주의는 총체적 모순에 빠졌다?

 월러스틴(226)의 비판: "자유주의 이데올로기의 자기모순은 총체적인 것이다. 자본주의 세계경제 … 이 불평등한 체제는 유지될 수 없다. … 자본주의 세계경제는 정당성을 갖지 못할 것이다. … 체제의 정당성이 사라진다면 체제는 존속하지 못할 것이다."

 반론: 역설적이지만 자본주의는 불평등에도 불구하고 성장하였고, 어쩌면 불평등 때문에 성장을 지속하는 것 같기도 하다. 불평등을 감소시키기 위해서 자본주의를 더 그리고 제대로 발전시켜야 한다는 강박관념이 분명히 존재한다. 불평등이라는 최대의 문제와 씨름하면서 자본주의는 조금씩 개선되고 있다. 최근 기업가의 사회적 책임 강화나 공동체적 자본주의와 같은 움직임은 그 장기적 효과를 주의 깊

게 지켜보아야 하겠지만 분명 자본주의의 성숙을 위한 나름대로의 의미 있는 시도이다. 자본주의 3.0, 4.0, 5.0도 쏟아질 것이다. 자본주의가 국가 개입을 통한 복지 자본주의적 지향성을 강화시키는 것도 이러한 불평등 완화라는 시대 요구의 반영이다. 월러스틴의 자본주의 및 자유주의의 필연적 동반 붕괴론은 현실감각이 결여된 독백처럼 들린다.

  모든 세상만사는 영고성쇠라는 운명의 순환에 처한다. 언젠가는 자본주의도 자유주의도 서서히 약화될 날이 있을 것이다. 그러나 지금은 저주의 굿판을 벌여 자유주의나 자본주의의 사망 선고를 할 때가 아닌 것 같다. 포퍼는 경고했다. 쓸데없이 예언하지 말라! 자본주의와 자유주의는 합리적이고 온당한 사회주의적 비판과 반대를 통하여 자기 성찰과 자기 성숙의 기회를 갖는다. 진정한 맑스주의자라면 월러스틴도 자본주의에 대한 비난에만 몰두하지 말고, 자신이 구상하는 완벽한 체제가 어떻게 성립하고 작동할지에 대하여 구체적이고도 상세한 논거를 보여주기 바란다. 하이에크와 사회주의를 결합하는 하이에크 이후의 사회주의까지는 기대하지 않는다.

9) 자유주의는 반민주적이다?

  월러스틴(357)의 비판: "자유주의는 근본적으로 반민주적이었다. 자유주의는 항상 귀족주의 교리였다."

  반론: 월러스틴의 말대로라면, 자유민주주의는 귀족주의자가 만든, 귀족주의를 위한 교리였다. 그러나 역사적으로 자유주의의 확산과 함께 귀족주의는 구시대의 유물로 사라졌다. 귀족주의를 엘리트

주의로 바꾸어도 마찬가지다. 자유주의는 만인을 위한 만인의 자유를 지향한다. 스탈린식 전체주의가 민주적이었다고 하는 것만큼 자유주의가 반민주적이라고 하는 것은 성립될 수 없다.

10) 역시 자유보다는 사회주의가 추구하는 평등이 최고의 가치이다?

월러스틴(368, 374-376)의 비판: "우리는 현시대에 도달하게 되었다. 나는 이 시대를 우리 앞에 놓인 암흑기 black period라고 생각한다. … 우리가 살고 있는 체제의 이러한 종말론적인 혼돈을 바람직하게 해결하려면 … 우리는 여러 전선에서 더 적극적이고 즉각적으로 운동해야 한다. … 이러한 싸움들은 … 어디까지나 우리가 마음속에 평등주의적인 목표를 가장 우선시할 때에만 제대로 효력을 발휘할 수 있을 것이다."

반론: 반복하지만 평등은 참으로 주요한 가치이다. 그러나 자신이 추구하는 평등을 강조하기 위해서, 자유(주의)의 가치를 일방적으로 훼손하는 것은 학자의 도리가 아니다.

월러스틴의 자유주의 비판에 대한 반론은 여기서 끝내겠다. 이미 예고한 대로 자유주의에 대한 증오와 자신의 이념에 대한 독단적 신념으로 무장한 논자와의 생산적 토론은 기대하기 어렵다. 이와 관련하여 자유주의의 역사에서 관찰되는 한 가지 흥미로운 사실은 자유주의자는 전체주의적 공산주의자나 국가주의적 사회주의자와 이념적 투쟁을 전개할 경우에는 대체로 정치적 보수주의자와 연대하여 공통 전선을 형성한다는 것이다. 예컨대 노명식(1991: 259)의 지적처럼 "냉전 시대의 자유주의는 공산주의의 전체주의와의 대결에 그 정력을 지나치게 소모하다 보니 그 본래의 진취성과 진보성이 위축되고 방어적 소극적인 것"이 되거나, "기존의 정치와 사회질서에 대한 비판적 기능의 흔적은 거의 없어졌고, 기본적으로는 현존 질서를 옹호하는 보수적 경향"을 가지게 되었다. 같은 맥락에서 20세기 후반 한국을 비롯한 제3세계에서 "서구 자유주의를 덮어놓고 백안시하는 이유가 바로 이 냉전 시대 자유주의의 비자유주의적 왜곡화" 때문이다. 미국의 1950년대 매카시즘은 이 냉전 시대가 초래한 자유주의의 과잉 반응의 대표적 예가 된다.[1]

월러스틴의 자유주의 비판은, 안타깝게도, 일방적인 공격이요, 과장이요, 왜곡이다. 특히 그가 진정한 맑스주의자라면, 맑스주의의 붕괴 원인이 직접적으로는 경제적 실패 때문이겠지만, 이것보다도 더 근원적인 것은 전체주의적 지배, 즉 자유 없는 국가주의 때문이었다는 사실을 명심해야 한다. 그리고 사태의 본질은 평등이냐 자유냐 하는 양자택일의 문제가 아니라, 평등과 자유를 동시에 원하는 인간의 욕구에 있다.

다시 한번 강조하자. 평등의 부족은 불평등이다. 그러나 자유는 평등을 반대하는 반평등이 아니다. 모든 진정한 자유주의자는 자유에

---

[1] 매카시즘을 지지하는 논리는 자유 체제를 위협하고 파괴하는 반자유주의적 공산주의 세력의 자유를 인정해서는 안 된다는 것이다. 이것은 자유주의에 고유한 딜레마이다. 자유 파괴의 자유를 어떻게 규정하고 어떻게 대응하는가의 문제이다. 분단 상황에서 북한의 끊임없는 가상적 혹은 실질적 위협에 직면한 한국에서 국가보안법의 존재도 동일한 문제를 불러일으킨다. 실용주의자로서 나는 이론과 현실이 갈등하여 선택이 요구될 경우, 이론적 순수성보다는 현실적 판단을 택한다.

따르는 자유의 결과로서 불평등에 대하여 책임 의식을 갖는다. 그러나 자유주의자는 완전한 획일적 평등을 대상으로 하지 않고, 해소 가능한 불평등을 대상으로 자유롭고도 점진적인 개선 방안을 추구함으로써 평등사회를 이룩하고자 한다. 국가에 의한 평등의 약속을 믿지 않는다. 명심하자. 평등은 자유의 한 차원, 즉 빈곤과 결핍으로부터의 자유를 의미한다. 누군가가 제시하는 만인 평등의 물질적 풍요는 허황된 욕구요, 생태적 재앙을 초래할 위험한 약속이다.

2. 김동춘의 자유주의 비판

이미 1991년 노명식(1991: 5)은 "한국에서는 대체로 자유주의를 부정적으로 보는 시각이 강하다"고 진단하면서 "평등에 뒷받침되지 않은 자유는 무의미하다고 생각하는 사람들도 있다"고 지적하였다.

한국에서는 자유주의에 대한 비판이 어떻게 전개되고 있을까? 매우 적절한 고찰 대상으로 김동춘(1999)이 있다. 그는 한국 사회과학계에서 좌파적 비판사회학의 대표자 중 한 사람이다. 그의 자유주의에 대한 비판은 좌파 계열의 자유주의 비판을 일정 부분 반영하는 것으로 간주할 수 있다.

그의 주장은 월러스틴보다는 객관적이고 나름대로 자유주의에 대한 관심과 애정을 바탕으로 한다. 그의 비판은 독단에 근거하는 것이 아니나, 공산주의를 반대하는 반공 논리를 비판해야만 하는 당위론적 관점에서 제기된다. 비록 한국적 특수성(빈곤, 전쟁과 분단, 군사독재 등) 때문이기는 하지만, 과거 한국의 자유주의는 타락하지 않을 수 없었고, 오늘날에는 막강한 자본주의의 횡포하에서 개선의 여지가 없다는 엄혹한 판단을 내린다. 개선의 여지가 없는 자유주의! 그 주장의 옳고 그름을 떠나 자유주의자라면 이 기회에 진지한 자기 성찰의 기회를 가져야 한다.

이와 같은 부정적 분석과 비판적 결론에 도달하는 것은 이념적으로 그가 맑스주의적 관점을 지니고 있기 때문이다. 월러스틴과 마찬가지로 그는 자본주의 체제에 반대하며 사회주의를 지지하고, 그래서 (월러스틴의 평등에 상응하는) 공동체를 지향하지 않는 (개인적) 자유 혹은 자유주의는 타락하거나 폐쇄적일 뿐이라고 본다. 많은 공동체주의자가 자유주의적 혹은 개인주의적 관점보다는 사회주의적 입장을 선호한다는 점이 재차 확인된다. 하지만 나는 공동체의 반개인주의적, 반자유주의적, 전체주의적 속성을 경계한다. 그래서 최소 공동체론을 주장하고, 최근에는 공동체라는 표현보다는 (아나키스트의 개념인) 자유 연합을 더 선호한다. 따라서 동아시아 공동체라는 기존의 개념 대신에 동아시아 연합을 사용한다.

다행히도 김동춘의 지적에는 한국의 자유주의자들이 경청할 만한 점이 적지 않다. 그것은 그의 주장이 타당하기 때문이라기보다는 한국의 자유주의가 그가 비판하는 식으로 오해받거나 왜곡될 수 있다는 사실을 철저히 인식하고 반성할 필요가 있기 때문이다. 일찍이 미제스가 자유주의와는 아무런 관계도 없는, 심지어는 그 원리에 위반되는 가치와 정책을 추구하는 사람들이 자유주의자를 자처하는 현실을 한탄하지 않았던가.

누가 한국의 자유주의자인가? 한국에서는 자유주의나 자유주의자란 말만 무성했던 것이 아닐까? 자유주의의 물질적 토대도 미약하고, 정치적 기반도 허약했던 그때 그 시절의 자유주의를 어떻게 비판할 수 있는가? 자유란 인간의 존재론적 특성이기 때문에 민주주의나 자본주의가 발달하기 훨씬 이전부터 인간들은 모든 형태의 구속과 강제로부터, 특히 소수 지배자의 국가적 억압과 착취로부터 벗어나고자 반란, 저항, 투쟁, 유랑, 도주 등을 끊임없이 시도해왔다. 누가 특별히 자유를 가르쳐준 것이 아니다. 누구나 본성적으로 터득하고 요구한다.

이처럼 한국에서도 자유에 대한 갈구는 백성들의 불만과 분노, 한탄과 체념 속에서 깊이 간직되어왔다. 조선왕조가 끝날 무렵부터 개인주의와 자유주의에 바탕을 둔 서학의 전래와 함께 민중들의 자유에 대한 각성은 고조되기 시작하였고 민족종교의 대두와 함께 인내천이라는 평등사상도 고취된다. 일제 강점은 무엇보다도 민족 해방과 자주독립이라는 자유에 대한 열망을 온 사람들에게 심어놓는다. 물론 공산주의자들에 의한 평등사상의 고취도 크게 작용했다. 그러나 이때의 평등이란 적어도 일반 민중들에게는 제국주의 일본의 착취와 일상적 빈곤으로부터의 해방을 의미하는 것이었지 이른바 계급의식으로 무장되어 계급투쟁으로 나아가는 것은 아니었다. 자본주의적 산업화도 제대로 이루어지지 않은 상태에서 계급적 평등을 운위하는 것은 이념적-정치적 선동 효과의 차원이 크다고 보아야 한다. 여하튼 해방된 조선에서 자유는 일반 사람들의 심성과 의지에 간직된 에너지요 열정이었다. 물론 소수의 지식인들은 이념이나 철학으로서 자유나 자유주의를 수용했을 것이다.

김동춘의 비판에 대한 반론에 들어가기 전에 나는 우리 사회의 비판적 지식인들 간에 유행이 되어 이제는 거의 고정관념처럼 받아들여진 이념적 평가, 즉 '과거 한국에서의 반공주의는 냉전 체제와 이승만/박정희 독재 체제의 산물로서 잘못된 것이었다'는 반공주의 반대를 비판적으로 검토할 것이다. 반공 비판은 물론 분명하게 일단의 역사적 진실을 내포하고 있지만, 그것이 위험스런 선동에 이용될 수 있다는 점을 분명하게 환기시키고 싶다.

이승만 독재 정권과 박정희 군사정권의 반공 체제하에서 많은 무고한 사상범이 용공 분자라는 누명으로 처형되거나 장기 투옥의 끔찍한 희생을 겪었다. 그것은 분명 잘못된 일이었다. 최근 진상 규명과 재심을 통해 일부 희생자들이 명예회복을 하게 된 것은 그나마 다행이다. 정치적 반대자들을 처단하고 독재 정권을 유지하기 위한 북한 남침설 조작과 같은 반공 책략은 오용되고 남용된 반공주의의 전형적인 사례이다. 그러나 반공주의에는 일종의 역사적 당위로서 인식해야 할 측면이 또한 엄연하게 존재한다. '전체주의적 공산 독재에 대한 반대'라는 반공주의 본연의 의미를 말하는 것이다. 한국에서 권력자들이 남발한 반공주의는 많은 경우, 반공주의의 참뜻과는 전혀 상관없는 유사 반공주의일 뿐이다. 대다수의 국민이 반공을 국시로 받아들였을 때, 그것은 전체주의적 공산 독재를 반대한다는 의미에서였다. 그렇지 않았다면 왜 국민들이 이승만과 박정희의 반공 독재를 거부하며 4.19혁명이나 6월민주항쟁에서 자유민주주의를 수호했을까?

나는 이처럼 공산 독재에 대한 반대로서의 반공주의는 한국뿐만 아니라 자유를 추구하는 모든 사회에서는 당연하고도 필수적인 것이라고 생각한다. 먼저 한국에서 반공주의는 한국전쟁 이후에야 비로소 가시화되거나 강조된 것이 아니라는 점을 분명하고도 철저하게 인식하자. 공산주의 독재에 대한 반대는 일제하 독립운동 시절부터 제기되고 형성된 사상적 흐름이다. 따라서 임시정부로부터 대한민국의 정통성이 시작된다는 사실을 인정하느냐 아니면 부정하느냐 하는 문제가 사실은 반공주의와 직결되어 있다. 친북 성향의 좌파들이 기를 쓰고 반공주의를 비판하고, 상해 임정의 법통을 부정하고, 대한민국의 정통성을 거부하는 근본 이유는 상해 임정과 대한민국이 모두 전체주의적 공산 독재를 거부하였기 때문이다.

일제하 민족독립운동 시절부터 좌우는 간헐적인 합작 운동이나 연합 전선을 시도하였지만 양자는 서서히 이미 건널 수 없는 이념적 적대의 장벽을 만들고 있었다. 여기서 사회주의자들도 김일성-박헌영 계열의 정통 공산당 혹은 공산주의적 좌파와 김원봉-여운형 등의 범 사회주의적 민족주의자 혹은 민족주의 좌파로 구별할 필요가 있다. 공산당 계열은 소련이나 중국의 공산당과 밀접한 연관을 맺었으며, 특히 무소불위의 막강한 지배력을 자랑하던 소련 코민테른의 지원과 지령을 받고 있었다.

김구를 중심으로 한 민족주의 우파들 그리고 이회영, 신채호, 유자명, 유림을 비롯한 대부분의 아나키스트들은, 한편으로는 공산주의자를 대상으로 같은 민족끼리의 싸움을 전개하고, 다른 한편으로는 일제와 싸워야 하는 이중 전선을 펼쳐야만 했다. 상해 임정에는 김일성, 박헌영 등의 골수 공산주의자는 아무도 참여하지 않았다. 해방 전부터 이미 고착화된 좌우의 적대와 충돌은 해방 이후 조선공산당의 결성과 함께 남쪽을 준내란 상태로 몰고 갔다. 이승만의 반공주의는 이와 같은 국내의 비타협적인 정치적 상황과 구조적인 이념적 분열 속에서 그 확고한 기반을 내릴 수 있었고, 한국전쟁에 의한 남북 분단과 세계적 냉전 체제의 성립은 그로 하여금 반공을 독재의 무기로 활용할 수 있는 기회를 제공한다.

현재의 대한민국은 임시정부의 법통을 승계한다. 그런데 임시정부에는 좌파는 있었지만, 공산주의자는 없었다는 사실이 무엇인가를 우리에게 말해주지 않는가? 공산주의자는 북한에서 독립적으로 국가를 수립하지 않았던가? 그리고 소위 민족 통일 전쟁을 일으키지 않았던가?

이와 같은 역사적 배경을 감안할 때, 1950년대나 1960년대 한국에서 반공주의 이념과 반공 체제의 구축은 당대 미국의 자유민주주의와 소련의 전체주의적 공산주의와의 대결이라는 국제적 상황과 한국의 적대적 분단 현실을 고려할 때 지극히 자연스럽고도 당연한 이념적 선택이었다. 대한민국 건국의 정통성과 정당성을 부정하는 사람들은 이와 같은 역사적 판단을 부정하는 사람들이다. 단순하게 말하자면 공산주의 세력이 남한을 지배하고, 공산주의 북한과 결합하여 공산주의 단일국가를 세웠어야만 국가 건설의 정당성을 가진다는 주장이다. 그래서 지금이라도 늦지 않으니 남한에서 혁명을 일으켜서라도 공산주의 혹은 사회주의국가를 만들자는 것이 과거 이들 중 강경파의 논리였다. 학생운동권에서 북한의 주체사상을 신봉하고 통일을 위한 민족 해방 전선을 지지하는 세력들이 한때 득세하기도 하였다. 이와 유사한 이념적 지향성을 가진 세력들이 여전히 자유사회 남한에 존재하지 않는다고 단언할 수 있는 어떤 근거도 찾기 어렵다.

논의를 다시 집중시키자. 한국에서의 반공 체제 구축의 역사 구조적 당위성과 필요성에 입각한 '공산독재주의에 대한 반대로서의 반공주의'와 세계적 냉전 체제의 현실적 산물인 한국의 반공 체제를 등에 업고 지배자들이 자신의 독재 체제를 유지하기 위한 정치적 수단으로서 악용한 '독재 정권 유지용 반공주의'는 같은 이름이지만 명확히 구별해야 한다. 그렇지 않으면 반공주의에 대한 무차별적 반대가 불시에 공산주의 독재를 정당화시키는 논리로 연결될 수 있기 때문이다. 과민한 대응일지 모르겠지만 누군가 반공주의는 이 민주화 시대에 척결 대상이 되어야 한다고 부르짖을 때는 그가 공산주의 독재를 찬성하는지 반대하는지 직설 화법으로 대답해줄 것을 요구해야 한다. 아나키스트 자유주의자에게 전체주의적 공산 독재에 대한 반대, 즉 반공은 양보할 수 없는 전선이다.

반공주의와 반공 독재는 이제 분명히 구별해야 한다. 이승만 독재와 박정희 독재에 대해서는 이미 역사의 심판이 끝났다. 그들이 아무리 건국의 공로자이고 경제 발전의 공로자라고 떠들어도 독재자는 독재자일 뿐이다. 그 공과를 상쇄하여 두루뭉술하게 그들을 구국의 영웅처럼 평가하는 일은 없어야 한다. 공은 공, 과는 과, 그다음은 시류나 개인적 취향의 문제이다. 그렇지만 이들을 핑계 삼아 계속해서 반공주의를 반대하는 것은 무언가 다른 의도가 있는 것 같다.

구미를 중심으로 한 자유민주주의사회와 소련과 동구권 그리고 중공(중국의 공산주의 시절 명칭)과 북한을 포함한 전체주의사회가 대결 구도를 이룬 일촉즉발의 살벌한 냉전 체제에서 과연 남한은 어디로 가야 했을까? 반공이냐 친공이냐의 선택에서 반공의 길이 결과적으로 옳았다는 것이 공산주의권의 몰락과 북한의 비극적 현실이 웅변하고 있지 않은가? 특히나 소련의 승인과 중공의 후원하에 북한이 시작한 한국전쟁과 그로 인한 분단 상황은 남한으로 하여금 반공 노선을 강화할 수밖에 없도록 만든다.

남한에서 반공은 선택의 여지가 없는 생존을 위한 정치적 필연이었다. 눈과 귀를 막은 외골수 사회주의자라면 이념적으로 용공을 원했을지 모르나, 당대의 공산주의 체제가 보여준 잔인한 독재와 획일적 사회통제를 싫어하는 사람들이라면 어쩔 수 없이 혹은 최악을 피한다는 의미에서라도 남한의 강요된 반공 노선을 긍정적으로 수용하고, 적극적으로 평가했을 것이다. 수많은 월남 피난민 그리고 최근 탈북자들의 증언을 외면할 것인가?

그러나 재차 강조하지만 한국의 독재 권력이 반공주의를 내세워 반대자를 숙청하고 탄압한 만행 또한 결코 정당화될 수 없다. 물론 독재 권력이 지배하던 북한에서도 친미 제국주의자라는 누명을 씌워 수많은 정치적 희생양을 만들어내었다. 북한이 과연 진정한 사회주의를 제대로 실천하고자 하였던 것일까? 차라리 주체사상이 훨씬 더 북한에 어울렸던 것 같다. 여기서 명심해야 할 점은 자본주의냐 사회주의냐의 문제가 아니다. 권력이 존재하는 곳이라면 어디서든지, 특히 모든 독재 권력은 반대자를 가차 없이 탄압할 뿐이다. 남한에서는 독재 체제가 반공주의의 탈을 쓰고, 북한에서는 일당독재가 사회주의의 완장을 두르고 무고한 사람들을 희생시킨 것이다. 독재 체제에서 이념은 권력의 시녀가 되어 독재자의 취향대로 정당화의 논리를 만들어낸다.

여기서 한국 아나키스트들의 일관된 반공산주의 노선을 지적할 필요가 있다. 한국의 아나키스트들은 일제하에서 이미 소련식 공산주의 체제의 독재와 폭력성을 간파하고, 실제로 목격하였기 때문에, 전략적 제휴의 시기를 제외하고는, 반공 노선을 철저히 견지하였다. 아나키스트 유림이 김구의 평양행을 그토록 말렸던 것도 공산주의적 선전 정치의 노회함을 꿰뚫고 있었기 때문이다. 아나키스트들은 볼셰비키혁명 이후 적군에 의해서 소련의 아나키스트들이 무자비하게 탄압을 받거나 처형되었고, 스페인혁명에서도 스탈린이 아나키스트들을 배신하여 죽음으로 내몰았던 공산주의 권력정치의 이면을 기억하고 있다.

세계 자유사회의 일원으로서 우리는 21세기 현금에도 여전히 반공산독재주의와 반공산주의, 즉 자유민주주의 체제를 필요로 한다. 북한은 비록 수사적 선전인지는 모르나 여전히 남한을 불바다로 만들거나 큰 한 방을 맛보게 하겠다는 위협을 가하고 있다. 그리고 실제로 여전히 전시 상황에 있는 남북은 군사적으로 날카롭게 대치하고 있다. 전쟁의 위험은 막연한 미래가 아니라 훨씬 가까이에 있을 수 있다. 최근엔 북한에 핵무기까지 등장하여 주변국들이 모두 긴장하고 있다. 평화와 자유는 쉽게 깨어질 수 있다. 전쟁은 자유의 끝이다. 그것은 자유의 적, 폭력과 강제의 시작이다. 정치적 폭력을 초래할 공산 독재 체제를 반대하는 반공주의는 자유주의의 또 다른 이름이다.

이와 같은 위험천만한 판국이 남북한 분단의 상황이다. 그러므로 우리는 굳건한 반공산주의독재의 기반 위에서만 남북 화해의 방안을 실질적으로 논의할 수 있다. 나는 개인적 자유가 보장되지 않는 어떠한 통일도 바라지 않는다. 통일 지상주의는 수용하지 않는다. 북한의 공산주의 체제가 자유의 왕국으로 성숙할 때만이 진정한 통일의 길이 모습을 드러낼 것이다. 다시 말해 민족통일보다 더 중요한 전제조건이 자유 민주 통일이다. 사해동포주의와 세계주의가 핵심 가치로 부상하는 21세기 탈근대 시대에 부국강병의 국가건설주의나 자민족 중심의 민족주의에 입각해 근대적 의미의 남북통일국가를 (조기) 건설하는 것에 대해서 나는 매우 비판적인 동시에 비관적이다. 남과 북은 통일이 아니더라도 평화 체제를 구축하여 서로 도우며 공존할 수 있다. 그러다가 상호 간의 이질감, 적대감, 불신감이 해소되고, 자연스럽게 대내외의 분위기가 성숙하면 통일도 할 수 있을 것이다.

국가연합주의를 지향하는 유럽 연합보다도 더욱 발전된 탈국가주의적 동아시아 연합을 구축해야 하는 21세기에 남북통일이 영토적 차원의 이해관계나 경제적 관심에 의해서만 주도된다면 그 결과는 매우 실망스러울 것이다. 통일의 화려한 꿈과 비전을 내세우는 대박 타령의 비현실적 우민정책 대신에 남북한은 서로를 자극하지 말고, 아주 조금씩 천천히 접근하는 거북이 정책을 써야 할 것이다. 역사 왜곡과 역사 부정을 일삼는 아베 정권을 겨냥한 남북한 공동 규탄 성명이라도 시도해볼 수 있다.

최근의 통일 대박론은 허장성세의 정치적 수사처럼 들릴 뿐이다. 온갖 통일꾼 혹은 통일의 일꾼들이 장기적 비전이나 목표(예컨대 평화, 자유, 안전의 가치 등) 대신에 단기적인 경제 효과에 급급하여 광분하는 것 같아서 걱정이 앞선다. 상호 나라 꼴이 엉망인 상황에서 통일이 이루어져 남북한의 모든 나쁜 점이 상승 작용을 할까 두렵다. 한때는 정권이 북한의 남침 위협론으로 국민을 몰아가더니, 이제는 통일의 대열에 줄을 세우고자 한다. 쪽박을 차더라도 진정 통일이 필요하다면 장기간에 걸쳐 차근차근 자유 통일을 추구해야 한다. 남북 통일 운운하기 전에 상호 적대감을 해소하여 전쟁을 막는 상호 불가침조약의 체결부터 준비하고, 이를 위해 상대방 체제의 자결과 자치를 인정하는 정상적 분위기부터 만들어야 할 것이다. 분단의 정치로 한몫을 챙기려는 남북한의 정치 지도자들이 통일을 권력 유지의 수단으로 삼지 못하게 될 때, 참된 통일 기운이 양쪽에서 싹틀 것이다. 최소한 중국이 자유를 추구하고 평화를 사랑한다는 확신이 들 때, 우리의 통일 논의도 순풍과 훈풍을 맞이할 것 같다.

반공산독재주의 혹은 진정한 반공에 대한 변론이 너무 길어졌다. 아나키스트 자유주의가 대면할 수밖에 없는 예고된 전선이다. 과거 한국의 아나키스트들이 좌우로부터 협공당하고, 남북 양편으로부터 모두 배척당했던 고군분투의 길이 다시 다가오는 것 같다. 피할 길도 없고 피하지도 않겠다.

이제 김동춘으로 돌아가자.

월러스틴의 경우와 마찬가지로 먼저 김동춘의 반자유주의 혹은 자유주의 비판의 요지를 제시하고, 그의 비판 내용을 인용하고, 이에 대한 나의 반론을 제시하겠다. 한국이라는 구체적 현장을 대상으로 하는 논의인 만큼 그 적실성 여부도 쉽게 판단될 것이다.

1) 1950년대 한국에서 자유란 비현실적인 사치였다?

김동춘(1999: 10. 이하 쪽수만 명기)의 비판: "(1950년대) … 이러한 조건에서 민주주의 혹은 자유라는 말은 정치가의 레토릭이거나 책 속의 현실과 실제 현실을 착각하면서 살아가는 몽상자의 잠꼬대 같은 것이었다고 해도 좋을 것이다."

반론: 자유라는 사치, 사치스런 자유, 이 말은 자유를 비난하는 데 약방의 감초처럼 등장하는 메뉴다. 배를 곯는 판인데 자유는 무슨 자유냐 하는 매우 호소력 있는 논지이다. 자유보다 더 절실한 무엇이 있다는 것인데, 대체로 그것은 빵의 문제였다. 일반 대중뿐 아니라 식자들에게도 해당되는 것이다. 금강산도 식후경이라 하지 않는가. 그러나 인간은 특히 소위 식자라는 지식인들은 빵만으로는 살 수 없다. 지식인이라는 존재에게 자유는 빵만큼 아니 빵보다도 더 중요한 무엇이 될 수도 있다. 그것이 지식인의 특권이자 책임이라고 한다면 당대의 지식인들을 너무 미화하는 것일까? 결코 아니다. 자유주의 지식인은 자유를 위해 빵을 필요로 한다. 마치 사회주의 지식인이 평등을 위해 밥을 먹는 것처럼. 당대의 많은 한국의 지식인이 철저히 가난했지만, 굶어 죽었다는 지식인은 거의 없었다.

독재가 자유주의자의 정신을 억압하고 황폐화시켰지만 자유주의 지식인이 모두 정신병자가 되거나 어용의 나팔수가 되거나 도피 행각을 벌인 것도 아니다. 묵묵히 참고 견디며 지냈다. 목소리를 크게 높이며 자신을 던졌던 당대의 위대한 자유의 투사는 침묵 속에서 조용한 항거의 목소리를 내던 수많은 무명의 자유주의 지식인을 대변했을 뿐이다. 이들이 독재에 당당히 맞서지 않았다고 영웅 숭배적 관점에서 비난하는 것은 지나친 도덕적 요구이다. 일제하 회색 지대에서 살았던 이 땅의 사람들은 결코 친일파가 아니었다. 그들의 강요된 침묵과 저자세의 동조는 소리 없는 독립운동이었고, 반일이었다.

자유는 침묵과 굴종 속에서도 죽지 않고 빛을 발한다. 차라리 1950년대의 자유주의는 열악한 현실적 조건 때문에 제대로 성장하기 어려웠다고 표현하는 것이 정확할 것이다. 사치스런 자유를 누릴 만큼 당대의 자유주의자는 자유롭지 않았다. 다만 빈곤과 억압 속에서도 그들은 자유를 추구하고 동경하였기 때문에 자유의 가치를 모르는 사람들에게는 자기 분수를 모르는 사람의 사치로 보일 것이다.

오늘날 지식의 상품 시장에서 이리 뛰고 저리 뛰면서 자기 팔기에 여념이 없고, 권력의 무도회에서 정책을 남발하는 일부 한국의 지식인들과 비교한다면, 그때의 지식인들에게 자유는 결코 과시용의 사치가 아니었다. 1775년 버지니아주 리치먼드에서 개최된 제2차 버지니아대회의 연설에서 빈곤과 억압이 가득한 식민지 사회, 미국의 현실을 개탄하면서 "자유가 아니면 죽음을 달라"고 외쳤던 헨리Patrick Henry도 이념적 사치를 부린 것인가?

유물론자들은 항상 사회 경제적 물적 토대로서 존재의 의식 구속성을 강조한다. 그러나 자유에 대한 인간의 욕구는 거의 본능적인 것으로서 그가 처한 물질적 조건을 뛰어넘어 추구되기도 한다. 가난한 사람, 무식한 사람, 나쁜 사람도 각자 나름의 자유를 원한다. 자유를 갈구한 모든 역사상의 위대한 반란이 노예나 가난한 농민들에 의해서 촉발되었다는 사실은 무엇을 말하는가? 억압과 빈곤으로부터 벗어나는 자유를 그들은 요구한 것이다. 억압과 빈곤 속에서 자유를 찾으면, 그것이 사치인가? 대한민국의 자유와 민주주의는 예상을 깨고 쓰레기통에서 장미를 피웠다.

2) 실제 지금까지 한국에서 자유주의는 국가의 공식 지도 이념인 획일주의적 반공주의의 다른 말이었다?

김동춘(11-12)의 비판: "현대 한국에서 자유주의는 절대주의 억압과 봉건적 미망에 대한 투쟁과 그것으로부터 벗어나기 위한 개인의 해방의 이념이었기보다는 공산주의와 집산주의로부터의 국가의 해방이라는 이념, 국가 대 국가 간의 대립 질서 속에서 적대 국가에 대한 투쟁과 증오의 이념이었다. 반공 획일주의와 자유주의는 그 자체로서 형용모순인 셈이다. … 1950년대 자유 개념의 허구성은 바로 '반공' 개념의 불구성에 기인한다. … 즉 현대 한국에서 '자유'의 논리라는 것은 자유를 제약하는 정치·경제·사회·사상 자유주의 = 획일주의적 반공주의 = 비판과 저항의 논리가 아니라 친일의 경력을 은폐하고 기득권을 유지하기 위한 동기에서 그러한 자신의 태도를 가장 강력하게 비판하였던 좌파들에 대항하기 위한 논리라는 말이다."

반론: '자유주의 = 획일적 반공주의 = 적대 국가에 대한 투쟁과 증오의 이념'이라는 등식을 내세우는 김동춘의 주장에 대한 선제 반론으로서 나는 이미 장황하게 그리고 충분하게 반공주의를 엄격하게 구분할 필요를 제시하였다. 이념적으로 자유주의는 공산(독재/전체)주의와는 양립할 수 없는 적대적 관계의 역사를 지금까지도 지속하

고 있다. 그러나 한국은 물론이고 어느 나라의 자유주의도 독재 정권의 정권 유지용 정략적 반공주의는 반대한다. 찬성한다면 그것은 독재를 지지하는 것이므로 자유주의가 아니다. 김동춘은 한국에서 독재 정권에 의해 잘못 남용된 반공주의를 억지로 자유주의와 등치시키면서 일방적으로 자유주의의 모순을 주장하고 있을 뿐이다. 허상의 자유주의와 왜곡된 반공주의를 사용해서 불구의 반공을 진짜 반공으로 만들어 자유주의의 결함을 통지하려는 것 같다.

더욱 심각한 문제점은 김동춘이 자유주의를 적대 국가에 대한 투쟁과 증오의 이념으로 규정하는 것이다. 남한의 반공주의가 정치적으로 왜곡·오용된 것은 사실이지만, 그렇다고 현실적으로 준전시 상황에서 북한과 심각한 대치 국면에 있던 남한이 공산 독재국가 북한에 대하여 투쟁과 증오 대신에 협력과 애정을 발휘했어야 한다는 말인가? 최근 반짝하였던 남북 화해 무드의 기반이 얼마나 취약한 것인지 드러난 지금, 다시 돌이켜 보면 세력균형이야말로 파국적 충돌을 막는 최선의 길인 것 같다. 남한의 반공주의를 매도하지 말고, 북한의 공산주의(?)가 진정한 사회주의로 성공할 수 있는 방안을 제시하는 것이 자유주의 비판의 바른길인 것 같다. 그리고 자유주의는 가능하면 관용과 이해로서 상대방을 포용하고자 한다는 점을 강조하고 싶다. 김대중과 노무현 정권에서 남북 화해의 길을 추구할 수 있었던 것은 남한이 자유민주주의사회이기 때문이다. 반공 독재국가라면 어림이라도 있었겠는가?

요컨대 1950년대의 자유주의 = 반공주의라는 이념적 연관은 반공주의의 오용에도 불구하고 냉전 체제라는 현실적 차원에서는 일리가 있는 지적이다. 반공이 자유를 보장할 것이라는 생각은 정확한 판단이었다. 과거나 지금이나 절대적이고 무한정한 자유는 어디서도 보장되지 않는다. 냉전 체제가 심화되던 1950년대야 더 말할 필요조차 없다. 자유의 천국이라던 미국에서조차 매카시즘이라는 미국판 반공주의 마녀사냥이 일어나지 않았던가. 김동춘은 국제정치적 주변 상황이나 남북한 분단 상황은 전혀 얘기하지 않고 오직 남한만을 진공관에 집어넣고, 반공과 자유를 심문하고 단죄하는 것 같다.

과거 소련이나 중국 그리고 북한의 공산주의사회에서 과연 어떤 자유가 얼마나 실질적으로 허용되었나? 공포정치-비밀경찰-처형과 탄압-전면적 사회통제 등으로 표현되던 암흑이 공산주의사회를 지배하고 있지 않았던가? 이에 비해 남한 사회는 그들 공산 체제의 신민들이 보기에는 정말 사치스러울 만큼 자유의 풍요를 가졌던 것이 아닌가? 사정이 이럴진대, 남한의 사람들이 혹은 지식인들이 자유의 보장과 확대를 위해서 반공산독재주의를 선택한 것은 참으로 자연스럽고 현명한 일이 아닐 수 없다. 물론 나는 지금도 그렇다고 믿는다. 그러므로 자유주의 = 반공산독재주의는 형용모순이 아니라 실체 조화이다.

나아가 이승만 정권의 친일파와의 협력 그리고 그들의 중용을 두고 마치 자유주의와 친일파 비호가 무슨 관련이 있는 것처럼 시사하는 것은 이해할 수 없다. 일제하 친일의 경력을 가진 사람들이 자유주의자가 되었기 때문에 자유주의를 비판하는 것은 연좌제를 연상시키는 참으로 무서운 논리다. 누가 누구를 용서받지 못할 자로 영원히 단죄할 것인가? 김동춘이 철저한 친일 잔재 청산에 실패한 이승만 정권의 원초적 실책을 질타하는 것이라면 수긍할 수 있다. 그런데 자유주의를 왜 갑자기 엉뚱한 지점으로 끌어내어 심판대에 올리는지 의아스러울 뿐이다. 뒤이어 주장하는 자유주의가 좌파에 대항하기 위한 논리라는 말은 정확하다. 더 정확히 표현하자면 포퍼나 하이에크가 주창한 자유주의는 스탈린식 전체주의적 독재 체제를 찬양하는 좌파에 대항하기 위한 논리였다. 하지만 친일파 단죄는 좌파만 주장한 것이 아니다. 무수한 민족주의자, 아나키스트, 그리고 수많은 일반 사람도 친일파의 등장에 대경실색하고 분노하였다. 친일파 = 자유주의자 = 반공주의자라는 등식으로 자유주의를 매도하는 논리는 대중의 감정만을 강력하게 자극한다.

3) 자유주의는 독재와 결합하여 타락한다?

김동춘(13-14)의 비판: "1950년대 미국에서의 자유주의도 한국과 동일한 성격을 지니게 되었다. 밀스는 '전후의 자유주의는 정치철학을 지칭하는 것이었다기보다는 맑스주의를 공격하는 무기로 사용되었으며, 하나의 레토릭이었다'고 말한 바 있다. 결국 냉전하에서 미국의 자유주의란 프리드먼이 주장하는 재산권과 자유무역을 옹호하고, 평등주의나 국가개입주의를 배격하는 사상이었다. 재산권의 배타적인 옹호가 곧 무산자에 대한 지배를 정당화하는 논리라고 본다면, 이러한 자유주의는 곧 갖은 수사를 통해 자신의 비판으로부터 가진 자의 편중된 권력을 보호하는 이데올로기일 것이다. 이 경우 자유란 곧 공산주의 및 그들과 동조하고 있다고 간주되는 사람들에 대한 인권의 제약, 자유의 제약을 정당화하는 논리가 된다. 자유주의는 독재와 결합한다. 이것은 자유주의의 가장 타락한 형태이다."

반론: 좌파적 관점에서 밀스가 자유를 비판적으로 검토한 사실을 가지고 미국의 자유주의를 타락한 이념으로 규정하고, 경제적 자유주의의 한 분파일 뿐이요 또 잠깐 미국 경제의 주류 노선이었던 프리

드먼을 내세워 미국을 타락한 자유의 나라로 덤핑하는 것은 심한 비약이다. 반공 노선을 가졌던 미국이 가장 타락한 자유주의국가라면, 공산주의 노선을 실천하는 국가만이 가장 고상한 자유주의국가라는 말인가? 유럽에서 좌파들의 반미 경향을 보면서 포퍼는 일찍이 말했다. 미국을 타락한 악의 나라라고 떠드는 사람들을 믿지 말라고.

자유주의의 반대인 독재와 자유주의가 결합한다고 주장하니 할 말이 없다. 그래서 미국이 독재국가가 되었나? 혹시라도 나치의 등장을 자유주의 탓으로 알고 있는 것은 아닌가? 여기서 좀 더 분명히 해두자. 민주주의는 독재화할 수 있다. 소위 민주 독재나 선거 독재가 가능하다. 나치가 그랬고 현재 푸틴의 러시아가 그렇지 않은가. 그래서 민주주의 앞에 자유를 붙여서 민주주의가 독재로 흐르는 것을 방지하고자 하는 것이다. 개인의 자유를 부정하는 민주주의는 국가주의나 독재주의로 변질될 뿐이다. 그래서 일찍이 토크빌이 이 위험성을 간파하였고, 하이에크 같은 철저한 자유주의자가 민주주의를 전적으로는 신뢰하지 않았다. 주지하듯 민주주의의 다중은 무리, 떼, 집단, 다수를 의미한다. 그래서 다수의 힘으로, 즉 투표라는 민주적 절차에 의해서 민주 독재가 가능하다. 주민의 다수가 중국인인 티베트에서 투표를 하면 티베트의 독립보다는 중국 편입을 원하는 결정이 민주적으로 이루어질 수 있다. 자유주의와 민주주의의 차이를 잊지 말아야 한다. 양자는 영원한 친구가 아닐 수 있다.

미국의 매카시즘은 양면의 날을 가진다. 공산주의에 경도된 미국인들이 존재했던 것은 분명한 사실이나, 그 검거와 단속의 열풍이 과도하였다는 것이 문제이다. 다만 동서고금 세상의 어느 나라이건 국가 존립과 국체를 위협하는 불온 세력에겐 가차 없는 처벌을 내린다. 현대의 민주주의국가도 마찬가지다. 다만 부드럽게 법적 절차를 따른다. 독재국가에서는 법적 절차를 생략하며, 반역자를 더 신속하게 그리고 무자비하게 처벌한다는 사실을 강조하고 싶다. 어느 나라건 국가 자체의 존립을 보장하자면 국가 보안을 위한 법을 필요로 한다. 민주국가는 특히 필요로 한다. 민주주의의 틈새를 이용하여 폭력적 국가 전복을 기도하는 세력들이 존재할 수 있기 때문이다. 한국에서는 누가 어떤 집단이 국가 전복을 기도할까? 아나키스트 자유주의자로서 나는 독재 세력의 하수인들이 자유민주주의 체제를 파괴하려는 시도를 차단해야 한다고 믿는다. 국가보안법에 문제가 있다면, 철폐를 주장할 것이 아니라, 자유민주사회에 적합하도록 수정 보완하면 된다.

김동춘의 전형적인 반미주의 성향의 진단에 대해서는 더 이상 왈가왈부하고 싶지 않다. 좌파 = 반미는 그들에게는 정해진 상식이다. 다만 한 가지 사실만 얘기하자. 미국의 민주당은 적극적 국가 개입을 지지하지만 자유주의에 기반을 두는 정당이다. 케인스류의 국가 개입을 지지하는 사회적 자유주의가 루스벨트 이후 미국 자유주의의 한 축으로 자리 잡았다는 사실을 지적해두자. 자유주의가 좌파를 비난하기 때문에 잘못되었다면, 좌파가 자유주의를 비난하는 것도 잘못되었다. 나는 선이고 너는 악이기 때문에 나는 너를 비판해도 되지만 너는 나를 비판할 수 없다는 식이다. 나도 존경하는 밀스가 빗나가는 자유주의를 당연히 비판했겠지만, 그가 맑스주의를 결코 우상화하지 않았다는 점도 지적해두자.

4) 공동체는 최고의 선이다?

김동춘(14-16)의 비판: "그러나 그들[자유주의자들]은 공동체를 인정하지 않는다는 점에서는 공통성을 갖고 있었다. 그들은 모두 사적인 것을 공적인 것과 분리하여, 자신과 자신을 둘러싸고 있는 세상과 담을 치고서 자기 내면의 영역을 지키려 하였다. 양심의 자유, 생각의 자유와 그것에 기초한 개인의 자발적인 선택은 자유주의자들이 양보할 수 없는 최후의 성역이었다. … 분단과 냉전 질서하에서 자유에 대한 최대의 적은 국가주의, 반공주의였다."

  반론: 개인주의, 반국가주의, 반공동체주의는 아나키스트 자유주의의 이념적 지향이다. 허구의 공동체, 상상의 이상 국가 혹은 가짜 일반의지를 표상하는 전체주의/집단주의를 비판하면서 탈국가주의, 최소 공동체, 개인주의를 주창하는 것이 아나키스트 자유주의다. 그 이유는 이미 앞의 장들에서 충분히 밝혔다고 생각한다. 국가, 공동체, 전체/집단은 그럴싸하고 허무맹랑한 고정관념이다. 그 허울 좋은 내부를 한번 들여다보라. 온갖 악취, 추악과 사악, 싸움과 분열, 공포와 불안, 고통의 신음이 가득한 아수라장이 아닌가?

  사회주의자는 공동체를 좋아한다. 전체주의적 관점이 선호하는 사회형태가 국가 혹은 공동체가 아닌가? 공동체란 말이 진부하고 또 역사상 실존했던 많은 공동체가 실패와 전락의 길을 걸었기 때문인지 최근 세련된 맑스주의자 네그리와 하트(2014)가 공통체라는 개념을 들고 나왔다. 사회주의자가 공동체를 말할 때, 나는 항상 강제 노동으로 운영되던 집단농장과 공동체를 과시하려던 대규모 퍼레이드와 군중 동원 등의 음울한 과거를 기억한다. 역사가 증명한 바는 공산주의적 전체주의사회의 공동체란 공산당이 인민의 일거수일투족을 규정하고 감시하는 '공'포의 '동'굴 '체'험이 아니었던가?

  공동체란 특정의 강력한 구속 규범 내지 지배 원리 없이는 제대로 지속되기 힘들고, 그것이 지속될 경우에는 지옥으로 변하기 쉽다는 공동체 연구를 기억하자. 공동체라는 말 자체는 매우 그럴듯하지만 자세히 그 내용과 형식을 따져보아야 한다. 공동 생산, 공동 소비, 공동 분배, 공동소유, 공동 결정 등으로 화려하게 포장된 공동체에서 다수의 상이한 사람들이 모여 살자면 막강한 지도자나 독재자를 필요로 할 것이다. 내가 공동체의 비관적 측면을 과장하는 것일까? 아니다. 신앙심으로 동질성의 기반 위에 뭉쳐진, 다른 말로 표현해서 하느님의 자비로운 지배/은총에 힘입은 종교적 공동체만이 겨우 안정적으로 성공할 수 있었다. 물론 이들 가운데는 사이비 종교 집단으로 판명되는 경우가 종종 있지만.

나는 개인주의의 문제점보다는 공동체의 문제점이 훨씬 더 크다고 판단하기 때문에 개인주의를 더 선호한다. 공동체가 나쁘다는 것이 아니라 완전한 평등처럼 그것을 현실에서 구현하기가 매우 어렵기 때문이다. 그래서 아나키스트 자유주의는 최소 공동체와 최소 기본 평등부터 시작해서 세상의 문제점들을 풀어나가려 한다. 자유주의자가 세상과 담을 치고 산다면, 왜 독재 정권을 무너뜨리고 자유를 얻고자 하였는가? 어불성설의 비판이다. 겨우 일이백 가구가 모여 사는 아파트 공동체도 온갖 비리와 권력 암투가 상존하는 난장판인데 국가 공동체에는 더한 모순이 자리할 것이 뻔하다. 일본과의 축구 시합에서 애국주의 공동체가 일시 분기탱천할 수 있겠지만, 그것이야말로 좌파들이 비난하는 허위의식이다. 계급 공동체는 또 어떤가? 노동자들 자체가 노동귀족부터 이민노동자까지 파편화되고 갈가리 찢어진 현실에서 그것을 어디에서 찾을 수 있을까?

5) 소수의 진정한 자유주의자와 다수의 타락한 자유주의자?

김동춘(20-21, 23-24)의 비판: "물론 근현대 한국에서 가장 보편적으로 존재해왔던 반공 자유주의자, 민족 허무주의자, 얼치기 근대화론자들을 자유주의자가 아니라고 말할 수는 없을 것이다. 그들은 집단이나 공동체보다는 개인을 중시하였으며, 사회주의 경제체제를 반대하면서 시장경제와 자본주의를 구세주처럼 여겼고, 일당 독재 체제에 회의하면서 의회민주주의를 지지했다는 점에서는 자유주의자이다. … 한국의 자유주의가 자유의 정신으로 충만된 자유주의가 아니라 상처받은 자유주의였기 때문이다. … 그러나 … 이들 기득권을 누린 자유주의자들 이면에는 진실로 자유를 추구하다가 신산을 맛본 존경할 만한 자유주의자들이 존재한다. … 함석헌·장준하 등 … 반체제 인사가 된 자유주의자들이 있다. … 우리의 비극은 타락한 자유주의자들에 비해 내면의 판단을 중시하면서, 정치적인 행동으로 그것을 표현한 양심적 자유주의자들의 수가 너무나 적었다는 사실에 있으며, 초기에 비정치성을 강조하면서 양심적 자유주의자로 출발한 사람들 중 상당수가 결국 친일, 친미, 친군사독재, 대세 추종주의, 인격적 파탄 등으로 특징지어지는 타락한 자유주의자로 변질되었다는 사실에 있다."

반론: 이런 논의의 바탕에는 적대적 이분법이 깔려 있다. 과연 남한의 자유주의자를 양심 대 타락이라는 이분법으로 갈라놓을 수 있는 것일까? 아니, 갈라놓아야만 하는가? 민주 대 반민주라는 과거 운동권의 흑백 대결 논리가 떠오른다. 양심 대 타락은 선과 악, 천국과 지옥을 연상시킨다. 타락이든 양심이든 (극소수를 제외하면) 모두가

나름대로 시대가 요구한 기능적 역할을 담당하지 않았는가? 자유를 위해 감옥에 가고, 피를 흘리며 구타당한 사람들은 물론 훌륭하다. 그렇다고 해서, 일상의 흐름을 박차고 나가지는 못해도 앉아서 괴로워하고 분개한 자유주의자들, 우국충정의 생각으로 제도권에 진입한 사람들을 선 바깥에 놓아서는 안 된다. 그들을 두고 타락한 자유주의자라는 낙인을 찍는 것은 그야말로 오만한 도덕주의 아니면 빗나간 엘리트주의의 소치에 불과하다. 이런 논리대로라면 민주화운동의 투사가 아닌 모든 대한민국의 사람들은 타락한 사람이 되어야 한다. 독재 정권 시절에 경찰서나 감옥을 들락거린 경력이 없는 모든 사람은 타락한 학생, 타락한 교수, 타락한 직장인, 타락한 노동자이다.

모든 자유주의자가 영웅호걸이나 투사, 열사가 되어야 할 필요는 없다. 될 수도 없다. 어쩌면 영웅은 시대가 무작위로 선택한 사람일 뿐이다. 어쩌다가 그렇게 된 사람도 있었을 것이다. 물론 정치적 야심 혹은 권력의지를 가진 정치 지망생도 있었을 것이다. 왜 그렇게도 많은 민주화 투사가 민주화와 함께 몹시도 기다렸다는 듯이 너도나도 앞장서 정치인이 되었는가? 광주의 차가운 밤에 쓰러진 무명, 유명의 민주화 전사들은 무어라고 말할까? 망월동의 영혼들도 양심과 타락을 논할까?

나는 말하고 싶다. 한국의 민주화는 민주 투사들만의 몫이 결코 아니라고. 그들이 틈만 나면 항상 내세우는 민중, 일반 시민, 그들이 없었다면 민주화도 투사도 아무것도 없다. 어느새 우리 곁에는 소위 운동 권력, 민주 권력을 휘두르고 뽐내는 사람들이 생겼다. 그들은 고난에 대한 보상도 받고, 훈장도 받고, 출세도 하였다. 이제부터는 일반 시민들에게도 민주화 공로의 몫을 챙겨주자. 그들 타락한 자유주의자들에게도.

양심과 타락을 판단하는 도덕적 진리를 점유한 것처럼 군림하는 어떤 형태의 이념적 권력도 위험하다. 타락한 자유주의자들에 대한 인민재판식 선고를 내리기보다는 관용의 미덕을 베풀 것을 자유주의자는 선호한다. 강권과 폭력 앞에 대부분의 인간은 모두 나약한 겁쟁이가 된다. 안 보이는 곳에서 소리 죽여 분노하고 저주한다. 이 사람들은 타락한 것이 아니라 아주 정상적으로 적절한 기회를 기다릴 뿐이다. 세속의 용기만이 양심의 척도가 아니다. 양심은 내면의 진정성으로 판단해야 한다.

러셀은 다음과 같이 변호하였다(배동인, 2003: 273-276). (그대가 영웅이나 투사가 아니라면) 때로 비굴함이 유익할 수 있다advantages of cowardice.

6) 생존주의에 굴복한 자유주의?

김동춘(28-29)의 비판: "한국의 자유주의자를 정신적 불구자로 만든 바로 그 원인은 생존의 논리를 주의의 논리 앞에 둘 수밖에 없었던 사정에 기인한다. … 양심적 자유주의자의 부재는 양심적 사회주의자의 부재와 일맥상통하는 점이 있는데, 중요한 역할을 맡아서는 안 될 이러한 인간들이 가장 주요한 역할을 맡게 되었다는 사실이야말로 남북한을 관통하는 우리 현대사의 비극이라고 할 것이다."

반론: 김동춘의 비판 가운데서는 가장 수용할 만한 부분이다. 그러나 맑스주의적 유물론에는 어울리지 않게, 생존을 비판하는 논리에는 쓴소리 한마디 보태자. 생존의 논리는 어떤 추상적 가치보다도 선행하는 인간의 논리이다. 남북한의 자유주의자와 사회주의자가 드러

낸 어떤 한계가 있다면, 식민지적 상황과 해방 후 미소 양대 강국에 의해서 철저하게 계획·강요된 불가피한 구조적 요인들 때문이었다고도 이해할 수는 없을까? 나는 남한의 자유주의자와 북한의 사회주의자를 생존의 논리에 집착한 타락한 집단이라고 매도하는 것을 반대한다. 전성우(2013)에 의하면 인간의 세 가지 생존 양식인 생존, 자존, 공존 가운데서 가장 핵심적인 것이 생존이다. 생존이 없다면 다른 모든 것은 존재하지 않는다. 남북한의 지배 집단은 자신들에게 필수적인 생존의 논리에 따라서 자유주의나 사회주의를 내걸었지만, 그것에 제대로 충실하지 못하고 독재 집단이 되어버렸다. 왜냐? 정상적인 생존의 논리대로라면 기본적 의식주의 해결에 충실했어야 하나 그들은 국가권력의 쟁취와 유지라는 과잉 생존의 논리에 빠져들어 자신이 적절하게 선택한 이념을 왜곡하거나 남용하게 된 것이다. 문제의 핵심은 여기서도 권력이다. 남한의 지배 집단은 독재 권력의 자유를 추구하였고, 북한에서는 권력의 절대 독점에만 관심을 가졌다.

이미 1장에서 논의했지만 생존주의에 대한 보다 세련된 형태의 비판을 제기하는 김홍중(2015)을 이론적으로 다시 검토해보자. 래시(Lasch, 1978; 1984)의 생존주의 문화culture of survivalism에 대한 비판에 의거하는 김홍중(2015: 33)은 생존주의를 "구성원들의 생물학적 생존과 그 비유적 파생물들(안보, 안전, 발전, 번영, 성장 등)에 절대적 가치를 부여하는 도덕적 정당화의 시스템"이라고 규정하면서 공존의 가치를 외면하는 최근 약육강식의 신자유주의적 지배와 연결시킨다. 래시(1984: 15-16)는 생존주의의 문화 심리적 특성을 사회적 삶에 대한 관심과 참여를 포기하고 자기 자신의 생존 확보에만 몰두하는 최소 자아 혹은 나르시시즘적 자아에서 발견하고, 미국 문화가 이와 같은 생존 심성survival mentality에 기반한 자기애적 개인주의에 빠져 있다고 비난한다.

　나는 생존주의란 개인의 원초적 혹은 동물적 속성으로서 대다수 사람이 채택하는 삶의 방식이기 때문에 특별한 비난의 대상이 되어야 할 이유는 전혀 없다고 생각한다. 왜냐하면 생존주의에 대한 비판의 논리 또한 유사한 그러나 더욱 허구적인 고정관념들, 예컨대 사회성, 공공성, 공존성, 인류성, 정의, 진정성(김홍중, 2015: 33-36) 등에서 출발하기 때문이다. 이것들에 비하면 생존주의는 차라리 자연스럽고, 비인위적이며, 직접적이다. 아나키스트 자유주의는 개인의 욕망 그리고 그 욕망의 표출로서 자유를 인식한다. 따라서 모든 개인에게 생존주의는 무한한 자기 수정과 성숙의 잠재력을 지닌 존재론적 필요조건이다. 개인의 생존은 사회에 선행한다. 이 물질주의 시대에 아름답고 고상한 사회를 구축하자면 우선적으로 개인의 생존주의가 최대한 보장되어야 한다. 아나키스트 자유주의는 평등의 토대를 생존주의의 보장에서부터 구축해나가고자 한다. 김홍중이 비판하는 한국에서의 냉전적 생존주의는 비판의 여지야 물론 있겠지만, 기층 민중이건 중민이건 혹은 일반 중산층이건 가릴 것 없이 모두가 나름대로의 비판 의식과 함께 수용한 삶의 방식이었다. 사람들은 그렇게 아둔하지 않다. 문제가 있다는 것을 체감하지만 떠들지 않는다. 떠들 기회도 없다.

7) 한국의 자유주의자는 반정부 투쟁과 같은 진정한 정치적 자유주의를 적극적으로 추구하지 않았다?

　김동춘(29, 31)의 비판: "자기 영역의 고수, 조직 혹은 집단과의 거리 두기는 타락한 자유주의자, 타락한 지식인이 되지 않기 위한 가능한 방법이었다고 이해할 수 있지만, 현실 정치의 억압에 대해 자유스럽고, 저돌적으로 대항하였던 김수영의 자유주의보다는 못한 것이다. 한국의 자유주의가 가진 전통적인 한계, 즉 가족 가치를 파괴하는 데는 진보적이었으나, 개인의 자유에 대한 국가의 억압에 대항하는 데는 거의 무기력하였으며, 주체를 세우기 위한 투쟁, 정치사상의 자유를 위한 투쟁의 과정에서 어떠한 역할도 수행하지 않음으로써 … 자유주의적인 사회윤리를 확산시키는 데 실패했기 때문이라고 할 수 있을 것이다. … 한국의 조건에서 보자면 정치가 모든 사회의 영역에서 결절점으로 남아 있는 한, 정치를 회피하는 자유주의는 언제나 자유의 정신을 발양시킬 수가 없다는 점을 다시 한번 확인할 수 있다."

반론: 과감하고도 치열한 정치적 투쟁은 중요하다. 그것은 화려하고 영웅적인 것으로 존경의 대상이다. 그러나 소극적-수동적 투쟁 또한 적극적으로 평가되어야 한다. 우리는 다시 기억한다. 소위 혁명 대열과 민주화 대열의 찬란한 스타들이 이후 독재자나 막강한 권력자가 되어 민중의 삶과 멀어진 것을. 앞에서도 강조했지만 모든 사람이 전면에 나서는 행동파가 될 필요도 없고, 될 수도 없다. 그들은 때가 오면 거리로 나가 구호를 외치고 행진하며 행동한다. 그때가 되어야만 역사가 움직이고 바뀐다. 이들 수수방관자 혹은 비참여자들의 최종 순간의 결정적인 대규모 집합행동 없이는 아무것도 이룰 수 없다.

정치 만능과 정치 제일이 횡행하는 한국에서 자유주의자건 사회주의자건 모두가 나름대로의 열정적인 정치적 관심과 판단을 소지하고 있다. 대부분의 한국 사람은 정치(권력)에 너무 관심이 많다. 정치 과잉의 현실인 만큼 당연한 결과이다. 그런데도 김동춘은 자유주의자가 정치를 회피한다고 비난한다. 거리의 정치만이 정치가 아니다. 능사도 아니다. 정치 논쟁이나 정치 참여의 장은 술자리나 커피점에서, 잔디밭이나 세미나에서, 식탁이나 휴게실에서, 공원이나 노인정에서 어디서든 벌어질 수 있는 것이 한국 사회가 아니었던가? (요즈음은 이념 갈등 때문에 정치 이야기는 회피하는 것이 모임의 안전책이 되고 있지만) 하버마스가 말한 공론장이 바로 위에서 지적한 한국의 일상적 정치판이 아닌가? 행동파의 정치 그것은 이미 정치를 본업으로 삼고자 하는 전문 정치꾼 지망생들이 추구하는 권력정치가 아닐까? 안타깝게도 그들은 제도권의 권력정치를 동경하는 것 같다. 요즈음 같은 정치판을 보면 아나키스트 자유주의가 추구하는 기존의 정치적 관행을 거부하는 반정치의 정치가 더욱 적실하다.

끝으로 개인주의를 반대하는 김동춘의 상기 비판 중에 "주체를 세우기 위한 투쟁"이라는 표현이 있는데 무슨 주체인지 궁금하다. 개인적 주체는 아닐 테고, 계급적 주체? 민족적 주체? 또 다른 주체?

8) 자본주의는 자유 없는 자유사회이다?

김동춘(30, 32)의 비판: "이제 수많은 자유주의자들을 기회주의자, 정신 파탄자로 만들었던 그 험악한 시대가 지나가고 있다. … 1990년대 들어서 우리 역사상 처음으로 자유, 즉 상처받지 않은 자유의 시대가 도래하고 있다. … 그러나 신세대의 자유는 자본의 울타리 속에서 길들여진 자유인지도 모른다. … 불행히도 시장경제는 돈 있는 사람들에게만 자유를 허용하는 속성이 있다. … 권력과 돈으로부터 자기 개인을 지킬 수 있는 공간이 확보된 것처럼 보이는 오늘날 우리는 과연 자유로운가? 자유롭다면 과연 얼마나 자유로운가? 해고의 위혐과 실직의 고통이 생활인들을 옥죄고 있는 이 시대에 자유주의자가 된다는 것은 무엇을 말하는 것인가? 오늘날 보이는 검열자나 보이지 않는 검열자가 사라진 대신 '상품'이라는 검열자가 우리를 둘러싸고서, 우리가 자유롭다는 느낌까지도 만들어주고 있는 것은 아닌가? 어쩌면 한국에서 자유주의자가 최초로 탄생하는 오늘의 시점은 이제 더 이상 자유주의자가 존재할 수 없는 시점일지도 모른다."

반론: 이미 월러스틴에게서도 드러난 것처럼 맑스 계열 사회주의자의 결론은 동일하다. 그들에게 자본주의 아래서의 자유는 허구적인 것일 뿐이며, 소수 가진 자의 자유와 대다수 가지지 못한 자의 부자유가 대립된다. 김동춘의 주장은 자본주의 = 빈곤과 불평등 = 소수의 자유와 대다수의 부자유라는 등식을 따르는 전형적인 좌파 논리이다. 경험적 사실과 전혀 부합되지 않는다. 우선 자본주의가 지배한 지난 세기에 걸쳐 자유가 증가하였는가 위축되었는가? 둘째, 자본주의는 빈곤을 초래했는가 탈빈곤을 촉진했는가? 셋째, 자본주의가 불평등을 심화시켰는가, 그렇지 않은가? 마지막으로 자유주의가 불평등과 빈곤의 원인인가? 혹은 자유주의와 자본주의는 같은 것인가? 첫째와 둘째 질문은 대답이 자명하므로 설명이 필요 없다. 셋째가 지금도 뜨겁게 논의되는 쟁점이다. 대부분의 통계적 지표는 불평등의 심화를 지적한다. 중국의 불평등 심화 현상에는 평등한 사회주의에서 불평등한 시장 자본주의로의 전환도 당연한 결과지만 한몫을 했을 것이다. 이 모든 것이 자본주의경제의 침체 혹은 성공이나 실패 때문에 발생한 것인가? 아니면 다른 요인은 없는 것인가?

빈익빈 부익부라는 빈곤의 악순환과 부의 선순환은 상속 제도가 존재하는 모든 사회 — 자본주의건 사회주의건 혹은 귀족/봉건주의건, 민주주의건 독재주의건 — 에서 작동한다. 사유재산의 상속만이 중요한 것이 아니다. 직업과 지위의 상속, 문화 상속, 인맥 상속 등 비물질적 사회 자본이나 문화 자본도 상속된다. 그리고 불평등 심화와 관련된 또 하나의 중요한 요인은 정치적 안정/민주화와 국가의 경제 정책이다. 전쟁이나 내란에 시달리는 국가의 경우 대다수 시민은 빈곤의 늪으로 빠져들게 마련이다. 신분제도가 엄격한 인도와 같은 나라에서는 불평등이 완화되기가 쉽지 않다. 대부분의 독재국가 또한 시장을 무시하는 국가 계획형 경제를 실시하기 때문에 빈곤을 벗어나지 못하고 있다. 국가의 잘못된 재정 정책이나 개발 정책 그리고 사회에 만연한 부정부패의 수준도 경제 침체와 경제적 불평등의 숨은 요인으로 작용한다. 나아가 국가의 입지 조건이나 물적/인적 자원의 문제도 빈곤과 불평등을 심화시킨다. 인구문제 또한 엄청난 영향을 미친다. 한국과 중국은 인구 억제를 효율적으로 실시하여 경제성장을 이룩한 대표적 사례로 간주된다. 이 모든 빈곤과 불평등의 요인들을 무시하고, 하나로 뭉쳐서 자본주의의 탓이라고 단언하는 것은 명쾌하게 들릴지는 몰라도, 무수한 허점과 약점을 갖는 선동적 주장일 뿐이다.

   자본주의사회라고 하여도 자본주의가 철저히 모든 영역을 지배하는 것이 결코 아니다. 소위 말하는 비공식 부문, 봉건적 생산양식, 국영기업 내지 공기업, 비영리 집단 등도 존재한다. 자본주의적 산업화가 제대로 전개되지 못하면 빈곤 상태가 지속된다. 역설적 표현이지만, 빈곤의 평준화 내지 평등화가 이루어진다. 산업화에 실패한 사회주의국가들에서 빈곤의 평등화가 만연하지 않았던가?

   물질적 평등은 중요하다. 그러나 물질적 평등에 집착하는 것은 위험하다. 인간의 물질적 욕구는 끝이 없기 때문이다. 그래서 나는 탈물질주의를 제안한다. 빈곤을 방치하자는 의미가 아니라, 정신적 풍요 또한 참으로 소중한 자산이요 목표가 되기 때문이다. 물질적 성취는 희소 자원을 둘러싼 경쟁이기 때문에 소수만이 성공한다. 분배 정책은 한계가 있다. 그러나 정신적 풍요는 개인적으로 노력만 하면 대다수의 사람이 얼마든지 얻을 수 있는 즐거움이다. 정신적 가치는 종교적 폐쇄 국가가 아닌 자유사회의 경우 거의 무제한적으로 추구할 수 있는 자원이다. 자본주의사회에서 사람들은 너도나도 지나치게 물질적 가치에만 집착하여(권력, 부, 명예를 추구하는 출세주의 내지 성취주의) 스스로 불만족과 고통을 초래한다.

자유주의사회의 모든 가치(예컨대 개인, 자유, 사적 소유 등)를 파괴하는 좌파의 단골 무기이자 만능 무기인 허위의식의 허구성을 지적하자. 가치상대주의자로서 나는 주장한다. 너도 나도 어떻게 보느냐에 따라서 허위의식의 소유자가 될 뿐이다. 김동춘이 보면 나는 개인이라는 허위의식에 사로잡혀 있고, 내가 보기에 그는 공동체, 평등이라는 허위의식에 사로잡혀 있다. 어차피 진위를 절대적으로 가를 수 없는 세상이니 모두가 진이요, 모두가 허위이다. 그리고 돈과 권력이 부족하면 진정한 자유를 누릴 수 없다는 세속화된 유물론적 관점은 물질 만능주의에 젖은 자본주의를 비판하는 입장으로서는 참으로 어울리지 않는 금권만능주의이다.

여기서 반론을 마친다. 자유주의와 사회주의의 결합을 추구하는 사회주의자들, 예를 들어 보비오(1992)나 헬드(1989) 등도 있다. (비타협적 정통) 맑스주의와 (소위 수정주의로 분류되는) 민주사회주의 혹은 자유사회주의를 구분해서 사용해야 할 필요를 느낀다. 적지 않은 사회적 자유주의자들이 후자와 연대하고 있다. 아나키스트 자유주의자는 사회민주주의자와는, 필요하다면 때때로, 연합도 할 수 있다.

김동춘의 한국 자유주의 비판에 대한 반론을 통하여 나는 자유주의와 반공(산독재)주의는 역사 구조적 조건이나 이념적 특성으로 인해 자연스럽게 결합된 것임을 보여주고자 하였다. 다만 독재 정권이 권력용으로 반공주의를 남용한 결과 반공주의에 대한 불신이 팽창하였으며, 특히 사회주의 계열의 비판가들은 반공주의의 핵심인 공산주의 독재에 대한 반대라는 의미를 외면하거나 희석시키는 입장만을 보여주었다. 나아가 김동춘은 자유주의를 왜곡된 반공주의와 결부시켜 자유주의의 본래적 의미를 퇴색시키고, 이에 기반하여 양심적 자유주의자와 타락한 자유주의자를 구분하는 양단 논리를 제시한다. 양심과 타락이라는 도덕적 판단은 항상 나약하고 기회주의적인 본성을 가진 보통 사람들을 향해서 내밀어야 하는 사회과학적 잣대는 아니다. 자유나 자유주의는 일부 엘리트나 지식인만의 전유물이 아니라, 자유에 대한 원초적 갈망을 지닌 모든 사람이 공유하는 사상의 샘이다.

김동춘의 비판은 월러스틴의 비판과 마찬가지로 자유주의의 역사적 역할을 부정하거나 과소평가하고, 자유주의는 보수주의와 결탁하거나 보수주의로 전락함으로써 역사적 진보의 반동 세력이 되었다고 한다. 끝으로, 가장 결정적인 비판으로, 이들은 자유주의의 경제적 표현인 자본주의와 그것의 필연적 결과로서 불평등 심화가 존재하는 한 자유는 허상일 뿐이고, 자유주의는 자본주의와 함께 붕괴할 수밖에 없다는 동일한 결론에 도달한다. 김동춘은 양심적 자유주의자를 찬양함으로써 자유주의의 긍정적 차원을 인정하는 듯하지만 자유주의를 부정하기 위하여 소위 극소수의 양심적 자유주의자를 강조할 뿐이다. 자본주의 체제와 함께 존재하는 자유주의는 자본주의의 모순 때문에 역사의 진보적 역할을 수행할 수 없다는 것이 김동춘과 월러스틴의 자유주의관이다. 이러한 자유주의 비판은 자본주의는 모순 속에서도 자기 수정을 통하여 성장/발전하였다는 역사적 사실을 외면하면서 자본주의의 취약점은 과대평가하고 잠재력은 과소평가하는 편향적 접근이다.

아나키스트 자유주의자로서 나는 자유주의와 자본주의는 일심동체의 관계가 아니라 이심이체이기도 하다는 사실을 적시함으로써 자본주의 모순 = 자유주의 모순이라는 획일적 논리의 부당성을 강조하고 싶다. 다만 지금까지 양자는 강력한 선택적 친화력을 발휘하면서 공존 공생하여왔다. 아나키스트 자유주의는 부자나 권력자만 특혜를 얻는 것이 아니라 더 많은 사람이 혜택을 향유하는 방향으로 이 공존 공생의 방식을 개선해나가고자 한다. 시대와의 불화 속에서 기회비용을 크게 치르고 있는 서투른 기회주의자들인 한국의 자유주의자들은, 한번 자아비판하는 셈 치고 아나키스트 자유주의에 관심을 가져보기 바란다.

자유주의는 포퍼의 지적처럼 비판적 토론 없이는 그 생명력을 유지하기 힘들다. 끊임없는 자아비판이 필요하다. 한국에서 자유주의 연구를 개척한 노명식(1991: 5)은 다음과 같이 충고한다.[2] "자유주의의 원리와 가치를 존중하는 사람이라면, 자유주의가 그 발전 과정에서 어떤 때는 스스로 공언한 바의 원리를 망각하거나 배반한 사실들을 정직하게 비판하는 일에 주저해서는 안 될 것이다." 그러나 정직한

---

2 자유주의에 관한 노명식의 연구는 선구자적 기념비이다. 다만 나는 하이에크에 관한 그의 다소 소극적인 해석에 대해서는 유보적이다.

비판은 부정확한 사실 판단과 사실 해석에 입각해서는 안 된다. 나의 월러스틴과 김동춘에 대한 비판은 정직한 비판에 대한 부정확한 판단일까?

  1980년대와 1990년대에 걸쳐 한국 사회에서 가장 돋보였던 자유주의 지식인의 한 사람, 고군분투하며 자유의 길을 걷고 자유의 가치를 저항적으로 보수한 그래서 보수주의자의 멍에를 짊어진 이문열(1992: 244-245)이 『시대와의 불화』 속에서 남긴 역사의 기념비적 증언인 아래 글을 알리고 싶다.

> 극단주의와 획일주의의 위험성에 대한 거부감도 80년대의 내 태도를 결정지은 이유가 될 겁니다. … 80년대의 주장 자체를 정면으로 대응해서 부인한 적은 거의 없습니다. 항상 우려되던 것은 주장하는 태도나 방식 같은 것들입니다. 이것이 유일한 답이다, 이 약이 만병통치약이다 하는 태도와 방식 말입니다. 당신의 자유보다는 이 자유가 먼저 획득되어야 하는 것 같다. 이렇게 겸손할 수는 없는지요. 그러면 나도 그 우선순위까지 부인하지는 못할 것입니다. … 시간이나 공간으로부터의 자유 같은 거창하고 추상적인 것보다는 기아와 추위로부터의 자유, 이것이 더 급할지도 모른다. 우리가 가여운 몸을 가진 한 우선순위가 그렇게 돼야 한다든가 이렇게 되면 얘기가 됩니다. 하지만 그게 아니고 그 따위 자유는 없다. 있어도 신경 써서는 안 된다. 오직 이 자유만이 모든 것을 한꺼번에 해결되게 하는 자유다, 하는 식이 되면 곤란합니다.

  그 광기와 독기의 열정이 지배하던 시절, 누가 자유주의자 이문열

을 지지했던가. 자유주의자들은 다시는 그런 굴종의 침묵을 되풀이해서 안 된다.³

---

3 개인적으로 나도 1988년 『신동아』(8월호: 168-183)에서 마련한 쟁점 토론 "민중민주주의란 무엇인가"에 참석하여 당시의 시대 분위기를 거슬러 민중주의에 대한 비판적 관점과 함께 시민 및 시민사회의 전망을 나 홀로 피력해보았지만, 당연히 외면되었고, 그 주장이 제대로 반영되지도 못한 경험을 갖고 있다.

7장 한국의 자유주의 논쟁

 거의 20년 전인 1996년 『사회비평』(15)은 "자유주의가 외롭다. 논쟁은 끝났다고, 또는 다 밝혀진 것이라고 치부하는 가운데 자유주의가 방치되고 있다. 그러나 자유주의에 대한 정면 대응이 그 어느 때보다도 절실한 시점이 바로 지금이다"라고 외치면서 '자유주의의 꿈과 짐'이라는 특집호를 내고 12개의 주제별 논문을 수록하였다. 자유론, 자유민주주의, 완전주의, 자본론, 포스트모더니즘, 공동체주의, 사회적 자유주의, 소유권, 시장, 법, 토크빌과 자유와 평등, 언론 출판과 관련해 자유주의에 대한 다양한 분석과 해석이 시도되었다. 자유주의와 관련된 주요 이론적 쟁점이 거의 포함된 야심적인 시도이다. 권두 논문을 집필한 서병훈(1996: 6-7)은 "자유주의가 자임한 업보의 실상을 드러내 보이는 것이 특집의 주된 목적"이라고 하면서 당대 자유주의 이론과 이념의 세계적 그리고 한국적 위상을 다음과 같이 절묘하게 포착한다.

아이러니컬한 것은, 정작 자유주의 시대 앞에서 자유주의의 입이 무거워지고 있다는 점이다. … 자유에는 책임이 따른다고 했던가. 자유주의가 시대의 고민을 짊어졌을 때는 그래도 한숨 돌릴 공간이 있었다. 이런저런 핑계도 댈 수 있었다. 이제 평천하를 하고 나니 자유주의가 하루아침에 '소년 가장'이 되어버렸다. '위대한 승리의 기쁨을 채 만끽하기도 전에 세상은 야박스럽게도 책임을 지라고 윽박댄다.' '희희낙락 자유주의'에서 '안절부절 자유주의'로의 신분 상승, 이것이 문제이다. … 맑스도 자유주의를 문전박대하지는 않았다. 다 버리기에는 아깝다고 말한 사람 중의 원조 격이었다. 자본주의와의 고리가 문제였다고 보았던 것이다. … 가치, 주체, 자유 그리고 사회, 이 모든 핵심적 개념들을 둘러싸고 자유주의는 철학적 진통을 거듭할 수밖에 없다는 것이 확인되었다. 그러므로 자유주의는 여전히 열려 있는 사상 체계라는 점을 간과해서는 안 된다. 자유주의가 시대의 총아임은 분명하나, 바로 그런 이유 때문에 자유주의가 안고 가야 할 짐은 무겁기만 하다. 자유주의와 더불어 우리의 삶을 꾸려나갈 수밖에 없는 운명이라면, 그 자유주의에 대한 논구의 열기도 한층 더 뜨거워져야만 할 것이다.

이로부터 채 10년이 못 되어 "안절부절 자유주의"는 신자유주의라는 유령으로 간주되면서 세상을 배회한다. 1848년 공산주의라는 유령spectre of communism이 당대의 수구 반동 세력들과 일전을 벌였다면, 신자유주의라는 현대판 유령은 19세기의 유령과 최후의 일전을 벌이는 것인가? 혹은 이를 통해서 새로운 21세기 자유주의가 탄생하는 것인가? 자유주의와 신자유주의는 어떤 관계인가?

안병영·임혁백(2000: 8)은 『세계화와 신자유주의』를 통해서 신자유주의라는 유령의 정체를 파악하고자 한다. 11편의 논문이 신자유주의를 세계화, 민주주의, 하이에크, 프리드먼과 시카고학파, 질서자유주의, 대처리즘, 유럽과 한국적 대응이라는 차원에서 검토한다. 이러한 논의는 신자유주의＝악마라는 선입견을 가진 사람들의 시각을 교정하고 균형 감각을 되살리는 해독제의 역할을 할 것이다. "신자유주의를 창조적으로 수용하거나 신자유주의에 대한 혁신적 대안"을 마련하고자 한다면(안병영·임혁백, 2000: 15) 신자유주의에 대한 근거 없는 이데올로기적 고정관념부터 타파해야 한다.

이로부터 다시 10년 이상의 세월이 흐른 후, 최근 한국 사회에 적합한 자유주의가 어떤 것이냐에 관한 매우 흥미로운 논쟁이 펼쳐졌다. 2013년 7월 『중앙일보』에 배영대, 이상화 두 기자가 최장집, 민경국, 박세일, 주대환을 인터뷰한 기사가 실렸다. 각 자유주의의 주창자가 한국 사회에서 학문적으로나 정치적으로도 널리 알려진 명망가일 뿐 아니라, 큰 영향력을 가진 뛰어난 이론가이고, 또 그 내용이 진솔·적확·명료하므로 다소 길지만 그 내용을 가능한 한 그대로 소개하고자 한다. 이 논쟁을 통해서 적어도 21세기 초반 한국 자유주의의 주요한 흐름과 현황을 개관할 수 있을 것으로 기대한다.

인터뷰 형식의 기사 내용을 몇 개의 소주제로 분류하여 각 논자의 주장을 인용하고, 다음에는 이 주장에 대한 나의 아나키스트 자유주의적 평가를, 필요할 경우, 제시하는 방식으로 논의를 전개할 것이다.

논의의 도입부로서 논쟁의 배경에 대한 『중앙일보』(2013. 7. 6.) 배영대·이상화 기자의 시의적절한 설명을 인용한다.

자유주의란 이념이 근대 이후 인류 발전사에서 차지하는 의미나 무게에 견줘, 그간 한국 사회에서 자유주의가 제대로 된 '대접'을 받지 못한 건 사실이다. … 보수 진영이 자유주의를 냉전반공주의나 시장자유주의와 동일시해버린 것도, 바로 그런 이유에서 진보 진영이 자유주의에 애써 거리감을 두어온 역사적 경험도 빼놓을 수 없다. … 최장집 교수가 "(한국 사회에서) 자유주의는 좌우 이데올로기 양극화 속에서 해체되고 실종되었다"는 평가를 내린 배경도 충분히 이해됨 직하다.

… 무릇 자유주의란 사적 이해의 전면적 충돌을 방지하고 개개인에 대한 인격적personal 물리력 행사라는 전근대적 봉건사회의 잔재를 없애는 과정에서 등장한 인류의 소중한 유산이다. 국가와 공권력은, 사실 그 과정에서 탄생한 '발명품'에 가깝다.

국가와 국가의 이름으로 행사되는 공권력을 통해 개개인의 자유로운 인간성 향유를 가로막는 모든 종류의 방해물을 없애는 대신, 국가의 역할과 임무, 공권력의 한계는 분명히 해두자는 게 자유주의의 뼈대다. 국가와 공권력이 '공공재'로서 갖는 효용은 딱 거기까지다.

자유주의 담론이 다시 꽃피는 2013년 한국 사회는 정작 국가와 공권력이 복잡한 사회문제의 중재자이자, 자유를 향유할 개인적 권리의 수호자이기보다는, 오히려 개개인의 자유로운 삶을 왜곡하고 사회를 통제하는 교란자이자 훼방꾼임을 보여줄 뿐이다. 자유주의는 인류사에 등장한 이래 꾸준히 자기 변신을 통해 생명력을 유지해왔다.

자유주의란 단어 앞에 그 어떤 수식어가 따라붙건 간에, 변치 않는 단 하나의 진리는 개인과 사회를 통제하고 억압하는 '폭력'에 대한 분명한 거부이자 저항이야말로 자유주의(자)만이 누릴 수 있는 신성한 권리이자 엄중한 의무라는 사실이다. 개인과 사회를 유린하는 자유주의의 '적'들에 분명하게 맞서는 싸움이야말로, 2013년 이 땅의 자칭 자유주의자들이 올라서야 할 시험대인지 모른다.

내가 추구하는 아나키스트 자유주의의 맥락에서도 충분히 인정하고 수용할 수 있는 내용이다. 다만 여기서 사회는 억압적 국가에 대비되는 자유 연합이라는 의미로 이해한다. 그럼 본격적으로 최장집의 진보적 자유주의부터 시작해보자.

1. 최장집의 진보적 자유주의

『한국경제』(2013. 6. 4.) 이호기 기자의 다음 인용 글은 진보적 자유주의의 한국적 형성 맥락을 자세히 알려준다.

> 진보적 자유주의라는 표현은 이미 손학규 전 민주당 대표가 한나라당 국회의원 시절인 2000년 『진보적 자유주의의 길』이라는 책에서 사용하였다. 그는 영국의 저명한 사회학자인 앤서니 기든스의 『제3의 길』을 차용해 "시장경제를 한 축으로 하고 시장에서 야기되는 갈등을 국가가 해결하는 한국적인 제3의 길"이라고 밝혔다. 유시민 전 보건복지부 장관도 노무현 정부 말기 출간한 『대한민국 개조론』에서 기존의 보수와 진보를 모두 비판하면서 진보적 자유주의를 대안으로 제시했다. 그는 2002년 개혁당, 2010년 국민참여당을 창당해 시장경제 위에서 복지국가를

추구하는 자신의 생각을 정치적으로 실천하려고 시도했다. 청와대 정책실장을 지낸 이정우 경북대 교수 역시 2011년 「노무현 정부의 진보적 자유주의 구상」이란 논문을 통해 노무현 정부의 철학을 진보적 자유주의로 규정했다. 그는 "좌도 우도 아닌 중도적 입장"이라고도 했다. 문재인 의원도 최근 기자들과의 대화에서 "김대중·노무현 정부도 굳이 범주화한다면 진보적 자유주의적 입장"이라며 "정치적 자유를 넘어 사회·경제적 자유를 추구하는 것으로 이해한다"고 말했다.

(이하 최장집의 답변은 2013년 7월 6일 『중앙일보』에 게재된 배영대·이상화 기자와의 인터뷰 내용을 인용한 것이다.)

1) 한국 자유주의의 역사적 불운

최장집: "한국 사회에서 민주주의는 독재에 반대하는 운동이었다. 민주주의는 현재 정착이 된 이념이지만 자유주의는 정착되지 않았다. 해방 이후 분단국가는 자유주의 기치를 내걸고 만들어졌다. 하지만 건국을 주도했던 보수 세력들은 자유주의를 냉전 체제 유지를 위한 이념으로 이용했던 것이지 진정한 자유주의를 가져온 게 아니었다. 반대로 진보 쪽에서는 자유주의를 보수적인 냉전 반공주의 이념으로만 이해하면서 수용하지 않았다. 자유주의는 양쪽으로부터 홀대받았다. 냉전 시기에 자유주의는 샌드위치 이념이었다. … 서구에서 자유주의는 신흥 부르주아지의 이념으로 자유 시장 원리와 접목해 발전했다. 하지만 우리나라에선 자유주의가 국가주의적 이념으로 수용됐다. 이때도 진보 지식인들은 자유주의를 보수의 이념으로 생

각하며 거부했다. … 90년대 외환 위기 이후 신자유주의가 도입됐다. 기존 보수적인 경제를 추구했던 사회 세력들이 이제 신자유주의와 뉴라이트를 내세웠다. 자유주의가 신자유주의와 연결되었고 이명박 정부 때까지 계속됐다. 이런 가운데 민주화운동을 할 때도 진보 진영의 민중주의적 흐름에서 자유주의는 생소했다. 민주화 이후 진보 세력은 맑스주의나 서유럽의 복지 체제인 사회민주주의를 수용했다. 진보는 진보대로 보수는 보수대로 자유주의를 적극적으로 수용할 수 없었던 환경이 계속된 것이다."

 나: 자유주의와 국가주의의 결합 문제는 간단하지 않다. 자유주의를 한국 헌법의 공식 이념으로 한 것은 자유주의로써 국가의 무소불위 좌충우돌 권력을 제한하기 위한 것이다. 자유주의는 국가 폭력을 감시하고 규제하는 최소국가론에 머무른다. 그러므로 한국의 자유주의가 처음부터 독재국가 체제를 정당화하는 형식 이념으로 채택된 것은 아니다. 독재 권력자들이 자유주의의 이름을 악용했을 뿐이다. 해방 후 자유주의는 민주정치적 토대가 취약한 가운데서 한국의 막강한 독재적 국가주의에 눌리고 밀리면서 제 역할을 수행하지 못했다. 그러나 아나키스트 정당인 독립노농당이나 일부 언론처럼 이승만 반공 독재 체제에 저항하는 자유주의 세력들이 보수적 우파와 맑스주의적 좌파의 틈새에서도 일관되게 정체성을 유지하며 목소리를 냈다. 이념으로서 자유주의를 조직화하고 거기에 충실했던 정치 세력은 별로 없었지만, 일반 시민들은 일상적 삶을 통하여 점점 더 자유의 가치를 추구하고 요구하기 시작하였다.

2) 자유주의와 시대 조건 변화

최장집: "이제[2013년] 자유주의가 긍정적·적극적으로 수용될 수 있는 조건이 만들어졌다고 생각한다. 평등주의 가치가 퍼지고 경제 발전이 되었다. 국가 권위에 의해 개인의 자유가 억압되거나 개인이 국가 목표의 역군으로 동원되는 것에 대해 거부감을 느끼게 됐다. 발전의 산물이다. 한국 사회는 아직 경제적으로 여러 어려움이 있지만 경제 발전 국가의 대열에 참여했다. 자유주의를 진지하게 수용할 수 있는 토대가 마련된 것이다."

나: 정치적 자유주의의 물질적 토대가 최근에 이루어진 것으로 판단하고, 이제 본격적으로 한국 사회에서 자유주의를 거론할 수 있는 시점이라는 주장은 타당한 진단이지만 약간의 오해를 초래할 수 있다. 정치학자 립셋(Lipset, 1959)의 고전적 가설("경제 발전이 있어야 민주주의가 가능하다")을 연상시키는 최장집의 의견은 한국 자유주의의 특수성을 과소평가한다. 사상으로서 자유주의는 이미 조선 말부터 소개되었고, 일제하의 독립운동, 해방 직후의 좌우 대결과 한국전쟁 및 반공 체제를 거치면서 왜곡과 남용 속에서도 성장하였고, 4.19혁명과 군부독재 체제에 맞선 민주화운동과 함께 한국 사회에서 거부할 수 없는 역사적 이념으로서 자리 잡았다. 그리고 1990년대 문민 정권의 등장과 한국 시민사회의 성립은 자유주의와 민주주의가 제도적으로 공고화되는 전기를 마련하였다.

경제적으로는 국가 주도형 발전 양식이기는 했지만 기본적으로 사유재산제도와 시장 경쟁에 기반하는 자본주의경제가 해방 이후 계속해서 실시되었기 때문에 경제적 자유주의 또한 면면하게 지속되고 있었다. 이 점에서 한국 사회에서 자유주의의 전통은 최근에 확립되었다기보다는 최소한 해방 이후부터 의식과 제도의 양면에 걸쳐 확산되고 뿌리를 내린 셈이다. 반공 독재와 개발독재는 자유주의의 정상적 발전을 왜곡시키거나 위축시켰지만 사람들의 의식 속에 그리고 사회 전반에 흐르는 자유주의의 물결을 가두어놓을 수는 없었다. 아울러 민주화운동, 특히 좌경화된 노동운동이 점진적 개혁을 추구하는 자유주의를 자신들의 혁명주의에 반대하는 반동적-개량적 보수주의라고 매도함으로써 자유주의에 대한 부정적 이미지를 씌웠다.

1990년대 한국 사회에 시민사회론이 제기되었을 때, 내가 기억하는 한, 대다수의 좌파 학자들은 여전히 맑스의 시민사회 비판론에 의거하여 당대 한국의 시민사회론을 부정적으로 과소평가하면서 무시하거나 반대하였다. 그러나 오늘날 극소수의 극단적 맑스주의자를 제외하고 대다수 좌파는 시민사회론을 비판적으로 수용하고 있다. 이런 맥락을 고려하면, 이제야 한국 사회에서 자유주의가 좌파에 의해서도 본격적으로 거론될 수 있다는 사실은 그간 학계를 장악한 좌파에 의한 자유주의의 봉합 내지 감금을 거꾸로 입증할 뿐이다.

한국의 자유주의는 하나의 이념으로서는 조선 말 서구로부터의 외래 사상으로 수용되었다. 자유라는 가치에 대한 인식은 봉건적 억압과 일제하 식민적 억압 그리고 해방 후 독재 체제의 억압 속에서도 서서히 확산되고 강화되었다. 그래서 나는 일제하 독립운동, 4.19혁명, 박정희 군부독재 반대운동과 5.18민주항쟁과 민주화운동의 심층에 존재하는 자유주의적 가치를 표방하고 요구하는 수많은 민중과 시민에 주목한다.

3) 한국의 국가주의

최장집: "한국 사회가 집단주의적이고 국가주의적이었던 것은 환경적 조건 때문이다. 제2차 세계대전 후 국가주의 가치관이 강할 수밖에 없는 조건이 있었다. 공산주의와 경쟁하는 냉전 시기였고 국가가 중심이 돼 경제를 발전시켜야 했다. 그런데 민주화가 된 이후에도 변화를 가져오지 못했다. 다원주의에 여전히 부정적이다. 민주화가 됐으면 개인주의와 이익집단도 강화돼야 하는데 그러지 못했다. 이런 경향은 바뀔 필요가 있다고 생각한다."

나: 정확한 지적이다. 한국을 비롯하여 일본, 중국 모두 국가주의적 전통이 강하다. 그 이유는 유교가 국가적 종교 규범으로 자리하는 가운데 수신제가보다는 치국평천하와 천하위공의 국가주의가 확산되었기 때문이다. 일본의 경우는 천황을 중심으로 한 신도가 국가집단주의의 토대가 되었다. 특히 한국에서는 저항적 민족주의나 패거리 군사 문화 때문에 개인주의 전통이 매우 약하다.

4) 최장집의 자유주의

최장집: "국가의 과도한 중심성을 견제하면서 개인 자율성과 인권을 존중하는 가치가 바로 자유주의다. 개인·시민사회가 더 강해져야 민주주의가 발전할 수 있다. 그래야 정당도 발전한다."

5) 진보와 보수의 대립 구도에서 자유주의의 역할

최장집: "진보냐 보수냐라는 구분은 해방 후 민주화 과정에서 만들어졌다. 민주화 이후에도 민주 대 반민주라는 대립이 정치의 중심축이 됐다. 이것이 변할 때다. 이제는 민주냐 반민주냐를 두고 투쟁하는 것이 아니라 어떤 민주주의를 만드느냐가 과제다. 한국 사회 구성원의 삶의 질을 향상시키고 개인의 자유와 권리를 실현하는 내용을 두고 경쟁해야 한다. 과거 민주화운동 중 형성됐던 진보·보수 이념은 민주주의가 정착된 지금 큰 의미를 가지지 않게 됐다. 진보와 보수가 새롭게 정의될 필요가 있다. 그런 문제의식으로 볼 때 자유주의는 진보의 이념이다. 어떻게 자유주의의 내용을 채우느냐에 따라 차이가 많이 날 수 있다. 내가 머릿속에 두고 있는 자유주의는 진보의 가치를 포괄하고 있다."

나: 적절한 발언이다. 맑스도 초기 부르주아의 진보적 역할을 인정했다. 자유주의도 마찬가지다. 사회적 자유주의는 지속적으로 진보적 역할을 모색하였다. 그러나 이제 진보-보수의 구분은 재고되어야 한다. 나는 한 걸음 더 나아가 특정 이념에 따라서 자동적으로 적용되는 도식적인 그 구분 자체를 아예 없애고자 한다.

6) 자유주의 가치

최장집: "내가 보는 자유주의 가치는 세 가지다. 첫째, 공존이다. 자기와 생각이 다른 개인이나 사회집단이라 해도 공존할 수 있는 관용 정신이 필요하다. 우리는 너무 상대를 인정하지 않고 선악으로 양분

한다. 이분법적 사고방식이 모든 사회·정치에 확산돼 있다. 상호성이 필요하다. 둘째, 절차적 정당성이 존중받아야 한다. 상대를 인정해서 타협하고 합의를 이끌어가는 절차의 중요성을 만드는 것이 필요하다. 그동안 목적이 수단을 정당화한다는 식의 관점이 팽배했다. 자유주의에선 법의 지배가 중요하다. 이를 통해 개인이 자유롭게 자신의 의사를 더 잘 표현할 수 있다. 셋째, 시빌리티civility(예절 혹은 예의)가 중요하다. 우리 사회의 말과 언행이 너무 거칠고 살벌하다. 이성적 토의를 통해 타협하고 컨센서스를 만들어가는 풍토를 만들지 못했다. 자유주의는 이런 것들을 진작하는 가치다."

나: 특히 시빌리티에 대한 강조는 주목할 만하다. 공자가 중시한 "예"는 서구의 에티켓과 같은 수준이 아니다. 아나키스트 자유주의가 문명전환의 매개자가 되려면 문명의 "예화禮化civilize"라는 차원을 담지한 자유를 전제해야 한다. 그래서 나는 아나키스트 자유주의의 하위 이념을 구성할 때(제4부), 오행五行, 오덕五德, 오기능五機能의 연관을 제시하면서 토土-예禮-사회社會를 전제하였다.

7) 자유주의의 진보-보수 통합적 정치적 역할

최장집: "그런 가능성에 대해서는 아직 생각하지 않았다. 적어도 이념적으로 소통하고 뭔가 의미 있는 정치적 가치를 끌어낼 수는 있다고는 본다. 경제민주화·복지 문제와 남북문제는 한국 사회 갈등의 두 축이다. 이런 문제를 지금까지와 달리 자유주의 이념의 틀을 통해 어떻게 접근하느냐가 앞으로 구체적인 과제라고 본다."

8) 진보 사상으로서 자유주의와 민주주의

최장집: "서양에서 자유주의는 진보의 이념으로 출발했다. 인권과 자유와 평등을 내세운 게 자유주의다. 자유주의는 전제군주에 대응했고, 근대화의 중심이었다. 자유주의 이념 위에서 민주주의가 발전했다. 그런 측면에서 자유주의는 확실하게 진보의 이념이다. 한국에서 진보는 민주주의가 이끌었다. 민주화되고 난 뒤에 자유주의의 의미를 다시 바라보게 됐다. 한국에선 민주주의를 하고 난 뒤에 '민주주의만 해서는 한계가 많구나' '어떤 방향으로 민주주의가 발전해야 하는가' 하는 등의 질문에서 나온 거다. 서양에서는 자유주의 토대 위에 민주주의가 발전했다면 한국에서는 반대다."

나: 자유주의와 민주주의를 구분하여 접근하는 것은 매우 필요하다. 아나키스트 자유주의는 "자유주의를 전제로 하는 민주주의" 혹은 "개인적 자유를 위한 자유민주주의"를 요구하므로 최장집의 의견과 초점 혹은 강조점이 다르다. 이승만 독재 체제나 군부독재에서 자유가 정치적 수사로서만 범람하였기 때문에 4.19혁명이건 민주화 투쟁이건 자유주의 투쟁이 아니고 민주주의 투쟁이라는 것은 곤란하다. 두 혁명적 투쟁은 자유를 쟁취하기 위한 자유주의 투쟁인 동시에 민주주의를 위한 투쟁이라고 규정하는 것이 정확할 것 같다. 민주화 투쟁 이후 한국 사회에서 전개된 시민사회의 성립은 개인적 자유를 보장하는 자유민주주의사회의 확장으로 연결되지 않았는가?

9) 구한말 개화파들과 독립운동 과정에서의 자유주의

최장집: "구한말 독립협회 지도자들이 생각한 자유주의, 해방 이후까지 이어진 자유주의는 사회적 기반이 존재하지 않았다. 그것은 지식인 근대화 운동가들이 서양의 진보적 이념으로서 자유주의를 한국 사회에서 가져오려는 운동이었다. 서양에서 자유주의는 자본주의 발전이 만들어낸 부르주아지라는 신흥 중산층 계층의 이념이다. 한국은 그런 기반이 없이 서양의 선진적인 이념이라서 수용한다는 생각이 크지 않았나 생각한다. 지금은 구체적인 사회적 기반을 가지고 자유주의를 말하는 것이기 때문에 과거와 상당히 다르다."

나: 반복하지만 자유주의의 물질적 기반에 대한 강조는 중요하다. 그러나 이념 발전사적으로 볼 때, 자유주의는 자본주의에 선행한다고 보는 것이 더 타당할 것 같다. 이념과 이론으로서 자유주의가 체계화된 것은 근대 자본주의의 시작과 궤를 같이하나, 자유라는 욕구와 의지 그리고 그것을 위한 투쟁은 훨씬 이전부터 존재했다. 특히 자유주의의 기초를 이루는 개인주의는 르네상스를 통한 인간의 발견에서 꽃을 피웠고, 종교전쟁의 폐해를 자각한 관용 tolerance의 정신이 자유주의의 토대를 마련했다. 근대 자유주의에서 문화적 자유주의는 종교의 자유 혹은 종교적 관용으로부터 도출되었고, 경제적 자유주의는 자유 시장 혹은 자본주의와 결합되었으며, 정치적 자유주의는 민주주의적 의사 결정을 요구하였다. 그러므로 자유주의와 물질적 토대 혹은 정치 사회적 제도화의 관계는 일방향의 결정론적 관계라기보다는 상호작용 관계라고 보는 것이 더 나을 것 같다.

따라서 개인적 자유의 문제는 역사적으로 전제적 국가나 독단적 교회로부터 발생하는 외적 강제나 억압에 대한 비판적 각성으로서 구체화된다. 신흥 부르주아지도 자신의 자유로운 정치 활동 및 상업적 이해 추구를 가로막던 봉건 왕조나 귀족 혹은 절대주의적 국가에 대한 저항 세력으로서, 즉 제3신분으로서 맑스의 지적처럼 역사의 진보적 역할을 수행한 것이다. 아나키스트 자유주의는 자유주의와 자본주의의 결합 관계를 역사적 필연으로 파악하지 않는다. 자유주의의 이념적 토대를 규정하는 경우, 나는 경제적 기반인 자본주의보다도 정신적 기반인 개인주의를 더 선차적이고 핵심적인 것으로 이해한다.

10) 진보적 자유주의와 사회민주주의의 차별성

최장집: "진보적 자유주의는 사회민주주의에 근거한 프로젝트는 아니다. 사회민주주의는 우리 사회에서 진보 정당 계열에서 해야 할 과제이고 영역이다."

나: 매우 중요한 발언이다. 합리적 좌파로서 최장집은 역시 중도 좌파로 규정해야 할 것 같다. 앞으로 전개될 사회민주주의와 대비되는 진보적 자유주의의 구체적 프로그램이 궁금하다.

총평: 최장집은 자타가 공인하는 한국 최고의 정치학자이다. 재차 강조하지만 그가 좌파적 지향성에서 자유주의를 포용한 것은 과감한 지적 결단이자 용기이다. 그의 진보적 자유주의는 현 단계 한국의 분열·대립하는 이념 지평에서 그 적실성과 설득력이 매우 높다. 새로운 정치적 세력이 그의 길을 활용하여 진보적 자유주의가 정치적으

로 성공하기를 바란다. 최장집은 "진보적"이라는 수식어가 갖는 이념적 부담과 가능성을 충분히 조화시킬 수 있을 것으로 믿는다.

2. 민경국의 하이에크형 자유주의[1]

민경국은 하이에크가 제창한 자유주의를 추구하는 한국의 대표적인 경제학자 중 한 사람이다. 민경국의 하이에크 자유주의는 통상적으로 1980년을 전후해 미국 레이건 대통령과 영국의 대처 총리가 주도한 정치 경제 정책의 이념인 '신자유주의'의 원류라고 간주된다. 그러나 민경국은 이 선동적이고 허구적인 명칭을 거부한다.

이제 민경국의 하이에크 자유주의를 살펴보자(이하 민경국의 답변은 2013년 7월 20일『중앙일보』에 게재된 배영대·이상화 기자와의 인터뷰 내용을 인용한 것이다).

---

[1] 복거일(2013)의 편저『나는 왜 자유주의자가 되었나』에서는 한국의 주요 경제적 자유주의자들(이영훈, 박동운, 김영용, 민경국, 김정호, 신중섭, 황수연, 조동근, 배진영, 안재욱, 김승욱, 김이석, 김인영, 조전혁, 김행범, 현진권, 권혁철, 송원근, 최승노, 윤상호, 복거일)이 자서전적 형식으로 자유주의에 대한 자신의 입문 배경과 과정 그리고 신념 등을 생생하고 솔직하게 기술하고 있다. 아나키스트 자유주의자들이 경청하고 수용해야 할 관점과 비판, 특히 개인에 대한 외적 간섭 그리고 국가 개입의 문제점에 대한 자유주의자들의 입장이 풍부하고도 일관되게 제시되어 있다. 문화적 자유주의의 필요성, 기독교와 자유주의의 관련성, 국가 개입의 한계를 밝히는 공공선택론, 자유에 대한 본원적 욕구와 거기에 따르는 책임과 의무 등에 대한 논의가 다채롭게 펼쳐지고 있다.

1) 자유주의와 신자유주의

민경국: "자유주의 앞에 붙은 각종 형용사는 불필요하다. 신자유주의란 표현은 잘못된 것이다. 자유주의 자체를 못마땅해하는 좌파의 왜곡된 선전이다. 신자유주의가 아니라 그냥 자유주의라고 불러야 한다. 존 스튜어트 밀이 '사회적 자유주의'를 내세운 이래 왜곡되기 시작한 자유주의의 본령을 되살려낸다는 의미에서 '고전적 자유주의'라고 할 수 있다. 2008년 미국발 금융 위기의 원인을 신자유주의의 한계로 지목하는 것은 잘못된 진단이다. 금융 위기는 신자유주의 때문이 아니라 주택 시장에 대한 정부의 잘못된 개입과 통화량을 무진장 확장한 정책 때문이다. 좌파 이론가들이 책임을 떠넘기기 위해 신자유주의를 걸고 넘어간다."

2) 최장집의 진보적 자유주의

민경국: "자유주의에 진보적이란 형용사가 붙은 것을 보며 세 가지 생각이 떠올랐다. 먼저 노무현 대통령 시대다. 두 번째는 20세기 초 미국의 진보주의progressivism 이념이다. 세 번째는 독일의 사회민주주의(사민주의)다. 내가 독일에서 유학하던 70년대에 사민주의가 유행했다. 사민주의를 마치 자유주의인 것처럼 가공해 유권자로부터 표를 얻기 위한 하나의 술책이 아닌가 하는 생각이 들었던 것이다. … [미국의 진보주의란] 1900년께부터 유행한 이념으로 대기업 규제, 재분배와 복지 정책 등이 주로 포함돼 있었다. 그 진보주의가 1930년대 대공황을 맞아 뉴딜 정책으로 이어진다. 뉴딜 정책을 주도한 루스벨트 대통령을 미국과 유럽의 자유주의자들은 '아메리칸 히틀러'라

고 부른다. … 루스벨트가 영국의 경제학자 케인스(1883-1946)의 정부 개입 정책을 적극 도입함으로써 미국과 세계경제가 살아났다고 하는데 이는 전혀 사실이 아니다. 하지만 우리나라 교과서도 대개 그렇게 가르치고 있다. 교과서가 문제다. … 정확히 알아야 한다. 세계 대공황이 8년 동안이나 지속된 이유가 바로 정부의 개입 때문이었다. 정부의 '기업 때리기'가 그때부터 나왔고, 조세를 올리며 정부 지출을 늘려만 갔다. 기업인들은 불안해서 투자를 못했다. 루스벨트가 세 번째 연임하다가 사망하고 나니까 기업의 투자 심리가 살아나기 시작했다. 1944년 트루먼Harry Truman 대통령이 등장하면서 무역 규제도 풀고 그러면서 경제가 살아날 수 있었던 것이다. 루스벨트의 참모들 면면을 보면 그 성향을 짐작할 수 있다. 이탈리아 무솔리니Benito Mussolini의 파시즘을 연구한 사람들과 독일의 국가주의자 헤겔 철학을 공부한 이들이 뉴딜 정책의 참모로 많이 들어가 있었다.

3) 최장집의 진보

민경국: "진보의 의미를 객관적으로 규정하기 어렵다. 최장집은 좋은 뜻으로 그렇게 했을 것이다. 문제는 그것을 발판으로 삼아 각종 정치꾼과 이익 단체가 정부 규제를 통해 뭔가 이익을 노리려고 한다는 데 있다. 진보라는 이름으로 별의별 명분을 만들어서 시장을 규제하는 방향으로 나아갈 위험이 크다는 얘기다. 자유주의 이념에서 가장 중요한 것은 국가권력을 제한하는 것이다. 진보적이라는 수식어를 발판 삼아 하나둘씩 정부 개입을 늘려가다 보면 결국 자유주의 자체가 유명무실해지게 된다."

4) 박세일의 공동체 자유주의

민경국: "무척 고심한 흔적이 있지만 자유주의에 공동체를 붙인 것은 잘못이라고 본다. 공동체와 자유주의 가치가 충돌한다. '네모난 원'이다. 네모난 원이 가능한가. 공동체는 집단주의 개념이고 자유주의는 개인주의다. 개인주의와 집단주의는 충돌할 수밖에 없다. 집단주의의 장점을 가져와 자유주의 단점을 커버한다는 것인데 그것은 불가능하다."

5) 민경국의 하이에크 자유주의

민경국: "진보적 자유주의 내용이 정확히 알려지지는 않았지만, 20세기 초 미국의 진보주의와 비교하면 공동체 자유주의가 조금 더 자유주의 쪽에 가까운 것 같다. 그러나 이런 비교보다 더 중요한 것은 정치적인 메커니즘에 의해 자유주의 앞에 붙은 수식어가 결국 자유주의 자체를 갉아먹게 된다는 점이다. 역사적으로 보면 영국 경제학자 애덤 스미스의 고전적인 자유주의 이론에 존 스튜어트 밀이 분배 정책을 포함시키면서 이른바 '사회적 자유주의'가 등장한다. 사회적 자유주의는 '페이비언 사회주의'로 이어지며 영국을 골병들게 만드는데, 영국병이라 불리는 것이다. 강성 노동조합, 과다한 정부 지출과 복지 정책 등이 특징이다. 그 결과가 1971년 영국이 국제통화기금(IMF)의 구제금융까지 받는 처지로 전락하게 된 것이다. 그렇게 된 영국을 구출하러 나선 인물이 대처 총리다."

나: 자유주의 앞에 아나키스트란 수식어를 붙인 내가 부언하지 않

을 수 없다. 혹시라도 민경국은 자신의 자유주의만이 지고·지순하며 정확·정직한 것이라고 생각하지는 않을 것이다. 자유주의는 그야말로 자유롭게 발전할 수 있다. 그것이 자유주의 정신이 아니겠는가? 자유주의의 다채로운 분화는 바람직하다.

6) 자유주의의 과제

민경국: "자유주의는 자유와 책임의 원칙을 중시한다. 시장경제 원칙과 작은 정부, 그리고 법치주의가 중요하다. 원래 서구 역사에서 법치를 처음 강조한 것이 자유주의다. 그런데 법치의 경우 자유주의에서 말하는 법치주의와 좌파가 말하는 법치주의가 또 다르다. 자유주의에서 중시하는 법은 개인의 자유와 재산권을 보호하는 것이다. 그런데 경제민주화, 복지, 재분배 등을 통해 정부 개입을 잔뜩 늘리는 법을 만들어놓고 법치를 하자는 것은 다른 문제가 되는 것이다. … 사회주의와 케인스주의 같은 정부 간섭주의가 법을 타락시킨 것이다."

나: 자유주의 정치 세력이 집권하여 자유주의를 위한 입법을 하면 그것도 건설적 권력의 국가 개입인가? 국가를 필요악이라고 보는 포퍼와 아나키스트 자유주의가 제안하는 최소국가론의 장점을 진지하게 고려할 필요가 있다.

7) 자유주의와 복지

민경국: "자유주의가 무조건 복지를 반대하는 것이 아니다. 최소

생활 수준을 국가가 보장해야 한다는 것이 자유주의다. 빈곤 문제와 관련해 우리나라에 기초생활보장법이 있다. 그 법이 굉장히 좋은 법이다. 기초생활보장법만 제대로 실천하면 다른 복지 정책은 필요가 없는데 그게 잘 안 되고 있다. 정말 자기 능력으로 생활할 수 없는 사람들이 있다. 무의탁 노인, 결손가정 등을 포함해 약 10% 정도 잡는다. 이 사람들만 철저하게 보호하면 빈곤과 실업 문제 등은 크게 걱정하지 않아도 된다."

나: 민경국의 단언처럼 자유주의는 반복지주의가 아니다. 국가 독점 복지주의 혹은 복지국가주의를 비판하는 것이다.

8) 자유주의와 보수주의

민경국: "엄밀히 말해 보수주의와 자유주의는 추구하는 가치가 다르다. 자유주의는 정치적으로는 언론·출판의 자유를 중시하며, 경제적으로는 개인과 기업의 시장에서의 활동을 자유롭게 하고 정부가 개입하지 않는 것을 기본 가치로 한다. 그런데 보수주의는 현 체제에 대한 안정을 중시하고 변화를 두려워한다. 19세기 영국을 예로 들면 당시 자유주의자들이 진보적이었다. 보수주의자는 대개 대토지 소유자였고, 자유주의자들이 주장한 자유무역으로의 개혁을 막으려 했다. 다른 한편 보수주의가 자유주의와 같은 경우도 있는데 사회주의와 싸울 때다. 반공주의, 반사회주의에서는 함께한다. 한국의 보수주의자들 가운데 경제적으로는 개입주의를 지지하는 이들이 많다."

9) 박정희 정부의 경제정책 평가

민경국: "사유재산을 철저히 보호한 점은 아주 잘했다. 60-70년대 남미와 비교하면 사유재산과 관련해서 우리가 철저했다. 그게 경제성장에 결정적인 역할을 했다. 그다음에 높게 평가하는 것은 시장 개방정책이다. 은둔의 나라 한국이 문을 활짝 열었다. 수입관세를 붙였다 하더라도 다시 수출을 하면 환급해주기도 해서 수입도 자유화한 것과 마찬가지였다. 그런데 70년대 들어와 중화학공업 육성 정책의 경우 결과적으로는 좋았지만 어쨌든 정부 개입이고 관치였다. 자유주의 관점으로 볼 때 정부 개입이 없었다면 결과가 더 좋았을 수도 있었다고 본다. 종합적으로 평가하면 70점 이상이다."

10) 한국 경제학의 주류

민경국: "개입주의 경제학이 90%가량을 차지한다."

총평: 하이에크형 자유주의자로서 민경국은 명확하게 그리고 일관되게 자신의 소신을 밝혔다. "신자유주의 = 악마라는 악의적 비판"에 무비판적으로 부화뇌동하는 사람들은 신자유주의에 관한 그의 지적을 숙고할 필요가 있다. 고전적 자유주의에 대한 민경국의 확고한 신념은 얼치기 사회적 자유주의를 빙자한 오늘날의 국가 개입 필수론과 국가 주도 만능론을 비판적으로 인식하게 만드는 각성제이다. 여기서 오늘의 잡종사회에서 경제문제란 순수한 경제적 변수들만으로는 설명하기 힘든 잡종적 성격을 갖는다는 사실을 재차 강조하고 싶다. 경제적 자유주의자들이 경제적 효율성/타당성과 정치 사회적 안

정성/정당성 간의 불필요한 마찰과 갈등을 최소화할 수 있는 종합 모델을 고안할 수 있기를 기대한다. 후일 "아나키스트 하이에크의 가능성"에 관하여 서로 진지하게 토론하고 싶다.

3. 박세일의 공동체 자유주의

서구의 자유주의 이념과 동양의 공동체 전통을 융합한 '공동체 자유주의'를 새로운 보수 이념으로 주창하는 박세일에 의하면 보수도 변하지 않으면 미래가 없다. 좌파적 가치로 간주되었던 공동체 이념을 자유주의와 결합시켰다는 점이 매우 신선하다. 좌파의 장점을 흡수해 우파를 강화하자는 과감한 발상이다(이하 박세일의 답변은 2013년 7월 13일 『중앙일보』에 게재된 배영대·이상화 기자와의 인터뷰 내용을 인용한 것이다).

1) 최장집의 진보적 자유주의

박세일: "어려운 결단을 했다. 자유주의를 내세운 것은 아주 잘했다. 현재 야당과 비판 세력은 정체성 위기다. 한반도에선 지난 70년 가까이 자유주의와 전체주의의 싸움이 진행돼왔다. 한국의 진보 세력은 북한의 전체주의와의 관계를 분명히 하지 않았다. 오히려 친북 발언으로 국민에게 적잖은 혼란을 줬다. 엄밀한 의미의 진보가 아니었다. 야권의 이념적 정체성 위기도 그래서 생겼다. 그런 상황에서 최 이사장이 진보적 자유주의를 내놓으며 정체성을 정리하는 결단을 한 거다. 자유주의의 주창은 대단히 중요한 선택이고 진전이다. 이제 자

유민주주의와 시장경제라는 기초 위에서 성장과 분배를 어떻게 조화할 것인가, 또 정부의 역할을 어디까지 할 것인가 하는 정책 논의로 나아갈 수 있는 기초가 마련된 것이다. 이제 대한민국의 리버럴(미국의 민주당이나 영국의 노동당)이 나올 수 있게 됐다. 비판 세력도 대한민국 헌법 정신 안으로 들어온 셈이다. 미국 리버럴은 자유민주주의 시장경제를 기초로 하되 사회의 평등과 분배, 약자와 소수자에게 관심을 갖는 것 아닌가? 이렇게 되면 체제 안에서 국가를 어떻게 운영할지에 대해 생산적 정책 경쟁이 가능하게 된다. 지난 시대의 죽은 이념과 싸움할 필요도 없게 된다. 비판 세력이 대안 세력이 될 수 있는 길도 열리는 셈이다."

나: 정확한 지적이다. 귀담아 들을 것은 한국에서 지난 70년은 자유주의와 전체주의의 대결이었다는 것이다. 최장집은 자유주의를 빼고 민주주의만 얘기했다. 물론 나는 박세일의 의견에 공감한다. 그리고 박세일은 진보적 민주주의를 미국의 민주당과 영국의 노동당과 비교했다. 참고로 나는 미국 민주당의 이념은 사회적 자유주의이고 영국 노동당은 비맑스주의적 자유사회주의로서 페이비어니즘fabianism이며, 이에 비하면 독일 사회당은 보다 좌파로 기울어진 사회민주주의라고 생각한다.

2) 진보적 자유주의와 공동체 자유주의의 비교

박세일: "진보적 자유주의의 '진보적'이라는 말의 의미를 짚어봐야 한다. 진보는 사상이 아니다. 진보는 대개 더 좋은 상태로의 변화를 의미한다. 무엇이 더 좋은 상황이냐에 대해선 사람마다 의견이 나

넌다. 물질적인 진보를 생각하는 사람도 있고, 정신적인 진보를 생각하는 사람도 있다. 사회가 더 자유스러워지는 것을 진보로 보는 사람도 있고, 평등해지는 것을 진보로 보기도 한다. 내용에 따라 달라지는 것이 진보다. 그래서 서구에선 진보란 표현을 잘 쓰지 않는 추세다. 그 대신 변화라는 표현을 쓴다. 자유주의는 내용이 분명하지만 진보는 내용이 없다. 앞으로 진보의 내용을 정치·경제·사회 각 분야에서 구체적으로 확립시켜나가야 한다. 그런 과제를 잘 풀어간다면 최 이사장의 진보적 자유주의와 내가 말하는 공동체 자유주의의 내용은 70%는 같고, 30% 정도 다를 것이다. 그것은 건강한 차이이다."

나: 진보 개념의 이념적 경직화를 비판하는 좋은 지적이다.

3) 한국 자유주의의 발전 과정

박세일: "이승만·박정희 정부를 주도한 세력에게 주 과제는 북한과의 싸움이었다. 남한에서 자유주의의 심화와 확대가 목적이 아니라, 자유주의의 방어 즉 반공이 기본이었던 것이다. 북한보다 경제 발전이 뒤졌던 70년대 중·후반까지는 일종의 '방어적 자유주의'였던 셈이다. 경제성장의 산업화가 성공하고 나서 이제 방어적 자유주의 단계를 넘어서게 된다. 민주화의 시대가 본격화된 것이다. 서구의 자유주의가 한반도에 전해지는 것은 19세기 말 개화기 때로 올라가지만, 자유주의의 제도화는 해방 이후 그리고 그 제도의 내실화와 확대 심화는 민주화 이후의 과제로 넘어왔던 것이다."

나: 방어적 자유주의는 당대 한국의 자유주의가 처한 현실적 한계

를 고려하는 적절한 개념이다.

4) 자유주의의 역사적 기여

박세일: "자유주의에 대한 오해는 대개 냉전의 산물이다. BC 1000년 전 인류의 평균 소득은 요즘 가격으로 150달러였다. 1750년 산업혁명 직전 인류의 평균 소득은 180달러다. 거의 3000년 동안 변화가 크지 않다. 그런데 2000년엔 6,600달러다. 250년 만에 180달러에서 6,600달러로 뛴 거다. 무엇이 이걸 가능하게 했을까. 그 답이 자유주의의 확대다. 경제적 자유는 시장 확대와 분업의 세분화로 나타나고, 정치적 자유는 사상의 자유로 이어지며 과학기술의 발달을 가능하게 했다. 과학기술 발전과 시장 분업의 확대라는 두 축이 지난 250년간 지구촌에 풍요를 가져왔다. 그 속을 관통하는 발전의 원리는 개인의 자유와 창의다. 서구에서 18-19세기에 일어난 이러한 변화의 흐름을 이념적으로 표현한 것이 자유주의다."

나: 비록 내가 좌파는 아니지만, 좌파를 대변하여 한마디 한다. 그 엄청난 성공 뒤에는 그것에 필적하는 전대미문의 엄청난 희생이 있었다. 비참한 노동 현실, 야만적 제국주의, 살육의 제국주의 전쟁 등. 민주주의가 피를 요구하듯 자유도 희생의 피라미드 위에 쌓인 것이라는 역사의 역설을 명심할 필요가 있다.

5) 공동체 자유주의의 등장 배경

박세일: "자유가 발전의 원리지만 지나치게 이기적이고 물질적인

자유로만 흐르면 공동체가 약화된다. 그러면 자유가 지속 가능하지 않게 되고 인간도 행복해질 수 없다. 그래서 공동체를 소중히 하는 자유주의, 즉 공동체 자유주의를 해야 한다. 서양적 자유주의를 기반으로 하면서 동양적인 공동체주의가 같이 가야 한다. 인간은 본래가 개체이면서도 공동체적인 존재이기 때문이다."

나: 나는 고정관념으로서 공동체를 불신한다. 공동체나 그 특성으로서 공공선은 매우 아름답고 바람직한 추상적 가치이다. 그러나 그 구체적 실상이 무엇이고, 어떤 것인지 파헤쳐볼 필요가 있다. 공공선은 이기심의 바탕 위에서만 성립한다. 개인과 개인주의가 근본이 되지 않는 공동체는 사상누각이다. 공동체란 말이 근사하고 멋있게 들릴지 몰라도 모든 공동체의 실상과 내부를 살펴보라. 실망과 배신으로 우울해질 것이다. 공동체 대신 자유 연합이나 최소 공동체 혹은 부분 공동체가 보다 바람직할 것이다. 공동체적communitarian, 평등적equal, 그리고 연대적solidary이라는 개념 간의 차이와 그 구체적 내용을 알고 싶다. 개인과 (집단으로서의) 공동체 간에 존재하는 구조적 마찰을 지적하는 민경국의 진단이 더 타당하다고 생각한다.

6) 공동체 자유주의의 구상

박세일: "1997년 나와 몇몇 교수들이 주도해 만든 '안민安民정책포럼'의 창립 이념이 공동체 자유주의였다. 21세기형 자유주의라고 불렀다. 개인의 존엄과 창의를 기본으로, 자유민주주의와 시장 자본주의를 지지하고 집단주의와 전체주의에 반대한다. 시장을 중시하되 독과점에 반대하고 공정·자유·경쟁·질서를 주창한다. 시장에 정부

가 개입할 필요가 있으나 정부 실패를 염두에 두고 신중한 개입을 해야 한다는 등의 조항을 두었다. 그 이념을 기초하면서 물질보다 정신이 중요하다 했고, 경제보다 도덕과 문화가 중요하다고 했다. 또 가족과 민족의 문제가 중요하되 세계주의와 조화하기 위해 열린 민족주의를 제시하였다."

나: 물질보다 정신이 중요하다는 주장에는 전적으로 공감하나, 도덕과 문화는 신중한 접근이 필요하다. 자칫 그것은 집단주의를 대변하는 고정관념이나 기득권을 옹호하는 가치로 오해받을 수 있다. 특히 민족에 대한 강조는 국가주의로 연결되기 쉬우므로 조심해야 한다. (민족주의에 대한 무조건 반대가 아닌) 탈민족주의가 아나키스트 자유주의의 기본 지향이다.

7) 동양적 공동체

박세일: "인간은 관계적 개체다. 행복은 공동체에서 온다. 그게 동양적 인간관이다. 공동체에 관한 동양과 서양의 차이가 있다. 사회적 공동체의 중요성은 모두가 중시한다. 그러나 동양은 역사적 공동체를 특히 중시한다. 동양은 선조들의 좋은 지혜와 전통을 발전적으로 계승하여 후손들에게 전수하는 것을 중요시한다. 또한 동양에서 인간은 자연의 일부로 본다. 그래서 자연 내지 생태적 공동체를 중시한다. 또 물질 중심의 분업사회도 중요하지만 정신 중심의 윤리 공동체를 더 강조한다. 이러한 동양적 공동체 사상이 세계 발전 원리인 자유주의와 같이 가야 한다. 그것이 공동체 자유주의다. 그래야 국민 통합과 국가 발전을 함께 이룰 수 있다."

나: 동양적 공동체가 과연 무엇인가? 유교의 대동사회를 의미하는가? 이미 논의했듯이 유교의 천하위공은 수신이라는 개인주의의 바탕 위에서만 성립하나, 그것이 멸사봉공이라는 국가주의적 혹은 권위주의적 보수성으로 흘러 유교가 제 기능을 발휘하지 못했다. 대동소이라는 말에는 대동을 추구하되 소이를 무시하지 말라는 뜻도 함축되어 있다. 혹은 크게 보면 같으나 세밀히 관찰하면 다르다는 뜻도 된다. 화이부동和而不同이라는 말이 왜 나왔겠는가? 유교 개인주의의 한 차원이다. 동양적 유교 공동체의 집단주의와 국가주의는 경계할 필요가 있다.

8) 신자유주의

박세일: "서구에서 신자유주의가 등장한 역사적 배경이 있다. 많은 나라가 자유방임주의 정책을 쭉 펴다가 1930년대 대공황이 발생하며 사회적 양극화 현상이 심해질 때 두 가지 대안이 나왔다. 하나는 시장을 없애자는 사회주의와 공산주의이고, 다른 하나는 시장을 그대로 두면서 정부가 개입해 불공정을 개선해가자는 영국 경제학자 케인스가 제기한 수정자본주의 방식이었다. 케인스 방식이 30-40년 간 세계 흐름을 주도하다 보니 이번엔 정부의 과도한 개입이 문제가 되는 '정부 실패'가 불거졌다. 이런 상황에서 1980년을 전후해 미국과 영국을 중심으로 위축된 시장 기능을 다시 살리자는 배경에서 등장한 이념이 신자유주의다. 시장에 대한 정부의 과도한 개입을 줄이자는 이 이론은 당시로선 필요해서 나온 거다. 다만 일반 시장의 독과점 구조를 해소하는 규제 완화는 좋았는데, 금융 부문의 경우 금융시장의 특수성이 있기에 규제 완화를 대단히 신중히 했어야 했는데

그것을 잘못해서 2008년 말 금융 위기의 역풍이 불었다. 그렇다고 신자유주의가 다 틀렸다고 말할 순 없다. 아직도 유효한 부분이 있다. 그렇다고 규제 완화가 시장 만능주의로 질주해서도 물론 안 된다."

나: 민경국의 '신자유주의 비판론에 대한 반론'을 보완하는 발언이다. 하이에크 자유주의는 결코 시장 만능주의가 아니다. 자유 시장 경제가 국가 개입 경제보다도 우월하다고 주장할 뿐이다. 시장(참여자)의 시행착오나 오류를 스스로 수정하는 자생적 질서를 자유 시장은 형성할 수 있다.

9) 자유주의의 과제

박세일: "우선 개인의 존엄성·창의성을 확대시켜야 한다. 그건 다양성의 수용과 세계화로 나타날 것이다. 그다음 중요한 건 법치주의다. 다른 사람에게 부당한 피해를 주지 않는 범위 내에서의 자유여야 한다. 나는 법치주의라는 표현보다 '법례法禮주의'를 선호한다. 서양의 법치 문화와 동양의 예의 문화를 융합한 개념이다. 전통 유가에서 말하는 예의 원리가 없이 법으로만 다스리면 공동체 구성원의 마음으로부터의 지지를 받을 수 없다. 마지막으로 자유주의가 자유민주주의가 되려면 반드시 중요한 게 민본民本이다. 지도자는 국민을 하늘처럼 섬겨야 한다. 이 같은 동양의 민본주의 전통과 지도자를 직접 뽑는 서구적 민주주의가 함께 가야 한다. 즉 우리나라에서는 '민본적 민주주의'가 되어야 자유민주주의가 성공할 수 있다."

총평: 최장집도 예를 중시했다. 박세일의 혜안을 따라서 앞으로 자

유와 예(=사회적 협력 혹은 조화?)에 관한 보다 심도 깊은 논의가 필요하다. 박세일의 최고 매력과 장점은 그의 공동체 자유주의가 서구의 개인적 자유주의에서 출발하지만 그 완성을 동양의 관계적 공동체주의에서 찾는다는 점이다. 박세일은 동양적 가치를 토대로 삼는 그의 공동체주의가 집단주의나 국가주의로 변질되지 않도록 개인주의적 성찰을 강화하고 있다. 최근 박세일(2015: 11, 19)의 개인주의에 대한 신념은 확고하다. 그의 공동체주의는 개인주의를 전제로 한다. 나아가 "개인의 이익과 공동체의 이익을 조화시키려는 노력을 개개인이 자발적으로 하여줄 것을 주장하는 (개인주의가 더욱 성숙된) 개명된 개인주의enlightened individualism"를 바로 공동체 자유주의의 토대로 삼고자 한다.[2] 특히 인간은 "타자 내재적 존재"로서 "공동체가 자기 속에 내재하는 존재"라는 그의 인식은 나의 삼존적三存的, 즉 즉자적-물아적, 대자적-실존적, 무위적-합일적 개인주의와도 상통할 수 있다. 박세일의 공동체 자유주의가 그의 말대로 때와 장소에 적절한 시중時中과 방중邦中을 발견하여 위로는 개인을 얻고 아래로는 국가를 변화시키는[上求個人 下化國家] 성기성물成己成物의 정신개벽精神開闢을 열기 바란다.

---

[2] 박세일(2015: 18)은 "자유주의는 개인 완성과 국가 발전의 원리"이고, "공동체주의는 개인 행복과 국민 통합의 원리"라고 구분하나 나는 개인의 완성이 곧 행복이요, 국가의 발전이 곧 통합이라고 생각한다. 나아가 개인의 완성, 보다 현실적으로 표현하자면 개인의 성숙 없이는 국가 발전이나 통합을 기대할 수 없다. 개인 각자가 마음의 빈곤이나 질곡으로부터 벗어나야 개인의 관계적 파생물이라 할 수 있는 국가나 사회도 성숙한다. 개인적 수신이 없으면 치국평천도 없다.

4. 주대환의 자유주의 비판을 통한 탈자유주의 혹은 사회민주주의[3]

한때 정통 좌파/진보 계열의 뛰어난 이론가였던 사회민주주의연대 공동 대표 주대환의 자유주의관은 매우 독특하다. 자유주의에 대한 그의 평가는 놀랍게도 적극적이다. 주대환의 입론은 자유주의 논쟁에서 약간 벗어났으나 자유와 자유주의에 대한 그의 통찰은 나름의 유익하고 독자적인 가치를 지니므로 소개한다. 자유주의자들은 자유주의에 대해 온건하나 뼈아픈 질책을 가하는 그의 비판을 경청할 필요가 있다. 그는 월러스틴과는 달리 자유주의 자체를 부정하지 않는다. 한국 근·현대사에서 자유주의 이념이 수행해온 역할을 인정한다. 그러나 자유주의의 강령은 이미 한국에서 실현되었기 때문에 "이제 우리 사회에 필요한 것은 사민주의"라고 주장한다. 시기상조의 성급한 판단 같지만 아무튼 흥미롭다. 꽃도 피우기 전에 자유주의가 시들게 해서는 안 될 일이다(이하 주대환의 답변은 2013년 7월 27일 『중앙일보』에 게재된 배영대 기자와의 인터뷰 내용을 인용한 것이다).

1) 자유주의에 대한 관심

주대환: "글쎄, 한국에서 자유주의의 전성기는 이미 지나지 않았나? 미안한 이야기지만 외국에서 자유주의를 공부하고 온 분들이 잘 모르는 것은 한국이고 한국 역사다. 그들은 '선각자'라는 사명감으로 자유주의를 전파하지만 그들이 공격하기 위해 돌진하는 적이란 경제

---

[3] 2015년 8월 15일 주대환은 공동준비위원장으로서 사회민주당을 창당하였다.

에 대한 정부의 적극적 개입, 관치금융 이런 정도이니 얼마나 설득력이 있겠나? 돈키호테가 중세의 기사를 흉내 내지만 그가 공격하는 적은 풍차에 지나지 않는다. 기업들이 정부 산업 정책의 혜택은 보면서 간섭은 받지 않겠다는 것을 옹호하는 수준이다."

나: 한국에서 국가의 경제 개입은 개입 정도가 아니라 때로 통치 수준이다. 경제 자유화의 길은 멀고도 험하다. 관치금융의 폐해가 한국의 금융 산업을 세계에서 하위권에 맴돌게 만든다. 공기업의 부실, 방만, 부정부패는 한국 경제를 좀먹고 있다.

2) 한국 자유주의의 발전과 전성기 이후

주대환: "자유주의는 근대를 만든 위대한 사상이다. 우리나라에서도 역시 자유주의가 지금까지의 역사를 이끌어왔다. 1896년 독립협회가 주장한 개인의 자유와 권리와 책임은 1948년 대한민국 건국으로 거의 실현됐다. 일제강점기를 거치며 자유주의가 사상운동으로서 뚜렷이 부각되지는 않았지만 사실은 한국에서 그 사이에 국민의 생활 속에 깊이 뿌리내렸다. 또 건국 이후에도 언론의 자유, 정치적 자유는 반공을 핑계로 유보되기도 했지만 이 또한 87년에 거의 대부분 실현되었다."

나: 일제강점기 동안 자유주의가 사람들의 생활이나 마음속에 내재화되었다는 지적에 적극 동의한다.

3) 자유주의의 필요성

주대환: "절박하지도, 미래지향적이지도 않다. 자유주의의 강령들이 전제되지 않으면 개인의 열정과 창의는 발휘되지 않으며 자본주의경제는 발전할 수 없는데, 우리나라는 이미 세계 굴지의 자본주의 선진국이 되었다. 이제 한국에서 자유주의는 지켜야 할 이념이지 청년들의 상상력을 부를 수 있는 이념이 아니다. 과연 자유주의가 독립협회 당시의 청년들의 가슴에 불러일으켰던 열정의 불꽃을 지금 청년들에게 불러일으킬 수 있을까?"

나: 매우 의미 있는 지적이다. 자유에 대한 열정이 없는 냉랭한 합리적 자유주의만으로는 부족하다. 그래서 경제적 자유주의자의 창조적 파괴 정신이 요구되고, 문화적-풍속적 자유주의의 전면적 확대가 필요하다. 아나키스트 자유주의는 자유주의에 아나키즘적 비전과 상상력을 제공하기 위한 것이다.

4) 자유주의의 내용

주대환: "자유주의의 핵심은 개인의 해방이다. 신분 질서라든지 전통적·전근대적 관습이나 속박으로부터 개인의 해방을 추구한다. 그리고 개인의 언론·출판·집회·결사의 자유, 양심과 사상의 자유, 인권 이런 것들이 자유주의의 가장 중요한 가치다. 또 그 밑바탕에는 사유재산권이 있다. 우리는 이걸 자연스럽게 생각하지만 근대 이전엔 사유재산이 법률적 권리로서 확립되지 않았다. 지금 북한을 생각해보면 된다. 지금 우리 개개인의 재산은 국가라 할지라도 함부로 빼

앗지 못하게 철저히 법률로 보호하지 않는가? 근대 이전, 다시 말해 자유주의가 도입되기 이전의 사회가 북한이다. 개인이 자립하지 못하고, 책임감도 없다는 얘기다."

나: 자유주의의 핵심을 개인이라고 지적한 것은 정확하다.

5) 한국에서 자유주의의 실현

주대환: "1948년 대한민국 건국으로 90% 실현되었고 그후 87년 민주화까지 자유주의가 밀물·썰물처럼 전진하고 후퇴하는 과정을 거치며 거의 구현되었다."

나: 물론 주대환의 판단은 과장이다. 한국에서는 여전히 개인이나 자유보다는 전체나 국가, 집단주의가 더 우세하다. 나의 판단으로는 현재 자유주의의 성취도는 30-40%이다.

6) 민주화운동과 자유주의

주대환: "군사독재에 반대하니까 민주주의·민주화를 외쳤고 … 60-80년대 민주화운동은 보다 정확히 말하면 자유주의운동이었다. 각자의 머릿속에 무슨 관념이 들어 있는지는 크게 중요하지 않다. 기독교도도 있었고, 불교도도 있었지만 그 많은 사람이 같은 행동을 했다. 그들이 무엇을 위해 싸우고, 다치고, 청춘을 바쳤는지가 중요하다. 모두가 요구했던 가치는 바로 자유주의의 강령이었다. 모든 사람이 자유롭게 떠들고, 그 말로 인해 잡혀가지 않는 사상의 자유, 언론

의 자유 보장이 핵심이었다. 정당한 절차 없이 구속되고 고문을 받지 않는 인권도 요구했다."

나: 내가 최장집의 자유주의 없는 민주주의를 비판한 근거를 구체적으로 제시한다. 과거 민주화운동은 (좌경화된 주도 운동권 세력을 제외하면) 개인의 자유를 위한 민주사회 쟁취 운동이었다. 자유는 목표요 가치이고, 민주주의는 그것을 성취하는 정치적 수단이다. 목표와 수단/방법의 합치라는 점에서 민주주의는 자유민주주의를 지향해야 한다.

7) 자유주의와 민주주의

주대환: "민주주의democracy는 정치체제의 하나이지 사상이 아니다. 일인 독재(왕정)냐, 몇몇의 과두정(귀족정)이냐, 다수 대중의 지배(민주주의)냐, 셋 중의 하나란 얘기다. 영어로 '이즘ism'이 아닌데 '주의'를 붙여 번역해 혼란스럽게 하였다. 민주정民主政이 더 적절하지 않을까? 자유민주주의나 사회민주주의라는 말은 자유주의와 사회주의라는 두 이념 모두 민주정치 체제를 존중하겠다는 뜻을 표현한 용어다. 실제 자유주의자도 독재를 할 수 있고, 사회주의자도 독재를 할 수 있다. 현대 정치에서 거부할 수 없는 대세인 민주정체의 틀 안에서 자유주의나 사회주의를 하겠다는 것이다."

나: 반복하지만 민주주의는 어떤 가치를 이룩하기 위한 수단이다. 그런데 일부 정치학자들은 그 자체를 목적으로 간주한다. 민주주의는 다수결이라는 이름으로 어디로 튈지 모르는 럭비공이 되어서는

곤란하다.

8) 자유주의와 사회주의

주대환: "자유주의는 근대를 만든 사상이고, 사회주의는 현대를 만든 사상이라고 나는 본다. 자유주의가 먼저 나와서 근대를 만들었다. 그러나 허점들이 나왔다. 개인의 자유와 책임을 중시하다 보니 똑똑하고 운이 좋은 사람이 모든 것을 다 차지하고 좀 덜 똑똑하거나 운이 없는 사람은 아무것도 못 가지는 현상이 바로 나타났다. 19세기 영국이나 프랑스 같은 유럽이 그러했다. 개인의 능력 차이가 굉장히 큰데, 거기다가 운까지 따르고 대를 이어가면 그 격차는 어마어마해진다. 사회주의는 가능하면 격차를 없애자는 것이다. 기독교식으로 하면 인간은 모두 똑같이 신의 자식으로 평등하다는 얘기다. 그런데 현실의 불평등은 너무 크다."

나: 정확히 말하자면 사회주의는 반근대를 외친 근대의 이념이었다. 사회주의는 근대의 쌍두마차인 (자유주의에 입각한) 자본주의와 국가주의 가운데서 자본주의는 부정했지만, 국가주의는 (잠정적이라고 했지만) 적극 수용한 이념이기 때문이다. 아나키즘만이 양자를 모두 거부했다는 의미에서 탈근대라고 하겠다. 아나키스트 자유주의도 혁명적 체제 전환의 문제점 때문에 탈물질적 자본주의와 최소국가론의 국가주의를 인정하지만 기본적으로 그리고 궁극적으로는 잡종화를 통한 양자의 극복을 목표로 한다. 아나키스트 자유주의가 바로 주대환이 지적한 자유주의의 근대적 한계를 극복하고자 한다. 그러나 사회주의는 이미 실패한 이념이나 현재 복지국가를 등에 업고 변신

의 기회를 모색한다.

9) 자유주의와 신자유주의

주대환: "크게 다르지 않은 것 같다. 영국을 비롯한 유럽에서 자유주의의 주장이 실현돼 자본주의가 발전하게 되는데, 동시에 그런 과정을 거치며 자유주의의 영향력은 감소된다. 이후 사민주의를 기반으로 한 복지국가가 큰 흐름을 차지하다가 다시 복지국가의 허점이 드러나게 된다. 이런 상황에서 영국의 대처 총리 시절 자유주의가 다시 부흥하게 되는데 이를 신자유주의라고 부르지만 사상적으로 크게 새로운 내용이 있는지는 모르겠다."

나: 민경국의 주장과 크게 다르지 않다.

10) 사회주의와 사민주의

주대환: "세계 지식인 사회에서 통용되는 말로 하면 사민주의는 곧 사회주의다. 사회주의인터내셔널은 사민주의자의 국제단체다. 예컨대 독일과 오스트리아의 사회민주당 당원은 사회민주주의자로, 프랑스의 사회당 당원은 사회주의자로 불리지만 이들의 사회민주당이나 사회당은 같은 것 아닌가."

나: 사회민주주의는 교조적 맑스주의와는 오래전에 결별한 수정주의로서 비맑스주의적 사회주의를 말한다. 거기에는 자유사회주의자들이 대거 존재한다.

11) 사회주의와 공산주의

주대환: "우리나라 지식인들이 사회주의와 공산주의를 혼동하는 것은 어떻게 해야 할지 모르겠다. 공산주의는 전근대적이고 반문명적이다. 러시아가 공산화할 당시 제정러시아는 농노제 상태였다. 당시 우리나라를 포함한 동아시아 국가들보다 더 봉건적이었는데 거기서 돌연변이를 일으켰으니 오죽 기괴한 것이 되었겠나."

나: 맑스-레닌주의의 정치적 구현체로서 소련과 중국에서의 공산주의를 지칭하는 것이다. 한국의 반공주의가 이념적으로 겨냥한 공산주의이다.

12) 최장집의 진보적 자유주의

주대환: "비슷한 일이 미국에서도 있었다. '자유의 나라' 미국 땅에 유럽의 사민주의가 뿌리내리는 과정에 자유주의의 일종이라고 한 것이다. 진보적 자유주의도 미국의 좌파, 즉 민주당에서 얘기했던 진보적 자유주의인 것 같고, 내가 볼 때 사민주의와 대동소이하다. 진보적 자유주의는 미국판 사민주의다. 만약 그렇지 않고 진정 자유주의라고 한다면 그게 우리 사회에서 무슨 의미가 있겠나. 이미 차고 넘치는 게 자유주의인데."

나: 자유주의의 미래에 관해서는 주대환과 의견이 다르다. 주대환이 말하는 한국에서 "이미 차고 넘치는 자유주의" 내용이 무엇인지 모르겠다. 여전히 국가주의가 압도적으로 우세하고, 개인보다는 집

단(공동체부터 떼, 무리, 패거리까지)의 논리가 선행하는 것이 한국 사회 아닌가? 아니라면 나의 판단이 잘못되었다. 그리고 앞으로 미국 민주당의 이념이 무엇인지 제대로 규정해야겠다. 나는 사회적 자유주의라고 부르고 싶다. 그것이 바로 미국판 사민주의라면 그렇게 생각할 수도 있다. 최장집은 진보적 자유주의는 사민주의가 아니라고 하니 흥미롭다.

13) 자유주의의 이후와 사민주의의 필요성

주대환: "자유주의가 깊이 뿌리내린 한국은 이미 각자도생의 개인주의사회가 됐다. 옆집에 누가 사는지 관심도 안 가진다. 자립·자조와 개인의 책임을 강조하는 것은 좋은데 이미 지나친 수준이다. 상위와 하위 계층 간 임금과 소득의 격차는 현재 상태도 심각하지만 심각해지는 속도가 너무 빠르다. OECD 최장 노동시간을 한쪽에서 얘기하지만 다른 쪽에선 일자리조차 못 찾는다. 이게 과연 자유주의로 다 해결이 가능하느냐는 것이다. 내가 볼 땐 자유주의는 뿌리를 내렸지만, 사회주의가 부족해 균형을 못 맞추는 것이다. 음과 양의 조화가 필요하다고나 할까. 그런 문제의식 때문에 진보적 자유주의나 공동체 자유주의라는 식의 수식어 붙은 자유주의가 나오는 것이다."

나: 최장집이나 민경국은 자유주의가 한국에서 제대로 확산되지 못했다고 하는데 주대환은 이미 흘러넘친다고 하니 각자가 이해하는 자유주의가 다른 모양이다. 물론 나는 전자의 입장이다. 다만 자유주의의 성숙을 위해서 어떤 새로운 이념의 접합-잡종화가 필요하다고 본다는 점에서는 주대환이나 박세일 그리고 다소 약한 의미에서 최

장집 그리고 내가 모두 동일한 인식을 가지고 있다.

14) 박세일의 공동체 자유주의

주대환: "어떤 비율이든 자유주의에 사회주의를 조금씩 가미하고 자유주의를 더 발전시켜 한국 현실에 유용한 이념으로 만들려는 시도라고 본다. 그러나 한 걸음 더 나아가 가끔 자유주의의 틀에서 벗어나면 좋을까 싶다."

나: 동감이다. 잡종적 이념으로서 아나키스트 자유주의가 지향하는 것이기도 하다. 바로 잡종화는 주대환이 기대하는 그런 자유와 해방의 욕구에서 출발한다.

총평: 주대환이 추구하는 사회민주주의는 현재 (전 세계적으로? 그리고) 한국에서 추구되는 대안적 이념 가운데서 매우 유망한 길이다. 아나키스트들 가운데서도 많은 지지자가 있다.[4] 그러나 아나키스트 자유주의는 국가 개입이라는 결정적 문제를 두고 갈라진다. 국가 대신에 개인의 자유 연합과 자주 관리를 추구한다. 아나키스트 자유주의는, 사민주의와는 달리, 탈권력 사회국가라는 최소국가로 나아가는 탈국가주의이다. 자유주의의 과잉이라는 진단을 제외하고 주대환의 한국 자유주의에 대한 관점을 지지한다. 자유주의의 토대 위에서 사민주의를 추구하는 그의 입장은 물론 적실하고 타당하다. 한국

---

[4] 하기락은 대학에서 정년 퇴임 후 1980년대부터 사회당을 창당하기 위한 기회를 모색하였으나 그 꿈은 무산되고 말았다.

의 좌파들이 진지하게 모색해야 하는 길이다. 그러나 사민주의는 자본주의에 대한 경제적 치유 방안으로서는 효과적인 대안이 될 수도 있겠지만, 내가 추구하는 문명전환의 길로서는 그 이념적 지평이 협소하다는 생각이 든다. 사민주의의 개인주의적이고 자유주의적인 토대가 확장되어야만 그것은 문명론으로 성숙할 것 같다. 주대환이 창당한 사회민주당이 한국의 정치판을 쇄신하는 강력한 기운이 되기를 기대한다.

5. 논쟁에 대한 아나키스트 자유주의자의 평가

이상에서 네 사람의 실천적 이론가들의 자유주의관을 살펴보았다. 좌파적 뿌리를 가진 최장집과 주대환이 한국에서 자유주의의 역할을 인정한 것은 선구자적 쾌거이다. 박세일이 동양적 가치의 현재화를 시도하는 것은 한국적 독자성 혹은 자신감의 발로로 간주하고 싶다. 국가개입주의가 대세를 이룬 한국에서 소수파로서 고군분투하면서도 경제적 자유주의를 사수하고 확대하려는 민경국 또한 매우 설득력 있는 주장을 제시한다.

먼저 그들은 다음과 같은 공통점을 갖는다. 한국에서 자유주의는 개인주의, 시민권, 자본주의적 시장 경쟁, 법치주의 등을 의미한다. 현재의 신자유주의는 시장 만능주의로 문제가 많으므로 새로운 형태의 자유주의가 필요하다(이에 관해서 민경국은 반대).

차이점은 다음과 같다. 자유주의와 공동체주의, 자유주의와 진보주의는 결합될 수 있다(박세일과 최장집). 자유주의 그대로면 충분하니 진보나 공동체라는 제한은 필요 없다(민경국). 이제 자유주는 충분하니 그 틀을 넘어 사민주의를 건설하자(주대환). 최장집은 진보적 입장에서 자유주의를 새로운 진보 혹은 진보의 활성화를 위해서 도입하자는 입장이고, 박세일은 보수적 혹은 자유주의의 입장에서 공동체주의를 도입하여 혁신을 꾀하자고 한다. 전자가 합리적 진보주의를 강화하려는 입장이라면, 후자는 혁신적 보수주의를 모색한다. 주대환의 주장은 맑스가 기대한 바 있는 '자본주의와 민주주의가 성숙한 단계에서 사회주의로의 이행'을 연상시킨다. 이미 자유주의적 토대가 충분한 한국에서는 이제 자본주의의 지양으로서 사회민주주의가 필요하다고 주장한다. 민경국의 경우는 주대환과 정반대로 한국에서는 (그리고 전 세계적으로) 자유주의는 제대로 정착되지 못했기 때문에 (국가 개입을 최소화하는) 고전적 자유주의의 확대를 강조한다.

민경국을 출발점으로 하여 박세일, 최장집, 주대환은 그 순서대로 점차 강력하게 자유주의에 제한을 부여하고자 한다. 이때 자유주의는 구체적으로 (민경국을 제외한) 그들이 지목하는 신자유주의를 의미한다. 제한이 필요한 이유는 신자유주의의 시장 만능주의가 초래하는 불평등의 심화와 사회적 분열이다. 사실 이 두 가지 사회문제는 개인적 자유주의가 초래하는 구조적 문제로, 주대환의 지적처럼 자유주의건 신자유주의건 동일하다. 다만 그 정도가 주객관적으로 더 심각해지고 있는 것이 사실이다. 그러나 민경국은 점증하는 잘못된 국가 개입, 즉 반자유주의적 정책이 문제를 초래하고 있다는 상반되는 원인론을 펼친다.

아나키스트 자유주의의 입장은 기득권을 대변·옹호하는 국가의 잘못이 더 크지만, 국가와 시장 모두에게 잘못이 있다는 것이다.

자유주의와 관련된 핵심적 쟁점별로 네 사람의 의견을 검토해보자.

1) 국가와 국가 개입

국가 개입 혹은 국가 개입의 정도에 대한 인정 여부가 이들 간의 이념적 편차를 구분해주는 가장 뚜렷한 기준이라고 생각한다. 국가 개입 반대자를 우, 찬성자를 좌로 한 평행선에서 양극단이 각각의 최고 수준을 표시한다고 할 때 네 사람은 다음과 같이 정렬될 수 있다.

국가 개입 찬성 ---------- 중간 ---------- 국가 개입 반대
주대환 ← 최장집 ← 박세일   ←   민경국

최장집의 진보적 자유주의에서 '진보적'이 사회주의적 국가 개입을 뜻하고, 박세일의 공동체적 자유주의에서 '공동체적'이 집단(주의)적 혹은 평등 지향적 지향성을 뜻한다면 그것은 분명히 이론적으로는 자유주의의 지향성에 위배되는 것이다. 민경국이 공동체 자유주의가 상대적으로 자유주의에 더 가깝다고 말하는 이유는 국가가 공동체 가운데서 가장 반개인주의적인 성향의 강제력을 가지기 때문이다. 그리고 주대환의 사회민주주의는 자유민주주의와는 달리 시장 경쟁을 토대로 한 개인적 자유 대신에 국가 개입에 의한 사회적 자유를 추구하기 때문에 자유의 내용과 수단이 서로 다르다. 물론 사민주의도 경제체제로서 시장 자본주의를 유지하지만 국가 개입이라는 측면에서는 국가 주도형 자본주의에 가깝다.

바로 이 지점에서 아나키스트 자유주의자로서 나는 국가 개입을 강력하게 거부하는 민경국에게 더 근접한다. 최근의 공공 선택론이

밝혀주었듯이 국가도 특수한 이해 당사자로서 지대 추구에 몰입한다. 베버가 관료제의 영원한 자기 보존과 자기 확대 속성을 비판적으로 비판했다는 사실을 상기해보자. "사회가 점점 더 복잡해져서, 국가가 해야 할 일이 점점 더 많아지니, 세금을 더 거두고, 기구와 사람도 더 필요하다!"는 큰 정부의 논리는 국가(관료)주의의 속성을 대변한다.

아나키스트 자유주의자로서 나는 국가가 공익을 대변하고 공익을 추구하는 중립적 조정자 혹은 관리자라고 생각하지 않는다. 국가는 지배 집단의 이념과 가치, 이해관계를 추구하는 특수 집단이다. 여기에서 나오는 떡고물을 챙기면서 만족해하는 투표자들도 있겠지만, 다른 한편에는 질투와 의심의 눈으로 지켜보는 경쟁 집단이 존재한다. 어쩌면 정치판이나 장사판이나 경쟁 시장을 통해서 특수 이익을 챙기려 한다는 점에서 그 기본은 똑같다고 해야 할 것 같다. 차이가 있다면 그것은 전자가 공권력을 휘두르며 (가짜) 공익을 내세우고, 후자는 기업 이익 혹은 개인 이익을 추구한다는 점이다. 만약 그 속성이 같은 것이라면, 국민의 세금, 즉 남의 돈을 가지고 돈 놀이판을 벌이는 정치꾼보다는 자기 돈으로 장사하는 자본가가 훨씬 양심적이라고 해야 하지 않을까? 투표가 기껏해야 나에게 물질적 혹은 심리적 떡고물이라도 챙겨줄 유능한 정치 장사꾼을 뽑는 것으로 변질된 것 같아서 심히 걱정이다.

공익 혹은 (국가) 전체의 이익이라는 그럴듯한 말의 진정한 내용은 무엇일까? 법적으로 그것은 국민 전체의 뜻을 모아서 다수결에 의해서 통과시킨 이익이다. 그렇다면 법안 통과하기 전에 여론조사를[5]

---

[5] 여기서 정치적 대의권 행사 혹은 국회의원의 법적 권리라는 문제와 여론조사의 필

제대로 하고 법안에 대한 사전 공개와 사전 토론을 충분히 하여 민의를 결집하는가? 왜 민생 법안들이 의회에서 잠만 자고 있는가? 왜 법안마다 반대하는 목소리가 따라붙는가? 공익이나 전체 이익은 없다. 이해타산이 얽히고설킨 세상에서는 특수 이익만 존재한다. 우리 모두가 솔직해지자 — 나의 이익을 위해서 우리는 존재한다. 그러니 국가는 가능한 한 공익을 내세워 개입하고 간섭해서는 안 된다. 더 복잡해지고, 꼬이고, 사태가 악화된다.

자본가는 천하에 둘도 없는 탐욕가요, 구두쇠요, 냉혈한이며, 철면피인가? 정치인이 사기꾼, 선동가, 정상배가 아니듯 자본가도 그저 그런 사람들이다. 자기들이 속한 집단의 논리가 그들을 그렇게 만들

요에 대한 최근의 논의를 고찰해보자. 총리의 임명 동의와 관련하여 문제가 심각해지자 여론조사로 결정하자는 제안이 있었다. 또 김영란법과 관련하여 여론조사에서 언론인과 사립학교 교원도 포함시키는 것에 대한 찬성이 65% 이상으로 압도적이니 이 내용이 헌법에 위반되지 않을 것이라는 의견이 있었다. 즉각 이 안과 의견을 반대하는 국회의원들이 대의제를 부정하고 법적 권리나 절차를 무시하는 무지하고 비민주적인 태도라고 비난을 퍼부었다. 형식논리로는 이 비난의 목소리가 맞을지 모른다. 그러나 민의를 최우선적으로 고려해야 하는 정치인이라면 당연히 민의를 존중해야 한다. 최소한 참고 자료로 활용해야 한다. 민주사회에서 선출직 정치인은 법이 무엇이라 규정했든 어떤 의미에서라도 민의 위에 군림할 수 없다. 그들도 최종적으로는 다수결로 정한다. 선거철만 되면 그들은 투표권자의 민의를 좇아 온갖 공약을 남발한다. 하루빨리 대의정치를 전면적으로 개선해야 한다. 관행과 타성 때문에 대의정치를 실시하고 있지만 IT 기술의 최첨단국인 한국에서 세계 민주주의 발전사에 획을 그을 복수의 전자 투표 여론조사의 결과를 정치적 결정에 적용 혹은 활용하는 직접민주주의를 실시해야 한다. 더 이상 정치인이 우리의 의견을 자신의 마음대로 대표하도록 방치해서는 안 된다. 그들의 역할을 대리인으로 축소하고 격하시켜야 한다. 입법/감시 권한에서도 시민 입법/시민 감시의 영역을 제도적으로 확대하고 보장해야 한다. 대리인으로서 국회의원, 시도의원, 구의원 및 각종 선출직의 역할을 수행할 수 있는 사람들이 한국에 얼마나 될까? 나는 어림잡아 성인 남녀의 최소 절반은 가능하다고 판단한다. 선출직 정치인의 (권력에 따르는) 특권과 특혜를 모두 없애도 의회 기능은 순조로울 것이며, 후보자는 계속 줄을 이을 것이다.

고 있는 측면이 강하다. 집단주의의 요구를 무시하거나 외면하면 그들은 공천을 못 받거나, 패거리에서 쫓겨나서 찬밥 신세가 될 뿐이다. 어쩌면 둘 다 피곤하고 힘든 삶을 살 뿐이다. 그러므로 자본가 개인, 정치인 개인이 문제가 아니라, 그들을 나쁜 방향으로 움직이게끔 만드는 국가 제도나 법이 더 문제다.

아나키스트 자유주의자에게 제1의 우선적 경계 대상은 국가요, 다음이 자본이다. 많은 비판가는 국가를 너무 견제하면 자본이 발호할 것이니 이를 어찌할 것이며, 그래도 자본보다는 국가를 더 신뢰할 수 있는 것이 아니냐며 항의한다. 참으로 당연한 반론이다.

긴 설명 대신에 나의 핵심적 답변은 "국가는 자본 없이도 존재할 수 있으나, 자본은 국가(의 지원) 없이는 존재하지 못한다(전근대국가와 공산주의 국가)"로 요약할 수 있다. 과격한 표현을 빌리자면 아나키스트 자유주의자에게 모든 강권적 국가는 주적이다. 물론 자본주의국가에서 자본 또한 국가권력 체제에서 정치권력과 대등한 지위를 갖는 핵심적 구성 요소이다. 그러나 국가권력 체제의 근간인 헌법과 각종 하위법들을 개선하여 국가권력을 제한할 수 있다면, 경제 권력으로서의 자본이 권력을 독점할 가능성을 효율적으로 차단할 수 있다. 그러나 이러한 국가 체제 내적 개혁이나 투쟁보다도 더 중요한 과제는 국가 체제 혹은 사회 전반의 탈권력화, 즉 탈권력 사회국가를 구축해나가는 것이다. 정치권력, 사법 권력, 경제 권력, 사회 권력, 문화 권력, 운동 권력 등 모든 권력관계의 원천들을 탈권력화시키는 방향으로 노력을 집중해야 한다. 사실 개인들의 일상생활에도 푸코의 지적처럼 미시 권력 관계가 산재해 있다. 일상의 권력관계(학교 내 교사와 학생, 가족 내 부모와 자식, 군대/직장 내 상급자와 하급자 등) 또한 제거해야 한다.

현대 국가는 자본주의 경제체제 내에서 국영기업을 소유하고 운영하는 기업 국가로서의 면모를 가지고, 각종 예산을 운용하는 막강한 자본의 소유자, 투자자, 경영자이다. 맑스는 이를 두고 총자본으로서의 국가를 얘기했지만, 초국적 세계 자본이 종횡무진 넘나드는 오늘의 금융자본주의 시대에 국가는 하나의 특수한 독점자본일 뿐이다. 돈놀이를 잘못해서 돈도 날리고, 사업을 잘못해서 빚을 질 수도 있는 신세다. 그러므로 공익의 대변자 운운하며 국가의 중립적, 초월적, 공공선적 권위를 내세우는 것은 어불성설이다. 이런 의미에서 국가의 공익적 개입은 최대한 규제되어야 한다.

그렇다면 거대 독점자본은 누가 규제하는가? 자본도 국가권력을 구성하는 하나의 주체이다. 공정거래를 위반하지 못하도록, 국가로부터의 특혜를 받지 못하도록, 부정부패를 저지르지 못하도록 엄격한 감시 감독을 요구하는 법체계가 필요하다.

2) 공동체와 개인

박세일은 공동체주의가 동양에서 고유한 혹은 서구보다도 더 강력한 전통을 가지고 있는 것처럼 말한다. 서양에서도 교회와 하느님을 중심으로 강력한 신앙 공동체가 존재하였다. 봉건적 지역공동체도 있었다. 그러나 맑스가 이미 통렬하게 지적했듯이 겉으로 평화와 우애가 가득한 듯 보이는 전근대적 촌락공동체의 실상은 가난과 억압, 무지와 공포 속에 신음하는 약자들의 삶터에 불과한 것이었다. 무엇 때문에? 인간이 천성적으로 반공동체적이라서? 아니다. 소수의 정치적 지배자, 경제적 착취자, 문화적/종교적 독점자들이 대다수의 사람을 부자유, 빈곤, 무지의 세계로 가두어놓았기 때문이다. 거기에 공동체적 요소가 존재했다면, 그것은 악조건에 처한 사람들의 필사적인 생존 전략 — 자유를 빼앗긴 약자들의 상호부조 — 과 다르지 않았다. 체념할 수밖에 없는 삶의 질곡을 서로 위로하고, 부족한 삶의 자원을 나누고, 고난 속에서도 즐거움을 만들어내는 그야말로 눈물겨운 노력이었다.

오늘날 비록 제한적 요소가 있기는 하지만 정치적 자유, 물질적 풍요, 그리고 정신적 해방의 세계에서 과거와 같은 생존 공동체를 꿈꾸는 것은 아주 특수한 분야 혹은 소규모 집단에서나 가능한 시대착오적 기획이 되기 십상이다. 가난했던 시절의 빈곤한 평등과 협력 그래서 사촌이 논을 사면 배가 아프다는 심정은 그래도 자연스러운 것으로 이해할 수 있다. 그러나 시대가 바뀐 오늘날 이러한 전근대적 향수는 돈을 모은 사람, 출세한 사람, 즉 성공한 사람을 부당하게 질투하는 반경쟁주의, 반업적주의 혹은 반자본주의 심리를 조장하는 집단주의적 평등 논리의 자원이 될 뿐이다. 평등과 협동의 결사체로서 공동체를 찬양하고 추구하는 이념 자체는 무해하지만, 그것을 단기적으로 실현하겠다고 장담하는 이념은 유해하다.

참으로 많은 사람이 아직도 국가나 공동체 혹은 국가 공동체에 대한 신뢰와 기대를 굳건하게 간직하고 있다. 국가의 문제점을 잘 알면서도 대안이 없다는 이유로 계속 국가주의자로 남아 있다. 국가의 원초적 속성이 폭력의 최고 독점적 집결체라는 사실을 외면한 채, 법치국가 혹은 민주주의국가라는 이름에 현혹되어 국가 체제를 무비판적으로 수용한다. 물론 현대 국가는 과거의 신정국가, 왕정 귀족국가, 전제 독재국가보다는 훨씬 좋은 것이지만 아직도 그 폭력적 속성을 여전히 간직하고 있다. 사회질서가 (합법적?) 국가 폭력의 기반 위에서만 존재하는 현실이지만, 국가 폭력의 부당한 횡포를 체험하지 못한 대다수의 사람들은 혹은 국가권력 체제에 의해 피해를 당해보지 않은 사람들은 대내외의 적이나 악 혹은 폭력으로부터 자신을 지켜주는 국가를 믿을 수밖에 없다. 다만 이러한 사람들의 숫자가 전 세계적으로 꾸준히 감소하고 있다는 사실은 불행 중 다행이다.

세계화의 전개와 탈국가주의 특히 국가주의에 뿌리를 두는 각종 민족주의에 대한 비판적 각성이 고조되고 있지 않는가? 물론 이를 거부하는 거센 반동적 물결과 함께! 제국주의에 대한 저항적 민족주의와 강대국에 대한 반발적 민족주의, 국산품 애용의 경제적 민족주의, 전통적-주체적 가치를 수호하자는 문화적 민족주의, 내 종교가 최고라는 종교적 민족주의 혹은 시오니즘의 배타적 우월주의 등이 과거보다는 그래도 서서히 약화되고 있는 추세가 아닐까? 혹은 나의 기대나 판단과는 반대로 근본주의로 회귀하여 반동의 물결을 고조시키는 것인가?

왜 이러한 폭력적 성격의 국가를 사람들은 받아들이는가? 공공의 이익 혹은 공공선을 국가가 추구하고, 도모하고, 수호한다고 믿기 때문이다. 그런데 참으로 한번 심각하게 따져보아야 할 내용이 바로 이 공공선, 공(공의 이)익, 혹은 사회질서라는 개념이다. 그런 것은 이 사회에 없다고 강경하게 주장하고 싶지만, 한발 물러서서 도대체 그것이 어떻게 공공선이 되는 것인지 반문하고 싶다. 이 다원주의사회에서, 이 차이와 다양성이 강조되는 잡종사회에서, 모든 사람이 공동으로 규정하고 합의하는 선과 이익 혹은 질서란 무엇이며, 어떤 절차로 그것들이 도출되는가? 이념마다, 가치관마다, 종교별로, 계층별로, 세대별로, 지역별로 각양각색이 아니겠는가? 그것을 추상적-일반적 차원에서 두루뭉술하게 두드려 맞추거나 반죽하여 사랑, 봉사, 협동, 정직, 정의 등으로 집약된 몇 가지 가치로 압축시킨 것이 공동선이 아니겠는가?

  이 공동선은 항상 도덕 윤리를 내세운다. 시민도덕윤리위원회라는 것이 있어서 전체 시민의 의견을 수렴하여 이것을 제정하는가? 아니다. 그럴 필요가 없다. 모든 이데올로기 집단, 종교 집단, 이익집단, 정당, 기업 등은 나름대로 합종연횡하면서 자신들의 입장에서 서로 다른 공동선과 공익을 이미 훌륭하게 만들어놓고 있다. 어떤 것이 공식적으로 공동선이나 공익이 되는가? 간단하다. 민주주의사회이니 다수결이 정할 것이고, 혹은 권력을 장악한 집단이 그것을 규정한다. 그러나 자신의 공동선이나 공익이 채택되지 못한 집단은 사상의 자유가 보장된 민주주의사회에서 계속 자신들의 것을 고집한다. 그 날이 올 때까지. 이것이 현실이고, 매우 자연스런 사태의 합당한 전개 과정이다.

  공공선과 공익의 허구성 혹은 특수성을 이 정도로 드러내어 밝혔다면 충분히 그 의미가 전달되었을 것으로 믿고 싶다. 부족한 사람들에게는 한 가지 더 구체적 예를 들겠다. 이슬람 세계의 공공선은 이슬람교요 이슬람 교리의 실천이다. 그런데 같은 이슬람 세계 내에서도 공존 불가능한 종파가 대립하며, 그 각각의 종파 내에서는 또 강경/온건의 분파가 존재하며, 그 분파 내에서는 또 차별적 각개 돌진과 격파가 이루어지는 현실이다.

3) 자유(주의)의 결핍 혹은 과잉 그리고 평등

  한국에서 자유주의는 아직 미성숙과 미발전의 상태인가(민경국)? 아니면 이제 막 물질적-정신적 토대를 구축하기 시작했는가(박세일, 최장집)? 아니면 충분히 정착되고 제도화된 단계인가(주대환)? 각

이념별로 이미 해답 풀이가 마련되어 있다. 자유주의자 민경국은 자유가 여전히 왜곡, 불안정, 위협의 상태에 있기 때문에 자유주의를 더욱 강화해야 한다고 요구하며, 진보적 자유주의자 최장집과 공동체 자유주의자 박세일은 이제 자유주의의 물질적-제도적 토대가 구축되었으므로 자유주의를 제대로 성숙시켜야 한다고 주장하며, 사회주의자 주대환은 이미 경쟁적 자본주의와 개인주의가 충분히 정착되었기 때문에 이에 입각한 자유민주주의의 모순점을 해소하는 사회민주주의가 필요하다고 한다. 문제는 또다시 그리고 결국 개인적 자유냐 집단적 평등이냐라는 문제로 귀결되는 것 같다.

그렇다면 자유와 평등의 동시 추구는 불가능한가? 그것이 단지 선후의 문제에 불과한 것이라면 여기서 상대를 부정하지 않는 타협과 절충으로서 어떤 잡종화의 전략이 가능하지 않을까? 내가 잡종사회의 이념으로서 아나키스트 자유주의를 시도하는 이유도 바로 여기에 있다. 포퍼의 불가지론 혹은 인간 무지에 입각한 비판적 합리주의에 주목하는 것도 이 때문이다. 비판의 자세로서 상호 존중이 강조될 필요도 여기에 있다. 만약 민경국의 입장이 미국의 공화당에 가깝고, 최장집의 진보적 자유주의나 박세일의 공동체 자유주의가 주대환의 말처럼 미국적 사민주의의 변형인 민주당에 가깝다면 비록 엎치락뒤치락이 될지는 몰라도 상호 공존이 가능하지 않을까? 미국은 민주당과 공화당이 번갈아 가면서 집권하지만 그럭저럭 무난하게 정치와 경제를 꾸려나가지 않는가? 유럽도 마찬가지가 아닌가?

완전한 자유방임 대신에 국가 개입의 범위와 수준을 정하여 국가 개입이 경제적 파국을 초래하거나, 개인적 재산권을 침해하거나, 경쟁적 자유 시장을 위축시키는 일이 없도록 할 수는 없는 것인가? 이 모든 타협 절충적 국가의 경제정책을 모든 이해 당사자가 모여 양보의 정신과 객관적 전문성의 토대 위에서 도출할 수는 없는가? 혹시 이러한 기대가 시도되지 않거나 실패만 하는 이유는 관련 이해 당사자의 지대 추구나 독단주의 때문이 아닐까? 여러 가지 장애물과 장벽이 존재하였기 때문에 개인적 자유주의와 집단적 평등주의가 서로 불필요한 충돌과 갈등을 초래하였을지 모른다.

아나키스트 자유주의는 이 역사적 난제에 두 가지 해법을 제시하고 싶다. 첫째는 국가의 권력 체제를 철저히 감시-견제하여 모든 부정부패의 싹을 근절시킴으로써 국가와 자본의 권력 독점에 따른 횡포를 동시에 규제하는 법치주의를 확립하는 방안이다. 둘째는 가치-문화-종교의 영역에서는 어떤 형태의 독단주의나 전체주의도 금지하여 다양성과 차이를 존중하는 것이다. 이 두 가지 방법은 자유의 책임으로서 혹은 자유의 한 형태로서 (빈곤으로부터의 자유인) 기본적인 경제적 평등을 요구하고, 평등의 확산을 통해 자유의 물적 토대를 구축한다는 병행 전략의 성공 확률을 높일 수 있다.

인간은 평등하지 않다. 태어날 때부터 불평등하다. 부모, 건강, 지능, 용모, 취향, 타고난 운세 등 각 개인의 소유가 불평등하다. 불평등은 자연스럽고 불가피하다. 그러나 심각한 불평등(빈곤, 차별, 배제 등)은 인간의 자유를 심각하게 훼손시키므로 방치해서는 안 된다. 그것이 자본주의 때문이건 아니건, 자유주의의 탓이건 아니건 그 원인을 따지는 것은 부차적이다. 아나키스트 자유주의는 자유의 책임, 자유의 보장이라는 차원에서 심각한 불평등을 결코 묵과하지 못한다.

그래서 평등의 문제를 자유의 한 핵심적 차원으로 적극 수용한다. 빈곤으로부터의 자유 ─ 그것이 평등의 문제이다. 빈곤은 인간의 부자유를 의미한다. 그러므로 자유주의자는 당연히 빈곤으로부터의 자유 = 부자유로부터의 자유 = 평등을 강력히 지지해야 한다.

문제는 국내적 차원으로만 접근해서는 오늘날의 불평등을 해소할 수 없다는 점이다. 국가적 수준에서만 혹은 국내적 차원에서만 불평등에 접근한다면, 선진국과 최빈국 간의 물질적 토대의 차이로 인해서 양자 간 불평등의 영원한 악순환이 지속될 뿐이다. 최근 피케티(2014)가 『21세기 자본』을 통해서 불평등의 심각성을 경고하고 그 해법을 제기했다. 그는 부유세를 회피하기 위한 세금 도피를 막는 국제적 협력을 기대하였다. 이것이 문제다. 프랑스의 인기 배우 드파르디외 Gérard Depardieu가 부유세를 피하기 위해서 러시아로 국적을 옮기지 않았던가? 그리고 부유세를 정책으로 도입했던 프랑스가 비효율성을 이유로 그것을 철회하였다. 부자의 돈을 강제로 뺏어 가난한 사람들을 위해 사용한다는 이 고상한 그리고 손쉬운 정책은 인기투표에서는 인기가 항상 높지만 항상 실패했고 약자의 고통을 더욱 늘리는 결과를 초래하였다. 혁명적 그리고 강제적, 인기 영합적 경제정책을 추구한 나라들의 결과를 보라. 차라리 부자들을 설득하여 그들이 자발적으로 그리고 주도적으로 빈자와 약자를 구제할 방법을 모색하도록 하는 것이 더 나을 것이다. 그러나 그들이 성공하면 일자리가 늘어나 실업이 줄고, 소득이 높아져 빈곤이 개선될 것이라는 과거의 대답은 더 이상 약효가 없다. 성장 속의 실업과 빈곤 증가, 빈익빈 부익부가 현실이다. 자본가와 부자는 바른 대답을 찾아 제시할 수 있어야 한다. 아니면 잃을 것이 없는 nothing to lose 그들이 당신들의 배를 뒤집을 것이다.

사실 불평등의 원죄는 소득 격차나 고용 문제가 아니다. 모든 불평등의 핵심은 상속에 있다. 모두가 잘 아는 사실이다. 사유재산제 및 개인적 자유와 깊이 관련된 문제라 복잡하고도 민감한 주제이다. 예를 들어보자. 상속세 회피나 절감을 위한 탈세나 재산 은닉은 기본이다. 보다 구체적으로 상속세를 과다하게 부여할 경우, 경제 공동체로서 가족의 의미가 퇴색한다. 한국에서 상속 지분의 남녀평등을 실시하자 형제간 우애가 깨어지는 일이 빈번하고, 배우자의 몫을 늘리려는 시도에 대한 자식들의 반발 또한 만만치 않다. 상속에 대한 과도 제약은 근로 의욕의 저하를 초래할 수 있다.

나는 기본적으로 미국의 공화당 지지자는 아니지만, 국가에 의한 증세를 반대한다. 증세 이전에 먼저 크고 작은 탈세를 철저히 방지해야 한다. 둘째, 정부의 불필요한 선심성 사업을 비롯한 각종 예산 낭비를 막아야 한다. 그래도 재정이 모자라면 그때 증세하면 된다. 검소와 절약, 즉 탈물질주의적 가치관의 확립은 물질적 결핍에 따른 문제(빈곤과 불평등)와 물질적 풍요에 따르는 부작용(향락주의와 경쟁주의)을 동시에 해소할 수 있는 만고의 묘책이다. 자원 고갈과 생태 위기를 막을 수 있는 유일한 방책이다.

물질적 상속만큼이나 불평등의 유지와 확산에 중요한 것이 사회적 차원의 지위 문화적 세습이다. 연고주의의 활용 등으로 사회 경제적 지위가 높은 부모의 자식들이 교육, 취업, 승진 등에서 은밀한 혜택을 누리는 것이다. 노동조합이나 정부 산하의 각종 기관이나 공사에서 자식의 취업을 보장하는 관행을 만들기도 한다. 부정한 인사 청탁과 탈법적 고용은 지위 고하에 따른 문제가 아닌 것 같다. 공직이나 권력을 활용하는 부정부패로 인한 불평등은 아파트 공동체의 운영위원회부터 각급 학교의 촌지 등 일상생활의 구석구석 여기저기에 존재한다. 부정부패 없는 공정 경쟁만 보장되어도 불평등에 대한 심리적 불만감을 완화시킬 수 있다. 세계 최장의 노동시간을 자랑하는 한국은 노동시간을 획기적으로 줄여, 일자리를 늘려야 한다. 진정으로 불평등의 감소를 원한다면 임금하향을 감수하고 그 여력으로 고용을 늘려야 한다. 소득 감소를 통한 자유 시간의 증대를 탈물질적 영역에서 활용할 수 있을 것이다.

자유주의 논쟁을 전체적으로 개관하자. 논쟁은 민경국 대 박세일-최장집(-탈자유주의적 주대환?)의 양자 대결로 이해하는 것이 간단명료할 뿐 아니라 정확할 것 같다. 왜냐하면 민경국의 (신자유주의적 혹은 하이에크의 고전적) 자유주의에 입각한 개인주의적 자유 시장 주도의 경제적 자유주의와 대비되는 국가 개입을 허용하는 탈개인주의적 정치적-경제적-문화적 자유주의를 최장집, 박세일, 주대환은 모색하기 때문이다. 특히 최장집과 박세일은 (주대환이 선호하는) 유럽식 사민주의와 선택적 친화성을 갖는, 미국 공화당의 공화주의republicanism에 대비되는 미국 민주당의 자유주의liberalism를 연상시키기 때문이다. 물론 최장집과 박세일은 그들의 자유주의가 출발하는 이념적 뿌리나 역사적 환경이 미국 민주당의 진보주의와는 다르다고 주장하겠지만, 그들의 이념이 도달할 현실의 정책적 실천 지평은 주대환의 지적과 크게 다를 바 없을 것이다.

4) 케인스냐 하이에크냐?

이론적으로 나는 민경국의 자유주의 대 최장집/박세일의 진보적/공동체 자유주의의 대립은 마치 장기적 이론의 전망을 지닌 하이에크와 현실적 처방에 주목한 케인스의 이론적-정책적 대립을 연상시키는 것 같아 매우 흥미롭다. 사실 어느 누구도 완전히 맞지 않고, 모두가 틀린 것도 아니다. 각자는 각자의 장단점을 지니고 있으므로, 서로를 존중하여 서로에게 배우면서, 각자의 길을 열심히 가면 된다.

한때는 케인스의 이론이 더 적실했다면, 다른 때는 하이에크의 이론이 더 효과적인 것으로 간주되었다. 내일은 어떻게 될까? 단순 순환, 즉 케인스의 재등장이 될까? 아니면 잡종 순환, 하이에크 + 케인스가 될까? 여기에 절충가로서 포퍼가 등장한다. 그는 하이에크와 거의 모든 측면에서 대동소이하지만, 경제적 자유주의 혹은 시장 경쟁에 있어서 약자나 낙오자를 위한 국가 개입을 상대적으로 적극 모색한다. 경제적 비효율성과 낭비에도 불구하고 일단 급한 불은 끄면서, 죽어가는 사람을 살린 다음에 경제성과 경제 발전을 논해야 하지 않겠는가? 장기적 경제보다도 더 시급하고도 중요한 과제가 있다면 단기적 처방도 조심스럽게 그리고 제한적으로 시도해보면 안 될까?

경제적 자유주의의 한시적 자기 유보는 양보할 수 없는 비효과적인 전략인가? 경제적 자유주의의 국가 개입에 대한 불신은 공공 선택론이 밝혀낸 관료나 권력 집단의 사익 추구 혹은 지대 추구 혹은 평범한 말로 부정부패의 발생이라는 사실과 연관될 수 있다. 국가 개입에 따른 모든 부작용은 제거할 수 없겠지만, 위험 요소를 사전에 차단할 수 있다면 국가 개입이 초래할 상당한 문제점을 억제할 수 있지 않을까? 최소한 시장 자본주의의 틀 내에서 일시적으로 그리고 한정적으로, 사회주의적 국가 개입이 아니라 자유주의적 시민 주도형 국가 개입이라면 한번 시도할 가치가 있지 않겠는가? 그것이 실패하든 성공하든 국가개입주의자나 반대자나 모두 교훈을 얻게 될 것이다. 그래서 포퍼나 하이에크의 지적처럼 시행착오를 통한 학습이나 발견이 이루어지는 것이 아닐까?

나아가 인간의 무지론 혹은 불가지론을 철저히 적용시켜, 가장 확신에 찬 경제적 자유주의자일지라도 자신의 이론에 대한 독단은 버려야 한다. 상대방도 마찬가지이다. 그래서 아나키스트 자유주의는 잡종화의 논리로서 절충과 타협을 두려워하지 않는다. 최소국가에 의한 최소 국가 개입, 이론적으로는 그것이 아나키스트 자유주의자의 길이다.

이 자유주의의 길을 재벌 옹호, 자본가 두둔, 불평등 외면, 복지 거부라는 상투적 비판의 대상으로 만들어서는 안 된다. 거듭거듭 강조하지만 왜 국가만이 이 문제를 독점적으로 해결하고, 단독으로 해결할 수 있는가? 기회만 주어지고, 개발만 하면 국가 이외의 다른 방안도 충분히 있을 수 있다. 가족, 친지, 이웃, 지역, 직장, 종교, 봉사 단체, 협동조합, 자유 연합으로서 직능단체 등 다양한 차원에서 다양한 사람들이 참여하여 빈곤과 불평등을 함께 해소할 수 있다. 국가의 복지 관료제에 의해서 시행되는 복지정책은 관료제 고유의 회피할 수 없는 문제점(경직성, 낭비성, 획일성 등)에 직면하고 있지 않는가?

개인들이 자유롭게 연합하여 자유롭게 협동하면서 빈곤과 불평등을 자유롭게 완화하고 해소할 수 있는 기회가 주어져야 한다. 복지 예산의 토대는 개인들이 세금으로 낸 돈이다. 국가는 개인이 직접 선한 능력, 예컨대 협동심을 발휘할 기회를 모두 거두어 가서 자기가 선의의 천사인 것처럼 독점하고 있다. 개인들은 이기심을 따르는 존재이니까, 세금이나 꼬박꼬박 내라고 큰소리치는 것 같다. 우리가 알아서 잘할 터이니, 일에나 집중하고, 걱정 말라고 장담하면서. 국가주의에 젖어 있는 개인들은 부디 이 복지국가의 관대한 속내를 통찰해 보기 바란다.

아나키스트 자유주의는 선언한다. 개인은 하나의 국가다. 나는 국가다. 그들의 국가는 저 멀리 나의 바깥에 있지만, 나의 국가는 내 마음속에, 내 머릿속에 그리고 타인과의 관계 속에 있다. 내가 품고 있는 국가가 더 중요하다. 나는 나의 국가를 해체하고 재구성할 수 있다. 왕권신수설에 입각하여 루이14세가 짐이 곧 국가라고 외쳤다니,

나도 당당히 국권 재민론에 입각해서 나는 곧 국가라고 선언한다. 이와 더불어 나는 모든 것이 된다. 나는 또한 민족이요, 계급이요, 공동체요, 집단이요, 세계요, 우주요 … 악인이요, 선인이요, 유有요, 무無요 … 모든 것이다. 이미 언급했듯이 장자의 만물일체론에 의하면 나와 만물 간의 경계가 없어지고 하나만 남는다.

우리 시대의 걸출한 예술가요, 위대한 반역자인 이윤택(1992)은 한때 아나키의 정신으로『우리에게는 또 다른 정부가 있다』라고 외쳤다. 우리 개인 각각이 자신의 국가와 정부를 가지자.

5) 경제적 자유주의

경제적 자유주의자는 국가의 문제를 단순히 정치적 권력의 문제로만 이해해서는 안 된다. 아나키스트 자유주의는 국가권력 체제에 더욱 주목한다. 권력 체제로서의 국가는 (사법 권력, 입법 권력, 행정 권력, 군사 권력, 시민운동 권력 등으로 구성되는) 정치권력, (자본가, 노동조합, 이익집단의) 경제 권력, (미디어계, 예술 체육계, 학계, 인터넷 등의 지배 세력의 구성체로서) 문화 권력 그리고 종교 권력 등이 각축하고 연대하는 복합적인 구성체이다.

특히 독점자본가들은 국내외 네트워크를 활용하면서 공정 경쟁 혹은 시장 경쟁을 왜곡시키는 경제 권력을 행사할 수 있다. 설령 그들의 경제 권력 행사가 경제적 효율성을 초래할 수 있다 하더라도 그것은 국가권력의 부당한 개입을 반대하는 경제적 자유주의의 정신에 위배된다. 정경유착이 비일비재한 현실에서 국가는 일선에서 물러나고 경제 권력이 국가권력을 대행하여 시장에 영향력을 미치는 경우가 얼마든지 발생할 수 있다. 물론 국가권력이 경제 권력을 직접 보장하기도(재벌 만들기) 혹은 순치하기도(재벌 길들이기) 한다. 민주주의의 결정 원리인 다수결주의하에서는 권력 주체의 성향과 관점에 따라서 얼마든지 국가 개입이 발생할 수 있으므로, 국가 개입을 무조건 반대할 것이 아니라 헌법을 통해서(하이에크의 헌법주의) 경제적 자유주의의 현실적 토대를 확실히 하는 것이 더 합리적이다.

다수 대중의 이해를 얻기 위해서는 경제적 합리성뿐만 아니라 다른 차원에서의 합리성도 포괄하는 경제적 자유주의를 모색해야 한다. 경제적 자유주의는 하나의 순수형 혹은 순종 형태로 영원히 지속될 수도 없고, 그래서도 안 된다. 부단히 대내외적인 잡종화를 통해서 그 내포와 외연을 동시에 확대·심화시켜야 한다. 자신도 비판하고 상대방을 존중하라는 지혜는 두 사람의 차이점에도 불구하고 포퍼와 하이에크의 기본 정신이 아닌가? 그리고 이러한 기본 정신 위에 존재하는 포퍼와 하이에크 간의 차이는 자유주의의 내적 긴장을 유지시켜 그것이 경직화되거나 일탈하는 위험성을 막아주는 것이 아닐까?

신자유주의가 진짜 악마이건 허구의 유령이건 자유주의에 대한 오해와 불신이 점증하는 현시점에서 자유주의는 불평등의 심화를 막고 복지국가를 구축한다는 국가 개입의 명분과 논리를 정면으로 반대할 필요가 없다. 구체적인 정책적 쟁점에서 수정과 보완, 견제와 조정을 얼마든지 시도할 수 있다.

나아가 자유주의자가 시급하게 주목해야 하는 문제는 문화적-종교적 자유주의의 확장이다. 복거일(2013)이 말하는 풍속적 자유주의를 말한다. 아나키스트 자유주의자들이 적극적으로 추진하고 시급히 검토해야 할 대상은 다문화주의와 인종차별 금지, 집단주의의 횡포인 왕따 문화나 패거리주의의 처벌, 부모나 교사의 언어폭력 및 체벌 엄벌, 특히 약자에 대한 폭력을 비롯해 모든 종류의 폭력에 대한 엄벌주의 적용, 정보 공개의 범위 확대와 신속 처리, 권력형·집단주의형 비리 고발자에 대한 포상과 철저한 신분 보장, 낙태, 동성애, 안락사, 종교교육의 강요 금지, 유치원·초중고·대학 등 모든 교육기관에서의 교사에 의한 편향적 정치 이념이나 도덕 가치의 주입 금지, 이중 혹은 다중 종교의 허용, 군복무 의무의 전면 폐지나 여성 복무의 의무화 혹은 지원제, 남녀 불문 성노동의 자유화, 제한적인 도박과 일부 마약의 허용 등 부지기수다. 이상의 쟁점들을 비판적 논의를 통해서 자유주의적 차원으로 수렴하고, 이를 반드시 법제화하는 법치주의적 지향점을 잊지 말아야 한다.

어쩌면 경제적 자유주의에 대한 반감이 높은 이유는 사람들이 일상생활에서 개인적 자유의 확대 필요성을 절감하지 못하고, 현재 수준으로 만족하는 보수주의적 타성에 젖어 있기 때문일 것이다. 개인적 자유의 확장이 일상생활을 풍요롭게 하고, 소수 문화를 꽃피워 주류 문화의 획일적 무미건조함과 횡포를 탈피할 수 있게 해준다는 사실이 널리 인식된다면 사람들이 경제적 자유주의도 더욱 적극적으로 선택할 수 있을 것 같다.

여기서 최소국가론의 주창자인 노직(Nozick, 1974)이 인정하는 국가 개입의 경우를 살펴보자. 부정의를 교정하는 불의 교정不義矯正의 원리는 정의 원칙이 잘못 작동한 경우 적용된다. 이 경우에는 정의 원칙이 적용되기 어렵다. 오히려 정형화된 분배적 정의 원리들이 상황에 따라서 불의 교정을 위해 일시적으로 적용될 수 있다. 가령 노직이 대립각을 세우고 있는 롤즈의 정의 원리나 사회주의 원리가 단기적 교정을 위해서 활용될 수도 있다는 것이다. 그러나 그것이 영원히 하나의 원칙으로 제시될 수는 없으며, 교정이 완료되면 소유 권리론의 기본 원칙들이 작동하도록 함으로써 개인의 권리침해가 발생하지 않도록 해야 한다는 것이다. "우리의 죄에 대한 벌로서 사회주의를 도입하는 것이 너무 지나쳐 보이기는 하지만, 과거의 불의가 너무 심각하여 그것을 교정하는 데 단기적으로 보다 포괄적인 국가가 필요하게 될 수도 있을 것이다."(Nozick, 1974: 231)

6. 윤평중의 급진자유주의 검토

여기서 『중앙일보』가 기획한 자유주의 논쟁에는 참가하지 않았지만, 자유주의에 관해 정치철학적 관점에서 독자적 입론을 제시한 윤평중(2009)의 급진자유주의를 간략히 검토해보자. 진지하고 치열하며 폭넓은 시각을 가진 그의 탐구로부터 많이 배우고 강한 지적 영감을 받기도 했지만, 몇 가지 점에서 어떤 불편함 내지 약간의 거리감도 느끼게 되었다. 그 결과 그의 입론에 전면적인 동조를 하지 못하고, 몇 가지 비판적 쟁점을 발견하였다. 물론 나의 비판은 입장의 차이를 확인하는 것이지 어떤 우열이나 정오를 가름해보려는 시도가 아니다. 윤평중과 마찬가지로 나도 자유주의의 급진화에 관심을 가진 터라 상호 소통의 폭을 더욱 넓히고 싶다.

윤평중(2009: 5)은 『급진자유주의 정치철학』을 통해서 "자유주의 담론의 보편성과 구체적 현실에 대한 탐구"를 함께 겨냥한다. 그것은 "보편사적인 자유주의의 의미를 이해한 토대 위에서 한국 자유주의의 이론과 실천 패러다임을 천착"하는 것이다. 보편주의에 대한 비판적 관점으로서 특수주의 혹은 불가지론적 상대주의를 선호하는 나로서는 보편사가 무엇을 의미하는지 처음부터 일종의 이질감을 갖게 된다. 보편적 자유와 특수한 자유가 각각 존재한다는 말인가? 아니면 추상적-이론적 자유와 구체적-실천적 자유가 따로 존재한다는 말인가? 혹시라도 이 말이 좋은 자유와 나쁜 자유 혹은 바른 자유와 틀린 자유가 있다는 사실을 전제하는 것은 아닌지 우려된다. 보편사적 자유가 전자를 지칭하고, 구체적-특수한 자유가 후자를 지칭하는 함의를 가져서는 안 되기 때문이다. 각종 자유와 자유주의에 대한 윤평중의 비판이 자신의 급진자유주의만을 위한 희생의 피라미드를 쌓는 것은 아니길 바란다.

윤평중은 보편적 자유주의의 합리적인 핵심을 "자율적 개인, 다원주의, 자발적 연대, 자유 시장의 자생성과 창발력, 안정된 법치와 공정성, 시민사회의 활력, 성찰적 공론장, 투명하고 정의로운 국가 등"으로 규정한다. 이 지점에서도 나는 가벼운 충돌을 느낀다.

연대, 창발력, 공정성, 시민사회, 공론장, 국가 등은 참으로 훌륭한 덕목들이기는 하지만, 자유주의가 일반적으로 합의하는 핵심이라기보다는 윤평중이 소망하는 급진자유주의의 특수한 미덕인 것 같다. 따져보자. 연대는 (물론 자유주의자도 인정하는 가치이지만, 개인주의와 자주 충돌하는) 사회주의적 평등주의자 혹은 집단주의자의 애용품이 아닌가? 윤평중이 거론한 헤겔과 하버마스의 시민사회/공론장 개념은 (자유가 미완성인 수준에서 제시된) 국가주의자(헤겔)의 하위개념이요, 체제와 시민사회 간의 기능적 균형 유지론자(하버마스)의 의사소통적 연대 창출을 위한 유토피아적 개념이다.

특히 불편한 개념이 "투명하고 정의로운 국가"다. 개인적 자유주의자는 그런 국가를 자유의 보루로서 결코 상정하지 않는다. 국가는 권력관계요 권력작용으로서 전체와 집단의 논리에 따라서 개인적 자유를 제한하고 간섭하는 속성을 가질 뿐이다. 정의로운 국가? 그런 국가는 역사적으로 존재한 적이 없고 존재하지도 않는다. 무엇보다도 진정한 자유주의자는 그런 국가를 필요로 하지 않는다. 정의가 무엇인가? 개인주의자에게 정의란 자유 너머에 있는 어떤 고귀한 것이 아니라 자유의 울타리 안에서 함께 뛰노는 개인들의 창조물 혹은 즐거움일 뿐이다. 정의가 나를 선도하는 것이 아니라 자유의 욕구와 책임이 나를 선도先導/善導한다.

윤평중(2009: 50-56)은 '급진자유주의'의 원리를 아래의 세 가지로 규정한다.

① 급진자유주의는 비판적 자유주의이다.
② 급진자유주의는 진보적인 혁신 자유주의로서, 성찰적 개인주의를 시금석으로 삼는다.
③ 급진자유주의에서는 민주주의보다 자유주의가 더 선차적이다.

우선 비판적 자유주의를 논의하면서 비판적 합리주의로 자신의 자유주의를 규정하는 포퍼에 대해 언급이 전혀 없다는 사실에 약간의 당혹감을 느낀다. 전체적으로 윤평중의 개념 규정이 전형적stereotyped이라는 느낌을 받는다. 급진적이라면 말 그대로 어떤 환골탈태적 요소가 있어야 하는데, 자기비판, 사회 비판, 역사 비판이라는 애매한 근대적 거대 담론을 품고, 진보, 혁신, 성찰이라는 추상적인 근대적 자기 합리화를 포용하기 때문이다. 자유주의와 민주주의의 결합에서 자유를 위한 민주주의로서 자유민주주의는 (자주 잊힌 내용이지만) 모든 자유주의의 민주주의관이다. 자유주의자에게 자유민주주의는 당연히 자유(주의)를 위한 민주주의이다. 윤평중에게는 자유주의의 재확인이라는 표현이 자유주의의 급진화라는 표현보다 더 적합할 것 같다. 윤평중의 급진자유주의는 근대적 자유주의의 틀 내에서 별로 벗어나지 않은 것 같다.

윤평중(2009: 6)에 의하면 급진자유주의의 정치철학은 "현실로부터 동떨어진 … 성급하고 과격한" 것이 아니라 "사태 자체의 핵심으로 파고들어가 철저히 성찰하고 사유"하면서 "자유주의의 뿌리를 해명하면서 동시에 그 현실과 미래 비전에 성역을 두지 않은 채" 탐구하는 것이다. 뿌리와 성역 없는 미래에 대한 탐구라는 야심에도 불구하고 그는 절반의 성공만을 거두고 있다. 그 뿌리를 살펴보자면 최소한 그리스의 견유학파나 스토아학파 그리고 각종의 자유를 향한 창조적인 역사적 반란은 잠깐이라도 언급해야 하며 그 현대적 함의를 제시해야 한다. 노장이나 불가의 자유주의까지는 요구하지 않겠다. 이론으로 체계화된 근대 자유주의보다도 어쩌면 고대사회의 자연적, 전 문명적, 본성적 자유주의가 급진자유주의에 더 필요한 것이 아닐까? 윤평중의 급진자유주의는, 탈근대적 아나키스트 자유주의의 관점을 추구하는 나에게는, 근대적 비판의 담론 수준에 머무르고 있는 것 같다.

윤평중(2009: 24)도 다른 많은 한국의 자유주의자처럼 한국 현대사에서 자유주의는 왜곡되고 폄하되었다고 이해한다. "단적으로 해방 이후 지금까지 자유주의는 한편으로 보수 기득권 집단에 의해 오용되어왔고, 또 다른 한편으로 진보 세력에 의해 멸시당해왔다고 할 수 있다." (여기까지는 동의한다. 다음이 문제다.) "그러나 자유주의에 대한 이 같은 대응 방식은 둘 다 역사적 자유주의의 합리적 핵심을 제대로 이해하지 못한 데서 온 것이다." 역사적 자유주의의 합리적 핵심이라는 것이 바로 위에서 언급한 보편사적 의미의 자유주의의 내용이리라. 하지만 그것은 보편이라고 할 수도 없을뿐더러 보편이면 또 무슨 특별한 의미를 가지는 것인지 모르겠다. 쉽게 말하자.

당시의 웬만한 지식인들이라면 (일본?) 책을 통해서 자유주의 이론의 핵심을 나름대로 꿰뚫고 있었을 것이다. 일반 사람들에게 자유는 이론이기 이전에 본능적으로 그리고 본성적으로 감지하고, 체득하고, 요구하는 것이다.

자유란 보편이나 합리적 핵심 운운하는 고정된 개념으로서 존재하는 것도 아니고 존재해서도 안 된다. 자유의 역사에 어떤 공통된 특성이 있다면 이런 것이 아닐까? 예나 지금이나 "사람들은 똑같이 기본적인 자유를 갈망했다. 똑같이 교육의 자유, 성적 해방, 동등한 권리와 평등한 인간관계, 사회생활 조직의 공유, 토지와 자원의 이용, 축제에 대한 공통의 취향, 그리고 전면적인 해방을 원했다. 단지 바뀌는 것이 있다면 그것은 표면에 칠해진 유약일 따름이다. 온갖 체제 아래에서 수천 년이 흐르는 동안 그런 관념들이 불쑥불쑥 사람들의 뇌리를 스쳤으며, 그러면 사람들은 그 관념들을 지켜내고 널리 세상에 알리기 위해 혹은 그 관념들이 뿌리째 뽑혀 모조리 없어지는 것만은 막기 위해 무기를 들고 싸웠다."(프레미옹, 2003: 10)

윤평중의 정치철학적 기획은 존중되어야 한다. 그렇지만 자유주의 탐구가 보편성과 구체성의 융합 그리고 이론과 실천의 통일이라는 철학자의 거창하고도 구원한 꿈을 실현시키는 과제로 간주되면 그것은 자유주의의 적이라고 할 수 있는 단원적卑元的 총체화 혹은 동일화의 오류나 추상 수준의 만사 해결이라는 유혹에 빠질 것 같다. 탈근대론자는 세상만사가 모두 전체적으로 연결될 수 있고, 합리적으로 설명될 수 있다고 가정하지 않는다. 그런 근대적 완성의 기획은 오늘날에는 시작조차 쉽지 않다. 역시 윤평중의 시도는 탈근대적이기보다는 근대적인 것 같다.

윤평중(2009: 92-98)이 현대판 정치적 리얼리즘의 뿌리로서 슈미트

(Schmit, 1985)의 정치신학에서 엄중한 교훈을 얻어야 한다고 진지하게 권유할 때, 나는 그의 급진자유주의가 도달할 지평선이 급진주의의 샛길, 즉 현실주의에 경도된 자기반성으로 빠질 수 있을 것 같은 예감을 받았다. 윤평중(2009: 98) 자신이 희대의 반동사상가로 규정하는 슈미트로부터도 교훈을 얻겠다고 하나 그 교훈이 자유주의와 민주주의 간의 모순 같은 것에 머문다면 진부하다. 자유주의자는 하이에크가 주장하였듯이 자유를 위한 민주주의, 즉 자유가 우선하는 자유민주주의를 목표로 한다. 윤평중은 "정치적인 것"의 신화를 나름대로 극복해보고자 하나 그 주술에 빠진 것 같다. 정치적인 것의 구체적 현상은 국가권력적인 것인데 자유주의자가 국가권력으로부터 무엇을 배울 수 있는지 매우 의아하다. 윤평중은 그의 급진자유주의를 위해서 아렌트도 동원한다. 만약 윤평중이 아렌트처럼 정치적인 것을 추상적으로 혹은 규범적으로 이상화시킨다면 그것은 현실과 동떨어진 고정관념을 어루만지는 것과 다름없다. 사회적인 것을 대변하는 사회신학의 대척점에서 정치적인 것을 메시아적인 것으로 간주하여 행위신학을 내세운 아렌트(김홍중, 2013b) 또한 자유주의의 친구는 아니다.

나아가 윤평중은 진보와 보수라는 양극 구분에 대한 비판이 하늘을 찌르는데도 여전히 '진보'를 껴안는 진보적 자유주의를 거론한다. 특정 이념의 자화자찬인 이념적 진보에 나는 더 이상 매력을 느끼지 못한다. 진보는 없다. 아니 모든 것이 진보다. 시대에 따라서 보수도 진보한다. 세월이 흐르면 진보도 보수화한다. 윤평중(2009: 18)이 언급한 진보적 자유주의자 밀, 그린, 홉하우스는 통칭 사회적 자유주의자로 불리며 국가 개입의 필요성을 역설한 자유주의자들로서 케인스식 국가개입주의의 물꼬를 열어주었으며, 이후 미국의 민주당, 영국의 노동당에 영향을 끼친 사람들이다. 국가 개입이 이 시대의 진보인가? 보수인가? 당위인가? 선택인가?

또 윤평중은 시류에 부담 없이 동승하여 신자유주의 = 시장근본주의에 대한 무차별 공격을 답습한다. 자유주의자라면 자유주의에 대한 비판에 대하여 그야말로 성찰적-비판적으로 제대로 그 적실성과 허구적 과장을 따져보아야 하나, 그는 추호의 의심 없이 공격 대열에 동승하는 비자유주의적 열정을 보여준다. 물론 윤평중(2009: 59-83)은 하이에크의 경제적 자유주의에 관한 정확한 이해와 평가를 강조하나, 그를 독점자본의 지지자로 간주하는 한국적 오독의 경향에 분명하게 반대하지는 않는다. 이 점에서 그는 하이에크에 대해서 다소 유보적인 것 같다. 나는 경제에 대한 과도한 그리고 잘못된 국가 개입이 현실인 한국에서는 보다 강력한 하이에크주의가 요청된다고 판단한다. 시장 옹호나 시장 비판이라는 문제는 국가와 시장이라는 차원에서 조명되어야 한다. 문제의 핵심은 윤평중도 정확히 인식하듯이 독점의 부작용이다. 정치권력으로서 독점 국가와 경제 권력으로서 독점자본이다. 시장 만능이니 시장 근본이니 하는 비판적 수사는 그 필살의 표적을 시장 원죄를 초래한 자유로 삼고 있는 것이다. 무적의 국가가 뒤에서 미소 짓는 모습이 보이는 것 같다.

그리고 비록 짧은 분량이기는 하나 국가와 헌법(윤평중, 2009: 209-215)을 논의하면서, 머리말(윤평중, 2009: 11)에서는 에피소드로 잠깐 언급하나, 모든 자유주의자의 전거인 하이에크의 헌법주의에 대한 기념비적 연구를 거론하지 않고, 또 국가주의에 대한 진지한 비판을 개진하지 않는 윤평중의 자유주의가 약간 당혹스럽다.

이 모든 상호 접근상의 차이와 강조점의 상이함에도 불구하고 나는 매우 다행스럽게도 윤평중(2009: 52)의 급진자유주의에서 다음과 같은 가장 중요한 한 가지 합의점을 발견할 수 있었다. "급진자유주의는 모든 개혁과 진보가[6] 개인으로부터 시작해서 궁극적으로 개인에게로 귀결된다는 개체성의 원리를 주창한다. 자율적이고 독립적인 개인이 세상사의 원동력이라고 확신하는 것이다." 개인에서 출발하여 개인으로 되돌아오는 나의 아나키스트 자유주의는 이 지점에서 분명하게 합류한다. 자유주의의 시작이자 완성으로서 개인에 대한 확고한 신념을 가진 윤평중을 잡종사회의 길동무로 만나고 싶다. 그러나 나는 윤평중(2009: 149)과는 달리 방법론적 개체주의도 수용하고, 실체적 원자로서의 개인도 수용한다. 나아가 나는 개인의 선차성을 존재론적으로도 해석한다. 선차성이라는 개념이 다소 약하게 느껴져 나는 과감하게 유일성을 고집하고 싶다. 길동무라도 모든 것이 같을 필요는 없다. 어차피 우리는 고유한 개인들이 아닌가?

내가 철학자의 심원한 의미가 함축된 급진자유주의를 제대로 이해하지 못했을 수도 있다. 그러나 나는 불행히도 급진주의가 희석화된 급진자유주의만을 독해하게 되어 아쉽다. 나도 자유주의의 급진화를 모색한다. 그래서 아나키즘의 맥락에서 그 과제를 아나키스트 자유주의로 구체화하였다. 나도 동일한 비판을 받을지도 모른다. 아나키스트 자유주의에 대한 비판을 기대한다. 근본적 재구성이라는 의미에서 급진주의는 매력적이지만, 비혁명의 시대에 이를 구체화하기는 쉽지 않다. 그러나 21세기 자유주의의 진정한 급진화는 자유의 유일한 출발점인 유일한 개인에 대한 슈티르너의 온당하나 급진적인 견해를 재음미하고, 나아가 불가의 유아-몰아-진아를 터득하는 데서 그 새로운 지평을 발견할 것이다. 맑스에 의해 파묻힌 개인주의적 아

---

[6] 이 '진보'라는 말은 나의 합의에서 제외한다.

나키스트 슈티르너의 진면목을 발굴하자.

7. 차인석의 혁신자유주의 재인식

최근 한국에서 이루어진 자유주의 관련 논쟁에 대한 소개와 이들 입장과 나의 아나키스트 자유주의와의 접합성 및 변별성에 대한 설명을 마치면서 차인석(2011)의 혁신자유주의를 언급하고 싶다. 왜냐하면 이미 2001년에 제시된 그의 입장은 선구적인 것일 뿐 아니라 그 내용과 지향성이 현재도 시사하는 바가 크기 때문이다.

차인석은 자유주의자로서, 다시 말해 자유주의의 틀 — 자유민주주의와 자본주의 — 내에서 자유주의의 문제와 한계를 극복하고자 한다. 이처럼 그 출발점에 있어서 차인석의 혁신자유주의는 나의 아나키스트 자유주의의 입장과 동일하다. 그러나 차인석이 발견한 혁신의 길은 민주사회주의적 관점을 수용하는 것이다. 차인석이 거론하는 민주사회주의는 오래전부터 유럽에서 추구되고 있는 사회민주주의를 의미한다. 자유주의 사상사에서는 고전적인 개인 중심의 자유주의를 비판하는 홉하우스의 사회적 자유주의나 그 실천이라고 할 수 있는 케인스의 국가 개입 정책이나 미국의 뉴딜 정책이 사회민주주의적 지향성을 갖는다. 보다 구체적으로 지적하자면 차인석의 혁신자유주의는 자유주의자가 제시하는 기든스식 제3의 길이라고 할 수 있다. 이것은 자유주의와 사회주의 간의 일종의 약한 잡종화 전략이라고 할 수 있다.

반면 내가 선택한 잡종화의 길은 개인주의적 아나키즘을 바탕으로 자유주의를 심화 확대하는 상대적으로 강하고 급진적인 성격을 갖는다. 아나키스트 자유주의는 차인석과는 달리 국가의 도덕적 의무를 신뢰하지 않는다. 무소불위의 자유방임적 민주주의에 대해서도 경계심을 늦추지 않는다. 도덕적 의무라는 표현이 규범적으로 거부할 수 없는 당위론적 설득력을 가질 수 있을지 몰라도 — 나는 쉽게 동의하지 않는다 — 도대체 국가라는 집단, 즉 이미 기득권을 점유했고 그 과정에서 온갖 술책을 터득하였을 지배 권력 집단이 공평무사하게 그 도덕적 의무를 수행하리라고 믿지 않는다. 먼저 제도적으로 국가 권력, 즉 지배 집단의 기득권을 없애거나 최소화해야만 그나마 국가 개입이나 간섭의 피해를 줄일 수 있을 것이다. 자본 권력에 대해서도 마찬가지의 요구와 압력이 가해져야 한다. 민주주의 또한 누누이 강조하였듯이 민주 독재나 인기 영합주의에 빠지지 않도록 개인적 자유를 수호하고 확대하는 민주주의, 국가의 간섭과 개입을 최소화하는 민주주의로 헌법 개정 등을 통해서 재구축해야 한다.

결국 혁신자유주의와 아나키스트 자유주의 간의 차이 혹은 한국 자유주의 논쟁에서 드러난 대립각은 이론과 실천의 선차성과 중심성을 개인 혹은 집단(국가나 공동체) 중에서 어느 쪽에 두느냐에 따라 발생한다. 이것은 양자택일의 문제로 보일지 모른다. 그러나 그렇지 않다. 나는 국가나 공동체는 허구적 실체이자 그럴듯한 상징성을 가진, 혹은 우리가 소망wishful thinking의 차원에서 믿고 싶어 하는 고정관념이라고 간주한다. 국가나 공동체는 오직 개인을 위해서 그리고 개인(들)에 의해서만 존속하는 내 마음의 존재일 뿐이다. 국가나 공동체 등 어떤 신비화된 외적 대상에 의존하기보다는 나 자신 스스로 선택과 실행의 주인이 되는 것이 나의 삶의 첫걸음이자 마지막 걸음이 되어야 한다.

나아가 차인석은 자유주의의 진보주의적 차원, 예컨대 부의 평등한 분배, 쾌락주의 비판, 개인주의의 위험성, 공동체성과 연대의 필요성 등을 강조한다. 이 점에서 차인석은 최장집의 진보적 자유주의나 박세일의 공동체 자유주의 그리고 특히 주대환의 사민주의와 공명한다. 그래서 차인석은 개인주의의 위축을 원하지는 않으나, 개인적 역할의 한계에 예민하게 주목한다. 즉 "혁신자유주의는 사회적, 경제적 문제는 개인들에 의해서 해결될 수 없다고 믿기에 정부가 이를 매개해야 한다고 주장한다."(차인석, 2011: 261) 그리하여 차인석의 진보주의적 관점은 자유와 평등을 조화시키는 도덕적 의무를 국가나 정부가 수행해야 한다는 "자유주의의 근본화"라는 과제에 도달한다. 나는 "자유주의의 역사관은 진보이며, 진보는 혁신에 의해서만 이루어진다"(차인석, 2011: 339)는 주장을 존중하되, 기존 맑스주의적 진보주의에 대한 비판자로서 그것이 지닌 결정론적 함의를 거부한다. "자유주의의 근본화"(차인석, 2011: 263)가 기존 체계의 근본적 변화라는 급진주의의 영역을 넘어 근본주의라는 역사적 필연을 내세우는 독선적 결정론으로 변질되어서는 안 된다.

치밀한 사회철학적 논리에 바탕을 둔 차인석의 혁신자유주의는 강력한 호소력을 지닌다. 특히 사회민주주의적 대안을 고려하는 자유주의자라면 그의 주장을 진지하게 검토할 필요가 있다. 비록 나의 아나키스트 자유주의는 개인주의적 대안을 찾아가겠지만, 서로가 함께 토론하고 격려할 수 있는 자유의 공간이 적지 않은 것 같다.

끝으로 이 장을 마치면서 아나키스트 자유주의의 급진성을 한번 구체적으로 느껴보자. "재산은 도적질이다"라고 외친 프루동은 다음과 같이 부자유를 도발적으로 그리고 생생하게 표현한다. 이 정도는 되어야 급진적이 아닐까? 적어도 아나키스트 자유주의는 구체적으로 이러한 급진적 각성을 견지하고자 한다.

> 통치받는다는 것은 자격증도 전문 기술도 덕성도 없는 피조물에게 감시를 당하고, 조사를 받고, 염탐을 당하고, 지시를 받고, 금지를 당하고, 규제를 받고, 감금을 당하고, 주입을 받고, 설교를 듣고, 감독을 받고, 판단을 받고, 평가를 받고, 검열을 당하고, 지휘를 받는 것이다. 통치를 받는다는 것은 모든 활동에서, 모든 일의 처리에서, 모든 움직임에서 주목을 받고, 등록이 되고, 기록이 되며, 분류를 당하고, 인증을 받고, 저울질을 당하고, 서명을 당하고, 허락을 받고, 자격을 얻고, 권한을 받고, 지적을 당한다는 것이다. 그것은 공공의 유용성이라는 구실로, 전체의 이익이라는 이름으로 세금을 부과받고, 몸값을 요구받고, 착취를 당하고, 독점을 당하고, 착복을 당하고, 압력을 받고, 미혹을 당하고, 강탈을 당하는 것이다. 그런 후에 저항하자고 제안했다는 것만으로, 불평 한마디 했다는 이유로 억압을 받고, 벌금을 내고, 욕을 먹고, 고통을 받고, 추적을 당하고, 괴롭힘을 당하고, 호되게 맞고, 무장해제를 당하고, 교수형을 당하고, 감옥에 갇히고, 총살을 당하고, 정밀 조사를 받고, 심판을 받고, 죄를 선고받고, 추방당하고, 희생양이 되고, 배반을 당하고, 게다가 우롱을 당하고, 바보라고 놀림을 당하고, 학대받고, 망신을 당한다(프레미옹, 2003: 20에서 재인용).

이 넘치는 급진적 수사에 우리가 무엇을 더할 수 있을까?

이제 한국 자유주의 논쟁을 전체적으로 정리해보자. 아나키스트 자유주의자로서 나는 한국의 경제적 자유주의자들로부터 많은 것을 습득하고, 이론적 잡종화에 필요한 여러 공유점과 접합 지대를 발견하였다. 차이가 있다면 국가 개입에 관한 포퍼와 하이에크의 차이 정도다. 노직의 한시적 최소국가론의 맥락에서 포퍼의 국가 개입 허용을 이해하고 싶다. 민경국의 하이에크 자유주의도 충분히 수용한다. 최장집과 박세일도 동일한 자유주의 전선에 있는 것 같다. 주대환은 조금 앞서 성급히 가고 있지만 충분히 대화가 가능할 것 같다. 윤평중도 독자적이지만 최장집과 박세일의 중간쯤에 있는 것 같아서 길동무가 될 수 있길 바란다. 차인석은 선구적으로 이 모든 문제와 쟁점을 해소하고자 자유민주주의의 틀 위에서 평등을 위해 국가 개입을 확대하는 사회주의를 수용하는 길을 제시하였다. 나의 아나키스트 자유주의는 개인주의를 확고부동한 토대로 삼고 탈권력 국가 혹은 최소국가를 추구한다. 거듭 강조하지만 평등은 자유의 한 차원이다.

자유주의의 친구들과 잡종사회의 전선에서 타협하고 절충하는 길이 가능하기를 기대한다. 아나키스트 자유주의는 어디까지 잡종화할 수 있을까?

제3부

문명전환의 길

8장 탈근대 문명전환

나는 서구에서 발생한 서구의 자체 비판 사조인 포스트모더니즘의 시대적 의의를 탈서구중심적 근대라는 관점에서 발견한다. 나아가 21세기와 함께 거역할 수 없는 역사적 추세가 되고 있는 동아시아 시대를 감격적으로 맞이하는 동아시아의 사회학자로서 21세기 탈근대의 동력을 동아시아가 선도하는 새로운 문명전환의 물결로 파악한다. 극즉반極即反이다. 서양의 세가 다하니 이제 동양의 세가 결집되는 것이다. 이미 오래전부터 그 조짐이 나타났고, 선각자들은 여러 차원에서 여러 예견을 내놓았다. 나도 아나키스트 자유주의의 검은 깃발을 들고 이 문명전환의 대열에 들어선다.

1. 문명전환론

예사롭지 않게 21세기 초부터 바람이 일고, 물결이 출렁인다. 어디

선가 외치는 소리 혹은 함성 같은 것도 들린다. 탈근대는 이제 자신의 모습을 만들어간다. 문명전환을 거론하는 사람들이 늘고 있다. 좌우를 포함한 여러 전선에서 전환의 당위성과 필연성을 거론한다.

그간 수많은 사람이 문명전환을 얘기하였다. 탈산업사회론을 제시한 벨(Bell, 1973)부터 시작하여 미래학자 토플러(Toffler, 1991)의 지식/정보 권력의 대두에 따른 권력 이동, 헌팅턴(Huntington, 1993)의 종교 간의 문명 충돌, 잉글하트(Inglehart, 1990)의 탈물질주의 가치로의 문화 이동, 리프킨(Rifkin, 1995; 2000; 2014)의 노동의 종말, 접속의 시대 그리고 한계비용제로사회에 이르기까지 다양한 문명전환론이 제시되고 있다. 아나키스트로는 생태적 문명전환을 모색한 북친(Boochin, 1997)의 자유의 사회 생태론이 있다.

내가 사회학적으로 주목하는 몇몇 국내외 문명전환론자의 주장을 들어보자.

1) 카스텔의 네트워크사회론

21세기가 시작하기 직전 카스텔은 방대한 자료와 치밀한 구성 그리고 세상의 변화에 대한 깊은 애정과 책임감을 바탕으로 정보사회론 3부작을 완성하였다. 비록 "미래학에 대한 탐닉을 완강히 거부하고"(2003a: 604, 616; 2003b: 471) 있지만 카스텔(2008)은 현존 체제를 급진적으로 변형시키는 "프로젝트 정체성project identity"으로 네트워크사회의 힘을 결집시키고자 한다. 카스텔은 "정복된 시간성과 진화하는 자연 사이의 영원한 가장자리에서 떠오르는" 네트워크사회는 "새로운 존재의 시작이며, 사실상 우리 존재의 물질적 기반에 대한 문화의 자율성을 특징으로 하는 새로운 시대, 정보 시대의 시작"이라고 간주한다.

카스텔에 의하면 20세기와 함께 지난 천 년의 시대가 끝나고 신세계가 출현한다. 특히 흐름의 공간과 무한한 시간 그리고 흐름의 권력에 기반을 두는 네트워크사회는 새로운 역사의 징표이다. 카스텔은 새로운 사회가 생산관계, 권력관계, 경험 관계에서의 구조적 변화를 통하여 새로운 문화를 출현시킬 것으로 판단한다. 카스텔(2013b: 479)은 정보 시대가 "정신력의 분출에 의해 전례 없는 생산력의 분출을 약속"할 것이므로 "나는 생각한다. 그러므로 나는 생산한다"라는 문명전환에 필요한 인식의 지평을 확대할 것으로 믿는다. 정신력! 나는 불가적 유심론의 관점에서 이를 수용한다.

네트워크사회의 도래는 국가의 위기를 초래하지만 국가의 소멸을 야기하지 않는다. 이제 권력은 전 지구적 네트워크 속으로 확산되어 정보 코드나 이미지 속에 내재하고, 이를 사람들은 다시 마음속에 내면화한다. 따라서 권력관계의 변화를 이룩하기 위해서는 마음의 정복이나 마음의 재배열과 같은 커뮤니케이션 혁명(예컨대 SNS, 블로그, 유튜브 등)이 요구되기 때문에 그 가능성의 토대는 이미 마련되어 있다(카스텔, 2014; 김남옥·박수호, 2015).

문명전환론으로서 카스텔(2003b: 479)의 정보 문명론은 매우 낙관적이다. 왜냐하면 인간 본성에 불변의 악은 없고, 단호한 사회적 행동을 취하면 무엇이든 변화시킬 수 있기 때문이다. 그의 희망과 기대를 들어보자. "사람들이 박식하고 능동적이며, 그리고 전 세계 어디와도 소통을 한다면, 기업이 사회적 책임을 다한다면, 언론이 메시지가 아니라 메신저가 된다면, 정치가들이 냉소주의에 반응하고 민주주의에 대한 신념을 회복한다면, 문화가 경험을 통해서 재건된다면, 인류가 세계 곳곳의 인간들과 연대감을 느낀다면, 자연과 조화를 이루고 살면서 세대 간 연대를 강력히 주장한다면, 우리 자신들 사이에 평화를 유지하면서 내부의 자아 탐구를 위해 출발한다면, 이런 모든 일들이, 아직도 시간이 있는 동안, 우리의 박식하고 의식적이며 공유된 결정으로 가능하게 된다면, 그때에는 아마도 우리는 적어도 우리가 살고, 남도 살게 하며, 사랑하고 사랑을 받게 될 것이다."

카스텔의 요구는 단순·소박한 것 같지만 충족시키기가 쉽지 않다. 무엇이 가장 큰 장애물인가? 그 수많은 장애물에 대한 승산 없고 지루한 장기적 전면 공격을 하기보다는, 이미 미래 승리의 고지를 점거한 전사들처럼 전쟁의 목적인 "사랑을 사랑함"으로써 그것을 극복하려는 것 같다. 나는 이 사랑의 전략에 주목할 것이다. 끝도 시작도 없는 미로가 사랑이지만, 그것은 목적인 동시에 수단으로서 모든 사람이 은총처럼 지닌다.

2) 네그리와 하트의 제국에서 공통체로

카스텔이 좌파적 열정을 자기 규제적 신중함으로 내면화하는 반면, 네그리와 하트는 처음부터 사회주의적으로 기획된 목표를 향해서 거침없이 나아간다. 네그리와 하트는 잃어버린 좌파의 꿈을 새롭게 구성하고자 한다. 그들은 자본주의가 국민국가적 경계를 넘어 전체 문명 세계를 지배하는 제국으로 변모한 현실에 맞서는 대안적 구성 권력으로서 다중을 도출한 뒤 마침내 공통체라는 친숙하면서도 새로운 세계를 조망한다. 그들은 맑스주의를 21세기에 적합하게 전개하기 위해 새로운 수사학, 즉 포스트구조주의의 화려한 개념과 현란한 논리를 활용한다.

서구의 독점자본주의는 세계를 장악한 제국으로 변모하고, 생산직 노동자였던 프롤레타리아트는 더 광범위한 저항의 잠재력을 전 세계적으로 동원할 수 있도록 다중으로 변신하며, 마침내 코뮤니즘이 상정했던 오해 많고 말 많은 커뮤니티나 코뮌이라는 개념 대신에 (공통으로 + 부를 소유하는 + 체제) 공통체commonwealth라는 멋있는 개념이 안착한다. 그리고 기존 공산주의 혁명이 초래한 전체주의적 광기를 제어하기 위하여 혁명을 다스리고 행복의 웃음을 짓고자 한다. 불행히도 나는 처음 『제국』에서 분석적 신선함을 맞이한 이후 점차 맑스주의로 회귀하는 그들의 노선과는 멀어지고 있다. 네그리와 하트(2014: 522)가 권유하는 자본주의라는 "악에 맞선 싸움에 동반되는 무장한 천사의 웃음"은 아나키스트 자유주의자에게는 섬뜩할 뿐이다.

『공통체』의 한국어 번역자는 원제에는 없는 "자본과 국가 너머의 세상"이라고 부제를 달았는데 이 점은 신중하게 수용해야 할 것 같다. 네그리와 하트는 착취의 장치로서 자본주의국가를 비난하지만 국가주의 자체를 결코 반대하는 것은 아니다. 다중이 장악한 제국을 관리할, 혁명의 제도화란 이름의 새로운 제국이 제국의 모든 세련되고 유연한 통치 기술을 활용하면서 등장할 것이다. 어쨌든 네그리와 하트는 좌파들 가운데서는 매우 유연하고 세련된 탈맑스주의적 기획을 제공한다.

3) 고진의 세계 공화국론

가라타니 고진(2007)의 문명전환론인 『세계공화국으로』는 보다 선명하게 그리고 차분하게 탈맑스주의적 맑스주의를 보여준다. 그는 아나키즘의 전통, 특히 프루동을 그의 이론에 흡수하여 복지국가 자본주의(사회민주주의), 국가사회주의(공산주의), 리버럴리즘(신자유주의)을 지양하는, 즉 자유와 평등의 조화를 구현하는 급진자유주의적libertarian 사회주의(어소시에이션)를 새로운 사회 혹은 새로운 문명 형식으로 상정한다. 여기까지는 아나키스트 자유주의와 아무런 갈등이 없다. 전통적으로 아나키스트들은 자신을 급진자유주의적 사회주의자라고 불러왔다. 아울러 아나키즘의 조직 원리로서 자유 연합은 널리 애용되는 개념이다. 특히 세계 공화국을 지향하는 그의 비전은 아나키즘의 국제주의와 일맥상통하고 아나키즘도 자본＝네이션＝국가라는 틀 속에서 작동하는 근대의 논리를 거부한다.

그런데 고진은 프루동과 맑스의 차이를 과소평가한다. 아니 보다 정확히 표현하면 아나키즘을 오해하여 자본＝네이션＝국가에 대한 아나키스트의 인식 부족을 탓하는데 내가 보기에는 오히려 그의 인식이 평면적이다. 국가는 민족과 자본을 통합하는 권력의 궁극적 집결체 혹은 독립적 체계이다. 공간적으로 보자면 국가의 최고 최대 구현은 네그리와 하트가 제시한 제국이다. 그런데 고진은 다중이 제국을 무너뜨린다는 그들의 발상을 아나키즘적이라고 비판한다. 다중이 생산직 노동자라는 정통 프롤레타리아만이 아니라 이질적인 집단들의 혼합 구성이라는 점에서 룸펜프롤레타리아도 포함시키는 아나키스트 혁명론과 맥락을 같이하는 것으로 이해한다. 고진은 그렇다면 여전히 전문가적 혁명 세력을 필요로 하는 것인가?

(혁명 후) 국가가 간단히 사멸할 것으로 본다든지 국가를 내부적으로만 생각하는 아나키즘에 대해서 경계할 것을 가라타니 고진(2007: 219)은 촉구한다. 나는 아나키즘에 대한 그의 오해를 경계한다. 아나키스트들이 혁명과 함께 국가의 즉각적 철폐를 주장한 것은 그들이 국가 체제의 강고함을 너무나 잘 알기 때문에 모든 것의 전면적

변혁이 가능한 혁명기에 전격적으로 국가 해체를 도모하기 위해서였다. 맑스주의자들은 국가 소멸을 제대로 해보겠다고(?) 프롤레타리아 독재국가를 만들었다가 잔혹한 전체주의 독재국가 체제를 영속시키지 않았던가? 아나키스트가 국가를 내부적으로만 생각했다면 무엇 때문에 사회주의자 국제 연대를 만들고, 국제 협력을 강조했을까?

나아가 다소 공허하게도 가라타니 고진(2007: 225)은 위로부터의 국가 소멸을 위해서 "각국에서 군사적 주권을 서서히 국제연합에게 양도하도록 하여, 그것을 통해 국제연합을 강화·재편성"하는 방안을 제시한다. 이것은 고양이에게 생선을 맡기자는 것으로 연목구어緣木求魚나 마찬가지다. 국가 소멸은 국가주권의 양도와 같은 국제법적 차원에서 성취될 수 있는 것이 결코 아니다. 개별 민족국가가 연합하거나 융합하여 세계국가를 만든다 할지라도 탈권력화가 전제되지 않으면 공염불이다. 국가 소멸을 주장하는 아나키스트가 원하는 것은 권력 체제를 해체시키는 것이다. 탈권력화 없이 추진되는 세계국가는 잘못하면 더욱 엄청나고 무자비한 권력 체제로 변신할 수 있다.

고진의 주장은 유감스럽게도 잘 나가다가 삼천포로 빠진 격이다. 세상에 어느 국가(지배자, 권력자)가 자신들의 보물단지 기득권인 주권과 폭력 행사권을 주인 없는 국제연합에 헌납하겠는가? 프루동이 그토록 강조한 상향식 연합주의의 기본 정신을 제대로 이해하였다면 이런 주장을 할 수 있을까? 아무튼 그의 세계 공화국은 최근의 문명적 대안으로 부상하는 코스모폴리타니즘과 상응할 수도 있는 것이라는 점만은 확인할 수 있다.

4) 벡의 위험사회론

지금부터 소개하는 문명전환론에서는 좌파적 색깔은 점점 약해지고 모호해진다. 그렇지만 설득력이 약해지는 것은 전혀 아니다. 오히려 현실 가능성으로 치자면 더욱 호소력이 크다.

칸트 이래 서구 사상의 토대를 이룩한 비판적 인식 혹은 비판적 지식은 맑스에 의해서 반자본주의 근대론이 되어 이론적-실천적으로 강력한 호소력을 발휘하였다. 역설적이지만 비판의 본산이라고 자처하던 맑스주의에 대하여 그 결정론적 총체주의적 경향을 비판한 독일 프랑크푸르트학파의 비판도 근대 문명의 기반 위에서 그것을 극복하려는 움직임이었다. 하버마스가 혁명이 아니라 커뮤니케이션을 통해서 이상적 사회(혹은 체제와 생활세계의 균형)에 도달하려는 길을 모색하였으나 그것은 어디까지나 근대 문명의 기반인 합리성이라는 틀 내에서 그리고 근대는 아직 끝나지 않은 미완의 프로젝트라는 전제에서 출발하기 때문에 본격적인 문명전환을 거론한다고 볼 수 없다. 그것은 도구적 합리성을 상호 소통적 합리성communicative rationality으로 대체하는 근대 문명 개선론이다. 그렇지만 이후 기든스, 벡 등은 급진화된 근대성radicalized modernity, 제2의 근대성, 성찰적 근대성, 제3의 길 등을 제시하며 근대 문명의 한계를 넘는 문명전환의 필요성 및 그 방법과 비전을 제시한다.

특히 위험사회론을 제기한 벡(1997)은 최근 문명전환에의 의지를 강력하게 표명했다. 이 글을 쓰는 동안 갑작스레 타계한 벡은 20세기 후반에 등장한 가장 큰 영향력을 지닌 사회학자 중 한 사람이었다. 2014년 서울국제학술대회에서 벡(2014)은 "해방적 파국emancipatory catastrophism, 그것은 기후변화와 위험사회에 어떤 의미가 있는가?"

라는 주제로 발표를 했는데 그는 여기서 (전 세계적 차원의 근본적 변화 혹은 획기적인 변혁으로서) 탈바꿈Verwandlung의 개념을 제안한다.[1]

사실 오늘날 지구 생태계를 위협하는 기후변화는 가장 직접적이고도 생생한 근대 문명에 대한 반성과 전환의 요구이다. 그래서 벡(2014: 19)은 "기후변화가 이미 세상을, 세상에서 존재하는 우리들의 방법을, 세상에 관한 우리들의 사고방식을, 그리고 우리들의 상상 및 정치 행위 방법을 바꿔놓았다는 사실"이 바로 탈바꿈이라고 정의하는 것이다. 그러나 그것은 이론적 차원에서 우선적으로 "사회적 변화, 진화, 개선, 개혁, 위기, 전쟁이 아니고, 변화의 방법을 바꾸는 방법", 즉 방법론적 민족주의에서 방법론적 코스모폴리타니즘으로의 과학적 개혁을 요구한다. 물론 벡의 방법론적 전환은 다음 단계에서는 실천적 차원에서 가치관의 전환, 정책의 전환, 생활양식의 전환과 같은 문명전환 차원의 변화를 요구할 것이다. 누군가는 이 절실한 과제를 계승해야 할 것이다.

벡의 위험사회론이 지향하는 세계시민사회적 공동체는 규범적으로 방법론적 전환을 요구한다. 기후변화라는 "세계적 대재앙의 예상은 인간의 존재 및 문명에 대한 신성한 기준을 침범"하고, 그로 인해 "인류학적 충격"을 일으키며, "사회적 카타르시스"를 동반한다. 해방적 파국은 결국 "나쁜 것의 긍정적인 부작용"이라는 혹은 "위기가 곧 기회"라는 혹은 "전화위복이나 새옹지마"라는 오랜 역사적 지혜를 재

---

[1] 당시 사회자로 참여하였던 나는 회의 후 벡을 포함한 관련 연구자들의 자유 토론에서 이 개념을 체제 변환적 혹은 문명론적 함의를 갖는 한국적 한자어인 환골탈태換骨奪胎로 이해하면 좋을 것이라는 의견을 제시하였다.

확인하는 것이다.

5) 알렉산더의 시민사회론

세계시민사회적 관점은 세계적인 사회 이론가인 알렉산더(Alexander, 2006)도 공유하고 있다. 좌파가 아니며 자유주의적이기 때문에 보수주의자라는 혐의를 받고 있는 알렉산더(Alexander, 2006: 549)는 국가를 넘어 세계로 확장된 시민사회 프로젝트globalized civil society as a project를 통하여 전쟁과 같은 폭력 혹은 반문명적 세력들uncivil forces을 제어하고자 한다. 알렉산더(Alexander, 2006: 550)는 고전적 시민사회론에 내장된 유토피아주의가 소멸한 것이 아니라 여전히 생동한다고 보며, 이 에너지를 과거와 같이 추상적 평등을 추구하는 "총체적 비전totalizing vision"으로 파악하는 것이 아니라 "시민사회적 보수civil repair"를 통한 "현실적 유토피아real utopia로서 시민적 연대civil solidarity"로 파악하고자 한다. 내가 추구하는 개혁주의 및 지금 여기의 실용주의와 맥락을 같이하는 접근이다.

급진적인 사회주의적 기획이 실패한 현실에서 사회민주주의 혹은 개혁주의적 자유주의reformist liberalism 차원의 비판 정신으로 시민사회를 확장하고 재건할 것을 알렉산더는 기대한다. 흥미로운 사실은 벡이 나쁜 것의 좋은 부작용에 주목하기 전부터 알렉산더는 악의 사회학sociology of vice을 통해서 악의 존재와 기능에 주목하고,[2] 비시민사회적 세력uncivil force과 그 영역uncivil sphere의 중요성을 강조하

---

[2] 파슨스를 비롯한 기능론자들은 오래전 역기능의 기능functions of dysfunction 혹은 갈등의 기능functions of conflict을 논의하였다.

고 있었다는 점이다. 알렉산더가 쉽게 진보와 변혁을 얘기하지 않고, 현상적 땜질을 연상시키는 보수나 개선을 주장하는 이유도 비시민 사회적인 것 혹은 사회적 악의 존재와 세력을 과소평가하지 않기 때문이다. 이와 더불어 알렉산더(Alexander, 2003)는 정치나 경제가 만사의 핵심으로 작용하는 시대 상황을 바로잡기 위해서 문화의 독자적이고 실재적인 힘을 강조하는 강력한 문화적 접근 방식strong program of culture을 주장한다. 나는 이것을 탈물질주의적 문명전환의 지평을 모색하는 것으로 이해하고 싶다. 다만 알렉산더(Alexander, 2015)의 논지는 시민 영역에 고유한 보편적 힘으로서의 도덕적 양분주의moral binarism가 요구하는 문화적 코드 변화에 의해서 초래되는 사회화societalization와 사회적 개선도 다시 사회 전체의 정상 상태stable state를 회복하려는 일상화routinization라는 제도적 압력과 조절을 인정한다는 현실주의적 비급진성에 갇혀 있는 것 같다.

6) 김경동의 선진 문화의 신문명론

드물기는 해도 한국 사회학에서도 문명전환을 예견하고 논의한 연구자들이 있다.

일찍부터 한국에서 미래사회학을 개척한 김경동(2000: 5)은 "선진 문화사회를 향한 문화로 다듬은 발전의 이론"을 제시함으로써 새로운 천 년의 신문명을 탐색한다. 먼저 그는 신문명이 요구되는 배경으로 현대의 문명론적 딜레마를 6가지 차원(인간과 자연, 인간과 사회, 시장-국가-시민사회, 개인과 사회, 인간 본성, 문화 자체의 속성)에서 제시한다. 나아가 동양의 음양 변증법을 기반으로 문명론을 전개하는 그는 신문명의 특성을 문화적 교양의 확산에서 발견하며, 이를 위해서 동양 사상, 특히 유교에서 도출한 6덕(인의예악지신)을 강조한다. 나(김성국, 2002b)는 문명전환의 동아시아적 차원을 강조하는 김경동으로부터 큰 시사를 받았다.

7) 임현진의 민주사회주의적 전망

임현진(2001: 11, 91-94, 340-373)은 직접적으로 문명전환을 대상으로 거론하지 않는다. 그러나 그는 사회과학의 한국화 및 세계화라는 사회과학적 문제의식을 검토하는 과정에서 필연적으로 등장하는 세계 문명의 변화에 주목한다. 임현진은 21세기를 "불확실성의 시대"로 간주하면서 "잡종 징후 현상"이 대두하는 "혼돈의 시대"로 예측한다. 이 와중에 정보지식사회의 확산과 전 지구화가 가속화되면서 유럽 중심주의는 서서히 쇠퇴할 것으로 전망한다. 유럽 중심의 근대적 세계관은 보편주의의 이름으로 세상을 억압해왔다. 그러나 임현진은 서구 문명에 대한 반발과 비판으로서 등장하는 동아시아주의가 새로운 국가 주도 성장주의, 팽창주의나 패권주의로 빠질 위험성을 경고하면서, "제국주의에 대한 민족해방운동, 권위주의에 대한 민주시민운동, 발전주의에 대한 민중권익운동"이라는 밑으로부터의 사회운동에 주목할 것을 요구한다. 사회학자로서는 드물게 세계 지역 연구를 꾸준히 지속해온 임현진은 특히 전 지구화 시대의 동아시아는 라틴아메리카나 아프리카와 같은 이질적이고 낯선 문명권들과의 소통이나 교류를 필수적으로 추구해야 한다고 강조한다. 단순한 반오리엔탈리즘이라는 목표로부터 전지구주의라는 확대된 세계 문명관을 가져야 하는 것이다. 이념적으로 임현진은 맑스주의와 자본주의 양자를 비판하는 민주사회주의, 즉 독일에서 발전된 사회민주주의적 전통이야말로 통일 한국에 적합한 모델일 뿐 아니라 세계적으로도 적실한 것으로 간주한다. 임현진의 민주사회주의는 (비맑스적) 사회주의와 민주주의의 결합이라는 의미에서 "사회주의적 민주주의"이다. 앞에서 논의한 주대환이 추구하는 사회민주당의 길과 상통한다. 그러나 나의 아나키스트 자유주의의 길은 추상적 사회보다는 구체적 개인을, 두루뭉술한 민주주의보다는 분명하고 확실한 자유민주주의를 선차적으로 그리고 더 핵심적으로 간주한다는 점에서 임현진의 길과는 동행 가능하나 목적지가 달라질 가능성도 있다.

8) 김문조의 융합 문명론

한국 과학기술사회학의 개척자인 김문조(2013; 김문조 외, 2009; 2010)는 정보혁명을 비롯한 일련의 과학기술 혁명의 전개 과정에서 발생하는 융합 현상에 주목하여 융합 문명이라는 새로운 시대 조류를 진단한다. 그는 인류 역사를 초장기적 관점에서 원심력이 작용하는 분화differentiation의 시대(고대로부터 중세와 근대를 거쳐 현재까지)와 21세기부터 본격화하는 구심력이 작용하는 융합convergence의 시대로 구분한다. 소통 혁명에 의하여 가속화되는 융합 문명은 탈경계, 통섭, 혼성, 퓨전, 내파, 자유 연합 등의 사회 문화적 특성을 지니며, "이윤 확충이라는 공리적 목표를 넘어 단순한 사회적 통합이 아닌 화합 사회를 지향하는 초합리적 행위"(김문조, 2013: 313)를 요구한다. 김문조의 융합 문명론은 나의 잡종사회론에 많은 자극을 제공한다. 융합과 잡종화는 개념적으로 밀접히 연관되어 있고, 자유 연합, 반보편주의, 포스트휴머니즘에 대한 김문조의 분석적 관심은 나의 접근과 맥락을 같이한다.

9) 김상준의 다원 균형 문명론

김상준(2011: 2014)의 문명론은 매우 야심적이고 심원하다. 그는 김경동처럼 동양적 전통문화의 맥락에서 새로운 문명전환의 흐름을 발굴하고자 한다. 인류 문명의 보편적 펀더멘털을 탐구하고 확인하려는 그의 시도는 유교의 인류사적 보편 윤리에 주목한다. 김상준은 『미지의 민주주의』에서 신자유주의 이후의 사회를 세계시민사회의 차원에서 구상하고, 최근에는 『진화하는 민주주의』를 통해서 21세기의 문명사적 변화를 "일극에서 다극으로"의 변화, 즉 서구 중심의 일극적 세계 질서로부터 비서구 지역이 크게 부상하는 다극적 세계로의 전환으로 규정한다. 이 변화를 김상준은 다중 근대multiple modernities 개념을 더욱 확장시키면서 서구 중심 문명에서 다원 균형 문명으로의 문명전환이라고 간주한다.

김상준에게 이 문명전환은 이제 누군가의 주관적 희망이나 거부의 대상이 아니다. 아무도 거스를 수 없는 거대한 추세이다. 우리 모두는 새로운 문명 질서가 더욱 민주적·협력적이고, 자연 친화적이며, 보다 균등한 번영을 지향하는 것이 되도록 만들어야 한다. 김상준(2014)이 추구하는 문명전환론의 최고 백미는 그가 문명전환의 중추적 역할을 비서구 지역의 민주주의에 기대한다는 점이다. 그 이유는 다음의 세 가지이다.

① 비서구 민주주의는 포스트 냉전 시대 민주주의의 새로운 상상력, 생동력이다.
② 비서구 민주주의는 인류 문명 단계를 한 단계 끌어올릴 새로운 방식의 대등한 문명 교류 현상이다.

③ 비서구 민주주의는 민주주의의 보편 가치를 구현하고 심화시키는 당당한 주체다.

나는 김상준의 원대한 문명 형성 발전론의 시각을 존중하지만, 그가 그의 이론이 갖는 힘이자 부담인 보편주의적 열정과 구조주의적 상동성에 대한 신념과 더불어 세상만사를 파편적·단절적으로, 혼합적·잡종적으로 이해하는 탈근대적 차원도 주목할 수 있기를 기대한다. 나아가 정수복(2014: 407)의 지적처럼 서구 민주주의에 대한 독특한 혹은 대안적 양식으로서 중국의 민주주의에 향후 유교가 직접적으로 기여할 수 있는 긍정적 요소나 그 과정이 궁금하다. 왜냐하면 나는 쉽지 않겠지만 중국이 유교로부터 도가나 불가로 그 정치사상적 저변을 더욱 확대해야만 공산당의 권력 독점을 완화할 뿐 아니라, 정경유착의 권력정치로 오염된 서구 민주주의의 폐해를 극복할 수 있을 것으로 판단하기 때문이다.[3] 유교를 개인주의적 관점에서 재해석할 수 있을 때, 유교 민주주의의 지평이 확장될 수 있을 것이다.

10) 최민자의 존재 혁명과 후천 문명론

다음에는 사회학자가 아닌 정치학자이지만[4] 나에게 매우 풍요로운 영감을 제공하고 사상적 좌표를 확인시켜준 최민자를 소개하고

---

3 이와 관련된 추가 논의를 10장에서 제시할 것이다.
4 참고로 정치학적 관점에서 그리고 한국을 대상으로 문명전환을 논의한 김영수(2006)의 『건국의 정치: 여말선초, 혁명과 문명전환』과 전인권·정선태·이승원(2011)의 『1898, 문명의 전환』이라는 연구를 소개하고 싶다. 비록 동아시아 문명권에서 발생한 전환을 논의하고 있지만, 그 특성은 세계사적 의미를 함축한다.

싶다.[5] 최민자(2013: 17)는 『새로운 문명은 어떻게 만들어지는가: 한반도발 21세기 과학혁명과 존재혁명』을 통해서 지금까지 자신이 축적한 일련의 연구 성과를 "이론과 실천, 정신과 물질의 총합"으로서 제시한다. 쿤Thomas Kuhn의 과학혁명론에서부터 매우 독창적으로 한 차원 더 나아가 우리 민족의 뿌리인 마고-단군 시대에 걸쳐 집약된 천부 사상天符思想(한 사상, 삼신 사상)에 기반한 전일적 패러다임의 존재 혁명까지 논의한다. 내가 제시할 "하나"의 개념과 이념도 동일한 맥락(특히 『천부경』)이다.

구체적으로 한반도발 문명전환의 물적 토대는 한국이 보유한 세계 최초의 액티바 첨단 소재와 원천 기술이며, 서구적 근대를 초극하여 신문명 혹은 동양식으로 후천 문명을 건설하는 한반도의 정신적 힘은 대정화大淨化와 대총섭大總攝 그리고 대조화大調和를 가능하게 하는 하나의 생명 그리고 홍익을 추구하는 천부 사상이다. 내가 이 책에서 개진할 하나 사상도 동아시아의 유불도와 함께, 보다 직접적으로는 『천부경』으로부터 시사를 받은 것이다. 나는 하기락의 『조선철학사』를 통해서 다행히 조선 상고사와 천부 사상에 대해 지엽 말단의 이해 수준이나마 크게 공감했던 상황이라 최민자(2006)의 입론을 매우 긍정적으로 평가하고 싶다. 한국 정신의 원형으로서 『천부경』이 제시하는 우주론, 존재론, 인간론에 대한 연구가 더욱 치열하게 전개될 것을 기대한다. 한국이 문명전환의 진원지가 될 것이라는 최민자의 일대 예견은 그 귀추가 주목된다. 천부 사상에 입각한 정신 혁명과

---

5 최민자(2001)는 이미 10여 년 전에 『직접시대』라는 책을 통해서 물질에서 의식으로, 대의정치에서 직접정치로, 자본주의적 소유에서 임차로 삶의 양식이 변화는 전면적인 문명전환을 예고하였다. 이와 같은 예측의 출발을 조선의 대표적 예언자인 남사고南師古(1509-1571)의 『격암유록格菴遺錄』에서 발견하는 것이 흥미롭다.

과학기술 혁명에 입각한 물질 혁명이 최민자의 기대와 같이 잡종화할 수 있다면 그 예견이 실현되지 못할 이유도 없다. 빛은 동방에서!

11) 홍승표의 통일체적 세계관

홍승표(2002; 2005)의 『깨달음의 사회학』과 『동양사상과 탈현대』는 동아시아적 세계관에 입각하여 새로운 문명을 모색하는 매우 포괄적이고 체계적인 사회학적 연구이다. 홍승표(2005: 5-6)는 현대 문명과 현대 사회학이 직면한 위기는 "근대적 세계관에 고착"되어 있기 때문에 발생하는 것으로 판단하고, 동아시아의 유불도에 내장되어 있는 "통일체적 세계관"을 모색하여 새로운 문명과 새로운 사회학을 구축하고자 한다. 통일체적 세계관은 모든 존재 간의 근원적 분리를 전제로 하는 근대적 세계관과는 달리 "모든 존재들이 시간과 공간을 넘어서 근원적으로 통일체"라는 것을 전제한다. 새로운 사회학은 탈현대의 새로운 문명을 열어가고자 하는 것이다.

홍승표의 통일체적 세계관은 내가 이 책에서 주창하는 하나 사상과 대동소이하다. 탈근대를 서구적 근대의 지양으로 이해하면서 문명전환의 시각에서 적극적으로 이해하려는 입장도 상호 유사하다. 나는 위에서 언급한 것처럼 『천부경』에서 하나 사상의 핵심적 단초를 발견한다. 다만 한 가지 미묘한, 그래서 상호 보완적이 될 수 있는 차이점을 밝히자면 나의 하나는 회삼귀일會三歸一의 통일이면서도 삼수분화 혹은 석삼극무진본析三極 無盡本인 하나라는 양방향성을 더욱 강조한다. 나의 하나는 홍승표처럼 조화와 균형을 현실적 묘체로 추구하나 동시에 부조화와 불균형 또한 현실적 실용으로 활용한다. 쉽게 말해서, 내게 하나는 순수하기보다는 유동 전변하며 잡종적이다. 나의 하나는, 17장에서 재차 논의하겠지만, 존재론적으로는 일원이요, 인식론적으로는 전일全一이며, 실천론적으로는 다일多一이다. 하나는 통일統一인가, 통일通一(『장자』「지북유」의 通天下一氣)인가? 물론 홍승표의 통일체는 나의 잡종화를 포용할 것으로 기대한다. 하나의 깨달음은 천만 가지 깨달음으로 분화하는 잡종화의 시작 없는 시작이요 끝없는 끝이다. 이 고통스럽고 지루한 윤회의 과정으로서 영구 혁명, 영구 저항, 영구 반역과 같은 아나키스트 자유주의자의 길은 하나의 개인이 하나의 개인들을 찾는 사랑으로 하나 되기이다.[6]

12) 윤원근의 동감 문명론

윤원근(2014; 2015)은 기독교 신학 논리를 바탕으로 하면서 현대 문명의 대안으로 동감 문명을 주창한다. 타인의 희로애락에 대해서 같은 인간으로서 가지는 동료 감정에 기반을 두는 동감의 행위 원리를 주축으로 하면서 전통 문명들의 특징인 무한 세계관을 가진 혼란하고 닫힌 사회로부터 부드러운 유한 세계관을 가진 열린사회를 지향해야 한다는 것이다. 동감 문명에서는 민주주의와 시장경제가 활성화되고, 균형과 질서의 원리가 확립되어 모든 사람이 자유롭고 평등하다. 그런데 이 동감 문명은 종교적으로 인간의 보편성과 질적 평등성을 강조하면서 신과의 관계 속에서 삶의 의미를 추구하는 수평적 초월의 영성의 토대를 가져야 한다. 윤원근의 동감 문명론은 기독

---

[6] 이미 언급하였듯이 나(김성국, 2003: 18)의 하나 사상은 단군 사상의 맥을 형성하는 『천부경』으로부터 직접적인 시사를 받았다. 그러나 나는 이제야 이를 이 책에서 구체화한다.

교를 주축으로 하면서 기타 종교인 도교, 불교, 유교, 힌두교, 각종 신비주의 및 실존주의, 포스트모더니즘, 아나키즘 등에 대해서 "유한은 무한을 붙잡을 수 있다는" 무한 세계관을 신봉하는 것으로 비판한다. 매우 독창적인 해석과 접근 방식을 보여주지만, 이분법적 비교 및 판단 구도에 의존하여 때로 단순화의 논리로 빠져들어 부담을 안겨준다. 세상만사의 잡종화라는 측면을 강조하고 부각시키는 나의 입장과는 아직 접합이 용이하지 않다. 윤원근이 대립적으로 파악하는 무한과 유한, 열림과 닫힘, 질서와 혼란, 부드러움과 견고함이 하나 됨 속에서 서로 혼효되는 잡종적 융합 혹은 융합적 잡종을 예수의 사랑에서 발견할 수도 있을 것 같다.

13) 정수복의 개인주의 문화 변형론

끝으로 내가 이 책에서 시도하고 주창하는 잡종적 접근을 선구적으로 활용하며 개인주의를 한국 사회 및 유교 전통의 동아시아에서 새로운 문화적 활로로 탐구하는 정수복(2007)을 주목하고 싶다. 그의 연구는 나와의 이론적-이념적 유사성과 관계없이 그 자체로 한국 사회학이 이룩한 탁월한 성과요, 세계적 수준의 한국 사회 연구이다. 물론 그의 연구는 한국이라는 경계를 넘어 동아시아 전체에 적용 가능하며 나아가 근대 문명 자체에 대한 비판이라는 점에서 선구적인 문명전환론이다.

정수복이 한국의 문화적 문법을 구성하는 열두 가지 요소로 파악한 "현세적 물질주의, 감정 우선주의, 가족주의, 연고주의, 권위주의, 갈등 회피주의, 감상적 민족주의, 국가 중심주의, 속도 지상주의, 근거 없는 낙관주의, 수단 방법 중심주의, 이중 규범주의"는 한국 문화의 대표적 특성인 동시에 강약을 달리하며 동서양에 걸쳐 널리 확산되어 있는 근대 문명적 가치를 반영한다. 나도 이 책에서 탈근대 문명전환을 위해 집단주의 가치인 가족주의, 연고주의, 민족주의, 국가주의, 권위주의 등을 비판하며, 물질주의, 갈등 회피주의, 낙관주의, 속도주의 등은 아나키스트 자유주의의 극복 대상으로 삼는다. 물론 정수복은 유교를 비롯한 종교적 연관 속에서 이를 도출하고, 나는 음양오행과 유불도, 파슨스의 기능론적 모델을 활용하고, 동서양 아나키스트의 논리에 입각하여 유사한 가치 전선에 도달한다.

매우 반갑게도 방법론적으로 정수복은 일종의 잡종론적 접근인 "벽 허물기 작업"을 시도한다. 그의 시도는 매우 참신하고도, 야심적이며 거기에 걸맞은 성과를 산출한다. 그는 학문 분과 간의 벽, 아카데미즘과 비학술 간의 벽 그리고 보수와 진보 간의 이념적 벽을 허물고 가로지르면서 풍요로운 자원들을 섭렵·동원한다. 그 결과 사회과학과 인문학의 바람직한 융합 혹은 잡종화를 이룩한다. 정수복은 나에 앞서 잡종적 연구 방법을 활용하였다. 이와 같은 방법론적 잡종화는 동아시아 연구자들이 빠지기 쉬운 동도서기, 중체서용, 화혼양재와 같은, 오리엔탈리즘의 변형된 형식으로서 옥시덴탈리즘을 경계하는 각성제의 역할을 한다. 서양 문명이 어디 물질과 기술 기능에만 한정된 것인가? 동서양의 조화와 균형 그것이 잡종론자의 가치요 음양오행의 원리이며 아나키스트 자유주의자의 이념이다.

특히 정수복은 새로운 문화적 지평 혹은 문명전환의 길로서 개인주의를 적극적으로 모색하고 지지한다. 개인주의의 긍정적 차원을 "주체 형성으로서의 개인주의, 자기 본위의 개성주의로서의 개인주의, 실존적 휴머니즘으로서의 개인주의, 심미적 이성과 혁명적 개인주의" 등으로 아주 유익하게 분류한다. 정수복(2007: 401)의 개인주의에 대한 놀라운 감각과 통찰을 그가 인용한 두 사람의 말로 표현하고 싶다.

> 러시아혁명의 비극적 지도자 트로츠키는 "사회주의는 진정한 의미의 개인주의를 거친 사회에서만 건설할 수 있다"라고 말했으며 … 프랑스의 사회학자 생글리de Singly는 "개인주의는 홀로 존재하면서도 연대하는 개인주의individualisme solitaire et solidaire"라고 말한다.

정수복의 연구는 두 가지 쟁점을 남긴다. 먼저 정수복은 유교를 반개인주의의 관점에서만 조명하였다. 그러나 이미 제시하였듯이 유교의 개인주의적 차원도 얼마든지 부각시킬 수 있다. 반개인주의적 관점은 유교를 국가의 이념으로, 정치화의 수단으로, 민중 교화용으로 사용하면서 발생한 편향된 측면이다. 읽기 나름이다. 노자의 말도 지배자나 국가의 통치술로 해석할 수 있다. 만약 모든 집단주의 혹은 국가주의가 개인주의의 기반 위에서만 성립하는 것이라면, 반개인주의로서 유교 집단주의의 개인주의적 토대를 밝히는 작업이 매우 필요하다. 문화적 문법의 변화는 문화적 문법의 새로운 해석으로도 가능하다.

다른 하나는 개인주의와 보편주의의 관계이다(정수복, 2007: 384-389). 나는 반보편주의적 입장을 지니므로 이와 관련해 불필요한 마찰을 완화하고 싶다. "전체를 위한 하나, 하나를 위한 전체"라는 멋진 말로 시작되는 정수복의 논의는 당연히 그리고 충분하게 개인과 자유의 가치를 강조하고, 그 입장 위에서 전체적 가치 합류로서 보편주의나 "보편적 인류의 자유와 행복"을 말한다. 나는 하나와 전체가 분리되어 대비적으로 존재하는 것이 아니고, 개별적 개인과 보편적 인류가 별개로 존재하는 것이 아니라는 점을 강조한다. 평범하게 그래서 진부할지 몰라도 공리주의적 입장에서 인류나 전체를 많은 개인의 추상적 집합 표현으로 사용한다. 특히 전체를 위한 하나라는 개념에는 거부감을 느낀다. 전체는 없다. 전체라는 하나만이 존재한다. 아나키스트 자유주의의 하나 사상에 의하면 하나만 있을 뿐이다. 무수한 하나를 전체라고 새롭게 인식할 필요가 없다. 왜냐? 개인이 전체이다. 하나로서의 개인이 하나의 전체를 이룬다. 1 + 1 + 1 = 3(수리적 합산), 1 + 1 + 1 + … = 1(물아일체의 천지인합일 또는 유일자로서 3이라는 또 하나의 하나). 물론 우리는 전체라는 표현을 집합적 단위를 지칭하기 위해서 일상적으로 사용한다. 그러나 이론적으로 전체를 규정할 때는 매우 신중할 필요가 있다. (전체) 한국 사회의 (전체) 시민이 요구하는 (전체) 의견은 무엇인가?

이런 맥락에서 개인의 주체성은 동시에 객체성을 의미한다. 개인의 주체가 타자의 객체성을 필요로 하듯이 타자의 주체는 나의 객체성을 요구한다. 나의 내부에서도 주객체가 변전·융합하는 상호작용이 발생한다. 따라서 정수복은 행위의 주체성에 주목하고, 나의 아나키스트 자유주의는 행위의 상대성 그리고 상호작용으로서의 협동성과 절제를 요구한다. 인간중심주의로 편향되지 않는다면 인간의 주체성은 흥미로운 연구 대상이다.

나는 문명전환론을 전개하면서 이상에서 언급된 선도적 연구자들로부터 많은 시사와 배움, 자극과 격려를 받았다. 잡종 이론가로서 나는 당연히 이들의 이론을 가능한 한 잡종화시켜보고자 노력할 것이다. 다만 아나키스트 자유주의적 잡종화를 시도할 것이다.

2. 잡종적-현실적 유토피아로서 문명전환

노직(Nozick, 1974: 310)은 『아나키, 국가, 유토피아』에서 사람들은 각양각색이고, 가치관도 다양하므로 유토피아를 하나의 공동체로 간주하는 것은 잘못된 추론이라고 본다. "비트겐슈타인, 엘리자베스 테일러, 버트런드 러셀, 토머스 머튼 … 피카소, 모세, 아이슈타인, 휴 헤프너, 소크라테스 … 붓다, 프랭크 시나트라, 콜럼버스, 프로이트 … 엠마 골드만, 피터 크로포트킨, 여러분 그리고 여러분의 부모들, 이들 개개인들에게 최선인 삶의 종류가 정말 하나뿐이겠습니까?"라고 반문한다. 물론 아니다.

노직(Nozick, 1974: 311-312)은 유토피아의 골격을 다음과 같이 제시한다. "유토피아에서는 한 종류의 공동체만이 그리고 한 종류의 삶만이 존재하지 않는다. 유토피아에는 다양한 유토피아들이 존재하여 사람들은 상이한 제도 아래 상이한 종류의 삶을 영위할 것이다. 여러 종류의 이질적 공동체들이 형성될 것이다. … 유토피아란 여러 유토피아를 위한 하나의 틀Utopia is a frame work for utopias, 즉 사람들이 자유롭게 이상적 공동체에서 좋은 삶에 대한 목표를 추구하고 실현하기 위해 자발적으로 참여할 수 있고, 어느 누구도 자신의 유토피아적 비전을 다른 사람들에게 강요할 수 없는 장소이다. 유토피아사회란 유토피아주의로써 만들어진 사회society of utopianism이다. … 유토피아는 메타유토피아meta-utopia이다. 그것은 다양한 유토피아를 실험할 수 있는 환경, 자신의 유토피아를 실현하기에 자유로운 환경, 보다 특수한 유토피아적 비전들이 안정적으로 구현될 수 있도록 반드시 상당한 정도로 먼저 실현되어야만 하는 유토피아적 환경을 말한다." 물론 노직(Nozick, 1974: 333-334)에게 이와 같은 유토피아는 그가 말하는 최소국가에 상응한다. 최소국가는 모든 개인의 신성불가침성을 전제하며, 개인들은 자발적으로 협력하면서 자신들의 목표를 실현한다.

노직의 유토피아는 그야말로 내(김성국, 2012)가 "잡종화로서 아나키"라고 명명한 유토피아이다. 다양한 유토피아가 넘쳐나고, 새로운 특수 유토피아들이 발생하는 유토피아사회에서 유토피아라는 가치 혹은 말은 더 이상 의미가 없다. 모든 것이 유토피아라면 아무것도 유토피아가 아니다. 어쩌면 우리가 천국과 지옥이 뒤섞인 곳이라고 부르는 이 현실 세상도 생각과 마음을 달리하여 바라보면 유토피아 없는 유토피아 혹은 유토피아와 디스토피아가 생성·소멸을 함께하는 유토피아가 아닐까? 잡종사회는 이 유토피아 없는 유토피아에 대한 인식의 전환에서 시작한다.

그런데 세상은 "유토피아의 종말"(자코비, 2000)이라고 개탄하며 분노하고 다시 유토피아를 기획하자고 야단법석이다. 사회주의의 허무한(?) 붕괴 이후 허탈감에 빠진 맑스주의 계열의 좌파들이 주로 유토피아의 상실을 외치고 신자유주의적 디스토피아를 저주한다. 맑스주의자들이 유토피아주의라고 공격한 아나키즘은 결코 미래에 관한 유토피아적 상상력을 포기하지 않는다. 무지배-무강권-무폭력으로서 아나키라는 아나키스트의 유토피아는 여전히 살아 있다. 왜냐? 탈국가주의의 세계적 확산과 함께 폭력과 강권으로서의 국가권력 체제는 꾸준히 약화 내지 해체되고 있으며, 아나키스트들이 테러리스트가 되어 폭탄을 던지거나 혁명 집단이 되어 무장봉기를 꾸밀 필요가 없어졌기 때문이다. 그래서 오늘의 아나키스트는 먼 미래보다는 지금 여기의 현실에 눈을 돌려 아나키의 씨를 뿌리고 싹을 틔우는 직접행동에 더욱 의미를 부여한다. 특히 내가 추구하는 워드식의 아나키스트 실용주의는 현실적 유토피아주의의 실현에 더 큰 관심을 쏟는다.

아나키스트 자유주의의 유토피아는 지금 여기에서 유토피아를 심거나 발견하고, 가꾸고, 즐기는 현실적 유토피아이다. 그것은 불완전한 유토피아이다. 디스토피아와 뒤섞인 잡종적 유토피아이다. 순수한 유토피아? 잡종사회론자로서 나는 그러한 유토피아를 현실에서 상정하지 않는다. 다만 개인이 어떻게 믿느냐 혹은 생각하느냐에 따라서 유토피아는 대소와 경중을 달리하며 개인에게 나타날 것이다. 유토피아의 꿈을 나름대로 그리고 자유롭게 가능하면 개인적 차원에서 꾸는 것은 이 삭막 살벌한 세상에서 매우 유익한 마음의 훈련이다.

과거 맑스주의는 생시몽Henri de Saint-Simon, 푸리에, 오언 등의 아나키즘적 사회주의자들을 향해 "유토피아적"(이를 다소 악의적으로 표현한 것이 '공상적'이다) 사회주의라고 비난과 조롱을 퍼부었고, 자신들은 냉정하고 합리적인 "과학적" 사회주의자라고 뽐내지 않았던가? 물론 아나키스트들에게도 나쁜 의미에서 유토피아적이라는 명칭을 붙였다. 이제는 자신들이 미래의 대안을 개척하는 유토피아주의를 복원시켜야 한다고 주장하니 참 (교)묘한 역설이다. 그러나 그들이 제시하는 유토피아는 예나 지금이나 자본주의 반대, 자유주의 반대, 개인주의 반대라는 부정의 세계일 뿐, 어떤 구체적인 대안사회가 못 된다. 그러나 매우 다행스럽게도 이 맑스주의적 부정의 논리에 자극받고, 성찰하며, 대응하는 가운데 자본주의, 자유주의, 개인주의가 성숙해왔으니 부정의 긍정적 효과가 발생한 셈이다.

내가 논의하는 문명전환은 물론 인간의 오랜 꿈으로서의 유토피아에 대한 탐구와 깊이 관련되어 있다. 그러나 아나키스트 자유주의가 상정하는 잡종화로서의 아나키라는 유토피아는 맑스주의적 유토피아와는 분명하게 차별화된다. 맑스주의는 모든 개별성과 특수성을 전체의 이름으로 총체화하는 전체주의적 유토피아주의를 추구한다. 여기서 평등주의는 동일화나 동질화를 요구하는 집단주의를 확산시키며, 맑스주의는 신성불가침한 교리로서 만인이 신봉해야 할 보편적 가치로 간주된다.

반면 아나키스트 자유주의가 추구하는 유토피아는, 위에서 노직이 제시한 것처럼 개별적 특수성과 다양성이 자유롭게 인정되고 구현되는 개인주의와 자유주의의 세계이다. 여기서 평등은 자유의 한 형태가 되어 자유와 융합하거나 자유 속에 잡종화되어서, 개인적 고유성과 특수성을 유지하고 확장하는 토대로서 기능한다. 잡종사회는 그 자체가 일종의 현실적 유토피아이므로 실현 불가능한 몽상이 아니다. 현실 속의 유토피아, 현실과 함께 변화/발전(혹은 정체/퇴보)할 수 있는 유토피아이다.

내가 개척하려는 유토피아적 문명전환은 기존 맑스주의가 집중하였던 생산양식으로서의 자본주의 제거나 부르주아 자유국가 체제의 전복과 같은 물질주의적 혹은 제도적 변혁에서 한 단계 더 나아가 탈물질주의적 세계관의 정착이라는 정신 혁명 혹은 정신 개벽을 맞이하는 것이다. 이를 두고 상상력의 혁명 혹은 상상력의 무궁무진한 세계를 탐색하는 관념론이라고 비난할 수 있을 것이다. 그러나 21세기의 문명전환은 카스텔(2003b: 479)의 명언처럼 "나는 생각한다. 그러므로 나는 생산한다"라는 관념론적 유물론과 같은 잡종 이념의 지원도 받을 수 있다. 잡종사회의 유토피아는 탈국가주의와 세계 연합, 탈자본주의와 탈물질주의의 조류 속에서 자본주의, 사회주의, 국가주의, 개인주의, 공동체주의, 물질주의 등이 서로 복잡하게 뒤엉켜 잡종화하는 혼란스런 질서 가운데서 발견될 것이다. 어느 하나의 유토피아가 다른 모든 유토피아를 제압하고 관리하는 그런 정통과 순수의 유토피아는 잡종사회의 유토피아가 아니다.

유토피아는 소멸하지 않는다. '아무 데도 없는 장소'는 원래부터 없는 것이므로 소멸하지 않는다. 그리고 인간 사회는 항상 불완전하기 짝이 없는 곳이므로, 사람들은 여기저기서 크고 작은 유토피아를 발견하거나 발명했다고 주장할 것이다. 인간의 피로감과 권태감도 새로운 유토피아의 실험을 촉진시킨다. 선동가들과 사기꾼들도 유토피아를 팔고 다닐 것이다. 이미 너무나도 다양하고 매력적인 유토피아 상품들이 책방의 서가에서, 미디어의 광고에서 넘쳐난다.

문제는 많은 유토피아 전문가가 자신의 유토피아를 팔기 위해서 현실의 모순과 위기를 지나치게 강조한다는 점이다. 내일이라도 세상이 당장 망할 것처럼 위협하고, 인류 종말의 날이 멀지 않았으니 회개하고 자신의 품으로 들어오라는 종교적 유혹도 하고, 부도덕과 부정의, 비인간성과 잔인함이 세계를 뒤덮고 있다며 저주하기도 한다. 목소리가 크고, 자신감이 넘칠수록, 그리고 제시하는 유토피아가 화려할수록 그것은 가짜 유토피아일 가능성이 높다.

그러나 이 세상은 천국은 아니지만 지옥도 결코 아니다. 아니 정확하게 말해서 실망과 좌절을 더 자주 안겨주지만 아직도 정붙이고 즐겁게 살 만한 세상으로 바뀌고 있다는 징조도 보여준다. 세상과 타협하며 적당히 살라고 권하는 것이 아니다. 물론 그렇게 살아도 좋다. 아나키스트 자유주의는 세상의 잡종성에 내재된 가능성과 한계를 철저히 인식하고 개인적 자유의 영역을 개척하고 이 과정을 즐길 수 있는 고중락苦中樂 혹은 낙중고樂中苦를 권한다. 최소한 나의 이 책을 볼 수 있는 독서의 자유도 작은 즐거움이다. 작은 자유와 작은 즐거움이 주위에 쌓이면 유토피아가 따로 없다.

새로운 문명이 어떤 확실하고도 화끈한 행복(더 큰 집과 더 큰 차,

더 맛있는 음식, 더 신나는 관광 여행 등)을 제공하지 못한다면 누가 거기에 적극적으로 동참하려고 할까? 아프리카나 중동의 극빈자들과 난민들이 좀 더 안전해지고 기아선상에서 해방된다고 하여 열광하며 좋아할 선진국과 중진국의 사람들이 과연 얼마나 될까? 세금 증가로 지갑이 얇아진 것을 아쉬워하지는 않을까? 더 이상의 세금 증가는 받아들이지 않을 것이라고 다짐하지는 않을까?

그래서 아나키스트 자유주의자는 세계를 연결로서의 하나로 인식하는 탈국가주의와 세계 연합을 추구하며, 탈물질주의와 절제주의의 가치관을 강조하며, 개인주의가 소유와 이기에만 집착하지 않도록 협동의 논리를 개발하고자 한다. 이러한 세계관과 인생관은 개인적 자유를 보전하기 위한 일종의 책임이자 의무이지만 그 자체가 작은 즐거움이요, 적은 보람이 된다는 사실을 명심할 필요가 있다.

아나키스트 자유주의가 추진하는 문명전환은 물질적-제도적 개선과 함께 탈물질적 차원의 개발과 개인적 심신 수련의 중요성을 적극 강조할 것이다. 물질적 한계를 심신 수련의 고도화로 보완, 극복, 초월할 것이다. 신인합일적 신비주의가 아나키스트 자유주의의 주요한 기둥의 하나가 되는 이유도 여기에 있다. 그렇지만 다른 경쟁적 혹은 우호적 이념들이나 가치들이 새로운 문명의 선도자로 혹은 기여자로 등장하여 기능할 수도 있다는 가능성을 진심으로 환영하고 존중한다는 점에서 아나키스트 자유주의자는 상대주의자이기도 하다. 어쩌면 문명전환 자체가 하나의 거대한 환상 혹은 실패로 그칠지 모른다는 가능성도 인정할 수 있는 허무주의자가 바로 아나키스트 자유주의자이기도 하다.

아나키스트 자유주의자는 설계주의자가 아니므로 미래의 청사진을 분명하게 혹은 구체적으로 제시하지 않는다. 맑스주의의 결정론이 갖는 권위주의적 성향을 일찍부터 비판해온 아나키즘이다. 미래란 자유로운 개인들이 모여 시대 상황과 사회적 조건에 따라서 그 구체적 방법을 선택하고 결정하는 것이지, 어떤 권위적 교리나 해법에 의거하여 그것을 따르도록 요구해선 안 된다. 설령 어떤 아나키스트가 그것을 제시하더라도 그것은 그저 참고요 길잡이의 하나가 될 수 있을 뿐 그 이상도 그 이하도 아니다. 어떻게 보면 아나키스트들은 모두가 독불장군이요, 자기 왕국을 가지고 있다. 슈티르너가 말하는 유일자로서의 개인들이다. 그럼에도 불구하고 아나키즘이라는 큰 바다에서 같은 배를 탄 각양각색이요 천차만별의 개인들이다.

사실 어떤 개인적 목표(직장에서 임원으로 승진, 저금 10억 원, 10억 원대 아파트 소유 등)는 구체적으로 설정할 수 있기 때문에 달성도 가능하다. 그러나 국가, 세계, 민족의 목표(예컨대 평화와 질서, 정의와 복지, 자유와 평등)는 대개가 너무나 추상적이거나 일반적이어서 실현 여부가 오리무중이다. 목표의 달성 여부나 달성도를 측정하는 기준이나 척도도 사람마다 다르다. 그럼에도 불구하고 그것들은 상징적 효과를 가지기 때문에 많은 사람이 관행적으로 거기에 집착한다.

직접행동을 최고의 실행 수단으로 삼는 아나키스트들은 먼 미래의 추상적 목표보다는 지금 여기의 현실에서 이루어지는 변화 과정에 더욱 주목하고, 작은 성과라도 만족하며 그것을 즐기고 다시 새롭게 혹은 계속하여 씨를 뿌린다. 문명전환의 어떤 최종적 완성 단계를 위해 현재와 현실을 희생하고 미래를 위해 노심초사 불철주야 매달리기보다는 매일매일 혹은 순간순간 서두르지 않고 일하며 즐긴다. 목표보다는 목표를 향해 나아가는 과정에 더 큰 의미를 부여한다. 인생 백 년이면 충분히 길다고 자위하지만 그것은 생각하기 나름으로 어쩌면 일순간에 불과하다. 삶이 그럴진대 순간순간의 의미를 발견하고 즐길 수 있다면 참으로 많고 긴 일순간을 사는 셈이 아니겠는가?

탈근대 문명전환도 비슷한 시각에서 이해할 필요가 있다. 근대 문명의 전성기가 16세기에 시작하여 20세기에 대충 끝난 것으로 치면 평균수명 60의 인생이 대략 8번이나 흐른 것이다. 그동안 얼마나 많은 사람이 행복 속에서 살았으며 얼마나 많은 사람이 고통 속에서 살았을까? 그럼에도 불구하고 우리는 근대 문명의 찬란한 성과를 얘기한다. 위대한 정치 지도자, 장군, 기업가, 과학자, 사상가, 예술가 등의 공헌을 칭송한다. 일반 사람들은 그저 거기에 동원된 무명의 존재일 뿐이다. 세상이 그랬다.

새로운 문명은 이와는 달라야 하고 달라질 것이다. 그러나 언제? 누구도 장담하지 못한다. 몇 백 년이 걸릴지 아니면 중도 파탄 나거나(핵전쟁, 지구 오염 등) 영원히 비틀거리며 절반에도 도달하지 못할 수도 있다(천재지변, 암흑시대나 폭력 시대의 도래 등). 별수 없다. 기대를 너무 높게 잡지 말고, 조급해하지 말며, 하루하루를 십 년 백 년을 사는 것처럼 열심히 즐겁게 살아야만 한다.

부처님도 개개인의 마음속이나 주변 어디에나 들어앉아 있고, 하느님도 개인의 영성 속에서 발견하고 만날 수 있다 하니, 문명전환의 길 틈틈이 아니 항시 심신을 수련하여 마음을 집중하거나 비우면 나 자신이 스스로 유토피아가 되는 길도 찾을 수 있을 것이다. 그래서 아나키스트 자유주의는 개인이 일상생활에서도 자유롭게 그리고 독자적으로도 신적 존재나 유토피아를 발견하는 현세적 신비주의를 통해서 황홀 무아경의 현실적 유토피아를 가끔이나마 즐길 수 있기를 기대한다.

노자는 만족할 줄 아는 사람은 넉넉하다[知足者富]고 했다. 스스로 만족할 줄 알면 무엇이 부러우랴. 마찬가지다. 스스로 일상과 주변에서 유토피아를 찾아 즐길 수 있다면 이 부조리로 가득한 풍진세상이 무슨 상관이랴. 곁에 있던 누군가가 분노해서 꾸짖을 것이다. 저기 다른 인간들이 헐벗은 채 굶주리고 있는데 너 혼자만 음풍영월할 것이냐라고! 이럴 때, 같이 핏대 세우고 눈을 부릅뜰 일이 아니다. 조용히 말하자. "죄송합니다. 저도 미력하나마 노력하고 있습니다. 잠시 쉬고 있습니다만 다시 노력할 것입니다. 그러하니 댁은 더 이상 저를 꾸짖지 마시고, 한순간이라도 빨리 그들을 위해 더 노력하십시오."

남이 무엇이라 하든 자신의 페이스대로, 스타일대로 가급적 유유자적하며 길을 가면 된다. 근대 문명은 우리에게 그것이 세운 만인의 목표를 향해 정해진 길을 따라서 더 빨리 가서 더 크고 더 많은 목표를 경쟁적으로 쟁취하는 승리자가 될 것을 요구한다. 아나키스트 자유주의자가 생각하는 문명전환의 길은 물론 다르다. 빨리 가본들 무엇 하랴. 빨리 죽을 뿐이다. 더 많이 더 크게 가진들 무엇 하랴. 살아가는 데 져야 할 짐만 무거울 뿐이고 저승길엔 가져갈 수도 없다.

그런데 요즈음 청년실업(혹은 마땅한 직업 포기)의 만연으로 결혼도 포기하고, 자식도 포기하고, 미래도 포기한 젊은이가 늘어난다니 참으로 국가 지도자라는 자들의 책임이 무겁다. 젊은이들이 직장을 갖고, 결혼하고, 미래를 꿈꿀 수 있게 해야 한다. 이것처럼 확실하고 실현 가능한 유토피아가 어디 있는가? 먼 아득한 유토피아 대신에 주변에서 실현 가능한 유토피아를 찾자. 아나키스트 실용주의의 논리가 바로 이것이다. 반국가나 탈국가가 아나키스트 자유주의의 근본적인 핵심 이론이지만, 이론 타령만 하고 있어서는 안 된다. 당장 개인이 일할 수 있는 노동의 자유를 부정하고 위협하는 실업 문제에 대한 아나키즘적 방안을 기획하고 실행해야 한다.

아나키스트는 노동이 신성하니 자나 깨나 일하고, 게으름을 피우지 말라는 세상의 요구를 비판한다. 이것은 자본가의 이윤 증가를 위한 음흉한 노동관이 아니면, 인민을 생산의 역군으로 부려먹기 위한 사탕발림이라고 생각한다. 노동이 신성한 것이라면 남을 위해서 대부분 사용할 것이 아니라, 아껴서 나 자신을 위해 사용해야만 할 것이다. 게으름 피울 수 있는 권리가 전제되어야 노동 가치가 상승한다. 개인이 좋아하는 일을 하도록 내버려두자. 열심히 시간 가는 줄 모르고 신나게 일할 것이다. 어떤 일을 어떻게 할 것인가를 우리는 이제 심각하게 생각해보아야 한다. 어차피 자기가 하고 싶은 일만 할 수 없으니, 여가 시간 혹은 휴가를 대폭 늘리고, 노동시간은 대폭 줄여야 한다는 것이다. 이처럼 노동시간을 대폭 줄이고, 노동의 즐거운 자유를 증대시키는 데 앞장서는 국가라면 아나키스트인 나도 그런 국가는 환영할 것이다.

노동과 여가, 노동과 자유, 노동과 쾌락, 일과 재미가 서로 통합되고 조화를 이루는 여가사회의 등장을 우리는 고대하였다. 문명전환을 통해서 우리는 반드시 한걸음 더 나아가야 한다. 개인과 개인, 이념과 이념, 가치와 가치는 대립적 갈등을 이룰 것이 아니라 잡종화를 통해서 하나의 조화나 균형으로 새로 탄생해야 한다. 나는 세상의 모든 노동자, 근로자, 일꾼이 자신의 일에서 최대한으로 자유와 자율성, 즐거움과 보람을 가질 수 있도록 노동조건이나 노동환경을 개선할 것을 강력히 요구한다. 사람들의 일이 억압에서 자유와 해방으로, 고통과 회피에서 즐거움과 참여로 전환되는 문명전환이 아니면 그것은 또 하나의 거대한 사기극이 될 뿐이다. 문명전환은 개인의 생활을 구체적으로 그리고 즐겁게 바꾸는 인생살이 변화를 의미해야 한다.

이와 관련 최근 일본에서 발생하여 이미 한국에도 등장하고 있는 니트족 혹은 달관 세대의 문제는 노동경제학적 차원이나 고용노동부적 시각의 청년실업 문제나 복지 정책 변수의 문제로서 진지하게 접근할 필요가 있다. 일본에서 발간된 최근 저서『절망의 나라의 행복한 젊은이들』(후루이치 노리토시, 2014)이 전하는 메시지는 의미심장하다. 미래를 불안해하면서도 현재 스스로 행복하다고 느끼는 젊은이들이 60%가 넘는다는 것은 그야말로 "사토리(득도, 달관) 세대"의 등장을 가리키는 것이 아닐 수 없다. 어쩌면 이들이야말로 마르쿠제가 기대한 "위대한 거부great refusal"를 시작한 21세기의 젊은 반역자들이 아닐까? 비록 그들은 마르쿠제가 기대한 만큼의 혁명적 열정을 담지하지는 않았을지 모르나 새로운 감성이나 상상력의 차원에서는 기대 이상의 성숙을 보여주는 것이 아닐까? 역시 21세기 혁명은 기존 정치혁명이나 사회혁명을 넘어 문화혁명, 감수성 혁명, 가치 혁명에 의해서 추동되는 것 같다. 생활양식의 혁명이 거꾸로 생산양식의 변화를 초래할 수 있다. 개인은 구조나 체계에 순응하는 무력한 단위가 아니라, 그것에 대응하고 반역하면서 그것을 바꾸기도 하는, 슈티르너가 말한 창조적 무이다.

미래에 대해서 별로 희망을 갖지도, 기대하지도 않는 젊은이들을 기성세대가 나무라고 호통칠 수 있는가? "하면 된다"라는 군사독재 시절의 구호나, "노력하면 반드시 결실이 따른다"는 꼬임이 쉽게 통할 리 없다. 아메리칸드림American dream이 통하는 기회의 천국이라는 미국에서도 일찌감치 자성의 목소리가 터져 나왔다. 성공의 야심을 가득 품고 뉴욕의 뒷골목에서 흑인 소년들이 아무리 열심히 농구공을 던져도 마이클 조던이 될 확률 혹은 NBA의 후보 선수라도 될 확률이 거의 없다는 것이 잔인한 진실이다. 남미의 소년들이 아무리 축구공을 열심히 차도 펠레나 마라도나가 되기란 거의 불가능할 뿐이다. 사회는 대다수의 사람을 기존 질서와 기존 가치에 묶어놓기 위하여 교육과 미디어 등을 통하여 "열심히 일해라, 그것만이 살 길이다"라고 장담하고, 잘 듣지 않으면 이렇게 위협한다. "너무 빨리 샴페인을 터뜨려 망했다"에서 시작하여 "중국과 인도가 우리를 추월하고 있다. 더 빨리 뛰고 더 열심히 일하지 않으면 망한다"까지. 그러나 가난한 사람들은 과거에도 샴페인을 먹어본 적이 없고, 이제는 열심히 일하고 싶어도 직장이 없다. 청년실업의 문제는 국가가 해결해야 하는 새로운 일자리 창출의 문제이지만, 현재 기득권을 점유하고 있는 모든 정규직 종사자도 책임 의식을 느끼고 함께 고민해야 한다는 점을 지적하고 싶다.

그래서 나(김성국 외, 2013)는 이제 과감하고도 전면적인 일자리 나누기 혹은 일자리 공유를 실행해야 한다고 주장한다. 노동시간 단축과 고임금의 적절한 삭감이라는 정책적 보완을 병행하면 충분히 실현 가능하고, 그 효과도 엄청날 것이다. 장기적 경기 침체와 저성장이 지속될 전망이 거의 확실하다면 다른 어떤 대안이 있을까? 이것이 바로 노동시장이 요구하는 시장 논리가 아니고 무엇일까? 아나키스트 자유주의는 노동과 자본의 협력이라는 큰 틀 위에서 대자본과 중소 자본, 정규직 노동자와 비정규직 노동자, 이민노동자 그리고 실업자 간의 협력이 필요하다는 사실을 강조한다. 이러한 협력이 없으면 실업과 불평등 그리고 경기 침체는 기약 없이 지속될 것이다. 국가가 노동시장 유연성을 내세우며 개입하기 전에 노사나 노노가 자율적으로 타협하고 협력하는 길은 먼 나라, 딴 나라의 얘기일 뿐인가?

다시 한번 강조하지만 문명전환은 그 멋진 수사에도 불구하고 구체적 현실의 구체적 개인에게는 하나의 쉽지 않은 과제로서 새로운 가치와 새로운 일을 요구할 것이다. 일찍이 프로이트가 문명을 인간 욕망의 억제 혹은 승화라는 차원에서 해석한 이래 문명의 억압적 성격은 세월이 흐를수록 강화되고 있다. 대다수의 쾌락 욕구를 죽여야만 (극소수의 쾌락 욕구가) 꽃피는 문명이 과연 바람직한 문명인가? 문명이 진정 인간 사회의 발전 혹은 진보를 의미한다면 도대체 문명국가 프랑스에서는 왜 파리코뮌이 발생하여 수많은 사람이 학살당하고, 독일에서는 왜 나치가 등장하고, 일본에서는 왜 군국주의가 재차 팽배하는지 이해가 안 된다. 물질적 문명이건 탈물질적 문명이건 근대 문명이 제대로 이룩한 것이 무엇인지 참으로 의아할 뿐이다. 절대적 빈곤으로부터의 해방이라는 최소한의 의미조차 점증하는 불평등과 최빈국의 존재가 무색하게 만들 뿐이다.

무언가 근대 문명의 기본 틀이 잘못 짜였고 잘못 인도되었기 때문이다. 근대 문명 혹은 문명화가 기본적으로 억압의 산물이요 억압 과정이라는 프로이트나, 마르쿠제 그리고 엘리아스Norbert Elias의 주장은 탈근대 문명전환을 추구하는 나로서는 특히 유의해야 할 경고이다. 인간의 원초적 혹은 자연스런 욕망을, 그것이 쾌락원칙이건 자유의지이건 상관없이 억제하는 반면, 이를 힘들거나 따분한 노동력으로 전환시켜 잉여 이윤을 챙기거나, 지배자의 구미에 맞도록 길들여 구별 짓기나 따라오기를 요구하면서 권력을 유지하는 것이 문명의 숨은 본성이다. 그래서 사람들은 억압을 느끼고 파괴적 충동에 휩싸이기도 하는 것이다.

역사의 진보, 인류의 평화와 번영, 도덕과 질서 따위로 표상되던 거창한 문명화 과정이란 그 구체적 실상을 들여다보면 그야말로 문명적 가치를 독점적으로 생산하고 유통시키는 일단의 지배 집단 혹은 이해 집단의 기득권 쟁탈, 유지, 강화를 위한 속임수라는 생각을 지울 수 없다.

아나키스트 자유주의자가 기획하는 문명전환은 개인의 자유와 개인의 즐거움을 확보하고 확대하는 과제에서부터 시작한다. 개인은 각자 자신의 세상을 갖는다. 세계는 개인의 가슴속에, 마음속에, 정신 속에, 행동 속에 있다. 세상의 문명전환을 지금 여기서 당장이라도 시작할 수 있다는 점에서 그것은 참으로 현실적이다. 동시에 그것은 오늘의 현실을 개선해보겠다는 열망과 의지, 관심과 노력, 기대와 소망을 품고 있기 때문에 유토피아적이다. 그래서 아나키스트 자유주의의 문명전환은 현실적 유토피아를 발견하고, 다듬고, 공고하게 만드는 각각의 개인이 하는 일이다.

그러나 내가 주창하는 현실적 유토피아가 현실주의에 의해서 혹은 실용주의에 의해서 지나치게 타협적으로 변질할 수 있는 가능성을 경계해야 한다. 아나키스트 베르네리(Berneri, 1950: 1-2)가 『유토피아 여행』에서 경고하였듯이 유토피아의 추구는 점차 "소심해지고timid, 오염되고contaminated, 마침내 타락하는degenerated" 경향이 있다. 그 대표적 사례의 하나가 공산주의자들이 구체화한 국가의 절대성을 추구하는 권위주의적 유토피아이다. 카리스마적 신통력을 가졌거나 아니면 대철인의 지혜를 갖춘 누군가의 계획과 관리에 의해서 빈틈없이 기계적으로 작동하는 사회는 유토피아가 아니라 지옥이 될 것이다. 비몽사몽의 상태에서 횡설수설로 떠든다고 시인을 쫓아내는 플라톤의 공화국은 '공'허한 외'화'내빈의 파'국'이 될 뿐이다. 노자가 그린 소박하기 그지없는 유토피아라면 이미 우리는 그것을 즐기고 있다. 그렇지만 최소 유토피아는 때때로 최대 최고의 유토피아에 대한 갈망과 동경으로써 자신을 고양시키겠다는 유혹을 느끼기도 해야 할 것이다.

9장　탈근대 잡종 혁명

　나는 탈근대를 새로운 근대, 제2의 근대 혹은 근대의 급진화나 근대 프로젝트의 완성, 혹은 성찰적 근대 등으로 이해하려는, 다시 말해 탈근대를 근대의 역사적 연속으로 간주하려는 후기 근대론적 관점과는 거리를 둔다.[1] 나는 다소 당위론적 가치를 전제하면서 탈근대를 기존 서구 중심의 근대, 즉 서구적 근대를 넘어서는 혹은 지양하는 새로운 문명 체계의 시작과 발전으로 규정한다. 근대와 탈근대의 관계를 문명전환이라는 관점에서 파악하여 근대 문명과 탈근대 문명 간의 단절과 차이를 강조하고자 한다. 물론 이미 근대 속에 전근대와 반근대로서의 탈근대가 온존하였듯이 탈근대 속에도 근대적 혹은 전

1　주지하듯 'post'라는 접두어는 연속을 강조하는 '후기'와 단절성을 강조하는 '탈'이라는 두 가지 의미를 함축한다. 각 논자들은 자신의 관점에 맞는 용어를 사용한다. 나는 포스트모더니즘post-modernism의 해체 정신을 중시하되, 이를 더욱 적극적으로 해석하여 창조적 해체로 수용한다. 그리하여 탈근대를 '기존의 해체'인 동시에 '새로운 무엇을 구성'하려는 역사적 흐름으로 파악한다.

근대적 요소가 잔존한다. 다만 시대의 주도적이고 선도적인 힘과 흐름이 탈근대로 결집되고 있음을 강조하는 것이다.

근대는 나름대로의 역사적 역할을 수행하여 많은 성과를 거두었지만 이제는 그 한계에 도달하였다. 근대의 빛나는 삼총사라 할 수 있는 국민국가 체제, 시장 자본주의 체제, 그리고 문화 다원주의를 지배하는 보편주의적 가치 체제는 민주주의, 자유와 평등, 합리성과 과학주의 등과 같은 근대 문명의 금자탑을 이룩하였다. 그렇지만 근대 세계는 식민주의, 제국주의 전쟁, 계급 갈등 및 불평등과 빈곤의 지속, 서구 중심주의, 생태 위기 등과 같은 부작용을 초래하였고, 이제는 인간의 지구상 생존 자체를 위협하는 위험사회로 변하고 말았다. 우리는 벡(2014)의 해방적 파국처럼 파국에 직면하여 해방을 모색하든지, 아니면 나의 아나키스트 자유주의처럼 해방을 통해 파국을 모면하든지 우리가 당면한 문명적 위기를 극복해야만 하는 역사적 과제를 부여받고 있다. 벡은 내가 환골탈태라고 번역한 근본적인 사회 변화를 기대한다. 일찍이 카스텔(2008)도 역사에 새로운 정체성을 부여하는 프로젝트 정체성을 제안하면서 급진적 사회 변형을 강조하였다. 동아시아에서는 후천개벽이라는 개념을 통해 문명사적 전환을 예고해 왔다.

오늘날 문명전환의 필요성은 거역할 수 없는 역사적 진단이 되고 있다. 이대로는 안 된다, 바꾸지 않으면 안 된다는 절박한 목소리가 여기저기서 울려 퍼진 지 오래되었다. 실제로 전환의 징후들 또한 이곳저곳에서 드러나고 있다. 핵전쟁에 의한 인류 사회의 절멸, 생태 파괴에 의한 자원 고갈과 기후변화라는 대재앙, 빈부 격차의 심화와 절대적 빈곤의 지속, 독재적 인권 말살과 폭력적 문제 해결 방식의 만연 등이 문명전환의 필요성을 당위적 차원에서 입증한다. 반면 세상을 급격히 변화시키는 과학기술 혁명, 아시아적 가치 논쟁, 서구의 포스트모더니즘 논쟁, 헌팅턴의 문명 충돌 등으로 연결되는 일련의 가치 혁명, 그리고 노동운동과 병행하여 자본주의적 불평등과 국가주의적 권위에 저항하는 각종 신사회운동이 확산시키는 사회혁명은 문명전환의 실천적 토대를 제공하는 구체적이고 경험적인 사실들이다.

이슬람 세계의 등장과 동아시아의 대두, 미국과 유럽의 퇴조를 상징하는 나프타, 아셈, 에이펙의 결성 그리고 유럽 연합의 등장 등은 기존 서구 중심의 근대 문명이 지배하던 세상의 지각변동을 알리는 파열음이자 경고의 메시지로 인식할 수 있다. 보다 근원적인 문명전환의 동력은 과연 존재하는가? 존재한다면, 어디에 있는가?

나는 왜 탈근대 문명전환이 가능할 것이라고 믿는가? 그 이유는 문명전환을 가능하게 만드는 세 가지 혁명, 즉 물질적 토대의 변화를 제공하는 과학기술 혁명, 정신적 가치 지향의 변화를 요구하는 가치 혁명, 그리고 물질적-정신적 변화를 인간의 삶 속에 구체적으로 실천화시키는 사회혁명은 각각 근대 문명이 초래한 대립과 모순의 관계를 재구성한다는 점에서 21세기 잡종적 문명전환을 위한 잡종 혁명의 역할을 수행하기 때문이다.

1. 과학기술 혁명: 포스트휴머니즘과 인간의 존재론적 조건 변화

21세기에도 지속되고 있는 경외의 대상인 과학기술 혁명은 인공지능에 기반을 두는 컴퓨터 네트워킹 기술을 활용하여 인간과 사물 간 그리고 사물과 사물 간의 소통을 가능하게 한다. 인간과 사물의 존재론적 잡종화가 발생하는 것이다. 그 결과 이 지상에서 혹은 우주에서 인간의 존재론적 조건이 변화하여 각종 잡종 인간이 탄생한다. 학습능력을 갖춘 컴퓨터와 로봇, 기계 인간 혹은 반인 반기계, 복제 인간의 가능성 등이 등장하여 인간 존재성의 잡종화를 증대시킬 것이다. 그야말로 포스트휴머니즘 시대가 본격적으로 시작되고 있다.

  과학기술의 발전은 이미 사회의 전 분야에서 혁명적 변화를 초래하고 있다. 과학기술에 인류의 미래가 달렸다는 과학주의는, 그것에 대한 찬반 논란에도 불구하고 실질적으로 세상을 지배하면서 21세기 최고의 이념적 가치로 자리 잡고 있다.

  맑스의 경제결정론은 그 심층을 헤쳐보면 기술결정론이다. 산업혁명이 자본주의사회를 성립시켰듯이 과학기술 혁명으로 생산력이 제고되면 인간이 물질과 육체적 노동으로부터 해방되어 사회주의혁명이 완수되고 공산주의사회가 정착될 것이라는 것이 그의 예측이었다. 그래서 나는 가끔 맑스주의가 현실적으로 실패한 주요 원인의 하나는 사회주의혁명이 부르주아 민주주의 혹은 시민사회가 제대로 성숙하고 동시에 생산력이 고도화한 선진 자본주의 산업국가에서 발생하지 못하고, 러시아나 중국과 같은 후진 농업 국가에서 폭력적으로 이루어졌기 때문이 아닌가라고 반문해본다.

  현실 사회주의 체제는 신속한 정치적 안정을 위해서 반대 세력의 제거가 불가피하여 반혁명적 반동분자의 대량 숙청과 처형을 자행했다. 동시에 인민의 무한 평등 욕구를 신속히 충족시키기 위해서는 각종의 무리한 집단주의 정책과 강제적 동원에 의존할 수밖에 없었다. 이것은 일시적으로는 성공을 거두는 듯했으나 구조적인 취약성 때문에 실패할 수밖에 없는 운명이었다. 소련이 냉전 체제를 지탱하고자 군사기술용 과학 발전에 집중하는 대신에 산업 발전을 위한 기술혁신에 주력하였더라면 소련 경제가 그토록 허망하게 무너지지는 않았을 것 같다.

오늘날 자본주의가 주기적인 경제 침체와 공황적 위기에도 불구하고 지속적으로 발전할 수 있었던 최대의 이유는 끊임없는 과학기술적 혁신의 도움을 받았기 때문이다. 전쟁/군수산업을 부흥시킨 무기 혁명, 제조업의 성장에 기여한 자동차, 항공기, 기차, 선박 등의 교통 기술 혁명이 있었고, 최근에는 정보 기술 혁명에 따른 인터넷, 모바일 기기 등의 첨단 제품이 정보 관련 산업의 진흥에 기반이 되고 있다. 신에너지 산업, 무인 자동 제어 산업, 해저 개발 산업, 우주산업, 생명 산업, 장수 의약 산업 등이 새로운 과학기술 혁명과 함께 미래 자본주의의 동력으로 부상한다.

그러나 과학기술 혁명의 영향력은 자본주의 산업 발전에만 국한되지 않는다. 최근의 경이로운 과학기술 혁명과 예상되는 미래의 성과를 고려할 때, 그것은 인류 역사에 참으로 획기적인 변화, 즉 문명사적 전환을 초래할 수 있는 잠재력을 가진다. 무엇보다도 컴퓨터와 인공지능 기술은 인간과 유사한 로봇, 휴머노이드 등을 탄생시키고, 기계 인간이 완성되면 800만 달러의 사나이나 1,000만 달러의 여걸도 등장하고 마침내 슈퍼맨이나 슈퍼우먼이 탄생될 수도 있을 것이다. 로봇 군인과 로보캅이 상용화될 것이고, 무인 전투기나 무인 비행기(드론)도 이미 활용되고 있다. 로봇이 인간의 섹스 파트너로 등장하여 결혼 제도나 매춘 제도에도 큰 변화를 초래할 수 있다.[2]

그뿐 아니라 생명공학과 유전자조작 및 인공장기 이식 기술의 발달로 복제 인간, 무병장수 인간, 만들어진 천재 과학자, 천재 예술가, 천재 스포츠맨의 등장도 가능하다. 윤리적으로 허용만 된다면 각종

---

2 로봇사회의 등장과 그 사회적-윤리적 함의를 논의한 안현식(2011)을 참고할 것.

(동물과의) 합성 인간도 불가능하지 않을 것이다. 뇌과학의 발전으로 인간의 희로애락 감정의 조절이 가능해져 언제나 즐겁고 안락한 기분의 삶을 제공받을 수도 있다. 이 모든 가능성은 개발 비용과 사용 비용, 그리고 도덕 윤리상의 비판을 극복한다면 21세기 이내에 혹은 우리의 예상보다도 훨씬 더 빨리 대중화될 수 있다고 많은 과학자는 예측한다.

최근 무인 자동차, 드론 혹은 비행 자동차의 개발은 무인 기술의 발전 속도가 예측보다도 훨씬 빠르다는 것을 알려준다. 특히 10여 년 전만 해도 많은 전문가가 거의 불가능하다고 진단했던 컴퓨터의 인간적 해독 및 심화 학습deep learning 능력이 더디기는 해도 꾸준히 발전하고 있다.

현재 우리가 두 눈으로 똑바로 직시하고 있는 이 엄연한 역사의 현재 진행형으로부터 어떤 교훈을 얻을 수 있는가? 우리가 예상했던 것보다도 훨씬 빠르게 과학기술 혁명이 전개되었고, 인간의 시시비비 논쟁과 관계없이 그것은 자체의 논리와 가속도와 가치를 가지고 전개되고 있다는 점이다.

과학기술의 무한한 발전 가능성과 사회문제 해결 능력을 믿는 과학(만능)주의에 따르면 현재 인간이 당면한 에너지 고갈, 화석연료 사용에 의한 기후변화, 식량난, 환경오염 등도 얼마든지 과학적으로 대처할 수 있다. 오염된 지구를 떠나 달이나 화성으로 이주하여 살 수도 있다. 다만 불평등하게도 부자들과 권력자들만이 먼저 피난처를 얻게 될 것이다. 지금도 부자들은 환경오염이 덜 된 곳에서 안전한 식품을 먹으면서 살고 있다.

과학기술이 인간 사회가 직면한 여러 심각한 문제를 완화하고, 보다 안락한 삶을 제공할 수 있다는 가능성을 나는 부정히고 싶시 않다. 그래도 인간이 믿고 의존할 수 있는 가장 강력하고 효율적인 미래 대처 수단이 과학이라는 생각에는 변함이 없다. 물론 과학에 대한 맹신과 과학의 남용은 철저히 경계해야 하고, 과학의 범위도 다양성을 인정하여 더 확장해야 한다. 모든 인간 활동에는 예측할 수 없는 요인들이 작용하고, 세상만사는 반드시 긍정적 측면과 부정적 측면의 양면성을 가지기 때문에 과학기술의 발전에 수반되는 부정적 결과 또한 배제할 수 없다. 과학기술 문명 자체의 진전을 반대하는 21세기의 러다이트운동은 시대착오적이지만, 문명사회를 거부하고 원시주의적 생활양식을 추구하겠다는 사람은 결코 유해한 존재가 아니다. 오히려 그들은 과학기술 문명에 대한 경고로서 유용한 견제력이 될 수 있다.

반문명주의 혹은 원시주의를 추구하는 사람들은 인간이 점차 과학기술의 노예가 되는 현상을 개탄하면서 불편하더라도 기계 기술에 의존하지 않는 자립적 삶을 살고자 한다. 자동차를 타지 않고 걸어 다니기, 가공식품을 먹지 않고 직접 재배한 수확물의 사용, TV, 휴대폰이나 컴퓨터와 같은 문명 이기의 최소 사용 혹은 사용 금지 등과 같은 생활 방식을 고집한다. 극단적인 반기계 기술주의가 아니라면, 불편하더라도 한번 꾸준히 시도해볼 만한 생활양식이다. 그러나 대도시에 일터를 갖는 일반 사람들이 이것을 추구하기란 매우 힘들다. 차라리 에너지 덜 사용하기, 재활용, 과소비 자제 등을 실천하는 것이 보다 용이하지만, 이것 또한 생활 습관을 변경하는 것이라 쉽지 않다.

인간이 점차 과학기술의 지배를 받게 된 것은 사실이다. 기술이 인간을 지배하다니? 통상 사람들은 인간이 주체적으로, 즉 자신의 의지로 기술을 사용하고 통제한다고 생각하기 쉽다. 과연 그럴까? 오늘날 휴대폰, 인터넷, 자동차, 각종 가전제품을 사용하지 않고 살 수 있는 문명인이 얼마나 될까? 전기가 끊어지면 거의 모든 문명 생활이 멈춘다. 아니 인간의 생존 자체가 어렵다. 모든 대규모 농업 시설, 수력 및 화력, 원자력발전에 이르기까지 전기가 없으면 무용지물이다. 인간의 의지와 관계없이 혹은 독립적으로 그것들은 인간 존재에 필요 불가결한 존재로 존재한다. 그뿐 아니라 기술에 대한 인간의 의존도는 점차 증가하고 있으며 앞으로 더욱 증가할 것이다.

나아가 인간의 의식구조와 가치 체계에서도 과학주의가 차지하는 비중이 엄청나다. 이 불확실한 세상에서 그래도 신뢰의 표상으로 군림하는 것은 과학이다. 비과학적인 것으로 간주되는 모든 것, 예컨대 미신적인 것, 비합리적인 것, 근거 없는 것은 비효율적이거나 위험천만한 것으로 간주되기 십상이다. 이처럼 과학기술은 희망과 공포의 양면성을 가진 채 세상을 바꾸면서 질주하고 있다.

다행스럽게도 과학 만능에 대한 우려의 목소리가 높아지고, 비판과 견제 세력들이 활동하기 때문에 과학기술의 일방적인 독주는 쉽지 않다. 특히 종교계는 윤리의 문제를 내세워 과학기술의 무제한적 전개에 유효한 혹은 반동적 제동을 건다.

나는 이와 같은 과학과 기술에 대한 지지와 반대가 착종되는 상황이 계속되더라도, 과학기술의 발전은 급속하고도 광범위하게 확산되어 인간의 존재 양식 자체를 획기적으로 바꾸어놓을 것이라고 판단한다. 미확인된 루머일지는 몰라도 강대국들은 군사용으로 각종 기계 인간 제조를 추진한다고 한다. 공상과학영화나 소설에 자주 등장하는 새로운 세계가 하나씩 현실이 되고 있다는 말이다.

나는 최근의 포스트휴머니즘을 이와 같은 비인간적 사물의 인간화, 특히 과학의 대리인인 기계 기술의 존재론적 인간화에 대응하여 등장한 새로운 인간관으로 이해하고 싶다. 이미 생태적 우주관 내지 존재론은 만물의 생명성 혹은 유기체성을 주창하고 있지 않은가? 이미 몇 천 년 전 노장이 만물일원론이나 만물일체론을 설파하였다. 그래서 나는 과학기술 혁명은 인간과 사물의 잡종화를 촉진하여 인간과 사물의 존재론적 지위 일치라는, 기괴하고 두렵지만 놀랍고 새로운 문명전환의 길을 열어갈 것으로 이해한다. 간단히 표현하자면 천지인합일 = 만물일체화이다. 『천부경』이 알려준 인중천지일이 만천하에 확산되고 인내천이 실현되는 세상이 오는 것이다. 만물에 존재 가치로서의 생명이 있고, 불성도, 영성도, 도도 내재한다. 과학기술 혁명은 인간과 사물이 함께 존재자로서 참여하는 세계를 열어주고 있다.

나는 과학기술 만능주의자는 결코 아니다. 과학적 낙관론을 신봉하지도 않는다. 그럼에도 불구하고 과학기술 혁명이, 우리의 의지와 관계없이 독립적으로 자동 생산과 자가 발전을 지속할 것이라고 믿기 때문에 과학의 기능적 활용성을 적극적으로 주장한다. 이미 우리는 과학 이전의 시대로 돌아갈 수 없는 상태에 있다. 그 발전 속도도 우리가 제어하기 어렵다. 우리가 만들어놓은 우리의 운명이다. 그래서 과학기술 혁명의 긍정적 측면을 확대하고, 부정적 측면을 대비하려고 한다.

미래의 과학적 미몽美夢/迷夢에서 깨어나 다시 현실로 돌아와 과학기술적 문명전환이 초래할 구체적 인간 사회의 모습을 살펴보자. 과학기술 혁명이 초래할 문명전환의 모습 가운데서 특히 세 가지 변화, 즉 노령화에 따른 인구학적 변화, 신인간류의 등장과 인간의 존재 양식 변화, 탈지구화에 따른 인간의 우주적 존재화에 주목해보겠다.

1) 무병장수 인간

고령화는 현대가 공통적으로 당면한 (노동력의 질적-양적 저하와 감소라는 산업사회적 차원에서 파악했을 때만) 심각한 사회문제이다. 그런데 고령화는 인간의 꿈이라는 차원에서 본다면 매우 새로운 가능성이다. 생명과학 및 의약학의 발전으로 인간 수명이 늘어날 뿐 아니라 노인들의 건강이 획기적으로 개선되고, 모든 인간이 자나 깨나 소망하는 무병장수, 그것이 가능하게 되었다니 신나는 일이 아닌가. 노인 세대의 빈곤화가 현재로서는 큰 사회문제이나, 그것도 극복할 수 없는 구조적 장애물은 아니다. 가난하더라도 질기게 오래 살기를 원하는 것이 사람들의 바람이지 않은가?

하지만 모든 인간이 환호작약해야 마땅하나 도처에서 노인들의 한숨 소리가 가득하고, 젊은이들은 불만을 숨기고, 정책 입안자들은 심각한 표정이다. 현재 많은 복지국가에서 노령화사회는 축복이라기보다는 위험한 저주로 간주된다. 그래서 출산을 장려하지만, 자기중심의 개인주의가 확산되는 시대의 영민한 젊은 세대는 아이를 낳으려 하지 않는다. 당연하다. 나무랄 일이 결코 아니다. 누구 고생시키고, 누구 좋은 일 시키려고 아이를 가지려 하겠는가.

출산율의 감소는 개인적 선호의 문제이기도 하지만 사회에 대한 젊은 세대의 불만이요 비판이요 저항이기도 하다. 사람값이 정말 귀한 줄 알아야 기업가나 위정자들이 정신 차리고 사람들 대접을 제대로 할 것이다. 자식들 교육시키기가 얼마나 힘든가? 직장에 다니면서 아이 돌보기가 얼마나 힘든가? 자식들을 다 키워놓아도 평생 애프터 서비스를 제공해야 하는 한국의 부모 밑에서 자란 젊은이들이 자승자박의 길을 택하겠는가?

만약 부유하면서도 건강한 노인, 즉 재산과 건강 혹은 노동력, 여기에 경륜이 제공하는 지식과 지혜까지 겸비한 노인 세대가 증가하여 젊은 세대와 공생 공존, 동고동락하는 협력의 세상이 시작된다면 얼마나 좋겠는가. 하지만 현재의 추세와 과거의 경험으로 볼 때 그리고 인간의 속성으로 보아 전망은 비관적이다. 세대 간 갈등 및 노노老老 갈등이 더욱 복잡하게 전개될 전망이다.

다만 노인 지배 사회gerontocracy까지는 아니더라도 노인의 정치적 영향력 증대와 경제 참가의 증가, 경륜과 체험을 내세우는 노인 문화의 득세, 경제력을 지닌 노인들의 증가에 따른 소비 유형 변화, 노인의 성 문제를 비롯해 황혼 이혼과 황혼 재혼의 증가, 상속 갈등의 증대 등은 가족 구조나 가족 가치의 변화, 노동력 수급 구조의 변화와 같은 중대한 사회 변화를 초래할 것이다.[3]

---

[3] (실제로 이미 우리나라에서도 가시화되고 있는 노인의 표 몰아주기 혹은 노인 세대의 특정 정당 지지 성향에 따른) 노인 지배 사회의 등장 가능성과 관련하여 소수 세대인 유아와 미성년 청소년의 권리 보장 문제가 대두한다. 바로 투표권이 없는 사회 구성원의 문제이다. 출산율 감소와 노령화 시대에 누가 아동의 권리를 정치적으로 대변할 것인가? 여기서 인간의 공동체적 의무감, 도덕적 양심, 인권 등의 보편적 가치는 소리는 요란할지 모르나 실질적으로는 별 소용이 없는 공염불이 되기 쉽다. 이런 가치들이 실현되었더라면, 벌써 아동 문제에 대한 획기적 개선 정책이 쏟아졌을 것이다. 그들을 진심으로 정치적으로 대변할 수 있는 사람은 아동 자신과 그들을 기르는 부모들뿐이다. 그렇다고 이들에게 아동 대변용 투표를 한 장씩 더 줄 수도 없다. 미래 세대의 권리는 참으로 중요하다. 즉흥적 현실탐닉주의가 활개 치는 오늘날 미래 세대의 터전을 남겨놓고 준비해야 하는 것은 기성세대의 엄중한 의무이다. 한국 사회는 너무나 현실에 급급하여 앞뒤를 살피지 않고 있다. 그나마 중고등학생인 청소년들은 사회에 발언하고 요구도 할 수 있다. 그러나 유아들과 초등학교 학생들은 발언하기 어렵다. 유아권과 아동권, 그리고 청소년권은 출산율 증가의 문제보다도 훨씬 더 중요한 인권 문제다.
미래 세대 문제와 관련하여 한마디 더 하자. (공무원) 연금 개혁을 미래 세대와 관련시키는 국가의 태도는 참으로 무책임하다. 세대 갈등을 부추기고, 활용하려는 술

만약 복지사회의 안정적 구축에 의해서 노소가 공생 공존하는 가운데 노인들이 정신적으로나 물질적으로 여유롭고, 생명과학의 발전으로 심신의 건강을 유지할 수 있게 된다면, 노령화는 더 이상 위험한 사회문제가 아니라 인간 사회의 성숙을 도모할 수 있는 사회적 기회가 될 수 있다. 노인의 경륜과 지혜 활용, 비경쟁적 삶의 추구, 경애와 협력 등 새로운 가족 가치의 추구와 같은 바람직하고 의미 있는 변화가 초래될 수 있기 때문이다. 노령화가 노소 공존과 병행하도록 상속 문제, 연금 문제, 청년 취업 문제에 대한 사회적 지혜를 모을 때이다. 그것이 재정과 관련된 문제라면 기존 혜택을 축소하거나 증세를 하겠다는 안이한 기존 정책에 의존하기보다는 예산 낭비, 모든 선심성 예산, 부정부패를 근절하면 된다. 그리고 가장 확실한 것은 절제에 기반을 두는 탈물질주의적 가치관에 대한 적극적 인식이 사회로

책이다. 연금 문제는 국가가 잘못 운영한 결과이다. 국가권력이 먼저 석고대죄, 만배사죄할 일이다. 국가가 보장한 연금 수혜 당사자의 당연한 권리 주장을 이기심이라거나 기득권 지키기라고 몰아붙이는 풍조에 국가가 앞장서는 것은 주객이 전도된 파렴치한 행위다. 자신들은 무슨 정의로운 일이라도 하는 것처럼 간주하고, 반대자는 철면피로 여긴다. 이런 행위는 사유재산권의 침해로 헌법 소원의 대상이 될 수 있다. 공무원의 처우가 악화되면 과연 유능한 인재가 공무원이 되고자 할 것인가? 무사안일의 복지부동이 만연하고 더 교묘하고 구조적인 부정부패가 확산되지는 않을까? 그 부작용이 심히 우려된다. 싱가포르의 리콴유李光耀 총리가 공무원의 처우를 획기적으로 개선하면서 부정부패를 근절시켰다는 사례를 명심해야 한다. 예상되는 막대한 적자는 다른 방식으로도 얼마든지 대처할 수 있다. 개혁 대상자의 억울함에 동감하면서 양해를 구하고 설득하는 삼고초려를 해도 모자랄 지경인데 되레 나무라면서 명령하는 태도는 군사독재 시절의 모습 같다. 국가는 쓸데없는 데 세금을 쓰지 말고 연금 복지 혜택을 안전화시키는 데 더욱 노력해야 한다. 국회의원, 장차관, 법관부터 살신성인하는 모범을 보여 상대적으로 과다한 소득과 보상을 절반으로 줄인 후 공무원들에게 호소해야 한다. 현재 이 정도 선에서 타협하고 넘어간 것만으로도 큰 다행이다. 국가건 개인이건 빚잔치 속으로 빠져드는 창조적 경제 파탄의 현실이 암울하다.

확산되는 것이다.

  그러나 현재와 같이 출산율의 감소와 노인 인구의 증가가 지속된다면 우리 사회에서는 역시 젊은 노동력의 부족을 메꾸기 위하여 이민 노동과 이민 결혼을 대폭 증가시키지 않을 수 없다. 나는 소위 다문화주의 정책이라 불리는 이와 같은 이민 포용 정책이 더욱 확산되고, 제도적으로 보장되어 성공하기를 진심으로 기원한다.

  현재 유럽에서 다문화 정책은 경기 침체와 문화 갈등 그리고 극우 민족주의의 발흥 등으로 대폭 축소되면서 실패한 정책으로 간주된다. 유럽의 여러 국가는 과거 제국주의적 식민 지배라는 과오를 반성한다면 다문화 정책을 더욱 적극적으로 수행해야 하는 도덕적 의무를 갖는다. 한국은 그런 부담은 없지만, 그래도 빚은 있다. 1960년대 이후 한강의 기적이 이루어진 이면에는 서독에 파견된 광부와 간호사, 미국에 건너간 재미 동포, 중동에 파견된 근로자 등의 눈물에 젖은 피땀 어린 돈이 있다.

  국제적 노동이동의 확대, 노동 이민과 결혼 이민의 적극적 수용이야말로 전 세계의 경제 선진국들이 지속적으로 추구해야 할 진정한 세계화 정책이다. 동시에 출산율 저하와 노동력 부족에 대처하는 효율적 방안이기도 하다.

  무병장수 노령화사회가 노동력의 확보 차원에서 다문화주의와 연결되고 세계시민사회의 확산으로 연결될 수도 있다. 유럽에서 실패하였다고 우리도 덩달아 깨춤을 추다가는 영원히 문화 후진국 신세를 면치 못할 것이다. 다문화주의 하나만이라도 우리가 소위 선진국보다 더 낫다는 것을 보여주었으면 한다.

2) 잡종 인간

과학기술 혁명이 예고하는 변화들 가운데서 사회적 논란의 핵심이 되고 있는 것이 각종 인공장기, 장기이식, 장기 복제를 비롯해 완전한 인간 복제 그리고 각종 인공지능을 담지한 기계 인간(로봇, 휴머노이드 등)의 생산이다. 동물과 인간의 일부를 각각 합성하는 늑대 인간류의 실험도 이루어지고 있다. 인간과 비인간의 과학적 결합의 생산물로서 순수 인간이 아닌 그야말로 각종 잡종 인간이 등장하고 있다.

이에 대해 기독교계에서는 일찍부터 생명 윤리에 어긋나는 일이라면서 반대 입장을 분명히 하고 있다. 그러나 인간 사회를 더욱 풍요롭고 편리하게 할 것이라면서 지지하는 세력도 적지 않다. 이러한 찬반의 논란에도 불구하고 잡종 인간은 인간 사회에서 이미 활약하고 있다. 인간에게 가장 거부감이 적은 로봇은 각종 생산 현장에서, 의료 시술 현장에서, 가사도우미로서 그 역할을 수행하더니 이제는 전쟁에서 병사의 역할까지 담당한다. 생명 없는 로봇이 생명체 인간을 살상하게 되니 이제 인간들은 웅성거리며 분노와 우려의 뜻을 드러낸다. 하지만 이미 생물전 혹은 화학전은 공식적인 전쟁 수행 방식으로 인정받고 있지 않은가? 인공장기를 비롯한 각종 인체 대체용 기계 기술은 인간 자신을 기계 기술과 인간 생체를 잡종시킨 잡종 인간으로 만들고 있다. 각종 인공적 체외수정 또한 생체의 기계적 구성이라는 점에서 잡종 인간의 생산에 기여한다. 인간의 대리 역할을 하는 잡종 인간에 대한 수요는 꾸준히 증가할 것이다. 어쩌면 사이버 스페이스 자체가 모사 인간들이 혹은 기계 기술이 창안한 인간들이 실제 인간처럼 설쳐대는 곳이 아닌가? 보드리야르Jean Baudrillard의 말처럼 현실보다도 더욱 현실적인 모사의 세계!

이러한 잡종 인간의 등장은 인간이라는 존재 양식의 잡종화를 초래한다. 신성한 인간존재나 고귀한 인간 생명 혹은 순수 인간이라는 얘기는 점차 이상한 말처럼 들리게 된다. 21세기의 어느 시점에 (아마도 비밀스럽게) 복제 인간이 등장할 것이다. 인간에 매우 가까운 로봇도 등장할 것이다. 여기서 공상과학소설에 등장하는 온갖 형태의 인간과 잡종 인간 간의 대립과 갈등, 화해와 인정이라는 드라마를 소개할 필요는 없다. 내가 주목하고 강조하고 싶은 점은 멀지 않은 미래에 기존의 인간과는 상이한 새로운 존재 양식을 가진 인간류들이 등장하여 인간과 함께 혹은 인간이 그들과 함께, 이 지구상에서 새로운 사회를 혹은 새로운 문명을 만들어낼 것이라는 사실이다. 2084년에는 기계가 인간을 지배하여 인간 농장을 만들 것인지, 새롭게 용감한 세계new brave new world가 등장할 것인지 알 수 없다. 오늘날 포스트휴머니즘의 논의가 무성한 까닭이 바로 이 잡종 인간의 등장을 예고하는 사전 준비가 아닐까? 우리 인간들은 이제부터 최소한 좀 더 겸손해질 필요가 있을 것 같다. 과학기술 혁명이 펼치는 세계는 한편으로는 신비와 경외, 설렘과 즐거움의 공간이나, 다른 한편으로는 인간의 불가피한 적응을 요구하는 새로운 숙제이다.

3) 우주적 인간

우주로부터 지구를 방문하는 외계인을 어떻게 하면 가장 고상한 의미에서 인간적으로 맞이할 수 있을까? 우주는 점점 지구에 가까이 있는 것처럼 느껴진다. 우주의 신비는 한때는 밤하늘의 별로서 칸트의 도덕률이 되거나, 시인의 상상이 되었지만, 오늘날은 공상과학소설의 현실처럼 인간의 존재론적 지평을 광대무변하게 확장시키는 동시에 그 의의를 무의미화시키는 무한의 힘이 된다.

과학기술 발전의 핵심적 동력이자 경이로운 성과는 시공간 초월이다. 시간적-공간적 제약을 극복하는 것이다. 더 빨리 가고, 더 멀리 접촉하고, 더 깊고 세밀하게 볼 수 있는 경지로 나아가는 것이 과학기술의 능력이다. 오늘날 인터넷이 최소한 지구적 차원에서는 이 문제를 해결하고 있다. 더 빠른 속도와 더 큰 용량의 정보 기기가 속속 만들어지고 있다.

최근 과학계뿐 아니라 일반인들 사이에서도 천체로부터 시작되는 우주에 대한 관심이 높다. 우주의 신비는 동서고금을 막론하고 성인과 성현에게는 깨달음의 원천이요, 철학자에게는 사색과 성찰의 준거였고, 일반 사람들에게는 경외와 신비의 대상이었다. 그러나 과학자들에게는 무엇보다도 탐구와 탐험을 위한 도전의 세계였다. 비록 달나라의 신비는 여지없이 깨뜨렸지만 이제 우주과학은 우주여행 혹은 우주 관광의 꿈을 키우고, 우주 자원의 발굴이라는 노다지 개척 정신을 들끓게 하며, 마침내는 피안으로서 탈지구적 삶의 가능성마저 운위하는 수준으로까지 확장되었다.

세계화 혹은 지구화 담론들이 온 세상을 가득 메워 요란스럽던 것이 엊그제 같은데, 이제 우리는 서서히 우주화, 우주인, 우주 탐험 등과 같은 우주적 담론을 준비하는 것 같다. 인간들은 우주적 감각과 존재 의식을 아득한 옛날부터 지녀왔다. 하늘에 대한 알 수 없는 경외감과 동경심은 인간으로 하여금 신을 생각하게 만들고, 천도나 천리를 숭상하게 하였다. 특히 동양에서는 천지인합일을 통해 인간과 우주의 합치라는 전일적 존재 의의를 강조하기도 하고, 천상천하유아독존을 인간의 고유성을 규정하는 토대로 삼기도 하고, 천하위공을 인간의 목표로 세우기도 하였으며, 천하불인이라면서 하늘의 뜻과 인간의 의지가 합치하지 않는 인간세계의 무상을 지적하기도 하였다.

대철학자 칸트만이 아니라 수만 수억의 사람들은 밤하늘에 빛나는 별들을 보면 무언가 알 수 없는 우주적 섭리, 신비로운 황홀감, 엄습하는 두려움과 솟구치는 희망을 느낀다. 실제로 인간의 존재성은 하루빨리 지구적 차원에서 벗어나 우주적 차원으로 확대되어야 한다. 그런데 참으로 역설적인 것은, 인간의 존재가 우주로 확대되면서 그와 동시에 인간존재의 존재론적 지위는 그야말로 미미하고도 미미한 미립자적 존재로 축소된다는 것이다. 놀랍지 않은가? 이제 더욱더 놀라운 사실을 지적하자. 이렇게 무에 가까운 상태로 축소된 인간의 존재성은 무와 유가 일체가 되는 혹은 무와 유가 구분이 되지 않는(불가의 표현을 빌리자면 색즉시공, 공즉시색, 색공불이, 색공불일) 균형 조화의 찰나에 직면한다. 우주 탐험이나 우주 도전이라는 과학적 과제와 병행하여 인간 존재의 우주론적 의미를 반성해보아야 할 것이다.

인간의 우주화 혹은 우주적 인간의 탄생은 이 현실 세계의 지구적 삶을 성찰적으로 혹은 반성적으로 되돌아보게 할 것이다. 찰나적 존재의 삶과 인생, 무한한 욕망과 끝없는 집착으로 가득한 지구적 삶에 대비되는 미지와 무지의 다른 세계인 우주를 생각하면서 인간들은 어떤 새로운 각성의 전기를 맞이할 수 있을 것이다. 우주 속으로 용해 혹은 융합되어버리는 우주 속의 나, 나 속의 우주, 때로 그것은 신인합일이라고 불리기도 한다. 동양의 지혜가 문명전환을 천지개벽이라고 말한 것은 바로 인간들이 어떤 우주적 각성을 이루어야만 가능하다는 것을 강조하려던 것이 아닐까?

2. 가치 혁명: 서양적 가치의 자기반성과 동양적 가치의 재발견으로서 동서양 가치의 잡종화

이성이나 합리성으로 표상되는 소위 서구적 가치는 나름대로 훌륭하다. 문제는 그것이 과도하게 평가·적용되었다는 것이다. 이제 그것은 자기반성을 통해서 보다 부드럽고 포용적인 지향성을 지녀야 한다. 반면 상생상극의 음양오행과 중용, 조화와 균형, 무위자연을 추구하는 유불선으로 대표되는 동양적 가치는 서구적 가치의 부족을 메워주면서 새로운 시대적 좌표로서 세상을 이끌어가야 할 과제를 안고 있다. 탈근대 가치 혁명은 이와 같은 서양적 가치의 자기반성과 동양적 가치의 재발견이라는 동서양 가치의 문명사적 위상 재고와 함께 전개되고 있다.

물질과 정신을 엄격하게 구분하는 것에는 적지 않은 문제가 따르지만, 과학기술 혁명을 물질 혁명이라고 한다면, 가치 혁명은 정신 혁명이라고 할 수 있다. 물질의 토대가 없는 정신이 사상누각이라면, 정신이 없는 물질은 에너지 혹은 생기나 활기가 없는 맹목이나 명목이 될 뿐이다. 나는 문명전환의 추동력으로서 가치 혁명의 단초를 1990년대에 발생한 아시아적 가치 논쟁과 1980년대부터 서구를 중심으로 시작된 포스트모더니즘 논쟁에서 발견한다. 동양과 서양에서 각각 자신의 중심 가치에 대한 논쟁이 일어나 전 세계적으로 확산되었다는 것은 매우 의미심장하다. 아시아적 가치 논쟁이 아시아인들이 서구의 가치와 구별되는 아시아적 가치의 고유성에 대한 이해와 존경을 요구하는 것이었다면, 포스트모더니즘 논쟁은 서구인들이 자신의 서구적 가치에 대한 비판과 반성을 요구하는 것이었다. 전자가 자신의 가치에 대한 자부심을 드러낸 것이라면, 후자는 자신들의 가치에 대해 회의와 불신을 표출한 것이다.

1) 아시아적 가치 논쟁

아시아적 가치 논쟁은 여러 배경과 여러 갈래를 갖지만 압축하여 단순화시키면 리콴유 전 싱가포르 총리의 주장과 이에 대한 김대중 전 한국 대통령의 반박으로 촉발된다. 이와 함께 세계의 여러 논자가 여러 각도에서 찬반을 표시하면서 전개되었고 어쩌면 아직도 계속되는 진행형의 역사적 사건이다. 특히 한국에서는 한때 아시아적 가치의 기능성에 입각하는 유교 자본주의나 유교 민주주의에 대한 논쟁(유석춘, 1997; 함재봉, 2000; 함재봉·함재학·홀, 2000)이 열기를 내뿜었다. 나는 아시아적 가치 논쟁을 매우 유익한 그리고 생산적인 논쟁이라고 평가한다. 여기서 이 논쟁을 나름대로 이어가고 싶다.[4] 나는 아시아적 가치의 재발굴, 재해석, 재발명을 시도한다는 점에서 아시아적 가치의 지지자라고 말할 수 있다. 현재 나(Kim, 2012)는 동아시아주의East Asianism를 문명전환에 필요한 새로운 가치 지향으로서 탐구하고 있다.

리콴유의 '효율적 국가 관리론' 대 김대중의 '독재 정권 합리화론'이라는 양상을 띤 이 논쟁을 회고해보자. 『포린 어페어스』지 1994년 3/4월호에 실린 편집장과의 대담에서 리콴유는 문화는 특정 지역의 숙명이라면서 서양식 민주주의와 인권을 문화가 상이한 동아시아에

---

[4] 나의 개인적 활동이지만, 2014년 일본 요코하마에서 개최된 세계사회학대회에서 나는 사회학 이론 분과(Research Committee 17)에서 "아시아적 가치 혹은 동아시아주의의 재고Asian values or East Asianism revisited"라는 세션(7월 15일)을 조직하여 논의의 장을 마련하였다.

그대로 적용할 수 없다고 주장했다. 그는 당시 동아시아의 권위주의적 정치 및 경제 체제를 긍정적으로, 즉 문화적 토양에 적실한 것으로 평가하면서 서구식 민주주의나 개인주의적 가치관의 부적합성을 지적했다.

이에 대해 당시 아태평화재단 이사장이었던 김대중은 「문화는 숙명인가」라는 기고문(『포린 어페어스』 1994년 11/12월호)에서 리콴유의 주장은 민주주의의 거부를 정당화하기 위한 것이라고 반박하였다. 김대중에 의하면 서양 근대 민주주의의 기초를 세운 로크John Locke보다 2000년이나 앞서 맹자의 주권재민 사상이 있었고 한국에서도 동학은 인내천을 주장했다. 그러므로 아시아 민주주의의 가장 큰 장애물은 문화적 전통이 아니라 권위주의적 지도자들이라는 것이다.

이후 이 논쟁은 세계적 관심 속에 확산되었다. 역사를 거슬러 이 논쟁의 배경을 반추해보자. 이론적으로는 베버가 유교를 필두로 하는 동아시아의 종교는 '반자본주의적' 혹은 '비자본주의적'이라 해석한 이후, 서구 제국주의자들은 오리엔탈리즘이라는 자기네 입맛대로의 동양관을 피력하면서 아시아적 가치를 폄하하였다. 반면 자기들의 합리주의, 물질주의, 유일신 사상, 민주주의(제국주의로 다른 나라의 사람들까지 피눈물 흘리게 하면서 물질적 토대를 얻은 서양식 민주주의가 제대로 된 민주주의인가!)를 이 세상 모두가 따라야 할 보편주의로 내세웠다. 내가 서구의 보편주의를 반대하는 이유가 바로 이 기독교적 유일신의 개념에 기반하는 가톨릭주의Catholicism와 연관되는 독선과 오만 때문이다.

이후 승자의 논리로서 서양적 가치가 아시아적 가치를 조롱하며 동아시아를 휘저었다. 거기에 재빠르게 편승한 것이 탈아입구脫亞入歐의 일본 제국주의다. 그러다가 1980년대부터 일본을 뒤이어 동아시아의 네 마리 용(한국, 홍콩, 대만, 싱가포르)이 승천하면서 자신감을 얻은 동아시아의 지도자들이 아시아적 가치의 의미를 강조하기 시작한 것이다.

이런 맥락에서 나는 아시아적 가치를 거론한 리콴유를 긍정적으로 이해하고 싶다. 김대중의 반박은 후일 노벨 평화상까지 수상하는 세계적인 민주화 투사의 이미지에는 부합하지만, 서구식 민주주의의 가치를 편애하는 것 같은 오해의 여지가 없지 않다. 우선, 아득한 옛날 천하가 전쟁판이 되어 전제군주가 날뛰던 시절 공맹이 생각한 주권재민은 그야말로 원론 수준에서 군주의 월권을 견제하기 위한 것이었지, 근대 서구의 민주주의적 사상의 치밀성과 격렬성 그리고 혁명성을 전혀 담지하지 못하는 것이었다. 그뿐 아니라 당시의 현실적 조건(백성들의 주권 의식이나 사회의 물적 토대 그리고 춘추전국이라는 대전란 대혼란 시대 등)이 민주주의를 운위할 수 있는 시대가 결코 아니었다.

물론 동아시아 특유의 천지인합일 사상을 바탕으로 한 도가의 무위자연, 유가의 이민위천以民爲天, 불가의 만유불성萬有佛性, 동학의 인내천이나 사인여천事人如天, 그리고 단군의 홍익인간은 모두 민주주의를 위한 풍요로운 자원이 될 수 있다. 그런데 왜 이 모든 위대한 민주주의 씨앗은 아직도 동아시아에서 제대로 열매를 맺지 못하는가? 동아시아에서 제대로 민주주의가 시행되는 나라가 몇이나 되는가? 민주주의가 정착되었다는 한국에서도 XXX 독재, OOO 독재라고 공공연히 떠들지 않는가? 그것도 적지 않은 사람들이!

1970년대와 1980년대에 걸쳐 동아시아 국가들이 비약적인 경제성장을 이룩하자, 포겔(Vogel, 1979)을 비롯한 동양 연구자들은 유교 문화에 담긴 강한 리더십, 높은 교육열, 근검절약과 근면 정신 등을 높이 평가하고, 이들 유교적 가치가 경제 발전의 원동력이었다고 해석하였다. 이 점에서 유교 자본주의는 나름대로 설득력을 가진 셈이다. 오늘날 중국의 승승장구도 유교와 전혀 무관하지는 않을 것이다.

어쨌든 아시아적 가치의 고유성과 역할에 대한 논란이 지속되다가, 1998년 아시아의 금융 위기가 터지자 반대론자들은 힘을 얻고 "보라, 아시아적 가치 때문에 아시아가 위기를 맞지 않았느냐"는 식으로 자기들 논리의 우월성을 확인하고자 했다. 이들은 아시아 경제 위기의 주범은 아시아적 가치의 현실적 결과물인 '정경유착, 정실 인사, 연고주의, 불투명한 기업 운영' 등이라고 지적한다. 나아가 아시아적인 전통인 공동체주의와 권위주의적 질서는 합리적인 자본주의 제도의 정착을 방해한 근원이라고 비판하였다.

재미있게도 곧 다시 반전이 일어난다. 동아시아 여러 나라가 금융 위기를 극복하고 다시 활력을 되찾는다. 더욱이 이번에는 일본의 성공과는 비교가 안 되는 엄청난 힘으로 중국이 세계 무대의 전면에 떠올랐다. 일부 부정적 아시아 가치론자들은 여전히 중국의 비민주주의적 일당독재와 인권 탄압을 거론한다. 그럼에도 불구하고 중국의 경제 발전은 성공하였고, 그 무소불위의 막강한 추세를 몰아가고 있다.

비민주적 중국 자본주의가 민주주의가 발전한 자본주의 선진국을 먹여 살린다는 얘기까지 나온다. 일리 있는 뼈아픈 지적이다. 중국 경제가 약간의 침체 국면을 맞이하니 세계경제 또한 오비이락처럼 침체기에 빠져든다. 모든 경제 주체가 중국과 중국 경제를 주시하고 있다. 그리고 중국은 유교를 세계 곳곳에 퍼뜨리고자 노력한다. 세계 도처에서 중국 붐이 일고, 친중국 연구자들은 중국식 민주주의와 중국식 독재를 인정하고 지지한다. 중국에 대한 서방의 "비민주주의"나

"인권 탄압 국가"라는 비판은 이제 수사용이나 체면 유지의 의례용으로 제기되고 있을 뿐이다.

아시아적 가치에 대한 비판적 논점 가운데서 매우 핵심적인 쟁점 세 가지만 논의해보자.

첫째, 아시아적 가치라는 것이 도대체 있느냐는 존재론적 차원의 실증적 의문이다. 일반화의 오류(아시아에 함께 존재하는 기독교, 이슬람교, 힌두교, 무신론 등의 다양성 무시), 추상화의 허구(유교도 천 갈래 만 갈래), 오도된 (유교의) 대표성(도가와 불가 무시), 아시아의 서구화(서구적 가치의 범람과 지배), 오리엔탈리즘 반대의 자기 미화 등 여러 각도에서 "확실한 아시아적 가치의 부재"가 반론의 핵심적 근거로 제시되었다. 경험적으로나 분석적으로 볼 때 매우 타당한 비판이다. 앞으로 아시아적 가치를 제대로 정립해나가자면 이 핵심적 반론에 대하여 합당하게 대답해야 한다.

이에 대한 나의 입장은 명쾌하지는 못하고 다소 우회적이다. 아시아적 가치가 실제로 있느냐 없느냐는 실증적 경험론의 대상이기도 하나, 유심론에 의하면 있을 수도 있고 없을 수도 있다. 우리가 그것을 필요로 한다면 얼마든지 찾아내거나 만들어볼 수 있다. 아시아적 가치는 한국의 최근 동아시아론(정문길 외, 2000; 최원식, 2004; 조성환, 2004; Yoshimi, 1960)에서 치열하게 제안되었던 발견으로서, 발명으로서, 방법으로서, 비판적 지역주의로서 존재할 수 있다. 비록 현실적으로 아시아적 가치가 매우 미약하게 적은 수의 사람들에게 내면화되어 실천적 규범 가치로서의 역할을 수행한다 할지라도, 아시아적 가치 자체의 존재성은 부정할 수 없고, 동아시아인들이 서구인보다도 상대적으로 더욱 아시아적 가치 지향성을 가지는 것은 사실이다.

아시아적 가치는 새로운 해석과 평가를 통해서 적극적으로 재생시킬 수 있다. 현대적 감각으로 재구성할 수도 있다. 그러므로 아시아적 가치가 있느냐 없느냐 하는 단도직입적 양단성 논리는 그 문제 설정 자체가 문제이므로 적절한 비판이 될 수 없다. 한국에 고유한 한국적 가치는 어디에 있는 것인가? 한국에 있다? 한국에 있다면 한국 어디에? 한국 사람들의 마음속에? 어떤 한국 사람들? 참으로 난감한 질문이다. 한국은 사실적 실체이면서 동시에 상상의 허구이다.

나아가 아시아적 가치는 유가, 불가, 도가, 토속 종교 및 가치가 역사적으로 잡종화하는 가운데서 다양성을 간직한 종합적 하나로 존재할 수 있다. 이것은 베버가 말한 이념형일 수 있다. 이념형 자체는 실존하지 않으나 이념형을 이룬 요소들은 역사적으로 존재한 구체적이고 특수한 고유성을 갖는다. 이런 의미에서도 아시아적 가치는 존재한다.

두 번째 질문은 아시아적 가치가 있다면 과연 그것이 무엇인가 하는 본질론적 혹은 실체론적 질문이다. 논자들은 대체로 그것이 유교적 가치라는 점에 동의하는 것 같지만, 문제는 유교가 무엇인가 혹은 어떤 유교를 말하는가 하는 논란이 발생하고, 유교가 일반 사람들에 의해 생활양식의 일부로 내면화되었는가 하는 진실 게임이 시작된다는 것이다.

이 질문에 대한 답은 간단하다. "아시아적 가치는 여러 가지 차원을 가진다"고 말하면 그만이다. 왜 어느 단일한 것이 독재자처럼 대표해야 하는가? 유일신을 섬기는 서구의 버릇이 아닌가? 범신론 혹은 만신론이 존재하는 동아시아라면 당연히 아시아적 가치도 여러 갈래가 아니겠는가? 굳이 압축하자면 샤머니즘, 유가, 불가, 도가, 한국의 단군교, 일본의 신도쯤이 아니겠는가?

동아시아를 지배하는 가치가 유교적이라는 주장은 최근 많은 비판의 대상이 되고 있다. 불교가 더 강력한 나라도 있고 한때는 중국에서 도가적 전통이 우세한 시절도 있었고, 일반 민중의 일상적 삶 속에서는 샤머니즘과 결합한 도교나 불교가 더 친숙하게 받아들여진 경우가 적지 않다.

셋째는 설령 아시아적 가치가 있다 하더라도 고색창연한 가치가 이 첨단 과학 문명의 시대에 무슨 소용이 있겠느냐는 기능론적 회의이다. 서구 중심주의에 물든 질문이다. 마치 온갖 좋은 서구적 가치가 넘쳐나는 가치 과잉의 세상에 스트레스만 더욱 쌓이게 웬 새로운 가치 타령인가라는 식이다. 이 질문에는 대답하기 어렵지 않다. 바로 이 자만의 질문에 임하여 아시아적 가치는 고유하고 활기찬 생명력을 보여준다. 아시아적 가치나 생활양식은 새로운 문명의 선도자로서 참신한 내용을 가지고, 아직은 미흡하지만 이미 서구의 일상 속에 침투하여 "서구의 동양화Easternization of the West"라는 시대적 물결의 진원이 되고 있다(Campbell, 2007). 앞으로의 활약도 기대해볼 만하다.[5]

물론 경험적 차원에서 실증적 연구를 통해서 유교와 같은 아시아적 가치가 현대에도 적실하고 유용하다고 주장하는 입장들이 있다. 아직도 유교, 불교, 도교를 믿는 사람들이 많다. 간접적으로라도 아시아적 가치는 근대사회에서도 큰 기여를 하였다. 서구의 근대적 가치를 비판한 포스트모더니즘에 동의한다면 아시아적 가치의 가치성을 결코 부정할 수만은 없을 것이다.

나는 과거의 아시아적 가치 논쟁으로부터 아시아적 가치의 문명전

---

[5] 나의 기대가 합당한 것인지는 이 책의 다음 장들을 읽어보고 판단해주기 바란다. 내가 동원하는 고전적인 아시아적 가치가 — 원효와 화담의 뜻을 계승하는 차원에서 — 과연 새로운 문명전환의 동력이 될 만큼 일리一理와 일기一氣를 일심一心으로 보여주는지 점검해볼 것이다.

환적 잠재력을 끌어내고 싶다. 당시의 논쟁에서 충분히 검토되지 못한 아시아적 가치의 무한한 잠재력은 최근 동아시아 시대의 도래, 특히 중국의 등장과 함께 주목의 대상이 되고 있다. 중국은 막강한 물질적 잠재력만을 가진 것이 아니라, 엄청난 정신적 가치의 보고이다. 유불선으로 통칭되는 동아시아적 가치의 요람은 중국이었고, 이 가치들은 한국, 일본, 베트남, 태국, 몽고 등으로 퍼져나가면서 다양한 형태로 발전하였고, 그 본래적인 균형과 조화의 탐구 정신은 오늘날 서구 중심의 근대를 지양하는 원동력이 되고 있다. 제2의 아시아적 가치 논쟁을 준비할 시점이다. 아시아적 가치는 근대가 제기한 민주주의의 문제나 자본주의적 경제 발전을 탈근대적 문명전환의 차원에서 재검토할 수 있게 해주는 무한한 자원이다.

2) 포스트모더니즘 논쟁

이제 포스트모더니즘 논의 자체는 시들해졌다. 모든 상품의 유행 혹은 인기는 오래가지 않거니와, 특히 포스트모더니즘을 근대의 연속인 후기근대주의라고 생각하는 사람들이 학계의 주류를 형성하고 나름대로 후기 근대를 새롭게 설계하였기 때문이다. 그러나 포스트모더니즘의 자식들이라 할 수 있는 각종 "포스트" 담론들, 예컨대 포스트구조주의, 포스트식민주의, 포스트맑스주의, 포스트인간주의 등은 여전히 설득력을 잃지 않고 있다.

포스트모더니즘의 출현을 근대와의 단절로 해석하는 나와 같은 탈근대론자에게 그것은 여전히 영감의 원천이다. 포스트모더니즘의 가장 훌륭한 성과는 유럽적 근대 문명에 대한 자기비판이다. 서구의 이론가들이 자신을 키운 서구 이론/사상/가치 체계에 대해 그야말로 전면적이고 통렬한 자기비판을 가했다는 점이 나와 같은 비서구 동아시아의 사회 이론가들에게는 참으로 존경스럽다. 그리고 이러한 자기비판이 조급한 대안 제시로 흐르지 않고, 일종의 허무주의적 해체 정신으로 남은 것도 학자적 양심의 흔적인 것 같아 또한 존경스럽다. 이를 두고 상투적으로 대안 없는 비판이라고 비난하는 좌파적 경향은 자나 깨나 대안 타령만 하는 조급성 강박관념일 뿐이다.

대안 제시? 얼마나 많은 자칭 타칭의 대가가 그럴듯한 해결책을 독한 현실 비판과 함께 쏟아내는가? 한번 인기를 끌었다 싶으면 재탕, 삼탕 엇비슷한 소리를 엮어서 새로운 포장으로 상품화한다. 그래도 세계 도처에 깔린 소위 비선진국 혹은 문화 개발도상국의 지식인들은 여전히 사대적 습관에서 벗어나지 못해 남보다 뒤질세라 때론 시원시원하고 때론 알쏭달쏭한 그들의 얘기를 듣겠다고 아우성이다.

포스트모더니스트들의 자기비판은 서구의 합리주의, 보편주의, 본질주의, 근원주의, 순수/정통주의, 역사적 진보주의, 거대 (체계적) 이론 등에 대한 통렬하고 치열한 비판이다. 이에 대한 반대 논리로서 포스트모더니스트들은 비합리성, 특수성, 차이성, 다양성, 반본질, 반근원, 파편성, 우연성, 단절성, 혼합성, 잡종성, 모방성, 주변성 등을 강조하면서 기존 근대적인 것의 해체를 주장한다. 실천적인 차원에서 포스트모더니스트들은 근대 프로젝트는 이제 끝났다고 선언한다.

당연히 수많은 근대주의자가 벌 떼처럼 포스트모더니즘을 공격하였다. 정통 맑스주의자들은 포스트모더니즘을 임종을 앞둔 후기자본주의의 문화적 왜곡 형태로서 퇴영적 문화의 종착 혹은 말로라고 비판한다. 근대 문명의 충실한 후계자인 정통 맑스주의자 치고 포스트모더니즘을 제대로 인정·수용하는 사람은 거의 없다. 맑스주의적 좌파 이념이 지배하는 한국에서 포스트모더니즘이 반짝하고 사라진 것도 이 점과 결코 무관하지 않다. 어쨌든 맑스주의는 근대주의 사상이니 당연하다. 그들은 사회주의적 근대를 추구했을 뿐이다. 그들의 사고방식과 실천 양식은 모더니즘을 벗어나지 않는다. 이제 점차 소수파가 되고 있는 정통 맑스주의자의 입장에서 보면 포스트맑스주의는 이단이요 배신이요 반동일 뿐이다. 이 기회에 사회민주주의로 용기 있게 변신한 맑스주의자들도 적지 않을 것 같다.

하버마스와 같은 최후의 근대주의자들은 근대의 프로젝트는 아직도 미완성이라면서 새로운 합리성, 즉 의사소통적 합리성을 통해서 근대를 부활할 수 있다고 항변한다. 이 외에도 많은 근대주의자가 성찰적 근대화, 근대성의 급진화, 제2의 근대, 다중 근대 등의 현란한 개념들을 등장시켜 포스트모던적 일탈과 해체 대신에 어떤 형태로든 유럽적 근대의 새로운 돌파구를 발견하려고 한다. 이 모든 포스트모더니즘이 야기한 이념적, 지적, 실천적 각성은 위대하다. 포스트모더니즘은 근대에 대한 철저한 자기 성찰 혹은 자기반성의 기회를 제공했다는 점에서 참으로 중요한 문명사적 의의를 갖는다.

흥미롭게도 근대주의자건 포스트모더니스트건 모두 근대가 심각한 문제 상황에 직면하였다는 점에 동의한다. 다만 전자가 그래도 근대는 그 한계를 극복할 수 있는 내재적 잠재력(성찰성)을 가졌다는 점에 주목하고, 후자는 근대의 잠재력이 소진되었기 때문에 미련을 버려야(즉 근대를 해체하여야) 한다고 주장할 뿐이다. 다소 단순화된 판단일지 모르나, 나의 검토에 의하면 기든스의 제3의 길이나, 벡의 위험사회론, 혹은 기든스, 벡, 래시의 성찰적 근대화는 모두 기존의 유럽 중심적 근대가 아닌 새로운 근대를 지향한다는 점에서 이미 탈근대적 요소를 상당 부분 수용하고 있다.

나는 포스트모더니즘을 통해서 유럽 중심의 근대와는 작별을 고하면서 그러나 그것이 획득한 고난의 성과를 잊지 않으면서 새로운 문명을 추구하는 탈근대 잡종사회를 발견하고자 한다. 탈근대는 근대와의 연속성보다는 단절성을 더 강조한다. 어차피 근대는 탈근대 속에서도 상존할 것이므로 당분간은 근대와의 문명적 차별성을 강조할 필요가 있다.

현실적으로 근대는 명백하게 한계에 도달하였다. 근대의 삼대 축이라고 할 수 있는 정치적 차원의 민주주의국가 체제, 경제적 차원의 시장 자본주의 체제, 문화적 차원의 보편주의 체제는 제대로 작동하지 못한다. 그 주된 원인은 정치권력으로서의 국가주의, 경제 권력으로서의 자본주의, 문화 권력으로서의 보편주의라는 삼위일체형 권력 체제가 자신에 대한 대항력과 견제력으로 작용하는 자유민주주의, 시장에서의 경쟁과 협동의 균형, 그리고 다원주의적 특수성이라는 반/탈권력주의적 가치 지향성을 압도하거나 왜곡시켰기 때문이다. 근대는 고삐 풀린 망아지가 되어 울타리 넘어 위험 지대 깊숙이 들어간 형국이다.

개인적 자유를 제한하고 위축시키는 민주주의는 국가의 전체주의적이고 폭력적인 강제를 허용했고, 자유로운 경쟁과 협동의 가치를 무시하는 독점과 탐욕의 시장 만능주의는 자본주의를 부자들의 천국으로 만들었을 뿐이고, 관용이라는 이름만 남발하면서 다양한 가치의 고유성을 인정하지 않는 보편주의는 서구적 획일화를 요구하는 문화적 헤게모니에 관심을 가졌을 뿐이다.

탈근대는 국가주의, 자본주의, 보편주의 그 자체의 진실 추구성과 현실적 유효성을 전면적으로 부정하지는 않는다. 단지 서구적 근대 문명의 개화 속에서 그것들은 적정 수준을 넘어 과도하게 성장하거나, 독점적 과잉 지배를 지속하여 자기 스스로를 파괴하게 되었다. 탈근대는 이를 제어하고, 균형과 조화를 이룩할 수 있는 새로운 문명전환의 가치를 탐구하는 역사의 시작이다.

중천의 해는 저물고, 달도 차면 기운다. 나는 이 문명전환의 한 단초를 탈근대 동아시아에서 발견하고 그 근거를 밝혀보고자 한다. 물론 아프리카에서건, 중동에서건, 혹은 남미에서건 누구든 자신의 대지 위에서 자유롭게 탈근대의 지평을 개척해나갈 수 있다. 어차피 우리는 자유의 길을 가면서 언젠가 어느 지점에서 합류할 것이니까.

3. 사회혁명: 신사회운동과 세계시민사회의 형성

문명전환에 있어서 과학기술 혁명이 일종의 물질적 토대를 마련하는 것이라면, 가치 혁명은 정신적 토대를 구축하는 것이다. 마지막으로 사회혁명은 이들 두 가지 혁명이 현실 사회에 적용될 수 있는 조건을 마련하는 것이라 할 수 있다. 과학기술 혁명과 가치 혁명이 최종적으로 완성되기 위해서는 사회혁명을 통해서 일반 사람들이 일상생활에서 그것들을 생활양식으로 수용해야만 한다. 왜냐하면 사람들의 일상적 삶이 종합적으로 이루어지는 영역이 바로 사회이기 때문이다.

21세기 사회혁명의 물결은 두 가지 흐름, 신사회운동과 대안적 세계화운동으로서 세계시민사회운동의 합류에서 발견할 수 있다.

1) 신사회운동: 새로운 (형식의) 사회운동과 새로운 사회를 추구하는 운동

사회학자로서 나는 기존의 모든 혁명은 대부분 권력자의 교체에 머무르는 정치혁명에 주력하였기 때문에 실패하거나 계속 미완성의 상태로 지속될 뿐이라고 생각한다. 정치혁명은 불행히도 권력 체제 자체의 근본적인 변혁이나 혁신에는 관심이 적다. 혁명가들은 혁명 직후에 한결같이 "혁명 과업을 일사불란하게 수행할 수 있도록 저희들에게 권력을 집중시켜주십시오. 당분간 여러분의 권력을 우리에게 위임해주십시오"라는 그럴듯한 소리로 새로운 권력 체제의 성립을 정당화한다. 강력한 지도자에 대한 동경과 환상 그리고 추종과 신뢰는 무리 집단, 떼 집단으로서 오랜 세월 진화해온 인간의 아득한 동물적 본성과 잘 부합한다.

아나키스트들이 정치혁명이라는 기만적 수단 대신에 직접적인 사회혁명을 요구하며 즉각적인 국가 해체나 무정부를 추구한 것은, 현실 적합성에는 문제가 있었지만 적어도 논리적으로는 타당한 방향이었다. 새로운 권력이 형성될 틈을 주지 않고 탈권력의 토대를 마련하자는 전략은 결코 불가능한 것도 비효율적인 것도 아니다. 미리 학습하고, 훈련하고, 준비하면 시행할 수 있다. 그래서 지금 여기의 현실 도처에서 다양한 형태와 다양한 방식으로 아나키즘을 실천하는 실용적 아나키즘이 요구되는 것이다. 정치적 야망으로 준비된 대통령은 위험하지만, 자유의 열망으로 준비된 시민이 많으면 많을수록 아나키사회는 순조롭게 작동할 것이다.

정치혁명 가운데서도 특히 폭력혁명은 그 후유증이 심각하다. 세상을 순식간에 그것도 사람들을 총칼로 위협하면서 바꾸겠다는 발상이야말로 온당하지도 정당하지도 못하다. 우리가 열광해 마지않는 프랑스혁명은 그야말로 대참극과 대학살의 드라마였다. 그 피비린내 나는 야수성은 파리코뮌이라는 근대의 역설, 가장 반근대적이고 비근대적인 그리고 반인륜적인 학살과 함께 겨우 진정되었다. 버크(Burke, 2006)의 지적처럼 프랑스혁명의 어리석고 어두운 모습을 분명히 비판적으로 인식해야 한다. 그 대신 상대적으로 피를 적게 흘린 영국의 명예혁명은 미적지근하고 지지부진한 것처럼 보여도, 차근차근 민주주의의 금자탑을 굳건하게 쌓았다. 같은 맥락에서 한국의 1987년 민주항쟁은 타협과 절제가 유도한 위대한 승리이다. 그러나 사람들은 복수의 유혈과 고통이 낭자하고 비극적 엘레지로 타오르는 혁명을 칭송하고 신격화하면서 열광한다. 파괴의 본능을 충족시키는 광기가 혁명의 열기와 함께 타오르는 것이다. 민주주의가 혹은 혁명이 피를 요구한다는 끔찍한 진리를 아직도 신봉하는 아니 신봉할 수밖에 없는 불우한 처지의 사람들이 세계의 도처에 있다. 1980년대 한국판 혁명적 투쟁의 시대에도 그 유혹은 일부 세력에게는 떨쳐버리기 어려운 마력이었을 것이다.

역사적으로 사회혁명은 정치혁명 후에 본격적으로 시작된다. 비혁명적 노동운동을 포함한 각종 시민권 확보 및 확장 운동이 사회혁명의 견인차 역할을 수행해왔다. 시민운동은 점진적 개량주의에 입각하고 있지만 민주주의의 보루인 시민사회의 성립과 공고화에 필수적인 역할을 수행하였다. 그러나 근대 자본주의에 대한 사회주의적 계급투쟁 노선이 노동운동을 지배하게 되면서 노동운동과 시민운동 간에는 일정한 거리와 상호 이질감이 생기기 시작하였다.

많은 노동운동은 노동자의 중산층화가 확산되는 가운데 초기의 사회변혁적인 급진적 성격을 상실하고 하나의 제도 권력이나 이익집단으로 변하였다. 노동조합의 민주주의가 문제시되고, 노조 간부가 귀족화하고, 상층 노동자 집단은 부르주아화embourgeoisement하였다. 한편 비판적, 혁명적 지식인들의 이념적 우상이었던 러시아의 볼셰비키혁명은 스탈린주의라는 전대미문의 잔인한 전체주의 체제로 변질되었다. 한편 서구의 자본주의사회는 비록 제2차 세계대전의 폐허 위에서 소생하는 경제적 활력을 보여주었지만 정치적으로는 기득권 세력들이 관료적 지배 체제를 확립하여 사회를 하나의 거대하고 무미건조한 사무실이나 공장으로 만들고 있었다.

이러한 시대적 분위기에서 1960년대가 되면, 세계 도처에서 젊은 학생들을 중심으로 혁명의 불꽃이 다시 타오르기 시작하였다. 한국에서는 이승만 독재 체제에 항거하는 자유주의적 4.19혁명이 성공하였으나, 사회적 혼란을 틈타 군사 쿠데타가 일어나고 이를 반대하는 민주화운동이 전개되었다. 일본에서도 학생들이 권위주의적 교육제도에 반대하고 사회 개혁을 요구하면서 도쿄대 야스다 강당을 점거하여 방화하는 사태로까지 치달았으나, 이후 혁명적 열기는 식어버리고, 소수의 강경 급진파들이 적군파를 조직하여 무장 테러를 시도하였다.

1960년대 반체제운동 혹은 민주화운동의 기수는 미국이었다. 미국에서는 한편으로는 흑백 평등을 요구하는 인권운동이 휩쓸었고, 다른 한편으로는 미국이 개입한 베트남전쟁을 반대하는 반전평화운동과 그 연속으로서 자본주의적 물질문명을 비판하고 자유로운 삶을 지향하는 히피운동이 등장하였다. 새로운 생활양식운동으로서 히피운동은 개인적 자유와 사회적 해방 그리고 평화를 추구하였다는 점에서 아나키즘적 특성을 드러낸다.

그러나 1960년대의 혁명적 열기는 1968년 프랑스의 5월혁명에서 그 화려한 피날레를 고한다. 여기에는 온갖 형태의 이념과 가치가 난무하였다. 다만 기득권을 대표하는 정통 사회주의(여기서는 스탈린주의)는 발붙일 곳이 없었다. 5월혁명에서 아나키즘과 아나키스트 세력이 주요한 역할을 담당하였다는 사실을 이 기회에 분명히 지적해두고 싶다. 기존 노동조합이나 공산당 세력은 적극적 참여를 보류한 채 대체로 방관하거나 비판적 자세를 보여주었을 뿐이다.

비록 5월혁명은 제도적으로는 좌절하였지만, 그 정신적 가치는 세계에 충격을 주었고, 새로운 시대를 위한 등불이 된다. 맑스주의 진영 내부에서 신좌파가 등장하고, 아나키즘이 새롭게 부활하고, 마침내 환경운동, 여성운동, 반전반핵운동, 평화운동, 소수자운동, 지역자치운동 등으로 나타난 신사회운동이 문명전환을 요구하는 새로운 사회운동으로 등장한다. 새로운 사회변혁운동으로서 신사회운동은 1970년대부터 구미를 중심으로 확산되어 이제는 전 세계적인 운동으로 자리 잡고 있다.

신사회운동은 두 가지 차원에서 문명전환을 요구하는 역사적 함의를 지닌다. 우선 기존 사회운동의 대표적 형태와는 그 성격이 상이한 새로운 형태의 사회운동이라는 점에서 신사회운동이다. 운동 방식의 변화는 운동 이념의 변화를 전제로 한다. 그리고 그것은 새로운 사회를 지향하는 운동이라는 점에서 신사회운동이다. 새로운 사회는 새로운 가치, 즉 새로운 문명을 요구한다.

신사회운동이 지니고 있는 반체제적 성격 혹은 문명전환적 잠재력을 보다 구체적으로 살펴보자(이하 513쪽까지는 김성국, 2001a: 83-90의 내용을 수정·보완한 것이다).

키트셸트(Kitschelt, 1990: 180)가 지적하고 있듯이 신사회운동은 자본주의적 시장 경쟁 및 성취주의 논리를 불신하며, 평등주의적 분배를 추구하는 전통적 사회주의를 계승하고 있다는 점에서 "좌파적"이며, 개인적 혹은 집합적 행위의 자율성을 규제하려는 모든 형태의 관료제적 권위를 부정한다는 점에서 "급진자유주의적"이다. 요컨대 신사회운동은 직접/참여민주주의, 개인과 집단의 고양된 자율성 그리고 사회관계의 상호 협동과 공존성을 강조한다.

그렇다면 신사회운동과 구사회운동을 적어도 분석적으로 구별할 수 있는 기준은 무엇일까? 스콧(Scott, 1990: 19)은 다음의 표를 통하여 신사회운동을 기존의 자본주의적 산업사회의 대표적 운동 형태인 노동운동과 운동의 위치, 목표, 조직, 행동 수단이라는 측면에서 각각 대비시키고 있다.

〈표 5〉 신사회운동과 노동운동 간의 핵심적 대조

	노동운동	신사회운동
위치	점차 정치 체계 내부로 이동	시민사회
목표	정치적 통합과 경제적 권리	가치 및 생활양식의 변화, 시민사회의 방어
조직	형식적, 위계 서열적	네트워크, 풀뿌리
행동 수단	정치적 동원	직접행동, 문화적 혁신

노동자의 중산층화와 보수주의화가 진척되면서 노동자는 역사의 변혁적 주체 세력으로서의 독점적 지위를 상실하게 되었으며, 중앙집권적 형식민주주의의 모순과 역기능이 드러나면서 지역 자치, 시민 자치를 추구하는 직접/참여민주주의에 대한 요구가 거세게 일고 있다.

특히 베버가 일찍이 경고한 바 있듯이 인간의 자율적 삶은 거대하고도 효율적인 그러나 아무도 책임지지 않는 삭막한 관료제의 철창 속에서 화석화되어가고 있다. 인간을 둘러싸고 있는 자연 생태계가 파괴되고 황폐화되듯이 인간의 내면적 세계 또한 물신주의와 소비주의에 의해서 조작되거나, 권력과 폭력에 의하여 감시되거나 위협당하며 파편화되기 일쑤이다. 그리하여 인간들은 새로운 자아 정체성을 확립하고자 주체성과 자주성의 의미를 재인식하기 시작하였다.

나아가 정보혁명의 확산과 냉전 체제의 종식으로 인하여 세계화의 추세가 시대적 조류로 자리 잡게 됨에 따라 기존의 국민/민족국가의 존재 의의는 서서히 약화되고 있다. 예컨대 인터넷의 급속한 전 지구적 확산은 국가의 경계를 무색하게 만들고 있으며, 그야말로 자유로운 네트워크형 사회관계를 형성함으로써 새로운 세계적 시민사회 혹은 전 지구적 연합의 가능성을 우리에게 희망적으로 시사하고 있다. 인터넷은 아마도 급진자유주의의 이상향인 자유 연합의 가능성을 가장 분명하게 시사하는 현실적 모델이 아닐까?

이와 같은 시대적 상황은 새로운 이념과 새로운 운동의 필요성을 요구하였으며, 여기에 부응하는 과정에서 신사회운동의 좌파적 급진자유주의가 핵심적인 이념으로 정착되었던 것이 아닌가 싶다. 현대 아나키즘의 지도적 이론가인 북친(Bookchin, 1989: 271)의 지적처럼 신사회운동의 아나키즘적 차원은 "반위계주의anti-hierarchicalism"에서 출발하는 자유 연합(혹은 자발적 참여)과 상호부조의 원리에 입각하여 공동체사회를 형성하려는 아나키즘의 목표와 신사회운동의 주요 형태인 생태주의, 페미니즘, 지역주의, 평화주의는 상호 이론적으로나 실천적으로 강력한 선택적 친화력을 지니고 있다는 점에서 설명할 수 있다. 신사회운동에 내장되어 있는 이 같은 급진자유주의적 급진성을 보다 구체적으로 살펴보기로 하자.

첫째, 생태주의는 지금까지 인류의 주된 생존 방식이었던 인간에 의한 자연의 정복과 지배 혹은 인간중심주의를 거부한다는 점에서 인식론상의 근본적인 전환을 요구한다. 생태주의는 환경오염이나 생태 파괴의 원인을 단순히 자본주의적 산업 발전이라는 관점에서만 파악하지 않는다. 사회주의도 자본주의와 마찬가지로 생산력의 끊임없는 증대를 요구하는 산업주의industrialism의 논리에 구속되어 있다. 자본주의건 사회주의건 일방적으로 인간 중심의 자연 개발로써 경제 성장을 추구하는 산업주의를 채택하는 한, 다시 말해 인간중심주의, 개발주의, 성장주의, 산업주의의 논리가 우리의 삶을 지배하는 한 생태계의 파괴는 필연적인 과정으로서 존속할 뿐이다. 왜냐하면 산업주의는 불행히도 자연 자원의 파괴를 초래하는, 에너지와 (그것의 변형체인) 물질적 상품의 소비를 끊임없이 증가시키기 때문이다.

이 점에 있어서 인간과 자연 간의 합치 혹은 조화를 추구하는 자연권 개념을 공통적인 가치로 내면화하고 있는 아나키즘이야말로 생태주의의 이념적 기초를 제공한다고 해도 과언이 아닐 것이다. 역사적으로 아나키즘이 자연 회귀적인 로맨티시즘운동과 소로의 생명철학으로 표출되고 그 사상적 연원을 동양의 노장사상과 불교에서 발견하려는 것도 결코 우연이 아닌 것이다. 최근의 사회생태학적 에코아나키즘(Boochin, 1995a; 1997)은 "자연과 사회의 변증법" 혹은 "생물학과 정치학의 결합"을 통하여 인간 위주의 자연 지배에 대한 윤리적 비판을 제기하면서, 비계급적인 생태사회의 동적 균형 또는 에코토피아ecotopia를 추구하고자 한다. 인간 사회란 전체 생명사회biotic society의 한 부분으로서 "제2의 자연second nature"이다. 그렇지만 자연과 인간 사회의 관계는 상호 일방으로 환원될 수 없는 고유한 "반위계적 관계상의 참여와 분화라는 도덕적 원칙" 혹은 생태학적 윤리에 입각하는 것이다. 따라서 신사회운동의 생태주의가 지향하는 에코커뮤니티ecocommunity 혹은 에코토피아는 기존 사회를 재창조함으로써만 실현 가능한 것이다.

둘째, 페미니즘은 가부장적 권위주의에서 비롯된 남성 지배와 여성 복종이라는 불평등한 권력관계를 거부하려는 움직임이다. 따라서 여성해방의 문제 또한 단순히 자본주의적 착취나 가부장제적 억압의 차원에서만 설명하기보다는 모든 사회조직과 사회관계에 구조화되어 있는 서열적 권력관계의 관점에서 파악해야 한다. 남성에 의한 여성의 종속은 (남성적 = 폭력적) 인간에 의한 자연(= 여성)의 정복으로부터 시작하여 이 과정에서 발생한 모든 서열적 지배-종속 관계의 재생산 기구들인 국가, 종교, 가부장제, 자본주의 등에 의하여 정당화되어왔던 것이다. 그러므로 현존하는 남성적(= 폭력적) 지배 구조(= 국가 체제)를 해체하려는 페미니즘의 목표와 "강제적 지배가 없는 자유 연합의 상태"를 추구하면서 강권적 국가 체계를 부정하는 신사회운동의 급진자유주의적 과제는 상호 긴밀하게 합치되는 것이다.

지금까지 페미니즘운동의 주류를 이루어왔던 남녀 간 성적 투쟁의 논리에 기초하는 성의 정치학을 극복하여 남녀협동의 공동체사회를 지향하는 신사회운동의 아나르코 페미니즘anarcho-feminism은 성의 생태학에 주목한다. 지배와 복종이라는 인위적 질서의 산물인 모든 형태의 제도화된 사회적 불평등(예컨대 계급, 성, 인종, 지역 불평등)은 이 사회로부터 강제성이 제거될 때만이 자연적 질서와 균형을 회복할 수 있는 것이다. 그러므로 자본주의 체제나 현존하는 국가 체제 아래서 완전한 성적 해방이 이루어질 수 없음은 자명한 일이다. 바로 이 점에 있어서 신사회운동의 페미니즘은 급진화된 투쟁 목표를 가지는 것이다.

셋째, 지역주의는 강권적 중앙집권주의를 거부하는 지역자치운동 혹은 지역공동체운동의 바탕이다. 근대 국민국가의 형성과 함께 국가는 각종 폭력적 수단을 동원하여 권력을 제도적으로 독점하기 시작하였다. 이 같은 팽창적 국가주의는 외부적으로는 제국주의라는 형태로 약소국가의 주권을 약탈하여 식민지를 만들었고, 내부적으로도 지역 자치와 시민 참여를 억압하여 중앙집권적 통치 체제를 구축함으로써 중앙/국가에 의한 지방/지역의 지배라는 불평등을 초래하였다.

비록 국가는 그간 민중/시민운동의 집요한 저항에 의하여 분권적 지방자치를 다소나마 허용하기는 하였으나 생활세계의 식민화colonization of life world 혹은 국가에 의한 지방의 내적 식민화internal colonization는 지속되고 있다. 이 같은 지역과 지방의 위기에 직면하여 강권적 국가주의에 대항하는 대안적 지역사회를 형성하는 것이 신사회운동의 지역주의가 갖는 주요한 목표인 것이다. 특히 최근에 대두되고 있는 전 지구화의 추세와 함께 국가주의는 연방주의적 개혁 전략 앞에서 급속히 약화되는 반면 지역적 자율성, 자치성, 자립성의 의미가 새롭게 부각되고 있다.

물론 지역주의의 확대는 국가권력의 단순한 지역 분산을 의미하는 것이 아니다. 소수의 지역 토착 세력이 지배하는 지방자치란 국가주의의 지역적 재생산에 불과할 따름이다. 진정한 지역적 분권주의란 국가권력이 소규모 지역 단위의 시민들 자신에게 되돌려지는 시민 권력의 시대를 요구한다. 시민이 권력의 주체가 되어 직접적 참여민주주의가 확대되면 국가란 강제적 권위의 집결체로서 시민들 위에 군림하는 것이 아니라, 마셜(Marshall, 1993: 646)의 지적처럼 "자유 연합체들의 연합federation of free associations"으로서 시민들을 위하여 봉사할 것이다.

다시 한번 강조하거니와 현대 국가의 위기는 하버마스(Habermas, 1975), 오페(Offe, 1977) 그리고 오코너(O'Conner, 1973; 1984)가 강조하였던 정당성의 위기, 관리의 위기, 재정적 위기와 같은 자본축적의 위기 혹은 자본주의 자체의 위기를 의미할 뿐 아니라, 나아가 사회조직의 원리와 사회 발전의 주체로서의 역할 위기로도 나타난다. 그러므로 나는 부분적인 제도적 개혁에 의해서 현대 국가의 정체성 위기가 극복되리라고 보지 않는다. 과대 성장으로 과부화되어 있는 현대 국가(Scott, 1990)는 이제 철저한 분권화와 시민 권력화를 통하여 최소국가의 단계를 거쳐 세계 연합으로 다시 태어나지 않으면 안 된다. 결국 지역주의는 반강권국가적 지역자치사회를 추구하는 급진자유주의를 통하여 가장 적극적인 실천 방안과 구체적인 목표를 설정할 수 있는 것이다.

넷째, 비폭력의 평화주의야말로 신사회운동이 추구하는 최고의 가치이다. 왜냐하면 급진자유주의가 거부하는 국가의 본질이 바로 강권적 폭력이기 때문이다. (핵)무기와 전쟁, 경찰과 법은, 결정적 순간에는 언제나, 폭력적으로 혹은 강제적으로 인간을 지배하거나 파괴하는 수단이다. 이 같은 "국가의 폭력화" 현상은 최근에는 테러리즘, 조직범죄, 성폭력과 아동 학대 등의 형태로 사회에도 확산되어 이제는 "사회의 폭력화"가 전개됨으로써 우리는 그야말로 벡이 말하는 위험사회에서 살게 되었다. 따라서 신사회운동은 톨스토이와 간디의 평화주의 노선을 따라서 현대의 반핵운동, 반군사운동, 총기휴대금지운동, 반범죄운동, 성폭력퇴치운동 등에 적극적인 기여를 할 수 있다.

여기서 우리가 분명히 인식해야 할 사실은 인간 사회의 역사적 발전과 함께 폭력 또한 꾸준히 증가해왔다는 사실이다. 특히 현대사회에서 폭력은 양적으로 증대되었을 뿐 아니라, 질적으로도 흉포화, 조직화, 대형화의 추세를 뚜렷이 나타내고 있다. 이와 같은 폭력의 증가를 단순히 매스미디어에서 폭력물이 범람하고 있는 현상의 탓으로 돌려서는 안 된다. 역사적으로 폭력은 항상 경쟁이 심화될수록 더욱 확대되는 경향을 보여왔다. 예컨대 폭력은 전쟁이라는 국가 간 경쟁의 최종적 국면에서 가장 극대화되고 있으며, 또 전쟁 상태의 심화 과정에서 핵무기라는 극한적 폭력 수단이 고안되었던 것이 아닌가? 따라서 이 사회가 자본주의적 경쟁 체제 대신에 자유 연합과 상호부조의 탈권력 자치사회로 전환된다면 폭력 또한 점차 감소하기 시작할 것이다.

나아가 남성과 여성 간의 성적 불평등 또한 가장 본질적인 측면에 있어서는 남성의 폭력성과 긴밀하게 관련되어 있다. 오늘날 여성들은 남성에 의한 각종 물리적 폭력의 위협에 노출되어 신체적으로도 그렇고, 심리적인 공포감과 그에 따른 활동상의 위축으로도 끊임없이 시달리거나 불이익을 당하고 있다. 앞으로 여성의 적극적인 경제 참여에 따라서 남성과 여성 간의 경쟁 관계가 첨예화된다면 비록 남녀 간 경제적 평등은 상당히 성취될 수 있을지 모르나 폭력적 충돌 사태는 더욱 빈번하게 증가할 가능성이 높다. 그러므로 성적 평등 혹은 여성해방은 남녀 간의 성적 투쟁이나 사회적 경쟁에 의해서 획득되기보다는 여성과 남성의 인간적 상호 협조에 의해서만 이루어질 수 있을 것이다.

한국에서는 신사회운동이 확산되면서 사회운동 전반에 충격이 가해진다. 특히 운동의 권력화라는 문제가 부각된다. 한국에서 소위 운동 권력 집단의 형성은 불가피한 측면도 있지만, 참으로 불행한 그리고 예견된 일이다. 먼저 권력을 비판하고 견제한다는 목표와 임무를 가진 시민운동이 스스로 권력 집단이 되었다는 사실은 슬픈 역설이 아닐 수 없다. 비정부기구non-governmental organizations가 아니라 새로운 정부기구new governmental organizations가 등장한 것이다. 시민운동가의 제도정치권 진입 그리고 권력 추구형 기성 정치인화하는 진부한 시나리오가 여전히 팔리고 있다. 시민운동 조직이나 시민운동가가 제도 정치에 참여하지 말라는 것이 아니다. 시민운동가답게, 즉 도덕적 순수성과 정당성을 항상 견지할 수 있는 자세를 지녀야 한다는 말이다. 더욱 개탄스러운 사실은, 이미 적지 않은 시민운동 조직이나 활동가가 직간접적으로 특정 정파를 지지하거나, 그들과 연계되어 있거나, 심지어는 그 대변인 역할까지 맡는다는 점이다. 정치 만능주의, 정치 제일주의의 한국 사회에서 불가피한 선택이라고 인정하기에는 그 정도가 심각한 것 같다.

 과학기술 혁명에 의해서 인간의 존재론적 특성과 조건이 변화하고 있다. 여기에 더하여 사회적 가치 또한 아시아적 가치 논쟁이나 포스트모더니즘 논쟁의 맥을 이은 아시아적 가치의 재발견과 재창조를 통해서 새롭게 구성되고 있다. 이와 같은 상하부구조적 변화를 현실 사회에 실제적으로 적용시키는 신사회운동이 문명전환의 잠재력을 드러내면서 기존 사회구조와 제도를 서서히 변화시킬 것이다.

2) 대안적 세계화운동으로서 세계시민사회운동

 현대사회는 여러 가지 특성을 보여준다. 나는 이 가운데서 인간 사회의 역사적 발전 과정을 가장 정확하게 표현해주며, 동시에 앞으로 현대사회가 지향해야 할 바를 또한 가장 명료하게 지시해주는 규정은 시민사회라고 생각한다. 시민사회는 전 지구적으로 모든 사회 발전의 중추적 가치인 민주주의와 가장 직접적이고도 밀접하게 연관되어 있기 때문이다. 개인들이 집단적 위계와 그 규범에 복속되어 부자유 속에서 영위하는 삶을 거부하면서 개인적 자유를 향한 역사적 투쟁이 시작되었고 마침내 근대 시민혁명과 함께 자유민주주의적 가치가 제도화되는 민주주의적 발전이 이루어진다. 그리고 이 자유를 위한 투쟁은 여전히 미완의 투쟁으로서 아나키사회를 이룩할 때까지 지속될 것이다. 맑스가 인류 역사를 계급투쟁이라고 했다면, 아나키스트 자유주의자는 전 지구적 시민사회의 형성을 지향하는 개인적 자유를 위한 투쟁이라고 말하고 싶다.

역사적으로 시민사회의 성립과 발전은 정치적 민주주의, 경제적 자본주의 그리고 문화적 다원주의라는 세 가지 기둥에 의해 구축된다. 자유민주주의 정치체제에서 자본주의와 다원주의가 발전할 수 있었고, 자본주의경제가 제대로 발전해야만 민주주의와 다원주의가 유지될 수 있다. 이와 마찬가지로 한 사회에 다원주의적 가치관이 존재해야 민주주의와 자본주의가 성숙할 수 있다. 이처럼 시민사회는 민주주의, 자본주의 그리고 다원주의의 삼두마차가 끌고 가는 역사의 수레라 할 수 있다. 그리고 이 시민사회는 무엇보다도 개인적 자유의 가치 위에서 발전하는 사회형태이다.

시민사회의 역사적 대장정은 아직도 갈 길이 멀다. 18세기의 시민혁명을 기점으로 국가와 시민사회의 역사적 분리가 이루어졌지만 아직도 시민권 혹은 이것의 확장된 형태로서 인권은 제대로 보장되지 못하고 있다. 경제적으로도 자본주의는 엄청난 생산력으로 물질적 편의를 제공했지만, 그 혜택을 받지 못하는 지역들과 사람들 또한 무수하다. 문화적 다원주의 대신에 종교적 근본주의나 획일주의가 지배하는 곳도 적지 않으며, 문화생활을 누리지 못하는 사람들도 부지

기수다. 특히 독재와 빈곤이 만연한 후진 지역의 대다수 사람은 여전히 시민사회의 풍요와 안락을 즐기지 못하고 있다.

왜 시민사회의 성장과 성숙이 이처럼 지연되거나 제한적으로만 전개되는가? 그것은 바로 시민사회가 국가로부터 완전한 자율성을 획득하지 못하고 재차 국가가 시민사회를 지배하고 있기 때문이다. 근대의 전개와 함께 시민사회도 성장하였지만 국가는 더욱더 강력해지고 있다. 국가의 힘은 크고 작은 수많은 전쟁을 통해서 강고해졌으며, 시민사회의 성장에 따른 갈등과 혼란을 수습하고 사회질서를 유지한다는 명분으로 국가의 통제력이 더욱 증대되었다. 최근에는 자본주의경제의 위기와 특히 불평등으로 인한 사회적 양극화를 극복하고 복지를 보장하는 기구로서 국가의 역할은 더욱 필수적인 것으로 간주되고 있다.

그리하여 시민사회는 오직 성공한 사람들을 위한 경쟁의 영역으로 인식되는 반면, 국가는 낙오자를 포함한 모든 사람의 안전과 복리를 책임지는 해결사처럼 인식되고 있다. 세계화의 초창기에는 적지 않은 사람이 민족국가의 힘과 역할이 점차 축소될 것이라고 전망했지만 오히려 그 반대 현상이 일어나고 있다. 전반적으로 세계경제가 침체하고, 또 국가 간 경제 전쟁도 치열해지며, 기타 종교 및 영토와 관련된 분쟁도 끊임없이 발생하여 국가의 귀환이 별다른 거부 없이 진행되고 있는 것이다. 이대로 방치하면 초헌법적인 힘을 발휘하는 무적의 국가가 탄생하여 개인의 자유를 무력하게 만들고 국가 공동체라는 집단 환상으로 세상을 지배할 수 있다. 그리고 이러한 국가들의 막강한 힘이 상호 충돌하면서 전쟁이 발발할 수 있는 것이다. 제2차 세계대전은 제국주의로 이미 기득권을 점유한 영국, 프랑스 등의 유럽과 미국에 대항하여 새롭게 등장하는 제국주의 세력으로서 독일과 일본이 일으킨 전쟁으로 이해된다. 그렇다면 만약 제3차 세계대전 비슷한 것이 발생한다면 기득권을 점유한 미국과 일본에 맞서 중국과 러시아가 도전하는 형태로 가상해볼 수도 있다. 미국을 제외하고 다른 세 나라에서는 국가의 힘과 국가주의적 세력이 급속히 강화되는 것 같다.

과연 국가의 재등장이 새로운 문명을 향한 자연스런 역사적 과정인가? 아니다. 그것이 나의 판단이다. (현대적 의미의) 국가는 근대와 함께 생성하고, 발전하였으며, 완성된 근대의 표상이다. 탈근대와 함께 국가의 시대는 저물고 시민사회가 시대의 중심으로 부각될 것이다. 왜냐하면 시민사회는 민주주의의 영원한 목표이자 친구이지만, 국가는 위험스런 수단이자 불안정한 동반자이기 때문이다. 민주주의의 핵심적 이념인 자유주의가 국가를 가능한 한 억제하고 최소화시키려는 이유도 바로 국가의 신뢰하기 힘든 지배 욕구를 잘 알고 있기 때문이다. 아나키즘은 자유주의보다도 더욱더 국가를 불신하고 반대하기 때문에 아예 국가 없는 사회 혹은 무정부사회로서 아나키를 추구하였다. 아나키스트 자유주의는 그간 국가의 자유주의적 혹은 민주적 기반이 다소 확대된 것을 감안하여 전면적 국가 부정인 반국가주의로부터 탈권력화를 목표로 하는 탈국가주의 혹은 최소국가로 운동 방향을 유연화시킨다. 그러나 개별 민족국가 단위의 국가권력 체제를 연합주의 원리에 따라서 유럽 연합이나 동아시아 연합과 같은 지역(국가) 연합으로 재구성하는 것을 시도한다. 물론 최종 목표는 전 지구적 국가 연합으로서 세계 연합이다.

국가에 대한 일반 사람들의 뿌리 깊은 의존성과 애착심을 고려할 때, 당장 무국가나 무정부를 시도한다는 것은 불가능할 뿐만 아니라 바람직하지도 않다. 국가권력을 최소화하고, 국가 기반을 현재와 같이 민족 단위나 영토 범위에 한정시키지 않는 연방제적 세계국가로 서서히 전환시킬 필요가 있다. 유럽 연합과 같은 지역공동체가 향후 이러한 목표를 향해 나아갈 수 있을 것이다. 현재 유럽 연합이 당면한 내부 갈등과 분열에 조급하게 낙담해서는 안 된다. 처음 시작했을 때는 아무도 오늘날과 같은 공동체가 탄생하리라 믿지 않았다. 또 그것이 순풍에 돛 단듯 일사천리로 진행될 것이라고 기대해서도 안 된다. 유럽 연합이 제대로 자리를 잡자면 앞으로 수십 년은 필요할 것이고 이것이 세계연방으로 완성되자면 다시 몇 십 년이 더 걸릴 것이다.

이와 같은 미래 시나리오가 과연 현실성을 갖는 것일까? 불행인지 다행인지, 우리에게는 세계 연합을 모색하는 대안 외에는 생태 위기와 불평등, 핵전쟁의 위험과 인권 탄압, 그리고 범죄와 폭력의 증가를 막을 길이 없다. 이 사실을 세계의 모든 사람이 분명하게 깨달아야 한다. 이미 오래전부터 칸트를 위시한 많은 선각자가 세계 평화를 위해서 세계적 차원의 정부가[6] 필요함을 역설하였다.

전 세계가 몇 개의 지역 연합으로 조직되고(예컨대 유럽 연합, 동아시아 연합, 서아시아 연합, 북미 연합과 중남미 연합의 연합으로서 아메리카 연합, 아프리카 연합 등), 그다음에는 유럽-아프리카 연합의 지중해 연합, 아메리카-동아시아 연합의 태평양 연합 그리고 인도양 연합 등으로 다시 통합되면서 세계정부가 형성될 수 있을 것이다. 지금도 이와 유사한 조직체들(아세안, 에이펙, 아셈, 나프타 등)이 존재한다. 그리고 전 세계적으로 국가들 간의 다양한 교류 네트워

---

[6] 세계정부는 기존의 정부 형태와는 상이한 아나키즘적으로 탈권력화된 자유 연합의 조직을 의미해야 한다. 현재의 UN을 반면교사로 삼아서 미래 세계 연합의 조직에 관한 연구가 필요하다.

크가 구축되어 있다. 최근의 활발한 관광산업 그리고 인터넷을 통한 전 세계적인 문화와 스포츠의 교류는 세계사회의 구축에 적극적인 역할을 수행한다.

현재의 UN으로서는 세계 연합의 역할을 제대로 수행할 수 없다. UN 자체가 강대국의 논리에 의해 움직이며, 선진 강대국들이 내는 돈에 의존하는 봉사 활동 이외에는 수행할 수 있는 사업이 별로 없기 때문이다. 기본적으로 UN은 위로부터 조직되고 운영되는 기구로서 한계를 지닌다.

그러나 새로운 대안적 물결이 일고 있다. 국가에 대항하는 시민사회가 도처에서 성장하고 차츰 성숙하는 과정에서, 한편으로는 국가 권력을 제어하고 감시하는 기능을 수행하면서 다른 한편으로는 국경을 넘어 상호 협력하는 세계시민사회의 기반이 확장되고 있다. 이른바 사해동포주의가 최근 각광을 받으며 유럽의 지식인 사회를 중심으로 전 세계에서 공감을 얻고 있다. 사해동포주의로 번역된 코스모폴리타니즘은 보다 정확하게 변역하자면 세계시민주의이다. cosmopolite는 세계시민이므로 cosmopolitanism은 세계시민주의가 된다. 세계시민주의, 즉 사해동포주의는 세상의 모든 사람을 동등한 인간으로 간주하는 이념이다. 국적, 인종, 종교 등의 차이에 관계없이 인간이라면 모두가 동등한 권리를 보장받아야 한다는 인권주의 또한 같은 내용을 지닌 사상이다.

세계시민주의의 성공적 확산으로 결국 세계는 하나, 지구도 하나, 개인들도 하나라는 존재론적 인식에 도달하여 세계 연합의 길이 마련될 것이다. 밑으로부터의 세계 연합 요구와 노력이 전제되어야만 세계 연합은 역사적 의의와 생명력을 유지할 것이다. 현재 전개되고 있는 세계화운동이건 반자본주의세계화운동이건 혹은 대안적 세계화운동이건 그것은 세계시민주의에 기초해야만 강대국이나 기득권 세력의 지배를 물리칠 수 있을 것이다. 세계시민주의운동은 문명전환을 세계적 차원에서 완성하는 데 필수 불가결한 조건이다.

문명전환에 필요한 최종적 혁명으로서 사회혁명은 순수하게 밑으로부터의 자생적이고 자발적인 과정을 통해 확산되고 강화되어야 한다. 전 세계가 하나로 집합할 수 있는 길은 세계의 모든 개인이 타인들 혹은 다른 개인들과 하나의 인간이라는 존재의 공통성을 확인하고 실천하는 것이다. 이 과제를 너무 거창한 것으로 어렵게 생각할 필요가 없다. 지금도 수많은 사람이 자신만의 개인이라는 성에 갇혀 있지 않고, 타 개인들, 특히 자신보다도 더 불우하여 도움을 바라는 사람들을 향해 관심과 애정을 쏟고 있다. 물질적 기여를 할 수 있다면 더 좋을지 모르나, 우선 관심을 갖는 일이 가장 중요하다. 때가 되면 사랑을 베풀 수도 있는 법이다. 사랑은 누구나 지니고 있는 무한재요, 사용하면 사용할수록 더욱 가치를 증대시키는, 너와 나를 행복하게 만드는 힘이므로 더 많은 사람이 그것을 찾아내고, 배우고, 표현하는 방법에 익숙해지면 분명 세상은 개선될 것이다.

오늘날은 인터넷의 이용으로 전 세계적 차원에서 사회운동을 전개하기가 용이해졌다. 실제로 수많은 운동이 활발하게 움직인다. 지금은 각자도생이지만 서서히 결집되는 모습도 보인다. 영향력이 큰 운동도 생겨났다. 불행히도 이념적 지향성이나 종교적 편향성에 따른 분파적 대립과 종파적 갈등이 심각한 양상을 보이고 있으나 좌절할 필요는 없다. 탈이념적·초종파적 통합, 융합, 잡종화의 노력도 일각에서 나타난다. 문명전환은 결코 단기간에 이루어지지 않는다. 매 순간마다 아주 미소하고 미세하더라도 그 성과를 조금씩 확인하고, 크게 즐기며, 때로 작게 실망하면서 나가야 한다. 문명전환과 같은 끝도 시작도 없는 대변환의 참여자는 그래서 현세주의를 필요로 한다.

　이상에서 논의된 문명전환을 추동하는 잡종 혁명으로서 과학기술 혁명, 가치 혁명, 사회혁명은 20세기 후반부터 시작되어 지금도 강력한 시대적 조류를 이루며 펼쳐지고 있다. 인간과 사물의 잡종화, 서구적 가치와 아시아적 가치의 잡종화, 구사회와 신사회의 잡종화가 후자들에 의해서 주도되는 가운데 잡종 혁명은 새로운 문명을 구축해 나간다.
　이 문명전환이 아나키스트 자유주의와 밀접하게 연관된다는 사실은 잡종 혁명의 반권력적-탈권력적 성격에서 분명하게 드러난다. 과학기술 혁명은 인간중심주의, 즉 자연과 사물에 대한 인간의 지배를 무력화시킬 것이고, 가치 혁명은 서구 중심주의라는 동양에 대한 서구의 지배를 해체할 것이며, 사회혁명은 기득권으로서의 국가주의 세력에 의한 시민사회 지배를 역전시켜 세계시민사회를 추구하는 탈국가주의를 요구할 것이기 때문이다. 개인의 가치와 자유의 확대 그리고 성숙을 위한 문명전환의 행진에 귀를 기울여보자.

10장 동아시아의 잡종화와 문명전환

 나는 근대의 프로젝트는 아직 미완이라는 하버마스의 주장을 흔쾌히 수용하지 못한다. 유럽은 그 최종적 자존심과 희망의 보루로서 근대의 완성이라는 유혹을 버리기 쉽지 않을 것이다. 하버마스는 의사소통 합리성을 통해서 체계와 생활세계 간의 기능적 균형을 회복하는 것이 근대 프로젝트의 핵심적 과업이라고 상정한다. 그의 판단은 근대적 제도들(민주국가, 자본주의경제, 시민사회)의 합리성이 서로를 견제하면서도 상호 영향력을 교환하는 가운데 생성될 수 있는 통합성을 추구한다. 하바마스는 비록 국가 체제와 자본주의경제에 고유한 도구적 합리성의 문제점을 인식하기는 해도 적극적으로 이를 수정하고자 시도하지 않는다. 이와 마찬가지로 의사소통적 합리성의 영역인 생활세계도 연대의 가치를 수호하는 것이므로 이에 대해 별다른 비판을 제기하지 않는다. 그는 근본적으로 서구적 합리성의 신봉자로서 사회적 발전에 따른 분업 혹은 분화를 유지시키는 각 기능적 합리성들 간의 조화만 이룩된다면 큰 문제가 없다고 판단하는 것 같다.

그러나 하버마스의 이와 같은 접근은 혁명의 논리가 퇴색한 현대 세계에서는 매우 비판적-합리적인 것이 사실이나 문명전환이라는 새로운 세계를 기획하는 견해가 되기에는 다소 소극적이다. 현실 세계를 비판하면서 개선해나가는 논리로서는 합당할지 모르나 탈근대 대안 세계를 추구하는 비전으로서는 그의 세계 인식이 여전히 근대적 낙관주의에 빠져 있는 것 같다. 왜냐하면 언젠가 의사소통적 합리성이 인간 사회에 이성적 균형을 이룩할 수 있다고 가정하기 때문이다. 궁극적으로 언어 사용 방식에 희망을 두는 의사소통을 자고로 동양에서는 크게 신뢰하지 않았다. 언어도단과 불립문자! 말 많은 서양과 말이 적은 동아시아. 그러나 동아시아는 필요할 때 필요한 말은 해야 한다.

1. 동아시아 시대: 문명전환의 시작

나(김성국, 2006)는 동아시아의 부상을 근대 서구 문명을 대체하는 탈근대적 문명전환이라는 새로운 대대장장정정大大長長征訂의 시작으로 이해하고 싶다.[1] 대장정의 '정'은 (이 말의 원래 의미인) 침략과 전쟁을 연상시키는 정征보다는 바르게 잡는다는 의미의 정訂으로 바꾸고 싶다. 전통적 중국 사회를 혁명적으로 바꾼 마오쩌둥의 대장정

---

[1] 김상준(2015: 13)도 "동아시아의 부상은 세계 문명 판도의 재편이라는 거대한 전환"과 연결된 것이라며, "동아시아 평화 체제의 정착은 거대한 문명전환의 평화로운 완수와 불가분리적으로 맞물려 있다"고 주장한다.

보다도 훨씬 더 오랜 시간이 요구되고, 중국과 동아시아를 넘어 더욱 광활한 지역을 평화적인 설득과 함께 누벼야 하기 때문이다. 보다 솔직히 표현하자면 최소한 전략적-운동적 의미에서 나는 21세기의 동아시아가 주축을 이루면서 기존 서구 문명과는 질적으로 상이한 가치관과 세계관을 구축하는 방향의 역사적 비전을 모색해야 한다고 주장한다. 나아가 이 유장한 역사적 목표를 추진하는 데는 동아시아에서 중국, 일본, 한국의 삼자 협력이 필수적이다. 현시점의 삼분오열이 매우 비관적인 전망을 가지게 하나 나는 비관주의에 빠지지 않을 것이다. 문명전환은 인간으로서 지구상의 수많은 개인이 품고 있는 소망이요, 전 지구적 필요이다. 또한 그것은 음양 순환이라는 우주론적 자연이기도 하다.

이 점에서 나의 주장은 분명히 자기 충족적 예언self-fulfilling prophecy이다. 사실 포퍼의 주장처럼 미래를 객관적으로 예측하는 것은 불가능하지만 소망을 담은 예언은 할 수 있다. 포퍼는 가능한 한 (가짜, 선동성) 예언을 하지 말라고 했지만 나는 그가 선택한 낙관주의의 기반 위에서 하나의 가설 혹은 추론으로서 문명전환이라는 예언을 제시한다. 미래가 이렇(게 될 것이고, 이렇게 되어야만 한)다고 주장하는 것이 아니라 현재 속에서 드러나고 있는 미래의 모습을 기술하고 있다는 식으로 나의 입장을 변호하고 싶다.

동아시아가 기존 근대 문명의 테두리 내에서 서구를 대체하여 새로운 중심부가 된다거나, 새로운 헤게모니 세력으로 등장한다는 것은 문명사적으로 큰 의미가 없다. 지정학적으로 권력의 축이 구미에서 동아시아로 이동할 뿐이지 세상은 그때 그대로가 될 것이다. 마치 선거를 통해 새로운 지도자와 정당이 등장하지만 이념이 좌우로 약간씩 흔들릴 뿐 세상은 예전처럼 무심히 흘러가는 것과 마찬가지다.

동아시아의 유구한 역사와 심원하고 풍요로운 문화 전통 그리고 포용적 종교 관행은 21세기 세상이 기대하는 문명전환에 필요한 세계관과 우주관, 인식론과 가치관, 종교관을 내장하고 있다는 것이 나의 오랜 신념이요 판단이다. 동아시아는 짧은 기간에 서구화, 즉 근대화되었지만 분명 서구와는 다른 사회이다. 19세기부터 제국주의적 서구화가 강요되었지만 정신적 가치의 차원에서는 여전히 동아시아 고유의 특성을 간직하고 있다. 가장 서구화되었다는 일본을 보라. 일본은 동도서기를 거의 완벽하게 구현한 것처럼 서구적 기술 문명을 고도화시킨 가운데서도 일본적-동아시아적 문화의 특색을 잘 보전하고 발전시켜왔다. 서구의 정신적 핵인 기독교는 한국을 제외하고는 거의 힘을 쓰지 못하는 처지가 아닌가? 한국의 기독교도 한국적으로 토착화되었다는 사실도 부연해둔다. 동아시아는 새로운 문명전환을 시작하고 완성하기에 풍요롭고도 유리한 조건과 자원을 갖추고 있다.

여기서 앞 장에서 언급한 아시아적 가치 논쟁에서 표출된 서구적 편견을 다시 언급해보자. 당시 말레이시아의 마하티르Mahathir Mohamad 총리나 싱가포르의 리콴유 총리가 내세운 아시아적 가치 내지 문화적 특성, 예컨대 유교 문화의 전통인 집단주의, 권위주의, 가족주의, 교육 중시 등은 많은 서구의 논객에 의해 서구식 민주주의 가치를 제대로 수용하지 않고 권위주의 정권을 호도하기 위한 논리로 매도되었다. 아니면 그들은 그런 아시아적 가치는 경험적으로 더 이상 존재하지 않는다고 반박하였다.

당시만 해도 서구 중심의 강대국 논리 혹은 서구를 표준 근거로 삼는 사대적 논리가 아시아적 가치를 부정하고 묵살했다고 판단된다. 하지만 오늘날 동아시아의 시대에 과연 그런 횡포가 가능할까? 중국식 민주주의와 인권 개념에 대하여 미국과 유럽이 가끔 시비를 거나 중국은 꼼짝도 하지 않고 "너 자신(의 과거 및 현재 만행)을 알라"고 반박한다. 미국의 숨기고 싶은 포로 고문과 들통난 검열과 사찰, 흑인 및 유색인종 차별과 탄압을 지적한다. 미국은 왜 일본의 전쟁 국가화 혹은 핵무장화 준비에 대하여 모른 척하거나 솜방망이 비판을 하면서도 다른 약소국의 핵무장에는 당장 세상에 핵전쟁이 날 것처럼 결사반대하는가? (나는 철저한 반핵주의자이지만 이런 이중적인 태도는 짚고 넘어갈 필요가 있다.)

이제 동아시아는 합심하여 미래지향적 동아시아주의 혹은 동아시아적 가치관을 개발하고 성숙시켜야 한다. 유불선의 종교적 전통을 가진 지역답게 아웅다웅 세속적 부귀영화에 매달리지 않는 새로운 군자대도君子大道의 세상을 기획해야 한다. 경제성장과 경제 발전에만 집착한다면 만인을 피곤하고 고통스럽게 만들면서 역사에 반짝하다가 사라질 뿐이다. 러시아와 인도, 이슬람, 남미, 아프리카의 여러 나라가 차기의 경제 대국이 되고자 줄을 서서 기다리고 있다. 그들에게 탈물질주의적 가치의 위대함을 보여주어야 한다.

카스텔의 통찰력을 따라서 기존 체제를 근본적으로 변형시키겠다는 역사적 프로젝트, 즉 문명전환의 기획을 가진 "프로젝트 정체성"을 동아시아는 반드시 추구해나가야 한다. 동아시아는 그것을 이미 시작했고, 언제가 성취할 수 있다. 이러한 추세를 외면하는 최근 일본 지도자들의 역주행은 참으로 (본인 자신에게 가장) 위험스럽고, 안타깝다. 사라진 대일본 제국에 대한 미련을 아직도 못 버리는 사람들의 예고된 비극적 결말이 두렵다. 그러나 우리는 일본의 양심적인 세력들이 굳건함을 알고 있다. 그들과 함께 일본의 놀라운 반전과 역전의 잠재력을 함께 키우고 준비하면 오늘의 한중일 삼각 갈등은 미래의 더욱 강력해진 협력과 신뢰를 위한 시금석이 될 뿐이다.

2. 잡종화로서 동아시아

흔히들 동아시아 문명권을 유교 문화권이라고 지칭하지만 이것은 잘못된 것이다. 유교가 중국과 한국을 지배한 것은 주로 근대에 한정된다. 그 이전 한국에서는 불교가, 중국에서는 도교와 불교가 크게 세력을 뻗치고 있었다. 중국의 민간에서는 도교의 영향력이 매우 강력했다. 일본에선 일찍부터 신도와 불교를 결합시킨 독특한 신앙 체계를 발전시켜왔다. 한국에서는 서구의 기독교도 제국주의 침략과 함께 퍼져나갔다. 이와 같은 종교적 분포나 세력의 차이에도 불구하고 동아시아는 유불도라는 광대무변의 가치 체계를 배경으로 조상숭배의 전통과 샤머니즘적 토속신앙의 뿌리가 엉킨 상당히 유사한 믿음을 공유한다고 볼 수 있다.

이처럼 종교적 유사성과 차이성이 공존하는 동아시아에서는 문화적 잡종화도 활발하게 이루어졌다. 동아시아 삼국에서 전개된 매우 핵심적인 잡종화 사례를 소개하고 이로부터 문명전환에 필요한 동아시아적 논리 혹은 공통의 가치 지향성으로서 동아시아주의의 가능성을 검토해보기로 하자. 잡종화와 관련하여 한 가지 흥미로운 사실은 동아시아 삼국의 경우 잡종화가 활발히 전개되었을 경우에는 사회경제적 활력과 정치적 안정이 상대적으로 무난하게 유지되는 경향이 많고, 그 반대인 획일화의 경우(예컨대 중국의 사회주의화, 북한의 폐쇄주의화와 남한의 정치 제일주의화와 성장 제일주의화, 일본의 군국주의화)에는 침체와 불안정이 증대하는 사회적 잡종강세의 특징을 발견할 수 있다는 것이다.

"잡종화 강세 = 동아시아 발전"이라는 사실을 근대의 경우를 예로 들어 개괄적으로 설명해보자.

일본은 19세기 중반부터 시작된 서세동점의 제국주의 물결을 맞이하여, 메이지유신으로 개방의 길을 택하고, 서구 문명을 유입하고, 국가 통합을 위한 수단으로서 천황제를 강화하는 과감한 잡종화 전략을 구사하여 정치적 안정과 경제 발전 그리고 문화적 부흥을 이룩할 수 있었다. 나아가 패전의 폐허를 딛고 일어선 일본의 경제적 성공은 잡종화 분석의 대상으로서 매우 전형적인 사례이다. 1980년대 일본의 세계경제 제패는 미국이라는 그야말로 이질적인 (한국 같으면 원수의) 존재를 정치, 경제, 문화 모든 분야에서 (흔히들 모방이라고 하지만) 적극적으로 잡종화시킨 결과이다.

지금까지 계속되는 일본의 장기 침체는 그렇다면 어떻게 설명해야 할까? 고베 대지진, 후쿠시마 원전 파괴 등의 자연재해 때문인가? 나는 그런 것보다도 좀 더 구조적인 것에 원인이 있다고 본다. 즉 1980년대 일본은 경제적으로 세계 넘버원이 되었지만, 이즈음 가속화되는 세계화의 파고를 맞이하여 경제적 세계화에만 혈안이 되어, 다시 말해 기존의 가치나 행동 양식에만 매달려 새로운 도전 의식이나 혁신을 위한 자기비판을 소홀히 하여 현실과 현상에 안주하였기 때문이라고 생각하는 것이다. 잡종화가 필요한 시기에 잡종화를 외면하였던 것이다.

동아시아가 부상하는데도 일본은 여전히 미국의 품에 안겨 근대화 논리였던 탈아입구에 매달린다. 인권과 민주주의적 가치가 전범이 된 세상에서 일본은 여전히 과거의 제국주의적 지배와 만행을 부인하고, 나아가 역사적 사실을 왜곡한다. 자신의 부끄러운 과거를 솔직하게 인정하고 사과하는 새로운 시대정신(잡종화!)을 거부하는 한 일본에게 새로운 기회가 오기란 힘들 것이다.

한 가지 더 추가하자. 나는 일본의 자본주의 성장에는 이질적-대립적 존재로서 사회당과 공산당의 역할이 매우 컸다고 생각한다(남한에서는 북한의 초기 경제적 성공에 대한 추월 욕구 혹은 북한과의 대결 의식이 잡종화의 경쟁적 차원을 강화시켰다). 자민당은 이들의 비판과 반대를 적절히 견제-수용하는 잡종화의 긴장 속에서 일본 자본주의를 모범적으로 성장시킬 수 있었다. 그런데 참으로 흥미롭게도 소련 및 동구 사회주의 체제의 몰락을 배경으로 일본의 사회당과 공산당이 서서히 몰락하기 시작했는데 그와 동시에 일본 경제도 침체의 늪으로 빠져들었다는 것이다. 1960년대 일본의 학생운동, 야스다 강당 점거와 적군파의 최후, 미시마 유키오三島由紀夫의 자결 등은 일본의 잡종적 역동성을 표상하는 에너지였다. 그것들은 세간의 이념적 호불호好不好에도 불구하고 분명 일본의 성공에 밑거름이 되었다. 그들을 대신할 새로운 일본의 탈근대적 힘은 어디에서 찾을까? 자위대의 행진 대열과 우익의 선전 나팔? 아니면 평화 헌법의 수호? 혹은 최근의 달관, 득도 세대? 혹은 동아시아 연합? 일본의 양심 세력과 새로운 시대정신으로 무장한 지도자들의 적극적인 역할이 기대된다.

다른 한편으로 19세기 말 중국과 한국은 이질적인 서양 문화를 적극적으로 수용하지 못한 채 내우외환을 맞이하여 정치적 파국과 혼란 그리고 경제적 침체와 약탈을 감수하였다. 1950년대 이후 중국의 사회주의화는 이념적 잡종화가 아닌 획일화가 되어버렸다. 황제로부터 공산당으로 권력 집단만이 교체되었고 전체주의 체제는 그대로였다. 그러나 중국의 비약적 발전은 사회주의의 이념적 경직성이나 순수성을 잡종화하는 시도, 즉 쥐를 잡는 데 검은 고양이나 흰 고양이를 가릴 필요가 없다[黑猫白猫]는 덩샤오핑의 실용주의적 노선과 함께 시작한다. 결국 사회주의와 자본주의의 결합이라는 그야말로 전대미문 경천동지의 놀라운 이념적 잡종화를 구현하면서 중국은 이제 세계의 최강국이 되었다.

반면 대한민국의 경우는 이승만 치하에서는 그런대로 좌우의 대립 속에서 자유민주주의라는 새로운 정치 이념을 수용하고 자본주의경제도 도입하여 잡종화의 특성을 배양하였지만, 한국전쟁이라는 재난 때문에 그 효과는 지연될 수밖에 없었다. 그런데 참으로 흥미로운 점은 전쟁은 파괴라는 부정적 측면과 함께, 모든 것의 해체 속에서 새롭게 시작해야만 하는 잡종화의 여지를 넓혀주는 측면을 가진다는 것이다. 이승만 독재를 반대하는 자유의 물결과 한국전쟁과 함께 몰려온 이북의 피난민들과 기독교인들의 생존을 위한 적극적 시장경제 활동 등이 한국 사회의 발전을 위한 기반을 마련한다(민족 대이동이라는 일대 잡종화!). 박정희 군사독재 체제는 자유와 민주주의를 요구하는 정치적 반대 운동을 견제하고자 경제 발전에 대한 국민적 열망을 동원하여 개발독재 체제를 구축하는 독재와 개발의 잡종화를 성사시킨다. 어쨌든 개발독재는 사회에 성취동기를 확산하고 지지세력을 확보하여 기적적인 경제성장의 효과를 만들어내었다. 자유, 독재, 반공, 민주화, 잘살아보세 등이 뒤엉킨 가운데 (잡종화!) 개발독재의 꽃이 피었던 셈이다. 최근에는 서구 문화의 정체기를 틈타, 한류가 한국적 전통도 아니고 서구적 전통도 아닌 잡종적 양식으로 일시적 성공을 거두었지만 한국 사회 전반의 민족주의적 폐쇄성과 배타성으로 인해 오래 지속될 수 있을지 우려된다. 혁신과 창조는 비옥한 잡종화의 토양 없이는 발생하지도 지속하지도 않는다.

이제 동아시아 삼국에 부과된 21세기 잡종화의 과제를 구체적으로 점검해보자.

1) 중국의 잡종화: 자본주의와 사회주의의 모순 해소?

중국은 사회주의와 자본주의를 잡종화한 시장 사회주의를 성공적으로 실험하고 있다. 일찍이 사회주의의 수정 혹은 자본주의의 수정이란 형태로 유럽에서 사회민주주의가 개척되었고, 지금까지 그 기조가 유지되고 있지만, 중국식 잡종화에 비하면 족탈불급이다. 왜냐하면 유럽의 사회민주주의는 자본주의 시장경제체제와 자유민주주의 정치체제라는 두 개의 기본 틀 위에서 경제적 평등 혹은 분배 정의를 추구하는 수정주의적 잡종화이지만, 중국은 공산당이 주도하는 사회주의 정치체제를 유지하면서 사회주의의 불구대천 원수였던 자본주의경제를 도입하기 때문이다. 혁명적 잡종화가 아닐 수 없다.

이제는 세계의 모든 사람이 이와 같은 중국식 잡종 체제를 당연시하고 있지만, 초창기에는 반신반의의 시선이 그리고 긍정적-낙관적 관점보다는 부정적-비관적 관점에서 바라보는 시선이 많았다. 사회주의 이념의 배신이라는 정통 맑스주의자의 비난부터 껍데기 시장경제의 도입일 것이라는 순수 자유 시장론자의 독설에 이르기까지 대부분의 논자들은 중국식 잡종화의 결과에 대하여 회의적이었다. 이들이 지금은 무어라고 말하는지 궁금하다. 물론 자본주의 시장경제의 본격적인 도입 이전에 덩샤오핑이 시장 사회주의의 길을 여는 실용적 사회주의 노선을 이미 시도하였기 때문에 그 충격이 상당 부분 완화될 수 있었다.

중국식 잡종화가 유지된 지난 20-30년은 보기에 따라 길다면 길고 짧다면 짧은 시간이다. 혹자는 중국의 경제성장과 함께 불평등이 심화되고, 민주화에 대한 욕구가 상승할 것이므로 이 잡종 체제는 조만간 서구식 자유민주주의 + 자본주의경제로 수렴될 것이라고 전망한다. 경제 발전이 민주주의를 유도한다는 립셋의 고전적 가설은 여러 역사적 검증 과정을 통해서 여전히 설득력을 지닌다. 한국도 경제 발전과 함께 초기 경제성장을 주도하였던 군부독재 체제가 와해되었고, 다소 경로가 복잡하지만 일본도 군국주의 체제에서 제국주의적 경제 발전을 달성하여 (전쟁을 일으키고) 민주 체제를 정착시켰다. 북한도 경제성장과 함께 독재 체제에 균열이 생길 것이라고 믿는 사람들이 적지 않다. 북한이 개방정책을 두려워하는 이유의 하나다.

중국식 잡종화도 과연 유사한 운명을 맞이할까? 이 문제의 해답은 사회주의국가로서 중국이 현재 급격히 심화되는 지역 간 특히 도농 간, 계층 간 격차와 불평등을 얼마만큼 신속히 그리고 효율적으로 완화할 수 있느냐에 달려 있다고 해도 과언이 아닐 것이다. 현재는 세계 최강국으로 등장하고 있다는 민족주의적 자부심이 어느 정도 중국 사회의 내부 문제들(환경오염, 소수민족분리운동 억압, 민주적 자유의 요구 탄압 등)을 진정시키고 있는 것 같다. 반부패운동도 정적 제거와 민심 분열 방지를 위한 일석이조의 정치적 결단이다. 나는 개인적으로 중국식 모델이 중국과 세계를 위하여 성공하기를 바란다.

나는 중국식 잡종 체제는 상당 기간 안정적으로 지속될 것이라고 전망한다.

첫 번째 이유는 잡종 체제의 기능적 효과가 상대적으로 더욱 우세하다는 점이다. 생물학의 잡종강세라는 개념은 사회적으로도 적용 가능하다. 특히 전환기적 혼란과 위기의 상황에서는 과거와의 급격한 단절보다는 절충적-타협적-혼합적 체제의 수립이 더 적절하다. 왜냐하면 모든 혁명의 문제점은 체제의 전환 비용 transition cost이 너무 크다는 점이기 때문이다. 급진주의가 지배한 프랑스혁명보다는 영국의 혁명 같지 않은 느림보 명예혁명이 훨씬 바람직하다. 오늘의 러시아가 민주 독재 체제로 고착화되어 점차 세상의 문제아trouble-maker가 되고 있는 것도 준비되지 않은 성급한 민주주의적 체제 전환의 결과이다. 독재자 푸틴을 선출한 것은 러시아 사람들이다.

만약 중국에 현재와 같은 — 비록 공산당 일당 지배이기는 하지만 — 강력한 중앙집권적 통치 체제가 없었다면 중국 사회는 100% 각종 소수민족의 독립 요구나 지역적 이해관계의 갈등으로 분열과 혼란을 거듭하여, 구소련처럼 사분오열로 해체되거나 아니면 다시 공산당 독재 시절로 돌아갔을 것이다.[2] 이념적 좌우 분열을 축으로 지역 분열, 종족 분열, 정책 분열과 함께 권력투쟁의 화염이 온 중국을 휩쓸지 않았겠는가?

여기서 한 가지 고언을 하지 않을 수 없다. 민주주의는 그 이념과 가치는 숭고하지만 그것이 현실적으로 그리고 성공적으로 정착하기 위해서는 엄청난 비용과 긴 시간이 요구된다. 선거를 치르기 위해서는 막대한 국가 재정이 필요하고, 선거권자와 피선거권자 모두 민주주의적 가치와 목표에 투철한 양심과 양식을 갖추어야 한다. 이와 같

[2] 진시황의 중앙집권적 통일 정책에 반대하며 (현대적 의미로) 지역 분권적 혹은 민주적 세력을 대변하는 자객이 최종적 순간에 최초의 중국 통일과 전쟁 종식을 통한 사회 안정이라는 진시황의 대의를 받아들인다는 주제의 장예모 감독이 만든 〈영웅〉을 중국 당국이 선호한 것은 당연하다. 그러나 이와 연관된 흥미로운 에피소드는 중국 당국이 이 영화를 홍보하기 위하여 여름휴가 기간 모든 서양 영화의 상영을 중지시키고 〈영웅〉만을 상영토록 지시했지만 중국 관객이 적극적으로 협조하지 않아 영화관이 수익률 저조를 들어 정부에 손해배상을 청구하였다는 것이다. 중국인들은 〈영웅〉을 보는 대신 두 달 뒤에 관람이 가능해진 〈해리포터〉와 〈스파이더맨〉을 보기 위해서 불법 복제 CD를 구입하였던 것이다.

은 기본 조건이 구비되더라도 민주주의의 정착을 위해서는 장기적 시민교육과 시행착오를 통한 정치적 학습 과정이 필요하다. 서구에서 민주주의가 정착되던 과정을 보라. 온갖 선동과 반동, 음모와 폭력, 배신과 위선, 그리고 인민의 부단한 희생과 막대한 노고가 따르지 않았던가? 그렇다면 비민주주의 나라가 민주주의의 길을 걷자면 천천히 차근차근 가는 것이 더 효과적이지 않을까?

한국에서도 4.19혁명 직후 사람들이 조금만 더 차분했고, 정치인들이 대국적 차원에서 적절히 타협했더라면 5.16도 맞지 않고, 조금은 느렸을지 모르나 더 공정하고 튼튼하게 자본주의를 발전시키고 민주주의를 구축하지 않았을까? 그랬더라면 군부독재의 감수라는 끔찍한 피해와 악몽이 없는 사회 경제 발전을 이룩하지 않았을까? "역사의 만약"이라는 때늦은 후회이지만 생각할수록 4.19혁명의 무산이 아쉽다. 그리고 군사독재의 트라우마가 여전하게 나의 마음과 정신 속에서 지워지지 않았다는 사실에 놀란다.

현 단계 중국의 잡종 체제는 물론 시간의 흐름과 함께 서서히 변화할 것이다. 서구식 민주주의가 아닌 중국식 민주주의를 창안할 수도 있을 것이다. 불편한 진실이지만, 아시아적 가치 논쟁을 촉발한 리콴유가 주장하였듯이 서구식 다수결-대의민주주의가 언제 어느 곳에서나 최선의 것은 아니다. 민주 독재도 얼마든지 가능하다. 러시아를 보라. 독재적인 일인 장기 집권 체제가 민주적 선거에 의해서 합법적으로 존속하지 않는가? 선거에 의해 극우파도 극좌파도 등장할 수 있다.

현재의 미국 대통령 선거판이 보여주듯이 선거가 돈 싸움, 억만장자들의 투기판이 되고 있지 않은가?[3] 한국에서도 공천 경쟁 때부터 몇 당當 몇 낙落이라는 돈 계산과 돈타령이 난무하지 않는가? 허울 좋은 다당제에서도 당파적-정파적 이익에만 혈안이 되어 사사건건 비난과 싸움이 일지 않는가? 누구를 위한 민주정치인가? 정치꾼들과 그들에 빌붙어 떡고물이라도 챙기려는 자들을 위한 것이 민주주의 정치이고, 권력 교체인가? 민주주의의 이상은 껍데기로만 남고, 정상배의 권력욕만이 악취를 풍기는 것 같다. 특히 서구식 인권의 개념을 들이밀며 중국을 비난하는 진부한 주장을 들을 때마다 "너 자신을 알라" 혹은 "너나 잘하라"고 충고하고 싶다. 제국주의 시절 중국을 요리조리 뜯어먹고, 이리저리 괴롭힌 세력들은 당분간 자중해야 한다.

베이징 주재 독일 『비르트샤프츠 보헤Wirtschafts Woche』지 기자로서 중국에 오래 체류한 지렌(2006: 274)은 다음과 같이 우리에게 충고한다. "독일의 민주주의가 가장 지혜로운 최종적 결론이고 중국의 독재는 희망 없이 낡아빠진 것이라는 생각은 완전히 잘못된 출발점이다. 민주주의는 20세기의 가장 설득력 있는 이념이지만 그렇다고 해서 민주주의가 현재의 모습으로 21세기에도 가장 효과적일 것이라고 생각해서는 안 된다. '민주주의는 단지 특별한 정치 문명이다. 하지만 한 문명의 핵심이나 중심이 되는 내용은 아니다'라고 헬무트 슈미트 전 독일 총리는 중국의 모습을 보면서 확신했다."

---

3 2015년 6월 중국 공산당의 이론 잡지인 『치우스求是』에 실린 다음의 글을 무조건 침소봉대의 자기 합리화라고 외면하기보다는 곰곰이 되씹어볼 필요가 있다. "서방 정당들은 모두 이익집단을 대표하는 도구이며 서로를 배척한다. 서방 정당들은 개인 자본의 지원을 받기 때문에 금전 정치가 불가피하다. 다당제 경선이란 '부자들의 유희', '돈 자루 민주'에 불과하다. (양당제인) 미국에는 '부자의 당'만이 존재한다. 미국 부자들은 마음만 먹으면 백악관이나 국회에 영향력을 행사하는 것은 '식은 죽 먹기'다. … 중국 공산당이 영도하는 다당 합작이야말로 내부적인 소모를 줄이고 전체 사회를 돌보는 가장 믿을 만한 제도다."(선하이슝慎海雄, 『조선일보』 2015. 8. 3. A31에서 재인용)

중국도 나름대로 민주주의를 실험하고 여기저기서 꽃도 피운다. 몇 가지 구체적 사례를 들어보자.

중국은 사상 통제 국가이지만 중국의 인터넷 매체인 웨이보微博에는 국가를 비판하거나 비난하는 온갖 종류의 글들이 실린다. 고위 관료의 부정부패를 폭로하는 내용부터 심지어는 "공산당을 타도하자"는 글까지 게재된다. 인터넷 시대에는 사상 검열을 완벽하게 실시하기가 쉽지 않으므로 중국 정부가 제한적이나마 언론의 자유를 묵인하여 비판 세력의 욕구 배출 통로를 제공하는 것일 수도 있다. 정치 현안에 관해서도 시장경제와 정치적 자유를 지지하는 자유주의자와 공산당 주도의 강력한 통치 체제가 필요하다는 중화민족주의자가 대립하면서 이념 논쟁을 펼친다. 북한에 대한 중국 여론도 혈맹지우라는 지지파와 부담이요 문젯거리라는 반대파가 상존한다.

이처럼 중국에는 중국식 민주주의가 있어 나름대로 사회 안정과 발전에 기여한다. 한우덕 『중앙일보』 중국연구소 소장의 기사(『중앙일보』 2014. 6. 2.)가 매우 흥미롭다.

올 초 취재차 상하이 화동사범대학에 들렀을 때의 일이다. 경제학과 사무실 옆 벽보에 붙은 '공고公告'가 눈에 들어왔다. "○○○ 교수가 경제학과 주임으로 임명될 예정이니 이에 대해 의견意見이 있는 사람은 ○○일까지 당黨인사위에 제보하기 바란다"는 내용이었다. '무슨 얘기냐'는 물음에 지인은 "인사위가 일단 대상자를 평가해 선정한 뒤 최종 단계로 일반인 검증을 거치는 과정"이라고 답했다. 치명적인 제보로 승진이 취소되는 사례도 적지 않단다. '대학 학과장 승진에 웬 청문회?' 지나치게 까다롭다는 생각이 들었다.

그러나 대학은 오히려 허술한 편이었다. 지난달 30일 성균중국연구소가 주최한 '현대 중국의 민주주의' 세미나에 참석한 중국 전문가들은 "일반 정부 부처에서는 가혹하리만치 엄격한 승진 심사가 이뤄지고 있다"고 말한다. "외교부의 경우 과장科長, 처장處長, 사장司長, 부부장副部長, 부장部長에 오르는 각 단계에서 철저한 심사와 검증이 이뤄진다. 도덕성과 리더십, 실적 등이 핵심이다. 주변의 평가가 더 중요하다. 상관·동료·부하의 입체적 평가를 받아야 한다. 대학 후배라고, 같은 고향이라고 봐줄 수 없는 구조다. 역시 마지막으로는 일반인 검증을 통과해야 한다."(장융러章永樂 베이징대학 교수)

중국 정부 일각에서는 부패가 여전히 상존하겠지만, 도덕성과 능력을 갖춘 최고를 찾아 국정을 맡기려는 인사 시스템은 최근 한국의 인사 청문회에서 드러난 비리 백화점 후보들의 면면을 상기시킨다. 장융러는 이러한 인사 시스템을 '현능賢能 정치'라고 했다. 매표買票, 포퓰리즘 등 서구식 선거주의의 모순을 극복할 수 있는 중국식 대안이라는 설명이다. 중국은 선거 부재로 인한 민주주의의 결핍을 '현능정치'로 보완하고 있는 셈이다. 여기에 더하여 시진핑의 부정부패척결운동이 발본색원의 성공을 거둔다면 중국공산당은 선거 없는 민주독재를 인민의 지지 속에서 상당 기간 지속할 수 있을 것이다. 중국의 공산당원은 매우 유능한 사람들로 충원된다. 어중이떠중이가 패거리 연고를 통해서 충원되고 승진되는 한국의 정치판이나 관료 체제와는 판이하다. 중국의 모든 정치인은 현장 실무 경험을 쌓고 축적된 실무능력 평가를 통해서 정치인으로 성장한다. 아무런 축적된 자격 검증도 없이 인기 영합적으로 혹은 깜짝쇼처럼 무명의 청춘 남녀를 정치판에 등장시키는 한국식 정치 신인 발굴은 '너무나 한국적이다'.

중국식 잡종 체제의 안정성을 전망하는 두 번째 이유는 중국인 특유의 만만디 혹은 유유자적이다. 중국인은 조급하지 않다고 한다. 물론 현대 문명의 여파로 중국 사회도 엄청난 속도를 내고 있지만, 중국 특유의 대국적 장기 전망은 어떤 급격한 체제 변화를 당분간 선호하지 않을 것 같다. 중국의 공산당은 각종 불평등 완화와 격차 해소에 최대의 노력을 쏟으면서 인민들의 신뢰를 강화하려는 노력을 꾸준히 시도하고 있다. 평등을 최고 가치로 삼은 사회주의를 오랜 기간 경험한 국가 지도자요 국민들인 만큼 그 결과를 기대해볼 만하다. 자본주의 역사를 보면 초기 성장 단계에서 불평등이 급격하게 증가하는 현상이 발생하므로 차츰 불평등 완화의 추세가 중국에서도 나타날 것이다.

놀랍게도 중국인의 공산당 정권에 대한 신뢰도는 매우 높다. 미국의 조사·컨설팅 업체인 에델만Edelman이 2014년 초 27개국 대졸 성인 3만 3,000명을 대상으로 한 조사 결과('2014 에델만 신뢰 지수')에 따르면 중국 정부의 신뢰도는 76%에 달했고, 아랍에미리트(88%)에 이어 2위다. 한국(45%)보다도 월등히 높다. 초기 박정희의 개발독재기에도 그에 대한 지지도가 매우 높았다. 중국에서도 젊은 세대를 중심으로 비판 세력이 증가할 수 있지만, 하층의 정통 마오쩌둥주의자들과 점증하는 중산층들은 역시 현 정권을 지지하게 될 것이다.

나의 낙관적 전망을 뒷받침하는 세 번째 이유는 중국인의 실용주의다. 그리고 이 실용주의는 특히 경제적 영역에서 강력하게 확산되어 있다. "장사를 잘하는 중국인"이라는 세간의 인식은 이미 세계 도처에서 상권을 장악한 화교들의 능력이 입증한다. 물론 중국인들도 민주주의와 자유라는 이념적 가치를 인식하며 그것을 향유해보고 싶을 것이다. 그러나 실질과 실용을 숭상하는 중국의 문화적 전통은 "경제만 좋으면 정치체제는 참아줄 수 있다"는 인내와 기다림의 시간을 중국인들이 수용하도록 만들 것 같다.

앞에서도 말했듯이 문화적으로 중국에 순종 유교 문화만이 득세한 것은 아니다. 중국은 그야말로 화려하고 성숙한 잡종 문화의 꽃을 피웠다. 중국은 유교, 불교, 도교가 서로 영향을 주고받으면서, 각각 자신의 본류를 이어온 잡종 문화의 요람이다. 명청明清 대에 비록 유교가 명실상부하게 국가 종교로 공식화되어 세력을 확장했지만, 불교나 도교, 특히 도교의 영향력은 일반 사람들에게 널리 퍼져 있었다. 루쉰은 "도교를 모르면 중국을 알 수 없다"고까지 지적하였다. 이러한 중국의 전통적이고 고유한 신념 체계는 사회에 대한 격렬한 비판과 저항, 반대와 반란을 촉진시키기보다는 대체로 순종과 인내, 체념과 포용의 미덕을 가르친다.

나아가 중국에는 일찍부터 세상에 회자되던 여러 종류의 학설과 주장, 즉 제자백가를 절충·종합하려는 소위 잡가라는 일단의 사상적 흐름이 존재했다. 분류상으로도 잡가는 유가, 불가, 도가, 법가, 묵가, 음양가, 명가, 종횡가, 농가와 함께 제자백가의 한 유파로서 인정되었다. 잡가의 대표적인 두 가지 성과로서 『여씨춘추』와 『회남자』를 꼽는데, 이 둘 모두 도가의 영향 아래 여러 학파를 집대성하려 했다는 점도 흥미롭다. 중국 문화가 심원성을 가질 수 있었던 것은 이처럼 잡종화를 통해서 학파들과 사상들 간에 다양한 교류와 상호작용이 일어났고 그 결과 보다 풍요롭고 세련된 주장과 논리를 개발할 수 있었기 때문이다.

어쩌면 오늘날 중국이 사회주의 정치체제를 유지하면서도, 보다 정확하게 표현하여 사회주의 정치체제를 유지하기 위하여 자본주의

경제체제를 과감하게 도입할 수 있었던 것은 바로 중국 고유의 면면한 잡종 문화적 토양이 있었기 때문이 아닌가 싶다. 중국의 사회주의 혁명도 맑스-레닌주의의 교리에 따른 프롤레타리아 도시 노동자를 주축으로 한 계급혁명이 아니라 중국적 상황에 실제적으로 부합하는 농촌 기반의 농민혁명이었다.

중국의 잡종화 능력은 이민족의 끊임없는 침입과 그들과의 교섭, 광대한 지역과 변경 지역, 수많은 인구, 다양한 종족과 방언, 각양각색의 문화적 전통과 습속이라는 사회구조적 조건 속에서 자연스럽게 생성된, 혹은 생존 전략으로서 채택된 문화적 특성이다. 중국은 과거 유교라는 단원적이고 집단주의적인 정치 문화에 빠져들면서 쇠퇴의 길을 걷기 시작했고, 최근에는 사회주의라는 또 다른 교조적이고 전체주의적인 정치경제학을 신봉하면서 잠자는 호랑이 신세가 되었다. 중국의 힘이 되살아난 것은 중국이 시장 사회주의를 통해서 탈단원주의, 탈집단주의의 길을 모색하면서부터이다. 그러나 경제 발전과 함께 앞으로 확산될 중국의 개인주의화가 서구적 민주화의 길로 갈지 아니면 중국 특유의 대동사회의 길로 갈지 그것은 중국의 운명이다.

그렇지만 오늘의 잡종화는 반드시 새로운 내일의 잡종화를 기약하는 것이므로 중국식 잡종화가 앞으로 어떻게 전개될지 참으로 흥미진진하다. 미래에 완성될 (혹은 실패할지도 모르는) 중국식 자본주의나 중국식 민주주의 혹은 중국식 사회주의가 매우 궁금하다. 재차 강조하지만 서구식 자본주의, 서구식 민주주의, 그리고 서구식 사회주의보다 더 낫거나, 적어도 그만큼은 되는 새로운 유형의 중국식 문명 창조도 가능하다.

보다 구체적으로 지적하자면 중국이 당면한 새로운 잡종화의 과제는 사회주의적 모순과 자본주의적 모순을 어떻게 잡종화시켜 양자를 상생상극의 균형 상태로 유지할 수 있느냐이다. 지금까지는 자본주의적 장점과 사회주의적 혹은 국가 지배적 장점이 그런대로 조화를 이루면서 중국을 발전시키고 있다. 중국식 시장 사회주의는 사회주의적 = 중앙 집중적 국가독점자본주의가 결실을 이룬 형태이다. 그러나 이 성공의 내면에서는 이미 각각의 모순이 그 싹을 틔워 무럭무럭 자라고 있다.

중국은 어떻게 대처해야 할까? 여기서 한 가지 역설적 착상으로, 중국과 세계를 위해서, 중국 외부에서 중국을 도울 필요가 있다는 생각이 든다. 현재 세계경제가 중국 경제의 지속적 성장과 정치적 안정에 의존하고 있는 만큼 그야말로 중국의 연착륙이 세계에 도움이 된다. 세계 자본주의를 중국이 지탱하고 있다는 말은 과장이 아니다. 중국에 문제가 터지면 세계 대공황이 초래될 만큼 위험하다. 더불어 중국은 자타가 공인하는 군사 대국이다. 세계 평화를 위해서는 중국의 참여와 협력이 필수적이다. 그런데 미국은 현재 과거와 같은 냉전적 포위containment 전략을 시도하려는 것 같다.

미국의 우호 지향적 협력이 절대적으로 필요하다. 미국은, 만약 진정한 자유민주주의 국가라면, 중국을 결코 적대시해서는 안 된다. 정치 군사적 우위를 유지하기 위하여 미일 동맹의 강화를 통해 중국을 압박·견제하는 식의 낡은 지역패권주의를 버려야 한다. 미국이 그럴수록 중국은 군사 대국화와 무력적 패권 국가화라는 외길로 나아갈 것이고 평화를 위협하는 폭력적 힘으로 변할 수 있다. 중국이 이런 외통수의 길로 가는 것을 미국이 유도하거나 방치해서는 안 된다. 이와 같은 신냉전적 구도는 무력 경쟁을 촉진시켜 군수산업을 확장하나, 이는 경제 전반에 걸쳐서 국방비의 증가를 초래하여 경제 발전과 사회 투자에 제동을 건다. 더욱이 군산복합체의 수익 구조에 문제가 생기면 무기 판매를 위해서라도 분쟁 지역과 국지전이 지속 확대되어야 한다. 끔찍한 시나리오지만 사실이다. 무기 산업의 엄청난 규모와 그것을 반증하는 한국에서의 천문학적 부정부패와 비리 구조를 보라.

미국은 예외주의exceptionalism라는 정치 이념을 가진 나라이다. 미국을 자유의 나라라고 하지만 그 애국심이나 개인주의 그리고 종교적 열정은 보수주의적이라 할 만큼 강고하다. 개인의 자유를 억압하는 악의 축을 설정하고 그것을 제거하는 것을 미국의 신성한 미션이라고 생각하는 정치 지도자들이 공화당과 민주당에 걸쳐 많다. 이와 같은 미국의 대외 강경 노선이 바뀌어야 한다. 미국의 쇠락도 어쩌면 막강한 군사 대국, 경제 대국, 문화 대국, 과학기술 대국의 패권적 지위를 오래 누리면서 점차 예외주의와 미션주의로 빠져든 반잡종화의 결과가 아닐까? 미국의 역사는 그야말로 역동적인 잡종화의 역사였다. 이민, 백인과 인디언, 남부 백인과 북부 백인, 백인과 흑인, 끊임없는 해외 전쟁과 냉전, 이슬람과의 문명 충돌 등 잡종화의 요소가 셀 수 없이 많다. 그런데 이 잡종화가 최근 지나치게 군사적 차원의 대결 국면으로만 집중되면서 미국의 힘이 빠지는 것 같다. 무기 산업이나 군산복합체의 보호 때문만이 아닐 것이다. 기독교적 가치에 입각한 나름대로의 자유와 평화의 사도였던 아메리카주의가 일종의 세계적 헤게모니주의로 변질된 것이 아닌가 싶다. 미국은 이제 중국과 과감한 정치적 잡종화를 시도해야 한다. 세계 평화를 위해서. 미국이 더 우세할 때 미국의 전략적 양보나 유연화가 필요하다.

이와 마찬가지로 중국도 고색창연한 대제국의 영광을 되찾겠다는 시대착오적 야망을 버리고, 유불선의 지혜를 가지고 인간 사회를 평화롭고 안전하게 만드는 데 그 궁극적 국가 목표를 두어야 한다. 미국과 중국은 핑퐁외교를 시작으로 화해 무드를 조성하기 시작했다. 작은 것에서 출발할 수 있다. 당시 키신저를 중심으로 한 미국의 이니셔티브가 주효했다.

　미국과 함께 중국이 적극적으로 북한을 설득하여 북한의 비핵화, 개방화를 성사시킨다면 중미 신뢰와 협력 관계가 싹트고 이와 같은 안정된 신국제 질서 속에서 중국은 당면한 이념적 잡종화의 모순을 해소하는 제2의 잡종화를 여유롭고 순조롭게 추진할 수 있을 것 같다. 중국과 미국의 정치적 잡종화는 신문명의 기폭제이다. 일본의 군국주의화는 미국의 지원 없이는 가능성도 의미도 없다. 북한의 고립화와 독불장군식 돌출도 미국과 중국이 협력 무드로 들어가면 변하지 않을 수 없다. 러시아 변수? 러시아의 푸틴식 호전적 독재 체제는 경제적 기반의 약화와 함께, 그리고 러시아 민주 세력들의 끈질긴 저항으로 오래 버티지 못할 것이다. 러시아의 진정한 봄이 더 빨리 올 수 있다. 미국, 중국, 러시아 삼자가 화해하고 협력한다면 동아시아의 안정은 물론이고 세계 평화의 구축도 진일보할 것이다.

　중국은 미국이 화해의 손짓을 하면 언제라도 협력의 길을 열 것이다. 사실 미국과 중국은 본격적인 전쟁을 치르지 않았기 때문에 (6.25전쟁에서 중국의 대리전이 있었다) 원수지간이 아니다. 제국주의자로서 미국이 중국에서 행패를 부린 적도 없다. 미국도 중국도 실용주의의 나라이다. 미국에서도 대중국 화해론자가 점점 증가할 것이다. 경제적으로는 화해론자가 이미 대세다.

　여기서 중국의 실용주의적 지향성을 다각도로 살펴보자. 먼저 지렌(2006: 281)의 중국의 잡종화 능력에 관한 의견을 인용한다. "매우 유연하게, 유용한 것은 자기 것이든 남의 것이든 개의치 않고 이용하는 역동적으로 복합적인 문화가 바로 중국 문화이다. 서양의 현대적인 것이든 중국의 전통적인 것이든, 식민지 문화 이전의 잔재이든 공산주의적 조직이든, 민주주의이든, 독재자이든 중국인은 전혀 상관하지 않는다. … 중국인에게 중요한 것은 유복하게 살 수 있게 만드는 유리한 제도일 뿐이다. … 중국인들은 (구미) 선진국의 강점이 사라지고 있다는 것을 느끼고 있다. 세력의 균형이 바뀌고 있다. … 중국 속담에 '현자는 하나의 생각에만 몰두하지 않는다.' 이 말은 우리도 귀담아 들어야 할 소중한 얘기다. 최소한 이 점만은 중국이 우리에게 가르쳐주게 될 것이다."

다음에는 중국 문화를 잡종 문화라는 관점에서 해석한 『사랑의 중국 문명사: 잡종문화 중국 읽기』라는 책을 쓴 중국인 장징張競과 이 책을 번역한 잡의 철학자 한국인 이용주(2004: 333, 335)의 생각이다. 이용주는 번역 후기에서 "중국 문화는 잡종 문화"라는 원저자의 주장을 강조한다. 이용주는 이 주장이 "중화주의적 문화 우월주의에 사로잡혀 있는 중국인들로서는 대단히 수용하기 어려운 생각"이라고 지적하며 저자의 학문적 용기를 평가한다. 최근 중국사회과학원이 공식적으로 정립한 (동북공정의 이념적 틀인) 중화 민족 다원 일체론中華民族多元一體論은 한족 중심적 신중화주의를 근간으로 한다. 이런 중국 당국의 공식적 견해와는 달리 "장징의 잡종 문화론은 … 한족이 일방적인 우월적 지위에서 소수민족의 문화를 수용하고 억압한 것이 아니라, 한족의 문화와 소수민족의 문화가 상호 영향을 주는 과정에서, 서로 변화를 겪으면서 거대한 하나의 잡종적 중국 문화를 형성해 왔다는 입장이다. … 장징은 단일하고 순수한 중국 문화란 허구라고 주장한다. … 잡종 문화로서 중국 문화가 존재하고, 앞으로도 그런 잡종성의 확대에 의해 중국 문화는 세계 문화로서 존재할 수 있을 것이라는 함의가 거기에 담겨 있다."

　이와 같은 중국의 잡종적 잠재력을 감안하면 중국은 자본주의와 사회주의의 모순적 대립을 조화롭게 잡종화할 수 있는 능력을 갖추고 있는 것처럼 보인다. 그것은 현실 정치상으로는 미국과 중국의 정치 군사적 화해와 협력으로 드러날 것이다. 그렇다면 실리 실용적 중국은 잡종화의 자세가 되어 있는데 미국이 문제인가? '그렇다'고 대답해야겠다. 일본은 태평양 오리알이 되기 전에 역사적 과오를 인정·반성하고, 평화 헌법의 기조를 지키며 미국과 중국 간의 협력 매개자가 되어야 할 것이다.

2) 일본의 잡종화: 서양과 동양의 화해 혹은 탈구입아?

　일본도 대단한 잡종화 전통과 능력을 가졌다. 흔히들 일본을 '하나의 민족', '하나의 국가', '하나의 언어'로 구성된 동질성과 단일성 혹은 순수성의 사회라고 생각한다. 그러나 인종학적으로 일본은 동남아시아에서 도래한 조몬인, 야요이 시대 이후 (아시아 대륙 특히 한국으로부터 들어온) 도래인들, 토속 집단이 뒤섞인 잡종 민족이다. 한국의 고대사 연구자들은 일본 천황의 가계에는 한국인의 피가 섞여 있다고 믿는다. 실제로 가야 및 삼국시대에 수많은 가야인, 백제인, 신라인이 일본으로 건너갔다. 특히 가야가 신라와 고구려의 합동군에 의해 침략을 받자, 일본에 있던 가야인을 중심으로 조직된 일본의 지원병이 전투에 참여했다는 기록이 광개토대왕비에 있다. 문화적으로도 일본은 잡종적 뿌리를 가졌다. 중국 본토로부터 직접적으로 전파된 문화 그리고 한반도를 경유해 전파된 문화, 동아시아 해양 실크로드를 통해 전래된 다양한 문화, 메이지유신을 전후해 유입된 서구 문화 등 다양한 문화가 뒤섞이며 일본 문화를 형성하였다.

특히 근대사에서 일본은 외래 서구 문화를 전면적이고 대폭적으로 수용하는 탈아입구 정책을 통해 자신의 놀라운 잡종화 능력을 온 세상에 알린다. 중국과 한국에서 중체서용이냐, 동도서기냐, 동학이냐, 서학이냐, 국수주의냐, 위정척사의 쇄국주의냐 하면서 서구 문명의 도래를 맞아 내부 갈등과 혼란이 심각하였지만, 일본은 그 과정을 신속하고도 과감하게 정리하면서 서구의 선진 문명을 존경, 인정, 수용하는 개방의 길을 택하였다. 그러나 충실한 모방자인 일본은 선진 문명의 겉모습뿐 아니라 숨은 모습인 제국주의까지 그대로 답습하여 동아시아에 씻을 수 없는 죄악을 저지른다. 이것이 첫 번째 근대 일본의 잡종화이다.

두 번째 잡종화는 더욱 놀랍다. 종전 이후 패전국 일본은 핵폭탄 세례를 안겨준 승전국 미국이 가장 아끼고 신뢰하는 나라가 될 정도로 미국에 밀착하여 미국 문화를 잡종화하는 적과의 동침을 택한다. 한국 같았으면 원수의 나라, 꼴도 보기 싫다 하였을 것이다. 그래서 북한에게 미국은 여전이 불구대천 철천지원수의 나라이다(그럼에도 미국과 비밀 협상을 지속한다). 그 결과 일본은 어쨌든 패전 30년 만에 승전국 미국을 위협하는 세계 강국이 되었다. 미국과의 잡종화 덕이 아니면 무엇이겠는가.

여기서 일본이 1950년대 초 한국전쟁이 발발하자 군수물자 보급으로 한몫 단단히 챙겼다는 사실은 꼭 지적해두어야겠다. 우리는 베트남전쟁에 참여하여 아까운 청춘들이 흘린 피의 대가로 돈을 벌었지만, 일본은 이웃의 풍비박산을 옆에서 구경하며 돈을 벌었다니 하늘도 무심하다. 그러나 한국도 1960년대 개발독재에 의해 시작된 경제성장 과정에서 한일협정에 따른 청구권자금, 일본 기술의 습득, 일본의 정책 모방 등을 통해서 적지 않게 도움을 받았다는 사실을 잊지 말아야 한다.

이제 일본의 잡종화에서 가장 놀라운 사실을 얘기해보자. 일본은 아시아에서 가장 서구화된 나라이지만, 서구 문화의 정수인 기독교를 믿는 사람이 전체 종교 신자의 1% 정도에 불과하니 놀랍기 그지없는 신토불이(身土不二보다는 信土不二)의 나라이다. 물론 오래전부터 일본에서는 불교를 흡수한 토착 종교 혹은 토착 신앙이라 할 수 있는 신도가 일본인의 마음의 지주로 자리 잡고 있었다. 그래서 천황제도 굳건하게 존속한다. 신도는 천황제의 근간이요 천황은 신도의 정신적 표상이다.

미국 문화의 확산에도 불구하고 정신의 영역인 종교에서만은 재래 순종을 지키는 비잡종화를 고수하였다는 점은 외경畏敬을 느끼게 한다. 그야말로 일본에서는 외래 문화와 토착 문화가 거의 모순적이라고 느껴질 만큼 절묘하게 잡종화되어 공존한다.

이 점에서 특히 1868년 메이지유신 과정에서 천황제를 근대적으로 변신시켜 절대주의 천황제 및 천황의 신격화를 시도했다는 것은 일본식 잡종화의 놀라운 상상력이자 창조력의 소산이라고 할 수 있다. 모든 가치의 근원으로서 천황을 정립한다는 발상이 고대나 중세 사회라면 몰라도 근대화, 즉 서구화의 과정에서 창안되었다는 점에서 주목할 만하다. 그것은 전통적 유산과 근대적 필요성의 잡종화이다. 당시 근대국가 건설에 매진하던 일본의 정치 엘리트들은 국가 체제의 권위와 위엄, 통합과 구심, 정당화와 신성불가침의 토대로서 인간이자 신인 신인神人 천황이 필요했던 것이다. 일본 사회 내적으로는 이러한 시도가 소수의 저항에도 불구하고 성공적으로 수행되어 황민 일체의 황국/군국주의 체제가 확립된다. 대외적으로도 절대주의 천황제에 입각한 군국주의는 팔굉일우八紘一宇와 황도주의皇道主義의 논리를 만들어 제국주의의 길을 정당화한다. "팔굉일우는 온 천하가 한집안이라는 일본의 절대주의 천황제를 전 세계에 확산시킨다는 침략주의를 의미하는 것이고, 황도주의란 만세일계萬世一系의 천황만이 일본을 통치한다는 국체의식國體意識을 전 세계 모든 민족에게 강요하는 황국신민화皇國臣民化를 의미했다."(정창석, 2014: 15)

이 무렵 전개되었던 일본 아나키스트들의 반군국주의 투쟁은 서구적 자유와 민주를 수용하려던 하나의 이념적 잡종화로서 기억해야 한다. 그들은 재일본 조선 아나키스트들과 공동의 협력 전선을 펼치기도 했다. 여기서 천황 암살의 혐의로 대역 죄인(24명 전원 사형 판결, 12명 무기징역으로 감형, 12명 처형)이 되어 형장의 이슬로 사라진 일본 아나키즘의 창시자 고토쿠 슈스이가 이토 히로부미를 의열 사살한(1909. 10. 26.) 안중근 의사에게 바친 헌시를 소개한다. 우리 한국인은 반드시 기억할 필요가 있다. 미래 한국인과 일본인 간의 영원한 우의를 위해서.

삶을 버리고 의를 취하며[捨生取義]
몸을 죽여 인을 이룬다[殺身成仁].
안중근이여 그대의 일거에[安君一擧]
천지가 모두 진동하였소[天地皆震].

아나키스트 박열 등 한국의 독립운동가를 헌신적으로 변호한 일본인 변호사 후세 다쓰지布施辰治도 반드시 기억해야 한다. 표면적으로 한중일이 국가권력 수준에서 서로 증오하고 갈등하더라도 개인 혹은 민간 수준에서는 더욱 강인한 우애와 협력의 끈을 잡아야 한다. 이것이 바로 잡종 정신이다.

일찍이 베네딕트(1995)는 일본 문화의 이러한 양면적 잡종성 혹은 양극적 특성을 국화와 검이라는 대조적 상징을 통해 설명하고자 했다. 국화로 표상되는 아름다움, 섬세함, 유려함이 사무라이의 검에서 번뜩이는 결단성, 직절성, 공격성과 충돌하면서 양자는 비장의 미를 이룩하게 된다. 일본의 세련되고 섬세한 문화적 전통이 사무라이의 (피를 보고야 말) 검에서 나오고 검에 의해 유지되었다는 것은, 한국식으로 표현하자면 (무가 우위에 서는 가운데 유지되던) 문무겸전의 잡종화가 아닐 수 없다.

일본은 현대 물질문명의 복잡하고도 다채로운 성과를 즐길 수 있는 선진국이다. 그래서 많은 일본인이 일상생활에서 상당히 개인화되어 있다. 사회조직의 복잡화, 기능적 분화와 전문화, 개인적 정체성 강조에 따른 가치관의 다양화 등이 미시적 수준의 삶에서 질서와 예의를 중시하면서도 개성과 자아를 추구하는 일본인들의 개인화 경향을 강력하게 추동하고 있는 것 같다. 그런 일본인의 개인화는, 철학이나 이념으로서 개인주의를 내면화하지 못한 까닭에 개별(적 고립)화로 빠지는 경향이 있다.

왜냐하면 일본은 사회 전체로서는 집단주의 문화의 전형이라고 간주할 수 있기 때문이다. 뒤르케임의 용어를 빌리자면 개인이 사회에 과도하게 통합된 상황인 것이다. 제2차 세계대전 말기 일본의 패색이 짙어지자, 최후의 수단으로 조직된 가미카제 특공대는 개인이 사회에 고도로 통합되었을 경우 발생하는 이타적 자살의 예로서 제시된다. 일본인은 사회적 차원의 집단주의와 사적-일상적 차원의 개인화/개별화라는 매우 바람직하나 때로 위험천만하게 보이는 잡종적 균형을 유지하고자 애쓰는 것 같다.

일본의 집단주의적 동질성은 도쿠가와막부 체제에 의한 250년에 걸친 쇄국정책의 산물로서 사회 문화적 통합의 기반이 되었다. 여기에 더하여 메이지유신에 의하여 일본이 근대국가 체제를 성립하는 과정에서 추친된 국가 건설에 필요한 일련의 동질화 정책들(예컨대 국어 표준화, 신도 국교화, 천황의 신격화 등)이 일본 사회의 집단주의적 통합성을 더욱 강화하였다.

따라서 메이지유신 이래 일본은 줄곧 서구화의 길을 추구해왔기 때문에 일본인의 의식구조나 생활양식은 상당히 서구화된 것처럼 보이지만 일본인 의식구조의 심층에는 일본적 특유의 토속적 가치, 전통적 관행 등이 면면하게 흐르고 있다. 다시 말해 일본인의 "실존 그 자체 속에는 의식의 표층과 심층을 두 개의 축으로 하여 서양과 동양이 미묘한 형태로 뒤섞여 융합되어 있다"(이즈쓰 도시히코, 2013: 384-385)고 볼 수 있다. 나는 이와 같은 일본 문화의 잡종적 성격은 동아시아의 문명사적 전환에 큰 기여를 할 수 있다고 생각한다. 서양과 동양의 잡종화, 흔히들 서양 문명과 동양 문명의 융합이라고 말하는 이 원대한 인간 문명의 조화를 기획하는 데 일본의 문명사적 역할이 있을 것이다.

일찍이 가토 슈이치加藤周一는 『사상思想』(1955. 6.)에 「일본 문화의 잡종성」을 발표하면서, 일본 문화는 정신세계의 측면에서는 일본 고유의 것을 간직하고 있으면서도 기술적인 측면에서는 서양의 영향을 크게 받았다는 점에서 잡종 문화라고 주장하였다. 일본 문화는 서구 문화와 일본 특유의 전통적 문화가 혼재하는 복합적 성격을 갖는다는 말이다. 이 점에서 일본 문화는 잡종 문화의 전형이다. 그러나 그는 잡종이라는 개념에 대해 좋고 나쁘다는 의미의 가치판단을 하지 않는다. 그의 핵심적 주장을 정리하면 다음과 같다.

① 일본에서는 근대화를 추진한 이후 서구의 기술뿐만 아니라 제도나 정신까지도 수용해야 한다는 (서)구화주의歐化主義와 일본 문화의 순수성을 지켜야 한다는 일본주의가 대립하였다.
② 일본주의는 일본적인 것, 일본 고유의 정신을 강조한 교토학파京都學派가 그 이론적 근거를 제시하였다. 일본의 순수한 문화가 국체國體이며 천황을 정점으로 한 통일체가 인류의 보편 이념을 구현한다는 것이다. 전쟁 기간 중 일본 군부는 이런 이념적 가치에 입각하여 국민정신을 집결하고 동원하는 강력한 문화 통제 정책을 실시하였다. 그러나 일본주의는 반동적이므로 이를 비판적으로 검토할 필요가 있다.
③ 구화주의는 패전 후에 발흥한 사상으로 일본주의에 담긴 국가주의 혹은 국민주의를 비판하는 근대주의를 지향한다. 근대주의는 천황을 정점으로 하는 국가 공동체로부터 개인을 해방시키는 진취성도 가졌지만, 서구 사회를 이상형으로 간주하고 일본의 전통 사회적 요소를 무시하는 배타적 이분법에 사로잡혔다는 한계를 갖는다.
④ 이상의 두 가지 양극적 문화론을 비판하는 잡종 문화론은 근대주의와 전통주의의 양자가 혼합되는 과정에서 일본 문화의 역동성과 고유성을 발견한다.

현재 일본에서는 아직도 제국의 영광과 일본이 최고라는 향수에 사로잡힌 일단의 극우 보수 정치 세력들이 등장하여 21세기가 요구하는 새로운 문명전환에 소극적이다. 일본은 경제적 차원에서의 침체뿐 아니라 정신적 차원에서도 시대를 역행하는 반동적 회귀나 보수적 집착을 보여준다. 이는 일본 자체뿐 아니라 동아시아와 세계 전체에도 불행한 일이다. 그야말로 욱일승천하던 일본의 기세는 어디로 사라졌는가? 일본이 경제 침체에 따른 국력 저하와 국위 하락이라는 현실을 맞이하면서 위기의식을 느끼는 것은 당연하다. 그러나 이를 극복하기 위해서는 과거의 잘못을 부정하는 퇴행적 길을 갈 것이 아니라, 과거에 대한 참회를 통한 전향적 미래를 추구해야 한다.

시대 역행적인 반동적 가치(과거 침략 사실 거부, 재무장과 평화 헌법 파기 계획 등)에 입각하여 일본 국민을 국수주의적으로 동원하려는 정치 지도자들의 정략적 접근은 그 자체가 일본적 위기의 증후요, 증폭이다. 일본의 상실감, 패배 의식, 무력감, 미래에 대한 불안감은 정상으로부터의 탈락에 따르는 일시적 현상일 뿐이다. 이를 악용하여 국민 총동원 같은 기세로 일본을 우편향으로 몰아가는 지도자들은 조만간 한계에 직면할 것이다. 잡종사회로서의 일본이 그 역사적 유연성과 개방성을 상실했을 때, 일본은 군국주의에 빠지고 제국주의 전쟁을 야기하는 역사적 과오를 범했다는 사실을 기억해야 한다.

일본 국민들은 위험한 소리를 내뱉는 대구大口big mouth 정치인들을 신뢰하지 말아야 한다. 미국의 책임도 크다. 일본의 절친한 친구라는 미국이 그저 약한 목소리로 애매하게 그것도 산발적으로 일본의 망언과 망동을 견제하니 일본의 정치 지도자들이 미국의 속셈(대중국 동아시아 협력 방위 전선 구축)을 알아차리고 망발을 계속하는지 모른다. 미국이야 그저 일본이 중국과 맞서 중국을 견제해준다면 만사 오케이가 아닌가. 미국도 큰 착각 속에 빠져 있다. 20세기 초반 소위 (일본 제국은 필리핀에 대한 미국의 식민지 통치를 인정하며, 미국은 일본 제국이 대한제국을 침략하고 한반도를 '보호령'으로 삼아 통치하는 것을 용인한다는 내용의) 가쓰라태프트 밀약의 기반 위에서 일본이 동아시아 침략 전쟁을 안심하고 전개한 과거지사가 섬뜩하게 떠오른다. 근대적 냉전 구도의 21세기판이 재상영되는 판국이다. 냉전 체제에서 최대로 재미를 본 당사자는 미국이다. 그래서 오늘날 미국에 의한 신냉전 체제의 구축을 많은 사람이 우려하고 경계하지 않는가.

일본은 이제 탈구입아脫歐入亞의 길을 가야 한다. 그리하여 새로운 동서양 문화의 가교가 되고, 신냉전 대신에 동아시아 평화 협력 체제의 기수로 변신해야 한다. 일본은 새로운 잡종화, 문명전환에 걸맞은 21세기 잡종화를 추구해야 한다. 이를 바탕으로 일본에게 부과된 두 가지 구체적인 잡종화의 과제를 논의해보겠다.

첫째, 일본은 세계무역과 같은 대외 교류에서 개방주의를 취하는 것처럼 다문화주의 정책에서도 적극적 자세를 취해야 한다. 현재는 중국과 한국이 더 적극적인 태도를 보여준다. 물론 최근 서유럽에서 다문화주의에 대한 비판과 반성이 거세게 일어나고 있지만, 일본의 경우는 처음부터 배타적이고 폐쇄적인 정책을 채택하였다. 이미 재일 교포의 법적 지위에 대한 일본 정부의 태도를 통해서도 드러난 사실이지만 일본 정부는 지자체나 시민단체의 적극적 노력과는 대조적으로 다문화주의 정책에 매우 소극적이다. "다문화 공생"이나 "다문화 일본"과 같은 구호가 내실을 가져야만 일본은 제대로 된 잡종적 세계화의 길을 걷게 될 것이다. 국익을 앞세운 선별적, 이해타산적 다문화주의는 일시적으로 사회 경제적 안정에 도움을 줄지 모르나 항구적으로는 한 사회를 보수와 침체의 늪으로 끌고 갈 위험성이 높다.

유럽에서 최근 일련의 다문화주의 비판과 반대가 극우 세력들에 의해서 집결되자 기존 정치 세력들 또한 정치적 지지를 확대하기 위해서 반대 노선을 취하기 시작했다. 최근 프랑스의 『샤를리 에브도』 테러 사건으로 필경 이 반다문화주의적 흐름이 더 강화되고 정착될 것이다. 이 흐름을 멈추어야 한다. 유럽은 식민지 지배라는 과거의 악랄한 행태의 죗값을 치르고 있다. 유럽이나 일본은 다문화주의를 세계시민사회의 형성이라는 차원에서 새롭게 설정하고 적극적으로 그 틀을 짜야 한다. 자유와 평등을 최대한 보장하고 다양성은 인정하되 어떠한 독단과 폭력도 단호히 근절하는 정책을 실행해야 한다. 이민자를 노동력 부족의 차원에서만 고려한다는 것은 참으로 비인권적이고, 배타적 민족주의나 편협한 국가주의의 발로가 아닐 수 없다. 일본은 다문화주의를 확대하여 집단적 폐쇄성, 자기도취적 동일성, 허망한 순결주의의 환상을 깨부수어야 한다. 보수화하는 일본의 정치 풍토는 세습 정치인 혹은 장기 집권 정치인이 증가하는 안정과 무변화 지향의 일본적 정치 문화와도 무관하지 않을 것이다. 일본의 좌파 정치 세력들의 쇠락이 정치적 잡종성의 동력을 상당히 약화시키고 있는 것 같다. 정치적 다문화주의도 심각하게 약화된 것이 일본의 현주소가 아닌가 싶다. 일본의 진정한 세계화가 기대된다.

둘째, 일본은 기존의 탈아입구 노선에서 벗어나 동아시아에 합류하고 동아시아 연합을 적극적으로 추구해야 한다. 1982년에는 『왜 일본은 성공하였는가?』라는 저서를 냈지만, 17년 뒤인 1999년에는 『왜 일본은 몰락하는가』에서 일본 몰락설을 제기한 모리시마 미치오(1999)의 주장은 최근 일본의 비잡종성과 폐쇄성의 문제를 정확하게 선구자적으로 지적한다. 모리시마의 예측은 2050년의 일본을 상정한 것이니 일본의 몰락설은 여전히 반증 가능성을 지닌 예측이다. 교육과 정신의 황폐 그리고 삼무三無(무신념, 무정책, 무책임)를 특징으로 하는 정치적 무능으로 인하여 일본은 몰락할 것이라는 그의 주장은 비록 일본에서는 소수의 견해이자 별로 인기가 없겠지만, 매우 신선하고 참으로 설득력 있다. 이 책은 일본인의 필독서가 아닐 수 없다.

　나의 관심을 특히 끄는 그의 주장은 일본이 이러한 쇠락의 길을 벗어날 수 있는 방안으로 "동북아시아 공동체"를 적극적으로 추진해야 한다는 것이다. 물론 그는 현실적으로 동북아시아 공동체의 형성이 어렵다는 사실을 인식한다. 아울러 그 공동체는 과거 제국주의 시절 동아시아의 식민지화를 은폐 혹은 합리화하기 위해 주장되었던 대동아공영권과 같은 침략적 공동체가 되어서는 안 되며, 유럽 연합과 같은 시장 개방적 경제 공동체에 머물러서도 안 되며, 문화적으로 친숙한 참여국들에 의한 건설 공동체가 되어야 한다. 그는 이러한 공동체를 성사시키지 못한다면 일본은 고립과 쇠퇴의 나락으로 빠져들 것이라고 확신한다.

　그는 자신의 주장이 일본에서 별로 인기가 없고, 호응도 적다는 사실을 분명히 직시한다. 여기서 모리시마 미치오(1999: 165)는 매우 파격적인 지적을 한다. "일본인은 백인을 좋아하고 아시아인을 싫어하는 악폐가 있어서 미국, 캐나다, 호주, 뉴질랜드와 함께라면 즉시 공동체를 만들 것이지만 아시아인이라면 뒤로 물러나버린다." 과거 탈아입구를 외친 메이지유신 이래 일본이 의도적으로 추구한 서구화 정책의 모순을 예리하고도 통렬하게 지적하는 말이다. 실제로 일본이 기존에 구상하던 동아시아 공동체도 동아시아인들이 중심이 되는 것이 아니고, 오스트레일리아, 뉴질랜드, 미국, 캐나다를 포함하는 태평양-아시아 공동체Pacific Asian Community이다.

　일본은 탈아입구라는 19세기 말의 흘러간 잡종화 전략에 연연하고 있다. 동아시아 시대의 도래가 현실로 등장했음에도 불구하고 아시아 최고 국가의 자리를 중국에 뺏긴 박탈감 때문인지, 중국을 견제하려는 미국에 편승하여 동아시아 공동체의 형성에 소극적이다. 다시 한번 강조하지만 21세기 일본의 문명전환 혹은 잡종화는 탈아입구가 아니라 탈구입아여야 한다. 일본은 아무리 노력해도 구미 사회의 일원이 될 수 없다. 일본 자신과 동아시아를 위해 일본은 동아시아와 과감하고도 정열적인 잡종화를 시도하는 것이 좋을 것이다.

모리시마 미치오(1999: 163, 165, 184)의 용감한 선지자적 발언은 오늘날 더욱 절실하게 들린다.

> [일본의] 아시아에 대한 침략은 변명의 여지가 없다. 사죄해야 마땅하다. 그것도 마음으로부터 사죄한다면 미래를 향해 대화할 수 있게 된다. … 공동체가 만들어지면 대만 문제나 남북한 문제는 물론 센카쿠 열도와 독도 등의 영토 문제도 사라져 불필요한 신경은 안 써도 좋다는 부산물도 생긴다 … 나는 [일본의] 몰락이 진행되면 우경화가 심해질 것이라고 쓴 바 있다. 여러 종류의 우경화가 여러 종류의 강도로 일어날 것이다. 후지오카 노부카스와 고바야시 요시노리를 중심으로 하는 새로운 역사 교과서를 만드는 모임이 그 적당한 사례인 것처럼 우경화는 일본에서 이미 일어나고 있다고도 할 수 있다.

계속해서 모리시마 미치오(1999: 193)는 "역사의 수레바퀴를 거꾸로 돌리지 말라"고 자신이 사랑하는 조국 일본을 향해 마지막 충고를 바친다. 더 늦기 전에 이 말을 일본이 진지하게 고민해보았으면 좋겠다. 사회학적 상상력의 선구자였던 밀스도 1960년에 "들어라 양키들아Listen, Yankee"라고 외치며 미국의 왜곡된 쿠바혁명관을 비판했고, 생디칼리스트 계열의 아나키스트 촘스키도 자신의 조국 미국을 향해 자아비판을 끊임없이 요구한다. 개과천선의 변화를 보이지 않던 미국이 도달한 오늘의 쓸쓸한 처지(특히 밀스가 경고했듯이 라틴아메리카에서 미국의 찬밥 신세)는 딱하기만 하다. 다행히도 뒤늦게나마 오바마는 쿠바와의 역사적 화해를 이루었다. 일본도 빨리 동아시아로 돌아오기 바란다. 하토야마 전 총리의 동아시아 공동체에 대한 관심을 새롭게 평가하기 바란다. 그것만이 일본 자신은 물론이고 동아시아와 세계 전체에 일본이 기여할 수 있는 역사적 결단이다. 그리고 그것은 새로운 문명전환의 물결에 동참하는 쾌거이다.

끝으로 최근 일본 언론인 고토 겐지後藤健二의 참으로 비극적인 피살과 관련된 일본 문화의 훌륭한 개인주의적 저력과 이를 악용하는 집단주의적 논리에 대해 지적하고 싶다. 일본인의 메이와쿠迷惑(남에게 폐를 끼치지 말라)는 세계적으로 알려진 일본 특유의 미덕이다. 베네딕트는 이를 두고 일본의 집단주의 문화 형성에 기여했다고 지적한다. 이것은 사태의 한 면만을 강조한 것 같다. 사회적 물의를 일으키거나 피해를 끼쳤을 경우, 국가나 사회에 대해서 자신의 잘못을 인정하는 것이 집단주의인가? 집단주의 사회에서 개인적 일탈에 대한 사죄가 집단주의 문화의 요구인가? 나는 개인주의적 관점에서 이 문제를 이해하고 싶다. 어차피 국가, 사회, 공동체 등의 집합적 조직은 집단주의 문화를 조장하고, 강요한다. 집단주의의 논리대로라면 개인의 잘못은 개인이 잘못했기 때문이라기보다는 집단이 그를 제대로 교육, 보호, 관리하지 못한 책임이 더 크지 않겠는가? 개인이 자신의 (잘못된 점이 있을 경우) 과오를 인정하고 이에 대한 양해나 사죄를 구하는 것은 어쩌면 개인적 자유의 결과에 대한 책임 의식의 발현이라고도 볼 수 있다. 아름다운 개인주의가 아닐 수 없다.

문제는 이와 같은 개인적 결단을 집단주의자들은 집단에 대한 개인의 당연한 순종이라고 해석하고, 집단적 규범과 요구의 절대적 우위나 우선을 개인에게 주입시킨다는 것이다. 모든 것을 국가나 제도의 잘못으로 치부하고, 개인 자신의 책임은 없다고 떼를 쓰는 (한국 사회의 풍토와 같은) 문화야말로 집단주의 문화이다. 나는 일본의 메이와쿠 문화가 개인의 국가에 대한 책임 의식에만 머무르지 말고 일본이 과거 인접 국가의 수많은 무고한 개인에게 끼친 막대한 (폐의 차원을 넘는) 피해에 대한 양심적 일본인들의 사죄와 책임의 윤리로 고양·확산되기를 바란다. 물론 오늘의 일본인 개인, 그 개인이 이제 수십 년 전 과거사에 대해 무슨 책임이 있겠는가마는.

10년 전 야마와키 나오시(2011: 124)는 공공철학을 주창하면서, 당시 일본의 상황을 '사상이 상실된 현대'로 규정하고, "'허술한 좌익 대 그것을 우러러보는 국가주의자'라는, 현재 자주 보이는 도식은 국제적으로 통용되지 않는 서투른 시합 외에는 아무것도 아니다"라고 비판하였다. 오늘의 한국에 적용해도 잘 들어맞는 말이다. 일본은 더 늦기 전에 미래의 자신을 과거의 질곡 속에 가두지 말고 진정성을 가지고 타자를 배려한다면 분명 세상을 위해서 다시 떠오르는 해가 될 수 있을 것이다.

일본은 탈구입아라는 새롭고 올바른 잡종화의 길을 택함으로써 동양과 서양의 문화적 조화와 균형을 발견하고 지속시키는 문명전환의 선도적 역할을 수행할 수 있을 것이다. 일본 문화의 빼어난 미적 감각, 일본 사회의 차분한 안정성 그리고 일본인들의 놀라운 성실성과 예의는 분명 동아시아 주도의 문명전환에 견인차가 될 것이다.

문명전환의 최대 과제는 전쟁 없는 세계, 즉 세계 평화이다. 조만간 일본이 과거의 잘못을 진정으로 반성하면서 그것을 교훈으로 삼아 현재의 오도된 군국주의적 길을 버리고, 세계 평화의 기수가 될 것으로 기대한다. 세계의 모든 나라가 평화 국가 일본을 사랑하고 존경하게 될 것이다. 미국의 호전성을 제어할 수 있는 나라도 일본이다.

3) 한국의 잡종화: 전쟁(냉전과 열전)의 소멸?

한국도 최근까지 단일민족의 신화에 사로잡혀 있었다. 그러나 직설적으로 말해 한국은 단일민족도 아니고 단일 문화를 형성한 것도 아니다.

문화적으로는 전근대에는 종주국으로 행세하였던 중국 문화의 강력한 영향을 받았고, 20세기 전반에는 구미 문화를 숭앙한 일본 문화의 날벼락을 맞았고, 해방 후에는 미국 문화의 홍수를 경험했다. 이와 같은 외래 문화와의 전면적이고도 충격적인 잡종화를 거치면서 한국은 오늘날 한류를 형성한 문화 대국으로 성장한 것이 아닐까? 세계를 휩쓴다는 한류(예컨대 드라마, 영화, 싸이와 음악, 한식 등)에 담긴 한국 고유의 문화적 특성이 무엇인지 집어내기란 참으로 난감할 뿐이다. 있다면 그것은 잡종화 과정에서 녹아버렸을 것이다.

혈통적으로 혹은 인종적으로 과연 한국인이 순수할까? 만주와 국경 지대에 끊임없이 출몰한 동이족들, 몽고의 침입과 장기간 지배, 임진왜란과 병자호란, 삼국시대부터 남부 해안 지역을 유린한 왜구와 일본의 지배 등을 고려할 때 순수 혈통을 내세우기는 참으로 어려울 뿐이다. 솔직해지자. 이것은 결코 부끄러운 것도 아니고, 숨겨야 할 것도 아니다. 최근 국제결혼이 증가하는 것 — 단 사기 중매나 비윤리적 목적에 의한 결혼을 제외하고 — 은 기피와 우려의 대상이 아니라 권장하고 환영해야 할 일이다.

한국 사회의 잡종화 가운데서 가장 중요한 것으로 특기하고 싶은 것은 여러 종교 간의 공생 공존이다. 중국도 물론 유불선이 상호작용하면서 종교적 다원성이 지금까지 유지되고 있지만, 한국은 이에 더하여 서구의 기독교까지(가톨릭과 프로테스탄트 모두) 수용하는 대단한 포용력을 보인다. 그야말로 종교적 잡식성이 아닐 수 없다. 나의 견문이 좁은지 몰라도 이와 같은 종교적 공생 공존과 그 열정은 세계에서 유례없는 것이 아닐까?

이와 관련된 매우 시사적이고 재미있는 에피소드(홍일식, 1996: 124-125) 하나를 다소 길지만 소개한다.

구한말, 이 땅에 개신교가 처음 포교 활동을 하기 시작할 무렵의 이야기다. 어떤 선교사가 효과적인 포교를 위해 한국 사회에서 서민 대중에게 가장 크게 영향을 미치는 계층을 조사해보니 그것은 다름 아닌 무당들이었다고 한다. 민중이 자신의 애환을 들고 모두 무당을 찾으니, 무당은 그 시대 민중의 상담역으로서 여론을 형성할 수 있는 존재였던 것이다. 그래서 이들 무당을 기독교에 귀의시킬 수만 있다면 일반에 대한 포교는 자동적으로 이루어질 수 있다는 결론에 도달하였다.

그 선교사는 무당들을 찾아다니며 교회에 한 번만 나와보라고 설득을 하였다. 천신만고 끝에 무당들을 불러 모아놓고 그날 하루는 이들만을 위해 설교하는 날로 잡았다. 목사와 전도사들은 특별히 준비한 설교를 통해, 무당들이 신봉하는 잡신들과는 비교도 할 수 없는 유일한 하나님의 절대적인 권능을 강도 높게 역설하였다. 기독교 교리에 대한 그들의 반발을 은근히 걱정했으나 어쩐 일인지 그들은 끝까지 주의 깊게 그 설교를 들었다. 그리고 설교가 끝나 그들이 돌아갈 무렵에는 뜻밖의 놀라운 일이 벌어졌다. 무당들이 앞다투어 성경책과 십자가를 하나씩 달라고

하는 것이다. 목사는 속으로 쾌재를 부르면서도, 너무도 쉽게 새로운 종교 쪽으로 돌아선 그들의 진심이 몹시 궁금하였다.
"그러면 내일부터 교회에 나오시는 겁니까?"
이때 무당들이 한 대답은 대개 이런 것이었다.
"하도 영험하다니까 그것도 우리 부처님 옆에다 같이 모시고 함께 빌어보려고 그럽니다."
목사가 아연실색했음은 물론이다. 무당들은 자기가 받드는 신 이외에 부처님까지 모셔놓고, 거기에 더하여 '유일신' 하나님도 모시겠다는 것이었기 때문이다.

홍일식(1996: 125)의 지적처럼 어디까지가 진실이고 어디까지가 허구인지는 모르지만, 이 이야기는 외래종교나 사상이 직접 나를 적대시하지 않는 한 이를 즉각 거부하거나 부정하지 않는 한국 민중의 종교적 수용 태도를 잘 반영한다. 외래 종교의 전파 과정에서 순교자가 발생한 것은 민중들의 적극적인 수용을 두려워한 지배계급에 의한 박해였지, 민간인들은 별다른 거부감 없이 외래 종교를 받아들였던 것 같다.
한국인들의 토속적인 샤머니즘이나 범신관은 외래 종교와 공존하며 지금까지도 명맥을 유지한다. 불행히도 군사정권 시절 조국 근대화라는 구호 앞에서 미신 타파의 대상으로 탄압을 받으면서 그 세력이 매우 위축되었지만 한국인들의 종교의식 깊숙이 한 자리를 잡고 있는 것 같다.
한국 종교 문화의 잡종화를 더욱 화려하게 장식하는 것은 소위 말하는 민족종교의 존재이다. 조선 말 국운이 기울고 일제의 식민지 침략이 노골화되는 가운데, 지배 종교였던 유교가 공리공담으로 흘러 민중의 일상적 삶과 괴리되면서, 민족중흥을 위한 정신적 지주로서 여러 민족 종교(동학/천도교, 대종교, 보천교/증산교, 원불교 등)가 우후죽순처럼 흥기하였고 지금도 그 세력이 면면히 승계되고 있다. 이처럼 한국에서는 토착적 샤머니즘, 민족종교, 중국으로부터 전래된 외래 종교인 유교, 불교, 도교, 서구로부터 유입된 기독교 등이 다양하게 어울려 지내고 있다. 어디 여기에 그치랴. 한국인은 종교 수용 능력뿐 아니라, 종교 창조 능력 또한 대단하여 통일교와 같은 전 세계적 차원의 교파도 형성한다.[4]

나는 한국 사회의 종교적 다원성은 한국의 이른바 기적적 경제성장에 큰 기여를 했다고 믿는다. 왜냐하면 유교의 교육에 대한 강조는 인적 자본 확충에 기여했고, 기독교(특히 신교)는 베버가 말한 근검절약이라는 자본주의적 정신의 기수로 작용했을 것이기 때문이다. 그리고 호국 불교의 전통은 국가의 요구에 동조하는 적극적 참여를 촉진했을 것이다. 나아가 위대한 세계 종교들이 다양하게 존재하는 사회적 환경은 풍요로운 학습의 장을 제공하고, 이질적인 세계관과 가치관에 쉽게 접근할 수 있도록 만들어 지식정보사회로의 진입을 용이하게 만든다. 한때 한국의 경제 발전을 유교 자본주의라는 관점에서 설명하려는 시도가 있었지만, 이를 확대하여 한국적 종교 다원주의 혹은 종교적 잡종화가 경제 발전에 미친 영향을 검토해보는 것도 흥미로운 과제가 될 것이다. 불교 경제학은 향후 후기자본주의 혹은 탈물질적 자본주의의 확산에 분명히 큰 역할을 할 것이다.

그런데 한국 사회의 잡종적 특성은 얼마 전부터 때늦은 정치적 좌

---

4 한국의 종교적 잡종화는 이미 최치원이 언급한 화랑도에서부터 그 원초적 단서를 발견할 수 있다.

우 이념 갈등이라는 반잡종적, 비타협적인 정통성 경쟁으로 희석되고 있다. 정치적 이념 갈등을 축으로 하여 현재 한국 사회에서는 계층 갈등, 지역 갈등, 세대 갈등이 사회를 살벌한 대결적 경쟁 구도로 몰아가고 있다. 자기만 진리이고, 선이고, 민주이고, 순수하고, 우월한 반면 상대방은 허위요, 악이요, 반민주 독재이며, 저속하고, 열등하다고 주장하는 획일적 흑백논리가 횡행하는 실정이다. 이분법적 극단주의는 잡종화의 적이다.

왜 이러한 분열적 양극화 갈등 현상이 발생하는가? 아나키스트 자유주의자로서 나는 여러 가지 이유 중에서 한국 사회 특유의 정치권력 제일주의에서 그 원인을 찾고 싶다. 현재와 같은 막강한 대통령 제하에서는 권력을 쟁취하면 그 패거리들은 5년간 그야말로 부귀영화를 누리고, 패자는 차기 권력을 노리고 앙앙불락하며 결사적인 대결 구도를 펼치는 것이다. 물론 야당 세력은 대권은 쟁취하지 못했어도 정치권력 그 자체가 제공하는 막강한 특권을 누리기 위해서라도 사사건건 강력한 반대 노선을 견지하지 않을 수 없다. 권력의 마법은 정치인뿐만 아니라 관료, 법조인, 문화인, 학자 등 사회의 모든 엘리트 계층에게 확산되어 있고, 정치적 여야 혹은 이념적 좌우의 노선에 따라 적대와 불신의 강이 흐르고 있는 듯하다.

특히 이제는 어느 누구도 감히 해소해야 한다고 공언하지 못할 지경의 영호남의 정치적 지역주의는 이와 같은 비타협적 정쟁 구도를 불변의 악순환으로 몰아넣는다. 이런 판국에 누군가가 중도 통합 혹은 정치적-이념적 잡종화를 외치고 나왔다가는 양편으로부터 사쿠라, 회색분자라고 매도당하고 망신당할 뿐이다. 한국의 정치는 일본과는 다른 의미에서 무능하다. 상호 타협 불능, 민생 정치 불능, 자체 혁신 불능이라는 삼불三不의 늪에 빠진 것 같다.

따라서 한국 사회에는 정치적 잡종화 혹은 권력의 잡종화가 시급히 요구된다. 정치적 잡종화는 정치적 세력 간의 타협과 절충을 의미하며, 권력의 잡종화는 분권과 분산을 통해서 시민 권력의 증대와 국가권력의 최소화를 기획하는 것이다. 권력의 최소화는 각종 공직자의 크고 작은 부정부패를 무관용의 원칙으로 엄단한다면 어렵지 않게 성취할 수 있을 것이다.

국회를 통과한 김영란법은 더욱 강화되어야 한다. 누가 이 법을 반대하는가? 권력 집단과 그 패거리나 아류가 아니면 누구이겠는가? 공직자는 아무리 적은 액수라도 뇌물을 받아서는 안 되고, 시민들도 성의나 선의를 핑계로 어떤 작은 선물이라도 이해 당사자인 공직자에게 건네서는 안 된다. 최근의 참으로 어이없는 비극적 참사인 세월호 사건과 성완종 리스트에서 드러난 한국 사회의 부정부패는 국가의 근간을 흔들고 있다. 권력의 잡종화를 의미하는 권력의 최소화가 시급히 그리고 전면적으로 요청된다. 그러나 위헌 소지 운운하고, 검찰과 경찰에 의한 국민의 범법자화, 언론의 자유 등을 내세우며 김영란법을 비판하는 사회 기득권층의 반발을 볼 때, 한국에서 부정부패 척결의 길은 멀고도 험난할 것 같다. 부정부패 척결은 권력화와 탈권력화 간에 전개되는 힘의 잡종화로서 반드시 후자가 압도적으로 승리해야 한국 사회는 역동적 활력을 되찾을 것이다. 명심하자. 한국 사회에서 부정부패는 생각보다 훨씬 깊고 넓게 사회 전반에 퍼져 있다.

일본과의 영토 및 역사 분쟁, 중국의 동북공정 등으로 한국의 국가 정체성과 정통성을 확고히 하자는 여론의 상승과 압박으로 국사학계를 필두로 민족주의 열풍이 불고 있다. 한국 사회 특유의 잡종적 능력이 퇴화되는 것이 아닌지 두렵다. 한국과 같은 (강?)소국은 유연하게 대응해야지, 뻣뻣한 자세로 나가다가는 부러지는 참변을 당하기 십상이다. 한국이 우습게 보는 일본, 러시아, 중국, 미국에 견주면 한국은 한참 약소국이라는 사실을 명심해야 한다. 잡종화는 유연한 대응 양식이자, 수용 방식이다. 강약 냉온을 구사하는 카멜레온형 잡종화도 필요할지 모르겠다. 강직 강골의 선비 정신은 아름답지만, 자칫하면 귀양살이하거나 독배 받기 십상이다.

그런데 오늘날 한국 사회의 잡종화 능력은 경제적 세계화나 한류의 열풍과는 달리 다소 저조한 편이다. 외국의 여러 기관의 조사에 의하면, 예컨대 스위스 국제경영개발원(IMD)의 '국가경쟁력 보고서', 싱가포르 정치경제연구소의 '외국인들이 느끼는 아시아 각국의 삶의 질 비교', 호주 로위연구소 Lowy Institute for International Policy의 '국가별 호감도 조사' 등에 의하면 한국의 문화적 개방성이 상대적으로 낮은 것으로 평가되고 있다. 무언가 한국의 잡종화가 잘못되고 있다는 느낌이 들지 않는가?

인종적 순수성을 내세워 타민족과의 차별성을 강조하고, 민족적 우월감을 고취시키는 단일민족 신화에 사로잡혀 있다가는 더불어 사는 21세기에 고립을 자초하기 쉽다. 고립에 대한 반발로 국수주의가 더 성행해 결국 세상의 외톨이로 남게 될지도 모른다. 다른 사람들은 단일민족이 아닌 것을 다 아는데 본인만 모르는 벌거벗은 임금님 꼴이 된다. 2007년 UN 인종차별철폐위원회에서 권고했듯이 이제 한국은 구세대의 환상인 단일민족 신화에서 벗어나야 한다. 신화는 그저 신화일 뿐 사실도 아니고 근거도 없다는 것을 이성적으로 인정해야 한다. 우리는 유사 이래 끊임없는 침략과 침탈의 과정에서 인종적으로 섞이고 섞여왔다. 시쳇말로 우리는 잡종이다. 그러나 잡종은 강세다. 이 세상에 잡종 아닌 민족은 없다.

타 인종 간의 결혼을 인정하지 않은 채 기원전부터 자기네끼리 공동체를 이루며 살아온 우크라이나의 사마리아인들과 같이 많은 순수 혈통주의 부족은 이미 지구에서 사라졌거나 사라지고 있는 중이다. 단일민족화는 결코 도움이 되지 않는다.

한국적 문화가 한국만이 아닌 세상의 것으로 인정되려면, 인종적으로, 문화적으로 더욱 섞여야 한다. 단일민족의 신화를 걷어내고, 전라도와 경상도가 섞이고, 한국과 외국이 섞여야 한다. 길거리에서 외국인 남녀와 팔짱 끼고 걸어가는 한국인 여남을 편안한 눈으로 바라보고, 그들의 자식을 '튀기' 혹은 '아이노코'라고 부르는 인종차별이 사라지고, 외국인이라고 차별도 과공過恭도 하지 않는 잡종화가 필요하다. 다문화주의를 더욱 적극적으로 확산해야 한다. 이 정도 수준이 되어야 한국은 정신문화적으로 21세기 세계시민사회에 진입했다고 할 것이다. 멀지 않았다. 현재 열심히 그 길로 가고 있으니 조금 더 노력하면 된다.

한국의 단일민족 신화는 남북통일에 대한 과도한 집념에 강력하게 투사되어 있다. 우리의 소원은 통일이라는 이전 시대의 국민적 합의는, 열기와 지지는 다소 식었지만, 많은 국민의 뇌리 속을 여전히 지배하고 있다. 통일에 반대했다가는 봉변당할 수 있다. 어떤 사람들은 이념에 관계없이 통일만 하면 된다는 통일 지상주의를 내세운다.

남북한은 공히 통일의 단기적 무망함을 잘 알면서도 정치적 수사의 가치가 엄청나기 때문에 이를 적극 활용하는 것 같다. 특히 박근혜 정권의 등장 이후 등장한 통일 대박론은 그야말로 현실성은 낮지만 멋진 구호처럼 들린다. 예전 박정희 정권에서는, 비유적으로 표현해서, "그들이 내려온다. 남한으로"라는 남침설로 국민들을 겁주어 내편으로 끌어모았다면, 이제는 "가자 평화를 심고 금을 캐러 북으로"(북침설의 평화주의적 전환?)라는 북방 개발론으로 관심을 돌리려는 것 같다. 북한-러시아-중국의 접경 지역인 두만강 하류 지대 개발을 제시하고, 남북한 관통 철도의 개통을 제시하는 등 과거 몇 번씩이나 튀어나왔다가 소리 없이 사라진 정책들이 다시 화려한 포장을 하고 튀어나온다. 경기 침체를 돌파할 뚜렷한 묘책은 없고, 상황은 계속 지지부진하니 국민들에게 근사한 꿈이라도 심어주자는 배려인가 싶다. 특히 언제 갑자기 통일이 이룩될지 모른다는 "기적 같은 통일론" 혹은 "깨고 보니 통일론"이 최근 힘을 얻어 그럴싸하게 들린다. 그러나 명심해야 한다. 동독과 서독은 서로 총칼을 겨누며 동족상잔의 참극을 벌이지도 않았고, 당시 소련은 해체의 위기 속에 정신이 없었고, 서독은 꾸준히 동방 정책으로 동독을 지원하고 교류를 강화·지속해왔다는 점을.

북한 측에서 통일 대박론을 들으면 기분이 어떨까? 중국이나 일본, 러시아나 미국이 들으면 또 무엇이라고 할까? 당사자나 인접 이해관계자들의 승낙과 협조 없이는 아무것도 안 되는 게 남북 관계가 아닌가. 삼척동자도 다 아는 이 사실을 정부는 조금도 언급하지 않는다. 북한을 화나게 하거나, 인접국을 긴장시키지 않을까 걱정까지 된다. 우리 남북한 문제를 우리 민족끼리 해결한다는 발상은 어불성설이다. 우리는 이미 남남이 되었다. 그것도 한쪽에서는 이를 갈며 상대를 철천지원수로 노려본다. 수십 년의 단절로 민족이라 하기에는 말도, 가치도, 생각도 모두 달라지고 있다. 이산가족들이야 아득한 옛 시절 피를 나눈 부모 형제요 그리운 친지라는 공감대가 있어서 눈물이라도 펑펑 쏟을 수 있지만, 이제 그 안타까운 세대들도 서서히 무대에서 떠나고 있다. 남북한 간의 자체 해결도 불가능하고 인접국의 눈치도 봐야 하는 비통하고 한심스런 상황이지만 그래도 국력이 이만큼이라도 커졌으니 비굴한 태도만은 버려야겠다. 미국과 중국의 중간에서 양자를 매개하는 유연한 외교적 잡종화가 하나의 길이라면 길일 것 같다. 그럴 수밖에 없는 것이 우리의 입장이라는 것을 그들도 충분히 잘 알 것이다. 요리조리 이리저리 틈새를 찾아다니며 양자의 신뢰를 얻는 방법은 없을까? 양다리 걸치기나 기회주의도 나쁠 것 없다. 미국이 한국전쟁의 피로 뭉친 혈맹이라면, 중국은 기나긴 역사의 은원이 숙명처럼 얽힌 존재다.

그렇다. 나에겐 남북(분단)의 문제나 통일의 문제는 경제 발전의 문제도 아니고, 민족 동질성 회복의 문제도 아니고, 북한 인권의 문제도 아니고, 자유민주주의의 문제도 아니고, 민족주체성이나 반제국주의의 문제도 아니다. 그저 제발 남북한이 전쟁으로 치달아 상호 파멸의 길로 가지 않기를 바란다. 한 사람의 개인으로서 국가끼리의 고래 싸움에 새우 등 터지는 신세가 되고 싶지 않다. 전쟁 대신에 평화 ― 그것이 통일의 시작이요 끝이다. 더 이상은 욕심이다. 그렇다고 전쟁이 무서워, 폭력을 내세우며 위협하는 세력에 굴복해서는 안 된다. 최종적 순간이 오면, 단호히 폭력에는 폭력으로! 선배 아나키스트들이 남긴 최고의 생존 전략이다.

역사 구조적 차원에서 남북한의 문제는 미소 간의 냉전 체제가 촉발시킨 열전(6.25한국전쟁)이 남긴 적대적 분단이라는 모순과 동아시아 평화를 파괴하는 새로운 전쟁 발발의 위험이 상호 착종된 열전과 냉전의 해소라는 잡종적 문제이다. 전쟁과 평화라는 두 대립적 세력이 과연 화해할 수 있는가 하는 것은 인류사의 영원한 숙제이자 문명사적 과제이기도 하다. 제2차 세계대전 이후 여전히 크고 작은 전쟁 상황이 발생하였지만 그나마 국지적으로 제한되었다. 그러나 남북한의 전쟁은 즉각 제3차 세계대전으로 비화할 가능성을 지닌다. 북한 핵무기의 사용 가능성이 높고, 그로 인한 미국과 중국의 직접 충돌 가능성이 높기 때문이다.[5] 물론 바로 이런 이유 때문에 전쟁이 발생하지 않을 것이라고 낙관의 근거(핵무기의 전쟁 억제력)를 찾는 사람도 있다.

한국은 이 인간 사회의 저주인 전쟁의 악순환을 차단할 수 있는 새로운 잡종화를 모색해야 한다. 하나의 길은 잡종화로서 동아시아 연합의 구축이다(이에 관해서는 결론에서 추가적으로 논의할 것이다). 중국과 일본이 적극 참가하고, 러시아와 미국이 동참하는 미래의 동아시아 연합은 북한을 효과적으로 설득하고 확실하게 지원할 수 있는 믿을 만한 대화와 협상의 장이 될 것이다. 남북통일은 직접적으로는 남한과 북한 당사자의 문제이나, 전쟁 방지와 평화 구축이라는 과제는 인간 사회의 문명사적 과제이다. 현 단계에서는 동아시아 연합의 구축이야말로 가장 실현 가능하고 바람직한 전쟁 방지 대안이다.

두 번째 잡종화는 한국 사회 내부의 이념적 잡종화다. 남북한의 이념적 대립은 참으로 묘하게도 남한 내부에서도 유사하게 전개되어왔다. 좌파 대 우파, 용공 대 반공, 인민/민중/계급 대 국민/시민/계층, 노동자 대 자본가, 친북/종북 대 친미/용미와 같은 다양한 차원에서 다양한 쟁점을 중심으로 이념적 좌우가 형성되어 극심한 대립을 한다. 이념 갈등 그것은 남북 대결처럼 현재 한국의 국가 기반을 위협

---

5 미국이 한국에 요구하는 고고도미사일방어체계(THAAD)는 중국이 국가 안보를 이유로 반대한다. 그간 친중국 노선을 강화한 한국으로서는 진퇴양난이다. 경제적으로도 미국이 한국의 참여를 반대하는 중국 주도의 금융 기구, 아시아인프라투자은행(AIIB: Asian Infrastructure Investment Bank)에 중국은 한국이 참여하기를 요구한다. 설상가상 문제가 복잡해진다. 다르게 생각하면 한국이 그만큼 성장했고, 여전히 전략적 요충지란 말이 된다. AIIB 참여 결정은 당연하다. 사드는? 남북한 전쟁 위기 고조라는 측면에서 참여하지 않아야 한다. 최대한 미루어야 한다. 미국과 중국의 적대를 해소할 수 있는 부드러운 완충 역할을 한국이 수행할 길은 없는가?

하는 문제이다. 참으로 다행스럽게도 최근부터 이와 같은 이념적 양극화를 비판하는 중도 세력, 무당파 세력들이 증가하고 있다. 유연하면서도 확고하고, 비판적이면서도 관용적이고, 원칙적이면서도 타협적인 중도 정치 세력이 한국 사회에 빨리 그리고 넓게 형성되어야 한국의 이념적 잡종화가 촉진될 것이다. 남한은 이념적으로 확실하게 잡종화되면 북한과의 대화나 협상에서도 장기적 관점에서 동아시아와 세계의 평화를 구축하는 전기를 만들 수 있을 것이다. 남북 대결의 해결 이전에 남한 내의 남남 대결부터 해소하는 정치적-이념적 잡종화가 절실하다.

한국 사회는 남남의 이념 갈등, 남북의 이념 갈등을 잡종화하면서, 중국과 미국의 이념 갈등도 완충적-균형적 차원에서 해소하여 종국적으로 동아시아와 세계에 평화를 정착시키는 문명사적 역할을 부여받았다. 일본이 동아시아 연합에 적극적으로 참여할 경우 이 과제는 보다 안정적으로 그리고 지속적으로 실현될 수 있다.

3. 문명전환의 동아시아적 비전

나는 지금까지 21세기 초의 동아시아라는 시대적 환경에서 중국, 일본, 한국이 어떤 잡종화의 능력을 가졌으며 새로운 문명전환을 위해 앞으로 어떤 방향의 잡종화를 추구해야 할 것인지 검토하였다. 중국에 의한 사회주의와 자본주의의 조화로운 잡종화, 일본에 의한 동양 문화와 서양 문화의 융합, 한국에 의한 냉전과 열전의 화해와 종식이라는 과제를 검토해보았다. 그러나 문명전환은 언제 끝날지 모르는 장기적 전망이다. 나는 19세기 말에서 20세기 초에 걸쳐서 문명전환의 장기적 비전을 초역사적으로 모색한 사상가 세 사람, 즉 중국의 캉유웨이, 장빙린章炳麟, 류스페이劉師培를 소개하고자 한다. 그들의 전체 사상은 여기서 요약하기에는 너무나 방대하고 복잡하므로 내가 추구하는 아나키스트 자유주의의 관점에 적합한 부분, 즉 반국가주의에 집중하여 소개한다.[6] 이 세 사람을 선택한 이유는 이들이 당대 동아시아가 당면한 서세동점이라는 시대적 격변기 속에서 유가의 대동 세계를 확장하면서, 도가와 불가를 혼합하고, 부분적으로 혹은 전체적으로 아나키즘적 차원에서 자기들의 주장을 제시하였기 때문이다. 비슷한 시기 한국과 일본에서도 이에 상응하는 문명론을 제시한 사상가들이 있었지만 그들에 대한 논의는 다음 기회로 미룬다. 나아가 이들의 문명관은 현실 세계의 각종 제한을 의도적으로 무시하고, 이상적 문명사회를 기획하고 설계한 역사적 상상력을 보여준다.[7]

---

[6] 20세기 초반의 중국에서는 자유민주주의와 자본주의 그리고 사회주의를 국가주의의 차원에서 적극적으로 결합하여 이를 비자본주의적 방식으로 실현하려는 일종의 중간노선들이 존재하였다. 쑨원孫文과 장둥쑨張東蓀을 비롯한 이들은 자유와 민주의 정치적 토대의 기반 위에서 자본주의의 효율성은 수용하되 그 폐해를 국가가 방지하는 혼합경제를 추구하였다. 오늘날 중국의 시장 사회주의의 형태를 이미 선구적으로 시도한 잡종화라고 할 수 있다. 이와 관련된 상세한 논의는 강명희(2003)를 참고할 것.

[7] 다만 한국의 원불교 창시자 소태산의 일원 세계론一圓世界論을 체계화하면서도 다음에 소개할 캉유웨이의『대동서』와 연관되는 문명전환을 거론한 정산 송규(1992)가 1961년 4월에 발표한 삼동윤리를 간략히 언급한다. 정재서(2008: 231-245)에 의하면 삼동윤리란 미래의 세계 인류가 화합할 세 가지 대동의 관계를 밝힌 원리이다. 첫째는 동원도리同源道理로서 모든 종교와 교회가 같은 근본의 도리라는 것이요, 둘째는 동기연계同氣連契로서 모든 인종과 생령이 근본은 다 같은 기운으로 연계된 동포라는 것이요, 셋째는 동척사업同拓事業으로서 모든 사업과 주장이 다 같이 세상을 개척하는 데 힘이 된다는 것이다. 이 주장은 각각 동아시아의 전통적인 삼교합일론이나 포함삼교론을 발전시켜 종교(= 문명)의 충돌을 막고, 사해동포주의와 생태/생

1) 캉유웨이와 대동 세계

대동大同은 공자가 꿈꾸었던 이상 세계다. 캉유웨이(1858-1927)는 박애가 대동의 기초이고 평등은 대동의 작용이라고 간주한다. 박애는 공맹의 인으로서 측은지심에서 나오는 애인愛人, 즉 남을 사랑하는 것이다. 그러나 새로운 인간 세상에 대한 궁극적 탐구의 결과로서 캉유웨이의 대동 세계는 공맹을 넘어 멀리 노장과 불가의 아나키스트 경지로 나아간다.

캉유웨이에 따르면 무릇 사람은 쾌락을 추구하나 현실은 고통으로 가득한데 그 이유는 나쁜 사회제도, 즉 9계九界로 인한 것이다. 9계란 강토와 부락을 나누는 국계國界, 귀천과 청탁을 나누는 급계級界, 황백黃白과 종흑棕黑을 나누는 종계種界, 남녀를 나누는 형계形界, 자기의 가족만을 친애하는 가계家界, 농공상이 자신의 이익만 추구하는 업계業界, 불평, 불통, 부동, 불공의 법을 나타내는 난계亂界, 인류와 다른 동물(조수충어鳥獸蟲漁)을 나누는 유계類界, 고통이 고통을 낳아 무궁무진하게 되는 불가사의의 지경으로서 고계苦界이다(소공권, 2004: 1122). 여기서 계는 각종 불평등을 초래하는 사회의 기능적 단위나 경계/장벽을 의미한다. 특히 유계에 대한 경각심을 보면 오늘의 생태학적 위기를 미리 예견한 것 같다.

명주의를 지향하며, 다양성과 차이가 융성하는 전 지구화 시대의 관용주의를 제안한다. 나아가 송규의 삼동윤리는 "종교·인종·이념·과학·생태 등 다가올 21세기의 인류적 현안의 해결과 긴밀히 상관된 사유"로서 "이항 대립적 사고가 만연해 있던 냉전 시대에 이러한 상생 원융의 도리를 설파한 선구자적 예지"를 보여준다. "한 울안 한 이치[=동원도리]에, 한 집안 한 권속[=동기연계]이, 한 일터 한 일꾼[=동척사업]으로 일원 세계 건설하자"는 송규의 게송은 50년이 지난 오늘 21세기에 더욱 절실하고 절박하게 들린다.

당연히 9계를 제거해야만 고통을 제거할 수 있다. 나에게 가장 흥미로운 부분인 첫째 국계에 대한 캉유웨이의 주장은 매우 급진적이다. 국가는 전쟁으로 생기고, 전쟁은 인간에게 참화를 안겨준다는 것이다. 인민이 가족, 부락, 국가로 병탄되어 마침내 통일 제국이 이루어지는 과정은 무수한 전쟁을 통한 무수한 인민의 도탄을 의미할 뿐이다. 오늘날 세계의 모든 국가는 전쟁을 통하여 이루어진 것이다. 그러므로 국계가 존재하는 한 침략과 전쟁은 영원할 뿐이다.

캉유웨이는 국계를 파괴하기가 지난한 과제이기는 하나 불가능하지 않다고 한다. 그의 방안은 프루동의 연방주의(연합주의)를 상기시킨다. "먼저 크기와 힘이 비슷한 소수의 국가들이 연맹을 이루고, 다음에 같은 대륙, 종교, 인종이 같은 인민이 연맹을 이루고, 마지막으로 모든 인민이 평등하게 연합함으로써 세계는 통일된다."(소공권, 2004: 1123) 이 과정은 그가 규정한 세 가지 발전 단계, 거란세, 승평세, 그리고 최종적으로 구계가 타파되는 태평세의 연합 체제이다. 각 단계에 필요한 제도적-정책적 차원에서도 구체적 방안이 제시된다. 그는 공의公議 정부와 국가 폐지, 군주 폐지, 군대 폐지, 문자 통일, 역법 통일 등의 필요성을 역설한다.

캉유웨이는 사유재산을 철폐하는 것이 국가를 제거하는 것보다도 쉽고, 그 관건은 가족을 제거하는 데 있다고 정확히 파악하였다. 물론 캉유웨이의 예상대로 이 모든 것이 순조롭게 이루어질 수 있을지는 큰 의문으로 남지만, 그가 그린 대동 세계가 무국가의 세계로 시작한다는 사실은 주목할 만하다. 그래서 소공권(2004: 1135)은 캉유웨이가 "유가를 통하여 묵가로 바뀌었고, 묵가를 벗어나 양주로 돌아갔고, 끝내는 도교와 불교로 들어갔다"고 그의 사상적 잡종화 과정을 설명한다.

캉유웨이의 사상을 더욱 급진적으로 확충한 탄쓰퉁譚嗣同은 장자의 재유在宥를 첨가하여 무국無國의 이념을 더욱 충실하게 만든다. "통치라는 것은 유국有國의 주의이다. 재유라는 것은 무국의 주의이다. 재유는 자유의 전음轉音이라는 말이 있다. … 사람마다 자유할 수 있다면 그들은 곧 무국의 인민일 것이다. 무국이면 경계가 없어지고, 전쟁이 그치고, 시기가 끊이고, 권모가 버려지고, 피아가 없어진다. 평등해진다는 것이다. 그렇다면 천하를 가지더라도 없는 것과 같다. 군주가 폐지되어 귀천이 평등해지고, 공리가 밝아져서 빈부가 균등해진다. 천리만리가 한 가족, 한 사람처럼 된다. 가족은 지나치는 손님처럼 보고, 사람은 동포처럼 본다. 아비는 자애를 쓸 곳이 없고, 아들은 효도를 쓸 곳이 없다. 형제 사이에도 우애나 공손이 없고, 부부 사이도 지아비가 이끄는 것이 아니다. 서양에서도 근래의 백 년 동안에 「예운」의 대동을 깨달았다."(소공권, 2004: 1162에서 재인용)

여기서 흥미로운 점은 자유의 확장으로서 무정부가 동시에 평등의 확장을 초래한다는 자유와 평등의 동시적 혹은 연계적 발전을 가정한다는 것이다. 사실 노장의 위아론적 자유도 필히 평등사회로 연결되는 자유평등의 일원론적 연관을 보여주고 있다. 자유와 평등에 대한 상호 모순적 대립 관계를 강조하는 서구의 이념적 전통과는 확연히 구별된다. 물론 서구의 아나키즘도 개인주의 전통에서조차 개인적 자유는 개인 간 평등을 전제하거나 촉진/당연시한다고 본다. 아나키스트 자유주의도 평등을 자유의 한 차원으로 간주하여 상호 간의 필연적 대립을 강조하는 입장을 비판한다. 다만 평등을 물질적 차원에 국한하여 획일적 일치로 간주하는 것은 오도된 평등관이다.

캉유웨이는 비록 유가적 전통의 보수적 입지에서 출발했지만, 유가의 현실주의적 한계(거란세의 소강 세계)를 넘어 무국가적 혹은 초국가적 세계사회라는 대동사회의 이상적 미래를 추구하였다는 점에서 시대적 한계를 넘어 문명전환을 선도한 사상가이다. 서양 제국주의의 위협에도 불구하고 부국강병 대신에 무국가를 논할 수 있다는 것은 동아시아적 사유의 깊은 내공의 반영이 아닐 수 없다.

2) 장빙린과 탈근대를 향한 전방위 비판

캉유웨이를 비판하면서 장빙린(1868-1936)은 유가의 『춘추』를 계승한 민족(혁명)주의, 법가를 계승한 민권주의 그리고 개인주의를 주창한다. 여기서는 개인주의에 집중해보자. 그의 개인주의는 "도가와 불교를 넘나들고 서양의 무정부주의에 젖은 것"(소공권, 2004: 1364)으로 평가된다. 장빙린에 의하면 개인은 자족한 존재로서 국가나 사회에 대해 빚진 것이 없는 존재이다. 국가는 자성自性도 없고, 신성하지도 않고, 또 반드시 있어야 하는 것도 아니다. 국가나 사회는 개인의 조합일 뿐으로 각각의 개인이 실유實有이고, 국가는 실유가 없다. 다시 말해 개체는 진眞이고, 단체는 환幻이다(소공권, 2004: 1370). 그러므로 국가가 실제이고 주체라는 주장은 잘못된 것이다. 장빙린은 현실의 소강 세계에서는 정부가 있으나, 미래의 대동에서는 국가가 없다고 했다.

그는 노장을 따라서 국가의 제거를 주장하고, 국가에 대하여 전혀 미련이나 기대를 갖지 않는다. 무정부의 이상 세계를 추구한다. 그러나 그의 대동은 여기에서 그치지 않고 훨씬 더 나아가 이른바 오무설(무정부, 무취락, 무인류, 무중생, 무세계)을 통해서 불가적 적멸의 세계에 도달한다. 무정부는 정부를 비롯하여 화폐, 무기, 가족도 없애는 것이고, 무취락은 국가의 경계 폐지와 땅의 불평등을 조장하는 취락의 폐지, 그리고 좋은 지역과 나쁜 지역의 거주 순환이다. 무인류는 무아를 통한 연생의 소멸이고, 무중생은 무생을 깨닫는 것이며, 무세계는 원래 세계가 무라는 사실을 깨닫는 것이다.

이 오무는 동시에 해결되는 것이 아니고 무정부와 무취락, 다음에는 무인류와 무중생 그리고 무세계가 순차적으로 이루어진다. 중국에서 가장 비판적인 사상가로 간주되는 장빙린은 개인의 자유와 해방 그리고 평등을 고취하나 풍속을 비판하고 인간을 비난하고 세상에 초연한 양면성을 갖는다. 캉유웨이와 장빙린을 비교하는 소공권(2004: 1385)의 입장을 들어보자. "강유위[캉유웨이]는 중생들의 고통을 해소하기 위해서 구계를 제거함으로써 지락을 제공하려 했다. 대동의 이상을 비관에서 시작했으나 낙관으로 귀결되었다. 그러나 장병린[장빙린]은 세상을 공허한 환상으로 보았기에 오무를 실현하려고 했다. 인도를 절멸시켜 세계의 침탁沈濁을 구제하고자 한 것이다. 장병린의 사상이 비관과 소극의 허무주의라면, 강유위의 『대동서』는 향락주의의 유토피아주의였다."

소공권이 제시한 이상의 정리는 매우 설득력이 있다. 그러나 불가적 적멸寂滅, 몰아沒我, 망세亡世를 허무주의나 소극주의로 규정하는 것은 다소 오해의 여지가 있다. 잠시 자기를 잊고 세상을 떠난 경지에서도 극락을 맛볼 수 있고, 세상에 되돌아와서는 극락에 이르는 길을 전파하고 공유함으로써 세상을 깨우치게 할 수도 있다.

특히 보수적 혁명가로서 장빙린의 화려하고 치열한 현실 참여를 고려한다면 그의 사상이 단순한 허무주의가 아님을 실감할 수 있다. 신해혁명이 성공했을 때, 장빙린은 쑨원, 황싱黃興과 함께 삼존으로 존칭되었고, 또 국학대사國學大師라는 불멸의 칭호를 받았다.[8]

그는 1907년 일본 도쿄에서 아시아 최초의 반제동맹으로서 동아시아 연합체의 성격을 갖는 아주화친회亞洲和親會를 조직한다. 여기에는 조선, 중국, 인도, 필리핀, 베트남, 버마의 망명 혁명가들과 일본의 핵심적 아나키스트 혁명가인 고토쿠 슈스이나 오스기 사카에 등이 대거 참여하였다. 장빙린은 특히 중국 아나키즘의 선구자인 류스페이를 통해서 아나키즘 사상을 접하고 강한 지적 자극을 받았다.

장빙린은 당대에 밀려들던 서구적 근대를 극복하여 새로운 근대를 수립하기 위하여 "불교의 유식종과 노장의 상대주의에 기초한" 구분진화론區分進化論을 주창한다(천성림, 2002: 152). 즉 인류의 역사 발전은 선과 악, 고와 낙, 지知와 우愚가 동시 병진하는 것이다. 문명의 진화와 함께 인도人道와 야만이 동시에 증대하는 것이다. 그러므로 서구의 근대 문명도 선악을 동시에 갖춘 불완전한 것일 뿐이다. 장빙린은 그런데도 서구는 네 가지 미혹, 즉 공리, 진화, 유물, 자연의 사혹四惑을 보편성이라는 이름으로 전 세계에 강요한다고 비판하였다. 이상의 철저한 비판적 관점을 통해서 장빙린이 왜 세상을 무로 파악하고 그것을 깨닫는 오무설을 제안했는지 이해할 수 있을 것이다. 일방향의 단선형 역사적 진보는 없다.

장빙린은 전방위 비판가로서 봉건주의, 자본주의, 맑스주의 모두에 반대하였다. 혁명파도 비난하고, 공산당도 반대하고, 장제스蔣介石도 비난한다. 공자도 비판하지만 공자 비판자도 비판한다. 상대주의자, 허무주의자의 만사 부정인가? 아니면 만사의 허환무상을 비판한 것인가?

장빙린의 구분 진화론이 제시하는 만물만사(선과 악 혹은 지와 우)의 동시 진화는 미래에 대한 우리의 전망을 우울하게 만드나, 그

---

8 장빙린의 국수주의는 조선의 박은식, 신채호에게 영향을 미친 것으로 간주된다.

것은 분명하게 그리고 담담하게 수용해야 할 핵심적인 통찰이다. 과학기술 문명의 획기적 발전과 동시에 폭력, 범죄, 질병, 재난 등도 함께 증가하고 있는 우리의 현실이 이를 웅변한다. 그렇다면 탈근대 문명전환의 유토피아는 선과 악이 공존하는 가운데서도 상호 이해와 공감을 통해서 양자 간의 적대적 경계를 해체하는 사랑으로써 하나 되기가 이루어지는 잡종적 유토피아가 될 것이다.

3) 류스페이와 아나키스트 평등주의

중국의 프루동이라고 불리며, 장빙린으로부터 "천재일우千載一遇의 동학同學"이란 격려와 찬사를 받은 류스페이(1884-1919)는 전통 사상을 연구하는 민족주의적 국학자에서 아나키즘으로 전환한 인물이다. 그의 전환 배경에 평화주의적 아나키스트 톨스토이가 있다는 사실이 매우 흥미롭다. 천성림(2002: 53)의 설명을 들어보자. "유사배[류스페이]가 동경에 도착하기 직전 1907년 정월 『오사카 매일신문』에는 5회에 걸쳐 톨스토이의 '중국인들에게 주는 글[致中國人書]'이 실렸다. 톨스토이의 중국 유교 사상·노장사상에 대한 관심은 잘 알려져 있는 바이지만 이 편지에서 그는 서양을 모방하여 대의제도·공업화 정책을 도입하여 근대화를 도모하려 하고 있는 중국인의 어리석음을 지적하고, 중국의 전통적 미풍양속-소박한 농업 생활에 기초한 자유와 평화를 상실하지 않을 것을 권고하였다."

중국의 학술을 높이 평가하면서 중국인으로 하여금 서구를 추종하지 말라고 충고하는 톨스토이의 메시지는 국학자 류스페이를 크게 감동시켰음이 분명하다. 류스페이(천성림, 2002: 54에서 재인용)는 톨스토이의 "인민의 자유라는 면에서 중국을 따라갈 수 있는 나라는 없을 것"이라는 말을 인용하면서 무정부의 실행은 중국이 가장 용이하며 중국이 세계 최초의 무정부가 될 것이라고 역설한다. 사실 노장은 중국 아나키즘의 발명가이고, 위진남북조시대의 포경언은 무군론無君論을 주창하였고, 왕수인王守仁 계열인 이지는 중국의 바쿠닌으로 불리는 자유주의적 아나키스트였다. 놀라운 사실은 중국에서는 1905년부터 1920년대까지 아나키즘이 맑스주의보다 더 큰 영향력을 가진 사상이었다는 것이다(조광수, 1998: 108).

그런데 류스페이(조광수, 1998: 54-55에서 재인용)의 논의 가운데서 가장 흥미로운 점은 중국은 이미 풍부한 무정부의 토양을 지니고 있다는 것이다. "중국 수천 년의 정치는 유도儒道 이가二家의 학설로부터 나왔다. 두 학설은 방임을 주로 하기 때문에 중국 정치 또한 방임을 주로 하고 간섭을 주로 하지 않았다. 이름은 전제이나 사실상 중국의 정부는 인민과 밀착해 있지 않고 그들에게 신뢰를 얻지도 못하고 있다. 법률은 단순한 형식적인 문서에 불과했고 관리는 명목상의 지위를 보전하고 있을 뿐 누구 한 사람 진실로 권력을 장악하고 있는 이는 없었다. 정부는 인민을 초목금수와 같이 취급하며 인민은 정부를 꺼려하고 사악한 것으로 간주하여 친해질 수 없었다. 이름은 유정부이나 실은 무정부나 다름없었던 것이다." 참으로 절묘한 통찰이 아닐 수 없다.

류스페이는 그의 이상적인 평등사회를 균력주의均力主義에서 발견한다. 균력주의란 개인의 권리와 의무를 평등하게 하고, 개인이 여러 가지 일을 순환적으로 맡음으로써 고락을 평등하게 소유하자는 것이다. 이를 위해서 먼저 국가 내 경계를 폐지하여, (현대의 아나키스트 공동체주의자들이나 마을 자치주의자들이 이상적으로 생각하는 규모인) 인구 1,000명 정도의 지역을 단위로 하되, 각 촌에는 노인과 어린이의 휴식처를 만들어 초기의 연령 단계에서는 노인이 어린이들에게 공통적으로 세계 공통어(에스페란토) 학습, 일반 학습, 기계 제작 실습을 시키고 다음부터는 연령대별로 도로 공사, 광산과 벌목, 가옥의 건축, 철기와 도기 및 잡화의 제조, 방직에 종사한다. 농업은 21-36세까지 16년을 한도로 하고, 37-40세는 요리, 41-45세는 화물 운송에 종사하며, 46-50세는 기사 및 의사가 되고, 50세 이후는 휴식처로 돌아가 유아의 양육과 교육을 담당한다. 인간의 능력을 다양하게 개발하고, 특정 직업의 독점을 막고, 세대 간 협력과 조화를 도모하자는 이념이다.

류스페이의 균력사회가 제대로 작동할 수 있을지 혹은 효율적이고 지속 가능할지는 상당히 의문스럽다. 그런데 오늘날의 시점에서 주목해야 할 것은 농업 중시와 세계 공통어 학습이다. 오늘날 농업은 생태학적 균형의 차원에서뿐 아니라 먹거리의 안전성과 자연 친화적 노동 체험이라는 관점에서 새롭게 그 산업적 역할을 이해할 필요가 있다(도시농업의 필요성과 확산 혹은 크로포트킨의 농공 병진!). 나아가 세계 공통어의 학습은 인간의 의사소통을 통해 불필요한 감정적 갈등을 막는 데 매우 필요한 방안이다. 류스페이는 또 다른 인간 갈등의 원천인 불평등은 사유재산제도의 철폐로 없앨 수 있다고 한다. 세계 통합의 기초로서 세계 공통어의 문제는 진지하게 검토해야 한다. 기왕지사로 이미 준세계어로 통용되는 영어의 국제 공용화가 가장 무난한 길일까? 아니면 아나키스트들이 제시한 에스페란토? 아니면?

그러나 류스페이의 균력주의는 거대한 중앙 집중적 관리 장치가 없으면 전혀 작동하기 어려울 것이라는 점이 당장 드러난다. 수요와 공급, 이동과 배치, 세대별 적정 인구 배당과 조절, 촌락 간의 이동과 교환 등을 고려할 때 실현성이 매우 낮다. 이상적 아나키사회의 구체적 모습이나 작동 원리를 구체적으로 미리 규정한다는 것은 이래서 위험하고, 불가능하며, 불필요하다. 시대적 조건과 환경에 따라서 개인들이 자치적으로 결정하고 자주적으로 관리하는 것이 바람직하다. 미래의 세세한 청사진은 미래로 가는 우리의 자유를 오도하거나 제한할 가능성이 크다.

류스페이가 추구한 아나키즘적 이상 사회는 비록 서구 아나키즘과 유사성을 보이는 부분이 있어도 기본적으로는 중국 고유의 전통사상인 도가나 유가의 소국과민이나 대동사상에 뿌리를 두는 것이었다. 이런 류스페이의 이념적 특성은 민족주의 혁명가였다가 아나키즘의 투사로 잠깐 활동한 후 다시 보수주의로 돌아갔던 그의 사상적 궤적을 반영하는 것이기도 하다.

이상에서 살펴보았듯이 19세기 말에서 20세기 초 격변기의 동아시아 중국에서 새로운 문명을 기획한 세 사람, 캉유웨이, 장빙린, 류스페이는 모두 무정부와 무국가의 세계사회를 추구하였으며, 현존하는 모든 제도를 철폐하는 급진적-근본적 탈바꿈을 지향하였다. 이로부터 100여 년이 흘렀다. 내가 보기에는 오늘의 상황과 정세는 그들이 꿈꾼 새로운 문명을 추구하기에 더욱 나빠진 것 같다. 그 당시만 해도, 세상은 다소 어수룩하고, 아래위로 허점이 많았고, 지혜나 사상과 이념이 그런대로 위정자와 대중에게 먹혀들기도 하였으나 오늘날 세상은 더 영악하고, 모질고, 깐깐하며, 불신과 각자도생의 삶으로 가득 차 있다.

섭섭하게도 세 사람 모두 끝까지 자신들의 이상 사회를 향한 의지를 관철시키지 않고, 딴 길로 빠졌다. 그들은 겁쟁이나 배신자가 아니라 매우 현명한 판단을 하였다. 모두 급진적 혁명가로부터 일종의 보수주의적 비판가로 변신하였다. 당대의 엄청나게 요동치고 휘몰아치던 성난 제국주의적 시대 상황을 감안하면 자신들의 입론이 무망함을 깨달았을 것이다. 지지 세력은 사라지고, 대세는 새로운 국가권력 체제를 수립하려는 두 야심가, 맑스주의에 입각한 프롤레타리아 국가주의자 마오쩌둥과 국가지상주의자 장제스에게 넘어가고 있었기 때문이다.

그렇다면 오늘의 아나키스트 자유주의자는 무엇을 해야만 하는가? 한편으로는 과거보다 상황이 더 복잡하고 사람들의 관심이 더 적지만, 다른 한편으로는 사람들이 좀 더 무지로부터 벗어남으로써 적어도 야만적 제국주의나 전제 국가는 우리 주위에서 사라졌다. 그래서 나는 항상 철저한 비관주의(60-70%) 속에서 신중한 낙관주의(40-30%)를 견지하고자 한다. 언제나 희망의 목소리는 "시작은 반이고 아직은 너무 늦지 않았다"고 우리를 유혹한다.

이제 동아시아는 어디로 가야 하는가?

한편으로 서구의 약화가 서서히 가시화되는 반면, 다른 한편으로는 1980년대부터 일본을 비롯하여 동아시아의 네 마리 용이 비상하더니 마침내 21세기와 함께 중국이 세계를 놀라게 하면서 용솟음친다. 중국의 세계 무대 등장은 역사의 예정된 수순이 아닌가 싶다. 엄청난 면적과 자원, 방대한 인구와 다양한 종족, 심원한 문화적 전통을 소유한 나라가 그간 사회주의라는 최면에 빠져 졸고 있었을 뿐이다.

이제 호랑이는 깨어났다. 세계는 주목한다. 특히 한국, 중국, 일본은 오랜 세월 유사한 동아시아 문명권을 형성해왔던 만큼 이들이 협력하게 된다면 엄청난 시너지를 발휘할 수 있다. 유럽도 연합을 이루었으나, 돈 문제로 (치사하게?) 벌써부터 삐걱거리고 있다. 처음부터 원대한 문명전환이라는 꿈을 가지고 출발한 것이 아니었기 때문이다. 상호 이해관계의 조정과 경제적 협력이 최고 목표였다. 이제 이해관계가 어긋나니 서로 다툴 수밖에 없다. 동아시아는 새로운 비전, 새로운 가치를 갖고 자유와 협력의 연합을 이루어야 한다. 동아시아 연합! 시간이 걸리더라도 제대로 만들어, 문명전환의 견인차가 되어야 한다.

현재의 국가권력 수준에서 심각하게 전개되는 한중일 갈등에 비관하고 절망할 필요가 없다. 이러한 갈등은 곧 풀릴 수밖에 없다. 다른 길이 없기 때문이다. 그리고 더 중요한 사실은 표면적으로 떠오른 국가 간 권력 게임의 갈등에도 불구하고 도처에서 상호 협력을 진지하게 모색하는 개인 연합 수준의 힘들이 계속 자라고 있다는 것이다. 동아시아의 개인들이 합심하여 일심으로 움직이면 나라는 끌려올 수밖에 없다.

제4부

잡종사회의 친구들

포퍼는 나치즘, 파시즘 그리고 공산주의가 득세하여 전 세계에 전체주의의 광풍을 일으키고, 마침내 제2차 세계대전이라는 끔찍한 파괴와 살상을 초래한 인간 사회의 비극과 참극을 목도하였다. 당연히 그는 불안정하게 성장하고 있던 개방사회의 뿌리를 뽑아버릴 수도 있는 엄청나게 위험한 적으로서 전체주의를 규정하지 않을 수 없었다. 개방사회와 그 적들을 구분하는 것은 포퍼 당대의 위험천만한 상황을 고려한다면 불가피한 판단이었다.

이제 세월은 흘러 개방사회는 정치적 민주화의 과정을 통하여 전 세계적으로 더디기는 하지만 서서히 뿌리를 내렸고 많은 나라에서 그 성숙한 모습을 잡종사회의 형태로 드러내고 있다. 개발도상국이나 후진국에서 존재하였던 여러 유형의 독재 체제나 전제 지배가 와해되었고, 특히 소련과 동구의 사회주의권 해체 그리고 중국의 개방화 정책은 다원적 개방주의를 확산시켰다.

개방사회는 개인적 자유에 입각하여 국내외의 다양한 문물과 가치를 수용하고, 이 과정에서 관용의 미덕을 추구함으로써 현대 민주주의사회의 기반이 되었다. 이와 같은 개방사회의 발전 과정으로서 자연스럽게 등장하는 잡종사회는 개방사회의 핵심적 가치라 할 수 있는 이질적인 것의 수용과 관용이라는 수준에서 한걸음 더 나아간다. 즉 이질적인 것들의 가치를 적극적으로 인정하고 존중하여, 이들과의 긴밀한 상호작용을 통하여 새로운 사회 변화를 추구한다. 이 점에서 잡종사회는 개방사회의 성숙한 단계로 간주할 수 있다.

과거 개방사회의 적들은 개방화의 전진과 함께 비록 쇠락과 해체의 운명을 맞이했지만, 도처에서 재기를 기획하며 새로운 변신을 시도하고 있다. 세상에는 시대의 변화를 외면하면서 폐쇄적 억압과 획일적 폭력 위에 군림하는 전체주의 체제들이 여전히 버티고 있으며, 그 하수인이나 추종자는 자유민주사회의 보호막을 활용하여 은밀하게 때로는 공공연하게 개인과 자유의 가치를 부정하고, 정의로 가득한 지상천국의 가능성을 설파하기도 한다. 전체주의자의 변함없는 특징은 개인에 대한 집단이나 전체의 우월성과 지배성을 확신하는 것이다. 그들은 국가나 민족의 절대적 가치, 종교적 교리나 진리의 신성불가침성, 역사적 진보의 필연성과 법칙성, 만인 평등과 만인 행복이라는 물질적 유토피아주의를 신봉한다.

과거 전체주의의 선도적 역할을 했던 결정론적 맑스-레닌주의의 유령은 여전히 건재하다. 벡(2000: 316)의 진단은 매우 흥미롭다. "맑스는 죽은 것처럼 보일 뿐이다. 그는 일종의 행정가로서, 녹색주의자로서, 활동적인 어머니이자 페미니스트로서, 마이크로칩으로서, 유전병 전문의로서, 혁명적 바이러스들의 일원이자 미래학자로서, 유연성의 구루guru(힌두교에서의 정신적 스승이나 지도자)로서, 시장 아나키스트로서, 실업의 사도로서 그리고 자연을 숭배하는 근본주의자로서 부활할 것이다." 일부 맑스주의자는 이념적 변신 혹은 고양을 통해서 탈전체주의자로 활동하고, 다른 일부는 전체주의적 지향성을 굳건히 내장한 채 다양한 이념적 가치의 외피를 걸치고 있을 것이다. 혹시나 도래할지 모를 그 최종적 국면 last instance을 기다리며.

이처럼 한때는 명확하게 우리의 적이라고 식별할 수 있었던 사람들도 이 잡종화의 시대에서는 숨은 적인지, 단순 비판자인지, 지나가는 방관자인지 알 수 없다. 맑스주의 지지자들도 여러 유형이 있기 때문에 이들을 모두 아나키스트 자유주의의 적이라고 단정했다가는 많은 아까운 친구를 잃을 수도 있다. 두 유형의 맑스주의자를 구분하는 준거가 필요하다. 하나는 여전히 계급투쟁의 논리에 입각하여 폭력적 수단의 사용도 배제하지 않으면서, 자유민주주의 정치체제와 시장 자본주의 경제체제의 전복을 꾀하고 사유재산제도의 폐지와 같은 평등주의를 표방하는 전체주의자나 모험주의자이다. 다른 하나는 서구의 사회주의 계열 정당, 예컨대 영국의 노동당, 프랑스의 사회당, 독일의 사민당처럼 사회민주주의를 표방하면서 점진적 사회 개혁을 추구하는 자유사회주의자 혹은 사회적 자유주의자이다. 전자는 잡종 사회에서도 분명한 적으로 간주할 수 있으나, 후자는 아나키스트 자유주의의 길에서 동행인이 되어 서로 최소한 외로움을 덜어주거나 힘을 보탤 수 있을 것이다.

19세기 혁명의 시대를 풍미한 맑스주의에 대한 향수를 간직하고 있는 소위 정통 좌파들이 분명히 존재한다. 소련의 스탈린주의자들, 중국의 마오쩌둥주의자들, 그리고 세계 도처에 산재하는 정통 공산당원들은 지금도 열심히 자신의 가치를 추구하며 활동한다. 학계에서는 유럽을 중심으로 현재 전 세계적인 영향력을 확보하고 있는 포스트구조주의 계열의 많은 비판 이론가가 대부분 포스트좌파적 지향성을 가지고 있지만, 그들은 이제 유연하고(비결정론), 세련되었으며(과학주의/문화주의), 때로 타협적(비정통주의/수정주의)이다. 다만 최종적 순간에 혹은 가장 결정적 국면에 표출되는 그들의 주장은 대체로 반자유주의, 반개인주의 내지 보편적 평등주의로 경도된다. 최근 바디우(2008)는 사도 바울의 보편주의적 복음도 찬양한다. 아나키즘적 함의를 부정할 뿐 아니라 때로 동시에 활용하기도 하는 일부 프랑스 포스트주의자들의 수사는 점차 대교약졸大巧若拙이 아닌 교언영색이나 외화내빈으로 흐르며, "좌파적 전환"으로 기울고 있다. 그들의 책은 한국에 쏟아지고 있다! 신자유주의는 이들의 좋은 먹잇감이다. 아나키스트 자유주의자는 이들의 최종 깃발이 분명해질 때까지 좀 더 지켜볼 필요가 있다.

 좌파뿐 아니라 우파에도, 어쩌면 좌파 전체주의자보다 더 위험스러운 전체주의자가 있다. 국수주의자, 민족주의자, 근본주의자, 집단주의자, 도덕적 보편주의자, 종교적 절대주의자(진리 독점자) 등이 그들이다. 요컨대 여러 유형의 전체주의자들이 뒤섞여 존재한다. 이들은 나름대로의 존재 이유와 존재 가치를 지니고 오랜 과거로부터 지금까지 존속하고 있다. 어쩌면 극좌와 극우는 전체주의적 질서와 이를 위한 수단으로서 국가권력주의를 공통적으로 그리고 절대적으로 신봉한다는 점에서 서로 적이 아니라 동지라고 부르는 것이 정확할 것 같다. 절대 국가, 신정국가, 민족국가, 인민 국가, 도덕 국가 등이 좌우파의 전체주의자들이 즐겨 추구하는 국가유형이다. 특히 최근에 세계를 공포와 전율의 테러에 휩싸이게 하고, 성전을 전개하여 이단을 근절한다는 명분하에 학살과 파괴를 자행하는 파괴 세력들이 발호하고 있다. 성전聖戰의 이름으로 문명사적 가치가 높은 유물과 보물이 가득한 성전聖殿을 파괴하니 참으로 희대의 역설이 아닐 수 없다. 이들이 전개하는 야만적 살육은 또 다른 도살장屠殺場killing field을 재현한다. 과거의 친숙한 적들보다 더 끔찍한 새로운 적들이 등장하였다.

그러나 잡종사회에서는 적대적 세력이나 공격적 집단들과의 법치주의적 공존이 불가피하다. 폭력에 폭력으로 대응하다 보면 더 큰 폭력이 야기될 수 있기 때문이다. 미국도 이제는 무력 개입을 자제한다. 시간이 흐르면서 이들은 어느 한쪽으로 흡수되거나(차이의 해소), 상호 변용을 통해서 잡종화되거나(차이의 감소), 전혀 새로운 가치의 등장(새로운 차이의 발생)을 맞이할 것이다. 혹은 상호 긴장과 대립의 상태가 지속될 것이다(차이의 영속).

포퍼가 개방사회를 주장하였을 때는 전체주의적 세력이 무섭게 성장할 때였다. 그러므로 포퍼는 적을 공격할 필요가 있었다. 이제 사태가 달라졌다. 개방사회는 어느 정도 성공적으로 전개되었고, 냉전 체제의 종식과 함께 그 새로운 결실로 잡종사회까지 확장되고 있으므로 유리한 고지를 점령한 셈이다. 새로운 적에 대처할 수 있는 새로운 전선에 참여할 전우, 즉 친구들을 모으는 일이 훨씬 더 중요해졌다. 동지와 적이란 어차피 언젠가는 서로 잡종화되어야 할, 현재로서는 미완未完의 관계이다. 그때까지 잡종사회의 기반을 더욱 튼튼하게 다져두기 위해서 지금은 친구들과 동지들을 찾아볼 때이다. 잡종사회의 친구는 어디에 있는가?

아나키스트 자유주의는 잡종사회의 확대 및 심화에 필요한 다섯 가지 유형의 친구들로서 타협적 탈국가주의자, 절제적 탈물질주의자, 협동적 개인주의자, 상대적 허무주의자, 현세적 신비주의자를 발견한다. 이념적으로 이들은 아나키스트 자유주의의 정치, 경제, 사회, 문화, 종교의 각 기능적 영역에 존재하는 구체적인 구성 이념으로 간주할 수 있다. 잡종사회의 친구로서 이들은 새로운 문명전환에 필요한 새로운 이념적 가치를 제공할 것이다.

현실적으로 이 친구들은 각각 사회의 유지·존속에 필요한 다섯 가지의 기능적 차원(정치, 경제, 사회, 문화, 종교)을 대표한다. 왜 다섯 가지 기능이고, 다섯 가지 친구인가라는 질문이 제기될 수 있다. 나는 음양오행의 오행(목화토금수)을 다섯 가지 기능이라고 해석하고, 이를 사회학자 파슨스의 유명한 네 가지 기능적 요건four functional requirements에 접합시켰다. 파슨스의 모델에서는 종교적 기능이 문화에 포함되어 있었지만 나는 독립시켰다. 종교는 문화에 흡수될 수 없는 독자적 가치와 논리를 가진 인간 활동 영역이다. 그리하여 오행과 기능의 관계를 각각 목木과 정치政治, 화火와 경제經濟, 토土와 사회社會, 금金과 문화文化, 수水와 종교宗教로 상관시켰다. 이 다섯 가지 기능이 오행처럼 상생상극의 바람직한 조화나 균형을 이룩할지는 경험적으로 검토해보아야 할 것이다. 그러나 음양이나 오행에서 작동하는 상생상극의 대대적 관계는 궁극적으로 조화와 균형을 지향한다는 점에서 잡종화의 논리적 구조나 역동적 실천과 연결된다.

나아가 나는 이 "오행 → 오기능五機能"을 다시 "오행 → 유가의 오덕五德(仁義禮智信)"과 연결시켰다. 나는 일반적으로 통용되는 동중서의 연결 방식과는 다르게 목-(정치)-인, 화-(경제)-의, 토-(사회)-예, 금-(문화)-지, 수-(종교)-신으로 상응시켰다. 논란을 초래할 수 있는 방식이다. 그렇지만 현대적 해석으로서는 매우 적절한 설명력을 갖는다. 그 상호 연관성을 간명하게 풀이해보자. 정치는 백성에 대한 사랑(인)이고, 경제는 공정거래와 분배적 정의(의)를 확립하는 것이고, 사회는 서로 존중하고 협력하는 예의 혹은 에티켓/도덕과 규범(예)을 지키는 것이고, 문화는 독단과 아집에 빠지지 않도록 배우고 연마하여 지식과 지혜(지)를 축적하는 것이며, 끝으로 종교는 무엇보다도 신앙심(신)을 가지는 것이다. 그럴듯한 설명이지 않은가?

　마지막으로 음양오행의 상생상극을 견제 보완의 의미로 해석하여 오행-오기능-오덕이 자체 균형력을 지닐 수 있도록 각각에 일종의 대대적 관계 구도를 만들었다. 정치적 차원에서는 탈국가주의에 대한 균형력으로서 타협-절충의 중용의 덕을 갖춘 타협적 탈국가주의자를, 경제적 차원에서는 탈물질주의에 대한 균형력으로서 분배적 정의에 필요한 절제를 강조하는 절제적 탈물질주의자를, 사회적 차원에서는 개인주의에 대한 균형력으로서 예의 기반인 협동을 강조하는 협동적 개인주의자를, 문화적 차원에서는 허무주의에 대한 균형력으로서 지식의 상대주의를 견지하는 상대적 허무주의자를, 종교적 차원에서는 신비주의에 대한 균형력으로서 현실적 삶의 가치에 대한 믿음을 바탕으로 한 현세주의를 지향하는 현세적 신비주의자를 친구로 삼았다. 그리고 각 차원마다 일종의 잡종적 균형과 조화를 이루도록 하였다. 탈국가주의, 탈물질주의, 개인주의, 허무주의, 신비주의는 아나키스트 자유주의의 동아시아적 가치 지향성을 대변하는 것이다. 이를 표로 제시하면 다음과 같다.

〈표 6〉 아나키스트 자유주의의 구성과 가치, 기능 및 음양오행적 연관

잡종사회의 친구들		오덕	다섯 기능	오행
음양적 균형력	아나키스트 자유주의			
타협적	탈국가주의자	인(애)	정치	목
절제적	탈물질주의자	(정)의	경제	화
협동적	개인주의자	예(절)	사회	토
상대적	허무주의자	지(식)	문화	금
현세적	신비주의자	신(앙)	종교	수

잡종사회의 다섯 친구는 다른 말로 표현하자면 21세기 새로운 문명전환을 추구하는 아나키스트 자유주의자의 다섯 가지 모습 혹은 분신分身이라고도 할 수 있다. 여기서 주의할 점은 이 다섯 친구가 항상 서로 일관되게 친밀한 우정을 나눌 것이라고 가정하기가 쉽지 않다는 사실이다. 물론 나는 이들이 아나키스트 자유주의라는 공통의 뿌리를 통해서 상호 선택적 친화력을 강화·유지하기를 바랄 뿐이다. 다만 이들 간에 약간의 상호 갈등과 차이가 존재하는 것이 개별적 정체성을 확인하는 데 도움이 될 수도 있고, 우정의 긴장적 지속성과 상승적 고양의 가능성을 높이는 역할도 할 것이다.

아나키스트 자유주의 내부에서도 상대적 허무주의자와 현세적 신비주의자에 대해서는 비판적 합리주의자나 크리스천 아나키스트들이 거부감을 가질 수 있을 것이다. 타협과 절충에 대해서도 원칙주의자들의 비난과 질책이 따를 것이다. 비판적 토론을 통해서 논점을 더욱 설득력 있고 명료하게 제시할 수 있게 되기를 기대한다.

11장　타협적 탈국가주의자

　탈국가주의자는 국가를 즉각적이고 전면적으로 부정하지 않는다. 국가의 탈권력화를 추구하고, 시민 각자의 개인 권력을 확대하여 궁극적으로 지배와 억압으로서의 권력 자체의 의미가 무화되기를 기대한다.
　타협적 탈국가주의자는 탈국가주의의 길이 필연적으로 지배 권력과 대항 권력 간의 충돌과 투쟁을 초래할 것으로 판단하지 않는다. "승리 아니면 실패"라는 이분법적 문제 해결을 추구하는 대신에 정치적 잡종화의 원칙인 "타협과 절충"으로써 탈권력화에 접근한다.

1. 최소국가론으로서 탈국가주의

　탈국가주의는 근대적 국가 체제를 넘어 새로운 정치적 조직화를 추구하는 정치적 비전이다. 상향적으로는 현존하는 국가와 국가를 잡종화시켜 국가(간) 연합으로서 지역 연합을 추구하는 과정에서 국가 간 전쟁의 위험과 불평등의 고통을 감소시킬 수 있다. 하향적으로는 중앙 집중적 국가권력을 해체하여 지방자치와 주민자치를 강화시킨다. 당분간 국가 체제는 필요악이다. 국가권력을 최소화하는 최소국가가 현실적 과제다. 장기적으로는 탈권력화된 국가, 즉 개인을 중심으로 사회와 국가가 잡종화된 사회국가를 수립하고자 한다. 사회국가의 핵심적 기능은 시민사회에 대한 서비스와 지원이다. 관료적 권위주의나 부정부패는 불가능하도록 제도화될 것이다.

정치적으로 탈국가주의자는 국가의 결정, 개입, 간섭을 최소화하는 최소국가론을 지향한다. 부정부나 무국가라는 궁극적 목표는 최소국가로 나아가는 길 저편에서 탈국가주의자가 유도하고 격려할 것이다. 현재 국가가 독점적으로 담당하고 있는 많은 기능, 예컨대 국방, 화폐, 치안, 교통, 교육 등이 시민사회로 전체적으로 혹은 부분적으로 이전될 수 있다.

복지국가라는 만방불패萬方不敗의 보호막을 입은 21세기 국가 체제는 더욱 정교하게 개인을 지배하고, 그 자유를 규제하고자 한다. 이 사실을 일반 시민들이 불안하게 감지하고 있을까? 예나 지금이나 국가는 변함없이 공공선의 이름으로, 국리민복의 이름으로 정의 구현의 사도로서, 이해 갈등의 조정자로서 그리고 국내외의 위험과 위기의 해결사로서 자처하면서 군림한다. 개인의 자유도 국가의 철저한 보호와 세밀한 관리가 있어야만 가능하고, 특히 사회 불평등을 해소하고 폭력과 범죄나 전쟁과 같은 내우외환을 막기 위해서는 국가의 존재가 필수 불가결이라고 내세운다. 국가의 개입 없이는 아무것도 제대로 할 수 없다?

지금까지 이미 국가 기능의 한계와 취약성을 강조하여 지적했지만, 우리에게 알려진 순기능적 국가 역할은 정반대로 역기능의 원천으로 규정할 수 있다. 하나하나 따져보자. 국가 공동체라는 미명美名의 추상抽象은 공공 선택론의 지혜를 빌리자면 정파적 이해관계나 권력 유지를 위한 특수한 사적 이익을 대변할 뿐이다. 복지국가란 그 표현이 그럴듯할 뿐이지 국민의 세금으로 국민을 (비효율적으로) 돕는 일로 국가가 생색낼 이유가 전혀 없다. 남의 돈으로 선심 쓸 뿐이다. 또 국가는 갈등의 조절자나 위기를 극복하는 해결사가 아니라 그 자체가 잘못되거나 편파적인 정책 시행으로 갈등을 야기하고 위기를 증폭시키는 문제의 원인이 되는 경우가 허다하다. 잘못된 정책으로 인한 예산 낭비는 국력을 소모한다. 절박한 위기(부정부패, 경기 침체와 실업 등)에는 소극적이거나 무력하고, 인기몰이용 위험(북한의 군사력과 호전성 증대, 연금 재정 고갈 등)은 과장하면서 목전의 선거 대비에 급급하는 단기적 통치 전략은 장기적으로는 사회에 더 큰 위기와 위험을 초래한다.

국가의 정책은 신뢰하기 힘들고, 그 효능은 불안정하다.

그럼에도 불구하고 국가의 관리자들은 정치 게임을 통한 권력 획득과 유지 그리고 권력 행사에만 최대의 관심을 기울인다. 정치에는 여러 종류(유치원생들이 피켓을 들고 나서는 길거리 정치부터 이미 죽은 카리스마적 인물을 등에 업는 후광 정치까지)가 있지만, 동서고금을 막론하고 모든 정치의 요체는 국가 정치이다. 국가 정치는 근대 국가 체제의 확립과 함께 필요 불가결한 사회 기능으로 확립되었다. 중앙집권주의는 바로 국가 정치가 지방 정치나 주민 정치보다도 우월하다는 사실을 반영한다.

국가 정치의 무소불위한 영향력과 국가 체제의 필수성이 널리 그리고 확고하게 인정되면서 국가주의라는 이념이 확산되었다. "국가를 중심으로 그리고 국가에 의해서만 사회질서는 보장되고 전체 사회의 복지가 보장된다. 국가 없이는 개인의 사생활과 사회생활이 보호받지 못하므로 국가는 개인에 우선하고, 개인은 국가를 따라야 한다"고 주장하는 것이 국가주의의 핵심적 내용이다. 역사적으로 국가주의의 뿌리는 무섭게 길고 오래되었다. 그리스 도시국가와 춘추전국시대 이전까지 거슬러 올라가니 말이다. 그만큼 반국가주의도 일찍부터 외쳐졌다. 공자와 플라톤이 동서에서 국가주의를 대변한다면, 장자와 디오게네스는 반국가주의를 대표한다.

국가주의는 국가를 구성하는 개인, 하위 집단, 각종 자발적 결사체보다 국가 자체의 존재론적 중요성이 더 우(월)선(차)적이라고 주장한다. 따라서 개인은 국가의 요구나 지시에 대하여 복종하거나 순응하거나 따라야 한다. 이와 같은 논리의 연장에서 국가 공동체는 인간 사회의 여러 공동체 가운데서 가장 신뢰할 수 있다는 주장이 또한 자연스럽게 도출된다.

왜 국가가 인간 사회에서 필수적이며 가장 중요한 존재라고 주장할까? 국가주의자들에 의하면 개인들은 국가의 관리와 통제 없이는 사적 이기심에 휩싸여, 홉스가 말한 바대로 각자의 욕망 충족에 급급하여 무질서와 혼란 속에서 만인의 만인에 대한 투쟁 상태를 벗어나지 못한다. 원시 부족사회에서부터 발견되는 싸움과 약탈은 중국의 춘추전국시대와 같은 전쟁판을 만들었고 통일국가가 성립되자 비로소 진정되는 기미를 보였다는 점에서 평화와 질서의 구축자로서 국가의 존재 이유는 일견 타당한 것처럼 보인다.

그러나 소규모 지역사회에서 씨족이나 부족 단위로 형성되었던 고대의 연합적 소국가 체제를 무너뜨리고 광범위한 지역을 근거로 성립된 거대한 통일 민족/국민국가 체제는 일시적으로만 평화와 질서를 가져왔을 뿐이다. 이제부터는 더 큰 국가와 더 큰 국가 간의 대규모 전쟁이 전개된다. 역사상 종교전쟁을 비롯하여, 무역 전쟁, 영토 전쟁 등이 계속되더니 마침내 제국주의의 필연적 결과로 두 차례의 세계대전이라는 전대미문의 끔찍한 살상극이 초래되었다. 전쟁의 최종적 승리자가 되려는 욕심에서 너도나도 핵무기를 개발하였고, 그 결과 핵전쟁과 인류 절멸의 가능성이라는 공포를 사람들이 안게 되었을 뿐 아니라, 아직도 민족국가 건설nation-state building이라는 미명 아래 아프리카, 중동에서는 살육과 포화가 멈추지 않고 있다. 국가는 전쟁을 통해 탄생하고, 전쟁으로 그 건강을 유지하며, 마침내 전쟁으로 그 명을 끝낸다.

그렇다면 국가가 없다면 어떻게 될까? 국가권력이 없는 상황에서도 사회는 유지된다. 불안스럽고 혼란이 발생하겠지만 사회의 자기조직화와 자생적 질서 형성으로 사회는 안정을 찾을 수 있다. 만약 우리가 국가 소멸을 30년이나 40년의 여유를 가지고 준비한다면 순조롭게 무국가 체제로 전환할 수 있다. 당장 대통령이나 장차관이 없어지고 국회가 사라지더라도, 각자가 각자의 영역에서 맡은 바를 수행하고, 서로 협력한다면 국정이 마비될 염려가 없다. 그들이 수행하던 권한과 책임은 적절하게 분배·이양되면 그만이다. 한번 실험적으로 시도해보고 싶으나 영원히 기회가 오지 않을 것 같다. 벨기에에서는 한때 내각이 구성되지 못해 몇 달을 내각 없이 지냈다고 하나, 큰 문제가 발생하였다는 얘기는 못 들었다. 그리고 각종 혁명이나 비상사태의 시기에, 비록 짧은 기간이었지만 무정부 상태에서도 질서와 평화는 유지되었다. 스페인혁명, 헝가리혁명, 광주민중항쟁 등의 사례가 이를 입증한다. 기회만 주어진다면 대안적 정치체제가 얼마든지 창안될 수 있다. 지배하고 명령하는 권력이 아니라 협의하고 협력하며 설득하는 탈권력이 등장할 수 있다. 아나키스트 정치는 이 탈권력의 정치가 가능하다는 사실을 현실 제도 정치에 참여하여 직접행동으로 보여주어야 한다.

국가 체제는 근대와 함께 비록 정치적 민주주의를 수용하여 개인의 권리와 자유를 보장하는 방향으로 나아가고 있지만, 각종 저항적 소수자, 반대자, 일탈자에 대해서는 여전히 억압과 차별을 자행한다. 민주주의가 충분히 성숙하지 못한 까닭도 있지만, 민주주의가 배타적 민족주의자, 종교적 근본주의자, 각종 차별주의자 등에 의해서 장악되거나 조종되고 있기 때문이다. 국가는 폭력을 독점한 위험한 세력 집단이요, 어떻게 변할지 모르는 믿기 힘든 존재다.

나아가 추상적 존재로서의 국가란 것이 도대체 구체적으로 무엇을 가리키고, 무엇을 의미하는가? 이미 국가나 민족이 상상의 공동체에 불과하다는 주장(앤더슨, 2004)이 설득력을 얻고 있다. 아나키스트 자유주의자는 한걸음 더 나간다. 현실적으로 국가는 소수 지배자와 그 아류 패거리들에 의한 그리고 그들을 위한 이익 공동체일 뿐이다. 지배자와 피지배자는 하나의 이름을 가진 국가 속에 살지만, 그들이 생각하고 바라는 국가란 서로 충돌하는 경우가 많다. 피지배자들 간에도 이념적 혹은 종교적 성향에 따라서 국가관이 다르다. 국가라는 권력 체제를 실제로 좌지우지하면서 움직이는 사람들은 소수의 정치적 권력 집단이다. 물론 여론의 압박과 반대 세력의 견제로 이들이 국정을 마음대로 주무르는 것은 아니지만, 일반 국민들이 국가 대사에 참여할 수 있는 통로는 거의 없다.

국가주의자들이 미화하고 정당화하는 국가는 하나의 통합적 상징으로만 존재할 뿐이다. 다만 이 상징성을 지속시키기 위하여 국가는 폭력 혹은 공권력이라는 무적의 병기를 사용하기도 하고 공공선과 공익을 대변하는 도덕적-윤리적 힘으로 행세하기도 한다. 헤겔식의 인륜 국가! 얼마나 멋있고 고상한 이름인가. 권력을 좇는 불개미들과 권력의 여왕개미, 그 모두가 탐욕과 간지와 잔인성을 감춘 성실한 일꾼들, 유능한 지도자이다. 권력 자체의 고유한 논리는 대부분의 경우 권력 소유자나 권력 집단을 특권과 특혜를 누리는 방향으로 유혹한다. 그리고 이 유혹은 다시 부정부패라는 유혹으로 그들을 인도한다.

우리가 통상적으로 이해하는 국가라는 막연한 존재는 세 가지 형태의 국가관에 의존한다.

첫째는 국민 전체와 사회 전부가 국가를 이룬다는 그야말로 애매하고 추상적이기 그지없는 국가관이다. 생각해보라. 국민 = 국가 = 전체 사회라는 등식이 어떤 실질적이고 구체적인 의미를 갖는가? 그럼에도 불구하고 국가는 항상 국민의 이름으로, 전체 사회의 이름으로 행세한다. 국가의 권력이 국민에게 있다는 민주국가의 주권재민이라는 개념이 얼마나 허구인가는 두말할 필요가 없을 것이다.

둘째는 군대와 경찰을 포함하여 입법, 행정, 사법의 삼부, 국영 업체 그리고 법 정도를 국가 체제의 핵심적 구성 요소로서 간주하는 국가관이다. 여기서는 특히 조세와 법 그리고 이를 지키는 경찰 및 군대는 필수적이다. 입법과 사법 그리고 이의 실천으로서 행정이라는 3개의 하위 권력 체제의 기능은 국가 체제의 핵심적 구성체이다. 그리하여 국가는 소위 모든 공적 영역을 거의 독점적으로 지배하는 기관이 된다. 그런데 국가의 삼위일체를 이루는 삼부의 구성원들, 특히 상층부는 사회의 지배 계층으로 군림한다. 이들은 막강하고 방대한 국가 관료 체제의 운영자로서 법을 집행하여 사회질서를 유지하는 것이 그 임무이다.

그런데 국가권력의 구성원인 공무원이나 관료가 저지르는 탈법과 범법 그리고 위법 사례가 끊이지 않고 있다. 국가의 기둥인 법을 갉아먹고, 조롱하는 것이 바로 국가의 관리자들이니 국가는 부정부패의 진원이요 온상이 될 수밖에 없다. 동서고금의 모든 국가는 크고 작은 부정부패로 국민의 세금을 남용, 오용, 사용私用한다. 국가의 폭력 독점에 따른 막대한 특수 이익을 민간 부문에서 모방한 것이 바로 조직폭력배들의 준합법적 기업화가 아닌가?

셋째는 가장 좁은 의미의 국가, 즉 특정 정치 세력이 장악한 정권으로서의 국가를 규정하는 국가관이다. 우리가 흔히 사용하는 이승만 정권, 박정희 정권, 전두환 정권이라고 부르는 것이다. 민주주의 정부에서도 실제 권력은 정권을 장악한 집단에 의해 행사된다. 비록 반대 당이나 언론과 시민이 권력 견제와 감시의 역할을 해도 임기가 보장된 기간 동안의 국정은 소수의 핵심 권력 장악 집단에 의해서 움직인다.

민주주의의 꽃이라는 투표는 선거기간 동안에는 그 권능을 인정받는 듯하지만, 선거가 끝나면 유권자도 당선자도 모두 투표의 의의를 잊어버리는 것이 현대 민주주의가 당면한 딜레마이다. 주권재민은 안됐지만 헛소리다. 선거로 정권을 교체시킬 수 있다고? 그게 그것일 뿐이다.

국가는 상기의 세 가지 국가관이 갖는 존재론적-기능론적 결함에도 불구하고 법적 기득권의 비호 아래서 승승장구하며 생존하는 놀라운 적응력을 보여준다. 분명히 국가가 사회에 혹은 개인에게 어떤 바람직한 존재 가치를 보여주고 있다고 우리가 믿기 때문이리라. 혹은 민주주의나 선거처럼 다른 더 나은 대안이 없기 때문에 살아남았을 수도 있고, 혹은 사람들이 국가권력의 충실한 종복이 되거나 아예 체념해버렸을 수도 있다.

국가의 필요성에 대한 아나키스트 자유주의자의 입장은 명확하다. 필요악necessary evil으로서 국가는 작으면 작을수록 좋다. 절대악으로서 국가를 부정하기에는 현대 민주주의국가 체제는 나름대로 쓸모가 있다. 현실적으로 거의 모든 사회 영역과 사회 활동에 국가의 손이 뻗어 있기 때문에 단숨에 몽땅 그 손을 거두게 할 수도 없다. 모든 조건이 성숙해진다면 물론 강제와 지배가 없는 무국가-무정부가 최선이다. 국가가 수행하는 대부분의 기능은 시민들과 그 연합체에 위임되거나, 돌려질 수 있다.

이 지점에서 우리는 한 가지 오랜 전통적 반대에 직면한다. 그것은 국가 기능의 약화나 분산 혹은 위임이나 이양은 자본의 통제 불가능한 힘만 키울 뿐이라는 비판이다. 예컨대 구체적 사례로서 국가 기간산업의 민영화는 자본의 논리가 지배하는 사적 이익의 추구화라고 반대하는 것이다. 이 반대 논리는 생산수단의 국유화를 주창하는 사회주의자들에 의해서 시종일관 견지되고 있다. 한국의 경우 대부분의 국영기업은 만성 적자에도 불구하고 고용과 대우도 좋다. 사기업이었다면 일찌감치 문을 닫거나 해고 폭풍이 불었겠지만 이곳은 국가가 파산하기 전에는 걱정이 없다. 사정이 이러하니 노동조합이 민영화를 절대 반대한다. 국가 기간산업이라 파업이 발생하면 문제가 심각하다. 아나키스트 자유주의자는 국가권력의 최소화라는 차원에서 이 국영기업의 민영화를 어떻게 받아들여야 하는가? 나아가 국립대학의 법인화는?

우선 국가가 자신의 자산이요 권력의 기반인 국가 기간산업을 자발적으로(?) 민영화하려는 배경과 의도를 따져보아야 한다. 불행히도 거기에는 어떤 불순한 의도(알짜 국영기업의 정치적 특혜 분양이나, 형식적 민영화와 실질적 지배 등)가 숨어 있을 수 있다. 그러므로 국가권력의 축소와 탈권력화라는 측면에서 탈국가주의자는 민영화를 이론적으로는 찬성하나, 현실적으로는 매우 난감한 딜레마에 빠질 수 있다. 문제는 국영기업이 공기업이 가져야 하는 공익 우선의 원칙보다는 이윤 추구라는 시장경제의 논리에 과도하게 집착하는 경향이다.

국영기업을 민간 부문에 이양하더라도 사적 이윤 추구의 폐해를 억제하고, 공익성을 증대시킬 수 있는 방안은 없는 것인가? 노동조합이 고수하려는 기득권 가운데서 옥석을 가려 취사선택하는 절충은 불가능한 것인가? 국영기업과 민간 기업을 상호 보완의 차원에서 경쟁적으로 분업화시킬 수는 없는가?

작은 정부의 문제는 이처럼 국가 기능의 최소화가 초래할 당연한 결과로서 사적 부문의 지배 권력이라고 할 수 있는 자본이 뒷문으로 등장하는 것이다. 늑대를 쫓아내니 여우가 등장하는 셈이다. 시민운동 권력도 이익집단화하여 국가라는 권력 파이의 조각에 관심이 많다. 주인인 국민이 관심을 제대로 보이지 못하는 사이, 국가의 돈을 이리저리 야금야금 뜯어먹고 사는 어용과 관변의 무리가 적지 않다. 그 돈을 아껴 약자를 지원하라.

국가가 사회의 핵심적 기능들을 독점적으로 많이 점유할수록 국가의 역할과 힘 혹은 지배력은 더욱 막강해진다. 한국에서 국가는 교육, 금융, 복지와 주택, 방위산업 등의 영역에서 최대 최고의 지배력을 행사한다. 그런데 국가의 독점적 지배가 이루어지는 곳 치고 제대로 작동하는 부분이 없는 것 같다. 소위 말해서 국가의 비효율적이고 불필요한 규제가 판을 치는 곳일수록 난장판이 벌어진다. 조령모개의 입시 지옥-과외 천국-촌지 비리가 만연한 교육계, 세계 최저 수준이라고 평가받는 관치금융, 인기 영합주의로 국가 부채와 재정 적자를 가속화시킬 복지 정책과 주택정책, 구조적 비리로 얼룩진 방위산업 등 국가의 산업적 부실을 열거하자면 한이 없을 것이다.

과거에는 국영 혹은 국립은 권위와 신뢰 그리고 안전의 상징이었다. 그러나 이제 국가의 신화는 빠르게 퇴색하고 있다. 사법부, 검찰과 경찰, 공무원, 교직자 등의 공권력에 대한 존경심도 옅어지고만 있다.

탈국가주의자는 국가 지배의 국영기업, 관치금융, 관치 교육, 방위산업 등을 기본적으로 탈국가화시킬 것을 주장한다. 국영 혹은 관치는 국민의 세금을 바탕으로 이익 활동을 하는 것이다. 그런데 국민이 여기에 참여하고, 감시하고, 결정할 수 있는 통로가 없다. 방만한 부실 경영이 지속되어도 국민의 세금으로 막아야 한다. 이익이 생기더라도 자기들끼리 나누어 먹을 뿐이다. 진정 그 기능이 사회 유지에 근본적인 것으로서 사적 자본의 이윤 추구 대상이 아니라면, 그 소유권을 국유가 아니라 시민들이 공유共有할 수 있는 형태로 전환해야 한다.

과거와는 달리 현대의 아나키스트 자유주의자는 절대적 반국가주의자가 아니다. 국가의 기능을 필수적인 부분에만 한정하여 허용하는 최소국가론을 견지한다. 최소국가론에 대한 비판자들은 그것이 과거의 야경국가나 자유방임 국가의 변형에 불과할 뿐이라고 반대한다. 그렇다. 최소국가는 야경국가나 자유방임 국가의 현대적 변형이다. 무엇이 잘못인가? 오늘의 국가가 우리를 밤거리의 폭력으로부터 지켜주는가? 그야말로 불철주야의 제대로 된 야경국가가 필요한 실정이다. 야경국가의 서비스 개념을 좀 더 확장하여 우리 사회가 절실하게 요구하는 안전(보장) 국가로 격상시킬 수도 있다. 자유방임이라는 말은 놀고먹으며 일을 하지 않는다는 의미가 아니라 국가가 천지사방에 팔을 걷어붙이고 나서 간섭하고 교란하지 말라는 것이다.

자유방임은 더욱 필요한 현대 국가의 정체성이다. 쓸데없이 남의 나라 주권을 침해하여 전쟁을 일으키거나 자신의 능력도 잊은 채 온갖 일에 끼어들어 공약을 남발하고 사태를 복잡하게 만드는 대신 가능한 한 모든 것을 자율 자치에 맡겨두는 방임형 국가가 필요하다. 비국가 부분non-governmental sector의 자생력과 자치력은 엄청나게 증대하였다. 세금 적게 거두고, 쓸데없는 곳에 사용하지 않으면, 국가가 나서서 간섭하고 개입할 일은 별로 없다. 그러나 탈국가주의가 추구하는 최소국가론은 시대의 변화된 요구에 부응하여 얼마든지 효율적으로 유연하게 발전할 수 있다. 전 세계적인 차원에서의 국가의 경제 개입 증대가 세계경제를 장기 침체에 빠뜨리고 있는 것은 아닐까?

오늘날의 사회는 더 이상 국가의 전면적인 개입이나 포괄적 간섭을 필요로 하지 않는다. 국가는 그런 능력이 없으므로 개입을 최대한 자제해야 한다. 가급적 민간과 시민의 자율에 맡겨야 한다. 제대로 법을 만들어 시행하고, 그것이 잘 지켜지도록 감시와 처벌, 보상과 격려만 하면 된다. 고등교육을 받은 사람들의 숫자가 다수를 이루고, 각종 전문가들이 도처에 산적한 오늘날 대의제라는 낡은 제도 때문에 소수 정치인과 관료가 권력을 독점하는 정치 방식은 하루빨리 헌법 개정으로 개선해야 한다.

국가가 개입하고 간섭하면 할수록 문제는 더 꼬이고 복잡해질 뿐이다. 골치 아픈 교란 변수가 하나 더 추가될 뿐이다. 우리 스스로도 문제만 생기면 국가에 의존하고 기대는 개인 각각의 타성을 고쳐야 한다. 개인의 고유한 자치 능력과 자주 의지를 스스로 국가에 봉납하고 국가의 처분을 기다리고 있지는 않는가? 아파트 소음 문제를 법적으로 해결하려면, 시간만 걸리고, 진행은 지지부진하고, 성과는 없고,

서로 감정만 악화되고 갈등의 골만 깊어진다. 아파트 주민 개인들끼리 연합하여 자치적, 협력적, 연합적 분쟁 해결을 모색하여 성공한 사례가 적지 않다. 이처럼 일상에서부터 개인들은 얼마든지 탈국가주의적 직접행동을 할 수 있다. 이기심의 연합!

2. 탈권력화로서 탈국가주의: 폭력적 권력인 부정부패와의 영구 전쟁

탈국가주의는 국가 체제의 폭력적 속성을 제거하기 위해서 국가의 탈권력화를 가장 핵심적인 목표로 삼는다. 첫 단계는 국가권력의 축소 혹은 최소화를 실천하는 것이다. 강제와 지배로서 권력은 적으면 적을수록 좋다. 이 점에서 나는 푸코와 의견을 달리한다. 푸코는 생산적 권력의 개념을 도입하여 권력에 한정적 면죄부를 주었다. 순기능을 가진 어떤 실천력으로서 생산적 권력을 인정하자는 푸코의 제안은 단기적으로는 유효할지 모르나 그 속성상 제도화의 과정을 거치면서 지배와 강제의 폭력으로 변하기 십상이다. 자식을 훈육하여 바른 사람으로 만들겠다는 아버지의 순수한 사랑의 권력이 변질된 것이 바로 가부장 권력이 아닌가? 교사의 사랑의 매가 교권이라는 이름으로 학생에 대한 폭력적 인권침해를 유발하고 있지 않는가?

동서고금에 걸쳐 현실적으로 존재하였던 권력관계의 편재성이라는 불가항력의 괴물에 대항하기 위한 대항 권력 혹은 (반)역(기)능으로서 생산적 권력은 그럴듯한 논리와 설득력을 갖는 것처럼 보인다. 그러나 아니다. 권력은 권력일 뿐이다. 아무리 겉모습을 바꾸고 행동을 달리한다 해도 권력인 이상 어떤 권력도 지배와 억압이라는 권력의 숙명과 유혹으로부터 벗어날 수 없다.

　왜 인민을 위한다던 모든 혁명 투사가 권력을 쟁취하자 독재자의 길을 걸었던가? 왜 모든 애국 투사나 선량 후보가 국회의원 금배지를 달자 권력의 노예나 주구가 되었던가? 왜 모든 권력자는 세습, 재선, 비합법적 장기 집권의 방식으로 나눠 먹고 돌려 먹으면서 계속하여 권력을 유지하고자 하는가? 푸코의 현실주의적 체념과는 달리 권력관계는 불가항력적인 것이 아니다. 그것은 바꿀 수 있다. 우선 내 마음속에서부터, 내 의지에서부터. 권력관계를 해체하면 국가 체제는 맥없이 그 강권성과 억압성을 잃고, 유순하며 착한 공복의 기능을 수행할 수 있다. 강제와 지배, 착취와 억압이라는 폭력으로서의 권력이 아닌, 봉사와 책임, 협동과 조화를 추구하는 이기심으로서의 개인 권력은 탈권력화된 권력이다.

　탈국가주의는 구체적 현실에서는 처벌과 명령으로서의 사법 권력, 통치와 지배로서의 입법/정치권력, 통제와 관리로서의 행정 권력, 계몽과 훈육의 교육/언론/문화 권력, 도덕과 진보의 표상이라는 운동 권력, 선동과 비방의 사이버 권력 등을 비판한다. 이것들은 최소화되면 될수록 좋다. 권력은 약자에 대한 서비스가 되어야 한다. 무지한 사람, 가난한 사람, 노약자, 특히 어린이, 각종 장애인과 소수자 등에게 서비스할 수 있는 능력을 의미해야 한다.

　탈권력화는 권력이 폭력과 강제로서 작용하는 것을 엄격히 통제할 것을 지향한다. 우리는 폭력이라고 하면 주로 물리적 폭력, 예컨대 전쟁과 살육, 각종 신체적 폭행 등을 연상한다. 물론 이 폭력들이 가장 끔찍하고 파괴적이다. 하지만 우리가 가장 심각한 사회문제라고 간주하면서도 강제적 폭력의 가장 주요한 형태임을 제대로 인식하지 못하는 것이 있다. 바로 크고 작은 권력을 매개로 하여 이루어지는 부정부패이다. 그것은 인간 사회의 역사와 함께 발전된 것이라 할 만큼 뿌리 깊은 사회구조적 관행이다. 그래서 부정부패의 만연에 절망한 사람들은 그것이 불완전한 인간 사회를 지탱하는 윤활유라고까지 체념한다. 부정부패는 거대한 권력 기구에서만 발생하지 않는다. 일상생활의 권력 세계 혹은 미시적 권력관계에서도 비일비재하다. 쥐꼬리만 한 권력이라도 존재하는 곳이면 어김없이 스며들어 독버섯처럼 피어난다. 아파트 수준의 각종 비리, 교육 현장에서 교사에게 바치는 촌지, 작은 마음을 가장한 유력자에 대한 뇌물성 선물, 내 사람과 내 편 심기 및 봐주기 등 부정부패는 상하좌우의 구별 없이 만인이 가담하여 만인에게 고통을 주고, 사회적 개선을 가로막는 최대의 적이다. 그러므로 탈권력화는 부정부패에 대한 영구 전쟁을 선언하는 것과 같다.

　부정부패로 인한 검은돈만 거두어도 가난한 사람들의 처지를 크게 개선할 수 있을 것이다. 어쩌면 사회 불평등은 자본주의와 같은 특정 경제 제도와 관계없이 각종 권력과 결부된 권력형 부정부패가 그 원초적 씨앗이 아닌가 싶다. 생각해보자. 사회주의 체제에서도 왜 불평등이 초래되었는가? 공산당이라는 조직 자원과 특정 기술 자원을 독점한 사람들이 그 성과를 독점하였기 때문이다. 자본주의사회의 부가 소수의 특정 사람이나 집단에게 독점되는 것은 많은 경우 정치적 특혜나 시장독점 등과 같은 불공정한 방식을 통해 이루어진다. 특히 특허 기술이나 지적 재산과 같은 자원은 인류 공동의 발명품이자 유산임에도 불구하고 특정 개발자가 그것을 독점한다. 잘못된 것이다. 푸코의 비판처럼 지식이 권력으로 변질한 대표적 사례이다. 그래서 일부 아나키스트들은 지적 재산권의 하나인 카피라이트copyright 대신에 카피프리copy free를 택한다.

오늘날 우리는 이 모든 폭력과 부정부패의 문제점들을 잘 안다. 위정자들은 더욱 잘 안다. 그러나 기득권자들은 바로 이 부정적 사회 유산이 자신들의 권력 기반이라는 사실을 또한 너무나 잘 알기 때문에 크나큰 반대와 저항에 직면하기 전에는 절대 개선하려고 하지 않는다. 더욱 개탄스러운 일은, 이들은 시기가 불리하면 개혁과 개선의 의지를 약속하지만, 대중들이 쉽게 망각한다는 습성을 잘 알기 때문에 시간이 흐르면 모르는 채, 잊어버린 채 안 하느니만 못한 땜질 변통을 하기가 일쑤라는 것이다. 더욱이 부정부패의 과거사로 얼룩진 공직자가 부정부패 척결의 투사로 나서는 모습은 가관이다. 이 변전무상變轉無常의 세상이여.

별수 없다. 고양이에게 생선을 맡길 수 없다. 폭력과 부정부패의 최대 피해자인 일반 사람들이 대오각성하여 줄기차게 요구해야 한다. 국민의 능력이 바로 국력이다. 국가의 잘못된 관행과 방향을 질책하고 교정을 요구할 수 있는 능력 없이는 절대로 제대로 된 나라가 될 수 없다. 소득이 높아진다고, 군사력이 제고된다고, 예술과 스포츠가 화려하게 빛난다고 국력이 높아지는 것으로 착각해서는 안 된다. 국민의 비판적 정신력과 결집된 사회 개선 의지를 가진 나라가 희망의 선진국이다. 석유나 희귀 광물을 보유한 나라보다 더 귀한 국가 자원을 가진 나라다. 정치권력은 부를 탐내고, 자본가는 부를 확대 지속하기 위해서 정치권력을 매수하고자 한다. 이 과정이 비합법적으로 성사될 경우 부정부패가 발생한다. 그러므로 부정부패의 근절은 정치권력과 경제 권력의 불법성과 비합법성을 차단하는 첩경이다. 탈권력화의 지름길이 여기에 있다.

3. 세계주의로서 탈국가주의

역사적으로 대부분의 유토피아주의는 국가의 경계를 넘어서는 혹은 국가가 소멸하는 탈민족국가적 세계주의나 무국가 사회를 동경하였다. 최근의 전 지구화 추세는 탈국가주의의 조류를 일으키는 듯했지만, 경제 침체와 테러리즘의 확산에 힘을 얻은 국가주의의 반동적 물결에 의해서 탈국가/초국가주의는 다시 약화되고 있다. 탈국가주의적 세력의 결집인 유럽 연합의 위상과 역할도 점차 위축되는 것 같다. 동아시아 공동체의 추진도 식지는 않았지만 지지부진이다. 그 대신 선진 강대국들이 이리저리 합종연횡으로 서로 결집하여 자국 이익의 보호와 증대를 논의할 뿐이다. 그 결과 국가들 간의 긴장과 갈등이 고조되고 각종 국지전을 비롯하여 새로운 대규모 전쟁의 위험성이 어른거린다.

개인은 자신이 태어난 국가라는 테두리에 구애받지 않고 자유롭게 전 세계를 무대로 활동하면서 자기실현을 추구할 수 있어야 한다. 누가 무슨 이유로 그것을 막는가? 그 이유는 합당한 것인가? 잘사는 나라는 자기들만 잘살려고 못사는 나라(사람)들의 자유로운 진입을 막는 것이 아닌가? 인간 사회의 고질적 세 가지 문제, 즉 전쟁, 빈곤, 질병은 오직 전 세계적 차원의 협력을 통해서만 해결할 수 있다. 자본주의 체제를 백번 바꾸어도 국가주의가 존재하는 한 전쟁, 빈곤, 질병은 계속될 것이다. 복지국가의 개념을 가지고는 기껏해야 부자 나라들의 가난만 구제할 수 있다. 복지 세계 혹은 전 지구적 복지사회라는 탈국가 개념을 도입해야만 아프리카, 남아시아의 빈민이나 중동의 난민을 함께 구제할 수 있다. 노동이동의 자유만 확대, 보장되어도 후진국의 노동력이 선진국에 취업하여 본인과 모국의 빈곤을 개선하는 데 기여를 할 수 있다.

 진정으로 인간의 노동 가치를 인정한다면 선진국의 노동조합과 노동자는 국제주의적 관점에서 이민노동자의 확대를 위해서 임금 상승을 양보해야만 한다. 맑스주의 노동가치설의 논리가 무엇인가? 동일 노동과 동일임금, 프롤레타리아의 국제적 연대가 아닌가? 부유한 선진국의 노동조합이 이민노동자나 비정규직과 실업자에 대해 냉랭한 태도를 취하는 것은 과거 어려운 시절에 그들이 내세웠던 주장과 이념을 돌이켜본다면 부끄러운 일이다. 노동자계급의 부르주아지화 em-bourgeoisement of the working class가 탐욕스런 부르주아 흉내로 흘러서는 안 된다. 하루빨리 국적이나 국경이 철폐되어 시민권 대신에 인권의 개념이 정착되어야만 만인의 복지, 즉 만인의 자유와 권리가 보장될 수 있다.

 많은 사람이 현재 지속적으로 심화되고 있는 국내외의 세계적 불평등을 걱정한다. 비판자들은 이 기회를 놓칠세라 자본주의의 문제점을 부각시키고 대안을 제시한다. 부자에 대한 증세 혹은 부유세, 상속세를 포함한 각종 세수의 증대를 통해서 빈민 구제용 혹은 약자 지원용 복지비를 마련하자고 한다. 부자들은 도망을 가고, 교묘한 수법으로 조세를 회피하고, 조세 저항으로 결집하면서 불평등 해소용 조세정책을 거부할 것이다. 설령 성공한다고 하더라도 그 효과는 국내용으로만 그칠 것이다. 다시 강조하지만 국가주의를 벗어난 세계적 차원의 협력 없이 세계적 불평등의 해소는 요원하다. 2014년 세상을 떠들썩하게 만든 피케티가 내세운 불평등의 해결도 국제적 조세 이탈 방지의 공조를 전제로 하지 않는가?

 국제적인 전면적 협력 없이는 세계적 불평등의 지속적 토대를 이루는 최빈국의 상황은 전혀 개선의 여지가 없을 것이다. 끊이지 않는 전쟁의 포화 속에 신음하는 나라들, 독재 체제하에서 폐쇄적 경제체제를 유지하는 나라들, 입지 조건이 불리하여 천재지변이 빈번하고, 천연자원이 전무하고, 기후 조건이 좋지 않은 나라들이나 지역들의 빈곤은 어찌할 것인가? 애당초 자본주의가 자리 잡기를 거부하는 지역들이 적지 않다. 국가주의가 지배하는 오늘의 UN이 이러한 나라들의 빈곤 구제를 성공시킬 리 만무하다. 국가들의 연합United Nations이 아니라 국가라는 개념이 없는 하나의 세계 연합One Single World Association이 형성되어야 한다.

다른 길은 없다. 이 탈국가주의적 세계 연합의 길은 멀고 힘들기는 하겠지만, 결코 불가능한 길이 아니다. 왜냐하면 그 길만이 유일한 살길이라는 것을 많은 사람이 깨닫기 시작하였기 때문이다. 이미 이를 위한 노력들이 시작되었다. 대안적 세계화운동이나 세계시민사회운동이 그런 노력들이다. 세계 연합의 길은 마술처럼 간단하다. 앞에서도 제시했지만 여러 선지자의 견해를 따르는 나의 구상은 이렇다. 우선 첫 단계로 유럽 연합을 시발로 해서, 동아시아 연합, 서아시아 연합, 북미 연합과 중남미 연합의 연합으로서 아메리카 연합, 아프리카 연합을 이루고, 다음에는 이 지역 연합의 토대 위에서 다시 유럽-아프리카 연합의 지중해 연합, 아메리카-동아시아 연합의 태평양 연합 그리고 인도양 연합 등을 이룬 다음 마지막으로 하나의 세계 연합을 모색하는 상향식-단계적 연합주의federalism를 추구하면 된다. 일찍이 프루동이 제시한 반위계서열적 정치조직의 방안이다.

물론 국내적으로 국가는 (중앙집권주의의 지방형 축소판이 아니라 주민이 직접 참여·관리하는) 지방자치를 통하여 최소 단위로까지 권력을 이양하고 최소화하는 탈권력화 자유 연합을 조직해야 한다. 여기서 권력의 단순한 지방분권은 의미가 없다. 중앙 집중제가 지방 수준에서 재생산될 가능성이 크다. 현재 한국의 지방자치가 그렇지 않은가? 분권과 주민자치가 확실하게 결합되어야 한다. 그리고 중앙이나 지방의 권력 자체가 탈권력화되어야만 한다.

탈국가주의로서 세계시민주의 혹은 사해동포주의 또한 전쟁과 빈곤을 완화하는 데 큰 기여를 할 것이다. 모든 사람을 자신과 동일한 개인적 인격성과 고유성 그리고 권리와 지위를 지닌 존재로 인식하게 되면, 사회관계에서 갈등 상황은 생기더라도 전쟁으로까지는 확대되지 않을 것이며, 서로가 최소한의 물질적 지원을 통해서 극빈 집단을 해소하고자 할 것이다.

전지구주의globalism의 진정한 의미는 초국적 자본이 세계를 지배하는 것이 결코 아니다. 중국이나 미국과 같은 패권 국가가 담합하여 세계를 지배하는 것도 아니다. 전 세계의 사람들이 기본적 인권을 누리면서 공존공영의 길을 모색하는 것이다. 핵 문제, 환경 문제, 신종 질병 문제, 범죄 문제, 테러리즘 문제 등은 전 세계가 협력해야만 그 위험성을 감소시킬 수 있는 문제들이다. 강하고 부유한 자들이 조금씩 양보하고, 약하고 가난한 자들이 조금 더 인내하고 노력하면 이 세상은 느리지만 개선의 여지를 보일 것이다. 우리 모두가 이 사실을 잘 안다. 오래전부터 선지자들이 외쳐온 소리다. 그런데 왜 우리는 이 길을 가지 않는가?

탈국가주의자는 그래서 단호하게 주장한다. 현존하는 국가권력 체제를 서서히 해체하여 탈국가주의 혹은 세계주의로 나가야만 개인적 자유와 평등 혹은 인간 사회의 평화와 질서가 정착될 수 있다. 위계서열적이고 폭력적인 국가권력 체제가 존재하는 한, 개인의 자유와 개인 간 평등은 구현될 수 없다.

이처럼 탈국가주의는 대외적으로는 비폭력 평화를 추구하는 세계주의를 실천하는 길이다. 세계주의는 인류가 발전시킨 모든 위대한 사상(칸트의 영구평화와 세계정부, 맑스주의의 프롤레타리아 국제주의 같은 근대 유토피아 사상들)이 추구했던 목표로서 국민국가 체제에 근거하는 세계 질서를 해체하려는 시도이다.

예나 지금이나 국가 간의 전쟁은 세계 평화 혹은 보다 구체적으로 개인적 자유를 파괴하는 가장 큰 위험이었다. 오늘날에도 핵전쟁의 가능성은 인류 문명에 여전히 최대의 심각한 위협이 되고 있다. 물론 다른 위험 요소들도 등장하였다. 생태 파괴와 자원 고갈, 환경오염으로 인한 기후변화, 국제적 범죄와 폭력의 확산은 새로운 세계의 자유와 평화에 치명적인 위험 요소이다. 이들 문제는 어느 개별 국가나 소수 국가들의 연합으로는 효과적으로 대처할 수 없는 전 지구적 차원의 문제이다. 그러므로 전 지구적 차원의 공동 대응이 요청된다. 21세기에 세계주의가 새롭게 대두되고 강조되는 이유가 여기에 있다.

그러나 세계주의는 정치적으로 일종의 협의체 내지 조정체의 성격과 기능 이상을 가져서는 안 된다. 세계정부나 세계국가란 것이 어떤 최상 최고의 막강한 지배 기구로 등장해서는 결코 안 된다. 예컨대 몇몇 강대국의 담합에 의해서 작동되는 위계 서열적 구조는 새로운 폭력과 강제를 수반할 수 있기 때문이다. 다소 이상적인 내용을 담고 있지만 최소 단위로부터의 자율적 결정 구조가 보장되는 상향식 아나키스트 연합주의 원리가 정착되도록 설계해야 한다. 오늘날 점증하는 국가의 역할 속에서 중앙집권주의에 비해 지방자치주의 혹은 지역주의는 점차 약화되거나 퇴색되는 추세에 있다. 혹은 더욱 나쁜 상황은 지방자치가 중앙집권의 폐해를 그대로 답습하는 또 하나의 권력 제도로 변질된 것이다. 국가주의의 폐해가 지방자치마저 오염시킨 것이다. 국가의 위아래 모든 수준에서 탈권력화와 세계주의로서 탈국가주의가 필요하다.

4. 중용 중도의 타협 혹은 균형

탈국가주의자는 타협과 절충을 필요로 한다. 그래서 아나키스트 자유주의는 타협적 탈국가주의자를 정치적 잡종사회의 친구로 내세운다. 왜냐하면 국가의 문제는 기본적으로 폭력으로서의 권력이라는 위험한 대상과 관련된 문제이기 때문이다. 국가에 대한 혁명적 반체제운동이나 국가 건설을 둘러싼 이념 투쟁, 종교 투쟁 등은 역사적으로 항상 폭력화를 수반하였다. 여기에는 또한 엄청난 특권과 이권이 얽혀 있으므로 전쟁, 내란, 반란을 비롯해 갈등, 파업, 선동 등의 크고 작은 사회적 문제가 초래된다. 특히 대항 권력으로서의 탈국가주의자 또한 일시적으로나마 권력의 장에서 국가주의자들과 직접적으로 권력 게임을 펼쳐야 하므로 권력 대 권력의 구조적인 폭력적 충돌이 예상된다. 그러므로 오늘날 민주적 토론이 가능한 국가 체제에서 탈국가주의자는 권력의 장에서 일방적으로 밀어붙이거나 강요하기보다는 대화와 양보라는 타협·절충을 통한 평화적 문제 해결을 추구하는 은인자중隱忍自重이 필요하다.

민주주의의 정치적 요체라는 타협과 절충은 단순한 이해관계의 조절이라는 상업적 거래의 차원을 넘어 사상사적으로 불가의 중도나 유가의 중용으로부터 그 깊고 오묘한 뜻을 찾을 수 있다.

중용은 어느 극단으로 치우치지 않는 조화와 균형을 유지하는 기술이요 전략이라고 할 수 있다. 불가의 중도 또한 세속적으로 이해하자면 이것과 저것 사이에 존재하는 어떤 조화와 균형이다. 그리고 이

중용과 중도에 깃든 조화와 균형의 가치는 구체적 현실에서는 타협과 절충이라는 상호 존중의 유연성과 관용성 위에서 이룩된다. 나의 이론적 토대인 잡종화도 그 최선의 가능성으로 조화와 균형을 지향한다. 동아시아의 철리인 음양오행 또한 그 움직임의 묘妙를 조화와 균형에서 찾는다.

내가 옳다고 생각하여도 이를 과신하여 남에게 강요해서는 안 되고, 상대방이 틀렸다고 해도 이를 즉각적이고 직설적으로 부정하거나 비판하는 것은 바른 처신이 아니다. 중용은 현대적 의미로 관용을 전제로 한다. 그러나 중용은 여기에서 머무는 것 같지 않다. 나와 차이가 있는 상대방과 조화를 이루기 위해서는, 즉 화이부동의 상태에 도달하기 위해서는 타협과 절충이 필요하고 나아가서는 인의에 입각하여 적극적으로 인정하고 포용하는 공감과 배려의 마음(측은지심)을 발휘해야 할 것이다. 이것이 바로 사회생활에 있어서 상대방에 대한 예가 아니겠는가. 포퍼가 비판적 토론의 과정에서 겸손과 존중심이 필요함을 강조한 것도 중용의 맥락에서 이해할 수 있겠다.

부동이화의 처세와 처신은 잡종사회의 필수적인 생활양식이 아닐 수 없다. 잡종사회는 차이 생성의 사회이자 동시에 차이 해소의 사회이다. 따라서 잡종사회에서는 사람들마다 독특한 개성과 고유한 가치를 지니며 살아가기 때문에 상호 간의 차이와 다양성을 적극적으로 인정하고, 수용하며, 존경할 수 있는 공존공생의 규범이 반드시 필요하다. 유가의 중용지도는 춘추전국시대라는 난세를 헤쳐가는 지혜이기도 했지만, 문명전환기의 혼란과 갈등을 수습해나갈 수 있는 도리道理로 재등장한다.

우리가 체험하는 현실 정치의 원리인 민주주의의 묘미는 타협의 정치에 있다. 처음에는 상충하던 정치적 의견들이, 상이한 쟁점과 관점을 조정하고 절충하는 상호 대화의 과정을 통해서 합의 — 물론 합의에 이르지 못하는 경우도 있다 — 를 형성한다. 모두가 인정하는 협력이 발생한다. 타협과 절충이 민주주의의 작동에 필수적인 것은 민주주의 자체가 상이한 주장과 다양한 가치가 공존하는 다원주의를 표방하기 때문이다. 다수가 소수를 일방적으로 언제나 제압한다면 그것은 다원주의의 정신에 위배된다. 그러므로 다수와 다수, 다수와 소수, 소수와 소수 간에 끊임없는 대화와 협상을 통한 타협이 필요하다.

현실적으로 정치적 소수자인 탈국가주의자도 반드시 다수 세력인 국가주의자와 정치적 절충을 해야 한다. 소수자의 유효 전략으로서 빈번히 채택되는 강경 일변도의 전투주의는 이제 진부한 정치적 쇼가 되었다. 탈국가주의는 자신의 이념이 아무리 바르고 좋다고 해도 국가주의자가 자신의 국가주의를 정당하고 유효한 것으로 신뢰한다는 사실을 존중해야 한다. 여기서 국가주의자나 탈국가주의자가 견지해야 할 가장 중요한 원칙은 자신들의 이념이나 가치가 결코 절대적인 것이 아니며, 나의 것과 마찬가지로 상대방의 것에도 나름대로의 장단점이 존재한다는 상호 존중심mutual respect을 잊지 않는 것이다.

나아가 이 상호 존중심은 호혜성의 원칙에 입각한 양보의 미덕을 통하여 그 구체적 결실을 맺을 수 있다. 협상과 절충에 따르는 상호의 손익계산이 완전한 평등으로 끝나기는 어렵다. 약간의 단기적 손해와 장기적 이익 혹은 약간의 단기적 이익과 장기적 결손과 같은 잡종화가 필연적으로 발생한다. 양보는 하는 쪽에서나 받는 쪽에서나 적절한 대의명분과 원칙에 따라서 이루어질 수 있다.

이와 같은 타협과 절충의 묘는 권력의 세계에서는 참으로 요긴한 것이지만, 제대로 이루어지는 일이 많지 않다. 정치 세력은 자신들의 규범인 명분과 원칙을 포기하기가 쉽지 않다. 그러나 만약 모든 정치 세력이 자신의 원칙만을 끝까지 관철하고자 한다면 합의는 불가능하다. 합의 없는 다수 결정이 이루어지면 불신과 갈등의 골은 깊어만 갈 것이다. 그 결과 시위와 점거, 난동과 폭력 사태가 발생하고 공권력이 투입되는 악순환이 여기저기서 일어난다.

한국 사회의 경우 문제는 정치적 대결 구도가 자동적으로 끊임없는 상호 비방, 대화 거부, 협상 결렬, 극한투쟁의 장외 정치 등의 정치적 불안정으로 이어져 그 진폭이 높아진다는 점이다. 일촉즉발의 전운이 감도는 여야의 정치적 대결 구도는 이제 너무도 친근한 한국적 정치 풍토라 적지 않은 사람들이 아예 체념하거나 무관심해지려고 한다.

왜 그럴까? 왜 타협이 안 되는가? 여야를 막론하고 강경 투쟁 노선이야말로 정치적 생존 법칙이라고 믿기 때문이다. 너도나도 자신의 주장이나 정책이 최선이라고 고집한다. 타협해서는 안 된다. 절충이란 말도 꺼내선 안 된다. 우리의 길만 주장해야 한다. 항상 강경론이 우세하다. 타협주의자는 소신 없는 기회주의자 혹은 배신자로 낙인찍힌다. 강경 논리는 항시 우리와 그들을 선과 악, 동지와 적 혹은 민주 대 반민주/독재와 같은 근본주의적 양단논법으로 분리시킨다. 대화와 협상은 대외용으로 결렬을 위한 명분일 뿐이다. 참으로 불행한 사실은 이 파국의 수순을 정치인 당사자도 많은 국민도 충분히 숙지하고 있다는 점이다. 일종의 정치적 쇼가 연출되면 맨주먹-막말 정치, 난장판-난투극 정치가 무대를 휩쓸고 슬그머니 막을 내린다.

여기서 우리 국민이 반드시 명심해야 할 놀라운 사실이 하나 있다. 바로 타협의 정치가 전적으로 외면되지는 않는다는 것이다. 이 비타협 극한 대립의 정치판에서 정치권력은 자신들의 기득권을 유지하거나 확고히 하는 사안들(예컨대 세비 인상, 후원금 규제 완화 등)에 대해서는 일치단결 합의하고, 자신들의 지위를 위협하는 사안들(예컨대 김영란법, 특권 축소 등)에 대해서는 이구동성으로 비판하거나 소극적이라는 사실이다. 놀랍지 않은가? 그런데 슬프게도 더욱 놀라운 사실은 시민들이 이 점을 모르진 않을 텐데 변함없이 꾸준히 그들의 권력 정파를 지지한다는 것이다. 물론 대안이 없는 상황에서 차악을 혹은 차선을 선택해야 하는 구조적 한계 때문이다. 새로운 정치 세력의 등장을 기다리지 않을 수 없다.

한국 사회는 정치적 영역에서뿐 아니라 전반적으로 타협과 절충에 익숙하지 않은 것 같다. 이를 체질적으로 싫어하는 것 같기도 하다. 타협과 절충이란 대의명분에 어긋나는 것, 즉 일종의 원칙 배신이나 야합이기 때문에 혐오와 적대의 대상이 되는 것 같다. 정치인뿐 아니라 일반 사람들도 비슷한 생각인 것 같다. 그리하여 이해 당사자 간(예컨대 노사 간, 재야 운동과 국가 간)의 극한 대립이 쉴 새 없이 일어난다. 무조건 지지와 무조건 반대가 짜고 치는 고스톱처럼 반복된다.

타협의 정치를 이룩할 수 있는 길은 없는가? 타협의 정치를 촉진하기 위해서 국회선진화법을 만들었지만, 사사건건 발목 잡기의 폐해가 크다고 벌써 헌법소원을 통한 폐기 움직임이 가시화되고 있다. 슬픈 자화상이다. 정치인들만의 문제가 결코 아니다. 한국 정치 문화의 구조적 특성이자 사회 전반의 비타협적 충돌 지향성이다. 유권자들은 이미 극심한 이념 갈등의 상태에서 선과 악, 옳고 그름을 자신의 지지 정당에 따라서 명확히 구분해놓고 있기 때문에 정당이나 정치인이 이를 벗어날 경우 표 떨어지는 소리가 요란하고 공천 탈락이라는 공포가 어른거린다. 이것은 어쩌면 기존 정당이 지역주의에 편승하여 지지 기반을 구축한 자승자박의 결과이기도 하다.

타협적 탈국가주의자는 새로운 정치적 가치를 표방하여 새로운 정치적 지지 세력을 결집해야 한다. 선거에 승리하여 의회에 진출하고 제도 정치에 참여하면서 정치적 영향력을 행사하는 것은 참으로 중요하다. 그러나 그것보다도 더 중요한 것은 타협과 절충이라는 유연성의 정치를 통해서 탈국가주의라는 최고 목표에 도달하는 것이다. 기존의 비타협적 정치를 답습해서는 안 된다. 이 정치적 실천 방식을 지지 세력들에게 분명하게 전달하고 인정받을 필요가 있다. 오늘의 타협은 반드시 내일의 더 나은 원칙 실현을 위한 양보요 투자라는 사실을 이해시켜야 한다. 타협은 지켜야 할 원칙을 영원히 저버리는 것이 아니라, 원칙을 더 잘 고수하기 위한 전략적 양보로서 이해되어야 한다.

  이와 같은 정치적 타협주의는 탈권력정치를 통해서 구체화될 수 있다. 정치적 떡고물이나 부정부패의 검은돈이 사라질 경우 정치 풍토는 정화되고 합리화될 여지가 많다. 탈권력화와 동시에 시민 권력의 참여와 감시가 제도화되면 현실 국회의 비생산성, 비효율성, 비타협적 폭력성 등은 서서히 제거되면서 타협과 절충의 정치 노선이 정상으로 간주될 것이다.

  권력이 제공하는 유형무형의 각종 특권과 특혜, 부와 명성을 근절시킴으로써 권력 유지의 관점에서가 아니라 시민적 자유와 평등의 관점에서 상호 수정 보완하는 타협과 절충의 정치가 가능하다. 권력의 세계가 꿀과 젖이 흐르고, 하는 것 없이도 얻는 것이 풍족한 낙원이 아니라면 왜 모든 사람이 거기에 벌 떼처럼 몰려들겠는가? 권력이 "이 편한 세상"을 의미하는 것이 아니라, 책임과 봉사, 노력과 헌신, 전문성과 유연성에 더하여 무특권, 무특혜, 공직자의 도덕적 의무감을 추상같이 요구한다면 누가 정치인이 되려고 할까? 정상배나 정치꾼은 당연히 사라질 것이다. 그렇게 되면, 즉 탈권력화된 정치의 장이 개설되면 보다 나은 정책, 보다 좋은 시책을 위해서 서로 의견을 타협·조정하는 것이 당연해질 것이다.

유권자들이 먼저 바뀌어야 한다. 비판적 인식 없이 정치적 타성에 따라서 그리고 혹시 국물이라도 마실 것이 있다는 이유로 자나 깨나 특정 정당과 그 이념의 포로가 되는 자동 투표기나 지지 거수기 신세를 거부해야 한다. 차라리 무당파가 더 낫다. 나는 정치적 무관심의 무당파가 아니라 정치적 관심을 가진 무당파의 존재에 한국의 미래 정치에 대한 기대를 건다. 정치적 악순환에도 불구하고 무당파의 증가는 한국에서도 정치적으로 성숙해진 사람들이 늘고 있다는 사실을 확인시켜준다. 타협적 탈국가주의자는 이 새롭게 형성 중인 정치 세력 가운데서 정치적 동지와 지지자를 발견할 수 있을 것이다.

한국에서는 제3의, 제4의 혹은 필요하다면 제5의 정치 세력이 집결되어야 할 시점이다. 이념적으로 새로운 타협적-절충적 노선을 지향하는 세력이 많이 필요하다. 전국 정당만이 필요한 것이 아니다. 지역주의를 타파하기 위해서는 지역당의 출현도 필요하다. 특수 정당들은 연합주의로 전국 정당과 연계될 수 있다. 현재보다도 더 양극화된 관점을 대변하는 정치 세력은 필히 전체주의적이며 집단주의적인 국가주의 또는 공동체주의를 추구할 것이므로 거부해야 한다. 기존의 양당 구도는 그 성과보다는 폐해가 더욱 커지고 있다. 잡종 시대에는 다양한 정치적 가치를 가진 세력들이 사안별로 이합집산하는 가운데 타협의 정치를 추구하는 잡종 정치가 필요하다. 당명을 따르는 일사불란의 정치는 극한 대립과 소모적 정쟁에 빠질 뿐이다.

정치적 연방주의나 연합주의를 추구하는 탈국가주의자는 자유 연합과 상호부조 그리고 자주 관리의 원칙에 의존한다. 정치적 혹은 사회적 조직의 기본 출발로서 자유 연합은 그 구성원인 개인들 간의 상호 협력을 필수적으로 요구한다. 그러나 이 협력은 개인들 간의 이해관계의 양보나 절충과 같은 타협 없이는 불가능하다.

현실적인 예를 들어보자. 오늘날 한국, 중국, 일본 간에 존재하는 영토 분쟁을 어떤 방식으로 해결할 수 있는가? 상대방을 무력으로 제압하여 영토를 확보한다는 제국주의적 발상은 시대착오일 뿐이다. 그렇다면 두 가지 길밖에 없다. 하나는 현재의 상태를 그대로 유지한 채 갈등을 심화시켜 언젠가는 폭발하는 길이다. 다른 하나는 누군가가 혹은 서로가 양보의 정신 위에서 타협하는 길이다. 영토 문제의 근원이 일본의 제국주의적 침략에 의한 것이라는 합의에 도달하면 일본의 양보는 당연한 선택이 된다. 그래서 일본은 약탈과 만행으로 얼룩진 자신의 제국주의 과거사를 부정하는 것이다. 가장 이상적인 것은 일본의 양심적 지식인들을 중심으로 일본의 양보를 요구하는 것이다. 만약 당연한 일이지만 일본이 양보한다면, 한국은 군자의 예로서 그에 상응하는 보상을 마련해야 할 것이다.

국가주의는 영토에 기반을 두는 (국제)법적 주권이라는 물질적 기초 위에 성립한다. 그리하여 영토와 주권은 동일체가 되어 불가침의 성역으로 신성시된다. 따라서 영토 분쟁은 영토의 크기나 사용가치의 유무와 관계없이 국가의 존재성을 침해하는 문제로 간주되어 전쟁도 불사하는 위험성을 갖는다. 현재 동아시아는 크고 작은 영토 분쟁이 현안으로 부각되는 실정이라 무력 충돌의 가능성을 결코 배제할 수 없는 상황이다. 남북 분단의 냉전적 상황 또한 이념적 대립과 더불어 통일 한국이라는 영토적 확장에 대한 야심을 남북 양측 모두 포기하지 않고 있기 때문에 쉽게 해소될 수 없다.

이와 같은 국가 간 대결 구도는 단기적으로는 쉽게 해결되지 않는다. 원론적이기는 하지만 탈국가주의적 지역 연합체의 형성을 추진하는 과정에서 국가 간 지속적인 대화를 통해 먼저 적대와 긴장을 해소하여 우선적으로 전쟁의 위험성을 제거하고, 다음에는 타협과 절충을 통해 해당 지역을 공동 협력의 장으로 전환시키는 과정이 필요하다. 당사자는 이해관계상의 상호 조화와 균형을 발휘하는 지혜를 찾아야 한다. 그 길은 바로 탈국가주의적 가치를 수용하는 것이다. 만약 탈국가주의적 동아시아 연합이 구축된다면, 국가별 영토 개념도 희석될 것이고, 영토 분쟁 또한 사라질 것이다. 남북통일의 의미도 새로운 차원에서 모색될 것이다. 최소한 탈국가주의적 분위기가 동아시아의 주도적인 정치적 가치로 등장만 해도 영토나 분단의 의미는 크게 약화되거나 퇴색할 것이다. 아마도 일본이 과거사에 대한 사과와 함께 한국과 중국에 먼저 양보할 것이다. 그다음은 양보받은 자의 과제다.

타협적 탈국가주의자는 탈권력 국가 정치를 추구하는 직접적 방안의 하나로 현재 논란 속에 추진되는 헌법 개정에 관심을 쏟아야 한다. 단순히 통치 방식의 변경(예컨대 대통령중심제에서 내각책임제나 이원집정제의 형태로)에만 관심을 쏟을 것이 아니라 국가권력 자체를 제한, 축소, 분산, 견제, 감시할 수 있는 국가 체제의 탈권력화라는 차원에서 접근해야 한다. 헌법 개정 자체는 다양한 정치 세력 간의 타협과 절충의 정치적 장을 마련할 것이다. 탈국가주의자가 주위 정치 세력과는 담을 쌓고 나 홀로의 길을 외치기만 한다면 그것은 독불장군의 아집일 뿐이다. 현실 정치에 참여하여 정치적 타협과 절충을 거치면서 타협적 탈국가주의자는 아나키스트 자유주의를 더욱 적실성 있게 만들 뿐 아니라 잡종사회의 정치적 이념 구성을 더욱 잡종적으로 다원화시킬 것이다.

그러나 타협적 탈국가주의자는 정치 현실의 극복 방안으로서 정치적 잡종화의 필요성을 인정하지만 그렇다고 국가 체제의 탈권력화라는 정치 목표를 결코 잊어서는 안 된다. 탈국가주의자에게 시대 상황은 더욱 불안정해지고 있다. 전 세계적으로 다시 국가의 시대가 돌아오고 있다. 국가의 귀환. 그 명분과 근거는 불행히도 명백하다. 복지국가론이 최대의 이념적 명분이다. 다음으로는 대규모 폭력과 조직범죄의 증가에 직면하여 대내외의 적을 응징하는 질서의 수호자가 되어주기를 바라는 많은 국민의 타성적 기대 속에 국가는 보무당당 등장한다. 급변하는 시대에 모든 것이 불확실하고 위험스럽게 보이니 사람들은 강력한 지도자의 막강한 힘을 저 아득한 시절의 무리 근성 혹은 떼의 본능으로 갈구하는 경향이 있다.

음양오행의 관점에서 바라보자면 오늘날 이미 정치, 경제, 사회, 문화, 종교 가운데서 정치의 기능이 너무 비대하고 막강해졌다. 그 결과 다른 영역 또한 정치권력화의 논리를 답습하여 경제 권력(자본가와 노동조합), 사회 권력(운동 권력과 이익집단 권력), 문화 권력(예능과 스포츠 권력, 지식/전문가 권력), 종교 권력(종교인과 종교 기구의 정치 세력 집단화) 등이 득세하여 세상을 온통 권력과 권위가 설치는 난장판으로 만들어놓았다. 겉으로 보기에는 참으로 자유스럽고 민주적인 사회처럼 보인다. 그러나 일상에서 한 발자국만 그늘 속으로 깊이 들어가보라. 거기에는 촘촘하게 엮인 권력의 그물망이 우리를 냉랭하게 맞이할 것이다.

따라서 우리는 권력의 기능적 해체 혹은 순기능적 재구성이라는 탈권력화를 적극적으로 시도해야 한다. 이를 위해 두 가지 전략을 모색할 수 있다. 첫째는 새로운 정치 세력을 집결하여 "새로운 정치 이념과 정치 문화"를 조성하는 방안이다. 정당 조직이나 선거 참여를 통해서 소위 현실적으로 아나키스트 정치를 실험하는 것이다. 한국의 아나키스트들은 세계 아나키즘운동사에 유례가 없는 진취적 기상과 결단으로, 즉 창조적 파괴의 정신으로 해방 직후 독립노농당을 만들었고, 이후 일부 아나키스트들(양일동, 정화암, 하기락 등)이 주도적으로 민주통일당을 조직한 정치 참여의 전통이 있다. 물론 권력투쟁과 권력 장악이 아나키스트 자유주의의 정치적 목표가 아니다. 국가권력을 비롯한 모든 제도적 권력의 탈권력화 그것이 타협적 탈국가주의자의 정치철학이다.[1]

둘째는 현존 국가 체제에서 독립하여 개인들이 각자의 탈국가주의 정신 속에서 새로운 탈권력 국가를 만드는 것이다. 개인은 현존하는 지배와 강제가 특징인 권력관계를 자신의 일상적 삶에서 가능한 한 거부할 수 있다. 그 대신 협력과 타협의 관계를 확대하여 새로운 탈권력 국가 체제의 틀을 그의 내면에서 혹은 내부에서 독자적으로 자유롭게 구축하고, 채워나갈 수 있다. 이것이 바로 란다우어(Landauer, 1907)의 지혜였다. 내가 지금까지 인정하고 추종하였던 기존 국가 관계를 나 스스로 거부하며, 파기하고 새로운 아나키스트 자유주의의 왕국을 개인으로서 나 자신의 독립된 정신과 마음속에서, 나의 일상생활에서 세워나가는 과정에서 기존 권력 국가는 해체된다. 이 전략은 국가 전복의 혁명도 아니고, 급진주의적 무장투쟁도 아니라는 점에서 그야말로 평화적이고 점진주의적인 타협적 탈국가주의의 전략이기도 하다. 그람시의 개념을 차용하자면 개인별 장기적 진지전이다. 이와 같은 개인적 차원의 저항과 반역이 준비되고 널리 확산되어

---

[1] 이와 관련해서는 강동권(2013)이 시론적 차원에서 아나키스트 정치론을 제기하고 있다.

야만, 현실의 아나키스트 탈국가주의 정치는 사람들로부터 지원과 더불어 필요한 견제를 받는다. 다시 한번 상기하자. "나는 국가다. 새로운 국가다. 저 멀리서 나를 내려다보는 국가를 나는 불신하고 반대한다. 나에게는 또 다른 국가가 있다." 바로 이와 같은 기존 국가의 해체와 새 국가의 구성으로부터 아나키스트 자유주의의 가장 어려운 과제인 타협적 탈국가주의가 희망의 출발을 시작할 수 있을 것이다.

12장 절제적 탈물질주의자

　탈물질주의자는 물질주의의 과잉을 비판하여 탈물질주의적 생활양식을 추구함으로써 물질적 사회 불평등을 완화하고, 생태 파괴적 경제성장을 제어하고자 한다.

　절제적 탈물질주의자는 인간의 욕망이 탐욕과 집착으로 흐르는 경향을 견제하는 절제의 가치를 통하여 물질주의와 탈물질주의 간의 균형을 추구한다.[1]

　근대 이전의 세계에서는 동서양을 막론하고 삶의 가치로서 물질주의가 크게 각광을 받지 못하였다. 서구에서는 기독교가 가난한 자들의 천국행을 약속하고 부자들의 회개를 강요하였으며, 동양에서

---

1 인간은 존재론적으로 물질과 비물질이 유기적으로 구성된 잡종성이다. 흔히 물질적인 것이라고 간주되는 인간의 육체 혹은 몸 또한 물질주의적 구성과 비물질주의적 구성이 상호 연계하여 작동한다. 비물질로만 간주된 정신도 마찬가지이다. 이 장의 탈물질주의는 경제적 가치 지향이라는 정신적 차원에서 물질주의적 과잉을 완화하기 위하여 탈물질주의를 강조하는 것이다.

는 내면적 수양과 수련 그리고 금욕과 절제를 강조하는 유불선의 영향 아래 황금을 돌같이 여기라는 청빈淸貧 사상이 강조되었다. 어쩌면 동서를 막론하고 거의 모든 사람의 삶이 궁핍하였고, 현세의 부보다는 내세의 행복을 약속하는 종교적 가치의 영향력이 매우 큰 시절이었기 때문에 반물질주의나 탈물질주의는 사회 환경과 생활 조건이 요구하는 어쩔 수 없는 선택이었는지도 모른다.

물질주의는 이윤 추구에 의한 부의 축적을 목표로 하는 근대 자본주의의 성장과 함께 급격하게 확산되었고, 오늘날에는 심지어 인간이 이제 물질의 노예가 되었다는 자탄의 목소리가 널리 메아리치고 있는 실정이다. 물질의 대량생산이 가능해지고, 생활수준의 상승으로 물질적 욕구 충족이 확대됨에 따라 물질주의가 삶의 주요 목표이자 수단이 된 것이다. 각종 미디어의 화려하고 자극적인 상품광고의 유혹을 뿌리치기도 힘든 실정이다. 한국만 하여도 지난 1960년대까지 대다수 국민이 빈곤과 기아로 허덕였으니, 어찌 사람들이 물질적 결핍에 대해 한이 맺히지 않고, 물질적 풍요를 갈구하지 않겠는가.

흥미롭게도 베버가 『프로테스탄트 윤리와 자본주의 정신』에서 밝혔듯이 자본주의는 칼뱅주의자들의 성실과 근면 그리고 금욕과 절제라는 일종의 탈물질주의적 가치에 의해서 그 물질적 기반인 자본축적을 이루었다. 그러나 역설적으로 종교 제도 자체가 세속화의 과정에서 물질화-상업화하면서 종교가 지녔던 금욕주의적 교리가 약화되고, 사람들도 일상의 욕망 충족을 정당화해주는 물질주의를 적극적으로 수용하게 된 것이다.

그뿐이 아니다. 대량생산과 대량소비에 바탕을 둔 자본주의경제의 발전과 함께 근검절약의 징표인 저축은 더 이상 미덕이 되지 못하고, 소비가 개인의 정체성을 확립하고 문화생활의 지표가 되는 소비주의 시대로 진입한 지 오래되었다. 여가사회는 소비사회와 다르지 않다. 문화생활이란 것도 소비생활의 다른 말일 뿐이다. 노동시간의 단축에도 노동자의 자기실현이나 노동력의 재생산을 보전하려는 의도뿐 아니라, 소비 시간의 증가를 통해서 소비를 극대화하여 대량생산을 지속시키려는 자본의 논리가 숨어 있다고 한다. 상품을 소개하고, 그것을 소비하라는 광고가 이 세상을 움직이는 것 같다. 평범한 개인도 가능하면 더 많은 사람에게 자신을 알리고 관심을 가지도록 하는 자기 소비, 즉 PR에 혈안이 되어 있다. 이제는 물질적 부의 획득과 물질적 안락이 인생의 최고 가치이자 의미가 되었다. 물질주의의 과잉으로 자본주의의 초기 정신은 증발해버리고, 그 결과 자본주의의 도덕적, 문화적 위기가 끊임없이 발생하는 것이 아닌가 싶다. 물질적 소비는 개인이 지닌 경제적 능력의 척도이자 자본주의를 작동시키는 미덕이 되었다. 한국에서 요즘 장사가 되지 않는다고, 즉 소비 부진으로 물건이 팔리지 않는다고 아우성이지 않는가?

　물질주의와 관련된 또 하나의 흥미로운 사실은 반자본주의론으로 유명한 맑스주의가 유물론이라는 것이다. 그의 이론에 의하면 자본주의경제는 물질적 생산력의 비약적 발전과 함께 생산관계의 변화를 초래하고, 이러한 물적 토대의 변화가 이루어지면 계급혁명을 통해서 자본주의적 생산양식 대신에 사회주의가 등장한다. 맑스가 기대한 사회주의는 생산력의 고도화 혹은 물질적 생산으로부터의 해방이라는 토대를 통해서만 성립할 수 있다. 이런 점에서 맑스의 유물론도 물질주의를 조장하는 데 상당한 기여를 한 셈이다. 어쩌면 맑스의 실패 원인은 자본주의적 생산력 혹은 물질주의를 능가하는 사회주의적 물질주의의 힘을 보여주지 못한 데 있을 것이다. 물질로부터의 해방은 물질적 토대인 생산력의 극대 고도화에서 찾을 것이 아니다. 그것은 생태적 자원의 파괴와 고갈을 초래하고 있다. 탈물질주의적 대안을 모색해야 하는 이유이다.

맑스는 자본주의의 생산력이 고도화되고, 부르주아 민주주의 또한 성숙해진 토대 위에서 사회주의혁명이 시도되면 성공할 것이라고 현명하게 예측하였다. 그러나 역설적으로 자본주의도 민주주의도 제대로 경험하지 못한 후진국 러시아나 중국에서 사회주의혁명이 발생하였으니 그 결과는 전체주의적 독재 체제의 성립이라는 참담한 실패일 뿐이었다.

이처럼 물질주의는 양면성을 갖는다. 그것은 인간 사회를 빈곤으로부터 탈출시킨 자본주의적 성공의 결과인 동시에 물질적 분배의 불평등이라는 자본주의적 실패의 시작이다. 아나키스트 자유주의가 추구하는 탈물질주의는 물질주의 자체를 비판하는 것이 아니고, 물질주의의 과잉을 제어하여 탈물질주의와 균형을 유지하려는 반작용이다. 아울러 우리는 탈물질주의적 차원에서 여러 풍요로운 정신적 자원을 발견하여 그것을 즐길 수 있는 생활양식을 개발함으로써 물질주의에 대한 과도한 집착을 절제할 수 있는 길을 찾아야 한다.

1. 탈물질주의 논쟁

20세기 후반부터 서구에서는 탈물질주의적 가치가 확산되고 있다는 주장(Inglehart, 1990)이 제기되었다. 이를 중심으로 한국에서도 탈물질주의에 대한 관심이 증가하고 있다(박재홍·강수택, 2012; 조영훈, 2012). 여기서 탈물질주의는 경제성장, 물질적 소비, 사회적 인프라, 군사력과 같은 삶의 양적 차원보다는 참여적 시민권, 자아실현, 심미주의 등과 같은 삶의 질적 차원에 더 큰 비중과 관심을 두는 가치 지향성을 의미한다. 정철희(2012)는 잉글하트의 탈물질주의론을 부르디외의 사회 이론과 대비시키면서 사회학적 탈물질주의론에 대한 매우 유익한 이론적 논의와 평가를 제시한다.

정철희(2012: 227)에 의하면 탈물질주의 프로젝트는 신뢰와 민주주의, 복지국가와 경제민주화 등과 관련되는 "문명의 새로운 전환"을 모색하는 것이다. 이 사실을 더욱 부각시키기 위하여 그는 관념론적, 자유주의적 관점의 잉글하트와 맑스적, 민중주의적 필연성을 취하는 부르디외의 관점을 균형적으로 종합하고자 시도하며, 현실 정치 운동인 적록 동맹에서 그 가능성을 발견한다. 정철희가 제시하는 잉글하트와 부르디외의 역사철학 비교를 검토해보자.

⟨표 7⟩ 잉글하트와 부르디외의 역사철학 비교

	잉글하트	부르디외
현재의 문명	긍정	부정
역사의 연속과 단절	진화론	혁명론
분업관	수용적	비판적
고차원 모더니티	탈근대 문화	재귀적 지식인 문화 회복된 민중 문화
자유계/필연계 구분	고수	폐지

부르디외는 맑스주의적 문명관과 역사철학을 따르나, 잉글하트는 개인의 자율성에 기초한 신사회운동의 가치를 지지한다(정철희, 2012: 230). 나는 이념적으로는 부르디외보다는 잉글하트 편에 더 가깝다. 그러나 나는 "현재의 문명"인 근대 문명은 부르디외처럼 비판적으로

파악하지만, 근대 문명의 극복을 추구하는 "고차원의 모더니티"는 탈근대적 문명전환으로 이해하여 잉글하트처럼 지지한다. 잉글하트처럼 역사의 단절을 기도하는 혁명적 변화를 거부하면서 하이에크식의 문화적 진화를 신뢰한다. 사회적 협동 혹은 협력 체계로서 분업은 문명적 삶의 일정 수준을 유지하기 위해서는 필수적이라고 파악하나, 노동시간의 단축과 노동과 놀이의 결합을 통해서 다양한 자기 발전과 자기실현을 도모할 수 있는 자유 시간 사회를 구상한다.

부르디외가 의존하는 현명한 야만인의 개념은 루소의 자연 상태나 레비스트로스(Lévi-Strauss, 1966)가 일찍이 제시한 야성적 사고savage mind에 대한 동경을 반영하는 것이지만, 그것은 동시에 자연 상태 혹은 원시 상태의 인간이 지녔던 살인 원숭이의 본능적 속성인 공격성, 파괴성, 약육강식을 무시하기 때문에 동의하기 어렵다. 부르디외는 맑스가 원시공산사회에 대해 간직했던 향수를 이어받고 있는 것 같다.

자유와 필연의 구분에 있어서 나는 맑스와는 달리 필연 속의 자유를 추구하지도 않고, 기독교의 (개인적) 자유(의지)를 통한 필연(으로서 신)의 인식이라는 양자 선택의 문제로도 파악하지 않는다. 나는 불가(윤회의 업과 연을 끊는 무집착의 해탈)와 도가(무위자연)의 지혜를 빌려 절대 자유의 개념 속에서 필연은 자유 = 자연의 다른 모습일 뿐 양자를 구분하는 것은 유한하고 작위적인 시공간적 제약에 얽매인 접근이라고 생각한다. 우주 속에서, 영겁 속에서 필연은 무엇이고, 자유는 무엇인가? 그 구분은 의미가 없다. 자유는 자연으로 여전히 빛을 발할 수 있고 필연 속에서 의미를 갖는다. 이와 마찬가지로 필연은 무위자연으로서 자유를 자유롭게 만드는, 카스텔의 표현을 빌리자면 시간 없는 시간timeless time과 흐르는 공간space of flow이 결합된 시공간이다. 나의 아나키스트 자유주의의 역사철학은 다음과 같이 제시할 수 있다.

〈표 8〉 아나키스트 자유주의의 역사철학

	아나키스트 자유주의
현재의 문명	탈근대 긍정 + 근대 부정
역사의 연속과 단절	탈근대적 단절을 중시하되 문화적 진화론(하이에크)에 의한 점진적 변화 추구
분업관	협력 체계로서 분업의 필수성 인정 자아실현을 위한 자유 시간 사회 구축
고차원 모더니티	탈근대 개인주의 문화
자유계/필연계 구분	절대 자유 속에 필연 포함

탈물질주의와 관련된 잉글하트와 부르디외의 시각 차이는 정철희의 기획처럼 상호 보완적으로 결합될 수 있다. 정철희(2012: 249)의 전략은 다음과 같이 잉글하트의 자유주의적 관점을 부르디외의 사회주의적 관점으로 확대·보완하는 것이다. "두 사람의 논의를 종합해볼 때, 자유계는 잉글하트가 지적한 정치적 가능성과 함께 문화 자본을 통한 권력의 유지라는 양날의 칼을 가지고 있다. 필연계 역시 뒤르케임이 속의 세계라 표현했듯 의미 없는 일상사가 일어나는 공간인 동시에 민중의 건강함이 숨어 있는 두 얼굴을 가지고 있다. 따라서 두 입장이 종합될 수 있다면 균형 잡힌 지식인과 민중 각각의 정치적 역할에 대한 논의가 가능할 것이다."

정철희의 시도는 1980년대 초반 중산층론과 민중론을 결합한 한국 최초의 잡종 이론으로 평가받아야 할 한상진(1991)의 중민론을 연상시킨다. 보수적 점진주의와 혁명적 급진주의를 종합한 제3의 길을 추구한 중민론과 유사하게 정철희도 자유주의적 전통과 맑스주의적 전통을 결합하고자 한다. 이와 같은 시도는 정철희가 언급하고 있는 키트셸트(Kitschelt, 1990)의, 아나키스트의 별칭인 급진자유주의(리버테리언) 좌파libertarian left의 지향성을 의미한다. 한상진이 추구한 중민을 현실적으로는 정철희(2012: 250)가 주목한 적록 동맹에서 발견할 수 있을 것 같다. "좌파 리버테리언은 탈물질주의적 가치를 지지하면서도 고전적 좌파의 쟁점에 지지를 보내는 유권자들을 말한다. 신계급·지식인 중심의 좌파 리버테리언은 노동계급 쪽으로 한 발짝 다가선 것이며 사회운동 조합주의 역시 신사회운동적 쟁점을 수용하여 신중간계급 쪽으로 한 발짝 다가선 것이므로 좌파 리버테리언과 사회운동 조합주의의 결합에서 적록 동맹의 실타래를 풀 수 있을 것이다."

여기에서 검은 깃발의 아나키스트는 어디에 있나? 반복하지만 좌파 리버테리언은 아나키스트의 다른 이름이다. 탈물질주의를 추구하는 아나키스트 자유주의의 깃발을 흔들어줄 지지 세력은 어디서 구해야 하나? 에코 아나키스트의 깃발은 적록이 아니다. 그것은 흑록이다. 그러나 아나키스트 북친의 사회생태학은 적록에 매우 가깝다. 녹색 전선에서 일대 잡종화가 필요할 것 같다. 자유의 생태학과 평등의 생태학이 화해할 수 있는 길의 하나를, 정철희와 마찬가지로 아나키스트 자유주의도 탈물질주의라고 주장한다.

나는 탈물질주의를 지식인의 생활양식이나 계급적 지위와 관련시켜 논의하는 잉글하트나 부르디외의 논의로부터 한걸음 더 나아가고자 한다. 나에게 탈물질주의의 문제는 계급 계층별 혹은 학력/직업별 생활양식의 차이나 일상적 가치의 수준에서 제기되는 경험적 차원의 논쟁으로 그치지 않는다. 탈물질주의는 자본주의를 포함한 모든 문명의 물질적 토대와 관련된 인식론적 전환의 문제로 파악해야 한다.

지식인이나 민중을 중심으로 전개되는 논의는 그 실증적 호소력에도 불구하고 이론적 한계가 명백하다. 우선 지식인 계급의 범주 자체가 오늘날 어떤 의미를 갖는지 우려된다. 고등교육이 보편화되고, 대중문화가 확산되고, 인터넷의 확산으로 지적 전문성의 경계가 무너지는 오늘날 도대체 누가 지식인인가? 설령 그러한 범주를 경험적 지표로 규정한다 하더라도 그것이 계급 계층적 단위로서 어떤 내적 일관성이나 역사적 존재 구속성을 가지는가? 그저 이런저런 어중이떠중이들을 모아놓은 한 무리에 지나지 않을 것이다. 혁명기 러시아의 인텔리겐치아, 앙가주망을 실천한 실존적 지식인들, 혹은 지성의 집단으로서 4.19에 참여한 대학 교수들과 같은 시대적 표상이자 이념적 좌표가 될 수 있는 지식인이 오늘날 어디에 있나? 일본의 과거사 부정에 항의하는 양심적 역사학자 집단? 이를 거부하는 비양심적 학자 집단? 소위 지식인은 갈가리 찢어진 채, 무리무리 짝과 패거리를 지어 자본과 권력의 주위를 부유浮游하는 존재들이 아닐까?

나아가 민중의 숨은 그리고 빛나는 잠재력에 대한 좌파의 찬사는 이제 진부하다 못해 역겨울 지경이다. 정치인들이 걸핏하면 "민심이 천심이다", "국민의 뜻을 하늘처럼 받들고" 하는 식이다. 민중은 선악과 고저를 함께 지니는 잡탕적 존재일 뿐이다. 지식인에 대한 안티테제로 부르디외는 "진리는 말보다는 육체에, 형식보다는 실체에 있음"을 주장한다. 하지만 "어떻게 해서 영혼은 허위이고 육체가 진리이며, 육체노동이 정신노동에 비하여 더 건강한 것인지에 대한 해명은 여전히 부족하다. … 민중의 꾸밈없는 말하기와 친근하고 호탕한 웃음과 와자지껄함에 대한 취향이 만족한 답변이 될 수 있는지 의문"이라는 정철희(2012: 251)의 정확한 비판은 예의 바르다. 민중은 그 범주 자체가 애매모호한 것은 차치하고라도 이른바 민중의 시대에 한 특징을 이루었던 "민중 치켜세우기와 추어올리기"로 급조한 위대한 영웅적 민중의 신화는 더 이상 어울리지도 않고 필요도 없다. 민중을 역사의 주체로 지식인들이 인지하기 훨씬 전부터 민중은 자유와 평등 의식을 배양한 역사의 투사였다. 나아가 그들은 자신이 무슨 역사의 영웅적 주체로 미화되어야 할 존재가 아니라 그저 한 인간 군상일 뿐이라는 점도 잘 안다.

약간의 과장이 있지만 『장자』에 나오는 민중의 대표자 도척과 지식인의 대표자 공자 간에 있었던 대화의 하나를 소개한다. 이로움을 근거로 자신을 찬미하고 설득하려는 공자의 말을 듣고 난 후 도척은 꾸짖는다.

> 이 녀석 구야, 좀 더 가까이 오너라. 이익에 호소해서 말릴 수 있고, 말로 교화할 수 있는 자라면, 바보, 얼간이, 흔해빠진 자라는 표현 말고는 달리 부를 방법이 없다. … 네가 뭘 말하든 나는 거부할 것이다. 더 이상 아무 말도 하지 말고, 얼른 떠나 집으로 돌아가라. 네 도는 미쳐서 홀린 것이고 기만과 속임수와 허영과 거짓의 일일 뿐이다. 우리 안에 있는 참된 것을 온전하게 지키는 데에는 아무런 도움이 안 된다. 뭘 논할 게 있겠느냐(그레이엄, 2015: 618, 624)?

위대한 공자를 폄하할 의도는 추호도 없다. 단지 민중에 대한 지적 오만에 바탕을 둔다고 할 수 있는 지식인들의 민중 찬미가 민중이 볼 때 얼마나 웃기는 일인지 비유적으로 전달하고 싶을 뿐이다. 공자의 중용지도와 수신제가는 아나키스트 자유주의자의 절제적 탈물질주의에도 귀감이 된다.

2. 물질주의의 문제

　자본주의사회에서 발생하고 있는 과도한 물질주의 혹은 물질주의적 가치관의 팽배는 사유재산제도의 확립과 불가분의 관계를 맺고 있다. 사적 소유는 개인적 자유의 속성이자 존재론적 기반이기 때문에 물질주의 문제는 자본주의 체제 자체 혹은 자본주의 문명의 고유한 문제로 간주하여 신중하게 접근할 필요가 있다.
　우선 과도한 물질주의가 왜 문제가 되는지 그 이유를 살펴보자.
　첫째, 무엇보다도 인간의 무한한 물질적 욕구를 충족시키자면 끊임없는 물질적 생산이 필요하고, 이를 위해서는 지구의 각종 자원들, 에너지, 물, 땅, 공기 등이 고갈, 오염, 파괴되어 현재의 생태 위기를 돌이킬 수 없는 치명적인 상태로 빠뜨린다는 것이다. 이와 더불어 물질적 소비에서 쏟아져 나오는 엄청난 쓰레기와 각종 폐기물은 언젠가 온 세상을 뒤덮고 말 것이다.
　둘째, 과도한 물질주의는 과도한 소유 경쟁을 필연적으로 초래한다. 현대적 삶의 한 특징으로 자주 묘사되는 "더 많이, 더 크게, 더 빨리" 무언가를 갖고 싶어 하는 현상은 대부분의 경우 물질적 부나 세속적 명예나 지위를 향한 것이다. 그러나 물질적 소유 경쟁에서는 항상 소수만이 승자가 되고, 다수는 패배자가 된다. 이에 대응하여 한편으로 자본가들은 다수의 패배자를 위해서 그들이 손쉽게 소유할 수 있도록 상품을 저가로 판매하여 대량소비가 가능하게 한다. 다른 한편으로는 고가의 신상품을 만들어 다시 소유 경쟁을 촉발시킨다. 이와 같은 상품(생산/소비) 주기의 변화 속에서 물질적 생산은 끊임없이 이루어지고, 광고에 의해서 물질적 소비 욕구는 끊임없이 확대 팽창을 요구받고, 그 결과 항상 일정한 사람들은 경쟁 실패나 욕구 좌절을 맛보게 된다. 현대인들은 더 새롭고, 더 많은 물질적 소유와 소비라는 갈증을 달고 사는 사람들이 아닌가 싶다. 그런데도 세상은 계속해서 "열심히 일하라. 기회가 온다. 하면 된다"와 같은 기만적 슬로건을 외친다.

셋째, 이와 같은 물질적 소비주의의 확산은 현란하고 유혹적인 소비 광고의 도움을 받으면서 쇼핑 중독, 소비 중독, 향락적 소비, 충동 소비, 과시 소비 등의 위험한 소비 문화 풍조를 조장한다. 이와 같은 소비 성향은 자본주의적 상품생산이나 경기상승에는 상당한 도움을 줄 수 있을지는 몰라도 한 사람의 인격체로서 개인 개인에게는 매우 불안정하고 편협한 자아실현의 장에 머무르게 한다. 과잉 교육overeducation이 당사자는 물론이고 사회 전체에도 자원과 재원의 불필요한 낭비를 초래하듯이 자신의 소득수준을 초과하는 과도 소비excessive consumption는 가계 부채를 증가시켜 경제 전반을 위협할 수 있다. 동서고금의 역사를 통해서 우리는 물질적 소비나 물질의 한 형태로서 육체적 쾌락/향락에 탐닉하게 되면 개인의 패가망신과 더불어 사회 전체가 퇴폐 분위기 속에서 쇠락한다는 사실을 잘 알고 있지 않는가?

넷째, 물질적 분배는 많은 물질적 자원의 희소성과 차별성으로 인해서 분배적 공정성을 둘러싸고 불평등이라는 심각한 사회문제를 발생시킨다. 그러나 평등 분배와 같은 물질적 평등은 원시적 자연 상태로 돌아가야만 겨우 가능할지 모른다. 그러자면 현재 인구의 99%는 죽어야 하지 않을까?

이처럼 물질주의의 문제는 현대 문명 자체의 성공적 산물인 동시에 파괴적 유산이다.

3. 사적 소유와 불평등

물질주의의 제도적 기반인 사적 소유의 문제를 재고해보자. 맑스주의자를 비롯한 대다수 평등주의자의 만병통치약은 불평등의 원천인 사유재산제도의 폐지이다. 맑스의 주장은 수많은 가난한 사람에게는 천국의 복음이요 쾌도난마의 해결책이었다. 그러나 생산수단이나 재산의 사회화 혹은 국유화는 기대와는 달리 참담한 실패로 돌아갔을 뿐이다. 왜 그랬을까? 소유라는 존재론적 원초적 욕망이 부인되면 인간은 삶의 동력을 잃는다. 다시 말해 남보다 더 열심히 일하지 않는다. 아니 어렵고 귀찮은 일 자체를 회피한다. 땡땡이치며 빈둥거리기soldiering라는 인간의 자연스런 본성이 솟아난다.

나는 사적 소유는 개인적 자유의 속성이자 동력이라고 생각한다. 개인적 (처분의) 자유가 없는 소유는 무소유나 다름없고, 사적 소유가 없는 자유는 부자유일 뿐이다. 다시 말해 소유와 자유는 일심동체 같은 것이다. 슈티르너의 지적처럼 개인의 정체성이란 그가 소유한 무엇들에 의해서 규정된다. 개인의 자유는 그가 소유한 것들(욕구, 의지, 목표와 각종 물적 자원 등)에 기반하여, 무엇을 (성취)하고자 하는 것(즉 욕구의 실현은 바로 욕망의 소유)이라는 의미에서 소유(작용)의 연쇄라고 이해할 수 있다. 개인, 자유, 소유는 이처럼 서로가 서로를 규정하는 하나로 연결된 순환 고리이다. 사적 소유는 신성 불가침한 것은 아닐지 몰라도 필요 불가결한 인간 사회의 기반이다.

그러나 개인과 자유가 그러하듯 소유는 차이에서 그 진정한 의미가 드러나기 때문에 불평등이라는 현상을 "자연스럽게" 수반한다. 이 사실을 단계적으로 설명해보자.

① 모든 개인은 각자 서로 다른 많은 것을 소유(소유의 차이 = 불평등)하면서 태어난다. 개인은 소위 배 속의 태아 시절부터 이미 불평등하다. 부모의 사회 경제적 지위와 유전적 특성 등이 각 개인의 출생 후 삶을 상당 부분 이미 불평등하게 규정한다.

② 인생살이에서 어떤 사람들은 운 좋게 헤쳐나가고, 어떤 이들은 재수 없게 당한다. 운과 재수는 불평등하게 혹은 무작위적으로 각 개인들의 삶에 영향을 미친다. 행운도 갖느냐, 못 갖느냐의 소유와 관련된 불평등의 문제이다

③ 이와 같은 불평등의 근원을 없애자면 가족제도, 상속 제도를 없애고, 운을 통제/관리해야 하는데 이것은 인간의 본성을 억누르는 참으로 작위적인 강제일 뿐 아니라 가능하더라도 그 실효성이 없다. 무리 지어 패거리를 이루며 타 집단을 지배하려는 인간적 속성들!

④ 그러므로 불평등 자체는 불가항력적인 자연스러운 것이라고도 간주할 수 있다. 다만 빈곤과 같은 어떤 물질적 불평등은 각종 제도적 배려와 지원을 통하여 완화시킬 수 있다. 그러나 복지 제도에 의한 물질적 지원은 자원의 제약으로 인해 일정 수준을 넘기 힘들다. 즉 물질적 불평등의 완전한 해소는 불가능하다.

⑤ 인간 사회는 이제 탈물질적 혹은 정신적 자원의 무한한 풍요에 관심을 가질 필요가 있다. 명상과 기도, 수양과 육체적 수련, 독서와 학습, 대화와 친교, 예술과 창작 취미, 걷기와 잠자기 등 비용을 적게 들이고, 혼자서, 언제 어디서나 실행하고 즐길 수 있는 자원들이 무궁무진하다. 금욕과 고행을 통한 정신적 최고 경지의 수준까지 욕심낼

필요는 없다. 일상에서 소박하고 편하게 추구할 수 있는 탈물질주의에서 시작하고, 거기서 끝을 맺어도 좋다. 요컨대 무한재적 성격을 갖는 탈물질적 자원의 소유에 관한 한 모든 사람은 거의 평등하다 해도 과언이 아니다. 다만 탈물질적 자원을 충분히 수용할 수 있도록 노동시간의 단축과 자유 시간의 대폭적인 증가가 선행적으로 요구된다. 극단적인 경우로서 적절한 예가 될지는 몰라도 감옥에서 독서를 많이 하여 전문가가 되거나 깨우친 사람, 실업의 고통 속에서나마 등산과 같은 지속적 체력 관리로 건강을 회복한 사람의 사례를 통해서 탈물질적 차원과 자원에 대해 검토해볼 수 있다.

⑥ 현실적으로 제기된 평등/불평등의 문제는 주로 경제적-물질적 자원과 관련된 물질주의적 가치관의 반영이다. 탈물질주의는 물질주의적 불평등의 문제를 완화시킬 수 있는 엄청난 잠재력을 보유한다. 우리는 무한한 탈물질적 정신의 세계를 열어야 한다.

다행히도 인터넷의 혁명적 기술혁신과 보급에 의해 탈물질적인 사이버 세계에서는 현실 세계의 물질적 자원들도 가상의 형태로(때로 현실보다 더욱 리얼하게), 즉 정신적 자원으로 대체하여 상대적으로 저렴한 비용으로 즐길 수 있다(예를 들어 인터넷에서 제공하는 각종 명승지, 적지, 오지 등의 관광). 리프킨(Rifkin, 2000)은『접속의 시대』에서 물질적 소유 중심의 시대에서 (네트워크) 접속의 시대로 세상이 변화하고 있음을 강조한다. 물론 접속하는 데도 돈이라는 물질적 소유가 필요하다. 그래서 사이버 아나키스트들은 공짜 인터넷free internet 혹은 보편적 접근universal access의 확대를 주장한다(김성국, 2000a). 지적 재산권이라는 이름으로 자유로운 접근을 제약하는 문화산업의 논리를 제약하자.

⑦ 소유에는 사적 소유(즉 사유)와 공동적 소유(즉 공유)가 있다.

공유에도 국가나 지방자치 단체와 같은 공공 기관이 소유하는 공유公有와 일단의 사람들이 협동조합식으로 공동소유하는 공유共有가 있다. 사적 소유, 특히 사유재산은 분배적 차원에서 불평등한 요소를 많이 지니지만, 공공재(산)와 같은 공동소유는 누구에게나 매우 자유롭고 평등한 접근과 사용을 보장한다. 사유뿐 아니라, 공유도 개인의 자유를 보장·촉진시킨다는 점을 기억할 필요가 있다. 그러나 공유재는 개인이 자유롭게 처분할 수 있는 것이 아니므로 개인의 완전한 자유나 완전한 소유를 의미하는 것은 아니다.

여기서 한걸음 더 나아가자. 그렇다면 국가가 소유하는 공유재나 국유재는 진정으로 공동의 재산인가? 천만에. 그것은 공동의 재산이 아니라 그것을 법적으로 소유하는 특정 국가기관이 필요에 따라서 처분하는 재산일 뿐이다. 공익을 위해 민간에게 매각한다고 하지만 많은 경우 예산 확보, 선거용, 특혜 등의 특수 이해관계가 연루된 경우가 비일비재하다. 국유재산 및 국영기업 매각과 관련된 온갖 의혹이 난무하는 이유가 무엇이겠는가? 공유재산은 대부분의 경우 시장독점의 형태를 띠고 그것을 관리하는 종사자들에 의해서 그 이익이 점유된다.

결국 공유라고 하는 것도 특정 기관이나 집단의 소유물로서 전체 사회의 불평등 확산과 결코 무관하지 않다. 국영 기관의 임직원들이 누적 적자에도 불구하고 거액의 봉급을 받아 사회적 지탄의 대상이 된 적이 한두 번인가. 물론 공원, 박물관, 기념관, 전시장 등과 같이 공공재적 성격이 뚜렷한 것도 있지만, 이것들도 사회 불평등과 관련이 없는 것이 아니다. 지역적으로 서울에 편중되어 있다는 사실이 바로 지역 불평등, 문화 불평등의 원인이 된다.

이처럼 공유도 일반적 예상과는 달리 불평등을 초래한다. 공유나 국유가 불평등을 깨끗이 제거하리라고 기대하는 것은 오산이다. 어쩌면 사유보다도 공유가 더 불평등할 수 있다. 사유는 어떤 형태건 자기 노력과 자기 돈으로 자기가 가진 것이지만, 공유는 적지 않은 경우 국민이 낸 세금으로 특정 사람들이 더 혜택을 많이 받는 것이 아닌가? 사회주의국가인 북한에서 정권 초기에 농민들에게 토지를 무상분배하였다고 자랑하였는데, 사유재산을 부정하는 나라에서 공짜로 나누어준들 그것이 도대체 무슨 의미가 있겠는가. 대내외 선전용 쇼에 불과한 것이다.

그뿐 아니다. 소위 말하는 공공재산이나 국가 소유라는 것들은 대체로 임자 없는 재산으로 인식되어 남용과 오용의 여지가 많고, 사적 소유에 비해서 상대적으로 관리 감독이 불철저하므로 나태와 무임승차를 조장하기 쉽다. 자본주의국가에서 국영기업을 민영화하려고 하지만, 노동조합 등의 반대가 극심한 이유의 일단이 여기에 있다. 공무원 연금 삭감이 더욱 강화되면, 국립대학 교직원들의 법인화에 대한 반대가 약화될까?

국영기업이 방만하게 운영되고, 소속 직원들이 과도하게 혜택을 받는 구조적 원인 중 하나는 그 소유 형태와 관련이 있다. 공적 소유라고 하지만 그 모든 재산의 원천은 시민의 세금에서 나온 것이므로 공공 기관의 지배자들(관리자나 노동조합 등)이 소유자 행세를 할 것이 아니라, 시민이 관리 감독권을 실질적으로 행사할 수 있는 방안을 강구해야 한다. 사적 소유란 표현도 얼핏 보면 어느 개인 한 사람이 독차지하고 있는 것처럼 느껴지나 거대 기업 등의 자산은 대부분 주식의 형태로 주주들에게 분산되어 있다. 대주주들도 있고, 소액주주들도 있다. 삼성전자를 이건희 회장의 일가가 소유한다고 착각하면 안 된다. 외국자본도 엄청나게 들어와 있다. 그들이 합작하여 일거에 주식을 팔아버린다면 삼성은 와르르 무너질 것이다. 그래서 일부 경제학자는 주식자본주의 혹은 연금자본주의의 확장은 일반 근로자 혹은 노동자들에 의한 자본(재산)의 점유(생산수단의 사회화?) 혹은 경영참가라고, 다소 과장되었지만 자화자찬하는 것이다.

⑧ 비록 공유가 만능은 아니지만 그야말로 공익을 위한 공공재는 증가시키는 것이 좋다. 그것은 사회적 평등의 제고가 될 뿐 아니라 개인적 자유의 확산에도 기여하기 때문이다. 공유와 사유가 적절하게 배합된 소유 형태가 잡종사회에 적합한 방식이다. 비유컨대 개인 가운데는 부자가 많으나 사회 전체는 여유가 없는 곳도 있고, 개인 가운데는 부자가 적으나 사회 전체는 부유한 곳도 있다. 어느 곳을 택할 것인가? 나라면 개인적으로는 다소 빠듯하게 살더라도 사회 기반 시설과 서비스가 잘되어 있고, 탈물질적 자원을 향유하는 시민들이 심리적으로 여유를 느끼는 후자를 택하겠다.

⑨ 그러나 동서양의 지혜를 따르자면 소유가 많아진다고 해서 반드시 자유롭거나 행복해지는 것이 아니다. 식자우환이고, 부자 천국 가기 정말 힘들다. 이와 마찬가지로 무한한 자유 또한 개인이 감당할 수도 없고, 책임질 수도 없기 때문에 바람직한 것이 아니다.

⑩ 따라서 사유건 공유건, 물질주의건 탈물질주의건 항상 과도와 과잉이 문제다. 적절한 물질적 소유와 공유 그리고 적합한 탈물질적 자원의 향유라는 절제의 묘가 반드시 요청된다.

이상에서 고찰한 것처럼 물질주의의 문제는 자본주의 체제의 사적 소유와 직결된 것이기는 하지만, 그 이유만으로 사적 소유를 비난하고 부정해서는 안 된다. 물질적 사적 소유에 대한 과도한 집착이 문제일 뿐이다. 탈물질주의 혹은 탈물질적 소유에 대한 무관심과 편견이 과도한 물질주의를 초래한 것이다.

이처럼 탈물질주의는 관념론 대 유물론이라는 대립적 구도에 국한된 것이 아니다. 인간 육신 이외의 모든 물질적인 것을 비생명체, 비인격체 등으로 간주하고, 그것들이 마치 인간을 위해 존재하는 소모용 자원인 것처럼 판단하는 인간중심주의를 비판하는 것이 탈물질주의의 또 다른 인식론적 지평이다. 탈물질주의는 장자가 말한 만물일체 혹은 물아일체의 우주적 존재론을 지향한다. 동아시아에서는 일찌감치 우주를 생명으로 가득한 하나의 존재로 인식하였다. 현대적 감각으로 표현하자면 지구 차원의 생태주의를 기점으로 하여 우주 전체로 확장하는 존재론적 생태주의 혹은 우주적 생태 생명 존재론을 지향하는 것이 탈물질주의의 보다 심오한 인식론이다. 인간도 그 궁극적 수준의 구성에 있어서 물질, 반물질, 비물질 등의 잡종적 결합체가 아닌가? 들짐승에게는 한낱 고깃덩어리에 불과한 인간, 흙이나 티끌이 되어 흩어질 물질로서의 인간 생명을 겸허히 그리고 순수하게 받아들여야 한다. 물아일체라는 심오한 존재론적 인식과 연관된 탈물질주의는 현실적으로는 자본주의의 한계를 극복하는 경제적 차원의 새로운 가치관이고, 존재론적으로는 물질 자체의 개별적 독립성이나 생명현상을 인식하는 접근이다. 탈물질주의는 인간중심주의를 극복할 수 있는 문명전환의 핵심적 가치이다.

4. 안빈낙도의 길: 절제와 지족

지구상의 모든 사람이 부자가 될 수는 없고, 또 되어서도 안 된다. 만인 부자의 꿈은 불가능할 뿐 아니라 매우 위험하다. 이 지구의 자원은 모든 인간의 물질적 부를 지탱할 만큼 충분하지 않다. 지구는 인간의 부로 인해서 발생할 엄청난 에너지의 소모에 따른 열기나 그 폐기물을 수용할 능력이 이미 한계에 도달했다. 쉽게 말하자면 인간의 과도한 물질적 소비는 위험 수준에 이르렀다. 어쩔 수 없이 이제 우리는 "평범한 필요와 평범한 만족으로 이루어진 세상"(워드, 2004: 28)에서 살아갈 준비를 해야 한다. 동서양의 현자들이 강조한 소박한 생활양식, 단순한 삶simple life을 살아야 한다.

탈물질주의는 현재의 생태학적 위기와 예고된 기후변화 재앙을 진지하게 받아들인다면 거부할 수 없는 유일무이한 대책이다. 자연 개발을 통한 경제 및 사회 발전이라는 근대 산업사회의 논리는, 다른 말로 표현하자면 물질주의적 세계관의 반영일 뿐이다. 자연을 생명 없는 물질 덩어리로 취급하거나 혹은 생명이 있더라도 비인간적 생명인 만큼 살상해도 좋다는 인간 중심적 세계관을 토대로 인간의 물질적 욕구를 충족해온 것이다.

인간 혹은 인간의 생명이란 것이 무엇인데 그다지도 대단한가? 비록 신비하고 신성한 것이기는 해도, 생명 없는 여러 물질 조각이 합쳐져 생성된 것이 아닌가? 이 물질적 조합으로서의 생명이라는 점에 주목한다면 전체로서의 자연과 우주를 생명 없는 존재라고 감히 단언하지 못할 것이고 자연의 일부를 마음대로 자르고, 파헤치고, 뒤바꿔놓을 수는 없는 법이다.

물질주의적 성장 논리나 개발 논리는 더 이상 강조되어서 안 된다. 최소한으로 억제되어야 한다. 그러나 개발과 성장의 둔화는 물질적 생산을 감소시키고, 물질적 소비를 감소시켜, 혁명적인 탈물질적 기술혁신이 도입되지 않는 한 사람들의 물질적 생활수준에 적지 않은 제약을 가져올 것이다. 특히 제로성장이 지속된다면 후진국 사람들의 생활수준이 더욱 악화될 가능성이 높다.

1) 절제의 미학

사람들이 최소주의minimalism적 가치관에 입각하여 물질적으로 단순한 삶을 지향하는 절제의 원칙을 받아들이게 될까? 근검과 절약, 재활용과 나누어 쓰기, 절수와 절전, 걸어 다니기와 대중교통 이용하기를 즐겁게 실시할까?

물질주의적 욕구를 억제하고 이를 탈물질적 가치로 전환시키기 위해서는 절제의 노력이 필요하다. 탈물질주의는 적지 않은 사람에게는 시련이요 고통이며 인내의 과정이 될 것이기 때문이다. 왜냐하면 그것은 한 사람의 생활양식을 바꾸고, 사회관계를 수정하는 것이며, 특히 가까운 주위 사람들과의 기존 상호작용 관계를 조정해야 하는 것이기 때문이다.

도덕적으로 우리는 물질주의적 탐욕을 경계하는 절제의 미덕을 배우도록 요구받는다. 모든 위대한 종교, 철학, 도덕/윤리는 물질적 욕구에 탐닉하는 것은 바른 생활 태도가 아니라는 것을 가르친다. 그렇다면 오늘날 물질주의의 팽배 현상은 상업화한 종교, 입신양명과 부귀영화의 물질적 가치를 강조하는 학부모들의 교육관과 교사들의 교육 가치 때문이 아니겠는가? 자본주의 경제 논리만 탓할 것이 아니라 종교, 가정, 교육기관에 이르기까지 온통 가득한 물질주의적 가치 풍토 또한 바꾸어야 한다.

절제는 "더 많이, 더 크게, 더 빨리"라는 현재의 물질주의적 소비 욕구, 성취 지향, 소유 경쟁을 적당한 양, 알맞은 크기, 적절한 속도로 조절할 수 있는 능력을 의미한다. 우리는 가까운 주위로부터 절제의 미덕을 배울 수 있는 길을 많이 발견할 수 있다. 세간에서 회자되는 일상생활의 건강 규칙인 "열 가지 적게"주의[十少主義](소식少食, 소육少肉, 소당少糖, 소염少鹽, 소노少怒, 소의少衣, 소욕少慾, 소언少言, 소차少車)는 대량소비주의를 반성하는 절제주의 건강법이다. 슬로푸드운동이나 슬로라이프운동 그리고 최소주의 생활양식 등도 현대의 속도주의와 거대주의에 대한 각성으로 절제를 실천하는 방식이다. 최근의 유행인 걷기 운동도 일상생활에서 실천할 수 있는 절제 건강법이 아닌가?

나는 절제를 위한 기본적 원리를 불가나 도가에서 강조하는 탈집착, 최소화 혹은 버림과 비움의 가치로부터 찾고 싶다. 불필요한 소유 욕구를 억제하고, 불필요한 외적 지식이나 사물을 추구하지 않는 지혜가 바로 절제이다. 일종의 균형 감각으로서 너무 모자라거나 너무 넘치지 말아야 한다.

절제는 물질적 자원에 대한 태도에서뿐 아니라 탈물질적 가치를 함유하는 정신적 자원들을 소유/소비하는 과정에서도 요구된다. 어느 한 가지 정신적 자원(특정 교리, 이념, 도덕관 등)에만 과도하게 집착할 경우, 맹신자나 독단론자가 되기 쉽다. 아마추어를 넘어 마니아 정도까지는 무방할 것 같지만 그 이상으로 중독되거나 강박관념을 갖게 되는 수준이라면 본인 개인은 물론이고 사회 전체에 위협이 될 수 있다. 절제는 금욕과 같은 극한적인 행위 결단이 아니다. 불가에서 요구하는 것처럼 세속에 대한 집착을 완전히 끊지는 못하더라도 집착에 빠지지 않는 조절 능력이 절제다. 그러나 득도는 못 하더라도 불가의 지혜를 음미해보는 것은 매우 유익하다. 불가는 탈집착을 해탈과 열반의 세계로 나아가는 가장 주요한 걸음의 하나로 삼는다. 왜 출가하는가? 세속에 대한 집착을 끊기 위함이다. 왜 주색잡기와 육식과 그리고 결혼을 금하는가? 육욕과 인연에 대한 집착을 끊고자 함이다. 왜 무(물질적)소유를 주장하는가? 탈물질주의야말로 척박한 속세에서도 유유히 안빈낙도할 수 있는 지혜의 물질적 토대이기 때문이다.

물질적 자원이건 비물질적 자원이건 그것을 지나치게 많이 빨리 크게 소유하려는, 소비사회에 의해 강요되고 주입된 행동 양식을 버리고 비록 쉽지는 않겠지만 소유의 대상과 양, 속도를 느긋하게 조절할 수 있는 절제의 미덕을 습관화하도록 개인은 노력해야 한다.

개인의 자유가 인간의 소유 욕망과 긴밀히 연결되어 있는 것은 사실이지만, 모든 욕망이 곧 자유가 되는 것은 아니다. 나의 욕망은 너의 욕망, 그의 욕망, 그녀의 욕망과 현실에서 서로 부딪치고, 욕망의 충족은 언제나 가능한 것이 아니며, 강렬한 욕망일수록 쉽게 충족되지 않거나 불가능한 경우가 많은 법이다. 따라서 욕망을 그 종류에 따라서 혹은 때와 장소에 맞추어 적절히 조절할 수 있는 능력을 가져야만 개인은 자신의 욕망을 그야말로 자유롭게 추구할 수 있는 것이다. 욕망으로부터 해방된다면 얼마나 자유로울까? 그래서 깨달은 자는 자유롭게 해방의 세계를 만끽하는가 보다.

이처럼 절제는 욕망을 안전하고도 안정적으로 조절하여 개인의 자유가 타인의 자유와 조화를 이루어가면서 충족될 수 있도록 이끌어준다. 어쩌면 자유는 절제가 있기 때문에 혹은 책임이 뒤따르기 때문에 더욱 자유스럽고 가치가 있는 것이 아닐까? 무한정한 자유는 역설적이지만 더 이상 자유가 아니다. 마치 모든 것을 소유한 사람은 아무것도 소유한 것이 없는 것과 마찬가지인 것처럼. 그 지경이 되면 이미 소유의 의미가 사라져버리기 때문이다. 이것이 바로 음양의 이치이다. 양에 대한 음의 반대 혹은 억제가 있기 때문에 양의 존재 의의나 그 역할이 있고 (음과) 양의 변화가 있는 것이다.

절제가 자유에 요구되는 책임의 차원을 가진다는 인식은 경제적으로 매우 의미 있는 역할을 한다. 절제는 정치적 차원의 타협/절충과 마찬가지로 잡종사회의 경제적 양극화를 조절할 수 있는 가치이기 때문이다. 11장에서 논의한 정치적인 타협과 절충은 경제적인 절제와 가치론적으로 그리고 심리학적으로 밀접히 연관되어 있다. 타협과 절충은 상대방을 전제하고 이루어지는 욕망의 상호 조절인 반면, 절제는 자신의 내면에서 상충하는 욕망들 간의 상호 조절이라는 점에서는 상이한 출발점을 갖는다. 그러나 그것이 현실적으로 초래하는 효과라는 측면에서 양자는 공통적으로 독단과 강경 그리고 과잉과 과도를 지양하는 조화와 균형의 미덕을 추구한다.

경제적으로 물질주의를 탈물질주의와 잡종화시키는 과정에서 사적 소유에 대한 절제는 물질적 불평등의 완화에 일정 부분 기여할 것이다. 물질주의에 대한 절제의 자연스런 연쇄반응으로서 탈물질주의를 수용하게 되면, 정신적 자원의 무한한 가치를 원하는 대로 그리고 누구나 필요한 만큼, 즉 평등하게 소유하고 즐길 수 있으므로 물질적 불평등에서 초래되는 고통을 경감시켜주는 대체 효과가 가능하다.

잡종사회의 경제적 친구인 절제적 탈물질주의자는 소유하되 독점하지 않고, 사적 소유를 넘어 공유를 또한 즐기며, 물질적 가치만 편애하지 않고 탈물질적인 정신적 가치(예컨대 예술적 심미나 영성적 신비부터 자원봉사에 이르기까지)도 향유하고자 한다. 법정과 같은 불가의 고승들은 무소유의 가벼움과 자유로움을 즐긴다고 한다. 하기야 고승들에게는 처처불성處處佛性이고 시시불성時時佛性이라 모든 것이 풍족한데 따로 무엇을 가질 필요가 있으랴! 그래서 슈마허 Ernst Schumacher는 "작은 것이 아름답다"를 불교의 경제학이라고 하지 않는가? 어떤 사람들은 결코 부자도 아니고 한가한 사람도 아닌데도 기부나 봉사의 기쁨을 말한다. 더 많이, 더 빨리, 더 크게 얻기를 독촉하는 물(질만능 의)신을 나로부터 멀리 쫓아버리자. 적게, 천천히, 작게 가져도 좋다는 나만의 신을 찾자.

2) 안빈낙도

절제의 길은 고통으로부터 시작하지만 그 끝은 즐거움으로 충만할 수 있다. 안빈낙도가 바로 이 경지를 멋지게 표현하고 있다. 다소의 물질적 결핍이나 가난에 대해서 전전긍긍하지 않고 편한 마음으로 그것을 받아들이면서 도를 닦는 즐거움을 누린다는 자세야말로 절제적 탈물질주의자의 이상이다. 이 경지로 나아가면 빈곤은 적나라해서 비참한 빈곤인 적빈赤貧이나 한탄스럽고 썰렁한 빈곤인 한빈寒貧이 아니라 청빈淸貧이 되어 정신을 맑게 하고 마음을 평온하게 만드는 바탕이 될 수 있다. 멋진 물질의 부족함이여. 즐거운 정신세계의 광활함이여.

이와 같이 개인이 당면한 물질적 세계의 불평등 혹은 결핍에 대한 인정 혹은 체념적 방관을 통한 마음의 평정을 두고 현실의 모순 앞에 맥없이 굴종하는 허위의식이라고 비난할 수 있다. 입에 풀칠하기도 어려워 굶어 죽을 판의 사람이 그런다면 그것은 자기기만이나 자기최면으로 간주됨직 하다. 그러나 대다수의 그럭저럭 꾸리며 살아가는 일반 사람들이 이와 같은 마음가짐을 갖는다면 그것은 참으로 큰 축복이자 큰 재산이 아닐 수 없다.

자신이 처한 불평등한 현실을 세상과 구조의 탓으로 돌리며 개탄할 수 있다. 또한 그것은 개인적 책임과 불운의 문제이기도 하며, 탈물질적 가치를 향유함으로써 완화할 수 있다며 자위할 수도 있다. 이 두 가지 접근은 배타적이 아니라 보완적으로 결합될 수 있다. 체념은 여러 측면에서 삶의 행복감을 유지하거나 증진하는 비책이다. 우리는 모두 삶에 대한 기준을 높일수록 불행해지고, 낮출수록 행복해진다는 사실을 알지 않는가? 영영 떠나버린 님을 애타게 부르며 비통 속에 시들어가느니, 체념으로 돌아서면 남은 생이라도 잘 보전하지 않겠는가?

절제의 쾌락이야말로 참으로 멋진 즐거움이다. 흔히들 쉽게 얻는 즐거움보다는 획득에 어려움이 따르는 것이 성취의 순간에 더 짜릿하고, 보람을 느낀다고 한다. 유사한 맥락에서 절제를 통해서 향유하는 즐거움은 은은하고도 깊은 그리고 지속적이면서도 질리지 않는 기쁨과 충만함을 제공한다. 많은 경험자는 절제 그 자체가 즐거움이라고도 한다. 버는 대로 돈을 쓰지 않고, 한 푼 두 푼 돈을 모으는 것은 극빈자에게는 고통일 수도 있겠지만, 보통 사람들에게는 남몰래 느끼는 뿌듯한 재미일 수 있다. 구두쇠나 저축을 즐기는 사람들은 소비의 유혹을 뿌리치고, 돈 쓰는 재미를 포기하고, 돈을 모으는 것이 즐거움이라고 한다. 고진감래가 바로 절제의 즐거움을 말한다. 특히 분노와 같은 심기를 절제할 수 있는 사람은 자신뿐 아니라 타인의 마음을 손상시키는 일이 없기 때문에 남에게도 즐거움을 제공한다. 저 50-60년대 가난의 시절, 한 푼 두 푼 용돈을 모아, 책도 사고, 영화도 몰래 보고, 짜장면도 사 먹던 시절의 즐거움도 (강요된) 절제의 한 차원이 아니었겠는가?

나아가 재차 강조하지만 마음의 절제를 통한 물질적 절약은 현금의 자원 고갈과 생태 파괴를 막을 수 있는 가장 직접적이고 일상적인 수단의 하나이다. 전 세계적으로 볼 때 인구 감소도 절대적으로 필요한데 이를 위한 산아제한도 정당화할 수 있다. 원하지 않는 출산을 포기하는 권리인 낙태는 개인적 자유의 차원에서뿐 아니라 전 세계적인 인구 감소라는 관점에서도 당장 인정해야 한다.

절제는 쾌락이다. 매우 멋진 그래서 아름답기까지 한 즐거움이다. 물질적 차원에서건 탈물질적 차원에서건 절제의 원리는 적용되어야 한다. 과잉과 탐닉은 위험하다. 자신이나 타인을 육체적으로 혹은 정신적으로 파괴하기 쉽다. 공자가 설한 중용의 덕에 이르는 첩경이 정치적으로는 타협과 절충이고, 경제적으로는 절제가 아닐까? 나아가 절제적 탈물질주의는 개인을 물질적 소유에 대한 집착으로부터 벗어나게 해 자유롭게 만든다. 이처럼 소유는 자유이자 책임이라는 양면성을 갖기 때문에 절제의 미덕을 필요로 하는 것이다.

절제적 탈물질주의자는 근대 자본주의사회의 물질주의 문명을 지양하여 물질과 정신이 잡종적 균형을 이루는 문명전환의 전기를 만들 것이다. 잡종사회에서는 물질주의와 탈물질주의가 갈등하면서도 공생하는 절제의 묘가 가능할 것이다. 그리고 탈물질주의는 물질을 생명 없는, 존재 가치가 없는 사물로서 인식하는 인간 중심적 물질관을 비판하는 인식론적 전환을 아울러 요구한다. 물질을 함부로 대하지 말고, 내 몸처럼 아끼자. 많은 물질과 정을 나누어보자. 내 사랑하는 책, 애지중지하는 그림, 정든 고물 자가용, 낡은 옷, 컴퓨터 등 얼마든지 가능하다.

끝으로 절제적 탈물질주의의 한국적 필요성을 지적해두자. 현재 많은 경제 전문가는 한국 경제는 당장 숨이 넘어갈 불치병은 아니더라도 심각한 중증의 난치병에 걸려 있고, 이미 시작된 경제 침체는 더욱 장기화될 전망이라고 한다. 특히 선심성 복지 경쟁으로 재미를 본 정치권이 내년부터 시작되는 총선과 이후의 대선을 맞이하여 쏟아낼 무차별 공약들은 과거 어느 때보다도 더욱 파격적이고 화려할 것이라는 전망이다. 경제가 확실히 거덜 나서 곳간이 텅 빈 것을 국민이나 정치권이 때늦게 깨닫는 한계효용의 종착점까지 반경제적 공약들은 독성을 더욱 높여가며 우리를 마취시킬 것이다. 이미 그 음습한 고통에 시달리는 많은 사람이 있다. 이런 사태가 발생할 경우, 적극적 해결책은 되지 않겠으나, 일신의 안전을 그런대로 보전하는 생활양식 차원의 적절한 대응 방안이 탈물질주의이다. 물질적 빈곤화는 탈물질주의로 상당 부분 견디어낼 수 있다. 경제적 파국에 따르는 심리적 불안이나 위축도 절제심으로 조절할 수 있다. 그렇지 않은가? 거대한 경제구조적 불행에 직면하여 개인 차원에서 대처할 수 있는 별다른 묘책이 있는가? 허리띠를 졸라매는 것이 아니라, 허리를 일찌감치 줄이고, 내핍의 시련을 탈물질적 풍요로 보완하는 지혜인 절제적 탈물질주의를 일찌감치 습득하여 생활화해두자. 10-20년의 경제 침체에도 담담히 맞설 수 있을 것이다.

13장 협동적 개인주의자

　개인주의자는 국가와 사회, 민족과 공동체 같은 집합적 존재 혹은 표상들의 실재적 기반은 오직 개인과 개인의 자유 연합이라고 주장한다. 개인 속에 그리고 오직 개인과 함께 이것들은 존재한다. 개인으로서 나 자신이 모든 것의 출발이요, 끝이다.

　협동적 개인주의자는 개인의 이기심이 개인을 위한 것일 뿐 아니라, 개인의 자유 연합을 위한 협동적 이타심으로 확대될 수밖에 없다고 생각한다. 이기심이 지속 가능한 발전을 이루기 위해서는 협동을 매개로 하는 이타심을 필요로 한다. 이타심은 이기심의 자연스런 발전이요, 필수적 차원이다.

1. 개인주의의 재조명

　최근 개인주의에 대한 관심은 포스트아나키즘의 슈티르너에 대한 재인식과 함께 활발해졌다. 사회학적으로도 벡의 개인화를 중심으로 개인의 문제가 분석의 초점이 되고 있으며, 한국에서도 최근 박성현(2011)이 니체의 전통을 따르면서 개인과 개인주의의 중요성을 강조한다.

벡(1997: 210)의 개인화 개념은 본인이 인정하듯 "너무 많은 의미를 가지고 있어서 애매할뿐더러 어쩌면 기피되기도 하지만 그러나 분명히 중요한 것으로 지적되는 개념"이다. 그것은 근대의 시작을 전후로 발생한 일련의 문명화 과정을 지칭하며, 매 단계마다 독특한 사회적 결과가 발생한다. 이런 의미에서 개인화는 탈전통화detraditionalization인 동시에 그 결과인 제도화institutionalization와 표준화standardization의 기반이었다. 즉 개인과 사회의 관계에서 일종의 변형 또는 범주적 변천이 시작된 것으로 "새로운 사회화 양식new societalization"의 시작을 의미하는 것이다. 벡에게 이 새로운 사회화는 최종적으로 문명사적 전환을 요구하는 해방적 파국의 환골탈태와 연결된다. 이처럼 벡의 개인화는 개별화(개성화 = 독특성)만을 의미하는 것이 아니고, 그 반대적 성향(해방)을 의미하는 그야말로 "역사적으로 모순적인historically contradictory" 성격을 갖는다.

벡은 개인화 개념을 근대 세계 내의 역사적 변화와 근대에서 새로운 근대로의 이동이라는 문명사적 전환을 통시적으로 분석하고 설명하기 위해 사용한다. 개인화는 장기적인 역사 과정의 설명 변수로 사용된 결과 일견 모순되는 듯 보이는 원인과 결과를 갖게 된다. 벡은 개인화에 따르는 이와 같은 이론적 난점과 모호성을 굳이 해명하려 하지 않고 모순 그대로 제시한다. 일종의 개념적 잡종화 전략이다. 그러나 개인화는 위험사회와 연결되면서 구체적인 설득력을 얻게 되고 방법론적 세계시민주의로 확장되면서 더욱 풍요로워진다. 개인적 자율성 그 자체가 위험사회의 요소가 되지만 그 자율성으로부터 세계시민주의라는 위험사회의 완화 토대를 또한 이끌어낼 수 있기 때문이다. 이 마지막 부분에 관한 보다 구체적인 논의는 벡이 급서하였기 때문에 미완의 기획으로 남아 있다.

나는 벡의 개인화와 나의 개인주의가 개인의 존재론적-기능론적 위상과 역할에 대한 강조라는 점에 있어서 큰 차이가 없다고 생각한다. 개인에 대해 물아일체의 위아론과 유아 유심론이라는 다소 급진적인 관점에서 접근하는 나의 입장과는 충돌하기도 하지만 때로 합의점이 있기도 하다. 아무튼 개인화와 그것이 확산시키는 개인주의가 이 시대의 핵심적 현상이자 변화 동력으로서 문명전환의 물꼬를 열고 있다는 판단에서 우리는 일치한다. 다만 나는 장자나 슈티르너의 매우 급진적인 개인주의관을 수용한다는 점에서 벡과는 상이한 이념적 전통에 입각한다.

한편 포스트아나키즘은 포스트구조주의(비본질주의, 비근원주의 등)에 기반하여 발전하고 있다. 그것은 주체주의subjectism라는 오해를 받을 만큼 슈티르너의 창조적 무로서의 자아에 주목한다. 고정관념을 거부하면서 유동과 창생flux and becoming으로 나아가는 자아는 권력의 외부에서 권력을 잠식하는 반란의 힘이다. 포스트아나키즘은 아나키스트 실용주의 혹은 지금 여기의 직접행동이라는 원리에 입각하여 아나키스트는 일상적 관계의 변화를 통하여 지속적으로 현실을 해방시키며 이 해방된 현실에서의 지속적 해방 활동으로 세계가 해방되고 있다고 믿는다. 권력관계는 좀처럼 사라지지 않겠지만, 우리는 계속 그것에 반란하고, 그것을 잠식하고 해체하면서 어떤 개선을 이룰 수 있다.

박성현(2011: 17)은 한국 사회에 만연하고 있는 반개인주의 분위기를 질타한다. "우리 사회에서 개인주의자는 세상이 어떻게 돌아가든, 남에게 무슨 일이 생기든, 자기 잇속만을 챙기는 태도를 가리키는 나쁜 단어가 되어 있다. … 개인주의자라 불리게 되면 인간이라기보다는 탐욕스럽고 흉악한 한 마리 유인원 같은 존재로 치부된다. 우리 각자는 이미 한 명의 개인으로 살고 있음에도 국가, 민족, 사회에 대해서만 이야기한다." 이와 동시에 박성현(2011: 20)은 가짜 개인주의도 경고한다. "나의 권리와 자유를 최대한 키워서 내 방식대로, 내 맘대로, 내 욕망대로 사는 것이 최고의 목표라고 생각하는 풍조이다. 그리고 그 목표는 물건으로 나타난다. 아파트 평수, 통장에 찍힌 돈, 입는 옷, 몰고 다니는 자동차 … 인생이 아파트, 통장, 옷, 자동차로 환원될 수 있다고 믿는 착각인 것이다."

반면 진짜 개인주의는 "훌륭한 자아, 훌륭한 개인이 되는 것"이며 "진실에 대한 열망" 혹은 "진실을 추구하는 머리의 정직성"을 가져야 한다. 물론 그는 "사회가 인간을 구원할 수 있다"고 외치는 전체주의자의 안티테제로서 "인간은 세상과 영원한 긴장 관계에 놓인 존재다"라고 믿는 개인주의자를 상정한다. 박성현의 개인은 무리를 짓고 떼를 이루어 힘을 과시하는 집단, 전체, 공동체, 국가에 맞서 당당히 진실을 추구하는 맹렬한 열정의 행동파다. 니체식 초인의 후예답게 개인은 적극적이고 능동적인 권력의지를 가지고 있다. 나도 이런 당당한 개인을 아나키스트 자유주의자의 친구로 만나고 싶다.

그러나 나는 박성현이 가짜 개인주의자라고 평가절하한 물질주의적 개인주의자들도 외면하고 싶지 않다. 이들이 개인주의자로서 투철한(?) 진리 추구형 자유 의식을 갖지 못하고, 이들의 자유 의식이 본인의 욕구만 충족시키는 미성숙한 단계에 머무르는 것은 사실이다. 그러나 대부분의 개인주의자는 이 수준에서 시작하고 이 수준의 언저리에서 머무른다. 그러다가 어떤 삶의 전기를 통하여 자유 = 진실이라는 고양된 가치와 목표를 향해 나아갈 수도 있게 된다. 그러므로 가짜 개인주의자를 설득, 권유하여 진짜 개인주의자로 만드는 것이 중요하지, 가짜 개인주의자를 구제 불능의 집단으로 간주하여 방치하거나 외면하는 것은 현명한 길이 아니다. 비록 가짜일지는 몰라도 그들은 집단주의적 논리를 비판하고 혐오하는 성향을 지니고 있기 때문이다.

가짜 개인주의자들이 떼와 무리에서 벗어나 개인으로 돌아온 것만도 다행이다. 물질주의가 팽배한 세상에서 자유의 물신화는 엄청난 유혹으로 어쩌면 당연한 추세이다. 다행히 탈물질주의의 조류가 일고 있으니 이들이 개인주의의 진수를 탐구할 가능성도 적지 않을 것이다. 사실 박성현이 제시하는 진짜 개인주의의 길은, 특히 정치 사회적으로는 지난한 길이다. "진실이 너희를 자유롭게 하리라"는 깨우침은 그 진실의 의미를 사람마다 입맛대로 해석할 수 있기 때문에 "나의 진실을 따르라"고 강요할 수 없기도 하다.

2. 잡종사회의 개인주의자

3장에서도 말했듯이 불가의 세계는 처음엔 유아를 얘기하지만 곧 몰아나 망아를 논하고 다시 진아를 구한다. 마찬가지로 색즉시공인가 했더니 곧 공즉시색이고 끝에 가면 색공여일이다. 이것도 아니고 저것도 아니지만 이것이기도 하고 저것이기도 한 중도론은 참으로 현묘하다. 그러나 나는 개인주의의 심원한 뿌리를 여기에서 발견한다.

나는 개인주의를 불가의 천상천하유아독존天上天下唯我獨尊의 유아와 일체유심조一切唯心造의 유심에서 시작한다. 유아로서의 개인은 자아 내부로만 침잠하거나 자아 주위만 맴도는 자기중심적 혹은 자기 제한적 개인이 아니다. 나는 이를 슈티르너가 이해하는 유일자로서 파악하고 싶다. 흔히 말하는 이기적-자기중심적 개인주의는 개인주의의 발달 혹은 성숙 이전의 원형질, 질료, 잠재성일 뿐이다. 물론 이기심이나 자기중심성은 자연스런 성향이나 지향이지 결코 나쁜 것이나 잘못된 것이 아니다. 이기심은 그 운동 자체가 문제 되는 것이 아니라, 운동의 방향(자아 회귀냐 타자 연합이냐)이나 범위(확대적이냐 축소적이냐)에 따라서 가치판단이 달라질 뿐이다. 일반적으로 확대적 타자 연합을 축소적 자아 회귀보다 바람직한 개인주의로 간주한다. 나도 동의한다. 그렇지만 양자의 관계를 상호 보완적으로 파악해야지 서로 양립 불가능한 배타적 관계로 볼 필요는 없다. 개인주의적 흐름의 두 갈래를 서로 합류시키는 양자의 잡종화, 그것이 이상적이다.

허황된 도덕군자가 이타심을 내세우고 공동체와 전체의 이익을 운위하지만, 그 실체를 꼼꼼히 따져보면 이기심의 변형일 뿐이다. 우선 자기를 사랑하지 않는 사람은 남을 사랑할 줄 모른다. 자기중심적 생각을 해본 사람만이 남의 입장에서도 바라볼 수 있는 능력을 가진다. 개인주의의 기본 속성인 이기심이나 자기중심성이 문제가 아니라 무조건 애타주의와 집단 지향의 논리로써 그것을 일방적으로 비난하는 사회적 관행이 잘못되었다. 그리고 이 불행한 관행이 기본적으로 개인을 지배하고 관리하려는 국가주의나 집단주의에 의해서 조장된 것이라는 사실을 깨우친 사람이 얼마나 될까?

국가주의적 집단 논리는 개인주의가 자발적이고 조화롭게 애타적-공동체적 집합주의로 확대될 수 있는 기회를 제한한다. 인간 삶의 도처에서 국가는 한편으로는 개인들에게 "열심히 경쟁하라, 경쟁하라, 그 길만이 너의 이기심을 최대한 충족시킨다"고 끊임없이 개인을 세뇌하고 강요한다. 다른 한편으로는 "너희 각자는 너희 자신밖에 모르는 이기적 존재이므로 그냥 방치하면 서로 싸움질만 하여 사회를 혼란에 빠뜨릴 것이므로 우리에게 순종하라"고 개인적 이기심을 비난한다. 어쩌면 개인주의가 우리를 폐쇄적, 이기적으로 만들기보다는 국가주의가 우리를 그렇게 되도록 충동하는 것은 아닐까?

평범한 개인의 이기심이 삶을 위한 필요에서 자연스럽게 드러나는 본능적 생존 욕구라면, 권력자의 이기심은 자손만대에 걸쳐 부귀영화를 누리겠다는 인위적 탐욕이다.

개인들의 집합이라는 자명한 수준을 넘어 어떤 신비롭게 생성적이며 개인을 초월하는 실재적인 속성을 갖는 것으로 이해되는 뒤르케임적인 사회도 국가와 마찬가지로 허구적일 뿐이다. 집합의식은 개인의식의 특수한 차원이요 형태일 뿐이다. 어떤 집합이 무슨 의식을 한다는 말인가? 대한민국 국회의원들이 모여 무엇을 논의하고 결정하면 그것이 대한민국이라는 집합의 의식으로서 집합 의식인가? 천만에. 그것은 100 대 88로 통과된 국회의원이라는 개인들의 투표 결과일 뿐이다. 혹은 국회라는 하나의 개체가 내린 하나의 결정일 뿐이다. 민족의식이라는 것도 마찬가지다. 어떤 하나의 의식을 지칭하여 그것을 민족의식이라고 부르는 것이지, 민족이 모두 한자리에서 한꺼번에 만드는 민족의식이란 없다. 그러나 개개의 개인은 분명히, 구체적으로 무엇을 의식하기 때문에 개인의식은 존재한다.

3. 개인의 재발견: 개인의 사회

그러므로 이제는 사회도 국가와 마찬가지로 어떤 본질적 가치나 실체를 가진 존재가 더 이상 아니다. 굳이 그 존재성을 규정하자면 개인들의 집합일 뿐이다. 사회의 입장이란 없다. 있다면, 사회를 얘기하는 어느 개인 혹은 개인들의 사회관일 뿐이다. 그것을 우리는 사회라는 어떤 존재가 있어 우리에게 지시하고 요구하는 것으로 착각할 뿐이다. 반면 개인은 개인마다 자신의 사회를 가진다.

이와 같은 나의 입장을 두고, 흔히 원자론적 개인관, 고립적·단원적 개인관, 유심론, 유아론이라고 비판할 것이다. 당연히 감수한다. 사회학에서는 뒤르케임이 사회적 사실을 개인을 단위로 하는 심리적 사실로부터 철저히 분리시켜, 소위 사회학주의라는 전통을 세웠다. 개인적 사실과 사회적 사실은 과연 뒤르케임의 구분처럼 객관적이고 가능한 것인가? 사회학에서는 또 미시 수준과 거시 수준의 간극을 중시한다. 물리학에서 말하는 구성의 오류 fallacy of composition를 인용한다. 나는 오랜 사회학적 고정관념을 전면적으로 부정하지는 않겠다. 다만 그런 구분이 흔히 개인적인 것, 단위적인 것보다는 사회적인 것, 집합적인 것을 우선시하거나 우월시하는 집단주의 논리로 흐르는 것이 문제라고 비판한다. 나의 입장은 간단명료하다. 모든 것은 오직 개인적인 것, 개인적 수준으로부터 출발한다. 사회적인 것 혹은 집합적 수준은 오직 개인과의 연관성 속에서만 의미를 갖는다. 타자는 유아의 유심 속에서만 의미를 갖는다. 물론 타자는 나의 유아 유심과는 별도로 존재할 수는 있을 것이다. 그러나 내가 타자를 생각하지 않으면, 타자는 어딘가에 실제로 있어도, 적어도 내게는 존재하지 않는다. 그러므로 나 이외의 것은 없음 혹은 무라고도 할 수 있다. 나아가 나 자신 개인은 대한민국 전체 국민이 될 수도 있고, 미국이 될 수도 있고, 우주도 될 수 있다. 바로 이런 맥락에서 나 개인은 모든 것이 될 수 있으면서도, 그 어느 것도 아니다.

요컨대 나는 "개인 대 사회"가 아니라 "개인의 사회"를 제안한다. 루만은 "(작동하는) 사회의 (관찰하는) 사회"(이철, 2013)라는 멋진 개념화로 세계의 이론가로 인정받는다. 그렇다면 논리적으로 "개인의 사회"도 충분히 성립한다. 왜냐하면 나의 개념 구성에 의하면 개인이 곧 사회가 되기도 하기 때문이다. 그러므로 개인의 사회가 성립하지 못할 아무런 이유가 없다. 복잡하게 논의를 전개할 수 없으니, 한 가지 쟁점에 집중하여 그 이론적 타당성을 밝혀보자. 루만의 사회는 흔히 우리가 이해하는 개인으로 구성된 것이 아니다. 그의 체계로서의 사회에 주체로서의 개인이 설 자리는 없다. 오직 자동 생산되는 체계, 기능적 체계들만이 존재한다. 인간은 혹은 개인은 그저 관찰자로서 관찰할 뿐이다. 바로 이 지점이 결정적이다. 관찰하는 개인은 동시에 체계에 의해서, 체계 속에서 기능하는 개인이다. 그리하여 개인적 주체성은 체계 내적 관계성 혹은 커뮤니케이션에 의해서 발생할 뿐 별다른 고유성, 독자성, 독립성을 지닌 것으로 파악되거나 부각되지 않는다. 따라서 개인은 없어도 커뮤니케이션은 사회적 체계 유지에 필수적이다. 개인은 무요 동시에 모든 것이다. Nothing but Everything! 이것이 내가 루만의 체계 속에서 끄집어낸 개인의 의미다.

이제 나는 루만을 뒤집어, (객관적 실체로서의 체계 혹은 사회를 가지지 않는) 주객관적 실체로서 "개인은" 삶의 과정으로서 사회적 관계를 형성하며, 다시 말해 기능적으로 작동하는 여러 체계를 자신이 (타인과 함께) 만들어간다고 주장한다. 바로 이 과정이 체계로서의 개인이 주체적으로 관찰하고, 객체적으로 작동하는 사회, 즉 "개인의 사회"이다. 설명하기 쉽지 않다. 루만의 논리를 답습하자니 어려울 수밖에 없다.

그런데 도대체 개인의 사회가 왜 필요한가? 개인이 놀랍게도 혹은 무엄하게도 사회를 만드는 조물주나 창조자 혹은 주인이 될 수 있기 때문이다. 일상적으로 주창되는 주권재민이나 인권 논리 혹은 세금 납부자의 권리를 말하는 것이 아니다. 쉽게 말하자면 개인이 모두 사라지면 사회는 그야말로 텅텅 빈 "꽝"이다. 여기서 중요한 점은 개인은 주체이자 객체인 주객체라는 점이다. 사회를 형성 혹은 관찰한다는 점에서는 주체이지만, 작동하는 실체 없는 사회를 구성하는 점에서는 객체인 것이다.

샛길로 잠시 빠졌지만 어쨌든 개인과 개인주의는 재조명을 받고 화려하고 강하게 부활할 필요가 있다. 박성현의 우려대로 지금 전 세계에서 문명화의 길을 거슬러 떼와 무리가 횡행하며 집단 폭력, 이미지 폭력을 자행한다. 국가와 사회도 이에 편승하여 집단주의와 공동체주의를 강력하게 요구한다.

근대 세계의 전초인 르네상스는 개인을 발견했지만 근대의 전개와 함께 개인은 국가, 민족, 계급 등의 집단에게 점차 밀려나는 처지가 되었다. 집단주의의 대표적 이념인, 사회주의자가 내세운 과거의 계급이나 평등이 최근 표현을 바꾸어 공동체나 복지로 전환되면서 개인과 개인주의 이념인 자유주의 또한 곤경에 빠지고 있다. 근대 국민국가 체제의 발전 또한 한편으로는 개인의 권리와 자유를 보장하는 자유민주주의를 발전시켰지만, 다른 한편으로는 대내외의 적과 경쟁에 필요한 국민 통합을 구실로 하여 국가주의적 가치를 확산시키는 이율배반의 양면성을 지녔다.

각종 혁명적 소요와 전쟁을 치르고 국가 간 경제 전쟁이 가열화되면서 국가는 점차 개인 위에 군림하는 그리고 개인이 순응해야 하는 법과 질서의 시행자요, 경제 발전을 주도하는 계획가요 관리자라는, 즉 "없어서는 안 될 존재"라는 불멸의 이미지를 굳혀나갔다. 반면 개인은 국가의 위대함을 칭송하고 경외하는 선량한 일꾼이요, 국민으로서의 의무를 다하는 납세자로 자세를 낮추게 되었다. 물론 반역을 시도하는 진짜 개인주의자들도 없는 것은 아니지만, 대부분 가짜 개인주의자들이다. 세계 인구의 다수를 점령하는 집단주의 추종자들은 연예계나 스포츠계의 스타를 처다보고, 종교적 우상에 매달리고, 국가 공동체라는 허상을 좇고, 전체주의적 유토피아라는 망상을 찾고 있다.

개인주의는 동아시아 특히 한국에서는 인기가 없다. 개인주의자란 자기 이익만 챙기고, 자기중심적으로만 사고하거나 행동하면서 타인을 배려하지 않고, 전체 사회를 고려하지 않는 이기주의자, 나홀로주의자라고 비난의 대상이 된다. 개인주의의 대각점에 있는 집단주의가 훨씬 우세하다. 국가에 대한 충성심, 조상과 부모에 대한 효를 중시하는 가문/가족중심주의, 학연과 지연을 동원·활용하는 연고주의 등이 뿌리 깊은 한국 사회에서 집단주의가 강고하게 자리 잡은 것은 당연한 역사적 귀결이 아닐 수 없다.

상대적으로 개인주의가 강한 서구 문화가 한국 사회에 유입되면서 차차 개인주의가 확산되었지만 그 수준은 충분하지 못하였다. 다행히도 군부독재 체제의 종언과 민주 시민사회의 전개, 경제성장에 따른 개인주의적 가치의 확산 등으로 오늘날 개인주의에 대한 무차별적인 일방적 매도는 많이 사라졌고, 역으로 개인주의의 필요성에 대한 인식이 증가하고 있다. 나는 개인주의에 대한 단순한 긍정적 평가라는 차원을 넘어 한국 사회의 (문화적) 발전과 새로운 문명전환을 위해서 개인주의를 적극적으로 옹호하고, 주창하며, 때로는 찬양한다. 자유와 개인은 불가분의 관계이기 때문이다.

4. 사회의 개인화

사회학자이면서 사회의 허구성을 논한다는 것이 나로서는 다소 꺼림칙하나 어쩔 수 없다. 뒤르케임의 사회실재론은 물론 비판한다. 나는 이 책에서 사회를 두 가지 다른 의미로 사용한다. 먼저, 지금과 같이 하나의 추상적 집단 혹은 일반적 전체로서 사회의 개념을 사용할 때, 나는 그것을 허구의 고정관념으로 보고 비판한다. 다음에는, 역사적으로 권력 체제로서의 인위적이고 억압적인 국가에 대비되는 것으로서 자연적이고 자유 연합적인 사회 혹은 역사적 개념으로서 국가에 대항하는 시민사회를 논의할 경우, 그것을 지지한다. 인간의 자유로운 협동적 결사체로서 사회나 시민사회는 폭력과 억압의 결집체로서 국가와는 대조적인 것으로서 "개인의 자유 연합"을 지칭하는 것으로 이해한다. 그러나 비록 후자의 경우라도 (국가 세력의 확산에 의해서) 사회 내에도 개인의 자유를 구속하고 침범하는 집단주의적 경향이 존재할 수 있고, 또 국가를 대체하는 새로운 권위나 집단주의로서 사회를 전제하는 경우도 당연히 비판의 대상이다. 나는 뒤르케임 식으로 사회를 물화, 도덕화, 신성화하는 것을 비판한다.

하버마스가 체계에 의한 일상생활의 식민지화를 지적하고, 토크빌이 민주주의의 독재화를 우려한 이유도 사회 혹은 시민사회가 역사적 발전 과정에서 변질되었다는 사실에 주목하기 때문이다. 불행히도 문명의 전개 과정에서 (시민)사회적인 것은 (국가) 정치적인 것에 의해서 오염되어왔다. 그럼에도 불구하고 사회는 국가와 비교할 때, 강제와 지배로서의 폭력이 상대적으로 결여된 자발적 협동의 장이다. 이와 같은 맥락에서 정치적인 것과 사회적인 것은 구별될 필요가 있고, 아나키스트 자유주의자는 개인을 보호하고 강화하는 차원에서 사회적인 것 혹은 개인들의 자유 연합적인 것의 회복과 확장을 추구한다.

정치인들은 흔히 "국가와 민족을 위하여" 혹은 "사회를 위하여"라고 외친다. 그런데 대한민국이라는 국가나 한민족이 도대체 무엇인지 그 구체적 내용을 현실적 차원에서 규정하려면 참으로 복잡하고 어려워질 뿐이다. 그야말로 그것은 상상의 공동체로서 구성원의 집합의식을 결집시키려는 상징일 뿐이다. 문제는 이 집합적 상징들은 항상 이분법적 논리에 입각하여 국가 대 반국가, 국민 대 외국인, 민족 대 반민족 혹은 이민족, 사회 대 반사회, 사회 대 개인과 같은 적대 관계, 종속 관계, 우열 관계를 상정하는 전체주의적 관점을 지향한다는 사실이다.

대부분의 전체주의적 관점은 전체를 구성하는 단위는 그것이 개인이건, 노동자건, 직장인이건 전체를 위해서 봉사해야만 혹은 전체 속에서만 그의 존재론적 지위를 안전하게 보장받고 발전적으로 지속시킬 수 있다고 주장한다. 공동체론자에 의하면 개인은 오직 공동체 속에서만 자신의 삶을 개선하고 성숙시킬 수 있다. 개인이 사회 혹은 사회구조를 만든다기보다는 집합적 힘으로서 사회구조나 사회 전체가 개인을 만든다는 입장이 바로 전체주의적 전제이다.

최근의 사회학적 논의에서는 개인과 구조가 상호작용한다는 절충적 이해가 주류를 이루고 있다. 그런데 구조란 또 무엇인가? 학자마다 의견이 분분하여, 자원, 법과 규칙, 제도와 규범 등으로 구조를 이해하고자 하나, 나(김성국, 1999a: 299-304)는 이 모든 것을 총괄하는 개념으로서 사회구조는 정치 영역에만 국한된 것이 아니라 인간 사회를 지배하는 일반적 의미에서 개인에게 행사되는 권력 또는 힘 또는 그 관계라고 생각한다.

이 힘의 정체는 무엇인가? 민주주의사회에서 모든 권력은 비록 지배계급이 행사하지만 그 원천은 사회 구성원인 각각의 개인이 소유한 것으로서 개인들로부터 나오고, 개인들에 의해서 자유롭게 인정받거나 수용될 경우에만 효력을 가진다. 다시 말해 전체나 전체가 발휘하는 어떤 상징적 혹은 실질적 힘의 원천과 실효성은 모두 개인적인 것일 뿐이다. 국가, 민족, 공동체에 소속된 개인은 이들 외적 관념을 추종해야 하는 존재가 아니다. 추종할 필요도 없다. 거창하고 고상한 집합개념은 멋있는 표상이기는 하나 껍데기일 뿐이다. 그것을 구성하는 천차만별의 개인들이 각양각색으로 해석하고 수용하는 개인적인, 보다 정확한 표현으로 개인적으로 개인화되어야 하는 존재일 뿐이다.

구체적으로 예를 들어보자. 하나의 독립된 자주적 개인으로 나는 대한민국을 사랑하지만 탈국가주의자이다. 일본의 반역사적 행태에 대해서는 민족주의자가 되지만 기본적으로는 탈민족주의자-세계시민주의자이다. 맑스주의나 사회주의의 장점을 인정하기는 해도 기본적으로 비맑스주의 사회주의자이며, 계급투쟁 혁명을 단호히 반대하는 반계급주의자이다. 공동체는 현실과 무관하게 미화되거나 과장되었으며 허구적 속성이 크기 때문에 반대하는 반공동체주의자이다. 그러나 문자 그대로 인간이 공동체를 이루며 아름답게 살 수 있다면 얼마나 좋으랴 — 이런 단순 소망의 차원이라면 공동체를 굳이 부정할 필요가 없다. 이처럼 국가, 민족, 계급, 공동체는 모두 "나"에 의해서 개인화되는 존재일 뿐이다. 타 개인도 모두 그렇게 한다. 나는 그것들을 개인적으로 소유한다.

국가의 개인화 혹은 국가의 개인적 사유화私有化를 쉽게 설명하는 란다우어의 제안을 들어보자. "국가는 혁명에 의해서 제거시킬 수 있는 것이 아니라 하나의 조건, 하나의 관계, 하나의 행위 양식이다. 우리는 다른 방식으로 관계를 맺고, 다르게 행동함으로써 국가를 없앨 수 있다."(워드, 2004: 35에서 재인용) 결국 국가는 개인으로서의 나 자신 속에서 내가 부지불식간에 타성적으로 유지하고 있는 관계요, 행동 양식, 가치관이 아닌가? 그래서 나는 주장한다. 나는 나를 지배하는 기존 국가를 거부하여 해체하고, 내가 주인인 나의 국가를 만들고 싶다.

국가와 (개인으로서) 나와의 권력관계를 내가 거부하면 국가권력은 적어도 내게는 존재 의미가 없는 것이다. 전체주의자들은 조롱하며 반박할 것이다. "그래 봤자 너는 우물 안 개구리로 혼자서 잘난 체할 뿐이야." 나는 웃으며 대답할 것이다. "그래 네 말이 맞다. 나는 우물 안 개구리 신세라도 좋다. 그런데 세상의 개구리들이 점차 자신의 우물을 만들어 거기에서 살기 시작하고, 그 우물에 터널을 만들어 다른 개구리들과 소통하고, 또 네가 없는 다른 강이나 연못과 연결시키면서 살 것이다. 너희 전체주의자들이여, 너희들끼리 황량한 대지 위에서 마음껏 임금 노릇 하며 살거라. 나는 나의 국가 그리고 우리의 국가에 살러 간다."

사회학자로서 나도 사회와 사회적인 것을 찾아서 긍정적으로 확인하고자 하였다. 아나키스트 부버 Martin Buber를 따라서 사회와 사회적인 것은 국가와 정치적인 것과는 달리 자연적이고, 협동적이며, 연대적이라고 주장하였다.[1] 물론 이 주장은 위에서 내가 한정적으로 지적한 것처럼 우리가 통상적으로 이해하는 역사적 맥락에서는 여전히 많은 진실을 내포한다. 그러나 슈티르너의 개인주의를 접하면서 차츰 고정관념으로서의 사회에 대한 의문을 가지게 되었다. 이 문제를 이론적으로 재검토할 수 있는 탁월한 연구를 김홍중(2013)이 제시한다.

김홍중(2013b: 3, 17)은 사회 혹은 사회적인 것의 "위축, 쇠퇴, 소멸과 소실"을 우려하는 사회학자들(바우만, 벡, 기든스, 투렌Alain Touraine 등)과 함께 "사회 없는 사회학"의 딜레마 혹은 위기를 논의한다. 그의 목적은 "사회로 변신한 신"이 만들어내는 사회적인 것에 대한 아렌트의 비판을 검토하는 것이다. 물론 그는 사회적인 것의 실재와 가치를 지지하고, 그 제도적 토대인 복지국가의 약화를 아쉬워하고, 신자유주의의 등장을 우려한다.

우선 여기서는 대처의 악명 높은 발언("사회란 없다There is no such thing as society")과 그로부터 도출된 "사회적인 것의 실재와 가치를 부정"하는 대처리즘이라는 관행화된 비판의 편향성을 지적하겠다.[2] 대처의 상기 발언은 다음 인용문의 전체 문맥을 고려하여 독해한다면, 결코 반사회적이거나 극단의 개인주의를 의미하는 것이 아니다.

---

1 부버의 국가와 사회의 구분 및 상호 역관계에 관한 주장은 사회학자 맥키버Robert MacIver의 정치적인 것the political과 사회적인 것the social의 구분에 의존한 것이다(워드, 2004: 35-36). 그러나 부버는 국가를 전면적으로 부정하지 않고, 국가가 공동체들의 공동체community of communities로서 기능하기를 기대하였다(Marshall, 1993: 574).

2 대처는 내가 의지하는 하이에크의 경제론을 수용하여 악마적인(?) 신자유주의를 확산시킨 핵심 인물로 비난받고 있다. 나는 신자유주의라는 개념의 사용부터 잘못되었다고 보며, 그것을 현 세계경제가 초래하는 모든 문제의 유일무이한 결정적 원천이라고 주장하는 지적 독단을 수용하지 않는다.

많은 사람이 자신에게 문제가 생기면 이것은 정부가 해결해야 하는 일이라고 여기면서 살아왔다고 나는 생각한다. "내게 문제가 생겼으니 나는 정부 보조를 받아야 해." "나는 집이 없으니, 정부가 내게 집을 마련해줘야 해." 그들은 자신의 문제들을 사회에 떠맡긴다. 그러나 사회란 없다. 오직 개인적인 남자와 여자 그리고 가족이 있을 뿐이다. 어떤 정부도 이 사람들을 통하지 않고서는 아무 일도 할 수 없다. 그러므로 사람들은 [문제가 생기면] 자기 자신이 먼저 처리하도록 해야 한다. 자기 자신을 스스로 책임지는 것이 우리의 의무이며, 그다음에 이웃들을 돌보는 것 또한 의무이다. 사람들은 책임감은 없고, 권리 의식은 너무 많이 가지고 있다. 사람들이 먼저 자신의 의무를 다하지 않으면, 권리란 생길 수 없다(『우먼스 오운Woman's Own』, 1987. 10. 31.).

그러나 수많은 비판가가 대처의 말은 사회를 부정하고 무시하는 개인주의의 찬양, 보수 반동, 부르주아적 오만, 사회적 약자에 대한 멸시와 무관심을 드러낸 것이라며 악평하고 왜곡하였다. 대처는 기존 노동당 정권이 방만하게 확장한 복지국가에 대한 영국 시민들의 과도한 의존성을 비판한 것이다. 그러나 복지 그 자체의 가치를 비판하거나 무시한 것이 결코 아니다. 대처는 일관되게 개인들이 열심히 노력하여 세금을 낼 수 있어야만 국가의 복지 재정이 확보된다는 점을 강조했을 뿐이다. 따라서 대처가 "사회란 없다"고 했을 때의 그 사회는 개인들이 적극적으로 참여하고 지지하지 않으면 존재할 수 없는 국가나 정부를 의미하는 것이다. 비유적으로 설명하자면 케네디의 명연설처럼 국가가 무엇을 해주기를 기대하기 전에 먼저 자신이 국가를 위해서 무엇을 할 수 있는지를 생각하라는 것이다. 케네디의 연설에는 감탄하고, 대처의 말은 비난해야 할 아무런 이유가 없다. 양자는 같은 뜻을 다르게 표현했을 뿐이다.

김홍중(2013: 3)은 오늘날의 "개인화된 자기 통치", "사회의 통치 없이 통치하기" 혹은 "통치의 탈사회화"를 우려한다. 이 점에서 그는 "사회적인 것은 수호되거나, 재구성되거나, 확장되어야 한다"고 믿는 "진보적 사회과학의 입장"을 지지하는 것 같다.

나는 사회적인 것이 "좋다-바람직하다 혹은 나쁘다"고 양자택일적으로 말하지는 않겠다. 잡종성이 모든 역사적 존재의 원리라면 사회란 좋으면서도 나쁜 것일 수 있다. 그렇다면 하나의 보편적 추상으로서 사회란 것이 반드시 필요한 것이고, 지속되거나 강화되어야 하는 것이라고 주장할 논리적 근거가 없어진다.

여기서 한결음 더 나아가보자. 도대체 사회는 무엇이고, 사회적인 것이 무엇인가? 사람들이 모여 사는 곳? 어떤 곳에서, 어떤 사람들이, 어떻게 모여, 어떻게 사는가? 사회신학이 사회를 신으로 만들기 전에 슈티르너는 이미 신이 죽자 인간human과 인간성humanity이 신격화되고, 국가의 곁에 나란히 등장한 사회 또한 우상화되는 과정을 통렬하게 비판하였다. 뒤르케임이 유기적 연대의 근거로서 기대되었던 개인주의가 작동하지 못하는 것으로 오판하여 도덕적 개인주의라는 도덕적으로 집단화된 개인들의 사회를 거의 신적인 존재로 만든 것이 아닌가? 뒤르케임이 직면하였던 당대의 아노미 현상은 잘못된 도덕의 과잉 때문에 발생한 것이지, 도덕의 부재나 결핍이 초래한 것이 아니다. 누가 도덕을 만들고, 누가 도덕의 수혜자이며 피해자인가? 한편 사회주의자들도 사회적인 것을 만능의 열쇠(예컨대 생산수단의 사회화 혹은 유토피아적 공동체사회의 건설!)로 간주하여 사회문제를 해결하고자 하지 않았던가?

개인으로서 나의 주변을 수많은 허구의 추상적 사회가 둘러싸고 있다. 그것들은 대부분 정치권력이나 문화 권력이 입맛대로 혹은 그럴듯하게 규정하여 퍼뜨린 것들(법, 교과서, 미디어 등)로서 개인들이 숙지하도록 요구한다(교육과 교양 등). 그래서 나는 슈티르너를 따라서 그것이 '아무것도 아니다'라는 의미에서 무nothing라고 간주한다. 물론 사회도 창조적 무가 될 수 있다. 오직 나 자신이 하나의 사회가 될 때! 그래서 나는 나 자신이 (란다우어적 의미의) 국가요, (남들이 규정하고 요구한 '사회적인 것'이 없는) 사회요, (모래알이 모인) 공동체요, (루만의 어디에도 없는) 체계라고 선언하는 것이다.

그러므로 "사회적인 것"에 대한 아렌트의 비판은 "사회적인 것의 부재"에 대한 "세넷의 고민"과 마찬가지로 허수아비와의 논쟁이다. 소위 '정치'나 '사회'라는 것을 전체적으로holistic 혹은 총체적으로total 파악할 수 있다고 믿는 사회과학자들이 그들이 생각하는 사회와 정치를 다른 모든 사람도 동일하게 믿을 것으로 착각하는 것이다. 사회라는 말은 혹은 개념은 하나이지만 그 맥락적 함의는 시시각각 처처에 따라 개인마다 다르게 주어질 뿐이다. '사회적인 것'이 무엇인지 사회학자들이 제대로 합의한 적이 있는가? 그저 막연하게 자신들의 이념적 가치판단에 따라서 이런 식으로 저런 식으로 규정하거나 전제한 뒤에 이렇게 혹은 저렇게 사용하는 것은 아닐까? 사회적인 것이라는 것이 애당초 없기 때문에 이런 상황이 가능해진다.

나는 "사회란 리얼리티이기 이전에 개념적 구성물이며, 개념적 구성물이기 이전에 하나의 상상이다. 상상으로 이해되는 사회는 그에 고유한 이미지, 표상, 혹은 풍경을 갖는다"라는 김홍중(2013: 14)의 사회적 상상에 대한 견해를 반신반의하면서도 적극적으로 이해하고 싶다. 사회가 개념적 구성물이란 점에는 전적으로 동의하나 상상의 풍경이라는 규정에는 생각이 많다. 상상에서는 추상과 구상부터 명상과 잡상, 정상과 비정상에 이르기까지 온갖 잡종적 풍경이 가능하기 때문에 사회 또한 모든 것이자, 그 어느 것(=아무것)도 아닌 것이 되어버린다. 그러므로 김홍중의 "고유한" 풍경이란 의미는 고유성을 만들어내는 유일자 개인의 풍경이라고 확대 해석할 수 있다. 내가 개인의 사회, 나의 사회를 주장하는 인식론적 배경이다.

바로 이 사회의 비구체적 실존성에 대한 비판적 반동으로서 하이데거나 아렌트는 비추상적인 실존적(으로 행동하는) 개인이나, 정치적 실존을 선택하는 것이다. 나도 당연히 이 방향으로 간다. 다만 아렌트가 하이데거에 대한 반발로서 달려간 "메시아적 탄생"의 길은 『존재와 시간』을 가로지르는 허무의 심연을 아랑곳하지 않는 지극히 인간적인, 니체처럼 너무도 인간적인 길인 것 같다. 그러나 결국 초인과 메시아는 "나 자신"이요, 슈티르너의 유일자요, 나의 아나키스트 자유주의가 상정하는 개인이다.

여기서 마지막으로 자유주의에 대한 김홍중의 인식과는 다소 상이한 시선을 제시해보자. 자유주의가 사회질서의 토대를 정부의 존재 대신에 개인의 자발성에 두려고 했다는 지적은 사실이다. 그러나 개인의 이기심 혹은 악덕(?)과 그 결과인 불행/불평등이라는 파탄을 구제하는 보이지 않는 손을 가진 신으로 사회가 변신(=變身+變神+辯神)했다는 아렌트와 거기에 동조하는 김홍중의 입장(2013: 15-21)은 자유주의에 대한 침소봉대성 비판이다. 우선 존 스튜어트 밀과 같은 사회적 자유주의들의 주장은 애덤 스미스와 같은 고전적 자유주의자와는 달리 사회 변신론이 아니라 (복지)국가 변신론에 가깝다. 그리고 보이지 않는 손은 하이에크가 말하는 분산된 지식들의 구체적 축적인 자생적 질서를 의미하는 것이지, 자연법칙이나 자동 조절 혹은 사회보험이나 복지국가와 같은 사회문제의 만능적 해결사라는 메타포를 갖지 않는다. 당대의 자유주의자들에게 사회는 국가로부터 독립된 자율적이고 합리적인 개인들의 경쟁과 협동이 자유롭게 이루어지는, 새롭게 발견되고 확장되던 공간이었을 뿐이다.

사회를 신으로 만든 사람은 애덤 스미스와 같은 경제적 자유주의자들이 아니라 사회주의자들이었다. 슈티르너(Stirner, 1993: 116-123)가 "사회적 자유주의social liberalism"라고 지칭한 이념을 추구한 당대의 사회주의자들, 공산주의자들이 사회를 신으로 만들었다.

> 자유주의자로서 사회주의자들은 종교적 원리에 갇혀서 — 지금까지 국가가 수행해왔던 — 신성한 사회를 열망한다. 우리가 모든 것을 얻을 수 있는 사회는 새로운 주인이요, 새로운 유령이요, 새로운 초월자로서 우리에게 봉사하고 충성한다.

주지하듯 맑스주의자들은 시민사회는 계급 분열과 계급투쟁으로 가득한 부르주아사회의 외피일 뿐이라고 공격하였다. 그러나 그들은 생산 활동이 전개되고 노동자의 재생산이 이루어지는 사회나 물질적 토대로서의 사회적인 것은 찬양하였다. 사회는 노동자, 인민, 프롤레타리아의 영역이었다. 그래서 생산수단의 사회화가 자연스럽게 도출된 것이다. 사회의 신격화는 사회주의자들에 의해서 이루어졌다. 자유주의자들이 소련식 평등 국가의 등장에 대응해서 만든 복지국가는 (시장)사회의 실패(= 경제신학의 실패)를 국가의 개입으로 만회하려는 경제신학과 국가신학의 결합이지 사회신학의 파탄이 아니다. 이 지점에서 아렌트가 사회적인 것을 경제와 동일시한다고 비판한 버틀러와 스피박(2008: 25-29)에 동의한다. 그러므로 사회신학의 위축은 복지국가의 위축과 궤를 같이하는 것이라기보다는 사회주의의 왜곡-변질-붕괴에 따른 사회적인 것의 의미 위축과 일맥상통하는 것이다. 자유주의는 이 건에서 무죄다. 사족을 하나 달고 떠나자. 왜 슈티르너는 반개인적 자유주의인 사회주의를 잘못된 자유주의의 한 범주로 이해하였을까? 사회가 개인 위에서 자유로운 "사회의 자유"가 아니라 개인이 사회를 자유롭게 만드는 "개인의 자유"를 강조하기 위해서였다.

사회학자로서 내가 사회와 사회적인 것을 회의하게 된 것은 야릇한 운명이기는 해도 이를 통해 사회를 새롭게 인식하고 이해하는 계기를 갖게 되었다. 나의 이런 입장 전환에도 불구하고 앞으로도 사회학자와 사회는 예전처럼 원활하고 풍요롭게 소통할 것이다. 각자의 방식대로 가면 된다. 다만 사회를 또 하나의 작은 신으로 만들거나 모시는 사회중심주의 혹은 뒤르케임식의 사회학주의는 아나키스트 자유주의와는 거리가 멀다. 정체불명이요 오리무중인 사회와 사회적인 것을 사회학자는 대명천지의 야단법석으로 초대해야 한다. 나는 나의 사회와 매일 소통하고 상호작용하며, 나의 사회를 만들고 부수고, 비난하고 사랑하며, 무시하고, 잊으며 산다. 그들의 사회는? 우리 모두의 사회는? 간단히 대답할 수 있는 문제가 아니다.

다시 현실로 돌아오자. 나의 외침과 상관없이 세상은 국가, 민족, 사회, 계급, 공동체 등과 같은 집합적 표상들이 전체라는 이상적, 초월적, 우월적, 보편적 존재가 되어 개인들 위에 군림하고, 앞으로도 계속 군림할 것이다. 이 상태를 자발적으로 좋아하는 사람들이 아직도 많기 때문이다. 쉽게 깨어지지도 않겠지만 이 안락한 의식 상태를 깨뜨려 그들을 혼란스럽게 만들고 싶지도 않다. 오히려 그들은 나를 향해 "오도되고 파편화된 구체성misguided and fragmented concreteness"

의 미망에서 벗어나라고 질책하며 회유할 것이다. 누가 먼저 자신의 입장을 버리고 반대편으로 갈지 두고 볼 일이다. 국가가 그들을 자신의 따뜻한 품속으로 맞이하든지 아니면 국가가 그들을 나 몰라라 하면서 외면하든지, 시간이 흐르면 드러날 것이다.

　상상의 공동체에 대한 나약한 인간 존재들의 어쩔 수 없는 집착, 그것이 문제이다. 개인주의적 아나키스트 슈티르너가 바로 이 허구적 존재를 공격하여 그 실체를 드러내기 위해서 사용한 개념이 고정관념이다. 고정관념을 깨자. 그것들은 오랜 세월 더 나은 미래를 외치고, 약속하면서 우리를 지배하고, 현혹하고, 선동해왔지만 세상은 항상 이 모양 이 꼴이다.

　고정관념이 실재이건 상상이건 관계없이 내 마음과 내 정신 속에서 현재의 그것들을 지워버리면 그만이다. 나의 국가, 나의 사회, 나의 공동체, 나의 민족을 새롭게 만들어보겠다. 이 길을 가기 위해 니체의 초인처럼 너무 힘들게 고생할 필요가 없다. 어떤 사람(박성현, 2011)은 "사납고 맹렬한 개인주의자"가 되어 개인의 자유가 상호 충돌하는 새로운 공동체를 꿈꾸기도 한다. 이 길에서는 위험과 고난을 각오해야 한다. 길가에서 이들을 응원하고 격려하는 것도 좋다.

　여기서 다시 한번 사회적인 것의 이상적 형태로 제시되는 공동체주의를 짚어보자. 공동체에 대한 사람들의 집착과 환상은 거칠게 말하면 강요된 중독이요, 부드럽게 말하면 만들어진 향수이다. 국가, 민족, 계급 따위의 개념들은 그 자체로서의 이념적 가치가 다행스럽게도 이미 상당히 탈색되어 설득력을 상실하였다. 그 대신 국가 공동체, 계급 공동체, 민족 공동체로, 그리고 최근에는 공통체로 둔갑하여 새로운 활력을 얻고자 한다. 살벌한 자본주의적 이익사회나 모래알 같은 개인주의사회의 모순을 치유하고 극복하겠다는 공동체주의자들이 최근 우후죽순처럼 증가하였다. 이상적이고 바람직한 의미의 공동체라는 개념은 영험한 약효를 가진 것으로서 너도나도 구입하고자 한다. 온갖 사회적 갈등에 시달리던 한국인들은 얼마 전 바다 건너 온 한 공동체주의자의 약 처방을 광적으로 받아들였다. 공동체는 개념 그 자체로서는 물론 아름답고 훌륭하다. 그러나 구체적 실상은, 현실의 모습은 어떨까? 그 전망과 가능성은? 매우 회의적이다.

최근 한국에서 샌델Michael Sandel이라는 뛰어난 철학적 전도사가 공동체와 정의를 연결시키는 탁월한 논법으로 공동체의 의미를 한껏 부풀려놓았다. 한국의 맹렬한 개인주의자 박성현(2011: 229-230, 234, 236, 243)의 이에 대한 독특한 비판적 평가를 들어보자.

>샌델은 롤즈식 개인주의가 주장하는 자아에 대해 공허하고 도덕적 깊이가 없는 존재라고 격렬하게 비판한다. 왜냐하면 그러한 자아에는 공동체와의 유대와 연결이 없기 때문이다. … 샌델의 이 같은 문제 제기는 참된 개인주의자들이 갖고 있는 문제의식과 정확하게 일치한다. 한 가지 매우 근본적인 차이점이 있을 뿐이다. 개인주의자들은 샌델이 말하듯 공동체 차원에서 '훌륭한 삶이 무엇인가'에 대한 답을 정립하는 대신에, '개인됨'의 완성을 통해 '맹렬한 개인들로 이루어진 공동체'를 만들어야 한다고 믿는 것이다. … 샌델은 '분배 정의'라는 개념 자체가 착각이고 거짓이라는 점을 깨닫지 못한다. … 이 점에서 개인주의자와 샌델 사이에는 넘을 수 없는 커다란 차이가 존재한다. 개인주의자들은 시장 기능을 최대한 존중하되 시장이 실패하는 영역에 대해서만 정부가 개입해야 된다고 보기 때문이다. … 정부가 섣불리 개입하다가는 부패, 비효율, 기업 활동 위축의 결과만 만들어

낸다. … 개인주의자들은 (분배 정의의 개념에 내재하는) 죄-참회의 패러다임을 거부한다. [이 패러다임은] 자아와 진실이 무엇인지 알지 못한 채 물질의 분배에 관해 죄책감을 강요한다. 그러나 참된 개인은 물질의 분배에 관해서가 아니라 자아와 진실에 관해 죄책감을 느낀다.

박성현의 샌델 평가에 최대한 동의하고 싶다. 다만 개인주의자로서 그는 '맹렬'하고, 나는 '덜 맹렬'하나 '공동체'에 대해서는 내가 '더 비판적으로 불신'한다. 맹렬한 공동체보다는 나는 느슨한 연합을 더 선호하기 때문이다. 그리고 상대적 허무주의자로서 나는 '진실'에 대해서 확신이 없다. 그렇다고 그것을 부정하지도 않는다. 나는 박성현의 맹렬함과 진실이 어떤 혁명적 결정론이나 보편적 독단론을 지향하는 것이 결코 아님을 믿는다. 그의 공동체에서는 그의 진실을 부정하는 자유도 허용될 것이다. 많은 철학자와 사상가가 사회 불평등을 (분배적) 정의의 문제와 연결 짓고는 인간의 양심을 건드리는 도덕적 이슈로 치환시킴으로써 자본주의와 시장을 비도덕의 난장판으로 묘사한다. 이런 식이라면 세상에 정의의 문제가 아닌 것이 어디 있나? 누가 정의를 입맛대로 규정하고, 제멋대로 정의의 잣대를 휘두르는가?

역사상 존재하였던 모든 사회의 공동체들은 거의 신분적 억압과 착취 그로 인한 경제적 빈곤 속에서 허덕이는 부자유의 사회에 불과하였다. 이에 더하여 공동체라 불리던 현실적 실체는 끊임없는 전쟁과 사역, 자연재해와 질병이 만연하던 강요된 극기 훈련장일 뿐이었다. 태평천국에서 격양가를 부르며 살아가는 안락한 삶을 보장하는 공동체가 어디에 있었는지 묻고 싶다. 준노예적 삶, 유랑민과 난민,

각종 민란이 끊이지 않은 이유가 무엇일까? 종교 공동체? 저 중세 시대에 종교 권력이 얼마나 잔인하고 비열하고 막강하였는지 상상하기 쉽지 않을 것이다.

퇴니스가 전근대 전통사회로부터 근대사회로의 문명사적 전환을 공동사회에서 이익사회로의 변화라고 주장하면서 공동체는 아름답게 그려지기 시작하였다. 인간은 현실의 고통과 미래의 불안에 직면하면, 과거를 반추하여 미화시키면서 그때 그 시절의 행복을 그리워한다. 그리하여 현실의 반공동체적 문제가 두드러질수록 과거에 오직 허구적으로만 존재하였던 상상의 공동체에 대한 향수는 짙어만 갔다. 공동체의 상실에 대한 비애와 분노는 공동체의 실험이라는 정열과 의지를 일구어 유토피아적 사회주의자들로 하여금 여기저기서 공동체 건설을 시도하게 독려하였으나 대부분의 프로젝트는 실패한다. 그래서 맑스는 과학적 사회주의를 도입한 것이다. 이처럼 여러 종류의, 특히 대규모 차원의 공동체 실험은 대부분 좌절되었다.[3] 소규모의 종교적 신앙 공동체는 존속하지만 이것을 세속적 현실 사회에 적용시키기란 어렵다. 그리고 많은 신앙 공동체가 사이비 종교 집단으로 변신하여 사회적 물의를 초래한 경우가 비일비재하다. 맑스는 공동체로서 공산주의사회를 본격적으로 논의하지 못한 것인가? 아니면 하지 않은 것인가? 과학적 사회주의의 완성으로서 과학적 공동체주의?

---

3 그러나 미국 최초의 아나키스트 중 한 사람이자 미국의 프루동으로 불렸던 워런의 공동체 실험, 즉 타임 스토어 time store(1827, 신시내티), 평등촌 village of equity(1835, 오하이오), 유토피아 utopia(1846, 인디애나), 모던 타임스 city of modern times(1850, 롱아일랜드)는 성공적이었다. 그는 오언의 뉴 하모니 실패에서 교훈을 얻었다. 이와 관련해서는 마셜(Marshall, 1993: 384-387)과 김은석(2004: 170-180)을 참고할 것.

공동체주의자가 모델로 삼는 이상적 공동체란 선량하고 성실한 인간과 적절한 물적 토대 그리고 헌신적이고 유능한 지도자와 효율적 조직화를 필요로 한다. 이러한 조건은 그 어느 하나도 제대로 구비하기가 쉽지 않다. 공동체 모델로서 가장 이상적이면서도 현실적인 형태라고 할 수 있는 가족 공동체조차 과거에는 그 소규모성에도 불구하고 가부장적 권위주의가 지배하였고, 현대사회에서는 이미 핵가족화, 이혼, 가족 내 폭력, 단독 가구 증대 등으로 분열과 해체의 위기에 직면해 있다. 이와 같은 공동체의 자연 퇴화 상황에서 도대체 어떤 공동체가 가능하다는 말인가? 슈티르너의 제안처럼 에고이스트 연합으로서 에고이스트 공동체가 차라리 더욱 현실적이고, 더욱 잘 작동하지 않을까?

나(김성국, 2009)는 최소국가론을 주장하는 맥락과 동일한 관점에서 최소 공동체론을 주장한다. 최소 공동체는 개인들의 자유로운 연합에 의해서 수시로 이합집산을 거듭하고, 필요하다면 지속할 수 있으나, 위계 서열이나 리더십을 만들지 않고, 삶의 전체성을 공동으로 지향하는 것이 아니라 부분적 가치만을 공유하고, 인격적 친밀성이나 신뢰성을 강요하지도 않는, 느슨한 수평적 네트워크로 존재한다. 개인들은 굳이 의도적으로 공동체를 만들어 거기에 안주할 필요가 없다. 개인 자신이 하나의 공동체가 되어 타인들과의 상호작용에서 공동체적 가치를 드러내고 이에 걸맞은 행동 양식을 보여주면 된다. 모든 개인은 자신 속에 공동체적 속성을 풍요롭게 지니고 있다. 인위적, 타율적, 외부적 공동체에 소속되어 공동체를 추구하기보다는 자기 스스로의 공동체성을 실행하면 된다.

물론 봉사 단체에 가입하거나 동호회를 만들거나 운동 단체에 참여할 수도 있지만 거기에서 수동적으로 공동체를 발견하여 만족하는 것이 아니라, 필요하다면 내가 그것을 내 나름대로 공동체로 만들어 가면서 즐기는 것이다. 개인 자신이 하나의 독립적 자유 공동체가 되어야만 나를 포함한 개인들의 연합인 특정 조직이 나의 공동체가 될 수 있다.

 나의 생각과는 달리 공동체주의자는 특정의 공동체를 설정(의도적 공동체intentional community)한 후, 이런저런 공동체적 목표를 추구한다. 개인들이 공동체를 만들거나, (만들기가 매우 힘들므로) 기존 공동체에 참가하여, 거기서 공공선을 구현하고, 자기 개발을 하라는 식이다. 나의 판단으로는 믿을 만한 공동체를 찾을 필요도 없다. 공동체란 별것 아니다. 함께 사는 것이다. 개인은 다른 개인과 함께 살 수밖에 없다. 바로 이 사실 때문에 개인은 이미 공동체성을 스스로 지니고 있다. 그런데 왜 나와는 별개의 공동체가 여기저기서 나를 부르며 인간답게 살려면 여기로 와야 한다고 소리치는가? 내가 공동체다!

 이 지점에서 공공선 혹은 사익을 넘어서는 공익이라는 공동체론자의 만능 무기를 압수해보자. 공익과 공공선은 같은 의미를 가진 다른 표현이다. 즉 같은 말이다. 공익이 정치적 혹은 경제적 차원에서의 의미 규정이라면 공공선은 도덕적 차원의 것이다. 도대체 사적 이익이나 개인적 선행과 분리되어 독립적으로 존재하는 영역으로서 공익이나 공공선이라는 것이 있는가? 전자가 미리 선행적으로 존재하지 않으면 후자는 아예 존재근거가 없다.

 세상에 모든 개인이 선이라고 하는 공공선이 어디 있고, 모든 사람이 향유하는 공익은 어디에 있는가? 그런 것은 없다. 그렇지만 공동체론자들은 다수의 지지 세력 혹은 기득권을 등에 업고 이것을 혹은 저것을 공공선이니 공익이니 하면서 주창한다. 사람들마다 제각각 나름대로의 의견과 가치를 갖는 세상에서 공공선도 수천 가지, 공익도 수만 가지가 되어 서로 자기 것이 더 진정한 것이라고 다투고 있지는 않는가? 사적 이익이나 사적 가치에 공익이라는 이름이 붙여질 뿐이다. 진정한 공익 혹은 사익의 존립을 위한 공익은 이미 사익으로 추구되고 있다. 공동체주의자가 떠들지 않아도 개인은 공익을 사익으로 추구하고 있다.

더 직설적으로 지적하자면 공공선이나 공익은 이미 한 사회의 법과 도덕 속에 충분히 제시되어 있다. 그리고 많은 개인은 불만이 있더라도 묵묵히 잘 따르고 있다. 다시 말해 이미 공동체를 구현하고 있는 것이다. 그런데 왜 지겹게도 계속 공동체의 약화와 파괴를 사회혼란이나 사회 위기라고 위협하면서 개인들을 죄인으로 몰아가고 있는가? 새로운 진실(?)의 공동체를 찾기 위해서 기존 법체계나 사법조직 그리고 도덕규범에 대해서 개인주의적 관점에서 비판을 하면 즉각 반공동체주의자로 비난하는 것이 "진정으로 공동체적"인가? 공동체의 집단적 강요와 거짓 환상에서 벗어나자.

이제 개인주의를 둘러싼 장벽의 정체를 파악하였으니, 개인주의의 활로를 어떻게 개척해야 할까? 되돌아가서 뒤르케임의 분업론 division of labor에서부터 시작해보자. 그는 근대사회의 전개는 분업의 증가를 의미하고 이는 사회구조의 분화를 초래한다고 보았다. 사회는 점차 복잡화, 다양화, 이질화되기 때문에 자연스럽게 개인적 특성과 차이가 강조되는 개인주의가 확산된다. 이와 동시에 분업에 의해서 촉진된 사회의 각 부분 요소들은 상호 의존성이 높기 때문에 사회 성원의 동질성에 기초를 둔 과거의 기계적 연대보다는 이질성에 기반을 두는 유기적 연대가 등장할 것이라고 뒤르케임은 진단하였다.

이후 그의 진단은 절반의 성공과 절반의 실패가 되었다. 서구에서 개인주의는 예측대로 확산되었지만, 유기적 연대는 생성되지 못하고 대신 자살의 증가와 같은 아노미적 현상이 서구 사회에 만연하게 되었다. 맑스는 이미 소외라는 명제를 통하여 인간 사회의 파편화와 갈등 현상을 분석하고자 했다. 여기서 우리는 다음과 같이 가설적 질문을 제기해볼 수 있다. 개인주의의 범람이 서구 사회의 통합을 약화시키고, 혼란과 갈등을 부추긴 것일까? 개인주의에 대한 이러한 부정적 질문은 적지 않은 근거를 가진다. 왜냐하면 개인주의는 자유주의의 토대요, 시장 자본주의의 동력이 되었기 때문이다.

과거와 현재에 걸쳐 간헐적으로 표출된 서구 사회의 위기라는 진단은 사회주의적 비판의 눈으로 본 일면의 진실이다. 다른 쪽에서 보자면 근대 서구 사회는 역사상 유례없는 번영과 발전을 이루고 사회주의권의 전체주의 체제 몰락에 대비되는 자유민주주의 정치체제의 확립에 기여하였다. 이와 같은 상황이라면 개인주의가 사회 혼란의 주요 원인이라는 주장의 설득력은 최소한 반감된다. 더욱이 개인주의가 흥기하기 이전의 중세나 고대사회를 되돌아 살펴보면, 거기에서는 비록 강요된 안정이 있었을지는 모르나 억압과 착취가 극심했고 보통 사람의 인권이 거의 부정되었다.

정치적으로나 경제적으로 오늘날 시민사회의 시민권이나 계약에 입각한 경제활동은 모두가 개인(적 자유)주의를 기반으로 탄생하였고, 개인주의의 성장과 함께 확대된 것이다. 비록 거기에는 여러 가지 한계와 미비점이 존재하기는 해도, 신분적 차별에 따라서 인간적 권리를 박탈당했던 과거에 비하면 개인주의는 그야말로 인간의 삶에 혁명적 개선을 초래한 것이다. 과거에는 개인은 특정 집단 혹은 신분 계급의 구성물로 파악되었지, 각자 독립된 인격과 고유한 존엄성을 지닌 불가침적 존재와는 거리가 멀어도 한참 멀었다. 인간이 신으로부터 해방되고, 시민사회가 국가로부터 분리되는 근대 형성기에 싹튼 개인주의는 근대의 시작을 알리고, 근대를 움직여온 핵심적 동력의 하나이다.

이처럼 개인주의의 역할은 서구 역사에서는 높이 평가되고 있지만, 동아시아에서는 여전히 주변 지대에 머물러 있을 뿐이다. 일본은 동아시아에서 가장 서구화되고 선진화된 나라이지만 아마도 집단주의 규범이 가장 강력한 곳일 것 같다. 일본 사회는 천황 체제를 정신문화적 골간으로 하면서 일사불란한 결집성을 보여준다. 한국도 유교 문화의 영향 아래 멸사봉공이나 충효나 의리를 강조하는 사회로서 집단주의에 관한 한 일본 못지않게 강력한 지향성을 갖는다. 다만 일본의 집단주의는 어떤 하나로 응집되는 통합적 집단주의의 성격을 갖는 반면, 한국의 집단주의는 패거리로 나뉘어 상호 대립하는 분열적 집단주의의 경향이 농후하다. 중국도 관시라는 집단주의 문화를 가지고 있으며, 사회주의 체제 아래서 집단주의적 사고방식과 행동양식을 적지 않게 습득하였겠지만, 그 문화적 습속의 다양성과 실용주의적 가치관을 고려할 때 세 나라 가운데서는 상대적으로 집단주의의 강도가 가장 약하지 않을까 추론해본다.

집단주의의 자기 집단 중심성은 폐쇄성과 배타성을 증대시켜서 이질적인 외부와의 접촉이나 낯선 상대방과의 연결을 회피하거나 두려워하게 만든다. 개방성이 증대되면 독점적 이익 공동체의 보호막이 유지될 수 없기 때문이고, 집단주의를 지탱해왔던 규범이나 지배 구조가 외적 충격에 의해서 도전받을 수 있기 때문이다. 그러므로 집단주의자들은 가능한 한 집단의 순수성과 정통성을 수호해야 한다는 명분을 내세워 잡종화를 거부하고, 집단적 가치를 거부하는 개인주의를 배신과 일탈로 단죄하면서 성원들을 결집시키는 것이다.

개인주의자들은 자율적인 자유 연합을 조직하여 집단주의 없는 집단, 즉 개인주의에 기반을 둔 집단도 얼마든지 가능하다는 사실을 스스로 입증해야 한다. 실제 아나키스트나 개인주의자, 그리고 자유주의자는 조직적 활동에 무관심하거나 서투르다는 지적을 받고 있다. 기존 조직이나 집단의 권위주의성과 위계 서열을 싫어하기 때문이다. 시대가 바뀌어 이제 조직 유형이나 특성이 아나키스트 자유주의자에게 유리한 방향으로 흐르고 있다. 수평적 네트워크 조직, 자율 조직, 자기 조직성, 자주 관리 등의 새로운 조직 형태와 특성이 부각되고 있다.

각종 형태의 아나키스트 조직 원리를 적용한 집단들을 만들어보자. 중심 없는 혹은 다중심의 네트워크형 조직, 중요한 직위를 로테이션시키는 조직, 만장일치를 유도하고 합의를 존중하는 의사 결정 구조, 위계 서열이 최소화된 조직, 모두가 지도적 역할을 하는 조직, 과업이 끝나면 신속히 해체하는 조직, 가급적 소규모 형태로 유지되는 조직 등이 가능하다. 아나키스트 조직 원리에 입각하는 아나키스트 자유 연합체를 만든다면, 위계 서열과 권위주의가 지배하는 구태의연한 집단주의적 조직과 대비되는 차별성을 가질 것이다.

이러한 아나키즘적 조직 원리에 입각한 조직이 집단주의를 유지시키는 관료제적 조직의 폐해를 줄이고, 각각의 개인이 자신의 개별성을 유지하고 발휘하면서도 집합적 시너지를 창출할 수 있게 한다는 가능성은 최근 각종 경영 이론에서 인정받고 있다. 공식 조직 체계의 통제로부터 독립성을 부여받는 자율적 작업 집단autonomous work group, 직위 서열이 없는 구성원들이 동등하게 직무를 수행하는 팀워크team work, 반세계화운동이나 각종의 연대 활동에서 참여 집단들이 결성한 느슨한 형태의 지도부 없는 네트워크loosely organized leaderless network 등이 성공적인 실험 사례로 제시될 수 있다.

5. 부동이화의 길: 협동과 연합

지금까지 관계적 존재로서 개인은 그 자체가 하나의 공동체이고, 공동체적 지향성을 가진 존재라고 규정하였다. 형식논리적으로 개인은 사회가 있어서 개인이 되는 것이 아니다. 개인 대 사회의 대립적 이분법은 잘못된 것이다. 개인은 타인으로서 다른 개인들을 전제로 할 때, 비로소 그들과 인간의 속성을 공유하는 동시에 독특하고 독립적인 존재인 나로 규정될 수 있다. 이처럼 개인은 타인과 함께 (존재론적으로) 탄생하고, (인간 생명체로서) 함께 살고 죽는다는 의미에서 공동체적 존재이다.

개인 단위의 개인 공동체는 출생과 함께 가족이라는 형식에 의해서 성립되고, 개인은 이를 의식하기 시작하며, 가족을 벗어난 학교교육을 통해서 사회화 과정을 본격적으로 체험하면서 개인 자신의 내부에 이미 공동체적 자아 혹은 미드George Herbert Mead가 "사회화된 자아Me"라고 불렀던 것을 형성하게 된다. 그런데 이 공동체적 자아는 현실의 각종 상호작용을 통해서 끊임없이 수정 보완되기 때문에 공동체로서의 개인 또한 변화하지 않을 수 없다. 많은 사람의 경우에는 개인의 공동체가 외적 표상으로서의 공동체, 즉 국가나 민족이 요구하는 가치나 특성과 일치한다. 그러나 아나키스트 자유주의자처럼 강력한 개인주의적 지향성을 갖는 사람은 기존의 공동체상과는 상이한 공동체를 스스로 구축해나간다.

1) 경쟁과 협동의 공존

하나의 독립적 공동체로서 개인은 타인과 경쟁 혹은 협동이라는 관계를 발전시키면서 자신의 개인적 공동체를 타 개인들의 공동체와 접합시킨다. 때로는 타인과 경쟁적 공동체를 만들고 때로는 협동적 공동체를 만든다. 이 두 가지 유형의 공동체는 크로포트킨의 지적처럼 생존 본능으로서 혹은 삶의 관계 양식으로서 모든 개인에게 부여되어 있다. 어쩌면 경쟁과 협동은 자연과 싸우거나 적응하며 타인들과 상호작용하는 과정에서 개인이 진화적으로 습득한, 도킨스(2010)가 말하는 이기적 유전자selfish gene와 같은 유전적 에너지라고 간주할 수 있을 것이다.

개인적 공동체란 개인은 사회화 과정을 통하여 공동체로서의 사회에 관한 지식과 체험 그리고 행위 양식과 가치판단을 그 자신의 내부에 간직한다는 의미에서 사용하는 개념이다. 내가 "개인은 공동체다. 혹은 개인이 공동체다"라고 주장할 수 있는 근거가 여기에 있다. 개인주의자는 인간으로서 성장·성숙해나가면서 자신이 습득한 이 사회적 공동체를 자신의 내부에서 자신만의 고유한 공동체로 발전시킨다. 박성현의 표현을 빌리자면 맹렬한 개인들의 공동체를 구축하는 것이다.

개인들은 자연계처럼 경쟁과 협동이라는 상호 대립적이면서도 상호 보완적인 두 개의 에너지를 적절히 사용하면서 인간 사회를 유지해왔다. 자연계는 결코 약육강식의 정글 법칙이 지배하는 경쟁의 세계이기만 한 것은 아니다. 수많은 공생 협력 관계가 생태계를 조성하여 유지되는 협동의 세계이기도 하다. 인간도 자연계의 한 종에 불과한 만큼 이 경쟁과 협동의 양면성을 갖고 있다.

2) 협동의 쇠퇴, 경쟁의 지배

역사적으로 폭력 집단(고대 및 근대의 국가 체제)이 등장하고, 폭력 행사(파괴와 약탈, 전쟁과 정복)가 관행처럼 유지되는 가운데, 이 협동과 경쟁의 공존은 깨어지고, 점차 경쟁이 사회의 최고 가치로 자리 잡게 되었다. 상비군을 설치하여 폭력을 독점하고, 관료적 지배 체제를 확립시키며, 조세제도를 정교하게 구축하여 물적 토대를 갖춘 근대국가 체제의 등장과 함께 경쟁을 통한 성취/성공은 확실하게 최고의 미덕으로 추앙되었다. 이를 과학적으로 입증하기라도 하듯 다윈은 적자생존을 통해서 진화의 경쟁적 차원을 더욱 강조하고 부각시켰다.

경쟁적 자본주의의 승승장구와 함께 시장 경쟁의 자유는 만인이 따라야 할 생존의 원리가 되었다. 경쟁의 논리가 과열되면서 억압과 착취가 확대·증가되고, 패배자들은 빈곤과 소외에 빠져들었다. 그뿐 아니라 경쟁은 국외로 확대되어 식민지 경쟁으로 치닫고 마침내 식민지 쟁탈을 둘러싼 제국주의 전쟁까지 초래하였다.

위대한 아나키스트 크로포트킨은 상호부조, 즉 협동이야말로 자본주의사회의 모순을 극복하고 아나키사회를 구축할 수 있는 최고의 조직 원리이자 최선의 행동 규범이라고 주장한다. 그러나 여기서 우리가 각별히 주의할 점은 크로포트킨(워드, 2004: 82에서 재인용)은 아래의 주장이 제시하듯 결코 경쟁을 부정하거나 무시하지 않았다는 사실이다.

> 아나키즘의 이름으로 과거와 현재의 사회생활을 새롭게 이해할 수 있다. … 사회는 무수히 다양한 역량, 기질, 개별적 에너지로

되어 있다. 사회는 어떤 것도 배제하지 않는다. 사회에는 투쟁이나 다툼도 필요하다. 경쟁하는 기간은 (경쟁이 끝까지 자유롭게 진행되고 기성 권력이 한쪽을 편들지 않았던 경우에) 인간의 재능이 가장 높이 비상했던 기간임을 우리는 알고 있다.

이처럼 크로포트킨은 경쟁의 중요성 또한 명확히 인식하고 있었다. 다만 근대의 강압적 국가 체제와 자본주의적 시장경제가 과도한 무한 경쟁을 유발하여 마치 경쟁만이 인간 사회의 유일한 생존 방식인 것처럼 간주되는 현실을 비판하고자 상호부조가 경쟁과 마찬가지로, 아니 더 중요하게 인간의 사회적 삶을 유지하고 번성시키는 메커니즘이라는 사실을 역사적으로 그리고 과학적으로 밝혀냈던 것이다. 특히 유럽에서 자치적 협력 공동체였던 각종 코뮌들이 근대도시의 탄생과 함께 파괴되고, 연이어 근대국가의 성립과 함께 지역적 수준에서 존재하였던 공동체적 조직이나 관계 그리고 관행이 국가 기능에 흡수되거나 국가조직에 의해 전면적으로 관리됨으로써 인간 사회에서 협동의 미덕과 가치가 서서히 약화되기 시작한 것이다.

3) 경쟁과 협동의 균형

크로포트킨이 그토록 인간 생활에서 협동의 필요 불가결성을 주창했음에도 불구하고 경쟁의 기세는 더욱 거세어져 이제는 경쟁이 그야말로 삶의 유일한 생존 법칙이 되어 우리 주위에 만연한다. 이에 대응하여 잡종사회의 친구인 협동적 개인주의자는 경쟁으로 편향된 시대적 추세를 바로잡고자 과도한 경쟁을 협동의 힘으로 억눌러 경쟁과 협동의 균형을 잡으려 한다.

그러나 협동은 어떤 집단적 패거리를 형성하여 집단의 이름으로, 즉 전체의 이름으로 개인 위에서 혹은 개인을 억제하거나 무시하면서 이루어내는 것이 아니다. 오히려 그 반대로 개인적 자유의 바탕 위에서 오직 개인들 간의 자발적인 자유 연합을 통하여 협동을 모색해야 한다. 기존 집단은 하나의 조직으로서 항상 위계 서열적이며, 하향적 의사소통 구조나 결정 방식을 채택한다는 점에서 국가 관료 조직을 답습하고 모방하는 아류에 그친다. 나아가 이러한 집단주의는 항시 전체라는 공허하고도 추상적인 명분을 내세우면서 개인을 동원하고, 지배하고, 희생시킨다.

전체라는 것은 어느 집단의 소수 지배자들이 기득권을 누리기 위해서 가공의 허상을 만든 것일 뿐이다. 전체는 추상과 환상 그리고 독점 권력의 흑심 속에서나 존재한다. 잡종사회의 협동주의자는 공동체나 국가 속으로 들어가서 그것에 협력하는 것이 아니다. 나의 국가, 나의 공동체 안에서 협력적 국가와 협동의 공동체를 독자적으로 건설하는 투철한 개인주의자가 됨으로써 화이부동이나 부동이화의 잡종사회를 지킬 수 있다.

다윈의 주장처럼 인간의 진화에서 생존경쟁을 통한 적자생존의 원칙이 적용된다는 것은 숱한 논란에도 불구하고 여전히 설득력을 가진 해석이다. 그러나 끊임없는 경쟁에도 불구하고 지속적으로 혹은 안정적으로 삶을 영위하기 위해서는 협동이 필수적이라는 사실을 또한 인식할 필요가 있다. 사자도 먹잇감을 포획할 때는 협동작전을 구사하며, 개미는 협동 그 자체로 적을 물리치고, 자신을 방호한다.

인간 세계도 마찬가지이다. 모든 경쟁자를 물리치고 정상에 오르는 사람들은 그 과정에서 수많은 조력자와 후원자의 협력을 받는다. 혼자 독불장군으로 되는 일은 없다. 이병철 회장이나 정주영 회장이 만든 신화적 성공의 그늘에는 수많은 협조자가 있었다. 삼성과 현대의 수많은 노동자의 헌신적 노력이 없었더라면 결코 이룰 수 없는 신화가 아니었겠는가?

박정희 정권의 성공적 경제개발도 노동자의 피와 땀, 농민의 헌신, 그리고 뛰어난 경제 관료의 경제정책이 없었더라면 어림도 없는 얘기다.

어느 지도자 한 사람의 영단과 지혜로 이룩된 일이 결코 아니다. 그럴 수도 없다. 아무리 뛰어난 지혜와 과감한 결단력을 가졌더라도 지원 세력과 후원자가 있어야만 경쟁에 성공할 수 있다. 바로 이와 같은 이유에서 독점적 소유보다는 공유가 필요하며, 분배적 정의에 대한 공감이 필요하다.

현대의 경쟁 체제는 업적주의meritocracy에 입각한다면서도 승자독식이라는 반협동적 분배 논리를 실시한다. 크게 잘못된 일이 아닐 수 없다. 여러 사람이 함께 협력하여 성취한 것이라면 그에 합당하게 공정하게 분배해야 할 것이 아닌가? 이 논리를 조금 더 밀고 나가보자. 현대라는 혹은 삼성이라는 기업이 막대한 이익을 창출하여 세금을 제대로 내고 자기들끼리만 공정하게 분배하면 그만인가? 그럴 수도 있겠지만 시민들에게도 얼마는 나누어주어야 할 의무나 책임이 있지 않을까? 현대나 삼성은 국민이 낸 세금으로 국가가 마련한 도로, 전력, 물, 사원의 의무교육 등을 거의 무료로 사용한다. 그뿐 아니라 시민들의 성원과 지지 혹은 국산품 애용 등과 같은 성의에 대한 보상의 표시로라도 시민사회에 감사의 뜻을 전달해야 한다. 바로 이것이 기업의 사회적 책임이라고 나는 생각한다. 그것은 일종의 의무이자, 마땅한 책임이지 결코 기업가들의 자선이나 시혜가 아니다. 흔히 사용하는 노블레스 오블리주(고상한 의무감noblesse oblige)라기보다는 당연한 책임이요 마땅한 의무라고 해야 더 정확할 것 같다. 그래서 요즈음은 기업의 사회적 책임(CR: Corporate Responsibility)이라는 말이 사용되기 시작했다.

4) 오도된 협동: 패거리 집단주의

나아가 인간 사회의 또 한 가지 잘못된 인식은 이와 같은 개인들의 협동을 반드시 어떤 특정한 집단을 조직하거나 영역을 설정하여 그 테두리 내에서만 이해하고, 평가하고, 인정하려 든다는 점이다. 즉 집단주의적 사고방식을 말한다. "국가 전체를 위해서, 사회 전체를 위해서 혹은 우리 회사, 우리 학교, 우리 조직을 위해서"라는 우리주의는 바로 집단주의의 세속화된 형태인 것이다. "우리가 남이냐"라는 구호는 집단주의의 배타적 패거리 의식을 절묘하게 드러낸다.

한국 사회뿐 아니라 세계적으로 널리 확산되어 있는 이 우리주의는 긍정적인 측면도 있겠지만, 그것은 주로 해당 집단의 패거리끼리 소유하는 이익 공동체로서 기능한다. 한국 특유의 연고주의처럼 혈연, 지연, 학연 등에 따른 집단주의는 감정 공동체나 경험 공동체로서 심리적 만족감이나 안정감을 주기도 하지만, 대체로 이 수준에서 한 걸음 더 나아가 일종의 편향된 신뢰 공동체로 작동하여 서로서로가 끼리끼리 챙겨주고 끌어주는 비합리적인 연줄망으로 작용한다. XX도, XX학교 출신 등이 특정 요직이나 영역을 장악한다거나 전관예우라는 기묘한 수법으로 퇴임 후에도 동일 계열의 기관에 취업하는 등의 사례가 빗나간 집단주의의 병폐를 적나라하게 보여준다.

집단적 (끼리끼리 서로 봐주기식) 협력주의는 이처럼 합리적 경쟁을 방해할 뿐 아니라, 협동의 의미를 폐쇄적 울타리 내에서만 적용하기 때문에 오직 소수의 선택받은 사람들끼리만 혜택을 누리게 만든다. "우리가 남이가"라고 외치는 집단주의 구호를 듣고, 그 집단 밖의 사람들은 "우리는 남이다"라는 소외감을 느끼는 동시에 우리도 똘똘 뭉치는 패거리 하나 조직하자고 서두른다. 그 결과 이 사회에는 각종 크고 작은 온갖 유형의 집단들이 우후죽순처럼 생겨 집단주의 생존 경쟁에서 낙오하지 않고자 야단법석이다. 사람들은 동분서주하며 이곳저곳 기웃거린다. 세간의 소위 인맥이 넓은 사람 혹은 마당발 등으로 통칭되는 사람들이 바로 이 연고 집단주의적 특혜를 효율적으로 이용하는 전문가들이다. 문제가 생기거나 일을 추진하려고 할 때, 여러 부처와 장소에 심어둔 인맥을 활용하여 일사천리로 문제나 일을 해결할 수 있도록 인적 자원으로 작용하는 것이 집단주의다. 이것은 공정한 경쟁과 정당한 협동의 가치를 훼손시키는 불법 무임승차 행위일 뿐이다.

사실 집단 그 자체는 사회조직의 필수 요소로서 사회를 작동시키는 기능적 단위가 된다. 문제는 그 집단을 집단 외적 목적으로 혹은 폐쇄적이고 배타적인 방식으로 이용하는 것이다. 그리고 집단적 전체주의가 확산된 곳에서는 개인적 의사나 욕구는 선동이나 강압에 의해서 혹은 자발적으로 제한되거나 묵살되는 경향이 크다. 특히 중앙집권적 조직에서 소수의 지배자가 권력의 핵을 이루어 장기적으로 집단을 장악할 경우 패거리 집단주의의 폐해는 더 크게 그리고 구조적으로 나타난다.

5) 협동조합의 재인식

그렇다면 패거리 집단주의가 자유로운 경쟁과 협력을 방해하는 상황에서 잡종사회의 친구인 협동적 개인주의자는 무엇을 할 수 있는가? 최근 경쟁적 자본주의에 대한 비판적 대응의 하나로서 사회적 기업이 활성화되었다. 또 협동조합법의 통과와 함께 협동조합 설립의 열기가 고조되어 사회 전반에 걸쳐 협동의 중요성에 대한 관심이 고조되는 상황은 고무적이다. 물론 이들 사업에 대해서 정부가 일정하게 보조금을 지원하기 때문에 "협동"에는 관심이 없고, 오직 지원금에만 눈독을 들이는 사람들도 적지 않다는 개탄과 우려의 목소리도 들려온다. 이들 사업의 지속률이나 성과가 아직은 만족스럽지 못하다는 점이 보고되기는 하나, 막 시작한 일이니만큼 조금 더 시간을 두고 기다려보자. 자본주의적 시장 경쟁의 부작용을 제어할 수 있는 유력한 수단의 하나가 비영리추구 성향이 강한 협동조합이나 사회적 기업인 만큼 이들에 대해 쉽게 실망하지 말고 꾸준한 지원과 격려가 필요하다.

사실 경쟁이 일반화된 경쟁사회에서 협동은 말이 쉬워서 그렇지 상당한 노력과 시간이 걸려야 습득되는 행위 양식이다. 유년 시절부터 유치원 입시 경쟁으로 시작하여 초중고 단계마다 솎아내기 경쟁을 겪고 경쟁 지옥인 대입 경쟁을 통과해도 취직 경쟁과 승진 경쟁이 기다리고 있다. 어쩌면 이 처절한 생존경쟁은 마치 누가 빨리 경쟁을 끝내고 저승길로 갈 것이냐를 두고 경쟁하는 "죽음을 향해 질주하는 레이스"와 다를 바 없다.

"경쟁 또 경쟁"이라는 무한 연속 경쟁의 사회를 헤쳐나가야 하는 사람들은 어떻게 협동의 가치를 수용할 수 있을까? 직장 일을 마치고 가정에 돌아와도 부모는 다른 모범 아버지나 모범 어머니들과 경쟁을 해야 하고, 자식들도 다른 아이들에게 뒤지지 않도록 경쟁시켜야 하며, 소주잔을 기울이는 친구들 사이에서도 뒤처진 것이 아닐까 하는 경쟁의식의 찌꺼기가 남아 있으니, 우리 모두가 경쟁 중독사회의 중독자이다. 이 스트레스의 원천인 경쟁의 찌꺼기를 씻어내고자 한국 사회는 술 권하는 사회가 되어버린 것인가? 그러나 술로써 경쟁은 잠시 잊을 수 있겠지만 진정한 협력의 가치나 기쁨을 얻지는 못한다.

이 피를 말리는 무한 경쟁의 사회에서 살아남는 방법은 두 가지, 거기에 적극 뛰어들든지 아니면 한 발 빼는 것이다. 한걸음 물러서는 여유를 가지고 살아가는 길이 협동주의로 가는 첫걸음이자 첩경이다. 이른바 느린 인생 slow life이다. 최고 학교가 아니라도 좋다. 최고 직장이 아니라도 좋다. 늦게 승진해도 좋다. 인생은 마라톤이고, 특히 고령화 시대이다. 너무 욕심내고, 이리저리 동분서주 정신없이 쫓아 다니다가는 건강을 해치거나 재수 없으면 제명에 못 사는 법이다. 이 여유롭게 사는 인생의 지혜를 터득해야 한다. 협동이 꼭 남과 함께 일하거나 적극적으로 남을 돕는 것만이 아니다. 경쟁에서 한발 물러서는 것도 남을 돕고, 남과 화합할 수 있는 길이다. 지금은 옛이야기가 되었지만 한때 일본의 종신고용제는 종업원의 상호 협력과 헌신을 제고하는 훌륭한 제도로 찬양되었다. 이 종신고용제의 쇠퇴가 일본 경제 침체의 원인인가? 아니면 그 역이 사실인가? 경쟁을 완화하고, 협동을 유지시키는 조직 형태를 적극 개발해야 한다. 고용의 유연성이라는 원칙하에서는 파리 목숨인 개인들이 살아남고자 어찌 피를 말리며 경쟁하지 않겠는가?

기업 공동체 혹은 직장 공동체와 같은 협력적 일터는 더 이상 존재할 수 없는 것일까? 인건비를 줄이고 협력을 최대화하고자 예전부터 소규모 자영 업체에서는 가족 사업 family business이 드물지 않았다. 재벌 기업의 가족 세습 체제 또한 이 역사적 형태로서의 협력적 가족사업의 현대판 거대화일 뿐이다. 그러나 이제는 사회의 기본단위로서의 가족 자체의 역할과 위상이 예전과 다르다.

그렇다면? 역시 가까운 곳에 진리가 있다. 자본주의의 주도적이고 핵심적인 부분인 거대 기업이나 사업장에서는 경쟁이 주가 된 노동을 유지하고, 이 주변에서 이를 때론 견제하고, 때론 보완하는 중소 규모의 다양하고도 수많은 사회적 기업 혹은 협동조합을 조직하는 것이다. 이 외에는 대안이 없다. 그리고 협동의 가치는 유아원 시절부터 성인이 될 때까지 일관되게 실습과 훈련의 형태로 개인들에게 내면화시켜야 한다. 구타와 폭행 그리고 왕따 등으로 말썽 많은 한국의 군대 생활을 획기적으로 개선한다는 의미에서 군대를 협력 생활의 수련장으로 변모시켜야 하지 않을까? 전투에 필요한 상하 계급에 따른 위계 서열적 협력은 평시의 인간적, 수평적 협력 관계의 토대 없이는 제대로 나타나지 않을 것이다. 군대는 참으로 상하 협력을 필요로 하는 곳이다.

사회가 안정되면, 삶에 여유가 생기면서 내 주위도 보이고, 남을 도울 수 있는 여력도 갖는다. 희생과 양보의 미덕도 배울 수 있고, 손해도 감수할 수 있는 자신이 생긴다. 여기에 반드시 금전적 여유가 뒷받침되어야만 하는 것이 아니다. 물론 경제적 여유가 있으면 금상첨화이겠으나 그것이 반드시 유리하게 작용한다는 보장도 없다. 사람들은 잘 안다. 저 사람의 진심이 가진 자의 여유에서 나오는 것인지, 아니면 선한 마음에서 우러난 것인지. 이 물신화된 사회에서 화폐의 위력과 마력은 엄청날 것으로 생각되지만, 그것은 오직 재벌급 가족들이나 활용할 수 있는 것이지 보통 부자로서는 족탈불급일 뿐이다. 경제적 여유가 없다고 마음의 여유를 여는 문을 닫아서는 안 된다. 유한계급에 대한 사회적 반감이 상당하다는 사실은 보통 사람들에게는 협동을 위한 보너스 자원이 될 수 있다.

그런데 문제는 협동의 길을 인도하는 삶의 안정과 마음의 여유를 어떻게 얻느냐 하는 딜레마가 등장한다는 것이다. 세상이 온통 경쟁으로 각박한데! 간단하다. 역발상이다. 먼저 무조건 협동을 시작하면 된다. 하다 보면 안정과 여유를 발견하고, 찾게 된다.

마음의 여유가 협동의 길로 안내했다면 다음 단계에서 무엇을 해야 협동주의자의 길을 제대로 가는 것일까? 이 지점에서부터 협동의 대지는 광활하게 펼쳐지면서 온갖 다양한 선택과 실습과 실험의 길로 우리를 인도한다. 협동이 어려운 일이 아니냐고? 인간은 원래 협동적 인간이라는 사실을 기억하자. 인간은 포식자 맹수처럼 홀로 어슬렁거리기보다는 불리한 육체적 조건을 방어하기 위하여 무리를 이루어 살면서 마침내 먹이사슬에서 최고의 포식자가 된 존재이다. 그러므로 인간의 본성에는 남과 어울려 함께 지내면서 남을 돕고, 남의 도움도 받는 호혜성을 추구하는 성향이 굳건하고도 강력하게 존재한다. 그것을 끄집어내서 사용하지 않고 방치해두었을 뿐이다.

사회가 점점 복잡해지고, 국가가 사람들에게 이래라 저래라 지시하고 간섭하며, 자본주의가 빨리 더 빨리 더 많이 더 열심히 일하라고 재촉하는 현실에서 인간의 협동심과 협동적 능력은 약화되거나 인간 심성의 깊숙한 곳으로 가라앉아버렸을 뿐이다. 그러나 완전히 사라진 것은 결코 아니다. 신기하게도 이 인간의 협동심은 사회적 위기나 혼란의 순간, 다른 말로 표현하자면 국가 공권력이 부재하거나 자본주의적 질서가 무력해진 상태에서 힘차게 표출된다.

한국의 경우 부마항쟁이나 광주민중항쟁이 일어났을 때, 많은 시민이 시위대에게 식음료를 제공하고 도피처를 마련해주는 용감한 협동심을 발휘하였다. 외국의 경우도 마찬가지다. 1956년 헝가리혁명, 1968년 체코 프라하의 봄, 1989년 중국 톈안먼 사태 때도 시민들의 자발적 협동심은 여러 가지 형태로 발휘되었다. 한국이 외환 위기를 겪으며 국가 재정이 흔들릴 때도 시민들은 금붙이를 헌납하며 협동의 애국심을 보여주지 않았는가.

6) 협동적 개인주의자와 나의 공동체

어떤 개인이라도 자신이 감당할 수 있는 적절한 기회가 오면 협동할 수 있다. 협동이 개인의 영웅적 헌신이나 피나는 희생을 요구하는 것이 절대 아니다. 역시 협동의 백미는 단지 "함께 일한다"는 의미로부터 "서로 도우면서 함께 일한다"라는 경지로 나아가는 것이다. 그래서 크로포트킨은 협동을 상호부조라고 했다. 일상에서 기회가 오는 대로 자기 수준과 능력에 맞게 남을 도우면 된다. 반드시 약자만을 도울 필요도 없다. 도움이 필요한 사람이라면 혹은 도움을 요청하는 사람이라면 누구든 상관없다. 물론 "내 너를 불쌍히 여겨 너를 돕는다"는 식의 시혜성 도움은 좋지 않다. 그래도 안 하는 것보다는 낫다. 당연한 일이지만 "제가 당신에게 매우 미미하지만 도움을 줄 수 있게 되어 오히려 감사합니다" 정도의 진심 어린 저자세가 되도록 노력해야 한다.

사실이 그렇다. 남을 도울 수 있다는 것은 좋은 일이므로 도움을 주는 사람에게도 (도울 수 있는 운이) 좋은 것이다. 도움만 주고 도움을 받지는 못하더라도 상관없다. 자신이 제공한 도움은 기쁨이자 보람 혹은 책임의 수행이라는 형태로 자신에게 되돌아오는 도움을 주기 때문이다. 남을 돕는 일은 도덕적 선이다. 도움을 받는 사람이 그에게 선한 일을 할 수 있는 기회를 주었으니 감사하고, 자신이 남을 도울 수 있는 능력을 가졌다는 사실을 깨우쳐주었으니 그 또한 감사해야 할 일이 아니겠는가? 더 나아가면 도움은 즐거움이다. 봉사의 즐거움이다. 자기 자신을 살리기 위해서 살아야 하는 일상의 굴레에서 벗어나 남도 살리는 삶을 체험하는 것은 실로 대단히 멋진 일이 아닐 수 없다.

이처럼 협동적 개인주의자의 길은 이제 감사와 즐거움이 여기저기서 솟아나기도 하는 동고동락의 길이 된다. 그래서 협동하면 사랑이 생기고, 사랑하면 협력하게 된다.

바라건대 협동적 개인주의자의 길에서 처음에는 나와 너, 개인과 개인이 주객으로 만나지만 최종적으로는 비록 일시적인 순간의 사건이 되더라도 너와 나가 뒤섞이는, 혹은 너와 나의 경계 구분이 무너지는 하나(의 잡종화)로 전환되는 지점을 발견했으면 한다. 그렇지 않은가? 협동은 말 그대로 나와 너가 무언가를 공유하는 것이고, 그 무언가는 양자를 연결하는 동일한 것이고, 이 동일성의 공유를 통해서 개인들은 개별성 혹은 개체성 가운데서도 하나라는 공통성을 발견하는 것이다. 들뢰즈와 가타리의 표현을 빌리자면 차이의 생성을 표상하는 각종 특이점들이 차이의 해소가 생성되는 공통성과 상호 부단히 횡단하고 질주하는 것이다.

협동적 개인주의도 마찬가지다. 개인이라는 차이와 부동의 존재들이 동일성을 요구하는 전체주의나 집단주의의 경계를 넘어서 서로 잡종화하면서 화합하는 부동이화의 길이기 때문이다. 협동적 개인주의자에게 협동의 목표는 동일성이나 공통성을 확인하는 것이 아니다. 이 점이 네그리와 하트(2014) 그리고 나 사이의 차이이자 분기점이다. 네그리는 이 공통성을 반자본주의와 반제국주의 전선을 형성할 다중이라는 떼, 무리, 집단, 패거리로 만들고자 한다. 나는 잡종사회의 주요한 행위 양식인 협동을 통해서 개인들이 자유롭고 자발적인 개인으로 성숙하여 각각이 고유한 자주인이 되는 길을 개척하고 발견하기를 기대한다. 자주인들은 서로 독립적이고 개별적이지만, 다투기만 하는 것이 아니라 화합하여 연합할 줄 아는 개인이다. 그래서 협동적 개인주의자는 부동이화의 길을 가는 것이다.

협동적 개인주의자의 모토는 단순하지만 분명하다. 개인주의 없는 협동은 맹목적이고 위험하며, 협동 없는 개인주의는 고립무원 좌충우돌 풍비박산이다. 잡종사회의 친구로서 협동적 개인주의자는 나의 경계를 허물고, 너의 경계도 허물어서, 경계를 왕래하면서 서로가 친구가 되는 화합의 잡종화 대지를 넓혀나갈 것이다. 부동이화와 화이부동의 잡종화 사회, 거기에서는 고유한 개인이 다른 고유한 개인과 서로 협력하면서 자신의 공동체를 만들 수 있다. 물론 갈등 속에 서로 다투고 경쟁도 한다.

뒤르케임으로 다시 한번 되돌아가서 협동적 개인주의의 이론적 함의를 재정리해보자. 최근 민문홍(2012. 이하 쪽수만 명기)은 『사회분업론』을 완역하면서 뒤르케임에 대한 새로운 이해를 적극적으로 제시한다. 몇 가지 흥미로운 그의 주장을 제시해보자.

① 뒤르케임의 사회학적 관점은 현대적 관점에서 볼 때, 전통적 자유주의를 크게 확장시킨 개혁적 자유주의이다(662).
② 뒤르케임의 조합주의 국가론은 당시 지배적 이론인 공리주의와 혁명적 사회주의 이론 사이에 화해할 수 있는 이론적 입장을 탐색하는 것을 가능하게 해준다. 뒤르케임은 이 프로젝트를 통해 스펜서가 강조한 공리주의적 개인주의를 극복할 수 있는 이론적 틀을 탐색한다(674).
③ 뒤르케임에 의하면 현대사회의 도덕적 개인주의는 이기적 개

인주의와 구분된다. 이기적 개인주의가 구체적 개인의 욕구, 이해관계, 욕망을 강조한다면, 도덕적 개인주의는 이웃과 공동체에 대한 이타주의적 의무 윤리와 사회적 책임성을 강조한다. 따라서 현대사회에서 숭배의 대상이 되는 것은 이기주의적 개인이 아니라, 내적인 성실성을 부여받고 타인에 대한 동정과 책임감을 불러일으키는 추상적으로 이상화된 인간이다. 인간성의 종교인 도덕적 개인주의는 이러한 조건을 갖출 때에만 사회 통합을 이룰 수 있는 도덕적 힘이 된다. … 이 인간성의 종교는 현대사회의 도덕 공동체의 이상이 되고, 국가와 시민사회를 비판할 수 있는 도덕적 기준을 시민들에게 제공할 수 있는 도덕적 개인주의이다(675-676).

④ 뒤르케임은 이 개인주의 도덕을 다음과 같이 표현하였다. "이 인간으로서의 개인은 … 소위 의례적 의미에서 거룩한 것으로 생각된다. 인간은 모든 시대에 교회들이 신에게 부여했던 초월적 위엄을 지니고 있다. … 정확히 말해서 이것은 인간에게 존엄성이 주어진 기원이다."(679)

⑤ 뒤르케임은 당시의 (윌리엄 제임스William James에 의해서 대표되던) 실용주의에 대해 아주 비판적인 태도를 견지하고 있었다. … 실용주의가 진리에 대해서 애매모호하고 모순적이며 피상적 자세를 공유하고 있었기 때문이다. … 뒤르케임이 실용주의에서 발견한 것은 지적 아노미였다. 실용주의는 진리의 숭배에 대한 학문적 원칙을 두 가지 점에서 부정하고 있었다. 첫째, 실용주의는 인류의 도덕적 이상을 공리주의적 동기로 환원함으로써 인간의 의지를 무한한 욕망에 종속시켰다. 둘째, 실용주의는 결코 진리의 문제를 제기하지 않음으로써 소크라테스 시대의

소피스트들처럼 진리의 숭배를 파괴한다(719-720).

⑥ 개인주의에 대한 뒤르케임의 설명은 한편으로는 현대사회의 개인주의적 가치를 지지하면서도, 연구 전략으로는 방법론적 전체주의를 선호하는 것처럼 보여 상호 모순된다는 인상을 준다. 이것이 뒤르케임의 개인주의를 이해하는 데에 또 하나의 어려운 장애물이다(678, n. 58). … 뒤르케임의 개인주의는 "사회주의는 개인주의 논리의 연장이요 완성"이라고 주장한 프랑스 사회당의 창시자 장 조레스Jean Jauras의 개인주의에 가깝다(676, n. 57).

이상에서 요점 정리된 뒤르케임의 도덕적 개인주의는 그 최종적 함의에 있어서 내가 제시하는 협동적 개인주의와 유사하게 보인다. 그러나 그 내용과 과정은 천양지차이다. 양자의 차이점을 통해서 나의 입론이 갖는 이론적 선명도를 높이고자 한다. 뒤르케임의 입론에 대하여 나는 다음과 같이 대응한다.

① 사회민주주의에 접근하는 뒤르케임의 개혁적 자유주의는 당대의 존 스튜어트 밀이 제창했던 사회적 자유주의와 맥락을 같이하는 것이다. 나의 아나키스트 자유주의도 동일한 지향성을 갖는다. 하지만 나는 국가의 불신이라는 아나키스트의 대전제 위에서 출발하지만 뒤르케임은 개인의 이기주의에 대한 불신에서 시작한다.

② 아나키스트 자유주의는 공리주의적 개인주의를 현실적 대안으로 선택한다. 개인의 이기심 혹은 욕망을 불신하고, 평가절하하는 초월주의, 도덕주의, 집단주의는 미망이요 우상으로서 경계한다.

③ 뒤르케임의 말과는 달리 도덕적 개인주의는 이기적 개인주의의 한 형태일 뿐 어떤 최고의 지향점이나 완성 단계가 아니다. 이기적 개인주의가 뒷받침되지 않는 도덕적 개인주의는 공허하거나 불안정할 뿐이다. 요컨대 이기심은 이타심의 원천이요 조건이다. 나아가 개인주의는 결코 개인을 지배하거나 개인 위에 군림하는 도덕이나 종교로 간주되거나 변신하여서는 안 된다. 개인주의는 개인의 자연스럽고도 자발적인 사고와 행위의 원천이요 에너지일 뿐이다. 인간성을 신성시하고, 도덕 공동체를 인간성의 구현으로 추구하는 것은 슈티르너가 지적한 고정관념에 연연하는 것이다.

④ 뒤르케임이 말하는 인간의 존엄성 혹은 초월적 위엄 등은 신성한 것으로서 혹은 종교적이고 도덕적인 것으로서 사회 통합의 원천이다. 그러나 인간에 대한 어떠한 본질주의적 입장도 비판하는 아나키스트 자유주의는 뒤르케임의 인간성의 종교를 거부한다. 추상화된 이상적 인간은 과거의 신을 대리하는 새로운 (인간)신일 뿐이다. 도덕으로 세례받고 세뇌되어 세계를 구원해야 할 개인의 신성한 미션이 도덕적 개인주의이다. 아나키스트 개인주의는 사회 통합이란 사회 갈등과 분열 혹은 아노미 가운데서 불안정하게 동요하면서도 중심과 균형을 잡아가는 과정이라고 파악한다.

⑤ 아나키스트 개인주의가 선호하는 실용주의는 뒤르케임이 실용주의를 비난하고 반대하는 바로 그 이유 때문에 그것을 신뢰한다. 부지-무지-미지론, 상대주의를 견지하지만 결코 진리를 조롱하거나 진리 추구를 외면하지 않는다. 근대를 진지하게 살아간 뒤르케임으로서는 탈근대의 논리를 개척할 여지가 없었을

것이다.

⑥ 뒤르케임의 개인주의 가치에 대한 인식론과 방법론적 반개인주의는 결코 모순되거나 충돌하지 않는다. 왜냐하면 뒤르케임이 지지하고 찬양하는 도덕적 개인주의는 개인중심주의가 아니기 때문이다. 그것은 도덕으로 중무장한, 다시 말해 사회적으로 승화한 개인주의로서 거기에서 개인은 이미 탈색되거나 희석되어 그 존재성이 증발해버린다. 도덕적 개인주의에는, 다소 과장한다면 개인은 없고, 도덕화된 사회만 있다. 즉 이기심과 욕망으로 가득 찬 존재인 개인은 도덕의 구현체인 사회를 향해 한눈팔지 말고 줄달음으로 달려가 그 속에 용해되어야만 자기완성을 이룬다.

그런데 무엇이 개인을 추동하여 도덕적 존재로 격상시키는가? 기성의 교육, 종교, 도덕, 국가 등? 그렇다면 도덕적 개인주의는 기존 가치들을 재습득·재생산하는 메커니즘이 아닌가? 뒤르케임은 불행히도 혹은 보수적으로 전통적인 인간성 순화/순치 기관들에게 개인의 도덕성 함양을 기대하였기 때문에 실패와 좌절을 체험할 수밖에 없었다. 도덕의 역할은 어떤 면에서는 기존의 부도덕을 끊임없이 조장하고 지속하는 비도덕성의 구조화라고 할 수 있다. 뒤르케임이 대면하였던 무규범과 무도덕으로서 아노미는 새롭게 등장하는 개인주의라는 가치를 제대로 수용하지 못했던 기존 도덕의 결함과 한계를 의미하는 것이지 새로운 가치 지향으로서 개인주의의 문제라고 해서는 곤란하다.

협동적 개인주의는 개인의 원초적 공동체성을 강조한다. 개인의 존재 그 자체는 타인의 존재를 전제하는 것이므로 개인에게는 이미 경쟁과 협력이라는 사회적 행위 양식이 요구된다. 그러므로 개인성은 공동체성이요 사회성이다. 개인에게 고유한 이 속성들을 역사적 전개 과정에서 국가나 종교가 개인과 분리된 초월적 가치 체계인 도덕과 윤리의 영역에 독점적으로 귀속시켰다. 경쟁과 협력이 모순적으로 상충하거나 동반자적으로 협력하는 이 자연스런 사회적 갈등이나 혼란을 과장하여 "아노미, 소외, 인간성의 타락 등"으로 간주하는 도덕주의 혹은 도덕적 개인주의를 아나키스트 자유주의는 거부한다. 자유는 혼란이요 질서이다. 자유는 혼란스런 질서이고 갈등 속의 통합이다. 이와 마찬가지로 개인은 협동 속에서 경쟁하며, 경쟁 속에서 협동한다. 어찌 보면 협동적 개인주의자라는 표현은 의미 중첩이다. 세상이 너무 개인주의를 경쟁적으로만 파악하기 때문에 의도적으로 사용한다.

14장   상대적 허무주의자

 허무주의자는 존재와 삶에 대한 인간의 미지와 무지로부터 어떤 경건한 한계 혹은 자연스러운 숙명적 절망을 느낀다. 이 존재론적 각성으로부터 적극적 참여주의를 택하거나 소극적 위아주의를 택할 수 있다. 양자는 모두 나름의 가치를 지닌다.
 상대적 허무주의자는 허무 자체도 상대화시킬 수 있는 지적 겸손과 상대에 대한 존중을 중시한다. 가치의 보편화 혹은 보편주의를 철저히 경계하면서 가치상대주의를 허무적으로 추구한다.
 이 상대적 허무주의의 정조 혹은 느낌을 동아시아적 차원에서 잘 드러내고 있는 노자와 장자의 경지를 각각 음미해보자.
 노자의 경지는 『장자』에서 혼합주의자syncretist에 의해서 다음과 같이 묘사된다.[1]

---

[1] 그레이엄Graham(2015)에 의하면 『장자』에 포함된 글들 가운데는, 장자 자신이 저술하지 않고 일련의 장자 관련 학파들, 즉 그가 원시주의자, 양가, 혼합주의자라고 부

> 자기 안에 고정된 입장들을 없게 하라.
> 그러면 사물들은 형체를 갖추어서 스스로를 드러내 보일 것이다.
> 움직일 때에는 물같이,
> 정지해 있을 때는 거울같이,
> 응할 때에는 메아리같이 하라.
> 멍하게! 마치 없는 듯.
> 고요하게! 마치 투명한 듯.
> 그것들에 동화되면 조화를 이룰 것이다.
> 그러나 그것들을 하나라도 움켜잡으면 잃게 될 것이다.
> 다른 사람들보다 앞서지 말고, 항상 뒤를 따르라(그레이엄, 2015: 727-728).

장자에 대한 묘사는 사뭇 그 맛이 다르면서도 유사한 분위기이다.

> 광대하고 모호하여 형체가 없고,
> 달라지고 변화하여 항구적이지 않다!
> 그것은 죽음인가? 아니면 삶인가?
> 나는 하늘과 땅과 나란히 존재하는가?
> 아니면 신묘하고도 밝게 빛나는 것과 함께 가는가?
> 흐릿하도다! 나는 어디로 가고 있는가?
> 멍하도다! 나는 어디에 이를 것인가?

르는 집단에 의해서 서술된 것이 다수 있다. 특히 여기서 소개되는 제33편 「천하」의 내용 가운데는 노자와 장자를 객관적으로 평가하는 흥미로운 내용이 있어서 인용한다. 물론 자료 선별과 자료 해석에 관한 그레이엄의 판단은 논란의 대상이 되고 있다.

만물이 내 앞에 모두 펼쳐져 있지만,
내 목적지가 될 만한 것은 아무것도 없다(그레이엄, 2015: 731).

허무주의나 상대주의란 말은 참으로 다양한 갈래와 내용을 지니는 것이라, 내가 여기에서 집중적인 논의 대상으로 삼는 범위를, 때로는 내가 이 경계를 넘나들겠지만, 규정해보겠다. 상대주의는 절대주의에 대비되는 의미로 사용되고, 허무주의는 노자가 말하는 천하불인, 세상의 부조리, 모순, 덧없음, 무목적성과 무가치성, 불확실성 등과, 특히 니체부터 사르트르에 이르는 실존주의적 전통에서 드러나는 존재와 삶의 무의미와 깊이 연관된다. 이와 같은 인식은 인간의 무지와 부지 그리고 미지, 생로병사의 윤회와 번뇌, 집착의 끈질김과 해탈의 어려움, 우주의 무한과 인간의 유한 등에 대하여 개별자요 단독자인 개인으로 하여금 어떤 아득한 한계 혹은 슬픈 숙명을 느끼게 인도한다. 나의 허무주의는 자연스럽게 절대 확실성을 회의하는 상대주의와 연결되나, 이 상대주의는 역설적이지만 허무의 절대성을 견제함으로써 허무가 쉽게 빠져드는 부정주의, 비관주의, 초월주의를 조절하는 균형력을 발휘한다. 따라서 상대주의는 절대의 부정이라는 차원에서는 다양한 분화와 분열을 초래하지만, 동시에 이 파편화된 대립과 갈등 각각이 결코 절대적 의미를 지닌 것이 아니라고 판단하여 이것과 저것이라는 양자의 대립성 혹은 다기 분화된 사물의 독립적 특성들을 총괄적으로 포함하고 포용하는 전일적 혹은 노자식 표현으로 태일적太一的 관점을 지향한다. 절대주의가 획일적 혹은 동일적 전체를 추구한다면, 상대주의는 분화와 수렴, 갈등과 조화가 동시적으로 존재하는 잡종적 융합 혹은 융합적 잡종화라고 이해할 수 있겠다.

문화적 차원에 한정하여 나의 상대적 허무주의를 설명하자면 무엇보다도 이 세상에서 훌륭하고 위대한 것으로 인정되는 각종의 유의미한 가치들을 모든 사람이 수용하고 신봉해야 한다는 보편주의에 대한 직접적이고 전면적인 비판이라는 성격을 갖는다. 이 세상에는 좋은 가치들이 너무나 많다. 가치의 과잉 상태다. 가치는 삶에 적극적 의미를 부여하는 것이다. 그러므로 가치의 과잉 = 의미의 과잉이다. 나는 이 가치나 의미의 과잉은 욕구의 과잉을 불러오고, 욕구의 기대에 못 미치는 충족은 좌절감, 분노와 불만, 폭력과 공격으로 이어지고 마침내는 이것이 집단적 광기로 표출되어 문화 전쟁이나 문명 충돌과 같은 비극을 초래한다고 본다. 보편주의는 (자신들의) 특수한 보편적 가치들에 대한 만인의 수용과 복종을 요구한다. 역사적으로 보편주의는 주로 지배자의 논리, 즉 국가나 종교가 요구하고 인정하는 가치들을 중심으로 지속되어왔다.

가치의 특수성을 넘어 나는 가치 그 자체의 가치를 한번 의문시하고 싶다. 가능하다면 이 세상의 가치로부터 자유로워지고 싶다. 가치는 인간의 삶에 의미를 부여하지만, 그 자체가 인간의 삶을 구속하고 지배하는 강제력이나 족쇄가 되는 경우가 많다. 특히 집단주의적이고 공동체적인 가치는 개인의 일탈적 해방의 욕구를 억압한다. 소위 문명이라는 이름의 개인의 욕구에 대한 억압! 내가 추구하는 가치로부터의 자유는 막스 베버가 요구한 연구자 개인의 가치로부터 벗어난다는 의미의 가치 자유보다도 훨씬 넓은 의미의 가치 자유이다. 기존의 억압적 가치로부터 해방되는 (가치의 자유가 아닌) 자유의 가치가 사회질서를 파괴할 것이라고 성급하게 우려할 필요는 전혀 없다. 사회질서는 이미 충분히 파괴된 엉망진창의 상태가 아닌가? 그것은 오히려 새로운 문명적 질서를 태동시키는 전기를 마련할 것이다.

상대적 허무주의는 가치 과잉 = 의미 과잉 = 욕구 과잉 = 욕구불만 = 폭력 충동 = 가치 맹신 = 문명 충돌/문화 전쟁이라는 자기 파멸의 악순환적 논리를 제어하고자 한다. 노장의 무위는 불가의 출가보다는 덜 급진적이고, 유가의 인의덕치보다는 덜 세속적이라는 점에서 상대적 허무주의의 적절한 이념적 토대를 제공한다.

1. 허무주의자

허무는 "허무는" 것이다. 기존의 것, 기성의 것을 허무는 것이다. 왜 허무는가? 허물면서 시원함을 느끼고, 허문 자리의 텅 빈 모습이 그냥 좋고, 가능하면 그곳에 소박하고 평안한 존재의 집을 짓고 싶기 때문이다.

잡종사회의 문화적 영역을 개척해야 하는 과제는 허무주의자의 몫이다. 아나키즘은 이념적으로 오래전부터 허무주의와 깊게 그리고 넓게 연관되어왔다. 그런데 동서양에 걸쳐 오랫동안 허무주의는 기득권을 점유하거나 사회의 주도 세력을 형성한 세속적 현실주의자들에 의해서 퇴영적이고, 파괴적이며, 반현실적인 것으로만 규정되었고, 이 부정적 인식이 사회 전반으로 확산되어왔다.

근대 동서양의 아나키스트 허무주의는 테러리즘이나 예술적 극한 실험 혹은 슈티르너나 니체와 같은 철저한 부정의 정신으로 표출되었다. 허무주의는 이처럼 부정적 의미 연관을 갖는다. 동양에서도 현실 긍정적인 유교에 비해서 상대적으로 현실 거부나 현실 초월의 색채를 띠는 아나키즘의 한 형식으로서 도가나 불가를 세간에서 부정적으로 평가할 때 그 주된 대상이 불가나 도가에 짙게 배어 있는 허무주의라는 경향이다.

허무주의적 전통과 경향은 기독교가 지배한 서양보다도 절대 유일신이나 인격신의 존재 기반이 별로 없는 동양에서 더욱 강력한 지속성을 보여준다. 전지전능한 하느님이 창조하신 세상은 허무할 수도 없고, 허무해서도 안 되는 법이다. 하느님의 뜻 그 자체가 만물과 만사에 긍정적이건 부정적이건 의미를 부여한다. 신을 갖지 못한 무신론자만이 이 세상과 이 존재의 의미를 이리저리 회의 속에서 탐구할 뿐이다. 전지전능한 우주의 인격적 창조자를 상정하지 않는 도가나 불가는 현세와 현상의 변화무쌍에 대면하여 유무나 색공과 같은 존재의 존재성 자체에 대한 존재론적 각성을 요구하기 때문에 자연스럽게 무상한 현실을 벗어나는 허무의 경지를 적극적으로 탐구한다.

개인주의가 역사적 공헌에도 불구하고 자본주의적 사적 이윤 추구 행위나 사유재산제도와 연관되어 비판적으로 인식되고, 개인의 이기심 또한 공공선을 파괴하는 독소라고 부정적으로 간주되는 것처럼 허무주의 또한 도피주의, 막가파, 비관주의, 염세주의, 극한주의 등의 음울하고 위험한 사상으로 치부되어왔다. 허무주의에 일방적으로 뒤집어씌워진 편견과 왜곡의 장막을 걷어내고 허무의 생명과 빛을 전면으로 보여줄 때가 된 것 같다.

본론에 들어가기 전에 먼저 흥미로운 구체적 사례로 시작해보자.

1) 진보와 허무

나의 동료 사회학자 중에 독창적인 "진보"의 길을 가고 있는 학자인 유팔무가 있다. 유팔무(2004)의 책 『한국의 시민사회와 새로운 진보』 서문을 보면 그는 청년기부터 그를 사로잡았던 "허무와의 전쟁"

을 "사회학자 칼 맑스"를 통해 극복(?)하고 "진보"를 대신 삶의 화두로 삼게 된다.

우선 한국 사회학자의 입에서 이처럼 자신의 허무 경력이 솔직하게 나온 적이 없었기에 흥미로웠다. 나 자신 또한 대다수의 동년배 젊은이들처럼 나름대로 청춘기를 허무와의 고독한 싸움 혹은 은밀한 즐기기를 하며 보낸 경험이 있기에 더욱 관심을 가졌다. 나와 유팔무는 술자리는 즐겨 합석하지만, 이념적으로는 다른 길로 가고 있음을 서로가 잘 안다. 그는 맑스주의에서 사회민주주의로 전향 혹은 성숙하였다.

유팔무에 의하면 허무의 배후에 이 세상, 직접적으로 지적하자면 자본주의 세상이 있다. 즉 (자본주의) 세상이 잘못되었기 때문에 그 허무란 놈이 생겨났고 또 자라기 때문에 세상을 바꾸기 전에는 허무를 이길 수 없다는 것이다. 세상 바꾸기, 허무와의 전쟁, 그것이 바로 유팔무에게는 진보였다. 진보란 무엇인가? 그것은 보다 나은 방향으로 변화하는 것이다. 현대사회에서의 진보란 자본주의사회의 모순과 허구를 폭로·비판하고 그것들을 변화시켜 사회주의적인 사회로 가는 것이라고 유팔무는 믿는다.

다만 그의 이념적 지주였던 맑스는 위대한 사상가이지만 오늘날의 한국 사회에 그대로 적용할 수 없는 한계와 결함을 가지고 있으므로 여러 가지의 수정과 보완이 필요하다. 그리하여 바람직하고도 실현 가능한 진보를 찾으려는 그의 탐구가 시작된다. 그에게 자유주의는 진보의 대안이 아니었다. 정통 자유주의와 정통 맑스주의는 모두 옳지 않고 또 바람직하지 않다. 그람시를 투입하여 자유주의에 맞불도 놓는다. 그는 바람직한 진보의 길은 맑스주의를 자유주의적으로 수정한 제3의 길이라고 생각한다. 유팔무는 아나키즘과 자유주의의 잡종화를 이제야 시도하는 나보다 먼저 맑스주의의 "자유주의적 전환liberal turn"의 필요성을 인식하였다!

그러나 그에게 사회민주주의 + 신자유주의인 기든스식의 제3의 길은 대안이 아니다. 그는 최근 노동자와 시민이 연대하는 한국적 사회민주주의 모델에 관심을 쏟고 있다. 앞서 한국 자유주의 논쟁에서 언급한 주대환과 함께 사회민주주의의 길을 개척하고 있다. 이것이 유팔무의 허무에서 진보로, 허무보다는 진보라는 이념적 발전 과정의 약사이다.

우선 나는 그가 오늘의 한국 사회가 절실히 필요로 하는 매우 합리적이면서도 열정적인 실천적 진보주의자, 자유주의적 사회주의자라는 점에서 위험한 이념의 적이라고 생각하지 않는다. 좋은 이념적 경쟁자이다. 내가 개인적으로 판단하자면, 두 사람 모두에게 죄송한 일이 될지는 모르나 유팔무는 한국의 사회주의자 바쿠닌이다. 그가 택한 진보의 길에 대해서는 왈가왈부하지 않겠다. 다만 허무와 진보의 관계를 고찰함으로써 나의 허무주의를 새롭게 부각시킬 수 있는 논의의 출발점으로 삼고자 한다.

허무는 유팔무의 지적처럼 그리고 내가 이 장의 서두에서 언급한 것처럼 일차적으로 사회의 부조리나 모순으로부터 발생할 수 있다. 그러나 어떤 사람들은, 이미 체념과 긍정이라는 도를 통했는지, 그것을 당연한 것, 어쩔 수 없는 것, 함께 살아야 할 것이라고 수용한다. 이런 태도는 비록 소극적-수동적이라고 비난받을지 모르나 나름대로 지혜와 논리를 갖춘 처세관 혹은 풍진세상관이다. 세상은 인간의 뜻대로 안 된다. 쉽게 바꿀 수 없다. 혁명이라도 해보겠다고 대판 덤벼들다가 크게 혼나거나 생명을 부지하기 힘들다. 그뿐 아니다. 과거 역사를 돌아보면 그 많은 성인군자와 영웅호걸이 세상에 등장했으나 세상은 그저 무심히 흐르고 있을 뿐이다. 그들 덕에 더 나아졌다고 보면 나아져 보이고, 더 나빠졌다고 보면 나빠져 보이는 것이 세상의 모습이다.

세상에 대한 긍정적 입장을 취하는 사람들은 하느님의 뜻이 인도하는 필연적 세계관을 가질 수도 있고, 혹은 자유의지에 입각한 유토피아적 세계관을 꿈꿀 수도 있다. 이와 마찬가지로 세상을 모순 덩어리의 불합리하고 부정의한 세계라고 판단하더라도 유팔무와 같이 진보적 역사관에 입각하여 혁명과 변혁의 길로 나갈 수도 있고, 아니면 이 풍진세상과 거리를 두고 음풍영월하거나, 신의 품에 안기거나, 바람 부는 대로 물결치는 대로 마이 웨이my way를 부르며 살아갈 수도 있다. 여기서 내가 강조하고 싶은 점은 진보가 허무에 대처하는 반드시 유일하고도 바른길인 것만은 아니라는 점이다.

여기서 요즈음 유행하는 진보에 대한 비난과 공격에 나도 가세할 수밖에 없다. 다만 보수주의자의 입장에서가 아니라 허무주의자의 입장에서 제시하는 진보 비판이다.

진보는 그 자체가 슈티르너가 타파해야 한다고 지적한 이 세상에 횡행하는 고정관념으로서 역사적 집단 환상이요, 계급적 허위의식일 수 있다. 힘들고 막막한 생존 투쟁으로 허덕이며 이 파란만장의 세상에서 풍찬노숙, 동가식서가숙하는 가난한 사람들과 약한 사람들의 오늘과 내일의 삶에 의미를 부여하는, 어쩌면 필요한 자기 합리화나 자기기만일 수 있다.

나는 이 모순 덩어리 세계와 싸우는 용감한 정의의 투사인 그리고 이 세상에 평등과 풍요의 세상을 구축하겠다는 소명감을 지닌 진보주의자들을 존중한다. 일신의 안락을 넘어 세상을 구원하겠다는 자기 결단과 자기 고양을 특히 존중한다. 그러나 세상은 생물학적으로 진화하고 있을지는 몰라도 인간적으로 일관되게 진보하고 있는 것 같지는 않다. 진화란 좋거나 나쁜 환경에 적응하는 과정이므로 나쁘게도, 좋게도 진화할 뿐이다. 진화가 모든 것을 좋게 만드는 것이 아니다. 이런 역사적-자연적 조건을 부여받은 "진화하는 인간"이 특별하게 좋은 방향으로만 세상을 진보시킨다는 것은 논리적으로 성립하기 어렵다.

그리고 경험적으로도 세상이 더 나아지고 있다는 아무런 확실한 증거가 지금도 앞으로도 없을 것이다. 내가 지지하는 포퍼는 세상이 물질적으로 개선되었고, 악이 지배하지 않으며, 우리의 노력에 따라서 개선의 여지가 있다는 낙관주의를 지지했지, 역사적 법칙으로서 진보의 세계를 말하지는 않는다. 하이에크의 문화적 진화도 점진적으로 개선되는 세상을 얘기하는 것이지, 지상천국이나 모순의 변증법이 끝나는 세상을 꿈꾸는 것이 결코 아니다. 그렇다면 우선 유토피아적 진보나 결정론적 진보를 근거 없는 주장으로 진단하고 우리의 논의에서 제외하자. 그렇다면 어떤 진보가 남는가?

인류와 인간 사회의 역사란 비관적-비판적으로 보자면 온통 미스터리요, 우연이요, 부정의요, 비도덕인데 무슨 근거로 미래가 더 나아질 수 있다고 확신할 수 있겠는가? 모든 진보적 투쟁은 제대로 투쟁도 하기 전에 내부 투쟁으로 자멸하거나 혹은 우연히 일시적으로 성공하더라도 곧 노선 투쟁과 분파 활동으로 지리멸렬 분열하거나 아니면 권력의 집중과 독점으로 반대자를 숙청·학살하는 피의 드라마를 연출하지 않았던가? 이 비극의 과정에서 정통 진보의 강령들은 스스로 파기되거나 거부되었는데도 오늘의 진보주의자들은 여전히 진보를 자처한다. 이들이야말로 과거에 집착하고 연연하는 진(짜)보(수)가 아닌가?

특히 사태를 희극적으로 만드는 것은 소위 보수에 연연하는 보수들이 자기 혁신을 외치며 진보의 외피를 걸치기 시작했다는 점이다. 보수 정치인들이 앞장서서 비정규직 보호, 복지 강화, 대기업 규제 등을 외치며 유권자를 헷갈리게 만든다. 그들은 (진)보(행세)수(구)일 수도 있다. 변화하는 정치적 현실에 적응하는 유연한 보수의 전략이라면, 그래도 과거보다는 조금이라도 진보했다고 격려해야 할까?

이처럼 자칭 타칭의 진보와 보수가 보수적으로 혹은 진보적으로 진보의 가치를 공유하는 현실에서 진보의 내용은 어떤 변별력을 가지는 이념적 가치일까? 그저 허공에 떠다니며 유행 따라 등장하는 반복되는 시대의 헛구호일 뿐이다. 아쉽고 때로 슬프지만 한때 그 시절 인간의 가슴과 머리를 정열과 투쟁으로 이끌던 진보는 이제 더 이상 없다. 냉혹한 권력투쟁의 차갑게 계획된 선전 선동의 구호로만 존재한다. 레비스트로스의 슬픈 열대를 연상시키는 슬픈 진보.

2) 허무한 역사적 진보

나는 역사란 진보하는 것이 아니라 여기에서 저기로 이리저리 돌고 도는 (음양의) 순환 운동이라고 파악한다. 역사학자들이 이를 멋있게 해석하여 시기별로 진퇴를 정하고, 법칙을 부여하고, 의미와 가치를 찾고, 교훈을 끄집어낼 뿐이다. 세상은 발전이라면 발전이고, 퇴보라면 퇴보다. 기본적으로 어떻게 어느 관점에서 보느냐의 문제이다. 역사학파마다 제각각이다. 역사학자마다 제 나름이다. 주도 세력이 등장하여 잠깐 주류를 이루나 곧 새로운 해석과 주장으로 교체된다.

의심의 여지가 없을 것 같은 과학기술 문명만 하더라도 생각 나름이다. 과학기술의 발명품인 핵무기와 그로 인한 핵전쟁은 인간 세상을 초토화시킬 수 있고, 원자력발전소의 대규모 사고는 엄청난 생태 재앙을 초래할 수 있다. 인간 생명체 복제 기술이 사용되면 종교적-윤리적-도덕적 문제로 세상은 일대 혼란과 갈등에 휩싸일 것이다. 태양계 탐사와 여행이 태양계를 오염시키고, 어떤 돌발적 재앙(우주 바이러스, 혜성과의 충돌 등)을 초래할지 아무도 예측할 수 없다. 우리의 상식적 기대와는 달리 과학기술이 반드시 진보를 의미하는 것도 보장하는 것도 결코 아니다. 인간 합리성의 순수하고 중립적이며 객관적인 발전의 성취라는 의미에서의 과학기술 개념은 더 이상 전폭적으로 지지받지 못한다. 오늘의 과학적 진리라는 것도 불확실성의 심연에서 불안정하게 상대적 가치만 지니는 내일의 허위가 될 수 있다. 그래서 아나키스트의 자세로 반방법against method을 모색한 파이어아벤트(Feyerabend, 1975)는 과학기술의 방법론적 해방을 촉구하며 외쳤다. 모든 것이 허용된다!

3) 니체의 허무주의: 허무의 창조적 파괴

왜 잡종사회의 문화적 차원을 개척하기 위해서 아나키스트 자유주의는 허무주의자를 필요로 하는가? 이를 위해 허무주의의 정당성과 필요성에 관한 동서고금의 철학적-종교적 논의를 여기서 정리할 수는 없다. 다만 아나키스트 자유주의와 허무주의의 두 가지 관련성만 지적하는 것으로 만족하자. 서구에서는 아나키스트 슈티르너, 니체와 키르케고르로부터 시작되어 하이데거를 거쳐 사르트르에 이르는 실존주의적 허무주의의 전통이 아나키스트 자유주의자의 허무주의와 직접적으로 선택적 친화력을 갖는다. 동양에서는 도가와 불가의 무위·색공여일 사상이 허무의 광활하고 심원한 영감을 아나키스트 자유주의에 제공한다.

서구의 니힐리즘과 동아시아의 허무주의를 간략히 검토해보자. 양자의 차이 이해와 상호 접합을 통해서 우리는 허무주의의 풍요로운 차원을 발견할 수 있기 때문이다. 나는 서구의 강렬한 니힐리즘에 큰 매력을 느끼는 동시에 동양의 고요하고 여유로운 허무주의로부터는 편안함을 느낀다.

탈근대적 관점에서 접근한다면 서구 니힐리즘의 성격은 니체와 하이데거를 통해 가장 잘 이해할 수 있을 것 같다. 두 사람은 푸코나 데리다와 같은 탈근대주의자들의 정신적 영감이다. 왜 근대주의자들이 탈근대주의를 허무주의적이라고 비판하는지 그 이유가 여기에 있다. 하이데거가 저술한 『니체』(이하 내용은 2000년에 번역 출간된 『니체와 니힐리즘』에서 인용)란 책에는 서구 니힐리즘에 대한 양자의 입장이 명확히 드러나 있다. 특히 나의 아전인수식(?) 이해로는 하이데거의 존재론은 거의 우리의 상고시대 철학서인 『천부경』이나 중국의 노장사상에서 기술된 우주론-존재론과 놀라울 정도의 상응성을 보여준다.

나는 니체에 관한 다양한 해석 가운데서 그를 나치즘과 관련시키는 군국주의적, 엘리트주의적, 반인간주의적 해석은 수용하지 않는다. 하기락을 따라서 파이힝거(Vaihinger, 1905)가 제시한 아래 7가지 특성을 니체의 주요 논점이라고 생각한다(강대석, 1998: 124).

① 반도덕적 경향
② 반사회주의적 경향
③ 반민주적 경향
④ 반여성주의적 경향

⑤ 반주지주의적 경향
⑥ 반비관주의적 경향
⑦ 반기독교적 경향

먼저 니체의 니힐리즘이 어떤 것인지 살펴보기 위해 분량이 많긴 하지만 대철학자 하이데거(2000. 이하 쪽수만 명기)의 명쾌한 해석과 요약을 인용하겠다.[2] 니힐리즘을 처음 접하거나 반신반의하던 사람들에게는 큰 도움과 즐거움이 될 것으로 믿는다.

> 니체가 말하는 (유럽의) 니힐리즘은 이미 (19세기) 이전 수세기를 철저히 지배했고, 그다음의 세기도 규정할 역사적 운동을 의미하는바, 이러한 역사적 운동은 니체 자신에 의해서 처음으로 인식되었으며 그는 '신은 죽었다'라는 짤막한 명제를 통해 이 운동의 가장 본질적인 성격을 집약적으로 드러내었다. 이 명제가 말하는 것은 '기독교의 신'은 존재자와 인간의 본분에 대한 그의 지배력을 상실했다는 것이다. 여기서 '기독교의 신'이란 동시에 '초감성적인 것' 일반과 이에 대한 여러 해석, 즉 존재자 전체 위에 내걸려지면서 존재자 전체에게 목적과 질서, 요컨대 의미를 부여하는 이상과 규범, 원칙과 규칙, 목표와 가치를 대표하는 명칭이다. 니힐리즘이란 '초감성적인 것'의 지배력이 쇠퇴하고 소멸함으로써 존재자 자체가 자신의 가치와 의미를 상실해가는 저 역사적 과정이다(18-19).

---

[2] 후기의 하이데거는 니체에 대해 비판적인 태도를 취하나 나는 이를 수용하지 않는다. 그렇다고 하이데거가 틀렸다고 주장하지도 않겠다.

따라서 니힐리즘이란 존재자 전체가 지향하던 이제까지의 모든 목표가 붕괴하고 말았다는 진리가 지배권을 획득하게 된 것을 의미한다. 그런데 주도적인 가치들과의 이제까지의 관계를 이와 같이 청산함으로써 니힐리즘은 새로운 가치 정립이라는 자유롭고 진정한 과제를 갖게 되며 이러한 과제의 완수를 통해서 니힐리즘은 완성된다. 이렇게 완성된 형태로 미래에 대해서 척도를 부여하는 니힐리즘은 따라서 고전적 니힐리즘klassische Nihilismus이라 불릴 수 있다. 니체는 실제로 자신의 형이상학을 그렇게 부르고 있으며 동시에 그것을 이제까지의 모든 형이상학에 대한 유일한 '대안 운동'으로서 파악하고 있다. … 이를 통해 니힐리즘이란 용어는 이 용어가 단지 이제까지의 가치들의 무화와 파괴, 그리고 존재자 전체가 허망하고 인간 역사는 더 이상 전망을 갖지 못한다는 사실을 의미할 경우의 한갓 니힐리스틱한nihilistisch 의미를 떨쳐버리게 된다. 니힐리즘은 이제 고전적으로 사유됨으로써 오히려 이제까지의 모든 가치들의 전환을 위한 해방으로서 이제까지의 가치들로부터의 해방을 의미한다(20-21).

모든 가치들의 전환 과정으로서의 니힐리즘은 권력에의 의지라는 원리에 따른다. … 자기 자신에만 의거하는 지상에 대한 지배라는 의미에서 무조건적인 권력의 집행자인 인간 형태가 초인이다. 교육이란 이제 하나의 특정한 인류를 훈육하는 것인바, 이러한 인류의 본질은 초인의 방식에 있어서 존재한다는 데에, 그리고 이러한 존재의 훈육 안에서 순수한 권력의 무조건적인 지배를 표현한다는 데에 존재하는 것이다(37-39).

니체에게 … 권력에의 의지란 권력에게 명령하는 것을 의미하며, 이는 권력으로 하여금 그것의 본질에 따라 존재하도록 그것을 강화하는 것을 의미한다. 그러나 권력이란 무엇인가? 그것은 바로 이렇게 '명령할 수 있는 능력'을 의미한다. 이 경우 우리는 '자신의 주위에 명령을 내린다'는 의미에서의 명령을 일상적이고 저열한 형태를 연상해서는 안 되는바, 그것은 자신을 통제할 수 있고, 자신의 주인이 되는 것을 의미한다. 그리고 그것은 끊임없이 자신을 고양하는 것, 즉 자신을 보다 더 높은 단계로 올리고 자신에게 보다 더 큰 폭을 부여하는 것을 의미한다. '자기 극복'이 명령의 본질이고, 명령되는 것은 권력이다(52-53).

니힐리즘의 전조를 니체는 염세주의라고 보고 있으며, 그는 이 염세주의를 강함의 염세주의와 약함의 염세주의라는 양의성에 있어서 명확히 드러내고 있다. 염세주의는 기존의 세계를 부정하고 있다. 그러한 부정은 양의적인 의미를 가질 수 있다. 그것은 단순히 무만을 의욕할 수 있으나 그것은 또한 새로운 세계 형성을 위한 길을 개척할 수도 있다. 이러한 강함의 그리고 강함으로부터의 염세주의의 두드러진 특성은 분석에 있다. 그러나 존재하기 위해 무로부터 도피해야만 하는 약함으로부터의 염세주의는 그 자신에 의해서 초래된 '역사주의'의 희생물이 된다. … 강함의 염세주의는 존재하는 것과 상황의 위험성과 불안을 직시한다. 그러나 이를 통해서 그는 동시에 역사적 상황의 지배를 가능케 하는 조건들을 예리하게 통찰한다. … 이 [불완전한-역자] 니힐리즘은 이제까지의 최고의 가치들을 부인하나 그것은 단지 이전 가치들의 변종, 즉 기독교의 변종인 '세계를 행복하게 하겠다는 설들'과 '사회주의(원시기독교의 변종으로서의 공산주의)'를 통해서 그것들을 대치할 뿐이다. 이를 통해서 이제까지의 가치들의 단호한 폐지가 연기된다. 니힐리즘은 불완전하게 머문다(158-159).

니힐리스트는 현존하는 세계에 대해서 그것은 마땅히 존재해서는 안 된다고 판단하고, 마땅히 존재해야만 하는 세계에 대해서는 그것이 존재하지 않는다고 판단하는 인간이다(권력에의 의지). 이에 따르면 니힐리스트는 이중적인 것을 부정한다. '있는' 그대로의 현존 세계는 존재해서는 안 된다. 이 점에서 니힐리스트는 염세주의자이다. 그러나 니힐리스트는 세계가 어떻게 존재해야만 하는지를 그 자체에 있어서 규정하고자 하는 '이상'도 부정한다. 그는 그 자체로 존립하는 초감성적이고 현존하는 세계에 비추어 소망되는 모든 세계도 부정한다. … 그러나 두 부정의 방식 배후에는 현존하는 세계를 변혁하려는 의지가 존재한다. 그 경우 그 의지는 현존하는 세계를 유일한 것으로서 경험하고 오직 그것으로부터 그리고 그것을 위해서 새로운 질서를 형성하려고 한다. … 새로운 세계를 자기 자신으로부터 건립하고 초월적인 세계에 더 이상 결코 의존하지 않는 하나의 유일한 세계의 긍정이다(160).

존재는 가장 공허한 것이면서 동시에 가장 풍요로운 것이고 가장 일반적인 것이면서 유일무이의 것이며, 가장 이해하기 쉬운 것이면서 모든 개념 파악에 저항하는 것이며, 가장 자주 사용되는 것이면서 이제 비로소 발원하는 것이며, 가장 믿을 수 있는 것이면서 가장 심연적인 것이며, 가장 망각된 것이면서 가장 상기시키는 것이며, 가장 자주 말해지는 것이면서 가장 침묵하는 것이다(358).

이상과 같이 하이데거는 참으로 멋있게 니체의 니힐리즘을 풀이했다.

니체를 통해서 하이데거가 이해한 허무주의는 세간의 상식과는 전혀 딴판이다. 세상의 올바른 변화에 필수적인 인식 태도 혹은 가치관이다. 권력의지도 '권력을 잡아보겠다는 의지'쯤으로 이해하는 상식에 찬물을 씌운다. 니체의 권력의지야말로 현금의 전체주의적 국가권력을 해체할 수 있는 강력한 무기가 될 수 있다.

그래서 일찍부터 아나키스트 골드만, 로커Rudolf Rocker, 리드는 니체를 개인주의적 아나키스트 계열로 이해하면서 적극적 관심을 부여했다. 국가에 대한 공격, 기존 가치와 체제의 부정, 개인적 자유와 개인성에 대한 찬양 등에 있어서 니체만큼 격렬한 개인주의자도 없을 것이다. 하이데거가 나치에 협력했다고 해서 니체까지 끌어들여 니체를 나치즘의 어떤 사상적 원류처럼 간주하는 태도는 그야말로 착각도 이만저만이 아니다. 그는 개인의 초인적 자유를 외친 선지자이다. 니체(Marshall, 1993: 160에서 재인용)의 통렬한 국가 비판 한마디를 소개하자. "국가란 냉혹한 괴수 가운데서도 가장 냉혹하다. 더욱이 냉정하게 거짓말을 뱉어댄다. 나, 국가가 바로 여러분 국민이라고." 니체는 아나키스트들이 필요로 하는 무한한 창조적 파괴의 지적 원천이다.

역시 니체로 대표되는 유럽의 허무주의는 격렬하다. 그런 만큼 그것에 대한 비판과 반대 또한 격렬하지 않을 수 없다. 기독교의 신을 단칼에 보냈으니, 증오의 표적이 아니 될 수 없다. 니체의 허무주의도 함께 이단의 교설로 단죄받는다. 실제로 허무주의는 기독교의 적으로 지금까지도 사탄의 세계를 맴도는 영혼으로 악마시된다.

4) 동아시아의 허무주의: 내면적 자기해방

동아시아의 허무주의는 어떤 색깔일까? 노자와 장자 간에는 다소의 차이가 있지만, 노장은 현실 긍정 혹은 현실 인정의 양자를 총괄하고, 포섭하며, 초월하는 바탕 위에서 허무주의를 설한다. 그들의 기본적인 허무주의 전략은 무위의 지혜를 깨쳐 현실 속에서도 낙도樂道하는 길을 택하는 것이다. 따라서 그들의 허무는 염세나 부정, 저항이나 혁명, 새 세상이나 지상낙원과는 거리가 멀어도 한참 멀다. 세상의 불의나 타락에 분노하여 다른 사람과 힘을 합쳐 신세계를 열겠다는 투사적 의지는 전혀 보이지 않는다. 공자는 정치적 의지를 버리지 않았기에 현실 세계에 뛰어들어 고난의 길을 자초한다. 나의 단견인지는 몰라도 공자야말로 니체가 강조한 자기 극복과 자기 성숙의 명령인 순수한 권력의지를 갖추었을 것 같다.

난세에 처하여 유위보다는 무위가, 사회참여의 위타보다는 개인의 안전과 만족을 구하는 위아가 더 적합하다고 깨달은 노장은 인의나 지예를 내세우지 않고 정치의 효용을 부정하였다. 그들은 세상이나 사회의 잘못이 특정 제도들의 단점과 한계를 개선하면 더 나아질 수 있을 것이라고 믿지 않았다. 그 대신 그들은 사람들을 간섭하고 규제하는 제도 그 자체가 바로 모든 모순과 만병의 근원이라고 생각하였다. 그러나 현실적으로 이런 만병과 만악의 원천인 인위적 제도의 무효용과 제도 폐기의 생각은 아무리 타당하더라도 그 실천이 난망이다. 여건이 나아지기는 했지만 지금도 마찬가지다! 그래서 노장은 사람들에게 자신의 힘을 외부로 쏟을 것이 아니라, 자신을 위하여 내부에 힘쓸 것을 권장하였다.

노자는 유약, 겸하, 관용, 지족과 같은 소극적인 삶의 자세를 견지할 것을 요구한다. 삶에 있어서 불필요한 일을 최대한 줄이고, 배움과 지식도 줄여야만 우환이 적어진다고 하였다. 세상이 불인하니 유위로 변혁을 꾀하기보다는 무위로 자족을 얻는 것이 더 낫다는 안전한 보신주의 철학이다. 당대가 그야말로 피비린내 물씬 풍기는 전국시대였다는 사실을 잊지 말자.

21세기 민주주의 시대에도 이러한 처세가 올바를까? 나는 노장의 소극주의를 적극적으로 지지하지는 못해도 그 가치를 인정하고 동의하겠다. 무(위의 유)위도 참여 없는 참여다. 무당파, 선거 불참자, 의도적 투표 거부자, 정치 무관심이 민주주의의 건강성을 유지하는 척도가 아닐까? 이런 태도는 정치판이 개판이니 누가 해도 관계없다는 의미의 무관심일까? 정치에 희망을 걸지 않는다는 반정치적 의사 표현은 아닐까? 아니면 새로운 정치적 메시아를 기다리는 열망인가?

장자는 노자의 사상을 한 단계 더 밀고 나간다. 현실과 존재를 초월하는 절대 자유의 상태 혹은 신인神人의 경지를 추구하며 여기저기로 소요하면서 지인지락의 경지를 체험하는 것이 무위의 길이라고 얘기한다. 장자는 상대주의적 세계에서 개인이 향유할 수 있는 (상대를 초월하는) 절대 자유의 경지를 만물의 귀일성과 존재론적 동등성에서 발견한다. 인간 본성의 완선을 믿어 성인의 학문이나 지식이 필요 없고[絶聖棄知], 국가의 규제도 필요 없다고 하였다. 장자에게 있어서 자유는 무엇을 위한 자유라기보다는 그 자체로서 가치가 있는 것이다. 본성에 따라서, 즉 자연에 따라서 살아가면 그 자체가 좋은 것이요 만족스런 것이다. 무언가 새로운 발전을 위해서 일을 벌인다면 일 그 자체가 족쇄가 되어 인간에게 화를 초래한다. 참으로 순수하면서도 극단적인 자유사상이라 아니 할 수 없다.

노장의 이와 같은 내면 중심의 수동적, 소극적, 개인주의적 허무주의는 과연 잡종사회에는 어떤 의미를 가질까? 오늘의 현대사회가 "더 많이, 더 크게, 더 빨리"라는 적극적 확대 성장주의에 사로잡혀 있다는 사실은 누누이 지적하였다. 그래서 "더 적게, 더 작게, 더 느리게"라는 최소주의적 반전이 필요한 것이다. 노장은 바로 이러한 축소지향적, 나서지 않고 숨어드는(퇴은성), 목에 힘을 세우지 않고 낮게 부드럽게 처신하는(유약과 겸하) 반처세와 반입신의 역방향 지혜를 설파하는 것이다.

참으로 문명전환의 한 올바른 길이 아닐 수 없다. 포퍼(2006b: 120)가 강조한 시류에 편승하기를 거부하는 용기요 지혜이다. 쉽지는 않겠지만 그렇게 어려운 결단도 아니다. 니체처럼 맹렬하던 개인들도 50대나 60대를 넘어서면 인생의 불꽃이 사그라지는 것을 느끼면서 차차 체념의 미덕과 은퇴의 즐거움을 배운다. 젊은 시절이라도 어떤 생의 비애나 한계를 처절히 느끼는 많은 사람이 습득하는 지혜요 처세이기도 하다. 흔히들 젊어서 유가요, 중장년에 도가요, 노년에 불가라는 인생 삼단계 지혜론을 얘기하지만, 오늘날과 같은 정보 지식 과잉 시대, 무병장수 노령화 시대라면 처음부터 유가, 도가, 불가의 지혜와 묘용을 동시에 터득하는 잡종적 전략이 훨씬 난세를 유연하게 헤쳐가는 데 도움이 될 것이라고 조언하고 싶다.

오늘날 자신을 내세워 홍보하기 위하여 앞에 나서서 떠들고, 남이 경청하도록 큰소리로 당당하게 의견을 제시하고, 분명한 목적의식으로 앞을 보고 달려가는 돌진적 삶의 방식은 그 화려한 외양과 높은 성공 가능성에도 불구하고 자신과 주위의 삶을 모두 피곤하게 만들고, 좌절의 경우에는 그 실패의 쓰라림이 막심하다. 과연 그것이 현자의 길인가? 화무십일홍이고 달도 차면 기울고, 권불십년의 (아니 권불삼십년이라도) 생로병사가 인생 운명인데 좀 더 조용히, 차분하게, 여유롭게 자신을 챙기며 살아가는 삶의 방식이 어떨까? 일본과 한국에서 경제 침체가 장기화되자 최근에 득도 세대나 달관 세대가 등장하였다는데, 이 미친 듯 질주하고, 요란스럽게 떠들고, 화려한 옷을 걸치고자 정신없는 세태와 거리를 두는 보다 자발적이고 안정적인 득도, 달관 세대의 확산을 기대한다. 야심 가득한 분노의 젊은이가 쇠퇴하던 근대의 상징이었다면, 안락과 안심입명에 자족하는 젊은 세대의 등장은 탈근대 문명전환의 전주곡인가?

어쩌면 많은 사람이 내심으로는 노장의 평온하고 안락한 허무주의적 삶을 동경할 것이다. 먹고살기 위해서 부지런히 바쁘게 일해야만 하는 세상이니 어쩔 수 없이 세상의 논리와 가치를 따라서 거기에 휩쓸려 살아가는 강요된 측면이 크다. 조용히 반성하고 명상에 빠질 여유가 없다. 허무주의자를 위해서뿐 아니라 잠 못 자서 피로한 세상의 모든 지쳐 있는 노동자를 위해서 우선 노동시간부터 줄여야 한다. 자유 시간이 늘더라도 그것을 소위 물신숭배적인 외부 지향적, 타자 지향적 여가 활동이나 물질적 소비주의로만 채운다면 도로 아미타불이다. 허무적 즐거움이란 세속의 너도나도 경쟁적으로 추구하는 가치에서 벗어나 자신만의 가치를 발견하여 누리는 조용하고 은밀한 기쁨이다.

이 정도면 동서양 허무주의의 색깔이 대비적으로 드러났을 것 같다. 니체로 표상되는 서양의 허무주의는 강력한 지양과 극복, 새로운 희망과 투쟁을 선포한다. 권력에의 의지와 초인 사상은 그 절정이다. 반면 동양의 허무주의는 노자의 지혜처럼 유약해 보이지만 강하다. 도가는 무위자연의 길이다. 목에 힘주고 눈을 부릅뜨며 밖으로 나가서 외치고 싸우기보다는 조용조용 사부작사부작 도를 닦으며 내실 있게 살라고 한다. 불가는 더욱 철저하다. 아예 세상만사에 대한 집착을 끊어버리라고 한다. 허무 그 자체가 극락이다.

세상이 불가사의하고, 불의하며, 부조리하며, 허망하다고 느끼는 허무주의자들은 두 가지 길을 택할 수 있다. 하나는 이 세상을 바꾸어 마음에 드는 새로운 세상을 만들겠다는 적극적 허무주의의 길이요, 다른 하나는 노장처럼 속세를 떠나든지 아니면 저잣거리 한가운데서도 유유자적 나 홀로 구도의 길을 찾는 소극적 허무주의의 길이다. 어느 길이 바른길인지 단정할 수 없고 단정해서도 안 된다. 비록 오늘날 적극적인 사회참여가 시민의 책무인 것처럼 사회운동가나 사회 지도자들은 외쳐대고 있지만 과연 모든 시민이 그럴 필요가 있는지 한번 반성해볼 필요가 있다.

외향적 사회참여는 미덕이고 내면적 혹은 자기중심적 개인 수양은 반사회적-비사회적-이기적이라는 평가는 의미 있는 구분인가? 그것은 오로지 개인 선택의 문제가 아닌가? 일제 때 독립운동에 참여하지 않은 일반 사람들은 어떻게 이해해야 할 것인가? 지식인의 사회적 역할을 외면하고 연구실에서 공부만 하는 학자는 어떻게 보아야 할까? 당연한 시국 선언의 권유에도 나는 정치에 관심 없다고 거부하는 사람은 양심적 병역거부자처럼 양심적 서명 거부자로 인정되지 못하는가? 불확실하고 위험스러우며 가망 없는 일에 끼어들지 않겠다며 몸을 사리는 태도는 겁쟁이라고 비난할 것이 아니라 인정하고 존중해야 할 개인의 독립적 가치판단이 아닌가?

나는 누구도 상기의 반문들에 만인이 공감할 수 있는 반론을 제시하지 못할 것이라고 확신한다. 왜냐하면 그 모두가 개인별 가치판단의 문제요, 선택의 자유에 속하는 문제이기 때문이다. 어쩌면 그들은 겁쟁이, 얌체, 무임승차자, 기회주의자, 혹은 반지성인 따위의 부정적 평가도 두려워하지 않고 자기들의 길을 가는 사람일 수 있다. 혹시 적극적 참여의 길을 가는 사람들이 이들에 비해 도덕적 자신감이나 정당성을 더 확보했다고 은근히 믿는다면 누가 더 솔직하고 바른 사람들일까? 평범하다는 것, 일상을 벗어나지 못한다는 것, 세속에 안주한다는 것을 우리는 왕왕 비난한다. 그들을 속물이라고 비난하는 내가 더 잘난 체하는 속물이다.

속물의 길이 아닌 성인군자의 길이 얼마나 힘든지 직접 가보지 않고는 모른다. 우리는 가난한 사람, 차별받는 약자를 위해 세상을 바꾸어야 한다고 외치는 사람들이 높고 안전한 사회적 지위를 가지고, 부르주아의 물질적 안락을 누리며, 자식들은 해외 유학을 시키는 등의 보수 기득권자들과 꼭 같은 생활양식을 유지하면서 입으로만, 글로만 민중과 고통을 함께하자고 웅얼거리는 사기 아닌 사기극을 무수히 보고 있다. 호의호식 부르주아 생활을 즐기는 강남 좌파는 떳떳하다. 부자이면서 좌파라는 것이 큰 자랑이다. 자본주의 체제 덕에 얻은 부라면 프롤레타리아 민중에게 열심히 나누어주는 흉내라도 내야 하는 것이 순리요 도리 아닌가? 서민 아파트에 살면서 민중과 고락을 함께하는 모범을 보여야 하지 않는가? 지나치게 무리한 요구인가?

좌파들은 비난했다. 자본주의 체제를 개량적으로 비판하고 반대하는 것은 자본주의 체제를 더욱 공고하게 지속시킬 뿐이라고. 강남 좌파의 비판이 그런 것 아닌가. 한때 정통 좌파들이 "민중 속으로"를 외치면서 농민이 되거나 노동자가 되었던(위장 취업!) 그 진정성의 시대가 그립다. 그래도 강남에 좌파도 있으니 제비만 있는 것보다는 낫다.

　민주화운동의 투사로서 옥고를 치른 인사들이 후일 권력의 자리에 진출하여 과거의 경력을 훈장 삼아 일신의 영달을 누리는 일 또한 너무나도 친숙하다. 결코 그들을 비난할 생각이 없다. 어쩌면 당연한 보상이다. 자본가들이 위험을 감내한 보상으로 돈을 버는 것처럼. 문제는 대부분의 사회 개혁과 사회 개선을 부르짖는 사람들이 국가의 정치적 권력과 이리저리 이해관계를 끈으로 하여 연결되어 있다는 것이다. 정치를 불신하는 아나키스트들은 이들의 진정성을 의심한다. 애국 애족과 사회정의를 외치던 온갖 민주 투사들이 정치권력의 맛을 보고 난 후 어떻게 달라졌는가? 이제 더 이상 이들의 꼬드김에 빠져 전위병 노릇이나 추종자 노릇을 하기 싫다는 사람들도 적지 않을 것이다. 물론 다른 어떤 사람들은 그 길로 가다 보면 필히 떡고물이라도 챙길 수 있으리라는 희망에 발을 들여놓을 것이다. 국가권력을 활용한다는 진보적 사회 개선의 허망한 측면을 꿰뚫어보자.

5) 허무주의의 현실적 차원

　이제 잡종사회의 친구인 허무주의자의 주장을 들어보자.
　먼저, 허무의 의미를 세 가지 차원에서 구체적으로 제시하고 싶다.
　첫째는 세상의 허망함이다. 이 세상은 나(의 의지나 소망)와 관계없이 그리고 나 없이도 무심하게 혹은 잔인하게 잘 굴러간다. 그리고 도대체 이 세상이 어떻게 될지도 알 수 없다. 아득하고 막막할 뿐이다.
　둘째는 가치의 허망함이다. 첫째의 허망함을 극복하기 위하여 사상, 이념, 철학, 도덕, 윤리 등으로부터 지혜를 얻고 깨우치고자 노력해보지만 그 모든 것이 나의 자질이나 능력을 벗어난 초인적 노력을 필요로 한다. 동서고금의 그 훌륭한 수많은 가치는 세상을 바꾸는 데 무슨 도움이 되었나?

셋째는 인생의 허망함이다. 그래도 제대로 잘 살아보겠다고 발버둥 쳐보지만 인생 겨우 백 년이다. 장수 백 년 세상이라고 신나서 요란하지만 생명 몇 년 더 늘었다고 좋아하는 것은 허망하다. 죽음 그것은 무어라 미화하거나 합리화하건 부나비 인생의 허망한 완결이다.

이처럼 나는 허무의 세속적 의미를 허망, 인간의 공허한 희망이라는 의미에서 파악하고 싶다. 이 헛됨은 인간의 무력함과 세상천지의 무심함이 상호 맞물리면서 돌아가는 허무의 수레바퀴이다. 그런데 나의 생각과는 정반대로 오늘의 세상은 과학으로 문제 해결과 지속 발전이 가능하고, 보편적 가치의 정립으로 가치의 영원성이 가능하며, 무병장수사회의 발전으로 인생 혹은 인간 생명이 축복받으리라는 자신감에 차 있고, 자기 충족적이고 자기최면적인 예언 self-fulfilling or self-hypnotistic prophecy으로 가득하다.

그러나 허무주의자는 현세의 개선이 불가능이라고 단언하지는 않으나 매우 어렵다는 비관주의적 차원에 주목한다. 세계의 개발주의자들이나 진보주의자들이 듣게 되면 무슨 시대착오적 망상이며, 무슨 현실 회피의 변명이냐고 노발대발할 것이다. 보수주의자들은 일면 안도하겠지만 너무 과격한 발언으로 치부할 것이다. 왜냐? 세상은 그런대로 천천히 나아질 수 있다고 믿기 때문이다. 진보와 발전에 대한 열망으로 가득한 사람들, 특히 국가주의자들이 끊임없이 외쳐대는 사회 개혁, 사회개조, 혁명적 변화, 획기적 조치, 모두가 잘 사는 정의로운 사회, 행복사회 만들기, 위대한 사회 등의 구호에 우리는 부지불식간에 마취되어 있다. 사회는 확실히 발전하고 진보할 수 있다는 믿음을 간직하고 있다. 자신도 모르게 낙관적 미래와 긍정적 인생에 대한 중독 환자가 되어버렸는지 모른다. 사회는 개선되기 어렵다. 하나가 개선되면 다른 것이 후퇴하고, 이것이 나아지면 저것이 나빠지는 식이다. 그리고 전체적으로는 격차가 더 심해지고, 위험성이 더욱 증가하고 있다. 절망적이지는 않지만 비관적인 측면이 증가하고 있다. 새로운 상품과 새로운 기술이 쏟아지지만 단연코 말하건대 그것이 삶을 개선시키지 않는다. 그것은 새로운 문제의 시작이자 새로운 불만의 등장이기 십상이다. 소수의 아나키스트 자유주의가 추구하는 문명전환도 아나키스트 자유주의자와 그 지지자들에게는 삶의 개선을 의미하겠지만, 다른 생각을 가진 사람들에게는 삶의 후퇴나 파탄으로 간주될 수 있다.

허무주의자는 가치의 과잉과 가치에 대한 과다 신뢰를 경고한다. 그것은 위험한 기대를 야기하고, 세상에 대한 낙관적 착시를 요구한다. 하면 된다! 불가능은 없다! 적극적 사고! 결단의 순간! 위기가 기회다! 지는 것이 이기는 것이다! 서점의 진열대에 널려 있는 처세술과 경영 비법들이 강조하는 슬로건들이다. 타고난 재능 없이 그리고 부모나 친지의 도움 없이, 나 홀로 개인적 고난을 극복하고, 동시에 세상의 난관과 장애를 뚫고, 마지막으로 좋은 운을 만나서 역사적 진보의 짜릿한 즐거움을 누릴 수 있는 사람이 과연 얼마나 될까?

그렇다면 자살하는 수밖에 없는 것인가? 그런 용기와 불운을 가진다는 것은 보통 사람에게는 사치요 액운이 아닐 수 없다. 그러나 최근 한국에서 자살률이 특히 노인층을 중심으로 증가하고 있다니 그 징후가 심상치 않다.[3]

---

[3] 자살에 관한 뒤르케임의 사회학적 설명은 무미건조하고 생명력이 없다. 설령 사회

세상살이에 대한 허무가 절대부정으로 연결되어 자살이라는 극한 행동으로 표현되는 것은 대부분의 경우 타율적으로 당사자에게 강요된 것이다. 자살은 자발적 자기 살인이 아니라 강제적 환경이 유도하는 강요된 선택이다. 이 부자유의 비극을 자유인 개인으로서 우리가 어찌 방치할 수 있는가? 자유의 이름으로 부자유를 초래하는 현실의 모든 무관심과 횡포를 저주하고 싶다. 그래서 이 세상을 "허무는" 허무주의자가 필요하다. 자살자가 사전에 보다 적극적인 허무주의 사상을 가졌다면 자살 이외의 다른 대안적 삶을 선택할 수도 있었을 것이다.

　개인들이 헛된 혹은 과잉된 욕구나 희망을 갖지 않기 위해서는 허무주의적 세계관/인생관을 반드시 자신의 정신적 자원의 하나로 간직할 필요가 있다. 음험한 권력자나 거짓 예언자의 지상천국이나 천년왕국의 선동에 휘말리지 않기 위해서는 그들이 제시하는 (진보의 수사로서) 미래의 약속을 쉽게 믿어서는 안 된다. 허무주의는 세상살이의 모순 때문에만 생기는 것은 아니다. 무한한 시공간에서 참으로 미미 유한한 인간의 생과 사, 알 수 없는 거대한 운명과 숙명의 엄습, 뒤섞이는 우연과 필연, 있는 듯 없는 듯한 자유와 무의미, 허황되고 찰나적인 것 같기만 한 모든 인간적 성취와 노고 등은 역사적, 사회적 진보의 가치로서는 결코 설명하거나 치유할 수 없는 어떤 단단

구조적 변수가 작용했다 하더라도 자살의 결정적 계기는 개인심리학적 변수들 — 우울감, 자존감 상실, 무력감, 소외감 — 이다. 사회학과 심리학의 연결을 사회심리학에만 국한시키지 말고 심리학의 전 분야로 확대시켜야 한다. 개인주의자로서 강조하고 싶다. 개인과 사회는 하나로 연결되어 있다. 예컨대 뇌심리학을 비롯한 인지심리학의 성과를 사회학이 활용한다면 가치관이나 이념의 문제도 전혀 새롭게 파악할 수 있을 것이다.

한 세계의 슬픈 모습이다.

왜 사람들은 허무에서 필사적으로 탈출하고자 하는가? 아마 허무 혹은 허무주의는 좋지 않은 것, 부도덕한 것, 신의 뜻에 어긋나는 것이라고 가르쳤기 때문이리라. 혹은 허무주의에 빠지면 삶을 비관하거나 부정하여 제멋대로 방탕에 빠지거나, 파괴를 일삼거나, 우울증에 빠져 자살한다고 경고하기 때문인가? 적어도 동양의 허무주의는 절대 그런 삼류 인생관과 맞닿아 있지 않다. 서양도 마찬가지이다. 현세주의자, 입신양명론자, 신정주의자, 삶을 예찬하는 도덕주의자 등이 허무주의를 자신들이 내세우는 가치를 부정하는 이단으로 규정한다.

그렇다면 허무주의자는 무엇을 할 수 있는가? 허무를 깊이 그리고 철저히 체험하게 된다면 허무를 극복하여 벗어나도 좋고, 허무와 함께 살아도 좋고, 허무에 빠져도 좋다. 각자는 각자의 길을 갈 뿐 어느 길이 바른길인지는 누구도 모른다. 아니 모든 길이 다 바른길이다. 나라면 중간 길, 허무와 함께 사는 길을 택하겠다.

내가 문화적으로 허무주의를 견지하는 이유는 간단하다. 세상이 참으로 겉으로는 번지르르 유의미하나 실제로는 무의미한 가치와 도덕 윤리로 넘쳐나기 때문이다. 그래서 인생살이가 참으로 고달프다. 가치 과잉의 시대! 정보사회의 부산물인 지식 과잉이 초래한 어쩔 수 없는 현상이다. 정보가 모여 체계를 이루면 지식이 되고 이 지식들이 사람들에 의해서 가치 있는 것이라고 규정되면 그때 문화가 형성된다. 사람들이 그들의 삶을 가치 있는 것이라고 합리화하고 믿을 수 있도록 수많은 가치가 만들어진 것이다.

허무주의는 이 모든 현세적 가치나 의미를 반성적으로 고찰할 수 있는 기회를 부여한다. 개인이 자신을 직시하고 자아를 관찰할 수 있게 텅 빈 거울의 역할을 허무주의가 할 수 있다. 허무주의는 삶에 대한 보다 신중하고 진지한 태도를 갖게 하는 계기를 만들어줄 수도 있다. 세속적으로 표현하자면 허무주의는 현세주의를 비판적으로 유지시키는 추진력이자 견제력으로 작용할 수 있는 것이다.[4]

그렇다면 허무는 아무도 강제하지 않은 자유의 길에서 자유롭게 길을 가는 길손을 위해 저 하늘 위의 하염없는 뭉게구름을 이리저리 옮겨놓는 시원한 바람이다. 이 바람은 지상에 내려오면 물결도 만들고 파도도 만든다. 사람들은 물결 따라 보수의 길도 가고, 파도 따라 진보의 길도 간다. 운이 좋으면 물결과 파도를 모두 따라서 진보적 보수 혹은 보수적 진보라는 길도 갈 수 있다. 나의 아나키스트 자유주의도 허무주의라는 바람과 함께 가는 새로운 길이다. 앞서 소개한 유팔무도 허무의 구름을 보고는 이미 수정과 보완이라는 잡종화의 길에 들어섰다. 나의 길과 멀리 떨어진 것이 아니라는 판단이다. 사회민주주의와 아나키스트 자유주의가 함께 자유의지와 평등 욕구가 공존 공생하는 잡종화의 대지를 개척할 수 있을 것이다.

동아시아의 고전적 사유 전통에서 세속적 가치의 의미를 부정하는 허무주의는 탈세속주의와 밀접히 연결된다. 유불선의 교리를 잡종화시켜 표현하자면 도를 깨치고(도가) 덕을 쌓기 위해서는(유가) 세속적 가치와 이를 향한 욕망에 대한 집착을 끊어야 한다(불가). 이 잡종화의 지점에서 유가와 불가 및 도가는 다시 갈라진다. 유가는 현세의 개선 가능성과 존재론적 의미를 적극적으로 인정하나 불가와 도가는

---

[4] 흥미로운 사실은 최근 서구의 동양화 Easternization of the West와 함께 서구에서 소위 동양적 초탈, 허무, 공 등에 대한 관심이 증가하여 불가나 도가의 선, 명상, 신비주의 등이 일종의 유행처럼 인기를 얻고 있다는 것이다. 당연한 현상이 아닐까? 서구 물질문명에 대한 회의가 심화되면서 반사적으로 동양의 탈물질적 허무주의 가치관에 매력을 느끼는 것이다.

그 종지의 핵심에 있어서는 이를 인정하지 않는다.

왜 이들은 현세의 의미와 가치에 대하여 부정적일까? 나의 좁고 부족한 견해일지는 모르나 이들이 판단하기에는 현세는 이미 너무 오염되어 있고, 미래에도 오염 제거의 여지가 별로 없기 때문일 것이다. 따라서 개인의 안심입명을 위해서는 세속을 떠나 출가하거나 아니면 세속에 머무르더라도(재가) 탈집착과 탈업보를 추구하거나(불교) 퇴은하거나(노자) 혹은 소요해야 한다(장자)는 것이다. 형태와 강도를 달리하지만 모두 현세 속에서 탈세속주의를 실천하는 방식이다. 이래서 아나키스트 자유주의의 친구로서 허무주의자는 이 세상을 문화적 차원에서 "허무는" 허무주의자가 되고자 한다.

2. 상대주의 혹은 상호 대응의 길: 하나를 지향하는 겸손과 존중

잡종사회의 친구인 허무주의자는 직접적인 비판의 날을 보편주의를 향하여 세운다. 보편주의의 이름을 걸고 횡행하는 모든 가치를 일단 의심하고 캐묻는다. 진리, 자유, 평등, 정의, 그 모든 것이 대상이 된다. 심지어 사랑, 인, 자비, 무위자연도 마찬가지다. 그들 가치가 지금 여기의 나에게 무엇을 의미하는지 반문한다. 이 지점에서 나는 상대주의를 통해 허무주의를 완성하고 싶다.

1) 반보편주의

절대주의와 보편주의는 잡종사회를 싫어한다. 잡종화는 일종의 원심력으로서 주류 가치 체계의 해체와 파편화를 통한 느슨하고도 탈중심적/다중심적인 가치 체계를 지향하지만, 보편주의는 개별 특수 가치로의 분산화보다는 동질적이고 유사한 가치 체계로의 흡수 통합을 선호한다. 물론 두 과정 모두 필요할지 모른다. 그러나 현실적으로 가치의 보편주의화의 경향이 더욱 강하고, 더욱 확장되어 있기 때문에 최소한 문화적 균형을 회복한다는 의미에서도 탈보편적 잡종화가 요청된다.

상대주의는 문자 그대로는 절대주의에 대응하는 개념이다. 그러나 오늘날 인문 사회과학에서 절대주의는 그 모습을 바꾸어 보다 온화하고 세련된 보편주의라는 말로 변신하였다. 그러나 보편주의가 기독교의 가톨릭주의에서 연원했다는 사실이 말하듯 이것은 기독교의 유일신관에 입각하는 절대주의와 밀접한 연관성을 가진다. 근대 서구적 가치를 세계의 보편적 가치라고 주장할 수 있는 근거가 바로 여기로부터 나왔다.

그런데 이 보편주의가 종교적 영역을 벗어나 문화적 영역으로까지 확대되면서 심각한 갈등이 초래된다. 즉 (과거의) 보편주의는 진리 독점을 의미하고, 사람들에게 (자신의 힘이 센 경우에는) 이 진리의 순응을 강요하고, (힘이 약할 경우에는) 순교를 통해 파고드는 신성한 미션으로 작동한다. 서구 중심주의와 서구 우월주의 그리고 이의 파생으로서 등장한 오리엔탈리즘이 바로 역사적으로 표출된 서구적 보편주의의 제국주의적 확산인 것이다.

상대주의는 인간의 무지 혹은 불가지론에 그 인식론적 기반을 둔다. 절대적인 것을 확신할 수 없다는 자각에서 나오는 인간 지식의 불확실성이 바로 상대주의의 출발이다. 그러나 상대주의는 결코 제멋대로, 마음대로, 내키는 대로가 아니다. 만사를 확신하지도 않지만 만사를 부정하지도 않는다. 그러나 "나만 옳다. 나의 것만 진리다"라는 독단은 철저히 거부한다. 나도 맞고 너도 맞을 수 있다, 혹은 너도 나도 모두 틀릴 수 있다와 같은 양비/양시론을 모두 수용할 수 있다. 수용하더라도 절대적 확신 속에서가 아니라 상대적 토대 위의 수용이다.

이와 같은 맥락에서 상대주의는 포퍼적 의미로 인간의 무지가 촉진하는 비판적 토론에서 자기 주장에 대한 검손과 상대 주장에 대한 존중을 의미하는 지적 태도라고 규정하고 싶다. 그래서 "진리는 없다"고 상대주의는 단정하지 않는다. 진리가 있을 수 있지만, 현재 인간의 지식수준으로는 그것을 확실하게 발견하지 못하므로 진실에 관해 상대적인 관점을 가져야 한다는 것이다. 물론 포퍼의 말처럼 한시적으로 가설이나 추론을 아주 제한적 의미의 진실처럼 간주할 수는 있다.

나아가 절대적 진리에 관련된 역설은 절대적 진실은 하나여야 하지만, 세상의 많은 종교가 모두 나름의 절대적 참을 제시하고 신도들은 각각 그 참을 진실로 받아들인다는 것이다. 여러 가지의 절대적 진실들! 사람들마다 진리관이 다르고, 진리에 대한 요구 수준도 다르고, 신념의 강도에도 차이가 있다. 다른 종교의 진리는 현혹이자 이단일 뿐이다. 그래서 세상에는 특수한 구체적, 맥락적 진리들이 무성하다. 진짜 진리가 이 세상에 나타나도 많은 사람이 그것을 가짜라고 조롱하거나 위험시할 것이다. 하느님의 아들 예수가 사람의 아들로서 이 지상에서 겪은 고난과 슬픔이 무엇 때문이겠는가? 인간이 그 시절 이후로 회개하고 각성하여 절대적 진리를 수용할 만큼 순수해졌는가? 여전히 지상의 권력, 지상의 부, 지상의 욕망이 이리저리 진리를 재단하여 시장에서 여러 가지 상품으로 팔고 있는 것이 아닐까?

이념사적으로 절대주의와 그 변신으로서 보편주의는 종교적 근본주의 그리고 유사종교라고 부를 수 있는 역사법칙적 결정론을 믿는 맑스주의의 총체화 논리 속에서 여전히 생명력을 유지하며 부활을 거듭한다. 서구적 보편주의를 끊임없이 재생시키려는 시도의 하나를 비판적으로 검토해보자.

한국에서 꽤 인기를 누리는 좌파 계열의 마오쩌둥주의자 바디우(2008)가 『사도 바울: 제국에 맞서는 보편주의 윤리를 찾아서』에서 보편주의를 새롭게 정초해보겠다고 나섰다. "니체의 위대한 정치는 세상을 두 동강 내지 못했다. 두 동강 난 것은 니체였다"고 니체를 단죄하면서 바디우(2008: 210, 212-213)는 아래와 같이 결론을 맺는다.

> 바울이 전형적인 방식으로 증언하고 있듯이 (상관적인 것이 아니라) 절대적 주체의 생산인 보편주의가 말함과 행함, 사유와 힘을 구별하지 않은 이유이다. 사유는 그것이 다른 모든 타자들에게 말을 건넬 때만이, 그러한 말 건넴 속에서 힘으로 실행될 때만이 보편적일 수 있다. … 힘으로서의 사유(이것이 사랑이라는 것을 환기하자)의 필수 조건은 진리의 투사인 사람은 다른 사람들은 물론 본인의 정체성을 보편성에서 출발해 규정한다는 것이라는 점이다. 동일자의 생산은 그 자체가 동일자의 법칙 내부에 있다.

보편성을 신성화하여 옹호하는 논리이다. 나아가 바디우(2008: 212)는 보편성과 특수성의 관계를 묘하게 규정한다.

> 보편성은 특수성의 부정이 아니다. 그것은 영구히 존속되는 특수성과의 거리를 정확히 재가면서 그것을 가로질러 앞으로 나가는 것이다. 모든 특수성은 순응이자 순응주다. 중요한 것은 항

상 우리에게 순응하는 것에 대해 순응하지 않는 것이다. 사유는 순응의 시련 속에 있으며, 오로지 보편성만이 중단 없는 노동과 창의적 횡단 속에서 이러한 순응의 시련을 걷어낸다. … 중요한 것은 시대를 벗어나는 것이 아니라 시대와 같이 사는 것이다. 그러나 시대에 의해 만들어지고 시대에 순응해서는 안 된다.

알쏭달쏭한 용어들과 주장들에 당혹스럽다. 위 문장을 특수성과 보편성이라는 말만 교체하여 아래와 같이 바꾸어보아도 아무런 문제가 없다.

특수성은 보편성의 부정이 아니다. 그것은 영구히 존속되는 보편성과의 거리를 정확히 재가면서 그것을 가로질러 앞으로 나가는 것이다. 모든 보편성은 순응이자 순응주의다. 중요한 것은 항상 우리에게 순응하는 것에 대해 순응하지 않는 것이다. 사유는 순응의 시련 속에 있으며, 오로지 특수성만이 중단 없는 노동과 창의적 횡단 속에서 이러한 순응의 시련을 걷어낸다. … 중요한 것은 시대를 벗어나는 것이 아니라 시대와 같이 사는 것이다. 그러나 시대에 의해 만들어지고 시대에 순응해서는 안 된다.

어떤가? 대가의 글을 무단 패러디해서 결례가 될지 모르나 이런 식의 의미 전환이 가능하다면 그 글은 그저 언어의 퍼즐 게임 같은 게 아닐까. 교언영색보다는, 노자가 지적하였듯이 대교약졸이 간단명료해서 아름답다.[5]

---

[5] 이와 관련하여 이철(2015: 522)의 루만 해석에 있어서 "사건 범주의 보편성"이라는

어쨌든 내가 보기에 바디우의 보편성과 특수성의 구분은 하이데거의 존재와 존재자의 구별에서 시사를 받은 것 같다. 하이데거에게 있어서 양자는 평등 관계인 데 반하여 바디우로 오면 그것은 우열 관계, 대립 관계, 주종 관계로 바뀐다. 이는 보편주의 논리가 딜레마적으로 채택할 수밖에 없는 논리적 숙명이다. 바디우(2008: 13)의 의도는 구체적이고 분명하다.

> 내가 … 이 책에서 추적하려는 것은 지금 사방에서 20세기 초 레닌과 볼셰비키들에 의해 확립된 투사의 모습 ― 당적 투사의 모습이라고 부를 수 있을 것이다 ― 을 뒤이을 새로운 투사의 모습을 찾으려고 하는 ― 비록 그것이 그러한 가능성에 대한 부인이라는 형태를 취한다 해도 마찬가지일 것이다 ― 노력이 전개되고 있기 때문이다.

바디우는 초기 기독교가 세상을 바꾸려고 했던 것과 마찬가지로 혁명을 통해 세상을 뒤엎으려 했던 레닌의 투사 정신을 바울의 보편주의에서 찾고자 하는 것이다. 레닌이 기독교를 부정했건 말건 그것은 아무 문제가 안 된다. 체제 전복의 논리를 보편성의 이름으로, 보

언급도 석연치 못함을 제기하고자 한다. 이철에 의하면 "사건 범주는 완전한 보편성을 보장할 정도의 형식성"을 갖고, "모든 행위나 행동은 사건으로 발생한다는 점에서 보편적"이므로 "이러한 사건의 측면에는 구체적인 현상들과 무관하면서도 현상들의 보편 법칙들이 작용하는 이론 층위가 숨겨져 있는 것이다." 이러한 해석은 루만의 근대 이원론, 예컨대 현상과 실재의 구분에 대한 거부라는 차원과 모순되는 것 같다. 사건 범주에는 사건이라는 구체적-특수적 현상들과 그것을 차이동일성의 형식으로 이해하고, 관찰하는 작동이 있을 뿐이다. 여기에 왜 "보편성"이 등장하는지 그 이유를 알 수 없다.

다 정확히 말하자면 예수의 뜻을 해석한 바울의 입을 통해서 재현하고자 하는 것이다. 바디우는 니체가 기독교에 가한 모욕을 역전시켜 기독교 자체에 내재하는 보편성의 논리가 혁명적일 수 있음을 보여주려고 하는 것이다. 다만 좀 쉽게 그리고 간단명료하게 설명해주었으면 좋았겠지만. 그리고 그가 굳이 레닌을 거론하는 이유가 무엇인지 통찰할 필요가 있다. 레닌적 혁명이 불가능할 뿐 아니라 바람직하지도 않다는 사실을 잘 알면서도 왜 그는 (그리고 지젝은) 그를 거론할까?

아나키즘, 자유주의, 개인주의, 허무주의는 이미 절대주의와 보편주의 그리고 그 세속화된 아류로서 맑스-레닌주의와는 서로 건널 수 없는 심연처럼 멀어져 있다. 상대주의자, 반보편주의자라는 점에서 개인주의적 아나키스트 니체를 존중하는 나로서는 바디우에 대해서 몇 가지 반론을 제기하지 않을 수 없다. 물론 니체는 아나키즘은 사회주의의 한 수단에 불과하다고 비난하였지만, 그의 철저한 국가 부정론과 개인주의는 분명히 아나키즘적이다. 니체가 비난한 아나키즘은 사회적 아나키즘이다. 우선 지적해두고 싶은 사실은 니체는 맑스주의를 반대하였다. 그래서 니체를 맑스주의적 입장에서 반대하거나 과소평가하는 입장은 오래전부터 존재하였다. 니체가 사회주의를 엉터리라고 일축해버렸기 때문이다.

먼저 바디우와는 다른 관점을 가지고 바울을 비판하고 니체를 지지하는 하기락의 발언을 들어보자. 하기락은 니체의 종교 비판에서 야스퍼스와 같은 실존주의적 해석을 받아들여 니체가 거부한 것은 예수그리스도가 아니라 예수그리스도의 정신을 왜곡한 기독교 교회라고 결론짓는다. 하기락에 의하면 예수는 복음福音이고 바울이 재구성한 기독교는 화음禍音이다(강대석, 1998: 131에서 재인용).

예수의 기쁜 음신을 최악의 음신으로 개작한 장본인은 바울이다. 니체에 의하면 바울은 증오의 화신이다. 환각의 천재다. 예수는 신과 인간과의 간격을 제거하고 신인합일의 내면적 생을 자기의 복음으로써 최후까지 실천하였는데, 바울은 십자가 위의 희생이란 관념을 삽입함으로써 신과 인간과의 간격을 넓히고 그 중간에다 신에 대한 인간의 원죄, 심판, 부활, 신앙에 의한 구제 등의 여러 환상을 개입시켰다. 이리하여 바울은 생의 의미를 사후로, 피안으로, 배후 세계로 옮겨놓았다. 예수에게 보이는 바와 같은 현실의 내면적 긍정 대신에 피안을 신앙하는 자학의 세계, 구제의 헛된 대상이 등장한다. 생의 중심이 생 속으로가 아니라 피안의 무 속으로 옮겨 놓인다.

바디우는 혹은 다른 모든 보편주의자는 이런저런 특수한 사실들을 끌어모아, 거기에서 어떤 추상의 가닥을 뽑아내어, 모든 것을 그것으로 칭칭 동여매어 그 속의 내용물이 보이지 않게 한 다음 "이것이 보편성이다"라고 사람들에게 들이민다. 바울의 예수관이 잘못된 것이라는 특수한 주장들은 바디우가 세련되게 재구성한 보편주의자 바울이 내뿜는 추상의 회오리 속으로 그냥 빨려들 뿐이거나 아니면 튕겨져 나가기 쉽다. 보편성은 지식이나 가치의 폭력이 은폐된 권위다. 그래서 아나키스트 자유주의자는 보편주의를 경계하고, 상대적 허무주의자는 그것을 해체하고자 한다. 상대적 허무주의자는 바울의 보편주의는 인간 예수의 특수성을 무시하고 왜곡한 것이라는 하기락의 비판을 바디우의 보편주의적 해석보다도 신뢰한다.

왜 바디우가 주장하듯 특수성의 부정이 아닌 보편성은 특수성의 순응 혹은 순응주의를 횡단해 앞으로 나가야 하는가? 아니 왜 특수성은 순응인가? 보편성을 위한 순응 아닌가? 그렇다면 (특수성의 순응의) 책임은 보편성에 있다. 즉 순응의 시련은 보편성이 초래한 것이다. 보편성이 은총이라는 말은 사도 바울의 하느님이 내리신 것이다. 기적처럼 예기치 못하게 도래할 주님의 날, 혹은 사랑 혁명의 날을 왜 기다리지 못하는가? 힘으로서의 사유의 저장고는 고갈되지 않는데도 말이다(바디우, 2008: 214). 은총과 보편성의 관계는 무엇인가? 바울의 진보적 혁신이 은총의 순간에 불평등한 규범의 가역성을 통과하여 보편 지향적인 평등주의 보편성으로 구현되는 것이라면, 보편성은 이미 특수성(불평등)의 자기 고양으로서 예정된 것이다. 바울의 진보적 혁신이나 평등 실현이 보편성의 현실적 양태라면 그것은 또 하나의 특수성에 불과하다. 보편성에 순응하는 특수성! 특수성은 보편성에 순응하기 위해서 존재한다는 벌거벗은 모습이 드러난다. 보편성은 특수성의 순응을 요구하고 명령한다. 이것이 보편주의자가 제시하는 논리다. 그래서 나는 상대주의적 관점에서 보편주의를 반대하고 새로운 논리적 지평을 연다.

  보편과 특수의 문제는 전체와 개인 혹은 명령과 순응의 관계처럼 상하 우열이나 일방 의존의 관계로 파악해서는 안 된다. 니체나 하이데거처럼 순수하게 존재와 존재자의 관계로 이해해야 한다. 즉 전체나 보편은 형이상학의 차원에서 그 속성이 규정되고 존재자와 관계를 맺지만, 구체적-경험적 분석에서 그것은 마치 도나 기처럼 있는 것 같아도 붙잡고 만지거나 얘기할 수 없는 이념형이다.

  보편성만이 대의에 입각하여 비순응적 저항이나 혁명을 할 수 있다는 발상은 하이데거의 표현을 빌리자면 약함으로부터 발생하는 불완전한 니힐리즘이다. 마땅히 존재해야만 하는 보편성은 거짓 메시아라는 사실을 역사는 수없이 증명하였다.

나에게 특수성은 개별성이요, 고유성이요, 차이성이다. 특수성은 그 자체로 자기 충족적이다. 바디우처럼 보편성을 필요로 하지 않는다. 천차만별 각양각색의 개인들을 인간이라는 보편성의 범주로 환원하고, 구속하고, 이해하고, 의미 부여하고, 신비화하고, 신성화하고, 찬미하고, 저주하는 보편주의자들의 의도가 무엇인지 불안스럽다. 왜냐하면 대체로 보편은 신성, 초월성, 절대성, 도덕성, 당위성, 필연성 등의 영역으로 개체와 개인들을 끌고 가서 거기에 굴복시키고, 순종시키고, 세뇌시키기 때문이다. 허무주의자는 이와 같은 특정 가치의 절대적 타당화 혹은 무한한 은총을 부정하고 거부한다. 허무주의는 이 세상에 무한하게 펼쳐진 개별과 차이의 유한성을 인정하고 수용하는 진솔하고도 투철한 세계 인식이다. 나아가 허무주의는 구체적 특수성의 불완전한 조건 속에서도 존재론적 하나와 실천적 사랑이라는 차원을 개척함으로써 허유虛有의 세계와 연결된다. 하나는 보편성이 아니다. 하나는 특수성의 특수성이다. 허무주의는 기존의 보편주의(적 가치)를 불신한다.

여기서 나는 니체의 초인 혹은 초인 니체를 하느님의 이름으로 두 동강 내는 바디우보다 더 난해하고, 더 종횡무진인 박상륭(2003)의 『신을 죽인 자의 행로는 쓸쓸했도다』에 묘사된 쇠락한 차라투스트라가 무지와 증오와 복수에 휩싸인 무리들의 돌팔매로 죽음을 맞던 순간의 그 처연한 비장미를 알리고 싶다. 차라투스트라의 몰락을 그리기 위해서 박상륭이 그토록 무수한 동서고금의 신들과 사상들 그리고 괴상망측하고 신출귀몰하는 수사법을 동원해야만 했던 것을 보니 역시 차라투스트라는 위대한 모양이다. 예수를 죽인 그 무리들이 바로 차라투스트라를 죽인 떼거리다. 박상륭은 이 예수와 차라투스트라가 동일한 집단, 즉 절대와 보편의 광신자들에 의한 동일한 순교자라는 사실을 알고 있었을까? 예수는 바울에 의해서 두 번 죽었다. 그러나 상대적 허무주의자는 차라투스트라를 다시 살린다. 우리의 위대한 예수도 다음 장에서 기독교 신비주의자를 포함한 현세적 신비주의자에 의해서 재생할 것이다.

차라투스트라를 환영하자. 그의 길은 끝나지 않았다. 나도 미력하나마 달려가 그를 맞이하고, 접대하며, 기력을 회복시킨 후 그와 동행할 참이다. 나의 길도 차라투스트라가 제시한 저 광활하게 펼쳐진 큰 길에 연결된 수많은 작은 길의 하나라고 믿는다.

차라투스트라는 오늘의 허무주의자와 개인주의자를 위해서 죽을 수가 없다. 쓰러져도 일어난다. 고맙게도 박성현(2011)이 동양식으로 짜라두"짜"라는 멋진 성인 반열('자' 자 돌림의 공자, 노자, 장자, 맹자 등)의 호를 헌정한 것처럼 차라투스트라는 도처에서 재기하고 있다. 허무의 심연에서 목욕재계를 끝낸 개인주의자는 니체의 권력의지가 21세기의 탈권력화, 탈국가화의 힘이요, 초인은 모든 개인 속에 은총으로 내장된 신인합일적 신인이라는 사실을 확인한다.

그렇다. 니체도 낡은 신, 저들 소수 권력자의 수호신, 인간 외부에 있는 신을 죽이고, 새로운 신, 개인 속에 있는 만인의 신을 발견한 것이다. 기독교의 제도 속에 갇힌 혹은 바울의 교리 속에서 왜곡된 예수를 니체는 새롭게 인간들의 정신 속에서 초인으로 부활시키려 했던 것이다. 그렇다면 박상륭은 살해된 차라투스트라를 다시 살려 그 해변으로 함께 와야 한다. 나는 차라투스트라와 함께 항해를 계속하고 싶다(제5부). 한편 바디우는 바울이나 레닌과 함께 보편주의의 십자가에 매달릴 새로운 희생양을 찾아야 할 것이다.

최근 월러스틴은 민첩하게 기존의 유럽적 보편주의를 질타하면서 보편적 보편주의를 추구해야 한다고 주장하였다. 한때는 특수한 보편주의 혹은 한정적 보편주의라는 개념이 나오더니 보편적 보편주의까지 등장한다. 보편주의에 큰 결함이 있기는 있는 모양이다. 시류에 영합하는 끼어들기처럼 보이나 어쨌든 보편주의를 살려보겠다는 노력의 일환으로 보인다. 당연하다. 반자유주의, 맑스주의가 가야 할 길은 그것밖에 없다. "보편으로 보편주의 살리기"라는 전략 자체가 자가당착 같다.

한마디로 보편적 보편주의는 혹평하자면 말장난이요 궤변이다. 유럽적 보편주의를 공격하면서 좌파로서 유럽적 보편주의의 한 형태인 맑스주의도 한번 제대로 비판했더라면 그래도 설득력이 조금은 있었을 것이다. 보편적 보편주의는 그야말로 자비롭고 전지전능한 하느님께서나 담당할 영역이다. 아니면 지금도 세상에 가득하기 그지없다. 진리, 선, 사랑, 우애, 연대, 공동체, 평화, 자유, 평등, 지속 가능성, 나눔과 배려 등 헤아릴 수 없이 충분하다. 이미 강조했지만 바로 이 내용 없고, 애매하고, 실체 없는 추상적 가치가 폭력적 지배 집단에 의하여 독점과 독단의 무기가 되었을 때 그것은 역사적으로 살인마로 변하여 수많은 사람을 잔인하게 죽이고, 고문하고, 고통에 빠뜨리지 않았던가? 종교전쟁, 마녀사냥, 혁명과 반혁명 전쟁, 제국주의 전쟁 등 이 모든 집단 살육의 광기는 인류의 더 큰 평화와 번영을 위한다는 보편주의적 가치의 명분으로 자행되지 않았던가? 대동아공영권, 얼마나 멋있는 보편주의였던가?

월러스틴이 여전히 보편주의에 집착하는 까닭은 그가 보편주의 이론인 맑스주의에 대하여, 수정주의자로서 가끔 비판은 하지만 여전히 믿음을 갖고 있고, 그 결과 평등에 대한 일면적이고 지나친 강박관념으로 평등주의 = 보편주의라는 기본 등식을 신주처럼 모시고 있기 때문이다. 보편이 지배하는 세상은 단조롭고, 삭막하며, 융통성이 없고, 무엇보다도 개인적 자유를 요리조리 제한할 것이므로 아나키스트 자유주의자는 보편주의를 획일화, 전체화를 요구하는 강제 집단주의로 규정하여 그것을 거부한다.

2) 상대주의의 잡종화 능력

다시 상대주의와 허무주의의 결합으로 돌아가자.

왜 허무주의는 상대주의에 의해서 보완되어야 하는가? 이미 독자들은 나의 논리적 전략이 주 개념에 한정적-보완적-강조적 추가 개념을 결합시킴으로써 (탈국가주의 + 타협주의 = 타협적 탈국가주의, 탈물질주의 + 절제주의 = 절제적 탈물질주의, 개인주의 + 협동주의 = 협동적 개인주의) 주장의 논리적 과소화나 과대화를 최소화하려는 것임을 간파했으리라. 어쩔 수 없다. 그것이 음양론적 논법이 주는 교훈이다. 상생상극의 강화·견제라는 조화를 이루기 위한 방책이다. 나의 주장이 현실의 파고나 자기 논리의 몰입에 휩쓸리지 않고 균형을 잡도록 하기 위한 방안이다.

사실 학술적 개념으로서 상대주의 또한 거창하고, 복잡하고, 다양한 갈래를 갖는 개념이다. 쉽게 정리하자. 그것은 절대주의에 대한 거부이다. 나아가 절대주의의 아류들, 예컨대 정통주의, 원리주의, 근본주의, 독단주의, 유일주의, 동일주의 그리고 이 모든 것의 세련된 표현으로서 그리고 종교적 경건성마저 풍기는 개념인 보편주의에 대한 반대이자 비판이다.

다시 아나키스트 자유주의의 위험한 상대, 보편주의에 초점을 맞추자. 보편주의에 대한 대각이 특수주의라고 한다. 맞다. 그런데 특수주의가 성립할 수 있는 기본적 논거는 바로 상대주의이다. 왜? 절대적 가치가 있다면 보편적 가치가 더 근접하는 것이므로 특수주의는 설 자리가 없어진다.

특수주의는 개별적 특수성을 강조한다. 개체적 고유성에 초점을 맞춘다. 이런 논리적 맥락에서 특수주의는 자연스럽게 개인주의와 연결된다. 그리고 이 둘은 다시 보편주의나 집단주의와 대각을 이룬다.

허무주의에 상대주의를 접합시키면 허무주의에 어떤 변화가 발생할까? 허무주의는 허무하게 혹은 허망하게(!?) 그러나 자연스럽고 당연하게 자신의 일차적 정체성이자 원초적 의미로서 허무를 상대화시켜야 한다. 허무에 상응하는 혹은 대응하는 어떤 특성을 고려하고, 인정하며, 수용해야 한다. 허무의 부정성이나 소극성에 대비되는 긍정성 혹은 적극성을 말이다. 상대주의는 허무주의의 내재적 양면성을 동시에 활성화, 현재화시키는 촉매제 혹은 각성제의 역할을 한다. 허무의 바깥에 존재하는 허유의 세계도 인정한다.

이처럼 상대주의는 세간의 통념과는 달리 상대방의 논리를 반박하고, 파괴하고, 비판하기 위한 논리로서의 부정적 성격만 갖는 것이 아니라 상대방과의 대면, 대화, 대응을 유도하면서 상호 인정과 존경을 통하여 상호 발전과 성숙으로 나아가는 긍정적 차원을 갖는다. 상대주의의 상호 인정과 상호 발전! 매우 신선하고 유용한 해석이 아닐까? 그래서 통념과 고정관념은 항상 의심하고 해체하면서 따져볼 필요가 있는 것이다. 동시에 상대주의자는 항시 자신의 입장에 대해서는 겸손하고, 상대방의 관점에 대해서는 존중을 표시할 줄 아는 예의 바른 사람이다. 물론 거만한 권위주의자나 경건한 보편주의자를 만나면 빈정거리고, 조롱하고, 냉소하는 태도를 가지기도 하나, 그 마음의 근본은 겸손과 존중이어야 한다.

상대주의의 인식론적 지평을 더욱 넓게 이해하여보자. 상대주의는 다음 세 가지의 지식관에 기초한다.

>첫째, 인간은 세상을 완전히 알 수 없다 — 부지
>둘째, 인간의 현재 지식수준은 여전히 태부족이다 — 무지
>셋째, 그러나 인간은 새로운 지식을 꾸준히 축적한다 — 미지

상대주의는 부지로서의 불가지론을 그 인식론적 토대로 삼는다. 인간의 불완전성은 기본적으로 인간 지식의 미완성 혹은 한계를 전제한다. 이 사실은 현대의 최첨단 과학적 지식에도 적용된다. 이미 현재의 수준에서는 절대적 지식의 획득이 불가능하다는 과학 이론들, 예컨대 상대성이론, 불확정성원리 등이 제시되었을 뿐 아니라 역사 경험적으로 한때는 완벽한 이론이라고 간주되었던 것이 세월의 흐름과 함께 낡은 이론으로 취급되는 경우도 허다하다. 인류의 끊임없는 궁금증을 유발하는 사후 세계의 존재나 신의 존재에 관해서도 다양한 견해가 있을 뿐이다.

불가지론은 자연스럽게 무지론으로 연결되고 이 무지론은 미지론을 향해 끊임없이 나아가도록 만든다. 이 너무도 무섭도록 처절한 사실은 우리 개인들로 하여금 허무주의자이건 상대주의자이건 자신의 입장을 갖도록 요구한다. 확신에 가득 차서 자신만만해하기보다는 겸손한 태도를 가질 것을 요구하고, 상대방의 의견에 대해서는 그 약점 혹은 무리에도 불구하고 인정하고 존중하는 예를 갖추도록 만든다. 이 지점에서, 공자가 사회생활에서 예를 그토록 강조한 이유도 이해가 간다. 상대주의는 상대방을 반박하고, 제압하기 위한 것이 아니다. 이 점에서 상대주의는 상대와 더불어 협동하여 더 나은 상대주의를 개척하려는 입장이기도 하다.

상대주의에 대한 비판자들은 상대주의가 사람들을 혼란스럽게 하고, 도덕적 방종을 촉진시키며, 삶의 의미를 부정하는 허무주의를 초래할 것이라고 우려한다. 절대주의나 보편적 가치를 믿고, 도덕적 엄숙주의나 규제주의를 선호하는 사람들의 관점에서 본다면 틀린 말이 아니다. 그러나 상대주의 = 사회질서 파괴 = 반도덕/비도덕주의 = 부정적 허무주의라는 연결 도식은 전적으로 근거 없는 오류이자 왜곡 과장일 뿐이다.

오히려 상대주의는 사회 내의 다양한 가치와 의견을 적극적으로 인정함으로써 잡종적 공생 공존의 활로를 넓힌다. 상대주의는 21세기의 세계화, 우주화, 탈인간중심적 생태화 및 과학화의 급격한 추세를 고려할 때, 더욱 강조되고 다듬어져야 할 소중한 인식론적 태도이다. 개인적 수준에서 보자면 세상은 그야말로 얼핏 보기에는 어슷비슷한 사람들이 사는 곳처럼 보이나 자세히 들여다보면 각양각색, 천차만별의 개인들이 이리저리 뒤섞이는 곳이다. 서로 같은 것이 거의 없다고 해도 과언이 아니다. 이런 잡종 잡탕의 세상을 제대로 이해하고 설명하자면 상대주의가 필수적 관점이 아니겠는가?

관심을 지구 밖의 저 멀리 무한히 펼쳐진 우주로 한번 확대해보자. 인간의 상상을 초월하는 시간대에 펼쳐진 우주의 역사와 지구의 역사도 생각해보자. 지구 위의 인간 그리고 인간 생명과 우주적 생명도 한번 생각해보자. 참으로 우리는 도저히 찾을 수 없는, 존재한다고도 할 수 없는 어느 한구석의 한 모퉁이 한 지점에서 아웅다웅 시시비비하며 우열 시비를 다투고 있는 것이 아닌가? 상대주의는 우리의 축소지향적이고 편협한 시각이 넓어지는 포용적이고 확장적인 개안의 계기가 된다.

나아가 멀지 않은 미래에 생명공학이나 로봇 기술 등의 획기적 발전으로 인간을 닮은 사이보그, 로봇의 등장과 함께, 유전자 복제 인간이 출현할 가능성은 얼마든지 있다. 지금도 인공지능에 입각한 과학기술에 힘입어 무인 조종 비행기가 전쟁에 참가하여 인간들을 살상하는 시대이다. 인공장기의 대중적 상품화도 꾸준히 증가하는 추세이다. 이제 기존 순수 인간중심주의의 고수냐, 아니면 상대주의적 관점을 확장하여 변종 인간에 대해 윤리적 승인을 할 것이냐 하는 문제가 심각하게 대두할 것이다. 동물권에 대한 보장 운동 또한 생명현상의 범위와 의미를 두고 한바탕 논쟁을 야기하지 않겠는가? 이미 시작되었다. 사물의 차원에서, 동물의 입장에서, 기계의 관점에서 인간 사회를 바라보는 상대주의를 존중해야 새로운 문명전환을 새롭게 볼 수 있을 것이다.

나는 상대주의적 관점이 이와 같은 잡종사회의 문제점들에 관해서 언제나 가장 정확하고 올바른 가치판단이 될 것이라고 가정하지 않는다. 다만 다양한 가치관이 각축하면서 토론과 합의를 통해서 잠정적이나마 어떤 타협과 절충을 이루기 위해서는 반드시 상대주의적 가치관이 전제되어야 한다는 점을 강조하고 싶다.

허무주의의 상대주의적 변용은 허무에서 허유(허무 → 허유)라는 반전 혹은 초극이라는 변화의 차원에서 이해할 수 있다. 허유 하기락은 이미 이 전환의 가능성을 추구하고자 하였기에 그의 호를 허유로 정하였으리라. 허무 → 허유의 길은 허무주의라는 무위의 틀 내에서 유위의 세계를 구축하는 것이다. 무위이나 유위[無爲而有爲]라는 역설이 성립되는 국면 전환이다. 정치를 하지만 기존 정치를 반대하는 정치를 한다는 "반정치의 정치"라는 개념도 유사한 함의를 지닌다.

강권을 배제하는 아나키스트이지만 유위의 정치가 아닌 무위의 정치를 하겠다던, 독립노농당의 당수였던 유림의 아나키스트 정치 논리가 바로 허무주의자로서 허무한 현실이나마 허(무주의적)유(의미)를 정치적으로 발견하고 실천하겠다는 결단이다. 이것을 현실과의 타협이라고 보아도 좋다. 이미 나는 11장에서 타협적 탈국가주의 정치 논리를 설명하였다. 허무주의의 곡학아세라고 비난해도 좋다. 허무주의자들의 현실 참여가 과연 허무주의자다운 것이냐 하는 것이 관건이다. 유림은 해방 정국에서 독립노농당의 정치 운명을 비타협적으로 허무하게 종결지었다. 당명을 어기고 출마하여 국회의원에 당선된 사람들을 제명하는 대신 수용하여 정당의 토대를 구축·발전시키지 못한 전략적 실수였다고 평가하기보다는 아나키스트 허무주의 정치의 구현이라고 적극적으로 평가하고 싶다.

그 결과 한국의 아나키스트 정치가 긴 독재 체제의 시련 속에서 현실적으로 타락하지 않고, 21세기 새로운 정치적 가능성의 길을 개척할 수 있게 되었다. 조선의 위대한 아나키스트들은 모두 당대의 허무한 현실에 대항하여, 모든 것을 승화하고 초월하는 허무적 열정으로써 허무하게 자신을 희생하면서 허유의 족적을 남긴 사람들이다. 누가 이 허무를 비난할 수 있겠는가? 구체적으로 그 사례를 살펴보자.

3) 아나키스트 박열의 허무주의 재인식

일제하 조선 최고의 허무주의자요 불요불굴의 아나키스트였던 박열은 젊은 시절 허무로부터 허유의 길을 맹렬하게 그리고 파괴적으로 탐구하였다. 박열에게 허유는 허망한 유위로써 부정과 파괴의 미학을 완성하는 것이었다. 1923년 12월 3일에 작성된 박열의 비장한 허무주의 선언을 들어보자(김성국, 2007: 86-88에서 재인용, 소제목은 김성국이 붙임).

① 추악한 인간성에 대한 불신

상애호조, 공존공영, 이것은 결코 인류의 본성이 아니다. 따라서 자연의 대법칙도 아니다. 또 신의 의지도 아니다. 극히 무의미하고 강렬한 우월욕, 정복욕, 지배욕, 따라서 이 가장 추악하고 우매한 약육강식, 이것만이 인류의 빼놓을 수 없는 참된 본성이며, 따라서 또 자연의 대법칙이며, 신의 의지인 것이다.

② 만물에 대한 저주와 복수

인류의 이 [추악한] 본성을 근절할 수 없는 한 인류 사회의 개조는 전혀 일보도 전진할 수 없는 것이다. 어떠한 변혁이 또 어떠한 정책이 어떠한 이론 또는 설교가 이 저주스러운 인류의 본성을 근절할 수 있을 것인가. 그것은 모두 효험이 없다. … 문명은 원래 허위이다. … 자연은 … 네로 황제보다 잔인, 냉혹하다. … 나는 신에게 등을 돌린다. 그리하여 한없이 반역하는 것이다. 복수하는 것이다. … 가장 추악하고 어리석은 모든 인류여! 나는 한없이 너희들을 저주한다. 그리고 영원히 반역하고 복수한다. 그리고 너희들 존재와 함께 너희들에게 속한 모든 것을 한없이 멸망시키고 말살할 것이다. 이것이 또 잔인, 냉혹한 자연의 대법칙에 대한 반역이며 복수임과 동시에, 그 악마와 같은 신에 대한 반역이며 복수인 것이다. 내 존재는 단지 이를 위한 존재일 뿐이다. 달리 존재의 의미는 없다.

③ 파괴 혹은 허무의 미학 추구

독은 어디까지나 독으로 제거하지 않으면 안 되는 것이다. 그 때문에 나는 너희들의 무기를 그대로 역용하고자 한다. 멸하라! 모든 것을 멸하라! 불을 붙여라! 폭탄을 날려라! 독을 퍼뜨려라! 기요틴을 설치하라! 정부에, 의회에, 감옥에, 공장에, 인간 시장에, 사원에, 교회에, 학교에, 마을에, 거리에 … 모든 것을 멸할 것이다. 붉은 피로써 가장 추악하고 어리석은 인류에 의해 더럽혀진 세계를 깨끗이 씻을 것이다. 그리고 나 자신도 죽어갈 것이다. 거기에 참된 자유가 있고 평등이 있고, 평화가 있다. 참으로 선량하고 아름다운 허무의 세계가 있는 것이다. 아! 가장 추악하고 어리석은 모든 인류여! 모든 죄악의 원천이여! 바라건대, 너희들 자신의 멸망을 위해 행복 있으라. 허무를 위해 축복 있으라!

참으로 처절한 선언이다.

당대 제국의 수도 도쿄 — 대지진의 참화 속에서 조선인들이 그냥 조선인이라는 이유로 무수히 학살되고, 불세출의 일본인 아나키스트 오스기 사카에도 헌병대에 끌려가 두들겨 맞아 죽은 채 우물에 던져진 그 아수라와 악귀가 지배하던 도쿄 — 로 날아가보자. 그곳에는 박열과 더불어 그의 부인이자 홀로 슬프게 빛나며 우뚝 선 일본인 아나키스트 가네코 후미코도 있었다. 그리고 그들의 삶은 몇몇 아나키스트 동지와 함께 저 끝 모를 밑바닥으로 떨어진 가난 속에서 고통스럽게 피어오른 반항과 반역 정신으로 충일한 삶이었다. 그대들 안락의자와 포도주에 몽롱해진 자여, 따뜻한 안방에서 반주를 즐기는 자여, 박열의 악에 받친 지독한 허무주의를 탓하기 전에 그를 허무주의자로 만든 이 세상의 악독하고 쓰디쓴 맛을 한 번이라도 제대로 맛본 적이 있는가? 누가 이들 허무주의자들에게 돌을 던지랴.

만물 절멸을 외치는 박열의 허무주의 사상은 겉으로 보기에는 파괴를 위한 파괴나 허무에 대한 찬양으로 오해받을 여지가 적지 않다.

그러나 그의 허무주의 선언을 덮고 있는 과장된 수사학과 강렬한 메타포를 벗겨내면 우리는 긍정적이고 건설적인 요소도 발견할 수 있다. 1924년 5월, 박열의 법정 진술이 보여준다. "나의 계획을 골똘히 생각해보면, 소극적으로는 나 하나의 생명을 부인하는 것이나, 적극적으로는 지상에 있는 모든 권력의 타도가 궁극적 목적이며, 또 이 계획의 참뜻이다."

박열의 허무주의는 바쿠닌이 역설한 창조적 파괴의 정신을 계승한다. 박열은 폭력을 휘두르며 인간을 정복·지배하고자 하는 인류 사회를 근본적으로 개조하고자 한다. 마치 니체의 초인처럼 박열도 충만된 자아의 힘으로써 현실을 몰락시키고 그 현실의 심연에 자리 잡고 있는 허무주의 자체를 극복하려 했던 것이 아닐까? 혹은 하이데거(2000)의 혜안을 빌려 20세기에는 이미 허무주의가 "인간의 정상적 상태"로 확산될 것을 예언한 것은 아닐까? 한 가지 확실한 사실은 박열은 대다수 조선의 지식인들이 택한, 현실에서 도피하거나 현실에 적응하는 은둔적, 퇴폐적 허무주의의 길을[6] 가지 않았으며, 오히려 가혹한 응징이 예상되는 현실과 대면하는 저항적 허무주의를 선택하였다는 점이다.

위대한 조선 아나키스트들의 허무주의 정신이여. 테러리스트로서 형장에서 산화한 아나키스트들 또한 허무한 현실을 허물던 허무주의 미학의 실천가들이었다. 세상의 많은 아나키스트 테러리스트가 이 길을 택했을 것이다. 세상의 부정不正에 대한 부정否定의 미학이 최고로 고양된 절대부정의 지점으로 나아간 사람들이 있다. 소위 극렬

---

[6] 나는 이들을 결코 비난하고 싶지 않다. 주색잡기에 빠진 극소수를 제외하면 나름대로의 역할을 수행했다.

분자 혹은 극한주의자들이다. 그러나 그들의 테러는 정의의 폭력으로서 "의열義烈 테러"이다(김영범, 2013). 오늘의 광기에 찬 테러리스트들과는 달리, 결코 함부로 인명을 살상하지 않았다.

4) 상대화된 허무주의

21세기 잡종사회의 상대적 허무주의자는 살상과 파괴의 논리로 부정의 정의를 실현하지 않는다. 철저한 부정은 철저한 무관심이나 나만의 길로써도 가능하다. 슈티르너의 유일자가 추구하는 창조적 무의 경지를 개척하는 것도 한 방편이 될 것이다. 전면적 부정과 파괴 대신에 미시적 차원의 반란과 저항을 통한 일시적 해방과 자율을 추구해도 좋을 것이다. 그러나 기존의 권력적인 것, 지배적인 것, 강제적인 것으로서 개인의 자유를 억압하는 모든 것을 크고 작게 허무는 일만큼은 상대적 허무주의자는 포기하지 말아야 한다.

상대적 허무주의자는 잡종사회의 당당한 친구가 될 것이다. 인간의 양심과 도덕심을 건드리면서 나의 말을 따르라고 외치는 자들, 국가와 민족을 위해 멸사봉공의 가치관을 가지라고 위협하는 자들, 성경에도 없는 가짜 하느님의 복음을 전파하는 자들, 미래를 예언하니 귀담아 들으라는 혹세무민의 예언자들, 이 모든 불확실하고 애매한 가치의 전도사들을 무력하게 만들 사람이 필요하다. 개인을 살리는 가치가 아니라, 개인을 괴롭히고, 스트레스를 주는 가치가 우리 주변에 얼마나 많은가? 그것들을 무시하고 허물어버릴 수 있는 길을 가르쳐줄 사람, 허무는 사람, 허무주의자가 필요하다.

특히 모든 사람에게 필요한 그래서 모든 사람이 따라야 할 가치, 절대 가치 혹은 보편 가치라는 것일수록 공허하고 음험할 수 있다.

가치 그 자체의 문제라기보다는 그것을 설파하는 사회와 사람이 문제이기 때문이다. 정치인의 말, 권력자나 지배자의 애국적 가치에 현혹되지 말아야 한다. 그들이 내세우는 가치를 철저히 상대화하여 (얼마 안 되겠지만) 쓸 만한 것만 주워 담고 나머지는 몽땅 버려야 한다. 세상이 하 수상하니 뜬구름 잡는 소리가 난무한다. 가만히 들어보면 그때 그 말이요 그 목소리다. 시끄럽다. 진정한 길을 찾지 않는 자들은 항상 허황되고 허망한 가치의 말로써 바벨탑만 높이 쌓는다. 강력한 허무의 정신으로 철저하게 허물자. 문명전환의 새 터를 만들자.

끝으로 인간 고유의 인식론적 부지, 무지, 미지라는 한계는 절대주의를 거부하는 논리 혹은 가치의 상대주의를 뒷받침하지만, 이와 동시에 이 상대주의적 관점을 다시 상대화하여 상대적 관계로서의 현실을 "하나"로 포괄, 포섭하려는 하나의 종합적 포섭을 지향하게 한다. "만물은 하나이다"라는 만물귀일과 물아일여를 주창하는 노장의 가르침은 세상의 상대적 존재 양식에 내재하는 하나의 큰 연결 고리(태일), 도를 깨우치라는 것이다. 만물과 만사는 상대적으로 존재한다. 개인인 나도 마찬가지다. 그러나 이 모든 상대적 존재가 소멸·생성, 융합·분화되는 하나의 지점 혹은 하나의 세계, 즉 그것을 말로 표현하는 순간 그 의미가 희석·반전되는 무무無无(없는 것이 없다)와 무유無有(있는 것이 없다)의 세계를 탐구해보려는 하나로의 일체화一體化 지향성이 상대주의에 내재하는 것으로 믿고 싶다. "우리는 하나의 세계다. 내가 바로 하나의 세계다"라고 말할 때, 바로 그 "하나"를 상대주의는 부정하는 것이 아니라 열심히 찾을 것이다.

15장 현세적 신비주의자

　신비주의자는 기존 제도적 종교의 틀을 벗어나 개인의 신인합일이라는 경지를 추구한다. 각종 종교적 신비주의 전통과 도가의 신선神仙 사상 등에서 종교성의 개인화라는 신비주의를 발견한다. 신비주의는 자유의 종교를 개척하는 길이고 과학과 더불어 발전할 수 있다.
　현세적 신비주의자는 신비주의의 초월성을 현세의 세속성과 접합시킨다. 세속성을 추구하는 것은 사후의 천년왕국이 아니라 지금 여기의 안락을 중시하는 것이다. 일상생활에서 개인은 기도, 명상, 심신수련 등을 통해 신비체험을 성취할 수 있다.
　21세기를 전후하여 종교 혹은 종교적인 것the religious에 대한 관심이 증가하고 있다. 한편으로 종교에 대한 관심은 종교 자체에 대한 관심일 뿐 아니라 소위 문명의 충돌을 야기하는 근본적 힘으로서 종교 간 갈등 문제에서 비롯된 것이기도 하다. 현재 중동 지역에서 전개되는 끊임없는 내란과 분쟁도 넓게는 기독교 대 이슬람교의 격돌, 좁게는 이슬람교 내부의 종파 간 대립과 갈등에 의해서 발생하는 것

이다. 중국 내의 소수 이슬람 세력에 의한 분리주의운동의 위험성도 무시할 수 없는 상황이다.[1]

다른 한편으로 종교적인 것에 대한 관심은 제도화된 종교가 아니라 종교성 자체에 대한 관심이다. 기독교의 전통에서 광범위하고도 강력하게 존재하였던 신비주의적 교파들의 재인식과 재부흥이 대표적인 사례이다. 동아시아에서는 일찍부터 도가의 신비주의적 경향과 함께 신인神人 사상이나 신선 사상 등이 발전해왔다.[2]

오늘날 종교적 근본주의자들에 의해서 자행되는 종교전쟁은 성전聖戰이라는 이름과는 딴판인 인간의 성악설을 입증하는 살인 원숭이들의 인간 도살 행위일 뿐이다.

종교심 혹은 보다 직접적으로 신에 대한 믿음이 도대체 무엇이기에 이처럼 끔찍한 결과를 만들어내고 있는 것일까? 신과 신성의 이름으로 전개되는 세속적 사명이 평화로운 대화나 협력에 의해서 추구

---

1 오늘날 제도 종교가 초래하는 각종 사회적 문제점들을 고려할 때, 종교의 진화를 주장하는 벨라(Bellah, 1970)의 입장을 비판적으로 검토할 필요가 있다(유승무, 2015: 397). 종교를 원시종교, 고대 종교, 역사적 종교, 초기 근대 종교, 근대 종교로 구분한 벨라의 시도 자체는 매우 유익하지만, 이를 종교적 상징, 행위, 조직, 사회성 등의 차원별로 세분화하여 그 진화론적 변화 양상을 비교한 것은 도식화에 따르는 위험을 피하지 못하고 있다. 종교의 역할, 종교적인 것의 중요성, 종교와 사회의 상호작용을 강조하는 종교사회학자로서 벨라의 기본 입장은 인정할 수 있지만, 그의 스승 파슨스처럼 역시 진화론적 근대주의의 함정에 빠져든 것처럼 보인다. 역사와 사회는 좋은 방향으로도, 나쁜 방향으로도 진화한다. 선과 악의 공진화가 가능하다. 서양과 동양 종교의 공통점은 미미한 데 반해 이질성은 훨씬 크고 뚜렷함에도 불구하고 이를 동일한 시대구분과 기능적 차원에서 일률적으로 비교하여 상동성을 발견한다는 것 자체가 (베버적) 오만이요 (근대론적 관점의) 문제이다.
2 신인을 그레이엄(2015: 52-53)은 "신묘神妙한daemonic" 사람이라고 표현하나, 나는 신과 소통하는 혹은 신에게로 통하는 "신통神通한" 사람이라고 표현하는 것이 더 정확하다고 생각한다. 전자는 여전히 신적인 것의 우월성이나 초월적 능력을 전제하나, 후자는 신과 개인의 자유롭고 평등한 관계를 설정한다.

되지 않고, 폭력적인 증오와 살상에 의해서 수행되는 오늘의 현실은 과거의 피비린내 나던 종교재판과 종교전쟁이 아직도 계속되고 있다는 끔찍하고도 슬픈 사실을 일깨워준다. 우리의 문명은 야만과 한 지붕 아래 동거하는 야만과의 동침이다.

한 가지 분명한 사실을 지적하고 넘어가자. 오늘날 이 지구상에 존재하는 모든 위험천만한 대소 규모의 집단적 테러, 살인, 내란, 전쟁은 거의 대부분 특정 기존 국가 체제로부터 분리되어 독립국가나 자치 국가를 건설하는 과정에서 유발된 국가권력의 쟁취와 유지라는 분쟁의 산물이다. 중동 사태는 여기에 종교적으로 강경한 과격파가 개입한 종교 권력과 국가권력의 결합이라는 특성을 갖는다. 중국 내의 티베트, 위구르 분쟁, 우크라이나, 팔레스타인, 쿠르드, 시리아 내전, 아프리카의 종족 간 내전 등이 이 사실을 입증한다. "국가는 전쟁으로 성립하고, 전쟁으로 그 존재의 건강성을 유지한다"는 만고불변의 철리를 확인할 수 있다.

문제는 종교전쟁만이 아니다. 세상이 급변하여 윤리 도덕이 무너진 지 오래나 세속화 혹은 상업화된 기성 종교는 사람들로부터 잊혔거나 아니면 해결 능력이 없다.

많은 사람이 그래서 "종교의 귀환"을 얘기하고 있다. 서구에서 발생한 기존 종교들의 재강화는 물론이고 동양적 신앙 체계에 대한 관심도 증가한다. 더불어 새로운 차원의 종교적 영성 혹은 신앙심이 주목을 받고 있다. 한편으로는 문명전환기에 특징적으로 발생하는 가치관의 혼란과 갈등에 직면한 사람들의 자연스런 반응이 아닐 수 없다. 다른 한편으로는 제도 종교 혹은 종교 권력 체제에서 나타나는 권력화 및 상업화에 대한 실망의 표현이기도 하다. 벡(2013: 172)의 표현을 빌리자면 "종교의 퇴락과 부흥이 동시에 일어나는 역설"이다.

만약 종교나 교회가 퇴락하고 있다면 혹은 혁신을 필요로 하고 있다면, 어떤 새로운 종교적 흐름이나 종파를 모색할 때가 아닌가?[3]

베버의 동양 종교론 이후 동아시아의 종교인 유교, 불교, 도교 등은 그간 "신비주의mysticism"라는 전근대적 함의를 가진 명칭 아래 다소 이단적으로, 이교적으로, 주술적으로 묘사되어왔다.[4] 그리고 합리화되지 못한 동아시아 종교는 자본주의적 발전의 원동력이 되지 못하고 아시아적 전제주의나 침체의 온상으로 작용한 전근대적인 것으로 간주되어왔다. 소위 서구 중심적 보편주의 혹은 오리엔탈리즘의 전형적인 착각이요, 착시요, 착란이다.

동서양을 막론한 신비주의의 재인식과 부활, 이것이 잡종사회에서 아나키스트 자유주의의 종교적 과제이다. 그러나 이 과제는 신의 복음이 아니라 문명전환이 요구하는 세속 종교 차원의 미션으로 일차적으로는 소위 무신론자들을 위한 것이다. 물론 기존 종교 신자들이 자발적으로 관심을 가진다면 대환영이다. 나는 기존 특정 종교나 그것의 독실한 신도들과 불필요한 성전을 벌일 생각은 전혀 없다. 신비주의 자체가 지금까지 오랜 세월 동안 정통 종파의 정통 교리를 부정하는 것으로 이단시되어 제거되거나, 멀리 떨어진 변방으로 잠복한

---

[3] 잡종사회에서의 새로운 종교의 필요성, 특히 신인합일 추구의 종교와 관련하여 나는 한국에서 도교를 부흥 혹은 재활성화시키는 작업이 필요할 것이라고 생각해왔다. 이용주(2014a: 224)가 다음과 같이 나의 견해를 명쾌하게 지지해준다. "한나라 이후에 전개되는 탈유교적 문화, 특히 불교의 수용에 자극을 받으면서 고대의 도가적 사유의 바탕 위에서 민중적 정신 에너지까지도 흡수하여 발전시킨 중국 정신의 농축체인 도교는 그런 잡의 사유가 존재하지 않았다면 결코 창조될 수 없는 것이었다. 유교 문화를 동아시아 문화의 핵심이라고 막연하게 믿고 있는 우리로서는 도교 문화에 담긴 창조적 에너지를 감지하기가 쉽지 않다. 더구나 그 도교 문화가 '잡'의 영역에서 자라난 동아시아 사유의 원천이라는 사실을 받아들이기 쉽지 않다."

[4] 베버는 동양 종교는 철저히 탈주술화脫呪術化되지 못한 것으로 인식하였다.

종교 형태이므로 기존 종교가 자신의 영역을 침범했다고 시비를 걸 수 없다. 그들의 것은 그들이 챙기고, 나의 것은 내가 챙긴다. 주술의 세계까지 개척해보려던 동양적 합리성을 나는 존중한다.

나는 종교가 없다. 그러나 많은 무종교자나 무신론자처럼 충만하지는 않아도 종교심은 있다. 그리고 인격적 유일신에 회의적이라는 의미에서는 러셀처럼 불가지론자로서 무신론자이지만, 여러 가지 형태의 신들 혹은 잡신들을 부정하지 않는다는 의미에서는 범신론, 만신론, 샤머니즘을 따른다. 더욱 중요한 사실은 특정 제도권 종교의 신자는 아니지만, 그 종교가 신성시하는 특정 신적 존재, 즉 예수나 부처 등을 인간(사람의 아들, 인간 예수, 출가자 석가모니)으로서 존경한다는 것이다. 나아가 때로는 불교와 도교도 좋고, 기독교도 좋고, 유교도 좋다. 이해하기 어렵고 방대한 교리 체계나 제도화된 설교보다는 쉬운 말씀과 가르침에 감복하고 경건과 사랑이라는 종교적 분위기를 좋아한다. 그리고 세상이 하나의 종교만을 선택하라고 강요하는 것에 대하여 큰 반발을 느낀다. 무신론도 종교다. 무신론을 포함한 다종교 선택의 자유를 달라. 특정 종교가 신자로서의 사람을 자유롭게 고르는 종교의 자유가 아니라, 사람인 내가 여러 종교 가운데 복수를 자유롭게 선택할 수 있는 자유의 종교가 필요하다.

나의 이와 같은 "종교적 중혼 형태" 혹은 "혼종 체제"는 현시점에서 결코 예외적이거나 비정상적인 것이 아닌 듯하다. 벡(2013: 177)의 얘기를 들어보자.

> 스위스의 가톨릭교도들은 그리스도의 부활과 불교의 윤회를 둘 다 믿는 데에 망설임이 없다. 또 가톨릭 샤머니즘에서는 산 자와 죽은 자가 특별한 우정 관계를 맺을 수 있다. 아랍의 물라, 중국

의 현자, 일본의 승려, 티베트의 라마, 힌두교의 판티 역시 마찬가지이다. 그들은 숙명론과 예정설, 조상숭배와 신격화된 지배자에 대한 기도, 쾌활한 회의주의와 자아실현을 통한 구원을 함께 설파한다.

"이도 저도 다"라는 신앙 방식의 다양성 multiple believing이 시대의 한 흐름을 이루는 모양이다. 나도 바로 이런 부류이다.

아나키스트 자유주의자로서 나는 당연히 한걸음 더 나간다. 무신론도 종교의 한 적극적인 형태, 즉 인격신 혹은 각종 창조자로서의 신을 믿지 않는 (그러나 비인간적 신들은 믿기도 하는) 종교이다. 무종교는 국가에 의해서 종교로 인정받지 못해 제도화-권력화의 통로를 갖지 못했다. 그 결과 단일 국가 종교가 지배하는 곳(예컨대 이슬람 지역)에서 무신론자는 비정상적인 자, 위험한 자, 부도덕하고 불량한 자로 분류되어 이단자의 낙인을 받든지, 아니면 차별과 추방의 대상이 된다.

이제 무신론자들도 진정으로 자신의 논리와 가치를 믿는다면 좋은 의미에서 제도화의 길을 찾고, 사회적 인정과 영향력을 획득해야 할 것이다. 전국 무신론자 협회! 무신론자 구국 기도회! 무종교자 차별 및 탄압 반대 서명운동! 국가는 무종교도 종교의 한 형식으로 인정하고 그것을 전문적으로 추구하는 단체나 사람에게도 종교인의 지위와 권리를 제공해야 한다. 그들은 당연히 세금을 납부할 것이다. 무신론자의 종교로서 무종교는 종교 다원주의, 종교 상대주의, 혹은 종교 평등주의와 같은 종교적 자유를 강조하는 자유세계에서는 당연히 인정되어야 할 고유한 종교관이다.

맑스주의는 종교를 인민의 아편으로 간주하여 그 존재 가치를 부정하였다. 편향된 유물론적 우주관을 지닌 이념이 도달한 매우 극단적인 판단이 아닐 수 없다. 역사적 사례에서 볼 수 있듯이 대개의 경우 종교가 가난한 자, 병들고 약한 자, 차별받는 소수자에게 희망과 안식을 제공하는 유일한 수단이자 목표였다는 점을 맑스주의는 간과한 것이다. 바로 맑스주의가 포섭하고 동원해야 할 사람들을 기존 종교가 독차지하고 있었기 때문이다. 그래서 그런지 맑스주의 자체가 서서히 이념을 내세운 유사종교로 변모하였다. 역사의 법칙을 전파하고, 공산사회라는 지상천국을 약속하는 것은 거의 종교 수준이다. 극심한 고통에 시달리는 사람들에게는 종교건 맑스주의건 현실의 극심한 고통을 잊게 해주는 아편이 필요하다. 아나키스트들은 일찍부터 맑스주의와 그 정치운동에 내재하던 종교적 독단주의, 교조주의, 권위주의의 음습한 성향을 간파하고, 그것과 결별했던 것이다.

나는 무신론적 불가지론의 입장에서 종교적 혹은 내재 초월적인 영성 추구의 중요성을 강조하고 싶다. 종교사에서 영지주의 혹은 신비주의라고 불리거나, 동양에서는 신선 사상으로 일컬어지는 종교적 전통과 관행에 주목한다. 신비주의는 아나키즘에서도 이미 신비적 아나키즘mystical anarchism이라는 형태로 최근 주목받고 있다(Critchley, 2009). 위대한 사회과학자로서 존경해 마지않는 베버는 안타깝게도 이 신비주의적 전통들을 세계의 합리화, 즉 합리적 근대 세계 형성의 안티테제인 주술의 세계로 평가절하하였다. 물론 서구 기독교에서는 일찍부터 이단으로 간주되어 박해를 받았다. 최근에 이르러서야 성경 해석의 개방성이 확대되면서 부분적이나마 신비주의는 그 가치를 인정받게 되었다. 초기 기독교의 특성들, 사람의 아들로서 예수에 대한 인식 특히 그의 신인합일주의, 바울의 기독교적 보편주의에 대한 비판적 각성, 현대 기독교의 상업화·세속화·제도 권력화에 대한 비판 등이 기독교의 영지주의적 전통을 확대·강화시킬 것으로 나는 전망한다.

먼저 신비주의에 대한 간단한 규정과 함께 시작하자. 내가 생각하는 신비주의는 특정한 교리나 계율에 구속되지 않으면서, 그리고 제도화된 종교 기구인 교회, 사찰, 사원 등에서의 집단적인 신앙 실천을 통해서보다는 개인의 자유로운 심신 수련을 통해서 자신을 초월하는 혹은 자신을 새롭게 발견하는, 영성 혹은 신성과 연결되는 것을 추구하는 신앙 형식이다.

신비주의는 기존의 자아를 초월하면서 새로운 자아(혹은 참나, 진아, 신 혹은 신성)와 합일하는 체험을 목표로 한다. 이 체험은 황홀경, 무아경, 지복, 열락, 신비감 등으로 표현되기도 하고 이를 통해서 초감각, 초능력 등의 초인적 능력을 갖게 되었다는 사람도 있다. 그러나 나는 이와 같은 예외적이고 궁극적인 수준이나 단계에 도달한 소수의 득도한 사람들뿐 아니라 일반 사람들도 기도와 예배, 명상과 묵념, 좌선과 수행 등을 통하여 크고 작은 희열과 깨달음의 경지를 나름대로 획득할 수 있다고 생각한다. 신비주의에서 공통적으로 추구되고 강조되는 원칙은 현재의 자기 자신을 벗어나 자신 속에서 새로운 자아 = 신성 = 존재를 발견하고 그것과 하나가 되는 소위 신인합일을 체험하는 것이다. 그리고 이 하나의 경지는 현실적으로는 순수하고 무한한 사랑이라는 실천 실행을 통하여 타인, 만사, 만물과 하나(= 일체)가 되는 자기 확대의 길로 나아간다.

모든 유형의 신비주의가 공유하는 공통성을 "하나 됨"에서 발견하는 금인숙(2012: 92)은 신비주의의 적극적 차원을 다음과 같이 강조한다.

신과 하나 됨의 상태에서 일어나는 모든 활동과 행동은 사심 없는 사랑이고, 무아의 상태에서 신성의 참나가 어떤 욕심이나 집착도 없이 어떤 대가나 인정도 바라지 않고 행하는 사랑이다. 자아 중심의 이기성과 독단성, 소유욕과 지배욕, 출세욕과 지위욕을 초월한 순수한 사랑이기 때문에 무차별적이고 무조건적이다. 무한하고 변하지 않는 것이다. 사랑의 주체와 대상도 구분이 없으며, 사랑한다는 생각조차 없이 행하는 실천이다. 우리 모두 내면의 무한자로 돌아가는 자기의 신성 회복에 의한 무아의 사랑만이, 지금까지 서로가 서로에게 이리로 살아온 피로 얼룩진 … 인류 역사를 종식시킬 것이다. 만인이 만인에게 자유이고 행복이며, 축복이고 기쁨인 새로운 역사의 창조로 이끌 것이다.

신비주의는 하나 됨의 사랑이다!

1. 신비주의의 귀환

불필요한 오해를 줄이기 위하여 나는 잡종사회의 신비주의를 다음과 같은 한정적 차원에 국한하여 논의한다.

첫째, 무신론자 혹은 기존의 특정 종교를 신봉하지 않는 사람들도 종교성을 향유할 수 있다.

둘째, 개인은 신비주의적 신인합일을 통해서 개인성을 더욱 확장시킬 수 있고 내면적 성숙과 현세적 즐거움을 누릴 수 있다.

1) 아나키스트 자유주의와 신비주의

먼저 아나키스트 자유주의가 종교적 신비주의를 거론할 수 있는 근거를 제시해두자. 아나키즘은 신을 비롯한 각종 폭력적 권위로서의 우상을 거부한다. 성경이나 그리스신화에 나오는 신은 때론 매우 자애롭지만, 때론 심술궂고 엄청나게 무서운 존재이다. 대부분의 아나키스트는 반종교적이다. 그러나 이것만이 아나키즘의 종교관은 아니다. 우선 위대한 세계종교는 초창기에는 모두 기존 사회의 권위와 우상을 거부하는 아나키즘적 성향을 지녔다. 많은 아나키스트 연구자는 한결같이 예수, 석가, 노자를 모두 일종의 아나키스트로 간주한다. 성인들에 대해 불경죄를 짓는 것이 아니라, 그들의 진면목을 살펴보면 우리의 판단에 동의하지 않을 수 없을 것이다. 그들은 기존의 지배적인 국가 체제, 가치 체제, 신앙 체제를 비판하고 반대하면서 새로운 자유와 평등의 삶을 모색한 반체제적 인물들이었다.

후일 추종자들에 의해서 그들은 신격화, 신비화, 제도화되어 저 멀리 아득히 멀고 높은 곳에 있는 비인간이나 초인간 혹은 성인으로 물신화되고 우상화되어버린 것이다. 인간으로서 그들의 사회 개선 의지나 노력, 약자에 대한 연민과 사랑, 생활 속의 슬픔과 기쁨, 번뇌와 고통 등은 무시되고, 그들이 신적 능력으로 발휘하였다는 기적, 신통력과 예언력, 대지혜, 카리스마만이 찬란하게 부각된 것이다.

아나키스트들 중에는 간디나 톨스토이처럼 종교적/기독교적 아나키스트들이 있다. 캉유웨이와 장빙린은 정통 유가였지만 아나키스트의 면모를 가졌다. 동양의 아나키스트들, 예컨대 간디나 신채호는 각각 종교를 가졌다. 아나키즘은 종교의 자유를 철저히 옹호한다. 특정 종교가 억압적 권위가 되어 자신의 자유를 부정하는 것인지, 아니면 영혼의 자유를 고양시키는 것인지는 아나키스트 자신이 스스로 판단할 일이다. 과연 신을 믿을 수 있는지, 믿는다면 어떤 종교가 더 좋은지, 혹은 종교를 어느 정도까지 믿어야 할지는 사람마다 다르고 시공간에 따라 다르다는 불가지론과 상대주의의 입장을 다시 한번 강조하고 싶다. 물론 무신론과 무종교는 아나키스트가 대체로 선호하는 대상이지만 종교적 아나키스트들도 얼마든지 가능하다. 그 종교가 자신을 자유의 길로 인도하고 세상의 해방을 가져올 것이라고 믿는 것은 그의 자유이지요 자유 판단이다.

아나키즘과 신비주의의 결합은 동서양에서 약간의 편차를 보인다. 우선 신비주의적 요소가 상대적으로 강한 동아시아 종교, 특히 불교와 도교는 확산 과정에서 토속적 샤머니즘과 결합하고 그 사상이 현세 비판적이고 초월적이라 일관되게 아나키즘적 지향성을 나타낸다. 아나키즘과 신비주의는 자연스럽게 융합을 이루고, 당대의 주류 종교 권력이나 정치권력에 의해서 체계적이고도 무자비한 탄압을 받지는 않았다. 유일 절대 인격신의 관념이 희박하거나 상대적으로 취약한 동아시아적 종교 문화의 특징이다.

반면 서양의 기독교에서 신비주의적 전통은 자유정신free spirit 운동을 통해서 당대 교회 제도의 권위주의에 맞서 신과의 직접 대면을 추구했던 신인합일의 과정에서 발전하였고 한때 상당한 세력을 결집하였으나 박해를 받고 공식적으로는 거의 사라졌다. 아나키즘의 조류 가운데서 신비주의적 아나키즘은 이와 같은 종교적 전통을 승계하는 란다우어(Landauer, 2008), 부버(Buber, 1958) 등이 주장한다. 한국에서도 유사한 흐름을 함석헌을 비롯한 일단의 선각자들에게서 발견할 수 있을 것 같다.[5] 역설적이지만 아나키스트는 종교로부터 적을 발견할 수도 있고, 동시에 동지도 얻을 수 있다는 점에서 역시 종교는 참으로 신비로운 영역이다. 제도화된 종교 권력은 거의 아나키스트의 적이 되었고, 초창기의 기존 체제와 가치를 비판한 원시종교나 기성 종교적 관행을 무시한 신비주의적 종파들은 친구가 된 것 같다.

종교의 힘은 되살아나고 있다. 근대의 탄생과 함께 신은 죽었다는 선고가 과학기술 문명의 눈부신 발전과 함께 급격히 확산된 서유럽에서 기독교는 분명히 쇠퇴하였다. 그러나 세상의 다른 곳에서, 특히 한국에서는 지금까지도 기독교가 유례없는 성장과 활력을 보이고 있다.[6] 특히 우리의 관심을 끄는 것은 최근 중국에서 기독교가 꾸준히 그 교세를 확장하고 있다는 점이다. 개방화가 일찍 허용되고 산업화의 수준이 상대적으로 높은 중국의 남부 지역에서 기독교 신도가 증가하고 있다는 사실은 베버의 『프로테스탄트 윤리와 자본주의 정신』이라는 고전적 명제를 새롭게 검토해보도록 만든다.

그러나 종교가 일상적인 개인의 자유를 간섭하고 규제하려는 관행을 아나키스트 자유주의자는 수용할 수 없다. 최근의 보도에 의하면 교황청에서는 이혼 및 동성애의 인정 문제나 창조 대 진화의 대립을 관용적으로 해석하는 문제 등을 심각하게 검토하고 있다. 아마도 정통 교리에 충실한 목회자나 신도라면 경악을 금치 못할 소식이 될 것

---

[5] 최근 강수택(2012b)의 연구에 의하면 나의 아나키즘적 "국가 대 시민사회라는 이분법적 분석"과 함석헌의 시민사회론은 유사한 맥락을 공유한다. 적지 않은 종교사 연구자들이 함석헌 등으로부터 초기 기독교적 지향성 혹은 아나키즘적 함의를 발견한다.

[6] 한국인들의 신앙심과 종교적 열정은 매우 강력한 것으로 평가된다. 그런데도 다종교사회인 한국이 종교 평화를 유지하고 있다는 사실은 놀랍다. 특정 종교의 압도적인 지배를 막는 일종의 균형력에 의한 것이거나, 외래 종교의 토착화와 함께 기존 전통 종교의 수용적 태도가 이룬 타협의 결과일 수도 있다. 그러나 종교 권력의 제도화와 함께, 종교의 역기능인 부패와 내부 갈등 그리고 정치 참여 등이 심각한 수준이다.

이다. 진보적 성향의 사람들에게는 교리의 현실화라는 측면에서 환영의 대상이 될 것이다.

그러나 무신론자나 비종교인의 입장에서 그 소식이 놀라운 이유는 소위 말하는 개인의 자유 문제를 교황을 정점으로 하는 교황청이라는 기구에서 여전히 최종 결정한다는 사실 때문이다. 신을 표상하고 대리하는 종교나 교회는 결코 약화되지 않았다. 언젠가는 낙태를 인정하는 교리 변경도 있을 수 있다. 여기서 이해할 수 없는 점은 왜 하느님의 말씀을 시대의 변화에 따라 바꾸느냐는 것이다. 신도들이 원해서, 하느님의 말씀이나 계시 때문에?

서구에서는 소위 비실천 신도들이 대다수라고 하여 교회의 쇠락을 걱정하지만 이들의 대다수는 결코 종교를 버리거나 부정하지 않고 있다. 필요하면 혹은 때가 되면 언제든지 신의 품으로 되돌아갈 길 잃은 양들일 뿐이다. 엘리아데Mircea Eliade의 통찰처럼 모든 인간은 종교적 인간이 될 수밖에 없는지도 모른다. 나와 같은 무종교인도 종교적 심성이나 욕구를 결코 부정하지 않는다. 하느님의 부름을 받지 못했거나 아니면 새로운 종교를 찾고 있는 것일까?

아나키스트 자유주의자는 잡종사회의 새로운 종교적 지향성을 강화하는 친구로서 신비주의자를 발견한다. 신비주의는 신과 인간의 결합, 즉 잡종화를 의미하는 신인합일의 경지를 추구하기 때문이다. 여기서 신은 인간의 외부 저 멀리 천상에서 개인을 더 이상 구속하거나 위협하지 않는다. 신과 개인은 개인 속에서 친밀한 사적 관계를 형성할 수 있다. 신은 전능하고 편재하므로 각 개인은, 벡(2013)의 표현을 빌리자면 "자기만의 신"을 가질 수 있다. 동아시아적으로 신인합일은 천지인합일이다. 『천부경』을 따르면 인중천지일이다. 이제 무신론자들도 미신이건 과학의 신이건 혹은 무신의 신이건 새로운 자기만의 신을 가지고 신인합일의 경지를 즐길 수 있다.『만들어진 신』의 저자 도킨스(2007: 541)는 "초자연적인 종교 없이도 행복하고 충족된 삶을 살 수 있다"고 말한다.

2) 벡의 자기만의 신

2015년 1월 초 타계한 벡은 이 시대 최고의 영향력을 지닌 사회학자였다. 벡을 중심으로 신비주의에 관한 논의를 전개하여보자. 벡도 신비주의에 관심이 많았고, 그의 논의는 탁월하다.

벡(2013: 13)은 "나는 사회학자여서 구원에 대한 신앙을 사회학적 계몽에서 찾는 뼛속까지 세속주의적 입장"이라고 자신의 종교관을 밝힌다. 그러나 나는 "구원에 대한 신앙을 동양적 종교들의 잡종화에서 구하고자 하는 신비주의적 입장"을 가진다.

벡(2013: 174)에 의하면 "막스 베버의 친구이자 신비주의자이기도 하였던 트뢸치Ernst Troeltsch는 자유롭게 동요하는 신비주의라는 개념을 통해서 종교의 개인화를 선구적으로 논구한다. 신비주의는 개인화된 종교성과 영성을 의미한다. 교회에 의한 종교와 종교성 독점 대신에 개인에 의해 분점되는 종교성과 영성 그리고 종교성과 영성의 탈경계화가 바로 '자기만의 신'이 탄생하는 지점이다." 요컨대 벡이 말하는 자기만의 신은 개인이 신인합일의 경지에서 찾은 신이다.

흥미롭게도 벡(2013: 174)은 교회와 종파의 경우에는 "이거냐 저거냐"라는 경계 체계가 중요하지만 신비주의에서는 "이도 저도 다의 혼종 체계", 즉 내가 말하는 잡종화가 중요하다고 지적한다. 자기만의 신이라는 주관적 다신교에는 수많은 신이 자리를 잡고 있다. 신종교 운동 혹은 세계적 수준에서 발생하는 하나의 종교 개혁으로서 자기만의 신은 신자와 불신자를 폭력적으로 구분하지 않고, 신자이면서 동시에 불신자라는 이중 복합적 모순 지위를 인정한다. 거기에는 절대적 진리가 없고, 위계, 이교도, 밀교, 이단, 무신론자도 존재하지 않는다. 세계의 모든 개인이 자기 나름대로 자기만의 신을 발견하고, 소통하고, 발명할 수 있기 때문에 그것은 지구적 종교의 토대를 갖는다. 과연 이것도 종교라고 부를 수 있을까? 자기만의 신을 믿는 사람들은 이와 같은 비판성 질문에 대해서 그저 종교의 자유 혹은 자유의 종교의 이름으로 대답할 것이다.

종교와 신의 개인화는 밀교적 은밀함 속에서 개인들이 막강한 "자아 권력"의 담지자가 되어서 "바로 지금 여기 자신의 삶 속에 있는 천국을 의미하는 현존 천국"을 건설하는 신종교운동이다. 잡종적 종교의 등장은 "여러 유일신 종교의 짜깁기", "구식 종교와 새로운 종교성, 밀교, 뉴에이지를 이리저리 짜 맞추는 이도 저도 다"라는 종교적 상호 침투와 잡종화의 결과이다. 여기서 벡(2013: 180)이 강조하는 사실은 세계종교는 그 형성기부터 결코 순수했던 것이 아니고, 뒤섞인 것, 즉 잡종적인 것이라는 점이다. 오늘의 기독교가 바로 16세기 니케아 공의회에서 이루어진 그런 타협적-절충적 잡종화의 산물이 아닌가?

벡은 이와 같은 종교적 융합과 변조에 따른 혼종 형성을 근대성의 지구적 확장과 그로 인한 정신적 도전의 결과로 간주하여 세계시민 사회적 관점에서 긍정적으로 이해한다.

정확히 이 지점까지 벡과 나의 견해는 대동소이하다. 이제부터 우리는 갈라서서 다른 길을 간다. 벡(2013: 182-184)은 종교와 근대성의 관계를 반근대성, 탈근대성, 제2근대성으로 구분한 다음, 내가 소속됨 직한 탈근대적 종교성을 매몰차게 꾸짖는다.

탈근대적 종교성은 근대성에 의문을 제기하지만 근본주의적 종교성으로 회귀하려고 하지는 않는다. … (과학적) 지식과 (종교적) 믿음이 상대화되어 탈근대적으로 공존한다는 사실이 입증된다. … 과학 상대주의와 신앙 상대주의 간의 이러한 새로운 평등성 때문에 얼핏 보면 급진적인 문화적·윤리적 상대주의가 옳은 것처럼 느껴야 할 것 같다. 탈근대론자들은 이와 같은 절대적 상대주의가 전체주의에 종지부를 찍을 것이라고 생각하며 거기에 환호한다. 전체주의는 신앙이 다른 사람들에게 다소 필연적으로 폭력을 휘두르고 또 폭력 사용을 옹호한다. … 다른 한편 상대주의의 독재는 인류의 재난을 향해 길을 인도하는 것이나 다를 바 없다. 상대주의의 독재는 선과 악, 우리와 타자 간의 명확한 구별을 없애라고 강요하면서 문명이 생산한 위험에 직면한 인류에게 아무런 방향도 제시하지 않은 채, 문제를 스스로 떠맡으라고 강요하기 때문이다. … 종교적 탈근대성에서는 이러한 최소한의 확실성마저 무너져버린다. 종교적 신념이 문화적·주관적으로 유동적이 되면서 최소한의 확실성조차 존재할 수 없다. … 탈근대적 종교성에서 중요한 것은 아마도 종교 신자가 된다는 것도 아니고 또 어떤 종교 공동체에 소속된다는 사실도 아닐 것이다. 자신의 건강과 행복, 자기만의 삶을 위해 필요한 종교적 실천과 상징을 일정한 형태로 혼합하는 것, 바로 그것이 중요한 문제가 아니겠는가?

이상의 진단을 토대로 하면 벡은 절대적 상대주의 혹은 상대주의의 독재와 종교의 사생활화를 특징으로 하는 탈근대적 종교성은 종교를 사생활의 덫에 빠뜨려 종교적 유대감을 제공하기 어렵다고 한다. 상대주의의 독재는 정의롭지 못할 뿐만 아니라 위험을 초래하는 현대 문명에 대항하는 사회적·정치적 역할을 맡지 못한다고 한다. 결국 그것은 퇴폐적이고 무규범적인 세속적 상대주의로 빠질 것이라고 경고한다.

반면 벡(2013: 185, 225)은 세계시민 정신의 표상으로서 제2근대적 종교성은 종교성의 내용을 풍부히 하고, 상대 종교에게 서로 힘을 실어줄 수 있으며, "세계 정치에서의 핵심적 역할"을 새롭게 수행할 수 있다고 한다. 벡이 찬양하고 찬미하는 이 종교성을 나는 존중하고 시비를 걸지 않겠다. 내가 선택하고 지지하는 탈근대적 종교성에 대한 벡의 비판에만 비판적으로 대응하겠다.

벡의 논의는 내가 앞 장에서 언급한 상대주의의 문제도 지적하고 있기 때문에 논쟁의 대상으로서 매우 적합하고도 흥미롭다. 동아시아의 탈근대론자로서 그리고 상대주의자, 특히 상대적 허무주의자로서 나는 벡에 대한 반론을 개진해보겠다.

먼저 절대적 상대주의의 개념이다. 벡은 탈근대의 해체 원리인 상대주의의 가치를 전면 부정할 수 없기 때문에 우선 "절대적 상대주의"라는 부정적 멍에를 씌움으로써 탈근대적 종교성을 공격할 수 있는 입지를 확보한다. 그러나 절대적 상대주의란 개념은 아무래도 형용모순이 너무 심한 것 같지 않은가? 상호 모순적 개념의 결합이 전적으로 불가능하거나 반드시 불필요한 것은 아니다. 다만 그것이 긍정적으로 새롭게 확장된 제3의 개념으로 사용되는 것이 아니라, 상대방을 공격하기 위한 수단으로 활용된다면 작위적 성격이 강하여 그 설득력과 신뢰도가 그만큼 떨어질 수밖에 없다. 벡은 자신의 출발점인 상대주의를 스스로 부정하고 있다. 중도론의 해석을 따르자면 불가의 색즉시공 공즉시색도 색공불일 색공불이라는 점에서는 타당하나 색공동일이라고 주장하기에는 무리가 따른다.

　수사학적 전략으로서 "절대적"이라는 용어는 공격용으로는 치명적 무기가 되나, 그렇게 명명된 사람은 매우 취약해진다. 왜냐? 이 상대의 세계에서 절대는 설 자리가 없는 무뢰한이 되거나 유령이 되기 때문이다. 왜 그런지 살펴보자. 절대적 상대주의는 상대주의의 절대화를 뜻한다. 그래서 상대주의의 유연한 구별/분별 의식, 대립/대비 의식, 상대방(여기서는 현실) 인정/존중 의식이 사라진다. 그 대신 상대주의의 절대화는 상대주의의 한 특성인 불확실성과 애매모호함이 가득한 논리적 판단과 스스로 퇴각하는 소멸적 의지만이 그득한 안개를 피어오르게 할 뿐이다. 적어도 내가 강조하는 상대주의는 현실의 상대성을 외면하지 않고 끝까지 직시한다. 상대적 허무주의자는 얼마든지 기성 종교의 개혁(무신론 종교, 다중 종교, 반종교, 혼합 종교, 종교 평화, 자유종교를 탐구하는 종교운동 등)에 참여하거나 새로운 종교(허무교나 상대교?)의 추구에 전념할 수 있다.

　그러나 벡은 상대주의를 절대주의의 장막으로 뒤집어씌워 상대주의의 약점과 무책임성을 공격한다. 자신이 선호하는 제2근대적 종교성을 탈근대적 종교성보다도 우월한 위치에 포진시키자면 어쩔 수 없는 전략이다. 과연 그럴 필요가 있을까? 반근대성, 탈근대성, 제2근대성은 각각 모두 나름의 장단점과 강약점 그리고 가능성과 한계성을 지니고 있다. 진리 독점주의, 절대 진리주의를 해체하는 탈근대 상대주의는 결코 제2근대성을 부정하지 않는다. 어차피 이 잡종사회에서 제2근대성은 탈근대성과 뒤섞이고 공유하면서도 자기 정체성을 확립하고자 하는 것이 아니겠는가?

　적어도 이 책에서 내가 추구하는 상대주의는 기본적으로 불가지론, 무지론 그리고 미지론에 입각한다. 인간의 불완전성, 세상의 부조리, 인간과 우주의 신비는 인간 지식의 한계를 일깨워준다. 그러나 인간은 불가지의 상태에 있음에도 불구하고 최소한 상대적 지 혹은 부분적 지를 가지고 있으므로 신중하게 선택하고 행동할 수 있다. 벡이 다소 과장하지만 적절하게 주장하는 위험사회에 직면하여 상대주의자도 개인적으로건 연합적으로건 대응하고 대처한다. 자신의 방안이 절대적으로 확실한 것은 아니라는 점을 인식하면서 여러 사회적 대안 가운데서 하나를 선택하여 선거운동에 참여하거나 다른 대안적 실천 운동에도 참여한다. 벡의 우려와는 달리 상대주의자도 얼마든지 이렇게 공적 생활에서 자신의 정치적 역할을 수행한다.

다시 반복 강조하지만 벡이 사용하는 절대적 상대주의란 개념 자체가 작위적이다. 상대주의와 친화력을 가진 아나키즘은 자신의 절대적 권위를 내세우지 않는다. 오히려 자기 자신의 권위 혹은 이념적 권력을 부정할 수 있는 이념이 바로 아나키즘이다. 상대주의가 절대주의로 치닫는다면 그것은 이미 상대주의가 아니다.

벡은 자기만의 신을 서구의 전지전능한 유일신이 독점한 종교의 역사에서 과감하게 부각시켰다. 그러나 자기만의 신을 동양적 관점인 신인합일이나 신선 사상의 관점에서 접근하면 벡과는 상이한 함의를 발견할 수 있다. 자기만의 신을 섬긴다 해도 여러 신을 동시에 모실 수도 있고, 그중에서도 가장 신뢰하고 숭배하는 신을 만들 수도 있다. 홍일식(1996)이 소개한 한국의 무당처럼 온갖 토속신과 부처님, 예수님이 평화롭게 공존할 수 있다.

종교의 개인화, 사생활화가 벡의 예상처럼 자아 권력의 팽창으로 전개될 수도 있겠지만, 정반대로 깨달음을 얻어 겸허하고 유연하며 퇴은적으로 살아가는 사람이 늘어날 수도 있다. 자아 권력만 하더라도 카스텔의 지적처럼 그것이 기존 체계를 급진적으로 변형시키는 프로젝트 정체성 권력으로 긍정적으로 작동할 수도 있다. 아마도 벡의 개인화는 개인이나 개인주의를 믿지 못하는 개인주의인 것 같다. 그래서 벡은 개인주의를 넘는 개인화 혹은 개인주의를 경계하는 개인화로 향하고 있는 것 같다. 개인과 개인화 혹은 개인주의에 대한 벡의 이해는 일관되게 철저한 지지의 기반에서가 아니라 반신반의의 지지에서 나온 것이 아닌가 싶다. 마치 뒤르케임이 개인주의를 믿지 못하고 도덕적 개인주의를 내세워 개인주의 없는 개인주의로 나아간 것과 같다. 서구에서 "개인"의 의미가 갖는 역사적 한계 때문일 것이다. 동아시아에서는 장자의 신인처럼 개인은 자유자재이고 무유무무無有無無의 존재이다. 불가에서도 마찬가지다.

그리고 종교의 사생활화를 비난하는 것은 너무나 통속적이다. 종교적 유대감 없이 혹은 근본적인 종교성으로 회귀하지 않은 채 자신의 건강과 행복이라는 자신만의 삶에 탐닉하는 사생활화가 도대체 무엇이 잘못인가? 우리가 일상적으로 그리고 아무런 정당한 근거 없이 개인의 이기심을 비난하는 것과 동일한 논리이다. 인간의 이기심은 인간의 본성이요, 존재 조건이요, 자유의 동력이요, 개인성의 구현이다. 이것은 백번 강조해도 좋다. 우리는 여기에 쓸데없이 도덕군자처럼 항상 공공선이나 연대감과 같은 이타심이란 미덕을 대비시켜 이기심을 꾸짖는 버릇이 있다. 그러나 이타심은 이기심의 한 형태일 뿐이고, 강요의 대상이 아니다. 모든 이기심이 모두 다 좋을 수는 없겠지만, 거의 대부분의 이기심은 자연스럽고, 이해될 수 있으며, 인정되어야 한다.

이기심은 자연스럽게 시간적, 정신적, 물질적 여유와 기회가 생기면 이타심으로 확장될 수 있다. 남을 괴롭히고, 남에게 피해를 주는 사람이 부지기수인 세상에서 안분자족하는 이기심이야말로 그 자체가 큰 미덕이 아닐 수 없다. 그런데도 자신을 위해서 자신만의 삶을 살겠다는 자연스럽고 평범한 개인들의 욕구를 비난하는 것은 지적으로 오도된 책임 의식일 뿐이다. 자원봉사를 본업으로 하면서 생계를 유지하는 사람의 마음은 이기심인가 이타심인가! 이기심이 없으면 이타심도 없다. 이기심에서 이타심이 자연스럽게 혹은 시행착오를 거치면서 생성된다.

개인의 사생활은 개인에게 가장 중요한 관심 영역이다. 종교의 사생활화가 종교의 교회화나 신의 섭리화보다도 더욱 필요하다.

자기만의 신을 통해서 개인들은 자신들의 능력과 욕구만큼 신(선)의 경지를 개척할 수 있다. 결코 쉬운 일은 아니지만 이 불신의 세상은 점차 우리에게 그 고난과 위험에 가득 찬, 그렇지만 평화와 안정의 길이요 기쁨과 사랑의 길이기도 한 구도의 길을 개인 스스로가 수시로 찾기를 요구하고 있지 않는가? 신과의 직접 대면이 되었든 혹은 내 속의 신을 찾아 내가 신이 되는 것이든 자기만의 신은 결코 폐쇄적, 고립적, 수동적 성격만을 갖는 것이 아니다. 동아시아의 신선들은 애주가에서부터 구름 위에서 노니는 사람에 이르기까지 천차만별, 각양각색, 그야말로 잡종이다(갈흥, 2013). 그리스신화의 신들은 그래도 신의 위상에 걸맞은 나름대로의 초인적인 비장의 능력을 각자 소지하고 있지만, 동양의 신선은 대체로 무병장수하는 하급 신선부터 옥황상제 측근 급의 신선까지 그 전지전능의 수준이 다양하다. 자기만의 신이 이처럼 개인과 신의 잡종화가 만들어내는 잡종 신이라는 사실을 명심한다면 벡의 탈근대적 종교성에 대한 비판은 그 초점이 너무 좁고, 그 강도는 너무 강하다. 그래서 설득력이 약하다.

페리(Ferry, 2002)의 『인간이 만든 신』에 의하면 근대의 시작과 함께 인간들은 신성의 인간화humanization of the divine와 인간의 신성화divinization of the human를 통해서 신성이 아니라 인간 속에 존재하는 영성spirituality에 접근하는 초월적 인간주의를 발견한다. 이러한 종교사적 이해는 신과 인간의 잡종화 그리고 세속적 인간과 초월적 신성의 잡종화 과정에 특별한 의미를 부여한다. 서구의 근대적 합리화 과정이 종교의 탈주술화 혹은 탈신성화를 거치면서 종교의 세속화를 확산시켰지만, 종교의 세속화는 역설적으로 인간의 신성화를 촉진하여 일상적 삶을 초월하는 초월적 인간주의를 고양시키게 되었다. 페리는 일상의 초월을 추동하는 열린 마음이 바로 인간 자유의 핵심이 되며, 그것은 일상을 버리거나 떠나는 것이 아니라 일상을 유지하면서도 진리나 정의와 같은 초월적 가치에 접근하는 내재적 초월이라고 본다. 개인이 자신 안에서 초월을 체험한다는 것은 바로 신인합일으로서 자기만의 신을 추구하는 행위이다.

끝으로 벡은 반복하여 "최소한의 확실성"을 애타게 강조한다. 왜냐하면 절대적 상대주의가 이 최소한의 확실성도 외면하기 때문이다. 벡은 적어도 상대주의는 절대적 확실성을 확인하지는 않더라도 어느 정도의 확실성은 수용한다고 전제하기 때문에 절대적 상대주의라는 개념을 사용했다. 치밀한 개념 구성이지만 역시 허점은 생긴다. 탈근대 잡종사회의 상대적 허무주의자로서 나는 확실성이라는 척도가 필수적이라고 생각하지 않는다. 탈근대는 근대가 추구한 확실성의 잔해 위에서 떠오르는 불확실성의 영토이다. 근원도 없고, 본질도 없고, 보편도 없고, 불연속, 단절, 짜깁기, 혼성, 잡종이 난무하는 탈근대의 세계는 "확실한 것을 확실하게 불신하라"는 상대주의의 세계이다.

마침내 벡은 상대주의의 독재는 인류의 재난을 향해 길을 인도하는 것으로 선고한다. 상대주의의 독재는 선과 악, 우리와 타자 간의 명확한 구별을 없애라고 강요하면서 문명이 생산한 위험에 직면한 인류에게 아무런 방향도 제시하지 않기 때문이다. 놀랍다. 상대주의에 대한 공포감이 이렇게 심각할 줄은 예측하지 못했다. 역시 벡은 해체와 허무 그리고 아나키가 충만한 탈근대를 두려워하는 근대의 자식이다. 근대적 이분법인 선악 논리, 적과 동지의 경계를 필요로 하는 벡은 탈경계, 경계 왕복, 경계 파괴를 능사로 하는 탈근대 잡종사회의 시민은 아니다.

이 기회에 벡의 위대한 이론, 위험사회에 대해서 한마디 하자. 위험사회는 근대 문명이 생산한 것이다. 근대의 문제를 근대의 틀, 예컨대 성찰적 근대성 등으로 해결하겠다는 의도는 가상하나, 위험사회는 근대 자체의 파산을 의미하는 개념이다. 빨리 배를 옮겨 타고, 새 배를 보내 남은 사람들을 구원해야 한다. 침몰하는 배 안에서 기도를 올리는 것은 이 배는 침몰할 위험이 없다고 외치는 것과 같다. 그렇다면 벡의 위험사회는 위험의 뻥튀기 과장인가! 배에 뚫린 몇 개의 큰 구멍을 땜질하기만 하면 항해를 계속할 수 있다는 것인가? 그렇게 되기를 진심으로 바란다. 불확실성의 돛을 달고 무지의 바다를 항해하게 될 탈근대 아나키스트 자유주의는 나름대로 근대의 위험을 상쇄할 몇 가지 불확실한 대안으로서 타협적 탈국가주의, 절제적 탈물질주의, 협동적 개인주의, 상대적 허무주의 그리고 현세적 신비주의 등의 자원을 가지고 있다. 그것이 위험을 확실하게 제거할 수 있을지는 알 수 없다. 그러나 이 불확실성 속에서도 확실한 것은 위험을 제거해야 한다는 개인들의 이기심 혹은 존재론적 존재 욕구이다.

벡의 자기만의 신이라는 탈근대적 종교성은 양가적이다. 나의 현세적 신비주의는 내재성과 초월성의 잡종화를 통한 지금 여기에 주목한다. 그러나 벡은 자신의 양가성(모두 다 중에서 특히 이것을!)으로 인해서 탈근대적 종교성을 버리고 제2근대적 종교성을 세우려고 한다. 그 구체적 내용은 가려져 있지만, 그것이 적어도 "근본주의적 종교성, 최소한의 확실성, 종교 공동체"를 확실하게 지향하는 것인 한 현세적 신비주의자와는 잡종사회에서 티격태격 시비를 할 것 같다. 그러나 자기만의 신이 갖는 근본적 개인성과 개인화를 공유하는 우리는 적당히 타협한다면 길동무가 될 수도 있을 것이다.

3) 신인합일의 신비주의

다시 신비주의로 돌아가자. 왜 우리는 21세기 과학기술이 최고의 수준으로 발전하는 시대에 비과학적, 초과학적 혹은 반과학적 특색을 지닌 신비주의에 주목할 필요가 있는가? 과학이 해결하지 못하는 혹은 영원히 해결할 수 없는 우주와 존재와 삶의 어떤 문제들에 대해서 신비주의는 매우 효과적인 — 비록 많은 사람이 그것을 허위나 환상이라고 하지만 — 해결 방식을 제시해주기 때문이다. 보다 직접적으로 신비주의는 현실에서 하나의 세속화된 제도 권력으로 변질되고 있는 기존 종교가 제공할 수 없는 신성 혹은 영성과의 개인적이고도 직접적인 대면, 교류, 일치의 충만감과 황홀경으로 인도해준다.

불가의 깨달음, 도가의 도통, 유가의 득도는 대부분의 경우 개인적 수련과 수양의 과정에서 순간순간 혹은 최종적 완성으로서 얻게 되는 지극한 즐거움이요, 채진지유採眞之遊요, 천하태평이다. 나는 여기서 기나긴 고행과 시련을 수반하는 엄격한 종교적 규율 속에서 얻을 수 있는 신비주의적 희열을 대상으로 논의하지 않는다. 일반 사람들이, 즉 어떤 종교를 믿든 믿지 않든 관계없이 어떤 영성이나 신성의 존재를 자신 속에서 추구하는 사람들이 얻을 수 있는 신비주의적 체험에 대해서 말한다.

불교에서는 모든 사람에게 부처의 성품이 있다고 믿으며, 중생이 마음공부를 열심히 하면 부처의 본래 진면목이 열리게 된다고 한다. 수행을 통해 지혜가 열리고, 너와 내가 남남이 아님을 알진대 자비심이 저절로 생긴다고 한다. '내가 바로 부처가 될 수 있다.' 인간의 가능성을 무한히 긍정하는 이러한 태도는, 초월적 존재에 대한 무조건적 귀의와 절대적 복종을 통해 구원을 바라는 기독교와 이슬람교 등 절대 신을 신봉하는 종교에서는 인정되기 어렵다. 석가모니는 평소 자신은 단지 길을 보여주는 스승일 뿐이라고 하였다. 열반에 들기 전 마지막 가르침에서도 부지런히 정진하여 진리를 스스로 얻으라고 하면서 슬퍼하는 제자들을 위로하였다.[7]

신비주의에는 여러 유형이 존재하지만 나는 신인합일의 경지를 추구하는 방식에 논의의 초점을 맞추고자 한다. 동아시아에서는 일찍부터 천지인합일 혹은 천인합일이라는 세계관을 통하여 하늘(혹은 하느님, 하나님, 신 등)과 인간이 둘이 아님을 강조해왔다. 불가도 모든 사람이 불성을 갖고 있으며 온 세상에 부처가 존재한다고 가르치며, 유가도 수양을 통해 지천명知天命하여 하늘의 뜻을 체화할 것을 중시하고, 도가 또한 신인의 경지를 최고의 경지로 여기며 세상에 도 아닌 것이 없다고 하면서 만물이 하나 됨과 하나임을 강조한다. 한국의 동학에서는 고유의 전통 사상을 따라서 인내천, 즉 사람이 하늘이라는 교리를 세웠다. 표현이 그 참뜻을 떠나는지 모르겠으나 "내가 신이다" 혹은 "개인 각각이 각각의 신이다"라는 말이다.

인간이 신과 합일한다는 것은 하늘의 권능에 도전하는 무도한 대

---

[7] 불교에는 참선, 지관수행, 간경, 기도, 절, 보살행 등 다양한 방식의 마음공부 수행법이 있다.

역의 의미가 아니다. 그것은 인간과 신의 거리를 최대한 좁혀, 신(성)을 저 멀리 하늘 어딘가에서 혹은 우주의 심해에서 발견하는 것이 아니라 자기 자신 가운데서 발견하는 내재적 초월의 길을 의미한다. 아마도 그것은 인간의 신격화가 아니라 신의 인간화라고 불러야 더 적절한 표현일 것 같다. 군림하면서 명령하고 지배하는 신이 아니라, 천상에서 내려와 경건하게 개인 속에서 개인과 대화하고, 개인을 일깨우고, 개인에게 즐거움을 주는 스승 같은, 부모 같은, 친구 같은 신이라고 하면 너무 신을 세속화시키는 것이 될까?

이처럼 신비주의에서의 신(성)은 우리가 노력하면 가까이 가거나 찾을 수 있는 신이다. 그 신은 신인동형동성설神人同形同姓說이 예견하듯 인간의 모습을 가질 수도 있지만, 그 밖의 다양한 형태와 형식이 될 수 있다. 주술사의 주문을 통해서건, 점쟁이의 점괘를 통해서건, 역술가의 역리를 통해서건, 무당의 신 춤을 통해서건 그 신과 자유롭게 만날 수 있고 또 그 만남을 즐길 수 있다. 그 신들은 전지전능의 능력에 있어서 많은 차이를 보일 것이다. 비유컨대 종교 시장에서 신을 구매할 경우 역시 비싼 신이 효능도 높을 것이다.

신비주의의 한 형식 가운데서 특히 도가에서 발전된 신선 사상은 무척 흥미롭고 교훈적이다. 인간이 열심히 수행하여 마침내 신선의 경지에 올라 무병장수하고 나아가 신통력까지 발휘한다는 종교적 설정은 너무도 너무도 인간적이다. 그러나 니체가 말하는 초인과는 차원이 다르다. 니체는 서구의 유일신, 기독교의 신이 이미 죽었다고 사망 확인한 선지자일 뿐이다. 신이 죽었는데도 신을 찾아 헤매거나, 죽은 신을 내세워 혹세무민하는 사람들에게 경종을 울리기 위해서였다. 니체는 옛 신을 잃어버린 인간에게 새로운 신인으로서 외적 신을 필요로 하지 않는 초인이 되라고 요구한다. 니체의 너무도 인간적인 신의 사망 선고는 신선한 충격으로서 파괴적인 경고요 건설적인 예언이기도 했다.

그러나 신을 따르던 혹은 대리하던 많은 사람은 신은 죽을 수가 없다면서 계속해서 신의 현존을 확인하였다. 어쩌면 신도 그간 인간들이 보여준 끈질긴 불신과 사악한 회의에 진저리가 나서 이 세상을 떠나고 싶었을지도 모른다. 그러나 인간과 함께 영생하는 것만이 존재자가 아닌 존재로서 신의 숙명이다. 신을 사유한 순간부터 신은 인간의 일부가 되었다. 신의 그림자인 악마나 악귀도 함께 일부가 되었다. 나는 이와 같은 소박한 신관을 갖고 있기 때문에 신은 어떤 집단이나 특정 기구가 전담하고 독점할 대상이 아니라고 생각한다. 각자는 그 취향과 필요에 따라서 개별 인간의 일부인 각자의 신을 섬기면 된다.

특히 신비주의는 기존 종교 내의 한 종파로 발전할 수도 있고, 아니면 순전히 개인적 차원에서 자기만의 종교로 발전할 수도 있다. 무(인격-유일)신론이자 무종교자인 나는 후자를 더 선호한다. 유신론자건 무신론자건 자기만의 종교를 하나 갖는 것은 특정 교리에는 위반이 될 수도 있겠지만 종교의 참된 뜻을 구현하고 실천한다는 점에서는 결코 부정하기 힘들다. 고적孤寂 속에서 조용히 혼자서 하는 기도나 참선의 고요하고 그윽한 경지를 생각해보라. 특히 개인의 근원적 토대성과 중심성을 강조하는 개인주의자라면 더욱더 자신만의 신을 찾는 것에 관심을 가지게 될 것이다. 그러나 그가 찾은 신이 아무리 자기만의 신일지라도 신은 결코 개인이 독점할 수 없는 "시작도 끝도 없는" 무변광대의 존재이므로 동시에 만인의 신이 된다. 하나의 신이 다시 만인 각각에게 하나의 유일한 신으로 존재하는 것이다.

신비주의는 과학적 합리주의나 실증주의가 지배하는 오늘날에도 과학의 성역 밖에서 존재하는 불가지 혹은 미지의 신비한 영역에 대한 인간의 끊임없는 탐험 욕구에서 나온다.[8] 자연현상 가운데서도 불가해한 우주적 현상은 가히 초자연적 현상이라고 규정될 수 있을 만큼 여전히 신비의 대상으로서 인간의 상상적 창조력을 자극한다. 단언컨대 영원히 풀리지 않을 우주의 신비가 모두 풀리기 전에는 신비주의는 계속 온존할 것이다. 다시 말하자면 신비주의는 인간의 조건이자 숙명이다.

  동시에 신비주의는 과학을 거부하거나 반대하는 반과학이 아니다. 이와 마찬가지로 과학 또한 신비주의를 마술이나 미신으로 단정하는 태도를 가져서는 안 된다. 각자는 각각의 고유한 영역에서 고유의 논리로 그 세계를 설명하고, 인간들에게 도움을 줄 뿐이다. 양자는 각각의 영역을 지키면 그만이다. 이에 더하여 나는 신비주의와 과학은 상호 보완적인 측면을 가진다는 점을 지적하고 싶다. 어차피 과학이 우주 내 삼라만상이 지닌 모든 존재의 비밀과 생성·소멸의 묘리를 깨끗이 완전하게 밝힌다는 것은 불가능한 일이므로 자연과학이 인문사회과학과 잡종화하여 융합적 지식을 성취하듯 신비주의와 결합해서도 양자의 장단점을 극대·극소화하는 길을 발견할 수 있을 것 같다. 서양의학과 동양 한의학의 결합도 하나의 유사한 예가 되지 않을까? 사주팔자, 관상, 풍수나 각종 점성술의 과학화도 하나의 길이 될 것이다. 물론 이러한 잡종화 과정에서 각자 자신의 고유한 생명력과

---

[8] 최근 뇌과학의 발전과 함께 인간의 내면 의식 세계에 대한 합리적 설명이 제시되고 있다. 그러나 신경세포의 반응과 뇌 구성 물질의 반응 등을 토대로 아무리 과학적으로 인간의 의식, 감정, 논리를 설명해본들 그 설명 메커니즘의 전제가 되는 혹은 근본을 이루는 작용과 형성은 무지나 미지의 대상으로, 적어도 상당 기간, 계속 남게 될 뿐이다.

가치를 훼손시키지 않으면서, 즉 개별적 고유성의 원리를 지키면서 협력과 협동의 길을 찾길 바란다.

신인합일의 경지를 추구하는 영적 탐구는 신과 인간의 잡종화, 신성과 세속의 잡종화라는 점에서 잡종사회의 종교적 지주가 될 수 있다. 종교적 근본주의가 종교적 자유를 위협하고, 신의 대리인인 성직자들이 점점 세속적 명예와 권력에 탐닉하는 현실에서 종교의 새로운 차원을 개발할 필요가 있다. 신인합일의 논리를 경험적 현실에 적용하면 어떤 추상적 신과 추상적 인간의 합일이 아니라 구체적 개인과 자기만의 구체적 신의 문제가 된다.

현대사회의 개인화 현상을 강조하는 벡(2013: 16-18)에 따르면 자기만의 삶을 사는 개인에게는 자기만의 신이 등장한다. 그 신은 전능하지도 않고, 일상적이며, 매우 가까이에 혹은 바로 내 속에 있다. 따라서 만약 "신이 내게 더 이상 도움이 안 되면, 이제는 내가 신을 도울 차례이다. … 한 가지가 점점 더 분명해질 뿐이다. 당신이 우리를 도울 수 없고 우리가 당신을 도와야 한다는 사실, 그래서 결국 우리가 스스로를 도와야 한다는 사실이 말이다." 신을 돕는다? 그것이 자신을 돕는 것이다? 자신이 곧 신이라는 사실을 기억하면 틀린 말이 아니다. 그러나 논리적 전제가 약간 잘못된 것 같다.

잡종사회의 신비주의자는 처음부터 창조자로서, 조물주로서 전능한 (인격)신을 전제하지 않으며, 동시에 신을 돕겠다는 인간 중심적 혹은 인간주의적 과욕도 갖지 않는다. 적어도 내가 이해하고 상상하는 아나키스트 자유주의자의 신은 형언키 지난하지만 우주의 섭리를 표상하는 어떤 에너지로 세상에 충만하고 이미 내 속에도 흐르고 있다. 그것은 우주의 기, 도, 사랑과 용서, 은총과 축복, 대자대비, 권고와 계시 등이기도 하며, 이 모든 것의 총화이기도 하다. 혹은 구체적으로 나의 분신, 나의 다른 존재 양태인 석가모니 부처나 예수 같은 성인의 마음 같은 것이다. 그러므로 그 신은 "자기만의 신"인 동시에 "만인이 공유할 수 있는 신"이다. 이런 신은 죽지도 않고, 도울 필요도 없다. 스스로 죽고, 스스로 돕는다. 벡과 달리 현세적 신비주의자는 개인으로부터 출발한다. 장자의 인식처럼 개인인 나는 모든 것이다. 개인으로서 나는 신, 국가, 민족, 공동체 … 만물 … 우주, 그 모든 것이다. 단지 세상의 많은 개인이 이 사실을 제대로 깨우치지 못한 채 자신을 현실의 좁은 육신과 그 둘레의 불필요하고 자질구레한 울타리 속에 가두어놓고 있을 뿐이다. 장자적 우주관과 생사관이 환각인지, 그야말로 장자의 꿈인지 그 경지에 도달하지 못한 나로서는 장담하지 못하겠으나 논리적으로 그 말은 부정하기 어려운 진실을 담고 있다.

그레이엄(2015: 63)은 장자의 오묘한 논리를 다음과 같이 칭송한다. "중국의 문헌 어디에도, 그리고 내가 아는 세상 문헌 어디에도 장자만큼 그것을 깊이 체험하고 감동적으로 표현한 사상가는 없다." 이왕지사 내친김에 장자의 절묘한 잡종적 논리에 대한 칭송 또한 소개하자.

> 만물의 신비와 신성함에 대해 불경스런 유머를 구사하는가 하면 경외감을 드러내기도 하고, 직관을 발휘하는가 하면 지성의 미묘하고도 생략적인 비약을 감행하기도 한다. 인간적 따듯함과 비인간적인 냉담함, 서민적인 소탈함과 지적인 세련됨, 이 세상과 무관한 듯 보이는 환상적 황홀경과 현실적인 관찰력, 죽음을 예찬하는 언어의 리듬 속에서 최고도로 강렬하게 분출되는 생명력, 말을 자유자재로 가뿐하게 구사하는 능력과 말의 불충분함에 대한 경멸, 반박할 수 없는 확신과 바닥을 모르는 회의주

의 등. … 이런 대조적 요소들이 한데 어우러져 있다(그레이엄, 2015: 17).

대단하다. 그레이엄은 필시 장자의 곁에서 함께 노닐 수 있을 것 같다.

2. 지금과 여기의 길: 세속의 신성화

사회학적으로 종교의 기능은 세속성the secular에 대비되는 신성함the sacred에 관계된 것이다. 초월적 신이든 자연현상인 번개나 불 혹은 바위나 바다든 관계없이 그것이 신성한 것으로 경외의 대상이 되면 종교가 된다. 예전에 내가 유사종교를 공부할 때, 지금은 작고한 저명한 연구자로부터 동대문 근처의 빈민촌에 있는 어떤 사이비종교는 당시 금복주 소주의 상표에 등장하는 배불뚝이 신을 섬기는데, 그 종교의 입회식은 교주와 신입자가 각각 소주 한 병씩 마시면서 신상 문제와 세상 잡사를 얘기하는 것이라고 들은 적이 있다. 어떤 진지한 신자들에게는 모욕감을 줄지 몰라도 세계의 여러 (특히 원시적) 군소 종교를 살펴보면 갖가지 신과 온갖 존재가 섬김의 대상이 되고 있다. 멀리 생각할 것도 없이 서구적 근대화를 성공적으로 이룩한 세계 최고의 선진국인 일본의 준국교라고 할 수 있는 신도에는 몇 백만의 신이 있다고 한다. 지금은 더 늘었는지 아니면 줄었는지 모르겠다.

과거 다른 나라보다도 일본이 장수국으로 뚜렷이 부각되던 시절, 일본인의 장수 비결로 근면, 청결, 소식 등이 거론되었을 때, 나는 일본의 신도도 큰 기여를 했을 것이라고 생각했다. 자기에게 필요한 수

많은 신을 섬기고, 모시고, 빌고 하는 과정에서 일본인들은 손쉽게 항시 신들과 대화하면서 속죄와 정화, 기원과 소망, 축복과 감사를 할 수 있다. 극도의 스트레스 사회에서도 상대적으로 마음의 평정을 더 유지할 수 있다. 여기에 신도 많으면 많을수록 좋다는 자본주의적 대량생산-대량소비의 논리가 끼어들지도 모른다.

신비주의는 내재적 초월이라는 점에서 내세 지향적이라기보다는 현세 지향적이다. 과거에는 대다수의 종교가 천국이나 극락과 같은 사후 세계에서의 안락을 보장하는 데 관심을 기울였다면 최근에는 현세의 행복에 대해서 여러 가지 방안을 제시한다. 그러나 나만의 신을 찾고, 신인합일을 추구하는 신비주의는 그 핵심적 지향점을 분명히 현세에 둔다. 지금 여기의 일상적 삶과 꿈이 가장 중요한 가치 목표가 된다. 어떻게 죽기 전에, 즉 살아생전에 행복하고 보람 있는 삶을 영위하는가가 중요하다. 생사를 초월하는 신인합일의 경지지만 여전히 그것은 생의 한가운데서 추구하는 개인사이므로 사후의 문제는 당연히 논외요 관심 밖의 사항이다.

자신 속에서 신을 발견하려는 사람들은 죽음에 대하여 보통 사람들과는 달리 어떤 공포감이나 불안감을 크게 느끼지 않을 것이다. 왜냐하면 무궁무진한 우주적 신성이나 영성을 체험하는 신비주의자들은, 불교적 표현을 빌리자면 차츰 생사의 찰나적 성격을 깨닫고 그것을 초월하는 달관에 이르거나, 공수래공수거의 생성·사멸이라는 자연의 법도에 순응하는 지혜를 터득하기 때문이다.

죽음을 앞둔 장자(32편)의 참으로 멋진 유언을 들어보며 우리도 죽음을 멋있게 맞이해보자.

장자가 막 죽으려 하자 그의 제자들이 호화로운 장례식을 치러

주고 싶어 했다. 장자가 말했다. "나는 하늘과 땅을 내가 들어갈 관의 속널과 겉널로, 해와 달을 한 쌍의 둥근 옥으로, 별을 진주로, 만물을 내 이별의 선물로 삼으련다. 빠진 장례 도구가 있느냐? 여기에 뭘 더 보태려고 하느냐?" "선생님, 저희는 까마귀와 솔개가 선생님을 파먹을까 걱정입니다." "땅 위로는 까마귀와 솔개에게 먹히고 땅 아래로는 개미와 땅강아지에게 먹히겠지. 너희들은 한쪽 것을 뺏어다 다른 쪽에 다 주겠다는 것이냐? 어째서 편애가 그렇게 심한 것이냐?"(그레이엄, 2015: 331)

현세주의자는 사후세계에 대해서 전전긍긍하거나 노심초사하지 않는다. 알 수도 없거니와 알 필요도 없다. 겸허한 자세로 인간의 숙명을 수용한다. 죽음은 끝이 없는 끝이요, 시작이 없는 또 하나의 시작이 될 수 있다. 죽어서는 죽음의 신을 찾아 죽음과 일체가 될 수도 있다. 죽음 또한 신비의 영역으로 남겨두는 것은 신비주의자의 특권이다. 이런 점에서 신비주의자의 신은 개인의 친구이자 스승, 감시자이자 조력자이다. 분노에 가득 찬 무서운 심판자가 아니다. 예측할 수 없는 광기로 인간을 괴롭히는 지배자도 아니다. 인간이 필요로 하고, 인간에게 도움을 주는 부드럽고 따뜻한 동반자이다. 더욱 다행스러운 것은 모든 사람은 이런 신을 열심히 노력하면 반드시 자신 속에서 찾아낼 수 있다는 점이다. 불가에서는 그것을 진아라고 하는가? 내 속의 부처. 내 마음이 부처. 기독교도 도교도 모두 마찬가지다. 예수도 말하지 않았는가. 내가 항상 네 곁에 있을 것이라고.

현세적 신비주의는 내세 지향적이고 신 중심, 교회/사찰 중심으로 움직이는 기성 종교들과는 대비되는 새로운 종교적 양식으로 자리 잡을 것이다. 그것은 기존 종교 양식을 애써 부정하지 않는다. 아나키스트 자유주의자의 원칙은 다음과 같다. 각자는 각자의 길로 간다. 도울 수 있으면 서로 도우면서. 새로운 잡종적 종교의 형태로서 종교의 다양성을 자신의 방식으로 추구하면 그만이다.

존재론적으로 접근하자면 신비주의의 신은 존재 그 자체이다. 칸트는 존재론을 위하여 신을 필요로 했다. 아나키스트 자유주의에 의하면 존재자의 당연한 속성 혹은 지향성으로 신은 존재로서 존재자에게 편재하고 있다. 신은 존재와 존재자를 매개하는 하나로서의 이중성이다. 그러므로 무수한 존재자 중 하나인 개인은 존재와 연결된 길을 따라서 자신의 신 혹은 자신의 존재를 찾아가는 것이다. 그리고 그 '하나'라는 존재는 존재자와 연결될 경우에만 의미를 지닌다는 점에서 '수많은 하나'로서 특수한 편재성을 가진 변화무쌍의 무진본이다. 천지인합일 혹은 신인합일을 말하는 『천부경』에서 석삼극무진본(하나를 세 개로 나누어도 그 근본에는 변함이 없다)이라고 한 것은 무한한 미지의 존재가 갖는 집일함삼執一含三(하나 속에 셋이 있고)의 생성력과 회삼귀일(셋이 모이면 하나로 돌아간다)의 융합력을 나타내기 위해서인 것 같다. 현세적 신비주의자는 모든 위대한 종교의 창시자였던 성인들이 애써 찾고 힘주어 강조했던 "내가 너와 함께하리라" 혹은 "내가 너 속에 있다"는 말을 잊지 않는다.

신비주의자가 지금과 여기에 집착한다면 세속화의 유혹에 빠져 황홀경 추구나 접신 도취에 탐닉하지는 않을까? 물론 그러한 위험성을 전적으로 부정할 수는 없다. 황홀경이나 접신 체험 자체는 나쁜 것이 아니다. 문제는 그러한 것은 모든 사람이 쉽고 편안하게 일상적으로 추구하여 획득할 수 있는 것이 아니고, 특수한 능력(예컨대 신기나 신통력)을 부여받거나, 아니면 피나는 수련을 통해야 가능하다는 것이다. 나아가 이러한 능력은 당사자를 반드시 안락하게 만드는 것도 아니고, 이를 잘못 활용하여 타인을 현혹시키거나 사회에 피해를 주는 경우(사교 집단)도 있다. 이래서 신적 세계는 함부로 들락거릴 수 없는 성스러운 영역이라고 하지 않는가? 경건한 자세와 경외심이 필요하다. 존재의 가벼움이란 제멋대로의 천방지축이 아니고, 아집과 맹아를 털어버린 청산유수이다.

현세적 신비주의자가 추구하는 지금과 여기의 길은 현실을 긍정하고, 현실의 삶을 적극적으로 개척하는 현세주의를 지향한다. 그것은 세상으로부터의 도피를 의미하는 베버(Weber, 1978: 526-556)의 신비주의가 아니라 포스트모던사회에서 더욱 용이해진 이 세상 안에서 추구하는 신비주의 this-worldly mysticism이다(Alexander, 2000).[9] 이 세상을 살아가면서 신비주의를 찾으라는 것은 파계승의 궤변처럼 세속의 향락 논리에 젖어 부정적 의미로서 저속하게 살아도 좋다는 말이 아니다. 그렇다고 세속을 넘어서 저 멀리에서 신성을 찾으라는 것도 아니다. 세속 가운데서 신성을 발견하라는 요구이다. 이때 신성이란 비인간적일 정도로 고상하고, 극적으로 장엄한 의미 체험이라기보다는 담담하고 소박하면서도 그윽한 의미 체험으로 발견될 것이다. 다시 말해 세속의 신성화 혹은 신성한 세속이 가능하다는 말이다. 하느님의 왕국을 억지로 지상에 흉내 내어 세우는 것이 아니라 지금 여기의 현세에서 혹은 개인 개인의 신성 추구나 신인합일의 과정 안에서 나타나는 나만의 작은 "하나"님의 세계를 발견하는 것이다. 발견한다기

---

[9] 최종렬(2015)은 베버가 주장하고 파슨스가 발전시킨 고전적 분류인 신비주의 대 금욕주의와 세상 밖과 세상 안을 교차시킨 구원과 개인의 행로에 관한 네 가지 이념형적 종교 지향성에 근거하여 한국의 무슬림 이주자를 세상 안 신비주의자로 규정하는 매우 흥미로운 연구를 하였다. 나의 현세적 신비주의는 세상 안 신비주의와 강한 선택적 친화력이 있다.

보다는 차라리 솔직하게, 만드는 것이 아닐까? 아나키스트 란다우어(Landuer, 2008)는 이 경지를 "자기부정을 통해 내면의 가장 진정하고 귀중한 존재를 발견하여 세계와 신비롭게 하나가 되는 것"이라고 하였다. 아나키스트 자유주의자는 심신 수련과 명상, 좌선을 통해 자기정화를 함으로써 새로운 자아의 집 혹은 새로운 자기의 신을 찾아보자. 그리고 이 집에 우리의 보금자리를 한번 만들어보자. 설령 그것이 "구름의 집"처럼 쉽게 사라질지라도 그 집은 김주완(2013: 128)의 지적처럼 "다듬지 않은 무위의 통나무로 지은 노자의 집이거나 신인神人이 소요하는 장자의 집쯤 될 것 같다." 그 집을 보고 있으면 분명 마음이 편해질 것이다.

예수, 부처, 노자-장자 그리고 공자 모두 그들의 왕국을 우리 개인 각자의 신성 추구의 길 위에 세워둔 것이라 믿고 싶다. 그리고 이 왕국이 반드시 위대한 성현들이 세운 것이 아니라도 좋다. 나만의 신을 발견하고, 그 신이 세운 왕국인들 어떠랴. 그것을 독실한 기존 종교의 입장에서는 이교도적 취향, 사탄적 자기도취, 자기최면, 과대망상이라고 부를 수도 있을 것이다. 아무렴 어떠랴. 원래부터 종교의 길에는 이단을 선고하는 무시무시한 판관들이 어슬렁거린다. 다행히 21세기는 그나마 종교 자유의 시대이니 화형을 받거나 십자가에 못 박히지는 않을 것이니 너무 두려워할 필요가 없다. 오히려 지금 여기의 신성 발견의 길을 도와주겠다고 나서는 사이비 가이드들이 더 위험하다. 무면허 상담사, 정신 치료사, 각종 깨우친 도사, 명상 전문가가 주위에 널려 있다.

잡종사회의 친구인 현세적 신비주의자는 종교의 잡종화 혹은 잡종적 종교를 확산시키는 역사적 과제를 수행해야 한다. 기성 종교와 불필요하게 대립하고 마찰을 야기할 필요는 없다. 이미 기성 교단 내부에서도 신비주의적 종교체험을 중시하는 사람들이 생겨나고 있다. 신인합일이라는 종교의 원초성을 회복하려는 시도도 보인다. 기성 교단의 틀 내에서도 얼마든지 현세적 신비주의자가 활동할 수 있다. 기성 교단의 지나친 세속주의에 대한 경종이자 각성의 징표가 아닐 수 없다.

　최근 교황의 자기비판적인 파격적 발언은 참으로 세상의 모든 종교가 귀담아 들어야 할 복음이다. 신을 받든다는 종교인에 대한 신의 간절한 호소인 것 같다. 다시 한번 그 복음의 요지를 되씹어보자. 다음은 교황이 질타한 교황청의 15가지 질병이다.

　　① 자신들을 불멸의 존재로 믿는 망상증.
　　② 일중독.
　　③ 영적, 정신적인 경직성.
　　④ 과도한 계획으로 인한 자율성 억제.
　　⑤ 협업 없는 단독 플레이.
　　⑥ 신과의 만남을 잊는 영적 치매.
　　⑦ 출세 지향성.
　　⑧ 이중생활, 위선 등으로 인한 존재론적 정신분열증.
　　⑨ 가십에 대한 몰두.
　　⑩ 보스에 대한 지나친 찬미.
　　⑪ 다른 이에 대한 무관심.
　　⑫ 겸손, 열정, 행복, 기쁨이 없는 장례식에 간 표정.
　　⑬ 과도한 물질적 욕망.
　　⑭ 전체보다 이너서클 추종.
　　⑮ 세속적 이익 추구와 으스대기.

교황이 질타한 기성 교단의 안주와 타성, 침체와 무기력이 사실 사람들의 신비주의 추구를 촉진한 주요 원인이다. 물론 교황은 그 가능한 대안으로서 신비주의에 대해서는 일언반구도 없다. 오히려 지금 여기에 대한 집착을 경계하라고 훈계한다. 그러나 그것은 현실 개혁과 개선을 위한 지금 여기를 비판하는 것이 아니라 현실 안주, 현실 만족, 현실 고수를 직분이라고 생각하는 수구주의, 반개혁주의에 대한 경고일 것이다.

기성 종교의 자기비판과 자체 혁신은 신비주의적 아나키즘의 부활과 더불어 잡종사회의 친구인 현세적 신비주의자들의 등장을 격려하고 촉진시키는 배경이 되고 있다. 아마도 문명전환의 최대 동력은 종교적 차원에서 결집될 것 같다. 현재 중국 대륙에 파고드는 기독교는 중국의 기존 종교들과 역동적으로 경쟁과 협조 관계를 유지하면서 중국에 경이로운 변화를 가져오는 것은 물론이고 선의의 부메랑이 되어 기독교 자체에도 혁신을 초래할지 모른다. 과거와 같이 제국주의적 침투의 선봉대로서 전도했던 시절과는 상황이 엄청 달라졌다. 중국에서는 사회주의를 겪으며 종교 부정도 있었다. 중국에서 문명전환에 필요한 새로운 종교적 기운이 일어나는 것을 보고 싶다. 종교적 열정이라면 세계에서 으뜸일 한국에서도 고질적 비리로 얼룩진 기성 교단의 각성과 함께 현세의 세속성을 정화하고 고양할 수 있는 신비주의적 자기 성숙과 자기실현이 확산되어야 한다. 이의 첩경으로 종교의 탈과잉세속화, 탈권력화와 탈물질주의화가 절실하다.

끝으로 문명전환의 차원에서 종교와 정치의 관계를 새롭게 구성하려는 정치신학적 관점에 대한 신비주의적 아나키스트의 대응을 살펴보자. 정치와 신학의 불가분적 관계를 강조한 『정치신학』의 저자 슈미트(Schmit, 1985)가 주장하듯 모든 핵심적인 정치적 개념은 신학적 개념을 재구성한 것이다. 중세의 전지전능한 신은 홉스의 리바이어던이 되었고, 17세기 말까지 신의 의지를 뜻하던 신학적 용어인 일반의지는 1762년 루소가 『사회계약론』에서 인민의 의지로 사용한다. 주권의 문제란 것도 신적인 것the divine에서 시민적인 것the civic으로 전환되었을 뿐이다. 이와 같은 신학적 개념의 정치화는 종교전쟁의 명분이었던 정화purification를 따라서 프랑스혁명기에는 자코뱅주의로 피의 축제를 열고, 뒤이어 레닌과 스탈린, 히틀러 등에게 학살의 명분을 주고, 오늘날에는 이슬람 성전의 이름으로 구현된다. 미국의 건국 아버지들이 품었던 정치적 이상도 퓨리턴주의puritanical providentialism에 뿌리를 두고 있다. 이와 같은 역사적 사실에 입각하여, 정치신학의 주창자 슈미트는 법 위에 군림하는 정치적 예외 국가state of exception의 논리적 근거를 발견한다. 이와 같은 관점에서 보자면 또한 정치적 자유주의란 사악한 인간성을 규제하는 이신론理神論deism이 될 것이다.

이상의 논리에 대항하는 크리첼리(Critchley, 2009)의 신비적 아나키즘은 인간의 불완전성이나 사악성이라는 원죄original sin를 강조하여 예외 국가의 정치적 주권을 법 위에 앉히려는 슈미트의 정치신학적 접근을 거부한다. 그 대신 중세의 여성 신비주의자 포레트Marguerite Porete가 참여한 자유정신운동이 추구한 신인합일becoming God/self-deification을 (원죄를 지닌?) 자아의 변형이라는 내적 성장과 성숙의 가능성으로 부각시키고자 한다. 그러나 크리첼리는 이 내면적 확충을 폭력의 정치politics of violence로 유인하거나 추상의 정치politics of abstraction에 안주시키지 않고, 신비주의적 열정의 한 형식으로서 사랑의 정치politics of love로 재구성한다.

이 지점에서 나는 다시 한번 바디우와 대면·충돌한다. 바디우

(2008)는 신비주의를 인간의 신성화를 추구하는 반계몽주의적 입장이라고 비판한다. 그에 의하면 신적인 것과의 동일성을 추구하는 신비주의는 계몽주의의 윤리적 차원을 확보하지 못한 채 주관성에 탐닉한다. 보편주의자인 바디우는 개인적 특수성의 추구인 신비주의적 신인합일 체험을 수용할 수 없는 것이다. 앞에서 보았던 것처럼 벡 또한 탈근대적 종교성으로서 신비주의가 종교의 사생활화를 초래하고 보편적 지향으로서 종교적 근본성을 망각한다고 비판하였다.

그러나 아나키스트 자유주의자의 신비주의 혹은 신비적 아나키즘이 최종적으로 도달하는 사랑의 정치는 원리상으로는 모든 종교가 도달해야 하는 정치적 지평이지만, 개인을 넘어, 개인이 가졌던 탐욕, 원한, 자기도취를 없애고, 그 자리를 사랑으로 채워 타인에게로 나아가는 혹은 타인을 손잡고 끌어당기는 연합의 힘이다. 자신 속에서 자기만의 신이자 만인의 신을 만난 개인이 어찌 개인으로만 머물러 있을 수 있겠는가? 그 넘쳐나는 기쁨과 사랑의 은총을 필히 혹은 자연스럽게 타인과 나누고자 할 것이다. 사랑, 그것은 사용하면 없어지는 것이 아니다. 나누어도 무진이다. 사용할수록 한계효용이 확대되는 초경제적인 것이다. 그래서 모든 위대한 종교의 궁극적 목표와 수단 그리고 힘은 사랑 타령에서 시작하여 사랑 놀이로 끝난다. 사랑을 느끼면 이미 신인합일로 한발 다가간 것이 아닐까? 사랑은 추상이자 구체이고, 자유이자 책임이고, 개인의 사생활이자 동시에 타인의 사생활이다.

최근 저명한 사회학자들이 "친밀성"으로서의 사랑도 논하고(기든스, 1999), "지독한 그러나 너무나 정상적인 혼란"으로서의 사랑(벡·벡-게른샤임, 1999)에도 주목하며, "열정으로서의 사랑"(루만, 2009)도 논한다. 마침내 감정자본주의 emotional capitalism와 사랑의 모순을 논하는 사랑의 사회학(일루즈, 2014b)도 등장한다. 사랑 타령이 본격적으로 사회학에서 시작될 전망이다. 그러나 사랑은 끝도 시작도 없는 미로迷路이다. 그렇기 때문에 동서고금을 막론하고 위로는 성현 군자부터 아래로는 필부필녀에 이르기까지 모두가 나름의 사랑을 추구하고, 노래하고, 한탄하였다. 이 무궁무진한 인간의 삶이요, 인간의 에너지요, 인간의 완성인 사랑에 대해 종교적 차원을 벗어나 여러 지평에서 그 의의와 가능성을 검토해보아야 한다. 육체적 차원에서건, 정신적 차원에서건 사랑은 개인의 자유와 해방을 확대하고 성숙시키는 가장 자연스럽고 황홀한 신비체험을 가능하게 만드는 은총이자, 모험이자, 위험이다.

이를 토대로 사회학자들이여 사랑의 시야를 더 넓혀나가자. 사랑은 여러 가지 의미에서 인간 최대 최고의 욕구 중의 하나다. 그러나 이제 그것을 목표나 욕구로서만, 감정적 문제로만, 합리적 교환으로만 이해하지 말고, 인간이 지닌 가장 훌륭한 덕성이요, 탁월한 문제 해결 능력으로 파악하자.[10] 사랑을 플라톤의 엄숙한 논리 속에만 가

---

[10] 김홍중(2013a: 43)은 이 능력을 "인지적 능력으로서의 합리성, 감정적 능력으로서의 합정성, 그리고 의지 능력으로서의 합의성"이라는 세 가지 차원으로 구분한다. 사랑의 개인적 차원에 주목하는 나는 사랑의 문제 해결 능력을 개인과 개인 간의 하버마스식 의사소통력, 개(별적 정)체성들 간의 구심적 결합력과 원심적 분화력 그리고 현실 지양으로서의 초월력으로 이해한다. 김홍중(2009: 5)이 사랑의 대지인 마음을 "'나'의 것이 아니라 '우리'의 것, 개인의 것이 아니라 사회의 것, 사유하는 물건이 아니라 공유하는 매체"로 보는 것은 미드류의 정통 사회학적 입장이다. 그러나 나는 이 집합적 표상, 의식, 가치로서의 마음(예컨대 애국심, 민족주의부터 인기 스타 추종주의, 사대주의, 페티시즘까지)은 손쉽게 권력화, 제도화, 물화, 상품화, 광고 대상화되는 경향이 있으므로 의도적으로 비판한다. 나의 마음, 나의 사랑은 나만이 소유하고, 이해할 수 있다는 점에서 지극히 개인적인 것이다. 그 마음과 사랑의 대상인 타자가 나를 인정하고 수용한다 해도 그것은 공유되는 것도, 사회적인 것도, 우리의 것도 아니다. 사회학자들은 이와 같은 개인적 사실의 연관 혹은

두지도 말고, 소돔과 고모라의 향락주의와 연결시키거나 진시황의 주지육림에 대한 허망한 꿈에 빗대어 매도하지도 말자. 사랑은 동서고금의 성인들이 한결같이 깨달았던 개인 행복을 위한 고귀한 자원이요 사회 평화를 이룩하는 유일한 길이다. 사랑은 사회학적 상상력이 개발해야 하는 "마음의 사회학"(김홍중, 2009) 혹은 "감정사회학"(바바렛, 2009)이 마음껏 노닐며 탐구할 수 있는 채진지유의 영역이다.[11] 사회학의 "감정적 전환"(김홍중, 2013a)이 확장되어 쾌락에 대한 억압으로서의 문명을 극복하는 전기가 만들어졌으면 한다.

확장을 새로운 사회적 사실의 생성인 것처럼 간주한다. 그렇다면 이 사회적 사실로서의 사랑은 개인적 사실로서의 나의 사랑과는 어떤 관계인가? 혹시 속박으로서, 경계 설정과 의미 부여로서 존재하는 권력적 타자의 논리와 가치가 틈입된 시선이 아닐까? 지옥일지도 모르는 타자의 시선. 나는 사회적 사랑을 사랑하고 싶지 않다. 나의 마음에 있는 나의 사랑을 사랑한다. 그래서 김홍중의 "마음의 레짐"이나 "사회적 마음"을 경계하지 않을 수 없다. 그것들은 역사적으로 흔히 (권력) 레짐의 마음으로 전도되거나 (전체주의) 사회의 마음으로 도치되어 마음 그 자체를 마음껏 농락하지 않았던가? 벨라(Bellah, 1985)가 발견한 마음의 습관habits of the heart은 미국에서는 개인주의와 자유주의 그리고 공동체를 통합시켜주는 역할을 해도, 한국 사회에서는 송호근(2006)의 우려처럼 잘못된 권리의 평등주의로 굳어질 수도 있다.

11 마음과 감정으로서 혹은 구조와 힘/권력으로서 사랑을 기존 심리학(예컨대 프로이트나 라캉)의 이론을 따라서, 혹은 철학적 개념(현상학적 혹은 낭만주의적-생철학적 논의)에 입각해서 검토하는 것도 유익한 출발은 되겠지만, 역시 종교사회학적 관점을 지향하는 것이 더욱 미래지향적이며 급진주의적 가치를 지닐 것 같다. 원효의 불가적 일심도 좋은 관점이 될 것이다.

제5부

항해:

건너야 할 길, 바다 앞에서

아나키스트 자유주의자는 문명전환의 길동무이자 잡종사회의 친구들인 타협적 탈국가주의자, 절제적 탈물질주의자, 협동적 개인주의자, 상대적 허무주의자, 현세적 신비주의자를 찾아내었다. 이제 길 떠날 채비의 한고비를 넘은 셈이다.

마침내 친구들과 산을 넘으니 저 아래 해변과 바다가 보인다.

바다로 내려가는 길에는
혼자서 터벅터벅 걸어가는 차라투스트라도 보인다.
누군가 『신을 죽인 자의 행로는 쓸쓸하였도다』라고 측은지심을 보였으나
그렇지도 않은 것 같다.
자세히 보니
그의 곁에는 『개인이라는 기적』의 깃발을 든

맹렬한 개인주의자 제자들도 있다.
이들과 함께 저 바다를 건널 것이다.

저편에는 『해변의 묘지』를 서성거리는 몇몇 명상가도 있고,
『바다의 침묵』에도 침묵하지 않겠다는 저항과 반역의 옛 전사도 있다.
그들에게도 함께 항해하기를 권유할 것이다

가장 반가운 것은
이미 바닷가에 도착하여
『젊은 날의 초상』을 던져버린, 이제는 나이 든 젊은이들이다.
아득하던 자유주의의 어느 사이 늙어버린 옛 친구들이다.
(이문열이 사용한 표현들을 내 나름으로 재구성해보면)
이들은 "망집"도 던졌고, "익기도 전에 병든 지식"도 던지면서,
"신의 구원을 거절한 절망의 자식들"인 "사람의 아들"이다.
물론 이들, 내 오랜 친구들이 "익명의 섬"에서 내리겠다고 하더라도
아무튼 동행을 강권할 것이다.[1]

저기 바다처럼 다가온 우리의 잔이 은총인지 시련인지?
어느 은총을 바라고 피하기보다는, 받은 잔은 마땅히 참고 비울 것이다.
그 슬픔과 기쁨을 동시에 느끼면서.

---

1 인용된 표현들은 이문열의 소설 제목이거나 『젊은 날의 초상』에 실린 것이다.

내려가자. 서둘러 내려가자.
회의의 태풍과 무기력의 해일로 바다가 날뛰기 전에
저주의 역풍과 유혹의 해무가 바다를 가리기 전에
배를 만들어 바다에 띄우자.

아나키스트 자유주의자는 행동해야 한다. 직접행동은 아나키스트의 좌우명이다. 21세기의 아나키스트, 자유주의자, 개인주의자는 조직과 선전을 즐겨야 한다. 단독 행동에 더하여 조직 행동도 강구해야 한다. 행동과 조직에 의한 선전propaganda by deed and organization! 지배자 없는 자율과 협력의 새로운 조직이 얼마든지 가능하다. 조직하고, 행동하며, 선전하자. 잃을 것보다는 얻을 것이 더 많다.

16장   잡종사회의 구상:
어떤 배를 탈 것인가?

　문명전환의 항해를 위해서 내가 오래전부터 준비한 배가 부둣가 어딘가에서 기다리고 있다. 잡종사회의 친구들이 탈 이 배는 아나키스트 자유주의를 검은색 바탕에 흰 글자로 새긴 주 깃발을 중심으로 좌우에 두 개의 깃발, 즉 사회국가와 동아시아 연합의 깃발을 각각 달 것이다.

　권력 체제로서의 국가를 해체하는 아나키스트 자유주의의 조직 원리는 무엇인가? 5장에서 언급했듯이 그것은 프루동이 제시한 자유 연합과 자유 연합의 확대로서 연합주의 혹은 연방주의이다. 개인들이 자발적으로 자유롭게 모여서 자치적인 모임을 만드는 것이 자유 연합이다. 이러한 자유 연합은 개인 수준에서 개인들의 특성, 가치, 욕구 등에 따라서 무수히 다양한 형태로 만들어질 수 있다. 이들 자유 연합이 다시 상호 연관성을 맺으면서 상호작용을 하는 과정에서 자유 연합의 확대 혹은 상향적 조직화가 발생하는데 그것이 소위 말하는 사회/국가 수준의 연합체 혹은 집합체로서의 사회국가이다.

그다음 단계로 지역 수준에서 자유 연합체를 구상할 수 있는데, 유럽 연합이 여기에 해당되고, 이와 유사한 형태이나 보다 개선된 것으로 동아시아 공동체를 의미하는 동아시아 연합이 등장한다. 최종적으로는 이들 지역 연합의 연합으로 세계 연합이 이룩된다.

이와 같이 최초의 가장 기본적인 단위로서 자율성과 자치성을 가지는 개인의 자유 연합으로부터 상향적으로 확대되는 연합체의 조직 원리가 바로 프루동이 제시한 연합주의이다. 연합주의는 참가하는 모든 구성단위가 독립적인 자율성을 가지고 그 단위의 대리인들이 모여 각종 현안의 해결 및 추진과 관련된 조정, 절충, 타협을 시도하는 커뮤니케이션 방식이다. 비록 초보적이고 불완전한 형태이지만 현재 유럽 연합이나 아세안이 추구하는 국제 협력 방안이다. 연합주의는 그 형태에 따라서 개선의 여지가 많고, 다양한 변용과 응용이 가능하다. 최소한 연합주의는 특정 지역이나 국가의 단원적 혹은 일극적 헤게모니를 부정한다는 점에서 과거 강대국 중심의 국제 협력 기구와는 기본적 정신과 가치가 다르다. 연합주의는 참여자의 자유와 평등을 최대한 보장하려고 한다.

개인들의 자유 연합에 그 조직적 토대를 갖는 아나키스트 자유주의는 사회/국가 수준에서는 시민사회를 억압하는 기존 국가권력 체제를 해체하고 탈권력 사회국가를 기획한다. 이와 동시에 지역 수준에서는 동아시아의 사회국가 연합인 동아시아 연합(동아시아 공동체)을 추구하고, 세계 수준에서는 미래의 세계 연합을 구상한다. 이처럼 개인으로부터 확대하여 그리고 상향적으로 개인의 자유 연합-사회국가-동아시아 연합-세계 연합이라는 연합주의적 조직화를 기반으로 하면서 아나키스트 자유주의자는 자유와 평화의 세상을 전개하고자 한다.

아나키스트 자유주의는 우선 두 가지 제도화의 길에 집중한다. 두 길은 선후를 정해서 순차적으로 혹은 단계적으로 추구하기보다는 상호 보완과 보강이라는 병진竝進 관계 속에서 동시에 추진하는 것이 바람직하다. 그 하나는 시민사회와 대립하는 현존 권력 국가 체제를 재구성하여 탈권력 사회국가를 만드는 것이다. 최소국가의 보다 구체적인 형식이라고 이해하면 된다. 다른 제도화는 동아시아 지역에서 동아시아 연합을 형성해나가는 것이다.

1. 국가적 차원: 사회국가

잡종사회에서 아나키스트 자유주의자가 당면한 최우선적 실천 과제는 탈국가주의에 입각하여 현존하는 강권적 국가권력 체제를 탈권력화 혹은 탈폭력화시키고, 항구적으로 세계시민사회의 형성을 촉진하는 세계 연합으로 변화시키는 것이다. 먼저 현재의 국민국가 수준에서 국가 재구성을 시도하는 아나키스트 자유주의의 탈국가적 이론틀을 설명해보겠다.

서구 사회학은 오랫동안 이질적인 무수한 개인이 갈등 속에서도 사회질서를 이룩하는 "개인 대 사회" 혹은 "개인적 행위 대 사회적 질서"의 문제를 사회학의 근본 과제로 삼아왔다. 물론 개인과 사회(혹은 사회구성체나 사회구조 등)는 이분법적 대비에도 불구하고 개인이 사회적 가치를 내면화하는 사회화socialization 혹은 개인이 구조적 자원과 기회를 활용하는 구조화structuration 등의 개념을 통하여 양자간의 상호작용 혹은 호혜적 관계를 강조하였다. 그러나 개인과 사회의 관계는 기본적으로 단위와 구성, 부분과 전체, 개별과 집합 등이라는 차원에서 인식되었고, 개인적인 것은 사회적인 것과 구별되었다. 나아가 개인적인 것은 자기중심적인 이기심이라는 원자론적 파편성을 가지고, 사회적인 것은 자기 확대적인 연대성 혹은 공동체성을 지닌다는 전제 위에서 전자는 후자로 발전적으로 수렴·귀속·통합되어야 한다는 집합주의가 득세하였다. 모든 형태의 공동체주의는 공동체가 개인에 선행한다는 규범적 가치를 명시적으로 혹은 묵시적으로 전제한다. 국가, 민족, 기업, 집단, 가족 등의 공동체를 위해서 필요하다면 개인의 목숨까지도 바치는 희생을 감내해야 한다는 당위적 요구가 오늘날에도 빈번하게 통용되고 있다.

그러나 처음부터 개인과 사회 그리고 세계/우주(적 질서)를 통일적으로 인식하는 동아시아의 천지인합일 사상의 관점에서 보자면 서구 사회학의 "개인 대 사회"라는 구분적 세계관은 매우 제한적이다. 유일신 하느님의 피조물로서 개인과 그 개인이 추종해야 할 그 섭리의 현실적 담지자로서 교회-국가-사회는 존재론적 지위가 동등하지 않다. 나는 오래전부터 주장해왔다. 다시 반복한다. 이제부터 적어도 동아시아의 사회학은 개인, 국가, 사회를 삼위일체로 혹은 하나의 잡종화로 종합하는, 개인에서 출발하고, 개인이 중심이 되고, 개인에게로 다시 돌아오는 개인의 사회학 혹은 개인주의 사회학을 개척할 필요가 있다. 그 이념적 그리고 이론적 토대를 제시해보자.

불가의 천상천하유아독존은 존재와 인식의 근원적 단위로서 사람, 즉 (개)인 혹은 (자)아를 전제하는 것이다. 사람 혹은 인간의 구체적 존재 형식으로서 개인은 사회 없이도 존재할 수 있지만, 개인(들)이 없으면 사회는 성립하지 않는다. 개인과 사회를 대립적 혹은 대칭적 관계로만 파악할 필요가 없다. 천지와 함께 (진화하면서?) 인간이 생기고, 그 인간과 함께 사회가 형성되고, 국가가 건설된 것이다. 그러나 국가의 팽창으로 사회가 약화되어 권력균형이 깨어지면서 시민혁명이 일어나고 시민사회가 등장하여 국가와 사회가 갈등/협력의 관계를 전개하는 것이 오늘의 현실이다. 그러나 국가와 사회는 원래 인간으로부터 나온 것이므로 인간에게로 귀속하여 그 참된 존재 의의를 구현해야 한다.

『천부경』의 인중천지일(사람 속에서 천과 지는 하나가 된다) 사상은 상기의 천지인합일 사상과 천상천하유아독존을 절묘하게 잡종화한다.[1] 사람 속에서 혹은 사람을 통해서만이 천과 지가 하나로 되는 것은 인간으로서 내가 가장 확신할 수 있는 대상은 바로 나 자신인 개인이 유일무이하기 때문에 가능하다.[2] 일체유심조 — 이 세상 모든 것은 내 마음이 혹은 내가 허물고 짓는 것이다! 물론 이것은 신인동형동성설에 의거한 서구식 인간중심주의와는 전혀 다르다. 인식의 주체로서 (개)인은 천과 지를 자신 속에 (포용하면서) 끝도, 시작도 없는 우주적 단위인 하나[一始無始一, 一終無終一]를 지향하는 것이다. 하나는 경험 세계에서는 융합 혹은 잡종화 과정 속에서 그 존재성을 보여준다.

천지를 상징하는 국가나 사회가 개인으로서의 인간을 통하여 하나로 존재론적 환원을 한다는 것은 무엇을 의미하는가? 이것이 인간중심주의를 의미하는 것은 결코 아니다. 적어도 인간에 관한 한 유아유심唯我唯心의 세계에서만, 즉 개인적 인식의 차원에서만 천지 만물과 천지 만사가 의미를 가지는 것으로 이해하고 싶다. 그러나 물아일체의 하나라는 관점은 동시에 국가나 사회 또한 개인과 동등한 개별

---

[1] 『천부경』의 해석은 하기락(1993b)을 주로 하면서 김석진(2010)을 참고하였다.
[2] 이미 밝혔지만 나는 일종의 유아 유심론적인 이 견해를 수용한다.

적 존재로서 개인적 차원을 지니는 것으로 파악한다. 사물이건 혹은 관념이건 그 이름[名]을 가지는 존재는 그것이 호칭되는 맥락의 구체적 특수성과 더불어 반복적 호칭에 따르는 고착성이나 일반성을 또한 소유한다. 슈티르너가 국가나 사회를 고정관념이라고 한 것은 그 고착성이 과장되거나 강요된 의미를 고정시키는 것으로 간주했기 때문이다.

나는 이상의 논의를 기반으로 개인 대 사회 혹은 개인과 사회라는 이분법적 관계 대신에, 천지인합일 사상과 천상천하유아독존 그리고 『천부경』의 인중천지일에 의거하여 사회-개인-국가의 통일적 관계를 전제하고자 한다.[3] 이 통일적 관계는 형이상학적 차원에서 출발하여 경험 세계로 연결되는데 나의 이론적 잡종화 과정에서 다음과 같이 재구성된다(〈표 9〉를 참고할 것).

① 하나라는 존재에서 생성된 존재자로서 사람, (개)인 혹은 자아는 모든 인식과 존재의 (시작이 없는) 출발점이자 (끝이 없는) 종착점이다.

② (개)인의 외적 발현/표현으로서 국가[天]와 사회[地]가 분화한다. 그런데 시공간이라는 구조적 제약이 발생하는 인간의 역사에서 지地를 표상하는 사회는 인간 자유의 영역으로서 일상적 삶에서 욕구, 행위, 의식을 해방시키는 자율적-연대적 상호부조 관계를 육성시켰지만, 인간의 동물적 공격성으로 인하여 경쟁 갈등 관계에 빠져든다. 이러한 상황을 타개하고자 천天을 표상하는 국가는 사회질서의 수호자로서 가치-규범-법칙적인 것들을 지키게끔 하는 과정에서

---

[3] 이와 관련된 나의 예비적 논의로는 김성국(2011)을 참고할 것. 동아시아의 통일적 세계관에 관해서는 홍승표(2005)로부터 많은 시사를 받았다.

그 또한 권력을 장악한 인간, 권력자의 탐욕성으로 인하여 강제적 폭력과 권력이라는 인위적 지배 관계를 발전시킨다.

③ 여기서 두 가지 핵심적인 내용을 인식해야 한다. 첫째, 개인은 국가와 사회라는 두 개의 이질적 관계, 즉 국가적 권력관계와 사회적 권력관계를 동시에 자신 속에서 유지한다는 사실이다. 둘째, 전통적 아나키즘은 당대의 비민주적 국가는 악을 대변하는 반면, 사람들이 억압과 착취에 시달리며 협력하면서 살아가던 사회는 선이라고 이분법적으로 판단하였다. 그러나 시대 상황의 변화와 함께 국가 체제가 점차 민주화되고 국가권력의 생산적-긍정적 활동은 꾸준히 증대하였으나, 사회는 불행히도 국가 권력관계의 침투 확산에 따라서 사회의 국가권력화라는 부정적 측면을 갖게 된다. 그럼에도 불구하고 국가와 사회는 개인들의 자유 연합 과정에서 등장한 집합적 연합체로서 각각 인간 사회의 유지에 필요한 기능을 나름대로 수행한다. 국가와 사회를 단순하게 선악으로 구분하는 것은 더 이상 유효하지도 않고, 사실도 아니다.

④ 하버마스의 지적처럼 생활세계가 도구적 이성의 논리가 지배하는 체계system에 의해서 점차 그리고 전면적으로 식민지화되고 있듯이 오늘날 시민사회는 국가에 의해서 지배 혹은 압도당하여 국가와 사회 간의 세력 균형이 무너졌다. 그러므로 음양오행론의 음양 조화나 아나키즘의 창조적 파괴에 의한 새로운 질서를 확보하기 위해서 우리는 협동적, 연대적 가치를 강조하는 시민사회의 힘 혹은 시민권력의 확대를 도모해야 하는 규범적-실천적 과제를 부여받고 있다. 아나키스트 자유주의는 이를 탈국가주의라는 관점에서 실천하고자 한다.

⑤ 잡종사회의 선도 이념으로서 아나키스트 자유주의는 한편으로

는 탈권력과 탈국가의 동력으로서 "(비록 오염되고 희석되어 있지만 개인과 자유의 가치를 지향하는) 사회적인 것"을 강화하기 위해서, "국가로부터 사회로의 권력 이동"을 강조한다(시민 권력의 구축!). 다른 한편으로는 이 권력 이동과 동시에 국가권력이건 시민 권력이건 모든 권력 자체를 국가와 사회의 잡종화를 통해서 잡종화시키는, 다시 말해 탈권력화시킨다는 의미에서 "탈권력 사회국가post-power social state"를 추구한다. 탈권력화는 최종적으로 (기존의 국가가 사회를 지배하던) 국가사회로부터 시민사회의 성숙과 함께 국가를 시민사회 속으로 흡수·통합하는[4] 잡종화를 통하여 (사회와 국가가 하나로 균형을 이루는) 사회국가를[5] 지향한다. 그리고 국가권력이 사회권력으로 이동하는 과정에서 이 두 가지 형태의 권력은 (인간으로서 모든 개인이 각각 권력을 갖는다는 의미에서) 개인 권력으로 재구성된다. 이 개인 권력은 개인이 다른 개인을 강제하거나 지배하는 권력이 아니다. 개인이 자신을 개인답게 만드는 개인 실현의 권력, 즉 개인의 자유를 유지하고 강화시키는 개인 자신의 능력이다. 개인 권력은 바로 자유의 힘이자, 자유를 위한 힘이다. 이를 노자적 관점과 연결시켜보자면, 모든 일상에 존재하는 억지요, 무리요, 비리로서의 유

---

[4] 그람시적 국가-시민사회 통합의 의미에서 사용하나, 그람시가 통합 사회의 작동 원리로서 간주하는 자기 규제self-regulation를 나는 아나키즘적 의미의 자기 조직화self-organization로 해석하고 싶다.

[5] 사회국가 개념을 한국 사회에 적용하려는 진보정치연구소(2007)를 참고할 것. 여러 가지 구체적 내용과 정책 방안에서 아나키스트 자유주의자들이 참고할 내용이 많다. 물론 나는 이 연구와 직접적 연관성을 갖는 특정 당파와는 이념적 지향이 다르다. 아나키스트 자유주의의 정치 세력화가 이루어질 경우, 필요한 구체적 정책 대안들을 제시할 수 있다. 이와 관련된 준비 작업의 일환으로서 김성국 외(2013)를 참고할 것.

위적 권력이 최소화의 과정을 거쳐 축소되고 사라지면서 강제성이 없는 순리요, 천리요, 자연으로서의 무위 권력으로 전환되는 것을 의미한다. 이 권력 없는 권력은 개인을 자유와 해방의 대지로 인도하는 개인의 능력이다. 개인 권력은 법적으로 표현하자면 "모든 사람 개개인이 주권자로서 절대적이고 독립적이며 양도 불가한 최고권을 누릴 수 있는 삶의 조건"(엄순영, 2015: 63)이다. 탈권력화는 권력 개방을 만인에게 확대시키는 과정으로 개인의 자유를 확대하는 것이 필수적이다. 그러나 이를 위해서 엄순영(2015: 62)은 "폭력과 어느 정도 구별되면서도 상호 밀접하게 연결되어 있는 권력을 구제"해야 한다고 제안한다. 폭력에 대한 국가주의적 혹은 법치주의적 접근으로서 현실적 설득력이 높다. 그러나 아나키스트 자유주의는 이와 동시에 권력 자체를 제한함으로써 폭력 또한 제한하는 최소주의를 요구한다. 무위이무불위의 유토피아를 조금씩이나마 구축할 수 있다는 사실을 잊지 말아야 한다.

"개인 대 사회"라는 서구의 이분법적 대립 모델로부터 개인이 토대가 되는 사회국가라는 잡종 국가로의 전환은 아나키스트 자유주의의 개인주의적이면서 탈국가주의적인 지향성을 반영한다. 나아가 이 새로운 전환은 오랫동안 사회학을 독점적으로 지배한 서구 모델로부터 벗어나 동아시아적 세계관을 재발견하는 문명전환적 가치 이동을 의미한다. 아울러 탈권력 사회국가는 계급투쟁과 시장 경쟁이라는 물질적 권력관계 대신에 상호 협력과 상호 존중이 절제와 타협 속에서 확산되는 탈물질주의적 자유 연합의 관계를 확산시키고자 한다.

하나의 현실적 대안 사회인 사회국가에서도 기능적 필요에 따른 권력관계는 존재할 것이므로, 그것마저도 항상 최소 수준으로 유지해야 한다. 모든 형태의 권력은 차츰 그 기능 전환을 통해서 개인의

<표 9> 탈권력 사회국가론의 전개

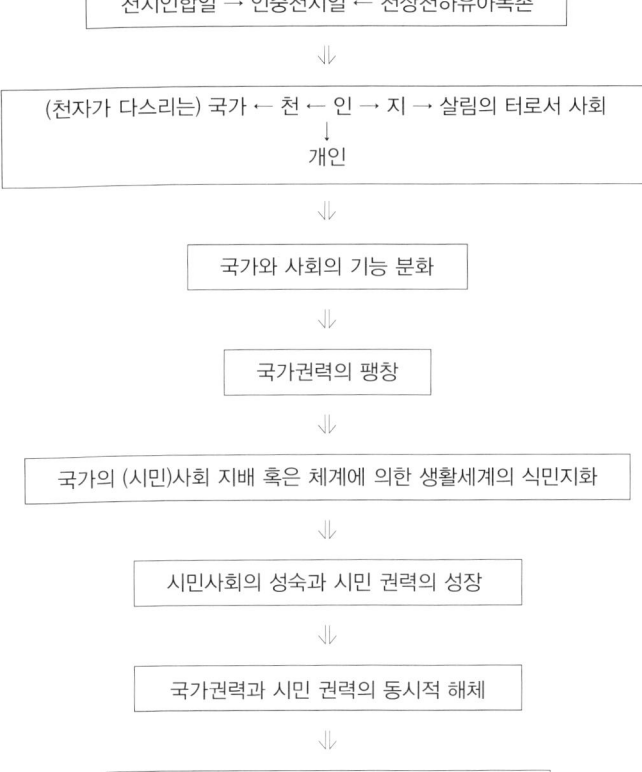

삶의 역량capabilities을 제고시키는 역량 강화empowerment, 즉 개인 능력의 강화에 초점을 맞추어야 한다. 개인 권력은 타인에 대한 요구나 강제로 작용하는 것이 아니라, 타인과의 협력을 통해서 형성되고 작동한다. 국가권력을 궁극적으로 개인 권력으로 변형시키려는 나의 탈권력화 프로젝트는 유토피아적인 것 같지만 매우 현실적이다. 제

대로 된 부모, 선생, 상사, 선배는 모두 자식, 학생, 부하, 후배가 인격적으로 성숙하고 사회생활을 바르게 할 수 있도록 자신이 가진 권위와 힘 그리고 사랑과 애정을 사용해야 하는 것이 마땅하지 않은가? 이 당연지사가 오늘의 혼탁 사회에서는 권위와 폭력으로 변질된 것이다. 우리는 다시 저 따뜻한 부모 자식 관계, 훈훈한 사제지간, 부드러운 상하 관계, 아름다운 선후배 사이를 회복해야 하고, 또 회복할 수 있다. 권력과 힘, 지위와 서열, 연륜과 지혜 등 이 모든 권력 자원을 자신을 포함한 타인의 자기 고양과 자기 성숙 그리고 자기실현을 위한 능력으로 제공하고, 사용할 수 있다. 권력이 자발적 능력으로 전환되고 다시 자신과 타인에 대한 서비스로 완성되면 모든 개인이 각자도생하면서도 자유와 질서를 유지하는 사회적 균형이 이루어질 수 있다.

현실적으로 사회국가의 개념은 독일을 중심으로 사회민주주의 그리고 복지국가와의 연관 속에서 꾸준하게 관심을 모으고 있다. 마침 한국에서도 진보정치연구소(2007)에서『사회국가, 한국 사회 재설계도』라는 연구물을 출판하였다. 매우 유익한 진보적 연구 성과이다. 나와 동일한 사회국가라는 명칭을 사용하기 때문에 여기서는 양자의 공통점보다는 차이점을 명확히 해두고 싶다.

진보정치연구소의 사회국가는 신자유주의의 시장 만능과 경쟁 만능이 휘몰아치는 세계에서 사회도 없고, 국가도 없는 현상을 타파하려는 탐구 과정의 산물이다. 진보정치연구소(2007: 8)는 "사회를 통해 진보를 구현하는 인류의 경험"을 상기시킨다. "사회연대라는 공동체의 가치 속에서 개인의 고통과 아픔을 공유하고 치유하는 것 그것이 바로 진보적인 삶의 방식"이라고 믿는다. 굳이 국가 체제를 대안 모델로 제시하는 이유가 흥미롭다. "국가기구는 억압적 요소를 그 속성으로 하고 있기에 국가를 부정하는 것 자체가 진보라고 할 수도 있다. 우리도 이에 동의한다. 나아가 진보는 특정 시기 특정 내용에 스스로를 속박하지 않고 끊임없이 변화를 수용하며 새로운 가치를 자신의 의제로 삼아야 하는 것 또한 부정하지 않는다. 그러나 아직까지는 진보의 가치를 실현하는 일이 국가를 단위로 이루어지고 있는 것 또한 현실이다. 따라서 진보의 궁극적 가치를 추구하되 현 단계 한국 사회의 비전을 제시할 때는 국가를 단위로 하는 사회 운영 원리와 구체적 대안을 제출해야 한다고 판단했다."

한국에서 만약 2007년 대선에서 민주노동당이 승리하여 집권하게 되면 추구할 정책 방향을 제시하기 위해서 국가 개념이 필요했다는 설명이다. 구체적 내용으로는 자본 국가를 방지하기 위하여 "강한 민주국가"를 세우고, 보편성, 공공성, 예방성을 토대로 하는 "지속 가능한 연대적 복지국가"를 만들고, 궁극적으로 빈곤을 없애고 평화를 구축하는 지구 공동체를 기획한다. 사회주의적 이념을 기축으로 세워진 사회국가론이다.

진보정치연구소(2007: 259)는 극복의 대상인 자본 국가/시장 국가와 대비되는 자신들의 사회국가를 다음과 같이 제시한다.

(신자유주의) 자본 국가/시장 국가	(진보정치연구소) 사회국가
시장 정부(작은 정부/시장 우선 정책)	사회 정부(사회권/공공성 우선 정책)
성장주의 개발주의 엘리트민주주의	평등주의 생태주의 참여민주주의
보수 우위 정당 체제 보수적 시민사회 소수의 독점 경제	진보·보수 정당 체제 진보적 시민사회 다수의 서민 경제

아나키스트 자유주의가 구상하는 사회국가는 다음과 같이 진보정치연구소의 사회국가와 차별성을 갖는다.

① 맑스의 프롤레타리아독재 국가론처럼 혁명 과업의 튼튼한 기초를 마련하기 위해서 현실적으로 국가권력 체제가 필요하기 때문에 한시적으로(?) 어쩔 수 없이 권력 국가 체제를 활용한다는 주장은 이해할 수는 있어도 동의할 수 없다. 우선 역사적으로 혁명(적 과도)정부의 이름 아래 자행된 수많은 강제와 오류 그리고 실패는 경험적으로 자명하다. 혁명정부의 막강한 권력으로도 실패한 혁명 사업인데 오늘날의 변덕 많은 선거민주주의 사회에서 국가권력이란 유용하지도 믿을 만하지도 그리고 (권력 장악이) 지속 가능하지도 않다. 국가권력의 억압성과 부정성을 확실하게 인정한다면 처음부터 끝까지 국가권력을 제한하려는 최소국가주의를 견지하는 것이 바른길이라고 생각한다. 바를 뿐 아니라 더욱 효과적인 길이다.

② 공동체적 연대에 대한 신뢰는 사회주의적 평등을 최고의 가치로 간주하는 좌파적 진보 세력에게는 인민의 동원과 통합에 필요한 강력한 무기로서 뿌리칠 수 없는 유혹이다. 그러나 이 책의 곳곳에서 아나키스트 자유주의는 고정관념이 된 이상적 공동체의 허구성과 불가능성을 강조한다. 전국의 수만 개 아파트에서 그리고 작은 시골 촌락에서조차 공동체를 못 이루고, 비리가 터지고, 갈등이 끊이지 않는 현실을 보라. 사회학자로서 사회 = 공동체적 연대라는 아름다운 방정식은 슬프지만 부정하겠다.

③ 마지막으로 보수 대 진보라는 구분에 입각한 진보 정치의 차별성은 이제 수사학으로만 남지 않았는가? "진보는 특정 시기 특정 내용에 스스로를 속박하지 않고 끊임없이 변화를 수용하며 새로운 가치를 자신의 의제로 삼아야 하는 것 또한 부정하지 않는다"는 훌륭한

진보적(?) 시대 의식으로 새로운 사회 설계의 틀을 모색하면 좋을 것 같다. 아나키스트 자유주의는 진보와 보수의 아나키즘적 잡종화로 간다.

이상의 차이를 다음과 같이 제시할 수 있겠다.

(아나키스트 자유주의) 사회국가	(진보정치연구소) 사회국가
최소국가(탈국가주의) 국가권력의 최소화, 개인 권력 증가	사회 정부(사회권/공공성 우선 정책) 국가권력의 활용
자유주의 천지인합일(만물일체주의) 개인주의(민주주의 비판)	평등주의 생태주의 참여민주주의
제3의 정치 세력(반정치의 정치) 세계시민사회(진보와 보수의 잡종화) 탈물질주의 경제(잡종/혼합경제)	진보·보수 정당 체제 진보적 시민사회 다수의 서민 경제

2. 지역적 차원: 동아시아 연합

나는 동아시아 공동체(동아시아 연합)의 형성을 주창해왔다. 그것만이 동아시아의 평화와 협력을 보장하는 가장 신뢰할 수 있는 길이라고 믿기 때문이다. 지난 몇 십 년 동안 동아시아 공동체의 전망은 희비와 명암을 달리하며 부침하였다. 최근에는 한중일 간의 영토 및 역사 분쟁 그리고 미국과 중국의 신패권주의 내지 신냉전적 대립 구도화 그리고 이를 부채질하는 러시아와 일본의 기회주의적 군국 세력화로 인하여 동아시아 공동체 논의는 거의 실종된 것 같다. 그러나 그것은 어떤 악조건에서도 포기할 수 없는 희망이요, 어떤 유혹이 있더라도 거부할 수 없는 역사적 요구이다. 국민국가라는 경계를 넘어서 탈국가주의적 관점에서 국가 간의 협력과 연합이 없으면 동아시아가 당면한 위험한 문제들을 결코 해결할 수 없다. 일본이 과거 군국주의적 패권 시대를 동경하여 계속 탈아입구 정책의 연장에서 탈아친미주의를 견지한다면 사태가 심상치 않게 변할 수 있다. 특히 남북한의 화해와 협력, 평화적 통일을 진실로 원하는 한국의 입장에서는 양자택일의 선택을 강요받게 된다. 누가 남북 화해와 통일을 원하지 않고, 그것을 방해할까? 누가 남북 분단으로 이익을 챙길까?

국가 간 반목과 대립을 해소할 수 있는 가장 확실하고도 유효한 길은 개별 국가 중심 체제를 벗어나 탈국가주의적 지역 연합을 구축하는 것이다. 물론 항구적으로는 세계 평화의 구축을 위해서 전 세계가 하나의 정치적 연합을 형성해야 하지만, 현재로서는 우선 시대적 조류를 감안하여 지역 수준의 국가 연합을 추구하는 것이 더욱 효과적이다. 유럽 연합은 현금의 시련 속에서도 더욱 굳건하게 성장할 것이다. 유럽도 평화롭게 살자면 다른 대안이 없다.

동아시아에서도 일찍부터 동아시아 공동체에 관한 논의가 제기되었지만 일본 제국주의가 대동아공영권이라는 개념을 식민 지배의 수단으로 사용한 이후 사람들은 동아시아 공동체에 관한 논의에 의구심을 가지거나 회의적인 태도를 가졌다. 다행스럽게도 시대가 바뀌고 지역 협력이 강조되는 세계화 시대를 맞이하여 동아시아 공동체 논의는 다시 활성화되기 시작하였다. 그러나 최근 일본 정부가 제국주의적 역사의 과오에 대한 반성 없이 오히려 그것을 합리화하는 시대 역행적 우경화 내지 재무장화를 획책하면서 동아시아 공동체에 대한 전망도 싸늘하게 식어가는 중이다. 미국은 중국과 한국이 한편을 이루고, 일본이 반대편에 서는 역사 및 영토 분쟁을 묘한 방식으로 즐기고 있는 것 같다. 미국과 중국 사이에서 한국의 입장이 참 어럽다.

사실 탈국가주의는 매우 어려운 역사적 과제다. 지배의 권력 체제로서 국가의 역사는 장구하다. 근대 세계를 통해서 완성된 국민국가 체제는 그간 사람들의 일상생활에 국가주의적 가치의 필요 불가결성을 엄청나게 각인시켜놓았다. 애국심이나 민족의 역사와 전통에 대한 자부심과 같은 합리적인 태도에서부터 배타적인 국수주의나 적대적이고 공격적인 민족주의에 이르기까지 그 내용도 다양하다. 문제는 최근 세계적인 경제 침체와 함께 자국 중심주의의 극우 국가주의가 여러 나라에서 창궐하고 대중적 지지를 얻고 있다는 점이다. 위험스러운 정치적 경향이 아닐 수 없다. 역사는 우리에게 말해준다. 전체주의적 독재 세력은 항상 국내외적 위기를 맞이할 때, 국수주의적 가치를 내세우고 국가 중심적 사고를 요구하면서 타 국가와 타 민족에 대한 적대감을 고조시켜 탄압이나 전쟁과 같은 폭력적 수단을 사용하였다고 말이다.

불행히도 동아시아에서 이러한 과거의 역사적 과오가 재현되지 않으리라는 보장도 없다. 세계의 모든 나라가 반대하고, 양식 있는 국가라면 당연히 부정해야 할 북한의 핵무장화에 대해서 한쪽 눈을 감은 채 북한에 접근하는 일본 아베 정권의 참으로 구태의연한 속보이는 정치적 게임은, 그것이 적절한 제어 없이 지속된다면, 반드시 동아시아에 위험한 긴장과 폭력적 충돌을 초래할 것이다.

아나키스트 자유주의의 정치적 잡종화는 탈국가주의적 정치 변화를 도모한다. 국가의 경계를 넘어서 하나의 세계로 합쳐지는 세계주의 정치관을 모색한다. 동아시아에 정치적 지역 연합의 토대가 확실하게 구축되지 않는다면 전쟁 발발의 위험성은 상존할 것이다. 남한과 북한의 군사적 충돌 가능성을 해소시킬 수 있는 동아시아적 협력이라는 큰 정치적 틀이 필요하다. 일본과 같이 자국의 이익이라는 관점에서만 북한과 관계 개선을 추구하는 것은 동아시아의 분열과 갈등을 심화시킬 뿐이다. 일본이 과거 군국주의 시절의 욱일승천하던 기세를 못 잊어 부러워한다면 더 큰 재앙을 부를 수 있다. 일본의 쇠퇴하는 경제력을 군국주의의 강화로 대체하려는 정치적 전략은 동아시아의 평화를 외면하는 악마와의 악수가 될 뿐이다. 전쟁을 할 수 있는 보통 나라 일본으로 회귀하겠다는 군국주의적 발상은 참으로 슬픈 역사의 되돌림이다. 일본의 평화 헌법은 전쟁의 비극을 깨우친 훌륭한 인류 문명의 성과가 아니었던가?

경제성장에 따른 민족적 자부심과 인접국과의 영토 분쟁 그리고 미국에 대한 반발심 등으로 중국에서도 국가주의와 민족주의가 만만치 않게 팽창하고 있다. 일본과 중국의 움직임에 반사적으로 한국에서도 재차 국가주의와 국수주의적 분위기가 조성된다. 자기가 소속된 나라에 대해서 애정과 자부심을 갖는 것은 자연스럽고도 당연한 현상이다. 그러나 이와 같은 순수한 감정을 정치적으로 이용하여 다른 국가와 다른 민족에 대한 혐오감, 적대감, 공격성을 부추기는 국수주의적 세력이 발호하는 것이 문제다. 오늘의 세계는 국적과 시민권을 강조하는 민족국가 혹은 국민국가라는 배타적 경계를 벗어나 인권에 기초한 세계시민과 세계사회를 추구하는, 인류 역사상 가장 고귀하고도 의미 있는 세계 문명을 지향하고 있다. 따라서 국가주의적 관점보다는 전 지구적 세계주의에 더욱 적극적인 관심과 노력을 쏟아야 할 시점이다

탈국가주의적 문명전환을 향한 잡종사회의 정치적 목표로서 구상된 탈권력 사회국가는 궁극적으로는 세계 연합을 추구해야 한다. 현재의 UN을 대체할 일종의 (사회)국가들의 세계 연합은 현실적 조건

을 감안할 때 점진적으로 이루어질 것이다. 무엇보다도 우리는 당면 과제로서 동아시아 연합을 적극적으로 추진할 필요가 있다. 동아시아 연합은 이미 아세안 플러스 3을 중심으로 제도적인 틀을 구축하여 적지 않은 성과를 거두며 전개되고 있다.

동아시아 연합은, 일본이 계속하여 탈아입구적 자세를 지속·강화한다면, 일본을 제외하고라도 추진한다는 강력하고 일관된 의지가 필요하다. 나아가 정부 수준의 동아시아 연합 협의를 한편으로 하면서, 이제부터는 민간 수준에서 동아시아인들이 스스로 주체가 되어 밑으로부터 동아시아 연합을 구축하는 노력을 전개해야 한다. 흔히 말하는 동아시아 시민사회의 형성이 그 목표다. 사실 민간 수준에서 그 욕구와 의지가 광범위하게 결집되고 그 실행이 확산된다면, 각국의 정부는 어쩔 수 없이 동아시아 연합의 제도화에 박차를 가할 것이다.

나(김성국, 2006: 35-36에서 발췌 인용 및 부분 보완)는 동아시아 연합 혹은 동아시아 공동체의 역사적 비전을 다음과 같이 구상해보았다.

> 21세기 동아시아 공동체의 역사적 존재 의의는 탈서구중심주의, 탈근대주의, 그리고 탈국가주의라는 문명사적 전환의 요구를 수행하는 데 있다. 이미 최원식(2004: 15-17, 23-24)도 새로운 세계 형성의 원리로서 동아시아 공동체론의 핵심을 탈국가/탈민족주의, 반패권주의와 주변적 시각, 평화주의와 사해(동포)주의로 규정한다.[6]
>
> 동아시아 공동체는 동아시아가 불가분리와 불가양도라는 근대

---

6 동아시아론에 있어서 탈국가주의적 관점을 제시하는 논의로서 최원식(2004), 조성환(2004) 등을 참고할 것.

적 정치 주권의 개념에 집착하여 국가 체제의 절대성을 고집해서는 안 되며, 주권의 공유를 추구하고 시민권이라는 제한적 권리 대신에 범지역적으로 확대된 인권 혹은 세계적 시민권의 공유를 실현해야 한다. 동아시아 공동체는 동아시아라는 문명체 혹은 문화복합체라는 공통의 정체성을 가지며, 자신이 속한 친밀한 삶의 일상적 공간인 지방/지역에 대해서도 특수한 정체성을 느끼는 일종의 "다원적-혼성적 정체 의식"(이용희, 1994: 280)을 생성시켜야 한다. 이러한 "혼성적 정체성"은 시간적으로는 과거와 현재, 동양적 전통과 서구적 근대가 혼재하며 공간적으로는 한류韓流, 화류華流 또는 한류漢流, 일본 문화가 상호 공존하는 잡종의 특성을 가진 동아시아에서 "화이부동"의 문화적 공동체를 상상할 수 있는 자원이 될 수 있다(이희옥, 2004: 349-350). 혼성적 정체성이란 내가 주목하는 잡종사회에 매우 적절한 잡종적 정체 의식으로 이해할 수 있다.

동아시아 공동체의 형성은 패권 지향형-분열형 지역주의를 극복하면서[7] 상생형-개방형 지역주의를 선도해나가기 위하여 편협한 향토주의나 지연주의를 거부하는 "비판적 지역주의critical regionalism"(최원식, 2005: 7)와 세계를 향해 뻗어나가는 사해동포주의를 동시에 추구해야 한다.

---

7 동아시아 공동체는 결코 지역이기주의에 안주해서는 안 된다. 또 하나의 제국주의, 즉 지역 제국주의로 변질될 가능성을 철저히 봉쇄해야 한다. 일찍이 1920년대에 중국 5·4운동의 지도자요, 공산당을 창당한 리다자오李大釗는 일본의 제국주의적 대아시아주의론을 거부하고, 인도주의와 세계주의의 입장에서 신아시아주의를 주장하였다. 그렇지만 현재 동아시아적 연대와 협력을 추구하는 공동체라고 볼 수 있는 아세안 플러스 3이 과연 탈국가주의와 세계주의를 지향하고 있는지는 의문이다.

요컨대 동아시아 공동체는 전 지구적 네트워크를 구성하는 하나의 지역적 네트워크로서, 사해동포주의에 입각하여 인권의 확대나 대동사회의 실현이라는 21세기의 진정한 목표를 향해 탈근대의 이정표를 새롭게 세워야 한다.

동아시아 공동체는 "전통과 근대, 그리고 탈근대를 종단하는 동태적인 역사의식으로 발전적 미래 전략을 개발하며, 동아시아라는 지역적 연계를 매개하는 다층적(정부, 기업, 시민, 문화, 사회조직), 다원적(안보, 경제, 정치) 지역 조직을 형성하여 이익과 감정의 마찰을 없애고 호혜적 발전을 도모하는 형성적 비전"을 제시해야 한다(조성환, 2004: 234). 이를 위해 동아시아 공동체는 무엇보다도 서구적 근대를 넘어 새로운 대안적 역사를 구상할 수 있는 탈근대적 상상력을 필요로 한다.[8]

최근 동아시아 공동체에 관한 논의가 (적어도 한국에서는) 폭발적으로 분출하였으나, 동아시아에서 한중일을 비롯한 영토 문제가 첨예화되면서 차갑게 식어버린 상태다. 당연한 현상이지만 국가 간의 단기적 이해관계에 급급한 논의란 이처럼 민족주의적 역풍 앞에서는 힘을 발휘하지 못한다. 동아시아 연합이라는 문명전환적 가치와 비전에 대한 군건한 신념 없이는 지속적인 추진이 어렵다.[9] 그래서 민

---

8 윤명철(2000: 17-25)은 미래 동아시아의 바람직한 공동체를 설정하는 틀로서 "동아지중해 모델(東亞地中海模型, East Asian Mediterranean Model)"에 의거한 동아시아의 연대 협력체 구성과 해양 문화 네트워크의 구축을 제안한다.
9 동아시아 공동체의 구축에는 현재도 그렇지만 앞으로도 예기치 못한 난관이 나타날 수 있다. 가장 중요한 추진 동력은 시간이 걸리더라도 반드시 이룩하겠다는 새로운 대안 문명 혹은 대안 세계를 향한 문명전환적 의지와 이에 필수적인 탈국가주의적 의지이다. "세계는 하나"라는 깨우침이 필요하다. 전략적으로는 중미 관계가 우호적

간 수준의 종교인, 지식인, 예술인이나 사회운동가들을 중심으로 한 논의와 협력이 절실히 요구된다. 동아시아의 연합 없이는 동아시아의 항구적 평화와 공존 공생은 불가능하다. 북한 정권을 안정시키고, 개방화를 통해서 북한을 번영의 나라로 이끌 수 있는 가장 실효성 있는 방안도 바로 동아시아 연합이다.

결국 내가 제3부의 10장에서 문명전환과 관련된 동아시아, 특히 한국, 중국, 일본의 역사적 과제를 냉전과 열전의 해소를 통한 세계 평화 구축(한국), 사회주의와 자본주의의 성공적 결합을 통한 새로운 민주적 자본주의의 탄생(중국), 서양과 동양의 화합으로서 세계 문화의 형성(일본)에서 찾은 것처럼 동아시아 공동체의 과제는 문명사적 전환을 추동하는 것이 되어야 한다. 그렇지 않으면 아무 의미가 없다. 그것이 새로운 권력 중심의 지리적 이동이나 부침하는 세력 판도에 따른 합종연횡으로 격하되어서는 안 된다. 권력자들은 이 사실을 잘 알기 때문에 자신들의 탈권력화를 초래하는 지역 연합은 가급적 회피하고자 한다. 따라서 동아시아 시민들이 나서야 한다. 자신들을 위한 동아시아 연합을 스스로 독립적으로 만들 수 있다. 우리, 동아시아의 개인들에게는 또 다른 동아시아 연합이 있다.[10]

으로 개선되고, 한중일 관계가 정상화되면 동아시아 공동체 구축은 예상보다 훨씬 순조롭게 진행될 수 있다. 이 과정에서 미국, 러시아, 오스트레일리아 등이 참여하는 (동아시아 공동체의 확장으로서) 아시아태평양 공동체가 구상-추진될 수도 있을 것이다. 참여 지역과 참여 국가의 확대는 잡종화로서 동아시아 공동체의 내용을 더욱 풍요롭게 할 것이다.

10 동아시아 연합을 위한 구체적인 정책 방안으로서 특히 다문화주의의 지속적 확장과 동아시아 이주 노동과 이주 결혼의 확대, 국제어로서 영어 교육의 보편적 서비스 확대, 이중국적 제도의 확대, 민간 차원의 동아시아 문화 네트워크 지원 등을 제시하고 싶다.

3. 탈권력 사회국가를 위한 현실적 과제들

이상의 사회국가와 동아시아 연합이 잡종사회의 문명전환을 위한 다소 거시적 수준의 제도화 방안이라면, 당면한 현실을 구체적으로 개선하는 데 시급히 필요한 정책적 혹은 제도적 개선의 대상도 많다. 한국 사회에 국한하여 개인적 자유와 사회적 해방에 시급하게 필요한 세 가지 제도적 차원의 쟁점, 즉 권력의 폭력화에 대응하는 방안으로서 폭력 금지와 부정부패 척결, 이를 효과적으로 시행하는 직접 행동으로서 신고 제도, 각종 사회적 소수자 및 개인의 일상적 자유를 확대·보강하는 투쟁을 검토해보겠다. 아나키스트 자유주의자들이 지금 여기에서 확보해야 할 자유의 진지들이다.

1) 권력의 폭력화로서 일상적 폭력과 제도적 부정부패[11]

권력은 폭력화하여 한편으로는 개인의 자유를 억압하지만, 다른 한편으로는 자신의 기득권을 유지·강화한다. 강제력으로서 권력이 갖는 구조적 속성이다. 민주주의와 법치주의는 이 강제적 폭력을 최소화하는 제도적 수단이다. 권력의 폭력화는 크게 두 가지 형태로 작동한다. 하나는 일상생활에서의 폭력(가정과 학교 폭력에서부터 군대와 직장 폭력까지)이요, 다른 하나는 부정부패라는 각종 제도에 고유한 권력과 결부된 폭력(아파트 비리에서부터 관피아, 법피아에 이

---

[11] 부정부패가 후진국뿐 아니라, 전 세계적인 차원에서 확산·증가하는 현상에 주목하여 부정부패 연구의 사회학적 중요성을 강조한 김두식(2004)이 있다. 그의 지적대로 사회학자는 이 문제를 경험적이면서도 이론적인 과제로 간주하여 새롭게 도전해야 한다.

르기까지)이다. 권력을 순치시키기 위해서는 이 두 가지 권력의 폭력화를 차단하고, 제거해야만 한다.

(1) 제도적 폭력으로서의 부정부패

국가권력의 근원적 토대는 폭력에 있고, 이 폭력은 부정부패와 특혜와 특권을 통하여 끊임없이 재생산된다. 세상에, 특히 한국 사회에 만연하는 부정부패와 특권을 철저하게 없애면 없앨수록 국가의 탈권력화가 이루어지고, 최소화된 권력은 개인을 위해 봉사하고 서비스하는 과정에서 탈권력 사회국가로 전환할 수 있다. 권력의 폭력화를 차단하는 가장 확실한 방안은 부정부패와 특혜와 특권을 "전면적으로 그리고 깨끗이" 근절하는 것이다.

아나키스트 자유주의가 가장 경계하고, 비판하고, 부정하고, 거부하고, 반대하는 것은 자유의 적인 폭력과 그 폭력의 제도적 총체라고 할 수 있는 국가권력 체제이다. 국가권력 체제는 민주화를 통해서 그 폭력성을 상당히 제거 또는 완화하였지만 여전히 개인적 자유와 평등을 침해하거나 억제한다. 왜 그럴까? 여러 가지 요인을 생각할 수 있을 것이다. 권력이 폭력화하는 가장 근본적이고도 결정적인 이유는 그것이 권력자에게 합법적 혹은 비합법적인 형태로 크고 작은 이익과 특권을 제공하기 때문이다. 단적으로 표현하자면 부정부패는 권력의 은밀한 폭력화로서 이 권력과 부정부패는 유사 이래 떨어질 수 없는 공생 관계를 이루어왔다. 국가권력이 개인적 자유와 평등을 방해하고, 약화시키고, 왜곡시키는 숨은 배경에는 이 권력과 부정부패의 검은 밀착 고리가 있다.

폭력은 대부분 약자에 대한 강자의 공격이요 억압이라는 점에서 전형적인 자유 침해와 자유 파괴 행위이다. 부정부패는 주로 권력

(자)을 중심으로 거래되는 부도덕하고, 불공정하며, 불법적인 각종 보상(뇌물, 인사 청탁, 인허가 특혜, 사업 특혜 등)의 교환이나 수수 행위이다. 이것은 권력의 크기에 관계없이 사회 전역에서 광범위하게 발생한다. 그런데 흥미롭게도 소위 선진국으로서 민주주의가 제대로 시행되는 부유한 나라들은 대부분 부정부패 지수가 낮다. 독재 국가로서 가난한 나라일수록 상위층과 하위층 간의 불평등 격차도 크고, 부정부패도 심각하다.

법치주의의 마지막 보루인 법조계마저 부정부패의 늪에 빠진 오늘날 한국 사회에서 부정부패의 근원적 척결을 위해서는 부정부패 소탕을 위한 전면전을 선언해야 한다.[12] 고위 판검사들이 퇴직하여 거대 로펌으로부터 천문학적 수임료나 보상을 받는 관행이 유지되는 것은 이들의 사법 권력이 어떤 막대한 경제적 이익을 확보하는 데 기여하기 때문이다. 어떤 방식으로 기여하기에 그토록 엄청난 돈을 지불할까? 법조계만이 아니다. 각종 검은돈을 노리는 어둠의 마피아가 온갖 영역에서 조직되어 국민의 혈세를 가로챈다.

그런데도 최소 수준의 미약한 부정부패 방지책인 김영란법을 두고도 전 국민을 범죄 대상자로 만든다느니 헌법 위반이니 하면서 각 이해 당사자들이 아우성치는 것을 보니 부정부패의 현재적 혹은 잠재적 연루자들의 숫자가 만만치 않고, 그 기득권 사수의 노력이 엄청나다는 것을 알 수 있다.[13] 특히 이 법의 최대 최고 적용 대상이 되어야

---

[12] 현직 법조계 인사들의 비리 연루를 비롯하여, 전관예우부터 이와 연관된 대형 로펌의 막강한 로비에 이르기까지 한국 사회는 유전무죄요 유권무죄라는 법적 냉소주의가 가득한 세상이다.

[13] 더욱 가관인 것은 뇌물로 사용될 수 있는 선물에서 농축수산물이 많으므로 뇌물의 상한선을 너무 낮게 잡으면 농축수산업에 타격을 줄 것이라면서 예외 조항을 두자

할 국회의원들이 입법 과정에서 슬그머니 자신들을 제외시키는 편법까지 동원했다는 사실에 다시 한번 맥이 빠진다. 고양이에게 생선을 맡길 수밖에 없는 대의제도의 모순이다. 특히 사회적 선과 정의의 보루라고 자화자찬하는 언론 권력이 이 법을 가장 선도적으로 지지해야 함에도 불구하고 그들은 이 법이 언론 자유를 위협한다면서 ─ 자신들을 법의 대상으로 포함시켰다고 ─ 불평불만을 터뜨리며 아주 비협조적이고 소극적이다.

뇌물을 주지도 받지도 않으면 될 것이 아닌가? 왜 미리부터 야단인가? 무엇이 켕기고, 무엇이 아쉬운가? 검찰과 경찰이 애매한 기준으로 수사할 수 있다고? 그런 부수적 문제는 사전에 충분히 예방 조치할 수 있다. 검찰과 경찰 및 각종 비리 조사 관련 감사 기구들의 권력 남용과 오용에 대한 철저한 방지 대책 및 엄정 처벌 원칙도 당연히 준비해야 한다. 검찰의 권력 아부형 수사나 표적 수사나 생사람 잡기 수사 관행은 철저히 막고, 그 책임을 엄중히 따져야 한다. 김영란 기본법을 먼저 시행하고, 이와 동시에 나머지 세부 사항은 보완하면 된다. 설령 미비점이 있더라도 시행 과정에서 수정·보완하면 된다. 완전한 법이 세상에 어디 있나? 헌법도 무슨 하느님의 말씀 같은 절대적인 것이 아니다. 시대가 변하고 세상이 요구하면 바꾸어야 한다.

싱가포르의 리콴유 전 총리는 권위주의 정치로 비난을 받았으나, 엄정한 법질서를 시행하여 부정부패를 척결하고 공중도덕을 확립한 그의 결단이 오늘의 싱가포르가 번영과 창조적 혁신을 지속할 수 있는 가장 핵심적인 원동력이 되었다. 운전 중이나 보행 중에 담배꽁초, 쓰레기 혹은 위험 물질을 버리는 행위는 개인적 자유를 남용하는

고 야단법석이라는 것이다. 뇌물로 경제를 살리겠다는 가당치 않은 주장이다.

것이다. 매우 불행한 어쩔 수 없는 조치이지만 이 범법 증가의 시대에는 한시적인 엄벌주의 — 싱가포르에서는 거리에서 담배꽁초를 버리거나 침을 뱉으면 아주 비싼 벌금을 물어야 한다 — 가 쓰이지만 약효가 높을 것이다. 정치판과 사회판이 모두 춘추전국시대의 무질서와 혼란을 방불케 하니 엄격한 법치를 강조한 법가주의가 필요한 것 같다.

부정부패를 근절하지 못하면 절대 선진국에 진입하지 못한다. 부정부패의 만연은 민주주의가 제대로 시행되고 있지 못하다는 직접적인 반증이다. 그것은 또 국가권력의 비정상적 비대화를 의미하며, 그 결과 모든 것이 정치권력 만능주의로 해석되고, 자연스럽게 전체 사회에 각종 부정부패를 조장한다. 한국의 부정부패 지수는 부끄러울 뿐이다. 공짜 복지 공약 경쟁이 여야의 합작품이라면, 특정 대학 출신이 시류에 따라 장악하는 여권 독무대의 관치금융은 한국 금융의 국제경쟁력을 망쳐놓고 있는 주범이다. 관치의 폐해가 적은 은행일수록 영업 실적이 좋지 않은가?

흔히 돈놀이 장사라는 비난의 표적인 금융 산업은 오늘날 승승장구하여 산업의 중추가 되었다. 맑스의 불길한 그러나 적절한 예언처럼 자본주의의 최고 성숙 단계에서 등장하는 금융자본이 정치권력의 입김 속에 놀아난다면 그 짝짜꿍이 초래할 파국적 결과는 말해 무엇하겠는가. 합법을 가장한, 합법 뒤에서 불법을 저지르는 이 고질적 부정부패는 일견 희생자 없는 범죄victimless crime처럼 보이나 시간이 지나면 불특정 다수를 피해자로 만들어버린다.

지금 한국의 경우는 국가권력정치가 파행적으로 작동한 결과 부정부패가 온 나라를 엉망진창의 사회로 만들고 있다. 한국 사회의 정치병은 그야말로 너무나 오래 묵은 고질병이다. 신문이나 TV를 보라.

위아래 가릴 것 없이, 전후좌우를 막론하고 온통 부정부패로 썩어 도처에서 곰팡이 냄새가 난다. 지금 한국 사회는 조선 말 정약용이 "이 사회에 병들지 않은 것이 하나도 없으니 지금 이 병을 고치지 않으면 반드시 나라를 망친 뒤에야 그칠 것이니, 어찌 … 그저 팔짱만 끼고 옆에서 보고만 있을 수 있겠는가"라고 탄식할 수밖에 없었던 상황처럼 백척간두에 서 있는 것 같다. 어디 썩지 않은 곳 있으면 그야말로 그곳이 어딘지 알고 싶다. 권력의 언저리뿐만 아니라, 일상생활의 주변 주변이 모두 부정과 부패의 고리에 닿아 있다. 어떻게 이 부정부패라는 폭력을 근절할 것인가?

(2) 일상적 폭력

먼저 금전이 오가는 부정부패는 아니지만 전통적인 권위주의의 악습으로 오늘에도 현존하는 각종 신체에 대한 물리적 폭력과 인격을 모독하는 언어폭력 등부터 살펴보자. 이 폭력도 권력의 상하 관계가 분명한 곳에서 발생하는 것이므로 권력의 폭력화임에는 변함이 없다. 그리고 권력이 폭력으로 사용된다는 것은 불법이요 타락이라는 점에서 권력을 기반으로 하는 또 하나의 부정부패로 간주할 수 있다.

가정, 학교, 군대, 직장, 길거리에서 자행되는 어떤 종류의 신체적 폭력과 언어적 폭력도 금지해야 한다. 특히 가정에서 부모의 어린이 학대와 폭행, 교사의 학생에 대한 언어폭력과 체벌, 학생들 간의 폭력, 직장에서 하급자에 대한 상사의 신체 및 언어폭력을 엄금해야 한다. 개인들 간의 다툼에서도 언어 및 신체 폭력에 대해서는 엄격한 제재가 필요하다. 지금도 법적으로 이를 규제하고 있으나, 그 효과가 미흡한 것을 보면 폭력과의 새로운 전쟁을 전개해야 한다. 폭력은 의식주의 결핍과 더불어 개인의 안전을 위태롭게 만드는 최대의 위험이다.

학교 폭력 근절의 중요성을 거듭 강조하자. 나쁜 관행은 일찍부터 뿌리 뽑아야 한다. "학교 폭력 예방 및 대책에 관한 법률"(2조)에 의하면 학교 폭력은 "학교 내외에서 학생을 대상으로 발생한 상해, 폭행, 감금, 협박, 약취, 유인, 명예훼손·모욕, 공갈, 강요, 따돌림, 사이버 따돌림 등 신체·정신·재산상의 피해를 수반하는 일"이라고 규정한다. 웬만한 폭력은 모두 처벌의 대상이다. 가정에서 일어나는 아동에 대한 폭력 행위까지도 포함할 수 있다. 그런데도 폭력이 끊이지 않는 것은 홍보 부족과 인식 부족, 처리 과정의 미비 그리고 피해자의 보호 취약 등과 같은 구조적 문제가 있기 때문이다. 학교와 학생에 대한 탈폭력화는 사회 전체의 탈폭력화를 구축하는 출발점이자 기본 토대이므로 참으로 중요하다. 이것은 폭력에 대한 거부감과 신고 정신을 강화할 수 있는 밑거름이다. 유치원이나 초등학교 1학년 때부터 폭력 사용(과 거짓말)은 가장 나쁜 버릇이라고 가르치고, 바르지 않은 것은 신고해야 한다고 훈련시켜야 한다. 세 살 버릇 여든까지 간다. 이를 위해 부모 형제나 선생님도 당연히 비폭력과 반폭력의 전도사가 되어야 한다.

이와 더불어 사회생활에서 일상적 관행이나 사소한 문제로 묵인해 왔던, 언어폭력도 날로 심각해지고 있는 상황이므로 가능한 한 전 연령대에서 모두가 생소한 타인들에게는 반드시 높임말을 사용하도록 권장해야 한다. 이러한 상호 존중은 언어폭력의 방지는 물론이고, 예의 바른 인간관계의 형성과 개인의 인격 성숙에도 도움이 되는 일거양득의 효과를 거둘 수 있다. 존댓말을 사용하면 상대에 대한 존중심이 자연스럽게 생겨난다. 이 존중심은 아나키스트 자유주의가 표방하는 사랑과 배려, 협력과 공감이라는 개인주의적 문화의 확장 기반이 된다.

(3) 부정부패의 제거

부정부패는 그 유형이 참으로 다양하고, 그 규모나 대가성도 천차만별이다. 그러나 한 가지 공통적인 사실은 거기에는 반드시 권력관계나 이해관계가 존재한다는 점이다. 이것이 모든 공직자가 대가성이 있건 없건, 금액의 다소에 관계없이 어떠한 형태의 뇌물, 선물, 성의도 받지 말아야 하는 이유이다.

현실적으로 우선 김영란법의 적용 대상과 해당 범죄를 더욱 확대하고, 처벌 수위도 더욱 높여야 한다. 액수도 100만 원에서 더 낮추어야 한다. 국민 모두가 제 돈 내고 제 밥 먹으면 된다. 어떤 선물도 안 받으면 그만이다. 애매모호하기 짝이 없는 대가성 여부를 골치 아프게 따질 필요가 없다. 한 삼년만 시행하여 생활 습관이 되면, 일상지사가 되어 아무런 불편도 없을 것이다. 이와 더불어 전관예우나 관피아를 비롯한 각종 유사한 패거리(마피아) 조직화, 부정 및 불공정 인사/채용 등 사회에 만연한 구조적이고 준제도화한 비리를 발본색원하는 입법 조치를 해야 한다. 누가 이 인기 없는 과제를 책임지고 수행할 것인가? 기존의 정치권은 진정으로 하겠다는 의지도 없지만, 그들에게 맡겨서는 필히 용두사미다.[14] 고양이에게 생선을 맡기는 우를

---

14 김영란법도 입법 과정에서 가장 핵심인 이해 충돌 방지 규정을 삭제하고, 부정 청탁의 개념을 축소하여, 국회의원과 같은 선출직 공직자들을 위해 부정 청탁 예외 규정을 만드는 등 입법 취지가 크게 왜곡되었다. 적용 대상의 범위에 대해서 당사자들은 반발하지만 국민들은 압도적 다수로 지지하고 있다. 또 여당과 야당은 한통속이 되어, 특별 검찰관제의 감찰 대상을 대통령 배우자 및 4촌 이내 친족, 청와대 수석 비서관급 이상으로 한정하여, 당초부터 국회의원과 권력기관장, 국무위원을 제외했다(2015. 3. 31. 현재).

또 범할 것인가? 선출직 정치인들의 특권과 특권 의식부터 바로잡아
야 한다.[15] 아나키스트 자유주의자를 비롯한 모든 새로운 대안적 정

15 권력자의 합법적인 정치적 특혜나 특권을 어떻게 없애는가? 국회의원을 대상으로
다음과 같은 가설적 방안을 한번 검토해보자. 국회의원이 누리는 면책특권을 비롯
하여 시대 역행적인 특혜와 특권은 모두 폐지해야 한다. 의원 수는 현재의 2배 정
도인 500여 명으로 늘리고, 세비는 그 대신 1/2로 줄인다. 대표성과 국민에 대한
서비스의 차원에서 의원 수는 대폭 확대할수록 좋다. 왜 의사와 변호사의 수를 늘
렸는가? 의료/법률 서비스의 확대를 위해서? 왜 판검사의 숫자는 늘리지 않는가?
법률 서비스의 남용을 막기 위해서? 의원의 재임 횟수도 합계 3회로 제한하고, 임
기는 미래지향적 관점에서 65세 정년보다도 5년 많은 70세 정년제를 도입해야 한
다. 세상이 급변하는데 10년 이상의 장기 집권은 너무 길다. 정치인을 정치꾼으로
만들면 안 된다. 새로운 사람들로 정치를 계속 물갈이해야 한다. 세상에 정치를 하
고 싶어 하는 사람과 할 수 있는 능력을 가진 사람은 너무나 많다. 60대부터 정치하
는 사람들도 생기고, 20대나 30대에 정치를 하다가 그만두고 새 일을 시작하는 사
람들도 있어야 한다. 정치로 평생 밥 벌어먹고 사는 사람들이 없어져야 한다. 아울
러 피선거권에 조건을 달아 유능하고, 선량한 사람만이 정치인이 될 수 있도록 자
격 요건과 자질 검증을 철저히 해야 한다. 필요하다면 정치인 자격시험을 실시하
여 일종 수준의 전문 능력을 확보한 사람만이 정치에 종사할 수 있도록 해야 한다.
정치인의 보수도 대폭 하향 조정하고, 보좌관의 수도 1명으로 줄이며, 기타 지원
경비도 모두 없애야 한다. 전체적 예우는 일반 부처의 국장급이면 충분하다. 나의
이와 같은 가설적 제안의 한 측면을 현실적으로 구체화하는 참으로 참신하고 반
가운 정치적 낭보를 들었다. 『매일경제』(2015. 7. 15.)에 의하면 최재성 새정치민주
연합 사무총장이 고위 공직자의 보수를 '가구 중위 소득'의 1.5배 이내로 책정하도
록 규정하는 '고위 공직자 보수 및 경비 심사 등에 관한 특별법'을 국회 의안과에
제출했다. 이 법이 만약 통과되면 현재 기준으로 대통령·장차관·국회의원 연봉을
8,000만 원 이하로 제한하는 법안을 14일 발의했다. 대통령을 포함하여 각 부처 장
차관, 국회의원, 청와대 차관급 이상 공직자, 대법원장, 지방자치단체장, 한국은행
총재 등이 특별법 적용 대상이 된다. 중앙생활보장위원회가 정한 2015년 중위 소
득은 4인 가구 기준으로 422만 원이므로, 만약 특별법이 통과되면, 고위 공직자 연
봉은 올해 기준 7,596만 원(월급 633만 원) 이하로 제한된다. 대통령의 경우 연봉은
현재(2억 504만 원)의 37% 수준으로 감소되고, 전체적으로 연봉 지급에 필요한 예
산이 약 1,500억 원 절감될 것으로 예상된다. 최 의원의 지적처럼 이와 같은 조치
는 고통 분담의 차원에서 솔선수범한다는 의미를 가질 뿐 아니라, 고위직의 탈귀
족화, 국민과의 일체화를 촉진하는 데 기여할 것이다. 특히 이 특별법으로 고위 공
직자의 보수 인상 폭을 최저임금 인상률의 절반 이하가 되도록 한 것도 매우 사려

16장 잡종사회의 구상 837

치 세력의 결집이 이래서 필요하다.

이제는 입법권을 국민 전체에게 확장하는 시민 입법권의 문제를 시급히 검토해야 한다. 더 이상 국회의원을 비롯한 선출직 정치인이나 정부에게만 맡겨놓을 수 없다. 한국의 입법 절차가 국민의 의견을 제대로 수렴하지도 않고, 비공개적으로 그리고 전문성의 기반 없이 이루어지는 경우가 허다하기 때문에 새로운 형태의 입법 방안을 적극적으로 고안할 필요가 있다. 입법 과정의 투명성과 전문성을 확보할 뿐 아니라 입법권을 확대하는 새로운 입법 절차법이 요구된다. 기존 권력 기구인 국회나 각종 의회를 견제하고, 감시하면서 동시에 경쟁적으로 기능을 분담하여 수행하는 시민 입법 기구로서 각종 시민의회의 설립(김상준, 2007)을 진지하게 모색해보아야 할 시점이다.

전 국민이 동참하는 부정부패 척결 전쟁이 필요하다. 새로운 정치 세력이 이를 선거공약으로 내걸어야 한다. 결국은 법과 규정을 바꾸어야 할 것이다. 헌법 개정을 논의할 때 이 문제를 함께 제시하여 논의해야 한다. 국가권력을 견제하는 가장 효과적인 방안이 바로 부정부패 근절과 권력자의 특권 폐지에 있다. 모든 아나키스트와 자유주의자 그리고 아나키스트 자유주의자는 지금부터 헌법 개정 및 기타법 개정을 주도면밀하게 그리고 철저히 준비해야 한다.

아나키스트 정치인은 거창한 공약을 내세우기 전에 먼저 무부정부

깊은 조치이다. 고위 정치권 내부에서 이와 같은 혁명적 발상이 도출되는 것을 보니 한국 정치에 절망하기는 아직 때가 아닌 것 같다. 물론 반론과 문제도 적지 않을 것이다. 꿍꿍이가 있는 인기몰이용 발상이다? 부자들만 정치나 공직에 나갈 것이다? 금권에 의한 권력의 타락이 더욱 심해질 것이다? 아니다. 재야에 널리 퍼져 있는 청렴 강직한 정치인 후보들에게 기회를 주자. 진흙탕에서 연꽃을 피우는 이런 혁신적 구상과 실천이 참으로 필요한 시점이다.

패, 무특권, 무노동무임금의 삼무를 공언하고 책임지는 개인의 신상 정리 선언부터 해야 할 것이다.

어쩔 수 없다. 지금은 법을 강하게 세울 때다. 세상이 너무 뒤죽박죽이고 사람들 또한 도덕의식, 법의식, 준법정신, 공중도덕, 시민적 교양, 이 모든 것에 무감각하거나 관심이 없다. 거짓말이 능사다. 비방과 모함, 험담과 음모, 패거리 작당과 떼쓰기, 과장과 기만 등만 난무하고 사회관계의 바람직한 규범들이 증발된 것 같다. 한시적으로 법을 바로잡고 강하게 세워야 한다. 사법부의 혁명적 전환을 모색할 때다.[16] 청렴 강직한 법조인의 상을 구축해야 한다. 사법 권력도 해체하여 정의 실현으로서의 법의 권위만 남기고, 법조인의 권력은 없애야 한다. 그래도 얼마든지 존경받는 법조인이 될 수 있다. 모든 권력, 정치권력, 사법 권력, 경제 권력, 행정 권력, 문화 권력, 미디어 권력, 운동 권력, 조직 폭력 그리고 일상생활에 깔린 모든 연고주의 세력, 정치권력의 하수인 등을 예외 없이 탈권력화시키고, 그들 간의 연결고리도 끊어야 한다. 어려울 것 같지만 그렇게 어렵지 않다. 이것은 너와 나 그리고 사회 전체에 좋은 일이고, 해야만 하는 일이기 때문이다. 소수가 고통을 받을 것이나 대다수는 그 성과를 즐길 수 있다.

나는 단언한다. 부정부패라는 떡고물이 깨끗이 사라지고, 각종 특권이 제거되면, 제대로 된 선량만이 정치를 하겠다고 나설 것이며, 권

---

[16] 전관예우, 유전무죄 등의 사법 비리뿐이 아니다. 어렵사리 범법자를 교도소에 가두어놓아도 감옥 브로커가 활개 치고 교도소 내의 관행적이며 구조적인 부패로 인하여 돈과 권력을 가진 자들은 불편 없이 지낼 수 있다. OECD의 '한눈에 보는 정부Government at a Glance 2015' 보고서(2015. 8. 9.)에 의하면 한국 사법제도에 대한 우리 국민들의 신뢰도는 27%(OECD 회원국 평균은 54%)로서 조사 대상 42개국 가운데 밑바닥 수준인 39위로 나타났다.

력은 서비스로서 주고받는 사람이 모두 좋아하는 개인의 능력이 될 것이다. 메르켈 총리처럼 정치인이 생필품을 사고자 마트에서 장바구니를 들고 다니는 나라, 국회의원이 자전거를 타거나 전철로 다니는 나라의 권력은 분명 상당히 탈권력화되었을 것이다.

2) 직접행동의 신고사회

어산지Julian Paul Assange가 창립한 위키리크스WikiLeaks가 국정원의 해킹 프로그램 도입과 사용을 폭로하여 국가의 정보 독점과 정보 통제 문제를 다시 부각시키고 있다. 아나키스트 자유주의는 모든 정보를 만인에게 공개하라고 요구한다. 신고사회는 은밀하게 그리고 부당하게 전개되는 온갖 유형의 불법과 비리 혹은 부정부패를 폭로하는 위키리크스를 개인의 알 권리를 확대하는 직접행동의 전사라고 찬양한다. 국가와 같은 권력 집단이 우리를 일방적으로 감시하도록 방치해서는 안 된다. 이제는 우리도 그들을 역감시하고 신고할 때이다. 정확한 신고나 폭로는 배신이나 비겁한 소치가 아니라 가장 정당하고 용기 있는 행위이다.

부정부패는 워낙 고질적이고 은밀하고 많은 경우 조직의 관행으로 자행되기 때문에 적발하기 매우 어렵다. 이미 잘 알려져 있지만 가장 효과적이고 확실한 대처 방안은 신고자 혹은 내부 고발자를 확보하는 것이다. 물론 지금도 그 제도가 있지만 참으로 유명무실하다. 고발했다가는 패가망신하기 십상이다. 배신자 소리 들으며 이민이라도 가야 할지 모른다. 신고나 고발에 대한 보상도 미미하다.

2002년 부정부패 신고자를 보상하는 제도가 만들어지고, 2011년에는 공익신고자보호법이 제정되었다. 공익 신고는 최근 급증하여

2011년 292건에서 2014년 9,130건에 이르렀고, 신고자 보상은 법이 제정된 이후 현재까지 266건의 부패 신고를 받아 1,022억 9,000여만 원을 환수 조치했고, 보상금으로 총 82억 3,600여만 원을 지급했다. 최근 내부 고발과 관련된 반가운 소식이 전해졌다. 2015년 7월 21일 국민권익위원회의 발표에 의하면 A업체에 근무하던 B씨는 A업체가 한국전력에 납품을 하면서 수입면장을 허위 작성하는 등 원가를 부풀리는 방법으로 280억여 원을 편취했다는 의혹을 지난 2007년 11월 권익위에 신고했다. 검찰 수사 결과 신고 내용이 모두 사실로 확인됐고, 한국전력은 A업체가 빼돌린 263억여 원 전액을 환수했다. 이에 따라 국민권익위원회는 '부패방지 및 국민권익위원회 설치와 운영법 시행령 77조'에 따라 B씨에게 11억 600만 원의 보상금을 지급키로 결정했다. 종전 최고액은 지난 2012년 12월 지급된 4억 500여만 원이었다. 나아가 매우 반갑게도 국민권익위원회는 부패 행위에 대한 신고를 더욱 활성화시키기 위해서, 보상금 최고 지급 금액을 현행 20억 원에서 30억 원으로 높이고, 보상금 최고 지급 기준을 현행 20%에서 30%로 상향 조정하는 등의 방안을 내용으로 하는 '부패방지권익위법 시행령' 개정을 추진 중이다. 뒤늦게나마 정부에서 부정부패 일소를 위한 공익 신고 제도나 감시 조직을 강화하기로 결정한 것은 불행 중 다행이다.[17]

---

17 『매일경제』(2015. 7. 24.)에 의하면 금융감독원은 2015년 7월 23일 '5대 금융악 시민감시단' 발대식을 하였다. 소비자 보호 단체나 시민단체에서 추천한 시민 200여 명으로 구성된 시민 감시단은 불법 금융 행위(보이스 피싱 등 금융 사기나 불법 대부업체가 운영하는 사금융, 불법 채권 추심이나 꺾기, 보험 사기, 개인 정보 사고팔기 등)를 적발하여 수사기관에 신고하는 역할을 맡게 된다. 지난 2월 '개인 정보 불법 유통 감시단'으로 출범한 시민 감시단은 지금까지 불법 대부 광고 2만 4,446건 등 5개월간 총 2만 9,052건의 불법 금융 행위를 찾아내 수사기관, 방송통신심의위 등

공익신고자보호법 개정안이 2015년 7월 6일 국회를 통과하여 시행 예정이다. 내부 신고자를 비롯한 공익 제보자의 보호를 강화하고, 신고 대상 적용 법률을 확대하였으며, 신고 내용 재조사 요구 규정 마련, 신고자의 책임 감면 범위의 확대, 개인 및 법인(회사)도 처벌 가능한 양벌규정 도입, 신고자 보호 조치 강제 등과 같은 개선이 이루어졌다. 그러나 참여연대가 주장하는 것처럼 아직도 신고 대상을 확대할 수 있도록 공익 침해 행위에 대한 포괄주의적 정의가 필요하고, 신고처도 언론이나 시민단체 등으로 확대하고, 변호사를 통한 대리 신고도 인정해야 한다.

나는 단호히 주장한다. 신고자와 내부 고발자에게는 그 내용이 사실일 경우, 즉시 국가가 포상하고 철저한 신분/지위 보장을 약속해야 한다. 물질적 보상과 함께 용감한 시민 정신의 구현자 혹은 애국자로서 사회적으로 인정하고, 명예를 부여해야 한다.[18] 신고자나 고발자에게 보복의 차원에서 불이익을 끼치거나 괴롭힐 경우에는 엄중 처벌해야 한다. 신고자가 원하면 대상자의 접근을 금지시키는 명령 조치도 강구해야 한다.

일부 사람들은 이와 같은 신고를 포함한 고발 제도의 확산이 인간관계에 불신을 조장하여 공동체적 연대를 저해할 것이라고 우려한다. 부정부패 자체가 백배 천배 더 공동체적 연대를 갉아먹고 무너뜨린

에 신고했다. 향후 이와 같은 시민 감시단이 각 분야별로 철저하고도 조직적으로 활동하기 시작하면 불법 비리나 부정부패는 근절될 수 있다.

[18] 다행히 선진국처럼 조직의 내부 비리 고발 업무를 대행해주는 전문 업체(예컨대 레드휘슬 등)가 생겼고, 정부 기관과 지방자치단체, 민간 기업 등이 이들 업체에 비리 제보 업무를 맡기고 있다. 이와 더불어 신고자나 고발자의 신분 보호에도 개선이 이루어지고 있다. 익명의 제보를 활성화시키는 전문 사이트도 각 기관마다 활성화시킬 필요가 있다.

다. 사회 전체의 고질적 병폐를 도려내어야만 개인적 자유와 개인 간의 평등한 관계가 촉진될 수 있다. 사악한 패거리가 공모하거나 특정의 인물이 저지르는 범죄를 외면한다는 것은 그 자체가 준범법적 공범자가 되는 것이다. 사회 전반에 부정부패에 대한 감시의 눈과 고발의 용기가 확산될 수 있도록 제도적으로 강력하게 뒷받침해야 한다.[19]

아나키스트의 실천 원리는 직접행동이다. 말로 떠들어대지만 말고 직접행동으로써 폭력과 권력의 현실 모습인 부정부패에 맞서는 용기를 보여주어야 한다. 부정부패를 신고하라. 그것은 아나키스트 자유주의자의 임무다. 물론 혼자서 잘못 신고하다간 낭패를 당하기 일쑤다. 신고를 돕기 위한 각종 사전 교육 및 지원 조직 등을 마련해야 한다. 지루하고 소모적인 법정 소송도 대비해야 하고, 개인적 트라우마를 최소화할 수 있는 심리적 훈련도 필요하다. 그럼에도 망설여질 것이다. 각종 신고와 내부 고발을 적극적으로 유도하는 제도화가 필요하다. 유치원이나 초등학교부터 부정부패나 불법 비리를 신고하는 것이 시민의 용감한 책임이요 자랑스런 의무라고 교육시켜야 한다.

누가 언제라도 자신의 부정부패를 신고할 수 있고, 그것이 확인되는 즉시 본인의 사회적 지위와 역할이 불명예와 엄청난 물질적 손실과 함께 정지된다는 사실을 알면서도 부정부패를 저지르는 사람은 별로 없을 것이다. 정직한 신고는 적극 장려하되 무고는 사전 차단할

---

19 물론 한국 사회에는 허위/과장 신고나 고발, 즉 무고誣告가 많다고 하는데, 이는 법이 잘못되어 피해자를 철저히 보호하기보다는 무고자에게 밑져야 본전이라는 기분이 들 정도의 유리한 솜방망이 처벌/처리를 한 결과, 일단 거짓말을 하여 생사람을 잡거나 명예를 실추시키고 보자는 악랄한 소행을 부추기기 때문이다. 억울한 사람을 범죄자로 만드는 것도 적극 피해야 하지만, 그보다도 더욱 우선적인 것은 아무런 잘못이 없는 피해자를 적극적으로 보호하고, 악질적 범죄자는 재범의 여지가 없도록 단호한 처벌을 내리는 것이다.

수 있는 조치를 또한 적극 강구해야 한다.

　정보사회의 부정적 측면으로서 흔히 감시사회를 말한다. 지금까지는 지배자인 국가권력이 우리를 수시로 감시해왔다. 이제 정보 기술을 활용하여 그 감시의 눈길을 거꾸로 그들에게로 돌리자. 우리는 그간 철저히 감시당해왔기에 더 이상 감시당할 것이 없다. 감시당할 것이 있다면 고작 우리가 무슨 보물단지처럼 애지중지하는 사생활 정보 아니겠는가? 그것도 대부분 이제 남김없이 다 털렸다. 맑스의 저 유명한 표현을 빌리자면, 우리가 가진 것이라고는 쥐꼬리만 한 사생활의 비밀 외에는 없는 nothing to lose but mere privacy 것이다. 권력을 역감시하자.

　개인과 개인이 서로를 감시해야만 하는 사회는 결코 바람직한 이상 사회의 모습은 아니다. 그러나 현실적으로 악화 일로의 불법 비리와 부정부패의 증가를 방지하고 근절할 수 있는 유일한 길은 감시신고사회의 정착이다. 현재의 공적 수사 인력으로는 도저히 감당할 수 없다. 다소의 불편이 따르더라도 그야말로 공익을 위해서 인내할 필요가 있다. 부작용보다는 그 필요성과 효과가 훨씬 크다.

　부정부패의 적발과 고발을 용이하게 하며 또 확산시키는 데는 정보공개가 필수적이다. 전면적인 정보공개는 부정부패를 사전에 차단하는 예방의 효과도 갖는다. 대부분의 부정부패는 이권을 획득하기 위해서 이를 결정하는 권력자를 중심으로 은밀하게 이루어진다. 그러므로 아무리 작은 것이라도 부정부패가 개입할 여지가 있는 모든 사안은 처음부터 끝까지 철저하게 기록되고 공개되어야 한다. 부정 인사 채용을 막기 위해서는 어떤 상황에서 어떤 이유로 어떤 사람을 어떻게 뽑기로 하였는데 그것이 어떤 합당한 절차에 따라서 시행되었는지를 기록해서 밝혀야 한다는 것이다.

권력자나 이해 당사자로부터 부당한 인사 청탁이나 뇌물을 받은 공직자는 지체 없이 신고해야만 하는 의무 규정도 만들 수 있다. 보다 선제적으로 (비뇌물성인 전화, 대화 등의 수단을 통한) 인사 청탁이나 사안 협조 등도 부정부패 행위라고 규정하면 어떨까? 아예 권력자나 이해 당사자가 구두나 쪽지 문서로 청탁을 못 하게 하는 방식이다. 우리 사회에서 너도나도 앞다투어 인맥을 넓히려는 이유가 무엇인가? 이리저리 비가 오나 눈이 오나 길흉사를 챙기고 대소 모임에 얼굴을 내미는 인적 투자는 개인의 인간적 정리를 표시하기 위한 것이라기보다는 미래에 활용할 가치가 있는 인간들과 인적 그물을 엮는 네트워크 투자일 뿐이다.

공개경쟁 채용, 공정 채용이야말로 사회 불평등을 감소시키는 커다란 한 축을 형성한다. 명문세족에서만 귀인이 배출되는 것이 아니라, 개천에서도 수시로 용이 나려면 권력형 인사, 세습적 인사, 정실적 인사가 사전에 척결되어야 한다. 지금 많은 청년이 취업이 안 된다고 한다. 죄송하지만 실력도 실력이겠지만 이에 더하여 실력보다는 돈 없고 백이 없기 때문이 아닐까? 집안 배경이 있거나, 새끼줄이라도 연줄만 있으면 취직하는 사례를 주변에서 자주 보지 않는가? 취업에 (노자勞資가 없는 평등사회를 주창하는) 노조까지 개입하는 세습 고용의 세상이니, 죄 없는 부모 탓하는 젊은이가 없지 않으리라. 부모의 영향력이 자식 개인의 자아 성숙에 도움을 주는 것은 당연하지만, 그것이 공정성을 해치고 법을 넘는 애정이 되어 부당하게 남에게 피해를 주어서는 안 된다. 최근 일반 국민의 분노를 야기한 국회의원 자녀들의 특혜 채용이라는 현대판 음서 제도는 도처에서 은밀히 혹은 공공연하게 이루어지는 고용 비리이다.

정보사회가 도래하기 전부터 정보는 권력이었다. 그래서 아는 것이 힘이라고 했지 않는가? 지피지기면 백전백승이라고도 했다. 정보 혹은 지식을 만천하에 공개해야 정보 불평등이 사라지고 공정 경쟁의 기반이 마련된다. 모든 유용한 정보를 전면적으로 세세하게 공개하라. 국가기관이나 대기업의 부끄럽고 사악한 비밀을 폭로한 용감한 사람들이 있다. 이들을 두고, 국익을 망친 매국노니 간첩이니 하는 국가주의자와 집단주의자는 옳고 그른 것을 구별하기보다는 자기 집단의 위신과 이익의 득실 여부만 따지는 천박한 장사꾼의 천박한 계산법밖에는 모른다. 그리고 이 용감한 사람들에게는 온갖 중상모략과 비방이 가해진다. 개인적인 사소한 신상 문제부터 일탈 문제까지 거론한다. 동기의 순수성을 희석시키려는 전형적인 수법이 등장한다. 설령 그들이 이런 개인적 실수의 혐의를 가졌다 하더라도, 그들이 사회가 알아야 할 정보를 만천하에 공개했다는 사실은 그 자체가 바르고 훌륭한 일이다.

물론 이들이 이를 미끼로 누구를 위협하고 거액의 이득을 챙긴다면 그 영웅적 의의가 퇴색하고 말 것이다. 컴퓨터 발전의 초기 단계에서 아나키즘적 열정과 자유의 정신으로 사이버 권위주의를 조롱하겠다는 의도로 각종 해킹을 펼친 초창기 해커들은 오늘날의 날강도나 좀도둑 같은 약탈자가 아니라 사이버 스페이스의 자유와 기예를 지키려 한 의적들이었다.

이 세상에서 부정부패를 저지르고 특혜와 특권을 누리는 자들, 그리고 폭력과 범죄를 일삼고 부도덕과 부정의를 저지르는 자들은 숨길 것이 너무도 많다. 이들을 철저히 감시하여 신고하는 역감시의 신고사회가 부정부패의 흐름을 차단할 수 있다. 사이버 민주주의 시대가 왔다. 이제는 우리가 감시라는 그들의 특권을 역이용하여 그들의 부당한 권력과 폭력을 감시하고, 적발하고, 신고하여, 응징해야 한다.

개인 개인이 사회 전체를 위해 용감한 시민 정신을 발휘할 수 있는 영웅적 기회를 가질 수 있다. 작은 영웅도 영웅이다.

감시와 신고를 용이하고 확실하게 하기 위한 제도적 방안은 정보 공개제도를 더욱 확대시키는 것이다. 거의 모든 주요 정보는 정보공개를 요구할 필요도 없이 필요하면 언제든지 즉각 열람할 수 있도록 조치해야 한다. 최근의 총리 청문회와 관련하여 어느 기자가 간담회 대화를 폭로하였다고 언론의 윤리 운운하며 이를 비난하는 논조가 제기되었다. 그 기자는 훌륭한 기자로 기자상을 받아야 하고, 소속 신문사는 포상을 받아야 한다. 이를 두고, 언론 윤리 운운하는 언론이 많다는 것은 이미 우리 사회에 방만한 언론 권력이 존재하고 있음을 분명히 알려주는 메시지다. 오프더레코드 운운하며 기자들이 권력자와 얘기를 나누는데, 도대체 이 대명천지에서 왜 그런 일이 필요한지 그 이유를 알 수 없다. 국민이 몰라야 할 국가 기밀이 무엇인지 국민의 한 사람으로서 그것을 꼭 알아야겠다. 미디어가 권력이 된 지 오래이거늘 나의 외침이 공허하게 메아리가 되어 돌아온다. 그러나 다시 외친다.

언론 권력이건 (시민)운동 권력이건 모든 권력은 국가권력과 한통속이다. 누가 권력을 잡느냐에 따라서 반대와 비난의 표적이 달라지기는 하지만 권력 자체에 대한 협력적 동지 의식은 조금도 달라지지 않는다. 국민의 알 권리 이상 더 중요한 것이 무엇인가? 기자 몇몇만 알고, 국민은 몰라도 좋은 정보가 무엇인가? 그 따위 간담회에 무엇을 바라고 참석하는가? 기자 정신이 무엇인가? 오래 오래전부터 어느 재벌은 자신에게 불리한 기사를 막고 언론에 재갈을 물리고 있다는 소문이 있다. 이런 판국이니 언론의 당연한 임무인 기사화 혹은 지면 신고를 바라는 것 자체가 무리인가. 오프더레코드가 왜 국민을 위해 필요한지 언론의 정정당당한 변호를 듣고 싶다. "왜 알 만하신 분이 … 세상만사 다 그렇고 그런 것 아닙니까?" 이에 아나키스트 자유주의자는 말한다. "천만에요! 권력이 몰래 나누는 이야기, 우리는 그것이 무엇인지 알고 싶습니다."

이제 인터넷 매체를 활용하여 개인 모두가 언론이요 언론인이 될 수 있다. 신고도 어렵지 않다. 물론 내부 고발은 힘들다. 이를 지원하고 격려하고 보장할 수 있는 방안을 더욱 확실하게 강구해야 한다. 다행히도 최근에 SNS를 활용한 각종 비리의 신고가 활성화되고 있다. 일부 직장에서는 각종 신분보장이 가능한 방식으로 신고를 제도화하고 있다. 익명의 제보 시스템도 활성화시켜야 한다. 실천 의지만 있다면, 정보공개, 신고와 고발로 부정부패를 차단하고 적발할 수 있다. 역감시-신고사회만이 권력과 폭력을 견제하고 부정부패와 특혜와 특권을 근절시킬 수 있다. 검찰과 경찰만으로는 그 한계가 명백하다. 부정부패는 권력의 폭력화로서 개인적 자유에 대한 침해요 사회적 불평등을 심화시키는 자원의 불공정 분배이다.

이상에서 논의된 나의 제안은 이미 오래전부터 각종 언론 매체나 여러 사람에 의해서 누누이 지적되고 강조된 사실이다. 워낙 중요한 사안이라 나도 진부하지만 재차 논의한다. 이 문제를 해결해야 할 당사자인 국가권력기관은, 당연한 일이지만 지극히 미온적일 뿐이다. 여야를 가릴 것이 없다. 자신들이 서 있는 부도덕한 권력의 기반을 없애버리는 일이 아닌가. 아나키스트 정치를 비롯해서 모든 탈국가주의적 새로운 정치는 권력 제한의 첩경으로서 부정부패의 고리를 끊는 작업을 제1과제로 삼아야 한다.

매우 반갑게도 OECD의 '한눈에 보는 정부 2015' 보고서(2015. 8. 9.)에 의하면 국가 투명성 부문에서 한국은 가장 정보를 잘 공개하는 국가로 꼽혔다. 한국은 정보 개방, 유용성, 재가공 등을 평가한 지표에서 1.0 만점에 0.98점(평균 0.58)을 얻어 조사 대상국 29개국 가운데 1위에 올랐다. 프랑스는 0.92, 영국은 0.83, 호주는 0.81, 미국은 0.67, 일본은 0.59로 15위였다. 정보공개를 더욱 확대하여 세계에서 으뜸가는 투명 국가의 명예를 지키도록 해야 한다. 제도적 차원의 정보공개와 시민 직접행동 차원의 감시와 신고가 결합되면 권력의 폭력화로서 부정부패 및 일상적 폭력을 근절해나갈 수 있다.

3) 개인적 자유를 위한 시급한 과제

한국 사회에는 현재 개인적 자유의 확대나 소수자의 인권 보호 차원에서 시급히 개선해야 할 자유의 침해 및 억제 사례가 많다. 매우 민감하고 논란이 많은 주제이지만 아나키스트 자유주의의 구체적인 가치 및 실천 지향성을 원칙적으로 밝힌다는 점에서 논의한다.

(1) 소수자 인권 보호로서 흡연권 보장

흡연은 만인에게 민감한 문제이고, 국민 건강을 독점하려는 국가권력의 횡포와 관련된 것이다. 나는 한때 담배를 즐겼지만 이제 수십 년째 금연자가 되어 흡연을 적극 권장하지는 않으나, 가끔 유혹을 느낀다. 그것은 궁극적으로 개인의 자율적 판단이나 자유의지의 문제이다. 오해의 여지가 없도록 다소 길게 설명하겠다.

정부는 2015년에 담뱃값을 무려 2,000원이나 인상하는 폭거를 감행하였다. 국가가 이런 식으로 개인의 사생활을 일시에 흔들어놓아도 되는 것인가? 비흡연자들도 언젠가 그 표적이 될 수 있다. 국가는 개인적인 것 혹은 사적인 것도 사회화시켜 그것을 국가 독점의 관리 영역으로 지배하고 관리하고 명령한다. 담뱃값 인상은 흡연자와 국민의 건강을 보호하기 위한 조치이다? 나는 그 말을 믿지 않는다. 선거용 무상 복지에 따른 막대한 세수 결손(2014년 11조 1,000억 원 추산)을 막기 위한 예정된 꼼수 증세 정책의 일환이었다. 명분은 좋다. 흡연의 피해를 막기 위해서. 세금 수익은 분명 증가하였다. 금연을 단행한 사람이 과연 얼마나 되었을까? 자연 감소/증가율을 고려할 때 그 의미는? 그들이 재차 흡연할 확률은?

그러나 2015년 5월 11일 헌법재판소는 "현재로서는 담배와 폐암 등 질병 사이에 필연적인 관계가 있다거나 흡연자 스스로 흡연 여부를 결정할 수 없을 정도로 의존성이 높아서 국가가 개입해 담배 제조나 판매 자체를 금지해야만 한다고 보기는 어렵다"며 담배사업법이 합헌이라는 결정을 내렸다. 헌재의 결정에 대하여 이의를 제기하는 사람들은 주로 담배 회사를 상대로 손해배상 소송을 낸 사람들이다. 그런데 이해 못할 사실은 건강보험공단이 '담배 소송'을 제기했는데, 소송 대상이 담배 제조와 담배 사업을 허가한 국가가 아니라 담배 회사라는 점이다. 국가의 산하 기관이 국가를 대상으로 감히 소송을 제기할 수 없을지 모르나, 흡연 피해를 초래한 장본인이자 주범인 국가는 그냥 두고, 애연가를 위해 담배를 제공하는 제조 회사를 겨냥한다는 것은 사리에 맞지 않다.

진정으로 흡연의 피해를 근절시키겠다면 담배를 생산하지 말라. 3차 흡연 피해 운운하며 흡연의 해악을 선전하지 말고, 담배의 씨를 없애도록 담배 생산을 당장 중지하라. 그러나 절대로 그렇게 못할 것이다. 세수가 얼마나 큰가. 흡연자 때문에 밥 벌어먹는 사람이 얼마나 많은가. 관련 공무원, 제조 노동자, 담배 판매상, 의사와 약사 등이 관련되어 있고, 심지어 금연 캠페인 운동하는 사람들에게도 이해관계가 걸린 문제이기 때문이다.

흡연권은 이제 소수자 보호 차원에서 적극 보장하고 보호해야 한다. 흡연의 위험은 과장되었을 수도 있고, 흡연의 위험을 완화하거나 해소할 수 있는 의학적 방안도 충분히 개발할 수 있다. 흡연자가 직접 참여하는 간접흡연 피해 조사를 실시하라. 흡연자를 마치 범죄자 내지 사회의 문제아로 취급하는 오늘의 잘못된 건강 만만세의 사회풍토는 비흡연자들도 사려 깊게 반성해야 한다. 만수무강의 적이 어디 흡연뿐인가?

중국으로부터 날아오는 중금속 오염 물질이 함유된 황사 매연, 자동차 배기가스 매연, 공장 매연, 연탄 매연, 각종 유해 물질 소각 매연, 미세먼지 등이 기후변화를 초래하며 지구를 질식시켜 인류를 멸망으로 이끌고 있는데, 유독 흡연의 위험만을 부각시켜 흡연자를 거리에서, 사무실에서, 집에서 추방하겠다는 주장은 상식적 이치에 맞지도 않는다.

이제까지 담뱃세로 거두어들인 모든 세수와 이익을 몽땅 흡연권 보장과 흡연자 건강 증진에 투자하라. 흡연자를 소수자로 인정하여, 모든 사무실, 아파트, 기차, 고속버스를 포함한 공공시설과 공공장소에 안락한 흡연실을 설치하라. 흡연의 피해에 관한 무차별적이고 일방적인 과대 위험 홍보 대신에 한국의 흡연자를 대상으로 체계적이고, 객관적이고, 합리적인 흡연 연구(주변 사람들의 건강 위협, 흡연 장수자의 실태 조사, 폐암 이외의 질병과 흡연의 관계, 건강과 관련된 흡연의 직간접 효과, 절제 흡연 혹은 건강에 무해한 흡연의 연구)를 제시해야 한다. 담배를 만드는 정부는 건강 흡연법도 연구 개발해야 한다.

흡연자로 인한 주위의 비흡연자가 입는 피해에 대해서는 너무 과

장하거나 민감하게 반응한 것은 아닌가? 최근 언론에 기존 건강 상식이었던 콜레스테롤 = 유해 성분 = 심장병 유발이 잘못된 것이라는 기사가 실리고 이에 대한 전문가들의 찬반 의견이 실렸다. 치료 약품의 부작용도 심각하다는 것이다. 특히 눈길을 끄는 것은 최초의 실험이 데이터를 조작했는데, 여론을 의식한 정치가 이를 사실로 확인하여 콜레스테롤이 유해하다는 신화가 유포되었다는 점이다. 또한 제약 회사는 이의 치료제를 만들어 돈도 벌었다는 점이다. 한때 우리가 음식에 즐겨 사용하던 미원(일본의 '아지노모토味の素')이 인체에 해롭다고 하여 "우리는 조미료를 사용하지 않습니다"란 표지를 단 음식점들이 얼마나 많이 생겼는가? 미국에서는 오래전에 그것이 무해하다는 사실이 밝혀져 공식 발표되었다. 한국에서는 한참 뒤에야 발표한다. 무슨 꿍꿍이가 있었는지 모르겠다. 사카린에 대한 오해도 벗겨졌다.

시도 때도 없이 무슨 무슨 건강 실험 결과라고 밝히는 것들이, 과연 얼마나 엄밀한 과학적 방법에 의해서 충분한 조사 대상과 시간을 가지고 실시되었는지도 알 수 없다. 이해 기관들이 자신의 입장을 정당화하기 위해서 조사를 후원하거나 직접 실시하는 경우도 없지 않을 것이다. 소위 과학자들의 실험 조작 사례도 심심치 않게 터지지 않는가? 어떤 의사는 모든 술이 몸에 해롭다고 하는데, 포도주로 유명한 프랑스에서 때만 되면 포도주가 심장병에 유익하다는 연구 결과가 나온다. 과연 그것을 100% 믿어야 할지 의심스럽다. 아리송할 뿐이다. 후일 혹시라도 담배가 건강에 도움을 줄 수도 있다는 의학적 결론이 나올 때를 대비하여, 한국의 흡연자들은 국가에 대한 손해배상청구를 미리 준비할 필요가 있다.

국민 건강에 해를 끼치는 사례는 무수히 많다. 왜 흡연만이 문제인가? 예컨대 날로 심각해지는 아파트의 층간 소음 문제도 아파트 거주자의 심신에 엄청난 스트레스를 주는 문제인데 국가는 왜 수수방관하고 있는가? 건설업자들의 눈치 보느라? 세수와 상관없으므로? 그리고 길거리의 온갖 소음과 온갖 유해 식품은 왜 철저히 규제하여 근절시키지 않는가?

많은 의사가 세상의 상식과는 반대로 음주는 백해무익이라고 한다. 음주로 인한 피해는 아마 흡연보다도 훨씬 심각하고 막대할 것이다. 알코올중독과 가정 파탄, 각종 질병, 음주운전 사고, 취중 폭력 사태와 각종 범죄행위 등. 왜 금주령을 내려 음주는 금하지 못하는가? 엄청난 다수의 유권자가 무서울 것이다. 세금 결손도 어마어마할 것이다. 외국에서도 하지 못하고, 안 하니까.

세계의 주당들이여 명심하라. 언젠가 어떤 금욕주의적 국가권력이 당신들에게 건강에도 해롭고 다른 사람에게도 피해를 주니 술을 끊으라고 위협하며 술값을 엄청나게 올릴 것이다. 국민 건강을 위해서! 흡연자를 향한 화살은 곧, 아니 이미(술값 인상 = 주류세 증대) 서서히 주당들을 향하고 있다.

민주화운동과 시민운동이 성공하면서 시민운동 권력이 생겨 정치적 이념 투쟁을 가속화시키고, 환경문제가 심각해지니 이를 빙자하여 환경 권력이 생겨 부정부패를 저지르고, 이제 복지 문제가 온 국민의 관심사가 되었으니 국가의 복지 권력과 건강 권력이 무소불위처럼 군림할 것이다. 국가권력이 진심으로 알뜰살뜰 국민들의 건강을 염려할까? 건강은 우리의 호주머니를 둘러싼 국가권력, 제약 회사, 의료 산업, 복지 기관 등의 이해관계가 예민하게 얽힌 문제라는 점을 기억할 필요가 있다.

나의 그리고 우리의 건강을 이토록 과도하게 챙겨주는 국가 건강

권력의 다음 공격 목표는 어디로 향해 있을까? 메르스와 같은 각종 전염병이 발생하고 그 위험성이 반복 강조되다 보면, 국민은 패닉 상태가 되거나 노이로제에 빠져 국가가 휘두르는 건강 권력에 맹종하는 양순한 환자가 되어야 할 것이다. 여기에 의료 보건 권력이 합세하여 무병장수의 신화를 퍼뜨린다. 건강해야 한다는 스트레스가 건강을 이미 해치고 있는지 모른다.

흡연자는 당당하게 담뱃세의 사용 권리를 요구해야 한다. 최보식(『조선일보』 2015. 10. 9. A30) 기자의 주장처럼 흡연자를 위한 "담뱃세에 대한 정당한 대접"을 비흡연자나 반흡연자도 적극 인정해야 한다. 흡연권을 인정하라.

(2) 동성애의 권리 확대

기본적으로 이 문제는 종교나 교황청이 간섭할 문제는 아니지만, 이미 종교계 내부에서도 이를 완화하자는 움직임이 있다. 뒷북치지 말고 서둘러 인정해야 한다. 한국에 국교가 없다는 사실을 명심하자. 나아가 신인합일의 신비주의자에게 신은 외부에서 나를 명령하는 것이 아니라 내 속에서 내가 발견하는 것이다. 내 몸은 나의 것이라는 신체의 자유를 넘어, 존재자의 존재 자유라는 보다 근원적인 차원에서 동성애의 자유를 요구한다. 동성애권을 전면 인정하라.

(3) 낙태 금지의 금지

특정 종교의 독실한 신자라면 그 교리에 따라 낙태를 하지 않으면 된다. 왜 그 금지 조치를 모든 사람에게 강요하는가? 잘못된 금지를 바르게 금지하라. 원하지 않는 아이를 낳게 하면, 배 속의 존재도 출산을 원망할 것이다. 대책 없는 인구 증가가 인간 사회의 최대 문제라는 사실은 변함없다. 낙태의 권리를 회복시켜라.

(4) 안락사 허용

인간답게 죽고 싶다. 연명 치료 거부의 자유와 잘 죽을well-dying 자유를 확실하게 달라. 안락사를 빙자한 타살이나 자살 방치를 우려하는 의견도 있지만, 그것은 부차적이다. 먼저 사전 조치와 함께 안락사를 실시하고, 사후 보완을 하는 것이 순리이다. 여기에도 특정 종교의 교리가 작용한다. 종교의 자유가 도대체 무엇인가? 특정 종교가 자유롭게 자신의 교리를 강요하는 것이 종교의 자유인가? 그래서 슈티르너는 말했다. 종교라는 제도나 권력이 구사하는 종교의 자유를 추구할 것이 아니라, 개인이 자유롭게 택하거나 바꿀 수 있는 진정한 자유의 종교를 추구하자고.

물론 죽음의 문제는 당사자의 문제일 뿐 아니라 주변의 존재들, 가족, 의료진과 병원, 보건 당국, 종교계의 이해관계와 권력관계가 얽힌 문제이다(박경숙·서이종·안경진, 2015). 그러나 연명 치료 혹은 안락사라는 양자택일의 문제로 접근해서는 안 된다. 죽음의 불안에 직면한, 심신의 고통에 처한, 당사자의 결정이 가장 중요하다. 연명 치료를 거부하거나 보다 적극적으로 안락사를 선택할 자유를 제공하는 것이 이 비정한 세상이 개인에게 베풀 수 있는 마지막 최대·최고·최선의 배려이다. 개인도 삶의 과정에서 언제 닥칠지 모를 이 허망한 죽음에 미리 대처하는 허무주의적 각성과 결단의 현세적 준비를 해두어야 할 것이다. 죽음의 가능성이라는 불안에 시달린 개인의 실존이 의연하게 그것을 대면할 수 있는 안락사의 자유를 달라.

(5) 도박(카지노 산업 포함)의 허용

카지노를 특정 지역에만 허용한다는 것 자체가 모순이지만, 이제는 일반인이 도박할 자유를 넓혀라. 도박이, 적지 않은 사람들에게, 인간 욕망의 어떤 자연스런 그리고 강력한 측면이라는 것을 인정하라. 국가는 온 국민을 상대로 복권이라는 도박 장사를 하지 않는가? 경마장은 도박을 하는 곳이 아닌가? 정부는 부동산 시장을 온통 투기판으로 만들지 않았는가? 도박을 양성화하면 지방자치단체나 국가의 세수 증대에도 큰 도움이 될 것이다. 일본의 파친코가 일본 사람들을 도박 중독자로 만들었다는 얘기는 못 들었다. 인터넷 불법 도박이 성행이다. 제대로 단속하지도 못하면서 언제까지 음성적으로 방치할 것인가? 안전하게 도박을 즐길 수 있도록 조치해야 한다. 도박의 권리를 금지하지 말라.

(6) 성노동권으로서 남녀의 성매매 허용

성매매는 기본적으로 허용되어야 하는 개인적 자유이다. 현재 성매매가 법적으로 금지되어 있음에도 성매매가 근절되기는커녕 오히려 음성적으로 — 주택가 확산, 성병 감염자 증가, 변태 영업과 해외 진출까지 — 확산되고 있는 실정이다. 미혼의 젊은이와 이혼, 별거, 사별한 독신자 및 독거노인들에게 국가가 책임지고 성 파트너를 구해줄 것인가? 인간의 생존 욕구를 억압한다는 차원에서만 보자면, 성매매 금지는 인륜상으로나 도덕적으로도 온당하지 못하다. 유사 섹스 산업이 얼마나 번창하고 있는가? 성문화만이라도 세계 최고 선진국이 되어보자. 성매매와 결혼의 정숙성 유지라는 도덕적 연관은 간통죄의 폐지와 함께 그 근거를 다시 잃어버렸다. 금지해야 할 어떤 도덕적 이유도 없다. 성매매 허용이 일자리를 창출한다고까지 주장하면 정신이상자로 취급할 것 같다. 적어도 수많은 음성적 취업자를 공적으로 인정하여, 미등록자는 처벌하고, 등록자에게는 근로기준법의 혜택과 함께, 소득이 많다면 세금도 징수해야 한다. 너무 엄격한가? 성매매를 불법화하지 말고 성노동권으로 인정하라.

(7) 남성의 병역의무에 상응하는 여성의 사회봉사 의무 혹은 병역의무 제도와 병행하는 지원병제도

최근에 자발적으로 군복무(여성 ROTC 제도 등)를 하는 여성이 증가하고 있는 시대 변화에 둔감한 헌법재판소의 판결이 내려졌다. 남성에게만 병역의무를 부과한 병역법 규정은 합헌이라는 이 판결과 관계없이, 여성들 자신이 스스로 진정한 남녀평등의 길을 보여준다는 의미에서 남성만의 병역의무와 관련된 이 문제를 적극적으로 풀어야 한다. 이것은 남녀평등의 문제일 뿐 아니라, 개인의 평등한 자유를 억압하는 문제이다. 2014년 8월 30일 서울대 여학생 세 명이 '여성 군복무 의무화'를 위한 피켓 시위를 벌였다. 여성의 군복무는 이미 토론이 금지된 성역이 아니다.

여성은 병역을 각종 사회봉사(예컨대 유아 및 독거노인 돌보기를 비롯하여 사회적 약자들에 대한 각종 도우미 활동이나 각종 공중질서 감시 활동 등)로 대체할 수 있다. 일각에서는 여성 고유의 출산 및 육아 의무라는 관점에서 여성의 병역면제를 거론하기도 했다. 출산율 저하를 막기 위한 강제적 조치로 출산(서약) 여성 = 병역면제라는 악법적 발상이 나오지 못하도록 여성들이 먼저 이 문제에 대한 진지한 논의와 대책을 강구할 필요가 있다.[20] 병역의 의무를 점차 병역의

---

20 취업난으로 군복무를 생활 방식과 생계 수단으로 택하는 사람들이 늘고 있는 이

권리로 확대하라.

(8) 노동시간 단축과 여가 시간 확대

자유는 시간과 돈을 필요로 한다. 그래서 최저임금제와 노동시간 단축이 노동운동의 핵심 사안이 되고 있다. 맞벌이 부부가 증가하고, 육아 문제가 그야말로 심각한 사회문제가 되고 있는 현실을 감안할 때, 가족이 한자리에 모여 편안한 저녁 시간을 가질 수 있다는 것은 노동생산성의 증가뿐 아니라 사회적 활력과 안정의 증대에 기여한다. 퇴근 시간의 엄수와 재택근무의 확산이 필요하다. 최근의 자료인 OECD의 2014년 1인당 연간 실제 노동시간에 관한 통계를 보아도 32개 조사 대상국(평균 1,770시간)에서 한국은 2,124시간으로 멕시코의 2,228시간에 이어 2위에 올랐다. 부끄럽게도 한국은 2007년까지는 항상 1위를 유지했고, 이후 부동의 2위를 지킨다. 반면 노동생산성은 34개 회원국 가운데 28위로 하위군에 머물렀다. 아무래도 노동시간을 줄여야 생산성도 높아지고, 삶의 질도 상승할 것 같다. 노동권에서 각종 휴식과 안정, 가사 보조, 여가의 권리(특히 육아휴직 등)을 확대·보장하라.

물론 위에서 요구한 각종 자유가 허용된다면, 일시적인 혼란과 부작용이 있을 수도 있을 것이다. 그러나 이미 그것들은 잘 알려져 있

때, 여성의 병역의무에 대한 새로운 접근이 필요하다. 군대에서의 성폭력 문제부터 먼저 깨끗이 정리해야 한다. 예산 타령을 하지 말고, 적극적 보상 시스템을 갖춘 각종 지원병제도를 확장하는 방안을 강구해야 한다. 군의 소수 정예화도 필요하다. 방위산업이나 무기 구매와 관련된 천문학적 액수의 비리나 예산 낭비만 방지해도 예산이 결코 부족하지 않을 것이다.

으므로 효과적인 사전 대책이 얼마든지 가능하다. 특히 성적 자유는 과감하게 풀어야 한다. 각종 성폭력의 예방에도 도움이 될 것이다. 성 관련 범죄를 엄중하게 다스리기 위해서도 이의 보완책으로 성적 자유는 보장되어야 한다. 성 개방의 추세는 막기 힘들다. 그것이 과잉과 문란으로 흐르지 않도록 절제의 가치를 확산시켜야 할 것이다. 절제적 탈물질주의가 잡종사회의 문명전환에 요청되는 이유의 하나이다. 그리고 재차 강조하지만 자유를 누릴 수 있는 최소한의 물질적 기반을 사회에 구축하고, 취업자의 노동시간과 아동 및 청소년의 과잉 학습 시간을 대폭 줄여야 한다.[21] 시간에 대한 소유권은 개인이 자기 삶을 자유롭게 설계할 수 있는 권리이다.

이제 21세기 문명전환이라는 대해를 항해할 배는 그런대로 골격을

---

21 『한겨레』(공현, 2015. 3. 29.)의 기사는 한국의 청소년들이 얼마나 심각한 부자유의 삶에 시달리고 있는지를 일깨워준다. "노동자는 아니지만 또 다른 의미에서 자기 시간을 돌려받아야 하는 이들이 있다. 바로 한국의 초중고생들이다. 2010년 통계청 발표에 따르면 한국 고등학생들은 평일 학습 시간이 11시간에 가까우며, 일주일 학습 시간은 약 64시간에 이른다. 초등학생도 주 45시간이 넘는다. 자연히 여가 시간, 수면 시간은 적다. 2013년 한국청소년정책연구원의 조사 결과로는 초중고생 중 60%가량은 평일 여가 시간이 2시간 이하이다. 그 결과로 청소년들의 학업 스트레스는 세계 최고 수준, 행복 지수는 바닥을 긴다. 과거 한 초등학생이 '왜 어른보다 어린이가 자유 시간이 적은지 이해할 수 없다'고 절규한 현실은 변할 기미가 보이지 않는다. 한국의 학습 시간 문제는 '세계적'이다. 사교육은 말할 것도 없고 학교에서의 학습 시간도 많은 편으로 총학습 시간은 OECD 평균보다 훨씬 길다. … 노동과 학습은 동질의 활동은 아니지만, 쉴 시간이나 자유 시간을 가질 수 있느냐 하는 점에서는 학습 시간도 노동시간의 문제와 별로 다르지 않다. 노동자들이 인간답게 살기 위해서 노동시간을 사회적으로 규제하는 것이 필요했다면, 학생들이 인간답게 살기 위해서도 학습 시간을 규제하는 것이 필요할 것이다. 나는 세계 평균 등을 고려할 때 적절한 학습 시간 상한선은 하루 6시간, 주 35시간 정도라고 본다. 본인이 원해서 '시간 외 연장 학습'을 한다 해도 여기에 2-3시간을 더한 수준일 것이다. … 청소년 인권 단체 아수나로에서도 최근에 '내 시간을 돌려줘! — 학습 시간 줄이기' 운동을 하고 있다."

갖추었다.

잡종사회의 친구들인 타협적 탈국가주의자, 절제적 탈물질주의자, 협동적 개인주의자, 상대적 허무주의자, 현세적 신비주의자는 사회국가와 동아시아 연합을 추구하면서 감시와 고발 그리고 정보공개를 통해서 부정부패를 근절하여 잡종사회의 제도적 토대를 마련할 것이다. 이와 더불어 일상생활에 필수적인 각종 개인적 자유의 확대를 위한 직접행동의 대상도 발견하였다.[22]

출항을 앞두고 어쩔 수 없이 만감이 교차한다.

---

[22] 아나키스트 자유주의가 향후 개척해야 할 자유의 영역은 무한히 펼쳐져 있다. 특히 아동의 권리 및 동물권에 대한 시급한 대책이 요구되고, 개인의 사유재산권을 심대하게 침해하는 상속상의 획일적 유류분도 합리적으로 조정해야 한다.

17장 출항:
문명전환의 길을 찾아

배가 준비되었다. 친구들과 길동무들도 탔다.
출항이다.
이제 다시 길을 떠난다. 그러나 이제는 바닷길이다.
아나키스트 자유주의가 기대하고 벼르던 문명전환의 대해에서 만들 길이다.
그 길은 기존 해도에는 없다. 무지와 부지와 미지의 길이다.
해서 겸손과 협력 그리고 사랑으로써 찾으며 만드는 길이다.

흥미롭게도 최근 박영도(2015: 19-20) 또한 배와 바다의 이미지를 이용하여 한상진의 중민 이론을 천하위공의 개념을 통해서 재구성해보고자 한다. 박영도에게 바다는 생태적 자연으로서 거기에는 생태적 위험의 파도가 일고 있다. 바다에 떠 있는 배는 민주적 성찰성과 생태적 재귀성을 매개하는 정치적 에너지이자 규범적 기대 지평을 확장하는 유교적 계몽의 변증법이다. 이 생태 민주적 공공성이라는 배는 유교의 천하위공이라는 잠재력에 의해서 구축된다.

　이와는 대비적으로 나의 바다와 배는 상이한 메타포를 갖는다. 바다는 무지와 부지 그리고 미지의 세계이다. 그 심연에서는 온갖 종류의 가능성과 제한이 시도 때도 없이 순풍이 되거나 혹은 어뢰처럼 바다 위의 배에 다가간다. 그렇다면 아나키스트 자유주의자의 배는 어떤 배인가? 아나키스트 자유주의호는 불가지의 바다를 상대주의라는 나침반을 가지고(상대적 허무주의), 때론 협동하고(협동적 개인주의), 때론 절제하며(절제적 탈물질주의), 때론 내일의 파도와 바람(현세적 신비주의)에 타협하면서(타협적 탈국가주의) 헤쳐나가는 잡종적 혹은 전방위적 선박이다. 그것은 전함이자 화물선이요, 어선이자 유람선이며, 유사시에는 캐리비언의 해적도 두려워한 유령선이 될 수 있다. 유교를 비롯하여 도교, 불교, 단군교, 신도, 기독교 등을 믿는 신자, 무종교주의자, 무신론자로 구성된 선원 개개인은 육체를 가진 생물체이자 때로 영혼만 가득한 심령이기 때문이다. 아나키스트 자유주의호는 이제 잡종사회라는 새로운 그래서 낯선 조류를 타고 가면서 자신이 탈근대 문명전환의 조류에 합류하는 사회학적 상상이 된다. 상상은 언젠가 현실이 된다. 박영도가 고안한 공공성, 생태성, 민주성 등은 현실의 바다를 항해하기에 적합한 장비들이지만, 아나키스트 자유주의는 미지의 바다로 나아간다. 다행히도 천하위공의 배와 아나키스트 자유주의호는 서로 다른 바다(집합의 바다와 개인의 바다)를 항해하기에 태풍이 불어 항로가 바뀌기 전에는 충돌할 염려가 없다.

　배가 떠난다.
　다시는 돌아가지 못할 지난 길들이 떠오른다.

운 좋게 아나키스트의 길을 가다가 잡종사회를 만나고, 여기서 깨달은 바 있어 아나키즘과 자유주의의 잡종화인 아나키스트 자유주의자의 길을 찾았다. 이 길은 서구적 근대를 벗어나 탈근대 문명전환을 목표로 하는 길이다. 그래서 시대의 물결을 따라서 동아시아로부터 그 길의 방향을 찾고자 하였으며 길동무로서 탈국가주의자, 탈물질주의자, 개인주의자, 허무주의자, 신비주의자 다섯을 발견하였다.

문명전환의 길은 바다를 건너야 한다. 그래서 배를 만들면서 탈권력 사회국가와 동아시아 연합이라는 구체적 과제를 정하고 이에 필요한 자유의 준비물도 챙겼다.

이제 배는 바다로 나가고 있다.

미지에 대한 설렘 속에서, 부지에 대한 겸손함 속에서 그리고 무지에 대한 저항감 속에서 나는 잔잔한 물살 위로 퍼져나가는 뱃고동의 긴 슬픔을 느낀다. 침몰할 수도 있다는 예감. 혹은 침몰을 피하더라도 파도 소리 바람 소리 삭막한 무인도에 좌초하여 희미하게 기진하는 자화상도 본다. 어쩌면 그 실패하는 아름다움 속에서만 만파식적의 가락을 들을 수 있을 것 같다.

문명전환이 저 멀리 바다건너 어떤 아득한 세월의 흐름 뒤에 있는 것이 아니라는 사실을 우리는 이미 깨우쳤다. 지금 여기 이 하늘과 땅이 맞붙은 바다 위에서 문명전환이 이루어지고 있다. 내가, 네가, 우리가 모두 각각 문명전환이다. 문명전환의 색깔과 소리 그리고 맛과 내음이 느껴지지 않는가? 심신을 차분히 하여 주위를 살펴보고, 나 자신을 들여다보자. 잡종사회의 아나키스트 자유주의자로서 나는 이미 새로운 문명의 시작이다.

1. 잡종화의 즐거움

 지난 길들도 험난하고 힘들었는데, 앞길도 결코 만만치 않을 것 같다. 이럴 때일수록 기운을 차려야 한다. 그렇다. 혁명의 댄스가 필요하다. 사랑과 아나키를 추구한 불멸의 아나키스트, 골드만이 혁명의 위대성을 너무나 간결하게 표현한 말, "춤을 출 수 없는 혁명은 진짜 혁명이 아니다." 1970년대 초 미국의 여성운동가들이 이 말을 살짝 바꾸어 "내가 춤을 출 수 없다면 그것은 내 혁명이 아니다"라고 했다. 그렇다. 바로 그것이다. 이제껏 문명전환을 마치 길을 닦는 수도사修道士의 고행이나 길을 찾는 구도자求道者의 고해처럼 설파했던 것 같다. 길을 보수하고, 길을 찾는 일이 매양 고통스러운 것만은 아니다. 멋진 들꽃도 보고 반짝이는 예쁜 돌멩이도 줍고, 졸졸졸 시냇물 소리에 귀를 씻고, 작은 새떼들의 비상에도 눈을 비운다. 나그네의 여정에 그 어찌 즐거움이 없으랴. 문명전환은 길고 긴 혁명이다. 우리는 틈틈이 춤을 추며, 쉬고, 즐기지 않으면 안 된다. 나의 문명전환이니까.

 나는 문명전환의 길에서 즐거움 혹은 쾌락을 당연지사로 누려야 할 것이라고 권유하고 싶다. 동아시아의 성현들도 일찍이 이 점을 누누이 강조하였다. 도가의 방외천락方外天樂, 불가의 열반극락, 유가의 (인의예)악은 삶에는 고락苦樂이 섞여 있음을 강조하고 고중락, 락중고하라는 잡종화의 지혜를 전한다. 특히 장자는 「소요유逍遙遊」에서 목적지 없이 자유롭게 노니는 즐거움을 가르쳐주지 않는가? 식자에게는 학이시습學而時習하는 채진지유採眞之遊가 어울린다면 범부에게는 열심히 일해서 돈 버는 채금지유採金之遊도 좋지 않겠는가? 주유천하의 현대판 사도들인 세계의 관광객들을 그 누가 탓하랴. 생의 두 가지 축이 일하는 고와 즐기는 락이다. 여행 체질도 아니고, 부유하지도 않으면, 멀리 나가서 힘들게 돈쓰며 어렵게 즐거움을 찾을 필요가 없다. 짜장면 한 그릇의 식도락, 남녀상열지사, 한 잔의 술과 커피 혹은 차가 선사하는 도道의 맛,[1] 음악, 영화, 기도와 명상 등 무수한 일상의 즐거움이 주변에서 그대를 기다리고 있다. 운동화 한 켤레로 이리저리 걸어 다니는 즐거움 또한 그 무엇에 비기랴.

특히 잡종사회의 친구인 절제적 탈물질주의자와 현세적 신비주의자는 정신세계의 무한한 열락을 개척하도록 그대들에게 권유한다. 지식, 비디오, 음악, 대화 … 인터넷의 고마움이여. 첨단 과학기술을 친구로 만들어 즐기며 살 수 있는 세상을 만들자. 노세 노세 젊어서도 놀고, 늙어서도 또 노세. 조화造花는 항상 같은 색이요 이 달month 뒤에 저 달이 기다린다.

누군가 그대더러 일은 언제하고 놀기만 하냐고 힐난하거든, 나는 일하면서 놀고, 놀면서 일한다고 답하라. 그래 가지고 일에 집중할 수 있냐고 되묻거든, 우리는 그렇게 살겠노라고 대답하라. 혹시라도 자르겠다고 겁주면, 함부로 못 자를 것이라고 겁을 되돌려주라. 일과 놀이가 결합된 사회, 그것이 이분법적 시민사회론자로서 내(김성국, 2001a; 2001b)가 다른 사람들과 함께 꿈꾸었던 세상이다. 시민사회에서는 일의 영역으로서의 경제와 놀이의 영역으로서의 생활세계가 기능적으로는 구분되지만, 존재론적으로는 통합되어 있다.

학계에서 시민사회론의 대세는 그람시나 하버마스를 따라 삼분 모델, 특히 정치사회, 경제사회 그리고 시민사회로 나누는 것이다. 나는 국가 대 시민사회의 이분 모델 주창자이다. 왜 경제사회를 독립적

---

[1] 주도酒道와 다도茶道라는 말의 깊은 뜻은 그 지극한 형식화를 통해서도 찾을 수 있지만, 쾌쾌하고 은은한 풍류도에서도 발견할 수 있다.

으로 부각시키지 않고, 시민사회에 포함시켰느냐? 국가는 권력이 작용하는 지배 영역이지만, 시민사회는 피지배 세력의 저항 영역이다. 그리고 저항의 원천은 일과 놀이의 결합인 삶(= 살림)을 통해서 생산과 재생산이 이루어지는 사회 전체의 정신적-물질적 토대이기 때문이다. 그런데 지배 세력은 일과 놀이를 분리하고, 또 일은 늘리는 대신 놀이 시간은 줄이는 방식으로 시민사회로부터 더 많은 것을 가져가고자 혈안이다. 우리가 놀면, 일하지 않는 그들은 챙길 것이 적어진다. 우리는 가난과 결핍에 익숙하고 단련되어 있지만, 그들은 귀족 체질이라 참지 못한다.

아득히 오래전, 놀고먹는 지배 세력이 생기면서 일하는 사람들은 점점 오래 힘들게 일하고, 적게 가져가는 처지가 되었다. 이제 자유와 평등을 사랑하는 사람이라면 좌우파를 막론하고, 문명전환을 통하여, 일하는 시간은 대폭 줄이고, 휴식과 여가 혹은 놀이 시간을 가능한 한 늘리고, 몫은 합당하게 적절히 나누어 가지는 사회(사회주의적 평등사회도 결국 이런 것 아니겠는가?)를 건설해야 한다. 인간을 인간답게 만드는 가장 확실하고 좋은 길은 즐겁게 살 수 있는 사회를 만드는 것이다. 노동시간을 대폭 줄이고, 자유 시간을 대폭 늘려야 한다. 또한 부족한 노동시간을 채우는 일자리를 늘려야 한다.

노동 대가나 자유 시간의 확장에 못지않게 중요한 과제는 일이 즐겁도록 노동환경과 노동과정을 바꾸는 것이다. 과로와 사고, 직업병 등으로 인한 각종 산업재해를 최소화시켜야 하고, 특히 실업으로 인한 고통을 분담하고 경감할 수 있는 배려의 가치가 확산되어야 한다. 일터와 가정 이 두 가지 장소는 개인의 삶에 가장 주요한 공간이다. 삶이란 "살림"이지 죽이는 것이 아니다. 원시사회에서는 일하러 가는 것이 안전한 보금자리를 떠나 약육강식의 정글로 들어가는 것이었기 때문에 위험하고 힘들고 그래서 싫었을 것이다. 그러나 우리는 문명사회에 살고 있지 않는가? 일터에서 상사와 권력자라는 맹수가 우리를 기다리게 해서는 안 된다. 그들을 순치시키기 위하여 탈권력화라는 쇠 우리iron cage에 가두어 훈련을 시켜야 한다. 베버가 우려한 관료제의 쇠 우리를 걱정하는 대신, 그들 지배 권력의 집행자인 관료제를 몽땅 쇠 우리에 집어넣으면 우리는 안전해질 수 있다. 맹수의 위협이 없는 일터! 사람들의 일터를 즐겁고 안전한 장소로 만드는 것이 개인의 행복이자, 문명전환의 이유이다.

따라서 삶에서 즐거움을 추구하는 쾌락주의는 적극적으로 인식되어야 한다. 모든 사람은 생의 즐거움joy of life을 원한다. 투쟁적 아나키스트 컴포트(Comfort, 1948; 1974)는 도덕군자연하는 세태에 도전하여 성의 즐거움joy of sex이라는 영역도 개척하였다. 물론 절제적 탈물질주의자로서 나는 과도한 쾌락으로서의 탐락이나 향락주의를 제안하는 것이 아니다. 절제된 쾌락주의를 찬미한다. 자신의 심신을 피폐하게 만들 뿐 아니라, 타인의 자유도 침해하는 향락주의를 동서고금의 모든 합리적 쾌락주의는 부정한다. 왜냐? 향락주의는 강제와 지배의 권력작용이라는 속성을 갖기 때문이다. 역사적으로 모든 향락주의자는 당대의 지배 권력층이나 금권층이 아니었던가. 일반 사람들은 향락주의에 빠지면 패가망신의 벌을 받는다.

그러나 근대 자본주의 문명은 신성한 노동의 가치는 찬양하지만, 쾌락의 가치를 인정하는 데는 소극적이었다. 개인의 쾌락을 억압하는 지배자의 문명에 관한 두 가지 대조적 논의를 들어보자.

쾌락과 문명은 프로이트(Freud, 2002)로부터 마르쿠제(Marcuse, 1955)에 이르기까지 문명의 수단과 문명의 목적을 규정하는 핵심적 주제이다. 두 사람 모두 쾌락의 억제를 통해서 문명이 가능해진다는 기본

전제에 동의한다. 프로이트가 이 전제를 끝까지 밀고 나가 쾌락 없는 문명이라는 비관주의에 도달하였다면, 마르쿠제는 어떤 쾌락을 추구하면서도 새로운 문명을 추구할 수 있다는 프로이트적 맑스주의를 개척하면서 억압적 문명으로부터의 해방 가능성을 모색하였다.

먼저 프로이트의 논리를 간략히 정리하자. ① 인간은 본능적 욕망으로서 쾌락을 추구하려고 한다. ② 그러나 그 쾌락은 문명적 사회질서의 발전에 방해가 된다. ③ 그러므로 쾌락 추구 욕망을 억압하고 금지시킬 필요가 있다. ④ 이처럼 쾌락의 만족을 포기하거나 연기 혹은 대체함으로써 문명적 발전이 이루어진다.

그러나 마르쿠제는 ① 인간은 본능적 욕망으로서 쾌락을 추구하려고 한다는 프로이트의 전제는 수용한다. 그러나 ② 쾌락을 억압하지 않고도 문명을 이룩할 수 있다는 관점을 제시한다. 마르쿠제에 의하면 지금까지 쾌락을 억압한 문명의 성과를 통해서 인간 사회에는 억압을 점진적으로 해소할 수 있는 여건들이 조성되어왔다. 후기자본주의사회가 이룬 물질적 풍요와 기초적 민주주의는 억압적 현실 속에서도 인간들로 하여금 에로스의 중요성과 가치를 인식하게 만들고, 억압의 근거를 의심하게 만든다. 보다 구체적으로 설명하자면 현실원칙(필요노동)과 쾌락원칙(에로스)의 양립할 수 없는 갈등이라는 프로이트의 주장을 수행 원칙(소외된 노동)이 쾌락원칙(에로스)을 과잉 억압하는 것으로 대체한다.

마르쿠제(홍윤기, 1982: 16에서 재인용)에게 억압 없는 문명이란 인간이 이룩해야 하는 최선의 상태이다. "후기자본주의사회는 역사상 가장 풍요롭고 기술적으로 가장 진전된 사회이다. 이 사회는 평화롭고 자유로운 인간의 실존에 대해 가장 커다란 가능성을 현실적으로 제시하고 있다(또 제시해야 할 의무를 지니고 있다). 동시에 그 사회는 이렇게 나타나는 평화와 자유의 가능성을 가장 효과적인 방식으로 억압하는 사회이다. 오늘날 이러한 억압 상태가 사회를 전반적으로 철저하게 지배하고 있으므로 이 사회구조를 근본적으로 변화시킬 때 비로소 이 억압 상태를 지양할 수 있다." 마르쿠제는 문명전환을 억압의 청산이자 자유와 평화의 보장으로 간주한다. 이 억압에는 빈곤, 착취, 전쟁, 자원의 파괴를 포함한 각종 낭비 등이 포함된다.

그것은 동시에 현존하는 억압적 문명에 대한 비판이다. 놀이, 즐거움, 혹은 쾌락은 억압의 반대인 개인의 자유를 의미하며, 그 자유는 바로 억압적 문명에 대한 "위대한 거부"를 의미한다. 이 거부는 억압으로부터 개인을 해방시키는 자유의 길이요, 즐거움의 세계를 여는 길이다. 흥미롭게도 그리고 독창적으로, 마르쿠제는 이 위대한 거부의 실현을 위해서 프롤레타리아의 계급혁명에 의존하지 않았다. 왜냐하면 노동자들은 이미 자본주의적 질서에 동화되어 허위의식의 담지자가 되어버렸기 때문이다. 일시적으로 그는 혁명의 촉매로서 혹은 선구자로서 학생운동이나 민중운동 혹은 인권운동 등에 기대를 거는 듯했지만, 자본주의적 동화작용이 효과적으로 구현되는 이 일차원적 사회에서 누가 혁명의 주체가 되어야 할지는 오직 혁명 과정에서 구체적으로 결정될 문제라고 한발 물러선다.

다만 혁명의 전 단계로서 사람들이 자본주의적 가치 체계를 거부하고, 기존의 오도된 욕망(물신화로서 상품 소비 욕구)에 기초한 생활양식을 버리는 일종의 의식 혁명이 선행되어야 할 필요성을 강조하였다. 정통 맑스주의자와는 달리 마르쿠제는 물질적 토대의 혁명 이전에 상부구조의 혁명이 필요함을 제시한다. 새로운 감각을 가진 새로운 "쾌락 지향적 인간"이 출현하기를 기대하는 것이다. 그러나 혁명 이후 혹은 문명전환 이후의 사회가 유토피아가 될 것이라는 가능성에 대하여 마르쿠제(홍윤기, 1982: 35에서 재인용)는 현명하고도 정직하게 아무런 보장도 하지 않는다. "역사는 보험 회사가 아닙니다. 보장을 기대할 수 없습니다."

나도 마르쿠제(홍윤기, 1982: 93에서 재인용)처럼 에로스와 문명은 반드시 조화를 이루어야 한다고 믿는다. "노동과 놀이의 융합convergence of labour and play"은 인간 사회에서 가능한 프로젝트이다. 마르쿠제가 추구한 사회혁명은 개인 혁명으로부터 시작되어야 한다. 혁명의 주체는 나의 바깥에 있는 어떤 집단적 표상이나 추상적 실체가 아니다. 물질적 토대의 변혁이나 사회관계의 재구성과 더불어 개인적 주관성 혹은 주체의 중요성이 새롭게 재인식되어야 하는 것이다.

포퍼와의 역사적 대논쟁(홍윤기, 1982: 86-87)에서 마르쿠제가 제시한 대답을 음미해보자.

> 질문: 생산력이 성숙된 현재의 조건 아래서 사회 발전의 필연성이나 필연적인 객관적 법칙 또는 심지어 그 경향에 관해서 말하는 것이 아직도 가능하거나 타당합니까? 주관성의 역할은 오늘날 새로운 요소로서 재평가되어야만 하지 않을까요? 그것은 아마도 무정부주의의 재등장을 정당화시켜주는 것이겠습니다만.

> 마르쿠제: 나는 주관적 요소에 대한 재평가와 규정이야말로 현재의 상황에 있어서 가장 결정적이고 필수 불가결한 작업이라고 생각합니다. 자유로운 사회를 만들기 위한 물질적, 기술적, 과학적 생산력이 존재하고 있다는 점을 강조하면 할수록, 이렇게 실현할 수 있는 가능성들에 대한 의식을 해방시켜야 한다는 책임이 더욱 무거워집니다. 왜냐하면 이들 가능성에 반하는 의식의

주입이 현 사회의 특징적인 상황인 동시에 주관적 요소이기 때문입니다. 나는 의식의 발달 … 바로 이와 같은 이상주의적 탈선이야말로 사실상 오늘날 유물론의 주된 과업들 중의 하나라고 생각합니다. … 한편으로는 의식의 해방이 필요하며, 다른 한편으로는 붕괴의 가능성이 현존 사회의 거대하게 집중된 권력 구조에 있다는 것을 감지해내는 일이 필수 불가결합니다.

스스로를 "치유 불가능한 감상적 낭만주의자"로 칭하는 마르쿠제(홍윤기, 1982: 98에서 재인용)를 정통 맑스주의자들이 왜 과소평가하는지 알 수 있다.[2] 마르쿠제(홍윤기, 1982: 83에서 재인용)의 주관주의적 지향은 자유와 필연에 관한 맑스의 고전적 이해를 넘어서는 것이다. "인간의 본성은 역사적으로 결정된 본성이며 역사 내에서 발달합니다. 필연성의 영역에 중점을 두고 있으면서도 맑스는 이 점을 알고 있었습니다. 물론 인간의 자연사는 앞으로도 계속될 것입니다. 인간과 자연의 관계는 이미 완전히 변했으며, 완벽하게 성취된 기술을 수단으로 하여 소외된 노동을 제거할 수 있고, 사회적 필요노동의 커다란 부분이 기술적 실험으로 될 때 필연성의 영역은 다른 성질을 가지리라 생각됩니다. 그리고 필연성 영역 자체가 사실상 변할 것이며 우리는 아마 자유로운 인간 실존의 특질들이 노동 자체의 영역에서 발달하리라고 예상합니다. 맑스와 엥겔스는 그런 일이 노동을 초월한 영역에서 일어나리라 생각했지요."

우리는 마르쿠제에게 다음과 같이 반문할 수 있다. 과연 오늘의 사

---

[2] 마르쿠제의 아나키즘적 차원을 바쿠닌과의 비교를 통하여 논의하는 맥도널드(McDonald, 1997)를 참고할 것.

회가 그렇게 억압적인가? 사람들은 과거에 비하여 훨씬 더 각종 즐거움을 추구할 수 있게 되지 않았는가? 소비사회는 물신숭배의 세계로만 볼 수 없는 다른 많은 가능성을 가진 세계가 아닌가? 나는 이렇게 대답하고 싶다. 오늘의 사회에는 분명 좋은 측면이 많다. 그러나 마르쿠제의 주장처럼 새롭게 개선해야 할 점이 더 많다.

다시 마르쿠제의 기본 명제인 문명과 쾌락의 잡종화 혹은 노동과 놀이의 융합으로 돌아가자. 나는 잡종사회의 친구들이 절제(적 탈물질주의)의 즐거움과 (현세적) 신비주의의 희열을 문명전환 과정에서 체험할 수 있을 것으로 기대하였다. 문명전환의 길이 엄숙하고, 진지하고, 경건한 고행의 길이 되기보다는 여유와 안락 가운데서 그리고 웃음과 장난 속에서도 발견되는 길이기를 바란다.

신인합일의 황홀경 추구에 있어서도 극소수 성인들만이 도달할 수 있는 어떤 지고지선의 상태로까지 가는 것은 불가능할 뿐 아니라, 그럴 필요가 없다. 현실적 혹은 세속적 존재자로서의 나를 대면하고, 성찰하여, 벗어나는 것은 일시적일 뿐 우리는 다시 현실로 돌아와야 한다. 내 속에 있는 세속적 에고 = 자아를 부정하거나 말살시킬 필요가 없다. 나를 잡종화시켜 내 속에서 여러 자아가 갈등하면서도 공존하는 것도 나쁘지 않다. 이 와중에서도 성현과 선지자의 말대로 자신과 타인에게 개인의 무한한 능력인 사랑을 베풀고 사랑을 느끼는 것이야말로 신인합일의 보다 구체적이고, 실현 가능한 차원이 아니겠는가? 나와 같은 중생들에게는 "신인합일 후 사랑 실천으로 가기"보다는 "사랑 실천으로 신인합일로 가기"가 더 확실하고 나은 길일 것 같다. 사랑의 기쁨, 그것은 아마도 아니 확실하게 최고의 즐거움이다. 그러나 또한 큰 슬픔이다.

2. 슬픈 잡종화

잡종화는 언제까지 그리고 어디로까지 갈 것인가? 그것도 언젠가는 끝이 있고 어디선가는 멈추지 않을까? 참으로 역설적인 것은, 잡종화는 새로운 변종과 이종을 만들어내는 변화 생성이요 생성 소멸의 움직임이지만, 어느 시점이 되어 세상만사 모든 것이 엇비슷해져서 더 이상 잡종화할 흥미도, 욕구도 대상도 없어진다면 그때에 바로 개인적 자유가 침잠 적멸함으로써 혹은 개인(고유)성이 무화됨으로써 모든 것이 하나로 집합·분산하는 순종 세상이 도래하지 않을까? 혹은 아직 세상에 잡종화거리가 산재하지만, 개인들이 더 이상의 잡종화를 포기하거나 잊어버리게 된다면 참으로 노자가 추구한 무위의 세상이 도래하지 않을까?

이 세상은 똑같은 것이 없는 차이의 세상이므로, 잡종화는 이 차이를 해소하려는 동일화의 욕구인 동시에 이 동일화가 새로운 차이를 생성할 것을 기대하는 창조의 욕구이기도 하다. 그러나 세상에는 이런 잡종화를 거부하는 개인도 많다. 그들은 존재자의 차이에 만족하면서 자신들의 고유한 존재성을 양도하거나 포기하지 않으려고 한다. 너도 좋고, 나도 좋은데 왜 굳이 뒤섞으려고 하냐고 그들은 반문한다. 혹은 너나 내가 달라 보여도 또 다르게 보면 비슷한 점도 많으니 위의 주장처럼 그대로 각자 갈 길을 가자고 한다. 결코 잡종화되지 않는 반잡종화와 비잡종화의 세계가 있다.

그러나 나는 지금은 잡종화가 필요한 세상이라고 외쳐왔다. 이질적인 것들이, 특히 이념적으로, 종교적으로 그리고 물질적 부의 분배를 둘러싸고, 서로 적대와 갈등 속에서 세상을 위험하고 피곤하게 만들고 있다. 이 대립과 모순의 관계를 극복하겠노라고, 해소시키겠노라고 호언장담하는 국가주의적 세력들이 등장하여 폭력과 테러, 사기와 선동으로 세상을 어지럽히고 있다. 이런 소용돌이 가운데서, 개인은 자신의 자유를 미디어와 광고가 증폭시키는 물질적 소비 욕구의 충족과 연결시킴으로써 자기실현의 과제를 마친 것으로 안도한다.

권력자들의 이런저런 달콤하나 허황된 말에 속고 또 속고, 속는 줄 알면서도 속기를 수없이 반복한 개인의 하나로서 나는 말하고 싶다. 제발 그들의 말을 액면 그대로 믿지 말라고. 이 시대에는 불신이야말로 진정한 신뢰로 나아가는 필수 전제라고. 그래도 믿고 싶으면 부디 반신반의하라고.

냉정하게 세상을 바라보자. 세상은 어수룩해 보이기도 하지만 참으로 견고하다. 강고하다. 끊임없이 변화하는 것 같지만 핵심적인 것은 잘 바뀌지 않는다. 수많은 성인군자, 현자가 등장하여 수많은 바른 말과 옳은 길을 제시했건만, 세상은 무심하다. 천지불인! 천사가 있어서 사탄이 생기는가 아니면 사탄이 있어서 천사가 필요한가? 선과 악, 정과 오는 음양처럼 어쩔 수 없는 것인가? 아니면 양자는 일심동체인가? 그래서 나는 세상이 바뀌지 않더라도 내 한 마음 크게 바꾸어, 세상을 보는 생각을 달리하여, 내 속에서, 나로부터 세상을 바꾸고 만들어나가자는 유심론적, 유아론적 세계관을 주장하였다. 그래도 믿을 수 있는 것은 나 자신이니까.

구체적 존재로서 나 개인이 모든 것과의 직접적 연결이요, 모든 것을 인식하여 내 속에 존재시킨다. 그리고 나는 모든 것이 된다. 나는 모든 것이다. 그런데 이 자아의 무한 가능성은 어떻게 가능한가? 나를 이 세상 만물과 일체가 될 수 있도록 이끄는 이 기적 같은 힘은 무엇인가?

세상을 바꾸는 가장 큰 힘으로 많은 성인이 사랑을 얘기하였다. 이웃은 물론이고, 원수까지도 사랑하라고 가르쳤다. 여기서 나는 문명 전환에 필수적인 이 사랑에 담겨 있는 기쁨과 슬픔 가운데서 슬픔을 또한 지적해야겠다.

슬픔에 관해서는 석가모니가 가장 직접적으로 그 사랑의 이중성을 말했다. 대자대비, 큰 자애와 큰 슬픔이라. 길게 부언할 필요도 없이 인생이 고해이거늘 어찌 삶이 슬프지 않겠는가. 그리고 이 슬픔을 넘고자 출가하는, 인연을 끊는 애절 애통한 심정이야 말해 무엇하겠는가. 본인이야 담담한 심정으로 입산할 수 있을지 모르나, 남겨진 부모 처자식의 애끓는 심정은 무슨 죄업이란 말인가?[3]

---

[3] 불가에서 슬픔을 강조하는 이유는 깨닫지 못한 중생 때문이다. "지자智者는 일체 중생이 생사의 고해에 빠져 있는 것을 보고 건지고자 하므로 슬픔을 일으킨다. 사도邪道에 헤매는데도 이끌어주는 사람이 없음을 보고 슬픔을 일으키고, 오욕의 진수렁에 빠져 나올 수 없으면서도 방일放逸하는 것을 보고 슬픔을 일으키고, 재물과 처자에 얽매여 빠져나오지 못함을 보고 슬픔을 일으킨다. 또 중생들이 악업을 짓고 고계苦界를 받으면서도 탐착耽着을 하는 것을 보고 슬픔을 일으키고, 오욕을 갈구함이 마치 목마른 자가 소금물을 마시는 것과 같음을 보기에 슬픔을 일으키고, 행복을 구하면서도 그 원인을 닦지 않고, 괴로움을 싫어하면서도 애써 그 원인을 닦으며, 천상에 나고자 하면서도 계를 지키지 않기에 슬픔을 일으키고, 또 중생들이 '나[我]'가 없는 데에서 '나'가 있다는 생각을 하니 슬픔을 일으키고, 생生·노老·사死를 두려워하면서도 오히려 그 업을 짓는 것을 보고 슬픔을 일으키고, 무명無明의 어둠 속에 있으면서도 지혜의 등불을 밝힐 줄 모르니 슬픔을 일으키고, 번뇌의 불길에 타면서도 삼매의 물을 구할 줄 모르니 슬픔을 일으키고, 오욕의 즐거움 때문에 무량한 악을 지음을 보고 슬픔을 일으키고, 오욕의 괴로움을 알면서도 이것을 구해 쉴 줄 모름이 마치 배고픈 자가 독이 든 밥을 먹는 것과 같음을 보고 슬픔을 일으킨다. 또 중생들이 부처의 출세出世를 만나 감로甘露의 법을 듣고도 수지受持할 줄 모르니 슬픔을 일으키고, 나쁜 벗을 믿고 선지식의 가르침을 따르지 않기에 슬픔을 일으키고, 많은 재물을 갖고 있으면서도 나눠줄 줄 모름을 보고 슬픔을 일으키고, 밭을 갈고 씨앗을 뿌리고 장사를 하는 것을 볼 때 모든 것이 괴로움이라 슬픔을 일으키고, 부모·형제·처자·노비·권속·종실들이 서로 사랑할 줄을 모름을 보고 슬픔을 일으킨다." (『우바새계경』「부처님의 근본 교설」, www.buruna.org/gicho/rdoc37.html에서 재인용)

슬픔에 관한 최고 최대의 극적 표출은 사람의 아들 예수가 두려움과 괴로움으로 하느님께 외친 비감하고 처절한 기도이다.

> 아버지, 아버지께서는 하시고자 하시면 무엇이든 다 하실 수 있으시니 이 잔을 저에게서 거두어주소서. 그러나 제 뜻대로 마시고, 아버지의 뜻대로 하소서(「마태복음」26: 39).

그러나 제자들은 잠만 자고 있었다. "시몬[= 베드로]아, 자고 있느냐? 단 한 시간도 깨어 있을 수 없단 말이냐?" 예수가 그의 평생에 느꼈던 모든 절망감이 이 한마디 말로 표현되었다(루드빅, 1991: 220-221). 그리고 제자들은 모두 부인하거나 도망가버렸다. 이 모든 것이 무한한 섭리와 예정 그리고 더 큰 충만의 은총을 위한 것이라 해도, 이 어찌할 수 없는 지상의 슬픔이여.

노자도 마찬가지다. 오죽했으면 세상을 등지고 사라졌겠는가? 기쁨에 넘쳐 세상을 버리지는 않았을 것이다. 『도덕경』에서 보이는 그처럼 잔잔하고 적적하며 요요한 모습은 세상의 비감을 통감한 달인만이 도달하는 경지이다. 공자야 더 절절하게 삶의 비애를 맛보아야 했다. 비록 노자나 공자가 도통하여 이 세속의 슬픔을 담담히 수용하고 표표히 잊었겠지만 인생의 무심함과 천지의 불인에서 스며나는 슬픔 그 자체를 어찌 부정했겠는가. 비록 이들의 슬픔이 참지 못하고 눈물을 뚝뚝 흘리는 북받치는 설움은 아니지만, 세상과 인생 그리고 운명과 숙명에 대해 개인으로서는 어찌할 수 없는 어떤 한계나 벽을 느꼈을 것이다. 아나키스트 자유주의자는 이를 허무주의적 관점에서 수용하고자 하였다. 허무주의는 감정적으로는 일종의 슬픔 혹은 비애감이다. 깨달은 자는 선각자로서의 고요한 비애감을 가질 것이며,

한도 많고 죄도 많은 중생은 시시각각 다가오는 죽음의 발자국 소리에 처연한 비애감을 느낄 것이다.

나는 여기서 삶의 슬픔을 찬미하려는 것이 아니다. 상대적 허무주의자는 허무를 상대적으로 그러나 적극적으로 인정하되, 동시에 허유의 세상을 인식하는 지혜를 가진다. 희극이 가볍게 즐겁다면, 비극은 묵직하게 인간의 감정을 내려놓는다. 비록 나 자신이 신인합일로 절대 순수의 경지를 발견하여 잠시 황홀해지더라도, 다시 변함없이 남아 있던 중생의 하나로 되돌아오면 슬픈 연민의 정이 생기지 않을 수 없다. 공자의 측은지심에도 일종의 비애감이 깃들어 있지 않을까?

세상의 악과 부정의와 모순에 대한 분노와 증오는 혁명의 열정으로 타오른다. 그러나 그 열기가 차갑게 식어갈 때 혹은 그 냉정하고 냉혹한 반동을 예감할 때, 깨어 있는 자와 눈을 뜬 자는 이를 슬픔의 덩어리로 감내해야만 한다. 문명전환도 마찬가지다. 여기에서도 아나키스트 자유주의자는 슬픔의 예감을 가져야 한다. 실패하거나 좌절하기 쉽다는 객관적 판단에 단련되어야 한다. 어쩌면 그 꿈이 실현되든 되지 않든 상관없이 허망한 꿈이라는 사실을 직감할 수밖에 없는 미리 깨우치는 자의 슬픔도 있다. 그리고 더욱 슬프게 그럼에도 가야 한다는 사명감에 깃든 슬픈 의지도 확인해야 한다. 더 큰 슬픔이 오더라도 이를 견딜 수 있도록.

그렇다. 이제 우리는 필연적으로 기쁨과 슬픔이 교차하는 잡종화의 세계로 간다. 그런데 우리는 애써 너와 나의 운명으로 예정된 슬픔을 잊고 살아가도록 강요받고 설득당한다. 적극적 삶, 희망의 삶, 도전하는 삶, "저 푸른 하늘 아래 구름 같은 집을 짓고" 살아야 하는 별의별 당위의 즐거움을 누려야 한다. 좋다. 백번 좋다. 그러나 그 전에 반드시 너와 내가 지닌 삶의 슬픔을 깊이 숙고하는 자세를 적어도

한 번쯤은 가질 필요가 있다. 아무리 합리화해도 인생은 짧고(찰나의 100세를 살아본들 무엇하겠는가, 그때는 200세를 살려고 바둥거릴 텐데) 언젠가는 한 줌의 흙으로 허망하게 남는다. 인생살이에서 제대로 되는 일은 드물고, 사고와 재난 그리고 불운으로 도처에서 울부짖고 신음하는 사람들은 끊이지 않는다. 그런데도 이내 한 몸 잘 살아보겠다고 기를 쓰고 달려가는 나의 모습을 보면 연민의 정과 반성의 뜻을 가지지 않을 수 없다.

아나키스트 자유주의자의 분신인 허무주의자는 이 슬픔과 대면하여 겸허해지고 유순해지며, 퇴은으로 빠져든다. 그리고 다시 허유의 세상으로 나와 소박하고 담담하고 작은 즐거움들도 크게 즐긴다. 이 허무의 슬픔 그리고 슬픔의 허무라는 비극에 대한 감수성과 대면하는 용기의 토대 위에서만 개인의 삶은 즐거움과 쾌락의 멋과 맛을 소유하고 공유하는 길을 갈 것이다. 즐거움이 깨어지고, 기쁨에서 추락하더라도 슬픔의 무한하고도 친근한 세계에 친숙한 개인이라면 담담하게 털고 일어나 옷을 갈아입을 것이다.

레비스트로스(1998)는 『슬픈 열대』에서 근대 문명의 야만과 원시 문명의 야성을 대비하는 가운데서 원시의 슬픔을 느꼈다. 나는 이제 서구 문명과 작별을 고하고 탈근대 문명전환의 길로 떠나면서 근대 문명에 대해서 어떤 슬픔을 갖는다. 문명 자체의 허망함이여. 인생처럼 한때는 그것이 우리의 빛이요 영광이었으나 이제 돌아보니 그것은 기쁜 우리 젊은 날이었을 뿐이다. 그러나 우리는 계속 갈 수밖에 없다. 가야만 하는 어떤 유위를 끊지 못한다. 이 또한 슬픈 일이라는 사실을 잊지 말고 가야 한다. 고진감래나 비진희래悲盡喜來가 아직도 삶의 당연한 찬미가이지만 그 감미로움과 희희낙락의 짜릿하고 강렬한 순간 또한 덧없는 것일진대 나는 문명전환의 낙원도래송樂園到來

頌을 결코 부르고 싶지 않다. 단지 고통과 불의가 좀 더 확실하게 그리고 지속적으로 감소할 수 있는 세상이 도래하기를 바랄 뿐이다. 큰 슬픔 속에서나마 작은 기쁨이 점점 자라는 세상이 도래하기를!

다시 한번 『루바이야트』를 읊으면서 먼 길 떠나는 자의 마음을 달래어두자.

마셔라, 어디서 왜 왔는지 영문도 모르고
마셔라, 어디로 왜 가는지 그것도 모른다(피츠제럴드, 2011: 108 수정).

아! 사랑이여, 그대와 내가 천사와 힘을 합해
변변찮은 우주 체계 움켜쥘 수 있다면야
그 체계를 온통 조각조각 부숴서
이 마음에 꼭 들도록 다시 고쳐 만들련만(피츠제럴드, 2011: 140).

저기서 떠는 달, 우리를 다시 찾네.
둥글었다 이울었다 억만 번 거듭하며
아무리 저 달이 찾는다 해도
이 한 사람 모습만은 영영 보지 못하리(피츠제럴드, 2011: 144).

다시 한번 이상옥(2011: 153, 154)의 해설을 음미해보자.

이른바 "젊어서 노세" 식의 주제, 즉 로마 시대에 한때 풍미하다가 르네상스 시대에 … 다시 꽃을 피웠던 "오늘을 즐겨라"라는 주제가 『루바이야트』를 일관하고 있음에도 불구하고 이 시는 천박하고 품위 없는 타령조의 노래로 전락하지 않는다. … 이와 같은 인생관에서 나오는 철학적 귀결은 … 철저한 현세주의적 인생관이다. 이 현세주의는 완강한 허무 사상과 고칠 수 없는 숙명론적 우주관에 깊이 뿌리 내린 채 매력적인 에피큐리어니즘[epicureanism]의 형태로 나타난다. 그러나 이러한 철학적 현세주의에도 불구하고 … 죽음의 그늘에 휩싸인 채 삶에 대한 깊은 체념을 하고 … 이런 체념은 … 엘리지의 기조를 띠게 한다.

이문열(1981: 323)은 "어떤 평자가 어떻게 평을 하든, 내 가장 큰 애착은 항상 이 책 위에 머무를 것"이라면서 『젊은 날의 초상』에 대한 후기에서 한 시대와의 작별을 이렇게 고했다.

> 그럼 잘 가거라. 사랑하는 내 정신의 자식, 얼룩진 젊은 날의 초상이여. 이로써 돌아보는 작업은 끝났지만, 그것이 오히려 내게는 슬픔이다.

언제나 그리움의 회한으로 나를 사로잡던 이 멋진 회자정리會者定離의 노래를 나도 부르고 싶다.[4] 황혼의 아나키스트 자유주의자는 새벽벌[曉原]의 여명黎明을 헤치고 달려오는 잡종사회의 친구들에게 전한다.

이제 작별이다. 미래의 나는 너희와 가고, 현재의 나는 남는다. 내

---

4 이문열의 『사람의 아들』에서 새로운 신을 찾던 조동팔의 치열한 비극을 보면서 나는 신인합일에 관한 생각을 틈틈이 하게 되었다.

정신의 분열, 길에서 길을 찾던 나그네의 길이여. 내가 애지중지한 잡종화의 배는 떠나지만, 그것이 오히려 내게는 기쁜 슬픔이다.

3. 잡종화의 끝에서: 사랑의 하나 사상

하기락(1993b)은 한국 철학의 미래를 원효의 "화쟁의 정신"에서 발견하였다. 화쟁의 논리를 다양한 사상재를 섭렵하여 공통성을 발견하는 "수렴(혹은 융합)의 논리"로 이해하였다. 다시 말해 원효는 이질적인 타자와의 잡종화로서 화쟁을 추구했다. 그러나 그의 화쟁회통은 위로부터의 어떤 권위가 요구하는 것이 아니라 밑으로부터의 개인들(혹은 민)의 자유로운 정신이 요구하는 것이었다. 자신의 입장을 버린 상태에서, 즉 무입장에서 자타와 시비를 넘어 어떤 본각本覺을 얻고자 하는 것이다.[5]

하기락은 원효의 화쟁 정신이 가장 잘 드러난 표현으로 "통중전지부분 귀만류지일미 개불의지지공 화백가지이쟁統衆典之部分 歸萬流之一味 開佛意之至公 和百家之異諍[여러 경전을 통합하여 그 다양성을 하나의 참뜻으로 해석하고, 부처님의 뜻을 열어 널리 펴면서 수많은 다툼을 화해시킨다]을 들고, 원효는 불가 경전뿐만 아니라 유가와 도교의 경전은 물론이고 우리의 선도 사상까지 포함하여 이 모든 것을 석가모니의 근본정신으로 만법귀일萬法歸一 회통귀일會通歸一시켰다고 존경한다.

---

5 흥미로운 사실은 이 당시 일본에서는 쇼토쿠태자聖德太子(574-622)가 민을 다스리는 입장에 있는 관의 윤리로서 화和를 제창했다는 것이다. 쇼토쿠태자의 외가는 백제계라는 설이 유력하다는 점을 감안한다면 화는 일본의 윤리인 동시에 한국의 윤리이기도 하다.

원효의 화쟁은 마침내 일심에 도달한다. 이 일심의 경지에서는 개인성도, 타자성도, 유아성도 모두 경계가 없다. 그것은 자유자재로 생성 소멸하고 전환 변전하는 유식의 세계이자 무식의 경지이다. 원효의 일심 사상으로 들어가보자.

> 진여심과 생멸심은 둘이 아니라 하나이다. 그 하나의 마음, 즉 일심이 잔잔하고 호수처럼 맑고 고요하면 진여심이지만 풍랑으로 소용돌이치는 바다처럼 인연으로 일렁이면 생멸심인 것이다. … 뭇 생명 외양은 천차만별이어도 일심 그 자체는 절대 평등하다. 몸은 생성 소멸, 변화 유전하여도 일심 그 자체는 광대무변하다. 존재의 궁극적 근원인 부처성은 모든 사람에게 청정하고 불변인 채로 내재되어 있다. 그러므로 불성에서는 범부와 성인의 차별이 있을 수 없는 것이다(금인숙, 2012: 51-52).

원효의 일심도 신인합일의 신비주의와 직접적으로 연결되어 있다! 잡종화의 정신이자 논리인 화쟁, 만법귀일, 일심, 신인합일 등은 모두 하나라는 것으로 귀착한다. 그런데 이 하나에 관한 가장 시원적인 논리는 이미 몇 차례 언급하고 강조했듯이 동아시아의 천지인합일 사상에서 발견할 수 있고, 이는 구체적으로 고조선 시대의 경전인 『천부경』에 적확·명료하게 적시되어 있다.[6] 여기서 다음 4가지의 문장에 주목해보자.

---

6 『천부경』은 81자로 작성된 신비롭고도, 심오하며, 난해하지만 영감적인 우주 만물의 생성 소멸론이다.

일시무시일
석삼극무진본
…
인중천지일
일종무종일

하기락(1993b: 179)의 번역에 의하면 "하나는 시작이 없는 하나에서 시작한다, 삼극으로 나뉘어져도 무궁무진한 근본이다. … 사람[= 소우주] 속에서 천지[= 우주]가 합일한다, 하나는 끝이 없는 하나에서 끝난다."

하나라는 존재는 시작도 끝도 없는 무한이다. 그러므로 우리는 존재의 궁극적 원인과 최종적 목표를 모른다. 다만 존재가 존재자로 생성/분화되고 다시 존재로 소멸/합일되는 과정에 대해서만 얘기할 수 있다. 이 말의 뜻은 인간은 우주 및 삼라만상에 대해서 영원히 확실한 절대지를 갖지 못하고, 설령 가진다고 해도 그것이 참인지 아닌지를 파악하지도 못하는 불가지라는 근원적 한계 혹은 축복을 받은 존재라는 것이다. 모든 것을 안다면 그것은 인간이 아니요, 또 인간은 신이 아니므로 축복받을 수 있는 존재인 것이다. 왜냐하면 신은 축복을 필요로 하지 않는 존재이기 때문이다.

하늘과 땅과 인간은 존재로부터 분화된, 구체화된, 혹은 형상화된 존재자이다. 그런데 인간은 처음에는 주로 천지를 무서워하여 경외의 대상으로 삼았지만, 인지의 발달과 함께 차츰 천지에 부끄러운 비도덕적 혹은 파괴적 행위를 일삼기도 했다(반인륜적 범죄와 반인간적 생태 파괴의[7] 증가). 그러나 존재의 분화로서 존재자인 인간은 다른 존재자인 천지를 자신 속에서 합일함으로써 우주와 삼라만상 모두가 하나의 존재가 된다. 이 말은 결국 인간이 궁극적 존재로 합일될 수 있다는 의미에서 신인합일의 경지에 도달할 수 있음을 지적한다.

당연히 천지인합일은 인간이 세상의 주인이요 중심이라는 기존 인간중심주의를 파기할 것을 요구한다. 탈인간중심주의를 한 걸음 더 철저하게 밀고 나가보자. 인간 이외의 다른 동식물과 가상의 외계인을 포함한 생명체는 물론이고 생명이 없는 것으로 인간들이 무생물 혹은 비생명체라고 단정하는 것들도 (그들이 천지의 일부로서) 존재로부터 파생된 존재자로서 인간과 동등한 존재론적 지위를 갖는다. 사실 따지고 보면 생명체로서의 인간은 무수한 비생명체, 예컨대 물, 피, 뼈, 손톱, 머리카락 등으로 이루어진 존재가 아닌가? 혹은 입자의 세계까지 들어간다면 생명과 비생명의 관계란 무의미해질 뿐이다. 또 인간의 생명이란 것도 대저 100세를 못 넘기고 육신은 썩어 백골로 변하며, 정신은 흔적도 없이 사라진다. 저 억겁의 우주 역사와 그 티끌도 못 되는 지구 역사 그리고 그것의 티끌도 안 되는 인간 생명의 수명과 그중에서도 극미한 나의 삶을 생각한다면 인간존재를 그토록 존귀와 신비의 대상으로 간주할 필요가 있겠는가? 우주상의 그리고 지구상의 모든 생명 및 비생명체 그리고 타 존재도 배려하고 존중하는 포스트휴머니즘의 함의까지 천지인합일에서 발견할 수 있다. 동물권과 식물권 그리고 일부 사물권에 부여되는 생태학적 권리는 앞으로 모든 존재자의 존재론적 권리로 확대되어야 할 것이다.

나는 잡종적 문명전환의 최종 논리로서 이 알 듯 모를 듯, 잡힐 듯

---

7 생태 파괴는 표면적으로는 인간중심주의에 따른 파괴로 보이나, 실질적으로는 인간이 자신의 육신을 담고 있는 더 큰 생명계요 존재계를 파괴한다는 의미에서 그것은 반인간적이다.

말 듯한 "하나"를 지향하는 하나주의 혹은 하나 사상을 수용하고 싶다. 최민자(2013: 14-15)도 유사한 내용을 이미 전일주의라는 이름으로 설파한다. 전일적 패러다임으로서 천부 사상(한 사상 또는 삼신 사상)은 대정화와 대통섭을 이루는 신문명 혹은 후천 문명의 뿌리라고 강조한다. 홍승표(2005) 또한 동아시아의 유불도에 내재하는 이 하나의 논리를, 즉 "모든 존재들은 시간과 공간을 넘어서 근원적으로 통일체"라는 "통일체적 세계관"을 새로운 문명의 좌표로 삼는다.

아나키스트 자유주의자에게도 이 "하나"는 존재자의 존재로서 모든 존재자가 시작하는 근본이요, 그 존재자가 되돌아가는 근본이다. 불가의 공수래공수거에서 그 (색)공이 하나인 것과 닮았다. 도가의 (유)무도 마찬가지다. 그렇다면 구체적으로 잡종사회에서 혹은 문명 전환에서 "하나"는 무엇을 의미하는가?

잡종화에 그 끝이 있다면, 잡종화는 더 이상 잡종화할 수 없는 어떤 하나에 도달할 것이다. 둘이 있어야 잡종화가 가능한데 하나만 있으니 잡종화는 여기서 멈출 것이다. 그 하나란 잡종화가 필요 없는, 모두가 하나의 속성을 가진 하나의 세상을 말한다. 개인들과 만물에서 불성, 신성, 궁극적 존재성, 생명성 등이 자각되고 현현되고 인정되는 세상이면 잡종화란 절대적 순종화 혹은 순수화의 세계에서 그 역사적 사명을 마칠 것이다. 그렇다. 바로 이 잡종화가 필요 없는 세상이 잡종화가 꿈꾸는 유토피아이다. 이 하나의 세계에서 아나키즘도 즐겁게 사라진다. 더 이상 강제와 지배, 폭력과 권력이 없는데 아나키즘이 무슨 소용이랴. 자유도 평등도 의미가 없다.

항상 유토피아는 지금 여기에 숨어 있다. 그렇다면 하나의 단초는 무엇일까? 그 흔적은? 그 계시는? 이 지점에서 우리 모두 홀연대각忽然大覺하자. 진리는 평범한 것 — 등잔 밑이 어둡다.

하나는
사랑.
그것은, 자유처럼, 존재로부터의 부름을 듣는 것이다.[8]
자유는 사랑이다.
원수까지 사랑하는 위험한 사랑이다.
서구적 사랑이 너무나 인간적이라면,
동아시아로 가자.
대자대비, 측은지심, 무위자연, 홍익인간이다.
이제 사랑은 큰 하나의 마음이다.
하나는 큰 것이고, 나의 사랑은 항상 나보다 큰 것이다.
사랑은 처음부터 하나였던 우리를 하나로 되돌린다.

하나는 그것이 끝을 향한 것이라면 미래요 목표가 되겠지만, 그것이 시작을 향한 것이라면 아나르코 원시주의자 저잔(Zerzan, 2014)이 주목하는 "원천origin"에 대한 "향수nostalgia"이자 과거를 되돌아보는 성찰이다. 어쩌면 그 원천이 우리의 목표인지 모른다. 그리고 우리의 목표는 원천으로 회귀하는 것일 수도 있다. 탈근대론자로서 나는 단절과 비연속 그리고 불안정으로 가득한 세계와 항상 새롭게 탄생하는 원천을 전제하지만, 이 전제 자체가 원천을 끊임없이 갈구하는 인식론적 욕구의 산물인지도 모르겠다. 새로운 문명이 앞으로만 가는 외길은 결코 아니다. 그것은 모든 방향으로 모든 가능성을 가지고 움직일 것이다. 사랑은 시작과 끝, 원천과 목표를 하나로 만드는 묘약이다. 이 사실은 사랑하는 사람만이 체감하고, 터득하며, 즐길 수 있다.

---

8 하이데거는 "존재로부터의 부름을 듣는 데서만 인간은 자유를 얻을 수 있다"고 했다.

일찍이 만공滿空 대선사가 세상은 한 떨기 꽃[世界一花]이라고 가르쳤다. 꽃을 사랑하는 개인도 하나 되기[一化]의 꽃[一化之花]이다.

끝도 시작도 없는 하나와 사랑의 미로에 너무 깊이 빠져 길을 헤매기 전에 끝을 맺자.

아나키즘은 시작부터 제3의 길을 모색하였다. 개인적 자유와 사회적 평등의 조화를 모색하였다. 사회민주주의는 맑스주의를 수정하여 자유민주주의와 자본주의를 보완하고자 하였다. 기든스도 제3의 길을 통하여 시장근본주의와 국가 지배 사회주의의 폐해를 극복하는 중도 좌파의 노선을 모색하였다. 나의 아나키스트 자유주의는 개인주의의 입장에서 집합적-총체적-허구적 권력 체계로서 국가에 대한 경각심을 높이고 그러한 국가를 변형시킬 것을 요구한다. 오늘의 독점자본주의는 경쟁과 협동의 균형 속에서 충분히 개선할 수 있고, 이미 그러한 개선이 진행되고 있다.

이 불확실하고도 기약 없는 개선과 투쟁의 대장정에서 우리가 명심해야 할 것은 "하나"라는 미묘한 연결과 연대의 끈을 놓지 않는 것이며, 그것이 가능하도록 "사랑"이라는 무한한 포용과 존중의 열정을 간직하는 것이다.[9] 사랑은 모든 권력을 해체하는 실행의 힘이자 만인

---

[9] 여기서 하나와 사랑에 관한 사회학적 차원을 루만과 관련하여 논의해두고 싶다. 먼저 사랑의 문제다. 루만(2009)은 『열정으로서의 사랑』을 그의 사회 이론의 핵심인 소통 이론의 한 대상으로 제시하였다. 물론 루만에게 사랑은 소위 말하는 이상적 사랑, 열정적 사랑, 낭만적 사랑 그리고 이해 문제로서의 사랑이라는 잡종적인 것이다. 그러나 그의 분석은 소통 매체 혹은 코드화로서 사랑의 기능에 집중할 뿐 그것을 인류를 구원할 희망적 대안으로 제시하지 않는다. 그러나 나는 문명전환의 목표요 수단으로서 사랑을 부각시킨다. 사랑을 잡종화의 동력이자 가치로 간주한다. 내가 근거하는 사랑은 석가모니, 공자, 노자, 예수 등이 설파한 하나 되는 사랑이다. 신인합일이요, 천지인합일을 지향하는 사랑이다. 루만이 검토한 각종 역사적-경험적 사랑들의 바탕 위에서 피어오르는 사랑이다. 인간 이외의 존재들도 배려하는 사랑

의 권력인 인간 권력을 규정하는 자유의 욕망-에너지이다. "하나"는 모든 고유한 개인적 차이를 존재론적으로 인정하고, 인식론적으로 풍요롭게 만드는 자유의 질서-정보이다.[10]

동서양의 위대한 선각자들은 지금도 이 평범하면서도 심원한 사실을 우리에게 설파하고 있다. 기회와 위험이 혼재하는 잡종사회를 맞이하여 우리가 하나의 마음 혹은 일심으로 모든 차이를 잡종화하려 한다면, 그것도 사랑이 될 것이다. 이제 우리는 이러한 역사적 요구

이다. 지구를 넘어 우주로 확장되는 사랑이다. 그것은 이루어질 수 있는 사랑이나 노력해야 한다. 루만의 철저한 사회학적 논구가 남겨놓은 사랑의 영역이다.
다음으로 "하나"의 문제를 거론해보자. 여기서 나는 이철(2013; 2015)이 이해하고, 소개하는 루만을 대상으로 한다. 루만이 의지하고 활용하는 스펜서브라운의 차이동일성 개념은 내가 제시하는 "하나Einheit" 개념의 존재론적-인식론적 근거를 설명하는 하나의 접근 방식으로서 매우 흥미롭고도 유용한 것 같다. "구별된 것이 함께 있음" 혹은 "다른 것이 같은 범위에 있음"(이철, 2015: 510)을 의미하는 차이동일성은 회삼귀일과 집일함삼의 삼수분화, 인중천지일에서 내가 도출하는 "하나"의 뜻과 선택적 친화력이 강하다. 특히 스펜서브라운이 자신의 이론을 불가적 차원과 연결시킨다는 사실을 감안할 때 나의 이해는 적지 않은 기반을 가진다. 그래서 스펜서브라운은 x제곱 + 1 = 0이라는 수학식으로 동시성의 차이동일성을 표현하려 한다. 왜 0인가? 그것은 "완성된 순간"이자 "미확정 상태" 혹은 "절대적 중립성"을 의미하는가(이철, 2015: 521)? 혹은, 아니면, 그것은 시간/존재 없는 시간/존재인 찰나적 순간이기 때문인가? 불가적으로 0은 색공여일로서의 무이고, 1은 인식의 출발 전제로서 존재하는 유아로 해석할 수는 없을까? 나의 "하나"를 x제곱 = (1 × 1 = 1) = 1 + 1 + 1 = 3(합삼귀일) = 1로서 정식화할 수 있을까? 모든 하나는 아무리 곱하고 합해도 "하나"(x)라는 존재성을 벗어나지 못한다는 의미에서 모든 수는 하나로 합칠 수도 있고 나눌 수도 있다. 그리고 이 하나는 서구적인 수량적 의미의 1을 넘어서는 도가적 의미의 태일太一로서 (시작 없는 하나의 시작으로서의) 허무와 (끝이 없는 하나로서의) 허유가 혼효된 (혹은 잡종화된) "하나"이다. 불일불이라는 차이와 동일의 잡종화인 차이동일성을 나타내는 불가의 공을 하나로 해석하는 것이 더 동양적일 것 같다.
10 에너지와 정보는 파슨스가 체계들 간의 안정성을 위해 제시한 상호 역방향의 호혜성이다. 나는 이 두 가지 흐름이 루만의 차이동일성을 "경험적 현실"로 생성시키는 구체적 메커니즘이라고, 대비적으로 그리고 비유적으로 생각하고 싶다.

를 더 이상 회피하거나, 지연시킬 수 없다. 이것이 바로 내가 대안적 문명전환을 지향하는 21세기 잡종사회에서, 아나키즘과 더불어 아나키스트 자유주의가 더욱더 적실하고 유용해질 것이라고 믿는 이유이다. "아나키스트 전환anarchist turn"은 이미 시작되었다.[11]

> 무언가 몹시 부족하고 아쉽고 허전함을 느끼지만
> 여기서 아나키스트 자유주의의 배는
> 잡종사회라는 대해를 헤치며 떠난다.
>
> 가는 배, 돌아오지 않을 배를 위해서
> 그대 술잔을 채워다오.

---

[11] 2011년 5월 5일부터 6일까지 미국의 사회 연구를 위한 뉴 스쿨The New School for Social Research의 철학과 주최로 신아나키스트neo-anarchist 크리첼리가 중심이 되어서 개최한 한나 아렌트와 라이너 쉬르만 기념 심포지엄 the Hanna Arendt and Reiner Schürmann Symposium의 주제가 아나키스트 전환이었다. 심포지엄의 결과는 이미 블루먼펠드Jacob Blumenfeld, 보티치Chiara Bottici 그리고 크리첼리가 공동 편집한 책 *The Anarchist Turn*(Pluto Press, 2013)으로 출간되었다. 구미의 학계에서 아나키즘에 대한 새로운 관심이 고조되는 만큼, 동아시아 아나키즘의 가치와 논리를 적극 활용하는 세계적 아나키즘이 이론적으로 그리고 실천적으로 대두하기를 고대한다.

에필로그

나는 배를 타지 않고, 작별의 슬픔을 해변에 남기고, 항구의 어스름한 불빛 아래 출렁이는 밤의 물결을 보고 있다. 저 배는 나의 사랑하는 망망대해의 일엽편주. 그러나 나는 타지 않았다. 이 과거로 무겁고 우중충하며, 현재로 찌들어 고단한 육신은 여기에 남아야 한다. 그런데 나의 미래는 어디에 있나? 나의 허락도 없이 나를 떠나 배를 탔나? 나의 미래가 현재의 순항을 질투하는 과거의 욕망으로 흐려지지 않기를 다짐한다.

해변에는 안개가 자욱하다.

마침, 하기락의 제자 김주완(2013: 38-40)의 시 「해무」가 나의 항해를 위무한다.

바다 아닌 곳, 안개 끼지 않은 앞길이 없다는 걸 알아…
그럼---, 바다엔 늘 안개가 끼어 있지…
출항계에 찍히는 스탬프 그늘에는 늘 해신海神 부석이 숨어 있어

바다 깊은 아래서 바람은 불고
좌초는 우리의 선택을 넘어서 있어…

수평선과 분분한 섬들은 사라지고 외로움의 그늘만 연기처럼 남았다
선수船首가 지워지고 사방 분간이 지워졌다.
자침이 흔들리는 나침반
때 아닌 곳에서 우두커니 서버린 시간
정적은 엄마가 보이지 않는 오후의 대청처럼 무서워

등대는 맑은 밤에나 소용에 닿는 불빛을 내지
달빛이나 별빛은 모두 솜이불 속으로 들어가 묻혀버렸어…
해안은 이미 무너졌어

너의 옆엔 지금 너밖에 없어
우리가 너의 안개를 벗겨줄 순 없어…

정박에 안간힘을 쓸 필요는 없어…
우리는 모두 떠밀려 가는 거야
기껏 오늘에서 오늘로 가는 거야, 거기서 돌아오는 거야…

해무로 밀봉된 바다에서는 모든 일이 다 부질없는 짓이지
봄꽃 한 송이 피는 일은 곧 봄꽃 한 송이 지는 일인 거지, 뭐.

나는 해무에 익숙하고 해무를 좋아한다. 잘 아는 편이다. 바다의 침

묵과 변심에도 담담할 수 있다. 그래서 이렇게 화답한다.

해무는
아나키스트 자유주의의 검은 깃발을 단
해적의 무리가
해방의 무국가와
해탈의 무소유를 노래하는
해 저무는 바다의 **하나인**
해변의 나를
사랑의 만파식적처럼
감미롭게 허무는
신비한
바다의 춤, 해무이다.
해방적 자유 ― **문명전환**의 춤이다.

참고 문헌

가라타니 고진(柄谷行人), 2001, 『트랜스크리틱: 칸트와 마르크스 넘어서기』, 송태욱 옮김, 한길사.
가라타니 고진, 2007, 『세계공화국으로』, 조영일 옮김, 도서출판 b.
간자키 노리타케(神崎宣武), 2000, 『습관으로 본 일본인 일본 문화』, 김석희 옮김, 청년사.
갈홍(선), 2013, 『신선전』, 임동석 옮김, 동서문화사.
강대석, 1998, 「하기락과 니체」, 『철학연구』 64: 117-133.
강동권 2013, 「아나키스트 정치 구상」, 김성국 외, 『지금, 여기의 아나키스트』, 이학사, 39-79쪽.
강동권, 2015, 「아나키스트 정치와 국가에 대한 논의」, 『한국아나키즘학회 2015년 정기학술대회 자료집』, 31-48쪽.
강명희, 2003, 『근현대 중국의 국가건설과 제3의 길: 비자본주의의 이론과 실천』, 서울대학교출판부.
강수택, 2010, 「반연대주의로서 모나디즘」, 『사회와 이론』 17: 121-157.
강수택, 2012a, 『연대주의: 모나디즘 넘어서기』, 한길사.
강수택, 2012b, 「탈근대 아나키스트 시민사회론과의 만남」, 『사회와 이론』 21: 507-533.
강정인·김용민·황태연 편, 2007, 『서양근대정치사상사: 마키아벨리에서 니체까지』, 책세상.
강정한, 2013, 「현대 사회이론의 생물학적 전환」, 『사회와 이론』 23: 105-134.
게이, 피터(P. Gay), 1994, 『민주사회주의의 딜레마: 베른슈타인의 맑스에 대한 도전』, 김용권 옮김, 한울.
골드만, 엠마(E. Goldman), 2001, 『저주받은 아나키즘』, 김시완 옮김, 우물이 있는 집.
구상, 1991, 「단주 유림 — 서릿발 같은 절개」, 『단주 유림 자료집(1)』, 단주유림선

생기념사업회.

그레이엄, 앵거스(A. Graham), 2015, 『장자』, 김경희 옮김, 이학사.

금인숙, 2012, 『신비주의: 요가, 영지주의, 연금술, 수피주의』, 살림.

기든스, 앤소니(A. Giddens), 1999, 『현대사회의 성·사랑·에로티시즘』, 배은경·황정미 옮김, 새물결.

기든스, 안소니·울리히 벡·스콧 래쉬, 1998, 『성찰적 근대화』, 임현진·정일준 옮김, 한울.

김경동, 2000, 『김경동의 문명론적 성찰: 선진한국, 과연 실패작인가?』, 삼성경제연구소.

김경동, 2002, 『미래를 생각하는 사회학』, 나남.

김광기, 2013, 「멜랑콜리, 노스탤지어, 그리고 고향」, 『사회와 이론』 23: 173-203.

김남옥, 2012, 「몸의 사회학적 연구 현황과 새로운 과제」, 『사회와 이론』 21: 289-326.

김남옥·박수호, 2015, 「정보시대의 진지한 탐색자, 마누엘 카스텔의 네트워크 사회학」, 김문조 외, 『오늘의 사회이론가들』, 한울, 112-156쪽.

김동춘, 1999, 「레토릭으로 남은 한국의 자유주의」, 김동춘 외, 『자유라는 화두, 한국 자유주의의 열 가지 표정』, 삼인, 9-32쪽.

김동춘 외, 1999, 『자유라는 화두, 한국 자유주의의 열 가지 표정』, 삼인.

김두식, 2004, 「세계화 시대의 부정부패의 사회학: 사회학의 새로운 도전을 위하여」, 『한국사회학』 36(1): 1-24.

김문조, 1999, 「한국 사회학의 위기」, 임희섭 편, 『사회과학의 새로운 지평』, 나남, 193-217쪽.

김문조, 2005, 「IT기반 사회의 미래 전망: '잡종사회'의 출현과 후속적 동향」, 『한국사회학』 39(6): 1-24.

김문조, 2013, 『융합문명론: 분석의 시대에서 종합의 시대로』, 나남.

김문조 외, 2009, 『융합사회의 소통양식 변화와 사회진화 방향 연구』, 정보통신정책연구원.

김문조 외, 2010, 『융합문명의 도전과 응전』, 정보통신정책연구원.

김병연, 2014, 「한국경제: 체제와 제도, 가치관의 위기」, 『지식의 지평』 16: 43-59.

김산·님 웨일즈(Nym Wales), 1994, 『아리랑』, 조우화 옮김, 동녘.

김삼웅, 1996, 『박열 평전』, 가람기획.

김상준, 2007, 「헌법과 시민의회」, 『헌법 다시 보기』, 창비, 144-185쪽.

김상준, 2011, 『맹자의 땀, 성왕의 피: 중층근대와 동아시아 유교문명』, 아카넷.
김상준, 2014, 『진화하는 민주주의: 아시아·라틴아메리카·이슬람 민주주의의 현장 일기』, 문학동네.
김석진, 2010, 『천부경』, 동방의 빛.
김선욱, 2015, 「폭력과 휴머니티 — 인류에게 폭력극복의 희망은 있는가?」, 『지식의 지평』 18: 30-47.
김성곤, 2009, 『하이브리드시대의 문학』, 서울대학교출판문화원.
김성국, 1991, 「노사갈등의 창조적 전개」, 한국사회학회 편, 『현대 한국사회문제론』, 한국복지정책연구소 출판부, 69-93쪽.
김성국, 1998, 「한국 시민사회의 성숙과 신사회운동의 가능성」, 임희섭·양종회 편, 『한국의 시민사회와 신사회운동』, 나남.
김성국, 1999a, 「한국 시민사회의 구조적 불안정성과 시민권력 형성의 과제」, 김일철 외, 『한국사회의 구조론적 이해』, 아르케.
김성국, 1999b, 「현대 아나키즘의 이론적 과제에 관한 시론: 사회적 생활양식 아나키즘의 모색」, 『한일연구』, 경인 이종석 박사 고희기념논문집, 한국일본문제연구학회, 447-476쪽.
김성국, 2000a, 「사이버공동체 형성의 과제: 자유해방주의적 관점에서」, 『사회이론』 18: 29-53.
김성국, 2000b, 「신사회운동의 제도화와 급진화: 영국의 도로건설반대운동을 대상으로」, 『한국사회학』 34: 709-745.
김성국, 2001a, 「한국의 시민사회와 신사회운동」, 유팔무·김정훈 편, 『시민사회와 시민운동 2』, 한울, 50-102쪽.
김성국, 2001b, 「손호철 교수에 대한 재반론: 자본주의국가를 넘어서」, 유팔무·김정훈 편, 『시민사회와 시민운동 2』, 한울, 123-143쪽.
김성국, 2002a, 「식민지성과 한국 사회이론」, 『사회와 이론』 1: 129-160.
김성국, 2002b, 「김경동의 사회학」, 호산 김경동 교수 정년퇴임기념논총간행위원회 편, 『성찰의 사회학: 현대사회와 인간 1』, 박영사.
김성국, 2003, 「탈근대 아나키스트 사회이론의 모색」, 『한국사회학』 37(1): 1-20.
김성국, 2004a, 「아나키스트 박열의 개인주의, 허무주의 그리고 세계주의」, 『한일연구』 15: 305-344.
김성국, 2004b, 『21세기 한국사회의 구조적 변동』, 정보통신정책연구원.
김성국, 2006, 「동아시아의 근대와 탈근대적 대안: 동아시아 공동체론의 심화를 위하여」,『사회와 이론』9: 7-51.

김성국, 2007,『한국의 아나키스트: 자유와 해방의 전사』, 이학사.

김성국, 2009,「공동체에서 꼬뮨으로: 아나키스트 꼬뮨주의의 재급진화」,『지역사회학』10(2): 163-196.

김성국, 2010,「사회학, 이제 어디로 갈 것인가?」, 한국학술협의회 편,『우리 학문이 가야 할 길』, 아카넷, 205-232쪽.

김성국, 2011,「잡종 사회의 도래와 잡종 이론: 탈권력 사회국가론을 위한 시론」,『사회와 이론』19: 7-46.

김성국, 2012,「잡종화로서 아나키」,『사회와 이론』21: 423-455.

김성국·임현진, 1972,「한국사회와 사회과학: 한국사회학대회의 공동토론의 요약」,『한국사회학』7: 94-97.

김성국 외, 2005,『21세기 한국사회의 구조적 변동』, 민음사.

김성국 외, 2007,『IT를 통한 직무분담과 고용구조의 미래변화』, 정보통신정책연구원.

김성국 외, 2013,『지금, 여기의 아나키스트』, 이학사.

김성기, 2004,「포스트모더니즘」,『현대사상 키워드 60』,『신동아』신년호 특별부록, 200-205쪽.

김성환, 2007,『회남자: 고대 집단지성의 향연』, 살림.

김영민, 2008,『동무론: 인문연대의 미래형식』, 한겨레출판.

김영범, 2012,「한국형 아나키즘과 아나키스트 사회이론: 사회학자 김성국의 아나키즘 택용과 재구성의 궤적」,『사회와 이론』21: 457-505.

김영범, 2013,「의열투쟁과 테러 및 테러리즘의 의미연관 문제: 역사사회학적 일고찰」,『사회와 역사』100: 167-201.

김왕배, 2013,「도덕감정: 부채의식과 감사, 죄책감의 연대」,『사회와 이론』23: 135-172.

김용옥, 2000,『기철학산조』, 통나무.

김용희, 2014,「최제우의 동학과 개벽의 꿈」,『지식의 지평』17: 164-178.

김은석, 2004,『개인주의적 아나키즘』, 우물이 있는 집.

김주완, 1998,「하기락과 자유」,『철학연구』64: 21-46.

김주완, 2013,『오르는 길이 내리는 길이다』, 문학의 전당.

김홍중, 2009,『마음의 사회학』, 문학동네.

김홍중, 2013a,「사회적인 것의 합정성을 찾아서: 사회이론의 감정적 전환」,『사회와 이론』 23: 7-47.

김홍중, 2013b, 「사회로 변신한 신과 행위자의 가면을 쓴 메시아의 전투: 아렌트의 '사회적인 것'의 개념을 중심으로」, 『한국사회학』 47(5): 1-33.

김홍중, 2015, 「성찰적 노스탤지어 — 생존주의적 근대성과 중민의 꿈」, 『양극화 시대의 중민: 육성을 듣는다』, 중민사회이론연구재단 주최 중민이론 30주년 기념 심포지엄 자료집, 20-32쪽.

김환석, 2010, 「사회학의 위기와 새로운 사회학의 모색: 행위자-연결망이론을 중심으로」, 비판사회학회 주최 제13회 비판사회학대회 발표문, 2010. 10. 22. 서울대학교.

김환석 편, 2014, 『생명정치의 사회과학』, 알렙.

남순건, 2014, 「우주 속의 인간, 인간 속의 우주」, 『지식의 지평』 17: 122-134.

네그리, 안토니오(A. Negri), 2006, 『귀환』, 윤수종 옮김, 이학사.

네그리, 안토니오·마이클 하트(M. Hardt), 2001, 『제국』, 윤수종 옮김, 이학사.

네그리, 안토니오·마이클 하트, 2014, 『공통체』, 정남영·윤영광 옮김, 사월의책.

노명식, 1991, 『자유주의의 원리와 역사: 그 비판적 연구』, 민음사.

니체, 프리드리히(F. Nietzsche), 2010, 『디오니소스 찬가』, 이상일 옮김, 민음사.

다알, 로버트(R. A. Dahl), 1992, 『다원민주주의의 딜레마』, 신윤환 옮김, 푸른산.

다케우치 요시미(竹內好), 2004, 『일본과 아시아』, 서광덕·백지운 옮김, 소명출판.

대한철학회, 1998, 『철학연구』 64(고 허유 하기락 박사 1주기 추모특집): 1-246.

도킨스, 리처드(R. Dawkins), 2007, 『만들어진 신』, 이한음 옮김, 을유문화사.

도킨스, 리처드, 2010, 『이기적 유전자』, 홍영남·이상임 옮김, 김영사.

뒤르케임, 에밀(E. Durkheim), 2012, 『사회분업론』, 민문홍 옮김, 아카넷.

라투르, 브뤼노(B. Latour), 2010, 홍성욱 편, 『인간·사물·동맹: 행위자네트워크이론과 테크노사이언스』, 이음.

레비스트로스, 클로드(C. Lévi-Strauss), 1998, 『슬픈 열대』, 박옥줄 옮김, 한길사.

레흐너, 프랭크(F. Lechner)·존 볼리(J. Boli), 2006, 『문명의 혼성』, 윤재석 옮김, 부글.

로랑, 알랭(A. Laurent), 2001, 『개인주의의 역사』, 김용민 옮김, 한길사.

루드빅, 에밀(E. Rudwig), 1991, 『사람의 아들』, 김문호 옮김, 다산글방.

루만, 니클라스(N. Luhmann), 2009, 『열정으로서의 사랑』, 정성훈·권기돈·조형준 옮김, 새물결.

류근일, 2015, 「광복 70년을 남북이 공동 기념하겠다니」, 『조선일보』 2015. 1. 27.

A30.

리프킨, 제러미(J. Rifkin), 2001, 『소유의 종말』, 이희재 옮김, 민음사.

리프킨, 제러미, 2014, 『한계비용 제로 사회』, 안진환 옮김, 민음사.

모리시마 미치오(森嶋通夫), 1999, 『왜 일본은 몰락하는가』, 장달중 외 옮김, 일조각.

무어-길버트, 바트무어(B. Moore-Gilbert), 2001, 『탈식민주의! 저항에서 유희로』, 이경원 옮김, 한길사.

무정부주의운동사편찬위원회, 1978, 『한국아나키즘운동사: 전편·민족해방투쟁』, 형설출판사.

뮐러, 하랄트(H. Müller), 2000, 『문명의 공존』, 이영희 옮김, 푸른숲.

미제스, 루드비히 폰(L. Mises), 1988a, 『자본주의 정신과 반자본주의 심리』, 김진현 편역, 교보문고.

미제스, 루드비히 폰, 1988b, 『자유주의』, 이지순 옮김, 한국경제연구원.

민경국, 2001, 「포퍼, 하이에크 그리고 자유주의」, 하이에크 소사이어티 편, 『이제는 자유를 말할 때』, 한국 율곡출판사.

민경국, 2002, 「포퍼를 괴롭히는 하이에크」, 『철학과 현실』 52.

민경국, 2007, 『하이에크, 자유의 길』, 한울.

민문홍, 2012, 「에밀 뒤르케임의 생애와 사상」, 에밀 뒤르케임, 『사회분업론』, 민문홍 옮김, 아카넷.

바디우, 알랭(A. Badiou), 2008, 『사도 바울 — '제국'에 맞서는 보편주의 윤리를 찾아서』, 현성환 옮김, 새물결.

바디우, 알랭, 2014, 『세기』, 박정태 옮김, 이학사.

바바렛, 잭(J. Barbalet) 편, 2009, 『감정과 사회학』, 박형신 옮김, 이학사.

박경숙·서이종·안경진, 2015, 「연명 의료 결정의 딜레마와 그 사회적 맥락」, 『사회와 이론』 26: 255-302.

박명규, 2003, 「1920년대 '사회'인식과 개인주의」, 화양신용하교수정년논총간행위원회 편, 『한국사회사상사연구』, 나남.

박명규, 2008, 「한국 사회학 60년: 지성사적 성취와 학사적 과제」, 『지식의 지평』 4: 172-187.

박명림·김상봉, 2011, 『다음 국가를 말하다』, 웅진 지식하우스.

박상륭, 2003, 『신을 죽인 자의 행로는 쓸쓸했도다』, 문학동네.

박상섭, 2015, 「폭력과 한국사회」, 『지식의 지평』 18: 10-27.

박성현, 2011, 『개인이라 불리는 기적』, 들녘.

박세일, 2006, 『대한민국, 선진화전략』, 21세기북스.

박세일, 2015, 「왜 공동체자유주의인가」, 『21세기 대한민국의 국가철학: 공동체자유주의』(한선재단 2015년 하반기 보고서 1권), 게재 예정.

박영도, 2015, 「중민이론과 천하위공」, 『양극화 시대의 중민: 육성을 듣는다』, 중민사회이론연구재단 주최 중민이론 30주년 기념 심포지엄 자료집.

박재흥·강수택, 2012, 「한국의 세대 변화와 탈물질주의」, 『한국사회학』 46(4): 69-96.

박주원, 2004, 「근대적 '개인', '사회' 개념의 형성 변화」, 『한국의 근대와 근대 경험 2』, 이화여대 한국문화연구원 학술대회 자료집.

배동인, 1997, 『인간해방의 사회이론』, 전예원.

배동인, 2003, 『그리움의 횃불』, 전예원.

버틀러, 주디스(J. Buttler)·가야트리 스피박(G. Spivak), 2008, 『누가 민족국가를 노래하는가?』, 주해연 옮김, 산책자.

베네딕트, 루스(R. Benedict), 1995, 『국화와 칼』, 김윤식·오인석 옮김, 을유문화사.

벡, 울리히(U. Beck), 1997, 『위험사회: 새로운 근대성을 향하여』, 홍성태 옮김, 새물결.

벡, 울리히, 2000, 『적이 사라진 민주주의: 자유의 아이들과 아래로부터의 새로운 민주주의』, 정일준 옮김, 새물결.

벡, 울리히, 2013, 『자기만의 신』, 홍찬숙 옮김, 길.

벡, 울리히, 2014, 「해방적 파국: 그것은 기후변화 및 위험사회에 어떠한 의미가 있는가?」, 『울리히 벡 교수 공개강연』, 2014 서울 국제학술대회(2014. 7. 8. 프레스센터 국제회의장) 자료집, 중민재단, 19-32쪽.

벡, 울리히·엘리자베트 벡-게른샤임(E. Beck-Gernsheim), 1999, 『사랑은 지독한, 그러나 너무나 정상적인 혼란』, 강수영·권기돈·배은경 옮김, 새물결.

보비오, 노르베르트(N. Bobbio), 1992, 『자유주의와 민주주의』, 황주홍 옮김, 문학과지성사.

보통, 알랭 드(A. Botton), 2011, 『무신론자를 위한 종교』, 박중서 옮김, 청미래.

복거일 편, 2013, 『나는 왜 자유주의자가 되었나』, 에프케이아이미디어.

북친, 머레이(M. Boochin), 1997, 『사회생태론의 철학』, 문순홍 옮김, 솔.

사회비평, 1996, 『사회비평』 16(특집: 자유주의의 꿈과 짐): 5-253.

서병훈, 1996, 「'시지프스' 자유주의」, 『사회비평』 16: 5-14.

세넷, 리처드(R. Sennett), 2004, 『불평등사회의 인간존중』, 유강은 옮김, 문예출판사.
소공권(蕭公權), 2004, 『중국정치사상사』, 최명·손문호 옮김, 서울대학교출판부.
송규, 1992, 『정산종사법어』, 원불교.
송호근, 2006, 『한국의 평등주의, 그 마음의 습관』, 삼성경제연구소.
쉬만크, 우베(U. Schmank)·우테 폴크만(U. Volkmann) 편, 2011, 『현대사회를 진단한다: 사회진단의 사회학』, 전태국 외 옮김, 논형.
신동아, 1988, 「민중민주주의란 무엇인가」, 『신동아』(8월호): 168-183.
신용하, 1994, 「'독창적 한국사회학'의 발전을 위한 제언」, 『한국사회학』 28: 1-15.
아즈마 히로키(東浩紀), 2001, 『동물화하는 포스트모던: 오타쿠를 통해 본 일본사회』, 이은미 옮김, 문학동네.
안병영·임혁백 편, 2000, 『세계화와 신자유주의: 이념·현실·대응』, 나남.
안현식, 2011, 『로봇사회의 등장과 기술윤리적 쟁점에 관한 연구: 호모메카니쿠스의 관점에서』, 부산대학교 사회학과 석사학위논문.
알렉산더, 제프리(J. Alexander), 2007, 『사회적 삶의 의미: 문화사회학』, 박선웅 옮김, 한울.
앤더슨, 베네딕트(B. Anderson), 2004, 『상상의 공동체 — 민족주의의 기원과 전파에 대한 성찰』, 윤형숙 옮김, 나남.
야마다 쇼지(山田昭次), 2003, 『가네코 후미코 — 식민지 조선을 사랑한 일본 제국의 아나키스트』, 정선태 옮김, 산처럼.
야마모토 쿄시(山本恭司), 2013, 「김태창을 이야기함으로써 오늘의 일본을 본다」, 『공공철학』 33: 1-16.
야마와키 나오시(山脇直司), 2011, 『공공철학이란 무엇인가』, 성현창 옮김, 이학사.
양우석, 1998, 「존재와 당위를 넘어서: 허유 하기락 선생의 생애를 회고하며」, 『철학연구』 64: 165-183.
엄순영, 2015, 「폭력이 아닌 법의 가능성: 법과 폭력의 21세기 공간」, 『지식의 지평』 18: 48-63.
오구라 키조(小倉紀藏), 2013, 「김태창과 동아시아의 미래」, 『공공철학』 32: 9-12.
오장환, 1998, 『한국 아나키즘운동사 연구』, 국학자료원.
오초아, 조지(G. Ochoa)·멜린다 코리(M. Corey), 2005, 『당신의 미래를 바꾸는 Next Trend』, 안진환 옮김, 한국경제신문.
워드, 콜린(C. Ward), 2004, 『아나키즘, 대안의 상상력』, 김정아 옮김, 돌베개.

월러스틴, 이매뉴얼(I. Wallerstein), 1996, 『자유주의 이후』, 강문구 옮김, 당대.
월러스틴, 이매뉴얼, 2001, 『우리가 아는 세계의 종언: 21세기를 위한 사회과학』, 백승욱 옮김, 창작과비평사.
유동식, 1996, 「한국의 종교문화와 기독교」, 『기독교와 한국 역사』, 연세대학교 출판부, 9-38쪽.
유동식, 1997, 『풍류도와 한국의 종교사상』, 연세대학교 출판부.
유석춘, 1997, 「유교자본주의의 기능성과 한계」, 『전통과 현대』 창간호: 74-93.
유승무, 2015, 「로버트 벨라의 종교사회학: 종교진화론과 동양사회론을 중심으로」, 김문조 외, 『오늘의 사회이론가들』, 한울, 396-420쪽.
유팔무, 2004, 『한국의 시민사회와 새로운 진보』, 논형.
윤건차, 2000, 『현대 한국의 사상흐름: 지식인과 그 사상 1980-90년대』, 장화경 옮김, 당대.
윤명철, 2000, 『바닷길은 문화의 고속도로였다 ― 동아지중해와 한민족 해양활동사』, 사계절.
윤수종, 2002, 『자유의 공간을 찾아서: 자율사회의 밑거름』, 문화과학사.
윤원근, 2014, 『동감신학: 기독교와 현대문명을 말하다』, 한들출판사.
윤원근, 2015, 「동감문명(sympathetic civilization)을 향하여」, 『세기 전환의 한국사회』, 2015년 한국이론사회학회 연례학술대회 자료집, 218-234쪽.
윤평중, 2009, 『급진자유주의 정치철학』, 아카넷.
이문열, 1981, 『젊은 날의 초상』, 민음사.
이문열, 1992, 『시대와의 불화』, 자유문학사.
이상옥, 2011, 「해설」, 에드워드 피츠제럴드, 『루바이야트』, 이상옥 옮김, 민음사, 148-155쪽.
이성용, 2015, 「이론과 현실의 주객전도 바로잡기: 한국(비서구) 사회과학의 탈식민화와 새로운 패러다임 형성을 위한 이론화 방법론」, 『사회와 이론』 26: 55-103.
이용주, 2004, 「옮기고 나서」, 장징, 『사랑의 중국 문명사』, 이용주 옮김, 이학사.
이용주, 2014a, 「동아시아 분류 사유와 '잡'의 상상력」, 김상환·박영선 편, 『분류와 합류: 새로운 지식과 방법의 모색』, 이학사, 301-330쪽.
이용주, 2014b, 「동아시아 분류 사유와 방법」, 김상환·박영선 편, 『사물의 분류와 지식의 탄생: 동서 사유의 교차와 수렴』, 이학사, 223-260쪽.
이용희, 1994, 『미래의 세계정치』 민음사.

이윤택, 1992, 『우리에게는 또 다른 정부가 있다』, 민음사.
이인식 편, 2010, 『기술의 대융합』, 고즈윈.
이인아, 2010, 「뇌인지과학의 성립에서 바라본 융복합 연구의 현장」, 『지식의 지평』 9: 211-223.
이재혁, 2006, 「거울 앞에 선 근대 — 어느 사회과학자의 소묘」, 『지식의 지평』 1: 103-126.
이정모, 2010, 「학문간 융복합 연구의 현황과 전망」, 『지식의 지평』 9: 154-166.
이즈쓰 도시히코(井筒俊彥), 2013, 『의식과 본질』, 박석 옮김, 위즈덤하우스.
이지순, 1988, 「'자유주의'를 번역하며」, 루드비히 폰 미제스, 『자유주의』, 이지순 옮김, 1-6쪽.
이지순, 2005, 『경제의 패러다임 변화와 한국의 미래』, 민음사.
이철, 2013, 「(작동하는) 사회의 (관찰하는) 사회: 니클라스 루만의 『사회와 사회』의 이론적 함의들」, 『한국사회학』 47(5): 35-71.
이철, 2015, 「니클라스 루만의 생애와 사회이론 프로젝트: 근대 인식론과 사회학을 계몽함」, 디르크 베커(D. Baecker) 편, 『니클라스 루만 입문』, 이철 옮김, 이론출판, 503-549쪽.
이호룡, 2001, 『한국의 아나키즘』, 지식산업사.
일루즈, 에바(E. Illouz), 2013, 『사랑은 왜 아픈가: 사랑의 사회학』, 김희상 옮김, 돌베개.
일루즈, 에바, 2014a, 『사랑은 왜 불안한가: 하드 코어 로맨스와 에로티시즘의 사회학』, 김희상 옮김, 돌베개.
일루즈, 에바, 2014b, 『낭만적 유토피아 소비하기: 사랑과 자본주의의 문화적 모순』, 박형신·권오헌 옮김, 이학사.
임혁백, 2005, 『21세기 한국 정치의 비전과 과제』, 민음사.
임현진, 2001, 『21세기 한국사회의 안과 밖: 세계체제에서 시민사회까지』, 서울대학교출판부.
자코비, 러셀(R. Jacoby), 2000, 『유토피아의 종말』, 강주헌 옮김, 모색.
잔스창(詹石窗), 2011, 『도교문화 15강: 당신이 궁금해 하는 도교에 관한 모든 것』, 안동준·런샤오리(任曉禮) 옮김, 알마.
장윤수, 1998, 「하기락의 한국철학 연구와 그 의의」, 『철학연구』 64(추모 특집): 59-81.
장일규, 2008, 『최치원의 사회사상 연구』, 신서원.

장징, 2004, 『사랑의 중국문명사: 잡종문화 중국 읽기』, 이용주 옮김, 이학사.
전상진·김무경, 2010, 「사회학의 위기에 대처하는 두 가지 방법: 공공사회학(public sociology)과 전문적 사회학의 스트롱 프로그램(strong program in professional sociology)」, 『사회와 이론』 17: 211-223.
전성우, 2013, 「실존의 사회학」, 한양대학교 비교문화연구소 초청 강연문.
정문길 외 편, 2000, 『발견으로서의 동아시아』, 문학과지성사.
정수복, 1993, 『1968년 프랑스 5월 운동의 전개와 새로운 사회운동의 탄생』, 『새로운 사회운동과 참여민주주의』, 문학과지성사, 11-40쪽.
정수복, 2007, 『한국인의 문화적 문법』, 생각의 나무.
정수복, 2014, 「비서구 민주주의를 새롭게 읽는 법」, 『사회와 이론』 25: 396-408.
정수복 편역, 1993, 『새로운 사회운동과 참여민주주의』, 문학과지성사.
정재서, 2008, 『한국 도교의 기원과 역사』, 이화여자대학교출판부.
정창석, 2014, 『만들어진 신의 나라: 천황제와 침략 전쟁의 심상지리』, 이학사.
정철희, 2012, 「탈물질주의, 자유 취향, 지식인」, 『사회와 이론』 21: 225-255.
정태석, 2015, 「중민이론의 급진화를 위한 비판적 탐색」, 『양극화 시대의 중민: 육성을 듣는다』, 중민사회이론연구재단 주최 중민이론 30주년 기념 심포지엄 자료집, 58-73쪽.
조광수, 1998, 『중국의 아나키즘』, 신지서원.
조광수, 2014, 『나는 서른에 비로소 홀로 섰다』, 한국경제신문.
조광수, 2015, 『나는 이제 지천명知天命이다』, 호밀밭.
조성택, 2014, 「불교, 부디즘 그리고 불교학: 전근대와 탈근대의 교차점에서」, 『지식의 지평』 16: 230-245.
조성환, 2004, 「동아시아주의의 정치사상」, 한국동북아지식인연대 편, 『동북아공동체를 향하여』, 동아일보사, 209-235쪽.
조세현, 2010, 『동아시아 아나키스트의 국제교류와 연대: 적자생존에서 상호부조로』, 창비.
조영훈, 2012, 「탈물질주의와 복지국가: 로날드 잉글하트의 복지국가 쇠퇴론 검토」, 『사회와 이론』 21: 257-288.
지렌, 프랑크(F. Sieren), 2006, 『차이나 코드』, 송재우 옮김, 미토.
진보정치연구소, 2007, 『사회국가, 한국사회 재설계도』, 후마니타스.
차인석, 2011, 『혁신 자유주의와 사회주의』, 생생.
천성림, 2002, 『근대중국 사상세계의 한 흐름』, 신서원.

철학문화연구소, 2014, 『철학과 현실』 100(특별좌담: 철학, 과학 그리고 융합연구 어디로 가는가): 17-134.
최민자, 2006, 『천부경·삼일신고·참전계경』, 모시는사람들.
최민자, 2013, 『새로운 문명은 어떻게 만들어지는가: 한반도발 21세기 과학혁명과 존재혁명』, 모시는사람들.
최보식, 2015, 「담뱃세에 대한 정당한 대접」, 『조선일보』 2015. 10. 9. A30.
최상용 외, 1994, 『일본·일본학: 현대 일본연구의 쟁점과 과제』, 오름.
최양수, 2005, 『한국의 문화변동과 미디어』, 민음사.
최원식, 2004, 「천하 삼분지계로서의 동아시아론」, 한국동북아지식인연대 편, 『동북아공동체를 향하여』, 동아일보사, 9-24쪽.
최종렬, 2014, 「정의와 다문화주의: 킴리카의 자유주의적 다문화주의의 사용」, 『사회와 이론』 25: 245-295.
최종렬, 2015, 「베버와 바나나 — 한 무슬림 이주자의 이야기에 대한 서사 분석」, 『세기 전환의 한국사회』, 2015년 한국이론사회학회 연례학술대회 자료집, 160-194쪽.
카스텔, 마누엘(M. Castells), 2003a, 『네트워크 사회의 도래』, 김묵한·박행웅·오은주 옮김, 한울.
카스텔, 마누엘, 2003b, 『밀레니엄의 종언』, 박행웅·이종삼 옮김, 한울.
카스텔, 마누엘, 2008, 『정체성 권력』, 정병순 옮김, 한울.
카스텔, 마누엘, 2014, 『커뮤니케이션 권력』, 박행웅 옮김, 한울.
코저, 루이스(L. A. Coser), 1982, 『사회사상사』, 신용하·박명규 옮김, 일지사.
크르즈나릭, 로만(R. Krznaric), 2013, 『원더박스』, 강혜정 옮김, 원더박스.
타르드, 가브리엘(G. Tarde), 2012, 『모방의 법칙』, 이상률 옮김, 문예출판사.
타르드, 가브리엘, 2015, 『모나돌로지와 사회학』, 이상률 옮김, 이책.
펑유란(馮友蘭), 1999, 『현대 중국 철학사』, 정인재 옮김, EjB.
포크, 캔데이스(C. Falk), 2008, 『엠마 골드만: 사랑, 자유, 그리고 불멸의 아나키스트』, 이혜선 옮김, 한얼미디어.
포퍼, 칼(K. Popper), 2006a, 『열린사회와 그 적들 1』, 이한구 옮김, 민음사.
포퍼, 칼, 2006b, 『삶은 문제해결의 연속이다』, 허형은 옮김, 부글.
퐁스, 아르민(A. Pongs) 편, 2003a, 『당신은 어떤 세계에 살고 있는가? 1』, 김희봉·이홍균 옮김, 한울.
퐁스, 아르민 편, 2003b, 『당신은 어떤 세계에 살고 있는가? 2』, 윤도현 옮김, 한울.

프레미옹, 이브(E. Premion), 2003, 『역사의 격정: 자율적 반란의 역사』, 김종원·남기원 옮김, 미토.
프레포지에, 장(J. Preposiet), 2013, 『아나키즘의 역사』, 이소희·이지선·김지은 옮김, 이룸.
피츠제럴드, 에드워드(E. Fitzgerald), 2011, 『루바이야트』, 이상옥 옮김, 민음사.
피케티, 토마(T. Piketty), 2014, 『21세기 자본』, 장경덕 옮김, 글항아리.
핑크, 오이겐(E. Fink), 1984, 『니이체 철학』, 하기락 옮김, 형설출판사.
하기락, 1982, 『니이체론』, 형설출판사.
하기락, 1985, 『탈환: 백성의 자기해방 의지』, 형설출판사.
하기락, 1987, 『하기락 논문집』 제4권, 자주인연맹.
하기락, 1993a, 「최후의 아나키스트: 하기락 교수가 말하는 자주인의 철학」, 『월간 조선』 6월호.
하기락, 1993b, 『조선철학사』, 형설출판사.
하기락, 1994, 『자기를 해방하려는 백성들의 의지』, 신명.
하영선·김상배 편, 2006, 『네트워크 지식국가: 2세기 세계정치의 변환』, 을유문화사.
하이데거, 마르틴(M. Heidegger), 2000, 『니체와 니힐리즘』, 박찬국 옮김, 철학과현실사.
하이에크, 프리드리히(F. A. Hayek), 2004, 『치명적 자만』, 신중섭 옮김, 자유기업원.
하이에크, 프리드리히, 2006, 『노예의 길: 사회주의 계획경제의 진실』, 김이석 옮김, 자유기업원.
하홍규, 2013, 「사회이론에서 프래그머티즘적 전환」, 『사회와 이론』 23: 49-74.
한경구, 1994, 「일본인론·일본문화론」, 최상용 외, 『일본·일본학: 현대 일본연구의 쟁점과 과제』, 오름, 331-370쪽.
한국사회민주주의연구회 편, 2002, 『세계화와 사회민주주의』, 사회와 연대.
한상진, 1991, 『중민 이론의 탐색』, 문학과지성사.
함재봉, 2000, 『유교, 자본주의, 민주주의』, 전통과 현대.
함재봉·함재학·데이빗 홀(D. Hall) 편, 2000, 『유교민주주의, 왜, 어떻게』, 전통과 현대.
헬드, 데이비드(D. Held), 1989, 『민주주의의 모델』, 이정식 옮김, 인간사랑.
홍성욱, 1998, 『잡종, 새로운 문화일기』, 창작과비평사.
홍성욱, 2003, 『하이브리드 세상읽기』, 안그라픽스.

홍승표, 2005, 『동양사상과 탈현대』, 예문서원.

홍윤기 편역, 1982, 『혁명이냐 개혁이냐: 마르쿠제·포퍼 논쟁』, 사계절.

홍일식, 1996, 『한국인에게 무엇이 있는가: 21세기 인류문명의 주역이 되기 위한 한국인의 자기 점검』, 정신세계사.

황경식, 2005, 『고도 과학기술사회의 철학적 전망』, 민음사.

황태연, 2014, 『감정과 공감의 해석학 1』, 청계.

황태연, 2015, 「'충서'의 도로서 공감적 해석학: 공자의 '지인'(인간과학) 방법의 현대적 복원을 위하여」, 한국이론사회학회 삼토회(2015. 10. 17. 중민사회이론연구재단) 발표 논문.

후루이치 노리토시(古市憲壽), 2014, 『절망의 나라의 행복한 젊은이들』, 이언숙 옮김, 민음사.

Adan, J. P., 1992, *Reformist Anarchism 1800-1936: A Study of the Feasibility of Anarchism*, Braunton, Devon: Merlin Books.

Alexander, J. C., 1987, *Twenty Lectures: Sociological Theory Since World War II*, NY: Columbia University Press.

Alexander, J. C., 2000, "This-worldly Mysticism: Inner Peace and World Transformation in the Work and Life of Charles 'Skip'Alexander", *Journal of Adult Development* 7(4): 269-274.

Alexander, J. C., 2003, *The Meaning of Social Life: A Cultural Sociology*, Oxford University Press.

Alexander, J. C., 2006, *The Civil Sphere,* Oxford University Press.

Alexander, J. C., 2015, "Social Crisis, and Societalization: A Cultural Sociology of Boundary Tension and Civil Repair", A draft presented at Seminar, October 19, Seoul National University.

Attali, J., 2003, *L'homme Nomade*, Harvard University Press.

Bell, D., 1973, *The Coming of Post-Industrial Society: A Venture in Social Forecasting*, NY: Basic Books, 1973.

Bellah, R., 1970, *Beyond Belief*, NY: Harper & Row.

Bellah, R., 1985, *Habits of the Heart: Individualism and Commitment in American Life*, University of California Press.

Berneri, M. L., 1950, *Journey through Utopia,* London: Freedom Press.

Bey, H., 1992, *Immediatism*, Edinburgh, Scotland: A. K. Press.

Bhabha, H., 1994, *The Location of Culture*, London: Routledge.

Biehl, J., 1996, "A Reply to Susan Brown", *Anarchist Studies* 4(2): 142-150.

Boochin, M., 1989, "New Social Movements: The Anarchic Dimension", in *For Anarchism*, D. Goodway (ed.), London: Routledge, pp. 259-274.

Boochin, M., 1995a, *The Philosophy of Social Ecology*, NY: Black Rose Books.

Boochin, M., 1995b, *Social Anarchism or Lifestyle Anarchism: An Unbridgeable Chasm*, Edinburgh, Scotland: A. K. Press.

Boochin, M., 1997, *The Ecology of Freedom: The Emergence and Dissolution of Hierarchy*, Montreal: Black Rose Books.

Brinton, C., 1933, *English Political Thought in the Nineteenth Century*, London: Ernest Ben, Ltd.

Brown, S. L., 1993, *The Politics of Individualism: Liberalism, Liberal Feminism and Anarchism*, Montreal: Black Rose Books.

Brown, S. L., 1996, "A Reply to Murray Boochin's Social Anarchism or Lifestyle Anarchism", *Anarchist Studies* 4(2): 133-142.

Buber, M., 1958, *Paths in Utopia*, Boston: Beacon Press.

Burawoy, Michael, 2005, "For Public Sociology: 2004 Presidential Address of the ASA", *American Sociological Review* 70(4): 1-20.

Burawoy, Michael, 2009, "Public Sociology Wars" in *Handbook of Public Sociology*, Vincent Jeffries (ed.), Rowman and Littlefield, pp. 449-473.

Burczak, T., 2006, *Socialism after Hayek*, The University of Michigan Press.

Burke, E., 2006[1790], *Reflections on the Revolution in France*, Oxford University Press.

Call, L., 2002, *Postmodern Anarchism*, Lanham, ML: Lexington Books.

Campbell, C., 2007, *The Easternization of the West*, Boulder: Paradigm Publishers.

Chomsky, N., 2000, *Rogue States*, NY: Pluto Press.

Christoyannopoulos, A., 2010, *Christian Anarchism: A Political Commentary on the Gospel*, Exeter: Imprint Academic.

Clark, J. P., 1976, *Max Stirner's Egoism*, London: Freedom Press.

Cohen, J. and A. Arato, 1992, *Civil Society and Political Theory*, The MIT Press.

Comfort, A., 1948, *Barbarism and Sexual freedom*, London: Freedom Press.

Comfort, A., 1974, *The Joy of Sex*, London: Quartet.

Craib, I., 1988, *Modern Social Theory: From Parsons to Habermas*.

Critchley, S., 2009, "Mystical Anarchism", *Critical Horizons* 10(2): 272-306.

Crownover, S., 2012, "Saul Newman (ed.), *Max Stirner*", *Anarchist Studies* 20(1): 111-113.

Crump, J., 1996, "Anarchism and Nationalism in East Asia", *Anarchist Studies* 4(2): 45-64.

Davis, L., 2010, "Social Anarchism or Lifestyle Anarchism: An Unhelpful Dichotomy", *Anarchist Studies* 18(1): 62-82.

Davis, L. and R. Kina, 2019, *Anarchism and Utopianism,* Manchester: Manchester University Press.

Day, R., 2005, *Gramsci is Dead: Anarchist Currents in the Newest Social Movements*, London: Pluto Press.

Epstein, R., 1999, "Hayekian Socialism", *Maryland Law Review* 58: 271-299.

Evren, S., 2008, "Modernity, Third World and Anarchism", Anarchist Studies Network Conference, September, Loughborough University.

Evren, S., 2013, *Anarchism and Utopianism,* edited with Duane Rousselle, London: Pluto.

Farr, R., 2010, "Poetic Licence: Hugo Ball, the Anarchist Avant-garde, and Us", *Anarchist Studies* 18(1): 83-101.

Ferry, L., 2002, *Man made God: The Meaning of Life,* translated by D. Pellauer, The University of Chicago Press.

Feyerabend, P., 1975, *Against Method: Outline of an Anarchistic Theory of Knowledge,* London: New Left Books.

Feyerabend, P., 2010, *Against Method* (the 4th edition), London: Verso.

Frank, A. G., 1998, *Re-Orient: Global Economy in the Asian Age*, University of California Press.

Franks, B., 2008, "Postanarchism and Meta-Ethics", *Anarchist Studies* 16(2): 135-153.

Fretwell, N., 2012, "The Postanarchist Moment", *Anarchist Studies* 20(2): 101-105.

Freud, S., 2002, *Civilization and Its Discontents,* London: Penguin.

Fukuyama, F., 1992, *The End of History and the Last Man*, Penguin.

Giddens, A., 1998, *The Third Way: The Renewal of Social Democracy,* Polity.

Godwin, W., 1985, *Enquiry Concerning Political Justice,* NY: Penguin Books.

Goldman, E., 1969, *Anarchism and Other Essays*, NY: Dover Publications.

Goodway, D., 2006, *Anarchist Seeds Beneath the Snow: Left-Libertarian Thought and British Writers from William Morris to Colin Ward,* Liverpool University Press.

Goodway, D., 2010, "Colin Ward", *Anarchist Studies* 18(1): 122-124.

Goodway, D., 2011, "Colin Ward and the New Left", *Anarchist Studies* 19(2): 42-56.

Gorz, A., 1967, *Strategy for Labor*, Boston: Beacon Press.

Gorz, A., 1975, "Reform and Revolution", in *Socialism and Revolution*, London: Allen Lane, pp. 133-177.

Habermas, J., 1975, *Legitimation Crisis*, translated by, T. Macarthy, Beacon Press.

Hacking, I., 2010, "Introduction" in *Against Method*, by Paul Feyerabend, NY: Verso, pp. vii-xviii.

Hayek, F., 1973, *Law, Legislation and Liberty: Volume I, Rules and Order*, London Routledge.

Holterman, T. and H. Maarseveen, 1984, *Law and Anarchism,* Montreal: Black Rose Books.

Honeywell, C., 2011, "Colin Ward: Anarchism and Social Policy", *Anarchist Studies* 19(2): 69-83.

Horowitz, I., 1964, "Acknowledgments", in *The Anarchists*, I. Horowitz (ed.), NY: Dell Publishing.

Hukuyama, F., 1992, *The End of History and the Last Man*, NY: penguin.

Hukuyama, F., 2011, *Political Order and Political Decay: From the Industrial Revolution to the Globalization of Democracy*, NY: Ferrar, Straus and Giroux.

Hukuyama, F., 2012, "The Future of History, Can Liberal Democracy Survive the Decline of the Middle Class?", *Foreign Affairs,* January/February.

Huntington, S., 1993, *The Clash of Civilizations and the Remaking of the World Order*, NY: Touchstone.

Inglehart, R., 1990, *Culture Shift in Advanced Industrial Society*, Princeton University Press.

Jencks, C., 1972, *Inequality*, NY: Basic Books.

Keane, J., 1996, *Reflections on Violence*, London: Verso.

Kim, Seung-Kuk, 1982, "The Political Economy of East European Relations with the USSR: A Historical and Time-Series Analysis, 1945-1979", Ph.D.

Dissertation, the Department of Sociology, Indiana University.

Kim, Seung Kuk, 2012, "East Asian Community and East Asianism", in *Globalization and Development in East Asia*, J. Nederveen Pieterse and Jongtae Kim (eds.), NY: Routledge.

Kim, Seung Kuk, Li Peilin and Shuziro Yazawa (eds.), 2014, *A Quest for East Asian Sociologies*, Seoul National University Press.

Kitschelt, H., 1990, "The New Social Movement and the Decline of Party Organization" in *Challenging the Political Order*, R. J. Dalton and M. Kuchler (eds.), NY: Oxford University Press, pp. 179-208.

Koch, A. M., 2011, "Max Stirner: The Last Hegelian or the First Poststructuralist?", *Anarchist Studies* 5(2): 95-107.

Kojin, Karatani, 2006, *Toward the World Republic*, Tokyo: Iwanami Shoten.

Kropotkin, P., 1970, "Modern Science and Anarchism", in *Kropotkin's Revolutionary Pamphlets*, R. W. Baldwin (ed.), NY: Dover Publication, pp. 150-152.

Landauer, G., 1907, *Die Revolution*, Frankfurt (quoted in E. Lunn, *The Prophet of Community: The Romantic Socialism of Gustav Landauer*, Berkekey: University of California Press, 1973).

Landauer, G., 2008, "Anarchic Thoughts on Anarchism", translated by J. Cohn and G. Kuhn, *Perspectives on Anarchist Theory* 11(1): 84-91.

Lasch, C., 1978, *The Culture of Narcissim*, NY: W. W. Noton and Company.

Lasch, C., 1984, *The Minimal Self*, NY: W. W. Noton and Company.

Lévi-Strauss, C., 1966, *The Savage Mind*, translated by G. Weidenfeld and N. Ltd., The University of Chicago Press.

Levy, C., 2011, "Introduction: Colin Ward (1924-2010)", *Anarchist Studies* 18(2): 7-15.

Lipset, S. M., 1959, "Some Social Requisites of Democracy: Economic Development and Political Legitimacy", *The American Political Science Review* 53(1): 69-105.

Marcuse, H., 1955, *Eros and Civilization: A Philosophical Inquiry into Freud*, NY: Beacon Press.

Marshall, P., 1993, *Demanding the Impossible: A History of Anarchism*, London: Fontana Press.

Marshall, P., 1998, *Riding the Wind,* NY: Cassel.

Marshall, P., 2011, "Colin Ward: Sower of Anarchist Ideas", *Anarchist Studies* 19(2): 16-21.

Martin, B., 2012, "Reform - When is it Worthwhile?", *Anarchist Studies* 20(2): 55-71.

Martin, T. S., 1998, "Boochin, Biehl, Brown: An Unbridgeable Chasm?", *Anarchist Studies* 6(1): 39-44.

May, T., 1997a, *The Political Philosophy of Poststructuralist Anarchism,* The Pennsylvania State University Press.

May, T., 1997b, *The Political Thought of Jacques Lancière,* The Edinburgh University Press.

May, T., 2002, "Lacanian Anarchism and the Left", *Theory & Event*h 6(1): 34-52.

McDonald, C., 1997, "The Revolutionary Underclass of Bakunin and Marcuse", *Anarchist Studies* 5(1): 3-21.

Mckay, I., 2012, "Socialism after Hayek", *Anarchist Studies* 20(2): 113-115.

Molnar, G., 1961, "Conflicting Strains in Anarchist Thought", *Anarchy* 4: 117-127, reprinted in C. Ward (ed.), *A Decade of Anarchy,* pp. 24-36.

Moore, J., 1997, "Anarchism and Poststructuralism", *Anarchist Studies* 5(2): 157-161.

Morris, B., 2011, "Colin Ward and Kropotkin's Legacy", *Anarchist Studies* 19(2): 57-68.

Nederveen Pieterse, J., 2001, "Hybridity, So What?: The Anti-hybridity Backlash and the Riddles of Recognition", *Theory, Culture & Society* 18(2-3): 219-245.

Nederveen Pieterse, J., 2009, *Globalization & Culture: Global Melange,* NY: Rowman & Little field.

Nettlau, M., 1996, *A Short History of Anarchism,* London: Freedom Press.

Newman, S., 2001a, *From Bakunin to Lacan: Anti-Authoritarianism and the Dislocation of Power,* London: Pluto Press.

Newman, S., 2001b, "Spectres of Stirner: A Contemporary Critique of Ideology", *Journal of Political Ideologies* 6(3): 309-330.

Newman, S., 2005, *Power and Politics in Post-Structuralist Thought,* Manchester University Press.

Newman, S., 2007, *Unstable Universalities: Poststructuralism and Radical Politics,* Manchester University Press.

Newman, S., 2008, "Editorial: Postanarchism", *Anarchist Studies* 16(2): 101-105.

Newman, S., 2010, *The Politics of Postanarchism*, Edinburgh University Press.

Newman, S., 2013, "Postanarchism and Its Critics: A Conversation with Saul Newman", *Anarchist Studies* 21(2): 74-96.

Newman, S. (ed.), 2010, *The Politics of Postanarchism*, Edinburgh: Edinburgh University Press.

Newman, S. (ed.), 2011, *Max Stirner*, NY: Macmillan.

Nightingale, J., 2014, "Colin Ward", *Anarchist Studies* 22(2): 101-104.

Noys, B., 2008, "Through a Glass Darkly: Alain Badiou's Critique of Anarchism", *Anarchist Studies* 16(2): 107-120.

Nozick, R., 1974, *Anarchy, State, and Utopia*, NY: Basic Books.

O'Connor, J., 1973, *The Fiscal Crisis of State*, NY: Black Well.

O'Connor, J., 1984, *Accumulation Crisis*, Oxford: Black Well.

Offe, C., 1977, "Crisis of Crisis Management", *International Journal of Politics* 6: 14-27.

Parker, S. E., 1993, "Introduction" in *The Ego and Its Own*, translated by S. Byington, London: Rebel Press, pp. vii-xi.

Parsons, T., 1968, *The Structure of Social Action, Volume I*, NY: The Free Press.

Rawls, J., 1971, *A Theory of Justice*, Cambridge University Press.

Rifkin, J., 1995, *The End of Work: The Decline of the Global Labor Force and the Dawn of the Post-Market Era*, Putnam Publishing Group.

Rifkin, J., 2000, *The Age Of Accesse*, Putnam Publishing Group.

Rifkin, J., 2014, *The Zero Marginal Cost Society: The Internet of Things, the Collaborative Commons, and the Eclipse of Capitalism*, Palgrave Macmillan.

Rousselle, D., 2012, *After Post-Anarchism*, Berkeley, CA: Repartee/LBC.

Rousselle, D., 2013, "Postanarchism and Its Critics: A Conversation with Saul Newman", *Anarchist Studies* 21(2): 74-100.

Ryley, P., 2012, "Individualist Anarchism in Late Victorian Britain", *Anarchist Studies* 20(2): 72-100.

Sartwell, C., *The Practical Anarchist Writings of Josiah Warren*, NY: Fordham University Press.

Schill, B. J., 2012, "Nothing is Permitted Anymore: Postanarchism, Gnosticism, and the End of Production", *Anarchist Studies* 20(1): 9-31.

Schmit, C., 1985, *Political Theology: Four Chapters of the Concept of Sovereignty*, The MIT Press.

Schumpeter, J. A., 1950, *Capitalism, Socialism and Democracy*, NY: Harper & Row.

Scott, A., 1990, *Ideology and the New Social Movement*, London: Unwin Hyman.

Spencer-Brown, G., 1979, *Laws of Form*, NY: Dutton.

Stirner, M., 1993, *The Ego and Its Own,* translated by S. Byington, London: Rebel Press.

Stringham, E. and T. J. Zywicki, 2011, *Hayekian Anarchism*, George Mason University Law and Economics Researxch paper Series 11-06, http://ssrn.com/abstract id=1744364.

Toffler, A., 1980, *The Third Wave*, Bantam Books.

Toffler, A., 1991, *Powershift: Knowledge, Wealth, and Power at the Edge of the 21st Century*, Bantam.

Tucker, B., 1903, *State Socialism and Anarchism: How Far They Agree and Wherein They Differ*, London: Fifield.

Tucker, B., 1926, *Individual Liberty*, NY: Vanguard Press.

Vaihinger, H., 1905, *Nietzsche als Philosoph*, Dritte vermehrte, billige Auflage, Berlin.

Vogel, E., 1979, *Japan as Number One: Lessons for America*, Harvard University Press.

Ward, C., 1961, "Anarchism and Respectability", *Freedom* 22(28), September 2, 3.

Ward, C., 1973, *Anarchy in Action*, London: Freedom Press.

Ward, C., 1996, *Social Policy: An Anarchist Response-Seminars and Lectures at London School of Economics*, London: LSE Housing.

Ward, C., 1997, "Temporary Autonomous Zones", http://theanarchistlibrary.org/Colin_Ward.

Ward, C., 2004, *Anarchism: A Very Short Introduction*, Oxford University Press.

Weber, M., 1978, *Economy and Society: An Outline of Interpretive Sociology*, G. Roth and C. Wittich (eds.), Berkeley and Los Angeles: University of California Press.

Welsh, J., 2012, *Max Stirner's Dialectical Egoism: A New Interpretaion*, Laryland: Lexington Books.

White, S., 2011, "Social Anarchism, Lifestyle Anarchism and the Anarchism of Colin Ward", *Anarchist Studies* 19(2): 92-104.

Williams, D., 2009, "Searching for an Anarchist Sociology", *Anarchist Studies* 17(2):

105-107.

Wolff, R. P., 1968, *The Poverty of Liberalism*, Boston: Beacon Press.

Wolff, R. P., 1970, *In Defense of Anarchism,* CA: The University of California Press.

Woodcock, G., 1986, *A History of Libertarian Ideas and Movements*, NY: Penguin.

Woodcock, G., 1989, *William Godwin: A Biographical Study,* NY: Black Rose Books.

York, T., 2009, *Living on Hope While Living in Babylon: The Christian Anarchists of the Twentieth Century,* Cambridge: The Lutterworth Press.

Yoshimi, T., 1960, *Asia as a Method*, Tokyo: Iwanami.

Zerzan, J., 2014, "Guest Editorial: In The Beginning", *Anarchist Studies* 22(1): 8-15.

찾아보기

ㄱ

가네코 후미코 757
가라타니 고진 441-443
가짜 개인주의 659-660, 666
가치 혁명 64, 66-67, 469, 475, 490, 502-521
가톨릭주의 492, 739
갈등의 기능 446
감정사회학 802
감정자본주의 77, 800
감정적 전환 802
강수택 68, 194-199, 202-205, 772
개방사회 50, 67, 120, 247-248, 298, 587-588, 591
개방화 67, 93, 105-107, 247, 299, 543, 588, 772, 828
개인의 사회 663-665
개인화 76, 81, 549, 657-658, 669, 761, 774-775, 779-780, 784, 789
개혁적 개혁 38
건설적 권력 271-273, 379
경계 유지 207
경제 권력 210, 269-272, 299, 406, 418, 427, 501, 610, 625, 839
경제적 자유주의 218, 250-253, 273, 276, 299, 312, 341, 367, 373, 401, 415-420, 427
계급 공동체 288, 345, 678
계획경제 249, 255
고드윈, 윌리엄 38-39, 114, 155
고르, 앙드레 38
고전적 자유주의 216, 267, 315, 376, 381, 402, 415
고정관념 23-24, 41, 76, 81, 99, 138, 153, 158-167, 194, 200, 204, 214, 250, 284-285, 288, 292, 304, 328, 344, 350, 362, 386-387, 426, 658, 663, 667, 678, 705, 716, 751, 813, 820
고토쿠 슈스이 145, 548, 577
골드만, 엠마 79, 154, 459, 725, 864
공공 선택론 47, 375, 403, 416, 597
공공성 198, 350, 819, 821, 861-862
공공재산 643-644
공동체 자유주의 378, 382-387, 390, 400, 403, 411, 415, 431
공동체들의 공동체 671
공산주의 45, 57-58, 61, 123, 143, 145, 151-152, 157, 233, 312, 321, 325-326, 329-334, 338-339, 341-342,

찾아보기 917

361, 369, 388, 398, 406, 441-442, 587, 724

공유 221, 227, 289, 301, 305, 605, 642-645, 651

공익 404-405, 407, 601, 604, 643, 645, 683-684, 840-844

공익신고자보호법 840, 842

공정으로서의 정의 160

공통체 144, 344, 440-441, 678

과학기술 만능주의자 481

과학기술 혁명 64, 66-67, 69, 93, 449, 453, 475-478, 481, 486-487, 490, 502, 514, 521

과학주의 27, 476, 480, 590

관념론적 유물론 462

관용 67, 77, 106-107, 116, 120, 174, 256, 339, 348, 370, 373, 501, 588, 617, 727

구계 573, 576

구분 진화론 577

구성적 합리주의 258, 260

구화주의 551

국가 개입/국가 간섭 47, 114, 118, 136-137, 210, 219, 228, 251, 257, 264, 269-270, 272-273, 276, 285, 299-300, 304, 313, 323, 343, 375, 379, 381, 400, 402-403, 411, 415-420, 426-430, 433

국가 개입 경제 255, 389

국가 공동체 288, 345, 408, 516, 551, 597-598

국가 소유 644

국가 폭력 54, 118, 282, 286, 296-297, 366, 408

국가사회주의 139, 233, 255-256, 422

국가주의 45, 61-63, 80, 91, 119, 123, 132-133, 141, 167, 169, 196, 199, 217, 220, 296, 313, 320, 325, 342, 344, 366, 369, 387-388, 390, 396, 398, 409, 427, 441, 457, 462, 501, 511, 521, 554, 558, 571, 597-600, 611-618, 622-623, 661-662, 823-824

국선도 86

국수주의 546, 565, 577, 823

권력에의 의지/권력의지 659, 722-726, 729, 748

규제 완화 388-389

균력주의 579-580

그람시, 안토니오 57, 626, 714, 815, 865

그레이엄, 앵거스 708-709, 762, 790-791

극단주의 358, 563

극즉반 82, 437

금인숙 768

급진자유주의 51, 319, 421-424, 426-428, 507, 512, 635

급진자유주의적 맑스주의자 307

급진자유주의적 사회주의 249, 442

급진화된 근대성 444

기계 인간 94, 103, 208, 476, 486

기능적 요건 70, 592

기든스, 앤서니 95, 197, 202, 429, 500,

671, 715, 887
기술결정론 476
김경동 447
김동춘 68, 326-328, 335-358
김문조 449
김상준 450-451, 523
김영란법 405, 564, 620, 831, 836
김영민 68, 127-128
김홍중 68, 97, 349-350, 671, 673-675, 801-802

ㄴ

나르시시즘 124, 126-127, 197, 199, 204, 349
낭만적 유토피아주의 139
낭만적 자유주의 54
냉전 반공주의 365
냉전 체제 120, 328, 330-332, 339-340, 365, 476, 508, 553, 568, 591
네그리, 안토니오 144, 344, 440-442, 701
네트워크사회 181, 438-439
노동과 놀이의 융합 870, 872
노령화사회 482, 485
노인 지배 사회 483
노자 45, 82, 114, 173-178, 181-183, 457, 466, 472, 708-710, 726-727, 730, 738, 742, 748, 770, 796, 815, 873, 876, 887
노장 아나키즘 7, 46, 116
노직, 로버트 60-61, 160, 270, 304, 420, 433, 459-460, 462

뉴라이트 366
뉴먼, 솔 25-27, 42, 156, 166, 168
니체, 프리드리히 33-35, 73, 156, 167, 197, 657, 659, 675, 710, 712, 719-729, 741, 744-748, 758, 786
니힐리즘 167, 720-725, 746

ㄷ

다원 균형 문명론 450
다원화 27, 67, 107, 124
다중 144, 342, 440-442, 701
단군 사상 9, 28, 72, 116, 454
대동사회/대동 세계 191, 388, 540, 571-575, 827
대처리즘 252, 362, 671
데이, 리처드 25
도가 9, 23, 28, 72, 114, 116, 124, 161, 173, 183-184, 190-191, 278, 451, 493, 495-497, 539, 571, 575, 581, 633, 649, 712-713, 719, 728, 730, 737, 761-762, 784-786, 864-865
도박 420, 856
도킨스, 리처드 689, 774
독립노농당 40, 115, 366, 626, 754-755
동무 120-128
동북공정 544, 564
동성애의 권리 854
동아시아 연합/동아시아 공동체 64, 66, 223, 301, 327, 334, 517-518, 529, 554-555, 557, 569-570, 583, 611, 613, 624, 806, 809-810, 821-

829, 860, 863
동아시아론 495, 825
동양적 공동체 387-388
동중서 71, 190, 592
뒤르케임, 에밀 52, 68, 78, 81, 195-197, 200, 202, 205, 549, 634, 662-663, 667, 673, 677, 684, 702-706, 734, 780
득도/달관 세대 469, 529, 729

ㄹ

라투르, 브뤼노 179
란다우어, 구스타프 626, 670, 674, 771, 796
러셀, 도라 53
러셀, 버트런드 52-53, 348, 459, 765
레비스트로스, 클로드 55, 57, 633, 718, 878
레이거노믹스 252
로봇 군인 477
롤즈, 존 160, 224, 258, 420, 679
루만, 니클라스 68, 71, 76, 78, 179, 206-207, 209, 664-665, 674, 742, 887-888
루셀, 두에인 25-26
류근일 118
류스페이 571, 577-581
리다자오 826
리프킨, 제러미 438, 642
립셋, 시모어 마틴 367, 532

ㅁ

마르쿠제, 헤르베르트 305-307, 469, 471, 867-872
마셜, 피터 211, 511, 681
마음의 레짐 802
마음의 사회학 802
만법귀일 881-882
맹렬한 개인주의자 678-679, 806
메이, 토드 25
메이와쿠 557
메타유토피아 459
멸사봉공 185, 188, 289, 388, 686, 759
모나디즘 194-200, 204
모리시마 미치오 554-556
몰아 11, 67-68, 167, 191, 278, 428, 576, 660
몽펠르랭협회 252
무국 574
무병장수 인간 477, 482
무위이무불위 82, 171
무위자연 72, 82, 115, 171, 175, 490, 633, 730, 738, 886
무지 22, 56, 67, 69, 76, 103, 123, 228-229, 246, 253, 258-259, 261, 270, 273, 283, 285, 287, 297, 304, 407, 411, 489, 582, 705, 708, 710, 739-740, 752, 760, 783, 788, 861-863
무지의 베일 160
묵가 173, 573
문화 권력 210, 299, 310, 406, 418, 501, 608, 625, 674, 839
문화 변형론 455

문화적 자유주의 373, 375, 415
문화적 진화 260-261, 270, 273, 283, 304, 633-634, 717
물아균일 180
물아일체 178-179, 194-195, 282, 284, 458, 646, 658, 812
물질적 평등 354, 639
미제스, 루트비히 폰 23, 65, 69, 115, 118, 133, 213, 216-227, 244, 247, 249, 251-252, 254, 276, 278, 303-304
미지 22, 67, 69, 103, 124, 229, 246, 283, 297, 489, 705, 708, 710, 752, 760, 778, 788, 794, 861-863
민경국 13, 253, 263-264, 266, 269, 271, 274, 276-277, 362, 375-381, 386, 389, 397, 399, 401-403, 410-411, 415, 433
민문홍 78, 702
민족 허무주의자 346
민족국가 건설 599
민주주의의 공고화 237
민주통일당 35, 626

ㅂ

바디우, 알랭 26, 29, 68, 590, 741, 743-748, 799-800
바쿠닌, 미하일 9, 39, 45, 114, 155, 170, 307, 579, 715, 758, 871
박성현 657-660, 665, 679-680, 689, 748
박세일 13, 362, 378, 382-390, 399-403, 407, 410-411, 415, 431, 433
박열 30, 42, 115, 144-148, 151-153, 170, 548, 755, 757-758
박영도 861-862
반개인주의 78, 304, 327, 403, 457, 590, 658, 706
반공 독재 53, 202, 329, 332, 366, 368
반공 자유주의자 346
반공동체주의(자) 344, 669, 684
반공산독재주의 335, 340
반공주의 328, 334, 338-339, 344, 356, 365, 380, 398
반국가 74, 114, 136, 467, 668
반근원주의 10, 27
반란 27-28, 38, 42, 101, 132, 165-167, 169, 295, 297, 304, 328, 337, 424, 539
반방법 719
반보편주의 10, 449, 457, 738
반자본 136
반자유주의적 민주주의 118
배동인 52-53
배영대 13, 362
버크, 에드먼드 504
버크작, 시어도어 249
법가 173, 189-190, 539, 575
법례주의 389
법치주의 74, 245, 275, 291, 299, 304, 379, 389, 401, 412, 420, 816, 829, 831
베네딕트, 루스 549, 557
베르네리, 마리 루이즈 472

베른슈다인, 에두아르트 142
벡, 울리히 68, 95, 121, 197, 202, 444-446, 474, 500, 512, 588, 657-658, 671, 763, 765, 773-783, 789-790, 800
벨, 다니엘 95, 438
벨라, 로버트 762, 802
병역의 권리 857-858
(여성의) 병역의무 857-858
보수주의 45, 60, 91, 213, 273, 303-304, 308-309, 311-312, 314, 321, 356, 380, 402, 581
보편성 30, 60, 100, 208, 421, 425, 454, 577, 741-747, 819
보편적 접근 642
복지 독점 304, 318
복지 만능론 119
복지국가 8, 61, 80, 97, 119, 133, 136, 304, 317, 364, 396-397, 417, 419, 441, 482, 596-597, 611, 632, 671-672, 676-677, 818-819
볼탕스키, 뤼크 36
부동이화 111, 617, 688, 692, 701-702
부버, 마르틴 670-671, 771
부정부패 49-50, 74, 111, 119, 134, 169, 219, 272, 275, 298, 300, 354, 392, 407, 414, 416, 484, 536, 542, 564, 596-597, 601-602, 607, 609-610, 621, 829-849, 853, 860
부지 22, 67, 124, 229, 304, 705, 710, 752, 760, 861-863
북친, 머레이 35, 43, 438, 508, 635

불가 9, 28, 72, 116, 161-162, 167, 181, 185, 191-193, 206, 209, 278, 424, 428, 451, 493, 495-496, 539, 571-572, 616, 633, 649, 651, 660, 712-713, 719, 728, 730, 737, 780, 784-785, 793, 811, 864, 875, 881, 885, 888
비개혁적 개혁 38
비맑스주의적 사회주의 312, 397
비정부기구 514
비판사회학 326
비판적 자유주의 423
비판적 합리주의 70, 114, 138-139, 229-232, 246, 281, 303-304, 411, 423

ㅅ

사랑 12, 22, 66-68, 72, 75-77, 83, 87, 93, 107, 127-128, 185, 188, 195, 205, 209, 281, 295, 302, 409, 440, 454-455, 520, 578, 592, 607, 701, 738, 741, 746, 749, 765, 768-770, 781, 789, 800-802, 818, 835, 861, 864, 872, 875, 879, 881, 886, 888, 893
사랑의 사회학 77, 205, 801
사랑의 정치 800
사유재산 132, 210, 226-227, 249-250, 262, 299, 305, 354, 381, 393, 573, 643-644
사적 소유 92, 97-98, 132, 137-138, 157, 163-164, 184, 220-221, 226-

227, 251, 254, 292, 299-300, 309, 355, 638, 640, 642-645, 651
사해동포주의 46, 301, 334, 519, 571, 614, 826-827
사혹 577
사회 권력 210, 299, 406, 625, 815
사회 통합 196, 201-202, 703, 705
사회국가 50, 72, 80, 596, 808-810, 815-821, 829
사회당 135, 387, 397, 400, 529, 589, 704
사회민주당/사민당 391, 397, 401, 449, 589
사회민주주의/사민주의 63, 78-79, 142, 264, 312, 366, 374, 376, 383, 391, 395, 397-403, 411, 415, 429, 431, 442, 446, 500, 531, 589, 704, 714-715, 818, 887
사회신학 80, 426, 673, 676
사회실재론 81, 667
사회의 개인화 76, 81, 667
사회적 마음 802
사회적 아나키즘 43, 132, 141-144, 154, 744
사회적인 것 81, 201, 426, 663, 668, 670-671, 673-674, 676-678, 811, 815
사회중심주의 76, 81, 677
사회학적 상상력 77, 81, 556, 802
사회학주의 52, 81, 196, 663, 677
사회혁명 64, 66-67, 152, 295, 469, 475, 502-504, 520-521, 870

삼동윤리 571-572
삼수분화 206, 453, 888
삼중 동일성 206, 209
상구보리 192-193
상대주의 26, 69-70, 76, 180, 231-232, 246, 281, 283, 303, 421, 577, 593, 705, 710, 738-740, 750-754, 760, 766, 771, 776-779, 782-783, 862
상호부조 32, 73, 145, 148, 151-153, 221-222, 295, 304, 408, 508, 513, 622, 690-691, 700, 813
색즉시공 191, 489, 660, 777
생물 유기체 207
생존의 논리 348-349
생존주의 68, 97-99, 348-350
생태 민주적 공공성 861
생활세계의 식민화 511
생활양식 아나키즘 43, 143, 155
서구의 동양화 497, 737
석삼극무진본 453, 794, 883
선가 28, 72, 116
성노동권 856-857
성매매 856-857
세계 공통어 580
세계 연합 244-246, 301, 305, 462, 464, 512, 517-519, 613, 809-810, 824
세계시민사회 305, 450, 485, 502, 519, 521, 566, 810, 821
세계시민사회운동 502, 514, 613
세계시민주의 301, 519-520, 614, 657
세계주의/국제주의 222, 301, 334,

387, 442, 611, 614-615, 823-824, 826
세넷, 리처드 96, 674
소외된 노동 868, 871
소요유 38, 284
수기치인 190
수신 83, 127, 171, 184-188, 234, 388, 390
슈미트, 칼 425-426, 798-799
슈티르너, 막스 9, 11, 23, 26-27, 33-35, 38, 42, 81, 114-115, 127, 144, 146, 149, 153-170, 181-183, 193-194, 197, 204, 207, 221, 234, 278, 304, 428-429, 465, 469, 640, 636, 638, 661, 671, 673-678, 682, 705, 712, 716, 719, 759, 813, 855
슘페터, 조지프 120, 134, 251
스콧, 앨런 507
스트링햄, 에드워드 114
스펜서브라운, 조지 206-207, 209, 888
슬픈 잡종화 873
시대와의 불화 57-58, 357
시민 감시단 841-842
시민 권력 564, 621, 814-815, 817
시민 입법권 838
시민사회 40, 57, 59, 80, 91, 95, 101, 107, 140, 195, 198-199, 210, 312, 359, 367-369, 372, 422, 446-447, 476, 504, 507-508, 514-522, 596, 666-667, 676, 685, 693, 703, 772, 809-810, 812, 814-821, 825, 865-866
시민사회론 59, 368, 446, 772, 865
시민사회적 보수 446
시민적 연대 202, 446
시장 만능주의 299, 389, 401-402, 501
시장 사회주의 249, 531, 540-541, 571
시장근본주의 427, 887
시장자유주의 363
시장주의 196, 198, 200
시적 테러 296
신고사회 840, 848
신도 369, 496, 527, 547, 550, 791, 862
신문명론 447
신비적 아나키즘 767, 799-800
신비주의(자) 11, 64, 66-67, 69, 121, 127, 208, 244, 283, 302, 464, 466, 591, 593, 737-748, 761-774, 783-800, 805, 854, 860, 862-863, 865, 872, 882
신사회운동 21, 59, 116, 475, 502-503, 506-514, 632
신선 사상 761-762, 767, 779, 786
신성의 인간화 781
신인합일 745, 761, 764, 768-769, 771, 773-774, 779, 782, 784-785, 789, 792, 794-795, 797, 799-800, 854, 872, 877, 880, 882, 884
신자유주의 61-62, 98, 135, 139, 215, 217, 251, 257, 309, 361-362, 366, 375-376, 381, 388-389, 397, 401-402, 419, 427, 442, 450, 590, 671, 715, 818-819

신좌파 43, 319, 506
신채호 30, 39, 41, 58, 330, 577, 770
실용주의 8, 335, 41-42, 46, 142, 296, 461, 467, 472, 538, 658, 703, 705
심리 체계 206-207

ㅇ

아나르코 생디칼리즘(생디칼리스트) 80, 145-146, 556
아나르코 원시주의(자) 177, 886
아나르코 캐피탈리즘(캐피탈리스트) 10, 60-61, 63, 79, 116, 137, 155, 209, 250, 270
아나르코 코뮤니즘 32, 55, 145, 194, 304
아나르코 페미니즘 510
아나키 111-113, 418, 460, 783, 864
아나키스트 정치(론) 35, 115, 236, 297, 600, 626, 754-755, 838, 848
아나키즘의 실용화 64, 142, 278
아노미 97-98, 102, 196, 673, 685, 703, 705-707
아라토, 앤드루 59, 91
아세안 플러스 825-826
아시아적 가치 논쟁 189, 475, 490-491, 497-498, 514, 525, 534
악의 사회학 446
안락사 213, 855
안분낙도 177
안빈낙도 171, 192, 646, 650, 652
안심입명 173, 178, 217, 729, 738
알렉산더, 제프리 71, 446-447

앤더슨, 베네딕트 600
야경국가 133, 286, 313, 605
야마모토 쿄시 289
양비론 70
양비/양시론 740
양시론 70
에고이즘 124, 127, 158, 167, 174
에로스 868, 870
에브렌 25
에스페란토 580
에코 아나키즘 509
엡스타인, 리처드 249
역사의 종언 134, 314
연대 9-10, 32, 77, 80, 97, 105, 121-122, 124-127, 143, 153, 165, 194-205, 246, 260, 386, 422, 431, 440, 443, 446, 522, 612, 673, 684, 687, 749, 820, 826, 842, 887
연대주의 68, 194-195, 197-199, 202-203, 205
연합주의 279-280, 443, 517, 573, 613, 615, 622, 808-809
염세주의 713, 723-724
영구 전쟁/영구 투쟁 132, 284, 609
영성 72, 454, 466, 481, 763, 767-768, 774, 784, 792
예외 국가 118, 799
예외주의 542
오기능 371, 592-593
오무설 577
오스기 사카에 145, 577, 757
오언, 로버트 79, 155, 461, 681

오코너, 제임스 512
오페, 클라우스 95, 512
오행 71, 371, 592-593
완지 123
우드콕, 조지 169
우주적 인간 487, 489
울프, 로버트 27, 61
워드, 콜린 8, 35-38, 41-44, 65, 88, 142, 305-307, 460, 647, 670-671, 690
워런, 조사이어 155, 681
원시주의 155, 177, 479
원효 11, 34-35, 42, 81, 86, 288, 497, 802, 881-882
월러스틴, 이매뉴얼 57-58, 68, 309-317, 319-327, 335, 353, 356, 358, 391, 748-749
위기僞己 184
위기지학 186
위대한 거부 469, 869
위아 171, 174, 183-184, 726
위아 사상 11, 171, 173-174, 178, 183, 278
위험사회 93, 95, 113, 444, 474, 657-658, 779, 783
유가 9, 71-72, 116, 173-174, 184-192, 389, 493, 496, 539, 573-575, 581, 592, 616-617, 712, 728, 737, 770, 784-785, 864, 881
유럽 합중국 223
유림 30, 39, 42, 85, 330, 333, 754-755
유심(론) 67-68, 76, 99, 171, 206, 281, 439, 495, 661, 663, 874
유아 유심(론) 77, 191, 204, 209, 281, 304, 658, 663, 812
유아(론) 11, 67-68, 76, 97, 99, 125, 161, 170, 191-192, 195, 206, 278, 281, 428, 660-661, 663, 874, 888
유일자 9, 34, 155-156, 161-162, 167-168, 206, 458, 465, 661, 675, 759
유자명 30, 42
유토피아의 종말 460
유토피아적 사회주의자 140, 681
유팔무 713-716, 737
68혁명 116, 315, 319-320
윤원근 77, 454-455
윤평중 421-428
융합 문명론 449
음양(론) 71, 77, 302, 447, 524, 592, 650, 718, 750, 814, 874
음양오행(론/설) 70-71, 190, 208, 490, 592-593, 617, 625, 814
의도적 공동체 682-683
의열 투쟁 41
이기주의 142-143, 153, 167-169, 197, 201, 666, 703-704, 826
이문열 55, 358, 806, 880
이상화 13, 362, 365, 375, 382
이용주 109, 544, 764
이지순 216
이철 68, 209, 742-743, 888
인간 해방 52-53
인간의 신성화 781-782, 800
인공지능 475, 486, 754

인문 연대 122
인식론적 아나키즘 70
인위적 질서 259, 510
인의예지신 71, 186
인중천지일 206, 481, 773, 812-813, 817, 883, 888
일루즈, 에바 77
일본 몰락설 554
일상적 폭력 829, 834, 849
일시무시일 883
일시적 자율 지대 43
일자리 공유 222, 470
일종무종일 883
잉글하트, 로널드 95, 438, 632-635

ㅈ

자기 조직화 27, 43, 219, 599, 815
자기 제한적 급진주의 59, 91
자기 확대적 급진주의 59, 91
자기만의 신 773-775, 779, 781-784, 787, 789-790
자동 생산 (사회)체계 664
자본축적의 위기 512
자생적 질서 10, 47, 219, 259-261, 270, 273, 285, 304, 389, 599, 675
자연 70, 82, 123, 149, 171-172, 174-175, 181, 184-185, 276, 284, 387, 438-439, 447, 450, 508-510, 521, 524, 577, 588, 633, 639, 647, 689, 727, 756
자유 공동체 287, 683
자유 시장경제 218, 260-261

자유 연합 8, 32, 40, 47, 64, 66, 91, 152, 279, 301, 304, 327, 364, 386, 400, 417, 449, 508, 510, 513, 518, 613, 623, 656, 667-668, 686, 692, 808-809, 814, 816
자유민주주의 116, 133-135, 160, 189, 213, 215, 221, 243, 247-248, 263, 274, 298, 304, 312, 323, 329, 331, 333, 343, 360, 372, 383, 386, 389, 395, 403, 411, 423, 433, 449, 501, 515, 530-532, 541, 568, 571, 589, 665, 685, 887
자유사회주의 51, 355, 383
자유정신운동 799
자유주의의 급진화 64, 247, 278, 319, 421, 423, 428
자유주의적 전환 715
자유지상주의 51
자유해방주의 51-52, 59, 63, 88, 91
자적 173, 181, 184
자주인 8, 29, 31, 33-34, 65, 119, 163, 230, 702
잡 109
잡가 110, 539
잡종 인간 476, 486-487
잡종 혁명 64, 67, 521
잡종강세 89, 97, 527, 532
잡종성 43, 94, 96-98, 100, 102, 109, 204, 261, 463, 499, 549, 554, 628, 673
잡종화로서 동아시아 527, 569, 828
잡종화로서 아나키 111, 460-461

장빙린 571, 575-578, 581, 770
장자 11, 114, 156, 173, 178-183, 229, 303, 311, 418, 574, 598, 646, 658, 708-727, 738, 748, 780, 790-793, 796, 864
저잔, 존 886
전체주의(자) 102, 120-121, 124, 133, 139, 142, 216, 248, 256-257, 267-268, 284-285, 304, 324-325, 344, 382-383, 386, 412, 443, 505, 529, 587-590, 659, 670, 685, 701, 776, 802
전체주의적 공산 독재(체제) 117, 238, 329-332
절대적 상대주의 776-779, 782
절제 73, 458, 484, 504, 593, 628-629, 645-646, 648-655, 816, 859, 872
절충 11, 22, 89, 92, 110, 276, 299, 411, 416, 539, 564, 593-595, 604, 616-624, 651, 654, 754, 809
점성술 229, 788
접속의 시대 438, 642
정당성의 위기 512
정리합일 86
정보 문명론 439
정보공개 844, 847-849, 860
정수복 451, 455-458
정철희 68, 632, 634-636
정치신학 80, 426, 798-799
제도적 폭력 830
젠크스, 크리스토퍼 240
조용한 혁명 42

존재 혁명 451-452
존중 67, 72, 76-77, 107, 112, 117, 158, 202, 228, 230-231, 234, 246, 261, 280, 283, 302-303, 411, 617, 708, 738, 740, 751, 778, 816, 835, 887
존중의 사회학 70, 76, 230
종교 권력 210, 299, 418, 625, 681, 763, 772
종교 다원주의 562, 766
종교 상대주의 766
종교의 귀환 763
종교의 사생활화 776, 780, 800
종교적 다원성 560, 562
종교적 탈근대성 776
종교전쟁/성전 106, 287, 373, 590, 599, 749, 762-764, 799
주대환 13, 362, 391-403, 410-411, 415, 431, 433, 449, 715
중국식 민주주의 494, 534, 536, 540
중도(론) 191-192, 563, 570, 616-617, 660, 777
중민(론) 350, 634-635, 861
중용 중도 616
즉각주의 155
지금 여기 11, 22, 37, 39, 41, 43-44, 82, 111, 138, 166, 298, 304, 446, 460-461, 465, 472, 503, 658, 775, 783, 792, 795-796, 798, 829, 863, 885
지위 고착화 50
지적 재산권 609, 642
지족 174, 646, 727
직접행동 10, 39, 41-42, 66, 147, 296,

465, 507, 607, 658, 807, 840, 843, 849, 860
진보와 보수 370, 426, 718, 821
진보적 자유주의 24, 364-365, 374, 376, 378, 382-384, 398-399, 403, 411, 426, 431
진보정치연구소 815, 818-819, 821
진실에 대한 열망 659
진아 11, 35, 167, 191, 195, 278, 428, 660, 793
진짜 개인주의 659, 660, 666
진화적 합리주의 258
집단주의 117, 151, 189, 192, 255, 284, 304, 344, 378, 386-388, 390, 394, 406, 419-420, 456-457, 462, 476, 525, 549-550, 557-558, 661, 663, 665-667, 686-687, 692, 694-695, 701, 704, 731
집일함삼 794, 888
집합의식 662

ㅊ

차인석 13, 429-431, 433
창조적 무 26, 161, 207, 469, 658, 674, 759
천락 178, 185
천부 사상 452, 885
천지개벽 489
천지불인 124, 874
천지인합일 42, 72, 195, 206, 280, 282, 303, 458, 488, 493, 773, 785, 794, 811-813, 817, 821, 884, 887

천하위공 185, 188, 369, 388, 488, 861-862
천황제 145, 528, 547-548
청빈 629, 652
촘스키, 노엄 35, 80, 556
최민자 451-453, 885
최소 공동체 86, 288, 304, 344-345, 386, 682
최소국가 284, 304, 400, 416, 433, 460, 512, 517, 605, 810, 521
최소주의 46, 172, 648-649, 816
최장집 13, 24, 362-365, 367, 369-377, 382-383, 389, 395, 398-399, 401-403, 410-411, 415, 431, 433
최제우 33
최종렬 795
추상의 정치 799
측은지심 72, 188, 572, 617, 805, 877, 886
치명적 자만 260

ㅋ

카스텔, 마누엘 95, 181, 319, 438-440, 462, 474, 526, 633, 779
캉유웨이 191, 571-576, 581, 770
컴포트, 알렉스 867
케인스, 존 메이너드 251-252, 257, 343, 377, 388, 415-416, 426, 429
코헨, 진 59, 91
콜, 루이스 25
쾌락원칙 471, 868
크로포트킨, 표트르 27, 39, 45, 79,

114-115, 148, 153, 250-251, 459, 580, 689-691, 700
크리첼리, 사이먼 799, 889
키트셸트, 허버트 506, 635
킨, 존 74, 118

ㅌ

타르드, 가브리엘 197, 204
타협 11, 22, 37, 89, 92, 105, 110, 133, 140, 276, 299-300, 302, 305, 411, 416, 504, 563-564, 593-595, 616-626, 651, 654, 754-755, 772, 809, 816
탈구입아 545, 553, 556, 558
탈국가주의(자) 11, 46, 64, 66-67, 121, 286, 301-302, 344, 400, 409, 462, 464, 517, 591, 593, 595-596, 604-608, 611, 613-614, 616, 618, 621-622, 624-627, 669, 750, 755, 783, 805, 810, 814, 821-827, 860, 862-863
탈권력 사회국가 47, 64, 66, 286, 400, 406, 809-810, 815-817, 824, 829-830
탈권력화 74-75, 105, 301, 304, 406, 443, 517, 595, 604, 607-609, 613, 615, 621, 624-626, 748, 798, 815-817, 828, 867
탈물질주의(자) 11, 66-69, 192, 293, 301-302, 304, 414, 438, 447, 462, 464, 484, 526, 591, 593, 628-629, 631-632, 634-635, 642, 645-649,
651-652, 654-655, 660, 750, 805, 816, 821, 859-860, 862, 865
탈바꿈 47, 90, 445, 581
탈아입구 492, 528, 546, 554-556, 822, 825
터커, 벤저민 155, 194, 210-212, 290, 304
토플러, 앨빈 438
톨스토이, 레프 39-40, 512, 578, 770
통일 지상주의 334, 566
통일체적 세계관 453, 885
특수성 151, 208, 326, 367, 388, 410, 461-462, 499, 501, 711, 741-743, 745-747, 751, 800, 813

ㅍ

파슨스, 탤컷 70-71, 77-78, 202, 446, 456, 592, 795, 888
파이어아벤트, 파울 9, 27, 70, 112, 114, 139, 244
파이힝거, 한스 720
페리, 뤼크 781
페이비어니즘 383
평등주의(자) 29, 32, 45, 62, 119, 125, 164, 221, 341, 367, 412, 422, 462, 506, 578, 589, 590, 640, 746, 749, 802, 819, 821
평등한 자유 212, 290-291, 294, 857
포스트구조주의 7, 9, 26-27, 166, 440, 658
포스트아나키즘 7, 9, 25-29, 170, 656, 658

포스트휴머니즘 21, 25, 178-179, 208, 449, 475-476, 480, 487, 884
포이어바흐, 루트비히 156, 159
포퍼, 칼 8, 23, 53, 60, 64-65, 69-70, 90, 114-115, 120, 124, 133, 138-139, 215, 227-235, 237-248, 252-253, 256, 258-259, 263-266, 268-270, 272-278, 281, 283, 296-297, 303-305, 323, 340, 342, 357, 411, 416, 419, 423, 433, 524, 587, 591, 617, 717, 728, 740, 870
폭력으로서 권력 285, 608, 616
폭력의 정치 799
풍류도 72, 116, 865
풍속적 자유주의 393, 419
풍월도 86
프래그머티즘적 전환 36
프랜시스 후쿠야마 134
프로이트, 지그문트 459, 470-471, 867-868
프로젝트 정체성 438, 474, 526, 780
프롤레타리아독재론 142, 152, 313
프루동, 조제프 9, 30, 39, 114, 155, 170, 211, 246, 250, 279, 431, 441-443, 573, 578, 613, 681, 808-809
피츠제럴드, 에드워드 83, 879
피케티, 토마 253, 413, 612
필연 82, 311, 332, 374, 431, 633-634, 735, 871
필요노동 868, 871
필요악으로서 국가 133, 603

ㅎ

하기락 8, 29-35, 42, 58, 65, 88, 163, 208, 400, 452, 626, 720, 744-745, 754, 881, 883, 891
하나 됨 76, 99, 455, 768-769, 785
하나 사상 72, 86, 282, 452-458, 881, 885
하나론 206
하나주의 91, 885
하르트만, 니콜라이 30, 33
하버마스, 위르겐 59, 91, 160, 352, 422, 444, 500, 512, 522-523, 667, 814, 865
하이데거, 마르틴 30, 675, 719-721, 725, 743, 746, 886
하이에크, 프리드리히 8, 10, 23, 53, 60, 64-65, 69, 90, 114-115, 133, 136, 139, 209, 215, 227, 241, 248-270, 273-278, 281, 283, 290, 299, 303-304, 323, 340, 342, 357, 362, 375, 378, 381-382, 389, 415-416, 419, 427, 433, 633-634, 671, 675, 717
하이에크형 자유주의 269, 375, 381
하트, 마이클 144, 344, 440-442, 701
하화중생 192-193
한상진 634-635, 861
함석헌 346, 771-772
해방적 파국 444, 474, 657
행동과 조직에 의한 선전 807
행동에 의한 선전 36, 46, 304
행위신학 426

허무주의(자) 11, 26, 64, 66-67, 69, 84, 121, 124, 144-147, 151, 159, 161, 180, 302, 346, 464, 576-577, 591, 593-594, 680, 708, 710-713, 715-716, 719-720, 725-726, 729-730, 732-738, 744-745, 747-748, 750-755, 757-759, 777-778, 782-783, 805, 860, 862-863, 876, 878
헌법주의 261-263, 268-269, 275, 290, 299, 419, 427
헌팅턴, 새뮤얼 438, 475
혁신자유주의 429-431
현실원칙 868
현실적 유토피아 172, 296, 304, 446, 459, 461-462, 466, 472
현실적 유토피아주의 461
협동 10, 67, 79, 98, 138, 198, 201, 210, 221-222, 225-226, 241, 251, 272, 282, 295, 299-300, 302, 305, 408-409, 464, 501, 507, 593, 608, 633, 656, 668, 676, 688-692, 694-702, 707, 789, 887
협동조합 417, 643, 695-696, 698
호로위츠, 어빙 79-80
혼합주의자 708
홍익인간 42, 72, 493, 886
화랑도 42, 86, 562
화이부동 388, 617, 692, 826
화쟁 11, 34, 42, 86, 88, 881-882
활사개공 188, 289
회삼귀일 453, 794
회통귀일 881

획일주의 338, 358, 515
후천 문명론 451-452, 885
흑도회 147-153
흡연권 849, 851